Dominik Helms
Konfliktfelder der Diaspora und die Löwengrube

Beihefte zur Zeitschrift für die alttestamentliche Wissenschaft

Herausgegeben von
John Barton · Reinhard G. Kratz
Markus Witte

Band 446

De Gruyter

Dominik Helms

Konfliktfelder der Diaspora und die Löwengrube

Zur Eigenart der Erzählung
von Daniel in der Löwengrube
in der hebräischen Bibel und der Septuaginta

De Gruyter

6

MIX
Papier aus verantwor-
tungsvollen Quellen
FSC
www.fsc.org
FSC® C016439

ISBN 978-3-11-030949-2
e-ISBN 978-3-11-030963-8
ISSN 0934-2575

Library of Congress Cataloging-in-Publication Data

A CIP catalog record for this book has been applied for at the Library of Congress.

Bibliografische Information der Deutschen Nationalbibliothek

Die Deutsche Nationalbibliothek verzeichnet diese Publikation in der Deutschen
Nationalbibliografie; detaillierte bibliografische Daten sind im Internet
über http://dnb.dnb.de abrufbar.

© 2014 Walter de Gruyter GmbH, Berlin/Boston

Druck: Hubert & Co. GmbH & Co. KG, Göttingen
∞ Gedruckt auf säurefreiem Papier

Printed in Germany

www.degruyter.com

Vorwort

Die vorliegende Untersuchung wurde im Sommersemester 2012 von der Katholisch-Theologischen Fakultät der Universität Augsburg als Dissertationsschrift angenommen. Für den Druck wurde sie geringfügig überarbeitet und gekürzt. Mit dem Abschluss dieses Projektes blicke ich auf eine lange Zeit der ebenso fordernden wie schönen Auseinandersetzung mit verschiedensten Fragestellungen zurück.

Herzlich danke ich an erster Stelle Herrn Prof. Dr. Franz Sedlmeier, der die Betreuung der Arbeit und die Erstellung des Erstgutachtens übernommen hat. Er hat mich ermutigt, meine eigenen Fragen zu stellen, meine eigenen Ideen zu entwickeln und mir als seinem wissenschaftlichen Mitarbeiter immer den nötigen Freiraum für ihre Realisierung gewährt. Darüber hinaus bin ich für das gute persönliche Miteinander am Lehrstuhl für Alttestamentliche Wissenschaft ebenso wie am Lehrstuhl für Neutestamentliche Wissenschaft sehr dankbar; alle Mitarbeiterinnen und Mitarbeiter haben hier ihren je eigenen Beitrag zu einem äußerst angenehmen, gemeinsamen Arbeiten geleistet. Herrn Prof. Dr. Stefan Schreiber gilt mein Dank für das Erstellen des Zweitgutachtens und die Verbundenheit in den vergangenen Jahren.

Ein besonderer Dank gilt darüber hinaus Herrn Dr. Dirk Kinet (Augsburg) und Herrn Dr. Reinhard G. Lehmann (Mainz), die mir einen Zugang zur hebräischen bzw. aramäischen Sprache eröffnet haben. Prof. Dr. Martin Mark (Luzern), die Doktoranden in den alt- und neutestamentlichen Oberseminaren der Universität Augsburg und die Mitglieder der Sozietät für Nordwestsemitische Epigraphik der Universität Mainz waren mir immer wichtige Wegbegleiter. Zugleich denke ich an dieser Stelle an meinen ersten exegetischen Lehrer Prof. Dr. Walter Radl († Augsburg).

Die Arbeit wurde durch ein Begabtenstipendium der Hanns-Seidel Stiftung e. V. aus Mitteln des Bundesministeriums für Bildung und Forschung gefördert. Dafür gebührt der Stiftung ebenso mein Dank wie der Gesellschaft der Freunde der Universität Augsburg e. V. und der Armin-Schmitt-Stiftung Regensburg e. V., die meine Dissertation mit Wissenschaftspreisen ausgezeichnet haben.

Herrn Dr. Albrecht Döhnert vom Verlag Walter de Gruyter und den Herausgebern Prof. Dr. John Barton, Prof. Dr. Reinhard Kratz und

Prof. Dr. Markus Witte danke ich für die Aufnahme meiner Arbeit in die Reihe BZAW. Frau Sabina Dabrowski vom Verlag Walter de Gruyter danke ich für die äußerst sorgfältige und kompetente Begleitung der Drucklegung.

In ganz vielfältiger Weise haben meine Eltern, meine Brüder und meine liebe Frau mein Leben und mein Forschen geprägt und bereichert. Für alle Unterstützung und Zuwendung, die sich nicht in Worte fassen lassen, danke ich an dieser Stelle von Herzen.

Mindelheim, den 23. September 2013

Dominik Helms

Inhaltsverzeichnis

I

Grundlegung

1 Konfliktfelder der Diaspora und die Löwengrube

1.1 Religion und Gesellschaft: Konfliktpotentiale

Zu den Faktoren, die menschliche Interaktionen entscheidend prägen, zählen Konflikte verschiedener Art und Ausprägung; ihre Ursachen sind vielfältig und nicht abschließend zu benennen. Wesentliche anthropologisch bedingte Eigenschaften des Menschen gehören sicherlich zu den zentralen Auslösern; häufig wird in diesem Zusammenhang – ob gerechtfertigt oder nicht – der Bereich der Religion, näherhin der Monotheismus der drei großen Weltreligionen, benannt.[1]

> „Die in der hebräischen Bibel entwickelte und zum ethischen Postulat erhobene Ein-Gott-Verehrung hat in den letzten Jahrzehnten in intellektuellen Kreisen heftigen Widerspruch hervorgerufen. Das Gespenst eines unerbittlichen ‚alttestamentarischen‘ Gottes wird beschworen, und selbst Fachtheologen scheuen sich nicht, von einem ‚intoleranten Monotheismus‘ zu reden. Die durch die gegenwärtige Weltlage bedingte ständige Begegnung von Kulturen und Individuen mit unterschiedlichem religiösen oder atheistischem oder skeptischen Hintergrund weckt das Bedürfnis nach Toleranz, die jeden ‚nach seiner facon‘ glauben und leben und seine Gesellschaft gelten läßt. Widerspricht nicht jeder Anspruch auf eine allgemein verbindliche religiöse Wahrheit der universalen Menschenwürde?"[2]

Die Ausübung von Religion betrifft nicht nur den je einzelnen Menschen; sie weist eine gesellschaftliche Dimension auf, die die Privatsphäre überschreitet und in das nähere und weitere Umfeld ausstrahlt und hineinwirkt.[3] Hier ist Religion wahrnehmbar und sie selbst oder das aus ihr

---

1   Zur Ambivalenz des Verhältnisses von Religion und Gewalt in der öffentlichen Wahrnehmung vgl. GUTMANN, Unterbrechung 119ff; außerdem BECK, Gott. Wenn im Kontext der vorliegenden Einführung von Religion die Rede ist, soll der Begriff in einem möglichst allgemeinen Sinn verstanden werden. Die grundlegende Weite ist in keinerlei Hinsicht einzuschränken.
2   KOCH, Gotteserfahrung 9.
3   Der Begriff der Gesellschaft mag zunächst in einem heuristischen Sinn als unmittelbares und weiteres Umfeld des Menschen verstanden werden, das alle relevanten Beziehungen einschließt. Mit dem Begriff Gesellschaft sei – so HERMS, Art. Religion 286 – näherhin „diejenige Gestalt menschlichen Zusammenlebens (geordnete Beziehung

resultierende Verhalten kann Gegenstand von Kritik und Auseinandersetzungen werden. Gesellschaftliche wie politische Faktoren und Veränderungsprozesse können sich so auf das Leben des Menschen in seinen verschiedenen Facetten – und damit insbes. auch auf die Ausübung seiner Religion – auswirken. Die potentielle Veränderung religiöser Praxis durch das Umfeld und die gestaltende Kraft der Religion für das Leben der Menschen in ihrem Kontaktbereich sind zwei Seiten einer Medaille. Religion und Gesellschaft erscheinen – vereinfacht gesprochen – als Brennpunkte einer Ellipse, in der sich das menschliche Leben vollzieht; eine beständige Neubestimmung des Verhältnisses und der konkreten Gestaltung des Spannungsfeldes zwischen diesen Brennpunkten ist notwendig. Spannungen entstehen häufig nicht nur zwischen Angehörigen und Gegnern einer Religion, sondern zwischen ihren Anhängern; entscheidend ist nicht die Opposition Akzeptanz oder Nicht-Akzeptanz der Religion als solcher, sondern die Frage nach ihrer Interpretation und Konkretion. Beispiele – aus der Vergangenheit wie der Gegenwart – sind entbehrlich. Vom anderen Brennpunkt, der Gesellschaft aus betrachtet, ergibt sich ein vergleichbares Bild.

Offenbart der Blick in die Geschichte, dass „Religion" in der Tat häufig eine Rolle bei der Entstehung und/oder der Austragung von Konflikten spielt, verlangt dies nach Erklärungen. Warum eignet sie sich in scheinbar herausragender Weise als Stein des Anstoßes? Zugleich bleibt zu bedenken, dass nicht jeder Konflikt, in dem „Religion" eine Rolle spielt, in ihr begründet ist. Und dennoch: Sie ist von Relevanz für eine solche Auseinandersetzung.

Eine erste Beobachtung verweist auf die Vielzahl der Reibungsflächen, die mit der Gesellschaft bestehen. Weiter führt die stets existierende Pluralität religiöser Vorstellungen zu einem Nebeneinander verschiedenster Überzeugungen, welche die Gestaltung menschlichen Lebens unmittelbar beeinflussen. Diese lassen sich aufgrund ihres Bezuges auf die Transzendenz hinsichtlich ihrer Validität nicht oder nur unzureichend mit intersubjektiv nachvollziehbaren Methoden bewerten. Aufgrund ihres sinn- und identitätsstiftenden Potentials kommt einer Entscheidung für oder gegen eine bestimmte Religion eine besondere Dringlichkeit und Bedeutung zu.[4] Ihre Richtigkeit bleibt Gegenstand der subjektiven, einer objektiven Überprüfung nicht zugänglichen Überzeugung. Liegt möglicherweise in der stets notwendigen Selbstvergewisserung die Neigung zu einer Abwer-

---

zw[ischen] Individuen innerhalb von Gruppen und zw[ischen] diesen) bez[eichnet], in welcher nicht nur einige, sondern alle Leistungen erbracht werden, die für die Erhaltung der Gattung im Naturzusammenhang erforderlich sind".

4   Dies gilt gleichermaßen für hinsichtlich ihres Inhaltes fest definierte Religionen, für Elemente einer Religion sowie für persönliche religiöse Überzeugungen eines Menschen, die sich von der „offiziellen Religion" unterscheiden.

tung anderer Entscheidungen und ein Hang zu Intoleranz begründet?[5]
Auf diese Fragen eine umfassende oder gar abschließende Antwort zu
geben, ist kaum möglich. Die angeführten Aspekte der Pluralität religiöser Überzeugungen und ihre unzureichende objektive Nachweisbarkeit
mögen genügen, um die häufig zu beobachtende Relevanz religiöser
Elemente in Auseinandersetzungen zu plausibilisieren.

Mit der wechselseitigen Einflussnahme der Brennpunkte Religion und
Gesellschaft korrespondiert deren wechselseitige Anpassung aneinander:
Wird eine Religion mit einer neuen Form der Gesellschaft oder umgekehrt
eine Gesellschaft mit einer neuen Religion konfrontiert, können aufgrund
der mangelnden Übereinstimmung der jeweils vorhandenen Verhaltens-
muster, Überzeugungen und Erwartungen Konflikte entstehen. Leicht
nachvollziehbar erscheint diese Problematik, wenn eine „neue Religion"
in einer von konkurrierenden religiösen Überzeugungen geprägten Gesellschaft gelebt wird. Eine solche Konstellation entsteht in einer Situation
der „Diaspora": eine Konkurrenz zwischen der Gesellschaft in ihrer spezifischen Verfasstheit und „religiösen" Prägung einerseits und der „neuen"
Religion einer Minderheit andererseits. Die Strahlkraft der Religion und
die integrative Kraft des Gemeinwesens wirken in entgegengesetzte Richtungen.

Eine besondere Virulenz erhielt dieses Spannungsfeld in der Zeit des
Hellenismus, die aufgrund der gr. Expansion zu massiven politischen,
gesellschaftlichen und kulturellen Veränderungen u. a. im Bereich der Levante führte. Die völlige Neuorganisation der politischen Landschaft und
die neuen kulturellen Merkmale, die diese Epoche prägen, erforderten
wiederholt eine Anpassung und Änderung der Verhältnisbestimmung
von Religion und Gesellschaft.

---

5   Vgl. ASSMANN, Unterscheidung 28ff, der den monotheistischen Religionen einen into-
    leranten Grundimpetus bescheinigt. Zu einer differenzierten religionsgeschichtlichen
    Auseinandersetzung mit dieser Problemstellung vgl. ALBERTZ, Gottesverehrung, ins-
    bes. 38–40; 40, „Es war und ist ein unzulässiger theologischer Kurzschluss, aus der
    Allmacht des als einzig erkannten Gottes, einen universalen Machtanspruch seiner
    Verehrer ableiten zu wollen." Außerdem DIETRICH, Monotheismus 27, „Insofern ist
    keineswegs ausgemacht, daß der antike Polytheismus ‚toleranter' war als der Jahwis-
    mus. ... Die antiken Gesellschaften waren im Durchschnitt, das pauschale Urteil sei
    riskiert, sicher nicht offener und menschenfreundlicher als die israelitische, eher im
    Gegenteil."

1.2 Kulturkontakt in der Zeit des Hellenismus

Dem Hellenismus wird in jüngster Zeit „Modernität" zugesprochen,[6] die sich in einer intensiveren Auseinandersetzung mit dieser – häufig nur als Anhang der gr. Geschichte betrachteten – Epoche widerspiegelt.[7] Epochen unterscheiden sich; sie ähneln sich aber auch. Weist jede ihre spezifischen Eigenheiten auf, so prägen vergleichbare Phänomene menschliches Leben in den verschiedenen Jahrhunderten und Jahrtausenden sowie in den verschiedenen Kulturkreisen.

Zur Einordnung der nachfolgenden Überlegungen sollen wichtige Züge des Hellenismus benannt werden, die für die skizzierte Fragestellung sowie für das Verständnis der Texte und die Textgeschichte bedeutsam sind. Mit dem Begriff „Hellenismus" wird – in chronologischer Hinsicht – die Zeit vom Herrschaftsantritt Alexanders des Großen bis zum Ende des Ptolemäerreiches (336–30 v. Chr.) angesprochen, wobei die Unschärfe jeder Epochenbezeichnung zu berücksichtigen bleibt.[8]

> „In der hellenistischen Zeit veränderte sich die griechische Lebensordnung
> ... nachhaltig: politisch, wirtschaftlich, rechtlich und kulturell. Drei Haupt-
> problemkreise bestimmten diese neue Welt: Sie war durch die Eroberung
> erheblich vergrößert, die Rechte der herrschenden Elite an Grund und Boden
> diversifizierten und verkomplizierten sich daher, und neben Kauf und Erbe
> wurde das Erobererrecht wichtig. *In dieser vergrößerten griechischen Welt lebten
> und herrschten aber Griechen und Makedonen neben und über nichtgriechische
> Völkerschaften; Kulturkontakte, Kontraste, Anpassungen, Kultur- und Identitäts-
> wandel waren die Folge.* In dieser neuen Welt war mit dem Königtum eine im
> mutterländischen Griechenland randständige politische Ordnung zu einer
> bestimmenden geworden; Charakter und Legitimität der Königsherrschaft
> wurden darum zu einem bestimmenden Problem der hellenistischen Literatur
> und politischen Theorie."[9]

Unter diesen Herausforderungen ist insbes. der zweite Aspekt für die nachfolgende Untersuchung von Interesse. Die politische und militäri-sche Expansion Alexanders des Großen erstreckt sich in den Bereich der

---

6   WEBER, Kulturgeschichte 8, „So lassen sich in etlichen Phänomenen, nicht zuletzt in
      der Globalisierung der damaligen Welt durch den Alexanderzug Anknüpfungspunkte
      zur Gegenwart sehen." Vgl. auch die prägnante Übersicht über Charakteristika des
      Hellenismus bei MEISSNER, Hellenismus 2f.
7   Erst Johann Gustav DROYSEN spricht der Epoche einen Eigenwert und eine „Wert-
      schätzung als Epoche" zu. Vgl. WEBER, Kulturgeschichte 7. Im Kontext der atl Wissen-
      schaften stellen die in hellenistischer Zeit entstandenen „Spätschriften" noch immer ein
      Randgebiet dar. Aber auch hier ist ein zunehmendes Interesse zu konstatieren. KRAUS,
      Translations 63, "There is 'Septuagint' in the academic air." Zur Entstehung dieses
      Interesses vgl. FABRY, Aufmerksamkeit 14ff.
8   Zur spezifischen Problematik des Epochenbegriffes „Hellenismus" vgl. GEHRKE, Epo-
      chenbegriff; außerdem WEBER, Kulturgeschichte 10.
9   MEISSNER, Hellenismus 1 [Hervorhebung; D. H.].

Levante hinein. Durch die damit verbundenen strukturellen Umwälzungen kommt es zu einem intensivierten Kulturkontakt zwischen Griechen und Juden.[10] Die Entstehung der großen Territorialreiche (insbes. der Seleukiden und Ptolemäer) führt zu einer Einbindung des Individuums in großräumige Strukturen, die – so die Perspektive des Israeliten – von Menschen einer fremden Kultur und einer fremden Religion dominiert und beherrscht werden. Der Makkabäer-Aufstand ist Zeugnis der Ängste aber auch der tatsächlichen Beeinträchtigungen, die mit der Einbindung in das Machtgefüge des Seleukidenreiches verbunden waren. Ihren Höhepunkt erreichen sie in den Verboten bzw. der Einschränkung der Religionsausübung durch Antiochus IV. Epiphanes im Herbst 167 v. Chr. (vgl. 1Makk 1,41ff).[11] Die Integration in die Großmachtstruktur bedeutet jedoch nicht nur Fremdbestimmung, sondern zugleich internationale Anschlussfähigkeit;[12] die Wahrnehmung ist von einer deutlichen Ambivalenz geprägt. „Wie es in hellenistischer Zeit nicht *das* Judentum, sondern mehrere ›Judentümer‹ gab, so verbirgt sich auch hinter dem Begriff des Hellenismus eine Vielzahl von ›Hellenismen‹. Ein zentraler Aspekt ist das Spannungsverhältnis zwischen der Bewahrung jüdischer Identität und der Anziehungskraft der griechischen Leitkultur des hellenistischen Zeitalters."[13] Die – seit dem 5. Jh. v. Chr. ausgeprägte –[14] Verbreitung des Judentums über Palästina hinaus verdeutlicht die Schärfe der Dichotomie zwischen der eigenen religiösen Identität und der (schließlich) hellenistisch geprägten Kultur der Diaspora in ihren verschiedenen Aspekten. Eine örtliche Differenzierung ist in Rechnung zu stellen: Je geringer der

---

10 Zur Vorgeschichte des Kontaktes zwischen jüdischer und gr. Kultur, wie er sich im Hellenismus entfaltet, vgl. KAISER, Athen 93ff; KREUZER, Kultur 28f. Bei aller Bedeutung dieses Kulturkontaktes für die Geistes- und Religionsgeschichte Israels darf nicht jede Entwicklung als Reflex auf die Begegnung mit dem Hellenismus verstanden werden. Vgl. dazu auch KAMPEN, Hasideans 42.

11 Vgl. VON DOBBELER, Makkabäer 19f.

12 Vgl. dazu auch KESSLER, Sozialgeschichte 180, „Der Hellenismus bringt dem Osten eine wirtschaftliche und kulturelle Blüte. Den lokalen Eliten gelingt es auch, an ihr zu partizipieren." Zeugnis dieser Auffassung ist die Haltung der sog. Hellenisten (vgl. 1Makk 1,11). Durch die Einbindung in die Kultur des Hellenismus erhoffen sie sich Anschlussfähigkeit und Wohlstand. Sozialer Aufstieg war an die Öffnung zum Hellenismus geknüpft. Vgl. VON DOBBELER, Makkabäer 22–24.

13 BRINGMANN, Judentum 245; vgl. KAISER, Athen 87f, „Das jüdische Schrifttum aus hellenistisch-römischer Zeit bezeugt als Ganzes, daß sich das Judentum in den guten viereinhalb Jahrhunderten zwischen der 332 v. Chr. erfolgten Einbeziehung Judas in das Reich Alexanders des Großen und der Zerstörung Jerusalems im Jahr 135 n. Chr. durch die Legionäre Kaiser Hadrians keineswegs einseitig vom Hellenismus abgesetzt, sondern sich in durchaus dialektischer und durch seine theologische Konstitution als das Bundesvolk Jahwes bedingter Weise mit der hellenistischen Kultur auseinandergesetzt hat." Dabei soll eine Fragmentierung des Judentums nicht das Wort geredet werden. Vgl. zu dieser Problematik STEGEMANN, Jesus 210; sowie Abschnitt 3.1.5, 56.

14 Vgl. dazu bspsw. LANG, Art. Diaspora 420; DORIVAL / HARL / MUNNICH, Bible Grecque 32f; KREUZER, Kultur 37f.

jüdische Bevölkerungsanteil im unmittelbaren Umfeld ausfällt, desto stärker ist der Einfluss der Umwelt. Die Solidarität und die Gemeinschaft im Kernland bieten mit den (mitunter gewährten) Privilegien der jüdischen Tempelgemeinde[15] einen gewissen Schutzraum gegen drängende Einflüsse, nicht jedoch vor der Sympathie mit der hellenistischen Leitkultur, die insbes. auch in Jerusalem deutlich ausgeprägt war.

In dieser Situation der Kulturbegegnung sind zwei gegenläufige Bewegungen zu beobachten: eine Hellenisierung und eine Orientalisierung.[16] Die Zweiseitigkeit des Kulturkontaktes ist offenkundig. Im Hinblick auf das Interesse der vorliegenden Untersuchung ist der Prozess der Hellenisierung die dominante Fragerichtung, wobei jedoch anzunehmen ist, dass auch die gr. Kultur nicht bzw. nur in der Anfangszeit in einer „reinen" Form auf das Judentum trifft; nachfolgend werden die Menschen in der Levante mit einer bereits in verschiedener Hinsicht und Intensität „orientalisierten" Form der gr. Kultur konfrontiert worden sein.

1.3 Diasporasituationen und ihre Herausforderungen

Der aufgrund der zunehmenden Globalisierung als zentraler Aspekt der hellenistischen Epoche bestimmte *Kulturkontakt* wirkt sich in sog. „Diasporasituationen" verstärkt aus. Dabei soll der Begriff „Diaspora" in einem weiten Sinn verstanden werden und nicht nur ein Leben „außerhalb des Landes", sondern allgemeiner „das Leben von Angehörigen einer bestimmten religiösen oder nationalen Gruppe in einer von einer anderen Religion oder Kultur dominierten Gesellschaft" bezeichnen.[17] Mit Blick auf Israel wird deutlich, dass die Diasporaerfahrung auch im Land selbst Wirklichkeit werden kann; sie ist nicht auf das babylonische Exil beschränkt, sondern ein weites Phänomen in der Geschichte des Volkes.[18]

---

15 So etwa die Privilegierung der jüdischen Gemeinde in Jerusalem unter Antiochus III. (vgl. Ant 12,138ff). Vgl. auch VON DOBBELER, Makkabäer 15; KAISER, Athen 101ff.

16 Vgl. MEISSNER, Hellenismus 2; KESSLER, Sozialgeschichte 179f.

17 Ähnlich die Definition in Duden Universalwörterbuch, Lemma: Diaspora 374, „Gebiet, in dem eine konfessionelle od[er] nationale Minderheit lebt". Damit sind Phänomene wie das Exil bzw. die Gola ebenso wie die Diasporagemeinden in Ägypten (insbes. in Alexandria) eingeschlossen; es wird aber auch das Leben einer religiösen Gruppe in einer nicht dominierenden Schicht im eigenen Land bezeichnet, wie es für Israel seit der Zeit des Hellenismus Wirklichkeit war. KOCH, Gotteserfahrung 29, „Die Perserzeit führt erstmals zu einer deutlichen *Unterscheidung von Religionsgemeinschaft und Staat*, denen eine je eigene Autorität zugesprochen wird und deren besondere Funktionen dennoch auf die *gleiche göttliche Providenz* zurückgeführt werden." Diese Unterscheidung darf nicht als eine Trennung von Religion und säkularem Staat missverstanden werden. Vgl. auch STEGEMANN, Jesus 210.

18 Vgl. dazu auch LANG, Art. Diaspora 420.

Die permanente Konfrontation mit einer fremden Lebensart erfordert umfassende Reflexionsprozesse und Neubestimmungen der eigenen Überzeugungen und Handlungsweisen.[19] In diesem Kontext sind Anpassungsprozesse zu beobachten, die in Faszination und Anziehung aber auch in äußerem Zwang gründen können.

Identität konstituierende[20] und in dieser Hinsicht neutrale Elemente sind gleichermaßen Teil dieses Prozesses. In beiden Fällen entsteht ein Spannungsfeld zwischen Bewahrung und Leben der eigenen Identität auf der einen und angestrebter oder notwendiger, erzwungener Integration in die neue Lebensweise auf der anderen Seite. In dieser Gegenüberstellung sind die beiden Extreme benannt; zwischen den Polen liegt ein breites Spektrum konkreter Realisierungsformen.[21]

Das Leben in einer Diasporasituation fordert heraus; dies gilt gleichermaßen für die Minderheit wie für die dominierende Schicht. Der Kulturkontakt ist eine zweiseitige Herausforderung. Aufgrund ihrer machtpolitischen Stellung ist die etablierte und bestimmende Gesellschaftsschicht nicht in der Gefahr, Repressionen zu erleiden; dennoch wird auch sie durch die Gegenwart und die Lebensweisen der in der Diaspora lebenden Menschen mit Anfragen und alternativen Entwürfen hinsichtlich religiöser Überzeugungen und der Gestaltung des Lebens konfrontiert. Ähnlich wie die Minderheit muss sich die Mehrheit im Spannungsfeld zwischen restriktiver Bewahrung der eigenen Identität und der Übernahme neu-

---

19 Auf diese Weise ist auch die Fruchtbarkeit des babylonischen Exils hinsichtlich der theologischen Reflexion und des literarischen Schaffens zu erklären. Zur grundsätzlichen Vergleichbarkeit der Herausforderungen des Exils und der Konfrontationen der hellenistischen Zeit vgl. HAAG, Exil 41, „Die hier nur in Umrissen skizzierte Problematik, vor die Israel sich erstmals im babylonischen Exil gestellt sah, erfuhr ein paar Jahrhunderte später in der hellenistischen Epoche – generell in der Konfrontation mit dem Säkularismus einer die ökonomischen und technischen Fähigkeiten des Menschen enthusiastisch bejahenden Weltzugewandtheit und speziell in der Unterdrückung durch den als Werkzeug des Antijahwe erkannten Seleukidenherrscher Antiochos IV. – eine unerhörte, zu letzter Entscheidung drängende Schärfe."

20 Zur Bezeichnung solcher typischer Handlungsweisen oder Merkmale bietet sich der Begriff „identity marker" an. Aus der Soziologie wurde er in die ntl Wissenschaft übertragen und zur Beschreibung des Umgangs des Paulus mit den Werken des Gesetzes herangezogen. Er umfasst zeichenhafte Handlungen oder Aspekte, die die Identität eines Menschen, insbes. auch in religiöser Hinsicht betreffen. Vgl. außerdem zur Anziehungskraft des Hellenismus VON DOBBELER, Makkabäer 22–24.

21 Die Problematik der Subjektivität der Identitätsbewahrung und des Abfalls vom Judentum entfaltet BARCLAY, Apostate 81, "One may measure with a degree of objectivity the extent to which Jews were socially assimilated to their Gentile environment, and the evidence which we shall consider suggests that all charges of 'apostasy' where somehow related to assimilation. But how they were related could vary greatly from one observer to another. A Jew who was assimilated to the extent of attending a Greek school and visiting the Greek theatre might be considered by some Jews an 'apostate', but be fully affirmed as an observant Jew by others. ... In fact, apostasy, like beauty, is in the eye of the beholder."

er Elemente der Kultur und Lebensweise bewegen. Die Notwendigkeit der Integration einer Minderheitengruppe in die Gesellschaft wird bibl. u. a. auch in der Erzählung vom Aufenthalt Israels in Ägypten sichtbar (insbes. Ex 1).[22]

Trotz der Differenzen zwischen der Zeit des Hellenismus und der Gegenwart bestehen Gemeinsamkeiten, zu denen die Bedeutung der Diasporasituationen für das Zusammenleben der Menschen zählt. Die aus dem Kontakt der Kulturen und ihrer Begegnung resultierenden Transformationsprozesse sind einerseits von Bedeutung für das Verständnis der Prozesse in der Geschichte Israels, andererseits eröffnen sie auch Perspektiven für die Gestaltung menschlichen Zusammenlebens in der Gegenwart.[23]

1.4 „Daniel in der Löwengrube" – ein Beispieltext

Erfahrungen der Diaspora spiegeln sich in der bibl. Überlieferung etwa in Gen 37–50, im Buch Ester oder in den Erzählungen des Daniel-Buches (Dan 1–6) wider.[24] Das Daniel-Buch in seiner Endgestalt ist im Kontext der jüdischen Literatur aus der Zeit des Hellenismus anzusiedeln und greift die dort lebendigen Situationen der Diaspora auf, wenn es auf der Ebene der erzählten Welt Aspekte des Lebens im babylonischen Exil schildert.

Der Erzählzyklus Dan 1–6 lebt von den Spannungen, die sich für die jüdischen Menschen am Hof des fremden Königs ergeben. Er eignet sich daher als Studienobjekt zur Erforschung einiger Aspekte der bibl. Wahrnehmung der Diaspora.[25] Da das Leben in einer Situation der Diaspora wesentlich von den involvierten Kulturen, Religionen und Gesellschaften geprägt ist, erscheint es lohnenswert, bibl. Texte, die in verschiedenen Kulturkreisen verortet sind, zu untersuchen. Die relativ eigenständige (nicht unabhängige) Überlieferung des Daniel-Buches in zwei verschiedenen Kulturkreisen lässt es als geeigneten Untersuchungsgegenstand

---

22 Israel existiert als „Parallelgesellschaft" in Ägypten und wird aufgrund seines sich stark vergrößernden Anteils an der Bevölkerung zunehmend als Bedrohung empfunden.
23 Die Auseinandersetzung mit der Vergangenheit erfolgt nicht der Gegenwart wegen; sie ist Selbstzweck. Zugleich aber, da sich die Untersuchung mit Textüberlieferungen befasst, die – zumindest in Teilen – als *Heilige Schrift* betrachtet werden, kommt der in ihr geschilderten Vergangenheit eine Relevanz für die Gegenwart zu. KAISER, Athen 89, „... sie [die Einbeziehung der gr. Welt in das atl Forschen; D. H.] liefert uns darüber hinaus ein Paradigma für die vor uns stehende Aufgabe eines interkulturellen und interreligiösen Dialoges und einer entsprechenden christlichen Theologie."
24 Hinzukommen weitere Überlieferungen, die von der Erfahrung der Diaspora geprägt sind. Dies gilt in besonderer Weise für die Texte, die im babylonischen Exil entstanden sind. Vgl. dazu ALBERTZ, Social Setting 171ff.
25 Vgl. WESSELIUS, Literary Nature 241.

erscheinen.[26] Aufgrund der Einbindung in die hebr. Bibel verwundert die Überlieferung im gr. Kulturkreis im Textzusammenhang der LXX nicht. Bei aller Ähnlichkeit erweist eine genaue Betrachtung der Texte jedoch ihren eigenen Charakter, sodass sich die Frage nach der Möglichkeit der Rekonstruktion des Übergangs der Tradition von einem Kulturkreis in einen anderen und nach seiner Gestaltung aufdrängt. Zwar ist LXX von MT oder einer hinter ihm stehenden semitischen Tradition abhängig, doch entwickelt sie die Erzählung eigenständig. Neue oder umgeprägte Motive, neue Fragestellungen und andere Antworten zeichnen LXX gegenüber MT aus; möglicherweise lassen sich die Unterschiede (zumindest in Teilen) kulturell begründen. Der Aufweis der Eigenständigkeit der Überlieferung, der Differenzen und Eigenheiten sowie der Legitimität der kulturellen Begründung sind wesentliches Anliegen der vorliegenden Untersuchung.

Das Buch Daniel verortet die Handlung am Hof fremder Könige (Dan 1,3f): Auftakt ist die Katastrophe des babylonischen Exils (V 1), die durch die Eroberung Jerusalems unter König Nebukadnezzar im 3. Jahr der Herrschaft des Jojakim von Juda und die anschließende Deportation herbeigeführt wurde. In deren Kontext gelangen vier junge Männer – unter ihnen Daniel – an den Hof des Nebukadnezzar und durchlaufen dort eine Erziehung und umfassende Ausbildung. Durch göttliche Intervention (V 17) werden sie mit außergewöhnlichen Fähigkeiten begabt und für den Dienst am Königshof des Nebukadnezzar und nachfolgender Könige gerüstet. Diese gehören zunächst zum babylonischen, dann zum medischen und schließlich zum persischen Reich. Damit sind zwei der Großmächte genannt, die über lange Zeit die Geschicke des Vorderen Orients maßgeblich bestimmten und insbes. auf die Geschichte „Israels" entscheidend Einfluss nahmen; die Rolle der Meder wird nicht ganz durchsichtig. Durch den Dienst am Königshof werden Daniel (und seine drei Gefährten) in das staatliche System als Ratgeber und Verwaltungsbeamte in gehobener Position integriert.

Diese Grundkonstellation begründet und prägt die Diasporasituation in spezifischer Weise. Daniel (und seine Gefährten) sind als „Fremde" Teil des staatlichen Systems. Mit der Indienstnahme durch den König entsteht ihm gegenüber eine Verpflichtung. Daniel ist doppelt in die Pflicht genommen: durch seine Religion und durch seine Stellung in der königlichen Machtstruktur. Zwei Anspruchssysteme, die bereits als potentiell intolerant klassifiziert wurden, nehmen ihn in die Pflicht. Ein Konflikt

---

26 Eine Unabhängigkeit lässt sich für die Texte ebenso wenig postulieren wie für die Kulturkreise; der Nachweis zahlreicher Berührungen lässt sich führen. NOLAN FEWELL, Circle 9, "In short, these versions are different texts: different arrangements of different words. A comparison and contrast of these would be an interesting and helpful study …"

ist möglich, aber nicht grundsätzlich notwendig oder selbstverständlich, vielleicht aber wahrscheinlich.

Auffällig ist die Mühe, die der Erzähler aufwendet, um den staatlichen Machtapparat zu beschreiben. Er ist das im Kontext der Erzählungen behandelte Thema; bei ihm liegt die Aufmerksamkeit und die Fragwürdigkeit.[27] Demgegenüber werden die jüdische Religion und die mit ihr verbundenen Traditionen und Gesetze ausschließlich im Hinblick auf konkrete Erfordernisse für den Verlauf der Erzählung thematisiert. Während über Gott nur wenige Informationen explizit gegeben werden – implizit aber klingt vieles durch literarische Verbindungen in andere bibl. Bücher an – verwendet der Erzähler Mühe darauf, ein Bild von einem staatlichen System zu zeichnen, das hauptsächlich aus den Beamten des Königs an der Verwaltungsspitze und dem König selbst besteht. Die Schwerpunkte in der Darstellung bilden die ausführlichen Erläuterungen der hierarchischen Organisation sowie der gesetzlichen Strukturen und Bestimmungen im staatlichen Bereich.

Eine Analyse dieses Machtapparates durch die Untersuchung der ihn vertretenden Personen ermöglicht Kenntnisse seiner inneren Strukturen und seines Selbstverständnisses. Außerdem mag so der sich faktisch immer wieder entwickelnde Konflikt zwischen den Ansprüchen des staatlichen Systems und denen der Religion Daniels, einen Blick auf die jeweiligen Wurzeln frei zu geben.[28]

Die Erzählung von Daniel in der Löwengrube (Dan 6), in deren Interpretation Daniel meist als Vorbild an Glaubenstreue vorgestellt wird, entfaltet, sofern man König Darius in die Interpretation der Erzählung vorbehaltlos einbezieht, ein beispielhaftes Bild des (problematischen) Verhältnisses von jüdischer Religion und höfischer Gesellschaft. Durch die Figur des Daniel wird der fremde Staat in Gestalt seiner Beamten und des Königs mit der jüdischen Religion und dem Gott Israels konfrontiert.[29] In diesem Kontext entsteht ein Bild der fremden Großmacht, und zugleich wird die Verhältnisbestimmung zwischen Religion (jüdische

---

27 Vor dem Hintergrund der bibl. Überlieferung ist eine Erklärung des Machtapparates nicht im Kontext der Dichotomie von „bekannt" und „unbekannt" zu suchen. Die bibl. Texte aus der früheren Zeit weisen hinreichend häufig auf differenzierte Verwaltungsstrukturen in Israel hin. Vgl. dazu KNAUF, Art. Verwaltung, Biblisch 1080f.
28 Zur Frage nach dem Schwerpunkt der Erzählung vgl. auch WILLI-PLEIN, Daniel 6 12. HUSSER, Théologie 21, „La question que nous poserons à ces récits est celle de la théorie implicite du pouvoir politique qu'ils recèlent, compte tenu de la place prépondérante qu'y occupe la figure du roi et du traitement globalement positif dont il fait l'objet, compte tenu aussi de leur probable origine dans la diaspora orientale dont ils reflètent une part des préoccupations au contact de ce pouvoir royal."
29 WILDGRUBER, Weisheit 52, „Das Thema der jüdischen Existenz in einem nichtjüdischen Umfeld erfährt in diesen Kapiteln eine dramatische Zuspitzung ..."

Überzeugung des Daniel) und Gesellschaft (medisches Reich) bedacht.[30] Dieser Fragestellung kommt innerhalb von Dan 1–6 in den beiden Erzählungen Dan 3 und Dan 6 eine besondere Relevanz zu. Die parallele Überlieferung der Erzählungen in einer weitgehend eigenständigen Überlieferungslinie der LXX ermöglicht den Vergleich zwischen der Formulierung der Erzählung in der mt (semitischen) Tradition und der Tradition der griechisch-sprachigen Diaspora.[31] Aufgrund der Eigenständigkeit der Überlieferungen in Dan 4–6 ist davon auszugehen, dass die Erzählung von Dan 6 in zwei Fassungen überliefert ist, die in verschiedenen Kulturkreisen beheimatet sind. Dan 6 erscheint daher als geeigneter Untersuchungsgegenstand.

Die Erzählung thematisiert die Frage nach jüdischer Existenz in einer speziellen Diasporasituation: die Frage nach der Lebensweise eines Anhängers des „Gottes des Daniel" in einem Milieu, das andere Gottheiten verehrt. In gleicher Weise wird auch die umgekehrte Perspektive eingenommen: der Blick auf die Gesellschaft, die mit einem jungen, aufstrebenden Juden konfrontiert wird, der aufgrund seiner außerordentlichen Fähigkeiten beinahe unmittelbar an der Spitze der staatlichen Hierarchie angesiedelt, aber dennoch ein „Fremder" geblieben ist und „fremden" religiösen Bräuchen nachgeht. Die beiden Texttraditionen gehen je eigene Wege in der Darstellung aber auch in der Akzentsetzung der mit diesem Fragekomplex verbundenen Aspekte; die religiöse Zuspitzung des Konfliktes wird auf je unterschiedliche Weise entwickelt. Zentral ist die theologische Dimension, deren konkrete Qualität zu erheben ist.[32]

---

30 SMITH-CHRISTOPHER, Gandhi 333, "… what view of the foreign authorities is implied in these tales? Is it positive or negative?" Nicht nur die Visionsberichte (Dan 7–12) sind für die Aussagen zur irdischen Macht relevant, sondern auch die Erzählungen (1–6). Sie fügen sich in den Kontext der zwischentestamentarischen Krisenliteratur ein, unterscheiden sich jedoch signifikant von ihr.

31 Das Verhältnis der beiden Überlieferungslinien ist komplex. Die Formulierung „eigenständig" ist bewusst gewählt und zielt auf die vorhandenen Differenzen bei einer gleichzeitigen Übereinstimmung in vielen Bereichen. Die Annahme der Entstehung von Dan[LXX] in Alexandria erscheint konsensfähig.

32 Exemplarisch sei verwiesen auf: ASHLEY, Book of Daniel 206, "The author of chapters I–VI is more concerned to paint a picture of an omnipotent, active, wisdom-giving God than he is to give a picture of man or the world." DAVID, Composition 75, "… one is dealing with highly theological didactic stories which are expressly intended to portray the universal conversion of the heathens." Die theologische Botschaft lässt sich nicht auf einfache Formeln bringen. Vgl. dazu ASHLEY, Book of Daniel 182.188, "The relatively uncomplicated nature of these stories leads to a rather uncomplicated theology … 'Loyalty to God is more important than anything else, even life itself' … 'God rewards absolute loyalty'."

2 Überlieferung und Textgrundlage

Die Erzählung von „Daniel in der Löwengrube" (Dan 6) ist als Kapitel des atl Daniel-Buches Teil eines größeren Textzusammenhanges mit einer komplexen Überlieferungsgeschichte.[1] Der Vergleich von MT und LXX zeigt deutliche Differenzen: Die Unterschiede betreffen nicht nur die Sprache, sondern beziehen sich in erheblichem Maße auf Form und Inhalt. Die weiteren Überlieferungen lassen sich – trotz einiger Abweichungen – diesen beiden Traditionsströmen zuordnen.

2.1 Masoretische Tradition

Ausgangspunkt der Darstellung ist MT;[2] Dan 6 ist in ba Sprache überliefert. Grundlage ist der Codex Leningradensis (B[19]=L), den die BHS in kritischer Edition bietet.[3] Das Buch Daniel gehört zur Gruppe der כתובים – nicht der נביאים – und steht zwischen Ester und Esra/Nehemia.[4] Das mt Daniel-Buch umfasst 12 Kapitel, die in hebr. (1,1–2,4a; 8–12) bzw. aram. (2,4b–7,28) Sprache vorliegen. Nicht in MT überliefert sind die sog. deuterokanonischen Abschnitte: das Gebet des Asarja (3,24–50), der

---

1   Zu einer ersten Übersicht NIEHR, Buch Daniel 611–613; sowie Abschnitt 3.1.2, 33.

2   Die getroffene Entscheidung ist technischer Art; die Festlegung einer Reihenfolge ist praktisch notwendig. Aufgrund der historisch bedingten Wertschätzung des MT soll dieser als Ausgangspunkt gewählt werden. Die Untersuchung der einzelnen Texttraditionen ist demgegenüber vollständig unabhängig, vgl. etwa auch ALBERTZ, Gott. Anders ASHLEY, Book of Daniel 6f; MEADOWCROFT, Aramaic Daniel.

3   BHS wurde anhand der Faksimile-Ausgabe des Codex Leningradensis (FREEDMAN et al, Codex Folio 437–447) überprüft. Farbige Photographien oder Reproduktionen konnten nicht eingesehen werden. Ergänzend wird der von STRACK herausgegebene und nach Handschriften korrigierte Text herangezogen. Vgl. STRACK, Grammatik 9*–32*.

4   Unabhängig von einer möglicherweise ursprünglichen Einordnung unter die Propheten ist von der überlieferten Reihung der bibl. Bücher auszugehen. Vgl. dazu KOCH, Profeten, der – insbes. aufgrund von 4QFlor; Ant 10,267ff; 11,7; Mt 24,15 – davon ausgeht, dass Daniel ursprünglich als Prophet betrachtet und sekundär in den dritten Kanonteil verschoben wurde. Weiter EGO, Rabbinen 32; FINLEY, Book of Daniel 208. Anders bspw. TILLY, Rezeption 36. Zu den intertextuellen Konsequenzen der verschiedenen Reihungen vgl. SCHEETZ, Position.

Lobgesang der drei jungen Männer (3,51–90), sowie die Erzählungen von
Susanna (Dan 13 = Sus) und von Bel und dem Drachen (Dan 14 = BelDr).[5]
Als Bestandteil der mt Überlieferung ist die Masora in die Untersuchung einzubeziehen. Aufgrund des signifikant erhöhten Vorkommens
mt Anmerkungen in den aram. Abschnitten gebührt ihr erhöhte Aufmerksamkeit.[6] In einzelnen Fällen ist die Beachtung der Akzentsetzung zur
Erhebung der Struktur des Textes hilfreiches Indiz.

2.2 „Texte von Qumran"

Die Entdeckung und Edition der „Texte von Qumran" hat für die Erforschung des Daniel-Buches interessante Erkenntnisse zutage gefördert.[7]
Die Datierungen der Handschriftenfragmente stellen einen *terminus ante
quem* für die Endredaktion der Texte dar.[8] Vorwiegend aufgrund inhaltlicher Argumente wird von der Mehrzahl der Exegeten eine Spätdatierung
der Endredaktion vertreten.[9] Diese gegenläufigen Argumentationslinien
legen nahe, von einer Entstehung der Manuskripte in zeitlicher Nähe zum
Abschluss des Daniel-Buches auszugehen; sie datieren „about a century
or so after the composition of the book"[10].
Es finden sich acht fragmentarische Handschriften (verteilt auf die
Höhlen 1, 4 und 6)[11], die Texte aus dem Daniel-Buch enthalten, davon
fünf, die die aram. Abschnitte berühren (1Q71.72; 4Q112.113.115).[12] Die

---

5   Die Kapitel- und Versangaben beziehen sich auf EÜ. Andere Traditionen bieten die
    entsprechenden Abschnitte mitunter an anderer Stelle.
6   ASHLEY, Book of Daniel 9, "The less exact preservation of the text may be seen pri-
    marily reflected in the fact that the cases of Kethibh and Qere are limited to twelve
    in the six Hebrew chapters of Daniel, whereas the count in the six Aramaic chapters
    numbers 106." Dort auch ein Überblick über die Art der Ketib/Qere Anmerkungen
    und Erklärungsversuche. Zu einer Klärung der sprachlichen Klassifikation der Qere
    Notizen – in Auseinandersetzung mit MORROW/CLARKE, Ketib/Qere – vgl. FASSBERG,
    Origin 12, "… are Palestinian phenomena of the Middle Aramaic period and not, as
    has recently been argued, linguistic features that entered the biblical tradition during
    the Late Aramaic period." Vgl. dazu MORROW/CLARKE, Ketib/Qere 422, "… reflects
    a dialect of Aramaic spoken in Palestine some time between 200–600 C. E."
7   Von besonderem Interesse für die Textgeschichte des Daniel-Buches ist die Beobachtung,
    dass der Sprachenwechsel vom Hebr. ins Aram. (Dan 2,4a, 1Q71) und umgekehrt (8,1,
    4Q112.113) belegt ist. Vgl. ULRICH, Orthography 30; PFANN, Aramaic Text 128f.
8   Vgl. GZELLA, Dating 63.
9   Vgl. dazu Abschnitt 3.1.2, 33.
10 ULRICH, Orthography 31; MUNNICH, Texte massorétique 96.
11 Vgl. ULRICH, Orthography 29.
12 Vgl. für die aram. Abschnitte die leicht zugängliche Übersicht bei BEYER, ATTM 2 187–
    199; neuerdings außerdem ULRICH, Biblical Qumran Scrolls 764–766. Zur Bezeichnung
    der Handschriften existieren zwei gängige Systeme. Zur Identifikation führt folgen-
    de Gleichsetzung: 1QDan^a=1Q71; 1QDan^b=1Q72; 4QDan^a=4Q112; 4QDan^b=4Q113;

Textüberlieferung weist zwischen MT und Dan^Q keine größeren, wohl aber – insbes. im Bereich der Orthographie – viele kleine Differenzen auf.[13] Die Tatsache, dass alle zwölf Kapitel der späteren mt Tradition in Qumran attestiert sind, ist ebenso festzuhalten wie die Beobachtung, dass die deuterokanonischen Abschnitte (3,24–90; Sus; BelDr) nicht belegt sind.[14] Die Übereinstimmungen des Textumfangs und der Kapitel im Einzelnen machen die Zugehörigkeit zu einem Traditionsstrom deutlich.[15] Ähnlich wie MT steht Dan^Q der Überlieferung der LXX gegenüber.[16] Über die Stellung im Kanon kann aufgrund der Fundlage keine Auskunft gegeben werden.

4Q113 (Fragmente 7i.7ii.8.9) ist die einzige Handschrift, die Abschnitte aus Dan 6 (6,8–22.27–29) überliefert; die Abweichungen gegenüber MT sind gering.[17] Sie ist eine der späten Handschriften von Dan^Q und datiert –

4QDan^c=4Q114; 4QDan^d=4Q115; 4QDan^e=4Q116; pap6QDan=6Q7. Vgl. die Übersicht NEL, Contribution 609f. Zu außerbiblischen Überlieferungen, die sich auf Daniel beziehen, vgl. STUCKENBRUCK, Formation 104ff; KRAFT, Daniel 125f, 4Q242.243–245.246; 4Q522f sowie 4Q551? VERMES, Treatment 149, "… various Aramaic fragments belonging to apocryphal Daniel stories, indicating that there were elements of the narrative cycle which failed to penetrate the 'real' Daniel manuscripts themselves." Außerdem – mit Angabe von Editionen – MUNNICH, Daniel 87f; sowie KNIBB, Book of Daniel 19ff.

13   Vgl. dazu ULRICH, Text; ULRICH, Orthography 30. Außerdem KRAFT, Daniel 125f; FLINT, Daniel Tradition 331f.

14   1Q71.4Q115 bieten 3,23–24(=91) direkt aufeinanderfolgend. Damit ist das Fehlen der deuterokanonischen Abschnitte für diese beiden Manuskripte belegt. Vgl. MUNNICH, Texte massorétique 97.

15   ULRICH, Canonical Process 284, "generally in the same textual tradition in which the MT stands … the Qumran manuscripts display the same general *edition* as that in the MT". Vgl. auch NEL, Contribution 611ff.

16   Ein Textfund aus zeitlicher Nähe zur endgültigen Kompilation des Daniel-Buches bietet einen weitgehend identischen Text. KOCH, Buch Daniel 22f, „Dies bedeutet nun freilich nicht, daß der hinter G oder S zu mutmaßende Text unbedingt sekundär sein müsse. Es läßt sich nur daraus schließen, daß die M-Fassung eine eigenständige sinnvolle Redaktion des Textes darstellt und die grundsätzlichen Unterschiedenheiten zu den anderen Übersetzungen, sofern diese einen semitischen Urtext voraussetzen, auf literarkritischem oder überlieferungsgeschichtlichem Weg erklärt werden müssen. Textkritisch lassen sich die Differenzen nicht aus der Welt schaffen." 200–250 Jahre lassen für textgenetische Prozesse genügend Raum. Vgl. auch MUNNICH, Texte massorétique 99, „Pour les [i.e. les différences, D.H.] comprendre, on doit passer, de la critique textuelle, à la critique littéraire." ULRICH, Canonical Process 285, "Rather, in Daniel 4–6 *both* the MT and the Old Greek are apparently secondary, that is, they each expand in different directions beyond an earlier common edition which no longer survives."

17   Eine Übersicht über die Varianten bietet ULRICH, Text 577; ULRICH, Biblical Qumran Scrolls 764–766 vgl. außerdem BEYER, ATTM 2 187; PFANN, Aramaic Text 129, "Of the 144 variants in the Aramaic sections most are orthographic and morphological variants reflecting the preferences of scribes or differing scribal conventions." Auffällig bleibt die weitgehende Übereinstimmung zwischen Dan^{MT} 6 und Dan^Q 6 gegen Dan^{LXX} 6. MUNNICH, Texte massorétique 97, „En Dan 6, Ω n'a pas d'équivalent à l'expansion de la Septante (v. 12a); le v. 18 (19) ne comporte pas l'anticipation narrative du salut divin, qui constitue une caractéristique si surprenante de la Septante."

nach paläographischen Argumenten – in die erste Hälfte des 1. Jh. n. Chr.[18] und könnte eine Abschrift von 4Q112 darstellen.[19] Die zeitliche Nähe von abschließender Redaktion und vorliegendem Manuskript ist für Dan[Q] 6 relativiert; dennoch bleibt eine Differenz von 200–250 Jahren überschaubar. Die Existenz älterer Manuskripte setzt das Daniel-Buch mit Dan 6 in einer nicht unerheblichen Verbreitung für eine frühe Zeit voraus.[20] Dass eine solche Zeitspanne genügend Raum für textgenetische Prozesse lässt, ist evident.

2.3 Peschitta

Beschäftigt man sich mit den ba Texten des AT, sind Zusammenhänge und Argumente mitunter anders zu bewerten als in der atl Wissenschaft üblich. Eine solche Verschiebung ist im Hinblick auf die textkritische Bedeutung der Peschitta festzustellen.[21]

> „S wird … lange als Tochterübersetzung von G angesehen, obwohl diese Ansicht für die aramäischen Partien des Db grotesk wirkt. Da nämlich Syrisch und Biblisch-Aramäisch nur Dialekte der gleichen Sprache sind, herrscht in manchen Versen zwischen S und M durchgängige Wortgleichheit, nur Wortendungen und Vokalisation unterscheiden sich; S stellt also mehr Transkription als Übersetzung dar."[22]

---

18 ULRICH, Orthography 31, 20–50 n. Chr. ähnlich PFANN, Aramaic Text 128; FLINT, Daniel Tradition 330; NEL, Contribution 610.
19 So BEYER, ATTM 2 187, allerdings mit Fragezeichen.
20 NEL, Contribution 611, "The large number of preserved copies may be regarded as a determining factor showing the importance of the book in the Qumran community. The way in which Daniel was used at Qumran shows its authoritative status."
21 Für den syrischen Text liegt die Textausgabe des Leidener Peschitta Institutes: Dodekapropheton – Daniel-Bel-Draco. The Old Testament in Syriac. According to the Peshiṭta Version von 1980 zugrunde. Sie geht auf den Codex Ambrosianus zurück, der in das 6. oder 7. Jh. zu datieren ist. Vgl. TAYLOR, Book of Daniel 240. Ein gewachsenes Interesse an Fragen der Peschitta, insbes. an Fragen der grundsätzlichen Verhältnisbestimmung zum MT, ist vor dem Hintergrund der Übersetzungsprojekte der LXX zu konstatieren. Wegweisend dafür sind die Diskussionen, die im Kontext des Projektes der *New English annotated Translation of the Syriac Bible* (NEATSB) geführt wurden und werden. Vgl. dazu JENNER, NEATSB.
22 KOCH, Buch Daniel 20f.

Folgt man dieser Einschätzung,[23] erhält die Peschitta ein starkes Gewicht in Fragen der Textkritik.[24] Die Beobachtung eines gemeinsamen Abweichens der Peschitta in Verbindung mit LXX oder θ von MT lässt mehrere Deutungen zu.[25] KALLARAKKAL vermutet einen Einfluss der Peschitta auf die Texttradition des θ;[26] demgegenüber geht TAYLOR von einer umgekehrten Abhängigkeit aus.[27] Aufgrund der Vielzahl offener Fragen zur Textgeschichte der Peschitta erscheint eine Datierung des Daniel-Textes derzeit nicht möglich.[28] Um einer Überbewertung der Peschitta vorzubeugen, soll eine vorsichtige Position eingenommen werden: Eine Abhängigkeit von θ wird für möglich gehalten.[29] Dass die deuterokanonischen Abschnitte – zwar an den verschiedensten Orten im Kanon der Peschitta und in verschiedenen Zusammenstellungen –[30] überliefert sind, legt eine zurückhaltende Beurteilung ebenfalls nahe, ohne dass ihre Bedeutung zu vernachlässigen ist.[31]

In der syrischen Tradition sind die Aufteilung und Gruppierung der Bücher sehr unterschiedlich; zwar gilt das Buch Daniel als prophetisches

---

23 Vgl. auch jüngst TAYLOR, Book of Daniel 243.246, "In terms of translation theory the Peshitta of Daniel falls more into the category of what today is known as formal correspondence, as opposed to functional or dynamic equivalence … Although this version is relatively literal, it is not slavishly wooden to the point of becoming awkward in terms of Syriac style. For the most part the Peshitta of Daniel in fact reads more like a native composition than a translation document."

24 Ebd. 243, "In a limited number of places the Peshitta of Daniel points to an underlying Hebrew-Aramaic *Vorlage* that may actually be superior to the Hebrew Masoretic text, either with regard to the consonantal text or with regard to its proper vocalization." Keine der dort genannten Stellen betrifft Dan 6.

25 Wobei im Vergleich zwischen Peschitta und LXX, insbes. in Dan 4–6, offensichtlich die Differenzen überwiegen. Ebd. 245, "In none of the major pluses or minuses that characterize these chapters in the Greek text does the Syriac translation align itself with the Septuagint against the MT."

26 KALLARAKKAL, Peshitto 224, "Perhaps the author of ur-Theodotion may have consulted S also for his work …"

27 WYNGARDEN, Syriac Version 37.39; TAYLOR, Peshiṭta of Daniel 312, "In the generally Hellenistic society of pre- and post-NT times, it seems far more likely that a Syriac translator would make use of a widely known Greek translation such as Theodotion-Daniel than that a Greek translator would utilize the Syriac version." Außerdem TAYLOR, Book of Daniel 246.

28 Vgl. dazu den Forschungsbericht bei JENNER, Syriac Daniel, der alle drei größeren Abhandlungen vergleicht. Jüngst MUNNICH, Peshitta 231ff. JENNER, Syriac Daniel 613, bietet einen Überblick über die vorgeschlagenen Datierungen, die vom 1. Jh. v. Chr. bis zur Mitte des 2. Jh. n. Chr. reichen.

29 TAYLOR, Book of Daniel 243, "The translation was probably undertaken shortly after the stabilization of the Hebrew text had occurred toward the end of the first century A.D."

30 Vgl. dazu die variable Positionierung von BelDr in den gr. Traditionen.

31 Vgl. dazu TAYLOR, Book of Daniel 243, der davon ausgeht, dass den Übersetzern Manuskripte der hebr. Schriften aus dem 1. Jh. n. Chr. vorgelegen haben.

Buch, doch sein Ort im Kanon der Peschitta ist nicht einheitlich.[32] Es steht einmal zwischen Ezechiel und dem Dodekapropheton, in anderen Handschriften jedoch zwischen Ezechiel und den Sprichwörtern direkt an der Schnittstelle zwischen Propheten und Schriften.

Im Gegensatz zur mt Tradition und der Textüberlieferung aus Qumran bietet die Peschitta auch die deuterokanonischen Abschnitte des Gebetes des Asarja und des Lobgesanges der drei jungen Männer (Dan 3,25–90), die Erzählung von Bel und dem Drachen (BelDr)[33] sowie die Erzählung von Susanna (Sus). Das Gebet des Asarja und der Lobgesang begegnen einerseits an ihrem vertrauten Ort aber auch im Buch der Oden (Odes 8 = Dan 3,26–56; 9 = Dan 3,57–88). BelDr steht am Ende des Daniel-Buches.[34] Die Überlieferung von Susanna wird entweder dem Buch Daniel vorgeschaltet oder in das „Buch der Frauen" eingeschlossen.[35]

Auch für Dan 6 ist die Einbeziehung des Peschitta Textes lohnenswert. Gerade im Vergleich mit der LXX fällt die enge Anlehnung an die mt Tradition auf.[36]

2.4 Septuaginta

Die bislang betrachteten Überlieferungen verbindet ihre weitgehende Übereinstimmung mit MT; ihnen steht die Tradition der LXX gegenüber, die in einem wesentlich höheren Maß Differenzen aufweist[37] und eine im

---

32 Vgl. dazu und im Folgenden JENNER, Syriac Daniel 624–626; nicht eindeutig zu klären ist die Frage nach dem Kanon der Peschitta. VAN PEURSEN, Introduction 3, "The question of what books should be included in an edition of the Old Testament in Syriac is related to the complex question of how we can determine the Old Testament canon in the Syriac tradition." Vgl. außerdem ebd. 3–7.

33 Vgl. JENNER, Syriac Daniel 609.

34 Für eine detaillierte Aufstellung der kanonischen Reihenfolge bezogen auf das Daniel-Buch und angrenzende Schriften vgl. ebd. 624–626. Ein besonderes Merkmal der Peschitta ist die Zusammenstellung verschiedener Bücher zu Buchgruppen, dem Beth Mawtbē, den Psalmen und Oden sowie dem Buch der Frauen. Vgl. VAN PEURSEN, Introduction 3.

35 Im „Buch der Frauen" sind die Bücher Ruth, Susanna, Ester und Judith zusammengeschlossen.

36 Vgl. JENNER, Syriac Daniel 612, "In P-Daniel chapters four, five and six do not reflect the distinctive textual features that mark the LXX in a category by itself." Dennoch bestehen zahlreiche Übereinstimmungen zwischen LXX und Peschitta gegen MT. Vgl. MUNNICH, Peshitta 246, „Il semble que 𝕲, accompagné ou non par les version grecques, reflète alors un état du texte présentant des variantes rédactionnelles par rapport à 𝔐." An einzelnen Stellen lässt sich der Befund für das Verständnis des MT (etwa Dan^MT 6,4) heranziehen.

37 Eine umfassende Kommentierung von Dan^LXX steht noch aus, ist aber von Timothy McLay für die Reihe SBL Commentary on the Septuagint (SBLCS) angekündigt.

Vergleich zu diesem auffallend geringe Rezeption erfahren hat.[38] Diese korreliert mit der Anzahl der überlieferten Handschriften.[39] Eine Aussage über Qualität und Authentizität des Textes lässt sich damit – entgegen früherer Auffassungen (etwa bei HIERONYMUS)[40] – allerdings nicht verbinden. Die Bezeugung des gesamten Daniel-Textes beschränkt sich auf drei Textzeugen. Den ältesten vollständigen Text in der LXX-Fassung bietet der Papyruskodex P 967, der aus dem 2.[41] oder 3.[42] Jh. n. Chr. stammt und im Jahr 1931 in Ägypten gefunden wurde.[43] Seine Veröffentlichung war 1977 abgeschlossen und konnte bei der wichtigen Textausgabe der gr. Daniel-Texte von ZIEGLER in der Reihe der GÖTTINGER SEPTUAGINTA nur teilweise einbezogen werden.[44] Mittlerweile steht eine von MUNNICH überarbeitete Auflage der Ausgabe von ZIEGLER zur Verfügung, die den gesamten P 967 berücksichtigt.[45] Die Bedeutung des P 967 liegt auch darin,

---

38 Die Bezeichnung Septuaginta (LXX) ist traditionell aber nicht unbedingt sachlich treffend. Zur Kritik vgl. etwa GREENSPOON, Use 23ff; TILLY, Septuaginta 19f; ähnlich SWART, Divergences 106f. Im Bewusstsein der Problematik soll am traditionellen Begriff festgehalten werden. Die Nummerierung der Verse weicht in den verschiedenen Textausgaben voneinander ab. Die hier verwendete Zitation folgt der Göttinger Ausgabe von MUNNICH. Zur LXX im Kontext der gegenwärtigen Forschung und zur Textgenese der LXX vgl. Abschnitt 3.2, 120.

39 ALBERTZ, Gott 10, spricht von einer „kirchlichen Textzensur", die den LXX-Text beinahe vollständig aus der Überlieferung tilgte. Zur Geschichte der Anfänge der „Wiederentdeckung" des LXX-Textes vgl. außerdem BLUDAU, Alexandrinische Übersetzung 25.

40 Die entsprechenden Hinweise auf Zitate aus „In Danielem" und „Praefatio in liber Danielem" finden sich mit Quellennachweis bei SCHMITT, „θ"-Text 11; BRUCE, Oldest Greek 23; wesentlich einseitiger ASMUSSEN, Daniel 52, „Dieser [i e. G; D. H.], dagegen bietet wieder einmal einen Text voll von willkürlichen Zusätzen und Verdrehungen. Alle Genauigkeit, Logik und Schlichtheit des MT ist in G dahin und leider aufgelöst in Geschwätzigkeit und Märchendichtung. G hat als Übersetzung nur ein vernichtend negatives Urteil verdient, und die Theologen der christlichen Zeit sind zu loben, weil sie den G-Text verwarfen und durch andere Übertragungen ersetzten." Zu diesem Verdikt vgl. GRELOT, Versions 381f. BRUCE, Oldest Greek 38, zieht die Targumim als Parallele heran: "What we have in the Septuagint of Daniel is a Greek Targum."

41 Vgl. GEISSEN, Septuaginta-Text 18; ALBERTZ, Gott 17, die aber auch eine spätere Datierung (allerdings nicht später als die Mitte des 3. Jh.) nicht ausschließen. Jüngst: KREUZER, Papyrus 967 64, um 200 n. Chr.

42 Vgl. KOCH, Buch Daniel 19; BOGAERT, Relecture 197.

43 Weitere Belege finden sich vereinzelt bei den Kirchenvätern. Vgl. ALBERTZ, Gott 10; RIESSLER, Buch Daniel 4–8; BLUDAU, Alexandrinische Übersetzung 5ff, etwa bei TERTULLIAN, CYPRIAN und VICTORINUS VON PETTAU.

44 Berücksichtigt wurden die Abschnitte, die sich in der Chester-Beatty Sammlung befanden und bereits im Jahr 1938 veröffentlicht waren (vgl. KENYON, Chester Beatty, Text; KENYON, Chester Beatty, Plates). Vgl. ALBERTZ, Gott 16f. Zur Textüberlieferung allg. vgl. BLUDAU, Alexandrinische Übersetzung 6ff.

45 MUNNICH, Daniel. Vgl. dazu auch HANHART, Septuagintaforschung 266ff. Ergänzend zu der Ausgabe von ZIEGLER kann die von McLAY zusammengestellte Kollation der Varianten des P 967 gegenüber ZIEGLER in McLAY, Collation herangezogen werden.

dass er – als einziger Zeuge – einen Text bietet, der vor der Hexapla des ORIGENES (185–253/4 n. Chr.) entstanden ist und von dieser vermutlich nicht beeinflusst wurde. Nicht endgültig geklärt ist das Verhältnis von P 967 und θ. Vermutlich ist P 967 leicht von θ beeinflusst.[46] Die beiden anderen Textzeugen 88 (Codex-Chisianus, 10. Jh.) und Syh (eine im Codex syro-hexaplaris Ambrosianus erhaltene, dem griechischen Text treu folgende syrische Übersetzung der Hexapla aus dem 7. Jh.)[47] gehen auf die hexaplarische Rezension zurück[48] und bieten den Text der sog. „fünften Spalte" der Hexapla. Beide Kodizes stehen in einer engen Verwandtschaft, die ZIEGLER mit dem Begriff „Schwesterhandschriften"[49] charakterisiert hat.[50]

Mehrere gewichtige Fragestellungen sind im Kontext dieser Untersuchung von Relevanz.[51] Eine erste Fragestellung betrifft die Differenzen zwischen MT und LXX, die insbes. in den Kapiteln 4–6 ein nur schwer erklärbares Ausmaß annehmen.[52] Zwei Erklärungsmodelle werden – in Variationen – herangezogen.[53] Während eine Gruppe von Exegeten versucht, den Befund durch eine freie, adaptierende Wiedergabe durch den Übersetzer zu erklären,[54] gehen andere Erklärungsversuche von verschiedenen Textgrundlagen aus: Dem Übersetzer der LXX habe eine vom MT

---

46 Vgl. HAMM, Septuaginta-Text 26; MCLAY, Question 253, "… it is also obvious that 967 itself has undergone correction toward both Th and MT." Zu θ und seiner Datierung vgl. den nachfolgenden Abschnitt 2.5, 23.
47 Vgl. KOCH, Buch Daniel 18.
48 Vgl. ZIEGLER, Susanna, Daniel, Bel et Draco 13. Sie bieten eine Überarbeitung des Origenes, die von der Kenntnis des MT sowie von θ geprägt ist. Zur Bedeutung des Origenes für die Überlieferung vgl. MUNNICH, Origène.
49 ZIEGLER, Susanna, Daniel, Bel et Draco 11.
50 Zur handschriftlichen Überlieferung vgl. außerdem MCLAY, OG and Th 6f.
51 Vgl. BOGAERT, Relecture 198f.
52 MCLAY, Translation 304, "… the OG exhibits little textual similarity to either Th or the MT". Auf die unterschiedliche Verteilung der Differenzen verweist auch MUNNICH, Texte massorétique 94, „… une majorité de chapitres reposent sur un substrat presque identique à 𝔐; d'autres supposent un substrat différent (les chapitres 4 à 6); certains enfin ne possèdent aucun équivalent en 𝔐 … " Angesichts dieses Befundes hat BICKERMAN und in seiner Folge TOV das Buch Daniel als „strange Book" bezeichnet. Vgl. dazu die Titel BICKERMAN, Strange Books; TOV, Strange Books. TOV, Nature 161, "The OG of Daniel 4–6 reflects a rewritten book of a text like MT."
53 Vgl. dazu TOV, Strange Books 284.
54 So wie viele andere etwa ASHLEY, Book of Daniel 257, "This chapter is again to be considered an adaptation rather than a translation of the MT."

abweichende Textfassung vorgelegen.[55] Hinsichtlich der Einordnung dieser Vorlage besteht kein Konsens.

Einen besonderen Hinweis verdient – zweitens – die Tatsache, dass P 967 zwischen Dan 4 und Dan 9 eine andere Kapitelreihenfolge bietet. An Dan[LXX] 4 schließt Dan[LXX] 7 an; es folgen Dan[LXX] 8; 5; 6; 9.[56] Als leitendes Kriterium dieser Gliederung erscheint – entgegen der inhaltlich-unterscheidenden Struktur der übrigen Textzeugen und des MT – die Königschronologie.[57] Die Frage, „ob der Papyrus damit die ursprüngliche Kapitelfolge bewahrt hat oder nur einen späteren Versuch dokumentiert, den historischen Rahmen zu glätten, wird erst in einer eingehenderen Untersuchung zu klären sein"[58]. Eine Priorität wird beiden Reihenfolgen von verschiedenen Autoren zugesprochen.[59] Demgegenüber geht LUST davon aus, dass die einzelnen Erzählungen zunächst unabhängig tradiert und schließlich in einem je eigenständigen Prozess auf unterschiedliche Weise und nach verschiedenen Kriterien zusammengefügt wurden.[60]

Drittens ist nach dem Ausgangspunkt für die textkritische Rekonstruktion des Textes zu fragen. Die schwierige Textbasis ist in der fast vollständigen Bevorzugung des θ seit früher Zeit begründet.[61] Als Textzeugen stehen – neben einzelnen Hinweisen bei altkirchlichen Autoren

---

55 Etwa GRELOT, Versions 381, „... pour les chapitres 4–6, on peut se demander si ces originaux n'étaient pas connus des traducteurs sous deux formes très différentes ... " Außerdem ULRICH, Canonical Process 285, "The conclusion to be drawn, but still to be demonstrated in detail, is that the Old Greek translator translated the entire book faithfully from his Semitic *Vorlage*; he simply had a version of the book which contained a variant edition of the text for those three chapters." SCHMIDT, Daniel 1, "... that the old version rests on an Aramaic text, and that this text was earlier than the one represented by our MSS [i. e. manuscripts; D. H.] of the Hebrew Bible and its ancient renderings."

56 Vgl. GEISSEN, Septuaginta-Text 12ff.31–33. Die Kapitelnummern beziehen sich auf die „gewöhnliche" Bezeichnung nach EÜ. Der Zusatz LXX weist die Kapitel als Bestandteil der LXX aus und markiert die Differenzen.

57 Vgl. LUST, Septuagint Version 44; vgl. außerdem Abbildung 3.1. Die chronologischen Probleme sind nicht vollständig gelöst; insbes. der Übergang von Dan 6 auf Dan 9 ist mit Schwierigkeiten verbunden.

58 MUNNICH, Daniel 20; vgl. aber MUNNICH, Texte massorétique 116, „Aussi doit-on tenir pour authentique l'ordre, en apparence insolite, des chapitres dans le pap. 967, le plus ancien témoin de la Septante ... "

59 Von einer Ursprünglichkeit der MT Darstellung gehen u. a. ALBERTZ, Gott 78f; MCLAY, Translation 318f; KREUZER, Papyrus 967 75f; MEISER, Tendenzen 87 aus. Ähnlich BOGAERT, Relecture 198f, verbunden mit der Fragestellung, ob diese Umgruppierung in der semitischen Vorlage oder der Übersetzung erfolgte. Die andere Perspektive nimmt MUNNICH, Texte massorétique 94.116f ein.

60 XERAVITS, Poetic Passages 38 unter Bezugnahme auf LUST, Septuagint Version 52f, "... the order of papyrus 967 emerged independently from the masoretic text ... " Diese Auffassung steht in Konkurrenz zu Entwürfen, die von einer Einheitlichkeit der Entstehung ausgehen. Vgl. ausführlicher zur These von LUST Abschnitt 3.2.6, 141.

61 Vgl. ALBERTZ, Gott 9f.

und drei fragmentarischen Handschriften (813.875.613)[62] – lediglich die
genannten Textzeugen zur Verfügung: 88 und Syh einerseits, P 967 andererseits. Grundsätzlich ist eine ursprünglichere Lesart des P 967 wahrscheinlich.[63] Entscheidungen sind aber in jedem Einzelfall zu begründen.
Auch P 967 ist nicht der ursprüngliche LXX-Text, sondern hat eine eigene
Textgeschichte. Hinzu kommt, dass der Text mit einer geringeren Sorgfalt
angefertigt wurde als die beiden anderen Handschriften.[64] Der jüngere,
hexaplarisch rezensierte Text kann die ursprünglicheren Lesarten bewahrt
haben.

Für die LXX des Daniel-Buches ist eine frühe Entstehung – in zeitlicher Nähe zu den Makkabäeraufständen – anzunehmen.[65] Die LXX gilt
damit als die erste nachweisbare schriftliche Textrezeption des Daniel-
Buches.[66] Nach einer Zeit des parallelen Gebrauchs – wie er sich auch im
NT widerspiegelt – wird der LXX-Text immer mehr verdrängt. „Dan^LXX
wurde dagegen im Christentum immer weniger abgeschrieben oder gar
vervielfältigt. Sein Text ... geriet außer Gebrauch und schließlich völlig
in Vergessenheit."[67]

2.5 Theodotion

Mit dem Sigel θ wird eine Übersetzung bzw. die Revision einer Übersetzung der Texte bezeichnet, die heute im AT zusammengefasst sind. Die
Bezeichnung θ verweist auf einen jüdischen Proselyten namens THEO-
DOTION um ca. 180 n. Chr. „Doch die neutestamentlichen Schriften – wie
auch der Geschichtsschreiber Josefos – zitieren gelegentlich das AT [und
insbes. Dan; D. H.] in der θ-, nicht der G-Fassung."[68] Dan^θ ist älter als
THEODOTION. Auch wenn mit SCHMITT festzuhalten ist, dass dieser Text
somit nicht auf THEODOTION zurückzuführen ist, soll die traditionelle
Bezeichnung θ-Text – im Bewusstsein, dass der Text nicht mit dieser Per-

---

62 Wobei für Dan 6 lediglich 613 von Bedeutung ist.
63 McLay, Translation 307, „the best witness to the OG text, papyrus 967".
64 Vgl. Munnich, Daniel 75.
65 Vgl. dazu u. a. Pace, Stratigraphy 23f; Tilly, Rezeption 32f; Ashley, Book of Daniel
    282f, "... the book of Daniel was translated into Greek by circa 100 BC ..." Siegert,
    Einführung 334, „Die Erstübersetzung des *Daniel*-Buches ..., die zu ihm fast zeitge-
    nössisch gewesen sein dürfte ..." Vgl. auch ebd. 43; Steussy, Gardens 31, "Several
    commentators believe that the OG of Daniel comes from the same translator as the LXX
    of Chronicles, Ezra and Nehemiah. ... Thus Daniel, ... could not have come too many
    decades after 150." Albertz, Gott 169, geht für Dan^LXX 4–6 von einer Entstehung bis
    Mitte des 3. Jh. v. Chr. aus.
66 Vgl. Koch, Danielrezeption 97.
67 Tilly, Rezeption 33.
68 Koch, Buch Daniel 20; vgl. außerdem Koch, Herkunft 362; Jobes/Silva, Invitation
    41f; Albrecht, Septuaginta 52f.

son in Verbindung zu bringen ist, sondern lediglich einen Weg in das mit ihm verbundene Werk gefunden hat – gebraucht werden.[69]

Aufgrund der Terminologie und der Übersetzungsstrategie geht KOCH von einem syrischen Entstehungskontext aus: „Die ägyptischen Verhältnisse sind also für θ nicht Vorbild, sondern eher die syrischen."[70] Konkreter: „... eher der syrisch-mesopotamische Raum mit seinen hellenisierten Städten im Übergang von der seleukidischen zur römischen Herrschaft"[71]. Folgt man dieser Einschätzung so ergibt sich, dass die sog. θ-Übersetzung etwa 40–50 Jahre jünger ist als die der LXX. Entgegen der zeitlichen Nähe bestünde eine relativ große örtliche Distanz zwischen dem Entstehungsort und Alexandria, wo die Septuaginta meist verortet wird.[72]

Im Zuge der Textüberlieferung des Daniel-Buches war es dieser Traditionsstrom, der die LXX verdrängte und ab dem 3. Jh. n. Chr. quasi einen Alleinvertretungsanspruch hatte.[73] Die Übersetzung bzw. Revision des θ bildete auch für HIERONYMUS die Grundlage seiner Übersetzung der ausschließlich gr. überlieferten Teile des Daniel-Buches. In der Hexapla des ORIGENES findet sich der Text in der sechsten Spalte. Deutlich sind die Unterschiede zur LXX in ihrem Charakter: „Theodotion war sehr um eine Angleichung der griechischen Bibel an den hebräischen Text bemüht ... Deutlich ist das Bemühen um Treue gegenüber der Vorlage. Unter der wahrscheinlichen Voraussetzung, dass Dan^Th gegenüber Dan^LXX eine jüngere Traditionsstufe repräsentiert, lässt ein Vergleich der beiden griechischen Versionen mit ihrer hebräisch-aramäischen Vorlage immer wieder Unterschiede erkennen, die eine theologische Deutung ermöglichen ..."[74] Unklar bleibt, ob es sich bei θ um eine neue Übersetzung – unabhängig oder lediglich in geringem Umfang von LXX beeinflusst –

---

69 Auf unhandliche Schreibweisen wie „θ" o. ä. soll verzichtet werden. Das Sigel θ ist als Symbol ohne Bezugnahme auf Fragen der Verfasserschaft oder der Datierung zu verstehen. Vgl. dazu SCHMITT, „θ"-Text 110–112. SCHMITT, Danieltexte 10, „Ein Anonymus (oder ein Mann ebenfalls mit Namen Theodotion = Jonata ca. aus dem 1. Jh. v. Chr.) hat unter Verwendung des hebräisch-aramäischen Originals und unter Heranziehung des o'-Textes teils eine neue Übersetzung, teils eine Rezension/Revision angefertigt."
70 KOCH, Herkunft 363.
71 Ebd. 364.
72 Vgl. dazu Abschnitt 3.2, 120.
73 KOCH, Herkunft 362, „Daniel ist die einzige alttestamentliche Schrift, die nicht in der Septuaginta-Fassung in den Kanon der griechisch sprechenden Großkirche eingegangen ist ..."
74 TILLY, Rezeption 38.39. Offensichtlich hat dem Übersetzer von θ ein Text des gleichen Traditionsstroms vorgelegen, dem auch die mt Überlieferung angehört; LXX geht demgegenüber eigene Wege. Damit soll nicht postuliert werden, dass (ein Teil von) pMT als Vorlage gedient habe. GRELOT, Daniel VI 110, „En principe, ce texte est une traduction littérale de l'araméen."

handelt,[75] oder ob eine Revision vorliegt.[76] Eine Kenntnis der LXX legt die Übereinstimmung hinsichtlich der deuterokanonischen Abschnitte nahe.

Die Nähe zum MT lässt es zu, θ als Zeugen der gleichen Tradition zu betrachten und zur Textkritik des MT heranzuziehen. Der Text ist jedoch auch von einem eigenständigen Interesse: Aufgrund der Differenzen zur Überlieferung der LXX kann θ als ein Indikator für die Möglichkeit wörtlicher Wiedergaben semitischer Konstruktionen und Begriffe in der gr. Sprache gelten.

2.6 Bel und der Drache

Unter den deuterokanonischen Abschnitten[77] ist BelDr für die Untersuchung von Interesse, da BelDr 23–42 Berührungspunkte zu Dan 6 existieren.[78] BelDr ist in den Fassungen von LXX und θ überliefert, die in hohem Maße Übereinstimmungen aufweisen.[79] Auch hier wurde die Fassung der LXX früh durch θ verdrängt. Die Argumente für die Datierung ergeben sich aus dem Inhalt: „Die Tatsache, dass der nichtjüdische, den Juden aber wohlgesonnene Herrscher durchaus positiv dargestellt wird, spricht für eine Entstehung der Erzählung vor der Krise während der Herrschaft des Antiochos IV. (175–164 v. Chr.)."[80] Die Erzählung wird stets im Zusammenhang mit dem Daniel-Buch überliefert, meist – so θ und

---

75 MCLAY, Relationship 52, "The weight of the cumulative evidence is that Th is not a revision of the OG in chaps. 1–3 … This is consistent with what has been established in chaps. 4–6 as well as previous research. … Where there are agreements between the OG and Th in chaps. 1–3 that are not explicable as coincidental readings based on the same *Vorlage*, the probability is that the OG has been corrupted by readings from Th."

76 TILLY, Rezeption 37f, versteht θ als Revision des LXX Textes: „… um die Zeitenwende, vielleicht im palästinischen Raum, nach einem protomasoretischen hebräischen Danieltext gründlich revidiert." Vgl. auch JOBES, Syntactic Analysis 34f; TOV, Septuaginta 240.

77 Zur Problematik der Klassifikation dieser Texte als Zusätze vgl. ZSENGELLÉR, Addition 12, der von parallelen Textausgaben (Editionen) ausgeht.

78 Diese Nähe führt auf die Frage nach der literarkritischen Verhältnisbestimmung, die unterschiedlich beurteilt wird. Vgl. dazu etwa COLLINS, King 335; WILLS, Jew 134. Im Kontext dieser Untersuchung ist die textgenetische Fragestellung nicht von Bedeutung.

79 Zu einer vergleichenden Untersuchung der beiden Traditionen vgl. WYSNY, Erzählungen; dort auch 14–17 textkritische Anmerkungen. Vermutlich geht – so COLLINS, King 343 – der Text auf eine semitische Vorlage zurück.

80 TILLY, Rezeption 43; COLLINS, King 343f, "… no later than 100 B. C. E. … Since the translation was included in the Old Greek of Daniel, the original date of composition can hardly be later than 150 B. C. E. … We may suggest then that the original document was composed in Judea in the first quarter of the second century B. C. E., in circles different from those that collected the tales of Daniel 1–6." Vgl. ebd. 343, für den Hinweis auf einen Ursprung in Babylon bzw. in Ägypten sowie unterschiedliche Ansätze der Datierung.

P 967 im Anschluss an Dan 12 – aber auch im Anschluss an Sus. „Die er-
bauliche Tendenzerzählung BelDr veranschaulicht die identitätsstiftende
Bedeutung der individuellen Frömmigkeit gerade in der Gola."[81]

2.7 Weitere Texttraditionen

Überlieferungen des Daniel-Buches existieren in weiteren Texttraditionen
mit unterschiedlicher Nähe zum MT bzw. zur LXX.[82] Der textkritische
Wert hängt in entscheidender Weise vom Interesse der Betrachtung ab.[83]
Gilt die Untersuchung dem pMT in der hebr. bzw. aram. Fassung, ist
den Tochterübersetzungen aus dem Gr. bzw. Syrischen – dazu zählen
neben anderen die altlateinische, koptische und äthiopische[84] Fassung –
mit KOCH kein eigenständiger textkritischer Wert zu zusprechen.[85] Ihnen
kommt jedoch Bedeutung für die Textkritik der gr. Tradition des θ-Textes
zu.[86] Auf einen pMT geht dagegen die Vulgata zurück.[87]

2.8 Daniel in den „Antiquitates Judaicae"

Der Begriff „Überlieferung" des Daniel-Buches schließt Textformen jenseits der Übersetzung ein;[88] in diese Kategorie fällt u. a. die Wiedergabe
bei FLAVIUS JOSEPHUS, die einen Einblick in die Transmission des Daniel-
Textes in einen anderen Kulturkreis gewährt.[89]

Während wir bei Fragestellungen der Textgenese in der Regel lediglich verschiedene Textstufen rekonstruieren können, verfügen wir bei
JOSEPHUS über Informationen bezüglich seiner Quellen – zumindest in
Teilen – und wichtiger biographischer sowie geschichtlich-kultureller Hintergründe. Dies gibt uns die Gelegenheit, den Prozess der Verarbeitung

---

81 TILLY, Rezeption 44.
82 Vgl. MONTGOMERY, Daniel 24–56.
83 Vgl. auch LUCAS, Daniel 20f.
84 Vgl. dazu LÖFGREN, Äthiopische Übersetzung.
85 Vgl. KOCH, Buch Daniel 21f.
86 Vgl. BLUDAU, Alexandrinische Übersetzung 20, „Die aus der LXX geflossenen Ueber-
    setzungen, wie die altlateinische, syrische, koptische, äthiopische, gotische, haben beim
    Buche Daniel alle, mit Ausnahme der syro-hexaplarischen, Theodotions Version als
    Vorlage gehabt." Freilich ist diese Aussage mit der nötigen Zurückhaltung und im
    Licht der vorangehenden Darstellungen zu betrachten.
87 Vermutlich ist der Einfluss der aus gr. Vorlagen übersetzten altlateinischen Übersetzun-
    gen stärker als meist angenommen. Dieser Einfluss dürfte den Wert der Vulgata für die
    Textkritik des MT beträchtlich reduzieren.
88 Zum Begriff „rewritten bible" vgl. etwa KRATZ, Exegese 47.
89 Diese Überlegung mag hilfreich für die Beurteilung des Verhältnisses von pMT und
    LXX sein.

der bibl. Überlieferung, wie er sich bei JOSEPHUS vollzieht, besser zu
verstehen. Er greift die frühe Textüberlieferung auf und gibt diese in den
Antiquitates Judaicae (Ant 10,186–281) als „earliest substantial re-writing
of Daniel"[90] wieder.

Zentral ist die Frage nach der Vorlage. Entgegen dem Selbstzeugnis
des JOSEPHUS (Ant 1,5–6) ist auch aufgrund enger Übereinstimmungen
mit der LXX – direkte Zitate existieren nicht –[91] von der gr. Tradition
auszugehen;[92] eine Kenntnis der semitischen Überlieferung kann nicht
ausgeschlossen werden. Einzelne Stellen gehen mit θ.[93] Dieser uneinheitliche Befund verweist nach VERMES auf eine „'mixed'-Greek version
of Daniel"[94]. Obwohl die Verwendung einer gr. Textfassung, die auch
die deuterokanonischen Abschnitte überliefert, wahrscheinlich ist, bietet JOSEPHUS auf sie keinerlei Bezugnahmen. Auf eine gr. Kurzfassung
lässt sich nicht schließen, da auch die kanonischen Kapitel 7; 9–12 nicht
aufgenommen werden. Eher ist von einer interessengeleiteten Auswahl
auszugehen.[95] Über die bibl. Texte hinaus verwendet JOSEPHUS weitere
Quellen, die sich nicht immer identifizieren lassen.[96]

Im Hintergrund der Abfassung der Antiquitates stehen der jüdische
Krieg (66–70 n. Chr.) und seine Folgen für das Judentum und für die
Person des JOSEPHUS. Seine neue Existenz in Abhängigkeit vom Hof
des römischen Königs und die Frage, wie jüdisches Leben unter den
Bedingungen des verlorenen Krieges und der Zerstörung des Tempels
gestaltet werden kann, prägen seine Darstellung. „Seine literarischen
Hauptziele bestanden in der Verteidigung des Judentums und in der
religiösen Interpretation der Geschichte seines Volkes für die Zeit nach
der Zerstörung des Zweiten Tempels im Jahr 70 n. Chr."[97] JOSEPHUS
wendet sich mit seinem Werk nicht an einen ausschließlich jüdischen

---

90 VERMES, Treatment 149. In weiteren Notizen 11,337; 12,322 wird ebenfalls auf das
   Daniel-Buch Bezug genommen.
91 Die Identifikation der Textgrundlage kann nur auf der Basis einer Analyse des Vokabu-
   lars erfolgen. Vgl. ebd. 161. Immerhin schließen sich 6,4.9.11.18.19.23 an MT an; 6,4.12
   begegnen Übereinstimmungen mit θ gegen MT. Vgl. dazu RIESSLER, Buch Daniel 25f.
92 Vgl. VERMES, Treatment 151; aber RIESSLER, Buch Daniel 27f, „Jos[ephus] nähert sich
   um vieles mehr dem MT, als der LXX. Und in den Punkten, wo er letzterer näher steht,
   ist es sehr zweifelhaft, ob er die griechische LXX Übersetzung benützt hat ... "
93 Vgl. dazu die Belegstellen bei VERMES, Treatment 151f; dort auch, 161, der Hinweis auf
   eine Übereinstimmung mit Symmachus gegen LXX und θ.
94 Ebd. 161. VERMES erwägt auch, ob eine eigene Übersetzung JOSEPHUS' aus der semitischen Tradition im Hintergrund steht.
95 VERMES, Josephus 113, „... omitted the apocryphal sections attested in the Greek
   translations, possibly because they furnished no useful information to the historian."
96 VERMES, Treatment 161, „... various 'midrashic' supplements, attested also in post-
   biblical Jewish literature ... "
97 TILLY, Rezeption 46.

Adressatenkreis, sondern hat auch Nichtjuden als Leser vor Augen.[98] Die
doppelte Ausrichtung, die doppelte Zielgruppe spiegelt sich in seinem
Umgang mit den Quellen und in der Art der Darstellung wider.

2.9 Textgrundlage der Untersuchung

Die Vielfalt und Unterschiedlichkeit der frühen und in einem relativ engen Zeitraum nach der Entstehung des Daniel-Buches nachweisbaren
Texttraditionen ist erstaunlich. Nach WILLI-PLEIN dokumentieren sie
einen „lebendigen Überlieferungs- und Auslegungsprozess" für die „Zeit
seiner Kanonisierung und in den ersten Jahrhunderten danach"[99]. Gerade die Daniel-Überlieferungen machen die Flexibilität, die Freiheit der
Tradition und der Tradenten gegenüber ihren Vorlagen deutlich. Es ist
der Traditionsprozess, der die Bedeutung sichert, nicht die Autorität des
Verfassers.[100] Die Frage nach Hintergründen und Motiven der Weiterentwicklung der Texttraditionen erhält dadurch eine Argumentationsbasis.

In den vergangenen beiden Jahrzehnten ist eine zunehmende Beschäftigung mit den Versionen, insbes. der LXX, zu konstatieren.[101] Eine
bedeutende Zahl der neueren Arbeiten, die sich mit der LXX beschäftigen,
dokumentiert ein Interesse, das die Ebenen der Textkritik und Textgeschichte des MT überschreitet. Der eigenständige (theologische) Gehalt
der Übersetzungen wird wahrgenommen und zu heben gesucht;[102] die
Komplexität der bibl. Textgeschichte wird verstärkt berücksichtigt.

---

98 VERMES, Treatment 165, "Josephus was a man of two worlds. He read the Bible with
    faith, but simultaneously applied to it a logical mind. A Jewish believer, he accepted
    miracles, yet he was also, or at least pretended to be, Hellenistic rationalist."
99 WILLI-PLEIN, Daniel 6 12.
100 Vgl. dazu die Ausführungen von MCLAY, Original Text; außerdem Abschnitt 3.1.2, 35.
101 Anschauliches Dokument dieses „neuen Interesses an der LXX" sind die zahlreichen
    Übersetzungsprojekte in verschiedene Sprachen (La Bible d'Alexandrie, NETS, LXX.D)
    und die Fülle der im Zusammenhang dieser Übersetzungen entstandenen Arbeiten. RÖ-
    SEL, Septuaginta 218, „Dabei ist darauf hinzuweisen, dass die Septuaginta-Forschung
    in den letzten 10 Jahren eine unglaubliche Dynamik entwickelt hat. Nachdem sie lange
    Zeit nur eine Hilfsdisziplin bei der Frage nach den ältesten hebräischen Bibeltexten
    war, erobert sie sich nun den Rang einer eigenständigen hochkomplexen Forschungs-
    richtung."
102 Vgl. dazu RÖSEL, "Theology of the Septuagint" 240; GAUTHIER, Hermeneutic 45f; TOV,
    Septuaginta 238, zur Problematik der Rekonstruktion der Theologie einer Übersetzung:
    „Wir interessieren uns nur für die Elemente, die die Übersetzung im Unterschied zur
    Hebräischen Bibel hat, denn in diesen Elementen können wir oft die Ansicht(en) des
    (der) Übersetzer(s) und die Welt, in der sie lebten, erkennen. Wir interessieren uns für
    solche Elemente, die etwas zum ursprünglichen Sinn der Schrift hinzufügen; diese
    sollten zuerst bestimmt werden. Wir betrachten die LXX als eine Übersetzung, nicht als
    eine Quelle." Es ist nicht Ziel der Untersuchung, einzelne Elemente einer „Theologie
    der LXX" zu beschreiben; es geht um Nachzeichnung einzelner theologisch relevanter

Leitend für die grundsätzliche Fokussierung auf den MT scheint die tief ins Bewusstsein eingegrabene Vorstellung der *hebraica veritas* zu sein, die vom MT als dem ursprünglichen und zugleich normativen Text ausgeht.[103] Die fortschreitende Erkenntnis der Vielschichtigkeit der Überlieferungsgeschichte atl Texte erweist eine solche Vorstellung, die von einem (weitgehend) linearen Prozess der Textüberlieferung ausgeht, als zu einfach; dies gilt in besonderer Weise für das Daniel-Buch. In den unterschiedlichen Positionen bezüglich der Ursprünglichkeit des MT oder der LXX spiegelt sich die Schwierigkeit der Rekonstruktion der Textgenese.[104] Eine apriorische Gleichsetzung einer Tradition mit „dem relevanten Bibeltext" – sei es des MT oder auch der LXX – wird der Textüberlieferung nicht gerecht.[105] Möglicherweise lassen sich Argumente anführen, die ein höheres Alter einer Textfassung wahrscheinlich machen. Eine derartige Entscheidung ist auf einen historischen Sachverhalt bezogen; die Frage der theologischen Bedeutsamkeit ist damit nicht entschieden. Theologie entscheidet sich nicht oder zumindest nicht nur nach historischen Kriterien. Weder der LXX-Text noch der mt Text sollen a priori verworfen werden; beide sind Gegenstand einer interessierten, neugierigen Untersuchung der jeweils realisierten Formen und Inhalte. Die vorliegende Arbeit versteht sich nicht als Spezialuntersuchung zur LXX und ihrer Theologie, obgleich sie sich in den Strom des neuen Interesses an Fragen der LXX einordnet.

Die Existenz der beiden Texttraditionen von MT und LXX lässt sich im Kontext verschiedener Modelle erklären. Neben einem linearen Modell der Textentwicklung ist auch die Möglichkeit zu berücksichtigen, dass MT und LXX auf Vorstufen getrennt waren und je eigenständige Weiterentwicklungen einer älteren, nicht mehr greifbaren Tradition darstellen. Sowohl Dan^MT als auch Dan^LXX wurden in verschiedenen Kreisen als „Heilige Schrift" betrachtet und bewahrt;[106] ihre theologischen Inhalte sind – zumindest in bestimmten Zeiten von bestimmten Personen – als

---

Aspekte, die das Daniel-Buch betreffen. Einwände gegen eine „Theologie der LXX", die die Heterogenität des Textkorpus der LXX betreffen, sind daher nicht virulent.

103 Vgl. McLay, Original Text 292.

104 Vgl. die Positionen von Riessler, Daniel; Jahn, Daniel; Albertz, Gott; Munnich, Texte massorétique 120, die von einer Priorität des LXX Textes ausgehen, während die meisten Autoren – so Koch, Buch Daniel 19 – den MT „vorziehen, aber in schwierigen Fällen nach G emendieren".

105 Dieses Verständnis spiegelt das Urteil des Hieronymus über den LXX-Text wider; vgl. dazu Anmerkung 40, 20.

106 Dies dokumentiert bspw. der Bezug der ntl Zitate Mt 24,30; 26,64; Offb 14,14 auf die LXX-Fassung. Vgl. dazu Tilly, Rezeption 32. Außerdem Albertz, Gott 9; Tov, Strange Books 303, "The rewritten books were considered authoritative in their Semitic as well as Greek forms, although by different communities." Ähnlich bereits Bludau, Alexandrinische Übersetzung 6, „Dass die LXX-Uebersetzung zu Daniel, in welcher Gestalt auch immer, einst in kirchlichem Gebrauch gewesen ist, steht fest ... "

relevant betrachtet worden. Theologische Relevanz war weder ein Privileg des MT noch der LXX,[107] auch wenn sich das Gewicht insgesamt ganz eindeutig auf die Seite des MT geschlagen hat.

Aufgrund des Interesses der Untersuchung werden Dan^{LXX} 6 und Dan^{MT} 6 als Gegenstand der Untersuchung ausgewählt. Sie werden gleichberechtigt nebeneinander analysiert und auf ihre (theologische) Akzentsetzung hin befragt.[108] Davon ausgehend mag sich eine Antwort auf die Frage der größeren Ursprünglichkeit (nicht der größeren Autorität; eine historische nicht eine theologische Aussage) abzeichnen oder auch nicht. Obgleich eine konkrete Verortung nicht erreichbar ist, können mögliche situative und kulturelle Kontexte der Textproduktion aufgewiesen werden.

---

107 Vgl. MCLAY, Original Text 295. Das besondere Interesse der Untersuchung am Text der LXX soll jedoch kein Plädoyer für eine Präferenz der LXX darstellen. Vgl. dazu die Kontroverse in den Stellungnahmen von SCHENKER, Kanon und SCHORCH, Vorrang.

108 Vgl. auch den ähnlichen methodischen Ansatz von MARTIN DE VIVIÉS, Séjours 173, zum Vergleich von Dan 6 und BelDr, „Nous n'allons pas essayer ici de déterminer si l'un des récits a inspiré l'autre, mais plutôt de voir comment un traitement narratif différent permet de déployer un même motif et aboutit à deux récits ayant chacun leur logique propre." Ähnlich MEADOWCROFT, Aramaic Daniel; anders dagegen ASHLEY, Book of Daniel 6f, "It is obvious that one must understand the original work before one can go on to understand a translation."

3 Voraussetzungen und Forschungsergebnisse

Die vorliegende Untersuchung steht im Kontext zahlloser Studien zum Daniel-Buch; sie greift in Vielem auf Erkenntnisse anderer Exegeten zurück und nimmt vertraute Fragestellungen von Neuem auf. Während sie an einigen Stellen Bekanntes weiterführt, geht sie an anderen Stellen neue Wege.[1] Der Überblick über wesentliche Problemfelder der Beschäftigung mit dem Daniel-Buch und „der Septuaginta" dient der Verortung der Arbeit im gegenwärtigen Diskurs. Mitunter wird die deskriptive Ebene verlassen und die Favorisierung der vorliegenden Untersuchung aufgezeigt.[2]

Die Komplexität und die Vielfalt des Daniel-Buches machen die Integration einer Fülle von Aspekten aus verschiedensten Teilbereichen der atl Wissenschaft und ihrer Nachbardisziplinen notwendig. Die Orientierung an einer spezifischen Fragestellung ermöglicht eine Reduktion des Themenspektrums; die Konzeption der Arbeit erfordert die Einbeziehung „der Septuaginta".[3]

---

1   Eine skeptische Haltung nimmt die Studie Globaltheorien gegenüber ein, die unbeschadet ihrer großen Leistung der Systematisierung in der Gefahr stehen, die Besonderheiten einzelner Teilgegenstände aus dem Blick zu verlieren. Es ist demgegenüber notwendig, den Vorrang des konkreten Textes vor der Theorie zu betonen. Ohne Zweifel sind sie für den wissenschaftlichen Diskurs unverzichtbar; sie bedürfen jedoch der kontinuierlichen Überprüfung. In der vorliegenden Untersuchung soll durch die Auseinandersetzung mit konkreten, eng umgrenzten Fragestellungen auch die Auseinandersetzung mit bestimmten Globaltheorien ermöglicht werden. Vgl. auch die treffliche Beschreibung LEBRAM, Apokalyptik 506, „Wie in der Kunst, so stehen wir auch in der Wissenschaft heute den großen Gesamtentwürfen, dem harmonisch verständlichen Bild, kritisch gegenüber. Wir haben gelernt, daß die Wahrheit im methodisch sauberen Erfassen des Details liegt. Die Eindeutigkeit der Synthese ist fragwürdig geworden und darum ist das Augenmerk auf die Analyse des tatsächlich Vorhandenen, d. h. der literarischen Zeugnisse gerichtet. Von ihnen allein erwarten wir die Fingerzeige, die zur Wirklichkeit führen."

2   Ziel der Ausführungen ist nicht ein umfassender Forschungsbericht, sondern die Präsentation wesentlicher Aspekte mit unmittelbarer Relevanz für die Untersuchung.

3   Umfang und Problemhorizont der Publikationen zur Septuaginta machen deutlich, dass sich ein eigenständiges Forschungsfeld entwickelt hat; vgl. RÖSEL, Septuaginta 218. Als dritter Bereich wäre an dieser Stelle die Aramaistik einzubeziehen. Für einen Überblick über die Forschungen zum ba Verbalsystem und zur Textsyntax sei auf GZELLA, Tempus sowie SHEPHERD, Distribution und SHEPHERD, Verbal System verwiesen; einige Anmerkungen für den Bereich der Textsyntax bietet Abschnitt 4.4.5, 180. Vgl.

3.1 Das Daniel-Buch in der mt Überlieferung[4]

3.1.1 Aufbau

Die nachfolgende Abbildung gibt einen schematischen Überblick über das Daniel-Buch; Fragen der konkreten Textabgrenzung bleiben unberücksichtigt.[5]

1,1–21	Exposition (hebr.):
	Daniel und seine Freunde als Weise am babylonischen Hof
	*Zur Zeit des **babylonischen** Königs **Nebukadnezzar***
2,1–7,28	1. Hauptteil (aram.):
	Erzählungen vom Traumdeuter Daniel und seinem Gott
	2,1–49 Nebukadnezzars Traum von der Statue auf tönernen Füßen
	*Im 2. Jahr der Herrschaft des **babylonischen** Königs **Nebukadnezzar***
	3,1–97 Die Bewahrung der drei jungen Männer im Feuerofen
	*Zur Zeit der Herrschaft des **babylonischen** Königs **Nebukadnezzar***
	Einschub (gr.):
	3,24–50 Das Gebet des Asarja
	3,51–91 Der Lobgesang der drei jungen Männer
	3,98–4,34 Nebukadnezzars Traum vom überheblichen Baum
	*Zur Zeit der Herrschaft des **babylonischen** Königs **Nebukadnezzar***
	5,1–30 Das Gastmahl des überheblichen Belschazzar
	*Letztes Jahr der Herrschaft des **babylonischen** Königs **Belschazzar***
	6,1–29 Die Bewahrung Daniels in der Löwengrube
	*Zur Zeit der Herrschaft des **medischen** Königs **Darius***
	7,1–28 Daniels Traum von den Tieren und Vision vom Menschensohn
	*Im 1. Jahr der Herrschaft des **babylonischen** Königs **Belschazzar***

---

außerdem ASHLEY, Book of Daniel; ROSÉN, Use sowie TARSEE, Verbal System. In der gebotenen Ausführlichkeit sind die wesentlichen, für die Untersuchung relevanten Aspekte zu beleuchten. Die Begründung der eigenen Positionierung kann nicht in allen Fällen entfaltet werden; an ihre Stelle tritt eine Plausibilitätszumessung. Durch die Offenlegung von Vorentscheidungen, Annahmen und Überzeugungen soll weitreichende Transparenz gewährleistet werden.

4   Primärer Bezugspunkt für die Darstellung sind die Erträge der Forschung (KOCH, Buch Daniel) aus dem Jahr 1980. Hinzu kommen die neueren Forschungsberichte ASUR-MENDI, Investigacion (1997); COLLINS, Current Issues (2001); NEL, Danielnavorsing (2005) und VALETA, Book of Daniel (2008) sowie aus der Zeit vor 1980 BAUMGARTNER, Danielforschung (1939); LEBRAM, Perspektiven (1976). Zu beachten ist außerdem die umfangreiche Bibliographie THOMPSON, Daniel (1993).

5   Als Quellentexte liegen der Abbildung verschiedene Traditionen zugrunde, deren Verbindung die umfangreichste Überlieferung des Daniel-Buches widerspiegelt. Die Darstellung schließt sich an WITTE, Schriften 496 an. Wo vorhanden beziehen sich die Angaben auf die mt Überlieferung, andernfalls ist die gr. Fassung des θ Grundlage. Einen Einblick in den strukturierten Aufbau und die Kompositionsstruktur des MT bietet Abschnitt 6.1, 214; weitgehend unbearbeitet ist die Makrostruktur der LXX. Vgl. dazu Abschnitt 6.2, 219.

8,1–12,13 2. Hauptteil (hebr.):
           Visionen Daniels vom endzeitlichen Gericht
           8,1–27   Daniels Vision vom Widder und Ziegenbock
                        *Im 3. Jahr der Herrschaft des **babylonischen** Königs **Belschazzar***
           9,1–19   Daniels Schriftstudium und Bußgebet
                        *Im 1. Jahr der Herrschaft des **medischen** Königs **Darius***
           9,20–27   Daniels Unterweisung durch den Engel Gabriel
                        Zur Zeit des Abendopfers
           10,1–12,13   Schlussvision und Unterweisung über die Zukunft des Volkes
                        *Im 3. Jahr der Herrschaft des **persischen** Königs **Kyros***
13,1–14,42 Anhänge zum Buch Daniel (gr.):
           13,1–64   Die Rettung der Susanna durch Daniel
           14,1–22   Daniel und die Priester des Bel
           14,23–42   Daniel und der Drache

Abbildung 3.1: Aufbau des Daniel-Buches

3.1.2 Einheitlichkeit und Entstehungsmodelle

„Jene Einigkeit der Forschung hört auf, sobald es um die nähere Entstehung des Buches geht ..."[6] *Einheitlichkeit* und *Uneinheitlichkeit* sind ein
zentrales Differenzierungsmerkmal der verschiedenen Modellbildungen.[7]
Wesentliche Unterschiede liegen in der Datierung und Lokalisierung der
Entstehung des Daniel-Buches sowie ggf. einzelner Entwicklungsstufen.[8]
Entwürfe, die Dan[LXX] 4–6 eine zentrale Rolle zuweisen, werden in einem
eigenen Abschnitt dargestellt.[9]

Einheitlichkeit Einheitlichkeit anzunehmen, erscheint als die naheliegende Herangehensweise an ein literarisches Werk, Uneinheitlichkeit als

---

6 BAUMGARTNER, Danielforschung 75. Im Hintergrund der verschiedenen Konzepte zur
   Entstehung der Texte steht wesentlich ein unterschiedlicher Umgang mit bestimmten
   Textsignalen. Während sie einerseits als Hinweise auf textgeschichtliche Entstehungs-
   prozesse interpretiert werden, deuten andere Exegeten sie als Hinweise auf die intentionale literarische Gestaltung eines Textes durch seinen Autor. Vgl. SIMS, Daniel 328,
   "I suggest instead that Daniel's 'inaccuracies' are an integral part of the book's literary
   technique—that is, that a careful craftsman with an artistic as well as theological purpose
   disregards chronological order and succession, for instance, to emphasize his theme
   of a divine sovereignty so magnificently transcendent as to nullify human concepts of
   time and political power." Außerdem WESSELIUS, Writing 294.
7 Für einen ausführlichen Überblick über die Entwicklung der Theoriebildung zur Frage
   der Einheitlichkeit des Daniel-Buches vgl. DAVID, Composition 1–40.
8 Die Frage der Datierung und Lokalisierung ist insbes. für die „Aufstockungsthese"
   komplex. Im Kontext der sozialen Verortung (Abschnitt 3.1.5, 56) wird sie in größerer
   Ausführlichkeit thematisiert.
9 Vgl. Abschnitt 3.2.6, 134; jedes Modell muss die Divergenz von Dan[LXX] 4–6 und
   Dan[MT] 4–6 erklären.

Postulat.[10] Aber, „da [sich; D. H.] die Einheitlichkeit aus der Lektüre des Buches … nicht von selbst ergibt, handelt es sich auch hier um eine Hypothese neben anderen."[11] Die Hypothese der Einheitlichkeit des Daniel-Buches wird in zwei Richtungen entwickelt: die *Exilsthese* und die *Makkabäerthese*.[12]

Exilsthese   Nach der traditionellen Auffassung bildet das babylonische Exil den historischen Hintergrund für die Entstehung des Daniel-Buches.[13] So „… scheint diejenige Annahme am besten gerechtfertigt, die in Daniel selber den Verfasser unseres Buches sieht … Ist Daniel der Verfasser, dann können wir das Buch auf das 6. Jh. v. Chr. datieren."[14] Der Autor wird mit der Figur des Daniel identifiziert; die Abfassung findet im babylonischen Exil statt. Sowohl gegen die Annahme der Einheitlichkeit als auch gegen die Datierung in die Exilszeit werden mit Verweis auf die literarischen Brüche Einwände erhoben: u. a. die Verwendung verschiedener Sprachen, die völlig unterschiedliche Gestalt in MT und LXX, die unterschiedliche Erzählperspektive, das unterschiedliche Bild Daniels, die unterschiedliche Haltung zur Großmacht und die chronologische Unordnung der Kapitel.[15] Darüber hinaus werden weitere Argumente ins Feld geführt, die sich gegen eine Datierung des Textes in die Exilszeit wenden. Beachtung verdient, dass sich diese Argumente in aller Regel auf den Textzusammenhang Dan 7–12 beziehen.[16]

Makkabäerthese   Mit diesem Begriff bezeichnet KOCH die „Überzeugung von einer Abfassung des Db – wenigstens in seiner maßgeblichen Gestalt – während der Religionsverfolgung durch Antiochus IV. Epiphanes und des makkabäischen Aufstandes 167–164 v. Chr."[17] Wesentlich ist die Annahme einer *pseudonymen Verfasserschaft*; der Autor fingiert über die „Ich-Perspektive" der Kapitel 7–12 seine Identität mit der Person des Daniel, die mit Kapitel 1–6 in der Zeit des Exils und der sich anschließen-

---

10   Vgl. WESSELIUS, Writing 291, "According to an important minority among scholars, the book was written as a unity, while the majority view it as the result of an involved process of redactional activities."
11   KOCH, Buch Daniel 59.
12   Vgl. zur Terminologie ebd. 8f.
13   In der Vergangenheit hat diese Hypothese an Bedeutung verloren. NIEHR, Buch Daniel, bspw. erwähnt die Exilsthese in seiner Übersicht nicht mehr.
14   MAIER, Prophet 62; vgl. außerdem BRANSON, Literary Strategies 40.53; GOODING, Structure 47.66.69; außerdem die Darstellung bei KOCH, Buch Daniel 9.
15   Hinzu kommen etliche „kleinere" Beobachtungen. Vgl. dazu u. a. WITTE, Schriften 499f; NIEHR, Buch Daniel 613f; KOCH, Buch Daniel 12, „… daß die Nähte und Risse bei näherer Prüfung wahrzunehmen sind." Vgl. auch WESSELIUS, Writing 294f, der die Phänomene konstatiert, sie aber literarisch auswertet.
16   An diese Beobachtung knüpft die „Aufstockungsthese" an, die „Uneinheitlichkeit" postuliert und die Entstehung von Dan 1–6 und 7–12 in unterschiedlichen Zeiten ansiedelt.
17   KOCH, Buch Daniel 8.

den Jahrzehnte platziert ist.[18] Die Annahme der Einheitlichkeit verbindet Makkabäer- und Exilsthese; indes wird eine andere Datierung und Lokalisierung vorgenommen. Das Daniel-Buch entsteht nicht in der (östlichen) Diaspora sondern im Land selbst.

Zugunsten der Annahme einer pseudonymen Verfasserschaft und der damit verbundenen späteren Entstehung lassen sich drei zentrale Argumentationsstränge anführen:[19] 1. Die Weissagungen beziehen sich auf die hellenistische Zeit, näherhin die Makkabäerzeit und Antiochus IV. Epiphanes. 2. Das Daniel-Buch verfügt über erstaunlich präzise Kenntnis der wesentlichen geschichtlichen Vorgänge von der frühen hellenistischen Zeit bis zu einem bestimmten Punkt in der Makkabäerzeit, kurz vor dem Tod des Antiochus IV. Epiphanes. Dem stehen historisch fehlerhafte Aussagen nach diesem Zeitpunkt und in der exilischen bzw. frühen nachexilischen Zeit gegenüber. Die Makkabäerzeit erscheint vor diesem Hintergrund als Entstehungszeitraum. 3. Die sprachliche Gestaltung weist auf eine spät-nachexilische Zeit hin.[20]

Exkurs: Pseudonymität – Pseudepigraphie   Die Makkabäerthese und in ähnlicher Weise auch die Aufstockungsthese betrachten das Daniel-Buch als pseudonyme oder pseudepigraphe Literatur. Dieses Phänomen steht in Kontinuität zur bibl. Traditionsliteratur; in ihm spiegelt sich eine spezifische Betrachtungsweise von Literatur, die für die Verhältnisbestimmung von Dan[LXX] 6 und Dan[MT] 6 von Relevanz ist.

> Der Begriff der *Pseudepigraphie* bezieht sich in diesem Kontext auf die Frage der Verfasserschaft und wird äquivalent mit dem Begriff der *Pseudonymität* zur Bezeichnung der Angabe eines Autors, der nicht mit dem „tatsächlichen Autor" des Textes übereinstimmt, gebraucht.[21] Durch die Angabe eines Verfassers unterscheidet sich die pseudonyme Verfasserschaft von der *anonymen Verfasserschaft*, die auf eine Nennung des Autors vollständig verzichtet.[22]

---

18 Vgl. die Argumentation bei ROWLEY, Unity 278; außerdem TALMON, Daniel 345.
19 Vgl. dazu KOCH, Buch Daniel 9–11; außerdem BAUER, Daniel 27ff.
20 Vgl. anders jedoch STEFANOVIC, Aramaic 108; zur Problematik einer Datierung allein aufgrund sprachlicher Merkmale vgl. ASHLEY, Book of Daniel 46, "Philology in and of itself can not date the Aramaic of Daniel."
21 Bereits diese Aussage ist problematisch, wendet man sie auf Traditionsliteratur an. Vgl. PERDUE, Pseudonymity 37, "Thus, it is senseless in most cases to speak of an original author who is not mentioned." Und doch geht es um die Zuschreibung bestimmter Texte, die – unabhängig von ihrer tatsächlichen Entstehungsweise – einer bestimmten Person zugewiesen werden. Die tatsächliche Genese kann auf unterschiedliche Weise verlaufen sein.
22 Vgl. ebd. 27, "In contrast to anonymity (ἀνωνυμία) in which a work does not disclose its author, pseudonymity (ψευδώνυμος) or 'false name' refers to a text wrongly claiming to be written by an author in the title, the subscription, or the text itself." Vgl. auch ROLOFF, Art. Pseudepigraphie 214.

Das Phänomen der Pseudepigraphie ist von dem „moralisch bestimmten Begriff der ‚literarischen Fälschung'"[23] zu unterscheiden. Pseudepigraphie ist wertfrei als literarische Technik zu verstehen.[24]

Pseudepigraphie und bibl. Literatur   In der Überlieferung des AT ist anonyme Verfasserschaft die Regel;[25] das Interesse für Fragen nach dem Autor ist erst in hellenistischer Zeit nachweisbar.[26] Es erscheint als die entscheidende Triebfeder für den Übergang der bibl. Schriften von einer anonymen zu einer pseudonymen Verfasserschaft.[27] In hellenistischer Zeit ist das Phänomen der Pseudepigraphie in der literarischen Landschaft präsent und verbreitet: "Pseudonymity is an established fact: there has grown up a practice of pseudonymity without a theory of it."[28] Die Vorstellungen von „geistigem Eigentum" und von der Bedeutung einer personalen Verfasserschaft sind keine genuinen Merkmale bibl. Literatur, auch wenn sie mitunter präsent gewesen sind.[29]

---

23 HENGEL, Anonymität 198.
24 Implikationen aus ihrer Anwendung können zum Gegenstand moralischer und/oder theologischer Urteile werden. Als Richtschnur hat nicht das moralische Empfinden des 21. Jh. n. Chr. zu dienen, vielmehr sind Werte und Normen der Entstehungszeit als Maßstab heranzuziehen. Auch in der Antike wurde Pseudepigraphie problematisiert; insgesamt betrachtet hatte die Antike – zumindest in bestimmten kulturellen und zeitlichen Kontexten – mit ihm weniger Schwierigkeiten als die Moderne.
25 Vgl. dazu etwa DAVIES, Spurious Attribution 258–260.
26 Vgl. PERDUE, Pseudonymity 41, "Authorship becomes a common element of Jewish literary culture in the Hellenistic and early Roman periods, when anonymity is replaced almost entirely by pseudonymity and pseudepigraphy. Texts bearing the names of well known culture heroes and seers begin to appear."
27 Vgl. ebd. 28, "In the West, interest in determining the authorship of a text in antiquity was not pursued prior to the fifth century BCE, when it was a question of interest in Classical Greece." Dabei führt das Interesse an Fragen der Verfasserschaft nicht notwendig auf zutreffende Angaben, sondern häufig auf die Verwendung von Pseudonymen bzw. zur Zuschreibung an herausragende Personen der Vergangenheit. Vgl. auch DAVIES, Spurious Attribution 262. Dieser Übergang korrespondiert aber auch mit der Verwendung anderer Gattungen. HENGEL, Anonymität 235f, „*Der Unterschied zwischen der Anonymität und Pseudepigraphität hängt eng mit der Gattung der jeweiligen Schrift zusammen.* Die Novelle wie auch der Geschichtsbericht konnten auf jeden Verfassernamen verzichten, da hier die erzählte Geschichte an sich das Interesse des Lesers erweckte. ... Bei der Testamentenliteratur, den Apokalypsen und weisheitlichen Lehrschriften war es aus Gründen der Autorität der Schrift unabdingbar, sie als Offenbarungsschriften eines der Männer der Urzeit bzw. der Propheten der israelitischen Geschichte auszugeben."
28 BROCKINGTON, Problem of Pseudonymity 16; zu einem Überblick über den Umgang mit der Verfasserschaft literarischer Werke außerhalb des AT vgl. PERDUE, Pseudonymity 28–39, "... pseudonymity and pseudepigraphy were frequently practiced in the ancient Near East." Außerdem BALZ, Anonymität 408ff; BROX, Vefasserangaben 45–48.
29 Beide Aspekte prägen unseren Blick auf Literatur und sind auch in hellenistischer Zeit von Relevanz, ohne dass sie jedoch mit modernen Vorstellungen in eins gesetzt werden dürfen. Vgl. JANSSEN/FREY, Pseudepigraphie 7f, „Die antike Vorstellung von ‚geistigem Eigentum' kann zwar mit modernen urheberrechtlichen Bedingungen

Im Kontext der vorliegenden Erwägungen ist die Frage nach Hintergründen der Pseudepigraphie von besonderer Bedeutung, insofern sich in
ihnen das Verständnis von Literatur und ihren Traditionsprozessen widerspiegelt.[30] Bibl. Literatur ist wesentlich Traditionsliteratur. Der Prozess der
„Tradition" ist nicht konservierendes Weitergeben, sondern produktiver
Vorgang: „Man gab überlieferte Texte nicht nur weiter, sondern ergänzte
und interpretierte sie in späteren Zeiten unter dem Eindruck der je eigenen zeit- und kulturgeschichtlichen Umstände."[31] Nicht der spezifische
Blickwinkel des Autors oder der Bearbeiter eines Textes ist bedeutsam,
sondern die Relevanz für die Gegenwart, für Menschen, die in einer veränderten Welt leben und aus deren Perspektive die Überlieferung neu
betrachtet und interpretiert wird.[32] Es ist nicht die Verfasserschaft, die
die Autorität des Textes begründet, sondern der lebendige Prozess der
Tradierung, der sich in den Texten niederschlägt.

> „Eine Konsequenz dieser Betrachtungsweise war auch, *daß man diese Schrif-*
> *ten*, soweit man sie nicht durch Kanonisierung absicherte, *beliebig erweiterte,*
> *veränderte oder verkürzte.* Die Integrität eines Textes erschien so wenig ein fest-
> stehender Wert wie das ‚geistige Eigentum' seines Verfassers. Entscheidend
> war vielmehr das Bestreben, die autoritative Norm der Vergangenheit für die
> Gegenwart wirksam zur Sprache zu bringen."[33]

Texte sind nicht unantastbares Erbe eines individuellen Autors, sondern
Teil des kollektiven Kulturgutes und als solcher im Dienst der kulturellen
und religiösen Identität der Gemeinschaft.[34] Nicht Originalität sondern
Relevanz für die Gegenwart und Treue zum Prozess der Tradition stehen im Zentrum. Tradition ist Weiterentwicklung und Fortschreibung
der überlieferten Texte. Ihre Treue besteht nicht in der Bindung an die
vorhandenen Worte, sondern im „zur Sprache bringen" und in der Neuin-
terpretation der Botschaft. Zwei Aspekte sind von entscheidender Bedeutung: zum einen die Offenheit für Entwicklungen und die Ausrichtung
auf die Gegenwart und zum anderen die bleibende Orientierung an der
Vergangenheit. BALZ spricht trefflich von der Perspektive einer „›nach-
klassischen‹ Situation"[35], welche die Ausrichtung an der Vergangenheit
und an den in ihr lebenden Personen, an den Vorfahren und den Vor-

---

nicht verglichen werden, ist aber in der Antike durchaus vorhanden und erfährt ganz
unterschiedliche Begründungen."

30 Diese Fragestellung ist dem Bereich der Pseudepigraphieforschung zugeordnet. Zu
den weiteren Problemkreisen, die sich mit diesem Phänomen verbinden vgl. ebd. 4.

31 VIEWEGER, Literarkritik 56.

32 Vgl. PERDUE, Pseudonymity 36, "Composers of texts in the ancient Near East, which
are anonymous, generally have been understood not to be important as individuals
with unique insights and understandings that differentiated them from others."

33 HENGEL, Anonymität 236; vgl. aber JANSSEN/FREY, Pseudepigraphie 7f.

34 Vgl. HENGEL, Anonymität 249, „Unterordnung unter die transsubjektive Tradition".

35 BALZ, Anonymität 417.

gängern im Glauben begründet. Sie ist der Gegenwart grundsätzlich
überlegen oder zumindest normativ für diese: *„Die Norm lag grundsätzlich
in der Vergangenheit,* die Gegenwart wurde eher unter negativem Vorzeichen betrachtet."[36] Die Personen der Geschichte haben im Positiven wie
im Negativen Vorbildcharakter; ihr Verhalten ist exemplarisch für das
Verhalten in der Gegenwart. Auch die Relevanz ihrer Botschaft überschreitet die Zeitgeschichte.[37] Diese Orientierung an Vorfahren erscheint als
wesentlicher Aspekt kultureller Identitätsbildung.

> „Das Entscheidende ist der *religiöse Traditionsstrom,* der immer wieder neue
> literarische Form annimmt, für die dann die pseudepigraphische Form eine
> Selbstverständlichkeit ist, weil nicht die Individualität des Schreibers, sondern
> die Gestalt des religiösen Heros, an dessen Überlieferung und Geist man allein
> gebunden ist, die entscheidende Norm darstellt."[38]

Gerade in der sog. Apokalyptik ist die Zuschreibung von Texten an bestimmte, legendäre Gestalten aus der Frühzeit Israels verbreitet. Die Differenz zwischen Gegenwart und Vergangenheit wurde in dieser Zeit und
in den Trägerkreisen als besonders massiv empfunden. „Im Kern handelt
es sich um programmatische Autorisierung: Urspr[ünglich] anonyme
Traditionen und Schriften wurden unter einem bekannten Namen, der
zu ihrem Inhalt paßte, gesammelt und herausgegeben ..."[39] Nicht die
konkrete Person bzw. Figur ist das entscheidende, sondern die Tatsache,
dass ihr für die Vergangenheit Bedeutung zugesprochen wurde. Die Verbreitung des Phänomens der Anonymität und Pseudepigraphie auch in
der gr. Kultur macht seine Universalität deutlich.

Perspektiven für das Daniel-Buch   Die Genese des Daniel-Buches ist in
die Zeit eines erwachenden Interesses an personaler Verfasserschaft einzuordnen. Die an der Oberfläche des Textes nahegelegte Identifikation
zwischen der literarischen Figur des Daniel und dem Autor weist das
Buch als pseudonymes Werk aus.[40] Seine Visionen werden mit einer le-

---

36   HENGEL, Anonymität 199; dies gilt für die hellenistische Zeit in besonderer Weise,
      hat aber auch Gültigkeit für einen Großteil der literarisch produktiven Zeiten in der
      Geschichte Israels.
37   Vgl. etwa PERDUE, Pseudonymity 36, "However, some of the revered sages of the
      past are known and remembered through the centuries as those who are said to have
      offered understandings of virtue, politics, life and death, and the cosmos that were
      insightful and even authoritative. These sages, to some of whom classical instructions
      were attributed, were famous for their wisdom in the cultural periods in which they
      lived and taught." Außerdem HENGEL, Anonymität 236.
38   HENGEL, Anonymität 231.
39   ROLOFF, Art. Pseudepigraphie 214; zum Phänomen der Schulbildung und seiner Relevanz für die Entstehung pseudepigrapher Schriften vgl. BROCKINGTON, Problem of
      Pseudonymity 16.
40   Vgl. COLLINS, Current Issues 2, "It is agreed that Daniel is pseudepigraphic: the
      stories in chapters 1–6 are legendary in character, and the visions in chapters 7–12 were
      composed by persons unknown in the Maccabean era." Vgl. außerdem KOCH, Buch

gendären Figur der Vergangenheit in Verbindung gebracht und erfahren
so eine Legitimation.

> "Daniel, a famous sage of antiquity (Ezek 14:14), is written some time fol-
> lowing the victory of the Maccabean revolt (164 BCE) and attributed to this
> ancient hero of antiquity (Hebrew Daniel = Ezek 14:14, Dan'el in Ugarit). Only
> chs. 7–12 are attributed specifically to Daniel, thus comprising a pseudony-
> mous text of apocalyptic visions belonging to the Hellenistic era."[41]

Das Buch Daniel steht in der Tradition der pseudepigraphen Literatur
der hellenistischen Zeit.[42] Die Verfasser autorisieren das Buch und seine
Botschaft durch die Indienstnahme einer (fiktiven) Autorgestalt. Relevant
ist nicht die tatsächliche Autorschaft, sondern die fiktive Zuschreibung
zu einer bedeutsamen Gestalt der Vergangenheit.

Andererseits ist die Frage nach der Entstehung von Dan^{LXX} 6 im Horizont des Umgangs mit Traditionsliteratur in hellenistischer Zeit zu bedenken. Einen möglicherweise als Vergleich heranzuziehenden Fall stellt
das Buch Ester dar, das nach Ausweis des Kolophons der Langfassung
der LXX in Jerusalem in gr. Sprache übertragen wurde.[43] „Bezeichnend
ist nun, daß diese griechische Fassung [die Übersetzung des Buches Ester;
D. H.] keine bloße Übersetzung mehr, sondern eine durch Zusätze *wesentlich erweiterte Bearbeitung* darstellt . . . "[44] Auch zur Zeit der Entstehung der
LXX (insbes. von Dan^{LXX}) und in einem jüdisch-hellenistischen Umfeld
ist eine normative Kraft der Vorstellung vom „geistigen Eigentum" und
einer Unveränderlichkeit der Schriften nicht soweit etabliert, dass ein
freier Umgang – in der Tradierung der Literatur Israels – mit den Texten
von Ester oder auch von Daniel nicht möglich gewesen wäre. Im hellenistischen Bereich bildete sich früher als im Judentum eine Vorstellung
von „geistigem Eigentum" heraus, die in der jüdischen Diaspora deutlich
stärker ausgeprägt war als im palästinischen Mutterland.[45] Doch auch im
Schrifttum der Diaspora überwiegt der kulturelle Einfluss des Mutterlan-
des, d. h. „*. . . selbst im jüdisch-hellenistischen Bereich war das Bewußtsein des*

Daniel 83ff; sowie insbes. das Entstehungsmodell der Aufstockungsthese in diesem
Abschnitt 3.1.2, 40.

41 PERDUE, Pseudonymity 41; sowie BROCKINGTON, Problem of Pseudonymity 21, „. . .
there is little doubt that Daniel was a well-known name and that there was a popular
figure of that name of whom stories were told, stories which were strikingly suitable
for the Maccabean occasion . . . "

42 Vgl. auch DAVIES, Spurious Attribution 273, "Daniel is very obviously a work of
pseudepigraphy, belonging to a very popular genre of writing in the Hellenistic era . . . "

43 Vgl. HENGEL, Anonymität 214.

44 Ebd.; vgl. auch ZENGER, Ester 377; DE TROYER, Translation 353. Vorausgesetzt ist die
Hypothese von der Priorität des MT vor der LXX, die auch einer umfassenden Kritik
unterzogen wurde.

45 Vgl. HENGEL, Anonymität 199.207.

geistigen Eigentums und der schriftstellerischen Individualität gegenüber der griechisch-römischen Welt unterentwickelt."[46]

Die Genese des Daniel-Buches zeigt – legt man die Aufstockungsthese zugrunde –, dass auch im 2. Jh. v. Chr. pseudepigraphe Literatur unter Rückgriff auf ältere Überlieferungen geschaffen wurde; Fortschreibungen und Aktualisierungen des Materials lassen sich nachweisen. Nicht der Autor ist die relevante Bezugsgröße des Buches, sondern Daniel, der Heros der Vergangenheit. Problematisch erscheint die weit verbreitete Auffassung, dass an der Sprachgrenze ein solcher Prozess der Weiterentwicklung des Textes abbrechen und eine weitgehend treue Überlieferung einsetzen müsste. Das Vorverständnis von *Übersetzung* als *treue Übersetzung* führt dazu, dass der Übersetzer gänzlich vom Redaktor und Tradenten geschieden wird. Was für Traditionsliteratur im Allgemeinen zugestanden wird, hat nach Auffassung der vorliegenden Untersuchung auch für pseudepigraphe Literatur zu gelten. Diese orientiert sich an der Gestalt eines Heros, dem oder dessen Tradition sie sich verpflichtet weiß und führt dieses Erbe in aller Freiheit und in der Orientierung an der Gegenwart fort. Dieser Prozess erstreckt sich bis zu der mit der Kanonisierung verbundenen Fixierung der Textgestalt.

Uneinheitlichkeit   Andere Modelle gehen von einer längeren und mehrere Stufen umfassenden Entstehungsgeschichte des Daniel-Buches aus; nachfolgend sind die „Fragmententhese" sowie die „Aufstockungsthese" zu skizzieren.[47]

Fragmententhese   Der „Fragmententhese" kommt in erster Linie eine historische Bedeutung zu,[48] da sie in einer reinen Form nicht mehr vertreten wird. In Analogie zur Erforschung des Pentateuchs wurde die Entstehung des Daniel-Buches als Zusammenstellung einzelner, selbstständiger Erzählungen bzw. Erzählsammlungen verstanden.[49] Wirksamkeit entfaltet das Modell in der Gegenwart zur Beschreibung der ersten Stufen der Textgenese, wenn die Entstehung einer Erzählsammlung aus einzelnen Erzählungen angenommen wird.

Aufstockungsthese   Aus der Auseinandersetzung mit der Makkabäerthese entwickelt sich die „Aufstockungsthese"[50], welche von einem mehrstu-

---

46 HENGEL, Anonymität 235; vgl. auch DAVIES, Spurious Attribution 261.
47 Vgl. KOCH, Buch Daniel 64f.
48 Vgl. zur folgenden Darstellung ebd. 58f.
49 Die konkrete Bestimmung der einzelnen Fragmente wurde dabei unterschiedlich gesehen, war aber maßgeblich an die Kapiteleinteilung angelehnt. Einzelne Kapitel wurden zu Gruppen zusammengefasst.
50 Zu aktuellen Vertretern vgl. Abschnitt 3.1.3, 42. Zur Entstehung des Modells und in der Vergangenheit vertretenen Konkretionen vgl. KOCH, Buch Daniel 61–77; erstmals MEINHOLD, Daniel.

figen Prozess der Entstehung ausgeht. Insbes. die Differenzen zwischen Dan 1–6 und 7–12 werden reflektiert.[51]

> „Auf ziemlich festem Boden steht die moderne wissenschaftliche Erklärung des Danielbuches hinsichtlich seiner Letztgestalt, insofern einigermaßen sicher feststeht, daß diese so, wie sie uns heute im masoretischen Text vorliegt, nach Ausweis von Dan 7–12 zur Zeit der makkabäischen Erhebung, des näheren zwischen 167/6 und 164 v. Chr. entstanden ist. Daß diese Letztgestalt des Buches zugleich die aus einer Feder stammende und in einem Zuge niedergeschriebene Erstgestalt ist, muß allerdings in Zweifel gezogen werden."[52]

Vielmehr ist davon auszugehen, dass die Erzählungen Dan 1–6 auf eine ältere Sammlung von aram. Daniellegenden zurückgeht.[53] Für die Textgeschichte ist von einer Sammlung einzelner Erzählungen auszugehen,[54] die hinter Dan 2–6[55] steht und in die Perserzeit zurückgeht.[56] In makkabäischer Zeit wurde eine Ergänzung durch den Visionsteil vorgenommen: " … that account must have been completed near the end of the reign of Antiochus but some time before his death in December 164 B.C.E., or at least before the information of his death reached Palestine, probably in the spring of 163 B.C.E."[57] Eine kurze Wachstumsphase ist innerhalb dieser Texte anzunehmen.[58] Dieser allgemeine Rahmen bedarf einer weiterge-

---

51 Die Trennung erfolgt in der Regel entlang der Gattungsgrenze (Dan 1–6 Erzählungen; 7–12 Visionen) und nicht der Sprachgrenze (2–7 aram.; 8–12 hebr.). Die Beurteilung von 7 ist nicht einheitlich; mitunter wird eine andere Zuordnung vorgenommen.

52 KRATZ, Translatio 11. Vgl. außerdem COLLINS, Social World 249f; WILLI-PLEIN, Ursprung 265; WILLI-PLEIN, Daniel 6 13.

53 Für diesen Textzusammenhang hat sich die Bezeichnung „aramäisches Daniel-Buch" durchgesetzt. Zu beachten sind die Schwierigkeiten, die sich mit diesem Begriff insbes. im Hinblick auf das einleitende Kapitel Dan 1,1–2,4a sowie die Zuordnung von Dan 7 und eine mögliche tiefgreifende Bearbeitung in Dan 2 stellen.

54 Vgl. die harsche Formulierung HÖLSCHER, Entstehung 115, „Daß 2,4b–6 also aus einer Feder stammt, kann nicht ernstlich bezweifelt werden. Daran ändert auch der Umstand nichts, daß die Erzählungen vielfach sehr lose miteinander verbunden und innerlich untereinander wenig ausgeglichen sind … Das alles sind nur Zeichen der Sorglosigkeit und künstlerischen Unbeholfenheit des Darstellers, die in dieser späteren Märchenliteratur überraschen, die indes das Urteil literarischer Einheit nicht umstoßen können."

55 Mehrheitlich wird das Ende dieser Sammlung mit Dan 6 gesehen (vgl. ebd. 119, „… die Legendensammlung, welche in 6,29 ihren ursprünglichen und guten Schluß hatte"); aber auch Dan 7 erscheint als Abschluss dieser Sammlung.

56 Vgl. STECK, Weltgeschehen 263f, „… Formulierung einzelner, aramäischer Daniel-Erzählungen in Dan 2–6 … noch in … [der; D. H.] Perserzeit". Eine Datierung dieser Stücke erst in hellenistischer Zeit wird ebenfalls vertreten. Vgl. etwa NOTH, Komposition 25; außerdem den Hinweis bei COLLINS, Social World 250, „… it is unlikely that any part of Daniel attained its present form before the Hellenistic age".

57 SEOW, Daniel 7.

58 JEPSEN, Bemerkungen 391, weicht insofern von der gängigen Form der Aufstockungsthese ab, als er auch für Dan 10; 12 eine Entstehung vor der Zeit Alexanders des Großen annimmt.

hender Konkretionen; nicht aller Probleme der Textgeschichte können mit diesem Modell hinreichend erklärt werden.[59]

3.1.3 Aktuelle Positionen zur Entstehung

Als Basismodell liegt den meisten neueren Ansätzen zur Entstehung des Daniel-Buches die „Aufstockungsthese" zugrunde. Dies gilt beinahe ausnahmslos für die Konzeptionen, welche die Hypothese der Einheitlichkeit[60] ablehnen und mit einem längeren, mehrstufigen Prozess der Textentstehung rechnen.[61]

Die vorgelegten Skizzen markieren einen Rahmen, in dem sich die gegenwärtige Daniel-Forschung bewegt, und der den Hintergrund für die vorliegende Untersuchung bildet.[62] Das als Ausgangspunkt der Darstellung gewählte Konzept von STECK kann aufgrund seiner Vereinfachungen verschiedene Ansätze integrieren und die Entfaltung der nachfolgenden Präzisierungen und Differenzierungen vorbereiten.[63] Weiter werden in chronologischer Reihung die Ansätze von LEBRAM, COLLINS, HAAG, KRATZ und SANTOSO vorgestellt.[64]

STECK: *Weltgeschehen und Gottesvolk im Buche Daniel* [65]   Im Kontext eines Aufsatzes stellt STECK in knapper Form seine Vorstellung der Genese des Daniel-Buches dar, die einen zuverlässigen Referenzpunkt für die wichtigsten Aspekte der Textgeschichte bildet.[66] Die Entstehung der gr. Textfassungen bleibt weitgehend außer Betracht.

Einzelne, aram. Erzählungen, die keine eschatologische Perspektive aufweisen, bilden in der Perserzeit den Startpunkt der Textgenese. Greifbar werden diese in Dan 2–6. Offen lässt STECK, ob der Entstehungsort in der östlichen Diaspora oder in Palästina selbst anzunehmen ist. Die zweite Stufe der Textentwicklung stellt die Verbindung der vorab lose gesammelten Erzählungen zu einer Einheit mit einer Einleitung Dan 1–

---

59   Vgl. dazu KOCH, Buch Daniel 75f; sowie Abschnitt 3.2.6, 134.

60   Vgl. zu dieser These etwa WESSELIUS, Literary Nature 274; MAIER, Prophet 62.

61   Zur Darstellung der Entwicklungsmodelle vgl. auch SANTOSO, Apokalyptik 18–28; NIEHR, Buch Daniel 614f.

62   Vgl. zur Positionierung der Untersuchung und zum Umgang mit der bestehenden Theorienpluralität, die einen wirklichen Konsens nicht erkennen lässt, Abschnitt 3.1.3, 48 bzw. dann weiterführend Abschnitt 3.2.7, 147.

63   Nach ALBERTZ, Gott 170, kann die Positionierung von STECK als Mehrheitsmeinung betrachtet werden; zu beachten sind die Weiterentwicklung der Theoriebildungen und die bestehenden Differenzen.

64   Weitere Ansätze, deren Schwerpunkt in der Auseinandersetzung mit den gr. Textüberlieferungen liegt, werden in einem eigenen Abschnitt dargestellt. Vgl. dazu Abschnitt 3.2.6, 134.

65   STECK, Weltgeschehen.

66   Zur weiteren Darstellung vgl. ohne vollständige Einzelnachweise ebd. 263f.

2,4a, die möglicherweise aram. vorlag, und den Visionen Dan 2* und Dan 7* in ihrer vormakkabäischen Fassung dar. „Dieses *aramäische Daniel-buch* ist erst nach dem Zusammenbruch des persischen Weltreiches in der Alexander- bzw. in der Ptolemäerzeit gebildet worden."[67] Aufgrund der Datierung wird die dritte Stufe „makkabäisches Danielbuch" genannt. Sie zeichnet sich durch eine Neubildung oder hebr. Umgestaltung der Einleitung (Dan 1) sowie durch Erweiterungen und Aktualisierungen in Dan 2*; 7* aus. Hinzu kommt die Ergänzung dieses aram. Daniel-Buches um die Abschnitte Dan 8–12. Auch in deren Zusammenhang ist eine Entwicklung festzustellen, die jedoch auf einen überschaubaren Zeitraum begrenzt ist.

LEBRAM: *Das Buch Daniel*[68]   LEBRAMS Modell geht von drei Stufen der Textentstehung aus. Es unterscheidet das älteste Daniel-Buch von zwei nachfolgenden Redaktionen (*Redaktion I* und *Reaktion II*).[69] Die gr. Textfassungen bleiben weitgehend außer Betracht.

Als ältester Kern des Daniel-Buches – entstanden nach 200 v. Chr. im Kreis „international orientierter Weisheitslehrer"[70] – wird der aram. Teil (Dan 2–7) bestimmt. „Die symmetrische Komposition der Thematik ist deutlich genug, um in diesen Kapiteln ein eigenes Buch zu erkennen, das als selbständiges Ganzes schon dem Verfasser der hebräischen Teile vorgelegen hat."[71] Diese Sammlung ist nicht als Legendensammlung, sondern als ein wesentlich apokalyptisch ausgerichteter Textkomplex zu betrachten.[72] Probleme bereitet die Frage nach dem Beginn des aram. Daniel-Buches mit der hebr. Erzählung von Dan 1 und dem Beginn der Erzählung von Dan 2, die mit V 4a ins Aram. übergeht. „Es fragt sich, warum der hebräische Verfasser, der arDan. [i. e. das aram. Daniel-Buch; D. H.] vorgefunden hat, diesen aramäischen Anfang übersetzt oder ersetzt hat, wenn er danach doch das Aramäische wörtlich wiedergibt."[73] Aus dem Vergleich mit Esr schließt LEBRAM, dass es bei der Einbindung eines aram. Textes in einen hebr. Zusammenhang literarische Praxis oder zumindest nicht unüblich war, diesen nicht am Beginn einzufügen, sondern die wörtliche Wiedergabe erst nach einer Übersetzung oder Ersetzung des aram. Anfangs zu beginnen. Unklar bleibt, ob das aram. Daniel-Buch über eine Einleitung verfügte, sei es in der Gestalt einer aram. Fassung von Dan 1 oder eines anderen Textes. LEBRAM erachtet die erste Möglichkeit aufgrund der Spannungen zwischen Dan 1 und Dan 2 als problematisch und

---

67   Ebd. 264.
68   LEBRAM, Daniel.
69   Zur weiteren Darstellung vgl. ohne vollständige Einzelnachweise ebd. 18–25.
70   Ebd. 20. Wesentliches Merkmal dieses Kreises seien die Beziehungen zur jüdischen Diaspora vornehmlich in Ägypten gewesen.
71   Ebd. 21.
72   Vgl. außerdem NIEHR, Buch Daniel 614.
73   LEBRAM, Daniel 21.

optiert für die Ersetzung einer ursprünglichen Einleitung durch Dan 1:
„So könnte ein aramäischer Vorläufer der griechischen Susannalegende
die ursprüngliche Einleitung von arDan. gewesen sein."[74] Die Entstehung
dieses aram. Daniel-Buches wird in der Zeit nach 200 v. Chr. angesiedelt.

In der weiteren Entwicklung wurde das aram. Daniel-Buch von einem *Redaktor I* vor dem Hintergrund der Traditionen des Jerusalemer
Judentums bearbeitet. „Er umrahmte arDan. mit der neuen Einleitung
(Kap. 1) und einer weiteren persönlichen Vision Daniels, die als ›zweite‹ Vision (8,1) der Traumvision in Kap. 7 angehängt und nachgebildet
wurde. Sie ist in den älteren Partien von Kap. 8 enthalten ... "[75] Zeitlich
ist diese Redaktion vor der Tempelschändung des Antiochus IV. anzusiedeln; die wesentliche Auseinandersetzung sieht der Redaktor noch mit
Antiochus III. (223–187 v. Chr.).

Eine weitere Redaktion (*Redaktor II*), die nach LEBRAM deutlicher
erkennbar ist, hat ihre Spuren in Dan 8 und in Dan 9–12 hinterlassen. Auf
diesen Redaktionsprozess geht die Endgestalt des Buches zurück. In der
historischen Perspektive hat sich gegenüber *Redaktor I* eine wesentliche
Verschiebung ergeben, weil der Verlauf der Geschichte dokumentiert hat,
dass nicht Antiochus III., sondern Antiochus IV. mit dem endzeitlichen
Frevler zu identifizieren ist.[76] Seine Eingriffe in den Text beschränken sich
auf das Ende des Textes. „So ist das ganze Werk von Red[aktor] II nichts
als ein Anhang an das durch Red[aktor] I bearbeitete Danielbuch, durch
den das ältere Buch der Situation unter Antiochus IV. angepaßt wird."[77]

COLLINS: *Daniel. A Commentary on the Book of Daniel*[78]   Der Kommentierung des Daniel-Buches stellt COLLINS eine Konzeption der Entstehungsgeschichte seines hebräisch-aramäischen Textes voran. Die Entstehung
der gr. Textfassungen bleibt in dem Modell weitgehend außer Betracht.[79]

Sein 5-stufiges Modell geht von unabhängigen Einzelerzählungen aus,
die uns später in möglicherweise veränderter Form in Dan 2–6 begegnen.
Die Ursprünge liegen wohl noch in persischer Zeit, obgleich eine genaue
Rekonstruktion der Traditionsprozesse für diese Zeit nicht möglich ist.
Aus diesen Einzelerzählungen entstand eine Sammlung von Erzählungen,
die vermutlich 3,31–6,28 umfasste, wie sich aus der Parallelüberlieferung
der LXX schließen lässt. "It is possible that chaps. 3:31–6:28 at one time
circulated as an independent document."[80] Eine umfassendere Sammlung

74 LEBRAM, Daniel 22.
75 Ebd. 23.
76 Vgl. ebd.
77 Ebd. 24.
78 COLLINS, Commentary.
79 Zur weiteren Darstellung vgl. ohne vollständige Einzelnachweise ebd. 24–38, insbes. 38.
    Vgl. außerdem COLLINS, Daniel 27–30.
80 COLLINS, Commentary 37.

von Erzählungen entsteht in hellenistischer Zeit unter Einbeziehung eines
einleitenden Kapitels Dan 1.

Die damit vorliegende Erzählsammlung von Dan 1–6 wurde ergänzt
um Dan 7 – nach dem Beginn der Religionsverfolgungen unter Antiochus IV. aber noch vor der Entweihung des Tempels – als ein aram. Buch
gelesen, jedoch nur für kurze Zeit. Seine Endgestalt erhielt der Text zwischen 167 und 164 v. Chr. durch die Ergänzung der hebr. Kapitel Dan 8–12
und die Übersetzung von Dan 1, wodurch eine hebr. Rahmung der aram.
Abschnitte entstand. Dan 12,11.12 wurden nachträglich, aber noch vor der
neuen Weihe des Tempels eingefügt. Während die Entstehung der erzählenden Kapitel Dan 1–6 vermutlich in der östlichen Diaspora anzusiedeln
ist, werden die Kapitel 7–12 im Umfeld der Jerusalemer Oberschicht
entstanden sein.

HAAG: *Daniel*[81]   „Auf die Frage nach der Entstehung des Db hat die
atl Forschung bisher noch keine allseits befriedigende Antwort gefunden."[82] Die Vielschichtigkeit seiner Überlieferung erfordert die Annahme
eines mehrstufigen Entstehungsprozesses. „Beachtung verdient allein die
Aufstockungsthese, die eine mit dem 4. / 3. Jh. v. Chr. einsetzende Entstehungsgeschichte für das Db wahrscheinlich macht."[83] Das Modell von
HAAG stellt eine Konkretion der Aufstockungsthese dar.[84]

Die Anfänge der Entstehung liegen in zwei weisheitlichen Lehrerzählungen (Dan 4,1–24.31–34*; 6,1–29*) aus der Perserzeit (5./4. Jh. v. Chr.) in
den Kreisen der jüdischen Hierokratie in Jerusalem. Diese werden gegen
Ende des 3. Jh. v. Chr. vor dem Hintergrund der Welteroberungspolitik des
Seleukidenreiches und der Ablösung der Vormachtstellung der Ptolemäer
mit einer unabhängigen Geschichtsdarstellung (Dan 4,25–30*; 5,1–30*) zu
einer „literarisch in sich geschlossenen Lehrschrift"[85] verbunden. „Diese
Grundschicht hat dann, wie man angesichts der auffälligen Diskrepanz
zwischen G und M in Dan 4–6 vermuten darf, schon bald eine Neubearbeitung auf griechisch erfahren, die ihrerseits von G nahezu unverändert
übernommen worden ist."[86]

Als nächste Stufe nimmt HAAG ein vormakkabäisches Daniel-Buch
(Dan 1–8*) an, das auf die Bearbeitung der Grundschicht von Dan 4–6
zurückgeht. Im Hintergrund steht die Glaubensreflexion der jüdischen Bevölkerung angesichts der erwarteten Ausbreitung des Hellenismus durch
das Machtstreben Antiochus III. Aus paränetischen Motiven wurde die
Grundschicht um eine Erzählfolge ergänzt, die „auf die Bewährung des

---

81   HAAG, Daniel.
82   Ebd. 7.
83   Ebd.
84   Zur weiteren Darstellung vgl. ohne vollständige Einzelnachweise ebd. 7–9.
85   Ebd. 7.
86   Ebd. 8.

Frommen in einem sich totalitär gebärdenden heidnischen Staat verwies
(Dan 1–3*)"[87]. Ähnlich wurde die Grundschicht Dan 4–6 am Ende um
Darstellungen der Vergänglichkeit politischer Herrschaft und die rettende,
eschatologische Perspektive für den Frommen (Dan 7–8*) ergänzt.

Die Profanierung des Tempels in Jerusalem durch Antiochus IV. stellt
schließlich den Anstoß für die Fortschreibung dieses vormakkabäischen
Daniel-Buches zum sog. „makkabäischen Daniel-Buch" (Dan 1–12*) dar,
in dem einerseits eine Frist für die Wiederherstellung Jerusalems benannt
wird und Motive von Drangsal, Ausharren und Belohnung in Gottes
Herrlichkeit (Dan 10–12*) die Thematik der Rettung des Frommen ra-
dikalisieren. Die abschließende Bearbeitung ist bald nach dem Tod des
Antiochus IV. anzusiedeln.

Ergänzungen in der gr. Fassung sind das Gebet des Asarja (3,24–50)
und der Lobgesang der drei jungen Männer (3,51–90) sowie die Erzählungen Sus und BelDr. Wobei die zuletzt genannten Texte erst in der
lateinischen Tradition zu einem Bestandteil des Daniel-Buches wurden.

KRATZ: *Reich Gottes und Gesetz im Danielbuch und im werdenden Judentum
bzw.: The Visions of Daniel*[88]   Mit Fragen der Textgeschichte beschäftigt
sich KRATZ in mehreren Publikationen, die die Basis nachfolgender Darstellung bilden.[89] Die Entstehung der gr. Textfassungen bleibt weitgehend
außer Betracht.

Als Grundmodell greift KRATZ die „Aufstockungsthese" auf;[90] er
nimmt einen „Grundstock von Erzählungen in Dan 1–6"[91] aus persischer
Zeit – also nach 539 v. Chr. – an. Wurzeln dieser Erzählungen reichen in
die östliche Diaspora, die Zusammenstellung erfolgt in Jerusalem selbst.
Eine erste Ergänzung erfährt diese Sammlung in hellenistischer Zeit, seit
dem 3. Jh. v. Chr., durch die Anfügung von Dan 7*, die mit Eintragungen
in Dan 2[92] verbunden ist. KRATZ betont die Unterscheidung der beiden
Stufen Dan 1–6* und Dan 1–7 und wendet sich gegen die Vorstellung
von einem aram. Daniel-Buch Dan 2–7.[93] Durch diese Erweiterung erhält

---

87 HAAG, Daniel 8.
88 KRATZ, Reich; sowie KRATZ, Visions.
89 Deren unterschiedlichem Schwerpunkt folgend ist für die Frage der Textgenese von
    Dan 1–6; 7 KRATZ, Reich, in Verbindung mit KRATZ, Translatio, zu konsultieren, wäh-
    rend sich die Kompositionsgeschichte der Visionen auf KRATZ, Visions, zu stützen hat.
    Vgl. außerdem die Darstellungen bei NIEHR, Buch Daniel 614; SANTOSO, Apokalyptik
    24f, die sich auf die letztgenannte Publikation beziehen.
90 Vgl. KRATZ, Reich 440.
91 Ebd. 440f. Konkret besteht diese Sammlung aus 1,1–2,4a*(aram.); 2,4b–49*; 3–6.
92 Vgl. ebd. 448.
93 Vgl. ebd. 451, „Aber es sind nicht nur die Querbezüge, sondern es ist vor allem die Er-
    zählungssammlung selbst, die erkennen läßt, daß der eschatologischen Fortschreibung
    in Dan 7 nicht frei herumlaufende oder auch lose verbundene Einzelerzählungen zur
    Verfügung standen, sondern daß dem eine geschlossene, wohldisponierte Komposition
    mit eigenem Aussageprofil vorausgegangen ist (und zwar in M ...)."

die Erzählsammlung eine eschatologische Ausrichtung. Auch von den
nachfolgenden Bearbeitungen sieht KRATZ diese Stufe unterschieden.
„Sehr viel enger als Dan 8–12 ist aber die Vision Dan 7 durch literarische
Querbezüge mit Dan 1–6 verbunden, weshalb ja auch viele einzig das
aramäische Danielbuch Dan 2–7 für ursprünglich und eine selbständige
Erzählsammlung Dan 1–6 für unwahrscheinlich halten."[94] Dan 8 versteht
KRATZ als Übertragung der Vision von Dan 7 ins Hebr. und als deren Aktualisierung. Dan 8; 10–12 wird an den Textzusammenhang von Dan 1–7
angebunden; in diesem Zusammenhang wird Dan 1,1–2,4a ins Hebr. übersetzt. Eine separate Einfügung scheint man für Dan 9,1–10,1 annehmen
zu müssen. Dadurch kommt der Geschichtsverlauf bereits mit Dan 9 zum
Ende; Dan 10–12 erscheinen in einer neuen Funktion der Präzisierung
der Ereignisse. Gleichzeitig werden in den vorangehenden Textbestand
insbes. Dan 2; 7 Eintragungen vorgenommen.

SANTOSO: *Die Apokalyptik als jüdische Denkbewegung*[95]   Dieser Vorschlag
zur Genese des Daniel-Buches stellt grundlegende Aspekte der Fragmententhese wieder in den Vordergrund. Der Bereich der Entwicklung des gr.
Textes bleibt ohne Betrachtung.[96]

Als Ausgangspunkt der Textentwicklung wird die schriftliche Form
der Erzählungen von Dan 1–6* angenommen, die zunächst in mündlicher Form tradiert wurden. Aufgrund der Bezugnahme auf den Fall
des babylonischen Reiches kann die Eroberung Babylons durch Kyros
539 v. Chr. als *terminus post quem* für die Entstehung betrachtet werden.
Die Erzählungen stammen aus persischer Zeit.

Die zweite Stufe der Textgenese wird von der Zusammenstellung der
Einzelerzählungen zu einer aram. Sammlung (unter Hinzufügung von
1,1.21; 2,1.2*.49; 6,29), deren erzählte Zeit von Nebukadnezzar bis zur Zeit
des Kyros reicht, markiert. Diese mit dem Sigel R^1 bezeichnete Redaktion
ordnet SANTOSO in die späte Perserzeit in der östlichen Diaspora ein.
„Das von R^1 komponierte Buch wird als das Danielerzählungsbuch Dan 1–
6* bezeichnet."[97]

Die weiteren Bearbeitungen werden in Palästina lokalisiert; zu ihrer
Kennzeichnung dient das Sigel R^2. Ergebnis dieses Redaktionsprozesses
ist das aram. Daniel-Buch Dan 1–7. Neben der Einfügung einzelner Elemente wird die bislang selbstständige Vision Dan 7* angegliedert, die
durch die redaktionelle Verknüpfung (7,1a.2a) den Schlusspunkt der sym-
metrischen Komposition Dan 1–7 bildete. Die Datierung erfolgt in die

---

94   Ebd. 449.
95   SANTOSO, Apokalyptik.
96   Zur weiteren Darstellung vgl. ohne vollständige Einzelnachweise ebd. 279–281.
97   Ebd. 280.

Zeit zwischen dem Ende des 5. syrischen Krieges (202–198 v. Chr.) und dem Tod des Seleukos IV. (175 v. Chr.).

Die dritte Redaktion (R³) kontextualisiert SANTOSO im Kreis der apokalyptischen Bewegung in Judäa in der Zeit des Antiochus IV. Aus ihr geht das „apokalyptische Danielbuch Dan 1–12*"[98] hervor. Neben einer umfänglichen Bearbeitung[99] erfolgt die Angliederung zweier ursprünglich selbstständig tradierter Visionen, nämlich Dan 8* und Dan 10–12*, und eines Bußgebetes Dan 9*. Durch redaktionelle Eingriffe erfolgt die Verbindung der einzelnen Elemente. Ein wesentlicher Eingriff ist die Übersetzung von Dan 1,1–2,4a ins Hebr., durch die eine hebr. Rahmung der aram. Textteile geschaffen wurde.

Abschließend ist eine letzte Redaktionsstufe R³ᵃ für die Zeit nach dem Tod des Antiochus IV. oder kurz nach der Wiedereinweihung des Tempels anzunehmen, in der das apokalyptische Daniel-Buch an einigen Stellen bearbeitet wird.

Zusammenfassung und Position der vorliegenden Untersuchung   Die vorangehende Darstellung macht die Pluralität der Modellbildungen deutlich. Mit der Mehrheitsmeinung ist von einer Uneinheitlichkeit des Daniel-Buches auszugehen und eine Form der Aufstockungsthese zugrunde zu legen.[100] Die Entstehung der Erzählungen (evtl. auch der Sammlung) ist in der östlichen Diaspora anzunehmen.[101] „Dieser Ansatz wird als Grundertrag moderner Forschung in diesem Buche vorausgesetzt. Damit ergibt sich für den ersten Teil eine anonyme, für den zweiten pseudonyme Entstehung."[102] Der weitgehenden Einigkeit über das Basismodell steht eine Fülle an Konkretionen gegenüber.[103]

Eine stärkere Berücksichtigung der Frage nach der Verhältnisbestimmung zur LXX-Fassung des Daniel-Buches (insbes. Dan^LXX 4–6) ist erforderlich. Die vorgestellten Modelle tragen dieser Problemlage in unterschiedlichem Umfang Rechnung; gemeinsam ist ihnen die Annahme einer Übersetzung der LXX-Fassung aus dem pMT oder einer anderen Textfas-

---

98 SANTOSO, Apokalyptik 281.
99 Vgl. hierzu die Auflistung ebd. 280.
100 Vorausgesetzt wird insbes. die Existenz einer Sammlung der ursprünglich einzeln tradierten Erzählungen von Dan 2–6* in nachexilischer, vermutlich hellenistischer evtl. auch persischer Zeit.
101 Vgl. allerdings POLAK, Daniel Tales 260, "Only the two so-called 'martyr tales' (Dan 3,1–30; Dan 6) can be attributed to narrators living in Judea ..." Vgl. zur weiteren sozialen Einordnung der einzelnen Teile des Daniel-Buches Abschnitt 3.1.5, 56.
102 KOCH, Buch Daniel 11.
103 NIEHR, Buch Daniel 615, „Als vorläufiges Fazit aus den Diskussionen zeichnet sich die Existenz, einer älteren aramäischen Schrift in Kap. 2,4b–6,29 ab, die um eine Einleitung und um eine Vision in Kap. 7 ergänzt wurde. Diesem Komplex wurden Kap. 8–12 und noch später Kap. 13 und 14 angefügt."

sung, deren Ursprung und Entstehung im Dunkeln bleibt.[104] Im Licht der
Erkenntnisse aus Dan^{LXX} 4–6 hat eine Konkretion bzw. Modifikation der
Aufstockungsthese zu erfolgen.[105]

3.1.4 Versuche der Gattungsbestimmung

Für Dan^{MT} 6 ist anders als für Dan^{LXX} 6 eine Vielzahl an Vorschlägen für
eine Zuweisung zu einer Gattung gemacht worden.[106] Ohne die bestehenden Differenzen zu berücksichtigen, wird in der Regel die Einordnung
von Dan^{MT} 6 auf Dan^{LXX} 6 übertragen.

Beiden Textfassungen ist ihr narrativer Grundcharakter und ihre Zuordnung zur Gattung der „Erzählung" gemeinsam.[107] Je nach den im
Text wahrgenommenen und den in der Interpretation betonten Akzenten
variiert die weitergehende Präzisierung erheblich.[108]

Einzelne Elemente und Motive lassen sich einer (Glied-)Gattung zuweisen,[109] deren Bestimmung ohne Schwierigkeiten möglich und ohne
direkte Auswirkung auf die Konkretion der Gattungsbestimmung der
Erzählung ist. Eine Erzählung integriert in natürlicher Weise verschiedenste Gliedgattungen ohne Schwierigkeiten und ohne, dass zur Erklärung textgenetische Prozesse herangezogen werden müssen: Der Erzähler
konstruiert seine Welt in Bezugnahme auf Elemente seiner Lebens- und
Sprachwelt, zu der auch bestimmte geprägte Sprachformen gehören.[110]

> „Wer eine Erzählung entwirft ... tut dies nicht völlig frei. Er wählt *Ausdrucks-
> mittel*, die ihm seine *Sprache vorgibt*, er greift Textmuster wie z. B. Rechtssatz,
> Gebet, Hymnus auf, die in seiner Sprachwelt bereits vorliegen, wenn er Ent-
> sprechendes formulieren will, er arbeitet mit Stichworten oder Wortverbin-

---

104 Die Frage nach den Hintergründen der differierenden Verhältnisbestimmung in
 Dan^{LXX} 4–6 und den restlichen Kapiteln wird häufig nur am Rande behandelt.
105 Zu den Modellbildungen, die sich wesentlich mit der LXX-Fassung auseinandersetzen,
 vgl. Abschnitt 3.2.6, 134.
106 Die Schwierigkeiten der Gattungsbestimmung sind auch in der Uneinheitlichkeit von
 Dan begründet; der Einzeltext wird in Abhängigkeit vom Gesamtverständnis des
 Buches klassifiziert.
107 Vgl. dazu etwa COLLINS, Daniel 41, "... the broadest and most basic genre of these
 chapters: the Story or Tale, defined as a narrative which creates interest by arousing
 tension or suspense and resolving it. This categorization is so obvious that it is usually
 taken for granted. Conversely, most critical scholars take for granted that the genre is
 not *History*."
108 Zum folgenden Überblick vgl. KOCH, Buch Daniel 88–91; sowie VALETA, Lions 9–14.
109 Vgl. COLLINS, Daniel 72, zählt im Bereich der Gliedgattungen für die mt Tradition
 insbes. die Bitte VV 7–9, die Anklage V 13f, den Brief VV 26–28, das Dekret oder eine
 Proklamation VV 26.27a sowie den Hymnus VV 27b.28 auf.
110 LUCAS, Daniel 23, "An author who wants to communicate to the readers in a particular culture will adopt one of the genres that belong in that culture, or else risk
 misunderstanding or incomprehension."

dungen aus *geistig vorgeprägten Sprachfeldern*, die ihm wie seinen Adressaten vertraut sind, und er bezieht sich bei seinem Formulieren nicht zuletzt auf *Elemente aus der konkret-geschichtlichen Welt*, in der er lebt."[111]

Dan^MT 6   Die nachfolgende Darstellung gibt einen knappen Überblick über wesentliche Versuche der Gattungsbestimmung, wobei der Klassifikation als „Hoferzählung" besondere Bedeutung zukommt.[112]

---

111 STECK, Exegese 99.
112 Vgl. COLLINS, Commentary 42, "The most widely accepted categorization of these sto-
    ries is undoubtedly 'court tales.'" Außerdem sind die Legende bzw. Märtyrerlegende,
    der Midrasch, die Lehrerzählung bzw. die Aretalogie, das Märchen, die menippeische
    Satire und die Bekehrungserzählung zu thematisieren. Zur nachfolgenden Darstellung
    vgl. KOCH, Buch Daniel 88–92; außerdem COLLINS, Commentary 42–52. Aufgrund
    der Diskussionslage bedürfen nur einige Gattungen einer Auseinandersetzung; im
    Hinblick auf die übrigen genügt eine kurze Skizze:
    Legende – COLLINS, Daniel 41, "A legend is a narrative which expresses 'a virtue
    embodied in a deed' and focuses on the element of *imitation*." Als zentrales Merkmal
    einer Legende ist dabei das Interesse für Elemente des Wunders und der Erbauung zu
    betrachten. COLLINS, Commentary 272, "In both there is an appeal to the miraculous
    and the supernatural, which distinguishes the legend from other tales of court wisdom."
    Nicht die spezifische Struktur der Erzählung und nicht eine spezifische Szenerie formen
    diese Gattung, sondern die Art und Weise ihrer Präsentation. Eine Präzisierung erfährt
    diese Bestimmung in der Märtyrerlegende und den aretalogischen Erzählungen.
    Märtyrerlegende – BENTZEN bestimmt die Gattung von Dan 3; 6 – in der Folge
    anderer Autoren (vgl. etwa KUHL, Feuer 71ff; BAUMGARTNER, Danielforschung 132f;
    nach BENTZEN auch HARTMANN/DiLELLA, Daniel 196; WESSELIUS, Writing 295) – als
    „Märtyrerlegende". BENTZEN, Märtyrerlegende 58, „Daß Dan 6 – wie Kap. 3 desselben
    Buches – eine ‚Märtyrerlegende' ist, gehört zum Gemeingut der Gattungsforschung."
    Gegen diese Bestimmung ist von verschiedenen Seiten Kritik vorgebracht worden.
    Zum einen steht der Bewahrung Daniels durch Gott einer Bestimmung der Gattung als
    Märtyrerlegende gegenüber (BEEK wendet dagegen ein: „... eine Märtyrergeschichte
    mit gutem Ausgang ist eben keine Märtyrergeschichte mehr". Zitat nach: KOCH, Buch
    Daniel 89), zum anderen wird die Akzentsetzung der Erzählung auf die Bewahrung
    Gottes in der Gefahr und nicht auf deren Überwindung betont. (Vgl. HAAG, Errettung
    82, „Die Erzählung berichtet in der Tat weder von Leiden und Folterungen oder gar dem
    Zeugentod Daniels noch von einer beeindruckenden Darlegung seines Glaubens vor
    den heidnischen Verfolgern.") Im Zentrum der Erzählung steht nicht Daniel, sondern
    der König; vgl. WILLI-PLEIN, Daniel 6 12, „Umso bemerkenswerter ist die Beobachtung
    am ursprünglichen Text, dass der jeweilige Kulminationspunkt der Legenden nicht
    eigentlich die Glaubensbewährung des israelitischen Helden, sondern die Reaktion des
    heidnischen Herrschers ist."
    Aretalogisch-romanhafte Erzählung – Aufgrund der „betonten Erzählschlüsse mit
    dem Lobpreis des israelitischen Gottes durch den heidnischen Großkönig in allen
    Danielkapiteln" (KOCH, Buch Daniel 90) steht nicht der Mensch im Zentrum der Erzäh-
    lung, sondern Gott und seine machtvollen Taten. Gott wird in den Erzählungen als der
    universale Gott, als Gott der Völker vorgestellt. Vgl. zu dieser Gattungsbestimmung
    HENGEL, Judentum 203–207. Die aretalogische oder aretalogisch-romanhafte Erzäh-
    lung ist damit als eine Sonderform der weisheitlichen Lehrerzählung zu begreifen (vgl.
    WEIMAR, Formen 128f).
    Märchen – Die Präsenz einzelner Motive, die der Märchenüberlieferung entstam-
    men, führte zur Ableitung der Texte aus der Märchentradition. Vgl. KOCH, Buch Daniel
    88; mit Verweis auf GUNKEL, Märchen 117f.161; BAUMGARTNER, Danielforschung 133f;

Hoferzählung Die Verortung im Kontext des Königshofes führt auf die Bestimmung der Gattung als „Hoferzählung".[113] HUMPHREYS hat allgemeine Aspekte der Gattung beschrieben und im Hinblick auf das Abstraktionsniveau der Gattung eine weitere Differenzierung eingeführt. Es ist zu unterscheiden zwischen "tales of court conflict and tales of court

---

MÜLLER, Märchen 338ff. Einer Einordnung als Märchen wird jedoch die vornehmlich realistische Gestaltung der erzählten Welt entgegengehalten. Vgl. COLLINS, Daniel 41, "… their narrative world is predominantly realistic …" Von einem Märchen ist somit nicht auszugehen, ohne dass damit die Verwendung von Märchen-Motiven geleugnet werden soll. In struktureller Hinsicht weist Dan 6 entscheidende Übereinstimmungen mit der Gattung der Märchen auf. Vgl. dazu MILNE, Vladimir Propp 254. MÜLLER zeichnet die Entwicklung der Danieltradition nach und sieht darin den Übergang von der Märchenüberlieferung zur Legendenbildung. MÜLLER, Märchen 347, „… weil die Märchenüberlieferung von Daniel offenbar bruchlos in die Legendentradition übergegangen ist. So enthalten auch die Legenden Züge märchenhafter Hofschilderung; vor allem laufen sie auf die ebenso märchenhafte Erhöhung des Helden hinaus (iii 30; vi 29). – Aber auch die Märchen sind legendär übermalt, was vielleicht noch auffälliger ist." Vgl. aber COLLINS, Commentary 42.

Midrasch – Als Entfaltung einer zentralen Aussage oder Erzählung der Schrift, als Midrasch oder Haggada bezeichnet, werden die Erzählungen des Daniel-Buches und somit auch Dan 6 verstanden. (LACOQUE, Daniel 13, „les six premiers sont des ‹midrashim›".) Vgl. SIMS, Daniel 332, "One can understand how the stories of Daniel have been read as midrashic tales, even as specimens of the distinct genre of 'Diaspora Novel' …, as stories intended to illustrate general truths for abstract principles rather than to relate actual occurrences involving historical persons." Für Dan 6 werden die Psalmworte Ps 57,5; 91,13 als Ausgangspunkt der Entwicklung betrachtet. (Vgl. auch PORTEOUS, Danielbuch 70; DELCOR, Daniel 133, „d'un recit haggadique".) Die kommentierende Auslegung bibl. Texte stellt ein wesentliches Merkmal frühjüdischer Literatur dar. Vgl. dazu WEIMAR, Formen 124, dort auch 135ff zu den Midraschim in der frühjüdischen Literatur.

113 COLLINS, Court-Tales 219, "It has been long recognized that the tales in chs. 1–6 have many affinities with other tales, both biblical and non-biblical, which are set in a royal court." Bibl. Parallelen werden in Gen 37–50, Ester; Nehemia und Esra gesehen vgl. TALMON, Daniel 350; PATTERSON, Holding 447–452; ROSENTHAL, Josephsgeschichte 278. Zur Verbreitung dieser Gattung im AO und in Griechenland vgl. WILLS, Jew 39–74. Zur Kritik an der Gattung Hoferzählung vgl. HAAG, Errettung 83, „Der Umstand, daß die Kennzeichnung ‚Hofgeschichte' im Einzelfall der weiteren Differenzierung bedarf, offenbart jedoch ihre Schwäche; denn sie wird nicht, wie das bei einer Gattungsbezeichnung üblich ist, durch den Aufweis gleichartiger Strukturen gestützt, sondern lediglich durch eine Kombination von Motiven behauptet." Außerdem COLLINS, Commentary 44, "The use of 'court tale' as a genre label has been criticized on the grounds that it is imprecise and is not based on a common literary structure. It is true that the genre of the individual tales can be more precisely indicated, but genre designations are valid on different levels of generality. On the most general level, the units in Daniel 1–6 are stories, or tales – narratives that create interest by arousing tension or suspense and resolving it. The 'didactic wisdom tale' outlined by Müller is only a little less general. The category 'court tale' is more specific and calls attention to some of the particular Near Eastern motifs that all these tales have in common. Its value is not diminished by the fact that it admits of further specification."

contest"[114]. Für Dan 6 wird die Bestimmung als „tale of court conflict" zugrunde gelegt.[115] "Central in such a tale is the courtier whose qualities are outstanding and are at some point early on in the narrative recognized as such. At some point this courtier finds his place at court, and even his life is endangered either through the evil schemes of other courtiers or through some other circumstances of court life … Through various means the courtier is able to thwart these evil schemes or overcome the obstacles and again win the recognition that is his due. The tale concludes with a notice of his exaltation to higher rank and reward and a comparable punishment of his foe if such is appropriate."[116] Das dramatische Moment der Konflikt-Erzählung am Hof, die Entwicklung des weisen Höflings beschreibt TALMON als Bewegung „from pit to pinnacle"[117]. Dieser Weg ist kein gerader Weg des Aufstiegs, sondern einer, der durch die Intervention der Kontrahenten des Höflings einen Rückschlag erleidet, aber schließlich doch – aufgrund eines übernatürlichen Eingriffes – zum Ziel findet.[118]

---

114 Vgl. HUMPHREYS, Life-Style 219; zur Differenzierung vgl. auch WILLS, Jew 3, "The 'contest' refers to those court legends in which a wise person of undistinguished status (but from within the court), against all expectations makes wise judgments, solves a problem, or interprets a dream or omen which none of the other courtiers are able to do, and as a result is elevated to high position in the court. In the more dramatic 'conflict,' the wise courtier begins in a respected position, but is persecuted or conspired against, usually by the other courtiers, suffers a fall, and is finally vindicated before the king." Die Klassifikation führt auch zu einer Präzisierung der Polaritäten, die die Erzählung bestimmen. Vgl. ebd. 11, "… it illuminates certain aspects of the narratives, such as the polar opposition of the protagonist and antagonist in terms of their attributes."

115 Zu dieser Bestimmung vgl. etwa HUMPHREYS, Life-Style 220; MEADOWCROFT, Aramaic Daniel 85. Allgemeinere Einordnungen bei HARTMANN/DILELLA, Daniel 55ff, mit einer Unterordnung unter die Gattung Midrasch; COLLINS, Court-Tales 224, "Tales of Deliverance"; COLLINS, Vision 49f, "The heroes are in a state of prosperity … endangered, usually because of conspiracy … condemned to death or prison. The heroes are released … the wisdom/merit of the heroes is recognized, and they are exalted to positions of honour." COLLINS, Daniel 42, "story of adventures at a royal court"; VAN DER TOORN, Babylonian Background 626, "traditional narrative pattern of the Tale of the Vindicated Courtier, the story of an esteemed royal counselor who suffers disgrace and misery at the hands of envious colleagues but is finally restored to his former glory, thanks to the intervention of a friendly god." BAUER, Daniel 130, „weisheitliche[n] Hofgeschichte"; MARTIN DE VIVIÉS, Séjours 140, „récits de cour".

116 HUMPHREYS, Life-Style 217.

117 TALMON, Daniel 351.

118 HUMPHREYS, Life-Style 220f, "The courtier is quite passive, he is delivered not only through his own skills in the ways of court intrigue, but primarily through the miraculous intervention of his deity, to whom the courtier is completely loyal, and who thus appears as sovereign deity of all men and nations … In this stress on the devotion of the hero characteristic elements in the tale of the courtier are submerged. The God of Daniel is the central figure and not the courtier." Auch MONTGOMERY, Daniel 100, betont die religiöse Dimension der Daniel-Erzählungen, "… those in Dan. are religious tales composed for the edification of the rank and file of the Jewish faithful."

"The type-plot setting requires that on his way to the top, the stranger will have to overcome obstacles placed in his path by envious adversaries. Being unable to attack him openly because of his excellent reputation and good standing, his enemies conspire to bring about his fall and temporarily succeed in their aim."[119]

Die Bestimmung des Verhältnisses zur außertextlichen Wirklichkeit ist von übergeordneten Faktoren bestimmt. Eine absolute Bindung ist im Bereich der Volkserzählungen nicht gegeben. "Historical accuracy is incidental and not essential to the genre."[120]

Lehrerzählung Den „lehrhafte[n] Charakter"[121] stellt die auf VON RAD zurückgehende Zuordnung zur Gattung der (weisheitlichen) „Lehrerzählung" in den Vordergrund,[122] die auf Grundlage der umfassenden Untersuchung ihrer Motive durch MÜLLER folgendermaßen beschrieben werden kann:[123]

„Innerhalb der Exposition einer solchen Erzählung wird zuerst der Held in der Ausgangssituation vorgestellt, wobei der Erzähler seine ethische Absicht durch die Bezeichnung der Tugend verrät, die in dem Helden ihre paradigmatische Verkörperung findet. Auf die Vorstellung des Helden folgt, immer noch im Rahmen der Exposition, meist ein Tatsymbol seiner Tugend und eine erste vorwegnehmende Bestätigung ihres Wertes. Perspektivisch aber wird die Schilderung der Exposition erst durch die Einführung von Antihelden, die eine sich zur Tugend des Helden oppositiv verhaltende Untugend verkörpern. Der Aufstieg der Handlung wird sodann durch einen Konflikt ermöglicht, der den durchweg einfachen Handlungsablauf in Bewegung setzt; die eigentliche Tugendbewährung des Helden besteht dabei in der Bewältigung des Konfliktes. Der Handlungsabstieg hat schließlich die Bestätigung der bewährten Tugend zum Inhalt, nachdem sich der anfangs beschriebene Konflikt meist durch übernatürliche Einwirkung gelöst hat."[124]

Die „weisheitliche Lehrerzählung" hat aufgrund gemeinsamer Züge enge Verbindungen mit anderen Gattungen, insbes. mit der Legende und dem

---

119 TALMON, Daniel 351.
120 COLLINS, Daniel 41.
121 HAAG, Errettung 81.
122 Vgl. VON RAD, Weisheit 67–69, „Von einer *Lehrerzählung* reden wir dann, wenn die Darstellung der verrätselnden Kunstmittel entbehrt, wenn ein bestimmter Geschehenszusammenhang seinem äußeren Ablauf nach ganz offen dargeboten wird. In der Art, wie die didaktische Absicht des Erzählers zum Ausdruck kommt, bestehen erhebliche Unterschiede … Eine scharfe Abgrenzung der Lehrerzählung von anderen Gattungen der Erzählung ist begreiflicherweise nicht möglich. Die Übergänge sind fließend." Vgl. auch HAAG, Errettung 84; LEBRAM, Daniel 78; SCHMITT, Wende 92, „daß in dieser Erzählung paränetisch-parakletische Absichten den Verfasser leiten, die aus weisheitlichen Quellen gespeist werden … " Ähnlich SEOW, Daniel 9.10, "Taken together, these tales of the Jews in the foreign court offer a sort of anthology of various situations that the faithful may encounter as a people living under foreign domination."
123 Vgl. MÜLLER, Lehrerzählung 79–94.
124 HAAG, Errettung 84.

Märchen. Unterscheidbar sind sie, da sich die Lehrerzählung „an einem sittlichen Weltordnungspostulat, das der Gottheit wie dem Menschen ihre Rollen vorschreibt"[125] orientiert. Das Verhältnis des „Tun-Ergehen-Zusammenhanges" ist ebenso wie diese Rollenzuschreibung Konsequenz eines weisheitlichen Weltbildes und der Vorstellung von einer existierenden göttlichen Ordnung.

Bekehrungserzählung   Für HENZE ist die Klassifikation der Erzählung als „court tales" Ausgangspunkt seiner Überlegungen. "The tales in Daniel 2, 3, 4 and 6 all end in a royal declaration, narrated in the first person of the heathen king, either spoken directly to Daniel and his three companions or written down in form of an epistle and sent to all people, in which the newly converted monarch confesses at length the universal supremacy of the God of Israel."[126] Aufgrund dieser Verschiebung in der Erzählung von Dan 6 gegenüber einer großen Zahl anderer Beispiele von Hoferzählungen ordnet HENZE Dan 6 der Gattung der Bekehrungserzählung („conversion narratives"[127]) zu: "Furthermore, in striking difference to other court narratives it is not the protagonist [i. e. Daniel; D. H.] who is praised, but his God."[128]

Menippeische Satire   Einen neuen Vorschlag hat VALETA mit seiner Bestimmung von Dan 6 als „Menippeische Satire" vorgelegt.[129] Er greift dabei auf die Theoriebildungen von Michail Bachtin zurück und wendet diese auf die Auseinandersetzung mit dem Daniel-Buch an: "Daniel 1–6 is not a series of court tales that encourage accommodation to and advancement in a foreign court. Instead, Daniel 1–6 is a type of pre-novelistic Menippean satire, the goal of which is resistance to empire."[130] Mit dieser

---

125 MÜLLER, Lehrerzählung 97.
126 HENZE, Frame 23.
127 Ebd. 24.
128 Ebd.
129 Vgl. VALETA, Lions 192, vgl. bereits VALETA, Court 310; VALETA, Polyglossia 93. Zur Bestimmung als Satire schon VALETA, Satirical Nature 93. Eine Darstellung des Zugangs von VALETA bietet Abschnitt 3.1.7, 118.
130 VALETA, Book of Daniel 336; eine knappe Beschreibung der menippeischen Satire bietet VALETA, Polyglossia 93f, "According to Bakhtin, the menippea is a multistyled, multitoned and/or multivoiced work that is dialogic and is based on the presence of multiple genres, voices, and/or multiple languages." Eine große Integrationsfähigkeit zeichnet diese Gattung aus; augenscheinlich heterogene Materialien sind in ihr in einer organischen Einheit verbunden. In Rückgriff auf Bachtin nennt VALETA, Court 313f, 14 Merkmale der menippeischen Satire: „1. Comic elements; 2. A freedom of plot and philosophical inventiveness; 3. A use of extraordinary, fantastic situations or wild parodic displays of learning to test the truth; 4. Sometimes combination of both crude and lofty imagery, settings and themes; 5. A concern for ultimate questions; 6. Scenes and dialogue from the earthly, heavenly, and netherworldly realms; 7. Observations of behavior from an unusual vantage point; 8. Characters who experience unusual, abnormal moral and psychic states; 9. Characters who participate in scandals, eccentric behavior, and/or in appropriate speech; 10. Sharp contrasts and oxymoronic combina-

Annahme korreliert die Betonung des Aspektes des Widerstands: Das Daniel-Buch als menippeische Satire ist Widerstandsliteratur.[131]

Konsequenzen   Die zahlreichen Vorschläge machen eine Problematik der Formgeschichte deutlich: Die Definition der Gattungen und ihrer Merkmale ist oft unklar. Gattungen durchdringen sich gegenseitig, sodass eine eindeutige Abgrenzung nicht möglich ist. Dieser Befund zeigt sich auch für Dan 6. Die Zuordnungen erfolgen aufgrund der als dominierend betrachteten Aspekte eines Textes; methodisch ist ein solches Vorgehen unbefriedigend, praktisch alternativlos. Dieser Weg wird auch in der vorliegenden Untersuchung zu beschreiten sein.[132]

Dan^LXX 6   Trotz – oder vielleicht gerade wegen – der weitgehenden Übereinstimmung zwischen der Überlieferung von MT und LXX ist eine sorgfältige Bestimmung der Gattung vorzunehmen. Eine von MT unabhängige Bestimmung schlägt ALBERTZ vor, der den Text als „Erzählung von einer gescheiterten Intrige" klassifiziert.[133]

> „Schon auf der Vorstufe der griechischen Sammlung handelt es sich um keine orientalischen Hofgeschichten mehr, geschweige denn um populäre Volkserzählungen, sondern um hochtheologische Lehrerzählungen, die mit ihrer Zielrichtung auf eine universale Bekehrung der Heiden schon deutlich eine eschatologische Thematik anklingen lassen."[134]

Auch für die LXX-Überlieferung erscheint eine Neubestimmung der Gattung aufgrund einer Analyse des Textes und der zentralen Erzählstrukturen geboten.[135]

---

tions; 11. Elements of social utopia; 12. A variety of inserted genres within the work; 13. A multi-styled, multi-toned or multi-voiced work that is dialogic based on inserted genres, voices, and languages; and 14. A concern with current and topical issues."

131 Vgl. VALETA, Book of Daniel 335, "The move from identifying the tales of Daniel as Success in the Court literatures (Humphreys 1973)–that is, as a kind of primer on how to be religiously faithful and still enjoy worldly success in the court of the foreign king–to a consideration of this material as resistance literature, opens the way for a reconsideration of the genre of this material."

132 Um eine kontrollierte Bestimmung zu erreichen, ist eine Präzisierung der Gattungsbestimmung erst am Ende der analytischen Betrachtung des Textes möglich. Vgl. dazu Abschnitt 12, 487.

133 ALBERTZ, Gott 118; ebd. 125, „Dan 6 LXX hat sich damit über weite Strecken als eine gut gebaute, z. T. dramatisch gestaltete Erzählung erwiesen, deren Interesse es ist, eine Intrige, wie sie ein jüdischer Beamter an einem fremdreligiösen Hof erleben konnte, auf typische Weise mit deutlichem Interesse an psychologischen Details nachzuzeichnen." Auch MEADOWCROFT, Aramaic Daniel 85, bietet keine Differenzierung.

134 ALBERTZ, Gott 171f.

135 Zur Bestimmung der Gattung von Dan^LXX vgl. Abschnitt 12.2, 489.

3.1.5 Soziale Umfelder der Entstehung

Entstehungsgeschichte und Gattung eines Textes sind eng mit dem sozialen Kontext bzw. einer bestimmten Trägergruppe verbunden.[136] Unter der Voraussetzung eines mehrstufigen Entstehungsprozesses ist mit der Möglichkeit zu rechnen, dass die verschiedenen Stufen der Genese des Buches in unterschiedliche soziale Kontexte einzuordnen sind. Zwingend ist diese Differenz jedoch nicht.[137] Aufbauend auf der Aufstockungsthese – unabhängig von ihrer konkreten Ausgestaltung – ist nach dem sozialen Umfeld der Entstehung der Erzählungen (Dan 1–6*) einerseits sowie nach dem der Entstehung der Visionen (Dan 7–12*) andererseits zu fragen.[138] Von diesen beiden Textgruppen bzw. Entstehungsstufen ist möglicherweise das Daniel-Buch in seiner Endgestalt zu unterscheiden. Da weitgehend ein Konsens besteht, dass die Visionen und die Endgestalt sowohl zeitlich als auch weltanschaulich in allernächster Nähe anzusiedeln sind, kann auf diese Differenzierung verzichtet werden: Die Indizien für die Verortung der Visionen verweisen zugleich auf die End- und Gesamtgestalt des Buches.[139]

Die Suche nach identifizierbaren Trägerkreisen führt auf die Frage nach der Sozialgestalt Israels zur Zeit des Zweiten Tempels und damit

---

136 Der „Sitz im Leben" eines Textes bzw. einer Gattung stellt auf der theoretischen Ebene das Bindeglied zwischen sozialer Verortung und literarischer Gattung dar. In der Praxis ist der Sitz im Leben einer Gattung nicht zwingend und in jedem Fall identisch mit der konkreten Verwendungsweise eines Textes. DAVIES, Reading 248f, "… that the original social setting of a genre does not prescribe the social setting of any particular example of that genre". Vgl. jedoch Abschnitt 4.8, 201. Für das Daniel-Buch erweist sich eine Argumentation, die von der vorliegenden Gattung ausgeht, als schwierig, insofern echte Parallelen für die Gattung des Buches aufgrund seiner Uneinheitlichkeit fehlen. Vgl. dazu aber BEYERLE, Social Setting 211, der aufgrund der Differenzen der Gattungen der Buchteile einen je unterschiedlichen „Sitz im Leben" postuliert. Zu den Schwierigkeiten einer konkreten Gattungsbestimmung der Texte und der sich daraus ergebenden Unsicherheit in der Erfassung des „Sitzes im Leben" sei auf die bereits ausgeführten Probleme für Dan 6 verwiesen. Vgl. dazu Abschnitt 3.1.4, 49.

137 Vgl. etwa COLLINS, Current Issues 9ff; BEYERLE, Social Setting 210. Ein eigenes Problemfeld stellt die Frage nach der Verortung der LXX dar. Vgl. dazu die Überlegungen zur Entstehung der LXX Abschnitt 3.2, 120; separat zu betrachten sind die Thesen von ALBERTZ, LUST, MUNNICH, MCLAY vgl. dazu Abschnitt 3.2.6, 134.

138 Je nach angenommener Textgenese sind diese Fragerichtungen zu modifizieren und zu konkretisieren; insbes. auch was die Zuweisung von Dan 7 betrifft. REDDITT, Sociohistorical Setting 469, sieht die Trägergruppe des Daniel-Buches als "Group on the Move"; er rechnet mit einer Veränderung in der Lebenswelt der Gruppierung. Vgl. zu dieser These und ihrer Kritik Abschnitt 3.1.5, 94. Möglicherweise ist für Dan[LXX] 4–6 eine unabhängige Einordnung vorzunehmen. Durch die Reduktion in der Textbasis verringern sich jedoch die Anhaltspunkte massiv.

139 Sozialgeschichtliche Traditionsprozesse sind in der Regel Prozesse von langen Rhythmen; bei allen Differenzen, die zwischen den Visionen und der Endgestalt des Buches evtl. bestehen mögen, kann auf eine Unterscheidung verzichtet werden.

nach dem Wesen des Frühjudentums und angemessenen Beschreibungs-kategorien.[140] War es lange Zeit beinahe selbstverständlich, die kollektive Identität des Frühjudentums in der Religion begründet zu sehen, wird diese in jüngster Zeit durch die Kategorie der Ethnie ersetzt.[141] Ist nicht die religiöse Überzeugung das entscheidende Merkmal des „Frühjudentums", führen religiöse Differenzen (in einem gewissen Rahmen) auch nicht unmittelbar zu einem „Bruch" der Gesellschaft. Ein ethnisch konstituiertes Judentum ist nicht in gleicher Weise von Fragmentierung bedroht wie ein religiös begründetes. Gemeinhin wird für die Zeit ab dem 2. Jh. v. Chr. eine starke Fragmentierung des Judentums angenommen,[142] die mitunter als so weitgehend betrachtet wird, dass die Existenz und das Nebeneinander der verschiedenen Gruppierungen als das bestimmende Merkmal dieser Epoche betrachtet wird. Diese Annahme hat eine Relativierung erfahren:

> „Als ein fundamentales Kennzeichen der hier interessierenden Epoche des antiken Judentums (qua Religion) wird also die Fragmentierung der jüdischen/judäischen Gesellschaft verstanden, ihr Auseinanderfallen in viele ‚Parteien' (englisch: factions) bzw. die ‚sektiererische' Gesinnung der einzelnen Gruppen, womit ihr Charakter als Minoritätsgruppen mit Anspruch auf Sonderwahrheit gemeint ist, den sie im Gegenüber zu einer in der Gesellschaft dominierenden Mehrheit erheben … Die judäische Gesellschaft ist nicht dermaßen fragmentiert gewesen, dass man als das bestimmende Element dieser Epoche einen *die gesamte Gesellschaft* durchdringenden ‚Gruppenpluralismus' annehmen sollte. Das heißt nicht, die Existenz verschiedener zum Teil gegensätzlicher Gruppen zu leugnen. Doch kann man die Existenz dieser ‚Gruppen' auch als *ein* Merkmal dieser Epoche verstehen, das nicht zwangsläufig ihr ‚Wesen' ausmachen musste."[143]

Bei aller Deutlichkeit der Existenz verschiedener Gruppierungen, verschiedener Strömungen und Richtungen innerhalb des Volkes Israel in der Zeit des Zweiten Tempels finden in jüngster Zeit die Gemeinsamkeiten und die kollektive Identität eine stärkere Beachtung. Als Quelle der gemeinsamen Identität wird auf religiöse oder ethnische Aspekte

---

140 Vgl. dazu im Folgenden STEGEMANN, Jesus 207ff; LACOCQUE, Formative Milieu 317, "The socio-religious situation which obtained in the 3rd–2nd c[entury], BCE is notoriously obscure."

141 Vgl. STEGEMANN, Jesus 210, „Seit Kurzem ist freilich das Religionsmodell des antiken Judentums selbst ins Wanken geraten und im Begriff, durch ein neues Paradigma ersetzt zu werden … Zu den antiken Diskursen über das, was wir ‚Judentum' nennen, passt eher die Kategorie *Ethnie* …"

142 Vgl. STEGEMANN/STEGEMANN, Sozialgeschichte 138, „Vielmehr ist das Judentum der hellenistisch-römischen Zeit durch ein breites Spektrum sehr unterschiedlicher Gruppen, Bewegungen und Strömungen mit mehr oder weniger ausgeprägter Sozialgestalt charakterisiert."

143 STEGEMANN, Jesus 216.218.

verwiesen.[144] Die historisch eindeutig zu belegende Existenz von Gruppen und Strömungen ist für die nachfolgenden Überlegungen ernst zu nehmen. Zugleich gilt es, eine in der Vergangenheit häufig überbetonte Zersplitterung des Volkes Israel und die Exklusivität der Gruppierungen zu relativieren. Zwar sind zahlreiche Hinweise auf bestimmte Gemeinschaften und vage Bezugnahmen auf ihr Profil überliefert, konkrete und umfangreiche Beschreibungen fehlen. Aufgrund der Fülle von Hinweisen auf Gruppierungen, deren Profil sich nur in weiten Umrissen erheben lässt, entsteht ein Bild zahlreicher Gruppen, die beziehungslos nebeneinander stehen oder aber identifiziert werden.[145]

Kritisch bleibt nach der grundsätzlich möglichen Reichweite einer konkreten Bestimmung der Trägerkreise zu fragen. Zweifellos möglich ist die Beschreibung der מַשְׂכִּילִים (Dan 10,1–12,4),[146] die als ein wesentlicher Anknüpfungspunkt für die soziale Verortung des Visionsteils zu betrachten sind, als literarische Figur.[147] Häufig wird eine Identifikation zwischen ihnen und der Trägergruppe der Visionen und damit des Daniel-Buches in seiner Endgestalt vorgenommen:[148] "There can be little doubt that the book of Daniel was composed in the circles of these *maśkîlîm*."[149]

---

144 Beispielhaft sei dazu auf das von SANDERS eingeführte und religiös orientierte Konzept eines „common Judaism" verwiesen, das trotz der allfälligen Differenzen von einer grundlegenden Übereinstimmung innerhalb des Volkes Israel hinsichtlich der wesentlichen Glaubensvorstellungen und -vollzüge ausgeht. Vgl. dazu etwa SANDERS, Sohn Gottes 62ff. Demgegenüber stellt STEGEMANN, Jesus 232f, Merkmale der Volkszugehörigkeit in einem weiten Sinne – Aspekte der Religiosität eingeschlossen – in den Vordergrund.

145 Vgl. ALBERTZ, Social Setting 171, "... we have to concede that we remain far from any consensus among Old Testament scholars as to who its author or authors might have been, and how his or their social setting can be determined." Vgl. ebd. 171ff, für einen Überblick über die verschiedenen Positionen; außerdem REDDITT, Sociohistorical Setting 463ff.

146 Vgl. hierzu insbes. Dan 11,33–35; 12,3. Außerdem mögliche Anspielungen in Dan 1,4; 2,13. Vgl. auch DAVIES, Scribal School 252. COLLINS, Current Issues 10, "Speculation about the setting of the visions, in the Maccabean era, inevitably centers on the *maskilim*, who are presented as wise teachers." SANTOSO, Apokalyptik 275ff.

147 Weiter ist bei allem Nutzen soziologischer Modelle für die Interpretation atl Texte und für diese Fragestellung der Primat der Quelle zu wahren. Der Beschreibung der literarischen Figur gebührt der Vorzug. Vgl. BEYERLE, Social Setting 208f.

148 Vgl. dazu etwa SEOW, Daniel 13. Die Verhältnisbestimmung zwischen den מַשְׂכִּילִים und der Trägergruppe der Erzählungen ist umstritten. Vgl. dazu Abschnitt 3.1.5, 94. COLLINS, Social World 252, etwa bringt die Legenden mit den מַשְׂכִּילִים in Verbindung, ohne eine Identifikation des Trägerkreises der Legenden und der Vorläufer der מַשְׂכִּילִים herzustellen: "The most natural place to look for the prehistory of the *maśkîlîm* of Daniel 11 is in the tales which make up the first half of the book." Die Hypothese einer Verbindung zwischen den Helden der Erzählungen und den מַשְׂכִּילִים bedarf einer näheren Betrachtung. Vgl. auch KOCH, Buch Daniel 165.

149 COLLINS, Social World 250; zugleich bleibt zu konstatieren, dass das Buch Daniel mit der expliziten Nennung der Trägergruppe eine Ausnahme darstellt. Vgl. DAVIES, Scribal School 251, "It is unusual for a biblical book to name the group for whom it

Problematischer ist der Aufweis einer Verbindung zwischen der literarischen Größe der מַשְׂכִּילִים und einer konkreten Gruppierung, die in den Quellen begegnet oder historisch rekonstruiert werden kann.[150] Ob eine solche Identifikation gelingen kann, ist fraglich;[151] in jedem Fall setzt sie eine Beschreibung der מַשְׂכִּילִים voraus. Die Möglichkeit, dass nicht eine Zuordnung zu einer festen, klar umrissenen Größe, sondern zu einer Strömung oder einer *losen* Bewegung vorzunehmen ist, verdient eine stärkere Berücksichtigung.[152] Einen weiteren Problemkreis eröffnet der pseudepigraphe Charakter des Daniel-Buches. Die pseudonyme Verfasserschaft erfordert den Rückgriff hinter die fiktionale Konstruktion der sozialen Welt an der Oberfläche der Erzählung.[153]

Die literarische Eigenart prägt die Geschichtsdarstellung:[154] Sie ist „nicht historisch-empirisch, sondern der apokalyptischen Zielsetzung entsprechend metahistorisch-symbolisch"[155]. Diesen Wesenszug gilt es zu bedenken, wenn über das literarische Profil der Trägergruppe hinaus eine Aussage über deren außertextliche Verortung versucht werden soll.[156]

---

claims to speak. The book of Daniel is, by general consent, an exception, with the recognition that the noun maskilim designates a specific group, class, or circle ... " Vgl. außerdem BEYERLE, Social Setting 210.

150 Diese Überlegungen sollen die notwendige Unterscheidung zwischen der literarischen Repräsentation bestimmter, real existierender Gruppierungen und der realen, im Hintergrund der Beschreibung stehenden Gruppierung nicht unnötig betonen. Es ist dennoch von Relevanz, dass sich – insbes. auch für die vorliegende Zeit – das Profil der einzelnen Gruppierungen anhand der Textüberlieferung nur rudimentär beschreiben lässt. Hinzu kommt, dass uns das Spektrum an existierenden Gruppierungen nur unvollständig überliefert ist; es ist damit zu rechnen, dass weitere Gruppierungen existiert haben, von denen wir keine Kenntnis haben. Vor diesem Hintergrund kann nicht ausgeschlossen werden, dass auch die Überlieferung des Daniel-Buches einer solchen Gruppierung entstammt oder nahe steht. Vgl. etwa auch DAVIES, Scribal School 256, mit Bezugnahme auf REDDITT, Sociohistorical Setting 467, "Redditt is thus probably correct to dismiss all proposed identifications in favour of an otherwise unknown scribal group, of which we may imagine there were plenty in Jerusalem of the Second Temple period."

151 Vgl. auch REDDITT, Sociohistorical Setting 463.

152 Vgl. etwa auch LACOCQUE, Formative Milieu 335, der von einem „Milieu" spricht. Zur Problematik des Begriffes „Bewegung" insbes. auch in persischer Zeit vgl. LOHFINK, Bewegung 333ff.367ff.370. Wesentlich für die hier getroffene Aussage ist der Aspekt der fließenden Übergänge; nicht eine Gruppierung mit klarer „in–out"-Abgrenzung ist gemeint, sondern eine Strömung mit weichen Rändern.

153 COLLINS, Current Issues 9, "The Problem with any attempt to reconstruct the social setting is that the book of Daniel is pseudepigraphic, and so the explicit setting in the Babylonian exile is known to be fictional. Scholars then have to infer information about the actual settings in which it was composed, from literature that attempts to hide those very settings."

154 Vgl. zur Geschichtsdarstellung auch Abschnitt 3.1.6, 112.

155 HAAG, Zeitalter 83.

156 Der geschichtliche Hintergrund des Daniel-Buches ist nach einem weitgehenden Konsens in den 1Makk 1–2 beschriebenen Ereignissen zu suchen. Deutlich ist die Übereinstimmung der Ereignisse aufgrund der zweimaligen Nennung des „Gräuels der

Die Darstellung der Geschehnisse erscheint (insbes. in Dan 11) in einer
symbolischen Präsentation, die den tatsächlichen Hintergrund erkennen
lässt. Die in diesen Abriss der Ereignisse eingewobenen Aussagen über
Gruppierungen, über deren Oppositionen, deren Bezeichnungen und ihre
wesentlichen Merkmale sind nicht als historische Skizzen zu verstehen,
sondern bedürfen einer sorgsamen Interpretation in ihrer symbolischen
Präsentation. Dennoch lassen sich dem Daniel-Buch zuverlässige Informationen über den sozialen Hintergrund entnehmen.[157] Dies gilt insbes.
für die Auseinandersetzung mit den Visionen, welche die Zeit des Autors
bzw. der Autoren unmittelbar berühren. Größer sind die Schwierigkeiten
im Bereich der Erzählungen, die durch ihre mehrschrittige Komposition und durch ihre Einbindung in das Daniel-Buch neu kontextualisiert
wurden. Hier sind die Indizien für eine Verortung – auch aufgrund des
spezifischen literarischen Charakters und des insgesamt weniger deutlichen Bezugs auf die Zeitgeschichte – kaum wahrnehmbar. Zwar wird
an der Oberfläche des Erzähltextes (vgl. Dan 1,1f) durch die Nennung
von Königen und Großmächten eine Einordnung vorgenommen, diese ist
jedoch aufgrund des pseudepigraphen Charakters nur mit Vorbehalten
und in indirekter Weise zu verwerten.[158] Die bleibende Unsicherheit in
der Verortung der Erzählungen des Daniel-Buches erschwert unmittelbar
die Verhältnisbestimmung von Erzählungen und Visionen bzw. der beiden anzunehmenden und unabhängig voneinander zu rekonstruierenden
Trägerkreise.[159]

Visionen und Endgestalt des Daniel-Buches[160]   Die soziale Verortung erfordert eine grobe Einordnung in geographische und geschichtliche Zusammenhänge; dabei spielt die Alternative der (östlichen) Diaspora oder des
judäischen (Kern-)Landes eine zentrale Rolle. Die zahlreichen Bezüge im
Visionsteil auf den Tempel von Jerusalem und das dortige Geschehen
machen eine Orientierung an Jerusalem deutlich,[161] ohne dass daraus

---

Verwüstung". Möglicherweise ist mit einer literarischen Abhängigkeit von 1Makk von
Dan zu rechnen. Vgl. dazu LEBRAM, Apokalyptik 507.
157 Vgl. dazu auch COLLINS, etwa COLLINS, Current Issues 10.
158 Deutlich wird diese Problematik an der Gestalt des Meders Darius. Vgl. dazu Abschnitt 3.1.6, 98.
159 Methodisch ist von der Unterscheidbarkeit der Trägerkreise auszugehen, auch wenn
sie möglicherweise auf einer späteren Stufe der Analyse identifiziert werden können.
160 Die nachfolgende Skizze der verschiedenen in der Forschung vorgeschlagenen Identifikationen der Trägergruppe des Daniel-Buches führt in eine Reihe hochspezialisierter
Forschungsbereiche der atl Wissenschaft und ihrer Bezugsdisziplinen. Ziel der Ausführungen ist eine knappe Darstellung relevanter Positionen und deren Einordnung in
das jeweilige Forschungsfeld; eine umfassende Würdigung ist nicht möglich.
161 Vgl. REDDITT, Sociohistorical Setting 467, "The vision narratives in Daniel 7–12, by
contrast, betray an overwhelming interest in Jerusalem and the events of the Maccabean
period."

notwendigerweise eine dortige Entstehung abzuleiten wäre:[162] "Concern for the temple itself, of course, does not point to a Judean origin, but it is the political circumstances of Judah that the visions reflect."[163] Jerusalem erscheint als möglicher (und wahrscheinlicher) Ort; aber auch andere kommen in Frage. Deutlich ist, dass die Visionen nicht dem Leben in der Diaspora entstammen.[164]

מַשְׂכִּילִים   Wesentlich für das Profil der מַשְׂכִּילִים und deren Verständnis ist der zeitgeschichtliche Kontext,[165] der – so ist Dan 11 zu entnehmen – in der Religionsverfolgung unter Antiochus IV. Epiphanes (175–164 v. Chr.) angenommen werden muss.[166] Als wichtiges Merkmal der מַשְׂכִּילִים erscheinen ihre Einsicht, die näherhin als Gotteserkenntnis (V 32) zu begreifen ist, sowie die aus dieser resultierende Vermittlungsaufgabe (V 33).[167] Diese ist als allgemeine Lehrtätigkeit – über eine möglicherweise existierende Kerngruppe hinaus – zu verstehen (יָבִינוּ לָרַבִּים V 33). „Offenbar sind die hier in Dan 11 (V. 33.35 und auch 12,3.10) genannten ‚Verständigen‘ im Bereich dieser beiden geistlichen Führungsgruppen [i. e. der Priester und der Schriftgelehrten; D. H.] des Jahweglaubens zu suchen, wie nicht zuletzt auch die Näherbestimmung ihrer Tätigkeit verrät, nämlich ihr

---

162 Vgl. DAVIES, Scribal School 257; dagegen POLAK, Daniel Tales 263, "The Judean, and indeed Jerusalemite, background is obvious in the pericope of the orientation on the Holy City (6,11)."

163 DAVIES, Scribal School 257.

164 Vgl. BEYERLE, Social Setting 211, "… the court-tales reflecting the fate of Jews in the diaspora, and the visions offering examples of persecuted, pious Jews in Jerusalem."

165 Vgl. dazu im Folgenden ohne Einzelnachweise HAAG, Hasidäer 52–56; außerdem HAAG, Zeitalter 83–85. Es ist offenkundig zutreffend, dass Dan 11; 12 die umfangreichsten Hinweise auf die Entstehung des Daniel-Buches und das im Hintergrund stehende soziale Milieu bieten. Mit dem sich aus den übrigen Kapiteln ergebenden Bild stehen sie nicht in Spannung. Die Auswertung verlangt Vorsicht in der Übertragung der Erkenntnisse aus Dan 10–12 auf den Rest des Visionsteils oder auf das ganze Buch. Die Dan 11,33–35 begegnende Bezeichnung מַשְׂכִּילִים mag weniger offizieller Titel als „apokalyptisches Motivwort" (HAAG, Weisheit 84) sein. Auffällig ist die uneinheitliche Wiedergabe in der LXX (11,33 ἐννοούμενοι τοῦ ἔθνους, V 35 ἐκ τῶν συνιέντων; 12,3 οἱ συνιέντες; θ bietet 11,33 οἱ συνετοὶ τοῦ λαοῦ), die aus dem Blickwinkel der LXX betrachtet, nicht auf eine einheitliche, feste Gruppe unter diesem offiziellen Titel schließen lässt.

166 Im Kontext der sog. Aufstockungsthese bezieht sich diese Aussage sowohl auf den Hintergrund der erzählten Welt als auch auf den Hintergrund der Textentstehungssituation, die in dieser Zeit anzusiedeln ist. Zur allgemein anerkannten Beziehung von Dan 11 auf diesen zeitgeschichtlichen Hintergrund vgl. etwa LEBRAM, Daniel 25–32.

167 Vgl. auch ALBERTZ, Social Setting 193, "… that the term denotes the apocalyptic teachers, who were instructing the ordinary people in the mysteries of the present and future, so that they could resist all the temptations of the religious crisis and attain righteousness in the Last Judgment." DAVIES, Scribal School 255, "Piety is identified with understanding." Vgl. zu dieser Beziehung auch Jes[LXX] 7,9: „… wenn ihr nicht glaubt, werdet ihr auch gewiss nicht verstehen." Dazu RÖSEL, Jungfrauengeburt 139.

Volk zur Gerechtigkeit zu führen (Dan 12,3)."[168] Einsicht, Weisheit und Gotteserkenntnis sind aufs Engste miteinander verbunden und bilden wesentliche Elemente des inhaltlichen Profils; zugleich wird auch die im Daniel-Buch präsente und maßgeblich apokalyptisch geprägte Weltsicht Gegenstand ihrer Lehre gewesen sein.[169] Obgleich eine Gewichtung nicht leicht möglich ist, scheinen die Transzendenz Gottes, eine ausgebildete Engellehre, die unmittelbare Naherwartung, die Übergabe der Herrschaft an die göttlichen Mächte sowie die Auferstehung der Toten wichtige Aspekte ihrer Vorstellungen und Botschaft gewesen zu sein.[170] Die Überzeugung vom bevorstehenden Eingreifen Gottes steht im Hintergrund zahlreicher Texte in Dan; in ihr gründet eine pazifistische Grundhaltung: Aufgabe des Menschen ist die Treue zu Gott und nicht die Auseinandersetzung mit Waffengewalt. Die Trägergruppe des Daniel-Buches steht einer gewaltsamen Vorgehensweise distanziert gegenüber.[171]

Weiter erfahren die מַשְׂכִּילִים eine schärfere Konturierung durch ihre Kontextualisierung in einer Opposition zu drei anderen Gruppierungen. Zunächst werden die Verständigen den „Frevlern des Bundes" (מַרְשִׁיעֵי בְרִית V 32) gegenübergestellt, mit denen vermutlich die „in der Jerusalemer Hierokratie beheimateten Sympathisanten des Hellenismus ... genauer gesagt: die Parteigänger der von Antiochus IV. eingesetzten Hohenpriester Jason und Menelaos"[172] bezeichnet werden. Weiter werden sie mit „den Vielen" (רַבִּים V 33) kontrastiert, mit denen offensichtlich „das zur Zeit der ‚Verständigen' lebende, von ihnen mit der Gotteserkenntnis belehrte (11,33) und zur Gerechtigkeit geführte (12,3) Gottesvolk der Endzeit" zu identifizieren ist. Den Verständigen kommt eine Füh-

---

168 HAAG, Hasidäer 53; vgl. auch BEYERLE, Social Setting 212, "The maśkîlîm, as observers of the Torah and recorders of the new revelation, fit better with the contemporary Jewish 'upper class,' in terms of a highly educated intellectual elite, rather than being representatives of an oppressed and underprivileged community." Vgl. aber DAVIES, Scribal School 257, der die Gruppe in der staatlichen Verwaltung ansiedelt: "In other words, the maskilim belonged to the class of professional scribes employed in the administration of political affairs." Gemeinsam ist beiden Betrachtungsweisen die Ablehnung einer Ansiedelung im Bereich der Unterdrückten. COLLINS, Daniel 37, "The precise place of the maśkîlîm in the spectrum of Jewish society at the time of the persecution is less than clear."

169 Vgl. COLLINS, Social World 257; außerdem BEYERLE, Social Setting 221, "We must also take into account the historical reality of the maśkîlîm as a group of persecuted, pious Jews who were oppressed by Hellenizing Jews. Their hope of salvation is eschatological, i. e. a future expectation and transcendent hope, but is already concrete as they receive privileged knowledge through revelations (cf. Dan 12:10)." Vgl. auch ebd. 212ff.

170 Vgl. dazu etwa BAUER, Daniel 52–58.

171 Vgl. ALBERTZ, Social Setting 195, "The position of the Hebrew author may be more sharply defined as quietistic." Vgl. auch COLLINS, Social World 251.

172 HAAG, Hasidäer 54.

rungsaufgabe („a group of learned elite"[173]) in Israel zu.[174] Die Treue zu
Gott konkretisiert sich in der Opposition gegenüber den Hellenisten und
in ihrer Zuwendung zu „den Vielen", die zur Einsicht geführt werden
sollen.[175] Die Bezeichnung der Bewegung der Makkabäer als „kleine Hilfe" (עֵזֶר מְעָט V 34) verbindet Wertschätzung und Relativierung zugleich.
Der entscheidende Beitrag zur Wende im Weltgeschehen ist nicht von
menschlicher Seite, sondern durch das göttliche Eingreifen zu erwarten;
insofern stellt die Bewegung der Makkabäer eine Hilfe in der konkreten
Situation dar, ist aber letztlich für die weltgeschichtliche Entwicklung
ohne entscheidende Relevanz.

Binnendifferenzierung der מַשְׂכִּילִים   Auf eine in Dan 11,33–35 angedeutete
Binnendifferenzierung der מַשְׂכִּילִים in einen Teil, der seiner Aufgabe gerecht wird, und in einen anderen Teil, der bei seiner Aufgabe scheitert,
weist ALBERTZ hin.[176] Die Annahme einer Spaltung verbindet die Hasidäerthese mit der Vorstellung von ALBERTZ; die Verhältnisbestimmung
unterscheidet sie.[177]

> "In carrying out their task of instructing the people in the crisis (v. 33a) the
> teachers, or most of them, were not successful for some time; they failed
> in convincing the people to resist the Hellenizers because the masses were
> frightened by the cruelty of civil war (v. 33b). Frustrated at the failure of their
> teaching, the intellectual leaders were ready to accept the 'little help' (v. 34a),
> i. e. the offer from the Maccabees to form a coalition … and to fight together
> against Antiochus and the Hellenizers."[178]

ALBERTZ geht von einer Teilung der מַשְׂכִּילִים zu Beginn des makkabäischen
Aufstandes aus, wobei die eine Gruppe sich in Richtung der Makkabäer
orientierte und ein militantes Eingreifen legitimierte, während der andere
Teil sich gewaltlos auf die Lehrtätigkeit konzentrierte.[179] Auf diese Weise
kommt es zu einer Koalition der gewaltanwendenden מַשְׂכִּילִים mit Kämp-
fern, die eigene Zielsetzungen verfolgen (V 34b);[180] einige der מַשְׂכִּילִים lassen sich zur Apostasie verleiten. Diese Interpretation des Textes weist eine
hohe Plausibilität auf; schwieriger ist die Frage nach ihren Konsequenzen.

---

173 ALBERTZ, Social Setting 193.
174 HAAG, Hasidäer 54, weist auf einen möglicherweise bestehenden, antithetischen Zu-
     sammenhang zwischen „den Vielen" und „dem aus dem Exil geretteten Rest Israels"
     hin.
175 Vgl. auch HAAG, Zeitalter 83.
176 Vgl. dazu und im Folgenden ohne Einzelnachweis ALBERTZ, Social Setting. Die Unein-
     heitlichkeit der Gruppierungen konstatiert auch PLÖGER, Daniel 30.
177 Zur Hasidäerthese vgl. in diesem Abschnitt 3.1.5, 64.
178 ALBERTZ, Social Setting 193f.
179 Vgl. ebd. 197.
180 Vgl. ebd. 194, "… they had to struggle with groups that were not very interested in
     keeping the people from the apostasy of Hellenism, but acting rather in their own
     dubious or purely military interests (v. 34b)."

Die sich den Makkabäern zuwendende Gruppe mag – so ALBERTZ – in Beziehung zu den Hasidäern stehen, die sich nach 1Makk 2,42 den Makkabäern angeschlossen hatten: "Thus there is no reason why the coalitions mentioned in Dan 11:34 and 1Ma[kk] 2:42 cannot be identified."[181] Der Nachweis lässt sich jedoch nicht führen.

Vergleichende Skizzen   Die nachfolgenden Überlegungen nehmen die מַשְׂכִּילִים unter einer vergleichenden Perspektive in den Blick. Die skizzenhafte Darstellung anderer Gruppierungen in einer Synthese aus literarischen und historischen Erwägungen dient der Veranschaulichung ihrer je spezifischen Eigenheiten und der sich ergebenden Identifikationsmöglichkeiten. Leitend ist die Frage, ob sich über die allgemeine Beschreibung der literarischen Größe der מַשְׂכִּילִים hinaus ein Bezug zur außertextlichen Wirklichkeit herstellen lässt. Als Vergleichspunkte scheinen neben der zeitlichen und geographischen Einordnung insbes. die Frage nach der Haltung gegenüber einer gewaltsamen Durchsetzung der eigenen Überzeugungen, nach der Nachweisbarkeit einer Lehrtätigkeit, nach der Gesetzesorientierung, nach der Naherwartung sowie der Erwartung einer Auferstehung der Toten geeignet.

Hasidäer   Die Identifikation der Hasidäer mit der Trägergruppe des Daniel-Buches ist eine forschungsgeschichtlich einflussreiche Hypothese.[182] Dabei steht die Reichweite der über die Hasidäer getroffenen Aussagen vielfach in einem problematischen Verhältnis zu den Belegen, die sich auf die beiden Makkabäer-Bücher beschränken.[183] Offensichtlich handelt es sich bei dem Wort um die Transkription des hebr. חֲסִידִים, die im Gr. gleichsam als Eigenname erscheint.[184]

---

181   ALBERTZ, Social Setting 199; zur Auseinandersetzung mit den Differenzen vgl. ebd. 198–200.

182   Vgl. zu dieser These etwa PLÖGER, Theokratie 27; DELCOR, Daniel 15ff; LACOQUE, Daniel 21; HARTMANN/DILELLA, Daniel 43–45; HENGEL, Judentum 320f; HERRMANN, Art. Hasidäer 48; VON DOBBELER, Makkabäer 24ff. Außerdem zur Bedeutung und zur Kritik LACOCQUE, Formative Milieu 315–317.

183   Vgl. 1Makk 2,42; 7,12f; 2Makk 14,6 (συναγωγὴ Ἀσιδαίων). Diese sind die einzigen direkten und eindeutigen Belege. Die Zurückhaltung der Makkabäer-Bücher wird vor dem Hintergrund ihrer pro-makkabäischen Perspektive und des späteren Rückzugs der Hasidäer aus dem Bündnis verständlich. Vgl. THEISSEN/MERZ, Jesus 132. Für eine umfassendere Heranziehung von Belegen plädiert LACOQUE, Formative Milieu 326ff.

184   Vgl. dazu etwa KAMPEN, Hasideans 87.52, "As correctly noted by Solomon Zeitlin, the fact that the Greek translator uses the term *Asidaioi*, a transliteration of the Hebrew Ḥasydym, shows that the author had in mind a particular group who were called Ḥasydym." Außerdem COLLINS, Commentary 67; es ist davon auszugehen, dass beide Begriffe in einem Zusammenhang stehen. Vgl. hierzu auch KAMPEN, Hasideans 1.45. Eine mögliche Beziehung im Objekt der Bezeichnung – also nicht ausschließlich auf sprachlicher Ebene – ist mit COLLINS, Commentary 68f, zu problematisieren. Die Überlieferung bei JOSEPHUS ist in dieser Hinsicht nicht hilfreich, insofern er die Hasidäer übergeht. Vgl. zu dieser Überlieferung KAMPEN, Hasideans 55.

Jede Betrachtung dieser Gruppierung hat von den Belegen in 1/2Makk auszugehen. Das 1Makk 2,42 – gleichsam in einem Exkurs innerhalb der Entstehungsgeschichte der Makkabäer-Bewegung – entworfene Bild verweist auf eine „festumrissene und namentlich identifizierbare Gruppe des damaligen Israelitentums"[185], die sich der Bewegung der Makkabäer in der Auseinandersetzung mit Antiochus IV. Epiphanes anschließt. Makkabäer und Hasidäer stehen gemeinsam in Opposition zu den Hellenisten, die mit der hellenistischen Kultur und Lebensweise sympathisieren und ihr Vorrang vor dem jüdischen Gesetz – zumindest aber einen hohen Stellenwert neben ihm – einräumen, ohne dadurch nach eigener Auffassung mit dem Judentum zu brechen.[186] Als wichtiges Merkmal der Hasidäer erscheint V 42 ihre strenge Ausrichtung am Gesetz (πᾶς ὁ ἐκουσιαζόμενος τῷ νόμῳ); durch sie stehen sie in einer Opposition zu den Hellenisten.

Ihr Anschluss an die Makkabäer macht deutlich, dass sie sich zumindest eine Zeit lang zur Ausübung von Gewalt entschlossen. Problematisch ist die Bezeichnung ἰσχυροὶ δυνάμει ἀπὸ Ισραηλ; umstritten ist ebenso die Wiedergabe und die Interpretation. Die verbreitete Übersetzung „tapfere Krieger" stellt den militärischen Aspekt in den Vordergrund, der nach HAAG im „Horizont der Jahwekriegsvorstellung (Ri 5,2)"[187] zu verstehen ist. KAMPEN betont hingegen den sozialen Aspekt der Stellung: "It may be that 'leading citizens' is as appropriate a translation as 'mighty warriors.'"[188] Obgleich diese Deutung philologisch möglich ist, scheint im vorliegenden Kontext der Aspekt der Kriegstauglichkeit und der Kriegserfahrung aufgrund der zentralen Stellung des militärischen Widerstands in der Makkabäer-Bewegung im Vordergrund zu stehen.

Die militärische Aktivität der Hasidäer scheint von begrenzter Dauer gewesen zu sein. Die Einsetzung von Alkimus aus der Nachkommenschaft des Aaron als Hohepriester im Jahr 161 v. Chr. führt nach 1Makk 7,12–18 zur Friedensbereitschaft (V 13) auf Seiten der Hasidäer.[189] Der unmittelbare Kontext (insbes. die Verbindung mit V 12) stellt eine enge Beziehung mit einer Gruppe von Schriftgelehrten (συναγωγὴ

---

185 HAAG, Hasidäer 56; ähnlich KAMPEN, Hasideans 87, "… persons with some kind of shared, common identity …" Anders DAVIES, Scribal School 256; SASSE, Geschichte 190, versteht den Begriff als „Sammelbezeichnung für die konservative Opposition gegenüber der hellenistischen Reform".

186 Vgl. VON DOBBELER, Makkabäer 22–24; zur Problematik der Gruppendefinition vgl. BARCLAY, Apostate.

187 HAAG, Zeitalter 81, der diese Interpretation anhand der sich unmittelbar anschließenden Aussage über die Ergebenheit gegenüber dem Gesetz belegt.

188 KAMPEN, Hasideans 107.

189 Vgl. HAAG, Zeitalter 82, „Das Vertrauen der Hasidäer auf Alkimos erwies sich jedoch als nicht gerechtfertigt; sein aus hellenophiler Gesinnung resultierender Drang zum politischen Engagement für die Seleukiden war offenbar stärker als sein hohepriesterlicher Ethos." Von Relevanz für die vorliegende Fragestellung ist jedoch die

γραμματέων) her. Beide treten VV 12.13 gemeinsam auf;[190] wie sie sich
konkret zueinander verhalten, ist nicht zu erheben. Ihre Gesetzestreue
und die Anwendung eines Zitates aus Ps 79,2f auf die Hasidäer lässt sie
in 1Makk 7,17 als die „wahren Repräsentanten eines genuinen Jahweglaubens"[191] innerhalb des Volkes Israel erscheinen.

Schwierig ist die Beurteilung der Notiz von 2Makk 14,6; gegenüber
1Makk 2,42 bestimmt sie das Verhältnis von Makkabäern und Hasidäern
enger.[192] „Nach dieser Darstellung bildeten die Hasidäer das geistige Zentrum und den eigentlichen Motor der makkabäischen Erhebung, deren
politisch-militärischer Anführer Judas, der Makkabäer war."[193] Problematisch bleibt die historische Beurteilung der einzelnen Hinweise in ihrer
Gegensätzlichkeit. „Die konkreten Angaben im ersten Makkabäerbuch
erwecken historisches Zutrauen. Die vagen Angaben in 2Mak[k] 14,6
kommen kaum dagegen an."[194] Zugleich vermag die Notiz in 2Makk 14,6
als literarisch motivierte Aussage betrachtet werden, die Judas in die
Nähe der Hasidäer stellt und ihn als eine dem Gesetz ergebene Person
zeichnet.[195] Eine historisch zuverlässige Aussage lässt sich daraus nicht
ableiten.[196]

> "The only reasonable conclusion which can be drawn from these three refer-
> ences is that there was a group called the Hasidim who played an important
> role in Jewish affairs at the time that the Jews revolted against the tyrannical
> rule of Antiochus IV Epiphanes."[197]

Mitunter werden weitere Hinweise aus der bibl. Überlieferung zur Zeichnung der Hasidäer herangezogen, wobei unklar bleibt, ob tatsächlich die
gleiche Gruppierung oder Gruppe von Personen bezeichnet ist. Verschärft
wird dieses Problem dadurch, dass die Hinweise unterschiedliche zeitliche Horizonte betreffen und der Vor- oder Nachgeschichte zuzuordnen
sind.

Die Festigkeit der Gruppe, die sich aus der Bezeichnung συναγωγὴ
Ἀσιδαίων und aus der Transkription ergibt, lässt auf eine (längere) Vorge-

---

    Orientierung an den Bestimmungen für die Abstammung des Hohepriesters sowie die
    Friedensbereitschaft dieser Gruppe.
190 Vgl. etwa HAAG, Zeitalter 80; KAMPEN, Hasideans 135, geht von einer Identität mit
    den V 12 erwähnten Schreibern aus.
191 HAAG, Zeitalter 82.
192 Vgl. KOCH, Buch Daniel 166.
193 HAAG, Zeitalter 82.
194 KOCH, Buch Daniel 166.
195 Vgl. KAMPEN, Hasideans 149, "The writer of this letter thought that by citing the
    Hasideans, the regard for and prestige of Judah Maccabee would be enhanced."
196 Vgl. aber COLLINS, Commentary 68, der die historische Perspektive auszuloten ver-
    sucht und vorschlägt, die Aussage im Kontext einer weiten Auslegung zu verstehen:
    "... if the ḥăsîdîm were a force in the revolt, of which Judas was the most conspicuous
    leader".
197 KAMPEN, Hasideans 62.

schichte schließen, die nicht mehr zu rekonstruieren ist.[198] Eine zeitliche
Einordnung der Entstehung ist kaum möglich. Unklar bleibt, ob eine
Beziehung zu den in den Psalmen belegten חֲסִידִים besteht.[199] Aus chronologischen Erwägungen ist eine Identifikation auszuschließen; denkbar
ist, dass die in den Psalmen belegten Individuen oder Gruppierungen
in die Vorgeschichte der Hasidäer-Bewegung als einer festen Gruppe
einzuordnen sind.[200] Näherliegend als eine personelle Kontinuität scheint
eine Kontinuität der Werte und Vorstellungen zu sein, die mit dem Begriff
umschrieben werden. "The term in the Psalms is utilized by people in
a later time period, the Maccabean era, because they think it describes
their situation and their religious aspirations. The people called ḥasydym
in the Psalms are not part of the same group that existed in Maccabean
times."[201] Auch die Nachgeschichte der Hasidäer ist nicht deutlich, häufig
wird auf Beziehungen zu den terminologisch nahe verwandten Essenern
verwiesen, ohne dass sich diese nachweisen ließen.[202] Man wird angesichts der Quellenlage zurückhaltend sein: „Sicher ist nur, daß sie [i. e.
die Essener; D. H.] nach 175 v. Chr. eine politisch auch für die Seleukiden
wahrnehmbare Richtung darstellten, die gegenüber den Neuerungen eine
konservative Haltung einnahm, ihren Widerstand daher aufzugeben bereit war, sobald die althergebrachte Ordnung wieder hergestellt war."[203]
Einen zentralen Stellenwert nimmt die Beachtung des jüdischen Gesetzes
ein; zugleich scheint die Gruppe der Hasidäer (gemeinsam mit anderen
Gruppierungen) eine gewisse Dynamisierung der religiösen Vorgänge im
2. Jh. v. Chr. bewirkt zu haben.[204]

Lässt sich vor diesem Hintergrund eine Verbindung der Hasidäer
mit den מַשְׂכִּילִים wahrscheinlich machen? Im Kontext des Judentums des
2. Jh. v. Chr. kommt ihnen eine ähnliche Positionierung zu; beide stehen in
deutlicher Opposition zu den hellenistischen Bewegungen und teilen ihre
Unterscheidbarkeit von den Makkabäern.[205] Als zentraler Kritikpunkt an

---

198 PLÖGER, Theokratie 33, weist auf die Problemlage hin, wenn er die Suche auf Überlieferungen vergleichbarer Ansichten und Überzeugungen fokussiert. Aufgrund seiner
   Bestimmung der Asiäder als Trägergruppe des Daniel-Buches kann er die Aussagen
   des Daniel-Buches als Vergleichspunkt heranziehen.
199 Vgl. RINGGREN / FABRY, Art. חָסִיד.
200 Vgl. KOCH, Buch Daniel 167.
201 KAMPEN, Hasideans 16.
202 Vgl. in diesem Abschnitt 3.1.5, 76; die Etymologie des Namens „Essener" ist ungeklärt.
203 MAIER, Geschichte 267.
204 Nach THEISSEN / MERZ, Jesus 132, führt ihre Aktivität „zu einer Revitalisierung jüdischer Kultur".
205 Vgl. KOCH, Buch Daniel 167. Die Gefahr eines hermeneutischen Zirkels, der einerseits
   die Hasidäer aus ihrer Beziehung zum Daniel-Buch profiliert und andererseits auf
   dieser Basis die Trägergruppe des Daniel-Buches mit den Hasidäern identifiziert, ist
   groß. Die Hasidäerthese bietet nach Auffassung des Verfassers a priori kein tragfähiges
   Fundament. Vgl. aber HENGEL, Judentum 326.

der Hasidäerthese gilt die Anwendung von Gewalt durch die Hasidäer:
Ihre Nähe zu den Makkabäern und ihre Einbindung in den gewaltsamen
Widerstand stehen dem Pazifismus des Daniel-Buches entgegen.[206] Umgekehrt finden typische Merkmale der מַשְׂכִּילִים, ihre Lehrtätigkeit oder
ihre Verfolgung, keinen Beleg bei den Hasidäern. Die große Bedeutung
des Gesetzes hingegen ist beiden Gruppierungen gemeinsam.[207]

Eine Verbindung zwischen den מַשְׂכִּילִים und den Makkabäern ist nicht
wahrscheinlich zu machen. Eine mögliche Hypothese, den Zusammenhang zu bewahren, besteht in der Annahme einer Differenzierung innerhalb der antihellenistischen Opposition.[208]

> „Am ehesten wird man ihn [den Verfasser des Daniel-Buches; D. H.] der asi-
> däischen Bewegung zuordnen können, ohne daß er sich aber an dem aktiven
> Widerstand der Makkabäer beteiligt hat, wie dies ›zelotische‹ Vertreter der
> asidäischen Bewegung getan haben mögen, die in der makkabäischen Partei
> aufgegangen sind."[209]

Eine solche Annahme ist anhand der selektiv überlieferten Texte nicht
zu verifizieren. "It seems simpler to restrict the term ḥăsîdîm to the group
described in Maccabees and to recognize that a number of distinct Jewish
groups were involved in the resistance in different ways."[210] Die genaue
Identität der מַשְׂכִּילִים lässt sich durch die Hasidäer nicht aufklären.

„viele, die Recht und Gerechtigkeit suchten" (1Makk 2,29–38)   Von den Hasidäern ist die Gruppe zu unterscheiden, die 1Makk 2,29–38 – unmittelbar
vor dem Hinweis auf die Hasidäer (VV 42–48) – erwähnt wird.[211] In

---

206 Exemplarisch sei verwiesen auf DAVIES, Daniel 122, "Why the improbable identification
persists is hard to explain. The writers of Daniel hardly qualify as 'mighty warriors',
and there is nothing in Daniel which suggests that its authors were ever attracted
to active resistance." Ähnlich auch COLLINS, Social World 251, "It is striking that
the best attested feature of theses pietists, their military activity, does not accord
with the *maŝkîlîm* of Daniel." REDDITT, Sociohistorical Setting 466, "It seems clear
from these observations that the Hasideans were militarists, not pacifists like the
author(s) of Daniel, though they may not have shared all the political aspirations of
the Hasmoneans." Diese Kritik wird von der Binnendifferenzierung bei ALBERTZ,
Social Setting, aufgenommen. Zu einer Kritik an der Hasidäerthese, die allerdings
vom Bildungsniveau der Hasidäer und den Kenntnissen der מַשְׂכִּילִים von externen
Geschichtsabläufen ausgeht vgl. GRABBE, Seasons 232. Zur Kritik an der vorgetragenen
Argumentation vgl. LACOCQUE, Formative Milieu 323.
207 Vgl. DAVIES, Daniel 122; im Hinblick auf die übrigen Vergleichspunkte ist aufgrund
der Quellenlage keine Aussage zu treffen.
208 Vgl. dazu etwa die Perspektive von TREVER, Daniel 96, "The Hasidim apparently
became divided over this issue when the problem of defending themselves on the
Sabbath became acute ... " Mit dieser Spaltung bringt er die Entstehung der Gemeinschaft von Qumran in Verbindung. Vgl. außerdem ALBERTZ, Social Setting 194, der die
Differenzierung in der Gruppe der מַשְׂכִּילִים ansiedelt.
209 PLÖGER, Daniel 30.
210 COLLINS, Commentary 69.
211 Vgl. KAMPEN, Hasideans 81f.

diesem Kontext ist von zwei Gruppierungen die Rede, die sich durch ihr Verhalten grundlegend unterscheiden: Während die Hasidäer sich den Makkabäern anschließen, zieht sich diese Gruppierung in die Wüste zurück und sucht sich zu isolieren (V 29).[212]

Ihr vollständiger Rückzug und ihre Ablehnung der Selbstverteidigung am Sabbat dokumentieren ihre Passivität und die Ablehnung von Gewalt. Letztlich führen sie zur Vernichtung; sie unterscheiden die Bewegung von den Hasidäern, die sich (zumindest in Teilen) den Makkabäern angeschlossen haben.[213] Der Verzicht auf die Anwendung von Gewalt in der konkreten Situation ist in der strikten Observanz des Gesetzes – konkret dem Sabbatgebot – begründet und nicht Konsequenz einer pazifistischen Grundhaltung.[214] Ihr Rückzug macht deutlich, dass militärische Intervention und politische Aktivität außerhalb der Ziele der Gruppierung liegen. Die Gesetzesobservanz und die (militärische) Passivität stellen eine Gemeinsamkeit mit den מַשְׂכִּילִים dar. Betrachtet man die Vollständigkeit der Vernichtung (V 38) als literarisches Motiv, ist die Annahme einer Verbindung zwischen ihnen und den Trägern der Daniel-Überlieferung nicht grundsätzlich ausgeschlossen.[215] Der – wie auch immer motivierte – Verzicht auf Gewalt ist letztlich eine Gemeinsamkeit beider Gruppierungen.

Ein anderer Befund ergibt sich in der Frage der Lehrtätigkeit, die als zentrales Merkmal der מַשְׂכִּילִים erscheint und im Hinblick auf die sich in die Wüste zurückziehenden Gruppierungen nicht nachzuweisen ist.[216] Zwar konstatiert HOPPE mit Blick auf die Essener die – insbes. in Krisenzeiten – mögliche Wendung von abgeschlossenen und binnenorientierten Zusammenschlüssen nach außen;[217] ihr völliger Rückzug in die

---

212 Eine Problematik stellt die Formulierung dar. Man wird den Begriff als Sammelbezeichnung für verschiedene Gruppen von Personen an verschiedenen Orten verstehen dürfen, die sich in ihrer Grundhaltung ähnelten. Möglicherweise ist an eine weitläufigere Bewegung gedacht.

213 Möglicherweise intendiert das Nebeneinander der beiden Erzählungen in 1Makk 2 den Hinweis auf eine im Entschluss zur Anwendung von Gewalt begründete Abspaltung aus diesen Gruppierungen.

214 Vgl. COLLINS, Commentary 67.

215 Die Intention der Erzählung mag mit REDDITT, Sociohistorical Setting 465f, in der Motivation für observante Kreise, die eine Beteiligung an den militärischen Aktionen der Makkabäer ablehnten, zu suchen sein.

216 Vgl. etwa DAVIES, Daniel 123, "The action of withdrawing to avoid trouble is not consistent with Daniel's presentation of the 'wise' as teachers. One would have expected such teachers to stay with their disciples among the people and endure persecution, like their hero Daniel, rather than to run away." Vgl. COLLINS, Vision 191.

217 Vgl. HOPPE, Religionsparteien 78, „Wo es um die Bestimmung des wahren Israel und seiner Identität ging, richteten sich auch eher in sich abgeschlossene Kreise nach außen."

Wüste (VV 29–31) stehen dem entgegen.[218] Die Konfliktsituation führt zu Abgrenzung und Binnenorientierung. Damit ergibt sich ein deutlich unterscheidbares Profil, sodass eine Identifikation der Gruppierungen nicht möglich ist.[219]

Jachad   Eine weitere Perspektive zur Identifikation der Trägergruppe der מַשְׂכִּילִים vermag ein Blick auf die „Schriften vom Toten Meer", insbes. auf die sog. „Gemeinderegel", zu eröffnen,[220] die auch von einer Lehrergestalt (maśkîl; im Singular) spricht.[221] Mit dem Schlagwort Qumran verbindet sich eine Fülle von Problemlagen und Fragestellungen; diese sind nachfolgend mit Blick auf ihre Relevanz für die Untersuchung knapp zu skizzieren.

> Leitendes Paradigma in der Interpretation des „Phänomens Qumran" war über Jahrzehnte die sog. „Qumran-Essener-Hypothese", die von einer genuinen Verbindung von Schriftrollen und Bewohnern der Siedlung von Chirbet Qumran ausgeht, die als Siedlungsstätte einer abgeschlossenen religiösen Gemeinschaft, namentlich der Essener, interpretiert wird.[222] Im Zuge einer Neubewertung der Funde in den letzten Jahrzehnten ist diese These nicht mehr allgemein anerkannt; die verschiedenen alternativen Deutungen unterscheiden sich jedoch erheblich. Ein Konsens ist nicht in Sicht. Große Plausibilität weist nach Auffassung des Verfassers die u. a. von HIRSCHFELD vertretene These auf, welche die Siedlung als *villa rustica* deutet.[223] Obgleich der ge-

---

218 Die Gruppierung von 1Makk 2,29–38 und der Jachad erscheinen nicht vergleichbar. Die Unterschiedlichkeit der Situationen wird virulent, wenn angenommen wird, dass die Schriftrollen von Qumran nicht genuin mit diesem Ort verbunden sind, sondern möglicherweise in Jerusalem beheimatet waren. Vgl. dazu HIRSCHFELD, Qumran 61ff; ZANGENBERG, Qumran 267.270. Zudem ist die Einbindung von Qumran in den regionalen Kontext zuletzt stärker beachtet worden. Auch die Essener sondern sich nach unserer Kenntnis nicht völlig von der Gesellschaft ab, wie es für die 1Makk 2,29–38 beschriebene Gruppierung anzunehmen ist, sondern leben eigenständig und abgeschlossen im unmittelbaren Kontext anderer Menschen. LANG, Art. Essener 600. Vgl. dazu KOLLMANN, Zeitgeschichte 38, „Die vorwiegend in ländlichen Gebieten Palästinas lebenden, aber auch in Städten anzutreffenden Essener sonderten sich zur Bewahrung der kultischen Reinheit von ihrer Umwelt ab und schlossen sich in Gemeinschaften mit festen Organisationsstrukturen zusammen." Zur Präzisierung vgl. in diesem Abschnitt 3.1.5, 76.
219 Zu einer möglichen Verbindung dieser Gruppierung mit der Trägergruppe der Schriften vom Toten Meer oder aber zu den Essenern vgl. KAMPEN, Hasideans 80f.148.
220 Vgl. dazu etwa HENZE, Frame 8f; DAVIES, Scribal School 258ff.
221 In diesem Zusammenhang ist bemerkenswert, dass auch in der Gemeinderegel eine Opposition von *maskil* und *rabbim* thematisiert wird. DAVIES, Scribal School 259; Einzelnachweise 261. Vgl. außerdem TREVER, Daniel 97.
222 Zur Darstellung und Einordnung dieser Hypothese vgl. ZANGENBERG, Qumran 264ff. Ihre Akzeptanz macht die fast vollständige Identifizierung der Begriffe Qumran und Essener deutlich. Vgl. BOCCACCINI, Essene Hypothesis 7, „As a result, the terms 'Essene' and 'Qumranic' have become virtually interchangeable."
223 Vgl. HIRSCHFELD, Qumran 307ff; ZANGENBERG, Qumran 270; ursprünglich geht die These zurück auf Robert DONCEEL und Pauline DONCEEL-VOÛTE. Eine allgemein anerkannte Theorie existiert derzeit nicht. Einen Überblick über mögliche Funktionen

nuine Zusammenhang zwischen Rollen und Siedlung in der bislang meist angenommenen Form nicht fraglos anzunehmen ist, darf eine Beziehung zwischen Bewohnern und Schriften a priori nicht ausgeschlossen werden. „Sicher waren die Bewohner Qumrans ‚religiös' in dem Sinne, dass sie Juden waren."[224] Es ist also durchaus vorstellbar, dass die Bewohner der Siedlung, auch wenn sie nicht Verfasser oder Tradenten der Rollen gewesen sein mögen, ihrer Unterbringung in den Höhlen positiv und helfend gegenüberstanden.

Die Verbindung der Siedlung mit den Essenern beruht in erster Linie auf der Verbindung zwischen Siedlung und Texten.[225] In gleicher Weise, wie sich aus den Schriftrollen nicht notwendigerweise eine Verbindung mit der Siedlung ergibt, erfordert der archäologische Befund nicht die Annahme einer Verbindung mit den aus den wenigen antiken Essenerberichten überlieferten Merkmalen dieser Gruppierung.[226] Der Nachweis einer essenischen Bewohnerschaft für Qumran lässt sich nicht ohne Zweifel führen.[227]

Unabhängig von der Frage der Bewohnerschaft von Chirbet Qumran ist die Frage nach einer möglichen Verbindung zwischen der Trägergruppe der Schriften, dem Jachad, und den Essenern: „... die in den antiken Schriftstellerberichten gegebenen Informationen über die Essener stimmen bemerkenswert gut mit dem überein, was sich aus den Schriftrollen über die Lebensweise und religiöse Prägung der von den Qumrantexten repräsentierten Gemeinschaft entnehmen lässt."[228] Notwendigerweise muss eine

---

der Gebäude von Chirbet Qumran bietet LANGE, Art. Qumran 1880. Die Essenerhypothese ist nach wie vor eine bedeutsame Annahme. Vgl. auch MAGEN, Qumran 47; LANGE, Art. Qumran 1880, „... daß ihre Bewohner [i. e. der Siedlung, D. H.] und die Eigentümer der in den Höhlen gelagerten Bibliothek identisch sind."

224 ZANGENBERG, Qumran 272. Problematisch ist die Frage nach einer spezifischen Religiosität einer Gruppierung. Vgl. ebd. 271f, „Der Mangel an Explizität vieler Referenztexte und die geringe Transparenz der Archäologie für gruppenspezifische Religiosität sollte uns vorsichtig machen, Siedlung und Texte allzu eng miteinander zu verbinden." Der Nachweis einzelner Identifikationsmöglichkeiten darf nicht zur Ausblendung anderer Aspekte führen. Die Unterscheidbarkeit von Gruppierungen schließt die Existenz gemeinsamer Merkmale nicht aus.

225 Der nach Kenntnis des Verfassers einzige Argumentationsstrang, der nicht primär auf den Schriften aufbaut, ist der in seiner Deutung schwierige Hinweis bei Plinius (NatHist 5,73) auf das Wohngebiet der Essener.

226 Vgl. jüngst zusammenfassend ZWICKEL, Gruppierungen 78, der die Möglichkeit einer essenischen Bewohnerschaft (möglicherweise auch in Teilen) nicht ausschließt. Ankerpunkt dafür ist für ihn der (vage) Hinweis auf die Ackerbautätigkeit der Essener. Zu den Essenerberichten vgl. in diesem Abschnitt 3.1.5, 76.

227 Vgl. ZANGENBERG, Qumran 272.

228 KOLLMANN, Zeitgeschichte 40; LANGE, Art. Qumran 1881, „Für einen essenischen Ursprung eines Teils der H[andschriften] von Q[umran] sprechen theol. Übereinstimmungen (Determination ... Leben nach dem Tod, zentrale Bedeutung der Tora) und Parallelen in der Lebenspraxis (Gemeinschaftsmähler, Reinigungsbäder ... hierarchische Gliederung, dreijährige ›Probezeit‹ für neue Mitglieder, Gemeinschaftseigentum, Einehe, kein Spucken in der Versammlung, Öl als Überträger von Unreinheit ...)." Gegen diese Argumentation ist – vgl. etwa MAIER, Qumrangemeinde 54 – eingewandt worden, dass viele der Entsprechungen in erster Linie die organisatorische Struktur betreffen, die nach WEINFELD, Organizational Pattern 7, ebenso Parallelen in den Sat-

solche Verbindung hypothetisch bleiben; insbes. auch das Fehlen des Titels der Essener im Schrifttum wirft Fragen auf.[229] Hinzukommen bei der großen Zahl der Übereinstimmungen auch erhebliche Differenzen, sodass damit zu rechnen ist, dass es sich bei den Essenern und dem Jachad um zwei unterschiedliche Gruppierungen handelt, die einander jedoch nahe standen.[230] Geht man davon aus, dass die Trägergruppe der Schriften (Jachad) aus Essenern bestand, treffen die Schwierigkeiten beim Versuch des Nachweises des Jachad als Bewohnerschaft der Siedlung auch auf die Essener zu.[231]

Die gefundenen Schriftrollen belegen die Existenz einer Gemeinschaft, die innerhalb des Judentums ein eigenständiges Profil besitzt.[232] Ein Teil der Schriften weist dabei ein weitgehend konsistentes Bild einer spezifischen, innerjüdischen Gruppierung auf.[233]

Da Siedlung und Schriftrollen zunächst getrennt zu betrachten sind, stellt der Beginn der Besiedlung in der zweiten Hälfte des 2. Jh. v. Chr.[234]

---

zungen hellenistischer Kultvereine aufweist. Demnach wäre dies nicht als spezifische Übereinstimmung signifikant. Dennoch hält MAIER, Qumrangemeinde 55, an einer Beziehung fest: „Allerdings bleiben zwischen einzelnen Essenerberichten und Qumrantexten noch so viele Entsprechungen und Ähnlichkeiten, daß eine engere Beziehung bestanden haben muß, unklar ist nur, welcher Art."

229 In der Regel wird darauf verwiesen, dass es sich bei der Bezeichnung Essener um eine Fremdbezeichnung handelt.

230 KOLLMANN, Zeitgeschichte 42f, „Allerdings ist aufgrund der Diskrepanzen zwischen den antiken Essenerberichten und den Schriftrollen vom Toten Meer auch nicht auszuschließen, dass sich hinter den Essenern und der Qumrangemeinde zwei vom Denken und der Organisationsform her eng miteinander verwandte, aber nicht völlig identische religiöse Gruppierungen verbergen." Ähnlich auch MAIER, Qumran Essener 50; HOPPE, Religionsparteien 81; FABRY, Art. Qumran 247, „Trotz Einbettung in den essenischen Kontext geht man für Q[umran] immer noch von einer (zadoqidisch durchgeformten) Sonderprägung der Gemeinde aus, die in strenger Abgrenzung nach außen, monastischer Lebensweise, Gütergemeinschaft, strikter Tora-Observanz und eschatologischer Naherwartung ihr Augenmerk auf strikte kultische Reinheit und ethische Qualifikation legte."

231 Zugleich ist auch im Fall der Annahme unterschiedlicher Gruppen aufgrund der existierenden Übereinstimmung, die auch Gegensätze zu den מַשְׂכִּילִים betreffen, eine Identifikation mit der Trägergruppe des Daniel-Buches problematisch.

232 MAIER, Qumran Essener 47, setzt voraus, dass eine geschlossene Gruppierung hinter den Schriften steht: „Kennzeichnend für diese Gemeinschaft hinter den Qumranschriften im engeren Sinne [insbes. 1QS; 1QH; 1QM; dagegen aber nicht CD; D. H.] war eine Organisationsform und Lebensweise die man als *Jachad* bezeichnete." Kritisch zu fragen bleibt nach der Einheitlichkeit des Schriftkorpus von Qumran. Die innere Differenzierung dieser verschiedenen Schriften, wird in der Diskussion zukünftig stärker zu berücksichtigen sein. Vgl. FABRY, Art. Qumran 233f.

233 Aufgrund des Fehlens organisatorischer Hinweise für die Gruppe der מַשְׂכִּילִים kann dieser Themenbereich in der Darstellung ausgeklammert werden. Zusätzlich erschwert wird diese Skizze dadurch, dass trotz des vergleichsweise umfangreichen Schrifttums, das der Gemeinde zuzuweisen ist, nur ein Bild von eingeschränkter Klarheit möglich ist.

234 Zur Datierung vgl. HIRSCHFELD, Qumran 89–99, mit einer Übersicht über die klassische Datierung und eine Neudatierung (vgl. ebd. 94.98).

keinen relevanten Bezugspunkt für die Entstehung der Trägergruppe der Schriften dar. Es ist davon auszugehen, dass sie in die Mitte des 2. Jh. v. Chr. zu datieren ist. Das Selbstverständnis der Trägergruppe der Schriftrollen lässt sich mit dem Begriff „Ersatztempel" beschreiben.[235] Dieser Zug hat – je nach Vorstellung von der Genese der Gruppierung – einen mehr oder weniger deutlichen Anhaltspunkt in ihrer Geschichte. Der Jachad versteht sich als zeitlich befristeter Ersatz für den Tempel in Jerusalem; Gottesdienst ist dort aufgrund der Verunreinigung nicht möglich, sodass die Tempelliturgie durch den Gottesdienst im Jachad ersetzt wird. Das Opfer wird im „Ersatztempel" in spiritualisierter Weise dargebracht.[236] Aus dieser Opposition und der priesterlichen Orientierung ergeben sich vielfältige ethische, kultische und rituelle Vorschriften, die von den Angehörigen der Gemeinschaft streng eingefordert werden. Wesentlich für das Verständnis ihrer Liturgie ist die Anlehnung an den himmlischen Kult der Engel bzw. ihre Anteilnahme an ihm: „Die Priester erleben sich während ihres ‚Tempeldienstes' offensichtlich als Teilnehmer einer gleichzeitig im Himmel gefeierten Engelliturgie."[237] Vor dem Hintergrund dieser Parallelisierung wird die Bedeutung von Kalenderfragen – insbes. auch in der Auseinandersetzung mit dem in Jerusalem verwendeten Mondkalender – deutlich. Die Orientierung der irdischen Liturgie folgt der himmlischen auch in ihrer zeitlichen Struktur, sodass jede Veränderung in Terminfragen problematisch erscheinen muss.[238] Auch im Hinblick auf die Heilsgeschichte geht der Jachad von einer Abhängigkeit von der in diesem Kalender wirksamen Zeitordnung Gottes aus. Die Geschichte und ihr Ende sind göttlich geordnet. Konsequenz aus dieser Einbindung des Menschen und der Weltgeschichte in die Ordnungsstrukturen ist die eschatologische Ausrichtung der Gemeinschaft: „Eingebettet in diese kosmisch-theologische Weltordnung sehen sich die Priester von Qumran zu eigenen Aktivitäten nicht gedrängt. Der endzeitliche Kampf wird von Gott selbst eingeleitet (vgl. 1QM), sein Ausgang steht fest, der neue Tempel wird von Gott selbst gebracht."[239]

---

235 Vgl. EBNER, Jesus 64; zu weiteren theologisch relevanten Selbstbezeichnungen vgl. SWARUP, Self-Understanding.
236 Vgl. dazu etwa 1QS VIII; IX; SWARUP, Self-Understanding 175, "Prayer and an ethical life according to the requirements of the Torah functioned as the sacrifices and offerings, and made for a better atonement than did the flesh of animals."
237 EBNER, Jesus 64, von zentraler Relevanz für diese Theologie der Liturgie sind die sog. „Sabbatlieder" (4Q400–407).
238 Möglicherweise bestand in der Kalenderfrage der oder ein wesentlicher Streitpunkt. Vgl. etwa auch ebd. 64f. Der in Qumran verwendete Kalender ist ein Sonnenkalender und maßgeblich an der Sabbatstruktur der Heilsgeschichte orientiert. Numerisch spielt die Zahl 7 (und die Zahl 6) eine zentrale Rolle. Vgl. dazu MAIER, Qumran Essener 101ff.
239 EBNER, Jesus 65.

Nicht missionarische Bestrebungen oder militärische Aktivität sind
Aufgabe des Jachad sondern die Bewahrung des Bundes und der Heilig-
keit der Gemeinde. Diese Orientierung verbindet sich mit einer strengen
Beachtung der Tora, die von weiteren Schriften und einer Auslegungs-
tradition des Gesetzes ergänzt wird. Die starke Fokussierung auf das
Priestertum,[240] die sich auch aus dem Selbstverständnis als Ersatztempel
ergibt, stellt Fragen der kultischen und rituellen Reinheit in den Vordergrund.[241] „Die ... Texte von Q[umran] zeichnen das Bild einer von
radikaler Toraobservanz, einem dualistischen Weltbild ... und eschatologischer Naherwartung geprägten Gemeinschaft, die sich als einzig
legitimer Rest des erwählten, aber inz[wischen] dem Frevel verfallenen
Gottesvolkes versteht."[242]

Die dualistische Konzeption und Spaltung der Menschheit in „Söhne
des Lichtes" und „Söhne der Finsternis" entspricht den strengen ethischen
Maßstäben der Gruppe. Zwischen diesen wird der in der Kriegsrolle
(1QM) beschriebene endzeitliche Kampf ausgetragen. In gleicher Weise
wie die innerzeitlichen Ereignisse ist auch das Ende der Zeit ein von Gott
heraufgeführtes Ereignis. Im Kontext dieser eschatologischen Erwartungen, stehen die zwei „messianischen Gestalten", die die politische und
die kultische Sphäre symbolisieren. Mit dem Kommen des priesterlichen
Messias ist die Erwartung der Erneuerung des Tempels verbunden.

Welche Perspektiven ergeben sich aus dieser Skizze für die Frage nach
einer möglichen Verbindung zwischen den מַשְׂכִּילִים und dem Jachad? Eine
präzise Datierung seiner Entstehung ist nicht zu erreichen. Sie mag zeitlich
mit der Genese des Daniel-Buches übereinstimmen; denkbar wäre auch,
dass der Jachad in die unmittelbare Nachgeschichte der Trägergruppe
des Daniel-Buches einzuordnen ist. Argumente sind aus dem inhaltlichen
Profil abzuleiten. Die in den Schriften von Qumran begegnende Figur des
משכיל ist ein wichtiger Anknüpfungspunkt. Während meist angenommen
wird, dass sich hinter dieser Bezeichnung eine einzelne Gestalt verbirgt,
schlägt DAVIES eine kollektive Interpretation vor, wenn er ihn nicht als
Lehrerpersönlichkeit betrachtet, sondern von einer Gruppe von Lehrern
ausgeht.[243] Die Gemeinderegel und andere weisheitlich geprägte Texte
aus Qumran spiegeln das individuelle Lehrer-Schüler Verhältnis, das in
einem in unterschiedlicher Intensität institutionalisierten Kontext steht,

---

240 Vgl. FABRY, Art. Qumran 248, „Die Gemeinde war grundsätzlich strukturiert gemäß
     der Unterscheidung Priester – Laien (1QS II 21 V 1–3 CD X 5), kannte aber auch ein
     ›allgemeines Priestertum‹ derer, die ›umkehren in Israel‹ (CD IV 2–4)."
241 Vgl. SCHREIBER, Begleiter 212, „Rituelle Normen und Kalenderpraxis sind also Iden-
     titätsmerkmale, durch die die Abgrenzung der Gruppe vom übrigen Judentum ge-
     schieht."
242 LANGE, Art. Qumran 1881.
243 Vgl. DAVIES, Scribal School 261.

in der Gegenüberstellung von *maskil* und *rabbim* wider. Gegenstand der Vermittlung ist die göttlich gegebene und inspirierte Weisheit.[244]

Die sowohl für den Jachad als auch für die מַשְׂכִּילִים belegte Lehrtätigkeit orientiert sich in den Schriften von Qumran möglicherweise an einem engeren Adressatenkreis. Die mit der gleichen Bezeichnung angesprochenen *rabbim* erscheinen dort als die Gesamtheit der Gemeinde, während sie im Daniel-Buch umfassender das gesamte Volk bezeichnen.[245]

Vor dem Hintergrund der eschatologischen Ausrichtung des Jachad und der Überzeugung von einer göttlichen Determination des Geschehens, erweist sich die militante Perspektive, wie sie sich etwa in der Kriegsrolle widerspiegelt,[246] als Erwartung für die Zukunft, der in der Gegenwart eine durch die strenge Toraobservanz bedingte friedliche Grundhaltung entspricht.[247]

> "There is enough evidence to suggest that the *maskilim* of Daniel and the writings from Qumran, which belong mostly to the century and a half that follow the writing of Daniel, are connected by more than literary dependence … These features alone make it entirely plausible, if not probable that among the texts from Qumran are those written by the successors of the Danielic *maskilim*."[248]

Geht man wie DAVIES von einer Kontinuität zwischen מַשְׂכִּילִים und Jachad aus, erklärt sich die umfängliche Überlieferung der bibl. und außerbiblischen Daniel-Literatur in den Schriften von Qumran.[249] Die Differenzen sind jedoch nicht unerheblich: Die das Selbstverständnis des Jachad konstituierende Opposition zum Jerusalemer Tempel hat keinerlei Anhaltspunkt im Daniel-Buch.[250] Umgekehrt findet die Hoffnung auf Auferstehung, die ein zentrales Element der eschatologischen Perspektive in Dan 12,2

---

244 Ebd. 262, "The 'righteousness' that the *maskilim* teach the *rabbim* can hardly consist of anything but understanding."

245 Zu beachten ist, dass sich die grundlegende Umkehrforderung an ganz Israel richtet, sodass eine „Lehrtätigkeit im weiteren Sinne" angenommen werden darf.

246 Vgl. etwa MAIER, Qumran Essener 51, „Die Qumrangemeinschaft war nicht nur priesterlich, sondern auch stark endzeitlich orientiert und von ausgesprochen militanter Mentalität …"

247 TREVER, Daniel 90, spricht mit Verweis auf 1QS X,17–19 von einem Pazifismus in Qumran.

248 DAVIES, Scribal School 262.264; eine enge Verbindung zwischen Daniel-Buch und dem Jachad nimmt auch TREVER, Daniel 90 an, der von einer personellen Kontinuität ausgeht und im Lehrer der Gerechtigkeit den Verfasser bzw. Redaktor des Daniel-Buches sieht: "… that the author of Daniel was precisely the person who went beyond his faith-saving book to become the founder of the Qumran Community of the Dead Sea Scrolls. His followers retained his anonymity under the title 'Teacher of Righteousness' …"

249 Vgl. dazu Abschnitt 2.2, 15.

250 Vollends deutlich wird dies in Anbetracht der Identifikation der מַשְׂכִּילִים mit Jerusalemer Priesterkreisen durch LEBRAM, vgl. dazu Abschnitt 3.1.5, 85.

darstellt,[251] im Gedankengut des Jachad keine Entsprechung.[252] Als weiterer Unterschied ist das Wesen der Gemeinschaft zu betrachten. "The maškîlîm cannot be said to constitute a sect in the sense that the term might be applied later to the Qumran community."[253]

Angesichts dieser Differenzen scheint eine Identität nicht wahrscheinlich gemacht werden zu können. Die Haltung zum Tempel in Jerusalem steht dem entgegen. Gemeinsamkeiten verweisen auf eine Verwandtschaft bzw. Nähe,[254] lassen sich jedoch auch zwischen dem Jachad und anderen Gruppierungen erkennen: „Grob betrachtet deuten also gesetzliche Qumrantraditionen auf Gemeinsamkeiten mit den Sadduzäern, organisatorische Details und anderes auf eine enge Beziehung zu einer Essenergruppe, und ein durch Endzeitstimmung motiviertes militantes Verhältnis zur Umwelt auf eine Nähe zu den Zeloten."[255]

Essener   Als Identifikationsmöglichkeit werden weiter die Essener vorgeschlagen, die allerdings erst in späterer Zeit bezeugt sind.[256] Die Etymologie des Namens ist nach wie vor unklar; undeutlich ist auch, ob es sich dabei um eine Selbst- oder Fremdbezeichnung handelt.[257] Die Geschichte der Essener liegt weitgehend im Dunkeln.

> „Die wichtigsten Zeugen sind Philo und Josephus,[258] die allerdings mit Rücksicht auf ihre hellenistische Leserschaft die Essener in den Farben einer griechischen Philosophenschule zeichnen. Dabei verfolgen sie die zum Teil bereits von den Quellen vorgegebene Tendenz, die Essener als eine pythagoreische

251 Vgl. dazu exemplarisch HARTMANN/DILELLA, Daniel 307ff; COLLINS, Commentary 391f; SEOW, Daniel 187f; ZEILINGER, Auferstehungsglaube 34ff.
252 Vgl. KOCH, Buch Daniel 168f; MAIER, Qumran Essener 48; allerdings LANGE, Art. Qumran 1881; STEGEMANN, Essener 290f.
253 COLLINS, Commentary 70.
254 Vgl. BOCCACCINI, Essene Hypothesis 86, "Those who collected the Dead Sea Scrolls were ideologically closer to the apocalyptic circles that wrote Dream Visions than to the apocalyptic circles that wrote Daniel."
255 MAIER, Qumrangemeinde 56.
256 Meist – so auch BETZ, Art. Essener 323 – wird für die Existenz der Essener die Zeit von der Mitte des 2. Jh. v. Chr. bis 68 n. Chr. angegeben; sie wären demnach in die Nachgeschichte der מַשְׂכִּילִים einzuordnen. Zu den Hinweisen auf eine frühere Entstehung der Essener vgl. etwa BOCCACCINI, Essene Hypothesis 23ff.
257 Vgl. MAIER, Geschichte 272f; außerdem KAMPEN, Hasideans 152ff.
258 Vgl. dazu insbes. BERGMEIER, Essener-Berichte; relevant ist die Überlieferung des JOSEPHUS in Ant 13,171–173; 15,371–379; 17,345–348; 18,11.18–22; Bell 2,119–161, des PHILO in Omn Prob Lib 75–91 sowie ein Zitat in PraepEv 8,6–7 bei EUSEBIUS; außerdem PLINIUS NatHist 5,73 sowie SYNESIUS VON KYRENE über Dio von Prusa (Chrysostomos) 3,2. Zu weiteren Autoren vgl. ADAM, Antike Berichte; sowie zu deren Bewertung als sekundär bei BOCCACCINI, Essene Hypothesis 21f. Innerhalb dieser Überlieferung ist eine Differenzierung zu erkennen: PHILO und JOSEPHUS stehen als Zeugen der Überlieferung von PLINIUS und SYNESIUS VON KYRENE teils entgegen. Während die einen ein Bild der Essener als „a network of Essene communities in Palestine" entwerfen, zeichnen die zuletzt genannten ein Bild einer „single Essene settlement near the Dead Sea" (vgl. ebd. 46).

Gruppierung auf jüdischem Boden zu porträtieren, die durch ihr von Tugend-haftigkeit, Gütergemeinschaft und Gelehrsamkeit gekennzeichnetes Ethos in vorbildlicher Weise das philosophische Ideal der Kaiserzeit verwirklicht."[259]

Als Lebensraum verweist PLINIUS (NatHist 5,73) auf den Bereich westlich des Toten Meeres, nördlich von En-Gedi;[260] dagegen spricht JOSEPHUS (Bell 2,124) von einer Verbreitung über das ganze Land.[261] Sie leben in den Städten und den Dörfern des Landes, wobei sie zahlenmäßig eine eher kleine Gruppierung (mit mehr als 4000 Mitgliedern) dargestellt haben dürften. Neben ihrem umfangreichen Studium der Schriften war die Ausübung von Ackerbau und Handwerk Lebensgrundlage. Dass das Studium der Tora wesentliches Element ihres Lebens ist, macht deren Bedeutung deutlich; sie selbst und ihre Auslegung sind die zentrale Quelle der Theologie der Essener, die nach JOSEPHUS (Ant 18,18) in der Überzeugung von der Determination sowie in der Lehre von der Unsterblichkeit der Seele zentrale Merkmale aufweist. Nach seinem Zeugnis stehen die Essener in Verbindung mit dem Tempel, sondern sich jedoch durch eigene Riten vom dortigen Kult ab; PHILO überliefert (Omn Prob Lib 75), dass das Opfer spiritualisiert wurde.[262] Zentrale theologische Überzeugungen werden von unseren Quellen nicht überliefert, insofern sie aufgrund ihrer Zielsetzung auf „Themen wie die Eschatologie oder das Selbstverständnis der Gruppe im pluralen Spektrum Israels"[263] verzichten. Ein umfassendes

---

259 KOLLMANN, Zeitgeschichte 38; ähnlich auch HOPPE, Religionsparteien 78. Aufgrund der – im Rahmen der Qumran-Essener-Hypothese – plausiblen Annahme der Identität von Jachad und Essenern, wurde zu deren Rekonstruktion das Schrifttum von Qumran ausgewertet. Vgl. etwa STEMBERGER, Pharisäer 115; MAIER, Geschichte 273. LANGE, Art. Qumran 1882, „Die antiken Essenerberichte, die Ausgrabungen von Q[umran] und die essenischen Texte von Q[umran] erlauben eine vage Rekonstruktion der Geschichte der essenischen Bewegung …" HOPPE, Religionsparteien 79, „Auch wenn die Qumranschriften einen umfassenden Einblick in essenisch orientierte Gruppen anhand ihres Schriftenmaterials ermöglichen, sind diese nicht als ‚Schriften der Essener' zu bestimmen. Methodisch ist beides auseinander zu halten." Zur Problematik einer beide Gruppierungen verbindenden Methodik vgl. MASON, Josephus 240. Aufgrund der Unsicherheit der Identifikation der Gruppierungen ist von einer Einbeziehung der Schriften von Qumran zur Zeichnung der Essener abzusehen. Dabei sei allerdings die Komplexität der Fragestellung betont, die über die Extreme eines „Entweder/Oder" hinausgeht. Vgl. dazu beispielhaft BOCCACCINI, Essene Hypothesis 22ff.
260 Zur Interpretation dieser Aussage in der Geschichte der modernen Forschung vgl. MASON, Josephus 242ff.
261 Vgl. dazu BOCCACCINI, Essene Hypothesis 25, "Philo and Josephus therefore agree that the Essenes formed large groups … in Jewish towns and villages, and there lived in their own quarters, as if they were foreign settlers. The Essenes shared the same place, within the same walls, but not the same laws with the other town inhabitants, whom they did not regard as fellow citizens." Auch die wiederholte Bezugnahme auf Essener bei JOSEPHUS in den Ant, weist nicht auf einen völligen Rückzug der Gruppierung hin.
262 Vgl. BETZ, Art. Essener und Therapeuten 389.
263 HOPPE, Religionsparteien 81.

theologisches Profil kann nicht gezeichnet werden; einzelne Merkmale lassen sich rekonstruieren.

Ihre ablehnende Haltung Privateigentum gegenüber verweist auf die Vorstellung von der fundamentalen Gleichheit ihrer Mitglieder;[264] sie erscheinen als Kommunität, „in der die Mitglieder das Leben miteinander teilen und in deren Mittelpunkt sakrale Mahlgemeinschaften stehen."[265] JOSEPHUS verweist Bell 2,131 auf den Verlauf dieser kultischen Mähler, auf die Reinigungsriten, die Zugangsbestimmungen sowie die Gebete.[266] Aus diesem Gleichheits- und Einheitsgedanken ist die Verwerfung der Sklaverei zu verstehen;[267] dennoch existieren Abstufungen innerhalb der Gruppierung. Der Weg in die Gemeinde und ihr Leben sind von einer strengen organisatorischen und funktional bestimmten Hierarchisierung geprägt. JOSEPHUS nennt vier Stände, ohne diese näher zu präzisieren. Gemeinsam war allen die Verpflichtung zu Dienstleistungen und die Einhaltung der gesetzlichen und kultischen Vorschriften für die Priester.[268] Spiegel der Hierarchisierung ist die streng regulierte Verfahrensweise zur Aufnahme neuer Mitglieder.[269] Die Absonderung gegenüber Nicht-Mitgliedern führt zur Ausprägung einer Arkandisziplin.[270] Die Quellen versuchen die Ablehnung der Ehe bzw. der Sexualität im Kontext der

---

264 Vgl. auch BETZ, Art. Essener und Therapeuten 388; BOCCACCINI, Essene Hypothesis 36, „... the ideal of the Essenes was the communal usage of their properties as if there were no private property, and the sharing of goods for the needs of the community and of the poorest members, as among brothers. The Essenes continued to work, to earn money, to be economically independent, to live by their own goods and in their own homes, possibly with their own relatives, and to have some control over their own property."

265 HOPPE, Religionsparteien 80f.

266 Vgl. BOCCACCINI, Essene Hypothesis 32, "That the communal meals, with their complex rituals of purification and prayers, were the center of Essene life is confirmed by the rigid exclusion of nonmembers (Josephus, J.W. 2.129 [i. e. Bell 2,129; D. H.])." Vgl. außerdem STEGEMANN, Essener 264ff.

267 Der Ursprung der Gemeinschaft ist in der oberen Gesellschaftsschicht zu suchen; dies gilt jedoch nicht in gleicher Weise für die weitere Entwicklung der Gruppierung, in der sich die Mitglieder aus verschiedenen sozialen Schichten rekrutierten. Vgl. STEGEMANN/STEGEMANN, Sozialgeschichte 146.

268 Vgl. dazu BETZ, Art. Essener und Therapeuten 388, dort auch ausführliche Hinweise auf die Konkretion und die Ausrichtung der Vorschriften.

269 Vgl. ebd.

270 MAIER, Geschichte 273f, „... mit strenger Organisation und mysterienhafter Arkandisziplin bezüglich ihrer Lehren, wozu vor allem auch Heilkunde gehörte." Ihre Binnenorientierung scheint nicht so exklusiv zu sein, dass jede Wendung nach außen unwahrscheinlich ist. Vgl. dazu HOPPE, Religionsparteien 78.

hellenistischen Kultur zu plausibilisieren;[271] entscheidend scheint das Ideal des Priestertums gewesen zu sein.[272]

Ein abschließendes Urteil zur Frage des Verhältnisses der Essener zur Gewalt ist nicht zu erreichen. Die Berichte heben einerseits ihre Friedfertigkeit hervor: JOSEPHUS weist darauf hin, dass sie auf Reisen keine Waffen tragen (Bell 2,125).[273] Andererseits lässt die Erwähnung von dem Essener Johannes (Bell 2,567), der als Führer im Aufstand gegen Rom gezeichnet wird, darauf schließen, dass die Anwendung von Gewalt in bestimmten Situationen als legitim betrachtet wurde.[274]

Auf dieser Basis lassen sich einige Gemeinsamkeiten mit den מַשְׂכִּילִים festhalten: „Insofern liegt es nahe, in den für das 1. Jh. nachzuweisenden Essenern die Nachfolge der (pazifistischen Seitengruppe der) Asidäer des zweiten vorchristlichen Jh. zu sehen. Das Db gehört dann in diesen Überlieferungsstrang. – In der Tat ist die Zuweisung des Db zu den Essenern leichter zu begründen als diejenige zu den Asidäern."[275] Zu beachten bleibt die Unzugänglichkeit der tatsächlichen Gestalt der Essener. Greifbar werden sie nur in der stark hellenisierenden Darstellung der genannten Autoren, die wesentliche Elemente ausblenden. Zentrale Aspekte der Zeichnung der מַשְׂכִּילִים finden keine Entsprechung, wobei offen bleiben muss, ob dies sachlich begründet ist oder auf die Tendenz unserer Zeugen zurückgeht.

Weisheitliche Kreise   Die Beschreibung des Daniel-Buches als „weisheitlich geprägt" setzt einen weiten Weisheitsbegriff voraus, der das Phänomen der „mantischen Weisheit" einschließt.[276]

Das mit der Wurzel ḥkm bezeichnete Phänomen ist nicht spezifisch israelitisch; es findet sich im gesamten AO in unterschiedlichen Ausprägungen und Erscheinungsformen.[277] Bestimmend ist die Ausrichtung auf die grundlegenden Ordnungsprinzipien, die Gesetzmäßigkeiten des Lebens und der Welt, die es zu erkennen und für die Lebensgestaltung

---

271 BETZ, Art. Essener und Therapeuten 388, nennt als Ideale im Hintergrund: Einfachheit, Selbstbeherrschung, Gleichmut, Verachtung von Schrecken und Schmerzen.

272 LANG, Art. Essener 600, „Unsere Gewährsleute heben die Ablehnung von Kriegshandwerk und Sklaverei hervor und lassen ein problematisches Verhältnis zur Ehe erkennen." Im Hinblick auf die Bedeutung der Geschlechtlichkeit unterscheiden sich die Zeugnisse. Während JOSEPHUS Bell 2,160f – gleichsam nebenbei – verheiratete Essener nennt, zeichnet PHILO die Gruppierung als einen ausschließlich aus Männern bestehenden Zusammenschluss. Aber auch nach der Darstellung des JOSEPHUS ist die Beziehung zwischen Mann und Frau in diesem Zweig der „verheirateten Essener" rein auf die Zeugung von Nachkommenschaft ausgerichtet.

273 Vgl. dazu STEMBERGER, Pharisäer 128; vgl. außerdem Omn Prob Lib 78.

274 Vgl. BOCCACCINI, Essene Hypothesis 26.

275 KOCH, Buch Daniel 168.

276 Vgl. zur mantischen Weisheit in Israel MÜLLER, Mantische Weisheit 197; KOCH, Weisheit.

277 Vgl. dazu VON RAD, Weisheit 14f; IRSIGLER, Art. Weisheit 1082.

fruchtbar zu machen gilt. „W[eisheit] ist nicht auf irgendwelche Einzelfä-
higkeiten gerichtet, sondern versteht sich als selbstwertig und umfassend
lebenskundlich bzw. lebenspraktisch."[278] Aus der Grundlegung der Ordnung aller Abläufe in der Welt in Gottes schöpferischem Handeln ergibt
sich ihre theologische Dimension. Nur der von der Gottesfurcht geprägte
Blick vermag die tatsächliche Ordnung zu erkennen. Weisheit überschreitet die Ebene des Wissens und zielt auf ein gelingendes Leben;[279] sie
umfasst eine kognitive, eine lebenspraktische und eine religiöse Dimension. Und dennoch konstituieren Kenntnisse und das Erlernen einen
zentralen Bestandteil; dieser Zweig wird mit dem Begriff der „höfischen
Bildungsweisheit" bezeichnet.[280] „Als Erfahrungsw[eisheit] wird sie tradiert, gilt als erlernbar und lernnotwendig (Spr 4,5.7 23,23), ist getragen
von Bildungsoptimismus und Vertrauen in die Verläßlichkeit erkannter
Ordnungen ..."[281] Einen Niederschlag findet sie in der „Weisheitsliteratur", wobei ein unterschiedlicher Sitz im Leben anzunehmen ist: Während
das Phänomen Weisheit kein eng umgrenztes ist und eine gewisse Breite
angenommen werden darf, scheint die Weisheitsliteratur am Königshof
verortet und gepflegt worden zu sein.[282] Dieser bietet ähnlich wie der
Tempel den institutionellen Rahmen für die Tradition des kulturellen
Erbes. Die Überlieferung der bibl. Weisheitsbücher erweckt den Anschein,
dass die höfische Weisheit den zentralen Strom der Weisheit in Israel darstellte; mantische Weisheit erscheint demgegenüber als Randphänomen.
Man wird jedoch die Möglichkeit einer durch die Verortung am Königshof begünstigten Tradierung nicht ausschließen dürfen, sodass unsere
Wahrnehmung die Realität nur sehr bedingt zutreffend widerspiegeln

---

278 IRSIGLER, Art. Weisheit 1077.
279 GÖRG, Weisheit 544, hat diesen Sachverhalt trefflich formuliert: „Ein Mensch, der viel
     weiß, ist aber noch kein Weiser. Und ein Weiser muß nicht auch ein Vielwissender oder
     gar Allwissender sein." ZENGER, Weisheit 406, „Der Weisheit geht es um das rechte
     Wissen vom Leben."
280 Vgl. dazu MÜLLER, Mantische Weisheit 205, „Die einleitende Exposition der Daniel-
     legenden in Kapitel i hat sich dann bemüht, den mantischen Charakter der Weisheit
     Daniels, wie er in Kapitel ii; ivf. hervortritt mit dem Begriff der höfischen Bildungs-
     weisheit zu verbinden."
281 IRSIGLER, Art. Weisheit 1077.
282 Vgl. mit Hinweis auf die Praxis auch in Ägypten und Mesopotamien VON RAD, Weis-
     heit 28f; LANGE, Art. Weisheitsliteratur 1367. VON RAD, Weisheit 30f, „So drängt sich
     die Vermutung auf, daß die höfischen Weisen ... auch als Sammler nichthöfischen Lehr-
     gutes fungiert haben, Weisheit hatte also keineswegs ihren Sitz nur am Hofe. Offenbar
     schon früh muß sie in einer breiteren Bildungsschicht im Lande Pflegestätten gefunden
     haben, wo sie sich mehr den Lebensfragen einer bürgerlich-großbäuerlichen Schicht
     zugewendet hat." Weisheitliche Kompetenz ist demnach kein Monopol der höfischen
     Welt. Die von ZENGER, Weisheit 408f, skizzierte Unterscheidung zwischen Sippenweis-
     heit, höfisch-städtischer Weisheit und theologisierter Weisheit macht zum einen die
     Abhängigkeit der weisheitlichen Konzeptionen von der Sozialstruktur deutlich und
     zeigt zum anderen Entwicklungslinien auf.

kann. Wesentliches Element weisheitlichen Denkens ist aber auch die Überzeugung von ihrer Hinordnung auf Gott. Diese Verbindung, ja die Abhängigkeit der Weisheit und des Weisen von Gott, tritt im Lauf der Geschichte immer deutlicher zutage. „W[eisheit] ist menschliche Fähigkeit und zugleich Gabe Gottes ...“[283]

Diesem breiten Strom steht die „mantische Weisheit“, der das Daniel-Buch zuzurechnen ist, gegenüber.[284] Daniel selbst ist nach MÜLLER als „mantischer Weiser“ zu beschreiben; dabei handelt es sich um einen Menschen, „der die den Dingen und Personen innewohnende Macht seinem Willen fügt oder Fernes, Verborgenes und vor allem Zukünftiges zu erkennen vermag.“[285] Parallelen zum Profil eines Magiers sind unverkennbar. Die im AT zu beobachtende, vorrangige Verbindung der mantischen Weisheit mit Ausländern weist möglicherweise darauf hin, dass sie in Israel selbst nicht genuin verwurzelt war oder keine Anerkennung in den maßgeblichen, theologiebildenden Kreisen hatte.[286] „Das Verfließen beider Bereiche wie bereits die Tatsache, daß ja Magier wie Mantiker von Derivaten der gleichen Wurzel *HKM* erfaßt werden, zeigt, daß hier keine feste Grenze gezogen werden kann: auch der Mantiker will ja nicht nur erkennen, sondern zugleich beeinflussen.“[287] Ein zentraler Unterschied besteht in der Quelle der Erkenntnis. Während die Weisheit Israels in ihren Hauptströmen eine zwar von Gottesfurcht ermöglichte geistige bzw. kognitive Leistung des Menschen ist, ist mantische Weisheit wesentlich göttliche Gabe. "Although the book makes a point of wisdom acquired by learning, it is clear that the main source of wisdom is seen to be the Deity who imparts it by direct revelation (Dan 2:19–20; 9,20–23).“[288] Die

---

283 IRSIGLER, Art. Weisheit 1077.

284 Vgl. MÜLLER, Weisheit 80, „Sodann kennt das Alte Testament den magisch-mantischen Weisen aus seiner heidnischen Umgebung.“ Vgl. auch KOCH, Daniel 173f; KOCH, Weisheit 55, „Was im Danielbuch Weisheit heißt, lässt sich nicht als einfache Weiterentwicklung des israelitischen Weisheitsverständnisses, wie es im Proverbienbuch zu Tage tritt, erfassen.“

285 MÜLLER, Weisheit 79.

286 Vgl. dazu MÜLLER, Mantische Weisheit 197–200, in der bibl. Überlieferung erscheinen in aller Regel Ausländer als Träger der mantischen Weisheit. Vgl. ebd. 200, „Daß alle bisher aufgezählten Belege außer Gen xli 8 aus exilischer oder nachexilischer Zeit stammen, beweist, daß Israel die mantische Weisheit nach 587 näher kennen lernte, und zwar wohl besonders in der babylonischen (und ägyptischen?) Diaspora. Die genannten Weisen sind öffentliche Würdenträger; sie bekleiden an den Höfen der heidnischen Großkönige ein besonderes Amt.“ Eine Ausnahme stellt die Gestalt des Josef dar: „Hier ist es denn also einmal ein Israelit, der als mantischer Weiser Ruhm gewinnt. Charakteristischerweise macht er aber von seinen Fähigkeiten ebenfalls an einem heidnischen Hofe Gebrauch ...“ Möglicherweise steht die Diaspora-Situation, wie sie auch im Daniel-Buch vorausgesetzt wird, im Hintergrund dieser Entwicklung.

287 MÜLLER, Weisheit 85.

288 GRABBE, Seasons 230.

göttliche Offenbarung in Traumdeutungen und Visionen führt zu einer
Aufwertung ihrer Autorität und Gültigkeit.

Vor diesem Hintergrund ist der Frage nach der Verhältnisbestimmung zwischen den weisheitlichen Kreisen und den מַשְׂכִּילִים nachzugehen.
Die Terminologie und zahlreiche Motive verweisen auf einen Bezug des
Daniel-Buches zu einem weisheitlichen Milieu.[289] HEATON votiert für
eine Verbindung zwischen dem Daniel-Buch und dem Kreis der Schreiber
bzw. Schriftgelehrten um Jesus Sirach.[290] Dieser ist in der Zeit des Übergangs Palästinas von der ptolemäischen zur seleukidischen Herrschaft
an der Wende vom 3. zum 2. Jh. v. Chr. anzusiedeln. Dieses Ereignis und
die Entwicklung der folgenden 20–30 Jahre stellen das historische Umfeld
dar. „Werk und Gestalt Ben Siras spiegeln ... etwas von diesen äußeren,
aber auch geistigen Wandlungen und Umbrüchen ... "[291]

Der Autor zeichnet in seiner Darstellung gleichermaßen ein Bild von
sich selbst als auch von einem idealtypischen Schreiber bzw. Schriftgelehrten seiner Zeit. Mit dieser Einordnung in den Stand der Schreiber
(סוֹפֵר/γραμματεύς), der nach Ausweis von Sir 38,24–34b in Parallelität zu
den klassischen Berufen der Gesellschaft geschildert wird,[292] gewährt
der Autor einen Einblick in das literarisch-geistige Spektrum seiner Tätigkeit und in seine soziale Stellung. Dabei stellt er sich selbst in den

---

289 Vgl. COLLINS, Commentary 69f; DAVIES, Scribal School 252–255; GRABBE, Seasons 230,
     "There is a strong emphasis on wisdom ... and the use of wisdom vocabulary. But this is
     essentially mantic wisdom." Außerdem MÜLLER, Mantische Weisheit 197, „Weder die
     Weisheit in ihrer höfisch-pädagogischen Hochform, wie wir sie aus der israelitischen
     Königszeit kennen, noch deren demokratischere Sukzessoren in nachexilischer Zeit,
     sondern die archaische Gestalt einer mantischen Weisheit hat sich in der Apokalyptik
     fortgesetzt."
290 HEATON, Daniel 19ff.23f, "To urge an identity of outlook between Ben Sira and the
     writer of the Book of Daniel would be to ruin a case by overstatement. They were men
     of different temperaments, living in very different times ... What is astonishing in
     the circumstances is not the difference between the two works, but the fact that their
     common tradition was strong enough to make them comparable." Vgl. außerdem –
     vielleicht etwas pointiert in der Interpretation – DAVIES, Daniel 123, „... Ben Sira is the
     ancestor of the 'wise' of Daniel ... " Zu nachfolgender Skizze wesentlicher Elemente
     der Tradition Jesus Sirachs im Kontext der Weisheit Israels vgl. ohne Einzelnachweise
     MARBÖCK, Jesus Sirach 21–34.
291 MARBÖCK, Jesus Sirach 29; die Komplexität der Textgeschichte des Buches Jesus Sirach
     erfordert eine weitere Differenzierung: Es ist zu unterscheiden zwischen dem Werk
     des Jesus Sirach (hebr.), das wohl in den Jahren vor 175 v. Chr. entstanden sein dürfte,
     und der Übersetzung in die gr. Sprache durch einen Enkel des Jesus Sirach in der Zeit
     nach 132 v. Chr. Beide Schriften sind (zumindest in Fragmenten) erhalten und völlig
     unterschiedlichen historischen Kontexten zuzuordnen. Vgl. dazu auch MARBÖCK,
     Buch 498f.502–504.
292 Vgl. MARBÖCK, Jesus Sirach 29. Die beiden Bezeichnungen „der Weise" und „der
     Schreiber" werden bei Jesus Sirach – so SALDARINI, Pharisees 256 – beinahe deckungs-
     gleich gebraucht. MARBÖCK, Jesus Sirach 29 lokalisiert den Ursprung dieses Standes in
     der „gelehrten priesterlichen Theologie der nachexilischen Zeit".

Kontext der Tradition der Schreiber Israels.[293] Die verstärkte Etablierung
dieser Berufsgruppe in hellenistischer Zeit wird durch den Literaturreich-
tum dieser Epoche bezeugt.[294] Zugleich wird vor diesem Hintergrund
die Existenz eines größeren Raumes für Traditionsbildungen deutlich,
der möglicherweise die Annahme eines Überlieferungszusammenhanges
zwischen Jesus Sirach und dem Daniel-Buch erlauben könnte.[295] Aufgrund ihrer Kompetenz und ihrer Bildung kommt den Schreibern eine
zentrale Bedeutung in der Gesellschaft zu; sie sind nicht der gesellschafli-
chen Peripherie zuzurechnen. Und doch weisen die im Buch enthaltenen
Mahnungen gegenüber Reichtum und Macht auf eine Distanz zur gesellschaftlichen Oberschicht hin, sodass Jesus Sirach einer einflussreichen
mittleren Gesellschaftsschicht angehört haben dürfte. Umstritten ist, ob
er priesterlicher Herkunft ist.[296]

Die schriftgelehrte Tätigkeit lebt einerseits ganz aus der Tradition, ist
aber andererseits auf die Vermittlung der Erkenntnis hin ausgerichtet.
„Sirach ist *Lehrer*, wie immer sein ›Lehrhaus‹ (בית מדרש/οἶκος παιδείας
51,23b; ישיבה 51,29) auch zu deuten sein mag."[297] Sir 38,24–39,11 entwirft
ein ausführliches Bild wesentlicher Elemente der schriftgelehrten Tätigkeit.[298] Studium und Vermittlung der Erkenntnis werden auf der Basis
der Tora betrieben; dabei wird der Horizont der Vermittlung von Wissen
zugunsten einer umfassenden Formung des Menschen überschritten.[299]
Themen der Eschatologie scheinen kein zentraler Bestandteil der Lehre
des Jesus Sirach gewesen zu sein. Eine deutliche Distanzierung gegenüber
Träumen und deren Deutung begegnet Sir 34,1–8.

DAVIES führt eine Reihe gewichtiger Argumente gegen eine Identifikation des Trägerkreises des Daniel-Buches mit einem Kreis von Schriftgelehrten um Jesus Sirach an.[300] Zunächst ist die spezifische Ausrichtung

---

293 Vgl. dazu SALDARINI, Pharisees insbes. 254ff; vgl. auch die Hinweise bei HEATON,
    Daniel 21f.
294 Vgl. dazu SALDARINI, Pharisees 254; zur Kontinuität zwischen den Schreibern in der
    staatlichen Zeit, den Weisen und dem Schreiber bei Ben Sira vgl. HEATON, Daniel 22.
295 Vgl. dazu auch KAMPEN, Hasideans 17; COLLINS, Commentary 69.
296 Vgl. zu dieser Diskussion MARBÖCK, Jesus Sirach 29, der von einer nicht-priesterlichen
    Herkunft des Sirach ausgeht. Zugleich nimmt er jedoch an, dass sich der Stand der
    Schreiber aus dem Priestertum heraus entwickelt hat. Das Milieu ist in jedem Fall
    priesterlich beeinflusst.
297 Ebd. 32.
298 Vgl. dazu im Einzelnen HEATON, Daniel 22f.
299 Vgl. MARBÖCK, Jesus Sirach 32, „Konkret geht es dem Weisen um *charakterlich-
    menschliche* Formung in Grundhaltungen für eine Vielfalt von Lebensbereichen. Quelle,
    Fundament und Vollendung des Gebildeten und Weisen ist dabei die *religiöse Dimension,
    die Furcht des Herrn* als Anfang und Wurzel (Sir 1,14.20) sowie Vollendung und Fülle
    der Weisheit (1,13.16) … "
300 Vgl. dazu im Folgenden DAVIES, Daniel 123–125; außerdem REDDITT, Sociohistorical
    Setting 467.

der Weisheit im Daniel-Buch als „mantische Weisheit" zu bedenken.[301]
Jesus Sirach steht dagegen ganz in der „Tradition der Weisheit, vor allem
des Spruchbuches und reagiert wohl bereits auf die Herausforderungen
des Denkens Kohelets"[302]. Seine Ausrichtung ist in weiten Teilen die des
Hauptstroms der Weisheit Israels und nicht die der mantischen Weisheit.[303] Das Interesse gilt weder dem Bericht von Visionen noch Deutungen der Geschichte im Sinne einer geschichtsphilosophischen Einordnung
oder Periodisierung. Sirach appelliert an eine Zuwendung zu den offen zugänglichen Dingen; das Verborgene kann vom Menschen nicht
ergründet werden (vgl. Sir 3,21–24; 39,1–3.6–8). Während das Daniel-Buch
Träumen und Traumdeutungen Bedeutung zuspricht, lehnt Sirach diese
Praxis ab. Auch Themen der Eschatologie finden bei ihm keine Berücksichtigung; konkret gilt dies für die Auferstehungshoffnung.[304] Festzuhalten
ist zudem eine terminologische Unterscheidung: Während bei Jesus Sirach die Bezeichnung סופר/γραμματεύς begegnet, spricht das Daniel-Buch
von מַשְׂכִּיל; beide Bezeichnungen weisen in eine ähnliche Richtung, setzen
jedoch unterschiedliche Akzente. Fragen der Machtpolitik, insbes. der
Auseinandersetzung zwischen Ptolemäern und Seleukiden, spielen keine
Rolle für Sirach, sind aber von zentralem Interesse für das Daniel-Buch.[305]
    Die Zuweisung der Entstehung des Daniel-Buches zu einer gegenüber
dem Entstehungskontext des Sirach-Buches veränderten historischen Situation ermöglicht die Annahme von Entwicklungen und Veränderungen
der Vorstellungen. Aufgrund der Dramatik der Ereignisse um die Verunreinigung des Tempels in Jerusalem durch Antiochus IV. Epiphanes ist
von derartigen Prozessen auszugehen. "Many of the differences between
Ben Sira and Daniel can be accounted for by the drastic nature of the
events which intervened between the two writings. Radical revisions of
teaching and major developments in the function of the scribes are not
to be ruled out."[306] Doch bleibt kritisch zu fragen, ob sich das Wesen
des weisheitlichen Denkens, ob sich eine Hoffnung auf eine Auferstehung – bei aller Dramatik der Ereignisse – in einem solch überschaubaren
Zeitraum von weniger als 40 Jahren entwickeln kann. In Anerkenntnis
einer gemeinsamen Tradition der Schriftgelehrsamkeit wird man über

---

301 Vgl. etwa MÜLLER, Weisheit 79ff; DAVIES, Scribal School 256, "… most commentators
     have pointed out the contrasts between the mantic wisdom of Daniel and that of our
     conventional, Jerusalem scribe."
302 MARBÖCK, Jesus Sirach 31.
303 Vgl. DAVIES, Daniel 123f.
304 Zur Fragestellung nach der Vorstellung vom Tod bei Jesus Sirach und Erwartungen
     über den Tod hinaus vgl. jüngst REITERER, Vorstellung 202, „… dass Sira nicht damit
     rechnet, dass der Tod ein vollkommenes Ende des Menschen darstellt. Ähnlich der
     menschlichen Existenz, nicht jedoch gleich … ist deren Existenzform."
305 Vgl. REDDITT, Sociohistorical Setting 470.
306 DAVIES, Daniel 124.

die Feststellung von DAVIES nicht hinauskommen: "… the most that can be allowed in this direction is that the writers of Daniel came from the same broad circle as Ben Sira."[307] Über die Zuordnung der מַשְׂכִּילִים zu einem weisheitlichen Milieu, das wesentlich mantisch geprägt ist, wird man nicht hinaus können.

Jerusalemer Priesterkreise Wesentliche Grundlage der von LEBRAM vorgeschlagenen Zuordnung ist seine Bewertung der historischen Ereignisse in der ersten Hälfte des 2. Jh. v. Chr. Im Hintergrund steht nicht die Auseinandersetzung um die Hellenisierung des Judentums,[308] sondern die Frage nach einem angemessenen Umgang mit dem von Antiochus IV. Epiphanes mittelbar entweihten Tempel.[309] In dieser Frage spaltete sich die Priesterschaft: Während der eine Teil den Tempelkult und die Opferpraxis weiterführte, distanzierte sich der andere Teil. „Ihrer Überzeugung nach waren die Opfer und kultischen Sühnungen mit der Errichtung des ‚Greuels, der verwüstet' nicht mehr vorhanden und der wahre Kultus sistiert."[310]

Die Bedeutung des Tempels und der mit ihm verbundenen Vorgänge sowie das apokalyptische Denken verweisen auf den Jerusalemer Tempel als sozialen Bezugspunkt des Trägerkreises des Daniel-Buches.[311] Die maßgebliche Prägung der Restauration des Jerusalemer Tempels nach 539 v. Chr. und der Priester am Zweiten Tempel durch das Gedankengut des babylonischen Exils erklärt die enge Verbindung des Daniel-Buches mit diesen Traditionen.[312] Aus dieser Prägung resultiert möglicherweise auch die Wendung gegen westliche Einflüsse, die sich in einer antiseleukidischen Perspektive im Daniel-Buch niederschlägt.

Problematisch erscheint der Schluss von der zentralen Stellung des Tempels auf die priesterliche Herkunft; auch außerhalb des Umfeldes des Tempels spielt der Kult eine zentrale Rolle in apokalyptischen Denkkate-

---

307 Ebd.
308 Vgl. LEBRAM, Apokalyptik 515, „Wahrscheinlich war die Oberschicht tatsächlich hellenisiert, empfand das aber nicht als Gegensatz zu ihrer kultischen Funktion. Auseinandersetzungen waren dort wohl, wie auch in anderen derartigen Verhältnissen, durch Konkurrenz der einzelnen Machthaber und Familien entstanden." Weniger deutlich ist die Verortung des Daniel-Buches in LEBRAM, Daniel 37.
309 Vgl. LEBRAM, Apokalyptik 513, „… daß wir es nicht mit Auseinandersetzungen über die Hellenisierung des jüdischen Volkes zu tun haben".
310 Ebd.; aus diesem Konflikt heraus spricht seiner Auffassung nach das Daniel-Buch. Vgl. ebd. 515, „Unsere Analyse hat gezeigt, daß das Buch Daniel eine Deutung politischer Ereignisse von priesterlich-kultischem Standpunkt aus gibt. Von einem Kampf zwischen jüdischem Volksgesetz und ‚Interpretatio Graeca' des Judentums ist bei ihm nichts zu erkennen."
311 Vgl. COLLINS, Daniel 37, "Lebram's main argument is that the temple plays a central role in Daniel and that the disruption of the cult is the author's primary concern." Außerdem KOCH, Buch Daniel 170.
312 Vgl. LEBRAM, Apokalyptik 524.

gorien. "If the authors of Daniel were priests, we would expect a clearer indication of the priestly character of the *maŝkîlîm*."[313] Eine gewisse Nähe zum Tempel oder der Priesterschaft ist freilich nicht ausgeschlossen.[314]

In eine ähnliche Richtung weist die These von GRABBE, der den Verfasser des Daniel-Buches in der Jerusalemer Aristokratie ansiedelt, dabei aber die Frage nach der Zugehörigkeit zum Priesterstand offen lässt.[315] Ausgangspunkt seiner Überlegungen ist die Frage nach dem für die Verfassung des Buches notwendigen Kompetenzspektrum des Autors. Auf der Suche nach möglichen Kandidaten in der Überlieferung stellt er eine Verbindung mit dem 1Makk 8,17; 2Makk 4,11 erwähnten Eupolemos als Beispielfigur heraus.[316] Zugleich vollzieht er damit eine Positionierung des Daniel-Buches in die Partei der hellenistischen Reformer, die nach Auffassung des Verfassers im Text jedoch keinen Anhalt hat.[317]

Schreiber im Dienste der Seleukiden[318]   REDDITT geht davon aus, dass es sich bei den מַשְׂכִּילִים um eine Gruppe von Personen handelt, die im 2. Jh. v. Chr. in Jerusalem lebte. Auffällig ist ihr besonderes Interesse am Konflikt zwischen Seleukiden und Ptolemäern. Es gilt nicht allgemein den Auseinandersetzungen mit fremden Herrschern oder konkret denen zwischen Juda und bestimmten, fremden Herrschern, sondern allgemeiner den größeren geschichtlichen Abläufen in ihrer Relevanz für die Seleukiden.[319] Möglicherweise lässt sich daraus mit REDDITT schließen, dass eine enge Verbindung zwischen den Verfassern des Daniel-Buches und den Seleukiden bestand. Es würde sich demnach um Personen handeln, die in einer Tätigkeit als Schreiber in der seleukidischen Administration tätig waren. "If so, one can easily understand their interest in narratives about Jews in the employment of a foreign king and their abhorrence of Antiochus Epiphanes, by whose machinations their lifestyle had been disrupted."[320] Dieser These gelingt es, den מַשְׂכִּילִים einen vor dem Hintergrund ihrer Zeichnung im Daniel-Buch plausiblen Ort in der Gesellschaft zuzuweisen. Freilich wird man diese Zuordnung nicht zu eng sehen dürfen; problematischer ist indes die fehlende theologische Verortung.

Zusammenfassung   Die Existenz zahlreicher Differenzen zwischen der Zeichnung der מַשְׂכִּילִים und dem erhebbaren Profil der verschiedenen be-

---

313 COLLINS, Commentary 70; vgl. außerdem COLLINS, Daniel 37.
314 BOCCACCINI, Essene Hypothesis 85, "Although sympathetic to the principles of Zadokite Judaism, Daniel was not a supporter of the Zadokite priesthood."
315 Vgl. GRABBE, Seasons 243.
316 Ebd. 235, "I do not suggest that it was certainly Eupolemos who wrote the book, but it was most likely someone very much like him in background, education, and status."
317 In die entgegengesetzte Richtung verweist Dan 11,32; die מַשְׂכִּילִים stehen der hellenistischen Reformbewegung gegenüber.
318 Vgl. dazu REDDITT, Sociohistorical Setting 470ff sowie REDDITT, Community 325–327.
319 Vgl. REDDITT, Sociohistorical Setting 470f, mit Bezug auf RAPPAPORT, Vision 222–224.
320 REDDITT, Sociohistorical Setting 472.

kannten Gruppierungen innerhalb des Judentums im 2. Jh. v. Chr. lässt die
Annahme einer „unbekannten Gruppierung" in den Vordergrund rücken,
die möglicherweise einen weichen Rand aufweist und nicht trennscharf
abgeschlossen ist. Die Analyse führt dann nicht über die Beschreibung
wesentlicher Merkmale der literarischen Zeichnung der Trägergruppe
des Daniel-Buches hinaus. COLLINS warnt mit dem Hinweis auf die Aufnahme des Daniel-Buches in den Kanon vor der Zuordnung zu einer
jüdischen Sondergruppierung:[321] Die Rezeption des Buches legt nahe,
dass die Trägergruppe keine fundamentalen Differenzen zu den zentralen Auffassungen des Volkes Israel in der damaligen Zeit aufwies.[322]
Nachfolgend soll das von Dan 11 entworfene Bild der מַשְׂכִּילִים als der
Trägergruppe des Daniel-Buches zugrunde gelegt werden. Eine weitere
Präzisierung scheint nicht mit ausreichender Sicherheit möglich zu sein.

Erzählungen   In der Argumentation ist von einer Unterscheidbarkeit der
Trägergruppen von Erzählungen und Visionen auszugehen; die Textgenese legt eine solche Trennung nahe.[323] Einer der zentralen Gegensätze
zwischen den Visionen und den Erzählungen besteht in der Diaspora-
orientierung von Dan 1–6; die dort angesprochenen Problemkreise sind
– zumindest in erster Linie – Probleme der Diaspora.[324] Die Entstehung
der Erzählungen ist wohl in der östlichen Diaspora anzusiedeln;[325] ihre
Verbindung mit den in Juda, möglicherweise in Jerusalem, entstandenen
Visionen fordert die Annahme einer Übertragung der Erzählungen nach
Palästina.[326] Offen bleibt, ob eine „Wanderungsbewegung" von Menschen

---

321 Vgl. COLLINS, Daniel 38.
322 Zugleich bleibt zu bedenken, dass auch die Nähe zu einer Sondergruppierung aus dem
     Umfeld der Pharisäer diese Bedeutung erklären kann. Schwieriger als die Rezeption für
     den Kanon des AT ist die nicht unerhebliche Bedeutung für die ntl Texte zu erklären.
323 Vor dem Hintergrund dieser Analyse ist nach den Möglichkeiten einer Identifikation
     der Gruppen zu fragen. Das Nebeneinander von Kontinuität und Gegensätzen verlangt
     ein Abwägen zwischen Verbindendem und Trennendem. In beiden Fällen muss auch
     die jeweils andere Perspektive im angenommenen Modell eine Erklärung finden.
324 COLLINS, Social World 254, "These were problems which confronted Jews of the
     Diaspora rather than residents of Jerusalem." Diese Aussage gilt in besonderer Weise
     für die persische Zeit, in der für Palästina selbst noch nicht wie später in hellenistischer
     Zeit die „Diaspora-Situation" im eigenen Land vorauszusetzen ist. Zugleich macht die
     veränderte politische Situation im 2. Jh. v. Chr. deutlich, warum der Diaspora-Tradition
     in hellenistischer Zeit im Land selbst Bedeutung zukam.
325 COLLINS, Daniel 35, "The origin of these traditions is most naturally to be sought in
     the eastern Diaspora." Anders die Ansätze von STECK, Weltgeschehen 267; HAAG,
     Errettung 94. LEBRAM, Perspektiven 20; LEBRAM, Daniel 20 plädiert für eine Entstehung
     des gesamten Daniel-Buches in Palästina. POLAK, Daniel Tales 260, geht aufgrund
     linguistischer Argumente von einer Entstehung von Dan 2; 4–5 in der Diaspora und
     von Dan 3; 6 in Juda aus, nimmt für Dan 6 jedoch babylonische Wurzeln an. Vgl. ebd.
     262; ALBERTZ, Social Setting 187. Weiter ist auch mit der Möglichkeit der Entstehung
     der Sammlung und ihres Abschlusses in Juda und der Annahme einer Entstehung der
     einzelnen Erzählungen in der Diaspora zu rechnen.
326 Vgl. COLLINS, Daniel 35; COLLINS, Commentary 50.

– konkret der Trägergruppe der Erzählungen – nach Palästina oder eine literarische Übertragung anzunehmen ist.

Die weitere Klärung der sozialen Verortung ist stark problembehaftet. "The socio-historical background of the court tales … remains a problem."[327] Die Schwierigkeiten der Identifikation der Trägergruppe sind wesentlich im zurückhaltenden Umgang des Textes mit historisch belastbaren Informationen begründet.[328] Im Vordergrund der Texte und ihrer Gestaltung steht nicht der Bezug zur außertextlichen Wirklichkeit; die Texte sind von typischen Motiven und literarischen Konventionen geprägt, die es erschweren, den tatsächlichen Hintergrund zu identifizieren. "The literary genre of the narratives provides little information about the social location of their authors."[329] Die Texte sind jedoch nicht ausschließlich von Konventionen geprägt; sie weisen auch individuelle Züge auf, die eine Auswertung ermöglichen. Das Nebeneinander formalisierter Elemente und individueller Züge erfordert eine differenzierte Verhältnisbestimmung.[330]

Soziale Verortung   COLLINS weist auf drei wesentliche Zugangsweisen zur Frage nach der sozialen Verortung der Erzählungen hin.[331] Diese formen auf literarischer Ebene ein Milieu, das wesentlich weisheitliche Züge aufweist und im höfischen Umfeld eines fremden Königshofes angesiedelt ist. Gegenstand der Diskussion ist, inwieweit diese Zeichnung für die tatsächliche Trägergruppe des Daniel-Buches zutreffend ist. Als beispielhaft für die Annahme einer (weitgehend) treuen Abbildung der sozialen Realität in den Erzählungen können die Ausführungen von WILSON gelten:[332]

> "… then it is reasonable to accept the narrative's own description of the group involved. … Daniel and his companions are said to have been Jews who were trained for service in the government of the Babylonian and Persian empires.

---

327 HENZE, Frame 7.
328 Vgl. ebd. 5, "… the biblical text provides next to no historically reliable information about its origin and thus offers the investigators little help."
329 DAVIES, Reading 350; dies gilt wesentlich aufgrund der starken Formalisierung vgl. HENZE, Frame 18, "The tales are shaped primarily by literary conventions …" Weiter ebd. 14, "In light of this highly conventionalized style of writing, the question arises to what extent the ostensible setting of the tales and the social milieu in which the tales are set can be seen as a direct reflection of the author's own social reality."
330 Vgl. DAVIES, Reading 347, "… is an inbuilt tendency in the discipline of biblical studies to take biblical statements about social reality as if they are reliable descriptions of a subjective state of affairs." Vgl. COLLINS, Daniel 35, "… it cautions against the assumption that the ostensible setting of the tales is necessarily the setting of the authors."
331 Vgl. dazu im Folgenden COLLINS, Daniel 35; sowie COLLINS, Commentary 47–50. Zu einem Überblick über die vertretenen Positionen vgl. auch KOCH, Buch Daniel 170f; ALBERTZ, Social Setting 171ff; VALETA, Book of Daniel 336ff.
332 Vgl. WILSON, Prophecy 88–93.

If so, then we might guess that the apocalyptic group that produced the Book of Daniel was composed, at least initially, of upper-class Jews who remained in Babylon after the exile. There they began to work in the government bureaucracy and at least partially assimilated to Persian culture, although they maintained their identity as Jews and saw themselves as a peripheral group within the Persian empire."[333]

Die Welt der Erzählung entspricht der erzählten Welt.[334] Gegen die Annahme einer solchen Identifizierung sind immer wieder Einwände vorgebracht worden. HENZE hat diese Kritik jüngst erneuert.[335] Die grundlegende Problematik einer differenzierten Betrachtung des Verhältnisses von Text und außertextlicher Wirklichkeit ist zutreffend beschrieben.[336] Er stimmt in der Beschreibung der erzählten Welt mit der vorangehend dargestellten Position überein,[337] bestreitet jedoch die Verwertbarkeit für die Rekonstruktion des tatsächlichen sozialen Kontextes: Die Erzählungen sind nicht durch den sozialen Hintergrund ihrer Verfasser und ihrer Tradenten, sondern durch literarische Konventionen und theologische Zielsetzungen bestimmt.[338] Aus der theologischen Ausrichtung der Erzählung ergibt sich die Szenerie der Erzählung:

"The court-tales or, rather, the conversion narratives in Daniel each ends on a theological note, articulating a theology with immediate political implications: at the center of the confessions stands the recognition that while all human dominion is bound to fade away, the kingdom of the God of Israel alone shall remain forever (e.g., Dan 6:27). The setting of the tales at the court of the foreign superpowers appears the logical place to make this point: the acknowledgment that in the end all of Israel's enemies are bound to perish is infinitely stronger when articulated by the foreign monarchs themselves rather than by Daniel or his companions."[339]

---

333 Ebd. 88; ähnlich COLLINS, Social World 254, "... upper-class, well-educated Jews, who found careers in government service in the eastern Diaspora ..." Vgl. außerdem MONTGOMERY, Daniel 88–90; HUMPHREYS, Life-Style 222, "They ... served to entertain and at the same time served the further purpose of presenting a style of life for the Jew of the diaspora." Sowie PACE, Daniel 5ff.

334 Auch die Vertreter dieser Entsprechung verkennen nicht den fiktiven Charakter der erzählten Welt in der exilischen Zeit. Vielmehr ist eine Vergleichbarkeit der Lebenswelten behauptet; die Trägergruppe ist Teil des Hofes fremder Könige. Vgl. COLLINS, Current Issues 10, "This circumstance invites the conjecture that the actual authors or tradents of these tales worked in the service of foreign kings, most probably the Seleucids."

335 Vgl. HENZE, Frame 12–17, insbes. 15–17; vgl. außerdem bereits HENZE, Ideology 536ff. Vgl. DAVIES, Social World 252, "The anatomy of literature and the anatomy of society are not equivalent, and one cannot infer one from the other."

336 Vgl. HENZE, Frame 6, "... the world the reader finds in the tales is not simply identical with the socio-historical world of their authors."

337 Vgl. ebd. 15, "The social world of the narratives is, of course, the royal court."

338 Vgl. ebd. 18.21f; problematisch bleibt die Vernachlässigung spezifischer Züge der einzelnen Erzählung.

339 Ebd. 24.

Für MÜLLER bildet die auf der Erzählebene geschilderte soziale Welt
die Basis seiner Einordnung. Das Verhältnis zum realen Hintergrund bestimmt er nicht als Abbild sondern als *Gegenbild*. Die leitende Interpretati-
onsperspektive von Daniel als Märchenheld führt auf eine Zuweisung zu
den „Minderprivilegierten"[340]. Die Trägergruppe ist gerade nicht dem näheren Umfeld des königlichen Hofes zuzuordnen sondern den „ärmeren
Diasporakreisen Mesopotamiens"[341]. Das Leben und die verantwortungsvolle Position, die Karriere am Hof des Königs sind nicht Nachzeichnung
sozialer Realität, sondern utopische Vision, die märchenhafte Hoffnung
einer Schicht am Rande der Gesellschaft. In eine ähnliche Richtung weist
die Perspektive von VALETA, der ebenfalls die Differenz zwischen der
erzählten Welt und der tatsächlichen Situation der Trägergruppe betont.
Der satirische Charakter will gerade nicht mit der fremden Macht versöh-
nen, sondern zum Widerstand aufrufen.[342] Auch PACE geht von der in
der Erzählung gezeichneten Welt aus, wenn er sich kritisch mit dem Verhältnis zwischen den Juden und dem fremden König bzw. dem fremden
Staat auseinandersetzt und die Gefährdungen eines Lebens in der Fremde
der Harmonie voranstellt.[343] Gerade diese Perspektive macht jedoch die
Plausibilität der Annahme einer Entsprechung der beiden sozialen Orte
deutlich.

Die angeführten Positionen problematisieren auf je eigene Weise die
Existenz eines Kreises der jüdischen Diasporagemeinde, der einen Status
Daniel und seinen Freunden vergleichbar innehatte. Ist die Annahme
eines Kreises von Juden plausibel, dem die Texte tatsächlich einen „life
style"[344] nahe legen konnten? MÜLLER sieht die Realisation einer solchen
Position als Utopie, während HENZE auf die literarische Topik und die
theologische Aussageabsicht hinweist. COLLINS stellt die verschiedenen
Problemlagen der Erzählungen dar und plausibilisiert diese im Kontext
der Diaspora in einem Gegenüber zur Situation in Juda:

> "However, there is no apparent reason why Palestinian Jews in the post-
> exilic period should choose such a setting for their tales. The problems with
> which the tales deal were not likely to arise in the theocratic administration in

---

340 MÜLLER, Märchen 340; ähnlich auch SEOW, Daniel 10f.
341 MÜLLER, Märchen 341.
342 Vgl. VALETA, Book of Daniel 339f, "Resistance to empire, rather than social and political
     advancement, is the true purpose of these narratives, and opens the door for the
     recognition of a more popular social setting for the genesis of these tales." Zum Trend
     in der Forschung, das Daniel-Buch herrschaftskritisch zu lesen vgl. ebd. sowie bereits
     VALETA, Satirical Nature 83, "A case can be made that the social and political realities
     of exile can create an atmosphere where covert and creative resistance is the best and
     sometimes the only option open to those who disagree with the ruling powers."
343 Vgl. PACE, Diaspora 58f.
344 Vgl. zu dieser Formulierung den Titel von HUMPHREYS, Life-Style, "A Life-Style for
     Diaspora".

Jerusalem. On the other hand, those problems were of daily and vital interest to Jews in the diaspora, and especially to Jews who functioned as courtiers or aspired to be 'wise men' after the manner of Chaldean and other Gentile wise men."[345]

Die in den Erzählungen gegenwärtigen Übertreibungen warnen vor einer allzu realistischen Lesart der erzählten Welt.[346] Daher ist auch bei der Annahme einer Entsprechung des sozialen Ortes der Trägergruppe mit der erzählten Welt eine Relativierung notwendig. Diese Bewertung zeigt sich bei COLLINS, wenn er betont, dass die soziale Welt eher Ambitionen als tatsächlichen Status widerspiegelt.[347] Diese Ambitionen setzen – entgegen einer Utopie – die Existenz einer gesellschaftlich relevanten Schicht der Juden in der Diaspora voraus, der die Trägergruppe der Daniel-Erzählungen angehört haben dürfte. Die bedeutende Rolle, die den Auseinandersetzungen mit den Beamten des königlichen Hofes zukommt, stützt diese Beobachtung.[348]

Geistesgeschichtliche Verortung Das in den Erzählungen präsente weisheitliche Milieu lässt Rückschlüsse auf die Trägergruppe zu: Sie entstammt einem weisheitlichen Milieu der Diaspora.[349] Die Weisheit ist mantische Weisheit:[350] "The wisdom of Daniel is not the didactic, proverbial wisdom of Proverbs but rather mantic wisdom, which is concerned to interpret the future through signs."[351] Die Differenz zum Hauptstrom der Weisheit Israels und die Nähe zur mantischen Weisheit, wie sie in Babylon eine zentrale Rolle spielte, machen auch aus dieser Perspektive die Plausibilität einer Herkunft der Texte aus der Diaspora deutlich.[352] Die Erzählungen sind der weisheitlichen Tradition der Juden des babylonischen Exils zuzuweisen.

---

345 COLLINS, Court-Tales 220; eine andere Perspektive ergibt sich in seleukidischer Zeit.

346 Vgl. auch COLLINS, Daniel 35, "There is evidently an element of fantasy in the degree to which these Jews are honored and promoted."

347 COLLINS, Commentary 48, "The high offices of Daniel and his companions probably reflect the aspirations rather than the actual situation of the authors, but the problems envisaged are largely those that confronted Jews in the service of the empire ... " Ähnlich COLLINS, Daniel 35; vgl. aber auch HENZE, Frame 17.

348 Vgl. COLLINS, Commentary 50, "... rivalry with the Chaldeans, however, is most easily explained by the hypothesis that the tales were composed in the eastern diaspora."

349 Vgl. dazu beispielhaft: COLLINS, Court-Tales 230f, "The collection of tales in chs. 1–6 grew within a community of wise men in the diaspora." Sowie WILSON, Prophecy 82, "... Daniel and his companions are not usually portrayed as prophets or visionaries but as wise men."

350 Zur Bestimmung der Weisheit in Dan 1–6 als mantische Weisheit vgl. bspw. MÜLLER, Weisheit 79; MÜLLER, Mantische Weisheit 194–219. Vgl. auch Abschnitt 3.1.5, 81.

351 COLLINS, Commentary 49.

352 Vgl. ebd. 50, "The context that the tales presume is one where the mantic wisdom of the Babylonians plays an important part."

Jerusalemer Theokratie   Die Annahme einer Entstehung in Jerusalem setzt
eine andere soziale und geistesgeschichtliche Verortung voraus.[353] Die
intensive Auseinandersetzung mit der Frage der Legitimität und dem
Bestand der Großreiche markiert den veränderten Blickwinkel. Nicht
mehr Israel steht im Zentrum; der Fokus liegt voll und ganz auf dem
Weltgeschehen.[354] Eine vergleichbare Entwicklung sieht STECK in der
theologischen Akzentsetzung in Jerusalem; Parallelen zeigt er insbes. für
die Hymnen-Literatur (etwa Ps 145; 147 . . .) auf.[355] Das Weltgeschehen
wird von anderen Mächten bestimmt, deren politische Macht von der
Zuwendung Gottes abhängt. „Gottes ewiges Reich und Macht manifestie-
ren sich in der Übertragung, im zeitweiligen oder völligen Entzug von
Macht an die heidnischen Weltherrscher in deren Reich (2,22[21].37f.;
3,31–33; 4,14.21–24.29.31–34; 5,18–28; 6,26–28) . . . "[356] Mit dem Übergang
der Macht von den Königen Jerusalems, von der Dynastie Davids zu
den Königen der Großmächte ist auch eine Auseinandersetzung mit der
Bedeutung des Tempelkultes in Jerusalem erforderlich (etwa Dan 1; 5; 6).
Die Orientierung am Jerusalemer Tempel auf der erzählerischen Ebene
deutet auf eine Verbindung mit diesem Umfeld hin. „Die Erzählungen
stehen auf dem Boden der Tempeltheokratie des nachexilischen Jerusalem
im Perserreich."[357]

In eine ähnliche Richtung weist die Perspektive von KRATZ, der die
Erzählsammlung des Daniel-Buches hinsichtlich ihrer theologischen Vorstellungen mit dem theokratischen Konzept, das sich im chronistischen
Geschichtswerk widerspiegelt,[358] zusammenstellt und eine Entstehung
im Kontext der priesterlich-weisheitlichen Kreise in Jerusalem annimmt.
Er rechnet mit Wurzeln der Tradition in der östlichen Diaspora; die entscheidende Zusammenstellung sieht er dagegen in Jerusalem:

> „. . . enge Kontakte zu höhergestellten Personen in persischen Diensten, Mit-
> gliedern der babylonischen Exulantenschaft oder Rückkehrern, auf die das
> Wissen um die spannungsvollen Verhältnisse sowie die Kenntnis der in-
> terpretierten Überlieferungen zurückgeht, müssen bestanden haben. Dem
> Charakter der favorisierten Identitätsmerkmale und der lehrhaften Art ihrer
> Vermittlung zufolge handelt es sich um einen Kreis priesterlich-weisheitlich
> geschulter Erzähler, aus dem die frühe Danielüberlieferung hervorgegangen
> ist."[359]

---

353 Vgl. zu dieser Sichtweise STECK, Weltgeschehen 267; HAAG, Errettung 94; LEBRAM,
     Perspektiven 20; LEBRAM, Daniel 20.
354 Vgl. dazu STECK, Weltgeschehen 267.
355 Weitere Belege vgl. ebd.; außerdem COLLINS, Commentary 50.
356 STECK, Weltgeschehen 266.
357 Ebd.
358 Vgl. KRATZ, Reich 454; sowie weiter KRATZ, Translatio.
359 KRATZ, Translatio 147.

In Auseinandersetzung mit diesen Positionen und auf der Basis einer
abweichenden Kompositionsgeschichte des Daniel-Buches wendet sich
ALBERTZ gegen eine notwendige Verbindung mit dem Tempel.[360] Die
herrschaftskritische Perspektive erscheint als Ausdruck der Auseinandersetzung mit den hellenistischen Mächten und den in der Tempelaris-
tokratie wirksamen Hellenisierungsbestrebungen. "Thus the author of
the Aramaic apocalypse may come from a circle of learned psalmic poets
who worked not only for the temple, but also for pious communities. He
clearly stood in opposition to the aristocratic and priestly establishment
which was prepared to collaborate with the Hellenistic empires."[361]

Auch HAAG geht von einer Entstehung der (älteren) Daniel-Erzäh-
lungen (insbes. Dan 4; 6) nicht in der Diaspora, sondern im Umfeld der
schriftgelehrten Weisen in Jerusalem aus.[362] Die Existenz ihres Standes in
Jerusalem belegt das Werk des Jesus Sirach (insbes. Sir 38,24b–39,11).[363]
HAAG zeigt in seiner Analyse zahlreiche Parallelen zwischen der älteren Daniel-Tradition und dem Ideal des schriftgelehrten Weisen auf.[364]
Aus diesen folgert er die Zugehörigkeit der Tradenten der älteren Daniel-
Traditionen zum gleichen Milieu der jüdischen Hierokratie in Jerusa-
lem.[365]

> „Die Entstehung der älteren Danieltradition und damit auch der Erzählun-
> gen von Dan 4 und 6 fällt demnach wohl in die Mitte des dritten Jahrhun-
> derts v. Chr., als die Auseinandersetzung mit dem Hellenismus die judäische
> Hierokratie zu Jerusalem erfaßte. Der Ort für die Entstehung dieser älteren
> Danieltradition ist daher schwerlich die Diaspora gewesen; die größere Wahr-
> scheinlichkeit spricht vielmehr für Jerusalem, das Zentrum der priesterlich
> strukturierten schriftgelehrten Weisheit."[366]

POLAK führt die Entstehung der Texte Dan 2–6 auf mündlich tradierte,
aram. Erzählungen zurück.[367] Im Gegensatz zu Dan 2; 4–5 sind nach seiner Auffassung Dan 3; 6 von Autoren aus Juda – unter Aufnahme älterer
babylonischer Überlieferungen – zur Zeit der Anfänge der Auseinander-

---

360 Vgl. ALBERTZ, Social Setting 186f; zur Textgenese vgl. auch Abschnitt 3.2.6, 135.
361 Ebd. 187.
362 Zur wesentlichen Bedeutung der Schriftgelehrten für die Führung von Juda in dieser
     Zeit, insbes. auch für die Außenbeziehungen, vgl. HAAG, Errettung 81ff.
363 Vgl. zur Analyse ebd. 89ff.
364 Vgl. ebd. 93f, „Vergleicht man das hier [Sir 38,24b–39,11; D. H.] von Ben Sira gezeichnete
     Idealporträt eines schriftgelehrten Weisen mit der Gestalt und dem Auftreten Daniels
     in den beiden Erzählungen von Dan 4 und 6, dann ergibt sich eine höchst auffallende
     Übereinstimmung in allen wesentlichen Zügen." Vgl. zu dieser Verbindung bereits
     HEATON, Daniel 19ff.
365 Vgl. HAAG, Errettung 94.
366 Ebd. 97.
367 Vgl. dazu etwa POLAK, Daniel Tales 258.

setzung um Jason geschaffen worden.[368] Durch die Komposition entsteht
eine Opposition zwischen Babyloniern und Persern: "It appears, then, that
in Persian period Judean exiles applied Aramaic propaganda tales to their
own situation, and created an Aramaic Daniel corpus, which magnified
the collapse of the Babylonian empire as the work of God (Dan 2; 4–5).
This corpus may have included tales in praise of the Persians (cp. Dan 6)."
Durch die Integration von Dan 3; 6 (unter Einschluss von Dan 7) erhält
die Erzählsammlung ihre anti-hellenistische Ausrichtung.[369]

Einheitlichkeit des Trägerkreises?[370]   Die Annahme der Identität von מַשְׂכִּילִים
und Trägergruppe der Visionen des Daniel-Buches darf ebenso wie die
Entstehung der Visionen in Juda als weitgehend konsensfähig gelten.[371]
Die Hypothese einer Entstehung der Erzählungen in der östlichen Diaspora muss die Möglichkeit der Aufnahme durch die Verfasser der Visionen
erklären.[372] Eine Alternative zu einem rein literarischen Traditionsprozess,
der ein ausreichendes Erklärungsmodell darstellt,[373] könnte in einer personellen Kontinuität zwischen der Trägergruppe der Erzählungen und den
Verfassern der Visionen liegen.[374] COLLINS bringt die Erzählungen mit
den מַשְׂכִּילִים in Verbindung, ohne eine Identifikation des Trägerkreises der
Legenden und der Vorläufer der מַשְׂכִּילִים herzustellen: "The most natural
place to look for the prehistory of the *maśkîlîm* of Daniel 11 is in the tales
which make up the first half of the book."[375] Die Verfasser und Redak-
teure des Daniel-Buches übernehmen die Tradition der Erzählungen und
integrieren diese als ersten Teil – gleichsam als Einleitung zu den Visionen
– in das Daniel-Buch. Durch die Einbindung der Erzählungen in die Vorgeschichte wird eine Identifikation deutlich: Bei allen bestehenden und

---

368 Vgl. POLAK, Daniel Tales 262.263, "The Judean, and indeed Jerusalemite, background
is obvious in the pericope of the orientation on the Holy City (6,11)."

369 Ebd. 264, "The tales of this expanded corpus have been applied again in the anti-
Hellenistic propaganda of the second century. At first, Dan 3; 6 were created, on the
basis of traditional tales, apparently in order to strengthen the hearts of those opposing
the Hellenizing Jason faction."

370 REDDITT, Sociohistorical Setting 468, bringt die Fragestellung mit der Formulierung
„A Group on the Move" trefflich auf den Punkt.

371 Vgl. dazu Abschnitt 3.1.5, 61.

372 Die große Divergenz der verschiedenen Modelle zur Verortung der Visionen und der
Erzählungen macht deutlich, dass ein tragfähiger Konsens auf der Basis der gegenwärtigen Kenntnisse der Zeit- und Sozialgeschichte Israels nicht zu erreichen ist.

373 Die Verbreitung von Literatur über bestimmte (größere) geographische Gebiete hinweg
ist kein singuläres Phänomen.

374 Unter der Annahme einer Verortung der Entstehung beider Teile des Daniel-Buches in
Juda ist eine Kontinuität in der Trägergruppe ohne größere Schwierigkeiten erklärbar,
wenn auch nicht notwendig. Differenzen sind als Entwicklungen aufgrund veränderter
gesellschaftlicher, politischer oder religiöser Rahmenbedingungen zu verstehen oder
mit der Annahme unterschiedlicher Trägergruppen in Juda zu erklären.

375 COLLINS, Social World 252; optimistischer COLLINS, Daniel 36. Vgl. auch KOCH, Buch
Daniel 165.

sichtbaren Differenzen sprechen die Verfasser der Visionen den Erzählungen inhaltliche Signifikanz zu.[376] Zugleich wird die literarische Figur des Daniel in den Visionen mit Daniel in den Erzählungen identifiziert. Geht man davon aus, dass dieser den מַשְׂכִּילִים als Identifikationsfigur diente, kommt der literarischen Figur des Daniel der Erzählungen eine zentrale Bedeutung für die Erhebung des Selbstverständnisses der מַשְׂכִּילִים zu.[377] "These legends may … be taken as a portrait of the ideal *maśkîl* of Daniel's tradition."[378] Auf der Ebene der Terminologie fällt der Beleg des Wortes מַשְׂכִּיל (Dan 1,4) auf. "It is immediately conceded that the verbal parallels between Dan 11:33–35, 12:3.10, and 1:4 can hardly be fortuitous."[379] Vor diesem Hintergrund kann die These einer Rückkehr der Trägergruppe der Daniel-Legenden aus der Diaspora nach Juda formuliert werden.[380]

> "Both the vision narratives of Daniel 7–12 and the court narratives of Daniel 1–6 seem to have originated within the same group … the visionary narrator's overwhelming interest in Jerusalem and the persecution under Antiochus Epiphanes seems to demand the conclusion that the group, in whole or part, had moved to Jerusalem and its environs."[381]

Das Nebeneinander von Diaspora- und Jerusalemorientierung in den beiden Teilen ist als Hinweis auf einen Prozess einer Rückkehr von Diaspora-Juden aus dem Exil nach Jerusalem zu verstehen. Datierung und Hintergründe dieser Bewegung bleiben unklar.[382] Als Terminus ante quem ist die Entweihung des Tempels durch Antiochus IV. Epiphanes (167 v. Chr.) zu bestimmen. Vorgeschlagen wird die Einordnung in den Kontext des Übergangs der Herrschaft von den Ptolemäern zu den Seleukiden im Jahr 198 v. Chr.: "When control of Judah passed from the Ptolemies to the

---

376 Vgl. etwa GRABBE, Seasons 231.

377 COLLINS, Court-Tales 218f, "If we can assume that the author of the visions or his circle was responsible for combining visions and tales, then we must conclude that the group which identified with Daniel the visionary also identified with Daniel the wise courtier. It follows that the tales in chs. 1–6 are highly important for the self-identity of the group …"

378 COLLINS, Social World 252.

379 HENZE, Frame 9; zu weiteren Aspekten in Dan 1–6, die eine Bezeichnung Daniels und seiner Gefährten als מַשְׂכִּיל nahelegen, vgl. SEOW, Daniel 13.

380 Eine weitere Perspektive, die in diese Richtung weist, deutet SEOW, Daniel 13 an, wenn er auf die Beziehungen zu Jes 52,13; 53,11 (Dan 11,33; 12,3) und die Verbindung der מַשְׂכִּילִים mit dem Leiden und der Gerechtigkeit hinweist. Möglicherweise stellen die Erzählungen von Dan 1–6; hier insbes. 3; 6 dieses Leiden dar. DAVIES, Scribal School 252, "However, the claim to a divinely-appointed role, foretold in a text of ancient prophecy, is significant enough, and it is clear that such a role combines both enlightening others and also suffering. The portrait of Isaiah's 'servant' thus fits very well that of the characters of Daniel in the narratives of chapters 1–6 …"

381 REDDITT, Sociohistorical Setting 469.

382 COLLINS, Social World 254, "We can only guess as to when, or why, the tradents of the Daniel tradition returned from the Diaspora."

Seleucids in 198, Judeans in the diaspora might have seen that the time was opportune for moving to Jerusalem."[383]

Die von HENZE vorgetragene Kritik an einer derartigen angenommenen Identifizierung der Trägerkreise von Erzählungen und Visionen ist ernst zu nehmen. In der Perspektive der Autoren der Visionen erscheinen die Figuren des Daniel und seiner Gefährten als bewundernswerte Vorbilder. Durch die Integration der Erzählungen in ihr Werk stellen sie sich bewusst in die Tradition dieser Helden. Aus dieser Betrachtungsweise ergibt sich eine Kontinuität auf literarischer Ebene, die aber keiner personalen Kontinuität entspricht.[384] Auch das Argument der terminologischen Rahmung durch den Ausdruck מַשְׂכִּיל ist methodisch problematisch: Auf der synchronen Ebene vorhandene Bezüge werden ohne ausreichende Berücksichtigung der diachronen Entstehung des Daniel-Buches ausgewertet und bilden die Basis für eine historisch-chronologische Rekonstruktion der Vorgänge, ohne dass alternative (literarische und/oder theologische) Erklärungsmuster ausreichend Berücksichtigung finden.[385] Die vorgetragene Kritik ist in gleicher Weise plausibel. Weder vermag sie die These zu widerlegen noch sind ihre Argumente von der Hand zu weisen. Man wird der vorgetragenen These daher zurückhaltend gegenübertreten müssen.

Zusammenfassung, Position der Untersuchung und Perspektiven Viele Unsicherheiten, verschiedenste Zugänge und unterschiedliche Bewertungen des Befundes prägen die Diskussion um die soziale Verortung des Daniel-Buches in seinen beiden Teilen. Der wissenschaftliche Diskurs ist derzeit ohne Perspektive auf einen baldigen Konsens.[386]

Von direkter Relevanz für die vorliegende Untersuchung ist die soziale Verortung von Dan 6, die den literarischen Kontext von Dan 1–6 zu berücksichtigen hat. Kern der Problematik ist die Frage nach der Relevanz des in der Erzählung entworfenen Milieus für die Identifizierung des Trägerkreises der Erzählungen. Von einer Beziehung beider Milieus ist auszugehen, ohne dass eine Identität nachzuweisen wäre. Die Verhält-

---

383 REDDITT, Sociohistorical Setting 469; vgl. ebd. 469f mit näheren Ausführungen zur Begründung der Datierung.

384 HENZE, Frame 10, "In short, while it is easy to see why the *maśkîlîm*, the heroes of the Antiochan persecutions, had a vested interest in claiming the wisest of the Babylonian Jewry, survivors of the fiery furnace and of the lions' den, as their literary ancestors by using their stories as the prelude to their own eschatological thinking ..."

385 Vgl. ebd., "From a synchronic standpoint, the reference to 'the wise' forms a literary frame to the entire book; 'the wise' are present from the time of Daniel's election in the book's introductory narrative (Dan 1:4) to the book's epilogue (Dan 12:9–13). Diachronically speaking, however, this connecting element between the tales and the visions was introduced at a late stage in the literary history of the book. It should be stressed that there is no connection between 'the wise' and the main body of the tales (chapters 2–6)."

386 Vgl. VALETA, Book of Daniel 340, "Continuing research into the social setting of these stories promises to be an ongoing area of fruitful debate."

nisbestimmung wird in der Begründung der Methodik auszuführen und zu begründen sein.[387] Vorausgesetzt wird eine Entstehung der Erzählungen in der östlichen Diaspora, vermutlich in persischer Zeit, in einem mantisch geprägten Milieu. Die soziale Einordnung dieser Gruppierung muss zunächst offen bleiben.

Eine Relevanz der sozialen Verortung von Dan 7–12 ergibt sich einerseits aus der Annahme eines einheitlichen Trägerkreises, andererseits aber auch vor dem Hintergrund der Frage nach der Entstehung der LXX-Fassung des Daniel-Buches, die die Existenz des vollständigen Daniel-Buches voraussetzt. Die vorliegende Untersuchung folgt hier HENZE in seiner Kritik an einem einheitlichen Trägerkreis. Die Trägergruppe wird in Dan 7–12 selbst sichtbar und erscheint unter der Bezeichnung der מַשְׂכִּילִים als eine weisheitlich geprägte Bewegung mit einer Lehrautorität innerhalb oder im Umfeld der geistlichen Führungsgruppen des Volkes Israel. Zeitlich ist sie in die erste Hälfte des 2. Jh. v. Chr., näherhin in die Zeit der Auseinandersetzung um Antiochus IV. Epiphanes, einzuordnen. Dabei steht die Bewegung in einer deutlichen Opposition zu den hellenistischen Bestrebungen in Israel. Eine weitergehende Identifikation scheint nicht möglich. Die Quellen überliefern eine Vielfalt an Gruppierungen, die in dieser Zeit existieren; eine Fokussierung auf die Unterscheidung und eine zu deutliche Abgrenzung in der Rekonstruktion der Sozialgeschichte sind dabei jedoch – auch in Anbetracht der fragmentarischen Quellenlage – kritisch zu betrachten. Die verbindenden Elemente bedürfen einer stärkeren Wahrnehmung und Berücksichtigung. Eine vergleichende Gegenüberstellung der verschiedenen Gruppierungen macht deutlich, dass eine exklusive Identifizierung mit einer festumrissenen Gruppierung nicht möglich ist. Andererseits zeigt sich, dass zahlreiche Verbindungen zu Gruppierungen oder Bewegungen bestehen, in deren breites Spektrum sich die מַשְׂכִּילִים einfügen.

Die Trägergruppe des Daniel-Buches in seiner Endgestalt steht gleichsam in der Mitte zwischen der Trägergruppe der Erzählungen des Daniel-Buches auf der einen Seite und der Trägergruppe der Übersetzung von Dan^{LXX} 1–12 des Daniel-Buches (Dan 1–12) auf der anderen Seite.[388]

3.1.6 Historische Perspektiven für Dan 6

Das Daniel-Buch handelt von geschichtlichen Ereignissen: „Der Bogen der Geschichte in den Visionen spannt sich vom Höhepunkt des neubaby-

---

387 Vgl. dazu Abschnitt 4.7.2, 197 sowie im analytischen Teil Abschnitt 13, 493.

388 Unberührt bleibt dabei die möglicherweise notwendige Differenzierung von ALBERTZ. Im Blick ist hier nicht die Entstehung von Dan^{LXX} 4–6, sondern von Dan^{LXX} 1–12 insgesamt. Vgl. dazu Abschnitt 3.2.6, 135.

lonischen Reiches unter Nebukadnezzar II. (605–562 v. Chr.) bis zu dem Seleukiden Antiochus IV. (175–164 v. Chr.)."[389] Dieser umfassenden Zuwendung zu Fragen der Geschichte scheint deren Präzision gegenüber zu stehen: „Die Ablehnung jeder historischen Relevanz der Danielschrift erhielt dadurch eine anscheinend schlagende Bestätigung, dass die historische Forschung im 18. und 19. Jahrhundert zunehmend aufgewiesen hat, wie sehr grundlegende Fakten der Geschichte des Altertums im Danielbuch falsch oder verzerrt wiedergegeben werden."[390]

Die Frage nach dem Geschichtsbild des Daniel-Buches lässt sich für Dan 6 nicht isoliert vom restlichen Buch betrachten. Indes scheint es möglich und sinnvoll, die Dan 6 betreffenden Aspekte darzustellen und abschließend im Gesamtkontext zu würdigen. Einige Elemente eröffnen die Chance auf eine historische Überprüfung:[391] die chronologische Einordnung des medischen Reiches, die Erwähnung eines Meders Darius als König sowie dessen Durchführung einer Verwaltungsreform.

Dan^{MT} 6 aus historischer Perspektive

„Darius der Meder"   Die Frage nach der Identität des Königs, den Dan 6,1 (vgl. auch 9,1; 11,1) als „Darius der Meder" einführt,[392] stellt einen möglichen Ansatzpunkt für eine historische Überprüfung der Erzählung dar; sie eröffnet einen Zugang zum Blick der Erzählung auf Geschichte. Auffällig ist die 9,1 im Gegensatz zu den übrigen Belegen auftretende Filiation, die ihn als Sohn des Ahasveros – welcher im Allgemeinen mit dem Perserkönig Xerxes (486–465 v. Chr.) zu identifizieren ist –[393] ausweist. „Die Frage nach der Person des hier genannten Darius Medus gehört zu den am meisten erörterten Räthseln des Buches Daniel."[394] Er lässt sich historisch nicht nachweisen.[395]

---

389 BAUER, Daniel 25.

390 KOCH, Danielbuch 7.

391 Vgl. dazu Abschnitt 4.6, 187.

392 Die Formulierungen weichen ab: 6,1 לְדָרְיָ֫וֶשׁ מָדָיָא; 9,1 וְדָרְיָ֫וֶשׁ מֵזְרַע מָדָי; 11,1 לְדָרְיָ֫וֶשׁ בֶּן־אֲחַשְׁוֵרוֹשׁ מִזֶּרַע מָדַי; לְדָרְיָ֫וֶשׁ הַמָּדִי.

393 Vgl. dazu GERLEMAN, Esther 51, „Daß der Esthererzähler Xerxes meint, steht also fest." Außerdem KOCH, Art. Xerxes 1144, die hebräische Überlieferung kennt nur den Namen Ahasveros (Esr 4,6; Est 1–10; sowie Dan 9,1). Zu dieser Identifizierung vgl. auch die Gegenüberstellung von LXX und θ in Dan 9,1: Dan^{LXX} 9,1 ἔτους πρώτου ἐπὶ Δαρείου τοῦ Ξέρξου ἀπὸ τῆς γενεᾶς τῆς Μηδικῆς – Dan^θ 9,1 ἐν τῷ πρώτῳ ἔτει Δαρείου τοῦ υἱοῦ Ασουηρου ἀπὸ τοῦ σπέρματος τῶν Μήδων.

394 BLUDAU, Alexandrinische Übersetzung 151.

395 Das Ausmaß des Problems macht KOCH, Buch Daniel 191 deutlich, „Keinem König des Db sind derartig viele Untersuchungen gewidmet worden wie diesem. ROWLEY braucht 52 Seiten, um allein die Forschungsgeschichte zu diesem Namen, für ihn ‚the most serious historical problem in the book (1935,9)', darzustellen. Weitere Veröffentlichungen sind inzwischen hinzugekommen, ohne daß sich das Dunkel gelichtet hätte." Es ist bemerkenswert, dass Dan^{LXX} 6 auf die Präzisierung „der Meder" verzichtet. Vgl. dazu auch in diesem Abschnitt 3.1.6, 111.

Die gleichwertige Zusammenschau der Aussagen des Daniel-Buches über den Meder Darius ist in methodischer Hinsicht nicht unproblematisch; legt man das Modell der Aufstockungsthese zugrunde, so gehören die Belege zu einer je unterschiedlichen literarischen Stufe. Inwieweit eine einheitliche Verwendungsweise angenommen werden darf, ist fraglich.

Hinzu kommt, dass 6,1 aus textgenetischer Perspektive als redaktionelle Verbindung der ursprünglich unabhängigen Erzählungen Dan 5; 6 zu betrachten ist.[396] Die Bezeichnung des Darius als Meder ist nicht als ursprünglicher Bestandteil der Erzählung zu erweisen; ein Bezug des Textes ist auch in der Redeweise vom „Gesetz der Meder und Perser" (Dan 6,9.13.16) gegeben. Durch die Einbindung in die Erzählsammlung und die damit verbundenen redaktionellen Eingriffe wurde das Problem verschärft.

Zur Nichtexistenz „Darius des Meders"   Die Geschichte des AO kennt keinen Meder mit Namen Darius als König über Babylon; die Quellen lassen keinen Raum für eine solche Gestalt.[397] Auf den letzten babylonischen König folgt – nach dem Daniel-Buch – unmittelbar der Meder Darius,[398] der die Herrschaft im Alter von 62 Jahren übernommen haben soll. Weiter wird auf eine Organisation der Verwaltung des Reiches mit der Einsetzung von 120 Satrapen und drei leitenden Beamten über diesen hingewiesen; auf seine Regierungszeit folgt unmittelbar die Herrschaft des Perserkönigs Kyrus.[399] "All of this would cause the simple reader to suppose that Darius the Mede occupied the throne of Babylon between the death of Belshazzar and the reign of Cyrus."[400]

Die Rekonstruktion der geschichtlichen Vorgänge stellt uns ein anderes Bild vor Augen.[401] Die Eroberung Babylons wird sowohl innerbiblisch als auch außerbiblisch dem Perserkönig Kyrus zugeschrieben;[402] sie erfolgte nicht durch die Meder, sondern durch die Perser. Zu dieser Zeit existierte ein eigenständiges medisches Reich bereits nicht mehr.[403] Kyrus – zunächst Vasall – war es gelungen, die medischen Truppen zu überneh-

---

396 Vgl. dazu WILLI-PLEIN, Daniel 6 13; COLLINS, Commentary 31.
397 Vgl. ROWLEY, Unity 274, "... the fact that our evidence against Darius the Mede is positive and not merely negative."
398 Auf die Problematik der Person des Belschazzar soll an dieser Stelle nicht eingegangen werden. Vgl. dazu BAUER, Daniel 25, „Der letzte König des neubabylonischen Reiches hieß nicht Belschazzar, sondern Nabonid. Belschazzar war der Sohn Nabonids (und nicht Nebukadnezzars; gegen Dan 5,18!) und zeitweise sein Stellvertreter, jedenfalls war er zu keiner Zeit ›König‹."
399 Zur Identifikation von Darius und Kyrus vgl. in diesem Abschnitt 3.1.6, 104.
400 ROWLEY, Darius 9.
401 Wesentliche Grundlage für die Rekonstruktion dieser Ereignisse ist die zeitgenössische Nabonid-Chronik (HTAT 268). Zu den historischen Vorgängen WIESEHÖFER, Greeks 179ff.
402 Vgl. dazu KOCH, Dareios 125.
403 Vgl. WIESEHÖFER, Persien 20. Einen ähnlichen Blickwinkel wie Dan nehmen andere bibl. Überlieferungen ein. Vgl. DAVIES, Daniel 28, "And although Esther associates Medes and Persians, Isaiah 13.17, 21.2 and Jeremiah 51.11 attribute the destruction of

men und mit ihrer Hilfe die Kontrolle über die Gebiete Mediens sowie 539 v. Chr. über das neubabylonische Reich zu übernehmen. In diesem Zusammenhang nimmt Kyrus die Stadt Babylon kampflos ein, nachdem sie sein Feldherr Gubaru zuvor besetzt hatte.

Zwei Aspekte der Darstellung des Daniel-Buches sind kritisch zu hinterfragen: Existiert ein medisches Reich, das die Nachfolge des babylonischen Reiches antritt, und lässt sich an dessen Beginn ein Meder mit dem Namen Darius als König nachweisen, mit dessen Herrschaft evtl. eine (Neu-)Organisation des Reiches in Verbindung gebracht werden kann? Einfacher zu beantworten ist die erste Frage: "In point of historical fact, however, it was the Persian empire that succeeded the Neo-Babylonian."[404] Der historische Befund ist eindeutig: An dem im Daniel-Buch angegebenen historischen Ort ist kein Raum für ein solches Reich. Die Antwort auf die zweite Frage fällt (zunächst) ebenfalls negativ aus. "The testimony of all contemporary sources agrees that it was Cyrus who succeeded the last Babylonian king as ruler of Babylon, and there is no place for any other figure, whether or not called Darius."[405] Welche Konsequenzen ergeben sich? Neben der Annahme einer reinen Fiktion durch den Verfasser[406] ist auch mit der Maskierung einer anderen historischen Person unter der Gestalt des Meders Darius zu rechnen. In einem nach- aber nicht untergeordneten Schritt sind die Motive für das Vorgehen des Verfassers in den Blick zu nehmen. „Auch eine Fiktion bedarf der Erklärung."[407]

Das medische Reich und die „Vier Monarchien"   Die Betrachtung der Figur des Meders Darius verlangt eine Auseinandersetzung mit der historischen Einordnung des „medischen Reiches" im Daniel-Buch. Mehrfach wird die Aufeinanderfolge verschiedener Königreiche thematisiert: Neben der Makrostruktur der Erzählsammlung (Dan 1–6) sind die Visionsschilderungen Dan 2 und Dan 7 (insbes. 2,36ff; 7,1–14) von der Abfolge verschiedener Königreiche geprägt.[408] Dabei handelt es sich um mehr als um eine zu-

---

Babylon to the Medes–quite inaccurately, for the Medes at no time conquered or ruled Babylon."

404 HARTMANN/DILELLA, Daniel 35.

405 DAVIES, Daniel 27f; ähnlich GRABBE, Look 213; KOCH, Dareios 125, „Nirgends setzt sich das Danielbuch mit dem tatsächlichen Verlauf der Geschichte des Altertums so sehr in Widerspruch wie bei der Gestalt des medischen Königs Dareios." KOCH, Danielbuch 7, „Einen Mederkönig Dareios, Sohn des Xerxes, ... hat es nicht gegeben."

406 Vgl. etwa PORTEOUS, Danielbuch 71, „eine vom Verfasser erdichtete Gestalt"; TALMON, Daniel 344.

407 KOCH, Dareios 125.

408 Vgl. KOCH, Danielbuch 10, „Zum Beweis dessen schildern zwei Visionsschilderungen (Kap. 2 und 7 als Eckpfeiler der Botschaft des Buches) die vom Schöpfer hervorgerufene Folge vier übernationaler ‚Superstaaten', der Babylonier, Meder, Perser und Griechen und ihr Ende mit dem Kommen eines überirdischen ‚Menschensohns'."

fällige Ausschnittsbildung aus der Historie; vielmehr steht ein auch aus anderen Kontexten bekanntes Konzept der „Sukzession von vier Universalmonarchien"[409] im Hintergrund,[410] das als „herausgeberisches Prinzip des Buches"[411] fungiert. Die teilweise symbolisch angedeuteten Reiche sind mit Babylon, Medien, Persien, Griechenland und dem himmlischen Königreich zu identifizieren.[412]

Der Vergleich mit anderen Überlieferungen des Motivs macht deutlich, dass die Tradition des Daniel-Buches Babylon an die Stelle Assurs gestellt hat:[413] „Statt der Assyrer ... stellt er die Babylonier, mit Nebukadnezzar beginnend, an die Spitze der Reihe ... Meist wird das daraus erklärt, daß Daniel denjenigen Großkönig an die Spitze der Weltreiche stellen will, der Jerusalem und den letzten israelitischen Staat zerstört habe ..."[414] In der Frage nach der Erwähnung und dem Stellenwert des medischen Reiches erscheint die Frage des Standpunktes bzw. des Blickwinkels von Relevanz. Das von KOCH formulierte Verdikt von der Unsinnigkeit der Einreihung des Mederreiches zwischen Babylon und Persien[415] ist stark von der Perspektive Israels bzw. Babylons geprägt. Aus der Perspektive Persiens erhält sie Plausibilität;[416] die Problematik entsteht durch die

---

409 KOCH, Daniel 203.

410 Vgl. zu weiteren Belegen KOCH, Buch Daniel 194ff; COLLINS, Commentary 166ff.

411 BAUER, Daniel 129.

412 Vgl. etwa ROWLEY, Darius 138ff.175; KOCH, Buch Daniel 186f; HANHART, Kriterien 138. Eine andere Interpretation geht von der Reihe Babylon, Medien/Persien, Griechenland, Rom und dem himmlischen Königreich aus. Vgl. dazu STEINMANN, Daniel 144ff; zur Wirksamkeit dieser Interpretation in der europäischen Geistesgeschichte vgl. etwa KOCH, Europa; vgl. KOCH, Buch Daniel 183f. Insbes. ebd. 184, „Die theologische Erklärung und Legitimation der Herrschaftsverhältnisse in Europa erfolgte jahrhundertelang auf der Basis der Vier-Monarchien-Lehre, die in Rom und seinen Rechtsnachfolgern die gottgewollte Ordnungsmacht für den gesamten Erdkreis und das letzte Staatssystem vor dem Weltende erblickte."

413 Vgl. KOCH, Dareios 131, „Seit. J. W. Swains epochemachender Studie von 1940 gilt als ausgemacht, daß das Danielbuch ein im außerisraelitischen Nahen Osten längst umlaufendes Vier-Reiche Schema mit der Sukzession Assyrien Medien Persien Griechenland-Makedonien aufgegriffen und es so umgebogen hat, daß es sich nahtlos an die Geschichte der Königreiche Israel und Juda anschließt." Dabei ist mit KOCH, Geschichtsdenken 11, davon auszugehen, dass diese Ersetzung in Israel verbreitet war.

414 KOCH, Buch Daniel 198f; die große Bedeutung, die die Verfasser des Daniel-Buches den Ereignissen um die Zerstörung Jerusalems und der Exilierung zusprechen, markiert der Auftakt des Daniel-Buches Dan 1,1.

415 Vgl. ebd. 187, „Die Einreihung eines medischen Reiches zwischen Neubabylonier und Perser ist unsinnig; das medische war mit dem babylonischen Reich gleichzeitig, wurde sogar vor diesem von den Persern überrannt."

416 Vgl. COLLINS, Commentary 168, "It is clear that the sequence of kingdoms that we find in Daniel is based on the traditional sequence of Assyria, Media, and Persia, which was of Persian origin but was widely known throughout the Near East." Vgl. auch HANHART, Kriterien 138; sowie KOCH, Danielbuch 17, „Das Buch greift damit eine damals im Orient und nachfolgend in Griechenland und Rom verbreitete Geschichtsauffassung auf, die seit Beginn der hellenistischen Zeit mit einer Vier-Monarchien-Sukzession rech-

Anwendung im vorliegenden Kontext. Aber auch theologische Motive mögen leitend für die Bedeutungszuweisung an das Reich der Meder sein. Atl Prophetien verweisen auf eine Eroberung Babylons durch die Meder (Jer 51,1–58; Esr 1,1 vgl. auch Jes 13,17; 21,1f).[417] Der Gedanke an die Erfüllung dieser Vorhersagen im erzählten Geschehen mag im Hintergrund der eigenständigen Darstellung des Mederreiches gestanden haben.[418] Außerdem finden sich Spuren einer Verbindung von medischem und persischem Reich auch an anderer Stelle in der bibl. Überlieferung.[419] Dan 8,20 symbolisiert ein Tier die Könige der Meder und Perser. Auch in Est 1,3.18.19 begegnet eine ähnlich enge Verbindung, wie sie die Rede vom „Gesetz der Meder und Perser" im Daniel-Buch (Dan 6,9.13.16) nahelegt.[420] Die Orientierung an der Vierzahl hätte demnach aufgrund der Veränderung am Anfang des Schemas, zu einer Trennung des medischen und persischen Reiches[421] und damit zu der historisch fehlerhaften Zuschreibung der Eroberung Babylons an die Meder geführt.[422]

Die Darstellung des medischen Reiches im Daniel-Buch wäre demnach der Übernahme eines traditionellen (persischen) Schemas einer Sukzession von vier Monarchien geschuldet, das durch die Übernahme der Perspektive Israels Veränderungen unterworfen war. Assur wurde durch Babylon ersetzt; zur Beibehaltung der Vierzahl wird das in einer Verbindung angesprochene Reich der Meder und Perser geteilt, sodass die Rolle des Eroberers von Babylon einem Meder zufällt.

Die Reform der Verwaltungsstruktur Für Dan 6 ist die V 2f berichtete Durchführung einer Reform der Verwaltungsstruktur von zentraler Bedeutung. Die literarische Figur des Meders Darius ordnet sein Königreich durch die Einsetzung von 120 Satrapen und drei übergeordneten Beamten neu. Problematisch sind die Angaben über die Anzahl der Satrapien, die „sicher stark übertrieben"[423] sind. HERODOT überliefert (Hdt 3,89) eine Neuordnung des Reiches durch Darius I. (522–486 v. Chr.) mit einer Ein-

---

net (wenngleich Daniel Babylonien statt wie sonst – historisch zutreffender – Assyrien an den Anfang setzt)."
417 Vgl. etwa WILLI-PLEIN, Ursprung 272.
418 Die Verfasser des Daniel-Buches würden – entgegen dem historischen Geschichtsverlauf – an der Gültigkeit der Vorhersage festhalten. COLLESS, Cyrus 118, "In the prediction it was the Medians, in the event it was the Persians."
419 Vgl. DEXINGER, Buch Daniel 33, mit Verweis auf Dan 5,28; 6,8; 8,3.20.
420 Zur historischen Plausibilität DAVIES, Daniel 28, "The combination of Media and Persia is historically justifiable: Cyrus inherited by conquest the Median kingdom which he then united with the Persian."
421 Vgl. DEXINGER, Buch Daniel 34.
422 Problematisch ist dieser Schluss, da die Differenzierung in der Bezeichnung 10,1 (Kyrus als König von Persien) deutlich macht, dass aus der symbolischen Gestalt des einen Tieres nicht notwendigerweise die Vorstellung von einem einheitlichen Reich folgt. Vgl. DAVIES, Daniel 28.
423 BAUER, Daniel 131.

teilung des Reiches in 20 Satrapien (ἀρχὰς κατεστήσατο εἴκοσι, τὰς αὐτοὶ καλέουσι σατραπηίας).[424]

In der bibl. Überlieferung existiert ein zweiter Hinweis auf Organisation des Reiches in 127 Provinzen (שֶׁבַע וְעֶשְׂרִים וּמֵאָה מְדִינָה) Est 1,1, vgl. auch 8,9) zur Zeit des Königs Artaxerxes. Während Est von Provinzen (מְדִינָה) spricht, geht Dan offenbar von Satrapien (אֲחַשְׁדַּרְפַּן) aus.[425] Die Provinz erscheint als die gegenüber der Satrapie kleinere Verwaltungseinheit.[426] Die grundlegende Übereinstimmung mit der Darstellung im Buch Ester und die Differenz zu der Darstellung des HERODOT mag auf eine unterschiedliche Verwendungsweise der Verwaltungstitel zurückgehen. Das Daniel-Buch hätte demnach den „Satrapentitel für Unterstatthalter"[427] verwendet.

Eine regional begrenzte Einsetzung von Beamten über Babylon überliefert die Nabonid-Chronik von Gubaru.[428] In der medischen Überlieferung finden sich keine Hinweise auf umfassende Neuordnungen der Verwaltungsstruktur: "Such a system of administration is indisputably Persian, not Median ..."[429] Man wird daher davon auszugehen haben, dass die Satrapieneinteilung von Darius I. im Hintergrund steht.[430]

Versuche der Identifikation Eine Reihe möglicher Figuren zur Identifikation wurde im Lauf der Auseinandersetzung mit dieser Fragestellung vorgeschlagen,[431] wobei insbes. drei Hypothesen – der Identifikation mit Kyrus, der mit Gubaru und der mit Darius – eine besondere Bedeutung

---

424 Vgl. WIESEHÖFER, Dareios 648f, „... als sich die in Dan 6,2 angedeutete Verbindung des Namens Dareios mit administrativen Reformen nur in der antiken griechischen Überlieferung findet, ausführlich eigentlich nur in Herodot (3,89–94)." Vgl. ebd. 649, außerdem PLATO Leg. 3,695 sowie weitere, nachgeordnete Belege.

425 Vgl. GRABBE, Look 209f.

426 Eine noch höhere Zahl überliefert JOSEPHUS Ant 10,245–249, der – in der Überlieferung der Daniel-Stoffe – von 360 Satrapien spricht. GERLEMAN, Esther 51f, „Die Satrapienliste Herodots ... nennt 20 νομοί oder ἀρχαί, die griechischen Ausdrücke für die Satrapie, während die drei Länderlisten in den Inschriften des Dareios etwas höhere Zahlen haben: 23 bzw. 24 und 29 ... Soviel ist jedenfalls klar, daß es sich bei den 127 ,Provinzen' des Estherbuches nicht um Satrapien handeln kann." Vielmehr handelt es sich um Teilgebiete einer Satrapie.

427 Ebd. 52f, mit dem Hinweis auf die häufig unsaubere Verwendung der Begriffe bei den gr. Autoren. Vgl. bereits RIESSLER, Daniel 60; NÖTSCHER, Daniel 33; SEOW, Daniel 88, "One should probably understand the term 'satraps' here not in the strict sense used in the Persian imperial organization, however, but simply as regional administrators who are supposed to be 'protectors of the kingdom/kingship.'"

428 Vgl. dazu in diesem Abschnitt 3.1.6, 106; HTAT 268.

429 DAVIES, Daniel 27.

430 Vgl. RIESSLER, Daniel 60, „Auf diese Satrapieneinteilung des Darius I. nimmt unser Vers Bezug." Vgl. auch ALBANI, Daniel 141f; WIESEHÖFER, Greeks 182, "It was the time of the greatest extent of the realm, decisive fiscal and administrative reforms and the development of a specific Persian ideology of kingship and rule."

431 ROWLEY bietet eine ausführliche Auseinandersetzung mit den verschiedensten Identifikationen (Cambyses, Gubaru, Astyages, Cyaxares, Darius I.), die vorgeschlagen

zukommt.[432] Bereits die gr. Fassungen bezeichnen Dan[LXX] 11,1 sowie Dan[θ] 11,1 die Figur des Meders Darius (so MT) als Kyrus.[433] Interessant ist die Perspektive des JOSEPHUS, der ebenfalls eine Verbindung mit Kyrus herstellt: „Darius aber, der zusammen mit seinem Verwandten Cyrus die babylonische Herrschaft beseitigte, war 62 Jahre alt, als er Babylon eroberte; er war der Sohn des Astyages, bei den Griechen wurde er aber mit anderem Namen benannt."[434]

Die Textfunde von Qumran führen zu der Erkenntnis, dass das Daniel-Buch bestimmte Inhalte mit anderen Personen verbindet: Das in Qumran gefundene „Gebet des Nabonid" (4Q242) weist deutliche Anklänge an Dan 4 (Nebukadnezzar) auf. Nach Ausweis dieses Textfundes wurde die mit Nabonid verbundene Überlieferung in Dan 4 Nebukadnezzar zugeschrieben.[435] Diese Beobachtung sensibilisiert für die Vermutung, dass hinter dem Meder Darius eine andere historische Figur steht, die im Daniel-Buch gleichsam in maskierter Gestalt begegnet.

Kyrus Diese auch innerbiblisch vollzogene Identifikation (vgl. Dan 11,1) wird bis heute vertreten;[436] ihre größte Schwierigkeit ist die Einführung von Kyrus als Nachfolger des Darius Dan 6,29b: וְדָנִיֵּאל דְּנָה הַצְלַח בְּמַלְכוּת דָּרְיָוֶשׁ וּבְמַלְכוּת כּוֹרֶשׁ פָּרְסָיָא. Die Interpretation dieses Verses – insbes. der Wendung וּבְמַלְכוּת כּוֹרֶשׁ פָּרְסָיָא und der Funktion der Konjunktion ן – ist maßgeblich für die vorgeschlagene Identifikation.[437] WISEMAN versteht die Formulierung וּבְמַלְכוּת explikativ bzw. epexegetisch: Daniel war erfolgreich im Königreich des Darius, das heißt im Königreich des Kyrus, des Persers.[438] Im Hintergrund dieser Interpretation steht eine ähnliche

---

wurden. Vgl. ROWLEY, Darius 9–53; vgl. außerdem KOCH, Buch Daniel 191ff; SHEA, Darius the Mede 230ff; DAVIES, Daniel 27.

432 Vgl. auch STEINMANN, Daniel 291; REDDITT, Daniel 8, "Traditional scholars, desiring to defend the historical accuracy of the book of Daniel, and some critical scholars as well ... identify that 'Darius' with Gobryas or some other lesser-known figure at the transition from the Babylonian to the Persian periods."

433 Vgl. dazu Dan[LXX] 11,1 ἐν τῷ ἐνιαυτῷ τῷ πρώτῳ Κύρου τοῦ βασιλέως ... gegen Dan[θ] 11,1 καὶ ἐγὼ ἐν ἔτει πρώτῳ Κύρου ...

434 Ant 10,245–249, Übersetzung nach GESE, Reich 302f; BRUCE, Josephus 150. Zur Filiation „Sohn des Astyages" vgl. HERODOT Hdt 1,113f.

435 Vgl. COLLINS, Commentary 33.

436 Vgl. etwa WISEMAN, Last Days 10; WISEMAN, Problems 9–16; BULMAN, Identification 248; SHEA, Setting 243; COLLESS, Cyrus 114; LUCAS, Daniel 136f; STEINMANN, Daniel 296.

437 COLLESS, Cyrus 114, "The crucial point in this theory is the statement in which Darius the Mede and Cyrus the Persian occur together (6.28[29])."

438 Vgl. ebd. 114f, "Wiseman has offered a less obvious but no less valid interpretation, taking the 'and' as explicative ('even' or 'that is'), serving to identify Darius with Cyrus: 'in the reign of Darius, that is, in the reign of Cyrus the Persian.'" Er weist auf die Praxis des Autors hin, Personen mit mehreren Bezeichnungen anzusprechen. Vgl. dazu die Übersicht BULMAN, Identification 253. Die Lesart der Konjunktion als einfache Verbindung führt unmittelbar auf die Unterschiedenheit der beiden Figuren.

Formulierung 1Chr 5,26, die jedoch selbst Schwierigkeiten aufwirft. Die Verbindung der Aussage über zwei Könige durch die Konjunktion וְ und die singularische Fortführung legt eine explikative oder epexegetische Lesart nahe.[439]

Eine Plausibilisierung dieser Annahme könnte durch den Nachweis einer Verbindung des Namens Darius mit Kyrus erfolgen; ein solcher Bezug wird in der Regel mit der Annahme erklärt, dass Darius der ursprüngliche (medische) Name und Kyrus der Thronname sei.[440] Das Führen von Thronnamen war verbreitete Praxis; die Überlieferung der Historiker verweist auf einen abweichenden, ursprünglichen Namen des Kyrus.[441] Folgt man dieser Lesart von Dan 6,29, ist eine Identifikation nicht a priori ausgeschlossen. Die Apposition „der Meder" ist als Aussage über die Abstammung – ähnlich Dan 9,1 – zu verstehen.[442] Auch die außerbiblischen Quellen dokumentieren, dass für Kyrus – obgleich er zweifelsohne persischer König ist – eine medische Abstammung anzunehmen ist.[443]

Auffällig ist die in Dan singuläre Altersangabe; bei seiner Herrschaftsübernahme ist Darius 62 Jahre alt.[444] Auch die Überlieferung über Kyrus weist auf sein hohes Alter hin: So dürfte er zum Zeitpunkt der Eroberung Babylons etwa 60 Jahre alt gewesen sein.[445] Die Aussage vom Empfang des Königreiches (קַבֵּל Dan 6,1) widerspricht seiner Rolle als Eroberer –

Vgl. HARTMANN/DiLELLA, Daniel 36, "Finally, 6:29 clearly implies that Cyrus the Persian succeeded Darius."

439 Vgl. JAPHET, 1 Chronik 162; BECKER, 1Chronik 32, zur Identifikation von Thronname und Name. Ob die von STEINMANN, Daniel 293, für das Daniel-Buch angeführten Belegstellen eines epexegetischen וְ (Dan 2,28f; 3,2) zutreffend sind, ist fraglich. Problematisch ist sein Gesamtbefund. Vgl. ebd., "This kind of use of the conjunction *waw* is common in Daniel."

440 SHEA, Setting 243, "He identified Cyrus by his Median throne name and title, whereas the Babylonian scribes chose to identify him by the more general title, 'king of lands.' Both were appropriate; neither was an error, historically or politically."

441 Vgl. bei HERODOT (Hdt 1,113f) den Hinweis auf einen anderen Namen in seiner Kindheit; leider nennt er den ursprünglichen Namen nicht. Das Fehlen eines expliziten Hinweises auf den Identifikationsvorgang im Daniel-Buch macht die Erwartungshaltung der Verfasser deutlich: Vgl. COLLESS, Cyrus 116, "The reader is expected to understand, by the author's principle of dual nomenclature for many of the characters in his book, that Darius and Cyrus are one and the same person."

442 Dan 9,1 macht den Gegensatz zwischen Abstammung und Königsherrschaft explizit: „Im ersten Jahr, nachdem Darius, der Sohn des Xerxes, aus dem Stamm der Meder, König über das Reich der Chaldäer geworden war ... " Vgl. WISEMAN, Problems 13; STEINMANN, Daniel 294, " Darius is called a Mede in Daniel, but never 'king of the Medes'."

443 Vgl. WISEMAN, Problems 13f, "Herodotus represents Cyrus correctly as son of a Median princess and Xenophon as heir to the Median throne."

444 Zu dieser Altersangabe vgl. auch Abschnitt 8.4.1, 287. GESE, Reich 304, „Von keinem anderen Herrscher werden im Danielbuch Altersangaben gemacht. In diesem Fall muß also dafür ein besonderes Motiv bestehen."

445 Vgl. BULMAN, Identification 260f; BAUER, Daniel 130; STEINMANN, Daniel 294.

wenn auch zunächst durch seinen Feldherrn – der Stadt Babylon nicht.[446] Vor einer Überinterpretation des Begriffes, über den Aspekt der Königssukzession hinaus, ist zu warnen.[447]

Der großen Bedeutung des Kyrus außerhalb des Daniel-Buches (Jes 44,28; 45,1; Esr 1,2–4)[448] steht eine weitgehende Bedeutungslosigkeit innerhalb des Daniel-Buches gegenüber: "... Cyrus is only ever mentioned in passing (Dan. 1.21; 6.28[29]; 10.1); not a single deed or decree is attributed to Cyrus; here the Iranian figure dominating the world is 'Darius the Median' (5.31[30]; 6.1–28[29]; 9.1; 11.1)."[449] Die weltgeschichtliche Rolle des Meders Darius ist transparent für die Figur des Kyrus.[450] Folgt man dieser Interpretation, lässt sich die auffallend positive Zeichnung des Darius erklären: Die positive Sichtweise des Kyrus spiegelt sich in der positiven Sichtweise des Darius wider.[451]

Vor diesem Hintergrund wird die Annahme vertreten, dass Darius mit Kyrus zu identifizieren ist: "In sum, Darius is most likely another name for Cyrus the Great ... Therefore, unless other evidence surfaces to shed further light on Darius, it is best to consider him the same historical person as Cyrus the Great."[452]

Gubaru   Eine weniger prominente Gestalt nimmt der Versuch der Identifikation mit Gubaru (bzw. Ugbaru oder Gaubaruwa, Gobryas) in den

---

446 Vgl. STEINMANN, Daniel 294f. Neben einer theologischen Lesart analog zu einem *passivum divinum* mag man auch an die Übergabe der Stadt Babylon durch Gubaru an Kyrus denken.

447 Vgl. GRABBE, Look 208, "The expression 'received the kingdom' (*qabbēl malkūtā'*, Dan 6:1) is unique in the OT and does not occur elsewhere in Official Aramaic. However, in Syriac it is used in reference to the normal succession of a king to the throne, without suggesting any idea of subordination." Vgl. ROWLEY, Darius 51–53.

448 Vgl. dazu KOCH, Daniel 199.

449 COLLESS, Cyrus 115.

450 Vgl. ebd. 116.

451 Vgl. ebd. 117.

452 STEINMANN, Daniel 296; vgl. auch COLLESS, Cyrus 114, "'Darius the Mede' is an alternative designation for 'Cyrus the Persian' ... "

Blick.[453] Die babylonische Nabonid-Chronik[454] führt Gubaru als Statthalter von Gutium[455] ein und weist ihm eine entscheidende Führungsaufgabe bei der Einnahme Babylons zu:[456] Er war Führer des persischen Heeres bei der Eroberung von Babylon, während Kyrus erst wenige Tage später eintraf.[457] Aufgrund seines baldigen Todes ist die äußerst kurze Zeit seiner Herrschaft im Jahr 539 anzusetzen.[458] Der Dan 6,1 beschriebene Vorgang des Empfangs des Königtums würde demnach nicht das Königtum als solches meinen, sondern den Empfang der zeitlich begrenzten Herrschaftsgewalt: "The verb used here (qbl) has been accurately translated as 'received,' and it does not mean that he became king then. It only implies that he took over rule there on a temporary basis until Cyrus the full king arrived ... he could best be described as the military governor."[459] Dass aus der Formulierung 6,1 ein Vasallenverhältnis abzuleiten ist,[460] bleibt ähnlich wie 9,1 (הַמְלַךְ) kritisch zu betrachten. Das Fehlen eines Agens mag die Interpretation in Analogie zu einem passivum divinum bzw. als göttliche Überantwortung der Herrschaft nahelegen. Nicht unwahrscheinlich ist aber auch, dass eine einfache Aussage der Herrschaftsübernahme vorliegt. Im Zuge der Ausübung seiner Herrschaft setzte er Verwaltungsbeamte über Babylon ein.[461] Gubaru ist die bestimmende Gestalt der babylonischen Chronik, hinter die Kyrus völlig zurücktritt. Problematisch

---

453 Vgl. etwa WHITCOMB, Darius 66; SHEA, Darius the Mede 247; SHEA, Note 169 (dazu vorbereitend SHEA, Vassal); KOCH, Dareios 127; ähnlich SHEPHERD, Daniel 86. Zu den nachfolgenden Ausführungen vgl. STEINMANN, Daniel 291f. SHEA ist ein Anhänger dieser Identifikation, lediglich der Aufsatz SHEA, Setting, favorisiert eine Identifikation mit Kyrus. Vgl. dagegen wieder SHEA, Search 97ff. Problematisch sind die mitunter stark historisierende Lesart von Dan 6 und die daraus gezogenen Konsequenzen für die Herrschaftsdauer des Darius; vgl. ebd. 98, "The events of Dan 6 require less than a week ..." Die Regierungszeit des Darius wird auf einen Zeitraum von „about one week" reduziert. Vgl. auch die detaillierte Übersicht und genaue Datierung der Ereignisse ebd. 104. Auf die Unterscheidung zwischen zwei Personen gleichen Namens ist hinzuweisen. Der Statthalter Gubaru, der im vierten Jahr der Regierung des Kyrus herrschte ist nicht identisch mit dem hier zu verhandelnden Gubaru. Diese Unterscheidung ist in der Vergangenheit nicht immer beachtet worden. Nachfolgend ist die Rede von Gubaru, der als Feldherr bei der Eroberung Babylons involviert war und kurze Zeit später gestorben ist. WHITCOMB schlägt eine Identifikation mit dem späteren Gubaru vor; dazu aber mit Recht SHEA, Darius the Mede 234, "... the Gubaru who was later governor of Babylon does not fulfill any of the specific requirements for Darius the Mede in Daniel."
454 Zu den Kernpunkten der Überlieferung vgl. KOCH, Dareios 127, sowie zur Wiedergabe des Textes HTAT 268.
455 Vgl. die Anmerkung in HTAT 444, „Gutium war eine neubabylonische Provinz östlich des Tigris, deren Statthalter Ugbaru augenscheinlich zu Kyros übergegangen war."
456 Vgl. dazu und im Folgenden GRABBE, Look 208.
457 Vgl. COLLESS, Cyrus 118f.
458 Vgl. SHEA, Search 97f.
459 Ebd. 98.
460 Ebd. 99, "He was made king by the agency of someone else, i.e. Cyrus."
461 Vgl. ebd., "The Chronicle attributes this action to Ugbaru, and Dan 6:1–2[2–3] attributes this action to Darius." Sowie WISEMAN, Problems 9.

erscheint die kurze Dauer seiner Herrschaft: Sie wird nicht mehr als 25 Tage umfasst haben. Obgleich aus der kurzen Regierungsdauer nicht auf ein hohes Alter zu schließen ist, weist XENOPHON (Cyrop 4,6,1) – in ähnlicher Terminologie wie Dan^LXX 6,1 – auf das Alter des Gubaru (πρεσβύτης ἀνήρ) bei der Eroberung Babylons hin.[462]

Dan 9,1 macht den Einflussbereich des Darius explizit: הָמְלַ֥ךְ עַ֖ל מַלְכ֣וּת כַּשְׂדִּ֑ים – das Königreich der Chaldäer.[463] Möglicherweise korrespondiert diese Angabe mit dem Herrschaftsbereich des Gubaru, der über einen Teil des Reiches herrschte, während Kyrus die übrigen Gebiete regierte. „Die Zusammenstellung des medischen und persischen Königs Dan 6,29 fällt auf: ,Daniel hatte Erfolg unter der Königsherrschaft des Dareios und unter der Königsherrschaft Kyros, des Persers', dies setzt vielleicht ein Nebeneinander beider Regierungen voraus, wobei Kyros als ,König der Länder' außerhalb Babels regiert, während sein Vizekönig Gaubaruwa als ,König von Babel' amtiert."[464] Das Gegenstück bildet die Titulatur der Wirtschaftstexte, die den Titel „König von Babylon" für Kyrus erst am Ende des ersten Herrschaftsjahres belegen.[465]

Die sich mit der Identifikation verbindenden Schwierigkeiten des Namens sowie der Abstammung des Gubaru lassen sich nicht positiv lösen. Möglich sind Plausibilisierungen. Die verbreitete Praxis der Führung von Thronnamen mag den Namen Darius als Thronname des Gubaru erklären. Hinsichtlich der Abstammung aus dem Volk der Meder ist der Befund schwieriger.[466] KOCH gelingt eine weitere Plausibilisierung durch den Nachweis der engen Verbindung zwischen dem Volk der Meder und dem Namen Gutium, der die Abkunft des Gubaru angibt.[467]

> „... die historische Wahrscheinlichkeit, daß der vorher in Medien beheimatete babylonische Vizekönig Gaubaruwa das Vorbild für Dareios den Meder in den Daniellegenden abgegeben hat, hat viel für sich. Demnach verfügt aber das Danielbuch oder zumindest dessen älterer Teil, die Daniellegenden, über eine relativ gute Kenntnis der babylonischen Geschichte des 6. Jahrhunderts."[468]

Gegen diese Identifikation spricht die Bedeutung des Ediktes Dan 6,26ff. Es setzt augenscheinlich eine Autorität über das gesamte Reich der Meder und Perser voraus, sodass fraglich ist, ob einer Person im Status des Gubaru – eines Statthalters oder auch eines Teilkönigs – ein solcher Erlass

---

462 Vgl. KOCH, Dareios 128; mit dieser kurzen Regierungsdauer stimmt der Befund überein, dass Dan 9,1; 11,1 vom ersten Jahr der Herrschaft des Darius die Rede ist und keine höheren Jahreszahlen verwendet werden.
463 Vgl. ebd. 129; GRABBE, Look 208.
464 KOCH, Dareios 129.
465 Vgl. SHEA, Darius the Mede 236f.
466 Vgl. ebd. 234, "... we know nothing significant about his parentage or his ethnic origin to contradict the idea that he could have been the son of a Median named Ahasuerus."
467 Vgl. KOCH, Dareios 129f.
468 Ebd. 130.

zugewiesen werden kann. Gleiches gilt auch für das Dekret Dan 6,9, das jegliches Gebet auf seine Person fokussiert.

Darius I.   Ausgehend von der Benennung des Meders Darius ist die Identifikation mit dem Perserkönig Darius I. (522–486 v. Chr.) eine naheliegende Annahme.[469] Doch auch hier sind die Anknüpfungspunkte nur bedingt tragfähig. Ein Großteil der Autoren, die in ihm die Gestalt Darius I. erkennen, betrachten ihn als *fiktionale Gestalt*, die dessen Züge trägt.[470]

Wesentlicher Aspekt dieser Identifikation ist neben der Übereinstimmung hinsichtlich des Namens die Neuorganisation des Reiches durch Darius I., die sich möglicherweise in Dan 6,2f widerspiegelt.[471] Ob gesetzgeberische Aktivität im Hintergrund der Bezugnahmen auf „die Gesetze der Meder und Perser" (Dan 6,9.13.16) steht, ist fraglich. Hinter der Bezeichnung Darius I. als Meder mag eine Verwechslung oder auch mangelnde Differenzierung in der Terminologie stehen.[472] Der Begriff „Meder" war noch lange Zeit nach der Etablierung der persischen Herrschaft in Gebrauch.[473] Auch die bibl. Prophetie mag mit ihrer Ankündigung einer Eroberung Babylons durch die Meder (vgl. etwa Jer 51,11.28; Jes 13,17f) wirkmächtig gewesen sein.[474]

Der Blick auf die Genese des Daniel-Buches macht deutlich, dass die Erzählung ursprünglich selbstständig existierte. „Nimmt man an, daß diese Geschichte von Daniel in der Löwengrube einmal als Einzelerzählung in Umlauf war, so dürfte davon auszugehen sei[n], daß mit Darius, der auch in der Danielerzählung die Satrapen ernennt, ursprünglich Darius I. von Persien gemeint war."[475] Die verschärfte Problematik der Identifika-

---

469 Nicht in Frage kommen die beiden weiteren persischen Könige dieses – persischen – Namens Darius II. (424–404 v. Chr.) sowie Darius III. (335–330 v. Chr.). In der bibl. Überlieferung vgl. zu Darius I. u.a. Esr 4,5.24; 6,14; Neh 12,22. Vgl. GÖRG, Art. Darius 388f.

470 Vgl. etwa HAAG, Daniel 52; BAUER, Daniel 129f; GRABBE, Look 213, "Still, recent critical scholarship, while rejecting a historical Darius the Mede, has widely accepted the view that Darius I lies behind the character in Daniel." DEQUEKER, King Darius 187f, "Darius the Mede is, as it is known, a figure created by the author of Daniel. It is based upon the historical Persian king Darius I Hystaspes, but is situated during the empire of the Medes ..." HARTMANN/DILELLA, Daniel 36, "The name of the fictitious Median ruler was almost certainly borrowed from the brilliant Persian monarch Darius I Hystaspes (522–486) who succeeded Cambsyes (530–522)."

471 Vgl. GRABBE, Look 209, "It is generally argued that Darius I was the first to give formal organization of the Persian empire into 20 satrapies ..."

472 Vgl. ebd. 210, "It was not until Darius I that emphasis began to be placed on the Persian ethnicity of the ruling house."

473 GESE, Reich 303, geht von einer differenzierenden Funktion aus: „Daß man dabei stets hinzusetzte ‚der Meder' (6,1) oder ‚aus dem Geschlecht der Meder' (9,1), zeigt, daß man diesen ‚Darius' eben *nicht* mit dem berühmten persischen verwechselt hat."

474 Vgl. dazu ausführlicher in diesem Abschnitt 3.1.6, 100.

475 BAUER, Daniel 130; außerdem COLLINS, Commentary 31.

tion ergibt sich aus der redaktionellen Einbindung in den Kontext der Erzählsammlung und damit in das Konzept der vier Monarchien: 6,1 und auch 6,29b werden häufig als redaktionell betrachtet.[476] Durch die Integration in den Erzählzyklus erscheint Darius als der erste König eines neuen Reiches.[477]

Die Zeichnung des Meders Darius ginge demnach auf Darius I. zurück, der durch die redaktionelle Einbindung in die Erzählsammlung zu einer rätselhaften Gestalt wird. Durch die Neukontextualisierung wird die historische Gestalt zu einer fiktionalen Gestalt, die Züge des „Originals" trägt und gleichzeitig Züge anderer Personen erhalten hat.

Zusammenfassung   Man wird nicht über ROWLEYs Ergebnis hinauskommen: "So far Darius the Mede is concerned, we have seen that there is no way of reconciling the book of Daniel with assured history ... "[478] Bei ihm handelt es sich um eine literarische Gestalt, die in der Erzählsammlung das Mederreich repräsentiert.[479] Die Gestalt des Meders Darius ist in erster Linie dem Schema der vier Monarchien geschuldet.[480] "The importance of Darius in the context of the book of Daniel is theological rather than historical."[481]

Zugleich spiegeln sich in ihr Aspekte verschiedener Figuren der tatsächlichen Geschichte; diese bilden Anknüpfungspunkte für mögliche Identifikationen, die in verschiedenste Richtungen weisen. Es gelingt nicht, eine konsistente Beziehung zwischen der literarischen Gestalt des Meders Darius und einer historischen Person herzustellen. Im Hintergrund dürfte in erster Linie die Gestalt des Darius I. stehen, die die zentrale Figur der unabhängig umlaufenden Einzelerzählung Dan 6* gewesen ist.[482] Durch die Einbindung in die Erzählsammlung verschwimmt die

---

476 Vgl. dazu HAAG, Errettung 47; SANTOSO, Apokalyptik 90; anders für Dan 6,29b WILLI-PLEIN, Daniel 6 13.

477 Diese Einbindung führt auf einen Widerspruch, der jedoch erklärbar ist. Darius I. hat nach Ausweis der Quellen nicht das babylonische Reich erobert; möglich ist aber, dass die Niederschlagung von Aufständen und die damit verbundene Neu- bzw. Wiederintegration Babylons etwa 522–520 v. Chr. in das Reich als historischer Haftpunkt fungierte. Vgl. ALBANI, Daniel 137, „Denkbar ist es jedoch, dass hinter den biblischen Darius Erinnerungen an die historische Gestalt des dritten persischen Königs Darius I. (522–486 v. Chr.) stehen, der das bei einem Aufstand von Persien abgefallene Babylon wieder erobern musste." Vgl. dazu WIESEHÖFER, Dareios 648. Immerhin galt Dareios auch in anderen Quellen als Sieger über die Babylonier. Offen muss jedoch bleiben, warum der Redaktor 6,29b Kyrus auf Darius folgen lässt.

478 ROWLEY, Darius 175.

479 Vgl. GESE, Reich 303, „mit einer das Mederreich symbolisierenden Königsgestalt".

480 Vgl. BAUER, Daniel 129, „So scheint auch der ›Meder Darius‹ eine metahistorische Konstruktion zu sein, für die die Verfasser des Buches Daniel ihre Gründe gehabt haben." Außerdem HARNICKELL, Hintergrund 138f.

481 PACE, Daniel 184.

482 In diese Richtung verweist auch die Rekonstruktion von MUNNICH, Cadrage Dynastique 169, „En définitive, la comparaison de o′ et de 𝔐 permet de remonter à un état du

Gestalt und nimmt Züge anderer Figuren – insbes. die Erobererolle des Perserkönigs Kyrus – an, sodass sich in ihr eine Mehrzahl verschiedener Personen widerspiegelt. In diesem Umstand dürfte auch die Namensgebung begründet sein.[483] Im Zusammenspiel von literarischen Prozessen und theologischen Deutungen entstand auf diese Weise die Figur des Meders Darius.

> „Für manche Exegeten liefert gerade der medische Dareios den Beweis dafür, daß der apokalyptische Verfasser des Danielbuches am tatsächlichen Verlauf der Geschichte nicht interessiert ist, sondern geschichtliche Figuren nur als Bilder für überzeitliche Ideen benutzt. Ob ihm jedoch an den geschichtlichen Fakten liegt oder nicht, er knüpft in vielen Fällen an die seinen Lesern bekannte Geschichte der Exilszeit an."[484]

Dan^LXX 6 aus historischer Perspektive   Zwar ist die LXX-Fassung des Textes grundsätzlich von der mt Fassung unabhängig zu behandeln. Es zeigen sich jedoch gerade in den Elementen, die einer historischen Überprüfung zugänglich sind, Übereinstimmungen: Es sind wiederum die Existenz des medischen Reiches, die Figur des Königs Darius und die von diesem initiierte Reform der Verwaltungsstruktur. Alle diesbezüglichen Daten und Argumente gelten in gleicher Weise für Dan^LXX 6.

Auffällig ist, dass Darius in Dan^LXX 6 nicht als Meder bezeichnet wird: Während Dan^θ 6,1 den MT direkt wiedergibt (καὶ Δαρεῖος ὁ Μῆδος ...) verzichtet Dan^LXX 5,31; 6,1 auf die Klassifikation des Dareios als Meder (καὶ Ξέρξης ὁ τῶν Μήδων βασιλεὺς παρέλαβε τὴν βασιλείαν. Καὶ Δαρεῖος πλήρης ἡμερῶν ...). Stattdessen wird – ebenfalls nicht unproblematisch – 5,31 der Meder Xerxes als direkter Nachfolger des Baltasar (=Belschazzar) eingeführt, auf den schließlich Darius folgt.[485] Auf der Ebene des Buches behält LXX (Dan^LXX 9,1) die Konzeption vom Meder Darius bei. Ist Darius in Dan^LXX 6 möglicherweise als Perser zu bestimmen, bleibt seine Vorordnung vor Kyrus zu klären.

Trotz des Verzichts auf den Zusatz „der Meder" in Dan^LXX 6, lässt sich die Frage nach der Identität des Darius nach der LXX nicht abschließend klären. Das Festhalten an der Gestalt des Meders Darius in Dan 9 und vor allem die Einordnung des medischen Reiches lassen eine Auflösung der Problematik auf der Ebene des Gesamttextes nicht zu. Insofern kann –

---

texte de Dn 6 où le nom du roi Darius n'était mentionné qu'au début (v. 1[2]) et à la fin (v. 28[29]) de l'histoire."

483 Andere Autoren rechnen mit Verwechslungen oder mit einer aus Unsicherheit resultierenden Identifikation mit einer bedeutsamen Gestalt. Vgl. auch WIESEHÖFER, Dareios 648, „Schließlich entschied er sich dafür, den Namen des populären persischen Reformers Dareios ... als ‚medischen' Königsnamen auszuwählen."

484 KOCH, Dareios 125.

485 Andererseits geht Dan^LXX 9,1 von einem Meder Darius aus; Dan^LXX 11,1 nimmt Kyrus in den Blick. Auch die Kapitelreihenfolge des P 967 löst die chronologischen Probleme nicht; sie verändert sie. Vgl. ALBERTZ, Gott 78.

zumindest in dieser Hinsicht – nicht von einer historisierenden Tendenz der LXX gesprochen werden.

Auswertung: Historische Perspektive in der Daniel-Überlieferung   In der Darstellung knüpfen die Verfasser an die Geschichte an.[486] Dies gilt sowohl für die Aussagen, die sich mit unserem Bild der Geschichte vereinbaren lassen, als auch für die, die als historisch unzutreffend zu bezeichnen sind. Die Gestalt des Meders Darius und die Einordnung des medischen Reiches lassen sich weitgehend – wenn auch nicht vollständig – plausibel erklären. Auch wo die Erzählung von unserem historischen Bild abweichende Aussagen trifft, bleibt sie in Beziehung zu den geschichtlichen Ereignissen, ohne sich ihnen unterzuordnen. Die Autoren entwickeln die Historie weiter und verknüpfen sie mit der Theologie.

> „Diese ›freie Art‹ der Geschichtsdarstellung verfolgt die Absicht, die Mächte und Kräfte erkennbar zu machen, die die Geschichte bestimmen. Eine solche metahistorische Geschichtsbetrachtung, der es vornehmlich um das Erkennen von Gottes Handeln in der Geschichte geht, ist etwas fundamental anderes als die heute übliche historische Geschichtsbetrachtung, die mit einem Handeln Gottes in der Geschichte nicht einmal rechnet bzw. von ihrem profanen Ansatz her solches methodisch ausblenden muß.“[487]

Nicht historische Kritik, nicht Auswahl aus Quellen und deren Würdigung bestimmen die Darstellung[488] sondern die Orientierung an der Metahistorie. Das bedeutet freilich nicht Geschichtslosigkeit, sondern schließt Geschichte notwendigerweise mit ein.[489] Die Kenntnisse der geschichtlichen Ereignisse sind bei den Autoren offenkundig unterschiedlich ausgeprägt: Für die spätere Zeit (3. und 2. Jh. v. Chr.) verfügen die Verfasser über gute Kenntnisse der geschichtlichen Ereignisse.[490] Für die frühere Zeit sind ihre Kenntnisse dunkler; manche Aussage erscheint zumindest

---

486 Zum Geschichtsbild des Daniel-Buches vgl. HARNICKELL, Hintergrund 123ff.
487 BAUER, Daniel 27. Ähnlich KOCH, Dareios 137, „Nicht Historie, sondern Metahistorie interessiert letztlich den Verfasser des Buches. Nicht die vordergründigen Verläufe gelten ihm als entscheidend, sondern die hintergründigen Wirkungsmächte, die allein der Geschichte ihr Gefälle und ihren Sinn geben."
488 KOCH, Geschichtsdenken 31, „von einer historischen Kritik ist nichts zu spüren".
489 Vgl. NISKANEN, Human 104ff, der eine historische Dimension des Daniel-Buches in Anlehnung an Herodot erarbeitet: "While the book of Daniel is not a work of history in the modern sense of the word, it nevertheless could come under the ancient category of history." Kritischer VAN DER TOORN, Scholars 38, "The political history of Babylonia and Persia sheds little light on the biblical narratives, merely showing that the legends are oblivious of historical verisimilitude."
490 GRABBE, Seasons 233, "We should not exaggerate this knowledge since it shows a good deal of error or reworking, but it evidences someone with access to perhaps the best Jewish memory of the Persian period, which is otherwise fairly obscure in Jewish sources."

aus heutiger Perspektive problematisch.[491] Dabei ist nicht immer sicher zu entscheiden, ob die Verfasser es nicht „historisch-zutreffender" wussten und sich direkt an ihren Quellen orientierten, oder ob sie bewusst, gestaltend von ihren Quellen abgewichen sind.[492]

> Das moderne Bild der historischen Ereignisse als Norm für die Bewertung heranzuziehen, wäre anachronistisch. Entscheidend ist nicht, ob und wie sich die Autoren im Vergleich zu unserem heutigen Wissen – das weder vollständig noch notwendig zutreffend ist – in korrekter Weise auf historisches Geschehen beziehen. Vielmehr hat die im zeitlichen und kulturellen Umfeld verbreitete Kenntnis der Ereignisse als Maßstab zu dienen.[493]

3.1.7 Literaturwissenschaftliche Zugänge

In den letzten Jahren und Jahrzehnten lässt sich in Bezug auf die Interpretation des Buches Daniel eine zunehmende Berücksichtigung literaturwissenschaftlicher Zugänge beobachten.[494] Verglichen mit anderen bibl. Büchern ist die Anwendung literaturwissenschaftlicher Methoden relativ spät erfolgt: "It is perhaps puzzling that the stories in Daniel have waited so long to be studied from such perspectives."[495] Nachfolgend wird

---

491 MILLAR, Hellenistic History 103, "For historians of the Classical world, however, what is most distinctive and significant about Daniel is the representation, through the medium of narratives, dreams and prophecies, of a succession of Near Eastern empires, in steadily increasing detail and accuracy, from the Neo-Babylonian empire through Achaemenid Persia to Alexander, and then to the Seleucids and Ptolemies."

492 Mit der Übernahme aus Quellen scheint auch die Existenz fehlerhafter Aussagen erklärt werden zu müssen. KOCH, Danielbuch 17, „Der Danielverfasser kennt die Namen vermutlich aus unzuverlässigen mündlichen Traditionen des Zweistromlandes; hinter seinen Irrtümern verbirgt sich wohl keine Tendenz." WATERHOUSE, Darius 174, weist auf die Überzeugung von einer medischen Eroberung in den jüdischen Quellen hin.

493 GESE, Reich 299, „. . . wie hat man z[ur] Z[eit] der Entstehung der Texte des Danielbuches über diese geschichtlichen Daten, seien sie faktische oder fiktive Größen, aufgrund der vorliegenden Traditionen urteilen müssen, ja urteilen wollen, um der historischen Tradition, die das historische Wissen verkörperte, gerecht zu werden?" Vgl. außerdem HANHART, Kriterien 142.

494 Eine Skizze der eigenen Positionierung und Verhältnisbestimmung zu den vertretenen Ansätzen bietet die methodische Grundlegung der Untersuchung. Vgl. dazu Abschnitt 4.4, 161 sowie Abschnitt 4.6, 187. Insbes. die Ansätze von NOLAN FEWELL, Circle und MEADOWCROFT, Aramaic Daniel weisen gemeinsame methodische Überzeugungen auf.

495 GOLDINGAY, Story 295, die Anfänge bilden die Arbeiten von NOLAN FEWELL und MILNE aus dem Jahr 1988. Die fortschreitende Verbreitung literaturwissenschaftlicher Methoden dokumentiert die Zweitauflage von NOLAN FEWELL, Circle aus dem Jahr 1991 (NOLAN FEWELL, Circle of Sovereignty), die um den Methodenteil reduziert erschienen ist. Vgl. ebd. 9, "In the first edition of this work . . . a great deal of space was devoted to describing my method of reading. In the interim, literary critical work

ein knapper Hinweis auf wichtige und dezidiert literaturwissenschaftlich orientierte Monographien zum Daniel-Buch gegeben. Die Arbeiten
widmen sich dabei dem Gesamt des Daniel-Buches oder zumindest der
Erzählsammlung (Dan 1–6).[496] Die theoretische Reflexion des literaturwissenschaftlichen Zugangs erfolgt in stark unterschiedlicher Ausprägung;
mitunter wird auf eine systematische Darlegung verzichtet.

NOLAN FEWELL: *"Circle of Sovereignty"*[497]   Eine der frühen literaturwissenschaftlich geprägten Untersuchungen von Dan 1–6 stellt der Versuch
von NOLAN FEWELL dar, neuere Theorien „about narrative poetics and
the reading process"[498] auf die Erzählungen von Dan 1–6 anzuwenden.
Als Textbasis liegt ihrer Untersuchung die als Einheit begriffene Erzählsammlung Dan[MT] 1–6 zugrunde; die LXX wird von der Untersuchung
ausgenommen. Ausgangspunkt der Analyse ist die formkritische Bestimmung der einzelnen Texte der Erzähleinheit Dan 1–6 als „short story".
Die Methodik nimmt Anleihen am „New Criticism", Strukturalismus, an
der Dekonstruktion und am „Reader response criticism".[499]

Dominant ist ein narrativer Zugang („Narrative Poetics"), der nicht
auf den Inhalt der Erzählung, sondern auf den Diskurs fokussiert ist.[500]
NOLAN FEWELL richtet die Aufmerksamkeit auf das Wechselspiel von
Erzähler, Erzählung und Adressat. Dem Erzähler, der als zuverlässig betrachtet wird, steht ein Leser gegenüber, dessen primäre Aufgabe es ist,
in einem aktiven Prozess der Lektüre die in der Erzählung vorhandenen
Leerstellen der Erzählung zu füllen. "The close reading of biblical narrative involves not only assimilating explicit information, but also teasing
out what is implicit, the information that falls into the gaps. Because any
narrative leaves informational gaps in the story world, the reader pro-

---

on biblical narrative has continued to flourish–so much so, that narrative criticism no
longer needs to be explained in such detail."

496 Dem Verfasser wurde keine Monographie bekannt, die sich unter Anwendung literaturwissenschaftlicher Methoden einer einzelnen Erzählung des Daniel-Buches zuwendet.
Die vorliegende Übersicht beschränkt sich auf monographische Darstellungen; Aufsätze werden (ausgenommen im Kontext der Darstellung der Intertextualität) nicht
einbezogen. Die Disparatheit der einzelnen Ansätze legt – abgesehen vom Zugang
der Intertextualität – eine Gliederung des folgenden Überblicks nach den einzelnen
Personen bzw. Publikationen nahe.

497 Vgl. zur weiteren Darstellung ohne vollständige Einzelnachweise NOLAN FEWELL,
Circle 9–31 sowie NOLAN FEWELL, Circle of Sovereignty.

498 NOLAN FEWELL, Circle 9.

499 Vgl. ebd. 14, "The strategy employed in the close reading that follows is informed by
several different ideas and methodologies." GOLDINGAY, Story 296, "For Nolan Fewell
it is Daniel which sets the agenda, and different literary methods are utilized according
to whether they seem to have been illuminating at different points; her work has the
advantages and disadvantages of a more eclectic approach."

500 Vgl. NOLAN FEWELL, Circle 17f, "In spite of its unique tappings of plot, characters,
themes and such, narrative is basically discourse, a piece of writing designed to communicate certain knowledge to its audience."

ceeds by inference."[501] In der gleichen Funktion wie der Leser steht auch
der Exeget der Gegenwart. Als zentrale Analysekategorien des Erzähl-
diskurses werden „Plot structure", „Understanding the Characters"[502],
„Point of View", „Language medium", „Narrative Tempo" untersucht.

Aus diesem methodischen Spektrum der Narratologie speisen sich die
für die Interpretation zu berücksichtigenden Aspekte; als Werkzeuge der
Analyse dienen sie der Wahrnehmung des Textes und seiner Besonderheit
und stellen mit ihren Ergebnissen die Grundlage der Deutung dar.[503] Die
Anwendung dieses Zugangs erfolgt nicht in systematischer Darstellung,
sondern zielorientiert und in eklektischer Weise, die auf Elemente der
Narratologie dann Bezug nimmt, wenn sie innerhalb der Erzählung auftreten.[504] Nicht die Systematisierung steht im Vordergrund, sondern die
begleitende Erschließung der Erzählung.

MILNE: *"Vladimir Propp and the Study of Structure in Hebrew Biblical Narrative"*[505]   MILNE übernimmt für ihre Untersuchung von Dan 1–6 den
Zugang des russischen Strukturalisten VLADIMIR PROPP und versucht,
den Nutzen dieser Betrachtungsweise von Literatur für die bibl. Wissenschaften zu belegen.[506] Die Untersuchung ist nicht in erster Linie auf das
Daniel-Buch und seine Erzählungen ausgerichtet, sondern auf den Ansatz
von PROPP. Die Erzählungen Dan 1–6 fungieren als Anwendungsgegen-
stand, als Beispiel.[507] Im Hintergrund steht sowohl bei MILNE als auch

---

501 Ebd. 18.
502 Vgl. ebd. 23, "This kind of reconstructive activity can include: (1) comparing and contrasting one character with another; (2) comparing and contrasting a character's action
with his or her earlier action; (3) comparing and contrasting a character's behavior with
expected norms."
503 Vgl. ebd. 17, "My reading of Daniel 1–6 is a coloring between the lines. The Masoretic
text provides the lines and I paint the gaps. The paint used is a mixture of pigments
from a number of different sources. The reading tools, skills, and influences, those
that are implicit and those that are made explicit in this work, have been provided
by the Academy, particularly the fields of Old Testament study and for literary criticism. Nevertheless, one cannot suppose that this represents the total constraint of my
reading."
504 Vgl. ebd. 19, "... I discuss poetic elements not categorically but contextually – as I
encounter them in the text ..."
505 Vgl. zur weiteren Darstellung ohne vollständige Einzelnachweise MILNE, Vladimir
Propp.
506 Zur deutschen Übersetzung der Darstellung der Theoriebildung vgl. PROPP, Morphologie. MILNE, Vladimir Propp 13, "Propp's model is to be seen primarily as an analytical
tool to assist in the investigation of a text such as Daniel 1–6."
507 Vgl. GOLDINGAY, Story 295f, "Milne considers one literary approach systematically
and thoroughly, and allows it to set the agenda for her study of Daniel itself; her work
has the advantages and disadvantages of a narrow focus." Dieser Zugang spiegelt sich
in der Titelformulierung.

bei PROPP das Interesse an Fragen der Gattungen und der Gattungsbestimmung.[508]

> Aus der Beobachtung eines Ausschnittes („fairy tale") des großen Textkorpus
> („folktale") gewinnt PROPP die Erkenntnis der Existenz bestimmter, fester
> und die Erzählung konstituierender Merkmale („component parts"[509]).[510] „...
> Propp arrived at the conclusion that each fairy tale contains both significant
> constants and significant, interchangeable variables ... Propp chose the name
> 'function' for those elements of the tale that are constant. He defined 'function'
> as 'an act of a [tale role] defined from the point of view of its significance
> for the course of action' (Propp, 1968: 21)."[511] Wesentlich ist die Erkennt-
> nis der Unterscheidung von Funktion und Figur; die eine Funktion kann
> in den verschiedenen Erzählungen von verschiedensten Figuren realisiert
> werden. Inhalt und Funktion fallen auseinander. Die systematische Analyse
> der verschiedenen Erzählungen führt auf das Ergebnis eines konstanten und
> begrenzten Repertoires an Funktionen, die in allen Märchen begegnen. Ein
> „fairy tale" wird demnach durch eine bestimmte Auswahl an Funktionen
> aus einem festen Repertoire und in einer festen, vorgegebenen Reihenfolge
> realisiert. Die verschiedenen Konkretionen der Gattungen folgen daher alle
> einer festen Struktur.[512] Die Eigenart der einzelnen Erzählung ergibt sich
> aus der spezifischen Auswahl der vorgegebenen Funktionen und aus ihrer
> konkreten Umsetzung.

Auf der Grundlage dieses Konzeptes sucht MILNE, die Erzählungen von
Dan 1–6 hinsichtlich ihrer „narrative surface structure" zu beschreiben
und der Frage nach der Gattung dieser Texte nachzugehen:[513] "Neither
Daniel 3 nor 6 can be described as a heroic fairy tale on the basis of its
structure, but it does seem that these two stories share many structural
elements with the fairy tale."[514]

MEADOWCROFT: *"Aramaic Daniel and Greek Daniel"*[515]   MEADOWCROFT
legt einen Schwerpunkt auf den Vergleich zwischen Dan$^{\text{MT; LXX}}$ 2–7 mit

---

508 Vgl. MILNE, Vladimir Propp 10, "... the problem of classifying tales according to
   genre".
509 Vgl. ebd. 72.
510 Vgl. ebd. 13, "The model is limited to just one genre of folktale, the type commonly
   known as the 'fairy tale'; it is limited to just one kind of structure, that which underlies
   the plots of all fairy tales; it is limited to certain features of that structure, principally
   functions and secondarily roles; and it is limited to essentially one kind of relationship
   between the features, namely, syntagmatic or linear relationships."
511 Ebd. 72f.
512 Vgl. ebd. 74, "1. Functions of characters serve as stable, constant elements in a tale,
   independent of how and by whom they are fulfilled. 2. The number of functions known
   to the fairy tale is limited. 3. The sequence of functions is always identical. 4. All fairy
   tales are of one type in regard to their structure ..."
513 Vgl. ebd. 199.
514 Ebd. 254.
515 Vgl. zur weiteren Darstellung ohne vollständige Einzelnachweise MEADOWCROFT,
   Aramaic Daniel.

einem Ausblick auf die übrigen Kapitel. Vor dem Hintergrund der stets
konstatierten Differenzen und der Ersetzung der LXX durch θ stellt sich
die Frage nach der Verhältnisbestimmung. Dieser Problemlage begegnet
MEADOWCROFT nicht in textgenetischer Perspektive, sondern literarisch
vergleichend: "My purpose is to explore the curious situation ... by ap-
plying the tools of literary criticism to a comparison of the MT and the
LXX of Daniel 2–7 ... We will see that the two versions differ markedly in
the way they tell their stories as well as in the concerns that motivate them
... "[516] Der literaturwissenschaftliche Ansatz ist konkreter als narratolo-
gisch zu beschreiben;[517] wesentliche Aspekte sind die Verwendung von
Dialogen, der Status des Erzählers, die Perspektive sowie die konkrete
sprachliche Gestaltung. In einer gemeinsamen Darstellung der parallelen Untersuchung für jedes Kapitel werden die wesentlichen Aspekte
der einzelnen Traditionen gegenübergestellt. Das Vorgehen ist eklektisch;
nicht das Raster der Analyse, nicht die Systematik steht im Vordergrund,
sondern die Bedürfnisse der Texte und deren vergleichende Auslegung.

Intertextualität und das Buch Daniel (WESSELIUS, NOLAN FEWELL)[518]
Grundlage des Zugangs der Intertextualität ist die Dialogizität der Texte
in einem bestimmten kulturellen Textzusammenhang. Texte sind nicht
beziehungslos, sie stehen nicht für sich, sondern sind in einen Kosmos
anderer Texte eingebunden. "All texts are embedded in a larger web of related texts, bounded only by human culture and language itself."[519] Einen
solchen (Sub-)Kosmos formen insbes. die bibl. Schriften; die Verbindung
einzelner Schriften ist unterschiedlich eng.

Auch die Auseinandersetzung mit dem Buch Daniel ist jüngst von
diesem Zugang geprägt; der Begriff der Intertextualität wird nicht einheitlich gebraucht. Zu nennen sind vor allem die Arbeiten von WESSELIUS,[520]
der sein Hauptaugenmerk auf Fragen der Textstruktur legt. "The unity of
the book of Daniel, however, is surprisingly confirmed by the observation
that the structure of the entire book mirrors the layout of two other works,
namely the story of the life of Joseph in Genesis 37–50 and the biblical
book of Ezra ... "[521] Vor diesem Hintergrund schließt er, dass das Buch
Daniel nicht in einem längeren Prozess entstanden ist, sondern als ein-

---

516 MEADOWCROFT, Aramaic Daniel 16.
517 Vgl. zur Begründung der Bezeichnung ebd. 21.
518 An dieser Stelle ist die Strukturierung nach Publikationen zu unterbrechen und eine inhaltliche Gruppierung vorzunehmen. Der Aspekt der Intertextualität wird von
mehreren Autoren in den Blick genommen.
519 NOLAN FEWELL, Reading 17; SHEA, Intertextuality 219, "Intertextuality is commonly
used these days to express relationships between words, phrases or longer statements
in one passage in the Bible that are used in other passages in the Bible."
520 Vgl. WESSELIUS, Writing; WESSELIUS, Language and Style; WESSELIUS, Literary Nature;
außerdem aber auch NOLAN FEWELL, Reading.
521 WESSELIUS, Literary Nature 249.

heitliches Werk von einem einzelnen Autor verfasst wurde.[522] Das Buch
Daniel ist eine direkte Analogiebildung zu seinen „Vorlagen" Gen 37–50
und Esr.[523] Über die Makrostruktur hinaus weist er in seinen Aufsät-
zen auch in Einzelheiten deutliche Bezüge nach; das Daniel-Buch greift
bestimmte Prätexte unmittelbar auf und ahmt diese nach.

NOLAN FEWELL betrachtet Intertextualität in einem weiteren Sinne
und sieht in Ester einen wichtigen Intertext für das Daniel-Buch.[524] Nicht
die direkte und unmittelbare, vielleicht auch einzigartige Beziehung bestimmt den Intertext, sondern auch die mitunter subtile Beziehung auf
einer inhaltlichen Ebene, in mancherlei Hinsicht.[525] Im Vordergrund ihres
Verständnisses von Intertextualität steht die Dialogizität der Texte.

VALETA: "A Satirical Reading"[526]   Die Theoriebildungen Michail BACH-
TINs und insbes. dessen Verständnis der „Menippeischen Satire" bilden
die Grundlage der Untersuchungen von VALETA. Nach BACHTIN zeichnet sich die „Menippeische Satire" durch 14 Merkmale aus,[527] die VALETA
für das Daniel-Buch nachzuweisen sucht: "This investigation demon-
strates that Daniel 1–6 manifests all these features."[528]   In der Konsequenz bestimmt er die Gattung von Dan 1–6 neu: "This study offers a
new genre designation for the tales of Daniel 1–6, prenovelistic Menippean satires."[529] Die wesentliche Eigenart, augenscheinlich verschiedene Materialien, Stoffe und Perspektiven zu integrieren, stellt einen neu-
en Ansatz zur Erklärung wesentlicher textgeschichtlicher Probleme des
Daniel-Buches dar.[530] So sind die Mehrsprachigkeit, die Divergenz in
der Gattung und weitere Merkmale nicht durch textgenetische Prozesse,
sondern durch die spezifische Eigenschaft der Vielperspektivität und der
Dialogizität der Großgattung bedingt. Die innere Dialogizität erscheint
als das eigentliche Merkmal.

---

522 WESSELIUS, Writing 309, "Thus we see that the book of Daniel, instead of resulting
    from a gradual process of collecting and redacting of various texts, is a well-composed
    literary unity that was most likely written as a whole in the period often supposed for
    its final redaction: just before the Maccabean revolt."
523 WESSELIUS, Literary Nature 250, „highly sophisticated literary emulation".
524 Vgl. NOLAN FEWELL, Reading 15.
525 Vgl. etwa ebd. 15–17.
526 Vgl. zur weiteren Darstellung ohne vollständige Einzelnachweise VALETA, Lions. Au-
    ßerdem: VALETA, Satirical Nature; VALETA, Court; VALETA, Polyglossia.
527 Zu einer Auflistung dieser Merkmale vgl. Anmerkung 130, 54.
528 VALETA, Lions 193.
529 Ebd. 1; im Hintergrund der Klassifizierung steht inhaltlich die Beobachtung satirischer
    Momente. Vgl. ebd. 4, "While the narratives of Daniel 1–6 have characteristics that
    invite scholars to classify them as court tales, didactic wisdom tales, folklore and the
    like, they also contain elements in the nature of political satires with an aim to resist
    the forces of empire."
530 Vgl. VALETA, Lions 194, "The work combines a number of genres and subgenres in
    creating a dialogic unity, which is confusing to the genre critic. If the overarching genre
    is the menippea, this amalgamation of genres is natural and purposeful."

Im Kontext der Frage nach der sozialen Zuordnung der Trägergruppe ergibt sich die Zuordnung zu einer minderprivilegierten Schicht in einer deutlichen Distanz zu jedem Geschehen am Hof des Königs.[531] Zugleich ist nicht das babylonische Exil Zielpunkt der Satire, sondern Antiochus IV. Epiphanes. Die königskritische Haltung von Dan 1–6 in dieser Lesart korreliert mit der in Dan 7–12 beobachteten Perspektive.

HEBBARD: *"Hermeneutic Reading"*[532]   Ziel des Ansatzes von HEBBARD ist die Wahrnehmung des Daniel-Buches als „an exercise in hermeneutics"[533]. Das Daniel-Buch ist als Erzählung Literatur und damit in gleicher Weise wie fiktionale Literatur zu lesen, ohne dass die historische Dimension dadurch geleugnet würde.[534] Als historische Fiktion steht es in der Spannung von Fiktion und Geschichte; dabei sind die historischen Hinweise in gleicher Weise als historische Hinweise aufzunehmen und die fiktionalen Elemente als fiktionale Elemente wahrzunehmen: "In other words, we will read Daniel[B] [i. e. das Buch-Daniel; D. H.] as we might other historical fictions such as William Shakespeare's *King Lear* or *Henry V* or Charles Dickens's *Tale of Two Cities*."[535]   Vor diesem Hintergrund ist von der Einheitlichkeit des Buches auszugehen; die im Hintergrund stehende Hermeneutik ist wesentlich theologische Hermeneutik. Obgleich der Zugang explizit interdisziplinär angelegt ist,[536] ist eine starke Dominanz narrativer Elemente spürbar. Der konkrete literaturwissenschaftlich/narratologische Zugang wird nicht ausgeführt.[537]

---

531 Vgl. ebd. 21, "Menippean satires that seek, through humor, to resist the oppressive political forces of their day."

532 Vgl. zur weiteren Darstellung ohne vollständige Einzelnachweise HEBBARD, Daniel.

533 Ebd. 52; ebd. 7, "Theoretically we read Daniel[B] [i. e. das Buch-Daniel; D. H.] as a literary construct intended to teach the reader how to go about doing the business of interpretation."

534 Vgl. HEBBARD, Daniel 3, "Reading Daniel[B] [i. e. das Buch-Daniel; D. H.] solely as an 'historical document' potentially causes its fossilization and in effect dampens its contemporary significance; however, reading Daniel[B] [i. e. das Buch-Daniel; D. H.] from a literary perspective ensures its vivacity and seeks new applications of relevance, which thereby provides an avenue of continuity."

535 Ebd. 53.

536 Vgl. ebd. 1, "… the primary protocol of this reading is interdisciplinarity". Auch die Bedeutung historisch-kritischer Fragestellungen wird unterstrichen.

537 Vgl. ebd. 2, "In a similar vein, the vast amount of narratological and literary criticism will not receive an in depth treatment either. Biblical scholarship by and large has reached a point now when prefatory justification or full explanation of a literary approach is superfluous."

3.2 Die Septuaginta

Die zweite Textüberlieferung der Erzählung von „Daniel in der Löwengrube", mit der sich die vorliegende Untersuchung beschäftigt, ist in den
größeren Kontext der Septuaginta eingeordnet.[538]

3.2.1 Verwendete Terminologie

Der Begriff LXX ist traditionell, aber nicht unproblematisch.[539] Die Kritik
richtet sich vornehmlich auf folgende Aspekte:[540] Anknüpfungspunkt
der Bezeichnung ist die Legende des Aristeas-Briefes, deren historische
Zuverlässigkeit in Frage gestellt ist. In ihr bezieht sich das Motiv „der
Siebzig" Übersetzer auf die Tora und nicht auf einen größeren gr. Textkomplex, der die Übersetzung der Bücher der hebr. Bibel und zusätzliche
Texte umfasst.[541] Als weiterer Problemkreis gilt die Suggestion der Einheitlichkeit:[542] Die Verwendung eines einzigen Begriffes läuft Gefahr, die
vielfältigen Differenzen und Unterschiede in „der LXX" terminologisch
zu überdecken.

Der verbreiteten Konvention folgend wird die Bezeichnung dennoch
– im Bewusstsein ihrer Problematik – verwendet.[543] Die Notwendigkeit
einer differenzierten Betrachtung dieser Textsammlung soll dadurch nicht
marginalisiert werden; die Unterschiede sind so vielfältig, dass in vielen
Fragen schwerlich Verallgemeinerungen möglich sein werden. Gegen-

---

538 Einen Überblick über wichtige Publikationen bietet etwa KRAUS/WOODEN, Research
      1; vgl. außerdem die einführende Literatur DORIVAL/HARL/MUNNICH, Bible Grec-
      que; JOBES/SILVA, Invitation; FERNÁNDEZ MARCOS, Introduction; SIEGERT, Einfüh-
      rung; DINES, Septuagint; TILLY, Septuaginta. Hilfreich ist auch der Artikel FABRY,
      Aufmerksamkeit, insbes. 18ff mit umfangreichen Literaturangaben. Vollständigkeit
      wird in der nachfolgenden Darstellung für dieses komplexe Themenfeld nicht ange-
      strebt. Neben den zahlreichen in den letzten Jahren erschienenen Sammelbänden sind
      die Forschungsberichte HANHART, Septuagintaforschung; DOCHHORN, Septuaginta;
      ALBRECHT, Septuaginta zu vergleichen. Leider nicht verwertet werden konnten die
      Erkenntnisse aus der Einleitung zur Septuaginta im Rahmen des Projektes LXX.D:
      KREUZER, LXX.H 1.
539 Vgl. dazu auch die knappen Ausführungen Abschnitt 2.4, 19.
540 Vgl. etwa TILLY, Septuaginta 19f; SIEGERT, Einführung 23f.
541 Die Einführung des Begriffes „Old Greek" dient der Vermeidung der genannten Schwie-
      rigkeiten; er hat sich jedoch nicht umfassend etablieren können.
542 Vgl. TOV, Septuaginta 242, „Deshalb sollte die LXX niemals als Einheit betrachtet
      werden." Auch die Beschränkung auf die Bücher des Pentateuchs schafft keine grundle-
      gende Abhilfe, insofern auch sie keine Einheit darstellen. Vgl. etwa RÖSEL, Septuaginta
      221. JOBES/SILVA, Invitation 30f, "… the Septuagint, which was produced by many
      people unknown to us, over two or three centuries, and almost certainly in more than
      one location."
543 Vgl. auch JOBES/SILVA, Invitation 32.

stand der vorliegenden Untersuchung ist eine einzelne Erzählung (Dan 6), die Teil dieses heterogenen Stromes an Überlieferungen (geworden) ist. Aussagen werden stets im Hinblick auf den konkreten Text getroffen.[544]

3.2.2 Modellbildungen zu Entstehung und Rezeption

Eine Auseinandersetzung mit der Frage nach der Entstehung der LXX und dem Umgang mit ihr erfordert eine Differenzierung verschiedener Stufen. In nachfolgender Abbildung (3.2) wird ein vereinfachendes Schema der wesentlichen Vorgänge von Rezeption der (semitischen) Vorlage, Übersetzung, Wiedergabe in gr. Sprache und erneuter Rezeption (in gr. Sprache) für einen beispielhaften Text veranschaulicht. Dieser universale Prozess ist nicht einmalig; er läuft vielfach ab und ist für die verschiedenen Texte und die verschiedenen Übersetzer und Rezipienten in bestimmten historischen Kontexten verortet. Überlagerungen und wechselseitige Beeinflussungen müssen angenommen werden.

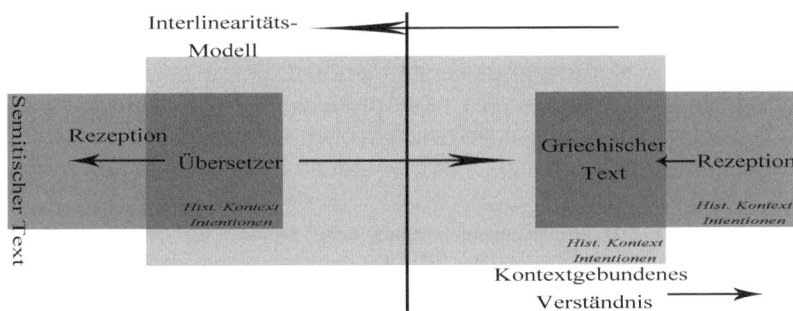

Abbildung 3.2: Stufen der Entstehung der LXX

Die dargestellte Differenzierung spiegelt sich in den beiden leitenden Modellbildungen zur Rezeption bzw. zum Umgang mit der LXX in der aktuellen Diskussion wider.[545] Unterscheiden sich die Paradigmen hin-

---

544 Übergreifende Aussagen beschränken sich auf den gegenwärtigen Abschnitt; soweit im Rahmen dieser Überlegungen Differenzierungen geboten erscheinen, werden sie vorgenommen. Zugleich dient die Bezeichnung der Abgrenzung gegenüber der Tradition des θ-Textes. Vgl. auch DINES, Septuagint 2f.

545 Ein allgemein anerkannter Konsens hinsichtlich der Validität dieser Paradigmen ist derzeit nicht in Sicht. Die Differenzen und die scharfen Auseinandersetzungen zwischen Vertretern der Paradigmen spiegeln sich in der Diskussion in der Literatur unverstellt wider; beispielhaft sei auf MURAOKA, Discussions 226; PIETERSMA, Response 1 verwiesen. Vgl. jedoch KRAUS, Translations 66, "One may doubt whether these approaches are to be understood *exclusively*. I shall try to argue against that. In the scholarly debate one sometimes gets the impression that a certain exclusiveness occurs. For me it is clear that

sichtlich der Vorstellung der historischen Hintergründe und Kontexte der
Entstehung, stehen letztlich hermeneutische Differenzen im Vordergrund.
Während das „kontextgebundene Verständnis" die Rezeption durch den
Leser in der gr. Welt in den Vordergrund stellt („rechte Seite der Ab-
bildung"), fokussiert das „interlinear paradigm" auf die Intention der
Übersetzer („linke Seite der Abbildung").[546]

„Kontextgebundenes Verständnis"   Dieses Paradigma nimmt die dominierende Stellung in der Forschung ein und geht von der LXX als einem
eigenständigen gr. Text aus, der nicht an seine Vorlage gebunden ist, sondern diese vollgültig und vollumfänglich ersetzt.[547] Die LXX ist – primär –
nicht in Blick auf die hebräische Bibel, sondern auf die Literatur der hellenistischen Zeit zu interpretieren. Als repräsentativ kann die Beschreibung
von MURAOKA gelten:

> "… interpretation put by the reader. Although I do take into account the
> translator's putative Semitic Vorlage, I try first to discover how the text could
> have been understood by the Hellenophone in a period, say between 250 B. C.
> and 100 A. D."[548]

Die Aussage zielt auf den Prozess der Rezeption der gr. Übersetzung
auf Seiten des Lesers. Der Text wird als Teil des hellenistischen Litera-
turkorpus und Kulturkreises verstanden; vor diesem sprachlichen und
kulturellen Hintergrund ist er zu interpretieren.[549] Die Loslösung von der
Vorlage wird – dies spiegelt sich auch in oben genannter Definition wider
– nicht als absolut betrachtet.[550] In bestimmten Fällen wird auf die Vorlage

---

the answer to this complex question cannot simply be yes or no." Die Übersetzungen
der LXX in moderne Sprachen machen diese Rezeptionsweisen ebenfalls anschaulich,
wie ein Vergleich von BIBLE D'ALEXANDRIE, LXX.D und NETS zeigt. Vgl. dazu etwa
KRAUS, Translations.

546 Durch die intensivierte Auseinandersetzung mit der LXX hat sich die Diskussion um
die Zugangsweise verschärft. Vgl. aber bereits HARL, Traduire; außerdem KRAUS,
Translations 68; UTZSCHNEIDER, Augenhöhe.

547 PIETERSMA, Interlinear Model 355, "Even though … the reigning paradigm in Septuagint Studies is that of the LXX as a free-standing, replacement translation, Septuagint
scholars nevertheless time and again feel forced by the evidence to have recourse to the
parent text for *essential* linguistic information, in order to account for the Greek." Diesem Ansatz folgt auch LXX.D. Vgl. UTZSCHNEIDER, Augenhöhe 16, „Die Übersetzung
soll prononciert die des griechischen Textes sein, zunächst ohne Rücksicht darauf, dass
es sich um einen Übersetzungstext aus dem Hebräischen handelt."

548 MURAOKA, Discussions 225f.

549 Die Legitimität einer solchen Verstehensweise ergibt sich aus der Formulierung der
Übersetzung in einer weit verbreiteten Form der gr. Sprache. Ebd. 222, "In other words,
in reality translator and audience belong to the same language community."

550 ASHLEY, Book of Daniel 1, "The LXX will be considered both as an independent literary
document and as a translation document of a Semitic original." Diese Wahrnehmung
darf auch für die damalige Rezeption vorausgesetzt werden. KRAUS, Translations 79,
"Every reader in the first centuries of its existence realized that the LXX was a translation.
The relation to the Hebrew text has always been recognized."

Rekurs genommen, um ein angemessenes Verständnis zu erreichen.[551] Dass die LXX zumindest in späterer Zeit als selbstständiger Text und vollgültiger Ersatz für den hebräischen Text betrachtet wurde, macht die Übertragung des Gedankens der Inspiration auf die LXX deutlich.[552]

Interlinear Paradigm" Mit der Bezeichnung „interlinear paradigm" bzw. „Paradigma der Interlinearität"[553] wird ein Modell beschrieben, das im Kontext des Projektes NETS[554] entwickelt wurde und dieser englischen Übersetzung der LXX zugrunde liegt.[555] Es zielt auf eine Beschreibung der Entstehung der LXX und ihrer Funktion.[556] Zu unterscheiden ist zwischen dem ursprünglichen Sitz im Leben der Übersetzung und ihrer nachfolgenden Rezeption.[557] Das Modell fokussiert auf den relativ engen Zeitraum der unmittelbaren Übersetzung und der mit ihr auf Seiten der Übersetzer verbundenen Intention. Aufgrund der unzureichenden Kenntnis äußerer Faktoren geht die Argumentation von dem inneren Befund der LXX aus und versucht von der Art und Weise der Übersetzung (Übersetzungstechnik) auf ihre ursprüngliche Funktion zu schließen.[558]

Im Hintergrund steht die allgemein anerkannte Dichotomie von Ausgangs- und Zielsprache einer Übersetzung; diesem Charakteristikum versucht das Modell Rechnung zu tragen. Dabei betont es aufgrund des empirischen Befundes die Differenz zwischen einer Übersetzung und einem ursprünglich in der Zielsprache verfassten Text.[559] Haftpunkt für die Entwicklung des Paradigmas ist der weitgehend wörtliche Übersetzungscharakter zahlreicher Texte der LXX:[560] "They are typically rather literal,

---

551 Im Zusammenhang mit der Interpretation von Semitismen (vgl. dazu Abschnitt 4.3, 160) ist ein Rekurs auf die Vorlage nicht zwingend notwendig. Geht man von einer grundlegenden Verstehbarkeit der Texte aus, ist damit zu rechnen, dass ein Leser die Texte zunächst ohne Bezugnahme auf die Vorlage verstanden hat. Eine Kenntnis der Hintergründe der Semitismen, darf für die Seite der Leser nicht grundsätzlich vorausgesetzt werden.

552 Vgl. etwa RÖSEL, Septuaginta 220, „Die Vorstellung der inspirierten Schrift wurde also vom Original auf die Übersetzung übertragen, ein für die christliche Auslegungsgeschichte der griechischen Bibel außerordentlich bedeutsamer Vorgang."

553 RÖSEL, Schreiber 95.

554 Vgl. PIETERSMA / WRIGHT, NETS.

555 Zur Darstellung des Paradigmas vgl. im Folgenden PIETERSMA, Interlinear Model; außerdem BOYD-TAYLOR, Mirror 22ff; UTZSCHNEIDER, Augenhöhe 18f.

556 Vgl. PIETERSMA, Interlinear Model 340, "I am speaking of the birth of the Septuagint, i. e. its original *Sitz im Leben*, and not about subsequent history and subsequent *Sitze im Leben* assigned to this body of literature." Vgl. dazu auch Abbildung 3.2, 121.

557 Im Hinblick auf diese Unterscheidung ist mit Differenzen zu rechnen, die auch innerhalb eines relativ überschaubaren Zeitraums auftreten können. PIETERSMA / WRIGHT, NETS xv, "… just as the *form* of the original text differed from its later textual descendants, so what the original translator thought his text to mean differed from what later interpreters thought the text to mean."

558 Vgl. BOYD-TAYLOR, Mirror 25.

559 Vgl. ebd. 15, „translations and not compositional literature".

560 Vgl. JOOSTEN, Reflections 165, „literal translation technique".

and have no literary pretensions."[561] Ursache scheint eine bewusste
Entscheidung der Übersetzer für eine bestimmte Art der Wiedergabe und
nicht ihre beschränkte sprachliche Kompetenz zu sein.[562] PIETERSMA
formuliert als grundlegende Beschreibung:

> "... the interlinear paradigm is meant to signal a perceived *linguistic* relation-
> ship between two texts, one in Hebrew and the other in Greek ... the term
> 'interlinear' is meant to signal a relationship of subservience and dependence
> of the Greek translation *vis-à-vis* the Hebrew parent text. What is meant by
> subservience and dependence is *not* that every linguistic item in the Greek
> can only be understood by reference to the parent text, nor that the translation
> has an isomorphic relationship to its source, but that the Greek text *qua* text
> has a dimension of unintelligibility."[563]

Die Übersetzung ist nach diesem Paradigma bleibend auf den Originaltext
verwiesen. Mit dem Begriff der Interlinearität ist nicht die reale Existenz
einer Handschrift im Layout einer „Interlinearübersetzung" intendiert; er
dient als bildliche Umschreibung der engen Beziehung von Übersetzung
und Original. Die Möglichkeit einer solchen Darstellungsweise über weite
Strecken der Überlieferung wird jedoch nicht ausgeschlossen.[564]

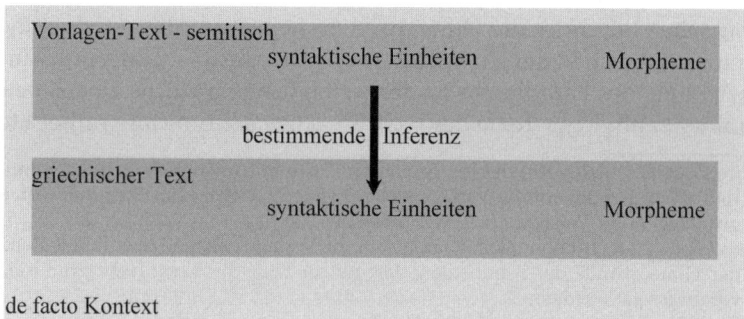

Abbildung 3.3: Zum Modell der Interlinearität

"On the horizontal plane morphemes are knit together into syntactic units
to convey information, on the vertical plane the parent text forms the *de*

---

561 JOOSTEN, Reflections 166.
562 Vgl. RÖSEL, Schreiber 98, „So ist bei den meisten [Übersetzern; D. H.] eine hohe Kom-
    petenz in beiden Sprachen festzustellen, auch wenn der Stil der erzeugten Texte durch
    die Orientierung an der Vorlage oft schwerfällig und ungriechisch wirkt."
563 PIETERSMA, Interlinear Model 350, „... for some *essential* linguistic information, the
    parent text needs to be consulted, since the text as we have it cannot stand on its own
    feet."
564 Vgl. JOOSTEN, Reflections 168, "The 'potential interlinearity' of the version cannot be
    denied." Ermöglicht wird eine solche Darstellungsweise durch die Übersetzungspraxis
    bei der den „Orientierungspunkt des Übersetzers vor allem die kleine Einheit *einer*
    Zeile" (RÖSEL, Schreiber 95) bildet.

facto context for units of meaning, and as a result of excessive one-for-one dependence on the source text the receptor text may be rendered disjoint or worse. That is to say, in an interlinear text one can expect that the vertical dimension interferes with the horizontal to such an extent that the text lacks semantic coherence."[565]

Die vertikale Dimension ist sowohl im Prozess der Übersetzung als auch in der Rezeption wirksam. Bestimmt der Ursprungstext die Sprache der Übersetzung, wird der Rezipient durch die gr. Übersetzung zur semitischen Vorlage geführt.[566] Dabei geht das Paradigma nicht soweit, die (horizontale) Dimension auszublenden;[567] sie wird dem Bezug auf den semitischen Vorlagen-Text (vertikale Dimension) nachgeordnet.[568] Schwierigkeiten im gr. Text werden stets in Rückgriff auf die Vorlage zu erklären gesucht, und nicht durch die Einbindung in das Gesamt des gr. Textes (Kontextualisierung) gedeutet.[569]

Die Übersetzung wird von den Autoren im schulischen Unterricht verortet;[570] sie diente in der jüdischen Gemeinde als Instrument für die Unterweisung in den hebr. Texten und der hebr. Sprache.[571]

"It follows that it was also, then, the Hebrew text of the Bible that was the object of study in the Jewish school, with the Septuagint functioning as a crib. Not only is that relationship of subservience and dependence underscored by

---

565 PIETERSMA, Interlinear Model 351.
566 Vgl. RÖSEL, Schreiber 95, „Die Übersetzung ist folglich ohne den Referenztext nicht denkbar; sie wollte demnach nicht die hebräische Schrift ersetzen, sondern auf sie zurückweisen." Vgl. auch USENER, Septuaginta 115.
567 Vgl. PIETERSMA, Response 12, "That is to say, since the LXX is a document written in Greek, it is assumed to be a Greek document–until proven otherwise."
568 Die Dichotomie von vertikaler und horizontaler Dimension lässt ein breites Spektrum der je konkreten Verhältnisbestimmung als realisierbar erscheinen.
569 Die Existenz problematischer Stellen in der gr. Überlieferung ist unumstritten; der Umgang mit ihnen ist unterschiedlich. Während das „kontextgebundene Verständnis" den Weg der Kontextualisierung in den Vordergrund stellt, rekurriert das Interlinearitätsparadigma auf die Vorlage. PIETERSMA, Interlinear Model 353, "... the vertical dimension prevents the tyranny of context." Wobei auch außerhalb der Gruppe der Vertreter des Interlinearitätsparadigmas in bestimmten Fällen zur Klärung auf die Vorlage zurückgegriffen wird. Vgl. ebd. 355, "As I see it, it is only the interlinear paradigm with its articulated vertical dimension that can legitimize what Septuagint scholars in fact routinely do, namely, have recourse to the parent text in order to account for the translated text." Dieser Rekurs will nicht als Notlösung zur Kompensation von Defiziten moderner Rezipienten verstanden werden, sondern ist der Intention der Übersetzung geschuldet. JOOSTEN, Reflections 165, "It was designed to remain subservient to the source text and to be fully understood only in a conjoint reading of the Hebrew and Greek." Vgl. außerdem SCHORCH, Vorrang 58.
570 Vgl. BOYD-TAYLOR, Mirror 23.
571 Vgl. PIETERSMA, Interlinear Model 359, "That implies *both* that the source text is the object of study *and* that the receptor language is a tool in that study."

the interlinear paradigm, but that paradigm accounts fully for the Septuagint's aspect of unintelligibility *as well as for its intelligibility*."[572]

Aus der Eigenart der Übersetzung wird vor dem Hintergrund der realen Überlieferung von „Interlinear-Übersetzungen"[573] und deren Funktionsbestimmung die Verortung der LXX im Schulwesen abgeleitet und ihr so in ihrer Erstfunktion ein pädagogisch-didaktischer Verwendungszweck zugewiesen.[574] Die Bindung an die Erstintention der Übersetzer löst sich mit der Zeit und der Text erscheint in einer von der Vorlage unabhängigen Position, sodass die Frage nach der Verhältnisbestimmung neu gestellt wird und sich zu einer Frage der Autorität wandelt.

> "As long as the Greek functioned as a crib for the study of the Hebrew, the question of relative authority could scarcely arise, since the Greek was only a tool. The problem of authority could only arise when the Greek text became an independent entity. That stage of development had already been reached by the time of Aristeas. Just how long the Greek continued as crib, we do not know … "[575]

3.2.3 Theorien über Entstehung und Zielsetzung

Die Entstehung der LXX – im Folgenden ist von der Tora die Rede – liegt im Dunkeln. Zweifelsfrei authentische Zeugnisse zu dem Prozess und den Hintergründen existieren nicht. Grundlage der Rekonstruktion ist eine Verbindung äußerer und innerer Hinweise, die der historischen Kritik zu unterziehen sind.[576]

Im Hintergrund der dargestellten Paradigmen stehen auch unterschiedliche Vorstellungen von Entstehung und Zielsetzung. Diese beiden Aspekte sollen aufgrund ihrer engen Verbindung und ihres wechselseitigen Einflusses gemeinsam behandelt werden.[577] Vorausgesetzt wird die Annahme, dass sich die leitenden Motive bei der Erstellung der Übersetzungen im Text widerspiegeln: Die Zielsetzung einer Übersetzung prägt ihren Charakter entscheidend; von ihm ist auf Zielsetzung und Ent-

---

572 PIETERSMA, Interlinear Model 359; außerdem JOOSTEN, Reflections 164f.
573 Vgl. dazu etwa PIETERSMA, Interlinear Model 346ff.
574 Vgl. PIETERSMA / WRIGHT, NETS xv.
575 PIETERSMA, Interlinear Model 360; vgl. außerdem BOYD-TAYLOR, Mirror 29; JOOSTEN, Reflections 164f.
576 Zu einem Überblick über die Forschungsgeschichte vgl. neben den Einleitungswerken auch DORIVAL, New Light 36–40; SCHENKER, Übersetzung 23–25.
577 Die Gemeinsamkeiten gründen in der funktionalen Argumentationsweise aller Ansätze. Vgl. SCHENKER, Übersetzung 23–25.

stehungskontext („literatursoziologische Einordnung der sogenannten Septuaginta"[578]) zu schließen.[579]

Dieses Unterfangen scheint für die LXX nicht durchführbar; allenfalls ist ein einheitliches Ergebnis für einzelne Bücher oder Buchgruppen im Bereich des Möglichen. Die Vielschichtigkeit der LXX lässt ein einheitliches Modell nicht zu.[580] Und doch findet eine Differenzierung nicht immer im erwünschten Umfang statt. In der Regel werden die Modellbildungen für den – vermutlich zuerst übersetzten –[581] Pentateuch entwickelt und dann – aufgrund der Annahme einer ähnlich gelagerten Motivation – auf die übrigen Bücher übertragen.

Entstehungsraum   Ein weitgehender Konsens besteht in der Forschung hinsichtlich des Entstehungsraumes – zumindest des Pentateuchs –, der von den meisten Autoren mit Ägypten, näherhin mit Alexandria, angegeben wird.[582] Die Existenz einer starken Diasporagemeinde in Alexandria erscheint als wichtige Voraussetzung, auch wenn die Argumentation auf innertextlicher Ebene zu erfolgen hat.[583] Als wichtigstes äußeres Dokument zur Entstehung der LXX gilt der „Aristeas-Brief".[584] Von einem pseudepigraphen Charakter, wie er seit dem 17. Jh. n. Chr. vertreten wird,

---

578 RÖSEL, Schreiber 89.

579 Vgl. BOYD-TAYLOR, Mirror 15, "The corpus of Jewish translational literature that comes down to us as the Septuagint is undoubtedly shot through with the concerns and interests of those who produced it. As such it promises to offer important evidence for the religious and intellectual life of Second Temple Judaism."

580 Vgl. TOV, Thoughts 101, "The recognition that the LXX is an amalgam of different translation units … " Die Frage nach den Hintergründen der Entstehung des Pentateuchs scheint aber für die Frage nach dem Anstoß der Entstehung der übrigen Bücher nicht ohne Relevanz zu sein.

581 Vgl. dazu Abschnitt 3.2.4, 131.

582 Vgl. RÖSEL, Septuaginta 222, „Verschiedene Besonderheiten im Text weisen eindeutig auf Ägypten und hier besonders auf Alexandrien als *Ort* der Übersetzung." Vgl. DORIVAL/HARL/MUNNICH, Bible Grecque 55f; DINES, Septuagint 42. Zur möglicherweise abweichenden Lokalisierung der Übersetzung der übrigen Schriften FERNÁNDEZ MARCOS, Introduction 53ff; DINES, Septuagint 46f; DORIVAL/HARL/MUNNICH, Bible Grecque 102ff: Ägypten (Alexandria oder Leontopolis), Palästina, Antiochien. Jüngst auch TOV, Reflections 9, "I suggest that the default assumption for the post-Pentateuchal books should be that they were produced in Palestine, and not in Alexandria or any other part of the Jewish Diaspora (in the latter case, there is no positive evidence in favor of such an assumption)." TOV, verweist dort auch auf die These von WACHOLDER, von einem Ursprung von Dan[LXX] in Jerusalem. Vgl. WACHOLDER, Eupolemos 279. Dagegen für Alexandria RÖSEL, Tempel 448.

583 Für das Daniel-Buch nimmt ALBERTZ, Gott 167, die Entstehung in Alexandria an.

584 Aufgrund des systematisierenden Ansatzes der Darstellung kann auf eine ausführliche Auseinandersetzung mit der Frage nach der Authentizität verzichtet werden. Vgl. COLLINS, Library, die von einer Zuverlässigkeit des Aristeas-Briefes ausgeht. JOOSTEN, Reflections 163, "In recent times, several Septuagint scholars in effect returned to this view." Zur Diskussion über seine Funktion vgl. auch SOLLAMO, Aristeas 335ff.

ist auszugehen,[585] ohne damit die Bedeutungslosigkeit des Inhaltes für die Frage nach der Entstehung der LXX zu behaupten.

Trotz der geringen Belastbarkeit lässt sich dem Text eine bemerkenswerte Aussage entnehmen: Er dokumentiert die Existenz einer Übersetzung der Tora in Alexandria vor seinem mutmaßlichen Entstehungsdatum im 2. Jh. v. Chr., die einer Legitimation bedarf. Ihre Anfertigung geht auf eine Initiative der ptolemäischen Obrigkeit zurück.

Innerjüdisches Interesse   In der derzeitigen Diskussion wird in der Regel das innerjüdische Bedürfnis nach einer Übersetzung in den Vordergrund gestellt.

> „Als eigentlicher Beweggrund der Übersetzung wahrscheinlicher ist das Bedürfnis der jüdischen Gemeinde Alexandrias nach einem solchen Werk. Die Tatsache, daß ein großer Teil der Juden in der ägyptischen Diaspora bereits im 3. Jahrhundert v. Chr. nicht mehr genug Hebräisch konnte, um die Lesung der Tora zu verstehen und ihre Aussprache- und Verständnistradition zu konservieren, stand in einem krassen Missverhältnis zu der immensen Bedeutung des Pentateuchs als Gesetzbuchs[!] und Trägers[!] der gefährdeten religiösen und kulturellen Gruppenidentität der alexandrinischen jüdischen Gemeinschaft."[586]

Die Argumentation stützt sich in der Regel entweder auf den Bereich der Liturgie und des (Synagogen-)Gottesdienstes, wo ein für die Menschen der Diaspora verständlicher Text aus der Tora vorzutragen wäre, oder auf eine Verwendung im Kontext der religiösen Erziehung bzw. der Ausbildung.[587] Beide Bereiche – Liturgie und Ausbildung – erfordern den Zugriff auf verständliche Texte.[588] Eine trennscharfe Unterscheidung wird sich aufgrund der engen Verwobenheit von religiöser Ausbildung und Praxis nicht sachgerecht vertreten lassen.[589] Die Wahrnehmung des Pentateuchs in seiner rechtlichen Dimension lässt an eine juristische Verwendung als Rechtsgrundlage der Diasporagemeinde denken. Eine weitere Motivation der jüdischen Gemeinde zur Übersetzung könnte in der Apologie und der missionarischen Ausrichtung zu suchen zu sein.[590] Die positive Wertung der leitenden Kultur des Hellenismus war vielleicht

---

585 Beispielhaft seien die Hinweise bei HANHART, Entstehung 22f; FERNÁNDEZ MARCOS, Introduction 40; RÖSEL, Schreiber 90, genannt.

586 TILLY, Septuaginta 46; vgl. zur Präferenz der innerjüdischen Erklärung auch JO-BES/SILVA, Invitation 34; SIEGERT, Einführung 29f; RÖSEL, Septuaginta 220; DINES, Septuagint 44.

587 Beide Aspekte sind nicht unproblematisch, insofern sich nur wenige Aspekte des Lebens in der Diaspora deutlich nachzeichnen lassen. DINES, Septuagint 47, "The exact nature of third-century BCE diaspora liturgy is, however, controversial."

588 Vgl. KREUZER, Septuaginta 67; SCHENKER, Übersetzung 24.

589 Vgl. DINES, Septuagint, "... as it is a mistake to treat 'liturgical' and 'educational' activities as mutually exclusive."

590 Vgl. DORIVAL/HARL/MUNNICH, Bible Grecque 70–78; in diesem Zusammenhang ist an die Ableitung der Übersetzung aus Dtn 4,6–8 zu erinnern. Vgl. SCHENKER,

Anlass,[591] vor der Gesellschaft Rechenschaft über den eigenen Glauben und dessen Grundlagen zu geben.

> „Hinsichtlich einer Beantwortung der Frage, ob der ‚Sitz im Leben' der Übersetzung 1. vor allem ihr gottesdienstlich-liturgischer Gebrauch war, ob sie 2. in erster Linie eine halachisch-rechtliche Regulierungsfunktion für die Bewältigung des Alltagslebens im jüdischen Politeuma hatte, oder ob sie 3. vorwiegend als Basistext und Argumentationsgrundlage beim Studium in den Schulen bzw. bei der privaten Lektüre zur religiösen Erbauung diente, ist eine Entscheidung für eine dieser drei Möglichkeiten, die die anderen Alternativen jeweils ausschließt, nicht zu fällen."[592]

Mit TILLY ist davon auszugehen, dass auf jüdischer Seite eine Reihe von Gründen plausibel gemacht werden können,[593] die sich weder wechselseitig ausschließen noch trennscharf unterscheiden lassen. Die Verwebungen des Lebens sind dichter als der systematisierende Blickwinkel. Eine allgemeine Anerkennung und Befürwortung einer solchen Übersetzung in der jüdischen Gemeinde ergibt sich aus den genannten Motiven jedoch nicht notwendigerweise.[594]

Ptolemäisches Interesse Demgegenüber wird auch auf ein ptolemäisches Interesse an der Anfertigung einer solchen Übersetzung verwiesen.[595] Die Quellen schweigen nicht nur über eine mögliche jüdische Initiative (argumentum e silentio), sondern der Aristeas-Brief und weitere (von ihm ggf. abhängige) Überlieferungen verweisen auf eine offizielle Initiative.[596]

Übersetzung 26f, der das verheißene „Hören der Tora" aller Völker als treibende Kraft sieht.

591 Vgl. KAISER, Athen 105, „Eine besonders enge Symbiose zwischen jüdischer Tradition und hellenistischer Umwelt kennzeichnete das *alexandrinische Judentum*."

592 TILLY, Septuaginta 48.

593 Zwingend sind die Gründe nicht. KREUZER, Septuaginta 62, „Andererseits basiert die These einer rein innerjüdischen Veranlassung auf Plausibilitätsargumenten im Rahmen eines zwar wahrscheinlichen, aber letztlich doch nur erschlossenen Geschichtsbildes." Vgl. ebd. 65.

594 Vgl. JOBES/SILVA, Invitation 34, "It is also very likely that the Greek translation of the Pentateuch did not enjoy universal favor among the Jews."

595 Vgl. DORIVAL/HARL/MUNNICH, Bible Grecque 66ff; SIEGERT, Einführung 28f; SCHENKER, Übersetzung 24, „Die *Tora* wird in der Tat in drei Bereichen gelesen: im Gottesdienst, in der Schule und in rechtlichen und sittlichen Fragen, die der *Tora* gemäss entschieden werden sollen. Ferner kann man an griechische kulturelle und an jüdische apologetische Interessen denken, die *Tora* einer nicht-jüdischen Leserschaft zugänglich zu machen." DINES, Septuagint 42, "A number of scholars consider that some Ptolemaic interest in a Jewish initiative is plausible." Eine grundlegende Unmöglichkeit einer innerjüdischen Motivation ist vor dem Hintergrund der Zeitgeschichte unwahrscheinlich. Vgl. etwa HANHART, Septuagintaforschung 382, „... dass ein Übersetzungswerk religiöser Texte von der Art der LXX – und für die Zeit der Entstehung des Pentateuchs – aus politischen oder juristischen Gründen nicht auf Grund freier Entscheidung der aus religiösen Gründen ihrer bedürftigen untertanen Volksgruppe selbst hätte entstehen können und dürfen, ist nicht anzunehmen."

596 Vgl. dazu DORIVAL/HARL/MUNNICH, Bible Grecque 70.

Als mögliches Motiv auf Seiten der hellenistischen Herrscher wird neben einer Verwendung der Tora „im Sinne eines ‚Nationalrechts'"[597] auch ein Interesse auf der Ebene von Bildung und Kultur genannt.[598]

Die Existenz der Überlieferung des Aristeas-Briefes und die darin tradierte Zuweisung der Initiative für die Übersetzung der LXX an die Ptolemäer, namentlich an Demetrius, sind ein starkes Argument, dieser Tradition zu folgen. Vor dem Hintergrund einer rein innerjüdischen Entstehung ist die Annahme einer freien Erfindung einer solchen Überlieferung kaum plausibel zu erklären.[599]

> „Wie ist es denkbar, dass eine erfundene Geschichte von der Übersetzung der heiligen Schriften auf Grund des Wunsches des heidnischen Königs bzw. seines Bibliothekars sich dermaßen rasch und vollständig verbreiten und akzeptiert werden konnte, zumal es ja dann auch Informationen über die eigentliche Entstehungsgeschichte gegeben haben musste?"[600]

Möglicherweise ist mit KREUZER der offizielle Anstoß zur Übersetzung in einem weiten Sinn zu interpretieren, wenn auszugehen ist „… von der Herausforderung, die die ptolemäische Kulturpolitik darstellte und die dazu führte, dass man von jüdischer Seite die eigenen Ursprungstraditionen bekannt machen und in der Bibliothek präsent haben wollte."[601] Die offizielle Initiative wäre damit kein Befehl oder Dekret, sondern die Schaffung eines Klimas, das eine jüdische Reaktion erforderte. „Der Sog der ptolemäischen Kulturpolitik könnte dann zur Publikation geführt haben, wofür die Bibliothek ein entscheidender Faktor gewesen sein dürfte."[602] Oder konkreter formuliert:

> „In diesem geistigen Klima ging es nicht einfach um abstrakte Gelehrsamkeit, sondern um Prestige und Anerkennung … Daraus resultierte das Bemühen um die Kenntnisnahme und Sammlung der Geschichts-, Kultur und Rechtstraditionen … Die Wahrnehmung eines Volkes oder einer Bevölkerungsgruppe vollzog sich wesentlich durch die Wahrnehmung der historischen und geistesgeschichtlichen Traditionen."[603]

---

597 TILLY, Septuaginta 46.
598 Vgl. ebd.
599 Vgl. KREUZER, Kultur 43; an der grundlegenden Aussage des Aristeas-Briefes halten etwa auch FERNÁNDEZ MARCOS, Introduction; DORIVAL/HARL/MUNNICH fest. DORIVAL/HARL/MUNNICH, Bible Grecque 78, „Il y aurait un motif principal: le roi, et des motifs secondaires: la curiosité intellectuelle de l'Alexandrins, le désir du Juifs de faire connaître la doctrine du vrai Dieu, les besoins liturgiques de la communauté. Cette solution éclectique ne paraît pas acceptable: les motifs secondaires, même ajoutés les uns aux autres, n'entraînent pas la nécessité de la traduction. Il faut l'initiative officielle."
600 KREUZER, Septuaginta 68.
601 KREUZER, Kultur 43.
602 Ebd. 44; KREUZER, Septuaginta 70.
603 KREUZER, Septuaginta 69.

Möglicherweise lässt sich auf diese Weise erklären, wie die Tradition der ptolemäischen Initiative für die Entstehung der LXX, wie sie im Aristeas-Brief greifbar ist, entstehen konnte.

Motivlage zur Übersetzung der übrigen Bücher Wesentlich unklarer ist die Motivlage hinsichtlich der Entstehung der übrigen Bücher.[604] Über den Prolog von Jesus Sirach und das Ester-Kolophon hinaus existieren keine Zeugnisse. Nach diesen Hinweisen ist die Funktion im Bereich des innerjüdischen Bedürfnisses der Diaspora zu suchen.[605] Die großen Differenzen lassen auch für diesen Bereich kein einheitliches Ergebnis erwarten; die Unterschiede in Datierung und Entstehungsort nötigen zu der Annahme verschiedener Entstehungskreise. Eine offizielle Mission der Übersetzung erscheint unwahrscheinlich; man wird mit privaten Initiativen rechnen müssen, deren Hintergrund weder einheitlich noch deutlich erkennbar ist.[606] Die sprachliche Gestaltung und der Einfluss der Übersetzung der Tora auf die Übersetzung der späteren Bücher lassen in der Regel nicht zu, dass das Bild klarer wird.

3.2.4 Chronologische Fragestellungen

Neben der absoluten Datierung der Übersetzungsvorgänge ist aufgrund der Uneinheitlichkeit und des mehrstufigen Entstehungsprozesses eine interne, relative Chronologie zu erstellen. Die LXX-Texte formen kein einheitliches Textkorpus, sondern bilden eine Zusammenstellung verschiedenster Texte mit je eigenen Charakteristika; sie stammen aus verschiedenen Zeiten, von verschiedenen Orten und von verschiedenen Übersetzern.[607] Eine Auseinandersetzung mit dieser relativen Chronologie in all ihren Details kann im vorliegenden Zusammenhang unterbleiben;[608] die Darstellung ist auf den Standpunkt des Daniel-Buches in ihr ausgerichtet.

---

604 Die Randständigkeit dieser Fragestellung macht DINES, Septuagint 47, deutlich: "The main area of interest – when the question is asked at all – is whether liturgical and/or educational purposes predominated, as for the Pentateuch."

605 DORIVAL/HARL/MUNNICH, Bible Grecque 109, „Ainsi les deux seuls témoignages légués par l'Antiquité font apparaître que les traductions sont dues à des initiatives destinées à répondre aux besoins éthiques et religieux des communautés hellénophones de la diaspora."

606 Vgl. TILLY, Septuaginta 54, „... keinem allgemeinen religiösen Interesse bzw. Bedürfnis einer bedeutenden, mehr oder weniger geschlossenen jüdischen Siedlungsgruppe, sondern entstanden wohl im Wesentlichen aufgrund privater Initiativen und innerhalb partikularistischer jüdischer Gemeinschaften vor jeweils wechselndem geschichtlichen Hintergrund."

607 Vgl. JOBES/SILVA, Invitation 30, "Strictly speaking, there is really no such thing as *the* Septuagint."

608 Vgl. dazu etwa SIEGERT, Einführung 34ff.

„Dass die Anfänge der Septuaginta in der Zeit von Ptolemaios II. bzw. gegen und um die Mitte des 3.Jh. s. v. Chr. anzunehmen sind, ergibt sich nicht nur aus der in allen Traditionen vorausgesetzten Verbindung mit diesem König, sondern auch aus den ältesten Papyri, die eine Existenz des griech. Pentateuch für die Zeit um bzw. ab 200 v. Chr. bezeugen ... Die Übersetzung aller Schriften der Septuaginta zog sich wahrscheinlich ca. 100 Jahre hin, vielleicht auch bis zu 150 Jahre."[609]

Weitgehend unumstritten ist die Priorität der Übersetzung der Bücher des Pentateuchs;[610] demgegenüber ist die Übertragung der übrigen Schriften nachgeordnet. Der sich aus der handschriftlichen Überlieferung ergebende *terminus ante quem* für die Übersetzung des Pentateuch liegt in etwa gleichzeitig mit der Entstehung des Daniel-Buches in seiner LXX-Fassung.[611] Aufgrund des Zeugnisses des Aristeas-Briefes ist eine frühere Entstehung wahrscheinlich zu machen. Die meisten Autoren rechnen mit der Mitte des 3.Jh. v. Chr.[612] Für die Frage der Datierung der weiteren Bücher ist auf innere Beobachtungen Bezug zu nehmen.[613] Mit gewissen Einschränkungen lässt sich auf diese Weise eine Chronologie der Übersetzung der verschiedenen Bücher bzw. Buchgruppen erreichen.[614]

Die Entstehung von Dan[LXX] blickt auf die LXX-Fassung des Pentateuchs und der Propheten, sowie von 1–4 Kön und 1/2 Chr zurück.[615] Ein großer Teil der bibl. Schriften wurde vor Dan[LXX] übersetzt.[616] Bei den Büchern Klgl, 1Makk, Jdt, Est, 2Esr, Hld, Koh ist von einer Entstehung nach Dan[LXX] auszugehen. Geht man mit ALBERTZ von einer Frühdatierung zumindest von Dan[LXX] 4–6 aus, wäre die Übersetzung deutlich früher, etwa zeitgleich mit der Entstehung der Tora, anzunehmen.[617] Meist wird die Entstehung von Dan[LXX] nicht allzu lange nach der Endredaktion von MT angesiedelt.

---

609 KREUZER, Kultur 44f; ähnlich RÖSEL, Schreiber 89, „Die LXX ist ein *Sammelwerk*, das in der Zeit zwischen der Mitte des 3.Jh. v. Chr. und dem 1.Jh. n. Chr. entstanden ist, wobei die Übersetzungstätigkeit sicher in Alexandrien und Palästina, vielleicht auch in Leontopolis (Jes) und in der östlichen Diaspora (Tob, EpJer) stattfand." Zur Datierung der ältesten Handschrift vgl. DE TROYER, Pentateuch 277; außerdem SIEGERT, Einführung 37.
610 Zu Differenzen in der Pentateuch-Übersetzung vgl. RÖSEL, Septuaginta 221.
611 Vgl. dazu Abschnitt 2.4, 19; vgl. allerdings Abschnitt 3.2.6, 135.
612 Vgl. außerdem DINES, Septuagint 41f; TILLY, Septuaginta 49.
613 Zu den spärlichen äußeren Bezeugungen vgl. DORIVAL/HARL/MUNNICH, Bible Grecque 86–93; DINES, Septuagint 45, "... dating is perforce from internal evidence."
614 Eine Übersicht über mögliche Datierungen bieten DORIVAL/HARL/MUNNICH, Bible Grecque 111; SIEGERT, Einführung 42. Vgl. auch TILLY, Septuaginta 51f.
615 Vgl. dazu TOV, Impact 578; SIEGERT, Einführung 39; TILLY, Septuaginta 49–55.
616 Vgl. etwa SIEGERT, Einführung 42.
617 Vgl. dazu Abschnitt 3.2.6, 135.

3.2.5 Dan^{LXX} im Strom der LXX

Das Daniel-Buch wird in einer historisch nicht exakt bestimmbaren Situation in gr. Sprache (neu-)geschrieben bzw. übersetzt und damit Teil der gr. (Sprach-)Kultur, näherhin der LXX, die – auch zu diesem Zeitpunkt – sowohl eine Vor- als auch eine Nachgeschichte aufweist.[618] Zumindest in seiner Endfassung ist es in den Entstehungsprozess der LXX chronologisch im Kontext der späteren Bücher einzuordnen. Darüber hinaus wird man davon ausgehen dürfen, dass Dan^{LXX} im Überlieferungs-Kontext der oben genannten Schriften entstanden ist. Dabei kann offen bleiben, ob Dan^{LXX} gezielt als Element eines größeren Textkorpus geschaffen wurde; es ist auch mit einer sekundären Aufnahme des Buches in die LXX zu rechnen. Aufgrund der Beziehungen von Dan^{LXX} zum MT und der zahlreichen Berührungen ist in diesem Fall mit einem ähnlichen Trägerkreis oder aber einem Trägerkreis, der von der LXX geprägt ist, zu rechnen.[619]

In eine andere Richtung weist die Annahme einer frühen Entstehung von Dan^{LXX} 4–6 – etwa zeitgleich mit der Übersetzung des Pentateuchs – von ALBERTZ.[620] Unter dieser Voraussetzung sind direkte Bezugnahmen nur im Kontext der Einbindung der Übersetzung von Dan^{LXX} 4–6 in die LXX des Daniel-Buches als redaktionelle Eingriffe anzunehmen.

Die Beobachtung vergleichbarer Phänomene an der Oberfläche des gr. Textes in Dan^{LXX} und in anderen Schriften der LXX lässt sich – sofern obige Annahme richtig ist – als bewusste Bezugnahme interpretieren.[621] Nicht unbewusste oder zufällige Übereinstimmungen, sondern ein gezieltes Aufgreifen von Themen anderer bibl. Schriften ist möglich, freilich nicht zwingend. In Dan^{LXX} begegnen zahlreiche Anknüpfungen an den Pentateuch, die Königsbücher und weitere Bücher der LXX. Besonderes Interesse gilt dem Fall, dass LXX entgegen MT eine Referenz bietet. Dieses Phänomen lässt sich entweder durch eine Veränderung des Textes

---

618 Mit dem Begriff LXX ist in diesem Zusammenhang eine Sammlung gr. Texte bezeichnet, die in großen Teilen auf die Übersetzung der hebr. Bibel zurückgeht, aber an ihren Rändern nur weiche Grenzen aufweist.

619 Diese Annahme ergibt sich vor dem Hintergrund der divergierenden Datierungen, der Entstehungsorte und Übersetzer nicht selbstverständlich. Aufgrund des großen Einflusses insbes. des Pentateuchs auf beinahe alle weiteren Übersetzungen (vgl. dazu etwa TOV, Septuaginta 240.260ff) erscheint sie zulässig. Offenkundig kommt der Übersetzung des Pentateuchs eine Normativität zu, die die Übersetzer der nachfolgend übersetzten Bücher prägt. Wesentlich erscheint die Beobachtung, dass sich der Trägerkreis von Dan^{LXX} 1–12 – nach Ausweis der divergierenden Wiedergabe des Begriffes מַשְׂכִּילִים – von dem des mt Daniel-Buches distanziert hat oder unterscheidet.

620 Vgl. zur Vorstellung dieses Ansatzes Abschnitt 3.2.6, 135.

621 Unabhängig von der literarkritischen Entstehung der Anknüpfungen sind die Bezüge aus einer leserzentrierten Perspektive zur Erhebung der theologischen Botschaft eines Textes verwertbar.

während des Übersetzungsprozesses oder durch die Annahme einer vom pMT abweichenden semitischen Vorlage erklären.

3.2.6 Dan^{LXX} 4–6: Zum Ort der LXX in der Textgeschichte

Der spannungsvolle Befund der Textüberlieferung hat zu vielfältigen Theoriebildungen hinsichtlich der Textgeschichte des Daniel-Buches Anlass gegeben.[622] Die Ansatzpunkte literarkritischer Operationen sind beim Daniel-Buch augenfälliger als bei anderen Büchern;[623] ihre Interpretation ist jedoch ebenso schwierig. Insbes. die Differenzen zwischen Dan^{MT} 4–6 und Dan^{LXX} 4–6 verlangen nach einer Erklärung, die im Bereich der Textgeschichte zu suchen ist und in verschiedene Richtungen entwickelt wurde.

Vor- oder Nachgeschichte   Die vorgestellten Modelle der Textgenese des Daniel-Buches unterscheiden sich von der nachfolgend zu betrachtenden These von ALBERTZ wesentlich in der chronologischen Einordnung von Dan^{LXX} 4–6 in den Prozess der Textgenese (vgl. Abbildung 3.4). Dem allgemeinen Verständnis der LXX folgend sehen die meisten Autoren Dan^{LXX} 4–6 als eine gegenüber der mt Fassung sekundäre Texttradition an.[624] Dan^{LXX} 4–6 gehört in die Nachgeschichte der mt-Textfassung Dan^{MT} 4–6. Eine solche Hypothese hat mit der Schwierigkeit der Differenzen von Dan 4–6 in den beiden Textfassungen zu kämpfen.[625] Einen anderen Weg geht ALBERTZ, der in Dan^{LXX} 4–6 eine verglichen mit der

---

622 Ergänzend sei auf Abschnitt 3.1.2, 33 verwiesen.

623 Als augenfällige Merkmale seien an dieser Stelle nur die Zwei- bzw. Dreisprachigkeit, der Wechsel der Erzählperspektive, der Charakter der Texte von Dan 1–6 und Dan 7–12 sowie die Unterschiede zwischen MT und LXX genannt.

624 Vgl. etwa TOV, Strange Books 297, "The relationship between many details in MT und LXX in Daniel 4–6 cannot be determined easily, but most scholars believe that the LXX reflects a later reworking of a book resembling MT, while occasionally the LXX reflects an earlier form. Some scholars go as far as to argue that the LXX of Daniel as a whole preceded MT."

625 Vgl. KOCH, Buch Daniel 75, „Die Schwäche der Hypothese [i. e. die Aufstockungsthese; D. H.] liegt überraschenderweise im textkritischen Bereich bzw. dort, wo die Textkritik in die Literarkritik hereinschlägt. Es wird nicht begreiflich, woher das Auseinanderklaffen von G[LXX] und M[T] in Kap. (3).4–6 rührt ... im Vergleich zu den anderen aramäischen Kapiteln." Vgl. auch die Wiedergabe bei ALBERTZ, Gott 158.

mt Fassung ältere Stufe der Textgenese sieht:[626] Dan^{LXX} 4–6 gehört in die Vorgeschichte der mt Überlieferung.[627]

> „Nein, die Schwierigkeiten lösen sich mit einem Schlag, wenn die Prämisse der bisherigen Forschung aufgegeben wird, die abweichende Septuaginta-Überlieferung der Nachgeschichte des aramäischen Danielbuches zuzurechnen."[628]

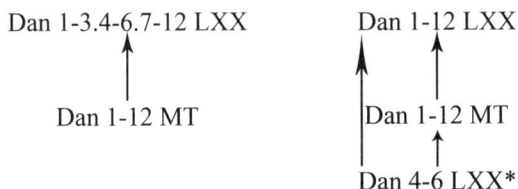

Dan 1-3.4-6.7-12 LXX   Dan 1-12 LXX

Dan 1-12 MT   Dan 1-12 MT

                             Dan 4-6 LXX*

Abbildung 3.4: Vor- und Nachgeschichte: Dan 4–6 LXX

ALBERTZ: *Der Gott des Daniel*[629]   Die Bedeutung der These von ALBERTZ für diese Untersuchung ist evident. Kerngedanke des Modells ist die Einordnung von Dan^{LXX} 4–6 in die Vorgeschichte des MT. Vor diesem Hintergrund erklärt er das Auseinanderklaffen der beiden Traditionen. „Dan 4–6 LXX repräsentieren eine ehemals semitische Tradition von Danielerzählungen, die noch vor der Abfassung des aramäischen Danielbuches entstanden sind."[630] Die Textgeschichte der Erzählsammlung Dan^{LXX} 4–6 ist im Kontext der Komposition des aram. Daniel-Buches zu betrachten.

Erzählsammlung Dan 4–6* LXX   ALBERTZ rekonstruiert die Genese des Textes über drei Textstufen bis zur Bezeugung in der LXX. Ausgangspunkt der literarisch greifbaren Textentwicklung sind die Einzelerzählungen

---

626 Vgl. dazu ALBERTZ, Gott 157ff; aber auch WILLS, Jew 144; MUNNICH, Texte massorétique 93; MCLAY, Double Translations 255f, "Most scholars are agreed that the different version of chapters 4–6 in the OG is based on a Semitic *Vorlage*, and Wills and Albertz have made important contributions to understanding the alternative redactions of Daniel for these chapters while arguing that the OG version witnesses to a more original text of the book … Though it may now be stated with some confidence that it has become a scholarly consensus that the OG in theses chapters witnesses to an earlier Vorlage than MT/Th …" Vgl. außerdem STEUSSY, Gardens 181.

627 Vgl. ALBERTZ, Social Setting 180, "It can be proved that these Old Greek stories [Dan^{LXX} 4–6; D. H.], which differ markedly from their Aramaic counterparts, are not late and inaccurate midrashim as is often thought, but represent an independent shape of the Daniel stories which in my view is even older than the Aramaic, perhaps not in all their details, but in their basic narrative plot."

628 ALBERTZ, Gott 159.

629 Ebd. insbes. 157ff. Vgl. außerdem ALBERTZ, Social Setting 179ff.

630 ALBERTZ, Gott 156.

Dan 4; 5; 6, die auf der zweiten Stufe zu einer Erzählsammlung Dan[LXX] 4–6* zusammengefügt werden. Diese wird in einem dritten Schritt in die entstehende Übersetzung des Daniel-Buches (Dan[LXX]) eingebunden.

Die Genese der einzelnen Erzählungen muss weitgehend im Dunkeln bleiben.[631] Erkennbar ist die Abfassung in einer semitischen Sprache. Für Dan 4 nimmt ALBERTZ eine hebr., für Dan 5; 6 eine aram. Vorlage an,[632] die im Kontext der babylonischen Diasporagemeinden in der späten persischen Zeit (Ende des 4. Jh. bzw. am Beginn des 3. Jh. v. Chr.) angesiedelt werden müssen.[633] Als Trägerkreis ist – insbes. für Dan 6 – die „jüdische Oberschicht" wahrscheinlich zu machen, die in der Verwaltung tragende Rollen übernommen hat und dieses Verhalten zu reflektieren sucht.[634] Dan[LXX] 4–6* ist als „Sammlung bzw. lockere Komposition dreier ehemaliger Einzelerzählungen"[635] zu beschreiben, die aufgrund ihrer Einheitlichkeit auf ein und denselben Verfasser zurückgehen dürfte. „Die vielen Rückbezüge, die [von Dan 6; D. H.] über Kap. 5 hinweg nach Kap. 4 hergestellt werden, dienen dem Ziel, der Sammlung eine gewisse Abrundung zu geben."[636] Ob mit Dan 4–6 der Umfang der Sammlung vollständig angegeben ist, lässt sich nicht mit Sicherheit belegen; es spricht einiges dafür.[637] Weiter optiert ALBERTZ aufgrund der engen sprachlichen Bezüge zwischen den Kapiteln dafür, „daß es der ‚Übersetzer' selber war, der aus einer hebräischen und zwei aramäischen Einzelerzählungen die vorliegende Sammlung überhaupt erst in griechischer Sprache herstellte."[638] Nicht eine in einer semitischen Sprache verfasste Erzählsammlung wird in das Gr. übersetzt, sondern die semitisch-sprachigen Einzelerzählungen werden in gr. Sprache zu einer Einheit verbunden.[639]

---

631 Für Dan 6 nimmt ALBERTZ auf der Vorstufe eine Intrigantenerzählung Dan 6,1b–26* an. Auch für die übrigen Erzählungen ist mit der Verwendung älterer Stoffe zu rechnen.

632 Vgl. ALBERTZ, Gott 161.

633 Vgl. ebd. 166.

634 Vgl. ebd. 167, „Die Intriganten-Erzählung Dan 6 LXX* ist wie das Estherbuch mit relativ hoher Wahrscheinlichkeit der babylonischen Diaspora des persischen Reiches zuzuordnen. Sie läßt sich auch sozialgeschichtlich lokalisieren: Sie stammt aus frommen Kreisen der jüdischen Oberschicht, die wie Nehemia in der persischen Verwaltung Karriere machten und sich mit dieser Erzählung versichern, daß – trotz immer wieder auftretender Konflikte – ihre Treue gegenüber der jüdischen Überlieferung und ihre Loyalität gegenüber einem fremdreligiösen Staat grundsätzlich vereinbar ist und daß sich ein Standhalten gegen den Anpassungsdruck ihrer heidnischen Berufswelt letztlich auszahlt."

635 Ebd. 159, unter Ausschluss weniger Elemente.

636 Ebd. 160.

637 Vgl. ebd. 160f. Dan 1; 7 waren jedenfalls kein Teil dieser Sammlung.

638 ALBERTZ, Gott 161.

639 Die Entscheidung ist nicht eindeutig. Vgl. ebd., „Auch die weltoffene, selbstbewußt-missionarische Haltung, die in der jetzt vorliegenden Ausarbeitung der Bekehrungsthematik erkennbar wird, würde eine Lokalisierung des Autors der Sammlung in Kreisen des griechisch sprechenden Diasporajudentums gut erklärlich machen."

In der uns überlieferten Tradition erscheint die Sammlung im größeren Kontext der LXX. Der Übersetzer des makkabäischen (pMT) Daniel-Buches integriert die gr. vorliegende Erzählsammlung in seine Übersetzung des Daniel-Buches (1–12).[640] Wesentlich für die These von ALBERTZ ist der Nachweis der weitgehenden Unabhängigkeit der Erzählsammlung von diesem Kontext; dabei ist die Frage nach textinternen Bezügen ein wesentlicher Argumentationsstrang.[641] Die LXX-Fassung zeichnet sich durch zahlreiche Bezüge innerhalb von Dan^{LXX} 4–6 aus, während nur in geringem Ausmaß Bezüge über diesen Bereich hinaus zum umgebenden Kontext bestehen.[642]

> „Daraus kann man wohl mit großer Wahrscheinlichkeit folgern, daß der Übersetzer von Kap. 2 und 3 nicht der Übersetzer bzw. Verfasser von Dan 4–6 gewesen ist … Es ist darum weitaus plausibler anzunehmen, daß Kap. 4–6 eine dem LXX-Übersetzer vorgegebene Sammlung darstellt, die er … mit seinem Danielbuch verklammert hat."[643]

Während die Einzelerzählungen wohl in spätpersischer Zeit in der babylonischen Diaspora entstanden sind, dürfte der Schritt von der Einzelerzählung zur Sammlung in gr. Sprache erst in hellenistischer Zeit anzusiedeln sein.[644] Zugleich nimmt ALBERTZ für diesen Übergang auch einen anderen geographischen Kontext an, wenn er von Alexandria als Entstehungsort und dem Kontext des ägyptischen Judentums ausgeht.[645]

> „Am ehesten wird man aufgrund ihrer positiven Einschätzung der Fremdherrschaft und ihres insgesamt optimistischen Grundtons an die erste Hälfte des 3. Jh. denken müssen, als die ptolemäische Herrschaft über Ägypten und Palästina noch unangefochten und die Jerusalemer Aristokratie noch nicht in Machtkämpfe zwischen Seleukiden und Ptolemäern um die Vorherrschaft verwickelt war. Zu denken ist etwa an die Regierungszeit von Ptolemaios II. Philadelphos (285–246 v. Chr.), unter dem die alexandrinische Judenschaft nach Ausweis des späteren Aristeasbriefes offizielle Anerkennung fand

---

640 Zur zeitlichen und geographischen Einordnung vor 165 v. Chr. vgl. ebd. 165.

641 Vgl. dazu ALBERTZ, Gott 161–163.

642 Der Befund für MT ist dem entgegengesetzt. Dort herrscht eine große Zahl von Bezügen zum umgebenden Kontext, während die in der LXX zu beobachtenden internen Bezüge in Dan^{LXX} 4–6 nicht nachweisbar sind.

643 ALBERTZ, Gott 162.164; ebd. 161, „Wenn es sich um eine speziell für das griechisch sprechende Judentum hergestellte Erzählsammlung handelt, würde auch verständlich, warum sie sich dort einer solchen Beliebtheit erfreute, daß auch der LXX-Übersetzer, der für den gleichen Adressatenkreis schrieb, an ihr nicht vorbeigehen konnte, selbst als es die neue Fassung des aramäischen Danielbuches längst gab."

644 Vgl. ALBERTZ, Gott 167, der von einem „griechisch schreibende[n] Verfasser der Sammlung Dan 4–6 LXX*" ausgeht.

645 Vgl. ALBERTZ, Gott 167f, „Er wählte von den aus dem Osten stammenden hebräischen bzw. aramäischen Daniellegenden solche aus, die sich für sein missionarisches Anliegen eigneten bzw. auf dieses hin umarbeiten ließen."

und ermuntert wurde, ihr religiöses Gesetz, d. h. die Tora, in die griechische Reichssprache zu übertragen."[646]

Dan^LXX 4–6 wäre damit der frühen jüdischen Literatur in hellenistischer Zeit aus der ägyptischen Diaspora zuzurechnen. Sicherlich bildet die Existenz des pmt Daniel-Buches (also ca. 165 v. Chr.) einen *terminus ad quem* für die beiden ersten Stufen der Textgenese: für die Entstehung der Einzelerzählungen und für die Zusammenstellung der Texte in gr. Sprache. Die dritte Stufe der Textgenese ist nach diesem Datum anzusiedeln.[647] Einen wesentlichen Ertrag sieht ALBERTZ in der Möglichkeit, die Divergenz zwischen Dan^MT 4–6 und Dan^LXX 4–6 zu erklären:

> „Damit läßt sich nun aber auch das Problem klären, warum der LXX-Übersetzer hinsichtlich Kap. 4–6 vom aramäisch-hebräischen Danielbuch abgewichen ist. Er kannte eine Sammlung von Danielerzählungen, die älter waren als dieses Buch und der schon von daher hohe Dignität zukam, zumal sie sich in seinem Adressatenkreis wahrscheinlich hoher Beliebtheit erfreute. Aber nicht nur dies, der LXX-Übersetzer hatte selber ein theologisches Interesse an dieser Sammlung. Einige der Abweichungen, die er bei der Übersetzung des aramäisch-hebräischen Danielbuches vornimmt, weisen ihn als einen Theologen aus, der selber an der universalen Ausbreitung des jüdischen Monotheismus ... und der Überwindung der heidnischen Götzenbildverehrung ... interessiert ist."[648]

Komposition des aramäischen Daniel-Buches   Das aram. Daniel-Buch umfasst einen Textkomplex von Dan 2–7, wobei die Zugehörigkeit der apokalyptisch geprägten Randkapitel 2 und 7 umstritten ist.[649] Als Startpunkt der Entstehung betrachtet ALBERTZ die Sammlung von Daniel-Erzählungen, die im wesentlichen Dan^LXX 4–6 entsprechen in gr. Sprache oder aber in einer aram. Übersetzung aus dem Gr.[650] Die Erzählsammlung wird zunächst um die Einzelerzählung Dan 3 ergänzt, bevor Dan 2; 7 als Rahmen um diese Komposition angefügt werden und so eine Neuausrichtung der theologischen Dimension erfolgt.[651]

---

646 ALBERTZ, Gott 169.
647 Vgl. ebd. 165.
648 ALBERTZ, Gott 164.
649 Nach ebd. 172, sind Dan 2; 7 Teil dieses aram. Daniel-Buches: „Das aramäische Danielbuch hat das Stadium der Einzelerzählungen, ja auch das der Erzählsammlung längst hinter sich gelassen. Das Netz der expliziten und impliziten Verweise, Wiederaufnahmen und sprachlichen Anspielungen reichte von Kap. 2–7 ... "
650 Evtl. ist damit zu rechnen, dass die Verfasser Kenntnis weiterer Einzelüberlieferungen hatten, die weitgehend parallel zu dieser Überlieferung waren. Auf diese Weise könnte die Existenz von *praefatio* zu Dan 5 zu erklären sein.
651 ALBERTZ, Gott 180f, „Um den so aus der Erzählsammlung 4–6 und der Einzelerzählung Kap. 3 geschaffenen Komplex schuf der Verfasser des aramäischen Danielbuches einen weiteren Rahmen mit Kap. 2 und 7*, in dem er seine neue apokalyptische Theologie entfaltete."

„Die Komposition des aramäischen Danielbuches umfaßt ursprünglich Kap. 2–
7. Es ist von vornherein ein apokalyptisches Buch, das als solches nur in Kap. 2
eine geringe und in Kap. 7 eine etwas tiefgreifendere Aktualisierung erfahren
hat. In 2,1–4a wurde es – im Zusammenhang der Vorfügung von Kap. 1 –
nachträglich ins Hebräische übersetzt, um den Sprachübergang zu mildern.
Das jetzige Kapitel 1 ist, wie schon die Diskrepanz zur Datierung in 2,1 zeigt,
kein ursprünglicher Bestandteil des aramäischen Danielbuches. Ob dieses je
eine andere Einleitung besessen hat oder nicht, kann hier offen bleiben. Die
Vorstufe einer Sammlung nichtapokalyptischer Erzählungen (Dan 2–6), wie
sie häufig postuliert wurde, ist nicht nachweisbar. Nachweisbar ist allein die
Vorstufe einer Sammlung 4–6 in einer ähnlichen Form, wie sie uns in der LXX
überliefert ist."[652]

Auf theologischer Ebene sieht ALBERTZ in der aram. Erzählsammlung
eine gegenüber Dan^{LXX} 4–6 veränderte Sichtweise auf politische Machtstrukturen.[653] Aufgrund der gut erkennbaren konzentrischen Struktur ist
davon auszugehen, dass das aramäische Daniel-Buch in vormakkabäischer Zeit tatsächlich als eigenständiger Überlieferungskomplex existierte,
bevor es dann, erweitert um den hebr. Visionsteil in makkabäischer Zeit
die Gestalt des pmt Daniel-Buches erreichte.

Das leitende Argumentationskriterium zur Bestimmung der Textentwicklung und der Datierung ist für ALBERTZ in der politischen Perspektive der Texte zu suchen. „Auszugehen ist von der Tatsache einer gegenüber
der griechischen Sammlung deutlich negativeren Einschätzung der politischen Fremdmacht."[654] Die äußerst kritische Perspektive auf menschliche
Machtstrukturen führt ihn in die Zeit des Antiochus III. (223–187 v. Chr.)
und der Auseinandersetzungen zwischen Seleukiden und Ptolemäern
um die Vormacht in Palästina.

„Es mag dieses sozial, politisch und religiös aufgeheizte Klima gegen Ende
des 3. Jh. gewesen sein, das den Verfasser des aramäischen Danielbuches
bewog, anhand der überlieferten Danielerzählungen seine apokalyptische
Konzeption von politischer und göttlicher Herrschaft zu entwickeln."[655]

In gleicher Weise wie ALBERTZ eine Verschiebung des geographischen
Kontextes annimmt, sieht er auch die sozialgeschichtliche Herkunft der
Autoren gegenüber der Erzählsammlung verändert:

---

652 Ebd. 178.
653 Vgl. ALBERTZ, Gott 178f, „Diese optimistische Sicht, die fremdreligiöse Weltherrschaft
   von innen heraus durch Bekehrung ihrer Regenten zum jüdischen Glauben zu refor-
   mieren und für die jüdische Gemeinde akzeptabel zu machen, konte und wollte der
   aramäische Verfasser aufgrund seiner Erfahrungen mit dem politischen System seiner
   Zeit ganz offenbar nicht mehr teilen. Darum strich er die Bekehrungsthematik, die ja
   durchaus auch schon eine eschatologische Perspektive enthielt, aus der Sammlung
   fast ganz heraus und ersetzte sie … durch seine apokalyptische Perspektive von der
   Durchsetzung der Königsherrschaft Gottes gegen die politischen Weltreiche."
654 Ebd. 183.
655 Ebd. 183f.

„Aus seiner [i. e. des Verfassers des aram. Daniel-Buches; D. H.] Komposition wird ein ausgesprochenes Interesse an Phänomenen der politischen Macht als solcher erkennbar, deren Verirrungen und Depravation durch die Geschichte der vorderorientalischen Großreiche bis in seine Gegenwart hinein er allerdings nur aus der Position eines schonungslosen Beobachters, nicht eines Beteiligten verfolgt. Dem entspricht es, daß er Daniel gegenüber der griechischen Sammlung erkennbar ein ganzes Stück weit vom politischen System abrückt (5,17; 6,2–4.11.14.29) ... Es handelt sich eher um einen Intellektuellen, der ohne eigenen politischen Einfluß sich an der Seite der Opfer einer zerstörerischen politischen Herrschaft stehen sieht und ihnen durch seinen neuen theologischen Entwurf eine politische Zukunftsperspektive zu geben versucht."[656]

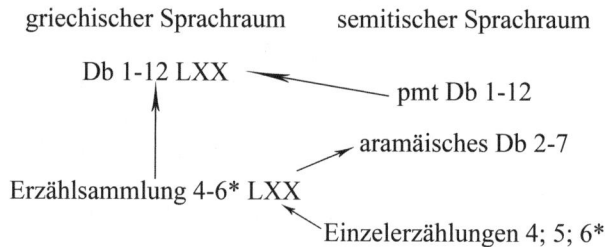

griechischer Sprachraum   semitischer Sprachraum

Db 1-12 LXX   pmt Db 1-12

                                             aramäisches Db 2-7

Erzählsammlung 4-6* LXX

                                        Einzelerzählungen 4; 5; 6*

Abbildung 3.5: Entstehung des aram. Daniel-Buches nach ALBERTZ

Weitere Perspektiven   Weitere Modellbildungen oder Anstöße gehen u. a. auf WILLS, LUST, MUNNICH, MCLAY sowie KELLENBERGER zurück.

WILLS: *"The Jew in the Court of the Foreign King"*[657]   Im Kontext einer Untersuchung der Gattung Hoferzählung setzt sich WILLS mit Dan 1–6 auseinander und entwickelt ein textgenetisches Modell dieser Erzählsammlung. Ausgangspunkt sind die überlieferungsgeschichtlichen Probleme von Dan 4–6. "... I have taken up the view of Charles, Jahn, and others that the OG attests an older version of the legends. I have given evidence that the OG version of Daniel 4, 5, and 6 in each cases reflects an older *Vorlage* than does MT."[658] In einer form- und motivgeschichtlich dominierten Analyse zeichnet er für Dan 6 eine Abhängigkeit von BelDr[LXX] nach: "The increased emphasis on the hostility of the majority ethnic group can be seen in four steps, from Bel and the Dragon OG to Bel and the Dragon Th to Daniel 6 OG to Daniel 6 MT."[659] Vergleichbare Entwicklungen weist er für Dan 4; 5 auf.[660]

---

656 ALBERTZ, Gott 184.
657 WILLS, Jew.
658 Ebd. 144.
659 Ebd. 137.
660 Zu den gemeinsamen Entwicklungstendenzen vgl. ebd. 145f.

Die älteren Fassungen von Dan 4–6 bildeten eine eigenständige Überlieferungseinheit, die in einem redaktionellen Prozess mit Dan 3 verbunden wurde. In diesem Kontext wurde Dan 6 umfassend überarbeitet und
mit Dan 3 parallelisiert.[661] Eine Redaktion mit einem stark mantischen
Interesse ergänzt Kapitel 1; 2. Diese Ausrichtung hebt sie deutlich von
Dan 3; 6 ab; schließlich kommt es zu einer Verbindung mit 7–12 und den
Zusätzen. Für den gesamten Prozess stellt er eine Fokussierung auf die
persönliche jüdische Frömmigkeit fest. Nicht mehr die Identitätsfestigung
steht im Vordergrund, sondern die Ausrichtung am göttlichen Gesetz.[662]

LUST: *"The Septuagint Version of Daniel 4–5"*[663]   Bezugspunkt der Überlegungen von LUST sind die Differenzen zwischen Dan 4; 5 sowie die
Kapitelreihenfolge, die P 967 bietet.[664]

LUST beobachtet die lose Verbindung der beiden Texte Dan[LXX] 4; 5
und kontrastiert diese mit der wesentlich engeren in der MT-Fassung.[665]
Eine allgemein anerkannte Beobachtung ist die sorgfältige Strukturierung
des MT: Die konzentrische Struktur ist in P 967 durch die Stellung von
Dan[LXX] 7; 8 gestört.[666] Während dieser Befund in der Regel dahingehend
interpretiert wird, dass die Übersetzer der LXX aus chronologischen Motiven eine Umstellung vorgenommen haben, mag man diesen Schluss mit
LUST nicht als zwingend ansehen. Als Motiv für eine Umstellung einer
ursprünglichen Reihenfolge der LXX durch MT (oder dessen Vorlage)
ließe sich die Schaffung eben jener Struktur plausibel machen. "It is more
easy to accept the thesis that the elaborate composition of the MT was
due to editorial activity."[667] Er geht von einer größeren Ursprünglichkeit

---

661 Vgl. ebd. 149, "It was stated above that the transformation of Daniel 6 from an idol
   parody narrative into a conflict with a satrapy setting and a focus on witnessing
   evidently occurred when 4–6 were combined with chapter 3 … "
662 Vgl. ebd. 151, "The early forms of the Danielic corpus probably served to affirm the
   ethnic identity of the Jews, just as other Jewish court legends had. The direction of
   development in the Daniel corpus, however, is toward a focusing on the issue of
   righteousness and obedience to the laws of God, and not Jewish ethnic identity, as it
   was in Esther. … several tendencies can be observed in the redaction of Daniel 1–6
   which are already moving in the direction of a strict personal piety."
663 LUST, Septuagint Version.
664 Die Annahme der Ursprünglichkeit der differierenden Kapitelreihenfolge von P 967
   gegenüber der im mt Text bezeugten Reihung steht der These von der Eigenständigkeit
   der Überlieferungseinheit Dan 4–6, wie sie ALBERTZ sieht, gegenüber. ALBERTZ, Gott
   78f, begründet die Ursprünglichkeit der mt Reihenfolge. Zur Auseinandersetzung
   mit dieser Argumentation LUST, Septuagint Version 47, "In favour of his view, he
   overemphasizes the scanty terminological links between chapters 4 and 5 in the LXX."
665 Vgl. LUST, Septuagint Version 43, "… characterize Dan 4 and 5–6 in the LXX as two
   separate literary entities."
666 Vgl. ebd. 44, "… the Greek papyrus 967 gives a less structured impression, ordering
   the materials chronologically but not according to their literary genre or contents."
667 Ebd. 50, dort auch: "The Semitic editor or his *Vorlage* collected the Daniel stories and
   arranged them according to a preconceived plan. In the heart of his composition he

– im Textbestand der LXX – der Kapitelreihenfolge des P 967 aus[668] und
nimmt zugleich einen unabhängigen Sammlungsprozess der Texte für
MT an. Die Spannung zwischen den verschiedenen Reihungen erklärt
er nicht mit einer literarischen Abhängigkeit, sondern mit unabhängigen Sammlungsprozessen, die zu verschiedenen Anordnungen geführt
haben.

Insgesamt geht LUST von einer auf Einzelerzählungen zurückgehen-
den aram. Erzählsammlung der LXX aus vormakkabäischer Zeit aus, die
auch die deuterokanonischen Zusätze enthielt (Dan 2; 3; 4; 7; 5; 6).[669]
Dan 8 wurde erst in makkabäischer Zeit mit den weiteren hebr. Überlie-
rungen angefügt. Demgegenüber wurden die Texte in aram. Sprache im
Traditionsstrom des MT in einer unterschiedlichen Reihenfolge gesammelt, sodass für den pMT die erhaltene die ursprüngliche Reihenfolge ist.
Im weiteren Überlieferungsprozess kommt es zu einer stärkeren Angleichung der LXX an den MT.[670] Zugleich wird die im MT entgegen der LXX
zu beobachtende enge Verbindung der Kapitel 4 und 5 geschaffen.[671]

MUNNICH: *"Texte massorétique et Septante dans le livre de Daniel"*[672]   Auch
für diesen Entwurf sind die Kapitelreihenfolge von P 967 sowie die Gestalt
von Dan^LXX 4; 5 verglichen mit MT die entscheidenden Ansatzpunkte.
Nach der Hypothese von MUNNICH ist die Kapitelreihenfolge von P 967
ursprünglicher und geht auf eine abweichende semitische Vorlage, für
die P 967 Zeuge ist, zurück. Die nachfolgende Diskussion ist auf eine
hypothetische semitische Vorlage des P 967 bezogen.[673]

Aufgrund des Vergleichs des Beginns von Dan^LXX 4 und Dan^MT 4
sowie des jeweiligen Anschlusses an Dan 3 schließt MUNNICH auf die
Bestimmung der Erzählung Dan^LXX 4 als eine sekundäre Einfügung.[674]
Dabei vertritt er die Auffassung, dass aufgrund ihres Charakters not-

---

put chapters 4 and 5. In both episodes he wished to present Daniel in competition with
    the Babylonian wise men. At the same time he wanted to contrast the behavior of two
    pagan kings ..."
668 Vgl. LUST, Septuagint Version 48.
669 Vgl. ebd. 52, "It is probable that the Aramaic stories and visions originally circulated
    independently from each other. Chapters 4, 5 and 6 were not interconnected but were
    brought together and ordered according to different patterns in the *Vorlage* of the LXX
    and of the MT." Vgl. ebd. zum Problem der Einleitung Dan 1 und Sus.
670 LUST, Septuagint Version 52f, "We may conclude that the different order of the chapters
    in the LXX and in the MT may be due to an alternative arrangement of originally
    independent episodes."
671 Vgl. ebd. 43.51.
672 MUNNICH, Texte massorétique.
673 Vgl. MCLAY, Translation 316, "... Munnich has argued that 967 witnesses to an alter-
    native Semitic literary edition that was basically complete for chapters i-xii plus the
    additions."
674 Vgl. MUNNICH, Texte massorétique 100, „Or, la mention du récit de Dan. 4 en deux
    lieux *différents* d'une *même* séquence narrative (formée par l'édit et par l'ency-clique)
    fait plutôt penser que le chapitre 4 lui-même représente une addition secondaire."

wendigerweise die LXX-Fassung Gegenstand der Einfügung war. Der Prozess der verstärkten Fokussierung auf Daniel (von Dan^{LXX} 4 nach Dan^{MT} 4) lasse sich als literarischer Prozess wahrscheinlich machen, nicht aber eine umgekehrte Entwicklung.[675] Einen ähnlichen Befund sieht er für Dan^{LXX} 5.[676] Für Dan^{LXX} 4; 5 (und damit dessen Vorlage) nimmt er gegenüber der mt-Fassung eine ältere Form an,[677] wobei der MT als direkte Neubearbeitung der Vorlage der LXX-Fassung durch einen makkabäischen Redaktor zu verstehen ist.[678] Die beiden Erzählungen weisen eine Bindung an verschiedene Könige auf. Während sich Dan^{LXX} 4 auf Nebukadnezzar bezieht, hat Dan^{LXX} 5 Belschazzar, den Sohn des Nebukadnezzar, im Blick.[679]

MUNNICH plädiert für die größere Ursprünglichkeit der Reihenfolge des P 967, die sich an der Chronologie der Datierungen zu Beginn der Erzählungen ausrichtet. Nach der Erzählung über Nebukadnezzar folgen Dan 7; 8, die im ersten bzw. dritten Jahr der Regierung des Belschazzar datieren und Dan^{LXX} 5, wo von dessen Tod berichtet wird.

> „La remplacement de la séquence initiale (4–7–8–5–6) par l'ordre que l'on connaît en 𝔐 (4–5–6–7–8) ne correspond pas à une réorganisation historicisante des épisodes."[680]

Der Ausgangspunkt für seine Argumentation ergibt sich aus der Erzählung Dan^{LXX} 5, die sich durch eine nur lose Bindung an die Figur des Daniel auszeichnet und sich von den Kapiteln 7 und 8 durch die vage Datierung in die Herrschaftszeit des Belschazzar unterscheidet.[681] In dieser Hinsicht ähnelt die Erzählung von Dan^{LXX} 5 den deuterokanonischen Zusätzen von Sus und BelDr. „En somme, le chap. 5 constitue comme les récits de *Bel* et de *Suzanne* un *satellite* dans le cycle de *Daniel*."[682] Bemerkenswert ist, dass nach der Reihenfolge des P 967 die Texte Dan^{LXX} 5 mit dem Bericht vom Tod des Belschazzar und Dan^{LXX} 6 mit Bezug auf

---

675 Vgl. ebd. 101.102, „Or, dans la Septante, Daniel joue un rôle moins important qu'en 𝔐 … on voit clairement comment la formulation de 𝔐 constitue un retravail d'une forme littéraire plus ancienne, qu'atteste, au chapitre 4, la Septante et où Daniel jouait un rôle assez limité."

676 Vgl. ebd. 107, „Comme au chapitre 4, la Septante présente en *Daniel 5* une forme particulièrement ancienne et le texte massorétique manifeste des traces de réélaboration."

677 Vgl. ebd. 93, „Dans le cas des chapitres 4 et 5, la formulation de la Septante semble plus ancienne que celle du texte massorétique." Zur Argumentation vgl. ebd. 99–116.

678 Vgl. MUNNICH, Texte massorétique 120; außerdem MCLAY, Translation 308, "… direct literary development form the *Vorlage* of the OG to the MT". Vgl. zur Frage des Redaktors ebd. 313.

679 Diese Verbindung erscheint jedoch in Dan 5 als sekundär. Vgl. MUNNICH, Texte massorétique 115.

680 Ebd. 116. Zur redaktionsgeschichtlichen Klärung der Problematik des Übergangs von Dan 6 auf Dan 9 vgl. MUNNICH, Cadrage Dynastique 184ff.

681 Vgl. außerdem MCLAY, Translation 310.

682 MUNNICH, Texte massorétique 116.

Dareios in Anschluss an die beiden anderen Erzählungen (Dan 7; 8), die
mit Belschazzar verknüpft sind, bietet. Ein ähnliches Vorgehen lässt sich
beim Anschluss der sog. deuterokanonischen Stücke BelDr und Sus an
das Ende des Daniel-Buches beobachten; auch sie weisen nur vage Datierung auf und werden an das Ende gestellt. Aus der stets bezeugten
Verbindung zwischen Dan 5 und Dan 6 folgert MUNNICH:

> „Il est probable que, comme l'épisode deutérocanonique de *Bel*, celui du
> chapitre 6 constitue un élément tardivement intégré au recueil. En somme, le
> *Papyrus 967* présente les chapitres 5 et 6 comme des 'additions de l'intérieur,'
> alors que les deutérocanoniques représentent des 'additions de l'extérieur'.
> Ultérieurement, 𝔐 aurait antéposé ces chapitres par une rationalisation lit-
> téraire qu'on pense avoir expliquée et dont l'antéposition de *Suzanne* fournit
> un parallèle dans la tradition θ'."[683]

Der beschriebene Sammlungsvorgang setzt die Existenz von Dan 7; 8
voraus und ist aufgrund des Bezugs von Dan 8 auf Antiochus in die
makkabäische Zeit zu datieren. Die Entstehung der Vorlage der LXX, wie
sie sich in P 967 widerspiegelt, ist somit in makkabäischer Zeit anzusiedeln. Die Komposition von Dan^{LXX} 4; 7–8 wird um die Darstellungen von
Dan^{LXX} 5; 6 ergänzt.[684]

Den Übergang von der, von ihm als ursprünglich erachteten Kapitelreihenfolge der Vorlage des P 967, die er durch terminologische Bezüge
zwischen Dan^{LXX} 4; 7–8 in P 967 gestützt sieht, zur mt bezeugten Reihung
sieht MUNNICH in einer unterschiedlichen Zugangsweise begründet:[685]
Als ein wesentliches Merkmal der Kapitelreihenfolge der Vorlage des
P 967 betrachtet MUNNICH die Annäherung der Figur des Nebukadnezzar an Antiochus,[686] die durch die benachbarte Lage der Kapitel 4 und
7–8 unterstützt wird. Die 4,34 thematisierte Erzählung von der Bekehrung
des Nebukadnezzar ist damit eine Erzählung von einer Bekehrung des
Antiochus, deren deutliche Betonung aus der Perspektive des unterlegenen Volkes verständlich wird.[687] Der Bezug auf Antiochus macht die
Datierung des ursprünglichen Kompositionsvorganges von Dan^{LXX} 4; 7–8;
5–6 in die makkabäische Zeit deutlich. Diese Parallelisierung von Nebu-

---

683 MUNNICH, Texte massorétique 117; vgl. auch MUNNICH, Roi 205.
684 In gleicher Weise scheint MUNNICH in dieser Zeit die Entstehung der Einleitung Dan 1–
     2,4a sowie von Dan 2,13–24; Dan 11; 12 anzunehmen, die er mit einem makkabäischen
     Redaktor bzw. Herausgeber in Verbindung bringt. Vgl. dazu auch MCLAY, Translation
     316.
685 Vgl. MUNNICH, Texte massorétique 116; vgl. auch MUNNICH, Cadrage Dynastique
     192.
686 Vgl. MCLAY, Translation 314, "Clearly ... at least chapter viii and the final form of
     chapter vii is a Maccabean composition that focuses on Antiochus."
687 Vgl. MUNNICH, Texte massorétique 119, „La forme que reflète la Septante possède
     donc une cohérence certaine ainsi qu'une grande force: elle charge Antiochus en s'en
     prenant rétrospectivement à Nabuchodonosor. On a comme une ,histoire des vaincus'
     qui se venge du présent en s'emportant contre le passé."

kadnezzar und Antiochus scheint – so MUNNICH – für die mt Tradition in makkabäischer Zeit nicht akzeptabel.[688] Das Verständnis des MT stellt somit die historische Verstehensweise in den Vordergrund; die Beziehung der Herrscher tritt demgegenüber zurück.[689] In diesem zeitgeschichtlichen Kontext ist die Entstehung der Einleitung und die Gesamtredaktion des Buches angesiedelt.

Insgesamt ist somit zu schließen, dass nach MUNNICH P 967 eine ältere Ausgabe des gesamten Daniel-Buches bezeugt, von dem aus sich in einigen Fällen die Entwicklung bis hin zu MT nachzeichnen lässt und durch den man einen Einblick in die Textgeschichte erhält.[690] Die Vorlage des P 967 umfasste Dan^{LXX} 1–12 allerdings in der abweichenden Reihenfolge. In makkabäischer Zeit wurden Dan 7; 8 im Zuge der redaktionellen Überarbeitung des Daniel-Buches, die mit einer Fokussierung auf die Gestalt des Daniel einhergeht, verfasst und mit Dan^{LXX} 4 verbunden. Daran wurden die älteren Erzählungen von Dan^{LXX} 5; 6 angeschlossen. Diese Tradition diente als Ausgangspunkt für die Entwicklung der LXX (mit dem Textzeugen des P 967), während sich in einer späteren makkabäischen Redaktion die pmt Tradition entwickeln konnte.[691]

MCLAY: *"The Old Greek Translation of Daniel IV-VI and the Formation of the Book of Daniel"*[692]   MCLAY formuliert sein 10-stufiges Modell in Auseinandersetzung mit den beiden vorangehend vorgestellten Ansätzen.[693]

Ausgangspunkt sind die unabhängigen Einzelerzählungen Dan 2–6, die in vorhellenistischer Zeit im Gebiet Mesopotamiens im Umlauf waren. Der Nachweis der unabhängigen Existenz verschiedener Daniel-Traditionen lässt sich anhand der deuterokanonischen Abschnitte und der außerbiblischen Daniel-Traditionen in Qumran führen. Auf der *zweiten Stufe* entsteht eine Sammlung semitischer Texte, die Dan 4–6 möglicher-

---

688 Vgl. ebd. 117–120; zur Problematik dieses Verständnisses vgl. MCLAY, Translation 314.
689 Vgl. MUNNICH, Texte massorétique 119f, „Aussi surprenant que cela paraisse, c'est la forme massorétique qui, ne comprenant plus cette intention littéraire, est *historicisante.*" Vgl. außerdem MUNNICH, Cadrage Dynastique 189, „... *logique dynastique*: l'histoire du ‹fils› fut placée immédiatement après celle du père. ... *c'est la succession de* 𝔐 qui est historicisante et non celle de la vieille Septante."
690 Vgl. zu dieser Gesamtbeschreibung MCLAY, Translation 308. Diese These stützt er durch die Argumentation, dass LXX und Peschitta eine von MT abweichende Edition des Textes wiedergeben. Vgl. MUNNICH, Peshitta 246, „... dans plusieurs cas, sinon dans tous, la Peshitta prouve que le traducteur de la Septante a suivi de près une formulation différente de 𝔐."
691 Vgl. MCLAY, Translation 316, "According to Munnich this hypothetical collection had the chapters arranged and presumably the different content for iv–vi (or vi, vii, viii) according to 967 and this original Semitic edition underwent further editing, which produced proto-MT."
692 Ebd.
693 Vgl. zur folgenden Darstellung ohne Einzelnachweise ebd. 318–322. Außerdem MCLAY, OG and Th; MCLAY, Relationship.

weise unter Einschluss von 3,31 umfasst und in der gr. Fassung von Dan^{LXX} 4–6 greifbar ist.[694] Ergänzt wurde diese Sammlung auf der *dritten Stufe* um Dan 2* (ohne VV 13–23(24).29–30.(40)41–43.47.49) und Dan 3 (ohne deuterokanonische Abschnitte). Auf der *vierten Stufe* der Textentwicklung wird die erweiterte Sammlung um einen Kern von Dan 7 und möglicherweise eine frühe Form von Dan 1 ergänzt. In zeitlicher Nähe zu den Religionsverfolgungen des Antiochus IV. wurden Kapitel 2; 7 überarbeitet. In diesem Kontext gelangt eine Fassung der Texte Dan 1–7 nach Alexandria. Aufbauend auf früheren Übersetzungen insbes. von Dan 4–6 wurde nach 167 v. Chr. als *fünfte Stufe* eine Übersetzung dieser Sammlung angefertigt.[695] Die ursprüngliche semitische Version wurde in dieser Zeit und vor dem Hintergrund der Entweihung des Tempels – *Stufe sechs* – stark bearbeitet. In diesem Kontext wurden nach der Anfügung von Dan 8 und Dan 10–12 auch starke Eingriffe in Dan 2; 7 vorgenommen, die sich auf die Eingliederung des Motivs der Zehen bzw. der Hörner beziehen. Weiter wurde als letzter Textteil zum Abschluss des pmt Daniel-Buches Dan 9 verfasst; auch die Einleitung Dan 1 wurde in dieser Zeit entweder neugeschrieben oder übersetzt. Von dieser Entwicklung losgelöst ist auf der siebten Stufe die Entwicklung des Textes in Ägypten. Im Zuge der dortigen Textentwicklung fanden die Zusätze zu Dan 3 ihren Ort in der Sammlung und BelDr und Sus wurden angegliedert. Weitere Veränderungen lassen sich nur schwer identifizieren. Die *achte Stufe* ist von der Anbindung einer gr. Übersetzung von Dan 8–12 an die ägyptische Texttradition gekennzeichnet; mit weiteren Bearbeitungen in Angleichung an die pmt Tradition ist zu rechnen. Noch in vorchristlicher Zeit wurde vermutlich im Bereich Palästinas ein unabhängiges Übersetzungsverfahren durchgeführt – *Stufe neun* –, wobei jedoch die Zusätze zum pMT beibehalten wurden. Die *letzte Stufe* der Textentwicklung ist der lange Prozess der schriftlichen Texttradierung, der mit kleineren Eingriffen verbunden war.

KELLENBERGER: *Textvarianten in den Daniel-Legenden als Zeugnisse mündlicher Tradierung*[696]   Für einen Abschied von der Frage nach der zeitlichen Priorität plädiert KELLENBERGER vor dem Hintergrund der Belege für beide Positionierungen.[697] Er stellt die Bedeutung des mündlichen Erzählens gegenüber der schriftlichen Textbearbeitung in den Vordergrund.

---

694 McLAY, Translation 308.317f, geht von einer sekundären Umordnung der Kapitel in P 967 aus.

695 Vgl. ebd. 320, "Since the collection of chapters iv–vi had circulated independently for many decades it had already been translated into Greek."

696 KELLENBERGER, Textvarianten.

697 Ebd. 215, „Sowohl die Priorität des MT als auch die Priorität der LXX können offenbar mit gleich plausiblen Argumenten begründet werden. Ich meine darum, dass das übliche Suchen nach einer prioritären Textfassung zu kurz greift, und dass die Forschung deshalb noch viel entschlossener als bisher von der Idee einer so genannten ,Ur-Fassung' Abschied nehmen sollte."

„Mündliche Überlieferung geht der Verschriftung nicht nur voraus, sondern geschieht auch weiter, nachdem längst schon schriftliche Fassungen
existieren."[698] In diesem Sinn nimmt er Verschiebungen der Erzählungen
aufgrund zeitgeschichtlicher und geographischer Hintergründe an.[699]

3.2.7 Position und Vorgehen der Untersuchung

Welche Konsequenzen ergeben sich aus dem dargestellten Positionsplura-
lismus hinsichtlich des Wesens der Septuaginta und ihrer Entstehungsgeschichte für die vorliegende Untersuchung?

Die (in sich äußerst komplexen) Konzeptionen divergieren stark. Während
ein Teil der Autoren Dan[LXX] 6 in die Nachgeschichte des mt Daniel-Buches
einordnet und mit einer von Dan[MT] 6 unterschiedenen Vorlage rechnet[700]
oder die Freiheit und das Eigeninteresse des Übersetzers in den Vordergrund
stellt,[701] geht ein anderer Teil von einem umgekehrten Prozess aus und ordnet
Dan[LXX] 6 in die Vorgeschichte des Daniel-Buches ein. Die LXX-Fassung hätte
damit einen älteren Text als MT bewahrt. „Man muss also mit parallelen Re-
zensionsprozessen im griechischen und im hebräischen Überlieferungsstrang
der Bibel rechnen."[702] Hinzukommen die verschiedensten Erwägungen hinsichtlich des Entstehungsprozesses des mt Daniel-Buches (Abschnitt 3.1.3)
und seiner sozialen Verortung (Abschnitt 3.1.5).

Die Durchsicht der verschiedenen Positionen, ihrer Argumente und Deutungen zeigt die Komplexität der Problemlage auf. Eine Entscheidung
für die Akzeptanz der einen oder anderen Position ist häufig mit einer
bestimmten Plausibilitätszuweisung oder der Bereitschaft verbunden,
bestimmte Argumentationen aufzunehmen. Eine grundsätzliche Plausibilität kommt – trotz ihrer völligen Disparatheit – allen Ansätzen zu. Eine

---

698 Ebd.
699 Vgl. ebd. 220.
700 Vgl. dazu schon RIESSLER, Buch Daniel 34.44, „Es bleibt somit nur die Möglichkeit
     übrig, dass die LXX in der Hauptsache auf einen vom MT abweichenden Text zurück-
     geht … Das Resultat dieser Untersuchung ist folgendes: Die LXX-Übersetzung von
     Kap. II 4–VII beruht auf einer Vorlage, welche von der Vorlage des MT verschieden
     ist. Die Differenzen zwischen LXX und MT entspringen im Wesentlichen nicht der
     willkürlichen Behandlung des Textes durch den griechischen Übersetzer, sondern sind
     auf dessen Vorlage zurückzuführen. Die Verschiedenheit der LXX-Vorlage und der
     Vorlage des MT ist hauptsächlich durch eine nach der LXX-Übersetzung stattgehabte
     Revision bzw. Überarbeitung verursacht worden."
701 Vgl. etwa RÖSEL, Septuaginta 225, „Mit der zunehmenden Erkenntnis des exegetischen
     Eigeninteresses der Übersetzer nimmt jedoch die Neigung zur Rekonstruktion anderer
     Vorlagen ab." RÖSEL, Schreiber 98, „Die Übersetzer lassen sich m. E. am ehesten als
     ‚Schriftgelehrte' bezeichnen, weil sie eben nicht nur übersetzten, sondern die traditionel-
     len Überlieferungen im Horizont der geänderten Sprach- und Verstehensbedingungen
     neu zu Gehör brachten."
702 RÖSEL, Schreiber 90.

Positionierung kann nicht am Beginn, sondern – möglicherweise – am Ende der Untersuchung geschehen. „Wir werdem[!] also die notorisch verwickelte Frage der *Daniel*-Komposition – sie gilt für alle erhaltenen Fassungen – hier nicht lösen können."[703] Eine vollständig neutrale Herangehensweise ist weder möglich noch erstrebenswert; die Untersuchung geht nachfolgend davon aus, dass Dan[LXX] 6 als gr. Text im gr. Kulturraum zu verstehen und verstehbar ist. Möglicherweise steht eine semitische Vorlage im Hintergrund, die Dan[LXX] 6 wörtlich – entsprechend der Vorstellung des Interlinear-Modells – wiedergibt, dafür gibt es jedoch keine äußeren Anhaltspunkte.[704] Es ist schwer vorstellbar, wie Dan[LXX] 6 einen Beitrag zum sprachlichen Verständnis des ba Textes von Dan[MT] 6 leisten kann.[705] Daher verdient das kontextgebundene Verständnis den methodischen Vorzug; die Bedeutung der vertikalen Dimension sei jedoch hervorgehoben. Der Text ist auch eine Übersetzung; der Blick auf den möglichen semitischen Hintergrund und auf dessen Gestalt ist wach zu halten.[706]

> Die Anwendbarkeit des Interlinearitätsmodells auf das Daniel-Buch – insbes. auf Dan 4–6 – hängt von der (Annahme der) Existenz einer semitischen Vorlage, die enge Übereinstimmungen mit Dan[LXX] 4–6 aufweist, ab. Allein auf der Basis des Paradigmas eine solche Vorlage zu postulieren, erscheint als unzulässig.[707] Als Arbeitsmodell ist das Interlinearitätsparadigma daher für die vorliegende Untersuchung abzulehnen. Sollten sich jedoch Anhaltspunkte für eine von Dan[MT] 6 abweichende Vorlage ergeben, ist diese Entscheidung zu revidieren.

Die Entstehung wird auf private Initiativen innerjüdischer oder hellenistischer Seite gegen Ende des 2. Jh. zurückgehen. Möglicherweise ist damit

---

703 SIEGERT, Einführung 337.
704 RÖSEL, Schreiber 100, „Jedenfalls ist es ein Faktum, dass es bei den späteren LXX-Büchern keine gemeinsame Linie hinsichtlich der Übersetzungstechnik gegeben hat; im Falle des Danielbuches sind z.B. sicher zwei konkurrierende vorchristliche griechische Versionen greifbar."
705 JOOSTEN, Reflections 177, "It is highly unlikely that the version of any of these books was created in order to aid students to make sense of the Hebrew." Vorauszusetzen ist die – für das Beispiel des Daniel-Buches umstrittene – Entsprechung der Vorlage mit dem pMT. Beachtung verdient zudem die Erkenntnis der Uneinheitlichkeit der LXX. Vgl. auch PIETERSMA, Interlinear Model 357, „there are clearly exceptions"; ebd. 359, "There can be no doubt: not all translated books in the Septuagint collection will turn out to be interlinear texts."
706 Mit diesem Zuschnitt kann die horizontale Dimension im Vordergrund stehen, ohne dass eine möglicherweise greifbare vertikale Verbindung zu einem Vorlagen-Text aufgegeben wird. Beide Positionen zeigen relevante Aspekte der Textgeschichte auf; vgl. KRAUS, Translations 69.
707 Dies wird dadurch verschärft dass kein externer Beweis für die Hypothese existiert. JOOSTEN, Reflections 170, "A weakness in the presentation of the interlinear hypothesis is the near-total absence of positive evidence that would favour it." Unter der Annahme einer differierenden Vorlage erhält das Interlinear-Paradigma eine größere Plausibilität. Auch NETS bietet beide Fassungen θ und LXX als eigenständige Überlieferungen.

zu rechnen, dass für Dan^{LXX} (4–)6 eine frühere Entstehung – zeitgleich mit der Tora und evtl. auf ptolemäische Initiative hin – angenommen werden darf; die Gesamtfassung der Dan^{LXX} jedenfalls ist eine späte Übersetzung. Nur wenige bibl. Bücher wurden später übersetzt.

3.3 Zusammenfassende Einordnung in den Diskurs

1. Das Buch Daniel erweist sich als heterogen in beinahe jeder Hinsicht. Vor diesem Hintergrund ist die Annahme einer längeren Entstehungsgeschichte aber auch die Pluralität der Betrachtungsweisen zu verstehen. In einem weitgehenden Konsens ist von einer Unterteilung des Buches in Dan 1–6(.7) und Dan (7.)8–12 („Aufstockungsthese") auszugehen, wobei der genaue Ort des Scharnierkapitels Dan 7 variiert. Die Erzählungen Dan 2–6 sind die älteren Texte und entstammen der östlichen Diaspora; in makkabäischer Zeit wurden sie mit den Visionen verbunden.

2. Das Buch Daniel ist Teil der bibl. Traditionsliteratur in hellenistischer Zeit. Konsequenzen aus dieser Bestimmung sind nicht nur für die Textüberlieferung, sondern auch für Übersetzungen zu berücksichtigen: Die Sprachgrenze ist keine relevante Markierung im Bereich der Texttransmission. Im Kontext von Traditionsliteratur – insbes. in ihrem jungen Stadium – ist mit den gängigen Traditionsprozessen zu rechnen.

3. Die Frage nach den Differenzen von Dan^{LXX}4–6 und Dan^{MT} 4–6 bedarf über dieses grob skizzierte Grundmodell hinaus einer grundlegenden Reflexion.

4. Hinsichtlich der Gattungsbestimmung von Dan^{MT} 6 besteht kein Konsens: Die Vorschläge gehen in der Regel nicht von strukturellen, sondern von inhaltlichen Merkmalen aus. Aufgrund der Eigenart der Erzählung erscheint dieses Vorgehen als alternativlos; die Gattungsbestimmung wird erst im Anschluss an die Analyse vorgenommen. Die Gattungsbestimmung von Dan^{LXX} 6 ist in der Forschung wenig beachtet worden; wesentlich ist ihre Eigenständigkeit.

5. Zur Bestimmung des sozialen Hintergrundes der Trägergruppe sind viele Vorschläge vorgelegt worden; sie beruhen auf einem bestimmten Bild des Frühjudentums, das die Fragmentierung in den Vordergrund stellt. Demgegenüber müssen die verbindenden Elemente stärker berücksichtigt werden. Die Trägergruppe der Visionen ist mit den מַשְׂכִּילִים (Dan 11,33–35) zu identifizieren; sie sind der hellenistischen Opposition in der seleukidischen Zeit in Jerusalem zuzurechnen, gehören einer mantisch-weisheitlich geprägten gesellschaftlichen Führungsschicht an und sehen ihre Aufgabe in der Unterweisung des Volkes. Verbindungen zu anderen Gruppierungen und Bewegungen existieren vielfach, ohne dass eine Identifizierung vorgenommen werden kann. Die Erzählungen entstammen der Diaspora in einem mantisch-weisheitlich geprägten Milieu. Nähere Aussagen über ihre soziale Stellung können nicht getroffen werden. Eine Identität der Trägergruppen von Erzählungen und Visionen ist nicht anzunehmen; vielmehr ist die Übernahme dieser Erzählungen mit „literarischen Wanderungsprozessen" zu erklären.

6.   Das Daniel-Buch stellt Geschichte ins Zentrum. In seinen Darstellungen knüpft es an die bekannte Geschichte an und entfaltet an ihr Fragen der Metahistorie. Die Verfasser des Buches zeigen keine im modernen Sinn historisch-kritische Herangehensweise, sind aber nicht geschichtsvergessen. Auch die fiktionale Figur des Meders Darius speist sich wesentlich aus historischen Erinnerungen an verschiedene Personen, die in ihr verschmelzen. Im Hintergrund stehen theologische Motive. Die Theologie ist der Geschichte übergeordnet.

7.   Die vorliegende Untersuchung ordnet sich in den Kontext literaturwissenschaftlich-narratologisch geprägter Ansätze ein. Beziehungen bestehen dabei insbes. zu den Konzeptionen von NOLAN FEWELL und MEADOWCROFT.

8.   Aufgrund der Eigenart von Dan^LXX 6 ist das „kontextgebundene Verständnis" als Arbeitsmodell zu wählen und Dan^LXX 6 im Kontext der zeitgenössischen gr. Literatur – insbes. der LXX – zu verstehen.

9.   Fragen der Datierung und Lokalisierung von Dan^LXX 6 lassen sich nicht a priori beantworten. Generell wird Dan^LXX 6 als spät angesehen (anders ALBERTZ) und in Alexandria verortet. Auch die Frage nach der Initiative für diese Übersetzung und nach der Funktionsbestimmung muss offen bleiben.

10.   ALBERTZ ordnet Dan^LXX 4–6 in die Vorgeschichte des MT ein und erklärt damit die Differenzen in der Übersetzungsweise. Das Verhältnis von Dan^LXX 6 und Dan^MT 6 bedarf einer differenzierten Analyse. A priori ist der Hypothese von ALBERTZ nicht zu folgen. Relevant ist die Erkenntnis, dass die LXX nicht grundsätzlich in der Nachgeschichte des MT verortet ist. Der Frage nach den Differenzen in 4–6 wird man mehr Raum geben müssen. Hierzu sind die Theoriebildungen von WILLS, LUST, MUNNICH und MCLAY zu beachten. Die These von ALBERTZ führt auf eine Frühdatierung von Dan^LXX 6 und erfordert eine Neubestimmung des Ortes von Dan^LXX 6 im Traditionsstrom der LXX.

4 Methode der Untersuchung

„Wenn wir uns vornehmen, irgendein Material wissenschaftlich zu untersuchen, müssen wir entscheiden, welche Methode oder welche Methoden
wir dabei verwenden. Es ist jedoch nicht zu empfehlen, eine vorhandene
Methode, die auf einem entsprechenden Gebiet oder auf einem Nachbarge-
biet bereits mit Erfolg verwendet worden ist, im voraus zu wählen. Denn
jedes Material bringt methodologische Sonderfragen mit sich, die während
der Arbeit gelöst werden müssen. Je weniger man sich im voraus an gewisse
methodologische Verfahrungsweisen gebunden fühlt, umso leichter kann
man sein eigenes Material nach den Voraussetzungen eben dieses besonderen
und einmaligen Stoffes behandeln. Die Art der Behandlung des Materials
muß allerdings von gewissen Zielsetzungen bestimmt sein."[1]

Diese Bemerkungen von SOISALON-SOININEN aus dem Kontext der Erforschung der Syntax der Septuaginta gelten mit besonderer Tragweite auch
für den Umgang mit dem Daniel-Buch, das sich durch einige Besonderheiten der Text-Überlieferung von den übrigen bibl. Büchern unterscheidet.
Der Problemhorizont des Daniel-Buches und die spezifische Fragestellung der Untersuchung, die sich der Existenz und der konkreten Gestalt
der verschiedenen Daniel-Überlieferungen verdankt, erlauben es nicht,
etablierte Methoden der bibl. Wissenschaften ohne weitere Reflexion zu
übernehmen.

4.1 Grundlegende Fragen der Methodik

Das Aufbrechen des „klassischen" Methodenkanons der historisch-
kritischen Exegese[2] in den vergangenen Jahrzehnten erfordert eine neue
Auseinandersetzung mit der Frage nach der anzuwendenden Metho-

---

1   SOISALON-SOININEN, Methodologische Fragen 40. HANHART, Septuagintaforschung
    253, verweist auf eine ähnliche Vorgabe von RAHLFS (RAHLFS, Genesis 3) für das
    methodische Vorgehen: „Aber wenn wir vorwärtskommen wollen, müssen wir uns
    nicht von vorgefaßten Theorien, sondern lediglich von dem gegebenen Material leiten
    lassen."
2   Exemplarische Darstellungen der historisch-kritischen Methode der Exegese und ihrer
    einzelnen Elemente finden sich etwa in den Methodenbüchern von STECK, Exegese;
    BECKER, Exegese oder KREUZER, Proseminar.

dik. „Der lange gültige Methodenkanon der sog. historisch-kritischen Forschung vermag hinsichtlich seiner Plausibilität und Bedeutung nicht mehr allgemein zu tragen."[3] Vielfach werden neue Wege beschritten, auch ohne der historisch-kritischen Exegese ihre Berechtigung abzusprechen. Der fortgesetzte und intensivierte Dialog mit verschiedenen geisteswissenschaftlichen Fachrichtungen führte zur Rezeption neuer methodischer Konzepte, auf deren Basis sich zahlreiche Neuansätze oder ergänzende Betrachtungsweisen etablierten.[4] Der entstandene Methodenpluralismus ist durch das Nebeneinander verschiedener Zugänge bestimmt, deren Verhältnisse und Beziehungen noch nicht als geklärt angesehen werden können. Insbes. die Dichotomie von synchronen und diachronen Zugängen bestimmt noch immer die Forschung und den Diskurs in der Methodenfrage.[5]

Auswahl und Zuschnitt der anzuwendenden Methoden bedürfen im Kontext wissenschaftlicher Exegese einer Begründung.[6] Zentrale Referenzpunkte stellen der Gegenstand (also der Text und seine spezifischen Eigenheiten) und die Fragestellung dar. Die Leitlinien der *methodischen Konzeption* seien in den vier nachfolgenden Bemerkungen skizziert:

1. Die divergierende Überlieferung von Dan 6 in den Traditionsströmen des MT und der LXX eröffnet ein interessantes Spannungsfeld; die unklare überlieferungsgeschichtliche Situation, die sich in den verschiedensten, teils konträren Entwürfen zur Entstehung des Daniel-Buches niederschlägt, legt eine Perspektive nahe, die nicht das textgenetische Verhältnis in den Blick nimmt, sondern die beiden Texte als „unabhängige Überlieferungen" betrachtet. Die Ergebnisse der Untersuchung mögen einen Hinweis auf die Eigenart der zu postulierenden literarischen Beziehung liefern, ohne diese direkt zu analysieren.

---

3 KAHL, Bibel 166.
4 Das Methodenbuch von KREUZER, Proseminar, mag als Beispiel für die Ergänzung der historisch-kritischen Methode um neue Methoden gelten. EGGER, Methodenlehre, betont die linguistischen Ansätze. Eine Übersicht über verschiedenste neue Ansätze bietet FISCHER, Wege 66–86.
5 Während ein großer Teil der Arbeiten sich auf die eine oder die andere Seite schlägt, begegnen Versuche einer Integration der beiden Perspektiven. Vgl. dazu etwa PRUIN, Geschichten 9. Diesem Anliegen ist auch die vorliegende Untersuchung verpflichtet; sie versteht sich nicht als Gegenentwurf zur historisch-kritischen Methode, sondern versucht, wesentliche Aspekte der bibl. Überlieferung mit einem Methodenrepertoire, das auf die konkrete Fragestellung und den spezifischen Gegenstand des Daniel-Buches zugeschnitten ist und keinerlei Allgemeingültigkeit beansprucht, zu erarbeiten und ans Licht bzw. zur Sprache zu bringen.
6 Dabei geht es nicht nur um eine Auswahl bestimmter Elemente aus einem festen Repertoire, sondern auch um die (Neu-)Konzeption einzelner methodischer Zugänge im Hinblick auf die spezifische Problemlage. Vgl. GOLDINGAY, Story 301, "There is no one method of study appropriate to all texts, and no one method which will give an audience access to all features of any single text."

2. Unabhängig von einer präzisen Gattungsbestimmung ist die narrative Grundstruktur der Texte offenkundig: die Texte sind *Erzählungen*.[7] Diese Charakterisierung wirkt sich unmittelbar auf die Herangehensweise aus. Im Rahmen der Literatur- und Sprachwissenschaften bietet die *Erzähltheorie* ein breites methodisches Spektrum zur Erschließung narrativer Texte.[8] Dabei bleibt die Eigenart des zu untersuchenden Materials zu beachten; eine unreflektierte Übertragung ist nicht statthaft.[9]

Die doppelte Textgrundlage – Text und Übersetzung (?) oder Übersetzung und abhängige Tradition (?) – der vorliegenden Untersuchung macht die Notwendigkeit der Frage nach der Anwendbarkeit eines literaturwissenschaftlich-narratologischen Ansatzes auf eine übersetzte Erzählung deutlich.[10]

3. Der Text ist eine *Erzählung* innerhalb eines *pseudepigraphen Buches*.[11] Pseudepigraphe Schriften erfordern eine ausführliche Reflexion des Verhältnisses von Text und außertextlicher Wirklichkeit:[12] Die direkte Bindung des Textes an ein historisches Ereignis und die völlige Beziehungslosigkeit bilden Extreme eines kontinuierlichen Spektrums möglicher Realisierungsformen. Der *literarische Charakter* von erzählenden, fiktionalen Texten markiert einen größeren Freiheitsgrad der Erzählungen gegenüber Werken neuzeitlicher Historiographie.[13] „Pseudepigraphie und Erlebnisechtheit schließen sich aus."[14] Unabhängig von der konkreten Form der Realisierung dieses Verhältnisses begegnet der Leser eines Textes – sei dieser nun eine Erzählung oder eine im modernen Sinn historische Darstellung – in ihm niemals einem historischen Geschehen, sondern *einer*

---

7 Vgl. COLLINS, Daniel 41; vgl. außerdem Abschnitt 3.1.4, 49.
8 Einführungen in die Erzähltheorie bieten etwa FLUDERNIK, Erzähltheorie; MARTINEZ/ SCHEFFEL, Erzähltheorie. Vgl. außerdem die erzähltheoretischen Entwürfe von BAL, Narratology; GENETTE, Erzählung; RIMMON-KENAN, Fiction.
9 Zu den Charakteristika von Volkserzählungen und bibl. Texten vgl. SEEBASS, Genesis 40–43; insbes. ebd. 42, „Die Erzählungen sind kunstvoll und stark stilisiert. Gerade so können sie eine Fülle menschlicher Erfahrungen, auch Selbsterfahrungen speichern und den Hörer formen." Eine ausführliche Auseinandersetzung mit der Vielfalt bibl. Erzählungen findet sich bei SEYBOLD, Poetik; BAR-EFRAT, Bibel.
10 Die Anwendbarkeit einer Methode auf einen Text und auf eine Übersetzung bedarf der Invarianz der entscheidenden Voraussetzungen unter Übersetzungsprozessen. Zu dieser Fragestellung vgl. Abschnitt 4.8, 199.
11 Zur Bestimmung als pseudepigraphe Schrift vgl. Abschnitt 3.1.2, 35.
12 Zu Fragen ist auch nach den Ereignissen, auf die der Text Bezug nimmt, ohne sie explizit zu bezeichnen.
13 Die Vergleichbarkeit von Literatur und (moderner) Geschichtsschreibung vertritt nachdrücklich WHITE. Vgl. etwa WHITE, Literaturtheorie; kritisch dazu NÜNNING, »Verbal Fictions?«. Außerdem bleibt die Differenz der Konzeptionen von Historiographie in der Moderne und der „biblischen Zeit" zu beachten, vgl. dazu BACKHAUS/HÄFNER, Historiographie.
14 KOCH, Buch Daniel 84.

(von mehreren möglichen) narrativen Repräsentationen *einer* bestimmten Ereignisfolge:

> „Denn vergangene Ereignisse sind unwiederbringlich vorbei. Und selbst wenn wir so gewissenhaft wie möglich berichten wollen, können wir nicht mehr die Ereignisse selbst zum Ausgangspunkt nehmen, sondern müssen uns mit überkommenen Relikten wie Briefen oder Bildern und – mitunter trügerischen – Erinnerungen als Ausgangspunkt begnügen. Wir sammeln und sichten sie, wir kombinieren und kritisieren sie, wir gewichten, stellen, was uns als belanglos erscheint, in den Hintergrund, rücken, was uns als belangvoll erscheint, in den Vordergrund, lassen aus und verdichten, was bleibt, zu stimmigen Geschichten und schaffen uns so ein Bild der Vergangenheit – perspektivisch, wie Bilder stets sind … Geschichten sind niemals Reproduktionen, sondern stets eigenständige Repräsentationen der Vergangenheit mit eigenen Funktionen, die nicht mit der Vergangenheit gleichgesetzt werden dürfen.“[15]

Die erste Begegnung eines Lesers ist die mit dem Text und seiner spezifischen Eigenart; erst nachgeordnet stößt er auf Ereignisse, die der Text in sprachlicher Form repräsentiert. Zunächst muss die Aufmerksamkeit des Exegeten dem Text in seiner literarischen Dimension gelten. Aufgrund der Eigenart der Überlieferung des Daniel-Buches scheint ein literaturwissenschaftlich-narratologischer Ansatz weiterführend.[16]

4. Die für das Verständnis (bibl.) Texte zentrale Eigenschaft ihrer *Geschichtlichkeit*, die auch in Zusammenhang mit dem bereits beschriebenen Aspekt der Pseudepigraphie und dem literarischen Charakter zu beachten ist, macht Einseitigkeiten eines rein literaturwissenschaftlichen Ansatzes, der von historischen Fragestellungen gänzlich absehen will, deutlich: Ein Text entsteht unter den konkreten Bedingungen einer bestimmten historischen Situation und unter spezifischen Voraussetzungen; die Kommunikationssituation ist durch ihre Einbettung in einen historischen Kontext mitbestimmt. Zugleich wird die Rezeption des Textes durch die jeweils gegenwärtige historische Situation beeinflusst; beide Größen sind zu bedenken. Als *Kind seiner Zeit* ist der reale Autor einer Erzählung[17] nicht frei in seiner Darstellung; er ist gebunden an Quellen, mündliche Überlieferungen, Stoffe, Gattungen und Erzählkonventionen seines Kulturkreises, der wiederum sowohl in zeitlicher als auch in räumlicher Hinsicht spezifisch begrenzt ist. Die „Texterzeugungssituation des Autors und seine

---

15 BIEBERSTEIN, Geschichten 9f.
16 Damit soll die Berechtigung einer historisch-kritischen Zugangsweise nicht in Abrede gestellt werden. Auch sie orientiert sich in der Behandlung eines Textes zunächst an einer sorgfältigen Betrachtung des Textes in all seinen Facetten. Hierzu mag ein literaturwissenschaftlich geschulter Blick hilfreich sein.
17 Der Begriff des Autors ist im Kontext seiner Anwendung auf bibl. Texte nicht unproblematisch. Im Folgenden sei unter dem Oberbegriff des Autors auch immer eine möglicherweise vorhandene Mehrzahl von Autoren und/oder Redaktoren bezeichnet.

Perspektive [sind; D. H.] der archimedische Punkt, auf dessen Aufhellung und Rekonstruktion sich historisch-exegetische Bemühungen zuerst zu richten haben. Denn die Autorperspektive, seine Wirkabsicht und die Texterzeugungssituation sind die unmittelbarsten Faktoren, von denen ein Text in seinem spezifischen inhaltlichen Gesamtaufbau und seiner unverwechselbaren Sprachgestalt im Detail bestimmt ist."[18] Der Blick auf Autor, Quellen und Entstehung, Entstehungsbedingungen und Adressaten des Textes eröffnet *einen* Zugang zum Verstehen des Textes. Zugleich ist gerade dieser Weg aufgrund der spezifischen Überlieferung des Daniel-Buches besonders schwierig. Einen Zugang zu diesen Aspekten kann nur der Text selbst eröffnen; insbes. Aussagen über Entstehungsbedingungen, Autoren, Quellen etc. lassen sich nur auf der Basis einer sorgsamen Analyse des Textes treffen. Die Divergenz in den Hypothesen zur Entstehungsgeschichte und deren Komplexität dokumentiert die mit diesem Zugang verbundenen Schwierigkeiten.

Die vorliegende Untersuchung beschreitet einen anderen Weg, ohne von der historischen Dimension abzusehen. Ausgehend von den Texttraditionen soll die Frage nach dem jeweiligen Autor bzw. Übersetzer und den Erstlesern gestellt werden, die sich möglicherweise in den Lebensbedingungen und theologischen Überzeugungen widerspiegeln. Mit dem Begriff des Erstlesers wird derjenige Leser eines Textes bezeichnet, der im unmittelbaren zeitlichen und kulturellen Kontext der Abfassung des Textes mit diesem konfrontiert wird. Der Begriff ist als Kollektivum verstanden.[19] Unter der Annahme, dass die Lebensbedingungen und Überzeugungen der Erstleser anklingen, wenn sich der Erzähler an den Leser wendet, fällt Licht in das Dunkel der Entstehungssituation.[20] Die grundsätzliche Legitimität dieses Ansatzes ist durch die Verortung der Kommunikation der Texte in konkreten historischen Situationen und durch deren Einfluss auf die Gestaltung der Erzählung gesichert;[21] seine Konkretion bedarf weiterführender Überlegungen.[22] Gleichwohl bleibt

---

18 HARDMEIER, Textwelten II 184.
19 Zur Problematik eines solchen Kollektivums vor dem Hintergrund der Individualität der Rezipienten vgl. ONG, Audience 58, "There is no such collective noun for readers, nor, so far as I am able to puzzle out, can there be. 'Readers' is a plural. Readers do not form a collectivity ..."
20 Vgl. dazu Abschnitt 4.7.2, 197 sowie Abbildung 4.1, 156.
21 Zur ausführlichen Begründung dienen die nachfolgenden Erwägungen, insbes. Abschnitt 4.4, 161; Abschnitt 4.6, 187 sowie Abschnitt 4.7.2, 197. Zur Problematisierung vgl. bspw. HENZE, Frame 15.
22 Einen gegenläufigen Ansatz hat SCHMITZ, Prophetie, vorgelegt. Sie verfolgt ein vergleichbares Ziel; den Weg über die Ebene des Textes hinaus beschreitet sie auf der Seite des Autors.

die literarische Prägung relevanter Bezugspunkt für die Interpretation des Textes, von dessen Berücksichtigung seine Analyse nicht absehen kann.[23]

Im Gegensatz zur *historisch-kritischen Methode,* die ein weitgehend festes Methodenrepertoire entwickelt hat, existiert im Bereich der literaturwissenschaftlichen Analyse der Texte eine größere Bandbreite an Methoden und deren Konkretionen.[24] Auch die *narrative Analyse* – als Methode zur Erschließung erzählender Texte –[25] umfasst ein weites Spektrum an Teilmethoden, das eine Auswahl und Verhältnisbestimmung notwendig macht.

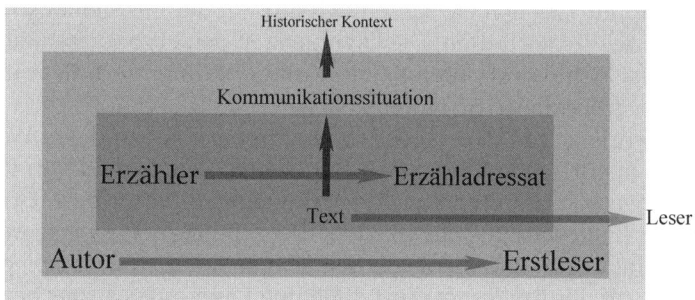

Abbildung 4.1: Skizze zur methodischen Vorgehensweise: Modell der Erzählung

Diese methodischen Leitlinien bestimmen den Aufbau der Untersuchung. Dabei wird zwischen einem analytisch-deskriptiven Bereich (II), der den Text primär unter synchronen Gesichtspunkten betrachtet und der Auswertung des Befundes (III) unter Berücksichtigung historischer Fragestellungen und Ergebnisse unterschieden.[26]

---

23   Vgl. BAR-EFRAT, Erzählung 98f. PRUIN, Geschichten 9, „Synchronie und Diachronie sollen dabei nicht gegeneinander ausgespielt, sondern das eine auch als ein mögliches Element des anderen begriffen werden." DAVID, Composition lxii, "Every form of chauvinism of method can be self-defeating. An exclusively synchronic reading can be as limiting as an exclusively diachronic reading."

24   RYKEN, Literature 61, "... there is at present no common understanding as to what it means to approach the Bible as literature."

25   MÜLLNER, Gewalt 46, „Der Begriff ‚narrative Analyse' leitet sich zuerst vom Gegenstand her. Die narrative Analyse beschäftigt sich mit der Auslegung erzählender Texte und ist selbst anhand von erzählenden Texten entwickelt worden. Die Anerkennung der Erzählung als literarisches Kunstwerk steht am Anfang jeder narrativen Analyse und bestimmt das weitere Vorgehen."

26   Die nachfolgenden Ausführungen haben die Untersuchung im Blick; sie dienen der Darlegung des im Kontext der entwickelten Entwürfe gewonnenen methodischen

4.2 Textkritik

Eine besondere Bedeutung kommt der getroffenen methodischen Grund-
entscheidung, MT und LXX als prinzipiell gleichwertige Texte zu betrachten, in der Frage der textkritischen Beurteilung einzelner Varianten zu.
Hier muss generell darauf verzichtet werden, MT nach LXX bzw. LXX
nach MT zu korrigieren. Für die Textkritik bedeutet diese Grundentschei-
dung freilich keinen Verzicht auf eine Korrektur des ba Textes nach gr.
Textzeugen überhaupt; lediglich die LXX verliert ihre textkritische Relevanz für MT als Zeuge des gleichen Textes (und umgekehrt). Dagegen
stehen die Überlieferung des θ und die übrigen Rezensionen für die textkritischen Argumentationen ebenso zur Verfügung wie die Peschitta und
die Versionen, die allerdings – nach Ausweis ihrer Abhängigkeiten – von
geringerer Relevanz sind.[27]

4.3 Semantische Analyse

Eine Analyse der Semantik eines Wortes, das der LXX entnommen ist,
erfordert wegen ihres *Übersetzungscharakters* eine methodische Reflexion
sowie bestimmte Modifikationen.[28] Die übersetzten Texte – nur von ihnen
soll im Folgenden die Rede sein –[29] lassen sich in ihrer Eigenart in einer
zweifachen Weise beschreiben: Sie sind Texte, die im Kontext der gr. Spra-

---

Verständnisses und entwickeln keinen eigenständigen Beitrag zur Erzähltheorie. NÜN-
NING/NÜNNING, Erzähltheorie 23, „Nicht mehr die narratologische Vorliebe für terminologische Distinktionen und Klassifikationen steht im Vordergrund, sondern das
Bemühen, die Werkzeuge der Narratologie für die Zwecke der Analyse und Interpretation literarischer Werke und anderer kultureller Artefakte zu nutzen." Bestimmte für
die vorliegenden Texte und die verhandelte Fragestellung nicht einschlägige Konzepte
und Aspekte werden, obgleich sie im Rahmen einer systematischen Betrachtung zu
behandeln wären, nicht thematisiert.

27   Vgl. KOCH, Buch Daniel 21f; vgl. außerdem Abschnitt 2, 14. Aufgrund der Schwierigkeiten des aram. Verbalsystems gibt es enge Überschneidungen zwischen Fragestellungen
der Grammatik und der Textkritik. Probleme sind zunächst auf der Ebene der Grammatik zu behandeln.

28   Den übersetzten Texten stehen ursprünglich in gr. Sprache verfasste Schriften gegenüber. Wie das Daniel-Buch – insbes. Dan 4–6 – eingeordnet werden muss, ist nicht
klar. Rechnet man wohlbegründet mit einem semitischen Hintergrund, ist es von einer
semitischen Tradition abhängig.

29   Für die ursprünglich gr. verfassten Texte lässt sich die semantische Analyse ohne die
hier beschriebenen Spannungen durchführen. Ein solcher Text ist als gr. Text (aus
hellenistischer Zeit) zu verstehen; vgl. auch TOV, Thoughts 106. Die Bedeutung der
Wörter ergibt sich aus deren Gebrauch der gr. Sprache in dieser Zeit, wie sie in der
Koine widerspiegelt und teilweise zugänglich ist. Vgl. auch BEYER, Text; USENER,
Septuaginta. Die konkrete Beziehung auch der ursprünglich gr. verfassten Text zu den
übrigen Büchern der LXX weist diese als relevanten Kontext aus.

che und Kultur ihrer Zeit stehen und wahrgenommen werden; zugleich stehen sie als Übersetzung in Beziehung zu ihrer semitischen Vorlage.[30] Die Beobachtung, die für den Text als Ganzen gilt, hat in gleicher Weise für seine einzelnen Elemente Gültigkeit. Die Lexeme der LXX müssen zugleich als „griechische Wörter" und als Äquivalent für einen semitischen Ausdruck der (uns a priori nicht zugänglichen) Vorlage verstanden werden.[31]

Das Verständnis eines gr. Wortes aus Dan[LXX] 6 hängt von der Bestimmung des Charakters von Dan[LXX] 6 bzw. von Dan[LXX] 4–6 ab; zu dessen Beschreibung wurden im Kontext der Forschungsergebnisse konträre Modellbildungen vorgestellt,[32] die sich dadurch unterscheiden, in wieweit – um ein zutreffendes Textverständnis zu erreichen – ein Wort im Kontext der Zielsprache zu verstehen oder die Bezugnahme auf die Sprache der Vorlage notwendig bzw. hilfreich ist.[33] Geht man von einer grundlegenden Verstehbarkeit der übersetzten Texte innerhalb der gr. Sprache aus,[34] ist der semantische Gehalt zunächst ausgehend von seinem Grundverständnis in der gr. Sprache der hellenistischen Zeit zu erheben.[35] Die Anlehnung an die semitische Vorlage mag aber auch zu einer Verschiebung und Neuprägung gr. Begriffe geführt haben, so dass

---

30 Ob die genannte Vorlage mit dem mt Text identisch ist oder nicht, ist im Kontext dieser Fragestellung ohne Belang. Die Art und Weise der Übersetzung ist für die nähere Verhältnisbestimmung, nicht aber für die grundlegende Doppelbeziehung von Bedeutung.

31 TOV, Thoughts 101, "… the lexemes to be described are not simply words, but, as a rule, they are translation equivalents, too." Übersetzungen werden in der Regel mit Hilfe des Begriffes der *Äquivalenz* charakterisiert; für ihn lassen sich verschiedenste Realisierungsformen aufzeigen, die in der Spannung zwischen der Bewahrung des Ausgangstextes und seiner Adaption durch seine Überführung in eine andere Sprache und Kultur stehen. BICKERMAN, Septuagint 196, "Every translation was an adaptation of the original to the needs of its new readers."

32 Vgl. dazu die Gegenüberstellung des „interlinear paradigm" und des „kontextgebundenen Verständnisses" [Bezeichnung von D. H.] in Abschnitt 3.2.2, 121.

33 Die Problematik der unterschiedlichen Verhältnisbestimmung zeigt auch ein Vergleich der Herangehensweise der Lexika von LUST (LUST, Lexicon) und MURAOKA (MURAOKA, Lexicon of the Septuagint). Während LUST ausgehend vom gr. Lexem die Bezugnahme auf die semitische Vorlage fordert (vgl. LUST, Lexicon XVI.XXIf), sieht MURAOKA von einer Bezugnahme auf den hebr. Text ab. Vgl. JOBES/SILVA, Invitation 261, in Bezug auf MURAOKA, Lexicon: Twelve Prophets. Die methodische Grundlage von MURAOKA, Lexicon of the Septuagint ist unverändert.

34 Vgl. CHAMBERLAIN, Method 177.

35 Ebd. 180, "… for most words, most of the time, the common Greek meanings are what the translators or authors intended and are even more probably what the ancient readers would have understood." Ähnlich TOV, Dimensions 85, "The LXX is a Greek text, and accordingly, its words should be investigated within the framework of the Greek language." USENER, Septuaginta 115, „bedarf nicht des hebräischen Textes als Hebamme". Zugleich bleibt der Übersetzungscharakter zu berücksichtigen. Die Existenz eines jüdisch-griechischen Dialektes (GEHMAN, Character 101; außerdem WALSER, Greek 449ff) wird in den neueren Untersuchungen meist zurückgewiesen

nicht ausgeschlossen ist, dass eine Bedeutungsdifferenz zwischen der allgemein verbreiteten gr. Verwendung eines Wortes und der im Kontext der LXX insbes. in Dan^{LXX} und Dan^{LXX} 6 besteht.[36]

Während der Zugang zur Semantik von Lexemen von Dan^{MT} 6 aufgrund des gewählten Zugangs keine (wesentlichen) Besonderheiten aufweist, erfordert Dan^{LXX} 6 einen methodischen Sonderweg.[37] Die Lexeme von Dan^{LXX} 6 stehen als Elemente einer Übersetzung in der Spannung von Ausgangs- und Zielsprache.[38] Die vorliegende Untersuchung ist von einer grundlegenden Verstehbarkeit von Dan^{LXX} 6 in einem gr. Sprachraum überzeugt und geht zunächst von einer Eigenständigkeit gegenüber Dan^{MT} 6 („kontextgebundenes Verständnis") aus.[39] Aufgrund der Eigenart der Textüberlieferung ist eine Verhältnisbestimmung, die eine eindeutige Identifikation von Dan^{MT} 6 als Vorlage von Dan^{LXX} 6 erlaubt, nicht möglich. Die Lexeme sind als Elemente der gr. Sprache zu begreifen. Die Beobachtung, dass Dan^{LXX} 6 – zwar nicht literarisch – abhängig ist von anderen Texten der LXX, dass Dan^{LXX} 6 im Kontext von Texten steht, die sich als Übersetzungen aus der hebr. Sprache erweisen lassen, macht gemeinsam mit der Abhängigkeit von einer semitischen Tradition deutlich, dass Dan^{LXX} 6 nicht ausschließlich von einem originär griechisch-sprachigen Kontext geprägt ist.[40] Bestimmte Begriffe scheinen in der gr. Sprache semitisch beeinflusst zu sein; um diesen Aspekt zu erfassen, ist ihr Gebrauch in der LXX als erstem Kontext in die Deutung einzubeziehen.[41] Die gr. Sprache der hellenistischen Zeit – die Koine – ist der maßgebliche Sprachraum für das Verständnis der LXX-Lexeme.[42] Aufgrund des wahrscheinlich

---

(HORSLEY, Fiction 40; TOV, Thoughts 100; DINES, Septuagint 114; LUST, Lexicon XVIIf; MURAOKA, Lexicon: Pentateuch and the Twelve Prophets ix).

36 Begriffe sind häufig polysem. Es mag daher auch mit Verschiebungen zwischen der Verwendung eines Wortes durch den Übersetzer und der Rezeption durch Leser geben, die in einer unterschiedlichen Auswahl der Bedeutung resultieren. Der Prozess der Übersetzung verändert das jeweils vorliegende Spektrum der Polysemie. Vgl. auch TOV, Dimensions 87.

37 Trotz des stark eingeschränkten Textkorpus der ba Texte lassen sich die gängigen Verfahren mit der Einschränkung, dass die Einbeziehung der Wiedergabe eines Wortes in Dan^{LXX} 6 unterbleiben muss, anwenden.

38 Eine ursprünglich gr. Abfassung von Dan^{LXX} 6 ist gänzlich unwahrscheinlich. Auf irgendeiner Stufe der Textentwicklung hängt diese Tradition von einer semitischen Vorlage, die nicht oder nicht unbedingt mit pMT von Dan 6 zu identifizieren ist, ab.

39 Vgl. auch TILLY, Septuaginta 68f.

40 Vgl. dazu auch Abschnitt 3.2.5, 133.

41 Die LXX prägt bestimmte Begriffe in einer neuen Weise. TOV, Greek Words 109, "...in senses which reflect their Hebraic background (through the LXX) rather than their natural Greek heritage."

42 Zum Begriff und der Binnendifferenzierung der Koine vgl. etwa ADRADOS, Geschichte 169ff; USENER, Septuaginta 81ff. WALSER, Greek 449, "At the time of the origin of the Greek Bible the Greek language had reached far beyond the borders of Greece and become the *lingua franca* of the Roman Empire, of which the Jewish community formed

gestuften Entstehungsprozesses der LXX und der herausragenden Bedeutung des Pentateuchs ist ein Einfluss dieser Übersetzungen auf die späteren Bücher vorauszusetzen.[43] Da sich Dan^{LXX} 6 in den Strom dieser Überlieferung einordnet, ist auch dort der Einfluss des Pentateuchs (und anderer bibl. Bücher) in sprachlicher Hinsicht nachweisbar.[44] Die Kenntnis von Dan^{MT} 6 ist keine notwendige Bedingung für das Verständnis von Dan^{LXX} 6.

Der größte Teil der LXX-Lexeme aus Dan^{LXX} 6 ist mit dieser Methodik angemessen zu verstehen.[45] Probleme bereitet das (mögliche) Auftreten von Semitismen, die sich durch Ausdehnung folgender Begriffsbildung auf Aramaismen definieren lassen:[46] "A Hebraism may be defined as a Greek word, phrase or syntagma which expresses certain characteristic Hebrew elements in Greek in an non-Greek fashion."[47] Das gr. Wort dient als Symbol des zugrundeliegenden semitischen Wortes,[48] wobei die „symbolische Dimension" vermutlich nur für den Übersetzer, nicht aber für den Rezipienten, vorauszusetzen ist; der Leser versteht das Wort zunächst im Kontext des gr. Sprachraumes. Die Annahme oder das Verständnis eines „symbolischen Gehalts" legt sich für einen Leser erst in dem Fall nahe, dass ein Lexem und seine Verwendung aus dem Gr. nicht oder nicht hinreichend erklärt werden kann. Scheitert der Versuch, ein Wort aus der gr. Sprache zu verstehen, und ist die Bedeutung ihrem Sinn nach nicht aus der Verwendung im Kontext der vorliegenden Erzählung zu erheben, ist der Leser auf zusätzliche Informationen, zu der auch Kenntnisse des Textes in einer anderen – etwa der hebr. oder der aram. – Sprache gehören mögen, angewiesen.[49]

Geht man von einer typisch semitischen Ausdrucksweise aus, wird man annehmen dürfen, dass sich in der LXX weitere Belegstellen finden

---

a part. It was only natural then that the Jewish Scriptures were translated into the *lingua franca*, the Koine." Kritische Argumente zu dieser Annahme etwa bei HANHART, Entstehung 8f.

43 TOV, Impact 578, "... this translation had a great impact on the translations which were made subsequently of the other Biblical books." Vgl. auch RÖSEL, Septuaginta 224.

44 Vgl. dazu ausführlicher Abschnitt 3.2.5, 133.

45 Vgl. etwa CHAMBERLAIN, Method 177ff.

46 Durch die Argumentation mit dem Begriff „Semitismen" soll eine Vorentscheidung hinsichtlich der Sprache der Vorlage des Übersetzers der LXX vermieden werden. Zum Begriff des „Semitischen", der hier in einem ausschließlich sprachwissenschaftlichen Sinn gebraucht wird, zur Herkunft und sprachwissenschaftlichen Verwendung vgl. bspw. KIENAST, Sprachwissenschaft 1ff.

47 TOV, Dimensions 87f.

48 Vgl. ebd. 88.

49 Auch der Gedanke an die Existenz bestimmter Auslegungs- und Verstehenstraditionen in den Diasporagemeinden mag naheliegen. Schließlich wird man auch mit der Möglichkeit rechnen müssen, dass im Gr. unverständliche Formulierungen ohne nähere Kenntnisse der sprachlichen Hintergründe aus dem Kontext erschlossen wurden und so einzelne Begriffe eine semantische Veränderung erfahren haben.

lassen, die gemeinsam mit ihrem semitischen Äquivalent analysiert werden können. Andernfalls dürfte die Klassifikation als Semitismus schwer zu begründen sein.[50] Die Analyse der semitischen Überlieferungen und der gr. Texte sichert eine Erhebung der Wortsemantik.

4.4 Narrative Texte und ihre Dimensionen

Die Sprachwissenschaft gibt unzählige Antworten auf die Frage nach dem Wesen eines *Textes*. „Eine abschliessende *linguistische Definition* der Grösse ‚Text' gibt es (bis jetzt noch) nicht; wie bei der Einheit ‚Satz' hängt die Definition weitgehend vom jeweiligen Untersuchungsinteresse und dem gewählten theoretischen Zugang ab."[51]

4.4.1 Text und Textualität

Der Zugang zu Texten, der dieser Untersuchung zugrunde liegt, bezieht die funktionale wie die formal-inhaltliche Ebene ein. Auf funktionaler Ebene wird ein Text als *Bestandteil eines Kommunikationsvorganges* verstanden.[52] Texte sind Mittel zur Realisierung von Kommunikation und damit in wenigstens einer Kommunikationssituation verortet. Ihre Existenz ist nicht zweckfrei, sondern zielgerichtet. Jeder Text entfaltet eine *Pragmatik*.[53] Auf der formal-inhaltlichen Ebene werden in der Linguistik als zentrale Merkmale von Textualität *Kohäsion* und *Kohärenz* angesehen. Kohäsion ist ein Phänomen der Textoberfläche; Kohärenz weist auf die inhaltliche Tiefenstruktur.[54] Texte setzen sich aus Bausteinen (Sätzen, ...) zusammen. „Die Beziehungen zwischen den einzelnen Sätzen eines Textes lassen sich in vielen Fällen an sprachlichen Elementen festmachen,

---

50 Da ein Semitismus eine *typisch* semitische Ausdrucksweise voraussetzt, erscheint ein Verzicht auf das Heranziehen der direkten Parallele im Kontext der vorliegenden Untersuchung ohne größere Schwierigkeiten möglich. Sowohl das Hebr./Aram. als auch das Gr. der LXX sind Korpussprachen; als solche weisen sie einen beschränkten Wortschatz auf. Da jedoch ein großer Teil der hebr./aram. überlieferten Texte, die bibl. Texte, in gr. Wiedergabe vorliegen ist damit zu rechnen, dass sich weitere direkte Belege oder Analogien finden.
51 LINKE/NUSSBAUMER/PORTMANN, Studienbuch 212.
52 Vgl. hierzu auch EGGER, Methodenlehre 34f; GÜLICH/RAIBLE, Textanalyse 76ff.
53 Mit dem Begriff der Pragmatik bezeichnet man die dynamische Funktion eines Textes, die sich in Handlungsanweisungen und der Lenkung des Lesers konkretisiert. Vgl. dazu EGGER, Methodenlehre 133ff. Eine solche dynamische Funktion kommt insbes. auch den bibl. Texten zu. GÜLICH/RAIBLE verstehen das Sprechen, und auch die schriftliche Form des Textes, im Anschluss an die Sprechakttheorie und deren Fortführung, als Handlung. Sprechen ist zielgerichtet.
54 Vgl. LINKE/NUSSBAUMER/PORTMANN, Studienbuch 245–275.

die untereinander in einem deutlichen syntaktischen oder auch semantischen Bezug stehen. Wo wir solche sprachlich manifestierten Textbezüge ausmachen können, sprechen wir von Kohäsion …"[55] Das Kriterium der Kohäsion geht davon aus, „daß der Leser oder Hörer einer sprachlichen Mitteilung in der Lage sein muß, die Makrostruktur des Mitgeteilten an der Text‚oberfläche', d. h. an dem Text, wie er in seiner linearen Abfolge tatsächlich vorliegt, zu erkennen."[56] Das Kriterium der Kohärenz fordert die Existenz eines Zusammenhanges der einzelnen Elemente auf der Bedeutungsebene des Textes. Die beiden Ebenen liegen nicht nebeneinander, sondern sind aufeinander bezogen. Die Textoberfläche verweist auf die Texttiefendimension und stellt gewissermaßen den Schlüssel zu ihr dar; die Tiefenstruktur des Textes erschließt sich durch die Textoberfläche.

Die Erhebung der Struktur von Dan^{MT} 6 und Dan^{LXX} 6 erfolgt je einzeln unter *synchronen Gesichtspunkten*.[57] Ausgangspunkt ist die textkritisch bereinigte Form des Textes, wie sie in MT bzw. LXX begegnet.[58]

> Als Text wird in dieser Untersuchung eine sprachliche Äußerung bezeichnet, die in einer bestimmten Kommunikationssituation verortet ist und die Kriterien von Kohäsion und Kohärenz erfüllt. Nachfolgend wird dieses Textmodell für narrative Texte zu präzisieren sein.[59]

Auf der Basis dieser Definition ist nach Kriterien der Textstrukturierung, nach Signalen an der Oberfläche des Textes zu fragen, die auf die intendierte Struktur (in der Tiefendimension) des Textes hinweisen. Die universalen Mittel der Textstrukturierungen werden in jeder Sprache in einer bestimmten Form realisiert und um spezifische Merkmale ergänzt. Die Kriteriologie zielt auf *narrative Texte*.[60]

Die Strukturanalyse führt zu einer mehrfachen Ausgrenzung von Texten aus größeren Zusammenhängen; der erste Schritt ist die Identifika-

---

55 LINKE/NUSSBAUMER/PORTMANN, Studienbuch 245; vgl. UTZSCHNEIDER/NITSCHE, Arbeitsbuch 66, der Rekurrenz, Junktion und Phorik als Mittel der Kohäsion aufführt. Zum Kohäsionsbegriff vgl. außerdem BECKER, Kohärenz.

56 GÜLICH/RAIBLE, Textanalyse 74.

57 Diese Betrachtungsweise darf nicht über die historische Genese des Textes hinwegtäuschen. Vgl. HECKL, Kohärenz 55, „Literarische Wachstumsprozesse gehen auf intentionale Handlungen zurück. Sie bringen Kohärenzen hervor, die unter Umständen divergierende Kohärenzstrukturen zur Folge haben und dadurch Kohärenzprobleme darstellen, aber keine Inkohärenzen sind." Daher kann auch für einen literarisch gewachsenen Text Kohäsion und Kohärenz konstatiert werden.

58 Vgl. dazu Abschnitt 5.1.1, 205 bzw. Abschnitt 5.2.1, 209.

59 Vgl. dazu Abbildung 4.1, 156.

60 Aufgrund der narrativen Grundstruktur des Textes von Dan 6 ist eine umfassendere Kriteriologie, die auch poetische, argumentative oder liturgische Texte einbezieht, nicht notwendig. Diese Beschränkung ist trotz der Möglichkeit einzelner poetischer Elemente in Dan 6 zulässig, da diese in eine narrative Struktur unmittelbar eingebunden sind. Einige der zu erarbeitenden Strukturmerkmale ließen sich unschwer in ein System poetischer Strukturmerkmale übertragen.

tion des zu untersuchenden Textes im größeren Zusammenhang des bibl. Buches – so dieser als ein Text existiert – durch eine Abgrenzung gegenüber dem Kontext.[61] Dieser Text ist auf die Existenz etwaiger Teil- oder Gliedtexte (Segmente[62]) sowie auf möglicherweise vorhandene Kompositionsstrukturen oder lose Beziehungen zwischen einzelnen Segmenten hin zu untersuchen.[63] Textualität verweist auf die Einheit innerhalb des Textes und steht in Spannung zur Betrachtung der Textstruktur. Unter der Voraussetzung des Vorliegens eines Textes ist nach Strukturmarkern zu suchen, die in sich kohärente (Glied-)Texte ausweisen.

4.4.2 Grundcharakteristika narrativer Texte – Überblick

Texte sind *Bestandteil eines Kommunikationsvorganges*. Ein Kommunikationsvorgang umfasst zumindest die Elemente eines Senders, einer Mitteilung und eines Empfängers. An dem Prozess der Kommunikation eines narrativen Textes sind auf verschiedenen Ebenen weitere Instanzen beteiligt. Zum *realen Autor* und dem *realen Leser* eines Textes, die außerhalb des Textes stehen und die Funktion von Sender und Empfänger wahrnehmen, treten textinterne Konstituenten. Charakteristikum einer Erzählung ist ihre Vermittlung durch einen *Erzähler*. „Der Narrator [i. e. der Erzähler; D. H.] ist … eine textinterne Instanz, die als ›Mittler‹ zwischen Autor und Hörer bzw. Leser tritt."[64] Er ist vom realen Autor zu unterscheiden: Während dieser außerhalb steht, ist der Erzähler Teil des Textes. „Die Frage nach der realen AutorIn stellt sich für die Narratologie nicht."[65] Als Gegenüber des Erzählers begegnet der *Erzähladressat*, der ebenfalls eine textinterne Instanz darstellt und vom realen Leser zu unterscheiden ist.[66]

---

61 Mit dem Begriff Ausgrenzung soll nicht über die bestehenden Beziehungen hinweggetäuscht werden. Auf der Stufe der überlieferten Tradition – zumindest auf dieser Stufe – steht jeder Text in einem bestimmten Kontext, der für die Interpretation möglicherweise Relevanz besitzt. Vgl. dazu Abschnitt 6, 214.

62 Vgl. EGGER, Methodenlehre 56.

63 Zu Kompositionsstrukturen in Erzählungen vgl. Abschnitt 4.4.4, 171.

64 UTZSCHNEIDER / NITSCHE, Arbeitsbuch 153.

65 EISEN, Poetik 68; SCHMITZ, Prophetie, schlägt in ihrem Ansatz vor, den Autor über eine Autorfiguration fassbar zu machen.

66 Auf das Konzept des impliziten Autors und impliziten Lesers wird – RIMMON-KENAN, Fiction 90; EISEN, Poetik 65ff, „Und in jüngster Zeit gewinnen die narratologischen Stimmen Oberhand, die dieses Konzept ausmustern (Genette, Bal, Nünning, Martinez und Scheffel)." folgend – verzichtet. FLUDERNIK, Erzähltheorie 37, „Der implizite Autor ist in Wirklichkeit keine Figur, sondern ein Leser/Interpreten-Konstrukt, das den Sinn des Werkganzen in eins fasst … Parallel dazu ist der implizite Leser … nicht mit dem realen Leser gleichzusetzen, sondern ein Konstrukt des Interpreten, der eine Rezeptionshaltung aus dem Werk abliest." Die Darstellung macht die Verortung des impliziten Autors bzw. Lesers in der Struktur des Textes deutlich. Es handelt sich bei ihnen nicht im eigentlichen Sinn um selbstständige Instanzen des Kommunikationsvorganges.

Das Interesse der erzähltheoretischen Betrachtung gilt dem Erzähler und dem Adressaten, der textinternen Ebene.[67] Eine historische Verortung kann die Analyse der Erzählung durch die Einbeziehung der primären Kommunikationssituation erfahren, die den Autor des Textes einschließt. Dem Autor steht der *Erstleser* gegenüber. Die vom Text realisierte Kommunikation ereignet sich zwischen dem Autor und dem Erstleser; aufgrund der Definition der theoretischen und kollektiven Größe Erstleser stehen sie in einem gemeinsamen zeitlichen, sprachlichen und kulturellen Horizont.[68]

„Ein Grundprinzip der Narratologie ist die Unterscheidung zwischen dem ‚Was' und dem ‚Wie' von Erzählungen, den sogenannten Erzählebenen."[69] Von Bedeutung ist nicht lediglich die Geschichte, das ‚Was' der Erzählung, also die Frage nach den Ereignissen und den Figuren, sondern auch die Frage nach dem ‚Wie' der Erzählung, die Ebene der Vermittlung an den Adressaten.[70]

Im Kontext der *story* – dem ‚Was' der Erzählung – soll die Frage nach Ereignissen, der Handlung, nach den Figuren und dem vorliegenden Zeit- und Raumkonzept gestellt werden. Im Rahmen der Untersuchungen zum *discourse* – dem ‚Wie' der Erzählung – rückt der Erzähler in den Mittelpunkt des Interesses.[71] Er und die von ihm geleistete Präsentation sind von zentraler Bedeutung. Ausgangspunkt der Überlegungen ist der Kommunikationsprozess zwischen Erzähler und Adressat. Die Analyse der Realisation der einzelnen Dimensionen und ihres Zusammenspiels erlaubt die Erhebung zentraler Aussagen des Textes.

Insofern Texte als Form von Kommunikation den Bedingungen von *Raum und Zeit* unterworfen sind, kommt dieser Kategorie eine besondere Bedeutung zu. Diese Bindung bezieht sich bei Erzählungen gleichermaßen auf den Text an sich, hinsichtlich seiner Produktion, Tradition und

---

67 Die Frage nach Autor und Erstleser stellt sich erst, wenn die historische Dimension in Form der Kommunikationssituation des Textes in den Blick genommen wird.
68 Vgl. dazu Abbildung 4.1, 156.
69 EISEN, Poetik 49. NÜNNING, Erzählinstanzen 326, „Das Kommunikationsmodell narrativer Texte ist insofern kompatibel mit der Unterscheidung von *story* und *discourse*, als sich der Begriff *story* auf die Gesamtheit der Aspekte bezieht, die die Ebene der erzählten Geschichte – die eingebettete Kommunikationsebene – konstituieren, während der Begriff *discourse* der Struktur der erzählerischen Vermittlung – mithin der zweiten werkinternen Kommunikationsebene entspricht."
70 In der Narratologie bestehen vielfältige Kommunikationshindernisse, die zu einem guten Teil auf die Fülle verschiedenster Begriffe zurückgehen. Teils unterscheiden sich die Begriffe, meinen aber Ähnliches; teils sind die Begriffe identisch, meinen aber Unterschiedliches. An dieser Stelle der Untersuchung seien die Termini intuitiv in einem vortheoretischen Sinn verstanden, der im Folgenden eine gewisse Klärung und Präzisierung erfahren wird.
71 Die Zuordnung einzelner Analysekategorien und mögliche Untergliederung werden unterschiedlich vorgenommen. Eine Übersicht über Begriffe und Zuordnungen gibt EISEN, Poetik 62f. Vgl. außerdem MARTINEZ/SCHEFFEL, Erzähltheorie 26.

Narrative Texte und ihre Dimensionen

Rezeption, wie auf den Akt der Erzählung (Narration) und auf den *Handlungsverlauf*.[72] Alle Handlungen ereignen sich zu bestimmten Zeiten, an bestimmten Orten und zwischen bestimmten Personen.

4.4.3 Das ‚Wie' der Erzählung

Kommunikation in einer Erzählung „Es gibt keine Geschichte, die nicht erzählt wird."[73] Konstitutives Merkmal jeder Erzählung ist die Existenz eines *Erzählers*. Ihr Spezifikum ist die textinterne Kommunikation zwischen einem Erzähler und einem Adressaten; beide sind keine realen Personen, sondern textinterne Strukturen.[74] Der Erzähler spielt eine Schlüsselrolle: „Er [der Erzähler; D. H.] ist für uns die einzige Möglichkeit, die erzählte Realität zu erfahren und zu verstehen."[75] Dementsprechend kommt der Analyse seiner Eigenart, seines Auftretens und Sprechens im jeweiligen Text besondere Aufmerksamkeit zu.

Die Erzählung kann verschiedene Kommunikationsebenen umfassen, deren Unterscheidung einen wichtigen Beitrag zur Strukturierung eines Textes leistet. Es spricht nicht nur der Erzähler den Adressaten an („Narrativ"), Figuren können auch miteinander in Dialog treten, sodass sich eine untergeordnete Kommunikationsebene ergibt. „Zitate wörtlicher Rede finden sich in fast allen hebräischen Erzählungen."[76] Auch die direkte Kommunikation der Figuren ist für den Leser nur in einer durch den Erzähler vermittelten Form zugänglich. Das Wechselspiel von Narrativ und Rezitativ verleiht der Erzählung eine spezifische Dynamik, die einerseits den Fokus auf das sich im Rezitativ entwickelnde Geschehen richtet, andererseits aber der Interpretation des Erzählers besondere Bedeutung beimisst.

Erzähler Essentiell für eine Erzählung ist die Existenz des Erzählers, nicht seine Präsenz und Wahrnehmbarkeit, die sehr unterschiedlich ausgeprägt sein können.[77] Die Art und Weise seiner Präsenz in der Erzählung variiert innerhalb eines breiten Spektrums an Möglichkeiten. Die folgende Darstel-

---

72 Anstelle des Begriffes Handlungsverlauf wird auch *„plot"* verwendet. Vgl. dazu Abschnitt 4.4.4, 171.
73 Eisen, Poetik 72.
74 Aufgrund der mit dem Begriff Erzähler verbundenen Gefahr der Anthropomorphisierung – vgl. dazu Strasen, Analyse 111f – werden häufig andere Bezeichnungen – etwa Erzählinstanz oder Erzählstimme – vorgezogen.
75 Bar-Efrat, Bibel 23.
76 Seybold, Poetik 71.
77 Vgl. Bar-Efrat, Bibel 23, „Er ist nicht nur ein integraler Bestandteil der Erzählung, sondern eines ihrer wichtigsten strukturellen Merkmale."

lung beschränkt sich auf den Fall des „extradiegetisch-heterodiegetischen"
Erzählers.[78]

„Biblische Erzähler erwähnen sich normalerweise nicht selbst."[79] Und
dennoch setzen die Texte ihre Anwesenheit voraus. Als ein „heterodiege-
tischer" Erzähler, der kein Teil der erzählten Welt ist, besitzt er bestimmte
Privilegien; ihm wird „in der Regel ‚Allwissenheit', ‚Omnipräsenz' bzw.
‚omniscience' zugeschrieben"[80]. Er steht außerhalb der Handlung und
blickt auf das Geschehen, das sich unabhängig von ihm entwickelt. Er
lenkt den Blick, er kommentiert und erklärt – jedoch unterschiedlich in
Umfang und Intensität. Die Einordnung des Erzählers in das Spektrum
„explizit" bis „verborgen" ist ebenso zu untersuchen wie sein Rückgriff
auf die ihm zukommenden Privilegien.[81]

Funktionen des Erzählers   Dem Erzähler kommen vielfältige Funktionen
zu,[82] deren wichtigste, die *kommunikative Funktion*, in ihrer Bedeutung
kaum überschätzt werden kann. Eine Wahrnehmung der Erzählung und
ihrer Welt ist ausschließlich über die Vermittlung des Erzählers möglich.
„Wir haben keinen direkten Zugang zu den Figuren einer Erzählung . . .
Wir sehen und hören ausschließlich durch die Augen und Ohren des
Erzählers. Er ist für uns die einzige Möglichkeit, die erzählte Realität zu
erfahren und zu verstehen."[83] Dieses Informationsmonopol des Erzählers
macht ihn zu dem zentralen Baustein jeder Interpretation.

Präsentationsfunktion   Die Art und Weise, wie der Erzähler das Geschehen
präsentiert, kann stark variieren; ein wichtiges Merkmal ist seine Erkenn-
barkeit in der Darstellung. Durch *Kommentierung oder Erklärung* einzelner
Handlungen, Vorgänge oder Geschehnisse wird er mit seiner eigenen Perspektive auf den Gegenstand der Erzählung als Element der Erzählung
sichtbar. „Indem er explizit die Motive für das Handeln der Personen
erklärt, beeinflusst der Erzähler unsere Haltung und verhindert, dass wir
das Geschehen falsch verstehen. Der Erzähler kennt und versteht das We-

---

78   Vgl. EISEN, Poetik 79; MARTINEZ/SCHEFFEL, Erzähltheorie 81f, der Erzähler erzählt
     eine Geschichte, in der er selbst nicht vorkommt; er ist keine Figur der erzählten
     Welt. Die nachfolgende Skizze bietet keine abstrakte, systematische Entfaltung eines
     narratologischen Konzeptes, sondern hat in der Auswahl der notwendigen Aspekte
     stets die zu untersuchenden Texte im Blick.
79   BAR-EFRAT, Bibel 34.
80   NÜNNING, Erzählinstanzen 327.
81   Ebd. 329, „Neutrale Erzählinstanzen, die nicht selbst als greifbare Sprecher in Er-
     scheinung treten, beschränken sich meist darauf, den Schauplatz zu beschreiben, das
     Geschehen zeitlich einzuordnen, die Figuren einzuführen und über die Ereignisse in
     der erzählten Welt zu berichten."
82   Vgl. dazu FLUDERNIK, Erzähltheorie 37f.
83   BAR-EFRAT, Bibel 23; ebd. 44 verweist auf unsere Abhängigkeit von seiner Wortwahl:
     „Die Haltung des Erzählers wird bisweilen auch durch Konnotationen von Wörtern
     ersichtlich, die das Verhalten von Personen beschreiben."

sen der Personen und lässt die Lesenden gelegentlich an diesem Wissen teilhaben."[84] In diesen Kommentierungen spiegelt sich die Perspektive wider, die der Rezipient einnehmen soll.[85] Weiter ist jedes Phänomen, das mit dem Begriff der „Erzähltechnik" bezeichnet wird, der Präsenz des Erzählers geschuldet. Auch ohne explizite Kommentare oder Erklärungen zeigt sich der Erzähler in den erzählten Ereignissen und der Art ihrer Darbietung. Dient die Kommentierung und Erklärung der Lenkung des Lesers, schafft sie zugleich eine Distanz zum Geschehen. Andererseits gilt, dass die unmittelbare Präsentation, die den Erzähler nur im Verborgenen erscheinen lässt, den Leser direkt mit dem Geschehen konfrontiert und somit stärker in die Erzählung hineinnimmt, zugleich aber auch mit dem Geschehen allein lässt.[86] Die Involvierung des Rezipienten in die Welt der Erzählung ist ein entscheidendes Ziel.

Identifikationsfunktion   Zudem fungiert der Erzähler als *Identifikationsfigur*. „Festzuhalten ist, dass sich der Leser im Allgemeinen weniger mit den Figuren einer Erzählung identifiziert als mit dem Erzähler, durch dessen Augen er die Figuren sieht und dessen Einstellung ihnen gegenüber er meistens übernimmt."[87] Die Sympathie des Lesers mit einer Figur resultiert in der Regel aus der Sympathie des Erzählers mit ihr.

Pragmatische Funktion   Texte als Elemente eines Kommunikationsvorganges sind zielgerichtet. Dem Erzähler kommt für die *pragmatische Funktion* eine herausragende Rolle zu, insofern der Autor ihn zur Realisierung seines Zieles instrumentalisiert. Durch die unaufdringliche Form einer Erzählung, vermittelt er einen Handlungsimpuls oder eine Botschaft.[88] Die Pragmatik ist nichtsdestoweniger präsent und wirksam.

Zuverlässigkeit des Erzählers und Bedeutung seiner Aussagen   Eine besondere Problematik stellt – gerade vor dem Hintergrund der Bedeutung des Erzählers – die Frage nach seiner *Zuverlässigkeit* dar.[89]

---

84 BAR-EFRAT, Bibel 41.
85 Vgl. MEADOWCROFT, Aramaic Daniel 38, "In the context of Daniel we will see various ways by which the narrator identifies Daniel's outlook as his own and leads the reader to do the same."
86 Vgl. BAR-EFRAT, Bibel 42.
87 Ebd. 26.
88 Vgl. ebd., „Während die prophetische und die Weisheitsliteratur ihren Ansichten jeweils direkt Ausdruck verleihen und offen auf deren Akzeptanz drängen, geht die Erzählung indirekt und unaufdringlich vor."
89 Zum Problem des „unzuverlässigen Erzählers" vgl. den Sammelband NÜNNING, Unreliable Narration. Zur Problematik der Überlegungen von einem unzuverlässigen Erzähler und dem *implied author* vgl. NÜNNING, Grundzüge 13, „Obgleich das Konzept des *implied author* mit so vielen terminologischen Unklarheiten und theoretischen Problemen behaftet ist, daß vieles dafür spricht, auf diese undefinierte Verlegenheitsformel zu verzichten, halten fast alle Erzähltheoretiker und Kritiker, die sich mit der Frage der *unreliability* beschäftigt haben, beharrlich an dieser Kategorie fest." Außerdem ZERWECK, Art. Unzuverlässigkeit 742f.

Zunächst ist davon auszugehen, „daß die Behauptungen des Erzählers in fiktionalen Texten offenbar einen grundsätzlich anderen, logisch
privilegierteren Status besitzen als die Behauptungen der Figuren: Sie
[die Behauptungen; D. H.] sind, im Rahmen der erzählten Welt, nicht nur
wahr, sondern notwendig wahr."[90] Die Darstellung und die Deutung des
Erzählers sind normativer Maßstab für die Beurteilung der Ereignisse,
insofern die von ihm vermittelten Informationen die einzigen sind, die
dem Leser zum Verstehen zur Verfügung gestellt werden.[91] Diese herausgehobene Position in seinem Verhältnis zum Leser macht die Wertigkeit
seiner Aussagen deutlich und hebt sie über die Rede der Figuren hinaus: „In fiktionalen Texten treffen wir in Form der Erzählerrede auf eine
Stimme der absoluten Wahrheit, die durchaus phantastischen Charakter
hat – denn in unserer realen Alltagswelt kennen wir nur Reden von solchem beschränkten Geltungsanspruch, wie er in fiktionalen Texten für
die Figurenrede reserviert ist."[92]

Erscheint Zuverlässigkeit als „Normalfall", ist dennoch mit der Möglichkeit eines unzuverlässigen Erzählers zu rechnen. Der Leser wird dem
Erzähler zunächst vertrauen, sieht sich in bestimmten Fällen jedoch genötigt dieses Vertrauensverhältnis aufzukündigen.[93] Damit lässt sich „das
Phänomen des *unreliable narrator* als eine Interpretationsstrategie des Rezipienten konzeptualisieren, der auf diese Weise textuelle Widersprüche
oder Inkonsistenzen zwischen Textwelt und seinem Wirklichkeitsmodell
auflöst."[94] Der Rezipient erscheint als entscheidender Teil des Konzeptes
des unzuverlässigen Erzählers. Die Glaubwürdigkeit entscheidet sich
nicht ausschließlich auf der Ebene der Erzählung; vielmehr gibt es einen
Bezugspunkt außerhalb des Textes, der für diese Frage von Relevanz ist.[95]

Informationen, die aus der Perspektive der historischen Wissenschaften als fehlerhaft ausgewiesen werden, mögen einen historisch – im Sinne
der Aufklärung – vorgebildeten Rezipienten des 20. oder 21. Jahrhunderts
irritieren, die Zeitgenossen des Daniel-Buches scheinen zu einer anderen

---

90 MARTINEZ/SCHEFFEL, Erzähltheorie 96.
91 Weitere Informationen stehen dem Rezipienten aus anderen Kontexten, aus seinem
    Vorwissen etc. zur Verfügung; diese entstammen jedoch nicht der Erzählung.
92 MARTINEZ/SCHEFFEL, Erzähltheorie 97.
93 Vgl. NÜNNING, Grundzüge 21, „. . . daß einer Erzählinstanz solange Glaubwürdigkeit
    attribuiert wird, bis sie den Rezipienten vom Gegenteil überzeugt und ihm Anlaß gibt,
    die *reliability* in Zweifel zu ziehen."
94 Ebd. 26.
95 Vgl. HOF, Spiel 24, „. . . daß wir einen Bezugspunkt außerhalb der geschlossenen Welt
    des Textes brauchen, um die Frage der Glaubwürdigkeit oder Unglaubwürdigkeit
    stellen zu können, um einen Maßstab zu haben." Vgl. STRASEN, Analyse 134; außer-
    dem NÜNNING, Grundzüge 22, „. . . nicht um ein rein textimmanentes Phänomen
    handelt, sondern daß bei Unzuverlässigkeitsurteilen außertextuelle Faktoren – etwa
    allgemeines Weltwissen, moralisch-ethische Kategorien oder psychologische Konzepte
    – eine zentrale Rolle spielen."

Beurteilung gekommen zu sein.[96] Entscheidend ist nicht die objektive Richtigkeit der Aussagen, sondern die Bereitschaft des Rezipienten, die Welt des Erzählers anzunehmen.[97] Aus in historischer Hinsicht fehlerhaften Informationen folgt nicht notwendig die Unzuverlässigkeit des Erzählers.

Eine Kriteriologie[98] zur Unterscheidung von „zuverlässigen" und „unzuverlässigen" Erzählern ist abhängig von der Eigenart des jeweiligen Textes und seiner Gattung[99] sowie der von ihr evozierten Erwartungshaltung. Einen Versuch der schwierigen Konkretion hat NÜNNING vorgelegt:[100] „Als *unreliable narrators* sind solche Erzählinstanzen zu bezeichnen, deren Perspektive im Widerspruch zum Werte- und Normensystem des Gesamttextes steht."[101] Die Erhebung des „Werte- und Normensystems des Gesamttextes" ist grundsätzlich nicht unproblematisch; für die bibl. Überlieferungen eröffnen die zahlreichen ethisch relevanten Texte jedoch eine Perspektive. Hinweise auf eine Unzuverlässigkeit des Erzählers lassen sich damit sowohl im sprachlichen als auch im inhaltlichen Bereich identifizieren.[102]

Aus methodischer Sicht ist im Kontext der Analyse einer Erzählung von der Zuverlässigkeit des Erzählers auszugehen; dies gilt in besonderer Weise für nicht-personale Erzählsituationen.[103] Erzähler, die nicht

---

96 Darauf deuten zumindest die Tradierung der Schrift, insbes. seine starke Verbreitung auch in Qumran, und das Zeugnis des JOSEPHUS (Ant 10,266f) hin, nach dessen Ausweis die Überlieferung von Daniel – die auch historisch Fehlerhaftes enthält – von Bedeutung ist: „Es geziemt sich, diese wunderbaren Ereignisse aus dem Leben Daniels hier mitzuteilen; denn alles gedieh ihm, wie einem der größten Propheten … Weil aber seine Weissagungen sich so bestimmt erfüllten, wurde er vom Volke nicht nur zu den Wahrsagern, sondern auch zu den Gottgesandten gerechnet." Gleiches gilt für die gesamte antike Historiographie, die trotz mancher erkennbarer historischer Fehler dennoch nicht als unzuverlässig betrachtet wurde.

97 Vgl. BACKHAUS, Spielräume 28, thematisiert verschiedene Kontrollinstanzen, die die Freiheit des Historiographen bei seiner Darstellung einschränken: u. a. der Plausibilitätsanspruch des Publikums.

98 In der Literatur werden zahlreiche Kriterien genannt, die als Indizien für die Unzuverlässigkeit des Erzählers gewertet werden. Vgl. dazu insbes. ALLRATH, Signale 70ff; NÜNNING, Grundzüge 27f.

99 Vgl. NÜNNING, Grundzüge 15, „Die Frage, anhand welcher Kriterien das Problem der Vertrauenswürdigkeit eines Erzählers methodisch geklärt werden kann, bleibt in den meisten literaturwissenschaftlichen Arbeiten der Intuition des Einzelnen überlassen."

100 Ebd. 21, „Anstatt jedoch das damit angesprochene Problem der jeweils relevanten Bezugsrahmen explizit zu erörtern, gehen die meisten Kritiker stillschweigend von einem als selbstverständlich vorausgesetzten Normalitätsbegriff aus, der im gesunden Menschenverstand gründet."

101 Ebd. 17f, „In jedem Fall muß der Rezipient zwar die semantische Gesamtstruktur des Textes hinzuziehen, um eine Erzählinstanz als unzuverlässig erkennen zu können, eines *implied author* bedarf es dafür jedoch nicht, weil das Werkganze, und nicht eine anthropomorphisierte Senderinstanz, als relevante Bezugsgröße dient."

102 Vgl. STRASEN, Analyse 133–135.

103 Vgl. FLUDERNIK, Erzähltheorie 38f.

zugleich Figuren sind, können in den meisten Fällen als zuverlässig betrachtet werden. Die vorliegenden Texte sind dahingehend zu überprüfen,
ob nicht Indizien für einen Widerspruch zu den in den bibl. Texten vertretenen Werten und Normen vorliegen. Lassen sich solche Indizien nicht
oder nicht ausreichend aufzeigen, ist von der Zuverlässigkeit auszugehen;
die Beweislast trägt die Annahme der Unzuverlässigkeit.

Geht man von einer grundsätzlichen Glaubwürdigkeit aus, wird die
immense Bedeutung des Erzählers und seiner Urteile über Figuren oder
Sachverhalte deutlich: „Die Art und Weise, wie ein Erzähler sich und andere beurteilt, läßt zugleich Rückschlüsse zu über dessen eigenes Selbstverständnis und Werte- und Normensystem."[104] Diese wiederum gestatten
einen Blick auf die Überzeugungen und die Absichten des Autors des
Textes.[105] Zugleich sind die vertretenen Werte und Normen von Relevanz
für die Adressaten und den Leser: „Einerseits erheben die in fiktionaler
Rede geäußerten Sätze, als Imaginationen eines realen Autors, keinen
Anspruch auf Referenz in *unsere Welt*; andererseits erheben sie, als Behauptungen eines fiktiven Erzählers, durchaus einen Wahrheitsanspruch
in der *erzählten Welt*."[106] Im Kontext bibl. Schriften beschränkt sich der
Wahrheitsanspruch nicht auf die fiktive Welt, sondern umgreift die Wirklichkeit. Die Deutungen des Geschehens und die Wertungen des Erzählers
sind Aussagen von Relevanz für die Interpretation des Textes und darüber
hinaus.

Erzähladressat   Schwieriger als der Erzähler ist der Adressat zu fassen.
Als sein Gegenüber ist er die andere, die rezeptive Hälfte des kommunikativen Rahmens der Erzählung.[107] „Durch die Rahmung werden die
LeserInnen zur Identifikation mit der AdressatIn eingeladen, sie hören
mit ihr zusammen die Diegese."[108] Der Adressat ist nur über den Erzähler zugänglich; das Fehlen jeglicher expliziter Hinweise macht deutlich,
dass lediglich eine Auswertung textinterner Hinweise oder bestimmter
Aspekte der Erzähltechnik hierfür Anhaltspunkte liefern kann.

Insbes. im Fall historischer Texte spielt die Frage nach dem Adressaten eine große Rolle. Die textinterne Kommunikation ist in aller Regel
nur rudimentär überliefert. Durch eine sorgfältige Analyse aller Hinweise
lässt sich vielleicht nicht nur der Adressat näher fassen, sondern auch
das Verhältnis zwischen Adressat und Erzähler und der im Hintergrund
stehende (möglicherweise fiktive) historische Kontext der Erzählung be-

---

104 NÜNNING, Grundzüge 18.
105 Autor und Erzähler dürfen nicht verwechselt werden; aufgrund der Pragmatik, die der
    Autor verfolgt, ist eine Beziehung gegeben, sodass der Blick auf den Erzähler etwas
    vom Autor offenbart. Zu ihrer Beziehung vgl. SCHMITZ, Prophetie 98ff.
106 MARTINEZ/SCHEFFEL, Erzähltheorie 95.
107 Zur Wechselwirkung von Erzähler und Adressat vgl. EISEN, Poetik 80.
108 Ebd. 92.

schreiben. Eine solche Beziehung und ihre Kontextualisierung sind darauf
zu untersuchen, ob sie für Aussagen über die außertextliche Wirklichkeit
verwertet werden können. Abhängig von den jeweils erzielten Ergebnissen ist ein Rückschluss von der Erzählung über die Ebene des Adressaten
hinaus auf die des Erstlesers möglich, sodass sich der historische Hintergrund der Kommunikation zwischen Autor und Erstleser erheben
lässt.[109]

4.4.4 Das ‚Was‘ der Erzählung

Unter dem Begriff das „‚Was‘ der Erzählung" soll insbes. die Frage nach
der Handlung, nach den Figuren und dem vorliegenden Zeit- und Raumkonzept verhandelt werden.

Entwicklung der Handlung   Erzählungen leben von Veränderungen; sie
weisen eine Dynamik auf. Ohne Ereignisse verliert eine Erzählung ihren
Charakter und wird zu einer Beschreibung von Zuständen. Die Handlung
entfaltet sich von einer am Beginn dargestellten oder vorausgesetzten
Ausgangssituation in einer raum-zeitlich strukturierten Sequenz einzelner Geschehnisse. Der Handlungsverlauf ist „eine geordnete Kette von
bedeutsam aufeinander bezogenen Ereignissen. Dies wird durch eine sorgfältige Auswahl des Materials erreicht, die all jene Ereignisse ausschließt,
die nicht zur Logik des Handlungsverlaufes passen"[110]. Die einzelnen
Ereignisse bzw. die größeren Einheiten der Textsegmente stehen nicht
beziehungslos nebeneinander, sondern leben von ihrer Einordnung in
den Handlungsverlauf. Dabei folgen Erzählungen in der Regel einem
dreigliedrigen Muster von Exposition (Ausgangssituation), Hauptteil und
Schluss.

> „Man will *Spannendes* erzählen. Daher folgen die Erzählungen als Kunstform
> einem ganz einfachen Schema … Auf eine knappe Exposition, die eine neue
> Situation einführt, folgt eine Verwicklung, die Spannung erzeugt bzw. eine
> Lösung verlangt. Eine daraus entwickelte Handlung führt zur Lösung als
> Höhepunkt, nach welchem die Erzählung abrupt zum Schluß kommt. Daraus
> läßt sich als fundamentale Regel ableiten: *Das Ziel oder den Höhepunkt einer*
> *Erzählung findet man fast immer unmittelbar vor der Schlußnotiz.*"[111]

Exposition – Ausgangssituation   Die Exposition zeichnet sich durch ihren
beschreibenden Charakter aus. Auf dieser Stufe stehen nicht die Dynamik

---

109 Dabei darf der Unterschied zwischen Adressaten einer Erzählung als einer textimma-
      nenten Struktur und dem (Erst-)Leser nicht verwischt werden. Vgl. ebd. 90. Zudem
      dürfen die Figuren der Erzählung nicht grundsätzlich mit dem Adressaten identifiziert
      werden.
110 BAR-EFRAT, Bibel 107.
111 SEEBASS, Genesis 40.

der Handlung, sondern Zustände, Verhältnisse und Eigenschaften im Vordergrund. In der Darstellung der Situation vor der Entstehung des „Konfliktes"[112] stattet der Erzähler den Adressaten mit einem Rüstzeug aus, das er ihm für den Start in die Erzählung mit auf den Weg gibt, und macht ihn mit den Grunddaten – mit den Personen, mit deren Verhältnissen sowie dem örtlichen und zeitlichen Rahmen – vertraut. Die Exposition wird mit einem bestimmten Anstoß verlassen, der den Stein für den in der Erzählung zu lösenden Konflikt ins Rollen bringt.[113]

Die zeitliche und räumliche Struktur der Erzählung   Erzählungen leben von Veränderungen. Diese setzen *zeitliches Denken* voraus. „Der temporale Aspekt bildet insofern eine Grundlage allen Erzählens, als die Chronologisierung von Ereignissen zu den zentralen Leistungen der Narration gehört."[114] Die Ereignisse können einfach linear aneinander gefügt werden (Sequentialität); Vorwegnahmen oder Nachträge können die Ordnung modifizieren. Bestimmte Handlungen können wiederholt, andere nur gerafft erzählt werden; ein einzelnes Ereignis kann mehrfaches Tun beschreiben. Zeitangaben können vage sein oder ganz konkret benannt werden. All diese Beobachtungen und Eingriffe in die Zeitstruktur lassen die gestaltende Hand des Erzählers erkennen und rufen besonderes Interesse hervor.

Ereignisse setzen zudem eine *räumliche Bindung* voraus. Unter dem Begriff Raum versteht man einen „Oberbegriff für die Konzeption, Struktur und Präsentation der Gesamtheit von Schauplätzen, Landschaft, Naturerscheinungen und Gegenständen"[115]. Anders als die zeitlich bedingten Verhältnisbestimmungen (Vorzeitigkeit, Gleichzeitigkeit, Nachzeitigkeit) können Aussagen über den Raum stärker in den Hintergrund treten. Räume und Orte werden häufig nur vorausgesetzt, ohne explizit benannt zu werden. Erzählungen können von einem Ort an einen anderen wechseln, ohne den Ortswechsel explizit zu thematisieren; er muss aus der Szenerie oder der sich entwickelnden Handlung erschlossen werden.

Obwohl Ort und Zeit in einer Erzählung wenig betont und stark in den Hintergrund gerückt sein können, sind beide Ordnungskriterien aufgrund der Organisation menschlichen Denkens stets präsent. Zugleich ist die Intensität der Bezugnahmen auf diese Dimensionen ein Indikator

---

112 SEEBASS, Genesis 40, verwendet den Begriff „Verwicklung" anstelle von „Konflikt" zur Bezeichnung des gleichen Elementes der Handlungsstruktur.
113 Vgl. SEYBOLD, Poetik 87, „Die Exposition hat offensichtlich drei Funktionen: Einmal markiert sie Zeit und Ort, an dem die zu erzählende Geschichte einsetzt; zum anderen stellt sie die (ersten) beteiligten Personen vor; zum dritten deutet sie bereits an oder gibt vor, was Inhalt der folgenden Erzählung sein wird: ein Konflikt, ein Problem, ein denkwürdiges Ereignis."
114 MÜLLNER, Grundlagen 8.
115 NÜNNING, Art. Raum 604.

für den Grad der Verhaftung in einer konkreten Situation. Eine nur vage örtliche und zeitliche Einordnung kann auf einen exemplarischen Charakter der Erzählung hinweisen.[116] Extratemporale Ereignisse sind diesem Gefüge enthoben; sie stellen die Ausnahme dar und weisen wie auch die raum-zeitlich gebundenen Elemente auf die Struktur der Erzählung hin. Besondere Bedeutung kommt konkreten Angaben über Zeit und Ort einzelner Ereignisse sowie deren Veränderungen zu.

Zur Bedeutung von Raum und Zeit   Trotz der engen Einbindung in Raum und Zeit ist mit einer „Loslösung" von dieser Verhaftung zu rechnen, die Transparenz für andere Orte und Zeiten erreicht: Nicht der konkrete Ort, sondern der beispielhafte Ort; nicht die konkrete Zeitangabe sondern die beispielhafte Zeitangabe sind häufig intendiert. Dieser exemplarische Charakter wird mitunter durch eine typologische Dimension ergänzt.

> "Space depicted in narratives, is never without ideological meaning. It is always part of the strategy followed by the narrator … Space not only indicates physical areas, but also has ideological meaning for those who live in it."[117]

Orte wie der Tempel oder der Palast sind augenscheinlich grundsätzlich in Erzählungen ideologisch besetzt;[118] ähnliches gilt für andere Ortsangaben, wie das Haus oder das Obergemach. Neben den typologischen Aspekten der Orte an sich, sind auch Fragen nach der räumlichen Interaktion von Relevanz. Dies gilt insbes. hinsichtlich der Auswertung von Machtstrukturen,[119] für die Fragen nach Ortsbeständigkeit und Bewegung ausgewertet werden können. In aller Regel behält die höher gestellte Person ihren Ort bei und wird von der untergeordneten Person aufgesucht – ungewöhnlich ist, wenn sich dieses Verhältnis umkehrt. In ähnlicher Weise sind auch bestimmte Zeitangaben typologisch zu verstehen; konkret sind im Hinblick auf die zu untersuchenden Texte die Angaben vom „Sonnenuntergang" und vom „Aufgang der Sonne" zu betrachten.

Szenische Gliederung   Informationen, die die Handlungsträger der Erzählung betreffen, sind von entscheidender Bedeutung für die Erhebung der

---

116 Eine einfache lineare Beziehung entspricht freilich nicht dem komplexen Befund der bibl. Überlieferung. Es ist in Rechnung zu stellen, dass auch Erzählungen von Ereignissen in ganz konkreten historischen Situationen immer um einer bestimmten von dieser Situation unabhängigen Botschaft willen berichtet werden. Das historische Interesse dürfte – gerade auch zur Zeit der Entstehung des AT – nie der erste Zweck der Überlieferung sein. Die Lösung von der konkreten Verortung ist als Signal für den Leser zu verstehen.

117 VENTER, Space 993.

118 Vgl. FIELDS, Motif 17, "Some time-space notices, in fact, recurrently become motives, that is, repeated themes used in similar stories …" MÜLLNER, Grundlagen 10, „Eine an konkreten Orten ausgerichtete Raumanalyse ist sowohl synchron im Blick auf ein Textkorpus als auch diachron kulturhistorisch ertragreich."

119 Vgl. MÜLLNER, Grundlagen 10, „Relevant ist diese Raumanalyse für das Verstehen der Machtstrukturen eines Textes …"

Struktur eines Textes und seine Segmentierung. Zwischen den Figuren ereignet sich die Handlung; verändert sich ihre Konstellation, zieht dies meist eine Entwicklung im Verlauf der Geschichte nach sich. Dies macht deutlich, dass die Frage nach der Anwesenheit, der Abwesenheit und nach dem Auftreten und Zusammentreffen von Handlungsträgern weniger wichtig ist als deren Aktion bzw. Interaktion. Entscheidend ist nicht, ob eine Person als an- oder abwesend vorgestellt wird; entscheidend ist, ob sie agierend, interagierend, reagierend oder passiv ist, oder ob sie ganz aus dem Bild genommen wird. Auf der Basis dieser Informationen ist eine „szenische Gliederung" zu erheben. Zu einer Szene gehören „Angaben über die Identität des Ortes und über das Zusammentreffen handelnder Personen; ein zeitlich unmittelbar zusammenhängender Ablauf von Ereignissen und die wörtliche Wiedergabe gesprochener Worte."[120]

Knotenpunkte und ihre Hierarchie In einer Erzählung realisieren sich Möglichkeiten; Entscheidungsprozesse führen zu einer Auswahl zwischen Alternativen: Ein Spektrum an Möglichkeiten wird realisiert, andere werden nicht realisiert. Diese grundlegende Einsicht legt nahe, eine Erzählung auf „Knotenpunkte" zu untersuchen. Mit diesem Begriff sind die Stationen einer Handlung bezeichnet, an denen eine Figur eine Entscheidung trifft, die zur Realisierung bestimmter Ereignisse führt und zugleich andere Möglichkeiten ausschließt. Auf diese Weise schafft sie eine neue Situation. Die Verkettung verschiedener Knotenpunkte führt zur Bildung eines Handlungsstrangs. Für den Verlauf spielen die Knotenpunkte eine unterschiedlich zentrale Rolle, sodass eine Hierarchisierung vorgenommen werden kann, die eine Fokussierung auf die zentralen Weichenstellungen erlaubt.

In den Knotenpunkten und Entscheidungssituationen werden häufig die Einflussgrößen und Beweggründe der Aktanten sichtbar, sodass sich daraus rekonstruieren lässt, welche Spannungsfelder in einer Erzählung präsent sind, diese dominieren und ihr schließlich einen spezifischen Charakter verleihen. „Die Entscheidungen, die sie angesichts unterschiedlicher Alternativen zu treffen haben und die Folgen dieser Entscheidungen zeigen die ethische Dimension der Erzählungen auf."[121]

Motive der Handlung Erzählungen werden von bestimmten „Motiven" geprägt. Darunter ist ein bestimmtes Element der Handlung zu verstehen: „... im weitesten Sinne [eine] kleinste strukturbildende und bedeutungsvolle Einheit innerhalb eines Textganzen; im engeren Sinne eine durch die kulturelle Tradition ausgeprägte und fest umrissene thematische Konstellation"[122]. Auch in den vorliegenden Texten begegnen solche fest

---

120 Seybold, Poetik 89.
121 Bar-Efrat, Bibel 57.
122 Lubkoll, Art. Motiv 455.

umrissenen Motive, die mittels einer intertextuell-semantischen Analyse erfasst und gedeutet werden können. Das Motiv ist für sich, in seiner spezifischen Einbindung in den Text und vergleichend in anderen Überlieferungen zu untersuchen. Hintergründe einzelner Elemente und deren Verwendungsweise im AO sind in die Darstellung einzubeziehen. Durch die je verschiedene Einbettung in den narrativen Kontext kann ein Erzähler den Aspekt, unter dem das Motiv gesehen wird, völlig verändern, sodass es in einer anderen Funktion begegnet. Die Definition eines „Textes" geht von der engen Beziehung der einzelnen Elemente eines Textes auf der Ebene des Inhalts aus (Kohärenz). Daher ist für die Interpretation eine einheitliche, kohärente Deutung der einzelnen Motive im Gesamt des Textes zu erreichen.

Präsentation der Personen

„AktantInnen sind alle Figuren, die als aktiv Handelnde ebenso wie als Objekte von Handlung und als Anwesende am Geschehen beteiligt sind. Figuren, die nur innerhalb der Figurenrede vorkommen, über die also die AktantInnen sprechen, oder solche, die als Informationshintergrund genannt werden, sind keine AktantInnen in diesem Sinn. Das Figureninventar ist auf der Bühne des erzählten Geschehens präsent."[123]

Diese Definition stellt die Basis für die Zeichnung der in der Erzählung auftretenden Personen dar. Die Begriffe Figur, Person und Aktant sollen weitgehend synonym gebraucht werden, ohne damit einer Anthropomorphisierung und Realisierung der Erzählung den Weg bereiten zu wollen. Gott unterscheidet sich als Aktant nicht grundsätzlich von den übrigen Figuren. Wegen seiner spezifischen „sozialen Rolle" rezipiert der Leser die Figur Gott in anderer Weise: Ähnlich wie ein König in seiner sozialen Rolle wahrgenommen wird und ihm dadurch bestimmte Eigenschaften und Kompetenzen zukommen, erscheint Gott als herausgehobener Aktant. Die Zeichnung erfolgt auf literarischer Ebene durch die Beschreibung verschiedener Merkmale und Aspekte; der Leser rekonstruiert daraus Personen.[124] Dieser Vorgang ist im Kontext der Präsentation der Personen nachzuvollziehen.

In einem ersten, vorbereitenden Schritt werden die Figuren überblicksweise dargestellt; ihre Klassifikation als Aktant ist zu begründen. Figuren,

---

123 MÜLLNER, Grundlagen 11. Figuren, die nur anwesend sind und quasi beiläufig erwähnt werden oder die nur als abhängig ausführende Wesen ohne einen eigenen Willen gezeichnet werden, sollen von der Klassifikation als Aktanten ausgenommen sein. Die Bedeutung ihrer Erwähnung ist nichtsdestoweniger zu berücksichtigen.

124 Vgl. BAR-EFRAT, Bibel 58, „Eine Person in einem literarischen Werk ist nicht mehr als die Summe der zu ihrer Beschreibung verwendeten literarischen Mittel. Während Individuen im richtigen Leben unabhängig davon existieren, ob sich jemand die Mühe macht, sie zu beschreiben, existiert eine Figur in einer Erzählung durch ihre Darstellung."

die lediglich gemeinschaftlich auftreten, handeln und keine relevante Binnendifferenzierung erkennen lassen, sind zu einem kollektiv agierenden Aktanten zusammenzufassen. Die Präsentation in der Erzählung ist in einem zweiten Schritt für die einzelnen Figuren zu analysieren.

Zeichnung Zur Darstellung der Aktanten steht dem Erzähler ein breites Spektrum an Mitteln zur Verfügung. Dabei ist die wesentliche Unterscheidung zwischen der *direkten* und der *indirekten (zeigenden) Zeichnung* in Rechnung zu stellen. Damit verbindet sich die Differenzierung zwischen Elementen der Zeichnung, die direkt vom Erzähler und solchen, die durch einzelne Figuren und ihr Handeln vermittelt werden.[125]

Elemente der direkten Zeichnung Explizite Aussagen des Erzählers oder einer Figur, die eine Person der Erzählung direkt charakterisieren, erfasst der Leser in ihrer zeichnenden Funktion unmittelbar. In den bibl. Erzählungen werden in der Regel nur Eigenschaften einer Person thematisiert, die für die Erzählung von Relevanz sind; das entstehende Bild ist notwendig selektiv.[126]

Aussagen über charakteristische Wesenszüge oder aktuelle Stimmungslagen begegnen häufig in wertenden Formulierungen. Die Verbindung von Wertung und Charakterisierung erfolgt ähnlich wie die Nennung von Eigenschaften im Hinblick auf den weiteren Verlauf der Erzählung,[127] sodass eine Wechselwirkung zwischen direkter und indirekter Zeichnung entsteht, wenn sich die benannten Wesenszüge im nachfolgenden Handeln der Person zeigen. Dabei ist zunächst unerheblich, ob die Zeichnung durch den Erzähler, den Aktanten Gott oder eine beliebige andere Figur der Erzählung vorgenommen wird. Je nach Subjekt der Aussage variiert der Anspruch auf Objektivität und Treffsicherheit der Charakterisierung. Dabei sind Aussagen der Figuren – anders als die des zuverlässigen Erzählers und des Aktanten Gott – stets potentiell fehlerbehaftet. Auch die Eigenbetrachtung einer Person ist kritisch zu beurteilen und auf Tendenzen zu untersuchen.

Anrede und Bezeichnung einer Person machen die Sichtweise auf diese Person deutlich: „Namen und Bezeichnung hinsichtlich des Standes (beispielsweise ‚König') können abwechseln und signalisieren den Aspekt, unter dem der Charakter in der jeweiligen Situation gesehen wird." Hinzu tritt die Bestimmung einer Person durch „relationale[n] Benennungen"[128], die ihre Einbettung in ihren sozialen Kontext beschreiben. Auf diese Weise kann die Person im Modell der Personenkonstellation verortet

---

125 Letztlich erfolgt jedes Element der Darstellung durch die Vermittlung des Erzählers.
126 Vgl. MÜLLNER, Grundlagen 12, „Sie [die Eigenschaften; D. H.] stehen primär im Dienst der Handlungsentwicklung und sind nicht so stark als erzählerische Mittel der Charakterisierung entfaltet ... "
127 Vgl. BAR-EFRAT, Bibel 63.
128 MÜLLNER, Gewalt 13.

werden; zugleich dient der Abgleich mit den Erwartungen, die an eine Person seines Standes herangetragen werden, als Folie für die indirekte Charakterisierung.[129] Der kulturgeschichtliche Ort einer Erzählung und der Rezeption verdient besondere Beachtung.

Elemente der indirekten Zeichnung Die indirekte Zeichnung beruht auf den *Handlungen und Worten* der Personen.[130] Der Erzähler tritt hinter die Interaktion zurück,[131] sodass der Leser unmittelbar mit den Handlungen und Worten der Figuren konfrontiert wird. „Da das innere Wesen einer Person an ihrem äußeren Handeln abzulesen ist, kann ein Erzähler die Personen zu ihrer Charakterisierung in Aktion präsentieren, anstatt ihre Charakterzüge explizit zu benennen."[132] Im Unterschied zur direkten Zeichnung bedürfen diese Informationen der Interpretation durch den Rezipienten.

> „Wie die Personen für den Handlungsverlauf erforderlich sind, ist auch die Handlung für die Beleuchtung der Personen von Bedeutung, sie lässt sie deutlicher hervortreten und dient ihrer Charakterisierung."[133]

Beachtung verdienen in erster Linie die Handlungen und Aussagen der jeweiligen Person selbst. Aber auch die Art und Weise, wie andere Personen mit der betrachteten Person umgehen, kann viel, etwa über deren Status und Ansehen, verraten. Das Agieren der Personen ist nicht nur für das Verständnis der verschiedenen Stufen der Erzählung relevant, sondern auch für die Zeichnung der Personen: „Wer jemand ist, erschließt sich aus seinem Handeln."[134] Gleiches gilt für die Aussagen.[135] Häufig sagt die Charakterisierung einer anderen Person jedoch mehr über die charakterisierende als über die charakterisierte Person aus: „Jede explizite Fremdcharakterisierung ist stets auch eine implizite Selbstcharakterisierung, denn sowohl für reale Personen als auch für literarische Figuren

---

129 Vgl. MÜLLNER, Grundlagen 14, „Soziale Rollen sind paradigmatische Figurensemantiken, die den/die einzelne/n AktantIn mit einem aus der Erfahrung sozialer Wirklichkeit, aus anderen Texten und kulturellen Artefakten bekannten Repertoire aus Handlungen und Eigenschaften verbinden. Dieses Rollenrepertoire ist ... in starkem Maß sozial determiniert und kulturell gebunden. Daher ist davon auszugehen, dass LeserInnen unterschiedlicher Kulturen bei der Lektüre ein und derselben Erzählung unterschiedliche Rollen aktualisieren."

130 Vgl. ebd. 12f, Unterscheidung von „sprachlichem und nichtsprachlichem Handeln".

131 Zu berücksichtigen ist die direkte Figurenrede und die erzählte Figurenrede. Vgl. MARTINEZ/SCHEFFEL, Erzähltheorie 51f.

132 BAR-EFRAT, Bibel 90.

133 Ebd.

134 MÜLLNER, Grundlagen 12.

135 BAR-EFRAT, Bibel 76f, „Jede Aussage reflektiert und enthüllt etwas über die sprechende und manchmal auch über die angesprochene Person bzw. die Meinung des Sprechers über sie. Was die Personen sagen, zeigt nicht nur ihre eigenen Gedanken, Gefühle etc., sondern ist oft auch auf den Charakter, die Stimmung, die Interessen und den Status des Gesprächspartners oder der Gesprächspartnerin ausgerichtet."

gilt, dass wenig so charakteristisch ist wie ihre Haltung zu den Menschen ihrer Umgebung.“[136] Aussagen über andere Personen, sind stets für die Zeichnung der charakterisierenden Person heranzuziehen.

Figurenrede dient häufig nicht nur der Zeichnung einer Figur, sondern der Darstellung zentraler Aussagen für das theologische oder das allgemeine Verständnis einer Erzählung. „Im Sinn griechisch-antiker Geschichtsschreibung lässt der Verfasser die theologisch wichtigen Punkte seiner dramatischen Darstellung die Helden in direkter Rede selbst vortragen.“[137] Das Geschehen wird mit seiner Deutung nicht vom Erzähler selbst formuliert, sondern einer Person in den Mund gelegt.[138] In einem zweiten Schritt ist dieser Schlüssel dennoch von Relevanz für die Zeichnung der Figur, der der Erzähler die Deutung in den Mund legt. Ihr ist vom Leser in besonderer Weise Vertrauen entgegen zu bringen. Der Übergang vom Narrativ zum Rezitativ ist stets mit einer Verlangsamung der Erzählung verbunden; der Erzähler fokussiert auf eine bestimmte Situation und signalisiert die Bedeutung, die er diesem Geschehen beimisst. Die Rede der Figuren und die Szenen, in die sie eingebettet ist, bedürfen sorgsamer Interpretation.

Empathiesteuerung   Der Erzähler verfügt über Mittel, den Leser hinsichtlich der Person zu lenken, in die er sich primär einfühlen soll. Der Empathiesteuerung kommt eine wichtige Bedeutung für die Frage nach möglichen Transparenzen zu.[139] Die Empathie des Erstlesers kann auf seine gesellschaftliche Rolle hinweisen.[140]

Für die Empathiesteuerung sind in erster Linie direkte Aussagen des Erzählers von Relevanz. „Solche Bewertungen und Erklärungen zielen primär darauf ab, die Sympathie bzw. Antipathie des Lesers für bestimmte Charaktere zu wecken (Sympathielenkung) und ein Normensystem für die erzählte Welt bzw. für deren Rezeption zu entwickeln.“[141] Aber auch weniger transparente Mittel sind zu berücksichtigen; so fördert die Nennung einer Person bei ihrem Namen die Empathie, während die Nennung mittels bloßer Bezeichnungen abträglich ist.[142] Je ausführlicher der Erzähler eine Person mit ihren Eigenschaften, ihren Gedanken,

---

136 BACHORZ, Analyse 60.
137 ZEILINGER, Auferstehungsglaube 43.
138 Vgl. BAR-EFRAT, Erzählung 115.
139 Vgl. dazu Abschnitt 4.7.2, 197.
140 Die Möglichkeit der Empathie mit mehreren Personen macht deutlich, dass keine bijektive Relation bestehen kann. Dennoch ist nicht zu bestreiten, dass ein bestimmtes Verhältnis zwischen der (angenommenen) Situation des (intendierten) Adressaten und der Empathie mit einer Figur besteht. MÜLLNER, Grundlagen 11, „Literarische Figuren … funktionieren aber maßgeblich durch die mimetische Beziehung zu lebensweltlichen Menschen.“
141 FLUDERNIK, Erzähltheorie 38.
142 Vgl. MÜLLNER, Grundlagen 13.

Empfindungen und Handlungen in den Blick nimmt,[143] desto mehr Anknüpfungspunkte bestehen für eine mögliche Empathie des Lesers. Die
Wahrnehmbarkeit einer Person spielt für die Empathie eine entscheidende
Rolle. Dies gilt in gleicher Weise für die Antipathie gegen eine Person. Mit
der Empathiesteuerung verfügt der Erzähler über ein kraftvolles Mittel,
den Rezipienten zu beeinflussen: Die Sympathie und die Antipathie werden auf den Leser übertragen. Dieser wendet sich dem Sympathieträger
der Erzählung in besonderer Weise zu; er wird dessen Handlungen und
dessen Worte mit besonderer Aufmerksamkeit verfolgen.

Kontextualisierung   Ein weiteres Element der Zeichnung und der Empathiesteuerung begegnet in der Kontextualisierung von Figuren. Die
Einordnung bestimmter Personen oder Handlungen in einen größeren
Zusammenhang ist im Kontext bibl. Schriften von besonderer Bedeutung.
Das Daniel-Buch steht im Rahmen einer etablierten Schriftengruppe, die
einen bestimmten Wertekodex konstituiert. Durch terminologische und
assoziative Verbindungen werden bestimmte Personen oder Vorgänge zu
anderen Personen oder Vorgängen in Beziehung gesetzt, sodass sie im
Licht dieser Tradition erscheinen. Geprägte Formulierungen und Wendungen dienen auf diese Weise der (Aus-)Zeichnung einer Figur. Die
Auswertung solcher Stichwortverbindungen bindet die Erzählung bzw.
einzelne Elemente in einen größeren Kontext ein.[144]

Interaktion und Beziehung   Die Interaktion der einzelnen Figuren ist für
das Bild des jeweiligen Aktanten und für die Dynamik der Erzählung von
Relevanz. Ihr Verhalten – ihre Aktivität bzw. Passivität – veranschaulicht
ihren Einfluss auf den Handlungsverlauf; auch Brüche in der Verhaltensweise lassen sich durch diese Betrachtung aufzeigen.

Aktion und Interaktion sind zugleich Indikator für die Beziehung
zwischen Figuren; das schließt das Fehlen jeder Interaktion ein: Das Entstehen, das Abklingen oder der Abbruch einer Beziehung können ebenso
wie die Beziehungs- oder Interaktionslosigkeit festgestellt werden. Die
sich verändernden Beziehungen machen die Dynamik der Erzählung
deutlich, insofern Oppositionen überwunden werden und andere entstehen. Der Personenkonstellation zu Beginn kommt besondere Bedeutung
zu, da sich aus ihr die Handlung entwickelt.

Die Interaktion ist in ihrer Konkretion und Ausgestaltung in den
Blick zu nehmen; beispielhaft sei auf die Verwendung des „Hofstils" im
Dialog von Höfling und König hingewiesen, dessen Beachtung ebenso
wie dessen Missachtung für die Analyse der Beziehung von Bedeutung
ist.

---

143 Vgl. MÜLLNER, Gewalt 67.
144 Vgl. zur Kontextualisierung Abschnitt 6, 214.

4.4.5 Strukturmarker im BA

Die Erhebung der Struktur eines Textes geschieht vorrangig an der Textoberfläche. Unter dem Begriff Struktur sei „das Netz oder die Summe der
Beziehungen zwischen den Elementen des Textes verstanden"[145]. Dieses
ist in seiner je unterschiedlichen Beschaffenheit und Ungleichmäßigkeit
zu untersuchen; engere Verknüpfungen bestehen in „kleinen Einheiten",
während sie über deren Grenze hinaus schwächer sind. Durch die Analyse bestimmter Signale an der Textoberfläche („Strukturmarker") sind
Veränderungen in der Struktur zu erkennen und zu beschreiben.[146]

Rezitativ und Narrativ   Eine Erzählung umfasst verschiedene, gestufte
Kommunikationsebenen. Der Erzählung (Narrativ) ist die Ebene der direkten Figurenrede (Rezitativ) untergeordnet, auf der der Erzähler den
direkten Wortlaut der Figuren – gleichsam in einer Szene – wiedergibt. Er
tritt hinter die Figurenrede zurück, sodass diese selbst zu Wort kommen.
Durch die Unterscheidung der verschiedenen Kommunikationsebenen
kann zum einen der Ursprung einzelner Informationen bestimmt und
damit eine Bewertung vorgenommen werden; zum anderen wird die Zuwendung des Erzählers zu den einzelnen Stufen der Handlung, die durch
die je spezifischen Erzählgeschwindigkeiten bedingt ist, sichtbar. Mitteln
der Redeeinleitung und Ausdrucksweisen zur Einführung schriftlicher
Kommunikation kommt eine besondere Bedeutung zu; sie können den
Übergang auf eine andere Kommunikationsebene markieren. Im BA bestehen vielfältige Möglichkeiten Reden einzuleiten; meist (in dem hier zu
behandelnden Text – mit der Ausnahme Dan 6,22 – immer)[147] wird eine
Partizipialform des Verbs אמר gebraucht. Eine häufige Verwendungsweise
ist das Syntagma ענה ... ואמר.[148]

Markierung von Zeit   Der Einordnung einzelner Ereignisse in die Struktur
der Erzählung dient eine Vielzahl an Strukturmarkern (Konjunktionen,
Adverbien und Zeitbegriffe). Eine besondere Bedeutung für die Interpretation von Dan 6 kommt der Konjunktion כְּדִי (V 11), die hier mit „sobald"

---

145 EGGER, Methodenlehre 30.
146 Aufgrund der Schwierigkeiten der aram. Syntax soll im Folgenden ein Überblick über
 Strukturmarker des BA gegeben werden, das in natürlicher Weise universale Merkmale
 der Textgliederung übernimmt; diese müssen auf das BA hin konkretisiert und um
 spezifische Merkmale ergänzt werden. Auf eine ausführliche Auseinandersetzung mit
 Fragen der Textstrukturierung im Gr. kann verzichtet werden. Im Kontext der Analyse
 wird auf den Aramaismus τότε einzugehen sein. Auch hier gilt, dass die Ausführungen
 für das BA in ihrer Darstellung auf die vorliegenden Texte hin fokussiert sind. Eine
 allgemeine Darstellung wird nicht angestrebt.
147 Vgl. V 22 die Verwendung des Verbs מַלִּל; V 26 die Verwendung von כְּתַב zur Bezeichnung einer schriftlichen Kommunikation.
148 Vgl. zur sprachgeschichtlichen und grammatikalischen Einordnung GZELLA, Tempus
 131ff.

wiederzugeben ist, zu.[149] Sowohl der Markierung eines zeitlichen als auch eines pragmatischen Aspektes dient der „Transitionsmarker" כְּעַן (V 9). Dieser hebt die konstatierende Fokussierung auf den zu entfaltenden Kern der Sache hervor;[150] an eine vorangehende Darlegung oder eine Hinführung schließt sich, markiert durch den Transitionsmarker, der Kern, die eigentliche Botschaft an.

Einen Sonderfall der zeitlichen Einordnung bildet das Phänomen der *Sequentialität*. Es bringt das zeitliche Nacheinander von Ereignissen zur Sprache, ohne einen zeitlichen Fixpunkt anzugeben; dabei beschreibt es eine der zentralen Leistungen einer Erzählung: die geordnete Präsentation bestimmter Ereignisse in einer (idealerweise) kohärenten Abfolge.[151] Dafür begegnen ba verschiedene Konstruktionen: Neben der asyndetischen Reihung sind die Konjunktionen ו und אדין(ב), aber auch אחר zu nennen.[152] „Soll ausgedrückt werden, daß zwischen zwei Handlungen ein Intervall liegt, also die erste eine vollständig abgeschlossene ist, so wird der zweite Satz mit אֱדַיִן resp. בֵּאדַיִן eingeleitet."[153] Die Markierung der vollständigen Abgeschlossenheit der vorangehenden Handlung dient der sprachlichen Konstruktion von Sequentialität;[154] zugleich wird durch sie der Vordergrund der Handlung konstituiert. Die häufig mit den Adverbien gemeinsam begegnenden Veränderungen in Bezug auf Ort, Personen oder auch Themen stimmen mit ihrem Gebrauch zur Markierung eines

---

149 Eine genauere Analyse zu dieser Konjunktion wird aufgrund der Notwendigkeit der Berücksichtigung des Zusammenhanges im Kontext der Analyse zu V 11 gegeben. Vgl. dazu Abschnitt 7.1, 226.

150 Vgl. dazu auch LYAVDANSKY, Deictic Adverbs; RIBERA I FLORIT, Evolución 228f, die Partikel markiert in Briefen den Übergang von der Grußformel zum Inhalt, zum Thema. Darüber hinaus ist im späteren Aram. eine konsekutive Akzentsetzung festzustellen. Vgl. außerdem GZELLA, Tempus 118, durch das Adverb wird etwa 2,23 das Perfekt als konstatierendes Perfekt – und damit die Handlung als Ergebnis – ausgewiesen. Ähnlich markiert 6,9 das Adverb mit Imperfekt die nachfolgende Handlung als abschließend.

151 Vgl. GZELLA, Tempus 347, „Versprachlichung des Nacheinanders von Ereignissen in zeitlicher Folge … Die Sequentialität korreliert üblicherweise mit dem perfektiven Aspekt und dem literarischen Vordergrund."

152 Die für das aram. Daniel-Buch prägende Verwendung der Partikeln אדין(ב) macht eine Auseinandersetzung mit ihrer Funktion bzw. Bedeutung notwendig und legt die Frage nach ihrer Differenzierung nahe. Ihre gliedernde Funktion ist allgemein anerkannt; eine Differenzierung erfolgt häufig nicht. WILLI-PLEIN, Daniel 6 13, „Auch 'dyn und b'dyn können als Textgliederungselemente angesehen werden; ihr semantischer Unterschied ist noch nicht ganz klar." Ähnlich im Umgang ALBERTZ, Gott 135. 15 Belege für Dan 6; POLAK, Daniel Tales 256, "This stereotypic use of 'dyn creates a highly schematic action sequence, quite suitable for oral narrative."

153 MARTI, Grammatik §131.

154 BUTH, Anatomy 35, "… in order to mark sequentiality and foreground". KOTTSIEPER, Aspekte 73, „… so daß S[uffixkonjugation] … zu der Erzählform schlechthin wurde. Dabei verlor sich natürlich die Bedeutungsnuance des Progresses, die aber, wie das Biblisch-Aramäische zeigt, bei Bedarf mit Syntagmen wie (b)'dyn realisierbar ist." Zur Verwendung in ra Briefen vgl. POLAK, Daniel Tales 256.

Einschnitts in der Erzählung überein. „Dagegen erzeugt ‎ו‎ im allgemeinen fortschreitende, koordinierende oder disjunktive Verbindungen innerhalb eines Abschnittes ..."[155] Während WILLI-PLEIN einen Unterschied in der textstrukturierenden Form aufgrund der Verteilung in Dan 6 wahrnimmt,[156] versucht BUTH im Einklang mit der formalen Bildung von ‎בּאדין‎ aus ‎אדין‎ in Verbindung mit der Präposition ‎בּ‎ eine unterschiedliche semantische Prägung zu erarbeiten.[157] "Both ʾĕdayin and bēdayin at the beginning of a clause mark the clause as temporally sequential. In addition, bēdayin marks the clause as 'more closely connected,' either in the sense of being 'more predictable, more expected,' or in the sense of being a 'more direct' result, response, or outcome of the previous event(s)."[158] Eine abschließende, allgemein anerkannte Differenzierung ist bislang nicht gelungen; die vorliegende Interpretation geht von der gemeinsamen Eigenschaft der Markierung von Sequentialität aus.

Markierung von Raum   Besondere Bedeutung kommt neben den nominalen Ortsangaben und Verben, die Veränderungen hinsichtlich des Raums angeben, den Präpositionen ‎בּ‎ (lokal), ‎ל‎ (direktional), ‎על‎ und ‎קדם‎ zu; die Ausführungen finden sich im Verlauf der Darstellung an den einschlägigen Stellen.[159]

Zur Markierung von Begründungsverhältnissen   Die Entwicklung der logischen Struktur ist neben der Chronologisierung eine wichtige Leistung des Erzählers. Aber auch Figuren können in ihrer Rede bestimmte Geschehnisse in einen kausalen Zusammenhang bringen. Eine zentrale Rolle kommt der Konjunktion ‎כָּל־קֳבֵל דִּי‎ zu, die in Verbindung mit der Konjunktion ‎ו‎ drei Satzeinheiten zusammenfügt. Dabei ist wohl davon auszugehen, dass der Ausdruck ‎כָּל־קֳבֵל דִּי ... ו‎ nicht den vorangehenden (Satz 1) und folgenden Satz (Satz 2), sondern die beiden nachfolgenden (durch ‎ו‎ getrennten) Sätze (Satz 2 und Satz 3) verbindet.[160] Verwandt mit dieser Konjunktion ist die Wendung ‎כָּל קֳבֵל דְּנָה‎, die V 10 einen „anaphorische[n; D. H.] Übergang"[161] markiert. Zugleich kommt ihr auch eine

---

155 GZELLA, Tempus 116.
156 Vgl. WILLI-PLEIN, Daniel 6 14.
157 Vgl. BUTH, Anatomy 40.
158 Ebd. 39.
159 Vgl. dazu ASHLEY, Book of Daniel 55ff; in Dan bezieht sich ‎ל‎ im Kontext von Bewegungen stets auf einen Ort. Zur Relevanz dieser Überlegung vgl. Abschnitt 8.4.1, 301.
160 WESSELIUS, Language and Style 195ff, "It has always been implicitly assumed that *kol-qŏbel dî* connects the sentence which precedes it to the following sentence, and has a wide range of meaning: 'as, because, while, though' ... Especial doubt may rise about two instances which two statements which are evidently meant to be compared with each other are preceded by *kol-qŏbel dî* and separated by *wᵉ* ..." Vgl. auch MORIYA, Meaning 33ff, und nochmals WESSELIUS, Literary Nature 275–283.
161 WILLI-PLEIN, Daniel 6 13.

kausale Funktion zu, indem sie das Folgende aus dem Vorangehenden entwickelt.

Nichtreferentielle (pragmatische) Funktionen von Verbalformen   Bislang hat die wissenschaftliche Beschäftigung mit dem Aram. im Hinblick auf syntaktische Fragen nicht im gleichen Maß zu Ergebnissen geführt, wie im Fall der besser untersuchten hebr. Sprache; diese Feststellung gilt insbes. für Fragen der Syntax auf Satz-, Perioden- und Textebene: „Für die Erforschung der Syntax jenseits der Satzgrenzen (also im *discourse*) existiert noch kein allgemein akzeptierter Methodenkanon, da das Verhältnis von Satzmustern, grammatischen Komponenten und ihren kommunikativen Funktionen noch nicht einmal ansatzweise geklärt ist, ja überhaupt keinerlei Übereinstimmung darin herrscht, welche grammatischen, lexikalischen oder phonetischen Elemente nun tatsächlich den Textfluß strukturieren (*discourse markers*)."[162] GZELLA hat den Zusammenhang der Verbalformen mit den grammatischen Kategorien Tempus, Aspekt und Modus untersucht; er unterscheidet referentielle und nicht-referentielle Funktionen einer Verbalform: Referentielle Funktionen beziehen sich auf außersprachliche Phänomene (textextern), während nicht-referentielle Funktionen dazu dienen, die Struktur des Textes sichtbar zu machen. Er hat gezeigt, „daß eine bestimmte Konjugation nicht darin aufgeht, Universalien wie Zeit oder Wirklichkeit sprachlich abzubilden. Vielmehr kann dieselbe Form ebenfalls dazu beitragen, einen Text seinem Verlauf (*discourse*) nach äußerlich und innerlich zu strukturieren ..."[163] Insbes. erzählende Texte nutzen die Verwendung bestimmter Verbalformen, um dem Leser strukturierende Hinweise zu geben.

Der gezielte Einsatz von Verbalformen zur Erfüllung einer nicht-referentiellen Funktion spielt eine wichtige Rolle für die *„Reliefgebung"*. Mit diesem Begriff (bzw. „Grundierung" oder „grounding") ist ein übersprachliches Phänomen bezeichnet, das von der Möglichkeit der Unterscheidung zwischen Vordergrund und Hintergrund eines Textes ausgeht.[164] Der Vordergrund[165] wird im BA in der Regel vom erzählenden Perfekt konstituiert, mitunter ergänzt durch das Partizip.[166] Übernehmen Partizip oder Imperfekt die Funktion der Zeichnung des Vordergrundes, dient das Perfekt dem „Aufbau des Hintergrundes durch die Bezeich-

---

162 GZELLA, Tempus 69.

163 Ebd. 297.

164 Vgl. ebd. 346, „Gewichtung von Informationen im Textfluss (*discourse*) nach ihrer Relevanz für den Handlungsfortschritt durch eine Unterscheidung von Vordergrund und Hintergrund."

165 Vgl. ebd. 349, „Innerhalb der Reliefgebung die Ereignisse, die einen Handlungsfortschritt erzielen und damit das Gerüst oder Skelett einer narrativen Passage bilden ..., das durch das ‚Fleisch' zusätzlicher Informationen (Hintergrund) ergänzt wird."

166 6,20 begegnet in ungewöhnlicher Verwendung das Imperfekt im Kontext des Vordergrundes. Zur überzeugenden Deutung vgl. ebd. 145f.

nung der Vorvergangenheit"[167]. Nicht zum Vordergrund einer Handlung gehören zudem: Zustandsbeschreibungen, Rückblenden, Nebenumstände, Erzählerkommentare … Sie zeichnen sich durch Nominalsätze oder Verbalsätze aus, die in direkter Aspektopposition zum Perfekt des Vordergrundes stehen.[168]

Eine gliedernde Funktion für den Text kommt auch dem *konstatierenden Perfekt* (in der vorliegenden Erzählung etwa 6,29) zu, das den Verlauf der Erzählung von dem zusammenfassenden Schlusselement trennt und einen bestimmten Abschnitt abschließt.

Neben der Verwendung gewisser Verbalformen scheint auch das Satzmuster einen Einfluss auf die Unterscheidung zwischen Vor- und Hintergrund zu haben.[169] BUTH charakterisiert das Aram. des Buches Daniel als „a strongly verb-second VSO language. That means that the structure of main, independent clauses is based on a Verb-Subject-Object ordering pattern and that special rules frequently put one clause constituent before the verb in the P1 position."[170] Trotz der scheinbar großen Freiheit der Wortstellung im Aram. weist die Beobachtung in Richtung einer freilich nicht starren, aber begründeten Ordnung der Wortstellung. Abweichungen vom vorgegebenen Muster erfüllen im Regelfall bestimmte Funktionen. "There are two basic functions which can cause the author to put the verb in the P2 position of the clause: First, it may mark a pause in a string of foregrounded clauses for background or setting material … And secondly, it may mark a dramatic pause, especially at the peak of a story. This would be true of clauses that use the suffix verb and are clearly sequential along the time line of the story."[171] Aus der Beachtung der Satzstellung allein lässt sich keine Aussage über die Zuordnung zu

---

167 GZELLA, Tempus 298.
168 Zur Frage der Aspektoppositionen vgl. ebd. 243ff.
169 BUTH, Word Order in the Aramaic Narratives 8, versteht Vordergrund als „the next event in the story"; seine Kriteriologie baut wesentlich auf Beobachtungen zur Satzgliedstellung auf.
170 Ebd. 7f. Ebenso BUTH, Word Order 237; COOK, Word Order 125. BUTH legt hierbei folgendes Satzbauschema zugrunde: P1—V-S-O—P2—Ob1, dessen Stellen im einzelnen Satz je unterschiedlich belegt werden können. Dabei bezeichnet V-S-O den am weitesten verbreiteten Satzbautyp. P1; P2; Ob1 bezeichnen Stellungspositionen für das Verb bzw. das Objekt, die in bestimmten Variationen auftreten können.
171 BUTH, Word Order in the Aramaic Narratives 9.

Vorder- oder Hintergrund ableiten.[172] Das Verlassen des VSO-Musters erfordert besondere Aufmerksamkeit.

4.5 Erzählung und Erzählzyklus

Die Beachtung der Kontexte ist von zentraler Bedeutung für das Verständnis eines Textes. Dieser steht stets in einer Spannung zwischen Eigenständigkeit und Abhängigkeit. „Jede Erzählung eines Erzählzyklus' ist eine unabhängige Einheit, die eine vollständige Geschichte enthält. Zugleich ist sie ein Teil vom großen Ganzen und trägt ihren Teil zur Gesamthandlung bei. Diese hat jedoch in der Regel eine eher lose Struktur und weist nicht immer ein enges Netzwerk von Ursache und Wirkung auf – sie basiert eher auf Chronologie als auf Kausalität.“[173] Dan^{MT} 6 und Dan^{LXX} 6 stehen nicht für sich, sondern sind Teil eines größeren Erzählzyklus bzw. eines bibl. Buches. Die unklare Genese und die Überlieferung in verschiedenen Fassungen[174] erschweren eine klare Beschreibung des zu berücksichtigenden Kontextes sowie die Verhältnisbestimmung von Einzelerzählung und Zyklus. Das Verhältnis ist für beide Texte einzeln zu prüfen.

Aufgrund des „inhomogenen Eindruck[s; D. H.]“[175], den das Buch beim Leser hinterlässt, legt sich die Annahme eines mehrstufigen Entstehungsprozesses nahe. Die Auffälligkeiten erstrecken sich in erster Linie auf das Daniel-Buch als Ganzes, betreffen aber in schwächerer Form auch die einzelnen Kapitel. Trotz der Annahme einer längeren Genese kann das Daniel-Buch als Sammlung einzelner Erzählungen rezipiert werden,

---

172 Zur Unterscheidung ist das Phänomen der „Topikalisierung" zu beachten. Topikalisierung meint „eine besondere Kennzeichnung von Satzgliedern, die im weiteren Zusammenhang eine vergleichsweise größere informative Relevanz beanspruchen und damit im ‚Vordergrund' stehen" (GZELLA, Tempus 70). Dieses Zusammenspiel von Wortstellung und Verbalformen lässt sich V 11 beispielhaft aufzeigen; die Informationen sind auf verschiedenen Ebenen angesiedelt: Neben dem Vordergrund der Erzählung werden dem Leser einige Hintergrundinformationen mitgeteilt. In den Bereich des Hintergrundes gehören die Aussagen über die Fenster im Obergemach des Daniel (V 11aα) sowie die abschließende Feststellung der Entsprechung des aktuellen Tuns des Daniel und seiner bisherigen Glaubenspraxis (V 11bβ). Die Haupthandlung besteht aus zwei Abschnitten, die durch einen Einschub unterbrochen werden: עַל ... וְדָנִיֵּאל לְבַיְתֵהּ. Dieser Differenzierung kommt Bedeutung für die Konzeption der Gebetspraxis des Daniel zu.

173 BAR-EFRAT, Bibel 150.

174 Vgl. dazu Abschnitt 3.1.2, 33.

175 KOCH, Buch Daniel 88.

die als Einheit verstanden werden.[176] Offenkundig liegt eine engere Verbindung von Dan 1;2–6; 7 und Dan 8–12 vor.

Die Interpretation von Motiven der Erzählung anhand der Bezüge
zu anderen Erzählungen bedarf besonderer Vorsicht. Motive und Begriffe, die nicht nur in der konkreten Erzählung, sondern auch im Kontext
des Erzählzyklus begegnen, verleihen Kohäsion. Eine identische Verwendungsweise (auf der Ebene der Texttiefenstruktur) ergibt sich daraus
nicht; der Leser wird jedoch die verschiedenen Belege miteinander in
Beziehung bringen und Verbindungen herstellen. Eigenständigkeit und
Einbindung sind konkurrierende Dimensionen. Zwar steht die grundsätzliche Unabhängigkeit der Erzählung nicht zur Disposition und doch
erfordern einzelne Elemente die Berücksichtigung des Kontextes, ohne
den ein Verstehen nicht oder nur schwer möglich ist.[177] Damit erscheint
eine Vorgehensweise praktikabel und methodisch verantwortbar, die zunächst eine textinterne Interpretation versucht, aber den Kontext nicht
aus dem Blick verliert. Ist ein Begriff oder ein Motiv aus dem Text selbst
nicht oder nur unzureichend zu erklären, ist der unmittelbare Kontext zur
Deutung heranzuziehen; dies gilt in erster Linie für bestimmte Begriffe
und Motive. Von besonderer Relevanz ist sowohl für MT als auch für LXX
der jeweilige Erzählzyklus.

Der sich stark unterscheidende Charakter der nachfolgenden Kapitel,
macht eine Einbeziehung dieser Texte nicht in gleicher Weise möglich,
ohne dass eine Relevanz vollständig aufgehoben wäre. Aufsteigend in
der Distanz zur Erzählung ist das Daniel-Buch in der jeweiligen Fassung des MT und der LXX (Sus und BelDr eingeschlossen), sowie der
Kontext der hebr. Bibel (MT) sowie der LXX heranzuziehen. Ergänzend
ist der jeweilige kulturelle Kontext – insbes. in sprachlicher Hinsicht –
zur Interpretation der Texte zu berücksichtigen. Kein Gegenstand der
Untersuchung ist die Frage nach der Relevanz von Dan 6 für die Gesamt-
bedeutung des Daniel-Buches.

---

176 Inhomogenitäten in den einzelnen Texten sind aufgrund der literarisch-synchronen Be-
     trachtung vorzugsweise textintern zu interpretieren. Eine literarkritische Analyse von
     Dan 6 legen KRATZ, Translatio; SANTOSO, Apokalyptik; HAAG, Errettung; STAHL, Welt-
     engagement 163–167 vor. ALBERTZ, Gott bietet darüber hinaus auch eine Bearbeitung
     von Dan^LXX 6.

177 In besonderer Weise mag dies für die Figuren der Erzählung gelten. Trotz aller Brüche
     in der Erzählführung des Daniel-Buches wird der Leser zunächst von der Einheit von
     Personen ausgehen, die mit dem gleichen Namen bezeichnet sind. Von Relevanz ist dies
     insbes. für Daniel, dessen Name die Erzählungen zusammenhält. Die Zeichnung der
     Person ist damit einzubetten in die Informationen, die der Leser aus dem Kontext über
     Daniel erhält. Seine Wahrnehmung ist davon nicht bestimmt, aber geprägt. Andererseits
     begegnen einzelne Motive der Erzählung mehrfach im Kontext, sodass sich die damit
     verbundene Vorstellung durch die Berücksichtigung des Kontextes präziser erfassen
     lässt.

4.6 Fiktionalität und Relevanz

Die Erkenntnis des fiktionalen Charakters der Überlieferungen ist eines der wesentlichen Ergebnisse der Erforschung des Daniel-Buches.[178] Spricht man – so ein verbreiteter Schluss, dessen Berechtigung zu überprüfen sein wird – einem Text aufgrund seines fiktionalen Charakters die historische Verwertbarkeit ab, bleibt nach seiner Relevanz zu fragen.[179] Die Überlieferung eines Textes ohne Relevanz ist nicht wahrscheinlich. Worin kann die Relevanz eines fiktionalen Textes liegen?

> „Einerseits erheben die in fiktionaler Rede geäußerten Sätze, als Imaginationen eines realen Autors, keinen Anspruch auf Referenz in unserer Welt; andererseits erheben sie, als Behauptungen eines fiktiven Erzählers, durchaus einen Wahrheitsanspruch in der erzählten Welt."[180]

Aussagen von einem „Wahrheitsanspruch in der erzählten Welt" können dann von Relevanz für die reale Welt sein, wenn sie in einer Beziehung zur Wirklichkeit stehen. Damit ist deutlich, dass der Wahrheitsanspruch eines fiktionalen Textes nicht mit einem Anspruch auf „Historizität" verwechselt werden darf. Der Text und seine Aussagen stehen in Beziehung zur Wirklichkeit, gehen aber nicht in einer Beschreibung von Wirklichkeit auf. Nach der Relevanz eines Textes ist daher (auch) jenseits der Ebene der Historizität zu suchen. Jede Beschränkung auf diesen Aspekt gilt es in Anerkennung der historischen und kulturellen Entstehungssituation der Texte aufzubrechen.

> „Das *Bewußtsein für die historische Wahrheit und Wirklichkeit* war – gemessen an unseren heutigen Begriffen – unterentwickelt. Es wäre darum verfehlt, etwa beim Begriff der ‚Fälschung' unsere kritischen und moralischen Vorstellungen ohne weiteres auf die damalige Zeit zu übertragen. Die Wahrheitsfrage war für die jüdischen Verfasser im Grunde durch ihr Bekenntnis zur religiösen

---

178 Zur Fiktionalität und den relevanten Kriterien vgl. SCHMITZ, Fiktionalität 139, „Fiktionalitätssignale wie Eingangs- und Schlussformeln, Gattungsbezeichnungen, Zeit-, Ort-, und Figurenangaben, Mehrdeutigkeiten und Intertextualitätssignale etc."

179 SEOW, Daniel 6, „… the value of the book of Daniel as scripture does not depend on the historical accuracy of the props on its literary stage, but on the power of its theological message." Die Auseinandersetzung mit der Frage nach der Relevanz beugt einer einseitig historischen Sichtweise in gleicher Weise wie einer einseitig theologischen Sichtweise vor und sensibilisiert für die verschiedenen Aspekte des Textes.

180 MARTINEZ/SCHEFFEL, Erzähltheorie 95. Dass diese Aussage keine Einschränkung im eigentlichen Sinn bedeutet, macht die folgende Aussage von STEGEMANN, Geschichte 265 deutlich: „Mir scheint, wir haben zu lernen, dass die einstmals sicheren Grenzen zwischen Fiktion und Fakten, zwischen Mythos und Geschichte, zwischen Mythos und Wissenschaft, rational und irrational, Magie und Religion, Religion und Glaube, richtig und falsch, was auch immer, durchlässiger geworden sind, sich teilweise regelrecht in Auflösung befinden, sich teilweise als Inventionen einer aufgeklärten Epoche zu erkennen geben, die sich am entstehenden und erfolgreichen naturwissenschaftlichen Forschungsparadigma bzw. Methodenideal orientierte."

Wahrheit gelöst, der Zweck, diese Wahrheit in möglichst wirksamer Weise zu vertreten, heiligte – bewußt oder unbewußt – die Mittel."[181]

Eine Aussage ist dabei nicht zuerst von historischer Referenz bestimmt. Nicht ein absoluter Wahrheitsbegriff (der den Aspekt der Historizität einschlösse) ist zugrunde zu legen, sondern ein relativer Wahrheitsbegriff. Obgleich der Text historisch unzutreffende Aussagen bietet (und bieten will),[182] erhebt er dennoch den Anspruch, *zutreffende Aussagen* zu formulieren,[183] die sich zunächst auf die erzählte Welt beziehen – aber dennoch in Beziehung zur Wirklichkeit stehen.

> „Im Sinne eines fiktionalen Spiels wird auf diese Weise eine eigene, zweite Welt erschaffen. Diese funktioniert nach ihren eigenen Gesetzen, Regeln und Logiken und ist mitunter so plausibel, wie das, was wir sonst für die Wirklichkeit halten. Innerhalb dieser Welt des Fiktionalen kann dann – gemäß ihren eigenen Regeln – zwischen wahr und unwahr, zwischen möglich und unmöglich, plausibel und unplausibel unterschieden werden. Damit treten nun zwei Konzeptionen von ‚Wirklichkeit' in einen Dialog, in der die erfundene ‚Wirklichkeit' der ‚wirklichen' Wirklichkeit den Spiegel vorhält, sie neu erzählt ..."[184]

Die Interpretation einer Erzählung schließt notwendigerweise die Verhältnisbestimmung zwischen erzählter und tatsächlicher Welt ein.[185] Dies gilt zunächst für die tatsächliche Welt zur Zeit der Kommunikation des Textes, schließlich aber auch für die Zeit seiner Überlieferung. „Diese [die Erzählungen; D. H.] sind als literarische Werke insofern fiktional, als sie grundsätzlich keinen Anspruch auf unmittelbare Verwurzelung in einem wirklichen Geschehen erheben."[186] Das Fehlen der „direkten Verwurzelung in einem wirklichen Geschehen" ist nicht mit dem Fehlen jeglichen Bezugs auf „wirkliches Geschehen" gleichzusetzen: nicht die Identität, sondern die mitunter spannungsvolle Beziehung zwischen erzählter Welt

---

181 HENGEL, Anonymität 250. Die Aussagen von HENGEL stehen im spezifischen Kontext der Frage nach anonymer Verfasserschaft und Pseudepigraphie; die Gültigkeit ist jedoch nicht auf diesen Problemkreis beschränkt, sondern umfasst den gesamten Bezug zur historischen Wirklichkeit. Eine Einordnung in den Zusammenhang antiker Geschichtsschreibung findet sich bei BACKHAUS/HÄFNER, Historiographie.
182 SEOW, Daniel 5, "Such an approach may well be valid if the book had been written as a historiographic work, if its purpose were to present a factual account of the Babylonian-Persian period." Zumindest legt der Text keinen Wert auf eine solche Präzision.
183 Die Unterscheidung zwischen „zutreffenden Aussagen" einerseits und „historischer Präzision" andererseits macht die Notwendigkeit einer sorgfältigen Verwendung der Terminologie deutlich. Vgl. dazu etwa SCHMITZ, Fiktionalität 138.
184 Ebd. 140f.
185 Vgl. MÜLLNER, Grundlagen 6, „einer angemessenen Verhältnisbestimmung von Erzähltext und historischer Wirklichkeit".
186 SCHMITZ, Fiktionalität 140.

und tatsächlicher Wirklichkeit ist Charakteristikum der bibl. Erzählung.[187] Übereinstimmungen und Differenzen stehen je nebeneinander.[188] Die Erzählung zeichnet auf selektive Weise eine Welt, die von der Lebenswelt der Erstleser nicht völlig verschieden aber unterschieden ist. Zudem wird kein vollständiges Bild der Welt in all ihren Facetten und Erscheinungen entworfen; die Darstellung erfolgt immer im Hinblick auf eine bestimmte erzählerische Funktion. Sie ist stets perspektivisch. Im Gegensatz zu anderen Textgruppen, zeichnen sich die bibl. Erzählungen durch ihre enge Anlehnung an die Erfahrungen ihrer Erstleser und die Gesetzmäßigkeiten von deren Lebenswelt aus.[189] Konkrete Anknüpfungspunkte (für die Erzählung von Dan 6) bestehen bspw. im Agieren der Menschen, in deren Emotionen, im Leben an einem königlichen Hof, in der Konfrontation mit erlassenen Gesetzen, in Konkurrenzsituationen, in der Konfrontation mit Hierarchie, in der Verehrung Gottes . . .[190] All dies sind Elemente, die auch in der Lebenswelt des Erstlesers eine Entsprechung haben dürften. Eine Einbindung des Erstlesers in die genannten Strukturen lässt sich aus

---

187 Diese Eigenschaft prägt das Bild bibl. Erzählungen; sie ist jedoch kein Alleinstellungsmerkmal im Vergleich mit anderen Erzählungen.

188 An dieser Stelle wird der Gegensatz, der sich zwischen den damaligen Lesern und Lesern der modernen Zeit aufgrund der kulturellen Differenzen konstituiert, besonders deutlich. Die Nähe zur Wirklichkeit des Erstlesers darf im Vergleich mit der Wirklichkeit eines Menschen des 21. Jh. als deutlich größer angesehen werden. Die Problematik des „modernen Menschen" im Umgang mit Wunderüberlieferungen ist ein prägnantes Beispiel für die unterschiedliche Wirklichkeitsauffassung. Die Übereinstimmung zwischen der Wunderüberlieferung der bibl. Erzählungen und der Lebenswirklichkeit der Leser der Erzählung wird im religionsgeschichtlichen Parallelen zur bibl. Wunderüberlieferung deutlich. Wunder und die Überzeugung von ihrer Möglichkeit sind ein entscheidender Aspekt der Wirklichkeitsauffassung der damaligen Kulturen. Vgl. dazu etwa KOLLMANN, Wundergeschichten 30ff. Maßstab für die Interpretation darf nicht die „moderne Wirklichkeitsauffassung" des 20. oder des 21. Jh. sein. Ein Text ist aus seiner Kommunikationssituation und im Hinblick auf sie zu interpretieren.

189 Die konkrete Gestaltung des Verhältnisses von Text und außertextlicher Wirklichkeit hängt entscheidend mit der Großgattung zusammen. Dabei spielen weniger die exakte Einordnung in eine bestimmte Gattung als vielmehr die Zuordnung zu einer Gruppe von Gattungen eine Rolle. Ein Märchen wird eine andere Verhältnisbestimmung aufweisen als eine historische Erzählung. Doch auch das Auftreten einzelner Märchenmotive führt nicht zu einer völligen Loslösung von der erfahrbaren Wirklichkeit. Vgl. zur Bestimmung von Dan 6 als Märchen Abschnitt 3.1.4, 49.

190 Im Kontext dieser Überlegungen ist die Frage nach dem Entstehungskontext (und damit des primären Rezeptionskontexts) – sowohl hinsichtlich der Datierung als auch hinsichtlich der kulturellen Einordnung – von Relevanz. Von einer deutlich nachexilischen Entstehung ist auch für Vorstufen von Dan 6 auszugehen (vgl. die Übersicht KOCH, Buch Daniel 65). Die Endfassung wird – vgl. dazu Abschnitt 3.1.2, 33 – in der Regel am Beginn des 2. Jh. v. Chr. angesetzt. Während die aram. Fassung im Milieu der östlichen Diaspora verortet ist, bereitet der Weg der LXX-Tradition größere Schwierigkeiten. Eine ganz allgemeine Einordnung in die hellenistische Zeit – vermutlich in der ägyptischen Diaspora – muss genügen. Diese Aspekte werden um allgemein menschliche Handlungsweisen und Erfahrungen ergänzt. HENZE, Frame 7, "The socio-historical background of the court tales . . . remains a problem."

der Vergleichbarkeit der Welten nicht ableiten.[191] Schwieriger als Anknüpfungspunkte sind Differenzen zu benennen: Lassen sich sehr allgemeine
Aussagen für das große Zeitfenster der Textentstehung aufgrund unserer
Kenntnis der Lebensverhältnisse treffen, sind sichere Aussagen über Differenzen ungleich schwieriger. Und doch ist der Text keine treue Abbildung
der Lebenswirklichkeit der Adressaten. Allein aufgrund der Perspektivi-
tät jeder Zeichnung und der zeitlichen Differenz zwischen erzählter Zeit
und der Zeit des Kommunikationsvorganges des Textes darf dies – im Fall
von Dan 6 – vorausgesetzt werden: Die Könige sind andere, der Königshof ist in einem anderen Reich situiert, die Interaktionen unterscheiden
sich … Auch sind aufgrund von literarischen Einflüssen sicherlich viele
Elemente idealisiert, übertrieben oder in anderer Weise akzentuiert. Die
Differenzen zur Wirklichkeit der Lebenswelt führen jedoch nicht zu einer
Verwerfung der Erzählung durch den Erstleser und weitere Rezipienten:
„Weil sie [die Lesenden; D. H.] diese als Fiktion erkennen, akzeptieren sie
Spannungen, die zu ihrer eigenen Wirklichkeit entstehen können, und
lassen sich (dennoch) bewusst auf die im Text konstituierte Welt ein."[192]
Unter Anleitung des Erzählers tritt der Leser in die Welt des Textes ein
und konfrontiert sich mit dieser Welt, mit ihren Personen und deren Interaktionen. Gerade die Dualität von Differenz und Übereinstimmung, die
grundlegende Vergleichbarkeit der Welten führt zu einer unmittelbaren
Relevanz dieser Konfrontation für die Wirklichkeit des Lesers, insofern
der Leser seine Situation einerseits wiedererkennen kann, andererseits
aber aus ihr heraus und über sie hinaus geführt wird. Gerade die Differenzen weisen ein dynamisches Potential auf, sofern sie das Denk- und
Vorstellbare nicht überschreiten und nicht zur Utopie werden.

Auf diese Weise erhält ein fiktionaler Text Relevanz für den Rezipienten als Abbild oder Modellfall von Interaktionen in bestimmten Situationen der eigenen Lebenswirklichkeit. Die Empathie des Lesers und die
Vergleichbarkeit der Welten sichert die Möglichkeit der Identifikation
oder der Transparenz zwischen Leser und Figuren und/oder der Welt
des Lesers und der Welt der Erzählung.

---

191 Die (rudimentäre) Kenntnis der Verhältnisse der Welt und ihrer Vergleichbarkeit mit
     der erzählten Welt ist eine völlig ausreichende Annahme, die nicht auf zu weitreichende
     Schlussfolgerungen führt. Vgl. zu dieser Diskussion die Kritik von HENZE, Frame 15f.
192 SCHMITZ, Fiktionalität 148; 140, „Die Lesenden willigen ein, dass eine fiktionale Ge-
     schichte eine eigene Welt entwirft, die nach ihren eigenen Regeln funktioniert, und sie
     akzeptieren diese Regeln für die Dauer ihrer Lektüre, als ob sie ‚wirklich' wären."

4.6.1 Theologische Relevanz fiktionaler Texte

„Auf diese Weise wird die fiktionale Erzählung zum bevorzugten Ort, um das, was man für sich als ‚wahr' erkannt hat, um tiefe menschliche Erfahrungen und auch Gottesbegegnungen zu transportieren und zu kommunizieren – und so kann das fiktionale Erzählen die durchaus geeignetere Form als eine komplizierte philosophische Abhandlung oder ein wohlformulierter Traktat sein."[193]

Texte, die von Gott sprechen, sind von theologischer Relevanz.[194] Dies gilt nicht nur für Texte, die von Gott und seinem Tun sprechen, sondern auch für Texte, in denen eine literarische Figur „Gott" auftritt. In einer Erzählung ist „Gott" zunächst ein Aktant unter anderen; er erscheint aber als „privilegierter Handlungsträger"[195], insofern ihm besondere Fähigkeiten zukommen, die ihn von den übrigen Aktanten unterscheiden.

Darüber hinaus stellt er Identifikationsmöglichkeiten für den Leser bereit. Im Kontext monotheistischer Vorstellungen wird der „Gott" der Erzählung mit dem Gott des Lesers identifiziert.[196] Der Leser sieht die Figur „Gott" im Licht seines realen Gottes-„Bildes" („seiner Wirklichkeitserfahrung") und gleichermaßen seinen Gott im Licht der Erzählung. Durch diesen wechselseitigen Betrachtungsprozess gewinnt die Erzählung theologische Relevanz für den Leser, sei es, dass sie das Gottesbild bestätigt oder infrage stellt, modifiziert und neu prägt.

Nicht nur Aussagen über die Figur Gott und ihr Tun, sondern auch ihr Bild aus der Perspektive der übrigen Figuren und die Interaktion mit ihr werden in den Blick genommen. Die Figur Gott ist transparent für den menschlichen Umgang mit Gott in der realen Welt und für das Gottesbild. Das Handeln der Figuren hat Modellcharakter für menschliches Verhalten und eröffnet einen Blick auf die Beziehung zwischen Mensch und Gott. Dies gilt für die direkte Interaktion der Figuren mit Gott ebenso wie für das Verhalten vor Gott. In besonderer Weise ist dies bei allen Handlungen und Redeweisen der Fall, die einem göttlichen Urteil oder einer göttlichen Beurteilung und Kommentierung unterzogen werden. Die theologische Relevanz umfasst nicht nur die Frage nach Gott selbst, sondern auch die

---

193 Ebd. 147.
194 MCLAY, Theology 610, "In its simplest terms, theology is concerned with understanding who God is and the relationship of the Divinity to humanity and creation."
195 MÜLLNER, Grundlagen 11.
196 Auch für den Fall unüberbrückbarer Differenzen zwischen dem menschlichen Gottesbild und der Zeichnung der Figur „Gott" ist eine solche Identifikation zunächst anzunehmen, die erst aufgrund der Unversöhnlichkeit der beiden Vorstellungen verworfen wird. Selbst in einem polytheistischen Kontext ist ein derartiger Prozess nicht ausgeschlossen, wie die Übernahme von Erzählungen aus polytheistischen in andere polytheistische oder in monotheistische Kontexte bezeugt.

Frage, wie sich der Mensch im Angesicht der Existenz Gottes in der Welt verhalten soll.[197]

Die theologische Relevanz von Texten ist ein Eigenwert und nicht bloße Interpretationsstrategie aufgrund mangelnder historischer Zuverlässigkeit. Die theologische Dimension zu betonen ist nicht „Flucht nach Vorne" in der Auseinandersetzung um die Historizität und eine damit verbundene Bedeutung bibl. Texte aus grauer Vorzeit,[198] sondern erfasst ein zentrales Anliegen dieser Texte. Ihnen gerecht zu werden, heißt bei bibl. Texten häufig, ihre theologische Dimension in der fiktionalen Eigenart anzuerkennen und auszuwerten. Dennoch darf die Betrachtung des Textes nicht auf die Fragestellung nach der theologischen Relevanz eingeengt werden; Aussagen über Gott sind – auch wenn sie möglicherweise beim Erstleser der Erzählung vorrangig rezipiert wurden – eine (entscheidende) Facette des Textes aber nicht seine einzige.[199]

4.6.2 Historische Relevanz fiktionaler Texte

Meist wird das Verhältnis des Daniel-Buches zur geschichtlichen Wirklichkeit kritisch bewertet. Dieses Urteil ist nicht unberechtigt: Zu offensichtlich sind das allenfalls rudimentär ausgeprägte historische Interesse und die offen liegenden historischen Schwierigkeiten.[200] Erzählungen wie die vorliegenden Texte lassen sich weder in allen Details direkt verifizieren noch widerlegen. Vielmehr ist es ihre Eigenart, in der narrativen Darstellung historisch potentiell greifbare Ereignisse sowie Ereignisse, die sich

---

197 Auf diesen Aspekt weist SEOW, Daniel 6 hin, wenn er die Formung der Menschen auf Gott hin in Verbindung mit der Kraft der Texte als Schrift bringt: "The authority of the book as scripture lies in its power to inspire and shape the community to faith. The book of Daniel functions as scripture inasmuch as it instructs the community as to the ways of God and the ways that community members should conduct themselves before the sovereign God."

198 BIEBERSTEIN, Geschichten 9, „Fiktionalität keine spezifische Kategorie der Frühzeit".

199 Vgl. KLINGHARDT, Legionsschweine 28f, „Auch wenn man sich darauf verständigt, dass eine im weitesten Sinn ›symbolische‹ Deutung auf der Ebene der Erstrezipienten historisch wahrscheinlich zu machen ist, bleibt natürlich die Frage, welche textexternen Informationen bei Lesern vorausgesetzt werden können und wie sie für das Verständnis nutzbar zu machen sind." Auch symbolische Deutungen setzen eine historische Dimension voraus, insofern sie in konkreten historischen Welten situiert sind.

200 KOCH, Danielbuch 7, „Die Ablehnung jeder historischen Relevanz der Danielschrift erhielt dadurch eine anscheinend schlagende Bestätigung, dass die historische Forschung im 18. und 19. Jh. zunehmend aufgewiesen hat, wie sehr grundlegende Fakten der Geschichte des Altertums im Danielbuch falsch oder verzerrt wiedergegeben werden." HENZE, Frame 17, "… that historical precision or accurate reporting in the modern, Western sense were not authors' primary motives." Zu einer gänzlich anderen Auffassung vgl. MAIER, Prophet 43ff. Zum Umgang des Daniel-Buches mit Geschichte vgl. Abschnitt 3.1.6, 97.

jedem historischen Zugriff entziehen, zu verbinden: So werden sich etwa – es seien nur wenige Beispiele genannt – die Gefühle des Königs Darius weder verifizieren noch widerlegen lassen. Gleiches gilt für den genauen Wortlaut einzelner Aussagen. Anders ist die Situation im Hinblick auf die Existenz eines Königs, eine von ihm berichtete Neuorganisation der Verwaltung eines Reiches, auf einen Gesetzeserlass … Aussagen wie diese können historisch zugänglich sein; sie sind es allerdings nicht notwendig.[201]

Gemeinsam mit weiteren Hinweisen kann die Kenntnis des Umgangs eines Textes mit der Geschichte einen Einblick in die Konzeption des Verhältnisses von Text und außertextlicher Wirklichkeit gewähren.[202] Der fiktionale Charakter der Erzählung steht dem nicht entgegen.[203] Zugleich bleibt zu berücksichtigen, dass der Umgang mit der Geschichte nicht notwendigerweise den Bezug zur außertextlichen Wirklichkeit determiniert: Eine Erzählung mag in den „großen Ereignissen" unzuverlässig sein und zugleich in Details eine treue Darstellung bieten. Eine sorgfältige Abwägung der einzelnen Aspekte ist notwendig.

Bei der von der Erzählung aufgebauten Vorstellungswelt handelt es sich nicht um eine vollständig fingierte Welt, vielmehr knüpft die Erzählung an lebensweltliche Szenarien an und modifiziert diese.[204] In diesem Fall lässt sich trotz offensichtlicher historischer Unstimmigkeiten in expliziten Aussagen historisch Relevantes aus der Darstellung der Erzählung erheben.

> „Geht man von einem fiktionalen Text aus, dann ergeben sich (mindestens) zwei Problemfelder: Zum einen muss das Verhältnis von Fiktionalität und Wirklichkeit, zum anderen das Verhältnis von fiktionalem Text und Lesenden näher betrachtet werden. Beides sind entscheidende Schnittstellen, die sich in unterschiedlicher Weise zur Fiktionalität positionieren und an denen sichtbar wird, ob die Kommunikation zwischen einem fiktionalen Text und den Lesenden und ihrer Wirklichkeitswahrnehmung gelingen kann."[205]

SCHMITZ spricht von einer „Kommunikation zwischen einem fiktionalen Text und den Lesenden und ihrer Wirklichkeitswahrnehmung". Der Le-

---

201 Ein wesentliches Moment sind hier die für uns heute zugänglichen Quellen; diese stehen nur in einer äußerst selektiven Weise zur Verfügung.

202 MÜLLNER, Grundlagen 23, „Die Erzählungen selbst geben durch Textsignale Hinweise darauf, in welchem Verhältnis zur historischen Wirklichkeit sie das Erzählte verstanden wissen wollen." Vgl. anders: TALMON, Daniel 344, "Although these tales are obviously intended to be read as historical reports, their fictitious character is revealed by several flaws in historical references."

203 Vgl. BIEBERSTEIN, Geschichten, „Geschichten sind immer fiktional – mehr oder minder".

204 Gesucht wird nicht eine unmittelbare Verbindung (HENZE, Frame 5, "unmediated connection"), sondern ein indirektes Abbild oder Bild.

205 SCHMITZ, Fiktionalität 140.

ser muss in einen Prozess der Auseinandersetzung mit dem fiktionalen
Text geführt werden. Eine solche Auseinandersetzung mit dem Text wird
jeder Leser vor dem Hintergrund seiner Erfahrungen der Wirklichkeit
und geprägt von ihr und ihren Einflüssen führen. Aufgabe und Anliegen
des Textes ist es, den Leser und seine Wirklichkeitswahrnehmung in eine Verbindung mit dem Text zu bringen. Dabei gilt es, ausgehend von
HENZEs Beobachtung, die Gestaltung der erzählten Welt zu betrachten:
"… the world the reader finds in the tales is not simply identical with
the socio-historical world of their authors. It is a fictious construct that
serves to draw the reader into the world of the narratives."[206] Ist also
die Gestaltung der Welt der Absicht des Autors geschuldet, die Leser
in diese Welt hineinzuziehen („to draw the reader into the world of the
narratives"), dann sind die Erstleser und ihre erfahrene Welt die entscheidenden Einflussgrößen für die Gestaltung dieser Welt. Texte sind kein
Fenster in die Realität, aber sie sind von ihr geprägt:[207] „Viel stärker muss
die Frage nach der geschichtlichen Situation im Zentrum des Interesses
stehen, in der eine solche Erzählung sinnvoll und möglich ist."[208] Die
konkrete Gestaltung hängt von der Welt ab, in der sie erzählt wird.

Schwieriger ist es, die Art der Beziehung konkret zu beschreiben und
damit die rein literarisch bedingten Erzählzüge von denen zu unterscheiden, die Aspekte der Wirklichkeit und der Welt der Erzählung widerspiegeln. Stellt man in Rechnung, dass die beiden zu untersuchenden
Texttraditionen sich in einem erheblichen Ausmaß (insbes. auch Dan 6)
unterscheiden, wird deutlich, dass die Erzählung auf irgendeiner Stufe
der Textentwicklung umgestaltet wurde und damit auf eine andere Art
und Weise versucht, die Kommunikation zwischen dem Lesenden und
seiner Wirklichkeitserfahrung einerseits, mit dem Text und der in ihm
erzählten Welt andererseits zu etablieren. Ähnlich dem Ansatz von MEA-
DOWCROFT – aber unabhängig von ihm in der Entwicklung – soll „die
Differenz" der Erzählungen erarbeitet werden und auf dieser Basis ge-
fragt werden, ob und inwieweit die unterschiedliche Vorgehensweise der
Erzählungen in MT und LXX andere Rezeptionsbedingungen (in Form
eines anderen soziokulturellen Kontexts) voraussetzt und diese sich evtl.
erheben lassen.[209] Um das Risiko einer Überbewertung rein literarisch
bedingter Aspekte zu verringern, sollen die nachstehend ausgeführten

---

206 HENZE, Frame 6.
207 Zur Positionierung der Narratologie: Vgl. MÜLLNER, Grundlagen 6, „window-to-
    reality". Texte lassen somit etwas von der Realität erkennen. Die kulturwissenschaftli-
    che Narratologie blickt nicht nur auf den Text, sondern berücksichtigt den gesellschaft-
    lichen Kontext der Erzählung.
208 Ebd. 22.
209 MEADOWCROFT, Aramaic Daniel 18, "By approaching the text from the literary end of
    the literary-historical axis I seek to discover more about the LXX and its relationship to
    the MT, and about the world behind both versions."

„Zielpunkte der Auswertung" die zu vergleichenden Elemente der Erzählung bilden.[210] Diese grundlegenden und zentralen Aspekte hängen mit der größten Wahrscheinlichkeit von den kulturellen Rahmenbedingungen ab. Einerseits sind sie universell, aber zugleich in jedem kulturellen Kontext auf unterschiedliche Weise geprägt.

4.6.3 Interdependenz der theologischen und historischen Relevanz

Beide Aspekte, die theologische und die historische Relevanz bilden gemeinsam wesentliche Facetten der bibl. Texte ab. Die Berücksichtigung beider Dimensionen ist notwendige Bedingung für eine Interpretation des Texts; die (spannungsvolle) Einheit ist zu bewahren und nicht einseitig zugunsten der einen oder der anderen aufzulösen. Ein solches Vorgehen würde einerseits der Wirklichkeitsauffassung der Autoren bibl. Literatur entgegenlaufen; andererseits bedarf jeder der beiden Aspekte des jeweils anderen:[211] Die Gottesaussage bleibt ohne die historische Dimension losgelöst von einer erfahrbaren Wirklichkeit und der historischen Wirklichkeit fehlt eine entscheidende Dimension ohne den Gottesbezug.

4.7 Zielpunkte der Auswertung

Ist die narratologische Analyse als berechtigtes Instrumentarium zur Bearbeitung der Texte im Hinblick auf die aktuelle Fragestellung erkannt, bleibt eine erweiterte Betrachtung notwendig. Die Historizität der Texte – im Sinne der Geschichtlichkeit ihrer Entstehung, ihrer Existenz und ihrer Rezeption – verlangt nach einer Ergänzung der synchronen Betrachtungsweise um die historische Dimension.[212]

Auf dieser Stufe der Untersuchung tritt die historische Dimension der Texte aus dem Hintergrund; die *Zielpunkte der Analyse* gewähren einen Einblick in die Spannungsfelder der Erzählung und in mögliche Anknüpfungspunkte des Erstlesers. Um den Leser anzusprechen und in die Welt der Erzählung hineinzunehmen, ist eine Erzählung nicht in jeder

---

210 Weitere Elemente werden einbezogen, bilden aber nicht den Schwerpunkt. Sie dienen einerseits der Ergänzung der Argumentation und sind andererseits aber auch zur Konstitution und Darstellung der genannten Aspekte notwendig.

211 Die Dichotomie von Narratologie und historischer Kritik – vgl. MÜLLNER, Grundlagen 19 – darf nicht einseitig aufgelöst werden.

212 Zu Ort und Notwendigkeit der Textkritik für eine narratologische Analyse vgl. Abschnitt 2.9, 28; zu den Konsequenzen aus dem gewählten methodischen Ansatz für die vorliegende Untersuchung Abschnitt 4.2, 157. Die Legitimität der narrativen Analyse ergibt sich aus dem narrativen Charakter der Texte. Vgl. außerdem MARTIN DE VIVIÉS, Séjours 131.

historischen Situation sinnvoll. Die von ihr entworfene Welt und die des Erstlesers stehen in einer spannungsvollen Beziehung; jede Tradition stellt unterschiedliche Anknüpfungspunkte bereit. Möglicherweise stehen unterschiedliche historische Kontexte im Hintergrund. Aus den Differenzen zwischen den Traditionen wird nicht auf Jahreszahlen zu schließen sein; vielleicht erhellen sie aber den Erfahrungshintergrund des Textes.[213] Diese Überlegungen liefern keine Antwort auf die Frage nach der Urform des Texts; die (erneute) kulturgeschichtliche Einordnung verspricht jedoch einen Erkenntnisgewinn für eine mögliche Verhältnisbestimmung der Texttraditionen.

4.7.1 Spannungsfelder

Die Erzählungen Dan^{MT} 6 und Dan^{LXX} 6 leben von den Spannungsfeldern,[214] in die die Figuren gestellt sind. Durch die Identifikation dieser Spannungsfelder und ihre Charakterisierung wird der Rezipient in die Entscheidungssituation hineingenommen und in die Welt der Erzählung gezogen. Von Interesse ist zweierlei: Zum einen die Identität und Intensität der beteiligten Kräfte, die in einem vielfältigen und sich auch verändernden Verhältnis zueinander stehen können. Kräfte können im Gleich- oder Ungleichgewicht stehen oder sich von einem Zustand in den anderen entwickeln. Zum zweiten wird die Aufmerksamkeit darauf gerichtet, wie sich die jeweiligen Personen in einem bestimmten Spannungsfeld verhalten.

Einen Überblick über die in der Erzählung wirksamen oder von den Aktanten als wirksam empfundenen Kräfte, die die verschiedenen Spannungsfelder konstituieren, vermitteln die Knotenpunkte. Sie markieren die Stationen, an denen eine Figur zwischen Alternativen wählt. In der Entscheidung wird sie vom Einfluss verschiedener Kräfte gelenkt, wobei objektive oder subjektive Abhängigkeiten bzw. Verpflichtungen wirksam sein können. Aus diesem Grund sind alle Handlungen, die zugunsten oder zulasten einer Person oder einer Sache vollzogen werden, von besonderem Interesse für die Rekonstruktion der Spannungsfelder; darunter ragen die Entscheidungen heraus, die gegen eine Person oder Sache und für eine andere Person oder Sache getroffen werden. Die Konkurrenz zweier

---

213 Die differierende Überlieferung der Texttraditionen liefert weitere Anhaltspunkte für die Einordnung.

214 Im vorliegenden Zusammenhang soll mit dem Begriff des Spannungsfeldes ein „Bereich mit unterschiedlichen, gegensätzlichen Kräften, die aufeinander einwirken, sich gegenseitig beeinflussen u[nd] auf diese Weise einen Zustand hervorrufen, der wie mit Spannung geladen zu sein scheint" (Duden Universalwörterbuch, Lemma: Spannungsfeld 1477) bezeichnet werden.

Einflussgrüßen ist ein Spannung konstituierendes Merkmal von Erzählungen. Auf diese Weise lassen sich aus der Analyse der Knotenpunkte die in einer Erzählung wirksamen Spannungsfelder rekonstruieren.

4.7.2 Transparenz: Leben in der Diaspora

Die zu untersuchenden Texte sind Erzählungen und keine historischen Abhandlungen im modernen Sinn. Aber gerade auch als Erzählungen, die – so die oben gegebene Definition von Texten – Teil eines Kommunikationsgeschehens sind, verfolgen sie bestimmte Ziele. Kommunikation ist absichtsvolles Geschehen, das einen bestimmten Kontext in dem es sich entfalten kann, erfordert.[215] Der Erzähler führt den Leser durch die Erzählung hindurch, der das Geschehen im Kontext seiner Wirklichkeitserfahrung und seiner Kenntnis des zeitgeschichtlichen Hintergrundes deutet. In aller Regel wird man davon auszugehen haben, dass sich die Wirklichkeitserfahrung des Autors oder Redaktors und die des Erstlesers nicht diametral widersprechen, sondern Gemeinsamkeiten aufweisen. In der Erzählung spiegelt sich ein Stück Wirklichkeit, ohne diese vollständig abzubilden: Einzelne Elemente des Textes werden transparent für die Welt und die Erfahrungen des Erstlesers. Folgt man dieser Argumentation, so ergibt sich die Möglichkeit, aus der erzählten Welt Rückschlüsse auf die Welt von Autor und Erstleser zu treffen.

Die divergierende Überlieferungssituation des Daniel-Buches mag an dieser Stelle hilfreich sein, insofern die zu beobachtenden Differenzen eine Interpretation erfordern und erlauben. Unabhängig von der Frage, ob sie in einem längeren literarischen Prozess ausgebildet wurden oder von einem einzelnen Übersetzer verantwortet werden, ist davon auszugehen, dass Eingriffe in den Textbestand absichtsvoll geschehen sind.[216] Die Erzähler der Textfassungen entwerfen ein je anderes Bild von bestimmten Elementen und Entwicklungen der Erzählung. Das Nebeneinander zweier Traditionen ermöglicht im Zusammenspiel von Differenzen und Übereinstimmungen verschiedene Hintergründe auf Seiten der Erstleser und damit auch der Autoren aufzuspüren. Zu beachten bleibt, dass sich keine Beweise führen, sondern allenfalls Plausibilitäten aufweisen lassen.

---

215 Vgl. MÜLLNER, Grundlagen 22; vgl. auch LEBRAM, Apokalyptik 516, „Diese Frage ergibt sich schon aus der Tatsache, daß jedes literarische Werk ein bestimmtes Verhältnis zu dem Geschehen hat, das Anlaß und Hintergrund seiner Entstehung bildet."

216 Gewisse unbeabsichtigte oder unbemerkte Fluktuationen müssen insbes. im Bereich mündlicher Überlieferung und schriftlicher Texttransmission zweifelsfrei in Rechnung gestellt werden. Die Analyse der Texte wird nachweisen, dass sich die Differenzen nicht nur auf dieser Ebene bewegen.

Der Erzähler hat offenkundig Menschen vor Augen, für die die Gestaltung des Lebens in einem staatlich organisierten System, das von fremden religiösen Überzeugungen geprägt ist, von Bedeutung ist. Auf der textexternen Ebene scheint diese Fragestellung für den Erstleser relevant zu sein. Für ihn (und spätere Leser) hat die Erzählung mit dem geschilderten Konflikt Modellcharakter. „Geschichten helfen uns [und den damaligen Lesern; D. H.], die Welt und unseren [und deren; D. H.] Ort darin zu bestimmen ... "[217] Die aus der geschilderten Konstellation resultierenden Konflikte erfordern ein bestimmtes Verhalten oder eine bestimmte Haltung. Die konkrete Relevanz der Erzählung ist im Kontext der Interpretation anhand der Ergebnisse der narrativen Analyse zu erheben und auszuwerten. Auf diese Weise ist die Art der Transparenz der Erzählung für die Realität zu bestimmen. Besondere Bedeutung kommt den Aspekten der Empathiesteuerung zu.

4.7.3 Konflikt: Individuelle und strukturelle Faktoren

Der Konflikt, der sich um Daniel zwischen seiner religiösen Praxis und den Ansprüchen des Staates entwickelt, ist in seiner Ausprägung nicht monokausal zu begründen. Die Frage nach seiner Entstehung in Dan$^{MT;\ LXX}$ 6 ruft die kontinuierliche Herausforderung Israels zur (Neu-)bestimmung des Verhältnisses zur dominierenden Großmacht wach. In den Texttraditionen spiegelt sich eine je unterschiedliche Betrachtung des Phänomens „Großmacht"; dieses ist zu erkennen, zu beschreiben und zu deuten. Eine Analyse des Konfliktes und seiner Entstehung ist unerlässlich.

Ausgehend von der Bestimmung der wirksamen Spannungsfelder und unter der Voraussetzung, dass die politische Großmacht der Erzählung für die Realität in der Welt des Erstlesers transparent ist, lässt sich ein Bild der dominierenden Großmacht erheben, der Israel oder Teile Israels zur Zeit der ursprünglichen Kommunikationssituation des Textes untergeordnet sind. Diese Rekonstruktion wird zunächst die Funktionsträger des Staates (Beamte, König) und ihre Rolle bei der Entstehung des Konfliktes in den Blick nehmen müssen. Konkrete Personen leisten einen Beitrag zur Entstehung des Konfliktes; Art und Umfang dieses Beitrags ist in den Traditionen unterschiedlich ausgeprägt. Zu beachten bleibt, dass die Funktionsträger nicht im luftleeren Raum agieren, sondern im Kontext eines Staates, der von einem bestimmten Selbstverständnis und bestimmten Strukturen geprägt ist. Spiegelbildlich lassen sich diese Faktoren auch bei Daniel – quasi auf der Gegenseite – beobachten: Auch er ist einerseits als Person in den Blick genommen, jedoch andererseits von

---

217 MÜLLNER, Grundlagen 2.

einem religiösen Selbstverständnis und seiner Bindung an den „Gott des Daniel" geprägt.

Die Herausforderung dieses interpretativen Schrittes ist es, das Zusammenspiel der persönlichen Handlungsweise der Funktionsträger einerseits und die strukturellen Faktoren, die sich in dem Selbstverständnis und der Eigenart des Staates zeigen, andererseits zu einander ins Verhältnis zu setzen.

4.8 Erzählungen: Gattung und Übersetzung

„Wenn ein Text eine bestimmte sprachliche Formung hat, die auch anderwärts in ähnlicher Weise auftritt, und wenn diese Texte auch in ihrer Intention und Funktion übereinstimmen, spricht man von einer geprägten Form, einer *Gattung*. Es handelt sich also nicht um eine individuelle, sondern eine typische Lebensäußerung."[218]

Ausgangspunkt für die Zuordnung der einzelnen Texte zu einer Gattung ist die Erkenntnis ihres narrativen Charakters. Sowohl Dan[MT] 6 als auch Dan[LXX] 6 sind narrative, erzählende Texte. Diese Annahme sei im Folgenden vorausgesetzt und Grundlage einer präziseren Bestimmung. Die Gattungszuweisung eines Textes steht in Wechselwirkung zu seiner Interpretation.[219] Zwar erfordert die Deutung eine Bestimmung der Gattung und doch kann diese nicht ohne bestimmte Aspekte der Interpretation vorgenommen werden; zumindest dann, wenn Aspekte der Personenkonstellation und Konfliktstruktur berücksichtigt werden. Die Vorschläge zur Gattungsbestimmung der beiden vorliegenden Texte sind vielfältig. Daher soll der Versuch einer präziseren Gattungsbestimmung erst im Anschluss an die narrative Analyse und die Beschreibung der Spannungsfelder erfolgen. Unbeschadet der zu begründenden Invarianz des narrativen Charakters gegenüber dem Übersetzungsprozess, können hinsichtlich der genauen Bestimmung der Gattung bei den beiden Texttraditionen Differenzen auftreten.

Während MT in ba Sprache verfasst ist, ist LXX Übersetzung eines semitischen (nicht notwendigerweise mit der pmt Tradition identischen) Textes oder „Neuerzählung" eines ursprünglich semitischen Textes.[220]

---

218 BECKER, Exegese 101.

219 Vgl. dazu Abschnitt 3.1.4, 49.

220 Auch in diesem Fall steht ein Prozess der Übersetzung, der sich freilich von einer sich eng am Ausgangstext orientierenden Übersetzung unterscheidet, im Hintergrund, sodass dieser Fall auf den Fall einer übersetzten Erzählung zurückgeführt werden kann. Dan[LXX] 6 wird als Übersetzung einer semitischen Vorlage betrachtet. Rechnet man – mit ALBERTZ, Gott 178 – damit, dass Dan[MT] 4–6 eine Übersetzung aus (einer Vorstufe) der LXX-Tradition, die auf eine semitische Vorstufe zurückgeht, ist, sind die

Dan^{LXX} 6 ist nicht als Erzählung, sondern als *übersetzte Erzählung* zu klassifizieren. Diese Differenz bedarf weiterer methodischer Reflexion:[221] Die übersetzte Erzählung (Dan^{LXX} 6) unterscheidet sich hinsichtlich ihres realen Autors (bzw. Redaktors), also auf der textexternen Ebene, von der Erzählung (Dan^{MT} 6). Dem *realen Autor* der Erzählung Dan^{MT} 6, der die Erzählung (möglicherweise unter der Verwendung von Quellen) verfasst hat, steht der *reale Übersetzer*, der die Erzählung Dan^{LXX} 6 in gr. Sprache festgehalten hat, gegenüber;[222] auf vergleichbare Weise – auf der textexternen Ebene – unterscheidet sich wohl der Erstleser, aufgrund der veränderten Kommunikationssituation. Textintern ist der Erzähler Veränderungen unterworfen; er existiert aber nach wie vor. Da die Erzähltheorie die textexterne Ebene ausblendet und ihr Interesse auf die textinterne Ebene richtet, beeinträchtigen diese Veränderungen nicht die Anwendbarkeit narratologischer Methoden.[223] Dan^{LXX} 6 ist als Erzählung zu klassifizieren, die mit Methoden des narratologischen Zugangs bearbeitet werden kann.[224]

Und doch gilt es zu bedenken, dass es für die Frage nach der Form nicht unerheblich ist, dass die eine Erzählung in ba Sprache und die andere in gr. Sprache vorliegt; die Differenz in der Sprache setzt eine je andere Sprachwelt im Hintergrund voraus. „Wer f[ormgeschichtlich] am AT arbeitet, hat also die konkrete hebräische (bzw. aramäische [oder gr.; D. H.]) Sprachgestalt zu beachten, in der ein Text einen bestimmten Sachverhalt in den Blick nimmt, und von dieser Gestalt auf die Aussageintentionen zurückzuschließen, die in ihr zum Ausdruck kommen."[225] Die Klassifikation als Erzählung bleibt davon jedoch unberührt.

Eng mit der Frage nach der Gattung eines Textes ist die nach dem *Sitz im Leben* verbunden. „F[ormgeschichtliche] Untersuchung, wie sie in der alttestamentlichen Exegese durchgeführt wird, hat es in der Regel mit solchen Gattungen zu tun, die eine Zuordnung bestimmter sprachlicher Muster zu bestimmten *soziokulturellen Bedingungen und Gegebenheiten* (Sitz im Leben) erlauben."[226] Dabei ist nicht nur die Blickrichtung vom

---

Ausführungen um einen Übersetzungsprozess von Dan^{LXX} 4–6 nach Dan^{MT} 4–6 zu ergänzen; eine grundlegend veränderte Argumentation ist nicht notwendig.
221 Vgl. BOYD-TAYLOR, Mirror 16.
222 Dabei sind zunächst sowohl die Frage nach der Vorlage als auch die Frage nach der „Freiheit" oder „Treue" der Übersetzung ohne Belang.
223 Die Relevanz des Übersetzungsprozesses bezieht sich (zunächst) auf die historische Ebene; für die synchrone Betrachtung des vorliegenden Textes ist er ohne Bedeutung.
224 Etwas zu einfach ist die Argumentation ASHLEY, Book of Daniel 7, "It is most unlikely that a translation of a work, if that translation is faithful to the thought of that original, would change the literary-type of the original. If the literary-type is changed it is doubtful whether the secondary product can be called a translation at all."
225 STECK, Exegese 102.
226 Ebd. 116.

historischen Hintergrund auf den Text, sondern auch die umgekehrte Blickrichtung vom Text auf den (möglichen) historischen Hintergrund möglich. In der vorliegenden Untersuchung wird diese Betrachtungsweise mit dem Begriff der „Transparenz" zum Ausdruck gebracht.

„Transparenz" und „Sitz im Leben" sind zwei verwandte, aber zu unterscheidende Phänomene. Während das Konzept vom „Sitz im Leben" eine direkte und feste Verwurzelung der *Gattung* eines Textes in einem bestimmten Lebensvorgang erfordert,[227] setzt das Phänomen der Transparenz keine exklusive Verwurzelung in einer bestimmten Situation voraus. Transparenz geht von einer grundlegenden Vergleichbarkeit der erzählten Welt des *Textes* mit der Welt der Rezipienten aus, wobei die Verwurzelung der Erzählung in mehreren Lebensvorgängen möglich ist. Das Konzept der Transparenz rechnet mit Spielräumen, die durch den Prozess der Identifikation durch den Leser zu überbrücken sind. Während sich das Konzept des Sitzes im Leben auf die Gattung bezieht, ist Transparenz ein Phänomen des konkreten Textes.

Die Veränderungen, die durch einen Übersetzungsprozess an sich stattfinden – unabhängig von der Frage nach seinem Charakter –, liegen u. a. auf der textexternen Ebene, sodass möglicherweise die Fragen nach den extratextuellen Referenzen in besonderer Weise von dem Übersetzungsprozess berührt werden. Die Übersetzung in eine andere Sprache und eine andere Kultur ist eine Herausforderung für Übersetzer und Text: Nur wenn dem Text in der neuen Kultur auf Seiten der Rezipienten Relevanz zuerkannt wird, ist eine weitergehende Rezeption und Überlieferung wahrscheinlich. Dabei ist die Relevanz der Übersetzung und deren Begründung nicht notwendigerweise die gleiche wie die auf Seiten des Originals; durch die Übertragung des Textes in einen anderen Kontext verschiebt sich seine Wahrnehmung und Interpretation. In der neuen, von anderen Voraussetzungen geprägten Kultur wird das Verhältnis von Text und Wirklichkeit auf andere Weise bestimmt.

---

227 Ebd., „Von dieser Zuordnung kann aber nur gesprochen werden, wenn die Gattung in einem Lebensvorgang so verwurzelt ist, daß sie mit dessen Wiederholung auch selbst wieder gebraucht wird … "

II

Analytische Betrachtung

5 Textkritik und Übersetzung

Auf der Basis der zu begründenden Abgrenzung[1] sind einige Stellen textkritisch zu untersuchen. Die Übersetzung geht von den textkritischen Entscheidungen aus und deutet die Interpretation der Texte an.[2]

5.1 Dan[MT] 6,2–29

5.1.1 Textkritische Entscheidungen

V 4 Über die Vokalisation und Deutung der Verbalform עֲשִׂית bzw. עָשִׂית[3] wird intensiv diskutiert. Das Problem ist nicht textkritisch, sondern grammatikalisch zu lösen.[4] *V 5* V 5bβ fehlt im θ-Text und könnte ein späterer Zusatz sein. Neben MT bietet jedoch auch die Peschitta den Versteil.[5] Während MONTGOMERY den Abschnitt als tautologisch zum Vorangehenden und als Dittographie betrachtet,[6] geht ALBERTZ von einer positiven Funktion aus, insofern „nach der subjektiven Einschätzung der Beamten noch einmal objektiv … die Untadeligkeit Daniels"[7] betont wird. Von einer Streichung wird abgesehen. *V 9* Die Wendung כְּדָת־מָדַי וּפָרַס דִּי־לָא תֶעְדֵּא zu tilgen – so θ – ist nicht zwingend. Trotz der Ähnlichkeit zum vorangehenden Versteil, sind beide Aussagen nicht identisch. *V 11* In der Regel gehen die Exegeten von der Lesung הֲוָה, die von einigen Handschriften geboten wird, aus. Dieser Lesart folgt die vorliegende Untersuchung.[8] *V 13* Anstel-

---

1   Zur Abgrenzung vgl. Abschnitt 7.1, 222.
2   Es wird nicht größtmögliche Orientierung am Wortlaut des „ursprachlichen" Textes sondern eine präzise Wiedergabe des Textes unter Beachtung der Aussageabsicht angestrebt.
3   So eine *varia lectio* nach STRACK, Grammatik 26*.
4   Vgl. dazu Abschnitt 7.1, 224.
5   Dan[Q] 6 ist erst ab V 11 überliefert. Die textkritische Entscheidung ist schwierig: Einerseits bietet der Text inhaltlich nichts Neues und könnte daher von θ ausgeschieden worden sein; andererseits könnte er auch als Dittographie (wenn auch mit deutlich veränderter Gestalt) in MT eingedrungen sein. Eine Entscheidung für eine Streichung ist kaum zwingend.
6   MONTGOMERY, Daniel 269.
7   ALBERTZ, Gott 130.
8   Anders etwa VAN DER WOUDE, Daniel 6,11.

le von קְרִיבוּ ist קֶרְבוּ zu lesen. Die mitunter getilgte Formulierung עַל אֱסָר ist mit der Überlieferung von Qumran beizubehalten.[9] מַלְכָּא ist entgegen dem Vorschlag von BHS nicht als Vokativ aufzufassen.[10] *V 18* Anstelle von וְשָׁמַת ist וְשָׁמַת zu lesen.[11] Mit MARTI ist nach den Handschriften Plural zu lesen: וּבְעִזְקָת „die Siegelringe".[12] *V 20* Die ausführliche Bezugnahme auf den Tagesanbruch verleitet dazu, בְּנָגְהָא als Glosse zu betrachten; der Textbefund von Qumran steht dem entgegen.[13]

An allen weiteren Stellen scheint der Codex Leningradensis (L = B[19]) den besten Text zu bieten. Ihm ist zu folgen; dies gilt insbes. für die – d. h. für die Grammatik, die Syntax und die Bedeutung des Textes relevanten – Stellen.

5.1.2 Übersetzung

2 Es erschien Darjawesch als gut und so setzte er über das Königreich 120 Satrapen ein,[14] die im ganzen Königreich sein sollten *3* und über diese drei Minister,[15] zu denen Daniel gehörte; diesen sollten jene Satrapen Rechenschaft ablegen,[16] damit der König nicht belästigt werde.[17] *4* Daraufhin[18] zeichnete sich dieser Daniel gewöhnlich über die Fürsten und Satrapen aus.[19] Dem außergewöhnlichen Geist in ihm [= Daniel] entsprechend, beabsichtigte der König, ihn über das ganze Königreich einzusetzen. *5* Daraufhin suchten die Minister und Satrapen, einen Anklagegrund gegen Daniel von Seiten des Königreiches zu finden. Aber sie konnten einen Anklagegrund und Schlechtes nicht finden. Entsprechend seiner Treue wurden keine Nachlässigkeit und nichts Schlechtes gegen ihn gefunden. *6*

---

9 Vgl. dazu SCHMITT, Wende 71; BEYER, ATTM 2 196. Außerdem MONTGOMERY, Daniel 276, der ohne eine Entscheidung zu treffen feststellt, dass die Wendung unnötig ist.

10 Vgl. Abschnitt 8.4.3, 333. Anders etwa: ALBERTZ, Gott 130.

11 BAUER/LEANDER, Grammatik §46 k. Die Vokalisation muss als Analogiebildung zum Hebräischen gelten.

12 Vgl. MARTI, Daniel 45; ebenso BHS.

13 BEYER, ATTM 2 196. Zudem erweist die narratologische Untersuchung dieses Element als bedeutungstragend.

14 GESENIUS, Handwörterbuch[17] Lemma: אֲחַשְׁדַּרְפְּנִין 894, „Satrapen"; KOEHLER/BAUMGARTNER, HALAT Lemma: אֲחַשְׁדַּרְפַּן 1665 geht von einer Grundbedeutung „Reichsbeschützer" aus; ähnlich GESENIUS, Handwörterbuch[18] Lemma: אֲחַשְׁדַּרְפַּן 1465.

15 BEYER, ATTM 1 Lemma: סרך 648, „Präsidenten"; meist aber „königliche Minister", „hohe Beamte" vgl. GESENIUS, Handwörterbuch[17] Lemma: סָרַךְ 918; KOEHLER/BAUMGARTNER, HALAT Lemma: סָרַךְ 1753; VOGT, Lexicon Lemma: סָרַךְ 120.

16 Vgl. KOEHLER/BAUMGARTNER, HALAT Lemma: טְעֵם 1715.

17 Vgl. LEBRAM, Daniel 79 mit Verweis auf Esr 4,13.15.22 sowie rabbinisches Hebräisch. Oder: „keinen Schaden erleide".

18 Konkordante Wiedergabe von אֱדַיִן mit „daraufhin" bzw. בֵּאדַיִן mit „darauf".

19 Periphrastische Konstruktion הוה מתנצח. Vgl. GZELLA, Tempus 247.

Daraufhin sagten jene Männer: „Wir werden gegen diesen Daniel keinen Anklagegrund finden, außer wir finden ihn im Gesetz seines Gottes."

7 Daraufhin bedrängten[20] diese Minister und Satrapen den König und sie sagten zu ihm:[21] „Darjawesch, König, lebe in Ewigkeiten! 8 Es berieten sich[22] alle Minister des Königreiches, Präfekten[23] und Satrapen, königlichen Beamten[24] und Statthalter[25], dass der König einen Erlass festsetze[26] und ein Verbot bestätige/befestige[27], dass jeder, der bittet eine Bitte von irgendeinem Gott und Menschen bis zu 30 Tagen, abgesehen von dir, o König, der werde geworfen in die Löwengrube. 9 Nun, König, errichte das Verbot und schreibe die Vorschrift, die nicht zu verändern ist[28] gemäß dem Gesetz der Meder und Perser, welches nicht vergeht." 10 Daher[29] schrieb König Darius die Vorschrift und das Verbot 11 und Daniel ging, sobald er erfahren hatte, dass die Vorschrift geschrieben worden war,[30] in sein Haus[31], das im Obergemach nach Jerusalem hin geöffnete

---

20　Bereits die alten Übersetzungen weichen stark voneinander ab. BEYER, ATTM 1 Lemma: רגש 692 gibt „unruhig sein … (auf-)brausen, toben" als Grundbedeutung an. In Verbindung mit der Präposition עַל: „bedrängen". Vgl. auch TROPPER, Untersuchungen 121f; MONTGOMERY, Daniel 272f; PLÖGER, Daniel 94; GOLDINGAY, Daniel 121; SCHMITT, Wende 70. ALBERTZ, Gott 130.138 hält an der Grundbedeutung auch für das Haf῾el fest, geht aber von einer Sonderbedeutung: „bewachen" in V 12 aus. MEADOWCROFT, Aramaic Daniel 97f dagegen spricht von einem „inappropriate use of רגש in v. 12". HARTMANN/DiLELLA, Daniel 194, „go together in secret agreement".

21　Die Partikel כֵּן dient der Einleitung direkter Rede (Dan 2,24f; 4,11; 6,7; 7,5.23; Esr 5,3; 6,2).

22　Zu dieser Form vgl. TROPPER, Untersuchungen 113.

23　BEYER, ATTM 1 Lemma: סגן 644; KOEHLER/BAUMGARTNER, HALAT Lemma: סְגַן 1751, „Vorsteher, Statthalter"; ähnlich GESENIUS, Handwörterbuch^{17} Lemma: סְגַן 917.

24　GESENIUS, Handwörterbuch^{17} Lemma: הַדָּבְרִין 903, „Staatsräte, Minister"; KOEHLER/BAUMGARTNER, HALAT Lemma: הַדָּבַר 1696, „hoher königlicher Beamter" bzw. „Staatsräte"; vgl. PLÖGER, Daniel 61.

25　GESENIUS, Handwörterbuch^{17} Lemma: פֶּחָה 920, „Statthalter, Gouverneur"; KOEHLER/BAUMGARTNER, HALAT Lemma: פֶּחָה 1764, „Beauftragter, Kommisär, Statthalter".

26　Zum Verständnis von מַלְכָּא als Subjekt vgl. MARTI, Daniel 43f; MONTGOMERY, Daniel 273; GOLDINGAY, Daniel 121; BENTZEN, Daniel 44. Die Stellung des Subjekts lässt die *figura etymologica* לְקַיָּמָה קְיָם klarer hervortreten. Vgl. außerdem SCHAACK, Ungeduld 229. Unwahrscheinlich dagegen das Verständnis als Genitiv. Vgl. HARTMANN/DiLELLA, Daniel 195, „and make strong a prohibition". Der Begriff *figura etymologica* wird hier in einem weiten Sinn, nicht in einem spezifisch hebraistischen Verständnis gebraucht.

27　GOLDINGAY, Daniel 119.121 schlägt als Übersetzung von תִּרְשַׁם: „sign" oder „put your seal to" vor. HARTMANN/DiLELLA, Daniel 195 versteht den Ausdruck als Hendiadyoin.

28　MARTI, Daniel 44 versteht דִּי לָא in Anlehnung an θ und Dan 2,18 final. NEEF, Arbeitsbuch 143, „die unveränderbare Urkunde".

29　Vgl. BEYER, ATTM 1 Lemma: קבל 678, „deswegen"; BENTZEN, Daniel 44.

30　TARSEE, Non-Active Participles 114 interpretiert die Form als Perfekt.

31　לְ עלל: „hineingehen *in*"; vgl. NEEF, Arbeitsbuch 102.

Fenster hatte,[32] und drei Zeiten am Tag[33] kniete er auf seinen Knien und war betend und preisend[34] vor seinem Gott, sowie er es zuvor gemacht hatte.

12 Daraufhin lauerten ihm diese Männer auf und fanden Daniel betend und flehend vor seinem Gott. *13* Darauf näherten sie sich und sprachen vor dem König über das Verbot des Königs: „Hast Du nicht ein Verbot geschrieben, dass jeder Mensch, der bittet von irgendeinem Gott und Mensch bis zu 30 Tage außer von dir, König, der wird geworfen werden in die Löwengrube." Der König gab zur Antwort: „Fest ist das Wort entsprechend dem Gesetz der Meder und Perser, das nicht vergehen wird." *14* Darauf antworteten sie vor dem König: „Daniel, der von den Söhnen des Exils von Juda, nimmt auf dich, König, keine Rücksicht und nicht auf das Verbot, das du geschrieben hast: Drei Zeiten am Tag ist er bittend seine Bitte." *15* Daraufhin war der König, als er das Wort gehört hatte, sehr betrübt über ihn und er setzte seinen Sinn auf Daniel, ihn zu retten, und bis zum Sonnenuntergang versuchte er, ihn zu befreien.[35]

16 Darauf bedrängten diese Männer den König und sagten dem König: „Wisse König, dass es Gesetz für Meder und Perser ist, dass ein Verbot und ein Erlass, nachdem der König sie aufgerichtet hat, nicht verändert werden dürfen." *17* Darauf befahl der König und man brachte Daniel und warf ihn in die Löwengrube. Der König sprach zu Daniel: „Dein Gott, dem du unablässig dienst, er wird dich retten." *18* Und ein Stein wurde gebracht und er wurde auf die Öffnung der Grube gelegt und der König siegelte ihn[36] mit seinem Siegelring und mit den Siegelringen seiner Großen,[37] damit sich nicht eine Sache in Bezug auf Daniel verändere.[38] *19* Daraufhin ging der König in seinen Palast und übernachtete fastend und Speisen[39] ließ er nicht vor sich bringen, und sein Schlaf floh von ihm.

---

32 Der Bezug und die Funktion von לֵהּ ist unklar. Evtl. ist ein Verständnis als *dativus ethicus* möglich. Vgl. die Diskussion bei GZELLA, Tempus 174, der das Suffix auf das Haus bezieht.

33 בְּיוֹמָא ist st. det. bzw. st. emph. KOEHLER/BAUMGARTNER, HALAT Lemma: יוֹם 1719, „am Tag"; GESENIUS, Handwörterbuch[17] Lemma: יום 909, „täglich"; VOGT, Lexicon Lemma: יום 74, „‚in die' i.e. omni die". JENNI, Beth 290f, Klassifikation 315 nimmt eine Klassifikation der Präposition ב als Temporalisation in Verbindung mit Kalendarischen Zeitbegriffen vor (distributiv).

34 Die Wendung מוֹדֵא ist vermutlich Hebraismus. Vgl. die im Aramäischen unübliche Elision des ה bei der Haf'el-Bildung der Verba Primae י. Dagegen: Dan 2,23 und 4Q113 = Dan^Q 6,11 (מְהוֹדֵא).

35 שֵׁזַב ist mglw. ein š-Kausativ der Wurzel עזב. In jedem Fall liegen verschiedene aram. Wurzeln zugrunde: שֵׁזַב bzw. עזב und נצל.

36 Bezugswort ist der Stein (אֶבֶן, fem.), während פֻּם und גוֹב beide mask. sind.

37 MARTI, Daniel 45 verweist auf bezeugte Lesung als plur.stat.cstr.: „die Siegelringe". רַבְרְבָנוֹהִי ist mit „Großen" bzw. „Mächtigen" wiederzugeben.

38 Vgl. BAUER/LEANDER, Grammatik §104 d.

39 Die Übersetzung dieses Wortes ist umstritten. Vgl. dazu Abschnitt 8.4.1, 299.

20 Darauf stand der König in der Morgenhelle auf[40] beim Tageslicht
und in Eile ging er zur Löwengrube. *21* Und als er sich der Grube näherte
rief er den Daniel mit betrübter Stimme und sprach: „Daniel, Diener
des lebendigen Gottes. Dein Gott, dem du unablässig dienst, konnte er
dich vor den Löwen retten?" *22* Daraufhin redete Daniel mit dem König:
„König, bis in Ewigkeiten lebe! *23* Mein Gott sandte seinen Boten und
er verschloss den Mund der Löwen und sie fügten mir keinen Schaden
zu. Da ich vor ihm als unschuldig befunden wurde, habe ich auch vor
dir König kein Verbrechen begangen."[41] *24* Darauf freute sich der König
sehr über ihn und er befahl, den Daniel aus der Grube herauf zu bringen
und Daniel wurde aus der Grube herausgeholt und kein Schaden wurde
an ihm gefunden, weil er auf seinen Gott vertraute. *25* Und es befahl
der König und sie brachten jene Männer, die Daniel verleumdet hatten.
Und sie wurden in die Löwengrube geworfen: diese, ihre Söhne und ihre
Frauen. Noch bevor sie zum Boden der Grube gelangten, hatten sich die
Löwen ihrer bemächtigt und all ihre Knochen zermalmt.

26 Darauf schrieb Darjawesch, der König, den Völkern und Nationen
und Zungen, die auf der ganzen Erde wohnen: „Euer Wohlergehen werde
groß! *27* Von mir ergeht der Befehl, dass in der ganzen Herrschaft meines
Königreiches [die Menschen] vor dem Gott Daniels zittern und ihn fürchten. Denn er ist der lebendige Gott, der in Ewigkeiten bleibend ist, sein
Königreich geht nicht zugrunde und seine Herrschaft (besteht) bis zum
Ende. *28* Er rettet und befreit und wirkt Zeichen und Wunder im Himmel
und auf der Erde, er hat Daniel aus der Hand der Löwen gerettet."

29 Und dieser Daniel war erfolgreich in der Regierungszeit des Darjawesch und in der Regierungszeit des Kyros, des Persers.[42]

5.2 Dan^{LXX} 6,1–28

5.2.1 Textkritische Entscheidungen

V 3b liegt im Abschnitt von τότε … ἑπτά eine Dublette vor.[43] *V 14* ὃν
ἔστησαν κατ᾽ αὐτοῦ ist ebenfalls als Dublette zu betrachten.[44] An der
Form ἐβοήθει ist gegen Konjekturen festzuhalten.[45] *V 21* geht MCLAY von
einem Eindringen von φωνῇ μεγάλῃ aus Dan$^{\theta}$ aus; eine solche Korrektur

---

40 Zur Funktion des Imperfekts vgl. GZELLA, Tempus 145–147.
41 Zur logischen Verknüpfung vgl. MORIYA, Meaning 34.
42 KOEHLER/BAUMGARTNER, HALAT Lemma: מַלְכוּ 1737, „Regierungszeit".
43 Vgl. MUNNICH, Daniel 54f; MCLAY, Double Translations 258f. Außerdem MONT-
GOMERY, Two Youths 317; ALBERTZ, Gott 113.
44 MUNNICH, Daniel 60.
45 Ebd. 84f.

ist methodisch – im gewählten Ansatz – unzulässig.[46] *V 22* ist anstelle von
θεός (88-Syh; vgl. MT) mit P 967 das in Dan seltenere κύριος zu lesen; nur
12 weitere Belege in Dan.[47] *V 24* ist mit P 967 an dieser Stelle zu lesen.[48]
V 28 ist zwischen τοὺς πατέρας (P 967 und einer Randnote von Syh) und
τὸ γένος (88-Syh) zu entscheiden. Die Lesart des P 967 ist mit BelDr[θ] 1 nah
verwandt. Bis auf den Namen des Königs (dort Ἀστυάγης anstelle des
Δαρεῖος) und eine Umstellung in der zweiten Vershälfte stimmen beide
Verse vollständig überein. Beide Formulierungen begegnen mehrfach innerhalb der LXX; [49] eine Entscheidung ist nicht eindeutig. Mit MUNNICH
ist vermutlich P 967 zu folgen.[50] Ausschlaggebend ist neben dem Alter
die Übereinstimmung mit BelDr[θ] 1. Eine Anpassung an den allgemeinen
Sprachgebrauch (1,3.6; 7,14) von Dan[LXX] ist eher bei 88-Syh als bei P 967
anzunehmen.

5.2.2 Übersetzung

1 Und Dareios – voll an Tagen und angesehen in seinem Alter –
   setzte 127 Satrapen über sein gesamtes Königreich ein[51] *2* und über
sie[52] drei Männer, die diese führten. Und Daniel war einer der drei Männer; *3* er hatte über alle im Königreich Gewalt. Und Daniel war bekleidet
mit Purpur und groß und angesehen vor Dareios, dem König, denn er

---

46 Vgl. MCLAY, Double Translations 259. Mit der Feststellung der methodischen Unzuläs-
    sigkeit im Kontext des gewählten methodischen Ansatzes ist nicht über die Richtigkeit
    der Aussage geurteilt.
47 Vgl. aber GRELOT, Daniel VI 110. MUNNICH, Nomina Sacra 150, „En 6,21[22], il semble
    que ὁ κύριος (967) rende אֱלָהּ et que ὁ θεός (88-Syh) résulte encore d'une correction sur
    l'araméen."
48 Vgl. MUNNICH, Daniel 40, 88-Syh orientieren sich an MT und stellen den Vers an das
    Ende der Erzählung.
49 Dabei ist mit DOGNIEZ, Greek Renderings 4, zwischen dem Sprachgebrauch des Pen-
    tateuchs (τὸ γένος bzw. τὸν λαόν) und dem der übrigen Bücher (τοὺς πατέρας) zu
    unterscheiden: πρὸς τοὺς πατέρας Ri 2,10; 2Kön 22,20; 2Chr 34,28; 1Makk 2,69; πρὸς τὸ
    γένος Gen 25,17; 35,29. Darüber hinaus begegnet auch die Verbindung mit τὸν λαόν
    Gen 25,8; 49,29.33; Num 20,24; 27,13; 31,2; Dtn 32,50(bis) bzw. προσετέθη in absolutem
    Gebrauch: Num 20,26; 27,13.
50 Vgl. MUNNICH, Daniel 28, ebenso vorausgesetzt bei ALBERTZ, Gott 113.239. Anders
    RICHTER, Daniel 152.
51 Mit MURAOKA, Lexicon of the Septuagint Lemma: ἐπί 263f, ist von der Bedeutung „in
    charge of", „verantwortlich für das gesamte Reich" auszugehen.
52 Wörtlich „über diese".

war verständig und klug[53] und heiliger Geist war in ihm, und er war erfolgreich in den Geschäften des Königs, die er machte.[54]

4 Als aber der König plante, Daniel über die Gesamtheit seines Königreiches einzusetzen,[55] da planten die beiden jungen Männer bei sich einen Plan und einen Entschluss, wobei sie zueinander redeten, weil sie kein Vergehen und keine Unwissenheit gegen Daniel gefunden haben, derentwegen sie ihn beim König anklagen könnten. *5* Und sie sagten: „Wohlan, erlassen wir ein Dekret gegen uns selbst, dass kein Mensch, wird bitten eine Bitte und beten ein Gebet von irgendeinem Gott bis zu 30 Tage, außer gegenüber Dareios, dem König. Wenn aber nicht, wird er sterben." [Dieses Dekret erließen sie . . . ,][56] damit sie Daniel eine Niederlage bereiteten vor dem König[57] und er in die Löwengrube geworfen werde.[58] Sie wussten nämlich, dass Daniel dreimal am Tag zu seinem Gott betete und flehte.

6 Dann gingen jene Menschen hin und sagten vor dem König: *7* „Wir haben ein Dekret und eine Festsetzung aufgestellt, dass jeder Mensch, der innerhalb von 30 Tagen ein Gebet betet oder irgendeine Bitte bittet gegenüber irgendeinem Gott, außer gegenüber Dareios dem König, in die Löwengrube geworfen wird." *8* Und sie baten den König, dass er das Dekret aufstelle und nicht abändere – denn sie wussten, dass Daniel dreimal am Tag betet und fleht –, damit er in den Händen des Königs eine Niederlage erleide und in die Löwengrube geworfen werde. *9* Und so setzte es der König Dareios fest und ratifizierte es.

10 Als Daniel das Dekret zur Kenntnis genommen hatte,[59] das sie gegen ihn erlassen hatten, öffnete er die Fenster in seinem Obergemach in Richtung Jerusalem und fiel auf sein Angesicht dreimal am Tag, wie er es auch zuvor gemacht hatte und betete. *11* Und sie beobachteten den Daniel und sie ertappten ihn betend dreimal am Tag – jeden Tag. *12* Dann gingen diese Menschen den König an und sagten: „Dareios, König, hast du nicht ein Dekret festgesetzt, dass kein Mensch für dreißig Tage bete ein Gebet oder bitte eine Bitte gegenüber irgendeinem Gott, außer gegenüber dir, König, – wenn aber nicht, werde er in die Löwengrube geworfen?" Der König antwortete ihnen: „Das Wort ist streng und das

---

53 Vermutlich ist diese Formulierung als Hendiadyoin aufzufassen. Um die Aussage transparent zu halten, soll auf eine dementsprechende Wiedergabe verzichtet werden.

54 Der folgende Text wurde textkritisch ausgeschieden: „Dann wollte der König den Daniel über das gesamte Reich und die beiden Männer, die er mit ihm eingesetzt hatte, und die 127 Satrapen einsetzen." Ein ὑπέρ wird mit ALBERTZ, Gott 113 ergänzt.

55 Die Wiedergabe von ἐβουλεύσατο mit „planen" legt sich nahe, um die Wortgleichheit mit dem nachfolgenden Handeln der Beamten sichtbar zu machen.

56 Eine der deutschen Grammatik entsprechende Wiedergabe erfordert entweder massive Eingriffe in die Strukturierung des Textes oder den erläuternden Zusatz.

57 WALTERS, Text 258, "... must be translated *that they might get him condemned to death*".

58 Vermutlich ist καί epexegetisch zu verstehen.

59 Das Partizip mag auch konzessiv aufgelöst werden.

Dekret bleibt bestehen." *12a* Und sie sagten ihm: „Wir lassen dich bei den Verfügungen der Meder und Perser schwören, dass du die Angelegenheit nicht verändern wirst und nicht bewundernd auf das Angesicht schaust und auch nicht das Gesagte verminderst, sondern den Menschen strafen wirst, der das Dekret nicht befolgt." Und er sagte: „So werde ich es tun, wie ihr es sagt, und es steht fest für mich." *13* Und sie sagten: „Siehe, wir haben Daniel – deinen Freund – gefunden, betend und flehend vor dem Angesicht seines Gottes, dreimal am Tag." *14* Und der König gab in Trauer den Befehl, Daniel – gemäß dem Dekret –[60] in die Löwengrube zu werfen. Daraufhin war der König heftig betrübt über Daniel und er versuchte, ihm bis zum Untergang der Sonne zu Hilfe zu kommen, um ihn aus den Händen der Satrapen zu befreien.[61] *15* Aber[62] er konnte ihn nicht vor ihnen befreien. *16* Es schrie aber der König Dareios auf und sagte dem Daniel: „Dein Gott, dem du unablässig dreimal am Tag dienst, er möge dich retten aus der Hand der Löwen: Bis morgen früh sei guten Mutes."

17 Dann wurde Daniel in die Löwengrube geworfen und es wurde ein Stein herbeigebracht und auf die Öffnung gelegt und es siegelte der König mit seinem Ring und mit dem Ring seiner Edlen, damit von ihnen Daniel nicht weggenommen werde oder der König ihn aus der Grube herausziehe. *18* Dann kehrte der König zurück in seinen Palast und verweilte nüchtern und trauerte um Daniel. Der Gott des Daniel aber verschloss sorgend um Daniel die Münder der Löwen, damit diese dem Daniel keine Schwierigkeiten machen konnten.

19 Und der König Dareios machte sich früh auf, früh morgens, und nahm mit sich die Satrapen und, als er angekommen war,[63] stellte er sich an die Öffnung der Löwengrube. *20* Dann rief der König zu Daniel mit großer Stimme unter Weinen: „O[64] Daniel, wenn du doch lebst und dein Gott, dem du unablässig dienst, dich vor den Löwen gerettet hat und sie dich nicht vernichtet haben." *21* Daraufhin entgegnete Daniel mit lauter Stimme und sagte:[65] *22* „König, ich lebe noch. Und es hat mich gerettet

---

60　Textkritisch ausgeschieden wurde ὃν ἔστησαν κατ' αὐτοῦ.
61　Eine Korrektur ἐβοήθει der Form ist abzulehnen. Vgl. MUNNICH, Daniel 84f. Das absolut gebrauchte ἐβοήθει ist nach Vgl. BAUER, Wörterbuch Lemma: βοηθέω 288, mit „zu Hilfe kommen" wiederzugeben. Das Imperfekt – vgl. BLASS/DEBRUNNER, Grammatik §326 – ist ein Imperfektum de conatu. Ziel ist die Befreiung Daniels vor Sonnenuntergang; dieses wird mittels des Artikels im Genitiv angeschlossenen Infinitivs artikuliert (τοῦ ἐξελέσθαι). Vgl. ebd. §400: finaler Sinn des Infinitivs.
62　Die Konjunktion καί ist adversativ aufzulösen.
63　Im Text πορευθείς, wörtlich „gegangen".
64　Allgemein dient ὦ der Anrufung verstorbener Personen, großer Personen der Vergangenheit aber auch lebender Personen. WALTERS, Text 233, "ὦ in addressing those still alive is mainly found when indignation or exasperation is to be expressed."
65　Die Wiedergabe von ἐπήκουσε bereitet Schwierigkeiten. Vgl. dazu und zur gewählten Wiedergabe die Analyse des Textes Abschnitt 7.2, 251.

der Herr vor den Löwen, weil Gerechtigkeit in mir gefunden wurde vor ihm und auch vor dir, König, wurde bei mir weder Unwissenheit noch Vergehen gefunden. Du aber, du hast auf Menschen gehört, die Könige in die Irre führen und hast mich geworfen in die Löwengrube – ins Verderben." 23 Dann versammelten sich[66] alle Mächtigen und sie sahen den Daniel, wie die Löwen ihm keinerlei Schwierigkeiten gemacht haben. 24 Daraufhin wurden jene zwei Menschen, die gegen Daniel Zeugnis abgelegt hatten, diese und ihre Frauen und ihre Kinder, zu den Löwen geworfen. Und die Löwen töteten sie und zerquetschten ihre Knochen. Daniel aber wurde über das gesamte Reich des Dareios eingesetzt.

25 Daraufhin schrieb Dareios allen Völkern und Ländern und Zungen, den Bewohnern seines gesamten Landes: 26 „Alle Menschen, die in meinem Königreich sind, sollen sich niederwerfen und dem Gott des Daniel dienen, er ist ein bleibender Gott und lebendig in Geschlechter der Geschlechter bis zur Ewigkeit. 27 Ich Dareios werde (vor) ihm niederfallen und als Sklave dienen alle meine Tage, denn die handgefertigten Götter können nicht retten, wie der Gott den Daniel befreit hat."

28 Und der König Dareios wurde zu seinen Vätern versammelt. Und Kyros der Perser empfing sein Königreich.

---

66 Passivische Formulierung mit reflexivem Sinn. Vgl. BAUER, Wörterbuch Lemma συνάγω 1561f.

6 Stellung im Kontext

Dan^{MT} 6 und Dan^{LXX} 6 bilden als vollständige Erzählungen je eine eigene Einheit; zugleich erweisen sie sich durch ihre Einbindung in das Daniel-Buch als Element eines größeren literarischen Kontextes, der für beide Texttraditionen eigens zu beschreiben ist.[1]

6.1 Hebräische Bibel

Das Daniel-Buch steht in MT unter den Ketubim; der Ort von Dan 6 im Buch selbst ist nicht einfach zu bestimmen. Den engeren Kontext bilden ohne Zweifel die aram. Erzählungen Dan 2–6; die Rolle von Dan 7 wird unterschiedlich beurteilt.[2] Dan 8–12 sind der weitere Kontext. Die Einheit-lichkeit der Sprache in Dan 2–7 und die strukturellen Bezüge legen nahe, von einem Buch-Teil Dan 2–7 auszugehen. Die Erzählperspektive, die Gattung und die Chronologie[3] rücken Dan 7 näher zu den nachfolgenden Kapiteln. Beide Einordnungen können auf plausible Argumente verwei-sen und haben Befürworter.[4] Man wird Dan 7 als Scharnier verstehen dürfen: "Therefore, Daniel 7 serves as a linking chapter by which the two halves of the book are interlocked."[5]

Die Übersicht über Strukturmodelle des Daniel-Buches (in Teilen und im Ganzen) zeigt verschiedenartige und unterschiedlich intensive Bezüge

---

1   Im Anschluss an Abschnitt 4.5, 185 erscheint eine knappe Beschreibung als ausreichend; zur Vereinfachung der Darstellung – sowohl die Ausführungen zum MT (Abschnitt 3.1, 32) als auch zur LXX (Abschnitt 3.2, 120) werden vorausgesetzt – wurden die folgenden Überlegungen aus dem Kapitel VORAUSSETZUNGEN UND FORSCHUNGSERGEBNISSE ausgegliedert.

2   ASHLEY, Book of Daniel 99, "The crucial decision to be made is what is to be done with chapter VII." Einen gänzlich anderen Weg, den Aufbau zu beschreiben, wählt GOODING, Structure.

3   Vgl. COLLINS, Vision 14, "… the fictional chronology which groups ch. 7 with chs. 8–12."

4   Zur Annahme einer Einheit von Dan 2–7 vgl. etwa LENGLET, Structure littéraire; TOWN-ER, Daniel 6; NOLAN FEWELL, Circle of Sovereignty 11; SEOW, Daniel 2; WESSELIUS, Literary Nature 272; PACE, Daniel 3ff. Zur Einheit Dan 7–12 HEATON, Daniel 17; LE-BRAM, Daniel 20f; ALBERTZ, Gott 181; COLLINS, Commentary 33ff.

5   COLLINS, Vision 14.

von Dan 6 zum Kontext des Buches auf. Eine systematische Reflexion der Beziehungen zum Kontext der hebr. Bibel (näherhin des Kanonteils der Schriften) und zur Kultur des Vorderen Orients kann unterbleiben.[6] Die konkret vorhandenen Bezüge werden im Rahmen der narrativen Analyse von Dan 6 thematisiert und ausgewertet.[7]

Konzentrischer Aufbau von Dan 2–7 Das einflussreichste Modell zur Struktur des „aramäischen Daniel-Buches" geht auf LENGLET zurück, der einen konzentrischen Aufbau von Dan 2–7 mit dem Zentrum Dan 4–5 nachgewiesen hat:[8] „… cette partie araméenne est structurée d'une manière concentrique"[9].

Grundlegend ist die Beobachtung einer Parallelität von Dan 2 und Dan 7,[10] die nicht nur einzelne Motive, sondern die Kapitel als Ganze betrifft.[11] Dan 7 erscheint unmittelbar auf Dan 2 bezogen, ohne ihm direkt zu entsprechen. „De manière subtile mais indéniable il [l'auteur; D. H.] les a composés comme deux pendants, en les construisant partie en parallèle, partie en contraste."[12] Aus einem sukzessiven Vergleich (2–7; 3–6; 4–5) entwickelt LENGLET eine konzentrische Struktur, in der sich Dan 3 und Dan 6 sowie Dan 4 und Dan 5 entsprechen.[13] Die inhaltlichen Bezüge der Erzählungen sind offenkundig:[14] Den äußeren Rahmen (Dan 2; 7) formt

---

6 Vgl. zu den vorhandenen Bezügen zwischen dem Daniel-Buch und den übrigen atl Schriften STEINMANN, Daniel 37–42; SHEPHERD, Daniel. BEYERLE, Joseph 1, „Es scheint einfacher, jene Texte des Tanach zu benennen, für die die Forschung bisher noch *keine* Verbindungen und Gemeinsamkeiten mit Dan 1–6 aufzeigen konnte."
7 Speziell zu Dan 6 vgl. SHEPHERD, Daniel 86–88.
8 Vgl. LENGLET, Structure littéraire; dessen textgeschichtliche Konsequenzen sind an dieser Stelle nicht Gegenstand des Interesses. Die Beobachtungen und der Aufweis der Struktur haben weitreichende Anerkennung erfahren; Kritik beschränkte sich häufig auf die Ergänzung unberücksichtigter Beobachtungen oder die Gewichtung von Differenzen. Strittig sind insbes. die Rolle von Dan 7 und die sich aus ihr ergebenden textgeschichtlichen Konsequenzen. In eine andere Richtung weist der Entwurf von DAVIES, Daniel 44, "… after the setting of the scene (ch. 1) we have the chronological dimension of the four kingdoms set forth (ch. 2); then two 'interpretation' stories are framed by two 'persecution' stories. It may be that the sequence of stories has a structural significance, but the order may do no more than follow that of the monarchs to whom the individual stories had been assigned."
9 LENGLET, Structure littéraire 169.
10 Ebd. 181, „Dn 2 n'est pas seulement un récit, aussi peu que Dn 7 est seulement une vision. Les deux chapitres paraissent donc se correspondre et se compléter mutuellement."
11 Vgl. COLLINS, Vision 12.
12 LENGLET, Structure littéraire 180; vgl. außerdem DAVID, Composition 62, "The planned symmetry consists, in his view, not only of parallelisms but of contrasts as well …"
13 Vgl. DAVID, Composition 66, "Dan 2–7 is characterized not just by its linguistic unity (Aramaic) but also by a thematic unity that emerges more clearly when one appreciates the concentric structure (ABCC'B'A' / 2–3–4–5–6–7) in which its author framed the central theme of divine sovereignty over any earthly authority (in the bipartite unity of chs. 4–5)."
14 Vgl. dazu COLLINS, Vision 12.

die Auseinandersetzung mit den vier aufeinanderfolgenden Weltreichen, die schließlich durch göttliche Intervention abgelöst werden; den inneren Rahmen (Dan 3; 6) bilden die Erzählungen, die von der göttlichen Rettung Daniels bzw. seiner drei Gefährten aus Todesgefahr berichten, nachdem sich diese aus religiösen Motiven einer staatlichen Anordnung widersetzt hatten. Im Zentrum (Dan 4; 5) steht die Bestrafung der Hybris der heidnischen Könige Nebukadnezzar und Belschazzar. Eine schematische Übersicht bietet BAUER:[15]

Dan 2			Aufrichtung der Königsherrschaft Gottes
	Dan 3		Umfassender Anspruch staatlicher Macht
		Dan 4	Hybris staatlicher Macht
		Dan 5	Hybris staatlicher Macht
	Dan 6		Umfassender Anspruch staatlicher Macht
Dan 7			Aufrichtung der Königsherrschaft Gottes

Die Struktur widerspricht – so LENGLET – der Annahme einer Abgrenzung der aramäischen Erzählungen nach Dan 6.[16] Dan 2–7 stellt nach seiner Auffassung eine kompositionelle Einheit dar.

Modellbildungen für Dan 1–12   Eine das gesamte Daniel-Buch umfassende Struktur zeigen STEINMANN und GOODING auf.[17] STEINMANNs Modell der *"Interlocked Chiastic Structure"*[18] stellt eine Erweiterung des Ansatzes von LENGLET auf Dan 1–12 dar.[19] Die zentrale Annahme der Doppelrolle von Dan 7 findet sich bereits bei anderen Autoren vorgebildet.[20] Dan 7 kommt für den zweiten Teil eine der Einleitung Dan 1 für Dan 1–7 vergleichbare Funktion zu: Dan 7 steht außerhalb der chiastischen Struktur, ist aber auf diese hingeordnet, insofern es die später entfalteten Themen bereits enthält.[21] "This produces two interlocked chiasms: a Hebrew introduction followed by an Aramaic chiasm interlocked with an Aramaic introduction and a Hebrew chiasm."[22]

---

15 Vgl. BAUER, Daniel 46; zu den inhaltlichen Bezügen vgl. auch WEIMAR, Daniel 7 33f; TANNER, Literary Structure 273.

16 Vgl. LENGLET, Structure littéraire 180, „Néanmoins nous croyons pouvoir maintenir notre position, parce que la division courante du livre en récits (1–6) et en visions (7–12) ne correspond pas exactement à la réalité."

17 Vgl. dazu GOODING, Structure 52ff; sowie STEINMANN, Shape 38ff; STEINMANN, Daniel 20–25; ergänzend sei auf den komplexen Vorschlag von SIMS, Daniel 334 hingewiesen.

18 STEINMANN, Daniel 22.

19 Vgl. bereits PIERCE, Spiritual Failure 221. In eine ähnliche Richtung weist die von TANNER vorgeschlagene, weniger differenzierende „Overlapping Structure". Vgl. TANNER, Literary Structure 277, "Two major divisions–chapter 2–7 and chapters 7–12–overlap. Thus chapter 7 belongs to both halves."

20 Vgl. etwa COLLINS, Vision 14.

21 Vgl. STEINMANN, Daniel 23.

22 Ebd., aus dieser strukturellen Überlegung erklärt sich die Zweisprachigkeit des Buches.

Einleitung:	Prolog	1	Erz. Hebr.
A	Traum: vier Reiche und das Gottesreich	2	Erz. Aram.
B	Rettung der drei Jünglinge	3	Erz. Aram.
C	Urteil über Nebukadnezzar	4	Erz. Aram.
C'	Urteil über Belschazzar	5	Erz. Aram.
B'	Rettung des Daniel	6	Erz. Aram.
A'	Vision: vier Reiche und das Gottesreich	7	Vis. Aram.
D	Königreiche nach dem Fall Babylons	8	Vis. Hebr.
E	Wiederherstellung Jerusalems	9	Vis. Hebr.
D'	Königreiche nach dem Fall Babylons	10–12	Vis. Hebr.

Parallel-Struktur: "The progressive deterioration in the attitudes of the Gentile emperors to God"[23]   Eine gänzlich andere Modellbildung stellt GOODING vor, die ebenfalls das Gesamt des Buches in den Blick nimmt:[24] "… that the book's ten component parts were intentionally arranged in two groups of five each, with chapter 5 forming the climax of the first group, and chapters 10–12 the climax of second."[25] Zwei Beobachtungen halten Dan 1–5 als eine Textgruppe zusammen. Zum einen sind diese Erzählungen ausschließlich von den babylonischen Königen bestimmt; mit Dan 6 kommen die Meder bzw. Meder und Perser in den Blick.[26] Zum anderen fungieren die Gefäße aus dem Tempel in Jerusalem als literarische Klammer um Dan 1–5:[27] "Nebuchadnezzar had at least put the vessels in his god's temple, idolatrous though it was; he treated the vessels as sacred. Belshazzar profanes them; he takes them out of the temple and drinks from them himself."[28] Die Schändung der Tempelgefäße Dan 5 wird als ein dramatischer Tiefpunkt im Verhalten der babylonischen Könige dem Gott Israels gegenüber betrachtet.[29]

Dan 6 markiert in zweifacher Weise einen Einschnitt. Augenfällig ist, dass der König nicht mehr dem babylonischen, sondern dem medischen Reich zugeordnet wird. Dan 6 verfolgt eine neue Ausrichtung; die für Dan 1–5 aufgezeigte Entwicklungslinie des Motivs der Gefäße bricht

---

23 GOODING, Structure 55.
24 Die in der Diskussion dominierenden Fragen nach Gattung und Sprache spielen bei GOODING keine Rolle. Die Argumentation fokussiert inhaltliche Aspekte.
25 Ebd. 53.
26 Zwar begegnet auch in Dan 7; 8 ein babylonischer König; die Vision gilt Daniel. Vgl. ebd., "Put another way, the four items, chapters 2, 3, 4 and 5, all relate special sights that the Gentile monarchs were given to see: the four items, chapters 7, 8, 9 and 10–12, all relate special sights that Daniel was given to see."
27 Ebd. 55, "The mention of the vessels of divine service at the beginning of chapter 1 and then again at the climax of chapter 5 clamps chapters 1–5 together as a group …"
28 Ebd.
29 Vgl. ebd. 54, "Now crucial and climactic in all this is Belshazzar's calling for and drinking out of the vessels of divine service. But it is not only climactic in the thought-flow of chapters 4 and 5: it forms the climax of the whole first group of chapters."

ab: Mit der Profanierung der Tempelgefäße ist sie an einen nicht mehr steigerbaren Endpunkt gelangt. "… to tack chapter 6 on to this group would produce a ruinous anti-climax."[30] Die in Dan 6 eröffnete neue Entwicklungslinie führt das Thema der fortschreitenden Abwendung der heidnischen Herrscher weiter. Der Einschnitt in Dan 6 stellt keinen Wendepunkt zum Guten dar: "Bad as the kings of chapters 1–5 have been, neither of them has banned the Israelites' worship; but in chapter 6, for the first time in the Book of Daniel, the Gentile emperor bans the worship of Israel's God."[31] Seinen Tiefpunkt erreicht dieser Prozess in der Überhöhung des Königs über alle Götter (11,36ff). In Dan 10–12 liegt demnach die Klimax des zweiten 5er Zyklus.[32] Zur klimaktischen Struktur Dan 1–5 und Dan 6–12 kommen parallele Bezüge zwischen den einzelnen Stufen.[33]

DANIEL 1–5		DANIEL 6–12	
Dan 1	Eröffnung	Dan 6	Eröffnung
	ZWEI BILDER		ZWEI TIERE
Dan 2	Traum-Bild	Dan 7	Vier Tiere
Dan 3	Goldenes Bild	Dan 8	Zwei Tiere
	ZWEI KÖNIGE		ZWEI SCHRIFTEN
Dan 4	Strafe und Rehabilitation Nebukadnezzars	Dan 9	Jeremias Prophezeiung
Dan 5	Vernichtung Belschazzars	Dan 10–12	Vernichtung des Königs[34]

Eine ausführliche Würdigung des Modells überschreitet die Möglichkeiten der Untersuchung;[35] kritisch zu betrachten ist der Ort, der Dan 6 in diesem Modell zugewiesen wird. Die Wahrnehmung des Darjawesch ist wie die der anderen Könige durchweg negativ; die spätere Reue ändert diesen Sachverhalt nicht und dient lediglich der Vorbereitung der Steigerung der Schuld des nachfolgenden Königs (ähnlich Dan 4; 5). Das in Dan 6 entwickelte Bild des Darjawesch erscheint jedoch positiver als das

---

30 GOODING, Structure 55.
31 Ebd. 57.
32 Ebd. 58, "… the fifth item in each group forming a marked climax to the thought-flow within the group."
33 Vgl. ebd. 53, "Even at this lowly level of analysis there seems to be a simple recurrent pattern in the grouping of the subject matter: a single chapter followed by two pairs, another single chapter followed by another two pairs." Zum Modell vgl. insbes. ebd. 58; TANNER, Literary Structure 274.
34 Der Schrift des Jeremia-Buches entspricht Dan 10,21 die „Schrift der Wahrheit" (בִּכְתָב אֱמֶת).
35 Vgl. dazu etwa TANNER, Literary Structure 275f.

der Könige in den nachfolgenden Kapiteln und vor allem auch positiver
als das der Könige in Dan 1–5. Ein Prozess einer fortschreitenden Entfernung der Könige vom Gott Israels kann aus der Perspektive von Dan 6
nicht beobachtet werden.

Konsequenzen Die Bedeutung des Kontextes einer Erzählsammlung für
die Einzelerzählung darf nicht überbetont werden.[36] Dan 6 ist als selbst-
und eigenständige Erzählung zu begreifen; dennoch ist sie auch in den
Kontext eingebunden. Besondere Beziehungen bestehen nach Ausweis
der konzentrischen Struktur zu deren Zentrum Dan 4; 5 sowie dem korres-
pondierenden Glied Dan 3.[37] Dan 1 ist weniger aufgrund der Parallelität
zu Dan 6 (nach GOODING) von Relevanz als vielmehr wegen der einleitenden Funktion für die Sammlung. Dan 7; 8–12 erscheinen – ebenso wie
Dan 2 – als der weitere Kontext von untergeordneter Bedeutung.

Weiter steht das Daniel-Buch im Kontext der כתובים der hebräischen
Bibel und damit der Literatur des AO. Historische, literarische und motivgeschichtliche Hintergründe sind von Relevanz für die Interpretation
von Dan 6.

6.2 Septuaginta

Vier wesentliche Aspekte zeichnen die Einbindung von Dan^LXX 6 in
Dan^LXX und damit in „die LXX" aus. Dan^LXX ist – erstens – Teil des
Propheten-Kanons: Daniel erscheint als einer der „großen" Propheten.
Die deuterokanonischen bzw. apokryphen Stücke (Zusätze in Dan 3 sowie
Sus; BelDr) bilden – zweitens – einen Teil des Kontexts; die in P 967 überlieferte Kapitelreihenfolge[38] erfordert – drittens – die Berücksichtigung
der spezifischen Organisation der Stoffe. Der Verwendung unterschiedlicher Sprachen im MT steht – viertens – der einheitliche Gebrauch des Gr.
in der LXX gegenüber.

Strukturmodelle für die LXX liegen – im Gegensatz zum MT – nicht
vor;[39] eine Übertragung der Entwürfe für den mt Text ist aufgrund der

---

36 HOLM, Story-Collection 149, „...it seems to be a collection of discrete and separable
stories and visions." Zum Verständnis einer „story-collection" vgl. ebd. 151–153. SIMS,
Daniel 331, „But despite the continuity of characters from story to story and their
chronological order, one narrative never depends on another, though, as we have seen,
some careful interlinking is evident ..."

37 Zu den zahlreichen, teils exklusiven Beziehungen zwischen Dan 3; 6 vgl. auch LUCAS,
Daniel 145.

38 Während Syh-88 die von MT gebotene Reihenfolge aufweisen, weicht die Reihenfolge
der Kapitel in P 967 davon ab. Dan 7; 8 werden unmittelbar nach Dan 4 eingeordnet.
Vgl. dazu ausführlicher Abschnitt 2.4, 22.

39 Der Entwicklung eines Modells muss die sorgfältige Analyse der einzelnen Elemente
vorangehen; auf dem derzeitigen Forschungsstand erscheint eine Modellbildung als

Differenzen, die sowohl die Eigenart von Dan^{LXX} insgesamt als auch die
einzelnen Kapitel betreffen, nicht möglich. Unabhängig von der Frage,
wie die variierenden Reihenfolgen der Kapitel im Traditionsstrom der
LXX entstanden sind, ist deutlich, dass der Zusammenhang der einzelnen Erzählungen und ihre Strukturierung als eher lose wahrgenommen
wurden.[40] Offenkundig orientiert sich die Reihung des P 967 an den
Chronologien, während MT; Syh-88 eher inhaltlichen Kriterien zu folgen
scheinen.

MT	Syh-88	P 967[41]
Dan 1	Dan 1	Dan 1
Dan 2	Dan 2	Dan 2
Dan 3	Dan 3+**Zusätze**	Dan 3+**Zusätze**
Dan 4	**Dan^{LXX} 4**	**Dan^{LXX} 4**
Dan 5	**Dan^{LXX} 5**	**Dan 7**
Dan 6	**Dan^{LXX} 6**	**Dan 8**
Dan 7	Dan 7	**Dan^{LXX} 5**
Dan 8	Dan 8	**Dan^{LXX} 6**
Dan 9	Dan 9	Dan 9
Dan 10–12	Dan 10–12	Dan 10–12
	Sus	**BelDr**
	BelDr	**Sus**

Unabhängig von der Richtigkeit seiner Hypothese zeigt ALBERTZ eine
Fülle terminologischer Bezüge auf, die Dan^{LXX} 4–6 zusammenbinden.
Vergleichbare Bezugnahmen lassen sich über diesen Zusammenhang hinaus nicht erkennen.[42] In Konkurrenz zu der Annahme einer Einheit von
Dan^{LXX} 4–6 steht die Annahme einer größeren Ursprünglichkeit der Kapitelreihenfolge in P 967,[43] die Dan^{LXX} 4 und Dan^{LXX} 5; 6 durch die dazwi-
schen liegenden Dan 7; 8 trennt. Doch auch die P 967 belegte Gruppierung
der Kapitel stellt Dan^{LXX} 5; 6 zusammen. Das Vorliegen von Bezügen von
Dan^{LXX} 5; 6 nach Dan^{LXX} 4 stellt – unabhängig von textgenetischen Fragen
– auf synchroner Ebene Verbindungen her, die es nahelegen, Dan^{LXX} 4

---

verfrüht. Eine sorgsame Analyse der Makrostruktur des Daniel-Buches in der LXX-
Tradition, die den beiden Kapitelreihenfolgen Rechnung trägt, bleibt ein Desiderat der
Forschung.

40 Zu den Theoriebildungen vgl. Abschnitt 3.2.6, 134.

41 Alle Kapitel der LXX-Tradition (Syh-88; P 967) unterscheiden sich von den entspre-
chenden Kapiteln in MT; aufgrund der deutlicheren Ausprägung dieser Differenzen in
Dan 4–6, verweist die Bezeichnung in dieser Abbildung nur in diesen Kapiteln auf die
Zugehörigkeit zur LXX (etwa Dan^{LXX} 4) hin.

42 Vgl. dazu ALBERTZ, Gott 161–163, der zugleich auch auf die Abweichungen im Befund
der Analyse von MT hinweist; dort existiert eine Fülle von Beziehungen über diesen
Kontext hinaus. Zu seiner Hypothese vgl. Abschnitt 3.2.6, 135.

43 Vgl. LUST, Septuagint Version 48; MUNNICH, Texte massorétique 116.

zum engeren Kontext von Dan^{LXX} 6 zu zählen. Eine besondere Nähe zu Dan 7; 8; 9 ist demgegenüber nicht erkennbar.

BelDr erscheint in der LXX-Fassung (ebenso wie Sus) als vom Daniel-Buch unterschiedene aber auf es bezogene Textüberlieferung.[44] Die variierende Einordnung macht dies in gleicher Weise deutlich wie die Überschriften.[45] BelDr ist nicht dem unmittelbaren, aber dem weiteren Kontext zuzurechnen.

Konsequenzen   Dan^{LXX} 6 ist im Kontext der gr.-sprachigen Literatur zu verstehen. Trotz der Einordnung in den Kanonteil der Propheten scheint die Propheten-Literatur der LXX für Dan^{LXX} 6 nicht der entscheidende Bezugspunkt zu sein; deutlicher ist die Bindung an den Pentateuch (und die Geschichtsbücher).[46] Eine besondere Nähe weist Dan^{LXX} 6 zu den Erzählungen Dan^{LXX} 4; 5 auf, die – unabhängig von der ursprünglichen Kapitelreihenfolge – als der unmittelbare Kontext betrachtet werden müssen. Strukturelle bzw. motivgeschichtliche Parallelen bestehen zu Dan 3 sowie BelDr, wobei diese nur nachgeordnet von Bedeutung sind.

Im Vordergrund steht der Text als Einzelerzählung. Die lose Verbindung auch mit dem nähren Kontext, die sich in verschiedenen Anordnungen der Kapitel niedergeschlagen hat, macht deutlich, dass die Kontextbeziehungen nicht der maßgebliche Interpretationsrahmen sind.

---

44   WILLS, Jew 145f, sieht in BelDr eine literarische Vorstufe von Dan 6.
45   Vgl. WYSNY, Erzählungen 17; BelDr 1 ist als Überschrift zu lesen: Ἐκ προφητείας Αμβακουμ υἱοῦ Ἰησοῦ ἐκ τῆς φυλῆς Λευι; ein ähnlicher Befund ergibt sich für Sus.
46   Vgl. dazu auch Abschnitt 3.2.5, 133.

7 Strukturierung der Texte

Ausgangspunkt der Darstellung ist die Abgrenzung vom unmittelbaren Kontext. Sprachliche, formale und inhaltliche Kriterien sind zugrunde zu legen.[1]

7.1 Dan^MT 6,2–29

Auftakt des Textsegmentes ist – entgegen der mt Gliederung – 6,2. 6,1 gehört unmittelbar zu 5,30 und bildet gemeinsam mit diesem Vers den Abschluss des Textes von Dan 5.[2] Entscheidend ist die sprachliche Gestalt: 6,1 führt – angebunden mit וְ + Eigenname – eher V 30 fort, als einen Neuansatz zu markieren.[3] Die Deutung der Mene-Tekel-Inschrift 5,26–28 (insbes. פְּרִיסַת מַלְכוּתָךְ וִיהִיבַת לְמָדַי וּפָרָס V 28b) verlangt eine (zumindest rudimentäre) Erfüllung, die jedoch erst mit 5,30–6,1 in den Blick kommt.[4] 6,29 bildet in Übereinstimmung mit der mt Gliederung und der späteren Kapiteleinteilung den Endpunkt. 7,1 markiert einen zeitlichen Neuansatz im ersten Regierungsjahr des Belschazzar und setzt eine veränderte Personenkonstellation voraus.[5] Der Text wird in die Regierungszeit des

---

1   Ergänzend sei auf die Darstellung der zeitlichen und räumlichen Struktur Abschnitt 8.2.2, 258 bzw. Abschnitt 9.2.2, 353 verwiesen. Auf eine im engeren Sinn literarkritische Analyse des Textes soll an dieser Stelle verzichtet werden, ohne damit eine ursprüngliche Einheit zu postulieren. Vgl. dazu Abschnitt 4.5, 185; außerdem HAAG, Errettung 34–45; KRATZ, Translatio 11–76; SANTOSO, Apokalyptik 86–93. Andere Autoren gehen von einer ursprünglichen Einheitlichkeit aus; beispielhaft genannt seien: HÖLSCHER, Entstehung 116; WESSELIUS, Writing 309.

2   Anders: MILNE, Vladimir Propp 222f.250; PRINSLOO, Poems 103; SANTOSO, Apokalyptik 86. WILLI-PLEIN, Daniel 6 13, ordnet 6,1 ebenso wie 7,1 dem „die Endgestalt des Buches strukturierenden Datengerüst" zu; GALLING, Darius 152, „... stellt 6,1 den verbindenden Zwischensatz dar". Folgt man seiner Darstellung, wird durch den Bezug auf die zu summierenden Währungseinheiten die Verbindung von 6,1 mit Dan 5 verstärkt.

3   Vgl. SCHMITT, Wende 73; WALTKE/O'CONNOR, Syntax 650–652, „disjunctive sense". SEGERT, Grammatik 357.

4   5,29 greift als Erfüllung zurück auf die Verheißung V 16, nicht aber auf die Drohung der Inschrift und ihrer Deutung (VV 26–28).

5   Zudem besteht eine auffällige Ähnlichkeit zum Übergang von Dan 1 zu 2. Dan 1,21; 6,29 erscheinen als Abschluss vor einer zeitlichen Einordnung in einer Königschronologie.

Belschazzar datiert, der Dan 7 aber nicht als Aktant in Erscheinung tritt. Thema ist in Dan 7 nicht mehr der Konflikt zwischen Daniel und dem staatlichen System: Entgegen dem bisherigen Duktus des Buches wird von einem Traum berichtet, den Daniel träumt; er selbst spricht ab 7,2. War er bislang Deuter von Träumen und Gesichten, ist er jetzt auf Hilfen zum Verstehen angewiesen. Neben formalen Kriterien ist auch eine inhaltliche Verschiebung deutlich; es beginnt der „Visionsteil". Das Textsegment 6,2–29 ist als eigenständiger Teiltext zu verstehen.

Innerhalb dieses Segmentes lassen sich VV 26–28 aufgrund ihrer Zugehörigkeit zur Gattung „Brief" und der damit verbundenen Änderung in der Kommunikationsebene als unterscheidbare Einheit begreifen.[6]

Ein erster Einschnitt (ab V 2) begegnet V 7. Die Perfektform הַרְגִּשׁוּ (VV 7.12.16) markiert den Beginn einer neuen Szene. Angeschlossen an die vorangehenden, abgeschlossenen (gekennzeichnet durch אֱדַיִן) Handlungen treten die Beamten (סָרְכַיָּא וַאֲחַשְׁדַּרְפְּנַיָּא אִלֵּן)[7] erstmals als Subjekt auf. Ihr Tun ist dem Vordergrund zugeordnet; durch ihre Initiative – den Ortswechsel – kommt es zu einer neuen Personenkonstellation (Beamten und König). Die Erzählung geht über von der Beschreibung der Ausgangssituation zur eigentlichen Handlung.[8]

Zugleich stellen VV 2–6 einen kohärenten Abschnitt dar. Dominiert wird V 2f von den Perfektformen שְׁפַר und וַהֲקִים, die den Auftakt der Vordergrund-Handlungen bilden. Der Zeitbezug ist durch die Angabe von V 1 auf die Vergangenheit festgelegt.[9] V 3 schließt an V 2 unmittelbar, verknüpft durch die Konjunktion וְ, an.[10] Das Fehlen einer finiten Verbalform V 3 unterstreicht die enge syntaktische Verbindung mit – ja Abhängigkeit von – V 2.[11] Der Text blickt auf die Reform (V 2f) als ein abgeschlossenes Ereignis zurück.[12] Mit V 4 ändert sich das Thema: Daniel

---

Vgl. die ähnliche Thematik und die zentrale Stellung von Dan 2 und 7 in der Theologie des Daniel-Buches. Dazu Abschnitt 6.1, 214.

6   Zu einer detaillierteren Begründung und Analyse vgl. Abschnitt 7.1, 234.

7   Auffällig ist, dass die V 5 aufgeführte Gruppe V 6 unter dem Sammelbegriff גֻּבְרַיָּא אִלֵּךְ begegnet, V 7 aber wieder die einzelnen Konstituenten in den Blick nimmt. Anders die augenfällige Tendenz zu vollständigen Listen und Wiederholungen in Dan 3.

8   Vgl. aber WILLI-PLEIN, Daniel 6 15. Der Konflikt bzw. die Verwicklung der Erzählung ist an dieser Stelle formuliert.

9   Die Verba von V 2 sind diesem Zeitbezug zeitlich nachgeordnet. COOK, Word Order 125, „... that the VO word order was specialized in the suffix conjugation to mark or signal temporal sequence or consecution ..."

10   Vgl. GZELLA, Tempus 116; WALTKE/O'CONNOR, Syntax 650–652, „disjunctive sense".

11   Die direkte Verbindung wird auch durch das Suffix (מִנְּהוֹן) und das gleiche inhaltliche Thema (die Reform des Darjawesch) markiert. Der Nominalsatz ist nicht selbstständig, sondern dem vorangehenden Verbalsatz zugeordnet.

12   V 4 wird mit אֱדַיִן eingeleitet. Vgl. MARTI, Grammatik §131, „Soll ausgedrückt werden, daß zwischen zwei Handlungen ein Intervall liegt, also die erste eine vollständig abgeschlossene ist, so wird der zweite Satz mit אֱדַיִן resp. בֵּאדַיִן eingeleitet." Außerdem GZELLA, Tempus 116.

wird vorgestellt. Das thematisierte Handeln ist nicht aktuell, gegenwärtiges Tun (Vordergrund), sondern gewöhnliche Praxis. Die periphrastische Konstruktion weist die Aussage dem Hintergrund zu.[13]

> Die Bestimmung der Form עֲשִׂית ist unter den Grammatikern umstritten. Während die einen eine Perfektform lesen, deuten andere die Form als Partizip oder Adjektiv.[14]
>
> MARTI vermutet ein passives Partizip mit aktiver Bedeutung „gesonnen, darauf bedacht".[15] Ebenso ein Partizip passiv setzen BAUER/LEANDER voraus, betonen jedoch die Nähe in der Verwendung zum Adjektiv.[16] EHRLICH sieht ebenfalls ein Partizip passiv, verneint jedoch die aktive Bedeutung und schlägt eine passive Bedeutung von „geneigt sein" vor.[17] VOGT nimmt ein /a/-Perfekt für die Wurzel עשה an und scheint für die Form עֲשִׂית mit einem narrativen Partizip aktiv zu rechnen; ein solches begegnet sonst fast nie isoliert.[18] Anders dagegen BEYER, der von einem /i/-Perfekt ausgeht, das ausnahmsweise *plene* geschrieben ist.[19]
>
> Die Diskussion zeigt die Offenheit der Frage. Die Annahme eines Partizips aktiv hat mit der fehlenden Länge des /a/-Lautes (und dem /ī/ in plene-Schreibung) zu kämpfen. Ein passives Partizip kann den /a/-Laut und das plene geschriebene /ī/ erklären, wirft jedoch syntaktische Schwierigkeiten auf.[20] Die Annahme eines /a/-Perfekts lässt sich nur unter Eingriff in den Konsonantentext (Tilgung des י) erklären; die Hypothese des Vorliegens eines /i/-Perfekts erklärt den /a/-Laut, muss jedoch für das /i/-Perfekt eine sonst nicht belegte plene-Schreibung ansetzen. „Letztlich bereitet diese Lösung die wenigsten morphologischen und syntaktischen Probleme."[21] Dieser Auffassung GZELLAs folgt die vorliegende Untersuchung.

Die Aspektopposition zwischen periphrastischer Konstruktion (הֲוָא מִתְנַצַּח) und Perfektform (עֲשִׂית) unterbricht durch ein neues, Wirklichkeit ver-

---

13 Die periphrastische Konstruktion konstituiert eine Aspektopposition zu den beiden Perfektformen von V 2, denen sie zugeordnet ist.

14 Zur Diskussion vgl. GZELLA, Tempus 247 Anm. 8.

15 Vgl. MARTI, Grammatik §102 b; MARTI, Daniel 43; TARSEE, Non-Active Participles 125; KOEHLER/BAUMGARTNER, HALAT Lemma: עשה 1763, mit dem Hinweis auf eine häufigere, analoge Verwendungsweise des Partizips im Syrischen, dazu: NÖLDEKE, Grammatik §280; MONTGOMERY, Daniel 271. TROPPER, Untersuchungen 118, geht von einer perfektiv-passivischen Bedeutung „(der König) war entschlossen / war darauf bedacht" aus. Peschitta bietet Dan 6,4 eine finite Verbalform.

16 Vgl. BAUER/LEANDER, Grammatik §26 k; 82 e, aktivisch „sinnend" / Adjektiv: „bedacht".

17 Vgl. EHRLICH, Daniel 141; ähnlich MARGAIN, Daniel 60.

18 Vgl. VOGT, Lexicon Lemma: עֲשַׁת. Diese Interpretation entspricht Vg; problematisch bleibt, dass die Form nach der mt Vokalisation kein langes /ā/, sondern kurzes /a/ bietet. Vgl. dazu jedoch die *varia lectio* bei STRACK, Grammatik 26*.

19 Vgl. BEYER, ATTM 1 Lemma: עתש i. e. עשה 666. Die Problematik dieser Lösung liegt in der Schaffung einer neuen grammatischen Ausnahme.

20 Aufgrund des notwendigen vergangenen Zeitbezugs wäre die Verwendung einer Kopula הוה zu erwarten. Vgl. GZELLA, Tempus 308.

21 Ebd. 247 Anm. 8.

änderndes Ereignis die Hintergrundhandlung. V 5 schließt mit אֱדַיִן an
V 4 an und markiert den Entschluss des Königs als abgeschlossenes Ereignis.[22] Thema sind im Folgenden die Beamten und ihre Reaktion auf
den Entschluss des Königs (Vordergrund). Die Reaktion der Beamten ist
ebenso im Hintergrund angesiedelt (הֲווֹ בָעַיִן) wie die Aussage über die
Erfolglosigkeit ihres Versuches (לָא־יָכְלִין),[23] die V 5b nochmals aufgegriffen wird.[24] Aufgrund seiner Treue (כָּל־קֳבֵל דִּי־מְהֵימַן הוּא) war bei Daniel
kein Fehler zu finden.[25] Vermutlich „bezeichnet doch das ‚Perfekt' לָא
הִשְׁתְּכַחַת ‚es wurde nicht gefunden' kein einmaliges Ereignis, das in die
Intrige der Beamten hineinfällt, sondern dient als Zusammenfassung der
Lage und beendet einen Sinnabschnitt. Daraus folgt der Schluss, daß auch
ein solches ‚konstatierendes Perfekt' … als perfektivierend empfunden
wurde und somit ungeachtet der nicht-punktuellen Aktionsart ein Oppo-
sitionsglied zur periphrastischen Konstruktion bilden konnte. Dennoch
bleibt die tatsächliche Dauer des Sachverhaltes unberührt. Daniels Erfolg
bezieht sich auf die gesamte Zeit seines Wirkens … "[26] Beschließt das
konstatierende Perfekt den ersten Abschnitt der Erzählung? Dann müsste
sich nicht nur V 5b als Abschluss, sondern auch V 6 als Auftakt verstehen
lassen. Wie die beiden vorangehenden Verse (V 4f) wird auch V 6 von der
Konjunktion אֱדַיִן eingeleitet. Wieder ist damit ein Wechsel des Themas
verbunden: גֻּבְרַיָּא אִלֵּךְ. Das Fehlen einer finiten Verbalform zugunsten
einer Partizipialform von אמר erschwert die Deutung.[27] Unabhängig von
der Interpretation der Partizipialform[28] ist deutlich, dass das Partizip keinen neuen Abschnitt einleitet. VV 12.16 begegnet das Syntagma אֱדַיִן גֻּבְרַיָּא
אִלֵּךְ als Auftakt; dort jedoch in Verbindung mit dem Verb רגשׁ.[29] VV 2–6
lassen sich als zusammenhängender Abschnitt verstehen.

    Der folgende Abschnitt umfasst die Szene vor dem König VV 7–11.
Während VV 7–9 direkte Rede der Beamten wiedergeben, berichtet der
Erzähler VV 10.11 von Handlungen des Darjawesch bzw. des Daniel.

---

22 Die Abgeschlossenheit der Handlung macht deutlich, dass der König zu einem Ergebnis
     in seinem Nachdenken gekommen ist. Damit ist der Übergang von der Planung zur
     Ausführung des Plans erreicht.
23 Das Partizip steht in einer periphrastischen Konstruktion und ist nicht als narratives
     Partizip aufzufassen. Ähnlich V 11. Vgl. GZELLA, Tempus 249 Anm. 13; anders θ.
24 Die Ursprünglichkeit von V 5bβ wird angenommen. Vgl. dazu Abschnitt 5.1.1, 205.
25 Zur syntaktischen Struktur von V 5 vgl. MORIYA, Meaning 37.
26 GZELLA, Tempus 248.
27 Eine Interpretation als narratives Partizip hat das Fehlen einer finiten Verbalform gegen
     sich. Zu den Besonderheiten des Partizips von אמר vgl. ebd. 131ff.
28 Vgl. WILLI-PLEIN, Daniel 6 15; sie sieht in der Verwendung der Partizipialform einen
     Ausdruck einer allmählichen Erkenntnis.
29 Die Wurzel begegnet zu Beginn der Erzählung V 7; dort eröffnet sie einen neuen
     Abschnitt.

Offensichtlich ist die Anbindung von VV 7–9.10. Die meisten Ausleger sehen einen Einschnitt zwischen VV 10.11.[30]

V 11: Sprachliche Gestalt und Einbindung in den Kontext Die Stellung des Daniel (וְדָנִיֵּאל) am Beginn des Satzes markiert das Interesse der Aussage.[31] Daniel steht herausgehoben – ebenso wie der folgende Relativsatz – vor dem Prädikat des Satzes. Die V 11 berichtete Handlung wird durch die Perfektform (עַל) im Hauptsatz mit einem vergangenen Zeitbezug versehen und durch den Anschluss des Verses mit וְ dem Vordergrund zugewiesen. Das „Gehen" wird temporal näher bestimmt: כְּדִי יְדַע דִּי־רְשִׁים כְּתָבָא. Drei Ereignisse werden zueinander in Beziehung gesetzt: יְדַע, עַל, רְשִׁים. Das im von כְּדִי eingeleiteten Nebensatz stehende Perfekt (יְדַע) erzeugt einen zum „Gehen Daniels" relativ vorzeitigen Zeitbezug.[32] Das Erkennen geht dem Gehen voraus, evtl. ist es die Ursache. Sicherheit ist in dieser Frage aber nicht zu erreichen, da der Präpositionalausdruck כְּדִי nur eine „ganz allgemeine Abhängigkeit zwischen Sätzen"[33] markiert. Das nächste Ereignis – das von רְשִׁים zum Ausdruck gebracht wird – ist ein Perfekt in einem untergeordneten Nebensatz;[34] es ist gegenüber dem übergeordneten Satz (das ist der erste Temporalsatz) relativ vorzeitig. Diese grammatische Beobachtung spiegelt direkt die sachlogischen Voraussetzungen wider: Das rechtsgültige Verfassen des Schriftstücks muss seiner Kenntnisnahme durch Daniel zeitlich vorausgehen. Dem der Textzeit[35] entsprechenden „Gehen Daniels" werden in einem Nachtrag der Erzählung zwei vorzeitige Ereignisse (welche sich zueinander wiederum vorzeitig verhalten) vorgeordnet. Daniel weiß, was er tut: Es ist kein unbewusster, zufälliger Verstoß gegen den Erlass. Was Daniel tut, tut er mit vollem Bewusstsein, auch was die staatliche Ordnung betrifft.

Im Hinblick auf die Erzähldichte, die Konzentration der Ereignisse in der Zeit, aber auch auf die Zeichnung der Figur des Daniel, seine Praxis Entscheidungen zu treffen, ist die Frage nach der näheren Charakterisie-

---

30 So etwa ALBERTZ, Gott 135, „Die Gliederung … erfolgt durch die Zeitadverbien … und durch Temporalsätze (V. 11; vgl. V. 15.21), wobei der Einschnitt in V. 11 durch Subjektwechsel und volle Königstitulatur in V. 10 markiert ist."

31 Zur Satzstruktur im BA des Daniel vgl. BUTH, Word Order in the Aramaic Narratives; COOK, Word Order. KHAN, Semitic Syntax 112, "These SV-clauses initiate a section which reports the reaction of a participant to a preceding crisis or complication. Consequently these constructions coincide with a boundary in the narrative structure between a complication and its resolution (or attempted resolution). Moreover they also mark a shift in topic." Die Wortstellung alleine erscheint nicht als hinreichendes Kriterium. Alle weiteren Beispiele für den Beginn eines neuen Abschnittes, abgesehen von V 11, weisen die Konjunktion אֱדַיִן bzw. בֵּאדַיִן auf, nicht aber einen einfachen Anschluss mit וְ. GOLDINGAY, Daniel 119, versteht וְ als Waw-Adversativum.

32 Vgl. GZELLA, Tempus 303.

33 Ebd. 152.

34 Vgl. TARSEE, Non-Active Participles 114.

35 Vgl. JÄNDL, Konjunktionen 78.

rung der Vorzeitigkeit zu stellen. JÄNDL hat die syrische Konjunktion
kaḏ in verschiedenen Konstruktionsmöglichkeiten untersucht.[36] In dem
der hier vorliegenden Konstruktion entsprechenden Fall konstatiert sie
Vorzeitigkeit: „Dabei bleibt jedoch die Länge des zeitlichen Abstandes
zwischen den durch *kaḏ* in Beziehung gesetzten Sachverhalten unmarkiert.
Allein aufgrund der semantischen Besonderheit der Wahrnehmungsver-
ben *ḥzā/šmaʿ* kann in den Beispielen … angenommen werden, daß das Ge-
sehene/Gehörte eine unmittelbare Reaktion hervorgerufen hat, und der
zeitliche Abstand zwischen dem temporalen Nebensatz und dem Hauptsatz relativ kurz ist.“[37] Die Wurzel ידע lässt eine nähere Bestimmung
nicht zu. Für das Verhältnis von Verfassen des Schriftstücks und Kenntnis
des Daniel bleibt nur eine unbestimmte Vorzeitigkeit.[38] Aufgrund der
gewählten sprachlichen Ausdrucksweise erscheint eine weitergehende
Präzisierung weder möglich noch intendiert.

V 11a setzt eine neue Szenerie voraus: Daniel befindet sich in seinem Haus. Ein Umstandssatz (ו + Partizip) ergänzt Informationen über
die Beschaffenheit des Hauses. Das passive Partizip „bezeichnet … den
Zustand, der aus einem vorzeitigen Ereignis resultiert … Der Übergang
zu einfachen Adjektiven, die kein Verbalereignis mehr voraussetzen, ist
dabei fließend.“[39] Der Text weist nicht auf ein gezieltes Öffnen der Fenster
zum Gebet hin, sondern hält die Tatsache offener Fenster fest.[40]

Bei der Analyse der Wendung וְכַוִּין פְּתִיחָן לֵהּ בְּעִלִּיתֵהּ נֶגֶד יְרוּשְׁלֶם bereitet die
erste Einheit וְכַוִּין פְּתִיחָן לֵהּ בְּעִלִּיתֵהּ Schwierigkeiten: Worauf beziehen sich die
Suffixe der 3. Pers.mask.Sg. (בְּעִלִּיתֵהּ, לֵהּ, לְבַיְתֵהּ)?[41] Als Bezug kommt Daniel
für alle drei Suffixe sowie das Haus für die letzten beiden infrage. Welche
Funktion hat die Präposition לְ?

Das Suffix von לְבַיְתֵהּ bezieht sich offensichtlich auf Daniel.[42] Unklarer ist
die suffigierte Präposition לֵהּ. Bezieht sich das Suffix auf בית, ist es redundant;
bezieht es sich auf Daniel, bereitet die Deutung der Präposition Schwierig-

36 Zur Vergleichbarkeit der Ausdrücke vgl. auch TROPPER, Untersuchungen 109.
37 JÄNDL, Konjunktionen 80. So auch Dan 3,7; 6,15, unklar 5,20.
38 Präziser: Sie lässt sich auf eine Zeit unter 30 Tagen eingrenzen. Für die Deutung der
    Erzählung ist diese Eingrenzung allerdings wenig hilfreich.
39 GZELLA, Tempus 308, 173, „Es wird stets gebraucht, um ein Bezugswort entweder at-
    tributiv oder prädikativ näher zu qualifizieren, kann also nicht, wie das aktive Partizip,
    die Stelle eines finiten Verbs übernehmen.“ BUTH, Word Order 243, „… it functions as
    a stative predicate“. TARSEE, Non-Active Participles 119.
40 Zur vermutlichen Beschaffenheit von Fenstern im AO vgl. DALMAN, Arbeit VII 74ff;
    VIEWEGER/GERBER, Art. Haus. Anders: LEBRAM, Daniel 80, „offene Fenster sind
    Gitter die man aufklappen kann“; SMITH-CHRISTOPHER, Gandhi 326, verweist auf
    Ghandi, der das Öffnen der Fenster als Zeichen des Widerstands interpretiert und
    damit die Erzählung als Widerstandserzählung liest; er selbst nimmt ebd. 328 kritisch
    dazu Stellung.
41 Vermutlich sind alle Substantive mit einem Possessivsuffix verbunden. Vgl. aber 4Q113
    mit בעליתא. Siehe ULRICH, Orthography 36.
42 Vgl. die ähnlichen Konstruktionen Dan 2,17; 6,19.

keiten. Eine Möglichkeit stellt – in diesem zweiten Fall – das Verständnis der
Formulierung als sog. „manā karṭam" („von mir ist getan worden" – „ich
habe getan") Konstruktion dar. Dabei handelt es sich um eine vermutlich
aus dem Persischen stammende Formkategorie, die im Aramäischen übernommen wurde und den Agens einer Handlung mit der Präposition ל an ein
passives Partizip anfügt. Die resultierende Aktionsart ist aktivisch.[43] Diese
Konstruktion, die im BA sonst nicht[44] und im RA nur selten belegt ist, wird
man V 11 nicht voraussetzen.[45] Der von KUTSCHER und GZELLA angeführte
Beleg einer verwandten Formulierung in einem Papyrus aus Elephantine
(TAD 3,12) ist ein starkes Argument für die Ablehnung dieser Deutung: וכונה
פתיח לתרי רבתא ותרעא זילה פתיח לשוק מלכא (Zeile 21).[46] Bei aller Unklarheit der
Bedeutung des Substantivs תרי ist deutlich, dass es nicht Agens der Handlung
ist.[47] Diese parallele Formulierung, die auf einen technischen Sprachgebrauch
hindeutet, legt nahe, V 11 nicht als „manā karṭam" Konstruktion zu verstehen.[48] Das Suffix der Präposition ל benennt nicht den Agens des Öffnens der
Fenster.[49] Vermutlich bezieht es sich nicht auf Daniel,[50] sondern am ehesten
auf das Haus. ל wird nicht direktional, sondern possessiv[51] verwendet: „. . .
und es (das Haus) hatte . . . Fenster". Die Beziehung des Suffixes von בְּעִלִּיתֵהּ
ist grammatisch nicht eindeutig zu entscheiden. Inhaltliche Argumente geben
Anhaltspunkte. Das Haus wurde bereits durch ein Suffix Daniel zugeord-

---

43 Vgl. zu dieser Konstruktion FOLMER, Aramaic Language 376–380; FRIEDRICH, Aus-
    drucksweise 57f; KUTSCHER, Constructions 73–86; GZELLA, Tempus 342. Zum Altper-
    sischen Hintergrund und verschiedenen Interpretationsweisen vgl. auch HAIG, Align-
    ment Change 26ff. Ausführlich, auch in der Diskussion der hier behandelten Stelle
    GZELLA, Tempus 172–176.184–194.
44 Vgl. FOLMER, Aramaic Language 379; vgl. auch KUTSCHER, Constructions 80.
45 Anders TROPPER, Untersuchungen 113, „Die Präp[osition] *lᵉ* dient in Dan 6,11a mögli-
    cherweise zur Einführung des Akteurs einer Passivkonstruktion . . . ,und es pflegten
    die Fenster in seinem Obergemach von ihm geöffnet zu werden . . .'"
46 Zu berücksichtigen ist die zeitliche und geographische Distanz; der Papyrus datiert
    402 v. Chr. Vgl. TAD B3.12: "... And its 1 window opens toward (=into) the large room.
    And its gateway opens toward the street of the king." DAE 53: „. . . et l'unique fenêtre
    de celle-ci est ouverte en direction de la grande salle. La porte supérieure est ouverte
    sur la rue du roi."
47 Zur Bedeutung als bautechnischer Fachbegriff vgl. HOFTIJZER / JONGELING, DNWSI
    Lemma: תרי 1 1230. KRAELING, Aramaic Papyri 278, versteht לתרי als Analogon zu נגד
    ירושלם. Der Vergleich mit לה erscheint plausibler.
48 So KUTSCHER, Constructions 80; GZELLA, Tempus 174, „Das passive Partizip von
    פתח wird in den überlieferten reichsaramäischen Belegen anscheinend nur in einem
    technischen Sinn von Fenstern und Türen gebraucht, die sich nach einer bestimmten
    Seite öffnen. Die Richtung wird durch eine Präposition angezeigt." Im vorliegenden
    Fall erfüllt נגד diese Funktion.
49 Vgl. zu den Belegen in verschiedenen Sprachstufen TARSEE, Non-Active Participles
    120f.
50 In diesem Fall wären zwei Verstehensweisen möglich: ein possessives Verständnis und
    ein Verständnis als dativus ethicus. Vgl. zu der letzten Einordnung BUTH, Word Order
    198, „and-the-shutters-were-open for-him in-the-roof-chamber toward Jerusalem".
51 Vgl. GZELLA, Tempus 174; KUTSCHER, Constructions 80, unentschieden zwischen
    dieser und der direktionalen Lesart.

net, ein erneuter Bezug des Obergemaches (das in natürlicherweise als Teil des Hauses des Daniel aufgefasst wird) auf Daniel erscheint als die weniger plausible Alternative.[52]

Für das syntaktische Verständnis des Verses (insbes. V 11bα) ist die textkritische Entscheidung zwischen הוּא und הֲוָא maßgeblich. הֲוָא ist zu lesen.[53] Das gewöhnliche Tun Daniels wird in der periphrastischen Konstruktion beschrieben (הֲוָא בָּרֵךְ ... וּמְצַלֵּא וּמוֹדֵא) und damit dem Hintergrund der Erzählung zugewiesen.

V 12 markiert durch אֱדַיִן die Haupthandlung von V 11 als abgeschlossen; Subjekt sind V 12 die Beamten (גֻּבְרַיָּא אִלֵּךְ), die zuletzt VV 7–9 im Zentrum standen. Mit V 12 beginnt ein neuer Abschnitt, der von der Aktivität der Beamten bestimmt wird. Schwieriger ist der Übergang von V 10 auf V 11. V 10 wird durch כָּל־קֳבֵל דְּנָה eingeführt und schildert die Reaktion des Darjawesch auf die Bitte seiner Beamten V 9.[54] V 11 wird mit einfachem וְ, gefolgt von einem nicht-verbalen Element, disjunktiv an V 10 angeschlossen.[55] Eine Rahmung erfahren VV 10–11 durch das zweimalige כָּל־קֳבֵל am Beginn V 10 und Ende V 11;[56] der Temporalsatz V 11 greift auf die vorangehenden Ausführungen V 8f zurück, sodass ein Zusammenhang als wahrscheinlich betrachtet werden kann.[57]

Unterstützt wird die Argumentation durch lexikalische Verbindungen: Der Abschnitt wird von den Wortfeldern „Gesetz" und „Schrift" beherrscht (תְּקִים אֱסָרָא וְתִרְשׁוּם כְּתָבָא ...;8 V לְקַיָּמָה קְיָם מַלְכָּא וּלְתַקָּפָה אֱסָר; V 9 כְּדָת־מָדַי וּפָרַס; V 10 רְשַׁם כְּתָבָא וֶאֱסָרָא; V 11 דִּי־רְשִׁים כְּתָב). Die Variation der Kombinationen von Nomen und Verb ist bemerkenswert; auffällig ist die dreifache Wiederkehr von רשם und כְּתָבָא in VV 9.10.11. Der Sub-

---

52   Dies würde inhaltlich folgender Aussage entsprechen: „Und Daniel ging ... in sein Haus, es hatte ... Fenster in seinem [= des Daniel] Obergemach." Natürlicher ist der Bezug auf das Haus: „Und Daniel ging ... in sein Haus, es hatte ... Fenster in seinem [= des Hauses] Obergemach." Letztlich ist jede Wiedergabe im Deutschen eine offene Wiedergabe.

53   Vgl. Abschnitt 5.1.1, 205. Anders: VAN DER WOUDE, Daniel 6,11 124, der הוא als nachgestelltes Demonstrativpronomen versteht. בְּיוֹמָא הוא: „an jenem Tag, am selbigen Tag".

54   Vgl. MORIYA, Meaning 30f, „... works as an adverb to introduce the logical consequence of an argument in the preceding sentence." Vgl. auch WILLI-PLEIN, Daniel 6 13.14.

55   Vgl. WALTKE/O'CONNOR, Syntax 650–652.

56   WILLI-PLEIN, Daniel 6 15, versteht VV 10.11 als Scharnier zwischen VV 2–9 und 12–28.

57   Vgl. KHAN, Semitic Syntax 112, "These SV-clauses initiate a section which reports the reaction of a participant to a preceding crisis or complication. Consequently these constructions coincide with a boundary in the narrative structure between a complication and its resolution (or attempted resolution)." V 11 steht in dieser Hinsicht jedoch parallel zu V 10 und setzt diesen fort.

jektswechsel markiert einen verglichen mit V 12 schwachen Einschnitt. VV 7–11 lassen sich als Einheit betrachten.[58]

Das Verbot im Kontext atl Rechtssätze   Rechtssprache neigt zu Formalisierung; diese Tendenz erleichtert einen Vergleich der verschiedenen Beispiele. Das Verbot begegnet an zwei Stellen (VV 8.13), die hinsichtlich ihrer Formulierung weitgehend übereinstimmen. Es besteht aus einem kurzen Verbalsatz (כָּל־[אֱנָשׁ] ... יִתְרְמֵא לְגֹב אַרְיָוָתָא) und einem untergeordneten Relativsatz (דִּי־יִבְעֵה [בָעוּ] מִן־כָּל־אֱלָהּ וֶאֱנָשׁ עַד־יוֹמִין תְּלָתִין לָהֵן מִנָּךְ מַלְכָּא), dessen Funktion unterschiedlich ist. Während er V 8 als Subjektsatz das Subjekt konstituiert, präzisiert er V 13 das Subjekt אֱנָשׁ. Gemeinsam ist beiden Konstruktionen die Festlegung einer bestimmten Gruppe von Personen durch die im Relativsatz beschriebene Handlung (יִבְעֵה). Jeder, der diese Handlung ausführt, wird dieser Gruppe zugewiesen und – so die Aussage des Hauptsatzes – einer konkreten, im Imperfekt ausgedrückten Sanktion unterworfen (יִתְרְמֵא).[59] Das Vorliegen des Tatbestands des „Bittens" führt zur Rechtsfolge des „Werfens in die Löwengrube".[60]

> Seit der Arbeit Albrecht ALTs aus dem Jahr 1934 unterscheidet die atl Wissenschaft *kasuistisches* und *apodiktisches* Recht.[61] Diese Differenzierung ist zugleich formal und funktional. Auf der formalen Ebene zeichnet sich das kasuistische Recht „durch die absolute Herrschaft des objektiven Wenn-Stils"[62] aus: Seine Formulierungen weisen eine Doppelstruktur aus Protasis und Apodosis auf, wobei die Protasis das Vergehen, die Apodosis die Rechtsfolge bezeichnet. Dem steht das apodiktische Recht gegenüber. „Wegen ihres absoluten Charakters enthalten die apodiktischen Rechtssätze entweder überhaupt keine Angaben von Rechtsfolgen und Strafbestimmungen, dann fassen sie eine Übertretung des Gebots gar nicht ins Auge, oder sie verhängen die äußerste Strafe der Tötung, Verfluchung oder Verbannung."[63]

ALT zählt zwei Kategorien von Sätzen zum „apodiktischen Recht": Zu den Prohibitiven vom Typ לֹא תִּרְצָח (Ex 20,13) treten Sätze mit einem

---

58 Diese Betrachtung teilt auch die mt Textgliederung: Setuma (ס) nach V 11. WILLI-PLEIN, Daniel 6 14, „Mit Recht haben die Masoreten zwischen v. 11 und 12 mit Setuma eine Zäsur markiert." Vgl. auch LACOQUE, Daniel 91.

59 Grundsätzlich ist im Rahmen des Rechtssatzes auch eine positive Sanktion möglich. Vgl. Dan 5,7. Der Begriff wird neutral gebraucht.

60 Weitere Beispiele solcher Rechtssätze finden sich im ba Textmaterial Dan 3,29; 5,7 Esr 6,11; 7,26. Ähnlich Dan 3,6.11 יִתְרְמֵא ... וּמַן־דִּי־לָא יִפֵּל. Anders der eindeutig kasuistische Rechtssatz Dan 2,5–6. Die Formulierung fügt sich ohne Schwierigkeiten in den Kontext der ba Rechtssätze ein.

61 Ursprünglich veröffentlicht: ALT, Albrecht: Die Ursprünge des israelitischen Rechts, in: Berichte über die Verhandlungen der Sächsischen Akademie der Wissenschaften zu Leipzig. Philologisch-historische Klasse (86. Band, 1. Heft), Leipzig 1934, 3–71. Hier: ALT, Ursprünge.

62 Ebd. 286.

63 HENTSCHKE, Erwägungen 109f.

Partizipial- oder Relativsatz als Subjekt;[64] diesen ist ihre zweiteilige Struktur aus „Tatbestandsdefinition und Rechtsfolgebestimmung"[65] gemeinsam. „Hier sind Rechtsfall und Rechtsfolge auf engstem Raum zusammengedrängt, wobei der Vordersatz relativ und nicht konditional aufzulösen sei."[66] Der Frage der Auflösung des Partizips kommt eine wichtige Bedeutung für Zulässigkeit der Subsumtion partizipialer Formulierungen unter die Apodiktik zu.[67] Für die aram. Formulierung (דִּי) ist ein konditionales Verständnis nicht möglich; es liegt ein Relativsatz vor.[68] Die anstelle der Partizipialformulierung[69] begegnenden relativischen Konstruktionen sind „merely longer formulas with the same meaning and force as the abbreviated construct participle formula"[70]. Die Frage der Klassifikation der in Dan 6 vorliegenden Rechtsbestimmung ist umstritten. Einerseits wird ein Fall mit seiner Folge zusammengestellt, was die Sätze in die Nähe der Kasuistik rückt;[71] andererseits ist die Nähe zum apodiktischen Recht nicht zu leugnen.[72]

Gewisse Graubereiche zwischen den Kategorien sind im Kontext literarisch-fiktionaler Texte anzunehmen; es erscheint jedoch gerechtfertigt, VV 8.13 dem apodiktischen Recht zuzurechnen. „Eindeutig apodik-

---

64 Vgl. ALT, Ursprünge 308.
65 Vgl. LIEDKE, Gestalt und Bezeichnung 117. Zu einer Übersicht über die im Kontext rechtlicher Formulierungen auftretenden Partizipialsätze im AT und AO vgl. ebd. 110–116. Zu Bezügen zu den Fluchsätzen SCHOTTROFF, Fluchspruch 102; sowie Abschnitt 8.3.2, 281.
66 KILIAN, Recht 13.
67 Ebd. 14, löst das Partizip (vgl. Lev 24,17) konditional auf und verweist auf die Kasuistik.
68 Ob Partizipial- und Relativsätze einen gemeinsamen Ursprung haben ist unklar; evtl. sind sie nicht wie üblich gemeinsam zu behandeln.
69 Vgl. etwa WILLIAMS, Apodictic Formulas 486f, Ex 21,12 מַכֵּה אִישׁ וָמֵת מוֹת יוּמָת.
70 Ebd. 486; vgl. dort auch weitere Beispiele aus dem Bereich der semitischen Sprachen.
71 Vgl. KILIAN, Recht 15, „Das wesentliche Unterscheidungsmerkmal von Apodiktik und Kasuistik samt Partizipialform liegt … darin, daß es sich in den beiden letzteren Formen jeweils um einen Fall mit einer Folge handelt, gleich ob nun der Fall bereits als geschehen oder noch als zukünftig zu denken ist, während die Apodiktik keinen Fall und keine Folge berücksichtigt." Vgl. auch GESE, Beobachtungen 147.
72 Vgl. LIEDKE, Gestalt und Bezeichnung 138, „Am Anfang der Geschichte des apodiktischen Rechtssatzes steht der in einer konkreten Situation von der obersten Autorität eines Rechtskreises erlassene Einzelsatz. Er kann als Partizipial- oder Relativsatz konstruiert sein. Er hat die Funktion, den Untergebenen die Grenzen zu bezeichnen, bis zu denen sie gehen dürfen oder bis zu denen sie gelangen sollen. Er erfüllt diese Funktion, indem er im Vordersatz die Grenze benennt und im Nachsatz die Rechtsfolge festsetzt, die bei Überschreitung oder Erreichung der Grenze eintritt." Der Relativsatz liegt VV 8.13 erweitert vor; ebd. 141, „Das hinzugefügte כָּל wurde vielleicht ursprünglich da verwendet, wo ein Satz aus seiner einmaligen Situation herausurat und auf einen weiteren Personenkreis bezogen wurde." ALT, Ursprünge 311, betrachtet es als „stilfremde Zutat, die die Allgemeingültigkeit des Satzes noch stärker betonen will, in Wirklichkeit aber nur abschwächt".

tisch ist der Stil der königlichen Proklamationen, Dan 5,7 … 6,8.13."[73]
Diese Zuordnung scheint sowohl aufgrund der Autorität des Königs,
welche hinter dem Verbot steht,[74] als auch aufgrund der offenen Folgebe-
stimmung, die mit den Fluch- und Todesbestimmungen des apodiktischen
Rechtes vergleichbar ist, gerechtfertigt zu sein.[75] Die Differenzen zu den
expliziten und detaillierten Formulierungen des kasuistischen Rechtes
sind enorm.

> „Während der kasuistische Rechtssatz konzentrierter und abstrahierender
> Bericht eines Rechtsverfahrens ist und hinter ihm nur die Autorität des Ein-
> verständnisses aller Beteiligten steht, ist der apodiktische Rechtssatz von der
> höchsten Autorität eines Rechtskreises gesetzt. Nicht ein Präzedenzfall wird
> ‚erzählt', nach dem man sich, wenn ein ähnlicher Fall eingetreten ist, richten
> kann, sondern: bevor der ins Auge gefaßte Tatbestand sich ereignet, wird von
> der übergeordneten Autorität des Königs, Heerführers usw. die Rechtsfolge
> festgesetzt. So begrenzt ein Übergeordneter mit dem apodiktischen Rechtssatz
> den Aktionsradius der ihm Untergeordneten; der apodiktische Rechtssatz
> markiert diese Grenze und bestimmt die Folgen ihrer Überschreitung."[76]

Zwischen V 12 und V 7 besteht eine Verbindung durch die Verwendung
der seltenen Wurzel רגשׁ (ebenso V 16). War V 7f eine Aktivität der Beamten
(סָרְכַיָּא וַאֲחַשְׁדַּרְפְּנַיָּא אִלֵּן) Gegenstand des Textes, ist es VV 9.10 die Reaktion
des Darjawesch bzw. des Daniel. V 12 fährt – nach Abschluss der genann-
ten Handlungen (אֱדַיִן) – mit dem Agieren der Beamten (גֻּבְרַיָּא אִלֵּךְ) fort,
die im Folgenden das Geschehen bestimmen. Die Wurzel רגשׁ ist absolut
konstruiert – VV 7.16 begegnet Darjawesch als Objekt – und wird durch
die Verbalform וְהַשְׁכַּחוּ weitergeführt, die mit Daniel als Objekt verbunden
ist. Ihn finden sie betend und flehend vor seinem Gott; sie wenden sich
darauf (בֵּאדַיִן V 13) Darjawesch zu (קְרִיבוּ)[77] und konfrontieren ihn mit der
Frage nach dem erlassenen Verbot, das dieser bekräftigt. Die Antwort des
Königs schließt asyndetisch an die Frage an. Auf der nächsten Stufe der
Vordergrundhandlung (abgegrenzt durch בֵּאדַיִן) beschuldigen sie Daniel
eines Verstoßes gegen das Verbot (V 14). Die Anklage beim König fordert
diesen zu einer Entscheidung heraus; das Interesse gilt nicht mehr Daniel,
der sich zum königlichen Gesetz verhalten muss, sondern dem König, der
sich den Konsequenzen seiner Gesetzgebung zu stellen hat. Der zentrale
Konflikt der Erzählung ist auf diese Weise herbeigeführt.[78] Die auf der

---

73 HENTSCHKE, Erwägungen 127; vgl. WILLIAMS, Apodictic Formulas 487, "… a decree
    is recorded that is in effect a law … "
74 Vgl. LIEDKE, Gestalt und Bezeichnung 121f.
75 Vgl. Abschnitt 8.3.2, 281.
76 LIEDKE, Gestalt und Bezeichnung 124f; zu Daniel vgl. 126f.
77 Mit vielen Handschriften ist קְרִבוּ zu lesen.
78 Vgl. KHAN, Semitic Syntax 111, "… v. 15 marks the onset of the resolution to the
    complication which is reported in the preceding discourse. The resolution segment
    extends to v. 23."

Ebene des Erzählvordergrundes angesiedelte Reaktion Darjaweschs auf die Nachricht der Beamten (בֵּאשׁ ... שָׁם) wird erneut durch die Konjunktion אֱדַיִן angeschlossen. Die konjunktionalen Verknüpfungen mit אֱדַיִן bzw. בֵּאדַיִן markieren die unterschiedlichen Stufen in der Entwicklung.[79] Zwischen ihnen bestehen Verbindungen, die ihren Zusammenhang markieren. Der nominalisierten Einführung der Beamten V 12 steht die pronominalisierte Bezugnahme VV 13.14 gegenüber. Der Temporalsatz V 15 (כְּדִי מִלְּתָא שְׁמַע) greift auf den Dialog (insbes. V 14) zurück und bindet VV 12–15 als Einheit zusammen.

V 16 weist Anklänge an den Auftaktvers 12 des vorangehenden Abschnittes auf und eröffnet eine neue Erzählsequenz. Die Rettungsbemühungen des Darjawesch rufen eine Intervention der Beamten hervor, die den König an die Unveränderlichkeit des medischen und persischen Gesetzes erinnern. Darauf (בֵּאדַיִן) erteilt Darjawesch einen Befehl (אֲמַר),[80] dessen Ausführung (וְהַיְתִיו ... וּרְמוֹ) berichtet wird. Sein Rettungswunsch V 17b schließt asyndetisch, V 18 verbunden durch die Konjunktion וְ an. V 19 folgt – abgesetzt durch אֱדַיִן – auf der Ebene des Erzählvordergrundes in VS-Stellung (אֲזַל מַלְכָּא).[81] Die starke zeitliche Markierung V 20 (בִּשְׁפַּרְפָּרָא יְקוּם בְּנָגְהָא) und die Angaben zum Ortswechsel (לְגֻבָּא דִי־אַרְיָוָתָא אֲזַל) trennen VV 16–19 von VV 21–25.[82] Ein Verbindungsglied zwischen VV 19.20 könnte in der chiastischen Struktur (מַלְכָּא ... אֲזַל – אֲזַל מַלְכָּא) und der unmittelbaren Fortsetzung des Erzählfadens des Vordergrundes von V 19 in V 20 (אֲזַל ... זְעִק) bestehen.[83]

V 19   אֲזַל   מַלְכָּא
V 20   מַלְכָּא ...   אֲזַל

Der Ortswechsel, die Zeitangaben und die Betonung des Königs durch seine Voranstellung als Subjekt weisen auf einen Übergang zweier eng verbundener Szenen hin.[84]

V 21 führt die Handlungssequenz von V 20 weiter (קרב). Der Präpositionalausdruck (וּכְמִקְרְבֵהּ) markiert Gleichzeitigkeit und bezeichnet den Prozess der Annäherung des Königs an die Löwengrube während des nachfolgend referierten Dialoges. Die Anrede an Daniel erfolgt auf

---

79   V 12 Feststellung des Gesetzesverstoßes – V 13f Anklageerhebung beim König – V 15 Reaktion des Darjawesch.

80   Vgl. GZELLA, Tempus 124, אמר in finiter Perfektform: „befehlen".

81   Vgl. KHAN, Semitic Syntax 113f.

82   Der „Morgen" V 20 steht in Opposition zur „Nacht" V 19.

83   Zur Verwendung des Imperfekts V 20 vgl. GZELLA, Tempus 145f.

84   Möglicherweise setzt sich der Chiasmus in einer konzentrischen Struktur der VV 16–25 fort, deren Zentrum VV 19.20 die Askese des Königs und sein Aufbruch am Morgen bilden. Dabei entsprächen sich VV 19.20; 18.21; 17b.22.23; 17a.24; 16.25. Auf der inhaltlichen Ebene ergibt sich ein stimmiges Bild; doch sind die Beziehungen etwa zwischen VV 21.23 wesentlich auffälliger. Auch in quantitativer Hinsicht weist eine derartige Konzeption Schwächen auf.

dem Weg, seine Antwort nach dessen Ankunft an der Löwengrube. V 24
greift offensichtlich auf V 15 (שַׂגִּיא בְּאֵשׁ עֲלוֹהִי – שַׂגִּיא מְאֵב עֲלוֹהִי) zurück.[85] Die
Freude des Darjawesch, die Reaktion auf die Nachricht von der Rettung
(V 24), tritt an die Stelle seiner Trauer, die Reaktion auf die Anklage (V 15).
V 24 nimmt die Situation Darjaweschs nach der Erfahrung der Rettung
Daniels in den Blick.

V 25 schließt an V 24 verbunden durch die Konjunktion וְ an und führt
die Handlung unmittelbar weiter; in beiden Versen begegnet jeweils ein
Befehl mit Hinweis auf seine Ausführung (V 24, וַאֲמַר אֱמַר לְהַנְסָקָה ... וְהֻסַּק
רְמוֹ ... וְהַיְתִיו ... V 25).[86] Zugleich steht V 25 in enger Beziehung zu V 17:
Dem Befehl, Daniel in die Löwengrube zu werfen, steht der Befehl, die
Beamten in die Löwengrube zu werfen, gegenüber. Den Endpunkt dieser
Sequenz bildet die Notiz von der Vernichtung der Beamten, die durch
den Temporalsatz (עַד דִּי־שְׁלִטוּ) als vollzogen markiert wird.

Der Tod der Beamten V 25 verlangt eine Fortführung: Weder das
Schicksal des Königs noch das des Daniel sind geklärt. Durch בֵּאדַיִן von
der vorangehenden Szene abgetrennt konstituieren VV 26–29 den Schluss
der Erzählung und betrachten zunächst Darjawesch (VV 26–28), dann
Daniel (V 29).[87] VV 26–28 sind aufgrund ihrer Zugehörigkeit zur Gattung
Brief aus dem Kontext herausgehoben.[88] Mit ihrer Einfügung verändert
sich die Kommunikationsebene: Der direkt wiedergegebene Inhalt des
Briefes ist eine Kommunikation zwischen Absender und Adressat, erst sekundär zwischen Erzähler und Erzähladressaten. Die Adresse des Briefes
(לְכָל־עַמְמַיָּא אֻמַּיָּא וְלִשָּׁנַיָּא דִּי־דָאֲרִין בְּכָל־אַרְעָא) weicht V 26 vom allgemeinen
Formular ab; sie verbindet sich mit einer narrativen Einleitung (כְּתַב) und
der Grußformel (שְׁלָמְכוֹן יִשְׂגֵּא). V 27f bildet das *Korpus* des Briefes.[89] Offen
bleibt das Verständnis der Verbalform שִׂים: Bezeichnet sie einen rechtssetzenden Akt oder die Erinnerung an einen solchen?[90] Von besonderem

---

85   Vgl. KHAN, Semitic Syntax 111, "vv. 24–5 constitute a *coda* to the preceding narrative.
     It is also of relevance that v. 24 coincides with a reversal in fortune from bad to good.
     This *peripeteia* is given particular prominence by the use of a clause which is structurally
     parallel to the one introducing the section of the narrative in which the king was in
     grief."

86   Die Zusammenstellung Befehl und Ausführung des Befehls ohne Nennung des Inhalts
     begegnet VV 17.25.

87   VV 26–28.29 sind als zweigliedrige Einheit zu betrachten. Die beiden Glieder werden
     durch die syntaktische Konstruktion aneinander gebunden: בֵּאדַיִן דָּרְיָוֶשׁ... וְדָנִיֵּאל דְּנָה.
     Vgl. auch 5,30–6,1 und ähnlich – aber weniger deutlich – 6,10.11.

88   In den Kontext des narrativen Textes ist ein Gliedtext der Gattung „Brief" eingebettet.

89   Vgl. SCHWIDERSKI, Handbuch 327; SCHAACK, Ungeduld 299f; die Differenzen zum
     nordwestsemitischen Briefformular (vgl. dazu SCHWIDERSKI, Handbuch) – insbes. die
     Einfügung eines verbalen Elements (בֵּאדַיִן דָּרְיָוֶשׁ מַלְכָּא כְּתַב) – rühren von der Einbindung
     in den literarischen Kontext her. Vgl. ebd. 328.

90   Relativ zur Erzählzeit ist in jedem Fall ein vorzeitiges Verhältnis gegeben. Denkbar ist
     aber ein Zustandekommen des Ediktes (טְעֵם) durch das konkrete Schreiben des Königs

Interesse ist die innere Struktur des Briefkorpus. Zentrale Bedeutung kommt dem Wechsel zu poetischer Sprechweise mit V 27b zu.[91]

Der Übergang von der Einleitung zum Briefkorpus wird durch die Wendung מִן־קֳדָמַי שִׂים טְעֵם markiert, die an anderer Stelle zur Einleitung eines Befehls verwendet wird.[92] Gültigkeitsbereich ist das gesamte Herrschaftsgebiet des Königs (בְּכָל־שָׁלְטָן מַלְכוּתִי). Der Adressat wird durch die 3. Pers.Pl. des Imperfekts von הוי verbunden mit einem Partizip (periphrastische Konstruktion) im Sinn einer unpersönlichen Aussage umschrieben.[93] Bezugspunkt ist der „Gott des Daniel" (אֱלָהֵהּ דִּי־דָנִיֵּאל); ihm ist das geforderte Verhalten (זָאֲעִין וְדָחֲלִין) entgegenzubringen.

Mit V 27 begegnet ein, in die Großgattung „Brief" bzw. „Großköniglches Edikt"[94] integrierter, hymnisch geprägter Abschnitt (VV 27b.28).[95] Dieser steht zum Verbot in einem begründenden Verhältnis (... דִּי VV 27bα.28b)[96] und verweist auf die vorangehende Erzählung, insbes. auf die VV 17.21 formulierte Rettungshoffnung.

V 17 אֱלָהָךְ ... הוּא יְשֵׁיזְבִנָּךְ
V 21 דָּנִיֵּאל עֲבֵד אֱלָהָא חַיָּא אֱלָהָךְ ... הֵיכֵל לְשֵׁיזָבוּתָךְ מִן־אַרְיָוָתָא

(Koinzidenz). In jedem Fall ist nicht vom Vorliegen eines authentischen Schreibens, sondern eines „fiktiven administrativen Dokumentes" (SCHAACK, Ungeduld 298) auszugehen.

91 Vgl. DiLELLA, Strophic Structure 95; dagegen PRINSLOO, Poems 101, der den Beginn des poetischen Abschnitts mit לְהֵן sieht. Die Abgrenzung poetischer Texte in der aram. Sprache ist aufgrund der beschränkten Textüberlieferung schwierig. Vgl. KOCH, Buch Daniel 81f. Meist werden Dan 2,20–23; 3,31–33; 4,31–32; 6,27f als poetisch betrachtet; außerdem vgl. ebd. 82. Zu einer metrischen Analyse und Strukturierung vgl. PRINSLOO, Poems 101–103.

92 Vgl. dazu SCHAACK, Ungeduld 301, mit Verweis auf Esr 4,21; 6,8.11; 7,13.21.

93 Vgl. BAUER/LEANDER, Grammatik §99 d.

94 SCHAACK, Ungeduld 298.

95 Vgl. TOWNER, Poetic Passages 321f, mit der Betonung auf die stilistische Gestaltung, ähnlich einem Hymnus: "The commentators are correct, then, in employing the terms 'hymn' and 'hymnic' when referring to these passages." Vgl. auch PRINSLOO, Poems 102. Die Nähe zu Formulierungen israelitischer Gebetsliteratur ist auffallend; vgl. TOWNER, Poetic Passages 321. Vgl. ebd. 323, "Instead of emerging from the oral process of hymning in the midst of the worshiping community, they have been created with eclectic skill out of bits and pieces of the language of prayer, cast in the forms of hymns and thanksgivings familiar to the community so that they can communicate more effectively the point of the narratives in which they stand and for which they were written."

96 Die kausale Wiedergabe ist einer relativen Näherbestimmung vorzuziehen; es geht dem Schreiben nicht um eine Information über den Gott des Daniel, sondern um die Begründung des neuen Gesetzes. SCHAACK, Ungeduld 303, „Faßt man es so auf, hätte man es also mit einer Transformation eines hymnischen Elementes zu einem Rechtssatz zu tun ... " Zur kausalen Interpretation vgl. u. a. ebd. 302, דִּי als Entsprechung zu hebr. כִּי. Anders: MONTGOMERY, Daniel 280. Auch eine relative Wiedergabe bleibt offen für eine kausale Konnotation.

Direkt begründende Funktion haben die Aussagen דִּי הוּא אֱלָהָא חַיָּא
(V 27bα) und דִּי שֵׁיזִב לְדָנִיֵּאל מִן־יַד אַרְיָוָתָא (V 28b), die einen Rahmen um
weitere hymnische Elemente bilden. Die Hoffnung auf Rettung durch
Gott (V 17) und die Bezeichnung Gottes als אֱלָהָא חַיָּא (V 21) werden aufgenommen.

Die inneren Elemente werden mit וֹ verbunden; ein Einschnitt besteht
mit der asyndetischen Reihung am Beginn von V 28. Inhaltlich stehen
nicht mehr Gott und seine Attribute im Fokus, sondern seine Handlungsweise.[97] In einer ersten zweigliedrigen, parallel gefassten Aussage (דִּי הוּא
אֱלָהָא חַיָּא // וְקַיָּם לְעָלְמִין) wird die beständige Lebendigkeit Gottes, in der
sich anschließenden, wiederum parallel konstruierten Aussage (וּמַלְכוּתֵהּ
דִּי־לָא תִתְחַבַּל // וְשָׁלְטָנֵהּ עַד־סוֹפָא), die Dauerhaftigkeit seiner Herrschaft formuliert. V 28a werden drei partizipiale Formulierungen (וְעָבֵד ,וּמַצִּל ,מְשֵׁיזִב)
zur Beschreibung seiner Handlungsweise – insbes. der Grenzenlosigkeit
seines Wirkungsbereiches –[98] herangezogen.[99] Zielpunkt der Aussagen
ist die Rettung Daniels V 28b, die einerseits die Elemente des Hymnus
(VV 27b.28a), andererseits aber auch das vorangehend formulierte Gesetz
des Königs begründet. In der Rettung Daniels liegt ein reales Beispiel der
V 28a ausgesagten Rettermacht Gottes vor.

Zwar ist der Abschnitt VV 26–28 gattungsfremd und aus dem Kontext
herausgehoben; dennoch steht er nicht beziehungslos zu der ihn umgebenden Erzählung. Unabhängig von textgenetischen Fragen weist der
Abschnitt in der vorliegenden Gestalt enge Beziehungen zum Text auf und
ist wesentlicher Bestandteil desselben.[100] VV 26–28 sind zudem Teil einer
größeren Gruppe von hymnischen Stücken innerhalb des Daniel-Buches,
zu denen enge formale und inhaltliche Beziehungen bestehen.[101]

Dem Edikt des Darjawesch (V 27f) steht ein Hinweis über das Schicksal Daniels (V 29) gegenüber; der Horizont der Herrschaft des Darjawesch

---

97   Vgl. PRINSLOO, Poems 102.
98   Vgl. hierzu den Merismus בִּשְׁמַיָּא וּבְאַרְעָא.
99   Vgl. zu diesem Abschnitt PRINSLOO, Poems 102f.
100   Zu einer literarkritischen Bewertung dieser Frage vgl. HAAG, Errettung 45; XERAVITS,
      Poetic Passages 36; KRATZ, Translatio 56f, als redaktionelles Mittel der Sammlung der
      aram. Erzählungen Dan 1–6*. Vgl. außerdem DILELLA, Strophic Structure 94f. Vgl.
      PRINSLOO, Poems 106, "The poetic passage is an essential part of the story." Ähnlich:
      SCHAACK, Ungeduld 298.
101   Vgl. SCHAACK, Ungeduld 297, mit Verweis auf die Bedeutung der hymnischen Stücke
      für den Erzählzusammenhang und ihre theologische Relevanz. Vgl. auch KOCH,
      Buch Daniel 82, „Darauf [auf die Existenz aufeinander bezogener hymnischer Stücke;
      D. H.] baut Towner (1969, 318) auf, der hinter den einzelnen Erzählungen Dn 1–6 ein
      ‚universalist-theodicy‘ pattern findet. Nachdem ein zu Unrecht Unglücklicher gerettet
      ist, staunt der erstaunte Angreifer die Überwindung des Bösen durch die Macht des
      Schöpfers. Damit wird den hymnischen Partien für die Erzählungen eine entscheidende
      Rolle – zu Recht – eingeräumt (schwierig bleibt hierbei die Einordnung der Großkönige
      als bloße Statistiken [sic!] für das Schicksal der Frommen)."

wird überschritten: וּבְמַלְכוּת כּוֹרֶשׁ פָּרְסָיָא. Daniels Erfolg reicht bis in die Zeit des Kyros.[102] Mit diesem Hinweis auf Daniels bleibenden Erfolg (וְדָנִיֵּאל דְּנָה הַצְלַח) endet die Erzählung. Zwar wird V 29 an das Schreiben des Darjawesch durch die Konjunktion וְ angebunden,[103] doch der Vers steht außerhalb des Schreibens. Beide Teile, das Schreiben des Darjawesch und die Notiz über das Schicksal des Daniel, sind parallel gestellt und „abhängig" von בֵּאדַיִן V 26.[104]

---

102 Die Nennung des Kyros dient nicht lediglich der Verbindung von Dan 6; 7. Kyros ist eine Figur der Erzählung Dan 6, nicht aber Dan 7. Die Notiz ist in Dan 6 zu deuten.
103 Vgl. demgegenüber die ähnliche Formulierung 3,30, hier mit בֵּאדַיִן.
104 Ein strukturell vergleichbares Phänomen begegnet VV 10.11, wo in durch וְ verknüpften Sätzen, die Reaktionen Darjaweschs und Daniels kontrastiert werden.

- 6,2–6 Die Regierungsreform und ihre Konsequenzen
  - 6,2–3 Die Neuordnung der Regierung
  - 6,4 Die Exzellenz Daniels
  - 6,5–6 Die Konkurrenz der Satrapen und Fürsten
- 6,7–11 Der Gesetzeserlass und die Reaktion des Daniel
  - 6,7–9 Der Antrag auf das Gesetz
  - 6,10 Der Akt des Gesetzeserlasses
  - 6,11 Die Reaktion Daniels auf das Gesetz
- 6,12–15 Die Anklage
  - 6,12 Die Feststellung des Gesetzesverstoßes
  - 6,13–14 Die Anklageerhebung beim König
  - 6,15 Die Reaktion des Königs
- 6,16–19 Die Vollstreckung und die Sorge des Königs
  - 6,16 Erneuerung der Anklage durch Satrapen und Fürsten
  - 6,17a Daniel in der Löwengrube
  - 6,17b Die Sorge des Königs um Daniel
  - 6,18 Die Versiegelung der Löwengrube
  - 6,19 Die Askese des Königs
- 6,20–25 Die Begegnung zwischen Darjawesch und Daniel
  - 6,20 Der Aufbruch in der Frühe
  - 6,21 Die Ankunft des Darjawesch an der Löwengrube
  - 6,22–23 Die Antwort des Daniel
  - 6,24 Die Befreiung des Daniel
  - 6,25 Die Beamten in der Löwengrube
- 6,26–28 Das Rundschreiben
  - 6,26 Einleitung
  - 6,27–28 Rundschreiben und Erlass des Königs
- 6,29 Abschlussnotiz: Der Weg des Daniel

7.2 Dan^{LXX} 6

Zunächst ist die Abgrenzung des Textes zu begründen; dies betrifft insbes. die Notizen vom Herrschaftswechsel 5,31; 6,28b. Beide Angaben sind in struktureller Hinsicht vergleichbar: Nach dem Hinweis auf das Ende der Regierung des Baltasar (5,30) bzw. den Tod des Dareios (6,28a) wird die Nachfolge eines jeweils anderen Königs – Xerxes (5,31) bzw. Kyros (6,28b) – thematisiert. Keiner der beiden Nachfolger nimmt im weiteren Verlauf die Rolle eines Aktanten ein.[105] Damit stehen die als Nachfolger eingeführten Personen gewissermaßen *zwischen* den Erzählungen. Aufgrund dieser Parallelität lässt sich der Befund von 6,28 auch für die Bewertung von 5,31 heranziehen.

Der Tod des Dareios ist Endpunkt des Textes. Mit dem Tod einer zentralen Person, insbes. des Protagonisten, wird häufig der Abschluss einer Erzählung markiert.[106] In besonderer Dichte begegnet dieses Phänomen in den Rahmenformularen der Königsbücher. Zur stereotypen Formulierung für die Könige Israels und Judas gehört neben dem Hinweis auf den Tod des Königs auch der Verweis auf seinen Nachfolger.[107] Mit seiner Nennung wird die Geschichte des Vorgängers abgeschlossen, bevor die eigene Geschichte des Nachfolgers in einem neuen Rahmenformular entfaltet wird. Auch die Grammatik bindet Kyros an die Erzählung von Dan 6 an. Kyros empfängt „sein Königreich" (τὴν βασιλείαν αὐτοῦ). Das auf König Dareios bezogene Possessivpronomen αὐτοῦ weist Kyros als Figur dieser Erzählung aus. Die Feststellung des Herrschaftswechsels ist als Abschlussformel zu lesen. In ihrer Verwendung überschreitet sie den Horizont Israels und „ist (...) zu reiner Imitation geworden in Fällen, wo von dem Ende nicht-israelitischer Könige die Rede ist"[108] (etwa 2Kön 8,15; 13,24; 19,37). Die Anwendung auf nicht-israelitische Könige ist kein Novum in Dan^{LXX}.

Lässt sich 6,28 als Abschluss verstehen, ist nach dem Neuansatz der folgenden Erzählung zu fragen. Geht man von der in 88-Syh (ebenso wie MT) überlieferten Reihenfolge der Kapitel aus, ist der Text gegen Dan 7 abzugrenzen. 7,1 beginnt mit einer Datierung in das erste Herrschaftsjahr des Baltasar über die Länder von Babylon (ἔτους πρώτου βασιλεύοντος Βαλτασαρ χώρας Βαβυλωνίας). Die Verortung des Geschehens in der Regierungszeit eines Königs durch eine Zeitangabe erscheint darüber hinaus

---

105 In Dan begegnet Kyros 1,21; 10,1; 11,1, Xerxes – neben 5,31 – an keiner weiteren Stelle.
106 Vgl. BAR-EFRAT, Bibel 145f; zur Frage nach dem Protagonisten der Erzählung vgl. Abschnitt 9.4, 388.
107 Vgl. WERLITZ, Könige 16, HENTSCHEL, Königsbücher 305, etwa 1Kön 11,43; 2Kön 15,22.38 ... Vgl. außerdem jüngst SURIANO, Politics.
108 SEELIGMANN, Erzählung 310.

1,1; 3,1; 4,1; 8,1; 9,1f als Auftakt einer Erzählung.[109] Die genitivische Datierung gibt „die Zeit eines bestimmten einmaligen in der Vergangenheit geschehenen Ereignisses"[110] an. Auch die Einführung eines neuen Aktanten – Baltasar – verweist auf einen Neueinsatz mit 7,1.[111] Die Beobachtung, dass sich 6,28 als Abschluss und 7,1 (bzw. 9,1) als Auftakt verständlich machen lassen, ermöglicht die Annahme einer Zäsur an dieser Stelle.

Dan 6 kommt V 28 mit der Notiz vom Ende des Dareios und der Nachfolge des Kyros zum Abschluss; in gleicher Weise ist 5,31 zu deuten. Endpunkt von Dan 5 ist der Hinweis auf Xerxes als Nachfolger des Baltasar.[112] Die Annahme einer Zugehörigkeit von 5,31 zu Dan 6 führt auf die Frage nach der Funktion des Xerxes für die Erzählung; diese ist in Dan 5 zwar ebenfalls problematisch, im Kontext der Abschlussformeln aber plausibel erklärbar.[113] Der Auftakt der Erzählung wird damit einerseits durch die Abschlussformulierung 5,30f, andererseits durch einen einfachen Anschluss mit καί und die Nennung des Königs Dareios markiert.

Aufgrund der vorangehenden Überlegungen ist deutlich, dass mit 6,28 eine Zäsur gegeben ist. Dennoch ist die Möglichkeit zu prüfen, ob der Text nicht bereits früher – mit 6,24 und dem Hinweis auf die Durchführung des Plans, Daniel über das Reich einzusetzen (καὶ Δανιηλ κατεστάθη ἐπὶ πάσης τῆς βασιλείας Δαρείου) – zum Ende kommt. Die Notiz greift auf den Plan des Königs von V 5 zurück und dokumentiert das Scheitern der Beamten in ihrer Intrige. Eine Erzählung, die um die Person des Daniel kreist, könnte damit zum Ende gekommen sein. VV 4.24 bilden einen in-

---

109 Folgende Datierungen begegnen mit Genitiv: ἔτους τρίτου (1,1; 8,1) bzw. ὀκτωκαιδεκάτου (3,1; 4,1) bzw. πρώτου (7,1; 9,1). Bezugspunkt ist jeweils die Regierungszeit des genannten Königs. Mit Dativ: 9,2 (τῷ πρώτῳ ἔτει). Präpositionale Formulierungen: 2,1 (ἐν τῷ ἔτει τῷ δευτέρῳ Syh-88 bzw. ἐν τῷ δωδεκάτῳ ἔτει P 967); 10,1; 11,1 (ἐν τῷ ἐνιαυτῷ τῷ πρώτῳ).

110 SOISALON-SOININEN, Zeitangaben 114.

111 Geht man von der Kapitelreihenfolge des P 967 aus, ist die Abgrenzung von Dan 6 gegenüber 9 zu untersuchen. Auch hier ist der Einschnitt – mit einer ähnlichen Argumentation – nach 6,28 zu sehen. Die Gestalt des Dareios begegnet zwar sowohl Dan 6 als auch Dan 9 (hier allerdings nur V 1f); dort ist er der herrschende König, der für die Erzählung aber nur am Rande bedeutsam ist. Insofern ist auch hier ein Wechsel der zentralen Aktanten festzustellen. Weiter ist der mit der Datierung verbundene Neuansatz markant gestaltet. Bereits der Befund der Kapitelfolge – unabhängig von der Frage nach der Ursprünglichkeit – weist auf das Ende der Erzählung mit 6,28 hin: Die verschiedenen Kapitelfolgen machen deutlich, dass an dieser Stelle keine enge Verbindung gesehen wurde. Nur wenn hier ein Einschnitt gegeben ist, lässt sich eine Umgruppierung der folgenden Kapitel vornehmen.

112 Weitere Indizien, die zur Abgrenzung am Ende zu verwerten sind, stehen nicht zur Verfügung: die Verwendung des Possessivpronomens 6,28 sowie die Datierung zum Auftakt 7,1.

113 In Dan begegnen diese nur 5,31; 6,28. Vgl. aber die unzähligen Belege in 1/2Kön. ALBERTZ, Gott 78f, sieht 5,31 als zwischen den Erzählungen stehend, keiner der beiden Erzählungen wirklich verbunden an. P 967 sieht – wie eine graphische Beobachtung deutlich macht – den Einschnitt ebenfalls vor 5,31. Vgl. GEISSEN, Septuaginta-Text 31.

neren Rahmen.[114] Dan 6 nimmt die Person des Dareios und sein weiteres Verhalten in den Blick, insbes. in seinem Verhältnis zum Gott des Daniel. Die folgenden Verse können nicht aus dem Text ausgegrenzt werden; sie sind, wie der Nachweis der Rahmenformulierungen (VV 1.28) deutlich macht, wesentlicher Bestandteil der Erzählung.[115]

Als Text ist Dan 6,1–28 in seiner textkritisch bereinigten Gestalt zugrunde zu legen. Darin stellen VV 25–27 eine unterscheidbare Einheit dar. Meist als „Rundschreiben" bezeichnet lassen sie sich funktional als *Brief* klassifizieren.[116] Auftakt für die Wiedergabe des Inhaltes des Briefes „im Stil wörtlicher Rede" ist das Partizip λέγων (V 25).[117] Dem Inhalt geht eine, durch das Zeitadverb τότε abgesetzte,[118] Einleitung voran, die die Verbindung mit dem narrativen Kontext herstellt und eine dem Präskript vergleichbare Funktion erfüllt, aber außerhalb des Briefes steht. Anstelle der im *griechischen Briefformular* üblichen Formulierung – Nennung von Absender *(superscriptio)*, Adressat im Dativ *(adscriptio)* und Gruß –[119] be-

---

114 Vgl. MUNNICH, Cadrage Dynastique 187f, „Au v. 24 la narration de la Septante évoque le pouvoir que le roi Darius confie à Daniel … On a là une première conclusion, suivie par l'édit de Darius …" Nach seiner Auffassung wurde die innere Rahmung durch einen Redaktionsprozess im Kontext der Neuordnung der Kapitel in MT aufgebrochen: „Ici encore, le déplacement du v. 24 de la Septante (ou sa suppression en 𝔐) est un indice ténu mais significatif de la modification dans l'ordre des chapitres."

115 Ohne Belang ist die Beobachtung dieses Einschnittes nicht; eine literarkritische Analyse des Textes wird dieser Beobachtung Gewicht beimessen müssen.

116 Für die Frage nach der Definition eines Briefes werden Argumente auf verschiedenen Ebenen genannt. Ein möglicher Ausgangspunkt sind formale Kriterien. ALEXANDER, Epistolography 168, bezogen auf aramäische Briefe: "… what are the minimum constituents of the Aramaic letter? The answer is – an opening and a body …" PARDÉE, Handbook 2; SCHWIDERSKI, Handbuch 17 legen dagegen eine funktionale Kriteriologie an, „Diese Funktion [die eines Briefes; D. H.] besteht darin, *eine aus räumlichen oder sonstigen Gründen verhinderte oder nicht gewollte mündliche Kommunikation zwischen zwei Personen oder Gruppen durch einen schriftlich verfaßten Text zu ersetzen.*" Beide Zugänge sind aufeinander bezogen: Die Funktion eines Briefes wirkt sich auf die formalen Elemente aus (WHITE, Letters 198; ERMERT, Briefsorten 9). Vgl. ebd. 50, „Die jeweilige sprachliche Struktur und die äußerlich formale Beschaffenheit eines Textes werden durch die angeführten Faktoren determiniert und sind diesen gegenüber sekundär." Der – V 25 deutlich markierten – kommunikativen Funktion kommt ein Vorrang gegenüber den – weniger deutlichen – formalen Faktoren zu.

117 Vgl. MURAOKA, Lexicon of the Septuagint Lemma: λεγώ 426–427; BAUER, Wörterbuch Lemma: γράφω 332; Lemma: λεγώ 951–954, „Hebraismus" zur Angabe „des Inhaltes einer schriftlichen Äußerung" (952f) 2Sam 11,15; 2Kön 10,6; 1Makk 8,31; 11,57; in Dan^LXX zur Einleitung einer direkten Rede 2,7.15; 3,36.51; 6,21 (andere Verwendungsweise nur 6,5). Die sprachliche Gestalt (Verwendung der 1. Pers.Sg.) macht deutlich, dass es sich tatsächlich um eine direkte Wiedergabe und nicht ein Referat des Inhalts handelt. Das Partizip λέγων markiert den Übergang von einem erzählenden Abschnitt (hier VV 23–25) zur direkten Rede (VV 26–27).

118 Vgl. ALBERTZ, Gott 118.

119 Diese Angaben werden (meist) als Präskript des Briefes bezeichnet. Vgl. KLAUCK, Briefliteratur 36. Die übliche Form des Präskriptes aus dem griechischen Briefformular begegnet Dan 4,34c.

gegnet eine um ein „verbales Element" (ἔγραψε) erweiterte Form, die sich
als „Kunstform [des Briefformulars; D. H.] ... innerhalb eines erzählenden Makrokontextes"[120] deuten lässt. Der hinsichtlich seiner Funktion als
Abschlussformel klassifizierte V 28 hebt sich aufgrund der veränderten
Kommunikationsebene von den vorangehenden VV 26–27 ab.[121] Diese
sind im Stil „wörtlicher Rede" wiedergegebener Inhalt eines Briefes und
damit auf der V 25 beschriebenen Ebene der Kommunikation zwischen
Dareios und den Adressaten (πᾶσι τοῖς ἔθνεσι καὶ χώραις καὶ γλώσσαις
τοῖς οἰκοῦσιν ἐν πάσῃ τῇ γῇ αὐτοῦ) angesiedelt. Diese mit der Formulierung in der 1. Pers.Sg. ἐγὼ Δαρεῖος ἔσομαι verbundene Kommunikationssituation steht dem mit der „volle[n] Königstitulatur" (ὁ βασιλεὺς
Δαρεῖος) verbundenen Bericht des Erzählers über Dareios V 28 gegenüber.
V 28 lässt sich sowohl inhaltlich als auch formal als vom Kontext (6,26–27;
7,1 bzw. 9,1) unterschiedene Abschlussformel klassifizieren, sodass sich
VV 25.26–27 als Einheit in Dan 6 abgrenzen lassen.

Das Korpus des Briefes weist eine doppelte parallele Struktur (V 26f)
auf, wobei in beiden Einheiten eine Verehrung des Gottes des Daniel fest-
geschrieben und anschließend begründet wird (γάρ ...). Die erste Einheit
(V 26) ist eine in der 3. Pers.Pl. an alle Menschen, die sich im Bereich der
Königsherrschaft aufhalten (πάντες οἱ ἄνθρωποι οἱ ὄντες ἐν τῇ βασιλείᾳ
μου), gerichtete Aufforderung. Die zweite, asyndetisch angeschlossene,
Aussage (V 27) bezieht sich auf Dareios selbst.[122] Die geforderte bzw.
angekündigte Gottesverehrung wird durch je zwei Verben zum Ausdruck gebracht. Neben die parallele Verwendung des Verbs προσκυνέω
(VV 26.27) tritt eine Variation des zweiten Begriffes: λατρεύω (V 26) und
δουλεύω (V 27). In beiden Versen erfolgt eine je eigene Begründung: Wird
für die Aufforderung zur Verehrung des Gottes des Daniel eine Aussage
über dessen Wesen und Eigenschaften getroffen, beruht das Verhalten
des Dareios auf der Überlegenheit des Gottes des Daniel gegenüber den
„handgefertigten Götterbildern".

Nach obigen Überlegungen zur Funktion des Partizips λέγων erhebt
der Erzähler den Anspruch, den Brief wörtlich wiederzugeben; die historische Fragestellung kann außer Acht gelassen werden. Offensichtlich ist
die Beschränkung in der Wiedergabe auf Kernelemente des Briefes. Die
Funktion einiger – nach dem Briefformular vorauszusetzender – formaler

---

120 SCHWIDERSKI, Handbuch 328f. Trotz der funktionalen Vergleichbarkeit ist die durch
das Partizip λέγων markierte Unterscheidung von Einleitung des Briefes auf der Ebene
der Narration und der Wiedergabe des Briefes auf einer rezitativen Ebene zu beachten.
Die Einleitung ist Ersatz für das Präskript des Briefformulars.
121 Die unspezifische Verknüpfung mit καί trägt für die Verhältnisbestimmung wenig aus.
122 MEADOWCROFT, Aramaic Daniel 107, spricht von einem „personal commitment to the
God of Daniel".

Elemente übernimmt der narrative Kontext.[123] Der Absender ist Dareios.
Ähnlich wie V 1 fällt VV 25–27 das Fehlen des Königstitels (βασιλεύς)
auf.[124] Der einzige Hinweis auf die königliche Autorität begegnet V 26
(οἱ ὄντες ἐν τῇ βασιλείᾳ μου).[125] Dort dient er der Beschreibung der Empfänger der Aufforderung und weist zugleich auf deren Abhängigkeitsverhältnis von Dareios hin. Durch die Vermeidung des Königstitels wird
Dareios unter dem Blickwinkel seiner Persönlichkeit betrachtet.[126] Der
Brief erscheint weniger als offizielles Rundschreiben des Königs sondern
als persönlicher Brief des Dareios, der freilich von seiner königlichen Autorität gestützt wird. Damit ist er als persönliches Bekenntnis zu lesen.[127]
Er ist Teil eines Kommunikationsvorganges, der von Dareios ausgeht und
die Untertanen seines Reiches betrifft und damit in einem administrati-
ven bzw. diplomatischen Kontext steht, ohne ein offizielles königliches
Dokument zu sein.[128] Der Inhalt richtet sich nicht an Einzelpersonen,
sondern ist für die Gesamtheit der Bewohner relevant; sie werden auf die
Verehrung Gottes verpflichtet (ἔστωσαν προσκυνοῦντες καὶ λατρεύοντες
V 26). Auffällig ist der Bekenntnis-Charakter des Briefes.[129]

VV 25.26–27 sind als unterscheidbare Einheit in VV 1–28 in diesen
Kontext eingebunden; das Verhältnis von Brief und Kontext ist näher
zu untersuchen. Aufgrund der beobachteten Unvollständigkeit der Wie-

---

123 Vgl. ALEXANDER, Epistolography 157, "… the way in which these letters are quoted
often obscures their formal aspects … part of their openings may have been absorbed
into the narrative framework … "
124 Der Name Dareios begegnet meist in Verbindung mit dem Titel, eigenständig außer
VV 1.25.27 nur V 24, dort in der Wendung τῆς βασιλείας Δαρείου. Vgl. darüber hinaus
die häufige Nennung des Titels ohne Namen VV 4(bis).5(bis).6.7 u. ö. Anders die
Parallel-Überlieferungen θ und MT.
125 Der Ausdruck βασιλεία ist eines der Leitworte des Daniel-Buches. Das Bedeutungsspektrum umfasst verschiedene Dimensionen. Eine besondere Bedeutung kommt einerseits
der Bezeichnung für das „Sein, den Zustand und die Macht des Königs", die sich
mit „Königswürde bzw. Königsherrschaft" wiedergeben lässt, zu. Andererseits kann der
Begriff den räumlichen Aspekt betonen: „… die Würde eines Königs zeigt sich in dem
von ihm beherrschten Gebiet", was mit dem Wort Königreich ausgedrückt werden kann
(KLAPPERT, Art. βασιλεύς 1481). Hier steht der räumliche Aspekt im Vordergrund. Vgl.
die Formulierung V 25 ἐν πάσῃ τῇ γῇ αὐτοῦ.
126 Vgl. MÜLLNER, Gewalt 66, „Namen und Bezeichnung hinsichtlich des Standes (beispielsweise ‚König') können abwechseln und signalisieren den Aspekt, unter dem der
Charakter in der jeweiligen Situation gesehen wird."
127 Die Differenz zwischen offiziellem und privatem Charakter eines Briefes muss – wo
deutlich erkennbar – beachtet werden, darf aber nicht überinterpretiert werden. Die
Annahme einer strikten Trennung von persönlichen und offiziellen Belangen wäre ein
Anachronismus. Vgl. STOWERS, Letter Writing 19.
128 Auch an der hellenistischen Briefliteratur findet sich keine exakte Scheidung zwischen
Kanzleistil und persönlichem Stil. Vgl. SCHUBART, Königsbriefe 345.
129 Einer solchen funktionalen Beschreibung folgend ließe sich der Brief etwa der Gattung
amtliche, nichtliterarische bzw. auch diplomatische Schreiben zuordnen. Vgl. KLAUCK,
Briefliteratur 72f.

dergabe des Textes steht nicht die Frage nach dem, was Dareios bei den
Lesern seines Briefes voraussetzt, im Vordergrund, sondern die Frage
nach Verknüpfungen mit den in der Erzählung geschilderten Ereignissen,
aber auch nach Elementen, die einen solchen Zusammenhang überschreiten.[130]

Verbindungen begegnen sowohl auf der Ebene der Begrifflichkeit als
auch auf inhaltlicher Ebene. Eine explizite – wenn auch wenig spezifische – Bezugnahme auf das Ereignis von V 18 (ὁ δὲ θεὸς τοῦ Δανιηλ …
ἀπέκλεισε τὰ στόματα τῶν λεόντων) stellt die Erwähnung der Rettung des
Daniel (ὡς ἐλυτρώσατο ὁ θεὸς τὸν Δανιηλ) V 27 dar. Diese V 20 erhoffte
bzw. V 22 konstatierte Rettung wird mit dem Begriff σῴζω bezeichnet.
V 27 greift terminologisch weder auf diese göttliche Intervention, noch auf
die dieser gegenüberstehenden, (erfolglosen) königlichen Rettungsbemühungen (ἐξαιρέω) zurück, sondern fasst das Geschehen neu in Worte. Der
Begriff σῴζω (VV 20.22) wird V 27 in anderer Funktion aufgegriffen. Die
Rettermacht des Gottes des Daniel wird der Unfähigkeit der „handgefertigten Götterbilder" (εἴδωλα τὰ χειροποίητα) zu retten (οὐ δύνανται σῶσαι)
gegenübergestellt. Mit der völlig unvermittelten Einführung der „handgefertigten Götterbilder", die im Kontext der Erzählung keine Erwähnung
finden, wird der Horizont der Intrige verlassen.[131] Dareios greift einen Begriff aus dem Bereich der Gebetsterminologie auf. Spricht Dareios bereits
VV 16.20 davon, dass Daniel unablässig seinen Gott verehrt (ὁ θεός σου ᾧ
(σὺ) λατρεύεις), ist es V 26 eine der Forderungen, die die Reichsbewohner
dem Gott des Daniel gegenüber zu erfüllen haben. Dieser Anknüpfung
steht die Variation der Begriffe προσκυνέω[132] und δουλεύω gegenüber, die
keinerlei Entsprechung im Kontext aufweisen. Die Verehrung Gottes ist
Konsequenz aus dessen Rettungshandeln an Daniel: „… durch das rettende Eingreifen Gottes ist nicht nur die Unschuld, sondern auch der
Glaube Daniels als die wahre Religion erwiesen. Diese Verschiebung und
Ausweitung der Perspektive ist aber schon in der Erzählung durch V. 17
[V 16] und V. 21 [V 20] vorbereitet, in denen die Beziehung zwischen der

---

130 Aussagen über möglicherweise vorausgesetzte Kenntnisse sind aufgrund der unvoll-
     ständigen Überlieferung des Briefes schwer zu treffen. Die Wiedergabe ist aufgrund
     ihrer spezifischen Verbindung mit dem Kontext nicht zur Auswertung heranzuziehen.
     So kann der Verzicht auf einen Titel des Daniel V 26 zwar eine allgemeine Kenntnis der
     Autoren um die Person des Daniel voraussetzen; er kann aber auch ausschließlich ein
     Phänomen der Wiedergabe des Briefes sein. In gleicher Weise kann man nicht von einer
     vorausgesetzten Kenntnis der Religion des Daniel bei den Adressaten ausgehen. Und
     dennoch: Die angeführten Bedenken sind auf die historische Fragestellung ausgerichtet;
     hier liegt jedoch eine literarische Analyse vor, die den Text in der Endgestalt untersucht
     und wahrnimmt. Normativer Ausgangspunkt ist der Textbefund.
131 Vgl. ALBERTZ, Gott 118, „Das Sendschreiben des Darius verläßt diesen Erzählhorizont
     unverkennbar."
132 Der Begriff προσκυνέω kann vielleicht als Wiedergabe der beschreibenden Darstellung
     ἔπιπτεν ἐπὶ πρόσωπον αὐτοῦ V 10 gelesen werden.

ständigen Verehrung Gottes und seinem Rettungshandeln thematisiert wird."[133]

Im Rahmen der begründenden Aussagen über den Gott des Daniel werden V 26 als Eigenschaften Gottes seine ewige Beständigkeit und Lebendigkeit (θεὸς μένων καὶ ζῶν εἰς γενεὰς γενεῶν ἕως του αἰῶνος) angeführt. Die Beständigkeit Gottes wird in Kontrast zu der vermeintlichen menschlicher und staatlicher Aktivität gestellt.[134] In gleicher Weise wird das Leben als Eigenschaft Gottes dem Wunsch nach Leben auf Seiten der Menschen insbes. der Könige gegenübergestellt.[135]

Der Textzusammenhang VV 25–27 lässt sich als kohärentes Element des Gesamtzusammenhanges verstehen, das zu ihm in vielfältigen terminologischen Beziehungen steht, diese aber nicht einfach aufnimmt, sondern in einer neuen Prägung und Kontextualisierung bietet.

Gesetzesformulierungen   Erwartet man aufgrund der allgemeinen Präzision im Bereich von Recht ein hohes Maß an Übereinstimmung zwischen den einzelnen Erwähnungen des Verbots (VV 5.7.12), wird man mit ausgeprägten Differenzen konfrontiert.

V 5 ὅτι πᾶς ἄνθρωπος οὐκ   Negation Futur 3. Pers.Sg   εἰ δὲ μή Futur
V 7 ὅτι πᾶς ἄνθρωπος, ὃς ἐὰν Konjunktiv Aorist 3. Pers.Sg   Futur
V 12 ἵνα πᾶς ἄνθρωπος μή   Konjunktiv Aorist 3. Pers.Sg εἰ δὲ μή Futur

Konstitutiv ist das doppelte Verbot εὔξηται εὐχήν bzw. ἀξιώσῃ ἀξίωμα.[136] Die inhaltliche Dimension wird durch zwei *figurae etymologicae* artikuliert, wobei nur das Verb εὔχομαι eine spezifisch religiöse Dimension aufweist, während ἀξιόω unspezifisches Bitten bezeichnet.[137] Allen Fassungen ist gemeinsam, dass sie das Bitten einerseits zeitlich beschränken (ἕως ἡμερῶν τριάκοντα), andererseits als Adressaten jeden Gott ausschließen (ἀπὸ bzw. παρὰ παντὸς θεοῦ).[138] Das Bitten soll sich auf die Person des Königs fokussieren. Freilich unterscheiden sich hier die Fassungen in der Formulierung je nach ihrer Kontextualisierung:[139]

---

133 ALBERTZ, Gott 119.
134 Vgl. dazu die Formulierung μενεῖ ὁ ὁρισμός V 12.
135 Vgl. die Belege 2,4.28; 3,9.91; 4,27.37; 5,23(bis); 6,21.22.27; 12,7.
136 VV 7.12 in der angegebenen Reihenfolge, V 5 in der umgekehrten Reihenfolge.
137 Vgl. zur Terminologie des Betens Abschnitt 9.3.2, 365.
138 Vgl. BLASS/DEBRUNNER, Grammatik §210. Die Präposition ἀπό steht häufig anstelle von παρά in Verbindung mit θεός. Nur das Bitten gegenüber einer anderen Gottheit wird untersagt, nicht aber gegenüber einem anderen Menschen.
139 VV 5.(7) ἀλλ' ἢ παρὰ Δαρείου τοῦ βασιλέως bzw. V 12 ἀλλ' ἢ παρὰ σοῦ, βασιλεῦ.

V 5 ὅτι πᾶς ἄνθρωπος οὐκ ἀξιώσει ἀξίωμα καὶ οὐ μὴ εὔξηται εὐχὴν ἀπὸ παντὸς θεοῦ
ἕως ἡμερῶν τριάκοντα, ἀλλ’ ἢ παρὰ Δαρείου τοῦ βασιλέως· εἰ δὲ μή . . .
Begrenzung, dass kein Mensch bitte . . . wenn aber doch . . .
V 7 ὅτι πᾶς ἄνθρωπος, ὃς ἐὰν εὔξηται εὐχὴν ἢ ἀξιώσῃ ἀξίωμά τι παρὰ παντὸς θεοῦ
ἕως ἡμερῶν τριάκοντα ἀλλ’ ἢ παρὰ Δαρείου τοῦ βασιλέως, ῥιφήσεται
Begrenzung, dass jeder Mensch, wenn er bittet . . . geworfen wird . . .
V 12 ὁρισμὸν . . . ἵνα πᾶς ἄνθρωπος μὴ εὔξηται εὐχὴν μηδὲ ἀξιώσῃ ἀξίωμα παρὰ
παντὸς θεοῦ ἕως ἡμερῶν τριάκοντα ἀλλ’ ἢ παρὰ σοῦ, βασιλεῦ· εἰ δὲ μή . . .
Begrenzung und Festsetzung, damit kein Mensch bitte, wenn aber doch . . .

Die präzise Zielsetzung weicht zwischen den einzelnen Darstellungen ab.
Gemeinsam ist die Verwendung des Futurs für die Tatfolgebestimmung.
Hinsichtlich der verwendeten Verbalformen unterscheidet sich die Struktur zwischen V 5 (Futur) und VV 7.12 (Konjunktiv Aorist). Diese Variation
ist als stilistisch bedingt anzusehen.[140] Deutlicher ist der Unterschied zwischen VV 5.12 und V 7 im Bereich der Tatbestandsdefinition. Während
V 7 eine relativische Konstruktion aufweist, ist diese den anderen Belegen
fremd. VV 5.12 stellen die Zielrichtung in den Vordergrund, während
V 7 die Tatfolgebestimmung betont. Auffällig ist die Nähe von V 7 zu
gewissen kasuistischen Formulierungen, während VV 5.12 eher einen
apodiktischen Verbotscharakter aufweisen.[141]

Struktur des Textzusammenhanges Dan 6,1b–24 In der Rahmenstruktur
entfaltet sich die Erzählung. Die Verbindung zwischen Rahmen und erster
Szene (V 1b) ist denkbar eng, sodass von einer Verschmelzung gesprochen werden kann.[142] Während die Rahmenformulierung V 1a dazu dient,
mittels zweier appositioneller Wendungen die Person des Dareios zu pro-
filieren, kommt VV 1b.2 die Reform der Verwaltungsstruktur in den Blick.
In einer autoritativen Veränderung (κατέστησε) setzt er 127 Satrapen über
das Reich ein, die drei führenden Männern untergeordnet sind. In diesem Zusammenhang wird von Daniel gesprochen, der als einer dieser
drei führenden Männer bezeichnet wird. V 3 ist eng an V 2 angebunden,
insofern dort Daniel, der V 2 nur erwähnt wurde, konkret mit seinen
Eigenschaften beschrieben wird; die singularische Partizipialform ἔχων
bezieht sich auf Daniel.[143] Auf den Partizipialsatz, der Daniels Sonderstellung in der Verwaltung des Reiches beschreibt und gewissermaßen die
Aussagen von VV 5.24 vorwegnimmt, folgt eine ausführliche Zeichnung
(καὶ Δανιηλ) seiner Person. Seine Stellung am Hof des Königs wird durch

---

140 Zur Austauschbarkeit vgl. BLASS/DEBRUNNER, Grammatik §365.
141 Dabei soll nicht die Angemessenheit dieser Kategorien zur Klassifikation von Rechts-
   formulierungen in der LXX behauptet werden; im Blick ist lediglich eine sprachliche
   Nähe zu aus dem hebräischen AT bekannten Formulierungsweisen.
142 Deutlicher abgesetzt ist die Rahmung am Ende; aus diesem Grund sowie zur graphischen Veranschaulichung soll an der getrennten Darstellung trotz der engen Verbindung festgehalten werden.
143 Ein anderer Bezug würde Plural voraussetzen.

eine dreigliedrige Aussage illustriert, die durch eine viergliedrige Begründung mittels des Verweises auf seine Eigenschaften und Qualifikationen erklärt wird.[144]

Der folgende Zusammenhang wird durch die Konstruktion ὅτε δὲ ... τότε strukturiert.[145] Der Auftakt der eigentlichen Handlung ist mit V 4 gegeben; durch den Entschluss des Dareios, Daniel über das Reich einzusetzen (vgl. V 24), kommt die Handlung der Erzählung in Gang. Der Wille des Dareios ἐβουλεύσατο zu Veränderungen der Verwaltungsstruktur ist Auslöser für die Absicht der Beamten (ἐβουλεύσαντο ἐν ἑαυτοῖς), gegen Daniel vorzugehen. Deutlich ist mit dieser Aussage eine wichtige Opposition der Erzählung intoniert: Dareios einerseits, die Beamten andererseits. Die zweifache Verwendung des Verbs βουλεύω markiert die divergierenden Absichten der beiden Aktanten. Zugleich nimmt die Erwägung der Beamten das Urteil vorweg, das Daniel aus der Löwengrube heraus verkündet: das Fehlen jeglichen Vergehens bei ihm (V 22). Die Überlegungen der Beamten sind zweigliedrig; dem inneren Dialog (πρὸς ἀλλήλους λέγοντες) steht der gemeinsame Entschluss (καὶ εἶπαν) V 5 gegenüber. Als Tatfolgebestimmung setzt das Gesetz den Tod (ἀποθανεῖται) fest. Die Zielrichtung des Vorgehens der Beamten wird vom Erzähler (ἵνα ...) markiert: Die Löwengrube erscheint nicht als das erste Ziel; dies ist die Niederlage des Daniel vor dem König. In einem zweiten Schritt geht es darum, dass er in die Löwengrube geworfen wird (ἵνα ἡττήσωσι ... καὶ ῥιφῇ). Der Erzähler macht deutlich, dass sich das Gesetz gegen Daniel (ἡττήσωσι τὸν Δανιηλ) richtet.[146] Außerdem erklärt er (ᾔδεισαν γὰρ) das Verhalten der Beamten: Ausgangspunkt für ihre Überlegung ist die Kenntnis der Gebetspraxis des Daniel.

Ein deutlicher Einschnitt ist durch den Eintritt in die szenische Struktur der Handlung mit V 6 gegeben (τότε προσήλθοσαν). Bewegte sich die Erzählung bislang außerhalb konkreterer Raum- und Zeitangaben, die auch die Rekonstruktion der jeweiligen Personenkonstellation zulassen, so begegnen mit V 6 erstmals eine klar definierte Ortsangabe und Personenkonstellation: Im Umfeld des Königs treten die Beamten ihm gegenüber. Diese szenische Gestaltung bleibt bis V 9 erhalten. Durch die Verwendung des Zeitadverbs τότε[147] wird das nachfolgende Geschehen in den Handlungsverlauf eingeordnet und dem vorangehenden, vorbe-

---

144 Die enge Verwebung von Status und Eigenschaften wird auch durch die Struktur der Aussage unterstützt καὶ Δανιηλ ... ἦν ... καθότι ἦν.

145 Vgl. BAUER, Wörterbuch Lemma: τότε 1642, „als (das u[nd] das geschehen war) – da"; unklassische Verwendungsweise. MURAOKA, Lexicon of the Septuagint Lemma: ὅτε 510f, "precedes the main clause". Dazu ist auch die Überlegung zur Textkritik zu vergleichen (Abschnitt 5.2.1, 209). V 3 ist stellenweise Dublette zu V 4.

146 Vgl. dazu auch ὃν ἔστησαν κατ᾽ αὐτοῦ V 10 sowie die gleiche Formulierung V 14, dort aber textkritisch unsicher.

147 Vgl. BOGAERT, Relecture 221, „l'aramaïsme tote".

reitenden Handeln zeitlich nachgeordnet. Auch der Gebrauch der reno-
minalisierenden Bezeichnung ἄνθρωποι ἐκεῖνοι für die Beamten markiert
den Einschnitt. Dominiert ist die Szene von den Beamten und ihre V 7
durch εἶπαν eingeleitete wörtliche Rede, die ab V 8 in indirekter Weise
durch den Erzähler und verbunden mit dessen Kommentierungen fortgeführt wird. Die einzelnen Elemente werden durch die Konjunktion καί
verknüpft; V 10 beginnt mit einem Partizip und nachfolgendem δέ. Auf
den Hinweis auf das von ihnen erlassene Gesetz (ἐστήσαμεν) und die
Angabe des Inhalts des Dekretes folgt in indirekter Rede die Bitte an den
König. Nochmals verweist der Erzähler (καθότι . . .) auf die Hintergründe ihres Verhaltens: Sie wissen um die Gebetspraxis des Daniel (ᾔδεισαν
ὅτι Δανιηλ . . .). Zur Realisierung ihres Plans ist es von entscheidender
Bedeutung, dass Dareios das Gesetz in unveränderter Form ratifiziert.
Auch das verfolgte Ziel (vgl. V 5) wird ausdrücklich thematisiert: die Niederlage Daniels durch oder in den Händen des Königs (ἐν), indem er in
die Löwengrube geworfen wird.[148] V 9 verweist unmittelbar darauf, dass
Dareios der Bitte nachkommt. V 10 ist nicht mit einfachem καί, sondern
durch die Partizipialformulierung ἐπιγνοὺς δὲ Δανιηλ an das Vorangehende angeschlossen. V 10 ist ebenso wie VV 8.9 Bericht des Erzählers,
der das sich entwickelnde szenische Geschehen berichtet, sodass eine
Anbindung von V 10 an die vorangehenden Verse naheliegt. Andererseits
ist ein Ortswechsel vorauszusetzen: Nicht mehr der Königshof, sondern
das Haus des Daniel ist als Ort des Geschehens (VV 11.12a) zu veranschla-
gen. Zudem kommt Daniel in den Blick, von dem als auftretender Aktant
VV 6–9 nicht die Rede war. Der Anschluss mittels Partizip + δέ bindet
V 9 und V 10 weniger stark zusammen, als die Verbindung von VV 10.11
gewichtet werden muss. Daher ist vor V 10 ein Einschnitt im Verlauf der
Erzählung anzunehmen.[149]

Mit V 10 kommt Daniel in den Blick; die einführende Partizipialformulierung markiert den Rückgriff auf das Geschehen VV 4–5.6–9. Daniel
kennt das gegen ihn (von den Beamten und vom König) erlassene Dekret und verrichtet sein gewöhnliches Gebet.[150] Damit ist eine neue Stufe
in der Handlung erreicht; er hat gegen das Dekret verstoßen. Zwischen
V 10 und V 11 existiert eine szenische Korrespondenz: Während der Erzähler V 10 das Geschehen um Daniel innerhalb des Hauses beschreibt,
berichtet er V 11 vom Verhalten der Beamten außerhalb des Hauses. Zwei
Blickwinkel auf ein Geschehen werden nacheinander wiedergegeben.

---

148 Es liegt nahe, καί an dieser Stelle epexegetisch zu verstehen. Vgl. BLASS/DEBRUNNER,
    Grammatik §442 6.a.
149 Vgl. ALBERTZ, Gott 118.
150 Im Kontext der Analyse des Betens des Daniel wird ausführlicher auf die Struktur
    und die Bezüge des V 10 berichteten Gebetes des Daniel eingegangen. Vgl. dazu
    Abschnitt 9.4.2, 424.

Mit V 12 wird dadurch, dass sich die Beamten zum König begeben, ein neuer Ort und eine neue Personenkonstellation vorausgesetzt; auch das Zeitadverb τότε markiert den Einschnitt. Das nachfolgende Agieren der Beamten ist von einer geschickten rhetorischen Strategie geprägt; im Rückzug des Erzählers von seiner dominanten Rolle spiegelt sich die Bedeutung der unmittelbaren Beobachtung der Handlung der Aktanten. Direkt an Dareios gewandt konfrontieren sie ihn mit der Frage, ob er nicht besagtes Dekret erlassen habe. Die Antwort des Dareios – in wörtlicher Rede – wird durch eine Partizipialformulierung mit δέ eingeleitet und bestätigt die bleibende Gültigkeit des Dekretes. Angeschlossen durch einfaches καί wird der Dialog durch eine Erwiderung der Beamten fortgeführt. Sie lassen Dareios bei den Gesetzen der Meder und Perser auf die folgenden Aussagen schwören, welche in einer zweifach doppelten Struktur, jeweils eingeleitet durch ἵνα, entfaltet werden. Direkt – durch die extrem kurze Verknüpfung καὶ εἶπεν angeschlossen – bestätigt er ihre Aussage: zunächst in der parallelen Formulierung, dann in einer nochmaligen Beteuerung (καὶ ἕστηκέ μοι τοῦτο):

> Οὕτως ποιήσω
> καθὼς λέγετε

Erst dann, nachdem sich Dareios nochmals auf die Gültigkeit und den Vollzug des Dekretes verpflichtet hat, bezichtigen die Beamten als letzte Äußerung innerhalb dieses Dialoges (καὶ εἶπαν) Daniel des Verstoßes gegen das Dekret und treten selbst als Zeugen gegen ihn auf. Auffällig ist die singuläre Bezeichnung Daniels als φίλος des Königs. An dieser Stelle verlässt der Erzähler die, die VV 12–13 umfassende, direkte Wiedergabe des Dialogs zwischen den Beamten und dem König und gibt das folgende Geschehen in indirekter Weise wieder. In Trauer (λυπούμενος) und in Befolgung des Dekretes (κατὰ τὸν ὁρισμόν) gibt Dareios den Befehl, Daniel in die Löwengrube zu werfen, wobei die Ausführung nicht unmittelbar geschieht.

Nachdem der König den Befehl erteilt hat – durch das Zeitadverb τότε wird Sequentialität hergestellt –, trauert er (V 14 ἐλυπήθη Aorist). Seine Haltung verändert sich und er versucht aktiv, Daniel zu befreien. Obgleich er zunächst – unmittelbar als ihn die Beamten mit dem Vergehen des Daniel konfrontieren – den Befehl erteilt, Daniel in die Löwengrube werfen zu lassen, intendiert er die Rettung Daniels (ἐβοήθει τοῦ ἐξελέσθαι). Die Bemühungen sind zeitlich ausdrücklich bis zum Abend (ἕως δυσμῶν ἡλίου) befristet. Der Versuch der Befreiung durch den König scheitert (οὐκ ἠδύνατο ἐξελέσται V 15).[151]

---

151 Auch hier begegnet eine parallele Struktur:

καὶ   ἐβοήθει   τοῦ ἐξελέσθαι αὐτὸν ἕως δυσμῶν ... ἀπὸ τῶν χειρῶν τῶν σατραπῶν
καὶ οὐκ ἠδύνατο   ἐξελέσθαι αὐτὸν   ἀπ' αὐτῶν

Die Rede des Dareios an Daniel ist ebenfalls durch eine Partizipialformulierung angeschlossen. Gegenüber dem vorangehenden Dialog haben sich die Kommunikationspartner verändert: Dareios initiiert ein Gespräch mit Daniel. Konfrontiert mit der Tatsache, dass Daniel in die Löwengrube geworfen wird und er auch nicht in der Lage ist, ihn zu bewahren, stellt er eine Rettung durch den Gott des Daniel (ἐξελεῖταί σε) in Aussicht. Das Motiv wird in drei Stufen entwickelt: Versuch der Rettung durch Dareios – Scheitern der Rettungsbemühung – Hoffnung auf Rettung durch Gott. Ein zeitlicher Strukturmarker greift den kommenden Ereignissen voraus, wenn Dareios den Mut des Daniel bis zum nächsten Morgen begrenzt (ἕως πρωὶ θάρσει). Nach (τότε) diesen Worten, die allem Anschein nach, der Handlung von V 17 unmittelbar vorausgehen, wird Daniel in die Löwengrube geworfen. Trotz der unklaren örtlichen Struktur und der wenigen Hinweise auf die Personenkonstellation, die seit V 14 begegnen, setzt V 17 eine neue Situation voraus. Durch die Umsetzung des Verbotes und die Anwendung der Tatfolgebestimmung wird eine sprachlich unterschiedene Stufe der Handlung erreicht und eine neue Szene geschaffen; V 17 ist Auftakt des nächsten Abschnittes.[152]

V 17 entfaltet in einzelnen durch καί verbundenen Schritten eine Handlung, die ohne lenkende Hinweise von außen ihren Gang nimmt: Daniel wird in die Löwengrube geworfen, ein Stein wird gebracht, er wird auf die Öffnung der Löwengrube gelegt, die Löwengrube wird versiegelt. Lediglich bei der Versiegelung ist Dareios Subjekt der Handlung, die übrigen Verben liegen in einer passiven Form vor. Der Erzähler legt – eingeleitet mit ὅπως – die doppelte Zielsetzung der Versiegelung offen: Weder die Beamten noch der König sollen in das Verfahren der Löwengrube eingreifen können. Zwar ist auch V 18a mit τότε sprachlich abgesetzt und durch das Gehen des Dareios in seinen Palast ein Ortswechsel vorausgesetzt, und doch ist VV 17.18 als zusammenhängender Abschnitt zu verstehen. Das einigende Band ist die zeitliche Dimension: der Zeitabschnitt der Nacht (vom Sonnenuntergang bis zum Morgen VV 14.16), in der Daniel in der Löwengrube ist. V 18a richtet den Blick auf den König, der die Szene verlässt und in seinem Palast ein Fasten übt; V 18b richtet den Blick auf die Löwengrube und das sich in ihr abspielende Geschehen: In der Sorge um Daniel verschließt der Gott des Daniel den Mund der Löwen, damit Daniel keinen Schaden erleidet. Während Dareios passiv fastet, greift der Gott des Daniel rettend (ὁ δὲ θεὸς τοῦ Δανιηλ V 18b) in das Geschehen ein. Was Dareios nicht erreichen konnte (V 15), vollbringt der Gott des Daniel.

Zwar ist V 19 mit der Konjunktion καί unmittelbar an das Vorangehende angeschlossen, dennoch muss man hier einen Einschnitt annehmen.

---

152 Gleichzeitig greift V 17 als Ausführung auf den V 14 genannten Befehl zurück.

Darauf deuten die volle Königstitulatur und die deutliche Betonung der
neuen Szene hin. Die Zeitangabe πρωί (vgl. V 16) markiert die zeitliche
Einordnung und durch die Aussage πορευθεὶς ἔστη ἐπὶ τοῦ στόματος τοῦ
λάκκου τῶν λεόντων wird die Ortsveränderung zum Ausdruck gebracht.
Durch den Hinweis auf die Dareios begleitenden Satrapen, seinen Weg
zur Löwengrube, in der sich Daniel noch immer aufhält, wird die neue
Personenkonstellation gezeichnet. Nach dieser Präsentation (τότε) der
Szene (V 19) wird V 20a die direkte Rede des Dareios, adressiert an Daniel, eingeleitet. Er greift in seinem Anruf an Daniel seinen V 16 zum
Ausdruck gebrachten Wunsch oder seine Hoffnung auf Rettung Daniels
durch seinen Gott wieder auf. Bei aller Übereinstimmung dieser beiden
Verse, fällt der Unterschied im verwendeten Verb auf: Während V 16 die
Hoffnung auf die Befreiung mit der Form ἐξελεῖται zum Ausdruck bringt,
verwendet V 20 die Verbalform σέσωκε. Neben die, aufgrund der geän-
derten Situation notwendige Anpassung der Tempora, tritt eine Differenz
in der Verwendung des grundlegenden Verbs (vgl. VV 22.27).

Der Übergang vom Ausruf des Dareios zur Antwort des Daniel bereitet
syntaktische Schwierigkeiten:[153] τότε Δανιηλ ἐπήκουσε φωνῇ μεγάλῃ καὶ εἶπε.
Die Grundbedeutung von ἐπακούω legt ein Verständnis von Daniel als Objekt, nicht als Subjekt nahe, sodass „im 2. Satzteil ein stillschweigender Subjektwechsel"[154] eintritt. Einen anderen Weg geht etwa LXX.D, wenn sie die
Wendung mit „Darauf hörte Daniel auf die laute Stimme und sagte:" wiedergibt.[155] MURAOKA gibt als Bedeutung für Dan^LXX 6,21 „to react to oral
message"[156] an, wobei die mündliche Mitteilung keine Frage ist. Weitere Belege sind Jdt 14,15; 1Kön 18,24, ähnlich Ps^LXX 57,6.[157] Geht man von dieser
Bedeutung aus, lassen sich die syntaktischen Schwierigkeiten auflösen.

V 20 Ὦ Δανιηλ, εἰ ἄρα ζῆς,   καὶ ὁ θεός σου ... σέσωκέ σε ἀπὸ τῶν λεόντων
V 21 Βασιλεῦ,   ἔτι εἰμὶ ζῶν, καὶ σέσωκέ με   ὁ κύριος   ἀπὸ τῶν λεόντων

Daniel antwortet auf den Anruf und greift auf ihn zurück. Stellenweise
herrscht Wortgleichheit. Angesichts der weitgehenden Identität ist die
Differenz in der Bezeichnung des Subjekts der Rettung gewichtig: Während Dareios von einer Rettung durch den Gott des Daniel (καὶ ὁ θεός
σου) spricht, redet Daniel vom Herrn (ὁ κύριος). An die Aussage über
die Rettung schließt die zweigliedrige Begründung (καθότι) an. Daniel
interpretiert sie zum einen hinsichtlich der Gerechtigkeit vor Gott und

153 Vgl. dazu auch die textkritische Schwierigkeit: P 967 bietet τόν anstelle von τότε. Vgl.
    dazu Abschnitt 5.2.1, 209.
154 ALBERTZ, Gott 113.237, „Darauf hörte er Daniel mit lauter Stimme, und er sprach ..."
155 Ähnlich auch MEADOWCROFT, Aramaic Daniel 304.
156 Vgl. MURAOKA, Lexicon of the Septuagint Lemma: ἐπακούω 258.
157 Eine andere Alternative wäre für ἐπακούω mit Dativ der Sache die Gen 16,11; Spr 15,29
    bezeugte Bedeutung „to take sympathetic note of" (vgl. ebd.). Die Konstellation der
    Figuren spricht gegen diese Deutung.

zum anderen hinsichtlich seiner Unschuld vor dem König. Während das Motiv der Gerechtigkeit der Erzählung bislang fremd war, greift das Fehlen jeglicher Verfehlung (οὔτε ἄγνοια οὔτε ἁμαρτία) auf die gleichlautende Formulierung V 4 zurück: Was die Beamten damals bereits festgestellt haben, begegnet hier in der Interpretation des Geschehens in der Löwengrube durch Daniel als göttlich autorisierte Erkenntnis. Kontrastiert wird dieser Befund auf Seiten des Daniel mit dem Verhalten des Königs durch den chiastischen Übergang:

Daniel   ἐν ἐμοί – σὺ δὲ   Dareios

Der Unschuld des Daniel steht das durch die Beamten fehlgeleitete Verhalten des Dareios gegenüber; dabei wird die Ursache für sein Fehlverhalten ihm nicht direkt zur Last gelegt, sondern durch das Verhalten der Beamten begründet. Sie haben Dareios – und andere Könige? – irregeführt (ἀνθρώπων πλανώντων βασιλεῖς). Das Werfen in die Löwengrube durch Dareios wird der Gerechtigkeit des Daniel durch die vorliegende chiastische Struktur entgegengesetzt.

Mit τότε abgegrenzt begegnet V 23 im Referat des Erzählers ein Ausschnitt der Szene, der das Verfahren der Löwengrube vorauszusetzen scheint: Die Versammlung der Mächtigen sieht (καὶ εἶδον), dass Daniel von den Löwen keinerlei Leid zugefügt wurde. Dessen persönlichem Bekenntnis zu seiner Rettung wird die offizielle Feststellung dieser Rettung entgegengesetzt. In den Blick kommen in der Folge τότε jene Männer, die gegen Daniel Zeugnis abgelegt (καταμαρτυρήσαντες τοῦ Δανιηλ) hatten. Betont notiert der Erzähler, dass neben den Beamten selbst auch deren Frauen und Kinder in die Löwengrube geworfen werden. Das gleiche Verfahren, das V 17 an Daniel durchgeführt wird, wird nun an diesen vollstreckt. Die unmittelbare und vollständige Tötung konstituiert den Gegensatz zur Schadlosigkeit des Daniel (V 23). Ergänzt wird die Aussage über ihre Tötung durch den Hinweis auf das Zermalmen aller Knochen (ἔθλασαν τὰ ὀστᾶ αὐτῶν), die den Kontrast noch radikalisiert. Die Vernichtung der Beamten und die Rehabilitierung Daniels, der V 24 in Rückgriff auf die Planungen von V 5 über das gesamte Reich des Dareios eingesetzt wird, stehen in einem deutlichen Gegensatz. Das Resultat des Geschehens ist zweifach zu bestimmen: die Vernichtung der Beamten sowie die Rettung und Beförderung Daniels. Damit schließt der innere Rahmen der Erzählung (VV 5.24) und der Erzähler leitet zum Rundschreiben über.

- 6,1a Rahmenformulierung: Dareios

- 6,1b–3 Verwaltungsreform und Stellung des Daniel
    - 6,1b–2a Verwaltungsreform
    - 6,2b Ort Daniels in der Verwaltung
    - 6,3 Ansehen und Qualifikation des Daniel

- 6,4–5 Plan der Beamten – Auftakt der Haupthandlung
    - 6,4 Suche nach einer Verfehlung des Daniel
    - 6,5 Entschluss ein Verbot zu erlassen

- 6,6–9 Zustandekommen des Gesetzes
    - 6,6 Hinweis auf die szenische Veränderung
    - 6,7 Kundgabe des Beschlusses des Verbotes
    - 6,8 Bitte um die Bestätigung des Verbotes
    - 6,9 Bestätigung des Verbotes

- 6,10–16 Intrige und Scheitern der Rettung
    - 6,10 Daniels Reaktion auf das Verbot
    - 6,11 Beobachtung des Verstoßes des Daniel
    - 6,12–13 Anzeige beim König
    - 6,14–15 Trauer des Königs und Unmöglichkeit der Rettung
    - 6,16 Hoffnung auf Rettung durch Gott

- 6,17–18 Daniel in der Löwengrube
    - 6,17 Vollzug der Tatfolgebestimmung
    - 6,18a Fasten des Dareios
    - 6,18b Göttliche Rettung

- 6,19–24 Feststellung der Rettung Daniels
    - 6,19 Beschreibung der Szene
    - 6,20 Dareios Hoffnung auf Rettung des Daniel
    - 6,21f Antwort des Daniel
    - 6,23 Feststellung der Unversehrtheit des Daniel
    - 6,24 Beamten in der Löwengrube und Einsetzung des Daniel

- 6,25–27 Rundschreiben des Dareios
    - 6,25 Präskript des Briefes: Adressatenangabe
    - 6,26–27 Korpus des Briefes: der Gott des Daniel im Reich

- 6,28 Rahmenformulierung: Ende des Dareios

8 Narrative Analyse: Dan^MT 6

8.1 Kommunikationsgeschehen

Der Erzähler von Dan 6 steht außerhalb des Geschehens und lässt kaum Züge einer Persönlichkeit erkennen. Dementsprechend ist seine Perspektive auf die Handlung ein Blick aus der Distanz auf ein sich selbstständig entwickelndes Geschehen. Seine wertenden Kommentierungen machen seine Positionierung sichtbar.[1] Obwohl er nicht Teil der Handlung ist, steht er zu ihr in Beziehung; im Hinblick auf Daniel ist seine Sympathie deutlich sichtbar. Auf diese Weise erhält er gleichsam personalen Charakter, ohne als Aktant in Erscheinung zu treten. Er scheint Darjawesch – insbes. ab dem Zeitpunkt der Anklage (V 14) – zu begleiten und blickt aus dessen Nähe auf das Geschehen.[2]

Der Erzähler wendet sich den einzelnen Personen unterschiedlich in Umfang und Nähe zu. Bemerkenswert ist seine ausführliche Darlegung der Aktivitäten der Beamtenschaft; demgegenüber ist ihre Zeichnung als individuelle Personen sehr zurückgenommen: Weder führt er sie mit Namen ein, noch gewährt er Einblick in ihre Emotionen oder die Beweggründe ihres Handelns.[3] Sie werden als Gruppe von Funktionsträgern ohne Individualität eingeführt: Die durch ihren Titel angegebene verwaltungsrechtliche Funktion und Stellung sind ihr entscheidendes Merkmal. Bei Daniel und Darjawesch ist das Interesse hingegen auf die individuelle

---

1 Vgl. dazu bspw. die Ausführungen zu אֱכַל קַרְצוֹהִי V 25; Abschnitt 8.4.3, 326.
2 Vgl. MARTIN DE VIVIÉS, Séjours 137. Während der Erzähler die übrigen Figuren nur punktuell in den Blick nimmt, ist eine weitgehende Kontinuität in der Darstellung des Darjawesch gegeben.
3 Der viel zitierte Neid der Beamten auf die Beförderung Daniels als Beweggrund für die Intrige gegen König und Daniel wird vom Text selbst nicht artikuliert und stellt ein Ergebnis der Interpretation dar. Vgl. etwa SEOW, Daniel 87, "... trouble for the Jews arises because of professional jealousy–one suspects also racism and xenophobia– on the part of their contemporaries, those who do not share their allegiance to their God." Zum leitenden Kriterium für die Interpretation wird der Neid bei KIRKPATRICK, Competing 105f, "In Daniel 6, too, the motivation for conspirators is not explicitly labeled 'envy,' but the narrative leaves no room for mistaking its clear operation. ... In conversation with an explicit model of envy, the text of Daniel 6 is greatly illuminated." Vgl. aber BEYER, Text 26, „Im Hebräischen und Aramäischen fehlen so alltägliche Worte wie ‚Neid' ... "

Person und ihr Profil gerichtet. Während auch Daniels Emotionen nicht thematisiert werden,[4] weist der Erzähler zweimal auf die des Königs, seine Trauer und seine Freude, hin (VV 15.24). Obwohl Daniel durch seine vielfache Nennung in Bemerkungen des Erzählers und der direkten Rede der Beamten eine hohe Präsenz aufweist, leistet er kaum einen aktiven Beitrag zur Entwicklung der Handlung. Seine Rolle ist eine passive bzw. reaktive; in diese Richtung weist auch die Verteilung der Redeanteile: Die Initiative für die Dialoge geht von den Beamten aus (VV 6.7–9.13.14.16). Darjawesch erscheint als der, der Antwort gibt (V 13); erst in der zweiten Hälfte überschreitet er die Rolle des Antwortenden hin zum aus eigener Initiative Sprechenden (VV 17.21.26–28). Demgegenüber fallen Daniels Wortmeldungen minimal aus. Lediglich V 22f antwortet er auf den Ruf des Königs. Der Gott des Daniel und seine Eigenschaften werden im Rundschreiben in den Blick genommen.

Die Wahrnehmbarkeit des Erzählers ist unterschiedlich stark ausgeprägt.[5] Außerhalb der erzählenden Passagen (VV 2–6a.7a.10–13a.15.18–21a.24–29) tritt der Erzähler hinter den Dialog der Figuren zurück (VV 6b.7b–9.13b–14.16–17.21b–23). Der Gebrauch wörtlicher Rede markiert Passagen von besonderer Bedeutung: Der Erzähler konfrontiert den Leser unmittelbar mit der Handlung, auch wenn er stellenweise noch sehr zurückgenommen erkennbar ist.[6] Der Leser soll die Erzählung direkt aus der Handlung heraus betrachten und rezipieren.

Bei der Beurteilung der Zuverlässigkeit des Erzählers spielt der Interpretationsrahmen für die Bewertung der einzelnen Textsignale eine entscheidende Rolle:[7] die auf historischer Ebene fehlerhaften Aussagen über den Mederkönig Darjawesch (6,1) und seine Reform der Reichsorganisation[8] sind im Kontext des (apokalyptischen) Geschichts- und Literaturverständnisses des Daniel-Buches bzw. allgemeiner der hellenistischen Zeit[9] zu verstehen und lassen sich nicht als Indiz für Unzuverlässigkeit des Erzählers werten.[10] Der Erzähler von Dan 6 und seine Aussagen sind als zuverlässig anzusehen.[11] Seine Urteile über Verhaltensweisen, über

---

4   Lediglich seine Kenntnis des Verbotes wird V 11 thematisiert; ob dabei ein Einblick in innere Gedanken gegeben oder ob ein äußerer Vorgang beschrieben wird, ist nicht zu entscheiden.
5   Vgl. MEADOWCROFT, Aramaic Daniel 91.
6   Vgl. FLUDERNIK, Erzähltheorie 47.
7   Vgl. dazu Abschnitt 4.4.3, 167; außerdem NÜNNING, Grundzüge 17f.
8   Vgl. bspw. KOCH, Dareios; GESE, Reich; außerdem Abschnitt 3.1.6, 98.
9   Vgl. dazu BAUER, Daniel 25–27. Maßstab kann nicht das Geschichtsbewusstsein westlicher Prägung des 20. oder 21. Jh. n. Chr. sein.
10 Ähnliches gilt für die Würdigung der sofortigen Vernichtung der riesigen Beamtenschar in der Löwengrube V 25.
11 MEADOWCROFT, Aramaic Daniel 40, "No evidence emerges during the course of this study that the perspective of the narrator in Daniel is in any sense unreliable." Obgleich

Personen und nicht zuletzt über Gott sind in der Erzählung notwendig
wahr. Für die Interpretation kommt ihnen entscheidende Bedeutung zu,
insofern sie die Botschaft des Textes in verschiedenen Facetten widerspiegeln. Der Erzähler stellt den Schlüssel bereit, mit dem der Leser die
Interaktionen betrachten soll.

Sein textinternes Gegenüber ist der Erzähladressat; direkte Hinweise
fehlen. Jede Aussage bleibt auf die Interpretation angewiesen.

8.2 Entwicklung der Handlung

8.2.1 Ausgangssituation

Die Verse 5,30–6,1 konstituieren den Abschluss der vorangehenden Erzählung; zugleich bilden sie für Dan 6 den unmittelbaren Kontext. Durch
die gemeinsame Fokussierung von 5,30–6,1 und 6,2ff auf Darjawesch und
dessen Übernahme der Königsherrschaft wird Dan 6 zum Kontext in
Beziehung gesetzt.

Ausgangspunkt ist eine Reform der Verwaltungsstruktur des medischen Reiches durch Darjawesch, die – markiert durch die beiden Verbalformen שְׁפַר und הֲקִים – den nachfolgenden Abschnitt dominiert.[12] Darjawesch setzt 120 Satrapen (אֲחַשְׁדַּרְפְּנִין) über das Königreich (עַל־מַלְכוּתָא)[13]
ein, über denen wiederum drei Fürsten (סָרְכִין) stehen,[14] zu deren Gruppe
Daniel zumindest anfangs gehört. Als Zweck der Reform wird die Entlastung bzw. der Schutz des Königs (מַלְכָּא לָא־לֶהֱוֵא נָזִק) angegeben.[15] Dieser
ordnet die Verwaltung seines Reiches neu; möglicherweise hat er einen
realistischen Blick für die Beanspruchungen, mit denen er konfrontiert
ist. Im Bewusstsein dieser Problematik setzt er die Reform tatkräftig in
Gang und schafft eine Struktur, die seine eigene, persönliche Belastung

---

er eine andere Vorstellung vom Begriff „unzuverlässiger Erzähler" verwendet, kommt
er zum gleichen Ergebnis.

12 Die Perfekta dienen der Markierung der Haupthandlung. Vgl. GZELLA, Tempus 302f.

13 Auffällig ist das Fehlen eines Possessivsuffixes zum Ausdruck der Zugehörigkeit
des Königreiches zu Darjawesch. Der Gebrauch des stat. emph. verweist auf die V 1
hergestellte Beziehung.

14 Zur Übersetzung der Beamtentitel vgl. Abschnitt 5.1.2, 206; sowie Abschnitt 8.4.3,
325. Die Fülle der Begriffe macht die Bedeutung der Beamtenschaft für die Erzählung
deutlich: Sie handelt von einer Welt, die maßgeblich von Funktionären geprägt ist. Vgl.
EISSFELDT, Laufbahn 142.

15 Die Bedeutung von נזק wird meist mit „Schaden erleiden" angegeben. Vgl. BEYER,
ATTM 1 Lemma: נזק 635; KOEHLER/BAUMGARTNER, HALAT Lemma: נזק 1745; VOGT,
Lexicon Lemma: נְזַק 111, „damnum subiit". TROPPER, Untersuchungen 116, betont
die „transitive Nuance": „Schaden zufügen; schädigen"; wieder anders: GESENIUS,
Handwörterbuch^17 Lemma: נזק 915, „belästigt werden"; GINSBERG, Notes 81, „the king
should not be *bothered*".

reduziert. Ergebnis ist „un monde extrêmement hiérarchisé"[16], in der auch Daniel – so wird gleichsam nebenbei mitgeteilt – einen spezifischen Ort zugewiesen bekommen hat.

Daniel ist nicht das Thema der Schilderung der Ausgangssituation; es geht um die Reform des Königs und ihre Folgen. V 4f fokussiert die Konsequenzen für Daniel, der V 3 in die Hierarchie eingeordnet wurde.[17] Im Kontext einer Reichsangelegenheit ist von ihm die Rede. Bezugspunkt ist seine Tätigkeit in der königlichen Verwaltung, bei der er sich in der Regel den übrigen Fürsten und Satrapen gegenüber als überlegen erweist (הֲוָא ... מִתְנַצַּח עַל). Wegen Daniels außergewöhnlichen Geistes (רוּחַ יַתִּירָא בֵּהּ)[18] plant der König (Inf. + לְ + עֲשִׁית), erneut in die Struktur der Verwaltung einzugreifen und ihn über das gesamte Reich einzusetzen.[19]

Der folgende V 5 stellt die Kehrseite dieser Entwicklung dar: Die unterlegenen Fürsten und Satrapen kommen in den Blick. Zentrale *Leitworte* der Erzählung werden eingeführt: בעה (suchen, bitten) und שׁכח (finden).[20] Die Unterlegenen suchen (הֲוֹו בָעַיִן) einen Grund zur Anklage gegen Daniel (לְהַשְׁכָּחָה). Die Fürsten und Satrapen – alle gemeinsam – gehen gegen Daniel vor; ihr Ansatz, eine Anklage auf fehlerhaftem Verhalten in Staatsangelegenheiten aufzubauen, führt nicht zum Ziel (לָא־יָכְלִין לְהַשְׁכָּחָה). Einen Ausweg scheint seine religiöse Praxis zu bieten. Die Beamten hoffen einen Anklagegrund zu finden (V 6), der mit den religiösen Pflichten Daniels zusammenhängt (בְּדָת אֱלָהֵהּ).[21] Die Zweistufigkeit ihres Suchens macht deutlich, dass die Aktionen der Beamten nicht auf den Glauben oder die religiöse Praxis Daniels zielen. „Seine Kollegen hätten

---

16 Martin de Viviés, Séjours 132.
17 Mitunter werden diese Aspekte nicht mehr im Kontext der Ausgangssituation betrachtet. Vgl. etwa ebd., aber: Abschnitt 7.1, 222.
18 Zum Begriff des „außergewöhnlichen Geistes" vgl. Abschnitt 8.4.2, 313.
19 Zur Verwendung von כָּל־קֳבֵל דִּי vgl. Abschnitt 4.4.5, 182, im Anschluss an Wesselius, Language and Style 194ff; Moriya, Meaning.
20 Vgl. Arnold, Wordplay 483, "As the chapter unfolds, the narrator continues to use these verbs [בעה und שׁכח; D. H.] repeatedly to contrast Daniel's character with that of his enemies." בעה Dan 6,5.8.12.13.14 (darüber hinaus Dan 2,13.16.18.23.49; 4,33; 7,16) und שׁכח Dan 6,5(ter).6(bis).12.23.24 (darüber hinaus Esr 4,15.19; 6,2; 7,16; Dan 2,25.35; 5,11.12.14.27).
21 Der semantische Gehalt der Wendung דָּת אֱלָהֵהּ wird im Folgenden untersucht; mit Grätz, Gottesgesetz 1, scheint „ein spezifisches Erkennungsmerkmal der Juden" gemeint zu sein. Vgl. weiter Abschnitt 8.3.1, 267. Aufmerksamkeit verdient die Frage nach der konkreten Verwendung der Präposition בְּ. Zahlreiche Autoren tendieren zu einer weiten Wiedergabe; so etwa Gzella, Tempus 221, „in bezug auf"; Seow, Daniel 85, "in connection" ... Eine instrumentale Wiedergabe etwa mit „durch" wurde in den Publikationen nicht beobachtet, ist aber ebenfalls möglich: Durch die Instrumentalisierung der Religion (des Gesetzes des Gottes) des Daniel entsteht ein Anklagegrund, der im Bereich des Staates zu suchen ist. Der Anklagegrund liegt tatsächlich nicht im Gesetz des Gottes des Daniel, sondern im staatlichen Gesetz (es ist ein staatliches Verbot, gegen das Daniel verstoßen wird!), wird aber durch das Gesetz des Gottes des Daniel herbeigeführt.

jeden anderen Vorwand ihm zu schaden ebenso genommen. Seine religiöse Praxis war eben die einzige ›Schwachstelle‹, die sie fanden."[22] Die Auseinandersetzung, die sich ab V 7 entwickelt, wird – zumindest vordergründig – zu einem Konflikt um die Religionsausübung und erlangt übergreifende Bedeutung in religiösen Kontexten.

8.2.2 Zeitliche und räumliche Struktur

Vor Beginn des Textes begegnet eine allgemeine Verortung (V 1), die in der Erzählung nicht vorausgesetzt wird, aber präsent ist.[23] Neben der *Lokalisierung* im Kontext des Königreiches des Darjawesch, eines Königs der Meder, die den königlichen Hof als szenischen Ort vorstellt, begegnet eine *zeitliche Einordnung* durch die im 62. Lebensjahr angesiedelte Übernahme der Herrschaft (כְּבַר שְׁנִין שִׁתִּין וְתַרְתֵּין).

Das Reich der Meder   Das Gebiet der Meder ist im iranischen Hochland anzusiedeln und umfasst Gebiete des nördlichen Irans, Aserbaidschans, Afghanistans und Zentralasiens.[24] Als Hauptstadt etablierte sich Ekbatana; in der Zeit vom 8.–6. Jh. v. Chr. gelang es den Medern, ihren Machtbereich auszudehnen und im Konzert der östlichen Großmächte der Assyrer und Perser eine entscheidende Rolle – insbes. auch bei der Zerstörung des assyrischen Reiches – zu spielen. Unter Kyrus (559–530) überwinden die Perser die Herrschaft der Meder und beenden deren Dynastie; evtl. herrschte Kyrus in der Folge in Personalunion über beide Länder. Erst unter Darius I. (521–486) wird das persische Reich neu gegründet und der ehemals medische Teil ihm untergeordnet.[25] „In Ermangelung eigener schriftlicher Überlieferung und aufgrund des unsicheren archäologischen Befundes bleibt die territoriale, politische, soziale und kulturelle ‹Gestalt› des medischen ‹Reiches› bis heute unklar."[26] Die Verortung des Geschehens im medischen Reich zur Zeit der Herrschaft des Königs Darjawesch umfasst eine lokal-geographische sowie eine zeitliche Komponente.

Zeitliche Struktur   Die Datierung (V 1) trägt nur wenig für die zeitliche Strukturierung aus, da das Verhältnis der Ereignisse von V 2ff und der Re-

---

22 BAUER, Daniel 131f. Eine zunächst rein politische bzw. menschlich-persönliche Rivalität wird so zu einer Auseinandersetzung, in der Religion eine wichtige Rolle spielt.
23 Die fehlende Vorstellung Darjaweschs in VV 2–29 zeigt die enge Einbindung in den weiteren Kontext.
24 Vgl. PACE, Daniel 199; dazu und im Folgenden HÖGEMANN, Art. Medien 747.
25 Zur literarischen Präsentation des Mederreiches im Daniel-Buch und zur Person des Dareios vgl. KOCH, Dareios; GESE, Reich. Vgl. hier auch die Ausführungen zu möglichen Kenntnissen um die Geschichte des Mederreiches zur Zeit der Entstehung des Daniel-Buches. Außerdem Abschnitt 3.1.6, 97.
26 WIESEHÖFER, Persien 19.

gierungsübernahme durch Darjawesch nicht präziser beschrieben wird.[27] Der Erzähler macht die Aufeinanderfolge von Regierungsübernahme und Reform deutlich, ohne für den zeitlichen Abstand verwertbare Informationen bereitzustellen.[28]

Der Erzählverlauf orientiert sich an der chronologischen Abfolge; auffällig ist der weitgehende Verzicht auf präzise Angaben zur zeitlichen Einordnung einzelner Ereignisse. Lediglich die Sequentialität wird durch die immer wiederkehrenden Verknüpfungen mit אֱדַיִן bzw. בֵּאדַיִן betont zum Ausdruck gebracht.[29] Detaillierte Angaben finden sich im unmittelbaren Umfeld der Löwengrube (V 19f); mitunter kann an anderen Stellen eine zeitliche Struktur erschlossen werden.

Vor diesem Hintergrund sind die Abweichungen von der Chronologie der Ereignisse von Interesse: Die Gebetspraxis des Daniel wird erst V 11 thematisiert, während die Erzähllogik Kenntnis davon bei den Beamten bereits ab V 6, spätestens jedoch mit V 8 vorauszusetzen scheint. Nachgetragen wird V 23 die Rettung des Daniel; ihr kommt ein Prozesscharakter zu: Der Gott des Daniel bewahrt diesen in der Löwengrube vom Abend bis zum Morgen. Der Auftakt des Geschehens, das bewahrende Eingreifen Gottes ist am Abend, unmittelbar als Daniel in die Löwengrube geworfen wird, zu datieren.[30] Der Leser wird – wie Darjawesch – bis zum Morgen über das Schicksal des Daniel im Unklaren gelassen. Die bereits in der Nacht begonnene Rettung wird am Morgen abgeschlossen und offenbart.

Die V 4 verwendete Verbalform (הֲוָא מִתְנַצַּח), die eine iterative oder durative Aktionsart zum Ausdruck bringt,[31] legt einen zeitlichen Abstand zwischen den beiden Teilen der Verwaltungsreform nahe, ohne präzisere Angaben über seine Dauer zu machen. In gleicher Weise muss für die Bemühungen der Beamten um einen Anklagegrund (הֲוֹו בָעַיִן V 5) ein – möglicherweise sehr kurzer – Prozess des Suchens angenommen werden. Deutlich wird V 11 die Reaktion des Daniel an den unmittelbar vorangehenden Erlass des Verbotes angebunden.[32] In direktem zeitlichen Zusammenhang mit der Kenntnis vom Gesetz begibt sich Daniel in sein Haus zum Gebet. Die Anklage der Beamten setzt einen mehrmaligen Verstoß (זְמְנִין תְּלָתָה בְּיוֹמָא בָּעֵא בָּעוּתֵהּ V 14) voraus und impliziert eine längere Dauer, mindestens einen vollen Tag. Der Verstoß ist nicht eine

---

27 VV 1.2ff sind asyndetisch gereiht.

28 Vermutlich wird man davon ausgehen dürfen, dass der Erzähler keine große Zeitspanne im Sinn hat. Dies legt die Altersangabe von 62 Jahren und die Lebenserwartung nahe.

29 Vgl. MARTI, Grammatik §131; GZELLA, Tempus 116. Insgesamt 15 Belege.

30 Vgl. LUCAS, Daniel 155, "... Daniel was not saved *from* the lions' pit but was kept safe *in* it."

31 Die periphrastische Konstruktion drückt „andauernde oder wiederholte Sachverhalte" aus. Vgl. GZELLA, Tempus 246. In der deutschen Sprache lässt sich die Intention am besten durch ein Adverb zum Ausdruck bringen.

32 Vgl. dazu Abschnitt 7.1, 226.

einzelne Handlung, sondern eine Reihe von Übertretungen über einen gewissen (umgrenzten) Zeitraum. Nach der Beobachtung der fortgesetzten
Gebetspraxis des Daniel kehren die Beamten zurück und konfrontieren
Darjawesch mit dem königlichen Gesetz und in der Folge mit ihren Beobachtungen. Dieser versucht bis zum Untergang der Sonne (וְעַד מֶעָלֵי
שִׁמְשָׁא V 15), Daniel vor den Konsequenzen zu bewahren.[33] Die erneute
Intervention der Beamten ist mit oder nach Sonnenuntergang (מֶעָלֵי שִׁמְשָׁא)
anzusetzen und führt zum königlichen Befehl, Daniel in die Löwengrube
zu werfen. Nach der Ausführung des Befehls und der Versiegelung der
Löwengrube geht Darjawesch in seinen Palast und verbringt dort die
Nacht (בָּת V 19).[34] Die nächste Zeitangabe bezieht sich auf das Ende der
Nacht (בִּשְׁפַּרְפָּרָא יְקוּם בְּנָגְהָא V 20). In aller Frühe – zum nächstmöglichen
Zeitpunkt nach der Nacht – bricht Darjawesch zur Löwengrube auf. Deutlich wird sein Rufen nach Daniel noch auf dem Weg angesiedelt (כְּמִקְרְבֵהּ
V 21). Im Folgenden entwickelt sich die Handlung sequentiell, betont
wird V 25 die unmittelbare Tötung der Beamten durch die Löwen (וְלָא־מְטוֹ
... לְאַרְעִית גֻּבָּא עַד דִּי). Durch die Aussage, dass die Beamten den Boden
nicht erreichen, wird die sofortige Vernichtung akzentuiert zum Ausdruck
gebracht.

Darjawesch verfügt am Tag der Anklageerhebung das Urteil; am
nächsten Morgen erfolgt ebenso unmittelbar – nach der Konstatierung der
Rettung des Daniel – das Urteil über die Beamten und seine Vollstreckung.

Das Ende der Erzählung V 29 greift über die Regierungszeit des
Darjawesch hinaus und berichtet von der erfolgreichen Tätigkeit Daniels
unter dem Perserkönig Kyros, der als Nachfolger des Darjawesch gedacht
zu sein scheint.[35]

> Eine stellenweise andere zeitliche Struktur der Erzählung ergibt sich, wenn
> man MAYER folgt und unter dem Eingehen der Sonne (מֶעָלֵי שִׁמְשָׁא V 15) nicht
> das Eingehen der Sonne in ihr nächtliches Haus, also den Sonnenuntergang,[36]
> sondern das „Eingehen der Sonne in das Zenithaus"[37] versteht. Die folgenden
> Ereignisse finden demnach nicht nach Sonnenuntergang bis in die Nacht
> hinein statt, sondern am Nachmittag desselben Tages. Chronologischer An-
> kerpunkt bleibt dann für die weitere Datierung der Morgen V 20.

---

33 Zur juristischen Dimension dieses Begriffes vgl. CASSIN, Daniel 140, „Le coucher du
    soleil marque la fin des cogitations du roi parce que c'est le moment de l'exécution du
    jugement prévu par l'édit."
34 Zur Grundbedeutung von בית „die Nacht verbringen" vgl. FREEDMAN/HOMAN in:
    FREEDMAN/HOMAN/KOTTSIEPER, Art. בַּיִת 119.124.
35 Die Interpretation des Darjawesch als Vorgänger des Kyros ist nicht zwingend, aber
    naheliegend. V 29 scheint der Profilierung des Daniel zu dienen; das Fehlen eines
    Hinweises auf einen Zwischenkönig ist signifikant, da tendenzwidrig.
36 Vgl. etwa GESENIUS, Handwörterbuch^17 Lemma: מֶעָל*914; KOEHLER/BAUMGARTNER,
    HALAT Lemma: מֶעָל* 1740; VOGT, Lexicon Lemma: מֶעָל* 108.
37 MAYER, Iranischer Beitrag 128.

Räumliche Struktur Gleichermaßen undeutlich ist die räumliche Struktur der Erzählung, obgleich drei konkrete Orte genannt werden. Durch die Einführung des Darjawesch wird die Vorstellung vom medischen Reich als geographischem Rahmen wachgerufen. Wo nähere Angaben fehlen, ist vom unmittelbaren Umfeld des Königs, dem Königshof als Ort des Geschehens auszugehen.[38] Konkret als Ort des Geschehens benannt wird das Obergemach im Haus des Daniel (בְּעִלִּיתֵהּ V 11)[39], die Löwengrube (גֹּב אַרְיָוָתָא VV 8.13.17.18.24.25)[40] sowie der Palast des Königs (לְהֵיכְלֵהּ V 19). Wiederum finden sich präzise Angaben im unmittelbaren Kontext der Löwengrube.

Im Spannungsfeld der genannten Orte und des Königshofes entfaltet sich die Handlung. Während der Auftakt der Erzählung ohne konkrete Hinweise auf den vorauszusetzenden Ort auskommt, lässt V 7 auf einen konkreten Ort, den königlichen Hof, schließen.[41] Weniger bedeutend erscheint die Frage nach der Bestimmung des Ortes und der szenischen Details; im Vordergrund steht der Ort in seiner Funktion, Begegnung mit dem König zu ermöglichen. Deutlich hervorgehoben ist der Ortswechsel V 11, wenn Daniel in sein Haus geht (עַל לְבַיְתֵהּ).[42] Die Beamten vollziehen diesen nach und beobachten Daniels Tun (הַרְגִּשׁוּ V 12). Nachdem sie Daniel ertappt haben, verlassen sie den Bereich des Hauses des Daniel, das nachfolgend nicht mehr begegnet. Funktional betrachtet dient das Haus ausschließlich dem Gebet des Daniel. Nur diese Handlung wird dort

---

38 Vgl. auch MILLS, Morality 203, "In the court tales the great kingdom is the world of the text; all action occurs inside the foreign court, which is at the heart of the great kingdom or world empire." Der Königshof ist gleichermaßen Ort und soziales Milieu; vgl. HERMAN, Court Society 200, "The court was the king's immediate social milieu, and exercised the strongest influence upon his personality and actions." Eine einheitliche Definition des Phänomens „Hof" ist nicht gefunden. Vgl. HIRSCHBIEGEL, Hof 15f.

39 Der Kontext weist das Obergemach als zum Haus des Daniel gehörig aus. Zu Häusern mit Obergemach im AO vgl. VIEWEGER/GERBER, Art. Haus 252f; FRITZ, Art. Haus 54–56; DALMAN, Arbeit VII 85–87.

40 Neben גֹּב im st. abs. begegnen auch st. emph. und Formen ohne Näherbestimmung.

41 Zwar wird der königliche Hof nicht konkret bezeichnet; die Formulierung הַרְגִּשׁוּ עַל־מַלְכָּא situiert die Begegnung im Umfeld des Königs, genauer an dem Ort, wo dieser üblicherweise seinen Amtsgeschäften nachgeht. Auch zuvor scheint der Königshof oder das weitere Umfeld den örtlichen und gesellschaftlichen Hintergrund zu bilden.

42 EHRLICH, Daniel 142, geht davon aus, dass „Daniel bis dahin im Freien außerhalb der Stadt zu beten pflegte. Er mag dies sonst getan haben wegen der Götzentempel … Jetzt aber betete er bei sich daheim, weil er sich daselbst vor Entdeckung sicherer glaubte … כל קבל ונו' bezieht sich nur auf das Beten überhaupt, nicht aber auf das Haus als Ort desselben." Es scheint im Text aber nicht eine Opposition zwischen dem bisherigen Ort des Gebetes und einem neuen Ort des Gebetes artikuliert zu werden, sondern die Opposition zwischen dem Hof des Königs und dem Haus des Daniel, das der Ort seines Gebetes ist. Der Akzent liegt auf der Kontinuität in seinem Handeln; dies schließt einen neuen Ort des Gebetes sicher nicht aus. Andererseits interessiert sich der Text nicht dafür.

lokalisiert. Die Beamten kehren in den Bereich des königlichen Hofes zurück, sie treten hinzu (קְרִיבוּ V 13) und sprechen vor dem König.

> Die Unterordnung der Beamten unter den König ist deutlich: Die Beamten sind es, die zum König kommen; dieser erscheint als Zentrum ihres Aktionsradius. Auch die Verwendung der Präposition קדם (וְאָמְרִין קֳדָם־מַלְכָּא) markiert die Hierarchie.

Aufgrund der Aussage der Beamten wird Daniel zur Löwengrube gebracht und hineingeworfen.[43] Die Anwesenheit Darjaweschs und der Beamten wird vorausgesetzt; das Verhältnis von Löwengrube und königlichem Hof bleibt unklar.[44] Nach der Versiegelung geht Darjawesch für die Dauer der Nacht in seinen Palast (לְהֵיכְלֵהּ V 19), um am nächsten Morgen (V 20) in aller Frühe zur Löwengrube zurückzukehren (אזל). Aufgrund der göttlichen Rettung lässt er Daniel aus der Löwengrube herausführen. Für die weitere Entwicklung scheint der königliche Hof als Szene vorausgesetzt zu sein, deutliche Hinweise fehlen allerdings.

Die Ortsangaben bleiben insgesamt unscharf, aber typisch. Im Vordergrund steht nicht der Ort an sich, sondern sein typologischer Charakter. Mit ihm verbinden sich bestimmte Personen und Aspekte.[45] Neben der allgemeinen Vorstellung des Hofes – wie sie über weite Strecken der Erzählung vorausgesetzt wird – begegnet V 19 der „Palast des Königs" (לְהֵיכְלֵהּ). Letzterer ist vermutlich im Kontext des Hofes angesiedelt,[46] er wird an dieser Stelle als vom Königshof unterscheidbare Ortsangabe verstanden. Das Wort „*hêkāl* wird oft abwechselnd mit *bajit* gebraucht, bezieht sich aber vor allem auf königliche Paläste ... und ... auf königliche Residenzen ...“[47] Deutlich ist der Bezug auf die Person des Königs als des Herrschers. Vielleicht steht bei dem konkret mit הֵיכַל bezeichneten Palast der private Aspekt im Vordergrund. Er fungiert hier nicht als Ort, an dem der König die Staatsgäste und Beamten empfängt, sondern erscheint als Ort des persönlichen Rückzugs und der Einsamkeit des Königs während der Nacht. Der König zieht sich aus dem öffentlichen in den privaten Bereich zurück.[48]

---

43   Eine Zwischenstation im königlichen Palast anzunehmen, ist möglich, dem Text jedoch nicht zu entnehmen.

44   Eine lokale Differenzierung wird durch die Verben der Bewegung VV 19.20 lediglich zwischen dem Palast des Königs und der Löwengrube eindeutig artikuliert.

45   Vgl. VENTER, Space 993.

46   Dabei bleibt zu beachten, dass im AT keine präzise Vorstellung von der Eigenart eines Hofes entfaltet wird. Vgl. dazu WAGNER, Hofstil 224; MATHYS, Achämenidenhof.

47   OTTOSSON, Art. הֵיכַל 409f, vermutlich sumerisches Lehnwort; auch zur Bezeichnung von Tempeln: „Ein Tempel wird oft als die Wohnung des Gottes betrachtet, von daher wird der Unterschied zwischen Palast und Tempel gering." Zur Bezeichnung für ein großes Privathaus begegnet das Wort im AT – im Gegensatz zum Akkadischen – nicht. Vgl. auch VOGEL, Cultic Motif 67f.

48   Man wird bei dieser vorsichtigen Interpretation auch die Frage nach einem möglichen Anachronismus stellen müssen, der die Dimensionen von „öffentlich" und „privat" in

Eine ähnliche Perspektive offenbart der Blick auf das „das Oberge-mach des Hauses". Der typologische Ort des *Hauses* (בַּיִת) wird mit Daniel verbunden und terminologisch vom Palast des Königs (הֵיכַל) unterschie-den. Das gemeinsemitische Wort בַּיִת umfasst ein breites Bedeutungsspek-trum: „Mithin bezeichnet semit. *bjt* in seiner weitesten Bedeutung Orte, an denen praktisch alles leben kann."[49] Insbes. auch der Palast (vgl. 4,1 parallel zu הֵיכַל) kann durch בַּיִת bezeichnet werden.[50] Neben der physi-schen Struktur des Gebäudes dient der Begriff auch zur Bezeichnung der im Haus lebenden Menschen als soziale Größe.[51] Die Handlung macht die Fokussierung auf das Gebäude deutlich; die lokale Dimension steht im Vordergrund.[52] Das Haus ist ein Ort, der in einer Distanz zum Hof des Königs und dem dort stattfindenden Geschehen steht.[53]

Über die Dimensionen des Hauses und seine architektonische Struktur ist dem Text kaum etwas zu entnehmen. Es lässt sich weder mit Gewissheit auf ein einfaches Gebäude noch auf eine luxuriöse Anlage schließen; lediglich die Existenz eines Obergeschosses, welches mit Fenstern versehen war, wird vorausgesetzt.

Der archäologische Befund weist das sog. Vierzonen-Haus oder Vierraum-Haus – zumindest für die Eisenzeit I und II – als einen häufigen Bautyp aus, der möglicherweise Vorstellungs-Hintergrund für die Erzählung gewe-sen sein mag.[54] Verbreitet war bei diesem Bautyp auch die Existenz eines Obergeschosses oder zumindest die Nutzung der Dachfläche.[55] Aus dem

---

die damalige Zeit einträgt. Deutlich ist die Abgrenzung von dem politischen Geschehen am Hof und dem zurückgezogenen, von Fasten begleiteten Zubringen der Nacht. In gleicher Weise ist das Beten des Daniel in seinem Haus verortet; Daniel betet nicht am Hof des Königs.

49   FREEDMAN/HOMAN in: FREEDMAN/HOMAN/KOTTSIEPER, Art. בַּיִת 119.
50   Vgl. auch *bêt malkā'* (Esr 6,4); ähnlich Dan 4,27. Die meisten Belege bezeichnen den Tempel in Jerusalem. Dazu: FREEDMAN/HOMAN in: ebd. 122f.
51   FRITZ, Art. Haus 53, „Gleichzeitig bezeichnet *b[ayit]* auch die Bewohnerschaft eines H[aus]es, diese umfaßt den Mann als *pater familias*, seine Frau, die leiblichen oder angenommenen Kinder, sonstige aufgenommene Verwandte, die Schutzbürger und die Sklaven (vgl. Gen 7,1 Ex 20,17 Jos 24,15 u. ö.). Die Zahl der zum H[aus] gehören-den Personen konnte erheblich schwanken; der Haushalt bildete aber eine rechtliche und kultische Gemeinschaft in gegenseitiger Verantwortung und mit gemeinsamem Handeln beim Opfer (vgl. Dtn 12,[7; D. H.] 14,26 15,20)." Außerdem vgl. VIEWEGER/GERBER, Art. Haus 249. Schwierig bleibt die Frage nach Möglichkeiten für Rückschlüsse von diesen Daten auf die Situation eines Diasporajuden am Hof eines fremden Königs.
52   Nur Daniel wird in die Löwengrube geworfen, nicht die übrigen Angehörigen seines Hauses. Auch die Texte, die von der Zerstörung der Häuser im Kontext von Strafen sprechen (Dan 2,5; 3,29; Esr 6,11), beziehen sich auf das Haus als Gebäude. Vgl. KOCH, Daniel 149f.
53   Vgl. ebd. 160, der eine analoge Deutung für Dan 2,17 vorschlägt.
54   Damit sollen freilich nicht die Derivate und anderen Typen des Hofhauses ausgeschlos-sen werden.
55   VIEWEGER/GERBER, Art. Haus 251, „Die Vierraum-Häuser hatten meist ein oberes Stockwerk."

Vorhandensein eines solchen Obergeschosses lassen sich keine Aussagen über die Dimensionierung des Gebäudes treffen.[56]

Auf literarischer Ebene fällt der Ortswechsel V 11 auf, der die aktuelle Szene im bzw. am Haus Daniels verortet.[57] Unmittelbar nach der Kenntnisnahme des Verbotes verlässt Daniel den Bereich des Königshofes und zieht sich in sein Obergemach zurück.[58] Das Haus erscheint als Gegenüber und Gegenort zum Königshof; es ist nicht der Ort des offiziellen, öffentlichen Bereiches, sondern quasi privater Rückzugsraum.[59] Aufgrund der Singularität der beiden Stellen 2,17; 6,11 ist eine Interpretation schwierig; dennoch bleibt auffällig, dass die beiden einzigen Stellen, die von einem Beten Daniels berichten, dies mit seinem Haus verknüpfen. Das Gebet Daniels ist in seinem Obergemach angesiedelt, nicht in der Öffentlichkeit. "The roof chamber of a house ... provided the quiet and privacy conducive to undistracted prayer ... "[60] Demnach steht das Obergemach im Haus Daniels in der Funktion eines privaten, vom Königshof separierten Ortes, dem der Bereich der persönlichen Frömmigkeit zugeordnet ist.

Obgleich Jerusalem nicht als Schauplatz der Handlung begegnet, wird die Stadt durch ihre Erwähnung Teil des Raumkonzeptes. Der Erzähler verweist im Kontext der Aussagen über die bauliche Beschaffenheit des Hauses des Daniel auf Fenster, die Richtung Jerusalem weisen (נֶגֶד יְרוּשְׁלֶם V 11).[61] Jerusalem begegnet im Daniel-Buch meist als Ort des Tempels

---

56 Vgl. dazu bspw. die Erzählungen 1Kön 17,19; 2Kön 4,10f, die in den Häusern einfacher Menschen ein Obergeschoss voraussetzen. Vgl. dazu außerdem die Beobachtungen im Orient des letzten Jahrhunderts von DALMAN, Arbeit VII 59, „Auf dem Dach haben wohlhabende Bauern öfters einen Söller ('illīje ...), das heißt einen darauf gebauten kleineren Raum mit Tür und Fenster, der als ‚Sommerhaus' ... im Sommer Schlafstätte sein kann und stets gern Gästen als Schlafraum zugewiesen wird ... " Außerdem zu den Fenstern in Häusern generell ebd. 74ff.

57 Eine ganz ähnliche Situation begegnet 2,17, wo sich Daniel zu seinen Gefährten in das Haus zurückzieht (לְבַיְתֵהּ אֲזַל).

58 Vgl. VENTER, Space 997, im Kontext der Überlegungen zur Verweigerung der Mahlgemeinschaft Daniels mit dem König Dan 1: "The physical space at court represented a cultural-religious system that had to be accepted as the world God sent them to live in, but had to be prevented from becoming part of the Judeans' inner life."

59 Seine Gottesverehrung ist im Haus angesiedelt und nicht in der Öffentlichkeit; anders dagegen das Zeugnis des JOSEPHUS. TILLY, Rezeption 47, „Daniels besondere Tapferkeit erweist sich darin, dass er den verbotenen Kniefall vor seinem Gott nicht nur in seinem Privatgemach vollzieht (Dan 6,11), sondern in aller Öffentlichkeit (Ant 10,255f.)." Auf ein bisher im Freien gepflegtes Gebet deutet nichts im Text hin. Anders: EHRLICH, Daniel 142; wieder anders PRINSLOO, Poems 104.105, "...continues to worship God, and does so in public". Der Aspekt der Abgeschiedenheit scheint sich mit dem Motiv des Obergemaches auch in Ri 3,20.23–25; 2Sam 19,1; 1Kön 17,19.23; 2Kön 4,10f zu verbinden; die übrigen Belege lassen eine Auswertung nicht zu. Zur Problematik von Ri 3 vgl. GROSS, Richter 236f.

60 HARTMANN/DiLELLA, Daniel 199.

61 Jerusalem in Dan: 1,1; 5,2f; außerdem im Bußgebet 9,2.7.12.16.25.

und des damit verbundenen Kultes.[62] Zugleich steht die Stadt in einer 1,1f
aufgebauten, direkten Opposition zum fremden Königshof. Zwar wurde
mit der Zerstörung Jerusalems und der damit verbundenen Exilierung
der Kult unmöglich gemacht, dennoch bleibt die Bedeutung der Stadt zur
Zeit des Exils und danach bestehen.[63] Der Text geht davon aus, dass die
Fenster des Obergeschosses nach Jerusalem weisen; über die Ausrichtung
Daniels beim Gebet ist damit noch nichts gesagt. Doch dürfte die Notiz
in der Tat dazu dienen, eine Wendung Daniels an *den Ort* der Verehrung
seines Gottes zum Ausdruck zu bringen, zumal diese Praxis auch in
anderen Texten belegt ist.[64]

8.2.3 Knotenpunkte

Ist mit VV 2–6 die Ausgangssituation dargestellt und der Konflikt vorgezeichnet, entwickelt sich ab V 7 die „eigentliche Handlung". Knotenpunkte markieren die wesentlichen Entwicklungsalternativen der Erzählung.[65]
Besondere Bedeutung kommt dem Entschluss der Beamten zum Widerstand (V 7), der Reaktion des Darjawesch auf die Bitte der Beamten (V 10),
der Reaktion Daniels auf das Verbot (V 11), der Verurteilung des Daniel (V 17) und der Reaktion des Darjawesch auf die Rettung Daniels
(VV 24–27) zu.

Die Beamten werden durch Darjawesch mit einer geplanten (+ עֲשִׂית
לְ) Veränderung der Strukturen der Verwaltung konfrontiert, die Daniel
ihnen gegenüber in eine herausgehobene Stellung bringen soll; damit
verbunden ist für diese eine Einbuße an Macht. Das Spektrum möglicher
Handlungsweisen ist breit; extreme Alternativen markieren Akzeptanz

---

62 Zur kultischen Dimension Jerusalems im Daniel-Buch vgl. VOGEL, Cultic Motif 102ff.

63 TOWNER, Daniel 83, "Jerusalem, the object of every exile's hopes and desires comes
    under the interdict ... Jerusalem is no ordinary city. Jerusalem is the summation of
    all the redemption that is to come. Jerusalem is the *future*. To prohibit a person from
    turning the body and the mind toward Jerusalem is to quench that person's vision
    and to deprive that person of a reason for being." TSEVAT, Art. יְרוּשָׁלַ͏ם 939, „Zu dieser
    Stadt, ob erbaut oder zerstört, hat der Israelit allzeit ein inniges Verhältnis. Das zeigen
    die herzzerreißenden Klagen über ihren Untergang (Kl 1–5), die Liebe, die man noch
    für Geröll und Schutt ihrer Ruinen empfindet (Ps 102,15), und das Unvermögen, ihr
    Los zu vergessen (Ps 137,1–6)." Insbes. die Tatsache des Wiederaufbaus des Tempels
    in persischer Zeit und die Auseinandersetzungen um den Tempel in der seleukidi-
    schen Zeit machen die Bedeutung Jerusalems offenkundig. Vgl. dazu insgesamt: KEEL,
    Geschichte; außerdem BERGSMA, Cultic Kingdoms 58, "... Daniel's orientation of his
    prayer toward Jerusalem indicates his desire to be in communion with the Holy Place,
    the site of the Temple, where the sacred liturgy had long been celebrated and, according
    to the promise of the prophets, would be celebrated again."

64 Vgl. dazu KRATZ, Translatio 144f. Etwa 1Kön 8,44.48; Tob 3,11; 3Esr 4,58.

65 Zur angewandten Kriteriologie für die Hierarchie der Knotenpunkte vgl. Ab-
    schnitt 4.4.4, 174.

und Mittragen der Veränderung oder der Widerstand dagegen. Diese Handlungsmöglichkeiten können in unterschiedlicher Intensität und Abstufung realisiert werden. Die Beamten folgen der zweiten Handlungsstrategie: Sie versuchen, die Veränderungen zu verhindern, indem sie Daniel beim König durch das Aufdecken eines Anklagegrundes diskreditieren (V 5). Ein als Anklagegrund taugliches Vergehen lässt sich nicht ohne Weiteres finden, wenn überhaupt – so die Erkenntnis der Beamten – im Bereich der Frömmigkeit des Daniel (V 6).

Darjawesch wird (V 7) von seinen Beamten aufgesucht und mit der Bitte um den Erlass eines neuen Verbotes konfrontiert. Nach deren Auskunft basiert der Vorschlag auf Beratungen aller Beamten des Reiches (V 8). Ihre Bitte an den König, einen entsprechenden Erlass herauszugeben (V 9), lässt diesem folgende Alternativen: Entweder er entscheidet sich gegen den Rat seiner (vermeintlich) vollständigen Beamtenschaft und geht das Risiko einer Vertrauenskrise ein, oder er folgt dem Rat und erlässt das Gesetz. Darjawesch folgt dem Anliegen seiner Beamten.[66]

Daniel sieht sich damit konfrontiert, dass seine bislang geübte religiöse Praxis untersagt wird. Er erlangt Kenntnis von dem königlichen Verbot und muss sich positionieren. Neben der Befolgung des königlichen Erlasses und der Inkaufnahme von Kompromissen bezüglich der religiösen Praxis ist Widerstand gegen das Verbot und ein Festhalten an der eigenen religiösen Praxis denkbar. Daniel wählt den zweiten Weg: Er geht in sein Haus und betet; er führt sein bislang gepflegtes religiöses Leben in gleicher Art und Weise – ungeachtet, aber in Kenntnis des königlichen Verbotes – fort. Er verzichtet auf einen demonstrativen oder provozierenden Akt des Übertretens, aber hält konsequent an seiner Praxis fest (כָּל־קֳבֵל דִּי־הֲוָא עָבֵד מִן־קַדְמַת דְּנָה).[67]

Darjawesch wird in der Folge von den Beamten mit Daniels Vergehen (VV 13.14) konfrontiert. Er bekräftigt auf deren Nachfrage die Gültigkeit des erlassenen Verbotes. Erst dann bezichtigen sie Daniel eines Vergehens. Einerseits hat Darjawesch selbst den Beamten gegenüber die Gültigkeit des Verbotes bestätigt (V 13), andererseits wird er mit der Behauptung konfrontiert, Daniel – den er seiner politischen Kompetenz wegen schätzte – verstoße gegen dieses Verbot und missachte den König. Während die in Trauer durchgeführten Rettungsversuche des Darjawesch keinen

---

66 Man muss sich vor einer vom Vorverständnis der Erzählung geleiteten Perspektive hüten, die das Ende bereits antizipiert und die Legitimität des Handelns des Daniel sowie die Absurdität und Widergöttlichkeit des Verbotes voraussetzt. Die Kenntnis des Lesers von der weiteren Entwicklung ist kaum als Maßstab für eine angemessene Bewertung des Verhaltens des Königs tauglich.

67 Eine Veränderung in der Art der Gottesverehrung – so EHRLICH, Daniel 142 – hat am Text keinen Anhalt.

Erfolg zeigen, erhöhen die Beamten den Druck auf den König (V 16).[68]
Die Brisanz der Entscheidungssituation ist offensichtlich: Entweder er verurteilt Daniel – den nach seiner Einschätzung geeignetsten Beamten zur
Lenkung der Verwaltung des Reiches – und folgt dem Gesetz oder er ver-
weigert die Verurteilung und gerät damit in Konflikt mit dem Grundsatz
der Unveränderlichkeit des Gesetzes der Meder und Perser und riskiert
im Extremfall den Verlust persönlicher Autorität sowie herrschaftlicher
Macht. Die Entscheidung erfolgt zugunsten des Verbotes und des eigenen
Wohls; Daniel wird in die Löwengrube geworfen.

Am Morgen wird Darjawesch mit dem (erhofften) Überleben Daniels
konfrontiert. Die Löwen haben diesem während der Nacht keinen Schaden zugefügt. Daniel erklärt seine Rettung durch ein Eingreifen seines
Gottes und proklamiert seine Unschuld vor Gott und dem König. Vor
diesem Hintergrund muss Darjawesch die weitere Entwicklung steuern;
er erkennt die Rettung an und rehabilitiert Daniel in vollem Umfang. Dadurch stellt er den Zustand vor der Intrige der Beamten wieder her. Doch
er reagiert mit weiteren Schritten, die auf den ersten Blick nicht zwingend
sind. Ihre Hintergründe sind im Verlauf der Interpretation des Textes zu
klären. So verfügt er, dass die Beamten den Löwen überantwortet und
in die Grube geworfen werden (V 25); außerdem erlässt er ein Schreiben,
das von den Bewohnern des Reiches die Anerkennung der Macht des
Gottes des Daniel fordert.

Ein Überblick über die entscheidenden Knotenpunkte macht u. a.
auch die Rolle der einzelnen Aktanten für die Entwicklung der Handlung deutlich. Dabei wird der reaktive Charakter des Königs deutlich:
Es sind stets andere (ausgenommen V 4), die seine Entscheidungen herbeiführen; es sind andere, von denen die Initiative ausgeht: Darjawesch
reagiert. Ähnlich Daniel; auch er gibt keine handlungsleitenden Impulse
und verhält sich reaktiv. Die Handlung wird von den Beamten initiiert
und gesteuert.

8.3 Motive der Handlung

8.3.1 Gesetz

Das Themenfeld „Gesetz" ist im Daniel-Buch über weite Strecken präsent;
es bezieht sich auf verschiedene Rechtsbereiche:[69] Neben dem Gesetz

---

68 Die Trauer des Königs und seine Rettungsversuche machen deutlich, dass Darjawesch
     zwar von einem Verstoß des Daniel gegen ein Verbot ausgeht, nicht jedoch von einer
     Schuld.
69 Vgl. dazu KRATZ, Reich 443ff.

der Meder und Perser (דָּת־מָדַי וּפָרַס VV 9.13.16) umfasst es das konkrete vom König erlassene Gesetz (קְיָם VV 8.16, אֱסָר VV 8.10.13(bis).14.16,
כְּתָב VV 9.10.11, טְעֵם V 27); darüber hinaus begegnet es im Kontext der
Religion Daniels (דָּת אֱלָהֵהּ V 6). Die verschiedenen Begriffe lassen sich
semantisch nicht trennscharf abgrenzen; vielmehr bestehen zahlreiche
Überschneidungen. Eine Differenzierung ist durch die konkrete Konstruktion und den Kontext zu erreichen. Die Fluktuation betrifft in erster Linie
die Begriffe zur Bezeichnung einer konkreten königlichen Anweisung
mit Gesetzeskraft bzw. deren Konkretion (etwa טְעֵם ,כְּתָב ,אֱסָר ,קְיָם). Der
Terminus דָּת hingegen wird ohne Variationen in verschiedenen Kontexten gebraucht: Aus dem Gegensatz zwischen dem Gesetz im staatlichen
Bereich und dem Gesetz, das mit dem Gott des Daniel in Verbindung
gebracht wird, entwickelt sich der entscheidende Konflikt der Erzählung.
Der König erlässt ein Gesetz, dass in einem Widerspruch zu dem göttlichen Gesetz steht, dem Daniel verpflichtet ist.

קְיָם   Dieses, von der Wurzel קום abgeleitete, Substantiv bezeichnet einen
Vertrag, eine Satzung, einen Eid, einen Beschluss oder eine Verordnung[70].
Konkret verwendet wird die Form in einer *figura etymologica* (לְקַיָּמָה V 8)
zur Bezeichnung eines bestimmten von Darjawesch zu erlassenden Edik-
tes bzw. eines vom König erlassenen Ediktes (דִּי־כָל־אֱסָר וּקְיָם דִּי־מַלְכָּא יְקַים
V 16). Die Einzelnorm staatlicher Gesetzgebung ist im Blick. Beide Belege
– die einzigen im BA – verbinden den Begriff mit einer Form der Wurzel
קום in einer *figura etymologica* und betonen so einerseits die Festigkeit des
Beschlusses, andererseits die Verwiesenheit auf das Subjekt, den König,
der die Norm durch ihren Erlass garantiert.

אֱסָר   „Vertrag, Bündnis, Fessel, Urteil, Strafe" lassen sich als Grundbedeutungen für den „geprägten Rechtsterminus"[71] אֱסָר angeben. Im Hintergrund steht die Vorstellung der Wurzel אסר, die ein „Binden, Fesseln"
bezeichnet. „Es handelt sich mithin nicht um ein allgemeines Gesetz, sondern um einen situationsgebundenen Erlaß. Die Bezeichnung als 'æsār
greift offenkundig das Nomen 'sr als Begriff für eine beschränkende
Rechtsabmachung oder Bestimmung auf."[72] Nicht an allen Stellen in
Dan 6 ist es mit einem Verb verbunden; liegt eine Verbindung vor, dann
in der Regel mit der Wurzel רשם, V 8 mit der Wurzel תקף und V 16 mit
קום. Während die Wurzel תקף (befestigen, bestätigen) ähnlich wie קום zum
Ausdruck der Festigkeit und Beständigkeit dient, fasst die Wurzel רשם die

---

70   Vgl. GESENIUS, Handwörterbuch[18] Lemma: קְיָם 1530.
71   KOTTSIEPER, Art. אֱסָר 70.
72   Ebd.

technische Seite des Erlasses ins Auge: die – so ließe sich das Bild zum
Ausdruck bringen – „schriftliche Ausfertigung der Fessel".[73]

כְּתָב   Abgeleitet von כתב bezeichnet כְּתָב die Schrift bzw. die Vorschrift.
Greifbar ist durch die Bezeichnung der Aspekt der schriftlichen Nieder-
legung; dies zeigt sich auch in der konsequenten Verbindung mit der
Wurzel רשם (VV 9.10.11), die ebenfalls den Aspekt des Schreibens ausdrückt.

טְעֵם   Das Substantiv טְעֵם weist ein vielfältiges Bedeutungsspektrum auf.
Ein Aspekt dieses Wortes, der für die vorliegende Stelle V 27 relevant ist,[74]
ist der Ausdruck „Befehl, Wille". In vergleichbarem Kontext begegnet
die Wurzel mehrfach in Dan und dem gesamten BA.[75] Im Vordergrund
steht der Aspekt des autoritativen Befehls; die den Befehl erlassende
Instanz bringt ihren Willen zum Ausdruck.[76] Das Spektrum dieser Befehle
ist weit und reicht vom „königlichen Befehl / Erlaß mit reichsrechtlicher
Dimension, wozu die schriftliche Ausfertigung und Verbreitung (Dan 6,27;
Esr 5,17; 6,1ff; 7,13.21) ebenso wie die Verhängung der Todesstrafe bei
Nichtbeachtung (Dan 3,10.29; Esr 6,11f) gehören" bis zur „sporadische[n]
Einzelanweisung(en) ohne juristischen Hintersinn, deren Befolgung oder
Nichtbefolgung kein Thema ist".[77]

דָּת   Als letztes – aber als einer der zentralen Begriffe – ist das Wort דָּת zu
behandeln. „Er [der Begriff; D. H.] ist persischen Ursprungs (dāta) und im
Zusammenhang königlicher Gesetzgebung in einigen Inschriften belegt,
wobei dāta weniger ein bestimmtes Gesetz als vielmehr eine weltum-
spannende Ordnung bezeichnet, die der König garantiert. In konkreten
königlichen Erlassen dagegen findet sich der Begriff selten und ist dort
eher unspezifisch gebraucht."[78] Die Belege in der atl Überlieferung verweisen meist auf den „Bereich der vom persischen König ausgehenden
Rechtssetzung"[79].

Der Begriff דָּת wird in Dan 6 durch den Kontext in zwei Richtungen konkretisiert: Er bezeichnet zum einen das „Gesetz der Meder und

---

73   MILLARD, Writing 354, "… there is one word that stands out in the early Aramaic
     lexicon as neither common West Semitic nor an import from East Semitic, and that is
     rᵉšam, applied in the book of Daniel to writing and authenticating decrees …"
74   Zu Belegen einer anderen Bedeutung und etymologischen Erwägungen vgl. Ab-
     schnitt 8.4.3, 335; außerdem ebd. 353, "Lastly, we may note that the meaning 'order' for
     ṭᵉ'ēm in Official Aramaic is likely to be the result of Akkadian influence, although the
     word itself is equally at home in West Semitic." Belege in der Erzählung VV 3.14.
75   Vgl. Dan 3,10.29; 4,3; 6,27; Esr 4,19.21; 5,3.9.13.17; 6,1.3.8.11f; 7,13.21.
76   KOCH, Daniel 305, „Dem Bekenntnis folgt in V. 29 [Kapitel 3; D. H.] ein Akt der Gesetz-
     gebung, eingeführt mit der amtlichen Formel für absoluten Herrscherwillen …"
77   KRATZ, Translatio 226.
78   GRÄTZ, Gottesgesetz 10.
79   KRATZ, Translatio 226.

Perser" (VV 9.13.16),[80] zum anderen das „Gesetz des Gottes des Daniel"
(V 6). Für das Gesetz der Meder und Perser erscheint der Aspekt der
Unveränderlichkeit aufgrund der mehrfachen Betonung von zentraler
Bedeutung.[81] Für die Entwicklung der Handlung ist diese Eigenschaft
leitend; die historische Dimension ist dagegen wesentlich unklarer.[82]

Aus theologischer Perspektive ist das Gesetz des Gottes des Daniel
(בְּדָת אֱלָהֵהּ V 6) von besonderem Interesse; es lässt sich aber nur schwer
konkretisieren. Von ihm ist in Dan 1–6 nur 6,6 die Rede.[83] „Um welches
Gesetz es sich handelt oder ob überhaupt ein bestimmtes Gesetz oder
Gesetzeskorpus im Blick ist, ist nicht zu ersehen und spielt offenbar auch
gar keine Rolle."[84]

> „Trotz der gemachten Einschränkungen ist … anzunehmen, daß hinter der
> Erwähnung des Gottesgesetzes in Dan 6,6 erheblich mehr steckt als nur ein
> aus dem Augenblick geborener Kontrast zum ›Gesetz der Meder und Perser‹,
> wohl auch einiges mehr als nur die Einhaltung des täglichen Gebetsritus ge-
> mäß Dan 6,11. Zwei Möglichkeiten bieten sich an. Entweder hat der Verfasser
> einen festen umgrenzten, seiner Zeit und den Lesern vertrauten Gesetzesko-
> dex vor Augen … oder es handelt sich um eine allgemeine Umschreibung der
> jüdischen Religion, sei es, daß mit דת אלהה nur der religiöse Brauch (Dan 6,11),
> sei es, daß die Religion bereits nach einer ihr zugrundeliegenden Urkunde
> bezeichnet ist."[85]

Wichtig ist die Feststellung von KRATZ, dass der Ausdruck im Mund
der Widersacher Daniels begegnet.[86] Es ist nicht die Selbstbeschreibung,
sondern die Außensicht. Daher erscheint es naheliegender, keine allzu
konkrete Vorstellung bei den Beamten vorauszusetzen; vielmehr sind

---

80 Zur Bedeutung des Gesetzes im persischen Reich vgl. KRATZ, Translatio 225, „Als ver-
    bindende Mitte, nach der die Loyalität auszurichten ist, fungiert ein königlich-göttliches
    Gesetz, dessen Aufrichtung und Einhaltung in der Verantwortung des Großkönigs
    liegen, der die Menschen seines Reiches auf den rechten Weg der Staatstreue ruft …,
    sich auch selbst entsprechend verhält … "
81 Vgl. die beiden ähnlichen Formulierungen דִּי־דָת לְמָדַי וּפָרַס דִּי־כָל־אֱסָר V 9; דִּי לָא לְהַשְׁנָיָה
    V 16 sowie דִּי־לָא תֶעְדֵּא וּקְיָם דִּי־מַלְכָּא יְקִים לָא לְהַשְׁנָיָה V 13. Zur Frage der Wiedergabe vgl.
    auch ASHLEY, Book of Daniel 55, der die Infinitivkonstruktion final versteht.
82 Vgl. CRÜSEMANN, Tora 405f zur Frage der tatsächlichen Unveränderlichkeit bzw. der
    Vorstellung der Unveränderlichkeit von schriftlichem Recht.
83 KRATZ, Translatio 227, „Der suffigierte Subjektgenetiv rückt die … Belege ins Blickfeld,
    die entweder von den Gesetzen der Juden (דתיהם, Est 3,8) oder aber, parallel zum
    ›Gesetz des Königs‹ (Esr 7,26; 6,14) wie in den persischen Inschriften, von ›einem/dem
    Gesetz/den Gesetzen deines Gottes‹ (דת / דתא די / דתי אלהך, Esr 7,14.25.26) bzw. in
    der Titulatur Esras von ›dem Gesetz des Himmelsgottes‹ (דתא די אלה שמיא, Esr 7,12.21)
    sprechen, wozu nach Esr 6,14bα טעם אלה ישראל) und 7,23 (טעם אלה שמיא), im Nachtrag
    zu Dan 1–6* auch Dan 7,25 (להשניה זמנין ודת) zu vergleichen sind."
84 KRATZ, Reich 444.
85 KRATZ, Translatio 257.
86 Ebd.

bestimmte offensichtliche Praktiken und Vollzüge anzunehmen, die in der Diaspora als Erkennungsmerkmal der Juden dienen konnten.[87]

Der zunächst naheliegende Bezug ist die Tora.[88] Zu fragen ist jedoch, inwieweit ein inhaltlicher Abgleich diese Interpretation unterstützt: Nach V 6 und der sich daraus entwickelnden Erzählung ist das „Gebet" des Daniel ein zentrales Element. Nur wenn das Gebet des Daniel ein zentraler Aspekt dieses Gesetzes ist, verspricht der Ansatz der Beamten darin einen Anklagegrund zu finden erfolgreich zu sein. Gerade hier finden sich jedoch in der Tora nicht ausreichend Anhaltspunkte.[89] Freilich stehen konkrete Formulierungen jüdischer Lebensweise und Gesetze im Hintergrund; doch dies auf einer Ebene, welche für die Beamten nicht zugänglich ist.[90]

Durch die Initiative der Beamten kommt es zu einer Entgegensetzung der zwei Aspekte, die mit dem Begriff דָּת bezeichnet werden. „Nun stehen sich ‹dāt seines Gottes› (v. 6) und ‹dāt Mediens und Persiens› (v. 9) einander ausschließlich gegenüber. *Es geht in Dan 6 um einen Loyalitätskonflikt*, nämlich den Konflikt zwischen der Verpflichtung gegenüber der göttlichen ‹Verbindlichkeit› (dāt dürfte hier wohl tōrā umschreiben) und der durch den von Gott eingesetzten Herrscher kreierten Verbindlichkeit des Staatsgesetzes."[91] Erst am Ende der Erzählung kommt es mit V 27 und dem dort berichteten königlichen Erlass zu einem Ausgleich. „Nach anfänglicher Opposition (6,6 bzw. 6,9.13.16) stellt der Erlaß des Königs am Ende der Erzählung (in 6,26–28) die Verehrung des jüdischen Gottes,

---

87   GRÄTZ, Gottesgesetz 1, „Da nähere Angaben fehlen, ist das Gottesgesetz nicht sicher identifizierbar; die Art, wie die heidnischen Intriganten diesen Begriff gebrauchen, könnte darauf hindeuten, dass es sich um ein spezifisches Erkennungsmerkmal der Juden, wohl die Tora handelt." Allgemeine Vollzüge – nicht diffuse Religiosität der „religion" des Daniel sind im Fokus. Vgl. MONTGOMERY, Daniel 271; MEADOWCROFT, Aramaic Daniel 99.

88   Vgl. CRÜSEMANN, Tora 392. Vgl. ebd., „Zwar ist *dāt* wohl wirklich ›keine spezifische Bezeichnung für die jüdische Religion oder das jüdische ›Gesetz‹‹. Aber es ist nicht zu bestreiten, daß das Wort an wichtigen Stellen zur Bezeichnung eben dafür geworden ist." Mit Verweis auf Est 3,8; Esr 7; Dan 6,6; in Auseinandersetzung mit RENTDORFF, Esra 168. Eine entsprechende Rezeption durch den Erstleser ist wahrscheinlich.

89   KRATZ, Translatio 146, „Doch weder die Alleinverehrung des jüdischen Gottes in Dan *3 (BD [i. e. BelDr]) noch die kultische Reinlichkeit in 1,8ff und noch weniger die rituelle Gebetsverrichtung in Dan *6 zeugen auf irgendeine Weise von einer Verpflichtung gegenüber der Mose-Tora."

90   Gleichzeitig nötigt dies aber nicht, nur eine „diffuse Religiosität" anzunehmen, die freilich nicht ausreichend gewesen wäre. PORTEOUS, Danielbuch 72 „Das persische Wort dath, das hier gebraucht wird, steht für das hebräische Wort tōra (siehe Esra 7,10.12.14) oder mišpaṭ (siehe Jes. 42,4; 51,4), was parallel zu tōra begegnet. Diese Wörter meinen im Grunde eine Religion, die als Observanz einer von Gott gegebenen Lebensregel aufgefaßt wird. Wenn Daniels Religion eine unbestimmte Religiosität gewesen wäre, hätte sie seinen Feinden nicht die Gelegenheit gegeben, die sie suchten."

91   WILLI-PLEIN, Daniel 6 15; zu beachten ist allerdings die Skepsis des Autors gegenüber der Identifikation von dāt und tōra.

mithin sein ›Gesetz‹ von 6,6 und die Gebetspraxis von 6,11 nachträglich unter den Schutz des Reichsrechts ... "[92]

כתב – *Schriftlichkeit*   Auffällig ist die mehrfache Bezeichnung des Schreibens eines Gesetzes (durch die Wurzeln רשם und כתב); offensichtlich kommt der Schriftlichkeit eine besondere Bedeutung zu.[93] Deutlich wird der hohe Stellenwert, der der Verwaltung und den sich mit ihr verbindenden Strukturen zukommt. Es besteht offensichtlich (vgl. etwa V 9) ein enger Zusammenhang zwischen Schriftlichkeit und Rechtskraft.[94]

8.3.2 Löwengrube

Die Löwengrube wird meist als Ort der Strafe verstanden: Daniel erweist sich als glaubenstreuer Jude und lässt sich von der für das Gebet drohenden Strafe nicht abschrecken. Dafür wird er in die Löwengrube geworfen, dort aber von seinem Gott vor jedem Schaden bewahrt.[95] Mit dieser knappen Skizze ließe sich das „traditionelle" Verständnis dieser Szene – in gestraffter und zugespitzter Form – beschreiben. Die vorliegende Untersuchung geht einen anderen Weg und versteht die Löwengrube nicht als Ort der Strafe, sondern des Gottesgerichtes.

Gottesurteil – Gottesgericht   Ein Gottesurteil, ein Ordal ist in seinem Kern ein Interpretationsgeschehen, in dem ein bestimmter Sachverhalt als Kundgabe des göttlichen Willens gedeutet wird.[96] Die Überlieferung kennt ritualisierte[97] und nicht-ritualisierte[98] Formen. Die Belege beschränken sich nicht auf Israel,[99] sondern sind auch in der Umwelt des AT – in monotheistischen wie in polytheistischen Kontexten – zu finden.[100]

---

92 KRATZ, Reich 444; KRATZ, Translatio 160, „In der Symbiose von Gottesreich und Weltreich setzt das Königsgesetz Gottesgesetz (6,6) in Kraft."

93 Vgl. zur Bedeutung des Schreibens im Kontext administrativer Vorgänge SCHAACK, Ungeduld.

94 GRÄTZ, Gottesgesetz 3, „rechtskräftige, also schriftlich veröffentliche (Est 4,8; 8,14; Dan 6,9) Verordnung (*dābār; ʾæsār*)".

95 KIRKPATRICK, Competing 114, "The casting of Daniel into the lions' den is the attempt to complete the deviance process by a status degradation ritual which would result in a complete change in status for Daniel: from powerful ruler to convicted criminal, from honorable courtier to deviant exile, indeed from living to dead ..."

96 VON NORDHEIM, Gottesurteil 298, „Ein Gottesurteil ist aber etwas anderes: Es ist eher *vergangen*heitsorientiert, indem es ein geschehenes Vergehen aufdeckt bzw. einen Schuldigen überführt oder einen Unschuldigen freispricht." Vgl. auch NOTTARP, Gottesurteilstudien 23.

97 Vgl. dazu bspw. das „Eifersuchtsordal" Num 5.

98 In diesen Kontext gehören vermutlich die „Losordale" (Jos 7; 1Sam 14,38ff; Jona 1,7); zumindest lassen die Texte keine Reste einer Ritualisierung erkennen.

99 Ausführlich zu den Ordalen in Israel vgl. PRESS, Ordal.

100 Vgl. dazu u. a. TUAT I 21, 44f, 55, 58, 81, 83, 84f, 125, 489, 549; II 751f, 777; E 80. Außerdem: DRIVER / MILES, Assyrian Laws; zu beachten ist allerdings die große geo-

Grundlegend für die Vorstellung von Gottesurteilen ist die Überzeugung von der Existenz (mindestens) einer Gottheit, die in bestimmten Situationen in das irdische Geschehen eingreift, um den göttlichen Willen für die Menschen erkennbar zu machen. Zwei Ebenen sind zu unterscheiden: die des physischen Geschehens und die der Deutung; das tatsächliche Ereignis wird mit einer bestimmten Interpretation versehen, für deren Akzeptanz bestimmte, bis zu einem gewissen Grad festgelegte Verständniskategorien existieren. Ein Gottesurteil ist nur unter der Bedingung eines gemeinsamen Interpretationsrahmens verwertbar.

Neben sich eigenständig, ohne direkten menschlichen Einfluss entwickelnde Geschehnisse, die als Gottesurteil interpretiert werden, treten Gottesgerichtsverfahren. Eine bestimmte Ausgangssituation wird herbeigeführt; die weitere Entwicklung bestimmt – so die Überzeugung – das göttliche Handeln. Im Verlauf des Verfahrens spiegelt sich der göttliche Wille, bspw. ein göttlicher Schuld- oder Freispruch, der nach bestimmten, anerkannten Richtlinien erhoben werden kann. Eine Tendenz zur Ritualisierung begegnet in der Verbindung von menschlicher Rechtsprechung und Gottesurteilen; hier zeigt sich der allgemeine Hang zur Formalisierung von Rechtsangelegenheiten.

Begrifflich zu unterscheiden ist zwischen Gottesurteil und Gottesgericht. Das Gottesgericht schließt den Vorgang des Gottesurteils mit ein, greift aber weiter und umfasst auch die Konsequenzen aus dem Urteil. Das Gottesgericht vollstreckt, während das Gottesurteil aufzeigt.

Löwen – Löwengrube Um zu einer ausgewogenen Deutung des Motivs der Löwengrube zu gelangen, ist eine mehrstufige Annäherung, die den unterschiedlichen Kontexten seiner Verwendung Rechnung trägt, notwendig. Zu der Frage nach einer historischen Verortung der Vorstellung von der Löwengrube und möglichen Realisierungsformen[101] tritt die Beschäftigung mit der literarischen Kontextualisierung und der Funktion in der Erzählung. Sie steht im Vordergrund. Die Einbindung in das königliche Verbot und in die gesamte Erzählung erfordert eine differenzierte Interpretation.

---

graphische und ggf. zeitliche Distanz. Vgl. aber LAMBERT, Nebuchadnezzar. Dieser gibt einen Text wieder – den er auf König Nebukadnezzar bezieht –, welcher von einem Flussordal handelt und deutliche Parallelen zu der vorliegenden Erzählung aufweist (vgl. dazu MEADOWCROFT, Aramaic Daniel 114). Freilich ist ein Flussordal etwas anderes als eine Löwengrube; Beziehungen sind dennoch nicht zu übergehen: die Durchführung des Ordals über Nacht, in beiden Texten versammeln sich wichtige Beamte und es geht um die Frage von Schuld und Unschuld.

101 BENTZEN, Daniel 55, geht von der Form einer Zisterne aus und formuliert als Hypothese, dass ein symbolisches Verständnis der Löwengrube als Bild für die Unterwelt möglich ist.

Hinter der Dan 6 verwendeten Wurzel אריה steht ein „gemeinse-
mit[isches] Wort für ,großes, wildes Tier'"[102], welches zur Bezeichnung
des Löwen verwendet wird und aufgrund des semantischen Gehaltes
insbes. den Aspekt des Gefahrenpotentials zum Ausdruck bringt. Im Gegensatz zur heutigen Fauna des Vorderen Orients war der Löwe in der
damaligen Zeit ein verbreitetes Lebewesen: „In bibl. Zeit war der L[öwe]
in Palästina stark verbreitet. Er ist als Raubtier gefürchtet, das Mensch
und Tier bedroht (Spr 22,13 26,13 Am 3,12 5,19). Er haust im Dickicht,
bes[onders] der Jordansenke (Jer 49,19 50,44 Sach 11,3), aber auch in Berg-
gebieten (Hld 4,8) und im Negeb (Jes 30,6)."[103] Die Nacht ist die Zeit, in
der der Löwe auf die Jagd geht (Ps 104,20f). Die insgesamt sieben Begriffe
der hebräischen Sprache, die „Löwen" bezeichnen,[104] machen die Bedeutung des Löwen für die damalige Kultur deutlich. Auch über den engeren
geographischen Kontext Palästinas hinaus war der Löwe außerordentlich
verbreitet, wie die hohe Anzahl an ikonographisch belegten Darstellungen deutlich macht.[105] Das mit dem Vorkommen von Löwen in freier
Wildbahn verbundene Gefahrenpotential führt konsequent zu einer Wahrnehmung der Gefahren,[106] die von ihnen ausgehen, und zur deutlichen
Heraushebung, welch eminente Bedeutung dem Schutz vor ihnen und
der Fähigkeit, sie gegebenenfalls zu überwältigen zukam.[107] Im Kontrast
dazu, aber in gleicher Weise begründet, entwickelt sich eine andere Inter-
pretationslinie: Die kraft- und machtvolle Wesensart des Löwen bereitete
die Verwendung des Löwen als Metapher zur Gottesbezeichnung vor.[108]

---

102 NEEF, Art. אַרְיֵה 77.
103 HEINTZ, Art. Löwe 656.
104 Vgl. BOTTERWECK, Art. אֲרִי 405–407.
105 Vgl. CORNELIUS, Lion 53.
106 Aufgrund des hohen Gefährdungspotentials durch Löwen werden in den Psalmen
    häufig die Feinde des Beters auf bildlicher Ebene mit Löwen in Verbindung gebracht.
    Die Gefahr durch Löwen erscheint aufgrund ihrer typischen Eigenart und ihrer Be-
    drohlichkeit als geeigneter Vergleichspunkt. Vgl. KEEL, Bildsymbolik 75–78; JANOWSKI,
    Feindbild 166ff; VAN DER TOORN, Babylonian Background 638f; etwa Ps 22,14; 57,4f;
    91,13; Hos 5,13f. Außerdem vgl. STRAWN, Lion 273–276. TALMON, Daniel 352, "As a
    symbol of mortal danger, lions play an important role in Hebrew Scriptures ... But the
    lions of the Daniel tradition are a different breed. They are the only specimens of their
    kind in biblical narrative which are turned from ferocious beasts into docile animals."
107 Diese spiegelt sich auch in den bibl. Texten. Vgl. bspw. 1Sam 17,34ff; Ri 14,5ff;
    2Sam 23,20; HEINTZ, Art. Löwe 656; RIEDE, Spiegel 234f. Vgl. auch SCHROER, Tiere 93f,
    „Der heldenhafte Kampf gegen den feindlichen Löwen ist wie der Drachenkampf ein
    seit der Antike verbreitetes Motiv. Ein Herakles, aber auch Simson und David erringen
    ihren Ruhm durch den Sieg über Löwen ... Als Löwenbezwinger par excellence galt
    im Orient der König, weshalb die Löwenjagd der Herrscher Prestigesache war."
108 Aus dem Aspekt der Macht (insbes. gegen und über den Feind; vgl. dazu auch die
    Beschreibung der Feinde mit dieser Bezeichnung) ergibt sich – neben dem Aspekt der
    Gefährdung durch JHWH – der Aspekt des Schutzes durch den Löwen. Vgl. KOENEN,
    Vergleiche 192, „Der Löwe ist kein angreifender, sondern ein schützender Löwe."

Daher war die siegreiche Auseinandersetzung mit Löwen und/oder deren ikonographische Propagierung ein ideales Mittel der Demonstration herrscherlicher Macht.[109] Vielleicht steht damit auch die weit verbreitete Praxis, vor Palästen und Tempeln Löwenstatuen aufzustellen, in Verbindung.[110] Dennoch reduziert sich die Wahrnehmung des Löwen nicht auf die von ihm ausgehenden Gefahren und die Auseinandersetzung mit ihm; er wird in seiner Eigenheit als Tier und das bedeutet auch in seiner Undurchschaubarkeit gesehen. „Gleichwohl ist auch dem alttestamentlichen Menschen das Tier bekannt als ein Wesen, welches eine seltsam hintergründige und nicht faßbare Beziehung zum Irrationalen, zur übersinnlichen Welt der Gottheit besitzt."[111] Die Löwenplage 2Kön 17,25f, Jer 5,6 wird als göttlich begründet gesehen: Die Löwen fungieren als Werkzeug Gottes.[112] Eine solche Verbindung des Löwen zu Gottheiten dokumentiert sich auch in seiner Darstellung als Attribut der Ištar und anderer Gottheiten.[113]

Die Dan 6 mit der Löwengrube in Verbindung gebrachten Vorgänge haben häufig eine symbolische Interpretation erfahren.[114] Die Darstellung

---

109 Zur Bedeutung der Löwenjagd im assyrischen Bereich vgl. WATANABE, Animal Symbolism 76–82.

110 Vgl. CORNELIUS, Lion 63ff; 59, "The lion was therefore a dangerous being which threatened man and beast and had to be conquered. It symbolized the powers of chaos and was feared. The lion, overcome and subdued by the king, was used as symbol of the power of the sovereign, becoming a *royal symbol* par excellence." WATANABE, Animal Symbolism 112–116.

111 HENRY, Tier 51.

112 Wesentlich ist die Unterscheidung zwischen einem Geschehen, das sekundär als Willenskundgabe Gottes gedeutet wird und einem Geschehen, das zur Ermittlung des göttlichen Willens herbeigeführt wird. VERMES, Treatment 165, "Josephus appears to have attributed a kind of supernatural perception to animals: in his personal opinion the lions, though satiated with food, devoured the enemies of Daniel because wickedness aroused their hunger (No. 31)!"

113 Vgl. dazu BOTTERWECK, Art. אֲרִי 408–410.

114 Vgl. dazu beispielhaft die Interpretationen von MAIER, Prophet 253f, Tod und Auferstehung; BENTZEN, Daniel 55; BENTZEN, Märtyrerlegende 60, Unterwelt. Außerdem VAN DER TOORN, Babylonian Background 639f; zu den Deutungen in der frühen Christenheit DULAEY, Daniel. Von einem in Dan 6 vorliegenden wörtlichen Verständnis einer ursprünglich metaphorischen Aussage geht etwa VAN DER TOORN, Babylonian Background 638 aus, "The 'pit of lions,' in its sole Babylonian occurrence, is a metaphor for the hostility and competition among the scholars at court ... Our biblical author, however, mistook a metaphor for a literal description." Im Hintergrund stehen seine Überlegungen, die insbes. von der Erzählung Ludlul bēl nēmeqi ausgehen. Vgl. dazu TUAT III 110f. Der Kontext, in dem die Löwengrube in der babylonischen Überlieferung begegnet, weist keinerlei Nähe zu einem Gottesurteilsverfahren auf; will man Dan 6 als Gottesurteil verstehen und gleichzeitig eine Abhängigkeit der Erzählung Dan 6 von der babylonischen Tradition annehmen, muss man neben einer Veränderung der Aussageebene von der Metapher zur wörtlichen Aussage auch eine tiefergehende Transformation des Motivs voraussetzen.

des Textes ist auf einer realistischen Ebene angesiedelt,[115] die nicht vorei-
lig verlassen werden darf. Diskrepanzen zwischen dem damaligen und
unserem Weltbild sind nicht ausreichend. Für die Frage nach Rezeptions-
möglichkeiten der Erzählung ist diese symbolische Dimension in Betracht
zu ziehen.[116]

Unklar bleibt, was der Leser sich unter einer Löwengrube (גֹּב אַרְיָוָתָא)
vorzustellen hat.[117] Der Begriff גֹּב (VV 8.13.17.18.20.21.24.25) bezeichnet
eine Grube,[118] die durch einen Stein verschlossen werden kann und geeignet ist, eine Mehrzahl von Löwen und Menschen aufzunehmen. Die
Frage, wie eine solche „Löwengrube" konkret zu realisieren sei, muss
ebenso offengelassen werden, wie ihre Zweckbestimmung nicht klar zu
erheben ist.[119]

Die Löwengrube im Kontext des Verbotes   Vor diesem Hintergrund ist die
Funktion der Löwengrube im Kontext des Verbotes zu untersuchen. Um
nicht von vornherein eine Vorentscheidung aufgrund festgelegter Begrifflichkeit zu treffen, soll zwischen „Strafe" und „Tatfolgebestimmung"
unterschieden werden. Letzterem Begriff gilt als dem neutraleren der
Vorzug.

Das Verbot (VV 8.13) ist formal als zur Apodiktik gehöriger Rechtssatz
zu betrachten.[120] Die Imperfektform יִתְרְמֵא bezeichnet die Tatfolgebestimmung; durch den Relativsatz wird das sanktionierte Verhalten definiert.
Aufgrund des allgemein bekannten Kräfteverhältnisses zwischen Mensch
und Löwe ist mit dem Tod zu rechnen.[121]

---

115 Nicht die Faktizität oder Historizität der Erzählung bzw. eines ihrer Motive wird
     behauptet, sondern der Wille der Erzählung, das Motiv als realistisches Geschehen
     darzustellen.
116 Ebenfalls auf einer anderen Ebene ist die Frage nach der Motivgeschichte angesiedelt.
     Vgl. dazu Abschnitt 8.3.2, 281.
117 Das Motiv der Löwengrube begegnet außer Dan 6 nur BelDr; 1Makk 2,60, stets in
     Verbindung mit der Person des Daniel. Die Beschränkung des Motivs der Löwengrube
     auf die Daniel-Tradition ist auffällig. Unklar bleibt die Interpretation des Befundes:
     Während etwa WILLS, Jew 134, eine direkte literarische Abhängigkeit annimmt, geht
     COLLINS, King 334, von einer gemeinsamen Abhängigkeit von einem älteren Motiv
     aus.
118 Vgl. zur Etymologie CASSIN, Daniel 142f.
119 LEBRAM, Daniel 79, „eine Erdvertiefung in der eingefangene Tiere als Schauobjekte
     gehalten wurden"? Oder eine Zisterne, eine natürliche Höhle? Vgl. auch VAN DER
     TOORN, Babylonian Background 638. Zur Interpretation als Zisterne vgl. BENTZEN,
     Märtyrerlegende 59f. LUCAS, Daniel 150, "The pit envisaged in Dan. 6 seems to have
     been an underground cavity with a relatively small opening at the top, which could be
     covered by a large stone."
120 Vgl. dazu Abschnitt 7.1, 230.
121 SCHMIDT/SCHOTTROFF/JANSSEN, Art. Strafe 566, „Todesstrafe im Alten Testament
     steht auf eine große Zahl von Vergehen ... Es ist aber fraglich, ob die Gesetzestexte, die
     die Todesstrafe für etliche Vergehen fordern, auch umgesetzt wurden."

Im Kontext des Verbotes ist ein Verständnis der Löwengrube als Ort der Strafe naheliegend, aber nicht zwingend; lediglich eine Einordnung als „Tatfolgebestimmung"[122] im oben erläuterten Sinn ist dem Text zu entnehmen. Eine solche Interpretation betont die Nähe zu den kasuistischen Rechtssätzen und steht somit in – überbrückbarer – Spannung zu der oben formulierten Zuweisung zur Apodiktik.

Die Löwengrube im Kontext der Erzählung   Zugleich weist der Verlauf der Handlung Erzählzüge auf, die es problematisch erscheinen lassen, die Löwengrube als Strafort zu verstehen. Besondere Bedeutung kommt den spezifischen Erwartungshaltungen der Personen zu: in ihnen spiegelt sich das Ziel, das mit dem Werfen von Personen, insbes. von Daniel, in die Löwengrube verfolgt wird, wider.

Die direkte Tatfolgebestimmung ist das „Werfen in die Löwengrube"; in auffälliger Weise wird nicht der „Tod" als Konsequenz formuliert.[123] Das Bestreben der *Beamten* richtet sich nicht auf den Tod des Daniel, sondern darauf, einen Anklagegrund (עִלָּה V 5) gegen ihn zu finden, der dann weitere Konsequenzen nach sich zieht. Daniel soll kompromittiert werden, um die Realisierung des königlichen Plans zu verhindern; mit der Löwengrube verbindet sich, dass der Tod zumindest billigend in Kauf genommen wird. Es wird nicht ausdrücklich gesagt, dass Daniel sterben soll.

V 17 erteilt *Darjawesch* nach dem Scheitern seiner vorangehenden Rettungsbemühungen den Befehl, Daniel in die Löwengrube zu werfen und lässt die VV 8.13 im Verbot festgehaltene Sanktion vollstrecken.[124] Der Leser mag das als Vollstreckung des Todesurteils an Daniel verstehen. Aufschlussreich ist das weitere Vorgehen: Mit dem „Werfen in die Löwengrube" ist die Tatfolgebestimmung an sich, so wie sie das Edikt vorsieht, durchgeführt; für Darjawesch ist das Verfahren damit jedoch nicht abgeschlossen. Die Löwengrube wird mit einem Stein verschlossen und doppelt versiegelt (וְחַתְמַהּ מַלְכָּא בְּעִזְקְתֵהּ וּבְעִזְקָת רַבְרְבָנוֹהִי V 18).

Versiegelung   Die Versiegelung ist ein augenfälliges Motiv. Die Löwengrube wird einerseits verschlossen und darüber hinaus mit den Ringen des Königs und der Großen des Reiches (רַבְרְבָנוֹהִי) versiegelt. Siegel und

---

122 Der Begriff ist in einem weiten Sinn zu verstehen und nicht streng auf konkrete Vorgänge bezogen. Auch Tatfolgen, die dem apodiktischen Recht entnommen oder vergleichbar sind, werden eingeschlossen. Dies gilt insbes. für die Fluchbestimmungen der atl Fluchsätze (Ri 21,18; 1Sam 14,24; Jer 48,10). Vgl. SHOTTROFF, Art. Fluch 684. Außerdem die Todessätze HIEKE, Todesstrafe 79.

123 Vgl. dazu etwa die sog. מוֹת יוּמַת Sätze, bspw. Lev 20,2.9–13.15f.27 … außerdem SCHULZ, Todesrecht.

124 Hier wie auch an anderen Stellen fällt die Formulierung auf, die das Subjekt der Ausführung undeutlich lässt. ESTELLE, Use 51, „… the fact that those who will presumably carry out the orders of the king remain nameless magnifies the authority of the king … the implied ultimate agent is the king … Once the word is spoken, it is a *fait accompli*."

Versiegelungen sind ein verbreitetes Phänomen in Israel und dem AO. Für Israel ist davon auszugehen, dass ihnen ein auszeichnendes Moment zukommt: „Das Siegel scheint gleichsam ein Symbol der Königs- und Beamtenwürde gewesen zu sein."[125] Durch seinen Gebrauch wird „eine offizielle, juristische Handlung"[126] sichtbar; in diese Richtung verweisen die Überlieferungen von 1Kön 21,8; Neh 10,1f; Est 3,12; 8,7ff; Jer 32,11.14.44.[127] Durch diesen Vorgang erhält ein Dokument Rechtskraft; es wird gültig gemacht. An anderer Stelle begegnet die weniger spezifische Verwendung mit der Bedeutung „schließen".[128] Der Überblick über die Belege mit eindeutig juristischer Konnotation zeigt, dass sie stets in einem spezifischen Kontext stehen; Objekt der Versiegelung ist ein Brief, ein Vertrag oder ein Erlass. Augenscheinlich kommt der Wurzel חתם der Aspekt des Verleihens von Rechtskraft und Beständigkeit nicht grundsätzlich, sondern nur in bestimmten Zusammenhängen zu.

In der Erzählung selbst wird als Ziel der Versiegelung die Verhinderung eines (menschlichen) Eingreifens in das Geschehen in der Löwengrube (דִּי לָא־תִשְׁנֵא צְבוּ בְּדָנִיֵּאל V 18) formuliert. Im Vordergrund steht die pragmatische und nicht die juristische Dimension. Zugleich bleibt ein göttliches Eingreifen möglich; jeder Eingriff wird als göttlich qualifiziert. Die Tatsache, dass das Vorgehen weder umstritten noch diskussionsbedürftig ist, legt nahe, von einem festen, geregelten Verfahren des „Werfens in die Löwengrube" auszugehen. Der juristische Aspekt ist in den Hintergrund gerückt, aber greifbar. Das Versiegeln ist mehr als ein einfaches Verschließen. Die Anwesenheit der „Großen des Königs" – nicht der Beamten – macht deutlich, dass die Funktion der dauerhaften, nachprüfbaren Verschlossenheit wesentlicher Aspekt der Versiegelung ist (vgl. ähnlich auch BelDr 11–18). Das Zeugnis der Großen des Königs dokumentiert die unberührte Durchführung des Verfahrens. Das Siegel ist nicht das Siegel der Ankläger, sondern der Zeugen.[129]

Darjawesch rechnet mit der Möglichkeit, dass Daniel nicht oder nicht unmittelbar getötet wird; auch sein asketisches Verhalten und seine frühe Rückkehr zur Löwengrube machen deutlich, dass er zumindest nicht ausschließt, dass Daniel die Nacht in der Löwengrube überlebt hat.[130]

---

125 OTZEN, Art. חָתַם 284.
126 Ebd. 285.
127 Die Belege Jer 32,11.14.44 weisen eine juristische, aber nicht eine hoheitliche Dimension auf.
128 Vgl. insbes. Lev 15,3; Dtn 32,34; Jes 29,11; Ijob 9,7; 14,17; 24,16; Hld 4,12; Dan 12,4.9. Problematisch sind Jes 8,16; Ez 28,12; Ijob 33,16; 37,7; Dan 9,24. Zur Wortbedeutung vgl. auch GESENIUS, Handwörterbuch[18] Lemma: חתם (hebr.) 411.
129 Das Werfen der Beamten in die Löwengrube lässt sich nicht aus der Versiegelung erklären.
130 CASSIN, Daniel 141, „Le trouvant sain et sauf, il le fait sortir de la citerne : s'il s'était agi d'une *missio ad bestias* pure et simple, cette intervention serait incompréhensible

Daniel entscheidet sich in Kenntnis des Verbotes (V 11) dafür, seine Gebetspraxis beizubehalten; er tut dies nicht aus Versehen, sondern in Konsequenz einer bewussten Entscheidung trotz des Verbotes und trotz der darin festgelegten Konsequenzen. Über seine vorangehende Erwartungshaltung lassen sich kaum Rückschlüsse ziehen.[131] Lediglich seine Stellungnahme am Morgen nach der Rettung vermag uns einen Einblick zu geben: Sie stellt einen Schlüssel für das Verständnis des Motivs der „Löwengrube" dar.[132] Zumindest aus der Perspektive des Geretteten bringt er das Überleben mit seiner Unschuld in Verbindung.[133] Die Erzählung will durch die Rettung Daniels seine Unschuld erweisen; daraufhin ist das Motiv der Löwengrube angelegt. Dass die Praxis der Todesstrafe vorauszusetzen ist, ist sicher; dass sie den Verständnishintergrund der Löwengrube bildet, ist a priori nicht sicher.[134] Vielmehr scheint – nach Ausweis von V 23 – eine Interpretation als Gottesgericht angemessen.

Lässt sich die Löwengrube aus dem Blickwinkel des weiteren Verlaufes nur schwer als Ort der Strafe verstehen und liegt ein Verständnis als Ort der Offenbarung des göttlichen Urteils bzw. des Gottesgerichtes nahe,[135] ist der Blick auf das Verbot und die darin enthaltene Tatfolgebestimmung zu richten. Erfordert der Kontext des Verbotes ein Verständnis der Löwengrube als Strafort? Oder ist ein Verständnis der Löwengrube als Ort der Gottesoffenbarung auch im Kontext des Verbotes möglich, aber

---

et illégale ; elle reviendrait à violer « la loi des Mèdes et des Perses » en empêchant la punition du coupable. Il n'en est plus de même si Daniel est soumis à une épreuve limitée dans le temps. Dans ce cas, le roi ne viole plus son propre édit en délivrant Daniel."

131 Anders in Dan 3; hier scheinen nach Ausweis von V 17 die Jünglinge mit einer göttlichen Rettung zu rechnen. Zur Interpretation des Verses vgl. etwa HELLER, Speech 247ff.

132 MARTIN DE VIVIÉS, Séjours 137, „La déclaration de Daniel au verset 22 définit clairement l'épreuve de la fosse aux lions comme une ordalie: elle a servi à prouver que Daniel est innocent aussi bien envers son Dieu qu' envers son roi."

133 Ein Umkehrschluss auf die Erwartung, die Daniel vor dem rettenden Eingreifen Gottes hatte, ist nicht zwingend. Auf eine Rettungsgewissheit oder Sicherheit zu schließen, ist aufgrund der fehlenden Hinweise im Text nicht zulässig; sie mag aber im Hintergrund stehen. Etwas anderes ist eine Hoffnung auf Rettung, die angesichts der Überzeugung von der Geschichtsmächtigkeit Gottes vorausgesetzt werden darf. Daniel wird auf eine göttliche Bewahrung gehofft haben.

134 Die Frage nach der Todesstrafe in Israel ist nicht einfach zu beantworten. Die Differenzierung von theologischen und historischen Aussagen ist auch in dieser Frage schwierig. HIEKE, Todesstrafe 98, „Texte, die von einer angeblichen Praxis handeln, erweisen sich als Lehrerzählungen. In ihnen spricht immer Gott selbst das Urteil." Ähnlich SCHMIDT/SCHOTTROFF/JANSSEN, Art. Strafe 266.

135 Die Einbindung des Motivs der Löwengrube in BelDr offenbart eine andere Funktion. Dort zeichnet der Duktus der Erzählung das Werfen in die Löwengrube als Strafe aus. Trotz einer Fülle von Parallelen überwiegen die Differenzen der Erzählungen; zu einer Gegenüberstellung vgl. FENZ, Drache 9ff; vor allem aber COLLINS, King 335; MARTIN DE VIVIÉS, Séjours 132ff.

aufgrund eines Vorverständnisses des Textes allenfalls im Hintergrund wahrnehmbar?[136]

Der formulierte Rechtssatz ist (eher) dem apodiktischen Recht zuzurechnen, obgleich er eine Tatfolgebestimmung enthält. Nach Ausweis des Verlaufes der Erzählung in ihrem Gesamtkontext ist die Löwengrube als Ort des göttlichen Gerichtes zu verstehen. In Verbindung mit der Interpretation als Tatfolgebestimmung wird deutlich, dass das vom König erlassene Verbot festlegt, dass derjenige, der gegen das Gesetz verstößt, sich einem Ordal zu unterziehen hat. Gott wird letztlich über seine Schuld oder Unschuld entscheiden. Auch das Motiv der „Löwen" lässt sich in diesem Kontext verstehen.

Löwe – Löwengrube und göttliches Urteil   Die Verbindung der Löwen mit dem Motiv des Ordals soll nochmals in den Blick genommen werden. Beispielhaft wird die Erzählung von 1Kön 13 betrachtet,[137] in welcher der Löwe ganz offenkundig als „reale[r] Träger göttlicher Willensäußerungen"[138] fungiert.[139]

> „Hier wird das Tier als Vollstrecker göttlichen Gerichtes dargestellt und in dieser Eigenschaft noch deutlich als ein numinoses Wesen empfunden. … Es hat sich – das will der Verfasser eindringlichst zur Geltung bringen – kein durch ein unwissendes Tier heraufbeschworener unseliger Zufall ereignet, sondern religiöse Inkorrektheit, leichtfertiges Mißverstehen göttlichen Willens, das nach der Meinung des Berichterstatters hätte vermieden werden können und vermieden werden müssen, wird durch den geschilderten Vorgang als solches gekennzeichnet. Die Gottheit aber bedient sich des Tieres, um zu zeigen, auf wessen Seite ihr legitimes Wort war … "[140]

Bei allen Differenzen bestehen enge Parallelen zur Überlieferung von Dan 6. Besonders augenfällig ist die Gegenüberstellung vom Töten des Gottesmannes (1Kön 13) und der Bewahrung Daniels sowie dem Töten

---

136 Zur Interpretation der Löwengrube als Ordal, vgl. bspw. CASSIN, Daniel 146; MEADOWCROFT, Aramaic Daniel 114; BICKERMAN, Strange Books 85; COLLINS, King 339. Vgl. aber WILLS, Jew 134, "It is the last half of this story complex, the ordeal in the lions' den, which is a close parallel to the last half of Daniel 6, and as we have seen, this punishment scene is not common enough to ascribe the similarity to the coincidence of folklore motifs."

137 Weitere Belegstellen für die Betrachtung von Tieren als göttliche Gerichtswerkzeuge sind 2Kön 17,25; 2Kön 2,24; 1Kön 20,35ff; Ez 5,17; Ijob 5,22f; weiter entfernt Num 22,20–35; 1Sam 6; Sir 39,30; Weish 11,15. Löwen erscheinen als Werkzeug göttlicher Strafe außerdem Sir 27,28; Weish 11,17; TestBenj 2,4; VitaProph 19,1. Vgl. STRAWN, Leonine Imagery 44.

138 HENRY, Tier 54.

139 Völlig anders zu diesem Text FRITZ, 1Kön 142; vgl. aber NOTH, Könige 301f; WERLITZ, Könige 137; SCHMITZ, Prophetie 198ff. Besonders deutlich ist die gleichsam widernatürliche Verhaltensweise des Löwen: Er tötet den Menschen, rührt die Leiche jedoch ebenso wenig an wie den daneben stehenden Esel. Der Prophet (V 26) deutet das Geschehen als Gerichtshandeln Gottes.

140 HENRY, Tier 54f.

der Beamten (Dan 6). Deutlich wird, „… in welchem Maße der alttestamentliche Mensch das Tier auch als realen Träger göttlicher Willensäußerungen ansehen konnte."[141] Eine Verbindung der Löwen mit einem
göttlichen Urteil ist vor diesem Hintergrund plausibel zu machen; auch
außerhalb von Dan 6 sind beide Motive mitunter verknüpft. Allerdings
bleibt zu beachten, dass das Motiv der Löwen in einem *ritualisierten Ordal*
singulär erscheint;[142] wohl begegnet es in nichtritualisierten Formen.

Exkurs: Gesetzliche Strafe und Gottesgericht   Die Interpretation der Löwengrube einerseits als Gottesgericht und andererseits als Strafbestimmung
einer gesetzlichen Vorschrift schließen sich nicht wechselseitig aus. Das
Motiv des Fluches könnte – in einer historischen bzw. motivgeschichtli-
chen Perspektive – ein Bindeglied darstellen; ein möglicher Zusammenhang soll nachfolgend angedeutet werden.[143]

Dem Motiv des Fluches kommt im AO eine wichtige Bedeutung zu,
die sich auch in den atl Texten widerspiegelt. Der Fluch erscheint zunächst als selbstwirksame Macht, die durch die ausgesprochenen Worte
freigesetzt wurde.[144] Erst im Lauf der Zeit wird seine magische Dimension überwunden; man geht nicht mehr von einer Selbstwirksamkeit aus.
„Wie in der polytheistischen Umwelt Israels den verschiedenen Göttern
des Pantheons … so ist im AT der F[luch] nachträglich Jahwe als seinem
Vollstrecker unterstellt (Jos 6,26 1Sam 17,43 26,19 2Kön 2,24 u. a.) und auf
diese Weise im Kern entmagisiert worden (s[iehe] Spr 26,2!)."[145] Trefflich hat WESTERMANN diese unmittelbare Bindung an Gott beschrieben:
„Jahwe allein ist Herr von Segen und Fluch …"[146]

---

141 Ebd. 54; vgl. auch 56.
142 BICKERMAN, Strange Books 85, "The use of wild animals in this trial does not seem to
     be attested in the ancient world …"
143 Eine umfassende Auseinandersetzung mit dem äußerst komplexen und vielschich-
     tigen Phänomen des Fluchs ist an dieser Stelle nicht zu leisten. Im Rahmen dieses
     Exkurses sollen einige andeutende Hinweise zur Erklärung der Verbindung der beiden
     genannten Aspekte gegeben werden. Auch die vorgeschlagene Hypothese bedürfte
     einer umfänglichen Begründung. Da diese im Bereich der Motiv- bzw. Traditions-
     geschichte anzusiedeln ist, liegt sie außerhalb der Reichweite der in dieser Untersuchung
     angewandten Methodik.
144 Vgl. SHOTTROFF, Art. Fluch 683.
145 Ebd. Sprachlich lässt sich diese Verschiebung an der Formulierung als Wunsch oder
     Bitte und nicht als Aussage im Indikativ aufzeigen. Vgl. außerdem CRAWFORD, Bless-
     ing 25, "Perhaps the best understanding is that blessing and curse are invocations
     of Yahweh and are dependent for fulfillment on Yahweh's will rather than human
     will." STEYMANS, Art. Segen und Fluch 1132, „Segensgabe und Fluchgeschick kom-
     men von Gott (Mal 2,2), der bestimmt, ob S[egen] und F[luch] Wirklichkeit werden
     (Num 22,12; Dtn 23,5f.; Jos 24,10; 2Sam 16,10f.; Neh 13,2; Spr 26,2). Da göttliche Verfü-
     gung die Geschicke lenkt, erklärt eine Verwünschung als solche nur selten ein Unheil
     (Jos 6,26f.; 1Kön 16,34), sondern deren Verwirklichung ist zugleich göttliche Strafe für
     Fehlverhalten (Ri 9,16–20.23.27.56f.; 1Kön 21,20–26; 2Kön 9,36)."
146 WESTERMANN, Grundformen 140.

Auch in rechtlichen Kontexten, in Verträgen und Gesetzen begegnet
das Motiv.[147] Der Fluch erscheint nicht als absolut, sondern als relativ:[148]
„Indem hier der Fluch unter eine rechtliche Bedingung gerückt wird,
nimmt der Fluchspruch auch in seiner Form die Gestalt des Rechtssatzes
an."[149] Durch seine Begründung „... hat er seinen magischen Charakter
verloren, er begegnet nur noch bezogen auf ein Handeln dessen, den
der Fluch treffen soll."[150] Das Handeln Gottes bleibt die bestimmende
Dimension; die Konsequenz tritt nicht aus sich selbst heraus ein, sondern
durch das göttliche Handeln. In rechtlichen Kontexten erhalten die Bestimmungen eine neue Zielrichtung: Der Fluch soll gerade nicht eintreten;
der Vertrag bzw. das Gesetz sollen beachtet werden.[151] Auf diese Weise
besteht in der Form eine Nähe zu kasuistischen Rechtssätzen und in der
Konzeption zum apodiktischen Recht.[152]

Dieser Hintergrund könnte die beiden Aspekte der Löwengrube, die
Strafe und das Ordal, zusammenführen: Motivgeschichtlich findet die
Löwengrube ihren ursprünglichen Ort in einer Fluchbestimmung, die
durch ihre vollständige Integration in den Rechtsbereich und die Parallelität von Rechts- und Fluchsatz formal nicht mehr als solche erkannt
werden kann. Das Verbot in Dan 6 erscheint als Rechtssatz, als Gesetz. Die
für den Fluch wesentliche Verknüpfung mit Gott als der entscheidenden
Autorität ist jedoch nicht aufgehoben; die Strafe wird nur in Abhängigkeit
vom Verhalten Gottes bzw. der Gottheit wirksam. Das Unterlassen der
Rettung erscheint als Bestätigung der Schuld und als Gericht, während
das Ereignis der Rettung Daniel als unschuldig ausweist. Die Löwengrube
ist ein Gottesgericht. Möglicherweise lässt sich die in der Erzählung entfaltete Doppelnatur der Löwengrube auf diese Weise motivgeschichtlich
erklären.

Im Kontext von Fluchbestimmungen ist auch die Vernichtung durch
Löwen belegt: Die Vasallenverträge Asarhaddons mit Baal von Tyrus
sowie mit den medischen Fürsten bieten eine Fülle von Fluchbestimmungen;[153] an zwei Stellen wird eine Vernichtung durch Löwen thema-

---

147 Vgl. ANDERSON, Social Function 226f; HÄUSL/OSTMEYER, Art. Segen/Fluch 517, „Alt-
    orientalische Vertragstexte zeigen, dass der Fluch als sakrale Sanktion im Rechtsleben
    fungiert, der sozialen Kontrolle dient (Num 5; Spr 11,26; 20,20; 24,24; 28,27), aber auch
    soziale Werte vermittelt (Dtn 27,15–26)."
148 Vgl. SCHOTTROFF, Fluchspruch 92f.
149 Ebd. 94.
150 WESTERMANN, Grundformen 141.
151 Vgl. STEYMANS, Art. Segen und Fluch 1133, „Die Verwünschung in Vertrag und Eid
    soll möglichst nicht Wirklichkeit werden, sondern das Erreichen der erstrebten Loya-
    lität und Rechtssicherheit fördern." ANDERSON, Social Function 227, "In the HB [i. e.
    Hebrew Bible; D. H.] as well, curses also act as rhetorical threats to prevent behavior
    which is deemed harmful to the community."
152 Zur Formbestimmung der Gesetze in Dan 6 vgl. Abschnitt 7.1, 230.
153 Beide Texte finden sich in TUAT I, 158f bzw. 160ff.

tisiert. In der Konsequenz eines Vertragsbruches mögen die Gottheiten
den untreuen Vasall gefräßigen Löwen vorwerfen.[154] Die Wirksamkeit
der Vertragsstrafe hängt an der Umsetzung durch die Gottheit.[155]

8.3.3 Bote Gottes

Die Aussagen über den Boten Gottes (מַלְאָךְ) stehen im Kontext des Motivs
im AT.[156] Der מַלְאָךְ bezeichnet grundsätzlich den Boten, ohne zwischen
menschlichen und nicht-menschlichen Figuren zu unterscheiden.[157] Das
Nomen מַלְאָךְ leitet sich von der Verbalwurzel lʾk (nur im Ugaritischen
belegt) mit der Bedeutung „senden" ab und „... umschreibt eine Funktion
und keine Wesensart."[158] Der Ort des Boten ist die Kommunikation zweier
räumlich getrennter Kommunikationspartner. „Dabei bezieht sich malʾāk
auf einen einzelnen, der zu jemandem geschickt ist, um eine Botschaft zu
überbringen oder einen Auftrag auszuführen. Er spricht, erhält Antwort
und kehrt schließlich zu dem zurück, der ihn gesandt hat ... Der malʾāk
verkündet nicht seine eigene Botschaft, seine Funktion und Botschaft
sind vielmehr abhängig von dem Willen des Senders, nicht aufgrund
dessen, wer er ist, sondern aufgrund dessen, der ihn sendet."[159] Zu der
Übermittlung der Botschaft tritt in einzelnen Fällen die Aufgabe, konkrete
Hilfe zu leisten.[160]

Auch Gott begegnet als Sender von Boten; innerhalb dieser gottgesandten Boten spielt der מַלְאַךְ יהוה bzw. der מַלְאַךְ אֱלֹהִים eine besondere
Rolle.[161] „So verkörpert der malʾak Jhwh das die Erde berührende Reden
und Handeln Gottes ..."[162] Wie jeder Bote handelt auch der Bote Gottes
in der Autorität seines „Auftraggebers". Der göttliche Bote handelt mit

---

154 Vgl. dazu TUAT I, 159 Kol IV. 6′ [So mögen] Bethel und Anath-Bethel 7′ euch einem
      gefräßigen Löwen übergeben. TUAT I, 171 §54 466–468 [So möge ... euch einem gefrä-
      ßigen] Löwen übergeben. Die vom Herausgeber vorgenommenen Rekonstruktionen
      erscheinen durchweg plausibel.
155 Zu beachten ist freilich die nicht unerhebliche Distanz der Belege, sowohl in geographi-
      scher als auch in zeitlicher Hinsicht. Darüber hinaus begegnet ein Zusammenhang mit
      dem Fehlen eines Begräbnisses aufgrund der Vernichtung durch Tiere. Vgl. HILLERS,
      Treaty-Curses 68f; TUAT I, 170 §41 426f; 171 §47 451f; 172 §56 483f.
156 Ähnlich auch Dan 3,28 die Entsendung des Boten mit Rettungsaufgaben: דִּי־שְׁלַח מַלְאֲכֵהּ
      וְשֵׁיזִב לְעַבְדוֹהִי. Die Aussage dort wird allerdings von Nebukadnezzar getroffen.
157 Eine Unterscheidung ist erst für die Vg bezeugt: angelus und nuntius. LXX gibt beide
      Situationen mit ἄγγελος wieder. Vgl. RÖTTGER, Art. Engel 537; außerdem BEGG, Angels
      525ff.
158 MACH, Entwicklungsstadien 39; vgl. FICKER, Art. מַלְאָךְ 900f.
159 FREEDMAN/WILLOUGHBY/FABRY, Art. מַלְאָךְ 888.
160 Vgl. KOCH, Daniel 302; zu weiteren Schattierungen NIEHR, Art. Bote 317.
161 Der Ausdruck findet sich 58 (מַלְאַךְ יהוה) bzw. 11 mal (מַלְאַךְ אֱלֹהִים) im AT. Vgl. FICKER,
      Art. מַלְאָךְ 901.
162 Ebd. 904.

göttlicher Autorität. Die Texte des AT unterscheiden in vielen Fällen nicht präzise das Handeln JHWHs und das seines Boten, sodass eine Zuordnung häufig nicht möglich ist. Auch eine individuelle Sichtweise des Boten ist vor diesem Hintergrund nicht notwendig; dadurch erklärt sich sowohl seine Anonymität[163] als auch die offene Verhältnisbestimmung bei der Handlungsausführung.[164] „So sind denn auch die Aufgaben der ‚Boten' sämtlich aus der Entsendung zu verstehen: Der Bote vollzieht den Willen Gottes in einer konkreten Situation auf Erden. Entweder teilt er diesen Willen einfach mit oder er vollzieht ihn … "[165] Heil und Rettung zu bewirken gehört zu den Aufgaben des Boten ebenso wie das Herbeiführen von Unheil und Verderben.[166]

Zwar begegnet V 23 nicht die o. g. Formulierung; durch die Suffixform אֱלָהִי werden die beiden relevanten Ausdrücke jedoch aufgenommen. Ein von Gott gesandter Bote – wer auch immer er ist –[167] gelangt zu Daniel und greift in der konkreten Situation ein. „Über die Erscheinungsweise des מלאך ist hier nichts weiter ausgesagt; nur seine Wirkung, das Verschließen (סגר) des Löwenrachens wird genannt. Der מלאך vermittelt also als ein ‚Schutzengel' lediglich das errettende Handeln des ihn Sendenden, des Gottes Daniels."[168] In gleicher Weise, wie die konkrete Gestalt der Erscheinung nicht deutlich wird, bleibt auch das konkrete Vorgehen, die konkrete Handlungsweise undurchsichtig. Die Aussage vom „Verschließen des Rachens" erscheint als realistische Darstellung, ist aber letztlich symbolische Redeweise. Verbunden mit der Problematik bleibt die Frage nach der Verhaltensweise der Löwen, die nicht deutlich wird: Ist eine Zähmung der Löwen intendiert, die sich völlig friedlich verhalten (wie es zahlreiche Darstellungen in der Kunst nahelegen) oder sind die Löwen der Möglichkeit beraubt, Daniel zu töten? Beide Vorstellungen lassen sich mit dem Befund im Text vereinbaren; eine Entscheidung ist nicht möglich.[169]

---

163 DÖRFEL, Engel 136, „In bestimmten Funktionen und einmaligen Aufgaben von JHWH in eine singuläre irdische Situation ‚geschickt', wahrt er seine Anonymität."

164 FICKER, Art. מלאך 907f, „Die Schwierigkeit, daß Jahwe und sein *mal'āk* teilweise identifiziert werden, besteht dann nicht mehr, wenn man bedenkt, daß ein *mal'āk* allgemein mit seinem Auftraggeber identifiziert werden kann." Das konkrete Phänomen ist im größeren Kontext des bildspendenden Bereiches zu verstehen.

165 MACH, Entwicklungsstadien 41.

166 Zur schützenden Dimension des Boten für Israel in der Auseinandersetzung mit anderen Völkern im Kontext des Exodus vgl. SCHMITT, Krieg 89.

167 Die Individualisierung der Vorstellung von Engeln, wie sie im weiteren Verlauf des Buches begegnen wird, ist dieser Erzählung noch fremd. Dan 6 ist das Wesen des Boten voll und ganz von seiner Entsendung durch Gott bestimmt.

168 DÖRFEL, Engel 136.

169 Ist die Deutung der Löwengrube als Gottesgericht richtig, dann ist die Vorstellung von den friedlichen Löwen, die näher liegende Alternative. Ein Aufweis lässt sich jedoch

Auffällig bleibt die Differenz zwischen den Textüberlieferungen: Die Relevanz und Existenz von Engeln bzw. göttlichen Boten scheint nicht zu allen Zeit gleichermaßen selbstverständlich gewesen zu sein. In diese Richtung verweist auch das der LXX entsprechende Zeugnis des JOSEPHUS. „Gegen Dan 6,23; 8,18; 9,21–29 verzichtet Josephus auf das Eingreifen von Engeln."[170]

8.4 Präsentation der Personen

Die handelnden Personen lassen sich aufgrund ihrer Gruppenstruktur in übersichtlicher Weise beschreiben, sodass die Erzählung in erster Linie auf die Interaktion dreier Gruppen von je einer oder mehreren Personen beschränkt ist.[171] Die vordergründige „Dreiecks"-Erzählung bleibt jedoch auf den Gott Daniels als Bezugspunkt verwiesen.

Ausgangspunkt für die Entwicklung ist Darjawesch, der bereits V 1 eingeführte König der Meder,[172] der zunächst in der Funktion des Handlungssouveräns auftritt. Im Kontext der Strukturreform kommen weitere Personen in den Blick: Eine Personengruppe, die gleichsam als Kollektiv in Erscheinung tritt, lässt sich unter den Begriff „Beamte" subsumieren. Die Erzählung differenziert zwischen verschiedenen, hierarchisch gestuften Mitgliedern: unterschieden werden die אֲחַשְׁדַּרְפְּנִין (VV 2.3.4.5.7.8) und die übergeordneten סָרְכִין (VV 3.4.5.7.8). Diese Unterscheidung ist auf den Bericht ihrer Einsetzung (V 2f) beschränkt; in der Folge begegnen beide Gruppen als Kollektiv (VV 3.4.5.7.8), häufig auch unter dem allgemeinen Sammelbegriff גֻּבְרַיָּא אִלֵּךְ (VV 6.12.16.25).[173] V 18 begegnet die

---

nicht mit den notwendigen Argumenten führen. Zur Verbreitung der Vorstellung von gleichsam gezähmten Löwen vgl. DULAEY, Daniel 46.

170 TILLY, Rezeption 48. Vgl. FELDMAN, Portrait 94; BEGG, Angels 526f, "… numerous instances where the historian eliminates a biblical mention of a (superhuman) angel by substituting some other designation for the being in question. … Thus, in ten different contexts he has God himself say or do things that the Bible (MT and/or LXX) attributes to 'angel(s).'" MACH, Entwicklungsstadien 99, „In der Übersetzung zu Dan sind Gott und Engel konsequent unterschieden, sowohl in ihren Taten als auch in ihren Attributen."

171 Zu den epischen Gesetzen der Volksdichtung vgl. OLRIK, Gesetze 5, „zwei ist die höchste zahl der auf einmal auftretenden personen; drei personen gleichzeitig, mit eigenem charakter und eigener handlung, sind unstatthaft. dieses gesetz der scenischen zweiheit ist streng."

172 Nach der oben dargestellten Textabgrenzung handelt es sich bei V 1 um eine Erwähnung außerhalb der Erzählung, aber in ihrem unmittelbaren Kontext. V 2 setzt V 1 voraus.

173 V 8 wird eine weiter differenzierte, vermutlich hierarchisch gestufte, Beamtenliste vorgelegt: כֹּל סָרְכֵי מַלְכוּתָא סִגְנַיָּא וַאֲחַשְׁדַּרְפְּנַיָּא הַדָּבְרַיָּא וּפַחֲוָתָא. Die hier ergänzend, genannten Beamten sind keine eigenständigen Personen der Erzählung. Sie begegnen nicht auf der Handlungsebene, sondern sind nur als Referenzen innerhalb der wörtlichen Rede der

Bezeichnung רַבְרְבָנִין, deren Verhältnis zu den sonst genannten Beamten undeutlich bleibt;[174] auffallend ist, dass ihr singuläres Auftreten mit der Versiegelung der Löwengrube verbunden ist. Daniel – eigentlich gleichermaßen Beamter (סָרַךְ V 3) des Königs – steht den Beamten gegenüber. Er fügt sich weder in ihr Denken noch in ihr Tun ein. Zwar schließen die Bezeichnungen סָרְכִין bzw. גֻּבְרִין ihn durchgängig mit ein, meinen ihn aber nicht.[175] Die Entwicklung der Handlungsstruktur ist – abgesehen von V 2f – von einer Opposition von Daniel und den Beamten geprägt.[176]

Schwierig ist die Beurteilung der Figur „Gottes" und seines „Boten" sowie ihre Funktion für den Verlauf der Erzählung. Während der Erzähler selbst nicht von einem direkten Eingreifen Gottes in den Handlungsverlauf spricht,[177] bringt Daniel seine Rettung mit dessen Entsendung eines Boten in Verbindung (אֱלָהִי שְׁלַח מַלְאֲכֵהּ וּסֲגַר פֻּם אַרְיָוָתָא V 23); Darjawesch führt sie direkt auf Gott zurück (שֵׁיזִיב לְדָנִיֵּאל מִן־יַד אַרְיָוָתָא V 28 vgl. auch VV 17.21). Ein Handeln Gottes wird erwartet und berichtet. Über die Hilfe des Boten (oder durch den Boten) hinaus ist Gott über weite Strecken der Erzählung – und das ist ein entscheidender Grund für die Einordnung als Aktant –[178] als Objekt der Verehrung Daniels präsent. Es scheint legitim, die Rolle Gottes als die einer eigenständigen, handelnden Person der Erzählung zu begreifen, zumal sein Eingreifen eine entscheidende Wende der Handlung herbeiführt.[179] Der Bote Gottes wird demgegenüber

---

führenden Beamten, deren Nennung dem Beschluss zusätzliches Gewicht verleiht bzw. verleihen soll, präsent. Insgesamt ergeben sich sieben verschiedene Bezeichnungen für die Beamten.

174 Ein Vergleich der Beamtenliste V 8 mit der Verbindung הַדָּבְרִי וְרַבְרְבָנֵי (Dan 4,33) verweist vielleicht auf eine Zusammenstellung bestimmter Beamten-Klassen. Diese Näherbestimmung trägt nicht mehr als einen Hinweis auf die Annahme aus, dass die obersten Beamten, die סָרְכִין und אֲחַשְׁדַּרְפְּנִין, zu dieser Gruppe zu rechnen sind. Zwingende Konsequenzen ergeben sich nicht.

175 Es ist zwischen einer formalen Klassifikation, die Daniel der Gruppe der Beamten zuweist, einerseits und einer funktionalen Klassifikation hinsichtlich ihrer konkreten Handlungsweise, die Daniel den Beamten gegenüberstellt, andererseits zu unterscheiden.

176 Vgl. dazu den Gegensatz, der sich ab V 4 entwickelt: u. a. VV 5.6.12.25.

177 Vgl. aber V 24. Der Erzähler begründet die Schadlosigkeit Daniels mit seinem Vertrauen auf Gott. WILLI-PLEIN, Daniel 6 14, klassifiziert Gott nicht als Aktanten: „Als erstes Zwischenergebnis ist also festzuhalten, dass *Gottes Handeln für den König und die Höflinge ebenso wie für die Leser der Geschichte nur indirekt aus Daniels Mund vernommen, aber nicht direkt wahrgenommen wird.*" Gott erscheint aber einerseits im Mund des Königs bereits als möglicher Retter, dessen Eingreifen erwartet wird; sodass auch ein Nicht-Eingreifen als Beeinflussung der Handlung betrachtet werden muss. Andererseits stellt der Erzähler selbst V 24 den Zusammenhang zwischen dem Vertrauen Daniels auf Gott und seiner Schadlosigkeit her.

178 Vgl. dazu die verwendete Definition Abschnitt 4.4.4, 175.

179 Der geringen Anzahl von Hinweisen auf ein direktes Eingreifen Gottes in den Handlungsverlauf steht seine dauernde handlungsrelevante Präsenz entgegen. Vgl. aber WILLI-PLEIN, Daniel 6 14.

nicht als eigenständige Person betrachtet, insofern er lediglich als ein den Entschluss Gottes ausführendes Werkzeug erscheint. Zugleich erlaubt die Untersuchung der Zeichnung Gottes durch den Erzähler einen Einblick in dessen normatives Gottesverständnis.

Die Löwen treten sowohl passiv als auch aktiv in Erscheinung, erweisen sich jedoch als abhängige Vollstrecker eines göttlichen Urteils.[180] Ihre Zuordnung zu Gott findet ihre Begründung im Verständnis der Löwengrube als Ort des Gottesgerichtes.[181] Auch die „Söhne und Frauen" der Beamten (V 25), die in der Erzählung zwar präsent sind, aber ausschließlich passiv erscheinen, sind nicht als handelnde Personen zu begreifen. Ihre einzige Nennung thematisiert, dass sie gemeinsam mit den Beamten in die Löwengrube geworfen und vernichtet werden.[182] Ihre Erwähnung dient der Veranschaulichung der Vernichtung der Beamten.

Neben den Aktanten Darjawesch, Daniel und den Beamten erscheint Gott als handelnde Person, dessen Auftreten durch den Boten als Instanz des rettenden Eingreifens Gottes und die Löwen als ausführendes Urteilsorgan ergänzt wird. Während sowohl Daniel als auch Gott Aktanten in vorangehenden Erzählungen des Daniel-Buches sind, begegnen Darjawesch und die konkreten Beamten mit Dan 6 erstmalig im Daniel-Buch.[183]

8.4.1 Darjawesch

Im Kontext des Daniel-Buches begegnet Darjawesch in der Notiz V 1, die die Verbindung mit Dan 5 herstellt.[184] Er wird in den Kontext weltlicher Machtstrukturen und Geschichtsverläufe eingeordnet: Er folgt auf Belschazzar, den König der Babylonier, dessen Königreich er „empfängt"

---

180 Es ist stets nur zusammenfassend von *den Löwen* die Rede; eine nähere Beschreibung – etwa hinsichtlich ihrer Anzahl – unterbleibt. Die Konsequenzen aus V 25 – der unmittelbaren Vernichtung einer großen Menschenmenge – für diese Frage sind unklar. Ob hinter dem Auftreten der Löwen ursprünglich eine Metapher stand, die vom Autor wörtlich dargestellt wurde (VAN DER TOORN, Babylonian Background 637f), ist für die Frage der Klassifikation als Person unerheblich. Ähnlich STRAWN, Lion 28, „naturalistic *in presentation* might be symbolic or metaphorical *in function*".

181 Vgl. dazu Abschnitt 8.3.2, 273.

182 Die Einführung der „Söhne und Frauen" in die Erzählung an dieser Stelle überrascht; ihre Einbeziehung in das Verfahren in der Löwengrube bedarf einer Begründung. In der vorliegenden Untersuchung wird das Motiv im Kontext der Erzählung verstanden; WILLS, Jew 136, macht ihr Auftreten als Entlehnung aus BelDr plausibel.

183 Zugleich wird man davon auszugehen haben, dass der Leser die – in Dan 6 nicht durch Namensgebung personalisierten – Beamten mit denen vorangehender Erzählungen in Verbindung bringt und sie in deren Licht sieht.

184 Außer V 1 nur im hebräischen Teil Dan 9,1; 11,1.

(קַבֵּל V 1).[185] Mit dem Hinweis auf die Machtübernahme ist die Altersangabe von 62 Jahren (כְּבַר שְׁנִין שִׁתִּין וְתַרְתֵּין) verbunden.[186] Eine (solche, absolute)
Altersangabe (zu Beginn einer Erzählung) ist innerhalb des Daniel-Buches
singulär.[187] Nicht nur im Hinblick auf die Vorstellung und Einführung
eines neuen Aktanten ist dieser Hinweis von Bedeutung; er dient zugleich
der Markierung zentraler Veränderungen. Die Zeit des Alters ist immer
auch von Veränderungen und Neuerungen geprägt.[188] Auf diese Weise
trägt die Altersangabe zur Strukturierung des Daniel-Buches bei.

Neben einer rein symbolischen Verstehensweise dieser Zahl, die durch
die Verbindung mit Dan 9,25f nahegelegt wird, ist auch ein wörtliches
Verständnis möglich: Ein Alter von 62 Jahren ist nicht unrealistisch. Die
Frage nach der Lebenserwartung der Menschen in den fraglichen Zeiträu-
men ist nur mit Vorbehalten zu beantworten. Die hohen Altersangaben in
der Urgeschichte, der Patriarchen-, Exodus- und Landnahmezeit stehen
als „‚mythische' Zahlen"[189] deutlich niedrigeren Angaben in anderen
Texten gegenüber. Für eine Auswertung der bibl. Texte kommt insbes.
die „Chronik der Könige von Juda" infrage, deren Verfasser aus seiner
Zeit – vor der Abfassung des Daniel-Buches – auf die Vergangenheit
zurückblickt: „Bemerkenswert ist, daß die Lebensalter zwischen 66 und
21 Jahren schwanken und daß sich ein Durchschnittsalter von knapp
44 Jahren ergibt."[190] Die konkreten Altersangaben sind nicht unbedingt

---

185 Ein direkter Verweis auf Prozess und Umstände der Herrschaftsübernahme ist damit
     nicht gegeben. Vgl. GRABBE, Look 208, "The expression 'received the kingdom' (qabbēl
     malkûtāʾ, Dan 6:1) is unique in the OT and does not occur elsewhere in Official Aramaic.
     However, in Syriac it is used in reference to the normal succession of a king to the
     throne, without suggesting any idea of subordination." Eine Lesart in Analogie zu
     einem *passivum divinum* erscheint möglich, wenn auch nicht zwingend.
186 Auch hier besteht eine Verbindung mit Dan 9. 9,25f wird die Zeit nach der 62. Woche
     mit der Ausrottung eines Gesalbten in Verbindung gebracht. GALLING, Darius 152,
     stellt eine Verbindung zwischen den Angaben von 5,26–28 und der Altersangabe fest.
187 Häufiger begegnen Zeitangaben, die sich auf das Regierungsjahr des jeweiligen Königs
     beziehen (1,1; 2,1; 7,1; 8,1; 9,1f; 10,1). Vergleichbare Datierungen finden sich insbes.
     1/2Kön – und in der Folge in 1/2Chr – für die Zeit der getrennten Reiche inner-
     halb der stereotypen Rahmenformulare. Absolute Altersangaben – für die Zeit der
     Thronbesteigung (die in Verbindung mit der Regierungsdauer eine Bestimmung der
     Lebensdauer erlauben) – gibt es in diesem Zusammenhang nur für die Könige von
     Juda. Vgl. WERLITZ, Könige 15f; JAPHET, 1 Chronik 42f; BIN-NUN, Formulas 419f.
188 KESSLER, Samuel 88, „In der an herausragenden Personen orientierten Darstellungswei-
     se der Bibel löst nämlich das Älterwerden der Protagonisten naturgemäß tiefgreifende
     Umbrüche aus, wie die Bemerkungen zu Mose (Dtn 31,12) und Josua (Jos 23,2) belegen."
189 Vgl. SCHARBERT, Alter 341; WERLITZ, Zahlen 104ff, sowie jüngst ERNST, Bilder des
     Alterns 26ff.
190 WOLFF, Anthropologie 178; vgl. ähnlich auch WERLITZ, Zahlen 107f; ERNST, Bilder
     des Alterns 31f, „Die Skelettfunde weisen auf ein maximales Alter von über 50 Jahren
     hin, die Mehrheit der Funde konzentriert sich aber auf ein Alter von 30–50 Jahren …
     Nur ein geringer Teil der Bevölkerung dürfte über eine Lebensdauer von 30–50 Jahren
     hinausgekommen sein. Für die römisch-griechische Antike geht man dafür von einem

historisch belastbar; an der Größenordnung besteht allerdings kein grundsätzlicher Zweifel.[191] Auf dieser Basis müssen die 62 Jahre als möglich
betrachtet werden.[192] Eine Regierungsübernahme in einem solch hohen
Alter ist nicht überliefert, kann aber aufgrund der zwar realistischen aber
grundlegend positiven Sichtweise des Alters nicht ausgeschlossen werden.[193] GESE sieht die Angabe des Alters in kompositionsgeschichtlichen
Motiven des Autors begründet. Die Verwendung der Angabe dient dem
chronologischen Gesamtgerüst des Erzählzyklus.[194]

Diese vorangehenden Informationen sehen dem Leser vor Beginn
der Erzählung zur Verfügung. Der von der Wortstellung her unauffällige
Einsatz V 2 ist nicht deutlich als Auftakt hervorgehoben und führt die
V 1 eingeführte Zeichnung Darjaweschs als Handlungssouverän fort:[195]
Von der Einschätzung seiner Person (קֳדָם דָּרְיָוֶשׁ) hängt die Durchführung
der Regierungsreform ab und auf sein Wohlergehen als König ist sie
ausgerichtet (וּמַלְכָּא לָא־לֶהֱוֵא נָזִק V 3).[196] Er ist ihr Bezugspunkt hinsichtlich

---

Bevölkerungsanteil von ca. 4–8% aus." POLA, Lebensalter 404f, bietet einen Überblick
über verschiedene Kontexte: „Vorhellenistisch hatte man jenseits des 40. Lebensjahres
nicht mehr viel zu erwarten."

191 Eine gewisse Kontrolle ermöglichen die Auswertungen der Überlieferung aus dem
klassischen Athen sowie aus der hellenistischen Zeit. BALTRUSCH, Rand 59, betrachtet
für das klassische Athen „70 Jahre[n] als ‚normale[r]' Lebensdauer"; WEBER, Macht 114,
konstatiert, dass zahlreiche hellenistische „Könige das 60. Lebensjahr zum Teil erheblich
überschritten hatten: Sie standen mit ungebrochener Rüstigkeit in hohem Alter noch
auf dem Schlachtfeld und dachten offenkundig nicht daran, sich auf das Altenteil
zurückzuziehen." Maßstab für eine mögliche stilistische Übertreibung müsste weiterhin
nicht heutiges Empfinden, sondern der Horizont des menschlichen Empfindens der
damaligen Zeit sein. Vgl. JENNI, Übertreibungen 75f.

192 WISEMAN, Problems 14f, weist darauf hin, dass Kyrus etwa im Jahr 539 v. Chr. 62 Jahre
alt gewesen sein dürfte. Schwierig bleibt diese Beziehung vor dem Hintergrund der
wenigen Indizien für eine Identifikation der literarischen Figur mit einer historischen
Person.

193 SCHARBERT, Alter 343, „Wenn schon Könige, die gewiß alle Möglichkeiten zum Schutz
ihres Lebens vor Krankheiten und vor übermäßiger körperlicher Beanspruchung aus-
nützten, nur selten das 60. Lebensjahr überschritten, werden nur relativ wenige Menschen in Israel ein solches Alter erreicht haben. Darum verwundert es nicht, daß ein
Lebensalter zwischen 60 und 70 Jahren bereits als ein ‚schönes Alter' galt, daß ein
noch höheres Alter als ein besonderes Gottesgeschenk angesehen wurde und daß man
alten Menschen großen Respekt entgegenbrachte. Da Senilität im Sinn des Nachlassens
der geistigen Kräfte in der Regel erst mit etwa 70 Jahren beobachtet wird, gelten alte
Männer zwischen 60 und 70 Jahren … im Alten Testament als lebenserfahren, klug und
weise; ihnen kommen darum in der Gesellschaft auch Ehre und führende Rollen zu."
Zur differenzierten Bewertung des Alters im AT vgl. ERNST, Bilder des Alterns 222ff.

194 Vgl. GESE, Reich 303f.

195 Die Verwendung von קום haf. markiert die herausgehobene Stellung Darjaweschs.
KOCH, Weltgeschichte 48, „Bei solchem kausativen Gebrauch von קום handelt es sich
stets um ein autoritatives Subjekt, dem als Objekt eine von ihm abhängige, aber räumlich und personell von ihm unterschiedene Größe zugeordnet wird."

196 Zur Dimension des „Schädigens" von נזק vgl. LEBRAM, Daniel 79; PACE, Daniel 198f, mit
Verweis auf Esr 4,15f; 6,13. Das Ziel der Reform wird nicht erreicht; einen Erfolg mag

ihrer Ausführung und ihrer Ziele; seine Bedeutung spiegelt sich in der Anzahl der Belege seines Namens, seines Titels und der Königsherrschaft wider.[197] Das besondere Interesse an ihm dokumentiert sich überdies in der Tatsache, dass er die einzige Person ist, in deren Emotionen bzw. in dessen Blickwinkel auf die Sachlage der Erzähler Einblick gewährt. Während er über die Emotionen der Beamten und Daniels schweigt, berichtet er in den beiden aufeinander bezogenen Aussagen von V 15 (שְׂגִיא בְּאֵשׁ) und V 24 (שְׂגִיא טְאֵב) von den emotionalen Reaktionen des Königs bzw. von dessen Blickwinkel auf das Geschehen.[198]

Die Rolle des Königs in der staatlichen Hierarchie nach der Reform ist nicht vollständig klar. Trotz einer weitgehenden Entlastung scheint er in die wesentlichen Vorgänge im Königreich aktiv eingebunden;[199] er ist weiterhin die entscheidende Autorität im Reich. Darjawesch erweist sich insofern als sensibel für Fragestellungen der Reichsorganisation, als er die erfolgreiche Amtsführung des Daniel erkennt und anerkennt. Dessen Bewertung wird durch das Scheitern des Versuches der Beamten, einen Anklagegrund zu finden, bestätigt.[200] Dabei blickt er nicht lediglich auf die äußeren Verwaltungsvorgänge, sondern wird sich dessen Geistbegabung (כָּל־קֳבֵל דִּי רוּחַ יַתִּירָא בֵּהּ) bewusst. Davon lässt er sich leiten, als er ihn über das ganze Königreich (עַל־כָּל־מַלְכוּתָא) einzusetzen plant. Diesem feinen Gespür stehen Unselbstständigkeit und blindes Vertrauen auf seinen Beamtenapparat gegenüber, sodass er gestützt auf deren (unrichtigen) Bericht und Ratschlag das Verbot erlässt (V 10).

Das Verbot: Erlass, Tatbestand und Tatfolgebestimmung   „Altorientalische Gesetzessammlungen – und damit auch die biblischen ‚Rechtstexte' – sind nicht notwendigerweise identisch mit dem, was man heute als Strafprozessordnung kennt, sondern Grundsatzbestimmungen und Ideale."[201] Das Verbot fügt sich hinsichtlich seiner Struktur unproblematisch in diesen Kontext ao Rechtsvorschriften ein: Die vorliegende zweiteilige Struktur bietet im ersten Teil die Formulierung des Tatbestands, im zweiten

---

man in anderer Hinsicht sehen: Es kommt zu einem Reinigungsprozess der Verwaltung und Darjawesch erkennt die Machtfülle des Gottes des Daniel. Diese Beobachtungen ändern jedoch nichts am Scheitern der Konzeption der Reform.

197 In Dan 6,2–29 für דָּרְיָוֶשׁ 6 Belege, מֶלֶךְ 31 Belege, מַלְכוּ 10 Belege.

198 Die beiden Wurzeln טאב באשׁ werden in einer identischen, unpersönlichen Konstruktion antonym gebraucht. Vgl. GLUSKA in: KOTTSIEPER/GLUSKA, Art. באשׁ 109; MONTGOMERY, Daniel 276.

199 Diese Einbindung konkretisiert sich in seiner Kenntnis der Vorgänge innerhalb des Verwaltungsapparates (V 4) und in der Notwendigkeit seiner Beteiligung an der Aufstellung des Verbotes (VV 7–9) und Macht, über Tod und Leben seiner gesamten Beamtenschaft zu entscheiden (V 25). MARTIN DE VIVIÉS, Séjours 133, „Tout procède du bon vouloir du roi et n'a pour raison d'être que son bénéfice."

200 Vgl. ebd. 134.

201 HIEKE, Todesstrafe 97.

die Tatfolgebestimmung. Begründende Autorität der apodiktischen Verordnung ist der König; der Gang der Erzählung verdeutlicht die Angewiesenheit der obersten Beamten des Reiches auf seine Mitwirkung:[202] Die Ausfertigung des Verbotes durch den König ist Bedingung für die Unveränderlichkeit des Gesetzes (כָּל־אֱסָר וּקְיָם דִּי־מַלְכָּא יְהָקֵים לָא לְהַשְׁנָיָה V 16).[203] Zugleich offenbart diese Argumentation (ebenso wie VV 9.13) die (scheinbar) absolute Geltung einer übergeordneten Instanz, der sich selbst der König als staatliches Souverän unterzuordnen hat: das *Gesetz* (דָּת) *der Meder und Perser*.[204] Mehrfach wird dessen Unaufhebbarkeit betont (VV 9.13.16).[205] Die direkte Referenz auf dieses Gesetz macht die Bedeutung sichtbar, die dem Verbot durch die Autorität des Königs zukommt. Es ist weit davon entfernt, eine aus dem Blickwinkel des medischen Reiches unbedeutende, jederzeit revidierbare Detailregelung zu sein; es ist ein Vorgang von großer Relevanz. Hinter ihm steht die höchste Autorität des Rechtskreises.

> Die Beobachtung, dass Daniel – entgegen der Aussage der Beamten – nicht in die Beratung und die Präsentation des Ergebnisses vor dem König eingebunden zu sein scheint, ist ohne Konsequenz für die Erzählung. Die Beamten berichten Darjawesch von einer Beratung aller Beamten, Daniel implizit eingeschlossen.[206] Auch der Hinweis auf die Beteiligung der סָגְנִין, der הַדָּבְרִין und der פחות entspricht nicht den vorangehend berichteten Vorgängen. Neben Daniel existieren drei Gruppen von Personen in unterschiedlicher Stellung, die angeblich am Prozess der Beratung beteiligt waren, aber weder in dieser Situation vor dem König stehen noch vorangehend erwähnt wurden. Darjawesch verlässt sich auf seine Beamten; eine unbedingte Notwendigkeit zu einer Nachfrage – ob auch Daniel, dessen Kompetenzen eine Anerkennung in der geplanten Beförderung finden, an den Beratungen beteiligt war – besteht

---

202 Zur Plausibilität des Verfahrens zum Erlass des Gesetzes vgl. FREI, Zentralgewalt 33.
203 Die Vorstellung von der Unveränderlichkeit des königlichen Gesetzes der Meder und Perser ist auch Est 1,19; 8,8; DiodSic 17,30 belegt. Der Text macht lediglich deutlich, dass der Erlass des Gesetzes durch den König hinreichende Bedingung für die Unveränderlichkeit ist, nicht aber auch eine notwendige Bedingung: Die Frage, ob die Beamten ein unveränderliches Verbot auch ohne Mitwirkung des Königs hätten erlassen können, ist nicht im Blickfeld des Textes. Auf der Ebene der Erzählung ist die Historizität einer Vorstellung von der Unveränderlichkeit der Gesetze nebensächlich; entscheidend ist die literarische Funktion. Zur Problematik vgl. ALBERTZ, Gott 138; außerdem CRÜSEMANN, Tora 405ff.
204 Zum Verpflichtungscharakter des Gesetzes für den König vgl. KRATZ, Translatio 225. Zur Diskrepanz zwischen der absoluten Geltung des Verbotes gemäß dem Gesetz der Meder und Perser, der Verzweiflung des Darjawesch nach der Mitteilung, dass Daniel das Verbot übertreten hat, einerseits und dem folgenden Umgang mit dem Verbot sowie dem Erlass eines neuen Gesetzes VV 26–28 andererseits vgl. die nachfolgenden Überlegungen. Außerdem NOLAN FEWELL, Circle of Sovereignty 110.
205 Zur Frage der Ursprünglichkeit des Belegs V 9 vgl. Abschnitt 5.1.1, 205.
206 Eine mögliche Beteiligung Daniels bei der Beratung wird vom Text nicht nahegelegt, allerdings auch nicht ausgeschlossen.

für den König nicht.[207] Oder mag es für ihn ohne Bedeutung sein, ob Daniel
an den Beratungen und dem Zustandekommen des Verbotes beteiligt ist oder
nicht?

Der Inhalt des königlichen Verbotes wird zweimal (VV 8.13) – jeweils im
Mund der Beamten – ausgeführt. Beide Darlegungen stehen im Kontext
eines Gespräches mit Darjawesch: zunächst die Präsentation des Geset-
zesvorschlags (VV 7–9), dann die Nachfrage nach dem Gesetz (V 13f).
Sie zeichnen sich durch eine weitgehende Übereinstimmung aus.[208] Ein
erstes Interesse gilt dem definierten Tatbestand: יִבְעֵה [בָעוּ] מִן־כָּל־אֱלָה וֶאֱנָשׁ
עַד־יוֹמִין תְּלָתִין לָהֵן מִנָּךְ מַלְכָּא. In einem zweiten Schritt wird nach der Tatfolgebestimmung zu fragen sein. Die vom Verbot betroffene Handlung wird
mit der Wurzel בעה bezeichnet, V 8 als *figura etymologica*. Konstruiert ist
die Verbalform mit der Präposition מִן, die das Gegenüber des Subjekts
der Handlung markiert. Die Wurzel weist in ihrer Verwendung einen
relationalen Charakter auf; ihr semantischer Gehalt hängt vom jeweiligen
Gegenüber ab und kann sowohl ein „Suchen", „Fragen" bzw. „Bitten"
oder auch ein „Beten" bezeichnen.[209]

Nicht jedes Bitten, nicht jedes Beten ist unter den vom Verbot festgesetzten Tatbestand zu subsumieren. Vielmehr gibt das Verbot eine Kriteriologie vor, die erlaubtes und nicht-erlaubtes Bitten scheidet. Legitim
erscheint ein „Bitten", das sich an den König (לָהֵן מִנָּךְ מַלְכָּא) wendet;
demgegenüber verboten ist jegliches anderes „Bitten", sofern es sich an
irgendjemanden wendet, sei es irgendein Gott oder irgendein Mensch
(מִן־כָּל־אֱלָה וֶאֱנָשׁ). Das „Bitten" wird nicht grundsätzlich untersagt, sondern
auf die Person des Königs als Adressaten beschränkt und konzentriert.
Zu dieser Relativierung des Verbotes hinsichtlich des Adressaten tritt
eine Relativierung hinsichtlich der zeitlichen Gültigkeit. Das Verbot beabsichtigt nicht, eine dauerhafte Institution zu schaffen, sondern weist
eine zeitliche Beschränkung auf, eine Gültigkeit von nur 30 Tagen.[210] Die

---

207 Eine Vergewisserung wäre aus der Perspektive des Lesers verständlich und nahelie-
    gend; aus der Perspektive des Königs gilt dies nicht in gleicher Weise. Es bestehen
    keine Hinweise auf ein grundlegendes Misstrauen zwischen dem König und seinen
    Beamten, das Vorsicht angebracht erscheinen ließe. Der Leser weiß an dieser Stelle
    mehr als der König.
208 Zwei Unterschiede fallen ins Auge: V 13 bietet … כָּל־אֱנָשׁ דִּי, während V 8 knapper כָּל־דִּי
    … formuliert. Den zweiten Unterschied markiert die Formulierung יִבְעֵה בָעוּ (*figura
    etymologica*) V 8 gegenüber einfachem יִבְעֵה V 13. V 13 liest der Codex Leningradensis
    außerdem אַרְיְוָתָא; dieser Unterschied ist textkritisch zu bereinigen.
209 Die Grundbedeutungen begegnen in Dan „suchen" 2,13; 4,33; 6,5 „fragen, bitten"
    2,16.49; 7,16 „beten" 2,18.23; 6,12.14 außerdem 6,8.13 als offenere Belege.
210 NOLAN FEWELL, Circle of Sovereignty 110, zur Problematik zeitlich beschränkter
    Verbote vor dem Hintergrund des unvergänglichen Gesetzes der Meder und Perser:
    "How can an ordinance in effect only thirty days be an edict that 'cannot change'?"
    Zu unterscheiden ist aber zwischen der Abänderung eines gültigen Gesetzes und der
    zeitlichen Befristung von Gesetzen.

relationale Dimension des Verbums erschwert die semantische Klärung im konkreten Fall. Das unmittelbare Nebeneinander von Mensch und Gott legt eine Einschränkung auf einen religiösen Akt in der Form eines Gebetes nicht nahe.[211] ALBERTZ geht (abgesehen von VV 12.14) von einem nicht spezifisch religiösen Gebrauch aus.[212] Gemeint ist nicht nur das Gebet, sondern jede Art von Bitte. Das Verbot umfasst damit ein breiteres Spektrum an Handlungen, das Gebet eingeschlossen. Der König rückt damit auf zum „alleinigen Zielpunkt aller menschlichen Wünsche und Hoffnungen"[213]; die religiöse Dimension wird nicht ausdrücklich und betont formuliert, ist aber präsent.

Darjawesch folgt dem Anliegen und Ratschlag; er erlässt ein entsprechendes Verbot. In Anbetracht der mühevollen Vorbereitung durch die Beamten wird man davon ausgehen dürfen, dass er frei ist, das Gesetz zu erlassen oder es nicht zu erlassen; ein Verpflichtungscharakter ihrer gemeinsamen Empfehlung ist nicht zu erkennen. Vor diesem Hintergrund ist nach seinen Motiven zu fragen,[214] die der Leser mit seinen Kenntnissen der damaligen Zeit und/oder den Erfahrungen seiner Zeit dem Text entnehmen und nachvollziehen kann.[215]

Die Beurteilung möglicher Interessen des Darjawesch hängt maßgeblich von der Bewertung des semantischen Gehaltes der Wurzel בעה ab.[216]

Je stärker der religiöse Aspekt des „Bittens" betont wird, desto weiter rückt der kultische Aspekt der Fragestellung in den Vordergrund. Versteht man בעה primär als religiösen Akt, als ein an eine Gottheit gerichtetes Gebet, erscheint Darjawesch als einzig legitimer Adressat von Gebeten. Darjawesch nimmt in der Folge eine gottgleiche Stellung in seinem Reich ein. Ein Zugang geht – dieser Spur folgend – von einem kultischen Hintergrund des Verbotes aus.[217] Als Ausgangspunkt dieser Deutung mag die Erfahrung des Herrscherkultes in hellenistischer Zeit gedient haben, in dessen Rahmen die Herrscher auch auf Initiative einzelner Städte hin als Götter bzw. Halbgötter verehrt wurden.[218] Die Beamten initiieren demnach eine – von diesem selbst legitimierte – kultische Verehrung des Darjawesch als alleinigem Helfer-Gott. WALTON klassifiziert die in der Forschung vertretenen Positionen, die diesem

---

211 Anders etwa WALTON, Decree 283.

212 Vgl. ALBERTZ, Gott 137.

213 Ebd.

214 WALTON, Decree 279, „... there was a certain viable and beneficial objective that the decree was presented as having that was persuasive to Darius."

215 Zeitlicher Horizont ist der Hintergrund der Textrezeption (und evtl. der derzeit nicht datierbaren Textgenese), nicht aber notwendigerweise der erzählten Zeit.

216 Unterschiedliche Auffassungen werden hinsichtlich des konkret abgerufenen semantischen Gehaltes, nicht des semantischen Potentials vertreten. MEADOWCROFT, Aramaic Daniel 102, "Hence the MT narrator has chosen vocabulary that is ambiguous."

217 Vgl. dazu LEBRAM, Daniel 81; BAUER, Daniel 132.

218 Vgl. dazu knapp BENDLIN, Art. Herrscherkult.

Ansatz folgen, in zwei Kategorien.[219] Eine erste Position geht von einer Ver-
göttlichung des Darjawesch aus, eine zweite sieht ihn als den einzig legitimen
Repräsentanten der Gottheit.[220]

WALTON selbst geht von einer antisynkretistischen Absicht des Dekretes aus und verweist auf Parallelen aus dem Zoroastrismus.[221] Durch das
Verbot des (religiösen) Betens zu irgendeinem Gott oder Menschen fokussiert sich alles Beten auf Darjawesch, gleichsam als Mittler des Gebetes zu
der Gottheit (Ahura Mazda). Das öffentliche, beispielhafte Beten diene für
alle Angehörigen seines Volkes als sichtbares Zeichen gegen einen religiösen
Synkretismus.[222]

Von der kultischen Ebene sehen Interpretationen des Verbotes in einem
vorwiegend politischen Horizont ab.[223] Ausgangspunkt dieser Versuche, die
Interessenlage zu beschreiben, ist die V 4f berichtete Regierungsreform des
Darjawesch, die einen Akt der Dezentralisierung darstellt, mit dem sich eine
Neuverteilung der Machtverhältnisse verbindet. „Einer Gefahr, auf diese Weise zentrifugale Kräfte zu fördern, konnte durch eine umso festere Bindung
an die Person des Monarchen entgegengewirkt werden."[224] Dieser Zugang
nimmt die historische Situation des persischen Großreiches als Verständnishintergrund an: Die durch die Größe des Reiches notwendigerweise tolerante
Politik beförderte die Gefahr eines Auseinanderbrechens des Reiches, dem es
entgegenzutreten galt. Die politische Notwendigkeit wäre als Beweggrund
des Darjawesch verständlich zu machen.

Unabhängig von diesen Versuchen einer Zuschreibung von Beweggrün-
den des Darjawesch für den Erlass des Verbotes ist die Darstellung der
Erzählung ernst zu nehmen, die darüber schweigt und den Leser im
Unklaren lässt. Für den Erzähler scheint die Interessenlage nicht von
Relevanz zu sein. Das Verbot und sein Erlass werden – sofern es mit
Darjawesch in Verbindung gebracht wird – wertneutral konstatiert, ohne
einem Urteil zu unterliegen, sei es positiv oder negativ, sei es durch Gott,
den Erzähler oder auch durch Daniel.[225] Es wird lediglich hinsichtlich
seiner Relevanz für den Verlauf der Erzählung betrachtet; es dient auf
dieser funktionalen Ebene der Etablierung des Konfliktes.[226]

Mit dem erlassenen Verbot verbindet sich – neben der Tatbestandsdefinition – auch eine Tatfolgebestimmung. Jeder, der das Verbot übertritt,

---

219 Vgl. WALTON, Decree 279f.
220 Ebd. 280, "… designating him as the only legitimate representative of deity for the
    stated time".
221 Vgl. ebd. 283f.
222 Ebd. 285, idealisiert das Verbot sehr stark: "This would not have been viewed as a
    decree that would be actively enforced, except perhaps against selected rebellious Magi
    to make examples of them."
223 Vgl. NOLAN FEWELL, Circle of Sovereignty 109f; PLÖGER, Daniel 97.
224 PLÖGER, Daniel 97.
225 Anders ist der Befund bei den Beamten, deren Rolle beim Zustandekommen des
    Gesetzes durchaus Gegenstand (negativer) Bewertungen ist.
226 Vgl. HAAG, Daniel 52f; HAAG, Errettung 85f.

wird in die Löwengrube geworfen (יִתְרְמֵא לְגֹב אַרְיָוָתָא); die Schilderung der Sanktion ist auffällig. Das konkrete Vorgehen wird bezeichnet; Konsequenzen und Ziel bleiben ebenso wie die Begleitumstände ohne Berücksichtigung.[227] Eine Aussage über den Tod des Übertreters unterbleibt;[228] dieser ist nicht das Entscheidende. Entscheidend ist vielmehr, dass das in der Tatfolgebestimmung festgelegte Verfahren – mit vielen für den heutigen Leser unklaren Rahmenbedingungen – in Vollzug gesetzt wird.

Unabhängig von der Frage nach den Ursachen für die Bereitschaft des Königs, das Verbot zu erlassen, ist Darjawesch – auf der literarischen Ebene – für eine Dauer von 30 Tagen an das von ihm selbst erlassene Verbot gebunden (vgl. Est 8,8). Die Instanz des Gesetzes der Meder und Perser schränkt seine Souveränität als König ein; die Autorität dieses Gesetzes ist der königlichen Autorität übergeordnet und nimmt in der Hierarchie eine Spitzenposition ein.[229] Rhetorisch geschickt bewegen die Beamten Darjawesch, nachdem sie sich vom Verstoß des Daniel überzeugt hatten, dazu, die Unabänderlichkeit des Verbotes noch einmal zu bekräftigen (יַצִּיבָא מִלְּתָא V 13) und konfrontieren ihn erst anschließend mit dem Verhalten Daniels (V 14). Die Anklage umfasst drei abgrenzbare Aspekte: Dabei gehören die beiden ersten Aussagen לָא־שָׂם עֲלֶיךָ מַלְכָּא טְעֵם und וְעַל־אֱסָרָא דִּי־רְשַׁמְתָּ enger zusammen. Unklar ist insbes. die Bestimmung des Verhältnisses der dritten Aussage (וְזִמְנִין תְּלָתָה בְּיוֹמָא בָּעֵא בָּעוּתֵהּ) zu den beiden vorangehenden.[230] Kernpunkt des Vorwurfs ist die fehlende Rücksichtnahme Daniels (לָא־שָׂם ... טְעֵם).[231]

Dabei weist die dritte Aussage – welche die *figura etymologica* von V 8 aufgreift – in sich betrachtet keinen expliziten Hinweis auf einen Gesetzesverstoß des Daniel auf. Nur aufgrund des vorangehenden Hinweises auf das Verbot, das der König geschrieben hat (וְעַל־אֱסָרָא דִּי־רְשַׁמְתָּ), ist klar, dass Daniel durch sein „Bitten" das Verbot verletzt hat.[232] Die folgende

---

227 Es wird lediglich auf das „Werfen in die Löwengrube", also die konkrete Konsequenz hingewiesen; alle weiteren Details dieser Ausführung, wie sie auch im weiteren Verlauf der Erzählung mit der Versiegelung und der Überprüfung am nächsten Morgen vorausgesetzt werden, bleiben unberücksichtigt.

228 Vgl. dazu ähnlich etwa die Todesdeklaration der sog. מוֹת יוּמָת-Sätze (z. B.: Ex 21,12) des israelitischen (Todes-)Rechts, die zwar das Vorgehen ausblenden, aber den Tod des Übertreters stark markieren; HIEKE, Todesstrafe 79f; SCHULZ, Todesrecht 5–83.

229 Vgl. MARTIN DE VIVIÉS, Séjours 134.

230 Während die erste Aussage mit einer finiten Verbalform arbeitet, bietet die dritte Aussage ein Partizip. Aufgrund dieser Differenz scheint nicht an eine Explikation, sondern an eine Ergänzung oder Begründung gedacht zu sein.

231 Zur Wiedergabe von טְעֵם vgl. Abschnitt 8.4.3, 335; hier in der Bedeutung „Achtung erweisen", anders V 27.

232 Man mag zur Deutung die Möglichkeit in Betracht ziehen, dass Darjawesch nun von einem „Bitten" des Daniel erfährt, aber gleichzeitig als König keine Bitte von Seiten des Daniel kennt. Dabei bleibt fraglich, ob eine solche Konstruktion geeignet ist, das zugrunde liegende Problem besser zu lösen.

Beschreibung וְזִמְנִין תְּלָתָה בְּיוֹמָא בָּעֵא בְּעוּתֵהּ ist aus sich selbst heraus nicht
hinreichend, einen Verstoß zu belegen. Man wird davon ausgehen dürfen,
dass Daniel innerhalb der 30 Tage seinen Gott verehrt, explizit formuliert
wird es nicht. Auch die zweite Relativierung hinsichtlich des Adressaten
wird nicht berücksichtigt. Die Beamten werfen Daniel ein allgemeines Bitten vor, ohne den Empfänger zu nennen. Der Vorwurf stellt grundsätzlich
keine Übertretung des Gesetzes dar, das Tun des Daniel vermutlich schon.
Darjawesch geht ohne Zögern von der Richtigkeit der Anklage aus und
zweifelt nicht daran, dass Daniel in einer Weise handelt, die gegen das
Verbot verstößt: Er gibt Daniel weder Gelegenheit zu einer Stellungnahme,
noch ist irgendein Zweifel an der Richtigkeit des Vorwurfs erkennbar.[233]

> Die Hintergründe des Verhaltens des Königs bleiben dunkel:[234] Er setzt ein
> Verbot in Kraft, das seinem besten Beamten den Tod bringen kann. Als die-
> ser ob eines Verstoßes gegen das Gesetz angeklagt wird, schenkt er ihm in
> keiner Weise Gehör, sondern geht von der Richtigkeit der Anklage aus. Weiß
> Darjawesch um die religiöse Praxis des Daniel und interpretiert er dessen
> Verhalten – zum Zeitpunkt des Erlasses – nicht als Verstoß?[235] Oder ist ihm –
> im Gegensatz zu den übrigen Beamten – das grundsätzliche Verhalten Daniels
> unbekannt? Der Text trägt nichts zur Aufklärung dieser Fragen bei.

Darjawesch steht in einer Zwickmühle; er sieht sich durch das Gesetz
der Meder und Perser an das Verbot und die damit verbundene Sanktion
gegen Daniel gebunden. Der ausgezeichnete Beamte, den er über die
gesamte Verwaltung des Reiches einsetzen wollte, steht unmittelbar vor
der Auslieferung an die Löwen. Dem steht die Bindung des Königs an das
von ihm erlassene Verbot gegenüber. Darjawesch weiß sich der Instanz
des Gesetzes der Meder und Perser verpflichtet. Opfer des Vorgehens der
Beamten sind Darjawesch und Daniel auf unterschiedliche Weise.[236]

Darjawesch missfällt (שַׂגִּיא בְּאֵשׁ עֲלוֹהִי)[237] dieser Konflikt, durch den
seine Autorität massiv infrage gestellt erscheint, und er versucht, ihm
durch die Rettung Daniels zu entgehen.[238] Zunächst scheint er nicht
bereit, die eine Alternative für die andere aufzugeben; er möchte Daniel

---

233 Vor dem Hintergrund von Dan 3,14f verwundert dies besonders: Nebukadnezzar – der
    insgesamt wesentlich düsterer als Darjawesch gezeichnet wird – gibt den „drei Jünglin-
    gen" Gelegenheit sich zu erklären. Sie können sich einerseits zum Vorwurf äußern, aber
    auch den Stein des Anstoßes durch eine Wiederholung der Weihezeremonie entkräften.
    Darjawesch unterlässt jeden Versuch einer Einflussnahme auf das Verhalten Daniels.
234 Vgl. NOLAN FEWELL, Circle of Sovereignty 112.
235 Vgl. WALTON, Decree 279.
236 MARTIN DE VIVIÉS, Séjours 134, „On peut se demander qui est la première victime du
    complot: Daniel ou le roi?" Vgl. dazu auch die Mehrdeutigkeit der Präposition עַל (V 7),
    die u. a. „gegen" in feindlichem Sinn bedeuten kann. Dazu: SEOW, Daniel 89; BEYER,
    ATTM 1 Lemma: עַל 655f.
237 GLUSKA in: KOTTSIEPER/GLUSKA, Art. באשׁ 109; MONTGOMERY, Daniel 276.
238 Der Leser wird über die Ursache dieser emotionalen Reaktion des Darjawesch im
    Unklaren gelassen. Vgl. SEOW, Daniel 92.

retten, ohne das Verbot und seine Gesetzgebung offen zu hintergehen. Er setzt (V 15) seine Aufmerksamkeit (וְעַל דָּנִיֵּאל שָׂם בָּל) darauf, ihn zu retten (לְשֵׁיזָבוּתֵהּ).[239] Dieser Entscheidung folgend bemüht sich Darjawesch um die Rettung Daniels (הֲוָא מִשְׁתַּדַּר לְהַצָּלוּתֵהּ V 15b). Auffallend ist die zeitliche Beschränkung dieser Versuche bis zum Sonnenuntergang (עַד מֶעָלֵי שִׁמְשָׁא).[240]

Über die der Form מִשְׁתַּדַּר zugrunde liegende Wurzel besteht kein Konsens. Neben *drr* wird auch eine Ableitung von *šdr* vertreten. WILLI interpretiert die Form als Partizip šafʿel von *drr*, für die er eine Grundbedeutung „freien Lauf, Bewegungsfreiheit bekommen" annimmt. Die vorliegende Stelle gibt er folgendermaßen wieder: „versuchte er (König Darius) freie Hand (von dem absolut bindenden ‚Gesetz der Meder und Perser') zu seiner (Daniels) Rettung zu bekommen."[241] Demgegenüber gehen die meisten Autoren von der Ableitung von *šdr* aus.[242] Beide Verstehensweisen kommen im Bemühen Darjaweschs zu einer Rettung überein. In einem anderen Horizont versteht NOLAN FEWELL die Aussage. Nach ihrer Auffassung geht es nicht um die Frage nach einer Möglichkeit der Rettung, sondern ob der König Daniel retten solle oder nicht.[243] Neben der Wurzel שׁזב[244] wird auch die Wurzel נצל zum Ausdruck des Bemühens um Rettung durch Darjawesch verwendet. Beide begegnen V 28 zur Beschreibung des bewahrenden Handelns Gottes.

Der von den Beamten ausgeübte Druck auf Darjawesch und sein bis dato erfolgloses Bemühen um die Rettung Daniels bewegen ihn dazu, aufzugeben; er trifft V 17 – trotz seiner Trauer – die Entscheidung zugunsten seiner Königsherrschaft und lässt Daniel in die Löwengrube werfen.[245] Gleichzeitig wendet er sich diesem zu (וְאָמַר לְדָנִיֵּאל) und vertraut ihn der Hilfe seines Gottes an (אֱלָהָךְ דִּי אַנְתְּה פָּלַח־לֵהּ בִּתְדִירָא). Dieser soll ihn retten (יְשֵׁיזְבִנָּךְ). Die angestrebte Rettung Daniels durch den König V 15 legt er V 17 in die Hand des Gottes des Daniel. Nicht auf ein einfaches Bitten oder Beten, sondern umfassender auf eine (kultische) Verehrung verweist der

---

239 KOTTSIEPER in: KADDARI / KOTTSIEPER, Art. בָּל 126, „Mithin wird man in *bl* einen eigenständigen Begriff für den ‚Sinn' annehmen können, den man auf etwas richtet oder in den etwas kommen kann."

240 Anders MAYER, Iranischer Beitrag 128f, der das Eingehen der Sonne als die Mittagszeit versteht. Vgl. Abschnitt 8.2.2, 260.

241 WILLI, Freiheit 544.

242 Vgl. GESENIUS, Handwörterbuch[17] Lemma: שׁדר 927; KOEHLER / BAUMGARTNER, HALAT Lemma: שׁדר 1788; TROPPER, Untersuchungen 123, „(mit sich) ringen, Anstrengungen unternehmen".

243 NOLAN FEWELL, Circle of Sovereignty 116, "Thus, we see that the king's struggle in verse 15 had not so much to do with whether or not the king *could* save Daniel, but whether or not he *should*."

244 Neben einer Bestimmung der Wurzel als שׁזב wird auch ein šafʿel der Wurzel עזב angenommen.

245 ASHLEY, Book of Daniel 50, "This usage is the impersonal use of the third person plural imperfect ... it seems to be used ... to indicate the result of a higher power or being working upon a lower one."

Begriff פְּלַח.[246] Darjawesch anerkennt die Tiefendimension der religiösen
Verehrung des Daniel und legitimiert diese zugleich. An der Grenze seiner
eigenen Möglichkeiten sieht er die Möglichkeit einer göttlichen Rettung.
Ein Stein wird herbeigebracht (הֵיתָיִת V 18);[247] die Frage nach der Initiative
für die Handlung bleibt unbeantwortet.[248] Weder werden die Beamten als
Initiatoren des Verschließens gezeichnet, noch ist der König als treibende
Kraft erkennbar.[249] Sobald die Grube mit dem Stein abgedeckt ist,[250] versiegelt Darjawesch die Löwengrube mit seinem Siegelring (בְּעִזְקְתֵהּ) und
den Siegelringen[251] seiner „Großen".[252] Offensichtlich wissen alle, was zu
tun ist. Das Herbeibringen des Steins, das Verschließen der Grube und die
Versiegelung erscheinen als kohärente Handlungsfolge. Weder werden
Überlegungen des Königs über das weitere Vorgehen deutlich, noch ist
eine Einflussnahme drängender Beamter auf den König sichtbar. Sowohl
ein gefasster königlicher Plan als auch ein festgelegtes Verfahren können
diesen Befund erklären. Das Fehlen jeden weiteren Eingreifens der Beamten erweist die zweite Alternative als wahrscheinlicher. Ein einseitiger
königlicher Plan hätte wohl einer Harmonisierung mit den Interessen der
Beamten bedurft. Dieser Befund steht im Einklang mit der Interpretation
der Löwengrube als Ort des Gottesgerichtes.

Auffällig ist die doppelte Versiegelung mit dem Ring des Königs
und den Ringen der „Großen des Königs" (וְחַתְמַהּ מַלְכָּא בְּעִזְקְתֵהּ וּבְעִזְקָת
רַבְרְבָנוֹהִי).[253] Mit der Versiegelung kommt die Handlungsfolge (Bringen,
Legen, Versiegeln) zum Abschluss. Der folgende Finalsatz gibt den Zweck

---

246 Auf die kultische Dimension im BA verweist GESENIUS, Handwörterbuch[18] Lemma:
     פלח 1524 vgl. dazu die Belege Dan 3,12.14.17.18.28; 7,14.27; Esr 7,19 פְּלָחָן. Vgl. WEIN-
     BERG, N^etînîm 367, „mit ausschließlich sakraler Bedeutung. ... die Annahme, daß mit
     ›palḥîn des Hauses Gottes‹ im Edikt des Artaxerxes I. der nicht-priesterliche Teil der
     nachexilischen Gemeinde bezeichnet wurde." Zu außerbiblischen Verwendungen in
     profanen Kontexten vgl. VOGT, Lexicon Lemma: פלח 138f.
247 Anstelle von הֵיתָיִת (B[19]) ist vermutlich הֵיתָיְת zu lesen.
248 V 18 hängt nicht vom königlichen Befehl אֲמַר V 17 ab. Die Ausführung dieses Befehls
     wird V 17 nicht unpersönlich, sondern in der 3. Pers.Pl. (וְהֵיתָיִו ... וּרְמוֹ) formuliert.
     Andererseits unterbricht die Rede des Königs an Daniel den Zusammenhang V 17b עָנֵה
     מַלְכָּא וְאָמַר.
249 In diese Richtung weist vielleicht die Vermeidung der Nennung des Agens. Die Form
     kann als sog. *passivum regium* verstanden werden. Zur Beziehung von *passivum regium*
     und *passivum divinum* vgl. MACHOLZ, »Passivum divinum«.
250 Anstelle des Hebraismus שֶׁמַת ist שֻׂמַת zu lesen.
251 Zur pluralischen Lesart vgl. MARTI, Daniel 45.
252 Die Frage nach der praktischen Realisierung einer solchen Versiegelung bleibt ausge-
     blendet. WILLS, Jew 135f, sieht die problematische Realisierbarkeit in der Motiventleh-
     nung aus BelDr 14 begründet.
253 Eine andere textkritische Entscheidung – für die singularische Formulierung – ändert
     nichts an der doppelten Versiegelung mittels Siegelringen, die zwei Gruppen (König
     – „Große des Königs") zugeordnet sind. Geht man von einer anderen textkritischen
     Entscheidung aus und liest mit B[19] „dem Siegelring", ist nach der Funktion eines
     gemeinsamen Siegelrings der „Großen des Königs" zu fragen.

der Handlungsfolge an: Die Angelegenheit des Daniel (צְבוּ בְּדָנִיֵּאל) soll unverändert bleiben.[254] Die Löwengrube ist durch die Versiegelung jeglichem menschlichen Zugriff entzogen; ein Gott allein kann auf das Geschehen zwischen Daniel und den Löwen Einfluss nehmen.[255] Eine Auseinandersetzung zwischen Mensch und Löwen hat einen vorhersagbaren Ausgang.[256] Durch die Versiegelung wird das notwendige Kräfteverhältnis sichergestellt, indem das Geschehen in der Löwengrube jedem menschlichen – also auch dem königlichen – Zugriff entzogen wird.

Die strikte Trennung zwischen dem Geschehen in der Löwengrube einerseits und dem menschlichen Agieren andererseits wird auch durch den erzählerischen Ortswechsel deutlich gemacht. Darjawesch zieht sich vom Ort des Geschehens zurück;[257] er geht in seinen Palast (לְהֵיכְלֵהּ V 19), sodass das Geschehen in der Löwengrube sich selbst überlassen bleibt: Keine der beteiligten Parteien kann die Vorgänge in der Löwengrube direkt beeinflussen. Der Erzähler beschreibt das weitere Tun des Königs mit zwei Aussagen. Die erste setzt sich formal aus einer finiten Verbalform der Wurzel בית und dem Adverb טְוָת zusammen. Darjawesch verbringt die Nacht nüchtern.[258] Größere Schwierigkeiten bereitet die Wiedergabe des *hapax legomenon* דחון (דַחֲוָן לָא־הַנְעֵל קָדָמוֹהִי).[259]

Bereits die alten Übersetzungen dokumentieren die Unkenntnis der Wortbedeutung.[260] Das Spektrum der vertretenen Positionen reicht von Speisen, Tablett mit Speisen, Wohlgerüchen, Tischen, Musikinstrumenten bis zu Tänzerinnen und Konkubinen.[261] MAYER geht im Anschluss an NOBER[262] von einer Ableitung des aram. Wortes דחון aus dem iranischen *dahyav* aus, das er

---

254 Vgl. BAUER/LEANDER, Grammatik §85 g; EHRLICH, Daniel 142 u. a.
255 Vgl. dazu die Funktionsbestimmung der Löwen in der Erzählung Abschnitt 8.4, 287.
256 Zwar berichtet die bibl. Überlieferung an wenigen Stellen von der Überlegenheit einzelner Menschen gegenüber Löwen (Ri 14,5f Simson; 1Sam 17,35 David; 2Sam 23,20 Benaja), dann ist jedoch auch von einer besonderen Begabung und Fähigkeit oder einem besonderen, außergewöhnlichen Einsatz des Menschen die Rede. Vgl. in diesem Zusammenhang auch die ao Ikonographie. Häufiger begegnen Szenen, in denen der König oder ein Held den Löwen bekämpft; dazu CORNELIUS, Lion insbes. 55ff. Damit macht die bibl. Überlieferung deutlich, dass eine solche Überlegenheit des Menschen die Ausnahme und nicht die Regel darstellt.
257 Ein Verbleiben der „Großen des Königs" an der Löwengrube, in Form einer Art der Nachtwache, hat am Text keinen Anhalt; das ordnungsgemäße Verfahren wird durch das Siegel garantiert.
258 Vgl. BEYER, ATTM 1 444 sowie Lemma: שוה 588, ähnlich die übrigen Lexika.
259 Vgl. MONTGOMERY, Daniel 277f.
260 Vgl. VOGT, Lexicon Lemma: דְּחָוָה 37.
261 Vgl. dazu BEYER, ATTM 1 Lemma: דחון 548; GESENIUS, Handwörterbuch[17] Lemma: דַּחֲוָה 901; KOEHLER/BAUMGARTNER, HALAT Lemma: דַּחֲוָה 1699f; VOGT, Lexicon Lemma: דְּחָוָה 37; BAUER, Daniel 136, „wahrscheinlich auch sexueller Art"; LEBRAM, Daniel 80, „Nebenfrauen … vielleicht ‹Musiker›". Auch GESENIUS, Handwörterbuch[18] Lemma: דַּחֲוָה 1482, bringt keine grundlegend neuen Aspekte ein.
262 Vgl. NOBER, Rezension 378.

im Kontext des Feudalsystems als Vasall versteht. Der König geht, nachdem Daniel in die Löwengrube geworfen ist, in seinen Palast, er isst nichts, lässt auch keine Vasallen zur Audienz kommen und verharrt dort bis zum nächsten Morgen.[263] KOEHLER/BAUMGARTNER resümieren: „Die Bed[eutung] des Wortes bleibt aber unbekannt."[264] Deutlich ist der bereits durch die erste Aussage ins Feld geführte asketische Zug des Verhaltens des Darjawesch; der Text beschreibt bestimmte Formen der Selbstminderung.[265] Dabei wird nicht deutlich, ob es sich um einen Ausdruck der Trauer oder um eine Form der Buße zur Einflussnahme auf eine Gottheit handelt. Sein Ziel bleibt letztlich im Dunkeln, mag aber in der Rettung Daniels gesehen werden. Die durch die beiden Rufe VV 17.21, die gleichsam einen Rahmen um V 19 bilden[266] und sich auf die Rettung Daniels beziehen, zum Ausdruck kommende Hoffnung des Königs ist als Hintergrund seines Verhaltens plausibel. Durch den Verzicht versucht er, so lässt sich schließen, den Gott des Daniel zur Rettung seines Dieners zu bewegen.[267]

Die Rückkehr Darjaweschs am Ende der Nacht schildert der Erzähler mit einem beachtlichen Aufwand: Die detaillierten Zeitangaben und Nennungen einzelner Handlungsschritte verzögern den Fortschritt der Handlung; die Geschwindigkeit verlangsamt sich. Auf diese Weise wird eine der Zentralstellen der Erzählung markiert. Bemerkenswert ist die *chiastische Struktur* V 19f.

V 19 מַלְכָּא אֲזַל
V 20 אֲזַל ... מַלְכָּא

Die zweimalige Verwendung des Verbums אזל macht den dynamischen Charakter deutlich. Wird V 19 zunächst der Weg von der Löwengrube zum Palast gezeichnet, so beschreibt V 20 den Weg vom Palast zur Löwengrube. Der vorliegende Chiasmus rahmt den Bericht über das Verhalten des Königs in der Nacht. Damit wird zum einen die Abwesenheit des Darjawesch von der Löwengrube während der Nacht betont, zum anderen erscheint sein Verhalten während der Nacht dadurch hervorgehoben. Für die Erzählung ist dem asketischen Verhalten des Darjawesch daher Bedeutung beizumessen. Seine Passivität wird so zu einer wichtigen „Handlungsweise"; für sie interessiert sich der Erzähler mehr als für das Ergehen des Daniel.

---

263 Vgl. MAYER, Iranischer Beitrag 129.
264 KOEHLER/BAUMGARTNER, HALAT Lemma: דְּחַוָה 1690.
265 Vgl. dazu WILLI, Art. Fasten 660, „F[asten] ist fast immer mit anderen Äußerungen der Trauer oder Selbstminderung wie Weinen, Totenklage und -trauersitzen, ..., Bußübungen verbunden ..."
266 Dabei ist der Hoffnungsruf V 17 das Letzte, was gesagt wird, bevor die Löwengrube verschlossen wird; erst V 21 spricht der König unmittelbar bei seiner Ankunft an der Löwengrube. Die Zwischenzeit erscheint für den Leser als Zeit der Stille.
267 Vgl. zum Zusammenhang von Buße und Beeinflussung einer Gottheit LANG, Art. Buße 358, „Die geläufigste Bußhandlung ist das Fasten. Alle Bußhandlungen haben das Ziel, göttliches Wohlwollen zu erlangen oder wiederherzustellen."

Auf dem Weg wird er einerseits von der Hoffnung, dass Daniel aufgrund einer Intervention seines Gottes am Leben sein könnte (V 17), getrieben, andererseits rechnet er aber auch mit dem Tod. Beide Alternativen: Der Tod und das Überleben erscheinen als reale Möglichkeiten. Er bricht im Moment des Morgengrauens (בְּנָגְהָא, בִּשְׁפַּרְפָּרָא) auf.[268] Der deutlich betonte,[269] frühe Aufbruch des Darjawesch offenbart seine Intention. Er möchte Gewissheit über das Schicksal des Daniel erlangen, sei es des Lebenden oder des Toten; der Blick ist auf das Überleben des Daniel gerichtet. Darjawesch begibt sich eilends (בְּהִתְבְּהָלָה) zur Löwengrube.[270] Der Erzähler zeichnet den Weg des Darjawesch im Morgengrauen von dessen Palast hin zur Löwengrube und nimmt mit V 21 in den Blick, wie sich dieser der Löwengrube nähert (קרב, אזל, קום). Noch auf dem Weg zur Löwengrube und dort noch nicht angekommen versucht Darjawesch, Kontakt mit Daniel herzustellen. Trotz des Optimismus des Darjawesch ist auch der mögliche Tod des Daniel präsent: Darjawesch schreit mit betrübter Stimme (בְּקָל עֲצִיב).[271]

Klärungsbedarf besteht V 21 hinsichtlich der syntaktischen Funktion von לְדָנִיֵּאל. Auch die Akzentsetzung der Masoreten – möchte man diese in die Klärung mit einbeziehen – ist nicht deutlich in dieser Frage. Die ungewöhnliche, zweifache Setzung des *zaqef qaton* bei aufeinanderfolgenden Worten – ähnlich V 24 – bedarf der Diskussion. V 21a erscheint durch die Akzentsetzung der Masoreten in folgende Abschnitte gegliedert:

וּכְמִקְרְבֵהּ לְגֻבָּה‖ לְדָנִיֵּאל‖ בְּקָל עֲצִיב זְעִק

Die mt Akzentsetzung hebt Daniel aus dem Vers heraus, er ist betont. Möglich wäre ein Verständnis von לְדָנִיֵּאל als Näherbestimmung für die Grube.[272] Zumeist wird גֻּבָּא durch דִּי mit den Löwen verknüpft oder absolut gebraucht;[273] zieht man Daniel zum Folgenden, erscheint die Wortstellung – Frontstellung des Objektes – ungewöhnlich, ähnlich aber auch V 24. Daniel erscheint

---

Schwierigkeiten bereitet die Deutung des Imperfekts יְקוּם. Mit GZELLA, Tempus 147; GZELLA, Verlaufsformen 185, wird die Verwendung des Imperfektes im Sinne einer Disambiguierung verstanden, die dem Verlust des semantischen Gehalts der Wurzel קום als desemantisiertes Vorbereitungsverb – vgl. JENNI, Lamed 191f – entgegenwirkt. Die grammatikalisch ungewöhnliche Verwendung des Imperfektes wirkt einer desemantisierten Wahrnehmung durch den Leser entgegen; die Form ist nicht ingressiv zu interpretieren.

269 Eine deutliche Betonung der „Frühe des Aufbruchs" ist auch dann gegeben, wenn man die zweite Zeitangabe (בְּנָגְהָא) als Glosse betrachtet. Vgl. GZELLA, Tempus 145; VOGT, Lexicon Lemma: נְגַהּ 110. Durch die ungewöhnliche Verwendung des Imperfektes יְקוּם liegt ein Akzent auf der Wendung בִּשְׁפַּרְפָּרָא יְקוּם, der durch die nachfolgende zweite Zeitangabe – sollte diese ursprünglich sein – verstärkt wird.

270 Zur Interpretation dieser Infinitivkonstruktion vgl. ASHLEY, Book of Daniel 54f.

271 Vgl. etwa KOEHLER/BAUMGARTNER, HALAT Lemma: עצב II (hebr.) 818; NOLAN FEWELL, Circle of Sovereignty 114.

272 Vgl. etwa STRAWN, Lion 373.

273 Ein absoluter Gebrauch begegnet VV 18.24(bis).25.

durch die Wortstellung als stark betontes Objekt des folgenden Satzes und bezeichnet den Adressaten des Rufens.[274]

Darjawesch spricht ihn als „Diener des lebendigen Gottes" (דָּנִיֵּאל עֲבֵד אֱלָהָא חַיָּא) an. Das Rufen und die Anrede machen seine Hoffnung deutlich; diese ruht auf dem *lebendigen* Gott (אֱלָהָא חַיָּא).[275] Der Gott, dessen Diener (עֲבֵד) Daniel ist, dem er unablässig dient (פְּלַח), wird für den König zum Hoffnungsgrund. Hat der Gott des Daniel seinen Diener retten können (הַיְכִל לְשֵׁיזָבוּתָךְ)?[276] Darjawesch erwartet Antwort auf seine Frage, die er präzise an Daniel und nicht an einen leeren Raum richtet. Die Hoffnung scheint die Skepsis zu überwiegen,[277] die sich in seiner betrübten Stimme spiegelt.

V 24 wechselt von der Wiedergabe des Dialoges zwischen Darjawesch und Daniel zum Bericht des Erzählers. Die Trauer von V 15 wandelt sich in Freude (שַׂגִּיא טְאֵב עֲלוֹהִי); Darjawesch erteilt den – V 17 entgegengesetzten – Befehl, Daniel aus der Löwengrube zu holen. Der Befehl wird – in Spannung zum semitischen Erzählstil –[278] inhaltlich erläutert und ausgeführt. Daniel ist es, der auf königlichen Befehl aus der Löwengrube herausgeführt wird.[279] Der Erzähler konstatiert die objektive Schadlosigkeit Daniels und gibt ihren Grund in dessen Treue zu Gott an. Die offenkundige Rettung und seine Unversehrtheit (וְכָל־חֲבָל לָא־הִשְׁתְּכַח בֵּהּ) erfordern eine Reaktion des Darjawesch, die die verleumderischen Männer betrifft. Wie Daniel in die Löwengrube geworfen worden war, werden nun diese

---

274 Mit לְ konstruierte Bewegungen sind in Dan immer auf einen Ort bezogen. ASHLEY, Book of Daniel 57f, "The second category is that in which the preposition indicates the direction or the aim of movement ... In Daniel the direction so indicated by the preposition is always towards a place." Als Ausnahme angegeben Esr 5,5.

275 Auffällig ist der Gebrauch des stat.det. Eine singulative Interpretation, die auf eine monotheistische bzw. monolatrische Bekenntnisaussage hindeuten könnte, ist unwahrscheinlich. Näher liegt eine Erklärung aufgrund der Fortführung des Verses אֱלָהָךְ דִּי ..., welche eine Determination erfordert. Zugleich weist die Anrede אֱלָהָא חַיָּא über eine einfache Präzisierung mittels eines Pronomens hinaus. Vgl. zu dieser Bezeichnung außerdem Dtn 5,26; Jos 3,10; 1Sam 17,26.36; 2Kön 19,4.16 // Jes 37,4.17; Ps 42,3.9; 84,3; Jer 10,10; 23,36; Hos 2,1; KREUZER, Gott 259ff, und insbes. 294–298; SEOW, Daniel 93; FELDMEIER/SPIECKERMANN, Gott 521f.

276 Durch das Suffix (אֱלָהָךְ) wird Daniel nochmals als Adressat der Rede markiert.

277 GZELLA, Tempus 274, erkennt einen dubitativen Charakter der Aussage, „mit der der Sprecher es als unwahrscheinlich oder zweifelhaft einschätzt, daß ein Sachverhalt wahr ist". Der Duktus der Aussage und der gesamten Erzählung dokumentiert jedoch eine positive Perspektive des Darjawesch auf die Situation. Es ist die Hoffnung des Darjawesch, mit der sich der Leser in dieser Situation verbindet.

278 Vgl. ebd. 230.

279 Die mt Akzentsetzung hebt das in der Satzstellung vorangestellte Objekt Daniel durch die beiden aufeinanderfolgenden *zaqef qaton* deutlich hervor; vgl. auch V 21.

Männer, samt Frauen und Söhnen, in die Löwengrube geworfen, sodass sich an ihnen das göttliche Gericht vollstrecken kann.[280]

Das Interesse an der Figur des Darjawesch schwindet; abschließend berichtet der Erzähler von dessen Edikt und blickt auf Daniel und sein weiteres Ergehen (V 29). Der Hinweis auf das Schicksal des Daniel, der die Regierungszeit des Darjawesch überdauert, bildet den Endpunkt.[281]

Das Rundschreiben Darjawesch sieht sich veranlasst, auf die Geschehnisse um die Löwengrube einzugehen;[282] seine Reaktion überschreitet den Adressatenkreis der am Königshof angesiedelten Personen: Er wendet sich an die gesamte Bewohnerschaft[283] der Erde (דִּי־דָאֲרִין בְּכָל־אַרְעָא V 26).[284] Die Formulierung entspricht fast wörtlich der Formulierung des Nebukadnezzar aus 3,31.[285]

Die Vorgänge erfordern Konsequenzen, die nicht nur für die unmittelbar beteiligten Personen von Relevanz sind.[286] Dass sich Darjawesch mit einer Anordnung an alle Reichsbewohner wendet und diese der gesamten Erdenbewohnerschaft mitteilt, dokumentiert die Bedeutung, die Darjawesch dem Vorfall beimisst. Bezeichnend ist der Fokus, den die Reaktion des Darjawesch legt: Sie betrifft das Verhältnis der Reichsbewohner zum Gott des Daniel (מִן־קֳדָם אֱלָהֵהּ דִּי־דָנִיֵּאל V 27).[287] Zugleich bleibt (ein

---

280 Der zunächst naheliegende Hinweis auf die Richtlinie für den Umgang mit falschen Zeugen (Dtn 19,18f) trifft nicht den Kern der Sache. Während es dort um eine Bestrafung des falschen Zeugen geht, werden Dan 6 die Beamten dem Ordal unterworfen, das deren Schuld belegt, die nicht in einem falschen Zeugnis liegt. Daniel hat objektiv gegen das Verbot verstoßen. Vgl. OTTO, Recht 172; ROSE, 5. Mose 108–115. Auch der Verweis auf das *ius talionis* (PORTEOUS, Danielbuch 74) erklärt Dan 6 nicht.

281 Das vorübergehende Weiterbestehen des Reiches des Darjawesch ist wie die Herrschaft des Kyros Hintergrund für den Erfolg des Daniel.

282 COLLINS, King 339, "When Daniel survives the ordeal Darius is quick to recognize the God of Daniel as the living God."

283 Die Bewohnerschaft erscheint begrifflich weiter differenziert לְכָל־עַמְמַיָּא אֻמַּיָּא וְלִשָּׁנַיָּא vgl. dazu auch die Nennung 5,19; 3,4.7; singularisch 3,29. Am nächsten kommt 3,31. Außerdem Est 3,12; 8,9.

284 Zu unterscheiden ist zwischen dem Adressatenkreis des Schreibens (V 26), welcher die Bewohnerschaft der gesamten Erde umfasst, und der verbindlichen Aufforderung (V 27), die allen Menschen im Königreich des Darjawesch (בְּכָל־שָׁלְטָן) gilt.

285 Über die Einleitung hinaus bestehen weitere, weniger deutliche Verbindungen; zur Einleitung vgl. folgende Übersicht:

בֵּאדַיִן דָּרְיָוֶשׁ מַלְכָּא כְּתַב לְכָל־עַמְמַיָּא אֻמַּיָּא וְלִשָּׁנַיָּא דִּי־דָאֲרִין בְּכָל־אַרְעָא שְׁלָמְכוֹן יִשְׂגֵּא 6,26

נְבוּכַדְנֶצַּר מַלְכָּא לְכָל־עַמְמַיָּא אֻמַּיָּא וְלִשָּׁנַיָּא דִּי־דָאֲרִין בְּכָל־אַרְעָא שְׁלָמְכוֹן יִשְׂגֵּא 3,31

286 KOCH, Daniel 305 zu 3,29, "Vorausgesetzt wird also (wie 3,31; 6,26) ein Brauch von Reichsgesetzen, die schriftlich hinausgesandt und, da ›Sprachen‹ eigens erwähnt, in die jeweiligen Landessprachen übersetzt werden." SEOW, Daniel 95, "By using the form of a public letter addressed to all peoples in the world, the narrator makes the point that at issue in the chapter is not a private experience of a Jew in exile but something that affects others as well."

287 Nicht ein spezielles Verhalten gegenüber der Person des Königs, des Darjawesch, ist gefordert, sondern gegenüber dem Gott des Daniel. Nicht mehr die Person des Königs

möglicherweise spezifisches) Verhältnis Darjaweschs und des Gottes des
Daniel unbezeichnet.

Das Rundschreiben weist nicht einen informatorischen, sondern einen
imperativischen Charakter auf. Es ist Darjawesch, der König, der das
Rundschreiben verfasst und es ist sein Herrschaftsbereich (שָׁלְטָן), in dem
die Beachtung des Gesetzes verlangt wird. In einem autoritativen Akt
(שִׂים טְעֵם) des Königs wird erneut ein Gesetz erlassen,[288] das zugleich theologische Kernthemen des Erzählers offenbart.[289] Obgleich die zeitliche
Dimension dieses rechtssetzenden Aktes nicht eindeutig zu klären ist,
erscheint es naheliegend, davon auszugehen, dass Darjawesch durch die
schriftliche Ausfertigung des Rundschreibens neues Recht schafft. Durch
den Vorgang wird das Recht in Kraft gesetzt.[290]

Nach der Grußformel (שְׁלָמְכוֹן יִשְׂגֵּא)[291] weist Darjawesch auf den angesprochenen rechtsetzenden Akt hin und formuliert den Inhalt. Gefordert
wird ein durch die Partizipien זָאֲעִין und דָּחֲלִין definiertes Verhalten aller
Reichsbewohner gegenüber dem Gott des Daniel. Die Verben, die in ihrer
Grundbedeutung mit „zittern" bzw. „fürchten" wiedergegeben werden,
intendieren kein religiöses Bekenntnis, sondern die Haltung des Bürgers
gegen über dem Herrscher.

In 5,19 begegnet eine Kombination der gleichen Verben. Daniel beschreibt
dort (VV 17–19) – im Gespräch mit Belschazzar – die Gott gegebene Machtfülle des babylonischen Königs Nebukadnezzar und anschließend (V 20f)
dessen aus der Macht resultierende Überheblichkeit. Die schier grenzenlose
Macht des Nebukadnezzar konkretisiert Daniel u. a. durch die Beziehung der
Gesamtheit aller Völker (עַמְמַיָּא אֻמַיָּא וְלִשָּׁנַיָּא) gegenüber Nebukadnezzar. Die
übereinstimmende Beschreibung des von den Reichsbewohnern geforderten
Verhaltens gegenüber dem Gott des Daniel und des Verhaltens der Völker
gegenüber Nebukadnezzar macht deutlich, dass der Akzent nicht spezifisch

---

steht im Zentrum, sondern der Gott des Daniel. Offenkundig wird diese Opposition
auch durch die Gegenüberstellung von: מִן־קֳדָמִי in Bezug auf den Erlass der Anordnung
– מִן־קֳדָם אֱלָהֵהּ in Bezug auf das geforderte Verhalten.

288 KUTSCHER, Constructions 86–89, „passivum maiestatis", vgl. 3,29; 4,3 bei direkten
   Zitaten; TARSEE, Non-Active Participles 115, mit Verweis auf 3,10.12; 6,14. Für Belege
   außerhalb von Dan vgl. DILELLA, Strophic Structure 95. Auf diese Weise erhält das
   Rundschreiben einen dokumentarischen Charakter für die Zukunft.

289 TOWNER, Poetic Passages 322, „... function as theological epitomes of the significance
   of that experience of the speaker which is recounted in the narrative context".

290 Vgl. dazu den Verlauf der Erzählung VV 8ff. KOCH, Daniel 305, „Dem Bekenntnis folgt
   in V. 29 ein Akt der Gesetzgebung, eingeführt mit der amtlichen Formel für absoluten
   Herrscherwillen ... "

291 EISENBEIS, Wurzel שלם 352, „Die aramäische Form des Nomens ist in Esr 4₁₇ 5₇ und
   in Dan 3₃₁ 6₂₆ belegt. Als Grundbedeutung hat es wie sein hebräisches Äquivalent die
   Vorstellung der *Ganzheit*. In den aramäischen Teilen des AT erscheint es in Briefein-
   gängen und offiziellen Schreiben und bezeichnet speziell *Wohlsein*, *Wohlergehen* bzw.
   Gesundheit, ein Gebrauch, welcher sich häufig in der Briefliteratur, auch in akk. Belegen
   und selbst in den Amarna-Briefen, findet."

religiös ist. Vielmehr geht es um die Anerkennung einer Vormachtstellung bzw. Oberherrschaft.[292]

Die Bewohner des medischen Reiches haben nach dem Willen des Darjawesch die Relevanz und die Macht des Gottes des Daniel anzuerkennen.[293] Auffällig bleibt die ausführliche Begründung der Anordnung. Im Übergang von der Formulierung des Inhaltes der königlichen Anordnung zu deren Begründung ist ein Wechsel von einer gesetzlichen Ausdrucksweise zu einer hymnischen Sprache festzustellen.[294] Das Gesetz findet seinen Grund im Hymnus. Zugleich werden Elemente der Erzählung aufgegriffen; Darjawesch formuliert in Anknüpfung an das Erlebte.[295]

Zunächst wird der Gott des Daniel gepriesen, denn er ist „lebendiger Gott".[296] Damit begegnet eine Aussage, die auch sonst im AT – wenn auch nicht häufig – belegt ist.[297] Nicht der determinierende, sondern der betonende Aspekt steht im Vordergrund, sodass eine singularische Lesung des stat. emph. zur Betonung einer tatsächlichen oder geglaubten Einzigkeit nicht in der Aussageabsicht des Textes liegt. [298] Ergänzend wird er als קַיָּם לְעָלְמִין (vgl. außerdem 4,23) bezeichnet. Damit steht Gott

---

292 Insofern nimmt Darjawesch nicht direkt Bezug auf sein früheres Edikt; sie bleiben unvermittelt nebeneinander stehen. ALBERTZ, Gott 143, „Mit der Wendung ‚erzittern und sich fürchten‘ bezeichnete der aramäische Verfasser 5,19 die politische Unterwerfung der Völker unter den Weltherrscher Nebukadnezar. Gemeint ist somit eine quasi politische Unterwerfung aller Träger staatlicher Macht unter den Gott, der den totalitären Machtapparat des Darius aufgesprengt hat." Vgl. auch STAHL, Weltengagement 45.

293 PLÖGER, Daniel 100, „Wenn die Forderung in V. 27b ein wenig über das hinauszugehen scheint, was in 3,29 verboten wird, so wird man sagen können, daß dies dem Königsbild des ganzen Kapitels entspricht, da der Herrscher selbst in der Gefährdung Daniels persönlich stärker engagiert war, wie auch in V. 28b auf die Gefahr, in der Daniel schwebte zurückgegriffen wird."

294 Auffallend sind die deutlichen Bezugnahmen auf die entsprechenden Abschnitte in 3,29f; 3,31–33.

295 Vgl. dazu SCHAACK, Ungeduld 324, „Die Beobachtung einiger Stichwortanschlüsse zwischen 6,26–28 und 6,1–25 zeigt die Verwurzelung des Dokuments in dem Text der Erzählung von Daniel in der Löwengrube."

296 Darjawesch formuliert nicht im stat. abs. sondern determinierend stat. emph.: „lebendiger Gott" – אֱלָהָא חַיָּא; so bereits V 17. Zur Verwendung des stat. emph. bei אֱלָה vgl. BAUER/LEANDER, Grammatik §88 n.

297 Vgl. RINGGREN, Art. חָיָה 892, „Die Deutung als ‚der aktiv Eingreifende‘ oder ‚der offensichtlich Anwesende‘ scheint sich also zu bestätigen." Anders DELEKAT, Wörterbuch 27f, „… חי heisst, von Mensch und Gott ausgesagt, nie ‚lebendig‘ im Sinne von ‚aktiv‘ sondern immer nur ‚lebend‘ im Gegensatz zu ‚tot‘." Die Verbindung mit der Wirkmächtigkeit Gottes ist festzuhalten; zugleich folgt aus der Lebendigkeit der Anspruch auf einen Einflussbereich, in dem die Gottheit verehrt wird. KREUZER, Gott 299, es geht „… um den Verweis auf Jahwe … und zwar im Blick auf sein machtvolles Handeln und seine Autorität einerseits und die von daher bestimmte Relation zu seinem Volk und zu dessen exponierten Vertretern andererseits."

298 Vgl. zu dieser Funktion BAUER/LEANDER, Grammatik §88 d.e. Eine solche Lesart wäre religionsgeschichtlich gänzlich unwahrscheinlich. Ein exklusiver Monotheismus – „einzig er ist ein lebendiger Gott" – liegt kaum in der Aussageabsicht des Textes.

in Opposition zu den Königen und den staatlichen Strukturen, die durch Menschen und Gott verändert (קום) werden. Gott ist nicht abhängig von Ein- und Absetzungen.[299] An verschiedensten Stellen thematisiert das Daniel-Buch die Vergänglichkeit menschlicher Herrschaft und staatlicher Machtstrukturen. Demgegenüber weist der Gott des Daniel Beständigkeit und damit auch Verlässlichkeit als Bezugsgröße für die Menschen auf. Von Bedeutung ist für das Edikt zunächst nicht das Königreich des Darjawesch, sondern das Königreich Gottes: וּמַלְכוּתֵהּ דִּי־לָא תִתְחַבַּל.[300] Dieses Reich steht in Opposition zu dem des Darjawesch (מַלְכוּתִי),[301] welches sich aber zugleich als der Ort erweist, an dem Gott durch sein Handeln seine Herrschaft ausübt. Dort, wo Gott rettend handelt, ist sein Herrschaftsbereich.[302] Gleichzeitig klingt in der Formulierung die Nähe an: Durch Gottes Handeln im Reich des Darjawesch, werden beide Reiche in Beziehung gesetzt. Die Unvergänglichkeit, ja die Schadlosigkeit wird durch die Verbalform חבל mit der Rettung Daniels in der Löwengrube – VV 22.23 wurde konstatiert, dass Daniel frei von jedweder Beschädigung (חֲבוּלָה) ist – verknüpft.[303] Daniels Unversehrtheit veranschaulicht die Unantastbarkeit des göttlichen Reiches. Weitergeführt wird der Gedanke der Dauerhaftigkeit und Verlässlichkeit durch den Hinweis auf die Grenzenlosigkeit seiner Herrschaft: וְשָׁלְטָנֵהּ עַד־סוֹפָא. Auch hierbei handelt es sich um einzelne Motive, die an anderer Stelle im Daniel-Buch, insbes. auch an den einschlägigen Stellen begegnen.[304] Beide Dimensionen, die zeitliche und die räumliche sind wesentlich.

Die Nähe in der Darstellung bspw. zu Ps 145,13 macht deutlich,[305] dass Darjawesch mit seinem Edikt bedeutende Glaubens- und Bekenntnisaussagen Israels aufgreift und formuliert.[306]

> „Die Merkmale Unvergänglichkeit/Ewigkeit und Totalität, die auf der Ebene menschlicher politischer Herrschaft mörderische Konsequenzen zeitigen, kommen allein der Königsherrschaft Gottes zu (27b). Sie mordet nicht, sondern zielt auf Leben (vgl. ‚lebendiger Gott' V. 27bα; vgl. 21), wie an der Rettung Daniels aus der Gewalt der Löwen anschaulich wird (V. 28)."[307]

---

299 Vgl. zur Abhängigkeit und Vergänglichkeit menschlicher „Festigkeit" etwa Dan 2,21.39.44; 4,14; 5,11.21, jeweils mit der Wurzel קום formuliert.
300 Vgl. dazu auch 2,44; 7,14, „Gottesreich".
301 MEADOWCROFT, Aramaic Daniel 111.
302 Vgl. SEOW, Daniel 95f.
303 Vgl. dazu ebd. 95.
304 Dazu: שָׁלְטָן 3,33; 4,19.31; 7,6.12.14.26.27; סוֹף 4,8.19; 7,26.28.
305 Die Ähnlichkeit ist frappierend: Ps 145,13a מַלְכוּת כָּל־עֹלָמִים מַלְכוּתְךָ; weitere Übereinstimmungen lassen sich finden. Vgl. auch zum aram. Spracheinfluss KRAUS, Psalmen 948. Außerdem KREUZER, Gott 295ff; KRATZ, Translatio 163ff.
306 In gleicher Weise wie für V 27 gilt diese Nähe auch für 3,31; 4,31. TOWNER, Poetic Passages 321, "... that these three liturgically formulated passages bear closest resemblance to the hymn Gattung of Israelite religious poetry".
307 ALBERTZ, Gott 143.

Der durch die asyndetische Reihung markierte Einschnitt am Beginn von V 28 hat eine Entsprechung auf inhaltlicher Ebene. Nicht mehr Aussagen über das Wesen Gottes und seine Macht, sondern sein Handeln steht im Vordergrund. Zentrales Charakteristikum ist seine Rettertätigkeit (מְשֵׁיזִב – שֵׁיזִב): Der Gott des Daniel ist ein rettender Gott. In dieser Macht konkretisiert sich sein Handeln in seiner Relevanz für den Menschen; zugleich erweist sich in ihr seine Lebendigkeit.[308] Greifbar und gewissermaßen staatlich anerkannt ist dies durch die Bezugnahme auf das aktuell erfahrene Rettungshandeln an Daniel in V 28b (vgl. VV 17.21). Das bewahrende Handeln ist der Kern seines Tuns; es erschöpft sich jedoch nicht darin. Darüber hinaus wird das Befreien (וּמַצִּל) genannt.[309] Betont ist außerdem das Vollbringen von Zeichen und Wundern (אָתִין וְתִמְהִין). Der Aktionsradius wird dabei größtmöglich gedacht; es ist nicht an politische, ethnische oder sprachliche Grenzen gebunden, sondern überschreitet jede Grenze und umfasst das Gesamt des Kosmos: Himmel und Erde – ein Merismus – werden als Ort göttlicher Wirksamkeit genannt.

Obgleich von einer direkten Rücknahme oder Verkehrung des Ediktes nicht die Rede ist, kommt es zu einer Distanzierung. Darjawesch anerkennt den Gott des Daniel als Machtfaktor, dem es sich in gleicher Weise wie einem überlegenen Weltenherrscher zu unterwerfen gilt. Diese Unterwerfung ist kein Akt persönlicher Frömmigkeit. Vielmehr weist sie eine politische Dimension auf und ist von Relevanz für das gesamte Herrschaftsgebiet.

Der Text überrascht in der Darstellung des Rundschreibens, das Darjawesch als fremden König zeichnet, der ganz im Stil der israelitischen Gebetsliteratur über den Gott des Daniel – und damit über den Gott, den die Exilsgemeinde aus Israel verehrt – spricht. Das Rundschreiben ist kein Zeugnis tiefer religiöser Bekehrung, aber mehr als ein Dokument politischen Kalküls:[310] Darjawesch ist kein verblendeter heidnischer Despot,

---

308 Vgl. dazu etwa die Götzenpolemik, wie sie bspw. in Jes 44,9–20 anschaulich wird; dazu MATHEUS, Jesaja 316. Zu einer Übersicht über weitere Belege in Prophetie, Psalmen und Weisheit vgl. ROTH, Life 21ff; Jes 40,18f; 46,5ff; Hab 2,18f; Jer 10,3ff; Ps 115,4ff; 135,15ff; Bar 6; Dan 14; Jub 12,2ff; 20,8ff; Weish 13,10ff; 15,7ff.

309 Vgl. dazu die Belege 3,29f; 6,15. Außerdem BERGMANN, Art. נצל 98, „Hintergrund für den Gebrauch von nṣl hi[fʿil] mit göttlichem Subjekt ist die Erfahrung und Erwartung Israels, daß Jahwe das Volk und den einzelnen in vielfältiger Weise aus Not befreit und sie rettet, wenn sie bedroht sind ... Doch in all diesen Zusammenhängen wird nṣl hi[fʿil] nirgends zu einem besonderen theologischen Begriff; auch als ›term[inus] tech[nicus]‹ für die Erlösung Israels aus Ägypten‹ kann man es ... nicht betrachten." Zu Recht weisen HOSSFELD/KALTHOFF, Art. נצל 573f, jedoch auf den Leitwortcharakter für den Exodus hin.

310 Vgl. STOLZ, Monotheismus 45f, „Daß der hymnischen Situation eine ‚Exklusivität' anhaften kann (in der Situation der Zuwendung zu einem Gott können die anderen Götter ganz zurücktreten), ist schon vielfach beschrieben worden ... Auch Notsituationen führen möglicherweise zu ähnlichen Exklusionen ..." WILLIS, Dissonance 181,

sondern ein König, der aufgrund des göttlichen Handelns dem Gott des
Daniel Respekt erweist und zu einer Neubewertung des Verhältnisses
von göttlichem Reich und seinem irdischen Machtbereich kommt.[311]

8.4.2 Daniel

Daniel wird im Zusammenhang der Aussagen über die Reformtätigkeit
des Darjawesch V 2 erwähnt und als einer der drei סָרְכִין („Minister")
in die Erzählung eingeführt. Sein Name hält die Überlieferungen des
Buches (ausgenommen Dan 3) zusammen. Tritt im Buch eine Figur mit
dem Namen Daniel auf, geht der Leser zunächst – zumindest in Dan 1–
6 – von ein und derselben Person aus.[312] Diese Identifikation ist nicht
ohne Spannungen, die zu literarkritischen Überlegungen einladen aber
nicht nötigen.[313] Die Annahme der Identität führt gleichermaßen zu einer
Ergänzung des Daniel-Bildes aus dem vorangehenden Kontext mit den
Informationen aus der Erzählung[314] wie zur Betrachtung Daniels in Dan 6
im Licht der vorangehenden Erzählungen.[315] Die Bilder des Daniel in
Text und Kontext erschließen sich wechselseitig. Die Vorgeschichte im

---

betrachtet die Frage nach der unumschränkten Herrschaft Gottes als die treibende
Feder hinter der Entstehung der Visionen: "The need for the scribal community is to
assert the Jewish God as sovereign not only over their community, but also over the
gentiles and their king."

311 Auf diese Weise wird Darjawesch gleichsam antitypisch zum Pharao des Exodus gezeichnet, dessen Verhalten durch sein verhärtetes Herz geprägt ist (vgl. Ex 7,3). Zeichen
und Wunder zeigen dort keine Wirkung; Darjawesch dagegen reagiert auf das machtvolle Handeln Gottes und anerkennt ihn als Gott. KRATZ, Translatio 155, „Damit aber
stehen die Herrschergestalten in Dan 1–6* nicht mehr nur exemplarisch für die Situation des Exils bzw. der Diaspora als Zone der Gefahr ... vielmehr verkörpern sie
... einen konstitutiven Teil der vom »höchsten Gott« eingerichteten Heilsordnung im
Gang der weltgeschichtlich dimensionierten Exilsgeschichte, die sich in dem Ausgleich
zwischen dem Status der jüdischen Religion und dem Bestehen der Weltreiche manifestiert. Die Fremdherrscher sind – im Blick auf das exilierte Israel! – nun beinahe schon
als judäische, wenigstens als eigene Herrscher verstanden."

312 Auch die Differenzen am Übergang nach Dan 7 können diese Identifikation zunächst
nicht aufbrechen, obgleich Spannungen nicht zu übersehen sind.

313 Für weitere Überlegungen und zu literarkritischen Lösungsvorschlägen dieses Befundes vgl. Abschnitt 3.1.2, 33. Die Differenzen sind nicht so stark, dass eine synchrone
Rezeption des Textes nicht mehr möglich ist.

314 COLLINS, Social World 252, "These legends [Dan 1–6; D.H.] provide an extended introduction to the visions and establish the fictive identity of Daniel himself." KRATZ, Reich
451, „... die eigentliche Einleitung der ganzen Sammlung, die in Dan 6 ihren Höhepunkt und Abschluss erreicht ... " Gegenüber einer allzu zuversichtlichen Einschätzung
müssen die Spannungen im Erzählverlauf ausreichend berücksichtigt werden.

315 Vgl. Abschnitt 4.5, 185. Der literaturwissenschaftlich-narratologische Ansatz der vorliegenden Untersuchung, muss die bestehenden Spannungen nicht zum Anlass für eine
isolierte Betrachtung nehmen. Zur Frage nach den verschiedenen Möglichkeiten der
Kontextualisierung vgl. Abschnitt 6.1, 214.

Erzählzyklus ist – wenn auch mit Einschränkung – für die Präsentation der Person des Daniel zu berücksichtigen.[316] Das an dieser Stelle gezeichnete Bild ist notwendigerweise ein „perspektivisches" Bild, das auf die Wahrnehmung von Dan 6 hingeordnet und organisiert ist.[317]

Dan 1 eröffnet als Einführung in die Erzählungen den allgemeinen Rahmen für alles Weitere. Auftakt ist eine Bezugnahme auf den Beginn des babylonischen Exils (V 1f); in diesem Kontext gelangt Daniel an den Hof des babylonischen Königs Nebukadnezzar und lebt dort als Israelit in einem fremden Land und in einer fremden Kultur. Daniel lebt in einer Diasporasituation.[318] Auf diese Herkunft verweist Dan 6, wenn die Beamten Daniel als „einen von den Söhnen der Verbannung" (מִן־בְּנֵי גָלוּתָא דִּי יְהוּד) bezeichnen. Zugleich ist er Teil dieses Landes und seiner hierarchischen Strukturen (V 2f).[319] Den Weg zu dieser Einbindung thematisiert Dan 1.[320] Während Dan 1 den babylonischen Königshof im Auge hat, geht Dan 6 vom medischen Königshof als szenischem Hintergrund aus.[321] Durch seine Anwesenheit im Machtzentrum des fremden Reiches, nicht in der Peripherie, wird er direkt mit dem staatlichen System in seinen verschiedenen Facetten und Prägungen konfrontiert.[322] Die Unmittelbarkeit des Kontaktes verhindert jedes Verstecken oder Verheimlichen.

Die genaue Herkunft Daniels bleibt ungeklärt; deutlich wird nur seine Abstammung aus einer gehobenen sozialen Schicht, aus königlichem oder vornehmem Geschlecht (מִבְּנֵי יִשְׂרָאֵל וּמִזֶּרַע הַמְּלוּכָה וּמִן־הַפַּרְתְּמִים)[323], Judas (V 3f). Ziel seiner und der anderen jungen Männer Deportation ist der Dienst am Königshof (לְהָבִיא ... לַעֲמֹד בְּהֵיכַל הַמֶּלֶךְ ... וּלְלַמְּדָם). Die Ausbildung in der Literatur und Sprache der Chaldäer (V 4)[324] verläuft

---

316 Vor der Darstellung der Präsentation Daniels in der Erzählung Dan 6 soll zunächst in groben Zügen ein Bild des Daniel aus Dan 1–2.4–5 gezeichnet werden. Als Tor zur Erzählung kommt dem (hebr.) überlieferten Abschnitt Dan 1 besondere Bedeutung zu.

317 Besondere Bedeutung wird folgenden Elementen zukommen: 1. Integration Daniels 2. Abgrenzung Daniels 3. Interaktion Daniels mit anderen Personen. Zur Zeichnung der Figur des Daniel vgl. auch EISSFELDT, Laufbahn 134ff.

318 Vgl. dazu COLLINS, Social World 254; außerdem die konträren Sichtweisen von HUMPHREYS, Life-Style und PACE, Diaspora; siehe auch PACE, Daniel; SMITH-CHRISTOPHER, Prayers 266, „forced inter-cultural contact".

319 Daniel steht im Spannungsfeld zwischen seiner eigenen, religiös und kulturell geprägten Identität und den an ihn in der fremden Kultur herangetragenen Erwartungen. Zu dieser Problematik vgl. auch BARCLAY, Apostate.

320 Vgl. dazu die Erfolgsnotizen Dan 2,48f; 3,30.

321 Vgl. zum medischen Königreich Abschnitt 8.2.2, 258. 6,29 weist – ähnlich 1,21 – mit wenigen Worten auf das Reich des Persers Kyros.

322 VENTER, Space 995, "... they are physically moved to the center of Babylonian culture at the palace."

323 Zu dieser Wendung vgl. auch KOCH, Daniel 3f.

324 Zur Übersetzung vgl. ebd. 45, „Der Danielverfasser greift mit ›kaldäischer Literatur‹ einen Begriff auf, der zu seiner Zeit internationalen Ruf genießt und eine ›Wissenschaft‹ umschreibt, mit der das Danielbuch sich an vielen Stellen auseinandersetzen wird."

äußerst erfolgreich, wie die Notiz des Erzählers (V 17) und die Überprüfung durch Nebukadnezzar (V 19f) dokumentieren. Auch im Folgenden
zeigen sich Daniels herausragende Qualitäten (etwa Dan 2; 4; 5). Er und
seine Gefährten sind dem weisheitlichen Dienst (עַל כָּל־הַחַרְטֻמִּים הָאַשָּׁפִים
אֲשֶׁר בְּכָל־מַלְכוּתוֹ) deutlich überlegen; der Grund wird – durch den Erzähler
– mit dem Wirken Gottes angegeben: נָתַן לָהֶם הָאֱלֹהִים (V 17):[325] Aus dem
gemeinsamen Kompetenzspektrum, das mit Wissen und Verständnis in
jeder Art Schrifttum und Weisheit (מַדָּע וְהַשְׂכֵּל בְּכָל־סֵפֶר וְחָכְמָה) angegeben
wird, hebt sich Daniel heraus, der zusätzlich mit der Einsicht in Gesichte
und Träume (הֵבִין בְּכָל־חָזוֹן וַחֲלֹמוֹת) begabt wird.[326] Qualifikation erscheint
als wesentliches Auswahlkriterium bei der Deportation. Die Fülle der
genannten Aspekte macht die Höhe der Anforderungen deutlich und
zeichnet Daniel als Weisen.[327]

Der weitere Aufenthaltsort Daniels wird am Königshof bestimmt;[328]
er bleibt ständig in seinem Lebenswandel mit Sitten und Gebräuchen des
fremden Hofes konfrontiert. Zweierlei wird deutlich: seine Integration
und seine Abgrenzung. Er steht in einem Spannungsfeld, in dem er versucht, sich einerseits in das Leben am Königshof einzufügen und seinen
Aufgaben gerecht zu werden, andererseits aber auch seine Identität zu
bewahren.[329]

Daniels Integration   Dan 1 macht deutlich, dass Daniel – obschon er am
Hof des babylonischen Königs lebt und sich in die Kultur integriert –[330]
nicht bereit ist, in bestimmten Fragen von der von seiner Religion bestimmten Position abzuweichen. In anderen Belangen hat er dagegen keine Berührungsängste. Eine erste Einbindung in die Struktur des fremden
Königshofes zeigt sich mit Dan 1,4 in seiner Stellung in der Dienerschaft
und seiner Ausbildung. Durch seine herausragende Qualifikation kommt

---

325 Vgl. zu dieser Formulierung auch 1,2.9. SEOW, Rule 220f, "... that the God of judgment
who permits the exile is, paradoxically, also the God of 'grace and mercies' who enables
the survival of faith and even grants the possibility of success for the faithful."

326 Daniel erscheint als Deuter von Träumen Dan 2,36–45; 4,16–30.

327 Zu den folgenden Merkmalen vgl. KOCH, Daniel 4, אֵין־בָּהֶם כָּל מְאוּם Fehlerlosigkeit; וְטוֹבֵי
מַרְאֶה Aussehen; וּמַשְׂכִּילִים בְּכָל־חָכְמָה Verständigkeit in aller Weisheit; וְיֹדְעֵי דַעַת Erkenntnis;
וּמְבִינֵי מַדָּע Einsicht; כֹּחַ Kraft.

328 Für Dan 1–4 der Hof Nebukadnezzars, Babylonier; Dan 5 Belschazzar, Babylonier;
Dan 6 Darjawesch, Meder und Kyros, Perser.

329 KRATZ, Translatio 131, „In alledem zeigt sich dem Betrachter ein Judentum, das sich
in der Situation der Diaspora durchaus günstig einzurichten verstanden hat und die
dort wahrgenommenen Gefahren unter Wahrung der eigenen Identität sowie in gutem
Einvernehmen mit der heidnischen Macht, unter deren Ägide man lebt, glücklich
überlebt."

330 Als Beleg für die weitgehende Integration mag neben der umfangreichen Ausbildung
(1,3f), der Notiz über das Ergebnis dieser Ausbildung (1,17) auch die Positionierung
Daniels am Ende von Dan 2 dienen: Daniel wird eingesetzt als „oberster Präfekt aller
Weisen Babels" (וְרַב־סִגְנִין עַל כָּל־חַכִּימֵי בָבֶל) V 48b).

es zu einer weitergehenden Beförderung (vgl. 1,20). Im Anschluss an die erste große Traumdeutung (Dan 2,36–45) wird Daniel (עַל־כָּל הַשְׁלְטֵהּ) V 48) ebenso מְדִינַת בָּבֶל וְרַב־סִגְנִין עַל כָּל־חַכִּימֵי בָבֶל ... וְדָנִיֵּאל בִּתְרַע מַלְכָּא wie seine Gefährten (49a וּמִנִּי עַל עֲבִידְתָּא דִּי מְדִינַת בָּבֶל לְשַׁדְרַךְ מֵישַׁךְ וַעֲבֵד נְגוֹ) befördert.[331] Dan 5 zeigt ein großes Ansehen Daniels bei der Frau des Königs aufgrund seiner Fähigkeiten.[332] Eine neue Stufe der Hierarchie erreicht Daniel in Dan 6: Zunächst wird er in ein Dreiergremium berufen und anschließend soll er eine Position über das gesamte Reich erhalten.[333]

Die Einbindung beschränkt sich nicht auf den Bereich der Verwaltung, sondern umfasst auch kulturelle Aspekte, wenn Daniel in Weisheit, Astrologie, Traumdeutung etc. geschult wird.[334] Auch die herausgehobene Fähigkeit zur Traumdeutung ist im Kontext der fremden Weisheitslehre zu betrachten. Daniel zeichnet sich hier durch ein Element aus, das den Texten der höfischen Weisheit Israels fremd ist.[335]

Abgrenzungsversuche Daniels Noch während seiner Ausbildungszeit am Hof schlägt Daniel für sich und seine Gefährten die Einbeziehung in die königliche Versorgung aus und bittet um die Zuteilung von Gemüse und Wasser (Dan 1,8). Er lehnt die Teilhabe am königlichen Mahl und damit die königliche Mahlgemeinschaft ab.[336]

---

331 Die Gefährten Daniels sind auch Dan 3,30 als „erfolgreich" bezeichnet.
332 VAN DER TOORN, Babylonian Background 627, "Daniel's career had been brilliant. Appointed chief (rab) of the magicians (ḥartummîm), exorcists, astrologers, and diviners under Nebuchadnezzar (Dan 5:11), Daniel proved himself a paragon of wisdom under Belshazzar as well."
333 CASSIN, Daniel 129, „en faisant une sorte de vice-roi".
334 Vgl. MILLS, Morality 202, "Education here implies more than the skills of numeracy and literacy, it signifies the absorption of a young male citizen into the full duties and identity of the Babylonian state."
335 Aufschlussreich ist ein Vergleich der weisheitlich geprägten Texte aus der östlichen Diaspora mit denen, die in Juda (resp. Jerusalem) entstanden sind, etwa Sir 34,1–8; 39,1–11. COLLINS, Social World 254, "They did not adopt all the forms of divination practised by their Chaldean colleagues, but they developed an interest in dreams and omens which remained utterly alien to the Jerusalem-centered wisdom of Ben Sira." Vgl. dazu und zur mantischen Weisheit auch Abschnitt 3.1.5, 79.
336 KOCH, Daniel 58, „Kaldäische Studien zu betreiben bereitet Daniel keinen Augenblick Bedenken. Einen fremdländischen Namen zu tragen ist er ohne Widerspruch bereit. Doch die Auszeichnung, an einer königlichen Speise teilzuhaben, lehnt er entschieden ab. Der Widerstand gegen die volle Integration in die Kultur des großköniglichen Hofes bricht – für den heutigen Leser überraschend – an dieser Stelle auf." Dort auch, 59–61, zur Frage nach dem Motiv Daniels. Bestimmte Merkmale der Lebensweise sind von besonderer Bedeutung für die eigene Identität; vermutlich war die Tischgemeinschaft und das Essen ein solcher „identity marker". Das gemeinsame Essen hatte große Bedeutung für die Identitätsbildung der Gruppe der Höflinge. Vgl. außerdem KRATZ, Translatio 131.

Die Verehrung eines Standbildes (Dan 3) verweigern die Gefährten des Daniel.[337] Im Hintergrund steht, wie der Dialog mit dem König (VV 16–18) deutlich macht, die Konkurrenz zu dem von ihnen verehrten Gott. Durch die Frage nach dem Gott Schadrachs, Meschachs und Abed Negos (וּמַן־הוּא אֱלָהּ דִּי יְשֵׁיזְבִנְכוֹן מִן־יְדָי V 15) wird die Distanz zwischen den Gefährten des Daniel und dem Königshof deutlich. Auf religiöser Ebene kommt es zu keiner vollen Integration.[338]

Auffällig ist, dass Daniel nicht am Gastmahl des Belschazzar teilnimmt. Aufgrund seiner Stellung im Reich wäre es zu erwarten; die Terminologie allein ist jedoch nicht zwingend.[339] Im Gegenteil: Der König kennt ihn nicht; seine Frau muss ihn auf Daniel hinweisen (5,11).

Die bleibende Fremdheit Daniels wird Dan 6 durch die Bezeichnung als „einer von den Söhnen der Verbannung" (V 14) zum Ausdruck gebracht.[340] In Zeiten der Distanz wird die Fremdheit Daniels sichtbar und Thema der Diskussion. Die Abgrenzung Daniels erscheint nicht nur als ethnische Differenz, sondern als eine religiöse Abgrenzung. Deutlich wird das Gesetz seines Gottes (דָּת אֱלָהֵהּ)[341] von den Beamten als ein Anspruchssystem skizziert, dem Daniel neben dem staatlichen System verpflichtet ist.

Interaktionen Daniels   Daniel erweckt in seinen Handlungen einen gleichermaßen passiv-reaktiven als auch einen aktiv-gestaltenden Eindruck. Eine aktive Haltung Daniels begegnet insbes. in Dan 1; 2. Beispielhaft sei darauf hingewiesen, dass Daniel sich an die Aufseher wendet, um eine spezielle Nahrungsversorgung (Dan 1) bzw. die Gelegenheit zu einer Aussage vor dem König (Dan 2) zu erhalten. In den Erzählungen Dan 4; 5 ist Daniel nicht aktiv handelnd; er erscheint als einer der Weisen des Hofes, die auf Anfrage ihre Expertise abgeben. Insgesamt ist die zurückhaltende Art – auch in der Kommunikation – Daniels bemerkenswert.

Dan 6 fällt die Mehrperspektivität der Zeichnung Daniels auf; durch die Blickwinkel der verschiedenen Figuren und des Erzählers ergibt sich

---

337 Die Erzählung von Dan 3 ist von geringerer Relevanz für die gegenwärtige Fragestellung, insofern sie nichts für Daniels Zeichnung direkt austrägt. Betrachtet man ihn im Kontext seiner Gefährten, ergeben sich einige bemerkenswerte Aspekte.

338 In die gleiche Richtung verweist auch – hier nur beispielhaft genannte Stellen – die Identifizierung Gottes mit den drei Gefährten Daniels: „der Gott Schadrachs, Meschachs, Abed Negos" (VV 28.29), ähnlich die Bezeichnung „Gott des Daniel" und die Suffigierung Gottes Dan 6: אֱלָהֵהּ, אֱלָהָךְ – אֱלָהִי.

339 Der Teilnehmerkreis wird 5,1 mit לְרַבְרְבָנוֹהִי beschrieben, dessen inhaltliche Konkretion nicht völlig klar ist. Mit diesem Begriff werden 6,18, als Daniel in die Löwengrube geworfen wird, die Besitzer der Siegelringe bezeichnet. MONTGOMERY, Daniel 258, "Comm[entators] … seek for reasons why Dan. did not officially appear at first. But the story follows dramatic necessity …"

340 Dieser Ausdruck außerdem noch Esr 6,16; Dan 2,25; 5,13.

341 Vgl. dazu die Ausführungen zum Motiv des Gesetzes Abschnitt 8.3.1, 267.

ein profiliertes Bild. Während sich die Haltung der einzelnen Personen
zu Daniel im Verlauf der Handlung schrittweise entwickelt und verändert, begegnet beim Erzähler ein gefestigtes, normatives Bild, das dieser
entfaltet.[342]

War Daniel in der Vergangenheit Funktionsträger am Hof des jeweils
regierenden Königs von Babel,[343] so ist Dan 6 erstmals von seiner konkreten Funktion in der medischen Verwaltung die Rede.[344] Ausgangspunkt
ist eine von Darjawesch initiierte Regierungsreform, die Daniel in ein
Dreiergremium von „Oberbeamten" (סָרְכִין) beruft. Aus dieser egalitären
Stellung wird er aufgrund seiner hervorragenden Leistungen (הֲוָא מִתְנַצַּח),
die mit einem besonderen Geist in ihm in Zusammenhang gebracht werden (רוּחַ יַתִּירָא V 4),[345] herausgehoben.

> Die Geistbegabung Daniels steht in einem größeren Kontext vergleichbarer
> Aussagen (Dan 4,5.6.15; 5,11.12.14). Zunächst sind die zusammenhängen-
> den Stellen 4,5.6.15; 5,11.14, die von einem (רוּחַ־אֱלָהִין (קַדִּישִׁין sprechen, um
> die besondere Begabung Daniels zu artikulieren, zu untersuchen. Genannt
> werden insbes. Einblick in Geheimnisse, die Fähigkeit Träume zu deuten
> (4,5.6.15), Erleuchtung, Einsicht und Weisheit (5,11.14).[346] Polytheistische und
> monotheistische Deutungen werden gleichermaßen vorgeschlagen.[347]

---

342 Bereits zu Beginn wird der Leser mit dem Bild Daniels konfrontiert, das für ihn maßge-
     bend ist: die Darstellung des Erzählers.
343 Vgl. NOLAN FEWELL, Circle of Sovereignty 108, "Daniel does not have to be introduced
     to Darius; he is already part of the power structure." TOWNER, Daniel 80, "The first
     portion of the narrative of chapter 6 picks up the hero, Daniel, at the high level at which
     he was left by Belshazar in 5:29."
344 Die konkret benannten Funktionen in anderen Kapiteln beziehen sich in der Regel
     (ausgenommen 2,48) auf seine Rolle als Weiser. Vgl. dazu etwa 1,3ff „Auszubildender";
     1,21 „im königlichen Dienst"; 2,48 er machte ihn zum „Gebieter über die Provinz Babel
     und zum obersten Präfekten aller Weisen von Babel"; 5,11 „Obersten der Zeichendeuter,
     Wahrsager, Chaldäer und Astrologen"; 5,29 „der Dritte im Reich" (Wiedergabe nach
     EÜ). Eine Trennung dieser Aspekte wird der engen Verbindung von weisheitlichen
     Aufgaben und Verwaltungstätigkeit nicht gerecht. Es lässt sich dennoch ein qualitativer
     Unterschied in der funktionalen Konkretion feststellen: Auf der Ebene des Buches ist
     Daniel in erster Linie Weiser und erst in zweiter Linie Beamter. Vgl. aber EISSFELDT,
     Laufbahn 142, „wiederum nur ›Beamte‹, kein einziger ›Gelehrter‹!"
345 Zur weisheitlichen Dimension dieser Aussage vgl. u. a. SCHMITT, Wende 74.203.
346 KOCH, Daniel 419, „Denn רוּחַ befähigt den von ihr ergriffenen Menschen [zu; D. H.]
     eine[r] Tiefenschau von Gegenwart und Zukunft, die dem gewöhnlichen Sterblichen
     unzugänglich bleibt (2Chr 15,1; 20,14; 24,20)."
347 Zur polytheistischen Deutung vgl. u. a. NÖTSCHER, Daniel 26; BENTZEN, Daniel 41;
     PLÖGER, Daniel 70f. Monotheistisch deuten dagegen MONTGOMERY, Daniel 225f; POR-
     TEOUS, Danielbuch 53; so auch θ. Zu dieser Diskussion ausführlicher BECKING, Notes
     515–519. Auf die Ambivalenz der Formulierung weist auch SEOW, Daniel 66 hin und
     führt eine Unterscheidung zwischen der Perspektive Nebukadnezzars mit seinem
     „heidnischen" Umfeld und der Erzählerperspektive ein. Während erstere den gramma-
     tikalischen Plural als echten Plural verstehen, geht der Erzähler von einem Singular aus.
     Wenig hilfreich dagegen ist die weit ausgreifende Interpretation von MAIER, Prophet
     220, „Dieser Mann besitzt ›den Geist der heiligen Götter‹, womit heidnischer Sprach-

Im Gegensatz zu diesen Aussagen ist 5,12 und 6,4 von einem „herausragenden Geist" (רוּחַ יַתִּירָה) die Rede,[348] sodass die theologischen Fragestellungen in den Hintergrund treten. Während 5,12 auf inhaltlicher Ebene ganz auf einer Linie mit dem Vorangehenden liegt, ist aufgrund des direkten Kontextes der Aussage 6,4 von einer besonderen Begabung für staatliche Verwaltungsaufgaben auszugehen.[349] Die für Dan 4; 5 als Verstehenshintergrund vorausgesetzte und im Geist begründete Kompetenz der Traumdeutung und Lösung von Rätseln ist hier in keiner Weise präsent, obgleich ein hintergründiger Zusammenhang nicht auszuschließen ist. Betont ist das staatliche Handeln. „Wenn der Verfasser hier nicht das Leitmotiv ‚Geist der heiligen Götter' verwendet, was Kap. 4 und 5 verbindet (4,5.6.15; 5,11.14), dann hängt das damit zusammen, daß er diese Charakterisierung nur im Munde von Heiden benutzt, er aber in 6,4 aus der Erzählerperspektive formuliert."[350]

Zugleich erscheint die parallele Zeichnung zu der Figur des Joseph auffällig, der Gen 41,38 als אִישׁ אֲשֶׁר רוּחַ אֱלֹהִים בּוֹ dargestellt wird: „ein Mann in dem der Geist Gottes" ist.[351] Neben den zahlreichen weiteren Parallelen zwischen der Josephs-Novelle und dem Daniel-Zyklus ist auch hier eine Bezugnahme wahrscheinlich, zumindest aber möglich.[352] Daniel wird in die Tradition des Joseph gestellt.

Sowohl die außergewöhnliche Qualität der Arbeit als auch die Geistbegabung werden thematisiert (V 4).[353] Bekräftigt wird diese positive Zeichnung V 5 durch weitere Kommentierungen: Die Beamten können bei Daniel keinen Fehler finden; er ist treu und der textkritisch unsichere – aber vermutlich ursprüngliche – V 5b hebt nochmals die Unmöglichkeit hervor, bei ihm Versäumnisse nachzuweisen.[354] Daniel bringt sich mit vollem Einsatz in seine Arbeit ein; Zurückhaltung in bestimmten

---

gebrauch den Heiligen Geist umschreibt." bzw. 238 „Der ›außerordentliche Geist‹ ist nichts anderes als eine Umschreibung dessen, was in der Bibel ›Heiliger Geist‹ genannt wird. ... Auch Menschen, die nicht zur Gemeinde Gottes gehören, spüren es, wenn Gott uns besondere Gaben schenkt. Der Heilige Geist verleiblicht sich in den Leuten Gottes!"

348 Die orthographische Differenz zwischen 5,12 הָ und 6,4 אָ ist nicht eindeutig zu interpretieren, da im BA neben der Femininendung auch der stat. emph. mitunter mit ה anstelle des üblichen א begegnet. MONTGOMERY, Daniel 271, sieht א als fehlerhafte Schreibung. Es ist von einer Femininendung auszugehen.

349 NOLAN FEWELL, Circle of Sovereignty 108, "...the excellent spirit appears to refer to political ability."

350 ALBERTZ, Gott 144; die Trennung ist aber insofern nicht scharf, als 5,12 die heidnische Königin vom „außergewöhnlichen Geist" spricht.

351 Vgl. dazu u. a. HARTMANN/DILELLA, Daniel 171; von einer singularischen Interpretation ist auszugehen.

352 Vgl. dazu die Darstellung bei WESSELIUS, Literary Nature 249f; BEYERLE, Joseph 2ff.

353 Im Kontext der atl Literatur werden häufig positiv gezeichnete Personen weiter idealisiert bis zu ihrer vollkommenen Fehlerlosigkeit. Vgl. JENNI, Übertreibungen 79f. Konstatiert wird diese Fehlerlosigkeit V 23 durch das Ordal: אַף וְאַף לִי הִשְׁתְּכַחַת זָכוּ קֳדָמוֹהִי קֳדָמָיִךְ מַלְכָּא חֲבוּלָה לָא עַבְדֵת.

354 Vgl. ALBERTZ, Gott 130. Die subjektive Einschätzung der Beamten wird als objektiver Sachverhalt bestätigt.

Bereichen oder aufgrund bestimmter Haltungen ist nicht erkennbar und steht seiner allgemeinen Überlegenheit entgegen. Trotz dieser positiven Zeichnung bleibt deutlich, dass Daniel nicht im Zentrum des Interesses steht; seine Erwähnung geschieht beiläufig im Kontext der Reformen des Darjawesch.[355]

Aufgegriffen wird die herausragende Amtsführung Daniels nochmals in einer abschließenden Notiz des Erzählers, die seinen Erfolg am Königshof festhält (V 29); dieser umfasst nicht lediglich seine weitere Tätigkeit am Hof des Königs Darjawesch, sondern erstreckt sich auch auf das nachfolgende Königreich des Persers Kyros (כּוֹרֶשׁ פָּרְסָיָא).[356] Die Kontinuität seines Erfolgs macht die Objektivität der positiven Wertung der Arbeit Daniels deutlich.

Über diese expliziten Kommentare hinaus begegnet eine indirekte Charakterisierung durch sein Handeln. Auf den ersten Blick überraschend ist die weitgehende Passivität: Obwohl er sehr präsent ist,[357] ist die Bedeutung seines Tuns für die Entwicklung der Handlung marginal.[358] Nur an wenigen Stellen wird von einer Aktivität des Daniel berichtet. Darunter V 3aβ in einem beschreibenden Nominalsatz, V 4aα in der periphrastischen Konstruktion, V 29 in einem resultativen Perfekt außerhalb des eigentlichen Handlungsverlaufes.[359] In der (Vordergrund-)Handlung zeigen nur zwei Stellen eine aktive Lenkung durch Daniel: V 11 (עַל – auch hier sind alle weiteren Aussagen in der periphrastischen Konstruktion) und V 22, wo Daniel die Nachricht seiner Rettung verkündet (מַלִּל).[360] Daniel und sein Tun stehen nicht in gleicher Weise im Zentrum des Interesses

---

355 Vgl. MARTIN DE VIVIÉS, Séjours 132. Die Erzählung spricht nicht davon, dass Daniel in eine bestimmte Funktion eingesetzt wurde, sondern thematisiert eine allgemeine Verwaltungsreform, in deren Verlauf Daniel eine neue Position erhält. Daniel ist nicht das Thema der einführenden Verse.

356 Die erfolgreiche Arbeit Daniels in der Verwaltung fremder Reiche beruht nicht auf der Vorliebe eines einzelnen Königs, sondern umfasst in chronologischer Abfolge drei verschiedene Großmächte. Er ist jeweils in verantwortlicher Funktion am Hof des Königs tätig. Die Dauer der Einbindung Daniels in die Großmachtstruktur zeigt die grundlegende Bedeutung der behandelten Problematik.

357 Belege seines Namens: VV 3.4.5.6.11.12.14.15.17(bis).18.21(ter).22.24(bis).25.27.28.29 (insgesamt 21). Allerdings begegnet das Wort מֶלֶךְ weitaus häufiger (31 Belege) und auch die Beamten sind demgegenüber dominant; diese verteilen sich jedoch auf verschiedene Titel, die in Listen aufgezählt werden. Einzelne Szenen der Handlung spielen sich ohne Beteiligung Daniels ab.

358 DAVIES, Eschatology 41, "As I have observed, the role of these wise men is both active and passive; in some stories they are agents of divine revelation, in others passive witnesses to divine power."

359 Vgl. dazu die Überlegungen bei GZELLA, Tempus 298f.

360 Die Abschnitte, in denen Daniel die Handlung dominiert, sind V 11 und VV 22f. MEADOWCROFT, Aramaic Daniel 112, "A marked feature of the narrative ... is the silence maintained by Daniel right up to the climactic conversation and events on the morning of his release."

der Erzählung wie die Aktivitäten der übrigen Figuren. Die Interpretation des Verhaltens des Daniel (וּמְצַלֵּא וּמֹודֵא ... בָּרֵךְ V 11) in der Anklage der Beamten (בָּעֵא בָעוּתֵהּ ... בְּעֵא וְעַל־אֱסָרָא מַלְכָּא עֲלָיךְ טְעֵם שָׂם לָא־שָׂם V 14) sagt mehr über diese als über Daniel aus.[361] Beachtenswert ist die Diskrepanz zwischen dem Tun des Daniel und der Anklage. Daniel erscheint als typischer Diaspora-Jude, der es am fremden Königshof zu etwas gebracht hat.[362] Entscheidend für ihn ist in erster Linie das gute Verhältnis zu Gott, nicht zum König.[363]

Das Beten Daniels   Im Gesetz seines Gottes (דָּת אֱלָהֵהּ) suchen die Beamten einen Anklagegrund gegen Daniel. Da a priori kein Gegensatz zu staatlichen Belangen besteht, bewegen die Beamten Darjawesch, ein Verbot jeglichen Bittens für 30 Tage, ausgenommen gegenüber dem König, zu erlassen. Sie gehen von einer Bindung Daniels an das „Gesetz seines Gottes" aus.[364] Gesetz und Gebet stehen in Beziehung zueinander.

Mit dem Erlass des Verbotes von V 10 hat sich die Situation für Daniel verändert. Die bisher regelmäßig geübte religiöse Praxis steht nun im Konflikt mit der staatlichen Ordnung. Er muss sich über sein Verhalten vergewissern: "Rather, he simply continues to do what he has always done. He does not deliberately show his defiance, but he does not try to hide the practice of faith either. He continues to go to his house (Dan. 6:10). His windows remain open as before. He prays as frequently as before. He does no more because of the new law, and he does no less."[365]

---

361 Vgl. zur Interpretation Abschnitt 8.4.3, 334.
362 Vgl. zur Gattung der Hoferzählungen u.a. HUMPHREYS, Life-Style; WILLS, Jew. Im Hintergrund steht das „‚Typus-Motiv' des erfahrenen, sachkundigen und verläßlichen Höflings" (SCHMITT, Wende 202); ähnlich Josef, Ester und Achikar.
363 Vgl. MARTIN DE VIVIÉS, Séjours 133 „Il n'entretient pas de relation privilégiée avec le roi." Grund für sein Herausragen ist seine fachliche Kompetenz, die in seiner Geistbegabung wurzelt.
364 Vgl. ebd. 134; PLÖGER, Daniel 98, „Zweifellos war von den Denunzianten bereits bei der Abfassung des Verbotes die Tatsache berücksichtigt worden, daß Daniel regelmäßig zu beten pflegte, wenn auch unter den sonstigen Merkmalen der Zugehörigkeit zum jüdischen Glauben die Sabbatverehrung einen geeigneten Konfliktstoff hätte abgeben können ..." Zu einer Analyse der Grenzen der Religionszugehörigkeit in der Diaspora vgl. BARCLAY, Apostate.
365 SEOW, Daniel 90; ähnlich allerdings mit Berücksichtigung der anderen Option: WILLI-PLEIN, Daniel 6 15, „Darum ist das ‹Scharnier› der Erzählung in v. 10–11 so wichtig: Daniel ändert sich und sein Verhalten nicht. Weder gibt er seinen Ministerposten auf, noch unterlässt er es, wie bisher dreimal täglich nach Jerusalem zu beten." Die Interpretation des Verhaltens des Daniel als Provokation oder als passiver Widerstand trifft letztlich nicht die Aussageabsicht des Textes. TOWNER, Daniel 83, "His is not the dissent of religious fanatic, for he merely continues his usual practice ..." Anders SMITH-CHRISTOPHER, Gandhi 333, "The passive nature of Daniel's resistance was not emphasized in previous scholarship because of the tendency to read the stories as exhibiting a more positive view of the foreign authorities."

Bei der Schilderung des „Gebetes" ist zwischen dem Gehen in das Haus und dem Gebet selbst zu unterscheiden. Beide Handlungen stehen in Beziehung zueinander, sind aber in unterschiedlicher Weise der Handlungslinie zugeordnet; durch die syntaktische Struktur wird das Gehen Daniels dem handlungstragenden Vordergrund der Erzählung zugeordnet. Die Verwendung der Perfektform charakterisiert dies als ein einmaliges, konkretes Ereignis;[366] durch den temporalen Nebensatz כְּדִי יְדַע דִּי־רְשִׁים כְּתָבָא wird diese Kennzeichnung unterstützt und das korrespondierende Gehen auf eine bestimmte, einmalige Situation festgelegt.[367] Wenngleich die weiteren Aussagen nicht dem Hauptstrang der Handlung zuzuweisen sind, sondern Elemente des szenischen Hintergrundes benennen, sind sie von zentraler Bedeutung; dies gilt einerseits für die Beschreibung des räumlichen Umfeldes (וְכַוִּין פְּתִיחָן לֵהּ בְּעִלִּיתֵהּ נֶגֶד יְרוּשְׁלֶם), andererseits für den tatsächlichen Vollzug des Gebetes, der aufgrund der Verwendung einer Verbalform in der periphrastischen Konstruktion als iteratives Tun zu verstehen ist. Die nachgestellte Aussage über das gewohnheitsmäßige Tun Daniels (כָּל־קֳבֵל דִּי־הֲוָא עָבֵד מִן־קַדְמַת דְּנָה) bezieht sich zunächst auf die Aussage über das Gebet Daniels (וְזִמְנִין תְּלָתָה ... קֳדָם אֱלָהֵהּ). Es scheint jedoch angebracht, davon auszugehen, dass Daniel regelmäßig in seinem Haus betet. Ein Gegensatz im Ort ist nicht intendiert; dieses Verständnis wird dadurch unterstützt, dass innerhalb des ba Dan an zwei Stellen von einem Gebet Daniels die Rede (2,17f; 6,11) ist, die in der Lokalisierung des Gebetes im Haus des Daniel (und seiner Gefährten) übereinkommen.

Offenkundig ist das Handeln Daniels ein bestimmten Konventionen folgendes „rituelle[s] Gebet"[368], das er regelmäßig in gleicher Weise verrichtet. V 11 wird sein Tun durch den Erzähler vermittelt:[369]

וְזִמְנִין תְּלָתָה בְיוֹמָא הוּא בָּרֵךְ עַל־בִּרְכוֹהִי וּמְצַלֵּא וּמוֹדֵא קֳדָם אֱלָהֵהּ

Die Informationen über dieses Gebet lassen sich hinsichtlich der äußeren und der inhaltlichen Dimension differenzieren.[370] "Daniel has a particular place, particular times, and a particular posture of prayer."[371] Ort des Gebetes ist nicht ein beliebiger Platz, sondern ein spezieller Ort, den Daniel regelmäßig aufsucht: sein Haus, präziser das Obergemach, über das der

---

366 Vgl. GZELLA, Tempus 302ff.

367 Die Frontstellung von דָּנִיֵּאל betont einerseits das Subjekt des Satzes stark; markiert andererseits den Gegensatz zum Subjekt von V 10, Darjawesch. Mit V 10f werden die beiden relevanten Reaktionen auf den Vorstoß der Beamten benannt.

368 KRATZ, Translatio 144.

369 Vgl. MEADOWCROFT, Aramaic Daniel 102, unter der Überschrift "Perspectives on Prayer". Im Gegensatz dazu sind die anderen Berichte über das Beten des Daniel aus der Fremdperspektive anderer Figuren, nämlich der Beamten, formuliert (VV 8.13.14).

370 Zu weiteren bibl. und außerbiblischen Querverweisstellen zur äußeren Form des Gebetes des Daniel vgl. MONTGOMERY, Daniel 274f.

371 SEOW, Daniel 90.

Leser erfährt, dass es Fenster in Orientierung nach Jerusalem aufweist.[372] Dreimal täglich ist Daniel an diesem Ort zum Gebet, gewandt in Richtung Jerusalem. Möglicherweise stehen kultische Aspekte – wie die Anlehnung an den Jerusalemer Tempelkult und das Opfer – im Hintergrund.[373]

Die Haltung, die Daniel beim Beten einnimmt, ist das Knien (עַל־בֶּרֶךְ בִּרְכוֹהִי).[374] Die Wurzel *brk* wirft einige Probleme hinsichtlich ihrer Etymologie auf; die Verhältnisbestimmung von *brk I* „knien" und *brk II* „segnen" ist nicht geklärt.[375] Hier liegt offenkundig *brk I* vor. Das Niederknien, das Beugen des Knies „bezeichnet Ehrfurcht und Unterwerfung einem so als Autorität Anerkannten gegenüber ... "[376] Ob es sich dabei um ein einmaliges oder ein je mehrmaliges Niederknien handelt ist nicht zu erheben.[377]

Zur Charakterisierung der inhaltlichen Dimension des religiösen Aktes verwendet der Erzähler zwei Partizipialformen der Wurzeln צלא und ידה (וּמְצַלֵּא וּמוֹדָא). Damit vermeidet er das VV 8.12.13.14 von den Beamten gebrauchte Verb בעה.[378] Beide Wurzeln sind ba nur schwach belegt, stehen

---

372 MONTGOMERY, Daniel 274, "The window was open at Dan.'s prayers, and this facility of observation and the *fronting* toward Jerusalem gave the conspirators their opportunity of denunciation." Unklar bleibt, wie aufgrund möglicher realgeschichtlicher Hintergründe des Hausbaus diese These bewertet werden muss. Geht man von einer erhöhten Positionierung der Fenster aus (vgl. etwa GÖRG, Art. Fenster 665), wäre ein Einblick in das Obergemach und auf das dortige Geschehen unmöglich oder sehr erschwert. Im Kontext der Erzähllogik stellt das Fenster eine Verbindung zwischen „drinnen" und „draußen" dar, die eine Kenntnisnahme der Beamten ermöglicht (so ebd., zur Funktion der Fenster in den bibl. Texten). Auch eine akustische Verbindung ist denkbar. Der Text interessiert sich nicht für die Details, sondern stellt lediglich die Möglichkeit einer Wahrnehmung der Vorgänge im Haus des Daniel heraus und verneint eine vollkommene Abgeschiedenheit.

373 Vgl. dazu ausführlich VOGEL, Cultic Motif 135ff; 126, „... terms for time occur that are sometimes used for cultic time". Außerdem KRATZ, Translatio 144f; STAHL, Weltengagement 44, „Diese Praxis zeigt seine Hinwendung zu dem Land, der Stadt und dem Tempel – auch der Tempelruine – über dem der Name Jahwes genannt ist."

374 Für diese Wendung ist von einer *figura etymologica* (MONTGOMERY, Daniel 274, "he was kneeling upon his knees") auszugehen, obgleich die etymologische Verhältnisbestimmung nicht deutlich ist. Die Belege der Wurzel *brk II* „preisen" im BA werden immer mit Objekt bzw. passivisch konstruiert. Vgl. Dan 2,19f; 3,28, 4,31. Zum Gegensatz und der Beziehung zwischen der hier begegnenden *figura etymologica* und der im Verbot formulierten Aussage יִבְעֵה בָעוּ vgl. SCHMITT, Wende 81.

375 Vgl. WEHMEIER, Segen 8ff.

376 IRSIGLER, Art. Knie 504.

377 Die Formulierung in periphrastischer Konstruktion הֲוָא בָּרֵךְ עַל־בִּרְכוֹהִי lässt es sowohl zu, im Hinblick auf die Aussage einen iterativen Aspekt, also ein „mehrmaliges Niederknien während eines Gebetes" anzunehmen, als auch von einem „je einmaligen dauerhaften Niederknien während mehrerer Gebete", also einem durativen Aspekt, auszugehen. Zum Niederknien während des Gebetes vgl. auch Esr 9,5.

378 PACE, Daniel 204, "It is interesting to note that when the author relates Daniel's activity, the words 'make a request,' previously employed in a technical sense by the conspirators to identify a crime against the state are not found."

aber immer in einem explizit religiösen Kontext der Gottesverehrung.[379] Daniel lobpreist und betet vor seinem Gott (קֳדָם אֱלָהֵהּ).[380] Das Gebet Daniels stellt einen Aspekt der Beziehung zwischen ihm und seinem Gott dar.

Gebet und königliches Verbot Wie verhält sich Daniels Gebet zu dem Verbot, das V 8 im Antrag der Beamten (יִבְעֵה בָעוּ) und V 13 in ihrer Nachfrage (יִבְעֵה) begegnet? Referenzpunkt ist der Gesetzesvorschlag (כָּל־מִן בָּעֵה יִבְעֵה אֱלָהּ וֶאֱנָשׁ V 8).[381] Die Wortwahl weist nicht den konfessorischen Charakter auf, den der Erzähler durch die Verben צלא und ידה artikuliert hat. "The position of the speakers with respect to the activity being described, prayer or petition, is of outsiders looking in."[382] Die beschreibende Dimension des Bittens berührt die Oberfläche und mag vom äußerlich Sichtbaren ausgehen. Die Tiefendimension bleibt den Beamten bzw. der staatlichen Rechtsordnung verborgen.

Vor dem Hintergrund dieses Handelns Daniels und des Gesetzeserlasses wird dem König über Daniels Tun Bericht erstattet. Es ist zu unterscheiden zwischen dem Tun Daniels (V 11), der Wahrnehmung der Beamten (V 12) und der Anklage beim König (V 14). Die einzelnen Stufen sind getrennt zu untersuchen. Zur Zeichnung der Person Daniels ist sein persönliches Verhalten in den Blick zu nehmen; für den Fortgang der Erzählung spielt „die innertextliche Wirkungsgeschichte" seines Handelns eine entscheidende Rolle. Wesentlich ist die Beobachtung, dass nun – im Gegensatz zu V 11 – nicht mehr der Erzähler berichtet, was Daniel tut, sondern die Wahrnehmung und die Darstellung der Beamten referiert wird. Die Beamten „finden" (וְהַשְׁכַּחוּ) Daniel „betend und flehend vor seinem Gott" (בָּעֵא וּמִתְחַנַּן קֳדָם אֱלָהֵהּ). Sie deuten das Geschehen, welches sie visuell und/oder akustisch wahrnehmen, auf der Grundlage ihrer Kenntnis Daniels und seiner Religion (דָּת אֱלָהֵהּ). Aufschlussreich ist, dass diese Interpretation mittels anderer Verben ausgedrückt wird: Neben eine Form des Verbs בעה – wie sie auch VV 8.13 begegnet – tritt der im BA singuläre Ausdruck מִתְחַנַּן.[383] Aufgrund der Analogie von hebr. חנן einerseits und

---

379 MEADOWCROFT, Aramaic Daniel 102, "… both verbs are confessional, particularly the latter [ידה, D. H.] … "

380 Zu diesem Präpositionalausdruck vgl. auch VV 12.27; DELCOR, Daniel 137.

381 Der genaue Text des Gesetzes, wie es von Darjawesch erlassen wurde, ist nicht formuliert. Vgl. lediglich den Bericht darüber V 10. Von einer Entsprechung mit V 8 ist, insbes. auch aufgrund der indirekten Aussage V 13, auszugehen. Zur Analyse des Verbotes vgl. Abschnitt 8.4.1, 290.

382 MEADOWCROFT, Aramaic Daniel 102.

383 Weitere Belege von חנן Hitpa'al GenAp 20,12 (Zitation dieses und der folgenden Texte nach BEYER, ATTM 1), BEYER, ATTM 1 175, … בליליא דן צלית ובעית ואתחננת. Auffällig auch hier die Zusammenstellung der Verben בעה und חנן, ergänzt um צלא. Sowie L41,15; Y40,27; H14,7. Alle Belege stehen in religiösem Kontext, mit Gott bzw. einem vermeintlichen Gott als Adressat der Handlung.

der Parallelisierung mit V 11 (מוֹדֵא קֳדָם אֱלָהֵהּ – מִתְחַנַּן קֳדָם אֱלָהֵהּ) ist der explizit theologische Aspekt des Betens Daniels festzuhalten. Auch die Beamten erkennen die entscheidende Dimension. "Here the pairing בעא ומתחנן (v. 12) brings together the two perspectives already noted."[384]

> "The two verbs in tandem like this reflect the dual perspective in this central verse in the prayer theme. Daniel 'seeking favour before his God' (V. 12, מתחנן) קדם אלהה) is an echo of the narrator's description of the previous verse, particularly with the repetition of קדם אלהה. At the same time the use of בעא reflects the way his enemies view him."[385]

Im dritten Schritt erfolgt die Vorsprache der Beamten beim König. Nach der Vergewisserung über die Bestandskraft des Verbotes konfrontieren sie diesen mit Daniels Vergehen: לָא־שָׂם עֲלָיךְ מַלְכָּא טְעֵם וְעַל־אֱסָרָא דִּי רְשַׁמְתָּ וְזִמְנִין תְּלָתָה בְּיוֹמָא בָּעֵא בָּעוּתֵהּ. An dieser Stelle ist nicht der im Vordergrund stehende Vorwurf der Beamten der mangelnden Rücksichtnahme zu betrachten, sondern die sich anschließende Konkretion.[386] Die Anklage formulieren sie in terminologischer Angleichung an das königliche Verbot; beim König bleibt kein Zweifel, dass Daniel mit seinem Tun (V 11) tatsächlich den im Verbot (VV 8.13) genannten Tatbestand erfüllt hat.

Die Unterschiede in den Bezugnahmen auf das Handeln Daniels im Verlauf der Erzählung und im Gesetz sind evident. Während die Beamten bei ihrer Anklage vor dem König peinlich genau die Formulierung aus dem vorgeschlagenen Gesetzeserlass (unter Einbeziehung der *figura etymologica*) aufgreifen, springt die unterschiedliche Darstellung bei dem Bericht des Erzählers über das Handeln an sich und die Wahrnehmung der Beamten ins Auge.[387] Die bewusst gestalteten Formulierungen gewähren Einblick in die verschiedenen Sichtweisen des Tuns des Daniel.[388]

Daniel wird Darjawesch gegenüber beschuldigt, den König zu missachten (לָא־שָׂם עֲלָיךְ מַלְכָּא טְעֵם וְעַל אֱסָרָא דִּי רְשַׁמְתָּ), weil er das Verbot nicht berücksichtigt. Letztlich achtet er die Stellung des Königs, insofern er das Verbot zwar nicht bei seinem Verhalten befolgt, sich aber den Konsequenzen seines Verhaltens nicht entzieht. Er akzeptiert die Sanktionsgewalt des Königs. Dem folgenden Geschehen gegenüber verhält er sich passiv: Er unterzieht sich dem Verfahren und lässt sich ohne Entgegnung in die Löwengrube werfen.

---

384 MEADOWCROFT, Aramaic Daniel 103.
385 Ebd.
386 Zum ersten Teil der Wendung vgl. Abschnitt 8.4.3, 335.
387 SEOW, Daniel 91, "The offense of petitioning (which is what the law forbids) is part of a broader act of devotion: he prays, praises, petitions, and seeks mercy. The agitators seem to have analyzed the content of Daniel's devotional act in order to find evidence of his violation of the law; he has, indeed, petitioned God!"
388 MEADOWCROFT, Aramaic Daniel 102, "A look at the context of the words suggests that this MT variation in vocabulary comes about by deliberate choice."

Die Perspektive des Königs auf das Verhalten Daniels ist eine andere. Darjawesch wertet den Gesetzesverstoß offensichtlich in Relation zu Daniels übrigem Tun, das sich in einer großen Zuverlässigkeit (מְהֵימַן V 5)[389] sowie in einer ausgezeichneten Arbeitsleistung (הֲוָא מִתְנַצַּח V 4) konkretisiert.[390] Daniel ist es wert, dass der König sich um seine Rettung bemüht; die Anklage löst Trauer aus (V 15), die Rettungsgewissheit Freude (V 24). Das Abhängigkeitsverhältnis, in dem Daniel zu seinem Gott steht, wird durch Darjawesch ausgesprochen und durch die Bezeichnung des Gottes des Daniel als „lebendiger Gott" (עֲבֵד אֱלָהָא חַיָּא VV 21.27) – bereits vor der Rettung – legitimiert. Die Zuverlässigkeit, die Darjawesch im Verhalten Daniels sich selbst gegenüber anerkennt, lässt Daniel auch gegenüber seinem Gott walten (אֱלָהָךְ דִּי אַנְתְּה פָּלַח־לֵהּ דִּי הֵימַן בֵּאלָהֵהּ V 24; aber auch בִּתְדִירָא VV 17.21).[391]

Daniel – Diener seines Gottes Die Bezeichnung עבד dient dem Ausdruck eines Abhängigkeitsverhältnisses auf verschiedenen Ebenen und umfasst sowohl Aussagen im sozialen, staatlichen aber auch religiösen Bereich.[392] Die semantische Bandbreite ist geprägt vom *relationalen Charakter* des Wortes und wird durch den je vorliegenden Kontext näher bestimmt.[393] An der Löwengrube thematisiert Darjawesch die Beziehung des Daniel zu seinem Gott positiv wertschätzend und legitimiert Daniels Abhängigkeitsverhältnis gegenüber seinem Gott. Die verwendete Terminologie ist vor dem Hintergrund des atl Gebrauchs von עבד signifikant.

Der Begriff עבד erscheint im religiösen Kontext ähnlich der vorliegenden Verwendungsweise. „Daß ein Mensch sich als Gottes ʿæbæd ›Knecht‹ versteht und bezeichnet … oder als Gottes ›Knecht‹ (Diener) bezeichnet wird, ist im AT die natürliche Entsprechung des Verständnisses Gottes als des Herrn, das es mit allen sem[itischen] Religionen teilt. Die primäre

---

389 Vgl. dazu BEYER/KOTTSIEPER, Art. אמן 48; TARSEE, Non-Active Participles 119.

390 Beide Aussagen begegnen nicht im Munde Darjaweschs, sondern werden vom Erzähler formuliert; sein Entschluss dokumentiert jedoch, dass er diese Einschätzung teilt. Mit diesen Aussagen wird das Handeln und die Eigenart Daniels objektiv beschrieben; dem stehen die von den Beamten gebrauchten Begriffe (V 14) gegenüber.

391 Zur positiven Würdigung Daniels vgl. MEADOWCROFT, Aramaic Daniel 112, "… competence, honesty and his adherence to the law (דת) of his God".

392 Vgl. auch WESTERMANN, Art. עֶבֶד 184, der einen sozialen, innenpolitischen und außenpolitischen Bereich unterscheidet.

393 RIESENER, עבד 268f, „… daß עֶבֶד seiner Grundbedeutung nach ein *dynamischer Relationsbegriff* ist: Der so Bezeichnete wird damit als *abhängig* von seinem jeweiligen Bezugspartner charakterisiert, und jene Abhängigkeit manifestiert sich in der Regel in einem *Handeln* oder Verhalten, das sich nach dem Willen des Bezugspartners richtet bzw. ihm zugute kommt." WESTERMANN, Art. עֶבֶד 183 „ʿæbæd ›Knecht‹ ist innerhalb des Wortfeldes der sozialen Ordnung durch den Gegenbegriff ʾādōn ›Herr‹ in seiner Bedeutung als Verhältnisbegriff bestimmt und läßt sich daher – wenigstens primär – nicht auf eine genau fixierte Standesbezeichnung … oder eine beschreibende Tätigkeitsbezeichnung … einengen …"

Assoziation bei dem Wort ʿǽbæd ist nicht das Untergebensein, sondern das Zugehören zu dem Herrn und das Geborgensein bei dem Herrn … Es kann niemals Knechtschaft im negativen Sinn bezeichnen."[394] Dieser Gebrauch begegnet im hebr. Teil des Daniel-Buches etwa Dan 1,13; 9,6.10.11.17; im weiteren Kontext des AT dient der „Knechts-Titel" einer positiven Würdigung der Personen, die in besonderer Weise nach dem Auftrag JHWHs handeln. Prototypisch erfahren Mose und David mit dem Titel עֶבֶד eine Auszeichnung.[395] Gleiches gilt für Daniel. Dadurch, dass er hinsichtlich seiner Gottesbeziehung in eine Linie mit den Großen Israels, mit Mose und David und den Propheten, die ebenfalls diesen Titel tragen, gestellt wird, trifft der Text eine indirekt-beschreibende und wertende Aussage über das Gottesverhältnis des Daniel. Bemerkenswert ist, dass diese Zuweisung nicht durch den Erzähler, sondern durch den heidnischen Großkönig erfolgt, der noch eben den Befehl erteilt hat, Daniel in die Löwengrube zu werfen. Er erkennt die Gottesbeziehung in ihrem Umfang und in ihrem Wert an.

Daniel und das Ordal   Daniel unterwirft sich dem Ordal. Er lässt sich kommentarlos, ohne dass der Erzähler von irgendeinem Widerstand berichtet, in die Löwengrube werfen. Erstaunlich ist, dass das Verhalten Daniels in der Löwengrube in keiner Weise beschrieben wird.[396] Erklärungen bleiben notwendigerweise Mutmaßungen, doch fällt in der gesamten Situation eine Fokussierung auf, die Daniel nicht in das Zentrum des Interesses stellt, sondern ihn geradezu ausblendet.[397] Die Aufmerksamkeit gilt Darjawesch. Während der Erzähler Daniel „aus dem Blick verliert", beschreibt er Darjaweschs Verhalten in der Nacht ausführlich (V 19).

Früh am Morgen kommt es auf dessen Initiative zu einem Zusammentreffen mit Daniel. Auf die Anrede (V 22) des Königs hin ergreift

---

394 WESTERMANN, Art. עֶבֶד 191.

395 Vgl. RIESENER, עבד 270.

396 Die Frage nach dem Ergehen Daniels und seinem Verhalten, während er sich in der Löwengrube befindet, weckt Neugier; es ist die zurückhaltende Art der Darstellung, die nur das Nötigste berichtet, die die Spannung aufbaut. Auf diese Weise lenkt sie jedoch den Blick auch auf die Löwengrube; zugleich gelingt es ihr, das Verhalten des Königs in den Blick zu nehmen. Die Fokussierung des Lesers spiegelt sich in der Rezeption wider: Die frühe christliche Ikonographie und die patristische Auslegung gehen von einem Beten Daniels in der Löwengrube aus. Vgl. dazu DULAEY, Daniel 39f. In der parallelen Situation der drei Jünglinge im Feuerofen mag dieses Interesse Triebfeder für die Entstehung der deuterokanonischen Abschnitte in Dan 3 gewesen sein. Ein völlig anderes Bild ergibt die Betrachtung von BelDr. Hier ist die Erzählung (von Anbeginn) ganz auf Daniel ausgerichtet. Vgl. MARTIN DE VIVIÉS, Séjours 137, „Le récit du chapitre 14 conserve sa focalisation sur Daniel. Le lecteur va donc en quelque sorte l'accompagner dans la fosse et se verra gratifié de nombreux détails sur celle-ci …"

397 Die Beobachtung ließe sich jedoch auch mit anderen literarischen Gründen erklären. Möglicherweise dient das Absehen von dem Geschehen in der Löwengrube einer Steigerung der Spannung bis zum nächsten Morgen.

Daniel – erstmals in der Erzählung – das Wort;[398] er gibt Antwort auf die
Frage nach einem rettenden Eingreifen Gottes. Diese Rede stellt einen
der zentralen Punkte der Erzählung dar: Daniel beginnt seine Antwort
mit einem, dem Hofstil entnommenen, Gruß an den König: „Lebe ewig!"
(לְעָלְמִין חֱיִי).[399] Diese Aussage entbehrt nicht einer gewissen Ironie, wie
die Veranschaulichung der Szene vor Augen führt: Der in Todesgefahr
stehende Daniel ruft aus der Löwengrube heraus dem König zu, er möge
ewig leben. Gleichsam im Bewusstsein einer völligen Sicherheit formuliert er diese Worte, die er der unsicheren Frage (בְּקָל עֲצִיב) des Königs
gegenüberstellt. Nimmt man Daniels Worte ernst und betrachtet sie nicht
als konventionelle Floskeln, wird deutlich, dass nicht Daniel in Gefahr ist,
sondern der König. Er ist von der Vergänglichkeit seiner Herrschaft und
seines Lebens bedroht. Gott hat durch die Sendung seines Boten in das
Verfahren eingegriffen und verhindert, dass die Löwen Daniel Schaden
zufügen (וְלָא חַבְּלוּנִי).[400] Daniel hat die Nacht schadlos überstanden.

Die Rettung ist begründet in der „Unschuld" (זָכוּ) vor Gott (V 23);
mit diesem juristischen Fachbegriff wird die Unschuld insbes. auch im
Kontext von Ordalen bezeichnet.[401] Daniel konstatiert V 23 das im Ordal
offenbarte Urteil. Er hat vor Gott (קָדָמוֹהִי) keine Schuld auf sich geladen
und wurde deswegen gerettet.[402] In dieser – formal-juristisch konstatier-

---

398 GOLDINGAY, Daniel 125, "For most of the story, Daniel is silent."

399 SEOW, Daniel 93, "... the only time in the book that the phrase 'live forever' is spoken
     by a Jew in reference to the king..." Zu dieser Formulierung aus dem Bereich des
     Hofstils vgl. auch JENNI, Übertreibungen 76. Weitere Belege in Dan 2,4; 3,9; 5,10; 6,7.

400 Nicht eindeutig zu klären ist die semantische Dimension von חבל. Als Bedeutungen
     werden in den Lexika sowohl „verletzen, Leid antun" als auch „zerstören" (etwa KOEH-
     LER/BAUMGARTNER, HALAT Lemma: חבל 1703) angegeben. Beide Bedeutungsaspekte
     sind an dieser Stelle möglich. Aufgrund des Kontextes (וְכָל־חֲבָל לָא־הִשְׁתְּכַח בֵּה V 24) ist
     die Bedeutung „verletzen" vorzuziehen.

401 CASSIN, Daniel 153, „... dans différents textes babyloniens du XIIIᵉ et du Xᵉ siècle
     av[ant] J[ésus]-C[hrist], ainsi que dans les Lois assyriennes et dans des textes néo-
     babyloniens, le verbe *zakû* apparaît comme le *terme technique* pour définir l'état de celui
     qui, ayant été soumis à une ordalie, en sort vainqueur." Vgl. außerdem auch SHEPHERD,
     Daniel 88, der auf den Sprachgebrauch des Targumim verweist, die זכו zur Wiedergabe
     von צדק bzw. צדקה verwenden, insbes. zur Beschreibung Abrahams auch Gen 15,6. Die
     Verwendung der Wurzel אמן zur Beschreibung von Daniel und Abraham ist ebenfalls
     eine auffällige Gemeinsamkeit.

402 Die reflexivisch-passivische Dimension des Hitpe'el (t-Infix Stamm) – הִשְׁתְּכַח – ist an
     dieser Stelle passivisch zu lesen. Zur Konstruktion insgesamt vgl. BAUER/LEANDER,
     Grammatik §100 l, Objekt des Verbs ist der Nominalsatz זָכוּ לִי, „Unschuld wurde
     an mir gefunden". ESTELLE, Use 54, "Notice the interesting contrast between the
     active construction with the human king and the passive verb with God. The point
     is not that Daniel is showing too little respect before the king here. The use of the
     deferential vocative in this context excludes this view ... On the contrary, Daniel,
     even while showing deference first and foremost to his own God, has undercut his
     enemies' assertion that he cannot remain loyal to the state at the same time." Vgl. auch
     GOLDINGAY, Daniel 134.

ten – Unschuld vor Gott liegt seine Rettung begründet. Entscheidend ist die Beziehung zwischen ihm und Gott.[403] Das Verhalten anderer Menschen – sei es der Beamten oder des Königs – spielt für die Rettung keine Rolle. Dennoch: Es wird eine „doppelte Unschuld" Daniels formuliert. Zu der Unschuld Daniels vor Gott tritt das Fehlen eines von Daniel begangenen Übels/Verbrechens (וְאַף קָדָמְיִךְ) vor dem König.[404] Dieser zweite Aspekt ist dem ersten nachgeordnet: Relevant ist zunächst die Beziehung zu Gott (קָדָמוֹהִי), die zum König (קָדָמְיִךְ) ist erst sekundär relevant.[405] Daniel erweist sich in beiden Abhängigkeitsverhältnissen als unschuldig. Als die Beamten nach einem Anklagegrund (עִלָּה) suchen (V 5), müssen sie konstatieren, dass weder Anklagegrund noch Vergehen (שְׁחִיתָה) bzw. Nachlässigkeit (שָׁלוּ) zu finden sind. Das Scheitern ihrer Bemühungen, Daniel zu diskreditieren, bewegt sie zur gezielten Herbeiführung eines Verbotes und damit zur künstlichen Etablierung eines Konfliktes. Mit dem Ordal wird von göttlicher Seite die ursprüngliche Erkenntnis der Beamten, dass Daniel kein Vorwurf zu machen ist, bestätigt. Er wird aus der Löwengrube herausgeholt und es kann keinerlei Schaden an ihm entdeckt werden.[406] V 24 verweist der Erzähler auf das Vertrauen Daniels auf seinen Gott (דִּי הֵימִן בֵּאלָהֵהּ),[407] das die Rettung begründet. Daniel hat das Ordal unbeschadet überstanden; seine Unschuld ist festgestellt.

Darjawesch revidiert durch sein Rundschreiben das Urteil über Daniel und weist ihn gegenüber den Angehörigen des medischen Reiches als den vom lebendigen Gott Geretteten aus (V 28). Der von Gott gerettete Daniel bleibt in seinem Umfeld am Königshof der Meder; er zieht sich weder aus der Verwaltung zurück noch versucht er, das Milieu des königlichen Hofes zu verlassen. Ein Leben in dieser Gesellschaft ist und bleibt möglich. Der gerettete Daniel (וְדָנִיֵּאל דְּנָה)[408] bleibt eingebunden in die Verwaltungs-

---

403 Diesen Zusammenhang dokumentiert die syntaktische Struktur, die durch die Konjunktion וְ ... דִּי כָּל־קֳבֵל bestimmt ist. Die Unschuld vor dem König ist Konsequenz aus der vor Gott; es geht nicht um eine Gleichwertigkeit der Aussagen.

404 VOGT, Lexicon Lemma: חֲבוּלָה 58, „malum, iniquitas, crimen". Zum Wortspiel V 23f חֲבַל ... חֲבוּלָה ... חַבְּלוּנִי vgl. WESSELIUS, Literary Nature 276.

405 Zur Präposition קדם vgl. ESTELLE, Use 65; KLEIN, Preposition 505f. Zur Verhältnisbestimmung der Relationen zu Gott und König vgl. KRATZ, Translatio 116, der deren Komplementarität betont: „Über die gemeinsamen Handlungszüge hinaus geht die ... Schilderung der Rettung in Dan 6,22f, hier aus dem Munde Daniels selbst und mit der wichtigen Begründung 6,23b, die auf den Anfang der Erzählung zurückweist und den von Daniels Gegnern initiierten Konflikt um den königlichen und göttlichen Autoritätsanspruch nicht alternativ, sondern im Sinne der Komplementarität entscheidet."

406 Vgl. die Formulierung V 23–V 24: הִשְׁתְּכַח – הִשְׁתְּכַח. ESTELLE, Use 54, "... the passive-reflexive verbs are used to describe the king as the initiator of the action and thus, its ultimate agent."

407 Vgl. auch BEYER in: BEYER/KOTTSIEPER, Art. אמן 48.

408 Ebenso wie VV 4.6 weist das Demonstrativpronomen auf die Identität mit der vorangehend genannten Person des Daniel hin. Betont ist die Identität zwischen Gerettetem und in der Regierung weiterhin erfolgreichem Daniel. Auffällig ist die Parallele, aber

struktur des Königreiches zur Zeit des Mederkönigs Darjawesch,[409] aber auch darüber hinaus zur Zeit des Perserkönigs Kyros. Der untadeligen Lebensweise des Daniel und seinem Gottvertrauen entspricht das Wohlergehen, das er erfährt. Das verleumderische Tun der Beamten führt nicht zum Ziel, sondern das rechtschaffene Verhalten des Daniel.[410] Der Gegensatz zu den Beamten wird noch in anderer Weise konkretisiert: Daniel und auch der König leben länger. Dem gewaltsamen Tod der Beamten steht das Weiterleben des Königs, der bereits zum Zeitpunkt seiner Regierungsübernahme ein stattliches Alter erreicht hatte, und des Daniel, dessen Lebensdauer in die neue Epoche der Perserherrschaft hineinreicht, gegenüber.[411]

8.4.3 Beamte

Die Beamten stehen Daniel als „antithetischer Zwilling"[412] gegenüber. Im Gegensatz zu ihm und Darjawesch, die durch explizite Kommentare des Erzählers gezeichnet werden, konstituiert sich ihr Bild in erster Linie in Form einer zeigenden Charakterisierung: „Das Bild der Figuren wird durch ihre Handlungen und Aussagen im Text ohne zwischengeschalteten Kommentator präsentiert ... "[413]

Die Beobachtung, dass sie nicht namentlich oder als Individuen (auch die beiden anderen Mitglieder der „Dreiergruppe" werden nur in Abgrenzung von Daniel gesehen) sondern allein durch ihre Titel bezeichnet werden, korrespondiert mit ihrer typenhaften Skizzierung; nicht die Individuen, die Personen der Beamten interessieren den Erzähler, sondern der *Typus des Hofbeamten*. Nicht spezielles Verhalten, nicht spezielle Personen begegnen, sondern typi-

auch der Unterschied zu der Erfolgsnotiz von 3,30. Dort begegnet ebenfalls צלח, allerdings in transitiver Verwendung, mit den drei Gefährten des Daniel als Objekt und dem König als Subjekt. 6,28 ist der Gebrauch intransitiv mit Daniel als Subjekt. Der Erfolg ist nicht an den König gebunden.

409 Der Text ist nicht eindeutig in der Interpretation. Aufgrund der Parallelität von 6,29 und 3,30 wird davon ausgegangen, dass sich das Verb צלח auf die berufliche Tätigkeit in der Verwaltung des Königreiches bezieht. Anders: ALBERTZ, Gott 143, „Auffällig bleibt, daß der aramäische Verfasser trotz der Reformierung der politischen Herrschaft Daniel V. 29 nicht mehr an ihr beteiligt."

410 Vgl. den Tun-Ergehen Zusammenhang und Wendepunkte des Lebens als weisheitliches Motiv bei SCHMITT, Wende 184f unter anderem für Dan 6,2–29, ebd. 70–91.

411 NEUMANN-GORSOLKE, Tod 114f, „Die Verkürzung seiner Tage, seiner Lebenszeit, lastet der klagende Beter [von Ps 102,25a; D. H.] seinem Gott an ... Ziel menschlichen Hoffens ist es, nicht vorzeitig zu sterben, sondern die gesamte Fülle der Lebenszeit erleben zu können." SEOW, Daniel 96, "The lowly exile outlasts the kings of those empires!"

412 Vgl. SELLIN, Lukas 183, der für die Gleichnisse des Lk von einer „formalen Hauptfigur" und einem „antithetischen Zwillingspaar" spricht. SCHMITT, Wende 204 „Kontrastfigur".

413 KLARER, Einführung 49, „showing".

sches Verhalten wird vor Augen geführt. Die konkret beschriebenen Beamten
sind gleichsam Symbol für *die Beamten* in den verschiedensten Kontexten.[414]
Die Präsentation ohne Nennung eines Namens macht den Aspekt deutlich,
unter dem sie in der Erzählung gesehen werden, und führt zur Wahrnehmung ihrer typisierten Rolle und erschwert jede Empathie des Lesers.[415] Ihre
Betrachtung ist rein funktional auf die Bedeutung für die Entwicklung der
Handlung gerichtet.[416]

Kurz vor dem Ende (V 25) durchbricht der Erzähler diese Art der Darstellung und spricht ein Urteil über sie: דִּי־אֲכַלוּ קַרְצוֹהִי דִּי דָנִיֵּאל.[417] Die –
meist mit „verleumden" wiedergegebene –[418] Wendung kennzeichnet das
Urteil als eine Verurteilung.

> Wörtlicher lässt sie sich mit „das Essen der Stücke" übersetzen. Im Hinter-
> grund steht die gemeinsemit. Wurzel *qrṣ* mit der Bedeutung „(ab)kneifen,
> zwicken". „Der das ‚Abgekniffene' eines anderen ißt, ist derjenige, der sich
> nicht nur damit zufrieden gibt, sein Gegenüber mit Schmähungen und Ver-
> leumdungen, den Bissen oder dem Abkneifen des Mundes, zu verletzen,
> sondern diese noch weiter benutzt, um seinen Nutzen daraus zu ziehen und
> so seinen Gegner Stück für Stück zu zerstören … Wenn … auf der realen
> Ebene ʾkl qrṣ durchaus die schrittweise Vernichtung beschreiben kann, so
> konnte dieser Ausdruck auf Grund der Affinität der Wurzel *qrṣ* zum Aspekt
> der Verleumdung dann auch für den Versuch eintreten, sein Gegenüber durch
> Verleumdungen oder falsche Anklagen zu vernichten."[419]

Unmittelbar vor dem Ende, als die Männer vor Darjawesch geführt werden, der gerade die Rettung Daniels realisiert hat, wertet der Erzähler

---

414 Beamte als individuelle Personen, teils mit Nennung des Namens, begegnen in Dan 1–6
   nur Dan 1,3 (אַשְׁפְּנַז) 1,11 (הַמֶּלְצַר); 2,14 (אַרְיוֹךְ); 3,4 (כָּרוֹזָא); darüber hinaus an verschiedensten Stellen Daniel als einzelner Verwaltungsbeamter.
415 Vgl. dazu MÜLLNER, Gewalt 66.
416 Die Beobachtung der Fokussierung auf den *Typus des Hofbeamten* und nicht auf die
   Person stellt die Frage, inwieweit die Beamten der vorliegenden Erzählung im Licht der
   in den vorangehenden Erzählungen auftretenden Beamten zu sehen sind. Ein gewisses
   Merkmal der Individualisierung oder Differenzierung bieten die verschiedenen Titel,
   deren Verwendung aufs Ganze des Daniel-Buches und auch in den einzelnen Erzählungen jedoch – zumindest augenscheinlich – unsystematisch erfolgt. Ein Einschnitt
   gegenüber den vorangehenden Erzählungen liegt jedoch in dem Übergang der Herrschaft auf die Meder. Dan 6 handelt von einem neuen Herrschaftssystem, auch wenn
   sowohl Grundstrukturen als auch einzelne Titel identisch sind. Vgl. dazu die Belege der
   in Dan 6 begegnenden Beamtentitel in den vorangehenden Kapiteln: אֲחַשְׁדַּרְפְּנִין 3,2.3.27;
   סָרְכִין nur 6; סְגְנִין 2,48; 3,2.3.27; הַדָּבְרִין 3,24.27; 4,33; פֶּחוֹת 3,2.3.27; רַבְרְבָנִין 4,33; 5,1–3.9f.23.
   Die Belege für גֻּבְרִין (3,8.12.13.20–25.27) sind unspezifisch. Die Gleichsetzung mit einer
   festen Gruppe von Beamten begegnet nur Dan 6.
417 Der Relativsatz ergänzt hier die sonst gebrauchte Bezeichnung גֻּבְרַיָּא אִלֵּךְ (VV 6.12.16).
418 GESENIUS, Handwörterbuch[17] Lemma: קְרַץ 924; KOEHLER/BAUMGARTNER, HALAT
   Lemma: קְרַץ 1776.
419 KOTTSIEPER in: KADDARI/KOTTSIEPER, Art. אכל 29f. Vgl. HOFTIJZER/JONGELING,
   DNWSI Lemma *krṣ* 537; MONTGOMERY, Daniel 204f. Anders MARTI, Daniel 21, der
   die Wendung vor dem Hintergrund der königlichen Tafel versteht.

ihr Tun.[420] Durch den kommentierenden Relativsatz nimmt er das göttliche Urteil in der Löwengrube vorweg und konstatiert die Schuld der Beamten. Dem Urteil des Erzählers kommt absolute Geltung zu.[421] Durch das Ordal wird es bekräftigt. Allein den Beamten gilt das Urteil; über andere Personen – etwa ihre Angehörigen oder Darjawesch – fällt er kein Urteil.[422] Der negative Akzent liegt voll und ganz auf den Beamten.

Davon ist bei ihrem ersten Auftreten (V 2f) noch nichts erkennbar. Der Kontext ihrer Erwähnung zeigt die Männer in positivem Licht: Sie erscheinen als qualifizierte und vertrauenswürdige königliche Beamte, die vom König als אֲחַשְׁדַּרְפְּנִין bzw. סָרְכִין in verantwortungsvolle Positionen eingesetzt wurden. Als Ziel der Strukturmaßnahme V 2f wird die Schadensfreiheit des Königs angegeben (לָא־לֶהֱוֵא נָזִק). Im Hinblick auf dieses Ziel scheint dem König die Einsetzung jener Männer eine geeignete Maßnahme zu sein, wie es die Einsetzung Daniels ist: Zwischen ihnen und den beiden סָרְכִין wird kein Unterschied deutlich. Er ist einer von ihnen (דָּנִיֵּאל חַד־מִנְּהוֹן) und nicht in herausgehobener Stellung wie Dan 5,29(.7.16).[423] Diese egalitäre, homogene Dreiergruppe ist den 120 Satrapen (אֲחַשְׁדַּרְפְּנִין) übergeordnet.[424]

V 4 ist für die Zeichnung des Daniel – der sich gewöhnlich als den übrigen Beamten überlegen erwies – relevant, erschließt aber auch sein Verhältnis zu ihnen. Bereits hier ist die neue Organisation des Reiches relativiert: Es ist nicht mehr das Gegenüber von אֲחַשְׁדַּרְפְּנִין und סָרְכִין, sondern von Daniel auf der einen und den übrigen Beamten auf der anderen Seite.[425] Diese Opposition geht auf Daniel und seine Leistung zurück;[426] seine Arbeit und die mit ihr verbundene Auszeichnung heben ihn beständig von seinen Kollegen ab. Auf seine Leistung geht auch die geplante Beförderung zurück. Der Entschluss des Königs, Daniel über das ganze

---

420 Dan 3,8 begegnet dieses Urteil bereits im unmittelbaren Kontext des Berichtes der verleumderischen Handlung. Das Urteil des Erzählers ist Dan 6 eine Verurteilung nach erfolgter Tat.

421 Vgl. BAR-EFRAT, Bibel 64.

422 Die Angehörigen der Beamten trifft lediglich das göttliche Urteil, nicht aber das des Erzählers. Und auch das göttliche Urteil gilt nicht ihnen, sondern den Beamten selbst.

423 Vgl. auch die Überlegungen zu 5,7 bei PLÖGER, Daniel 86.

424 Die den Königshof konstituierende Beamtenschaft erscheint als das zentrale Steuerungselement des Königs für die Geschicke des Reiches. HERMAN, Court Society 200, "The pivotal element of the system was … the court. … The court was also an intermediary … through which the king controlled his secondary and much wider zone of influence: his subjects."

425 Mit dieser Beobachtung wird auch die Einordnung Daniels als Kontrastfigur zu den Beamten deutlich. In der Erzählung begegnet an keiner Stelle gemeinsames Handeln. Vgl. SCHMITT, Wende 204.

426 Defizite oder Fehler in der Amtsführung der Beamten lassen sich aus der gewöhnlichen Überlegenheit des Daniel nicht erschließen. Daniel ist aufgrund seiner Geistbegabung überlegen. LACOQUE, Daniel 90, „… on peut en effet être chancelier de Sa Majesté et avoir un esprit fort ordinaire".

Königreich einzusetzen, führt zum Widerstand der Beamten. Ein näheres Motiv wird nicht explizit angeführt.[427] Sie suchen nach einem Fehler Daniels im Hinblick auf die Königsherrschaft (מִצַּד מַלְכוּתָא V 5),[428] um ihn zu kompromittieren.[429] Der Staat ist ihr primäres Bezugssystem; da sie in diesem Bereich keinen Anklagegrund finden (vgl. V 5b), scheint nur das „Gesetzes seines Gottes" einen Ausweg zu eröffnen (לָהֵן הִשְׁכַּחְנָה עֲלוֹהִי בְּדָת אֱלָהֵהּ V 6b). Zwischen dem Gesetz seines Gottes und der Herrschaft des Königs wird ein Gegensatz hergestellt,[430] der bislang nicht bestanden hat.[431] In dieser Anmaßung scheint das Urteil des Erzählers seinen Grund zu finden: Sie stellen das staatliche Gesetz gegen das, was sie für das Gesetz des Gottes des Daniel halten und greifen in die Machtsphäre dieses Gottes als Rechtsautorität ein.[432] In der Diasporasituation nimmt die Bedeutung der individuellen Gottesbeziehung und ihrer konkret und individuell umsetzbaren Aspekte zu. Vielleicht ist vor diesem Hintergrund die Auswahl des Betens als Anklagegrund – als ein in einer konkreten Situation von einem Individuum (nicht von der gesamten Gruppe) vollzogenes Tun – zu sehen.[433]

---

427 Das Motiv der Beamten im Neid zu sehen ist naheliegend, aber vom Text nicht bestätigt. Insbes. die Einbindung *aller* Beamten und nicht ausschließlich der direkten Kontrahenten lässt hier Zurückhaltung angeraten sein. Vgl. PLÖGER, Daniel 96f, und weiter: „Doch schon in ihrer Intervention beim König lassen sie – nach 𝔐 als Sprecher der gesamten Reichsverwaltung – ein anderes Motiv durchblicken, das durchaus mit der Lage des Reiches unter Darius übereinkommen könnte. Es ist die Sorge um das Reich, um die in der Person des Monarchen verkörperte Einheit des Reiches in Form der ausschließlichen Gültigkeit des vom König gesetzten Rechtes, die sie zum Vorgehen veranlaßt. Man wird dies nicht vorschnell als billige Tarnung egoistischer Interessen abtun dürfen, sondern jene Situation im Auge behalten sollen, in der sich das persische Reich zur Zeit des Darius befand, auch wenn diese Lage der Erzählung nicht mehr voll bewußt gewesen sein dürfte." Es gilt jedoch das Verdikt des Erzählers.

428 Mit מַלְכוּ ist nach TROPPER, Untersuchungen 114, die „Regierungsweise, Amtsführung" gemeint.

429 Die Bedeutung von עִלָּה ist nicht eindeutig. Ebd. 117, geht von einer Bedeutung: „Schwäche, Fehler, Mangel" aus, während KOEHLER/BAUMGARTNER, HALAT Lemma: עִלָּא 1758, „Ursache … Grund zur Anklage, Vorwand" angibt. Schnittmengen zwischen den Dimensionen existieren; es liegen jedoch unterschiedliche Akzente vor.

430 BOOGAART, Daniel 6 108, "The presidents and satraps are conscious of the potential conflict between Daniel's commitment as a Judean to the kingdom of his God and its law, and his commitment as a president to the Persian kingdom and its law." Letztlich geht es um eine Probe der Treue gegenüber dem Königreich und nicht um eine Glaubensprobe – so EISSFELDT, Laufbahn 143 –, wenn nicht von einem grundsätzlichen Scheitern Daniels ausgegangen wird.

431 Damit wird deutlich, dass eine Konkurrenz der Anspruchssysteme nicht notwendigerweise eintritt, aber jederzeit herbeigeführt werden kann.

432 Vgl. KREUZER, Gott 297.

433 Damit ist nicht von einer Gebetspraxis auszugehen, die lediglich Daniel übt; vielmehr wird ein allgemeines oder zumindest verbreitetes Phänomen bei den Diasporajuden bezeichnet. Aber der Vollzug durch Daniel ist leicht und unabhängig von anderen Exulanten überprüfbar; schließlich geht es den Beamten nur um seine Person. Sicher-

Die Frage nach dem „Warum?" des Handelns der Beamten drängt sich für den Leser auf, wird aber nicht beantwortet. Beweggründe hat man im „Neid" gesehen.[434] Der Text schweigt darüber. Die V 14 in der Bezeichnung Daniels als „einer der Söhne der Verbannung" durchscheinenden Ressentiments stellen nicht das Motiv, sondern ein rhetorisches Instrument der Umsetzung ihres Plans dar.[435] Der Erzähler macht deutlich, dass keine positive Motivlage im Hintergrund steht: er verurteilt die Beamten.

V 7 markiert den Übergang von den Planungen zur Realisierung. Auffallend ist die bedeutende Rolle, die den Beamten für die Entwicklung der Handlung zukommt. Erscheinen sie zunächst als Objekt der Reform des Königs, werden sie mit V 7 zum Subjekt der Verschwörung. Ihre Aktivität, ihre Handlungsimpulse (insbes. VV 7.12f.16) halten die Geschichte im Gang.[436] Sie wehren sich gegen jede Untätigkeit des Königs und führen dadurch letztlich ihren eigenen Untergang herbei. Wurde V 6 die Richtung der weiteren Erzählung angedeutet, berichtet V 7 vom

---

lich wären auch andere religiöse Vorschriften (Speisegesetze, Sabbatgebot) mögliche Ansatzpunkte gewesen. Vgl. PLÖGER, Daniel 98.

434 VAN DER TOORN, Babylonian Background 629, "The competition for jobs and the best positions did not foster a spirit of goodwill and collegiality among the scholars."

435 Vgl. PLÖGER, Daniel 97.

436 Erwähnenswert ist, dass von ihnen nach V 16 keine weiteren Handlungsimpulse ausgehen; lediglich V 25 werden sie nochmals als grammatikalisches Subjekt verwendet. Die beiden Verba הַיְתִיו und רְמוֹ in V 17, die sich grammatikalisch auch auf die Beamten beziehen könnten sind als Verben der 3. Pers.Pl. mit unbestimmtem Subjekt anzusehen. Die Konstruktion ist funktional mit einer passivischen weitgehend äquivalent; für die Wiedergabe bietet sich ein unpersönlicher Ausdruck an. Vgl. BAUER/LEANDER, Grammatik §99 d. Der König ist Subjekt der Versiegelung mit seinem eigenen Ring, aber auch mit den Ringen der „Großen des Königs" (V 18). In der weiteren Entwicklung der Handlung treten die Beamten bis V 25 nicht mehr auf; sie sind nicht Bestandteil der Szene. Die Verben וְהֵיְתִיו und רְמוֹ sind wie V 17 Verben der 3. Pers. Pl. mit unbestimmten Subjekt, die sich auf die Beamten als Objekt beziehen, obgleich eine Objektmarkierung (im Gegensatz zu V 17) fehlt. Der Beleg אֲכַלוּ (V 25) stellt einen Kommentar des Erzählers dar, der sich auf ein vorzeitiges Ereignis (vermutlich V 14) bezieht. Der Eindruck einer völligen Passivität hinsichtlich des Geschehens auf Seiten der Beamten ab V 16 wird auch durch die Verwendung der letzten Verbalform, deren Subjekt die Beamten sind, deutlich: וְלָא־מְטוֹ לְאַרְעִית גֻּבָּא עַד דִּי־שְׁלִטוּ בְהוֹן. Nicht einmal das Auftreffen auf dem Boden überleben sie; sofort, unmittelbar werden sie getötet. Die Unmöglichkeit, in dieser Situation Einfluss auf das Geschehen zu nehmen, steht ihrer Dominanz im Handlungsverlauf gegenüber. Im Gesamt der Erzählung fallen die entscheidenden Handlungsimpulse mit den Belegen des Verbs רגש zusammen und beschränken sich auf den Abschnitt bis V 16.

ersten entscheidenden Schritt: Die Beamten bedrängen den König (הַרְגִּשׁוּ
עַל מַלְכָּא)[437] und versuchen, ihr Vorhaben in die Tat umzusetzen.[438]

„Rhetorische Strategie" als Instrument der Zeichnung der Beamten   Die weitere Entwicklung ist von den Dialogen zwischen den Beamten und dem
König geprägt (VV 7–16).

Ein entscheidendes Instrument der Zeichnung der Beamten ist der gezielte
Einsatz von Elementen, die dem Bereich der Kommunikation und Höflichkeit zugeordnet werden.[439] Die rhetorische Konzeption ihres Auftretens hat
entscheidenden Anteil an der strategischen Umsetzung ihres Plans. Die Beheimatung des Kommunikationsgeschehens im Kontext des königlichen Hofes
ermöglicht eine Bewertung im Vergleich mit dem abstrakt rekonstruierten
Schema eines *Hofstils*.[440] Dabei seien mit dem Begriff Hofstil „Redewendun-
gen und Sitten, ‚verbale und nonverbale Stilformen', im Kontext des Hofes"[441]
bezeichnet. Betrachtet werden die Verwendung von Grußformeln sowie direktiver und indirekter Redeweisen. Mit dem zweiten Aspekt verbunden ist
die Frage nach der Verwendung sog. Abtönungspartikel[442].

---

437 Zur Problematik des Verbs רגש vgl. Abschnitt 5.1.2, 206. Die Verwendung der Präposition על erfolgt hier in einem feindlichen Sinn, ähnlich 3,19.29; 5,23. Zu Darjawesch als
Zielpunkt der Aktion vgl. NOLAN FEWELL, Circle of Sovereignty 109.

438 SEOW, Daniel 89, "The Aramaic preposition may, in fact, be taken to mean 'upon'
or 'against.' Therefore, one may understand them to be conspiring to bring unrest
upon the king, that is, by agitating him against Daniel, which seems to be the surface
meaning of the verse. One may, however, also understand the text to mean that
they are agitating against the king, which is, perhaps, the subtext of the narrator ... "
Kenntnisse des Hofzeremoniells am neubabylonischen Hof sind rudimentär erhalten.
Vgl. JURSA, Hof 91.93, „Aus literarischen Quellen erfährt man den ungefähren Ablauf
einer Audienz – Anmeldung durch Türhüter/Wachen, Gruß, begleitet durch bestimmte
Grußgesten (Verbeugung, Knien oder Fußfall, ... Küssen des Bodens), Überreichung
des Grußgeschenks und Grußworte des Petenten ..., Frage des Herrschers nach dem
Begehren des Petenten, Rede des Bittstellers, Reaktion des Herrschers ... So wissen wir
... dass man direkt und ohne Verzug zum König vorzulassen war, wenn man sich in
einer Art Formalakt auf das *amāt šarri*, das ‚Königswort', berief. Dies war offensichtlich
ein Mechanismus, der es ermöglichen sollte, in einem Notfall die sonst bestehenden
Hindernisse ... beiseite zu räumen."

439 Vgl. ESTELLE, Use 44, "... the term 'politeness strategy' is used to identify the manner in
which a speaker organizes his mode of expression in order to communicate effectively
with the aim of maintaining comity between the speaker and the addressee."

440 Vgl. HUMPHREYS, Life-Style 217, "These tales are set in the royal court; they are played
out within the context of the dynamics, protocol, and rules of such a setting ... "

441 WAGNER, Hofstil 224. Die Übertragung von Erkenntnissen zum israelitischen Hofstil
auf den vorliegenden Text scheint aufgrund des Vorliegens kultureller Invarianten
gerechtfertigt. Aufgrund der Verwandtschaft der Kulturen ist mit keinen unüberbrück-
baren Differenzen zu rechnen; schwieriger dürfte eine Übertragung von Aspekten der
Königsideologie sein.

442 Mit dem Begriff Abtönungspartikel (vgl. auch Modalpartikel) werden Partikel bezeichnet, die der Wertung der Äußerung dienen (vgl. SCHMÖE, Art. Abtönungspartikel 8); in
ihnen spiegelt sich die Haltung des Sprechers wider. Durch die geschickte Verwendung
dieser Partikel kann auch eine Distanz zur eigenen Aussage zum Ausdruck gebracht
werden.

VV 7.12.16 sind zentrale Strukturmarker im Textverlauf[443] und markieren den Beginn eines neuen Abschnittes, wobei insbes. VV 7.16 eng aufeinander bezogen sind. Die Entwicklung der Handlung verläuft in einem Dreischritt: 1. Bitte um Gesetzeserlass 2. Erinnerung an Gesetzeserlass und Anklage 3. Erneuerung der Anklage. Die Stationen sind markiert durch ein jeweils erneutes Aufeinandertreffen von Beamten und König.

Die erste Begegnung (VV 7–9) zeigt auf Seiten der Beamten ein Verhalten, das den Konventionen des Hofstils entspricht: Sie treten mit dem Gruß לְעָלְמִין חֱיִי (ebenso 2,4; 3,9; 5,10; 6,22) vor den König.[444] Anschließend tragen sie ihm das (angebliche) Ergebnis einer Beratung aller Beamten (סָרְכֵי מַלְכוּתָא סִגְנַיָּא וַאֲחַשְׁדַּרְפְּנַיָּא הַדָּבְרַיָּא וּפַחֲוָתָא), ein Verbot in Kraft zu setzen, vor. Das staatliche Gesetz ist in Bezugnahme auf ein Gesetz des Gottes des Daniel formuliert (V 7). Entscheidend für das Zustandekommen ist nicht die Aussage über die Beteiligung aller Beamten,[445] entscheidend ist der Erlass des Verbotes durch den König (לְקַיָּמָה קְיָם מַלְכָּא).[446] Nach der Präsentation des Verbotes wenden sie sich V 9 direkt an den König (כְּעַן מַלְכָּא). Der Transitionsmarker כְּעַן markiert den Übergang zu den Implikationen,[447] und zwar zur direktiven Aufforderung an den König (תְּקִים אֱסָרָא וְתִרְשֻׁם כְּתָבָא).[448] Dabei legen sie weder Zielpunkte ihrer Empfehlung noch politische Rationalisierungen vor; sie präsentieren ihren Vorschlag

---

443 Zur Strukturierung des Textes und der zugrunde liegenden Argumentation vgl. Abschnitt 7.1, 222.

444 Vgl. JENNI, Übertreibungen 76; GZELLA, Tempus 271, optativische Verwendung „in den Imperativen der Gruß- und Segensformeln".

445 NOLAN FEWELL, Circle of Sovereignty 109, "The men are lying, of course, about who has been involved in this agreement … The lie is a tactic of persuasion. The men lead the king to believe that this opinion poll is exhaustive and unanimous." Nach FREI, Zentralgewalt 33, kann das geschilderte Gesetzgebungsverfahren einen Anspruch auf Authentizität erheben. Nicht zielführend ist der Hinweis von EISSFELDT, Laufbahn 142, über die ausschließliche Beteiligung von Beamten und das Fehlen von Gelehrten. Aufgrund der bestehenden Verbindung führt diese Differenzierung nicht weiter.

446 Subjekt des Gesetzeserlasses ist der König. Vgl. SCHAACK, Ungeduld 229; die Beamten bringen, so MAIER, Prophet 242, als Ergebnis der Beratung „den gemeinsamen Vorschlag vor[bringen]". Nicht ein „demokratischer" Aspekt steht im Vordergrund, sondern die Fokussierung auf die Person des Königs.

447 Vgl. SCHWIDERSKI, Handbuch 331; LYAVDANSKY, Deictic Adverbs 90f, insbes. 91, zur Frage nach Verbindungen des von kʿn eingeleiteten Satzes und direktiver Pragmatik; zur konsekutiven Tönung von כְּעַן vgl. RIBERA I FLORIT, Evolución 229f.

448 Das Imperfekt hier in deontischer Modalität mit obligativer Nuance. Vgl. GZELLA, Tempus 273.304, auch gegenüber Königen ist obligativer Sprachgebrauch bezeugt. 271, „Da in Briefen hohe Beamte und im Danielbuch selbst der König häufig mit dem obligativen Imperativ angeredet werden, dürfte diese Form zumindest nicht an sich als unhöflich empfunden worden sein." Vgl. WAGNER, Hofstil 227.229, im Rahmen einer „asymmetrischen Kommunikation" begegnen häufiger indirekte Sprechakte.

und fordern den König zur Umsetzung auf. Dem Leser ist das Ziel klar: das Finden eines Anklagegrundes gegen Daniel (V 5).[449]

Die Aufforderung, ein Verbot aufzurichten (תְּקִים אֱסָרָא), ist ergänzt um die, ein Schriftstück auszufertigen (וְתִרְשֻׁם כְּתָבָא), das durch einen nachfolgenden Nebensatz (דִּי לָא לְהַשְׁנָיָה) näher qualifiziert wird.[450] Neben einem Verständnis als einer relativen Näherbestimmung ist eine finale Deutung möglich und wahrscheinlich.[451] Ziel ist die Unveränderlichkeit des Verbotes.[452] Der folgende Versteil – כְּדָת־מָדַי וּפָרַס דִּי־לָא תֶעְדֵּא – ist vollständig zu lesen.[453] Bezugspunkt für die von den Beamten angestrebte Unveränderlichkeit des Verbotes ist das Gesetz der Meder und Perser, dem Unvergänglichkeit (דִּי־לָא תֶעְדֵּא) zugeschrieben wird. Der große Einfluss der Beamten auf den König zeigt sich darin, dass Darjawesch der Bitte seiner Beamten unmittelbar nachkommt (V 10). Zugleich offenbart die Art des Dialoges die Verteilung von Einfluss und die Zuweisung der Kommunikationspartner auf einer Ebene oder zumindest auf ähnlichen Ebenen.[454]

Die Beamten ertappen Daniel – trotz seiner eigens betonten Kenntnis des Verbotes – bei Verstößen gegen das erlassene Verbot (V 12) und treten mit ihrer Beobachtung erneut vor den König (V 13). Auf die Differenzen zwischen der Beschreibung des Tuns Daniels und die Wahrnehmung (וְהַשְׁכַּחוּ) der Beamten wurde bereits hingewiesen.[455] Augenfälliger Unter-

449 NOLAN FEWELL, Circle of Sovereignty 109f, "The content of the speech belies its intent. We know that the goal of the recommendation is the entrapment and destruction of Daniel. Nothing on the surface betrays this intention, however. The speech appears to be a political proposal aimed at getting the king to confirm publicly his personal authority—a pretext that is brilliantly plausible given the newly established kingdom and Darius's plans for governing it."

450 Vgl. BAUER/LEANDER, Grammatik §85 g.

451 Vgl. MARTI, Daniel 44, mit Verweis auf θ und Dan 2,18; ähnlich NOLAN FEWELL, Circle of Sovereignty 109. Zum Infinitiv im Finalsatz vgl. GZELLA, Tempus 291ff; ROSENTHAL, Grammar §84.87. LEBRAM, Daniel 78, sieht den ersten Nebensatz als relative Näherbestimmung und den zweiten – textkritisch unsicheren – Nebensatz (דִּי־לָא תֶעְדֵּא) als Finalsatz an. Die ähnliche Formulierung V 16 spricht aufgrund der Unterschiede in der Konstruktion nicht gegen ein finales Verständnis.

452 TROPPER, Untersuchungen 125, sieht als semantischen Gehalt von שנה nicht lediglich das „Abändern" des Verbotes, sondern auch das „Übertreten" des Verbotes an. TROPPER spricht damit dem vom König schriftlich ausgefertigten Verbot eine besondere Autorität zu; im Vordergrund dürfte jedoch die Unveränderlichkeit des Gesetzes stehen. Ziel der Beamten ist das Finden eines Anklagegrundes gegen Daniel, nicht eine Veränderung seiner religiösen Praxis (vgl. V 5). Die Beamten rechnen mit dem Verstoß des Daniel.

453 Vgl. dazu Abschnitt 5.1.1, 205.

454 Besonders ins Auge stechen die Unterschiede bei einem Vergleich mit dem Gespräch zwischen Daniel und dem Aufseher 1,12. Vgl. außerdem WAGNER, Hofstil 227, Abtönungspartikel in asymmetrischer Kommunikation.

455 Dem Vorgang des Findens wohnt immer auch eine subjektive Dimension durch das findende Subjekt inne. Vgl. auch die ähnlichen Aussagen V 5a.b mit der Bekräftigung

schied im V 13 beschriebenen Aufeinandertreffen gegenüber VV 7.16 ist die Verwendung der Wurzel קרב als Auftakt der Begegnung.[456] Nicht das „Bedrängen" (רגש) ist kennzeichnend, sondern das „Nahen".[457] Nach dem Abschluss dieses „Nahens" sprechen sie „vor dem König" (קדם).[458]

> Die grammatikalische Funktion von מַלְכָּא ist entsprechend der mt Akzentsetzung zu bestimmen. In Betracht kommt ohne deren Beachtung einerseits die Bestimmung als *nomen rectum* in der determinierten Constructus-Verbindung אֱסָר מַלְכָּא, andererseits aber auch die Interpretation als vokativische Anrede.[459] Die mt Akzentsetzung (verbindender Akzent: Munach) gliedert zugunsten der ersten Variante: die Constructus-Verbindung. Für die mt Variante mag auch die syntaktische Konstellation sprechen; zur Bezeichnung eines vorangehend bereits erwähnten Gesetzes ist eine determinierte Form zu erwarten. Im Kontext der Constructus-Verbindung mit מַלְכָּא ist אֱסָר determiniert, selbstständig nicht-determiniert. Daher ist mit der mt Tradition vom Vorliegen einer Constructus-Verbindung auszugehen.

Dass die Beamten ohne Gruß und Anrede vor den König treten, ist wohl einer Straffung der Erzählung geschuldet, die nicht auf jedes Detail des höfischen Zeremoniells Wert legt. Ihr Vorgehen ist ebenso zurückhaltend wie strategisch klug. Rhetorisch geschickt entwickeln sie das folgende

---

der Aussagen in der passivischen Formulierung (Hitpeʿal 3. Pers.fem.Sg.) V 5b, die diese Einschränkung zu umgehen sucht. Wie genau die Beamten den Verstoß Daniels erkennen, ist für die Erzählung nicht von Belang; viele Interpretationen gehen dabei zu weit. EHRLICH, Daniel 142, „Vom Fenster konnte jedoch nur die Positur für das Gebet wahrgenommen, nicht aber der Name des im Gebete angerufenen Gottes gehört werden, und wenn die Leute dennoch wussten, dass Daniel zu seinem Gott betete, so geht daraus hervor, dass man zu einem heidnischen Gotte nur in dessen Tempel betete, nicht außerhalb desselben, weil ein heidnischer Gott nicht allgegenwärtig ist."

456 Ohne nähere Bezeichnung begegnet קרב lediglich 3,8. KOCH, Daniel 249, gibt diesen Beleg mit „auftauchen" wieder. Diese Ausdrucksweise ist jedoch nicht auf die vorliegende Stelle übertragbar.

457 Vermutlich geht eine Interpretation, die in dieser Abschwächung einen Marker für die Intensität des Auftretens der Beamten sieht, zu weit. Aber dennoch: Der für die Beamten entscheidende Schritt ist der Weg bis zum Erlass des Gesetzes, danach entwickeln oder besser gesagt entfalten sich die Dinge selbstständig. Ein stärker steuernder Eingriff begegnet V 16 im Zusammenhang mit dem Versuch Darjaweschs, Daniel aus dieser Situation zu erretten.

458 וְאָמְרִין קֳדָם־מַלְכָּא ebenso V 14. GOLDINGAY, Daniel 121; KLEIN, Preposition 505, "We are led to conclude that the use of the indirect preposition קדם in the Book of Daniel is out of deference to high office or nobility, and not related to the nature of the Deity. It is used as an expression of respect or honour towards a human king; and there is no evidence of it being more than just that, when used in relation to the divine God." Vgl. auch ESTELLE, Use 65. Mag der Erzähler mit dieser Formulierung voraussetzen, dass das Begrüßungszeremoniell abgeschlossen ist und die gegenwärtige Kommunikation bereits im Rahmen eines größeren Gesprächs stattfindet? Auch damit wären Fragen der Etikette und des höfischen Stils zu beantworten. Zu belegen ist es indes nicht. Die parallele Formulierung V 14 spricht zudem dagegen.

459 אֱסָר ist formal nicht eindeutig hinsichtlich seines Status zu bestimmen. Sowohl st.abs. als auch st.cstr. kommen in Betracht.

Gespräch; die offene Frage (הֲלָא אֱסָר רְשַׁמְתָּ) belässt ihnen eine Rückzugsmöglichkeit und setzt zugleich Darjawesch unter Zugzwang:[460] Er muss
sich (V 13b) zu seinem Verbot und dessen Gültigkeit bekennen (יַצִּיבָא
מִלְּתָא). Erst danach konfrontieren sie ihn mit dem Vorwurf gegen Daniel
(V 14).

Auch das weitere Vorgehen ist in strategischer Hinsicht äußerst geschickt. Vor der Thematisierung des Verstoßes wird die Person des Daniel
als Fremder typisiert (דָּנִיֵּאל מִן־בְּנֵי גָלוּתָא דִּי יְהוּד).[461] Zugleich fehlen Titel
und Amtsbezeichnung.[462] Die Betrachtung des Vergehens als das eines
Fremden – nicht das eines hohen Beamten am Hof – zeigt ihre Haltung
gegenüber Daniel.[463] Xenophobie ist nicht das Thema, aber Fremdheit
als Hinweis auf ein mögliches Gefahrenpotential im Kontext der Reichsintegrität und -sicherheit aufgrund möglicher Interessenkonflikte nicht
unwahrscheinlich. Der folgende Vorwurf richtet sich nicht gegen „einen
von ihnen", sondern gegen einen „Fremden".[464] Die Rede der Beamten
wird an dieser Stelle in direkter Rede (eingeleitet mit דִּי), ohne weitere
Vermittlung durch den Erzähler, wiedergegeben. Die Anklage ist zweige-
teilt: Zum einen thematisiert sie das Handeln des Daniel, dies allerdings
erst als zweiter Bestandteil, zum anderen liefert sie eine Interpretation
seines Handelns und stellt diese voran.[465] Dabei ist die Darstellung direkt
abhängig von der vorangehenden Beobachtung; dennoch fallen deutliche
Unterschiede auf.

---

460 Zur Pragmatik indirekter Sprechakte vgl. WAGNER, Hofstil 229. Die Wahl einer Frage
     fungiert als Abschwächung der Aussage gegenüber einer direkten Konfrontation.
461 Die Formulierung begegnet mehrfach innerhalb des Daniel-Buches 2,25; 5,13; außerdem
     Esr 6,16. Eine Stigmatisierung oder Diffamierung ist damit an keiner Stelle verbunden.
     Die Belege begegnen außer 6,14 nie im Kontext einer Anklage oder als Abwertung.
     Zugleich führt die Typisierung Daniels als Fremder und die damit verbundene Distanz
     zum Königshof zu einer Identifikation des Lesers mit Daniel.
462 Da Daniel konsequent ohne Verwendung eines Titels genannt wird, darf dies nicht
     überbewertet werden.
463 PACE, Daniel 205f, „... his fellow satraps deny his rank and refer to him only as 'one of
     the exiles of Judah' ... This phrase ... strips Daniel of his office and accomplishments
     and serves to distance him from his colleagues, who actually reveal their prejudice and
     hatred."
464 COLLINS, King 337, „In each case the Jews arouse envy or resentment not only by their
     success at court, but by the fact that they are different." Schärfer LUCAS, Daniel 151,
     „Their reference to him as 'one of the Judean exiles' reveals their hostility towards him.
     He is not 'one of us'." Vgl. auch KIRKPATRICK, Competing 113, „They recall Daniel's
     past and his condition as an exile from Judah, thereby suggesting that Daniel is still
     tainted by his 'outsider' status."
465 ... וְזִמְנִין ist als epexegetisches וְ aufzulösen. Die konkrete Schilderung des Handelns des
     Daniel erläutert die vorangehende Aussage. Präsentation und Interpretation verbinden
     sich, wobei die Präsentation der Interpretation nachfolgt.

Überdeutlich ist die Anlehnung der Anklage an 3,12; sowohl hinsichtlich ihrer Struktur (Interpretation und Präsentation) als auch hinsichtlich der Wortwahl:

6,14 לָא־שָׂם עֲלָיךְ מַלְכָּא טְעֵם וְעַל אֱסָרָא דִּי רְשַׁמְתָּ ׀ וְזִמְנִין תְּלָתָה בְּיוֹמָא בָּעֵא בָעוּתֵהּ

3,12 לָא־שָׂמוּ עֲלָיךְ מַלְכָּא טְעֵם ׀ לֵאלָהָיךְ לָא פָלְחִין וּלְצֶלֶם ... לָא סָגְדִין

Die Interpretation legt dem König den Maßstab in die Hand, mit dem die nachfolgende Anklage und das Verhalten Daniels zu bewerten ist. Es geht nicht um einen einfachen Regelverstoß, sondern um einen Angriff auf die königliche Autorität. Die Semantik von טְעֵם ist problembehaftet. Üblicherweise wird das Wort mit „Rücksicht" wiedergegeben.[466]

> Der semantische Gehalt von טְעֵם erscheint weitgefächert. VOGT gibt verschiedene Bedeutungsklassen an.[467] Dabei liegen vermutlich zwei semantisch zu trennende Wurzeln zugrunde.[468] „śīm $ṭ^{e'}ēm$ (Dan 3,12; 6,14) bedeutet nicht ‚Rücksicht nehmen', sondern ‚Sinn/Aufmerksamkeit legen', d. h. ‚Hochachtung erweisen' bzw. ‚Beachtung schenken'."[469]

Das Verhalten Daniels wird von den Beamten – ihrer Absicht und ihrem Wunsch gemäß – als direkter Angriff auf die Person des Königs betrachtet. Die Verweigerung, der Anordnung Folge zu leisten, und das Festhalten an der eigenen religiösen Praxis steht in direktem Widerspruch zu den Verpflichtungen eines medischen Bürgers.[470]

Der an die Anklage anschließende V 15 konstatiert die Trauer des Darjawesch und sein Bemühen um Rettung des Daniel. Seine Reaktion entspricht nicht dem Plan der Beamten.[471] Um dessen Realisierung nicht zu gefährden, sind sie zu einer erneuten Intervention gezwungen. Zur Schilderung dieser – der dritten Begegnung – wird auf V 7 Bezug ge-

---

466 Vgl. bspw. KOEHLER/BAUMGARTNER, HALAT Lemma: טְעֵם 1715; GESENIUS, Handwörterbuch[17] Lemma: טְעֵם 908. Allerdings sind die weitgehend parallel geformten Verse 3,12; 6,14 die einzigen Belege für diese Bedeutung.

467 VOGT, Lexicon Lemma: טְעֵם 69, „gustatio, prudentia, attentio / observantia, relatio / ratio, res / negotium, praeceptum / mandatum".

468 Vgl. TROPPER, Untersuchungen 112.

469 Ebd.; den andernorts vorgeschlagenen Konjekturen kann aufgrund der starken Eingriffe in den Textbestand nicht gefolgt werden. CHARLES, Daniel 147, schlägt eine Konjektur לֹא שֶׂמַע עַל טעמך (vgl. auch θ) vor, die jedoch massive Eingriffe erfordert. Ist eher mit KOCH, Daniel 250, טעמיך als erklärendes Attribut zu עליך zu lesen?

470 In verschärfter Form besteht der Konflikt bei einem hohen Beamten, als der Daniel hier jedoch gerade nicht gezeichnet wird. Folgende Gleichsetzung mag im Hintergrund dieser Interpretation stehen; vgl. KUHRT, Problem 124, "... that loyalty to the Persian king and empire was, metaphorically, equated with acceptance of his own prime deity, Auramazda". Zum Verhältnis von Gesetzesgehorsam und Loyalität vgl. KRATZ, Translatio 225.

471 Oder: nicht dem Ziel der Beamten. Man mag davon ausgehen, dass die Beamten mögliche Rettungsversuche in ihre Planungen einbezogen haben. Die starke Betonung der Unabänderlichkeit des Gesetzes könnte in diese Richtung weisen.

nommen: הַרְגִּשׁוּ עַל־מַלְכָּא. Sie bedrängen den König;[472] sie stellen sich ihm und seinen Bemühungen zur Rettung Daniels direkt entgegen. Die Art der Kommunikation verändert sich. Der Ton ist schärfer. Wiederum wird auf Grußformeln und Wünsche verzichtet; die Beamten sprechen den König mit einer Imperativ-Form (דַּע) an.[473] Zudem wird das Reden der Beamten mit dem König von einem je unterschiedlichen Gebrauch der Präpositionen begleitet. V 16 ist es nicht mehr das Sprechen „vor" dem König, sondern „zu" dem König (וְאָמְרִין לְמַלְכָּא).[474] Auch die vokativische Anrede mit dem Titel מַלְכָּא erscheint weniger der Höflichkeit der Beamten geschuldet, als eine Erinnerung Darjaweschs an seine politische Funktion und Verantwortung darzustellen. Er soll an seine königliche Verpflichtung zur Einhaltung des persischen und medischen Gesetzes erinnert werden.

Auf seine Rettungsversuche reagieren die Beamten sehr bestimmt und deutlich mit einem Verweis auf die bereits V 9 thematisierte Unveränderlichkeit des Gesetzes der Meder und Perser (V 16). Auf den Vorschlag, ein unveränderliches Gesetz zu erlassen, hatte er dies getan. Nun sieht er sich damit konfrontiert, dass die Beamten ihn an diese Unveränderlichkeit erinnern und ihn damit in der Hand haben: Ihm bleibt es überlassen, zwischen einem Verstoß gegen die Unveränderlichkeit des medischen und persischen Gesetzes und der Durchsetzung des von ihm erlassenen Gesetzes – mit vermutlich negativen Konsequenzen für Daniel und das Reich – zu wählen. Er entscheidet sich für die zweite Alternative;[475] er gibt seine Bemühungen auf und erteilt den vom Verbot geforderten Befehl, Daniel in die Löwengrube zu werfen. Mit V 16 enden die Gespräche zwischen ihm und seinen Beamten. Der Befehl, Daniel in die Löwengrube zu werfen, wird unmittelbar ausgeführt und die Löwengrube wird mit dem Siegel des Königs und denen der „Großen des Königs" (רַבְרְבָנוֹהִי) versiegelt, um jede Intervention auszuschließen (דִּי לָא־תִשְׁנֵא צְבוּ בְּדָנִיֵּאל V 18). Die doppelte Versiegelung muss als Bestandteil eines festen Ordalverfahrens verstanden werden. Eine Auswertung für die Beziehung

---

472 An dieser Stelle ist die Differenz gegenüber der Schilderung V 14 zu beachten.

473 Ausgenommen die höfisch geprägte Grußformel לְעָלְמִין חֱיִי (VV 7.22) handelt es sich bei diesem Beleg um den einzigen Imperativ in Dan 6; bemerkenswert ist, dass dieser entgegen der Fallrichtung der Hierarchie verläuft. Zur Frage nach der Möglichkeit einer imperativischen Wendung vgl. GZELLA, Tempus 271. Die übrigen Befehle – das sind die des Darjawesch – werden durch die finite Verbalform von אמר (VV 24.25) mit anschließender Ausführung ausgedrückt.

474 Die Einführung der Beamten-Rede erfolgt nicht mehr mit קדם, was als Ausdruck des Respektes interpretiert wurde, sondern durch die Präposition ל.

475 Eine wesentlich massivere Ausübung von Druck auf den König lässt sich BelDr 28f beobachten, wenn der König direkt bedroht wird (Wiedergabe nach EÜ): „Der König ist Jude geworden. Den Bel hat er zertrümmert, den Drachen getötet und die Priester hingeschlachtet. 29 Sie gingen zum König und verlangten: Liefere uns Daniel aus! Sonst töten wir dich und deine Familie." Dort liegt jedoch eine unterschiedliche Erzählung und eine unterschiedliche Texttradition vor.

zwischen dem König und den Beamten scheitert zudem an der in Dan 6 singulären Verwendung des Begriffes רַבְרְבָנִין, der die Opposition König und Beamten vermeidet. Unabhängig von der Frage, ob die Beamten als Teil der „Großen des Königs" zu gelten haben, macht die terminologische Differenzierung die Neutralität und Objektivität der Versiegelung deutlich. Das Auffinden der versiegelten Löwengrube am nächsten Morgen verbürgt, dass das Verfahren regelgerecht abgelaufen ist; ihnen kommt eine unabhängige Zeugenfunktion zu.

Die Beamten und das Ordal   Die folgende Handlung entwickelt sich ohne Beteiligung der Beamten; sie finden erst nach der Erkenntnis der Unversehrtheit des Daniel am nächsten Morgen wieder Erwähnung (V 24). Nach der Errettung Daniels aus der Löwengrube ordnet Darjawesch an, dass die Beamten in die Löwengrube geworfen werden. Der Erzähler nimmt die Gelegenheit wahr und spricht in diesem Kontext sein Urteil über sie: Ihr Tun wird als „Verleumden" gewertet. Auf das Urteil des Erzählers folgt das göttliche Urteil in der Löwengrube. Müssen sie aus Motiven der Vergeltung in die Löwengrube geworfen werden,[476] oder stehen andere Aspekte im Hintergrund? Die Interpretation des „Werfens in die Löwengrube" als Ordal gilt nicht nur in der Verbindung mit Daniel, sondern auch mit den Beamten. Es erscheint auf diese Weise als zweistufiger Prozess: Zunächst wird Daniels Unschuld gezeigt, dann als „Gegenprobe" die Schuld der Beamten untersucht.[477]

Ein solches Verständnis führt auf die Frage nach ihrer Schuld. In einem Verstoß gegen das Verbot kann sie nicht begründet sein. Schuld und Unschuld entscheiden sich nicht an der Beachtung dieses königlichen Verbotes; ja geradezu ein indirekter Zusammenhang lässt sich beobachten: Während Daniel gegen das Verbot verstößt, wird er für unschuldig befunden; die Beamten dagegen werden, obgleich sie nicht gegen das Verbot verstoßen haben, für schuldig befunden. Der Schlüssel liegt in der Deutung des Geschehens durch Daniel und der anschließenden Erläuterung durch den Erzähler. Das Fehlen eines Vergehens gegenüber Gott und dem König begründet die Unschuld des Daniel. Eine Schuld der Beamten ist in diesen Bereichen zu suchen. Gegenüber dem Gott des Daniel sind Spuren einer Beziehung nicht zu erkennen, vielmehr haben sie durch ihr Handeln in dessen Rechtssphäre eingegriffen. Die Opposition von staatlichem Gesetz und ihrer Interpretation der Religion des Daniel führt zu ihrer Vernichtung in der Löwengrube. Das Vorgehen gegen Daniel und den König macht deutlich, dass auch hier schuldhaftes Handeln vor-

---

476 BICKERMAN, Strange Books 82, "According to the principle of retribution, his accusers in turn are thrown to the same lions …"

477 Vgl. dazu auch die Schilderung eines babylonischen Flussordals. LAMBERT, Nebuchadnezzar 9. CASSIN, Daniel 141, „Après l'épreuve, la contre-épreuve qui est en même temps, pour eux, le châtiment."

liegt.[478] Der zweifachen Unschuld des Daniel steht eine zweifache Schuld der Beamten gegenüber. In gleicher Weise wie die Unschuld Daniels mit göttlicher Autorität durch das Ordal festgestellt wurde, wird jetzt die Schuld der Beamten mit göttlicher Autorität konstatiert.

Auf Befehl des Darjawesch werden nicht nur die verleumderischen Männer selbst (גֻּבְרַיָּא אִלֵּךְ דִּי־אֲכַלוּ קַרְצוֹהִי דִּי דָנִיֵּאל), sondern auch ihre Söhne und ihre Frauen (בְּנֵיהוֹן וּנְשֵׁיהוֹן) in die Löwengrube geworfen.[479]

> Gegenstand des Textes ist nicht die Frage nach Gerechtigkeit einer Bestrafung der Frauen und Söhne, nicht die Frage nach Kollektivstrafen und Sippenhaft. Ziel der in der Erzählung verwendeten Darstellungsweise ist eine Aussage über die Qualität der Vernichtung der Beamten.[480] Die Angehörigen werden als zu den Beamten gehörig betrachtet und mit diesen gemeinsam dem Ordal unterworfen. Die Einbeziehung der Vernichtung der Angehörigen erscheint als Gradmesser der Schuld der Beamten.[481]

Die Löwen fallen unmittelbar über all diese Menschen her (שְׁלִטוּ) – noch bevor diese den Boden erreichen – und zermalmen deren sämtliche Knochen (כָּל־גַּרְמֵיהוֹן הַדִּקוּ).[482] Während es Daniel aufgrund des schützenden Eingreifens Gottes möglich war, die gesamte Nacht in der Löwengrube auszuhalten, gelingt es den Beamten nicht auch nur einen Moment dort zu überleben.[483] Wegen ihrer unmittelbaren Vernichtung sind alle weiteren Verfahrenselemente wie das Verschließen, die Versiegelung etc. obsolet. Der Tod beendet das Ordalverfahren noch bevor es richtig begonnen hat.

> Die geschilderte Vernichtung der Knochen (גְּרַם) geht über eine naturalistische (profan-materielle) Darstellung hinaus und umfasst auch eine Aussage von theologischer Relevanz.[484] Zur Bezeichnung der Knochen begegnen im AT verschiedene Begriffe: Neben dem üblichen hebr. Begriff עֶצֶם findet sich der eigentlich aram. Begriff גְּרַם.[485] Demgegenüber ist der Begriff עצם im Aram. lediglich an einer Stelle der Bileam-Inschrift ohne rekonstruierbaren Kontext

---

478 Die Redeweise vom „Gott des Daniel" und die Verwendung der suffigierten Formen machen die Distanz deutlich.

479 Die Problematik einer realistischen Interpretation dieser Aussage ist vielfach in der Literatur angemerkt worden. An einer realistischen Betrachtungsweise scheint der Text jedoch nicht interessiert zu sein. Die Bewahrung Daniels steht der unmittelbaren völligen Vernichtung der Beamten gegenüber.

480 Vgl. auch SCHMITT, Wende 86.

481 Zur Problematik dieser „Haftung" der Kinder für die Eltern vgl. LUCAS, Daniel 157, mit Verweis auf Dtn 24,16 u. a.

482 Zum Zermalmen von Knochen durch Löwen vgl. Jes 38,13; 1QH V,7.

483 Vgl. zu dieser Interpretation SEOW, Daniel 95.

484 Vgl. BEYSE, Art. עֶצֶם 328, unterscheidet für die Verwendung verschiedene Bereiche: 1. profan-materiell; 2. profan-metaphorisch; 3. religiös-kultisch; 4. theologisch.

485 Bzw. גְּרַם, ba nur Dan 6,25; im bibl. Hebr. begegnet der Begriff lediglich Gen 49,14; 2Kön 9,13; Ijob 40,18; Spr 17,22; 25,15. Epigraphisch ist das Wort im Hebr. nicht belegt. Zur Bedeutung von עֶצֶם für Gebein vgl. DELEKAT, Wörterbuch 49ff.

bezeugt.[486] Die beiden Begriffe begegnen also in der je anderen Sprache; die Verbreitung ist jedoch signifikant. In ihrer Grundbedeutung „Knochen, Gebein, Glied" stimmen beide Wörter überein.

Unabhängig von der verwendeten Terminologie bleiben die mit „Knochen" verbundenen anthropologischen Vorstellungen und die sich daraus ergebenden Konsequenzen für das Verständnis von V 25 zu erheben.[487] Knochen und Fleisch sind Grundvoraussetzungen menschlicher Existenz und konstituieren in ihrer Dualität die leibliche Dimension des Menschen.[488] Trotz der Gemeinsamkeit der Körperlichkeit von Fleisch (בשר) und Knochen (עצם bzw. גרם) unterscheiden sich beide hinsichtlich ihrer Vergänglichkeit: „... alles, was am Toten nicht Bein ist, wird im Grabe verzehrt, seine Gebeine aber dauern."[489] Aufgrund der Langlebigkeit der Gebeine kommt diesen eine besondere Bedeutung für den Umgang mit Verstorbenen zu.[490] „Solange wenigstens die Gebeine intakt sind, hat auch der tote Mensch noch eine minimale Existenz. Es ist deshalb ein großes Verbrechen, die Gebeine eines schuldlosen Menschen zu zerstören (vgl. Am 2,1f). Die ‹Gebeine› stehen als das Dauerhafteste und sozusagen als Kern des Menschen in den Pss oft parallel zu Lebenskraft (31,11), Vitalität (35,9f) oder ganz einfach zum Personalpronomen (51,10 53,6). In phönizischen und hebräischen Grabinschriften bittet der Tote, bald inständig flehend, bald unter Drohung darum, seine Gebeine ungestört zu lassen."[491] Aus der Bedeutung, die den Gebeinen für die Fortdauer der menschlichen Existenz beigemessen wurde, ergibt sich eine herausragende Bedeutung der Bestattung des Toten. „So wie die Bestattung im Grab des Vaters/der Väter eine Hochachtung und eine Teilhabe an den Verheißungen Israels ausdrückt, konnten durch die Verweigerung einer solchen Bestattung und vor allem durch die Nichtbestattung eine göttliche Strafe und höchste Missachtung ausgedrückt werden. Bestattung und Nichtbestattung wurden so zu theologischen Aussagen instrumentalisiert ... Nichtbestattung und physische Vernichtung bedeuteten den Ausschluss an der Teilhabe der Verheißungen an Israel."[492] Die Frage nach der Bestattung eines Toten und der Grabesruhe wurde so zu einer Aussage von theologischer Qualität.[493] WÄCH-

486 Vgl. SCHWIDERSKI, Inschriften 189; HOFTIJZER/JONGELING, DNWSI Lemma ʿṣm 880. Die Problematik der Sprachbestimmung dieser Texte kann hier unberücksichtigt bleiben.
487 Die Verwendung der Begriffe עצם und גרם innerhalb eines synonymen Parallelismus (Ijob 40,18) zeigt die enge Verbindung zwischen beiden Begriffen, die eine grundlegende Unterscheidung der zugrunde liegenden Vorstellungen nicht erforderlich erscheinen lässt. Vgl. BEYSE, Art. עֶצֶם 329ff.
488 Vgl. SCHROER/STAUBLI, Körpersymbolik 240.
489 BORNHÄUSER, Gebeine 9.
490 Ebd., „Nicht das Fleisch, allgemeiner die Weichteile, sind das wichtigste, sondern die Knochen ... Vernichtung auch der Gebeine gilt als schweres Unheil."
491 KEEL, Bildsymbolik 57. Die Knochen stehen hier nicht als Synekdoche für den gesamten Körper (HARTMANN/DILELLA, Daniel 196), sondern als Symbol für die Person in der Dimension des Lebens und der Fortexistenz nach dem Tod. Vgl. auch WÄCHTER, Tod 173.
492 WENNING, Grab seines Vaters 11f.
493 Vgl. LORENZ, Totenkult 230.232, vgl. 1Kön 14,13; 2Kön 22,20; 23,18; Jer 8,1f.

TER konstatiert im Hinblick auf Num 16,25–35: „Auf jeden Fall schließt die Form der Vernichtung Dathans und Abirams alles das aus, was ein Israelit sich im Zusammenhang mit seinem Tode wünschte: Es ist kein Grab möglich, in dem der Leichnam ruht; es gibt keine Nachkommen, die die Verstorbenen betrauern könnten, denn die Familien sind ausgerottet."[494] Der Tod aller Nachkommen, der Söhne und Töchter, beraubt den Menschen seiner Zukunft über den Tod hinaus.[495]

Durch das Zermalmen der Knochen wird die Bestattung des Leichnams unmöglich gemacht und durch die Vernichtung jeglicher Nachkommenschaft wird jede Möglichkeit einer körperlichen Fortexistenz – in der Form von Kindern – ausgeschlossen.[496] Damit werden die Beamten vollständig von dem ausgeschlossen, was die Israeliten als göttliche Verheißung für ihr Volk betrachteten.[497] Die Vernichtung des Kerns der Person verhindert jede Art von Fortexistenz über den Tod hinaus. Zugleich fungiert die völlige Vernichtung als Kontrast zur körperlichen Unversehrtheit Daniels (V 23).[498] וְלָא חַבְּלוּנִי V 24; וְכָל־חֲבָל לָא־הִשְׁתְּכַח בֵּהּ)

Die Beamten werden im Ordal einer völligen Vernichtung übergeben. Die Frage von Schuld und Unschuld bei Daniel und den Beamten wird eindeutig beantwortet. Die Erzählung wendet sich nun zunächst Darjawesch und Daniel zu. Es begegnen keine weiteren Bezugnahmen auf die Beamten oder ihr früheres Tun. Auch die Frage nach der künftigen Verwaltungsstruktur wird offen gelassen; die Erzählung interessiert sich letztlich nicht für diese Fragestellungen.

8.4.4 Gott und sein Bote

Von Gott ist in Wortmeldungen der verschiedenen Personen mehrfach die Rede. Zwei wichtige Dimensionen lassen sich unterscheiden: Einerseits wird er in seiner Relation zu Menschen beschrieben, andererseits

---

494 WÄCHTER, Tod 172; ZENGER, Israel, die Ausrottung der Familie verunmöglicht sowohl das Begräbnis als auch die Klage.

495 Vgl. dazu STENDEBACH, Art. Sohn 624, im Leben des Sohnes findet das Leben des Vaters Fortsetzung und Zukunft. CONRAD, Generation 13, „... die Bedeutung des Sohnes [besteht; D.H.] darin, daß er den Familienbesitz erbt und den Namen des Vaters erhält, so daß dieser auf indirekte Weise über den Tod hinaus weiterwirkt ... so kann der Wert des Sohnes gar nicht hoch genug veranschlagt ... werden". MICHEL, Gewalt 53–55, bietet eine Übersicht über die Belegstellen von Gewalt gegen Kinder, die gegen ihre Eltern gerichtet ist; Ähnlichkeiten in der Verwendungsweise bieten insbes. Num 16; Ez 23,47.

496 Aufgrund der Tötung der (männlichen) Kinder ist auch jede Form eines Fortlebens ausgeschlossen. Die Tötung der Frauen schließt selbst die Möglichkeit einer Nachkommenschaft im Rahmen einer Leviratsehe aus.

497 Vgl. WÄCHTER, Tod 172; vgl. auch u. a. 1Kön 14,7ff; 16,2–4.

498 Vgl. SCHMITT, Wende 86.

absolut durch Eigenschaften charakterisiert. Wesentlicher Aspekt seiner Zeichnung ist sein rettendes Eingreifen zugunsten Daniels.

Gott wird – im Umfeld des Königshofes – in einer engen Beziehung zu Daniel gesehen; er ist „der Gott des Daniel" (אֱלָהֵהּ דִּי־דָנִיֵּאל V 27).[499] Daniel ist seinem Gott offen sichtbar durch seine religiöse Praxis verbunden. Zugleich wird die Rettungserfahrung mit der Unschuld Daniels (so Daniels Perspektive), aber auch mit seiner Gottesverehrung (so Darjawesch) in Verbindung gebracht.[500] Der Erzähler verweist auf das Vertrauen auf seinen Gott (V 24).

Aufschlussreich ist die Bezeichnung „lebendiger Gott" (אֱלָהָא חַיָּא VV 21.27).[501] Nach ASHLEY sind zwei entscheidende Dimensionen dieser Bezeichnung zu beachten: die Lebendigkeit Gottes[502] und Gottes Macht über Leben und Tod. Der Titel begegnet zweifach im Mund des Darjawesch: V 21 in der Hoffnung auf Rettung und V 27 im Rückblick auf diese, also jeweils in direktem Zusammenhang mit dem wirksamen Eingreifen Gottes in einer konkreten Notsituation. Überblickt man die übrigen Belege dieser Gottesbezeichnung im AT, so zeigt sich ein ähnlicher Verwendungskontext. „Die Deutung als ‚der aktiv Eingreifende' oder ‚der offensichtlich Anwesende' scheint sich also zu bestätigen."[503] In dieser Eigenschaft gründet der erhobene Anspruch auf Verehrung, auf das Bekenntnis eines jeden Einzelnen im Bereich seiner Wirksamkeit zu ihm.[504] Gott wird von Darjawesch durch diese Wendung hinsichtlich seiner Wirksamkeit, die sich in der vorliegenden Erzählung im rettenden Handeln an Daniel konkretisiert, anerkannt.[505]

---

499 Ähnlich auch die weiteren Bezeichnungen in suffigierten Formen (stets auf Daniel bezogen): אֱלָהֵהּ (VV 6.11.12.24.27); אֱלָהָךְ (V 17.21); אֱלָהִי (V 23).

500 Eine Begründung der Spezifizierung des Gottes durch die Person Daniels setzt eine Rettungserfahrung nicht grundsätzlich voraus; an einigen Stellen (etwa V 28) ist der Bezug jedoch gegeben. Vgl. ASHLEY, Book of Daniel 193, "... naturally identify the saving God with the names of those who were saved". MÜLLER, Märchen 344, „Für den zeitgenössischen Rückgang öffentlicher Verbindlichkeit gerade der jüdischen Nationalreligion ist es charakteristisch, daß die Danielegenden das Judentum und seinen Gott nach den Individuen bezeichnen, die sie vertreten." Dies gilt umso mehr in einer Diasporasituation: Das Wissen um die religiöse Praxis Daniels legt im Kontext der Diasporasituation eine solche Bezeichnung grundsätzlich nahe.

501 Nur hier im BA. Außerdem im AT: 1Sam 17,26; Dtn 5,26; Jer 10,10; 23,36; 2Kön 19,4.16; Jos 3,10; Hos 2,1; Ps 42,3; 84,3. Häufiger belegt ist der Titel später auch im NT (insgesamt 15 Belege). Vgl. dazu KREUZER, Gott zusammenfassend 352ff.

502 ASHLEY, Book of Daniel 194, "God is alive as opposed to dead"; als Opposition zu den Göttern 5,23. Vgl. auch LUCAS, Daniel 153.

503 RINGGREN, Art. חיה 892; GOLDINGAY, Stories 102, "... in its Old Testament usage, the title suggests not merely that God is alive rather than dead, but that he is active and powerful awesome and almighty, involved in judgment and blessing."

504 Vgl. dazu KREUZER, Gott 297.352.368ff.

505 Vgl. STAHL, Weltengagement 66, „Wieder wird dem Repräsentanten der ausländischen Macht die entscheidende Glaubenserkenntnis in den Mund gelegt ..."

Das bewahrende Handeln wird nicht vom Erzähler berichtet, ist aber mehrfach Thema in Äußerungen einzelner Figuren. Die Blickrichtung ist je unterschiedlich; es begegnet die Hoffnung auf Rettung (VV 17.21) und der Rückblick auf die erfolgte göttliche Rettung (VV 23.28). Ein Entrinnen aus der versiegelten Löwengrube ist nur als göttliche Rettung vorstellbar. Wenn Daniel im Nachhinein von seiner Rettung spricht (V 23), bringt er diese mit der Intervention eines Boten Gottes in Verbindung, während Darjawesch einen solchen nicht im Blick hat (VV 17.21.28). Er geht von einem Zusammenhang von Verehrung und rettendem Eingreifen Gottes (VV 17.21) aus,[506] den Daniel selbst so nicht benennt; Daniel sieht seine Schuldlosigkeit vor Gott (קָדְמוֹהִי זָכוּ הִשְׁתְּכַחַת לִי) durch die göttliche Rettung aus der Löwengrube bescheinigt.[507] Kontext seines Bekenntnisses ist sein Gespräch mit dem König (עִם־מַלְכָּא מַלִּל V 22f) am Morgen nach der Nacht in der Löwengrube. Er bekennt den Grund seiner Rettung in Gott; von ihm geht die rettende Initiative aus (אֱלָהִי שְׁלַח מַלְאֲכֵהּ), indem er seinen Boten sendet. Einer Diskussion bedarf die Frage nach dem syntaktischen Verständnis von V 23a: אֱלָהִי שְׁלַח מַלְאֲכֵהּ וּסֲגַר פֻּם אַרְיָוָתָא וְלָא חַבְּלוּנִי. Die dreigliedrige Aussage umfasst zwei singularische Verbformen (שְׁלַח, סֲגַר) und eine pluralische (לָא חַבְּלוּנִי). Deren Subjekt sind die Löwen, das der ersten singularischen Form (שְׁלַח) ist der Gott Daniels. Fraglich ist das Subjekt des Satzes וּסֲגַר פֻּם אַרְיָוָתָא: Verschließt Gott den Mund der Löwen oder der Bote? Zunächst sind beide Ausdrücke unabhängig voneinander zu lesen; auch die deutsche Wiedergabe lässt die Entscheidung für ein bestimmtes Subjekt offen: „Mein Gott sandte seinen Engel und er verschloss den Mund der Löwen."[508] Blickt man über die Grenzen von V 23a hinaus, zeigt sich ein Hinweis auf das Verständnis des Textes. Das Suffix (3. Pers.mask.Sg.) von קָדְמוֹהִי (V 23b) bezieht sich auf Gott. Daniels Unschuld vor Gott wird demonstriert durch seine Rettung auf göttliche Initiative hin. Noch V 23b ist auf Gott als Bezugswort eindeutig verweisbar. Vor diesem Hintergrund wäre zum Ausdruck einer Aktivität des Boten eine betonte Formulierung zu erwarten. Der Text stellt damit die göttliche Initiative der Rettung in den Vordergrund; in der Sendung des Boten ist eine Unterscheidung zwischen Taten des Boten und Taten Gottes aufgehoben. Dieser kommt nicht als handelnde Person in den Blick; seine

---

506 V 28 greift lediglich auf das Faktum der Rettung zurück, ohne eine Begründung oder einen Zusammenhang zu nennen.

507 Vgl. MORIYA, Meaning 34.

508 Ein Blick in die Übersetzungen und Kommentare belegt die beiden möglichen Verstehensweisen mit etwa gleicher Häufigkeit. Beispielhaft seien genannt: LEBRAM, Daniel 80, „Mein Gott hat seinen Engel gesandt, und der hat den Rachen der Löwen verschlossen ..." ähnlich MARTIN DE VIVIÉS, Séjours 138. Anders wohl PLÖGER, Daniel 93, „Mein Gott hat seinen Boten gesandt und er hat den Rachen der Löwen verschlossen ..."

Darstellung ist funktional: „Über die Erscheinungsweise des מַלְאַך wird hier nichts weiter ausgesagt; nur seine Wirkung, das Verschließen (סגר) des Löwenrachens wird genannt. Der מַלְאַך vermittelt also … lediglich das errettende Handeln des ihn Sendenden."[509] Dabei bleibt das konkrete Handeln des Boten unbeachtet.

Eine ähnliche Formulierung weist 3,28 auf: בְּרִיך אֱלָהֲהוֹן … דִּי־שְׁלַח מַלְאֲכֵהּ וְשֵׁיזִב לְעַבְדוֹהִי. Auch an dieser Stelle sendet Gott zur Rettung – diesmal der drei Jünglinge – einen Boten; dabei ist die syntaktische Konstruktion jedoch deutlicher. Sowohl die Aussage von der Entsendung des Boten als auch von der Rettung lassen sich als relative Näherbestimmungen (דִּי) des Gottes des Schadrach, Meschach und Abed Nego verstehen; er ist das übergeordnete Nomen. Ergänzt wird die Argumentation durch das Objekt der Rettung לְעַבְדוֹהִי, dessen Suffix (3. Pers.mask.Sg.) sich auf Gott bezieht. Die Judäer sind Diener Gottes und nicht des Boten. Auch hier wird kein konkretes Handeln des Boten geschildert. Nebukadnezzar preist das rettende Handeln Gottes obgleich er 3,25 ausdrücklich auf die Gegenwart des Boten – in der Gestalt eines בַּר־אֱלָהִין –[510] verweist.

Gottes Handeln ist rettendes Handeln. Verwendet wird, abgesehen von der beschreibenden Darstellung Daniels V 23, das Verb שׁזב bzw. עזב. „Das Lexem שֵׁזִיב[!], ein allgemein aramäisches Lehnwort aus dem Akkadischen …, taucht im biblischen Aramäisch nur im Danielbuch auf und bedeutet eine durch Gott bewirkte wunderhafte Errettung, wo Leben bedroht war (V. [3,]17; 6,17.21.28) … Das göttliche Eingreifen … bedeutet also akute Hilfeleistung, kein eschatologisches Heil."[511] Lediglich V 15 begegnet mit Darjawesch ein menschliches Subjekt (מַלְכָּא …וְעַל דָּנִיֵּאל שָׂם בָּל …לְשֵׁיזָבוּתֵהּ …לְהַצָּלוּתֵהּ). Zugleich wird der mangelnde Erfolg des Bemühens um Rettung deutlich. Dem Scheitern des Darjawesch und seines Rettungsversuches (נצל, שׁזב) steht die erfolgreiche Rettung durch Gott gegenüber (שׁזב V 28).

Einen eigenen Charakter trägt das Bekenntnis des Darjawesch in seinem Rundschreiben an die Bewohner seines Reiches (VV 26b–28), in dem er das gewonnene Gottesverständnis ausfaltet: Zentrale Merkmale seines Gottesbildes sind die rettende Macht des Gottes des Daniel (מְשֵׁיזִב וּמַצִּל) sowie das Vollbringen von Zeichen und Wundern (וְעָבֵד אָתִין וְתִמְהִין). Konkretion des zunächst allgemein beschriebenen rettenden Handelns ist die Bewahrung Daniels vor den Löwen (דִּי שֵׁיזִיב לְדָנִיֵּאל מִן־יַד אַרְיָוָתָא).[512]

---

509 DÖRFEL, Engel 136; vgl. aber auch EGO, Seite Gottes 14, „Im Gegensatz zu den älteren Botengeschichten erscheint der Engel nun [Dan 3,25.28; 6,23; D.H.] auch als eigenständiges Wesen. Das für die älteren Texte so typische Changieren zwischen dem Engel und Gott selbst ist in diesen Texten nicht mehr zu beobachten."
510 Vgl. dazu KOCH, Daniel 297–300.
511 Ebd. 304; vgl. aber V 15 mit Darjawesch als Subjekt.
512 Zur Zeichnung Gottes im Rundschreiben vgl. KRATZ, Translatio 159.161ff.

V 24 berichtet der Erzähler von der Herausführung Daniels aus der Hand der Löwen und konstatiert die Schadlosigkeit Daniels (וְכָל־חֲבָל לָא־ הִשְׁתְּכַח בֵּהּ). Diese Schadlosigkeit Daniels führt er auf dessen Vertrauen auf seinen Gott zurück (דִּי הֵימִן בֵּאלָהֵהּ), ohne damit dessen Erklärung für seine Bewahrung zu widersprechen.[513] Die Antwort Gottes ist die Bewahrung vor jedem Schaden (חֲבָל).

Zwar gründet der Konflikt zwischen Daniel und den Beamten in machtpolitischen Motiven, aber die Existenz des Gottes des Daniel und seines Gesetzes (בְּדָת אֱלָהֵהּ V 6) ist notwendige Bedingung für die Entfaltung der Handlung und den Konflikt zwischen Daniel und dem staatlichen Gesetz. Daniel sieht sich seinem Gott verpflichtet; diese handlungsleitende Beziehung scheint zumindest in der Außenwahrnehmung eine starke Verbindlichkeit und damit eine Nähe zu einer Gesetzesbestimmung aufzuweisen.[514] Die in der Erzählung thematisierte Konkretion ist die Verehrung Gottes.[515] Die Kenntnis der regelmäßigen Verehrung und die Vermutung, dass Daniel von ihr nicht lassen würde, bilden eine Angriffsfläche für die Beamten. In der Tat hält Daniel daran fest (V 11).

8.5 Interaktion und Beziehung

Eine entscheidende Bedeutung für die Interpretation der Erzählung kommt den verschiedenen Beziehungen und Bezugsgrößen der Aktanten zu. Neben den Interaktionen und Dialogen bietet die Verwendung von Präpositionen, Relativsätzen und Suffixen, die eine Relation zwischen Personen zum Ausdruck bringen, weitere Schlüssel zur Beschreibung der Beziehungen.[516]

Besondere Bedeutung kommt möglichen *Entwicklungen von Beziehungen* im Verlauf der Erzählung zu, insofern sich an ihnen sowohl der Konflikt als auch die Dynamik und Zielrichtung der Erzählung aufzeigen lassen. Überblickt man die Veränderungsprozesse, so fällt auf, dass

---

513 Die Konjunktion דִּי ist an dieser Stelle als kausale Verknüpfung zu lesen: Die Schadlosigkeit hat ihre Ursache im Vertrauen Daniels.

514 In einem stark legalistisch geprägten Kontext, liegt der Gesetzesbegriff als Interpretationsmuster nahe.

515 Der direkte Zusammenhang vom Gesetz des Gottes des Daniel und dessen Verehrung wird zwar nicht explizit ausgesagt, aber von der Strategie der Beamten vorausgesetzt. Nur bei einer vorliegenden Bindung des Daniel an die Verehrung seines Gottes stellt der Plan der Beamten eine erfolgversprechende Vorgehensweise dar.

516 Für die Argumentation ist in vielen Fällen auf die Charakterpräsentation zu verweisen; zentrale Befunde werden von dort übernommen und im Folgenden unter einer neuen Perspektive betrachtet. Für die Darstellung wesentlich ist, dass Interaktion stets ein wechselseitiges Geschehen der beteiligten Aktanten ist. Wenn nachfolgend von der Interaktion zweier Partner die Rede ist, muss dieser zweiseitigen Aktivität Rechnung getragen werden.

sich diese in erster Linie auf die Person des Darjawesch beziehen. Insofern spielen die Person des Königs und seine Interaktionen ebenso eine wichtige Rolle wie die Beziehung der einzelnen Aktanten zum Gott des Daniel.

8.5.1 Interaktionen mit der Person des Königs

Der König interagiert mit allen Aktanten, jedoch unterschiedlich in Umfang und Qualität. Den breitesten Raum nehmen die Interaktionen mit den Beamten ein, die einen Großteil der Erzählung ausmachen. Verhältnismäßig gering – aber dennoch von zentraler Bedeutung – ist demgegenüber die Schilderung der Beziehung zu Daniel und zu dessen Gott.

Darjawesch – Beamte   Darjawesch und die Beamten sind in ihrer jeweiligen Funktion Repräsentanten des medischen staatlichen Systems.[517] Darjawesch hat in seiner Funktion als Staatsoberhaupt die Kontrolle über die Verwaltung. Dabei greift er nach der Übernahme der Regierungsgeschäfte auch auf Beamte zurück, die bereits zuvor Verantwortung getragen haben. Unabhängig davon geht er davon aus, dass die Beamten, die er über die Verwaltung einsetzt, geeignet sind, hohe Leitungsaufgaben auszufüllen; er vertraut ihnen – wie er auch Daniel vertraut – und leitet entsprechende Umstrukturierungen ein. Aufgrund von Daniels Leistung wird dieser in einem weiteren Schritt den anderen übergeordnet, ohne dass damit deren Arbeit kritisiert oder abgewertet würde. Zunächst ist eine positive Beziehung zu konstatieren: Darjawesch betrachtet seine Beamten als kompetent und vertrauenswürdig. Dies dokumentiert sich auch in der Reaktion des Königs auf ihre Bitte, das Gesetz zu erlassen (V 10). Ohne Nachfrage, ohne Diskussion folgt er dem Beschluss und dem Antrag der Beamtenschaft. Und auch als er mit dem Verstoß des Daniel konfrontiert wird, sucht er einen Ausweg und stellt das Zutreffen des Anklagevorwurfs nicht infrage. Mit der Präsentation des Anklagevorwurfs scheint sich ein Reflexionsprozess hinsichtlich der Hintergründe des Verhaltens der Beamten zu vollziehen. In der Folge lässt sich eine grundlegende Veränderung in der Beziehung beobachten.[518] Darjawesch gelingt es nicht, sich zu behaupten; seine Darstellung ändert sich von einer positiv-gutmütigen aber passiven

---

517 Zur Beschreibung der Beziehung müssen in erster Linie indirekte Hinweise herangezogen werden; direkt verwertbare Aussagen finden sich kaum.

518 MÜLLER, Märchen 343, „… spinnen die heidnischen Amtskonkurrenten Daniels ein feines Gewebe administrativer Vorkehrungen und Fallen, denen der weltferne, schwächliche Herrscher, gefangen im ‚unaufhebbaren Gesetz der Meder und Perser' (V. 9, 13, 16), zuletzt viel gründlicher zum Opfer fällt als der heimlich von ihm favorisierte Daniel".

Rolle[519] hin zu einer bestimmenden Handlungsweise. Die Kontrolle über
das Geschehen erlangt er erst mit dem Verfahren in der Löwengrube
wieder.

Aus der Perspektive der Beamten gestaltet sich die Situation unter
dem neuen Herrscher problematisch. Trotz der Auszeichnung und ihres hierarchischen Aufstiegs tut sich ein Konflikt auf. Sie werden mit
der Entscheidung konfrontiert, dass Daniel ihnen übergeordnet werden
soll. Diesen Plan sucht die Beamtenschaft zu verhindern; dabei macht ihr
Umgang mit dem König deutlich, dass das Verhältnis aufgrund der königlichen Umstrukturierung gestört ist: Die rhetorische Strategie ist deutlich.
Durch einen zuweilen freundlichen, zuweilen harschen Umgang mit dem
König, durch die Zurückhaltung von Informationen, durch geschickte
Lenkung und suggestive Formulierungen manipulieren sie ihn bis zu
dem Moment, in dem die Karten auf dem Tisch liegen und Darjawesch
das Vorgehen der Beamten als gegen Daniel und sich gerichtet begreift. Er
ist an das Gesetz gebunden; die weitere Handlungsinitiative bleibt ihm
überlassen.

Darjawesch folgt dem Gesetz und den damit verbundenen Konsequenzen: Daniel wird in die Löwengrube geworfen. Von nun an findet
kein direkter Dialog zwischen König und Beamten mehr statt. Im Vordergrund stehen die Beziehung des Königs zu Daniel und die Lösung der
Beziehung zu den Beamten. Diese werden in die Löwengrube geworfen
und vernichtet. Nach Ausweis der Unschuld Daniels liegt die Schuld der
Beamten auf der Hand. Die Feststellung der Unschuld Daniels führt zum
endgültigen Bruch.

Darjawesch – Daniel   Daniel ist gegenüber den Beamten sehr viel stärker
zurückgenommen. Interaktionen mit dem König über die Darstellung der
Beziehung am Beginn der Erzählung hinaus werden ausschließlich V 21f
thematisiert. Unmittelbar nach seiner Rettung – so zumindest das Bild
der Erzählung – verschwindet er aus dem Blickfeld des Darjawesch.

Konfrontiert mit einem fremden Volk, einer fremden Kultur, fremden
Beamten und einem fremden König lebt Daniel in der Diaspora.[520] Er hat
sich während seiner Zeit am Königshof in eine hohe Position vorgearbei-
tet und wird von Darjawesch als neuem König übernommen. Aufgrund
seiner hervorragenden Arbeit überzeugt er ihn und dieser beabsichtigt,
ihn – in Anerkennung und Wertschätzung seiner Leistung – als eine Art

---

519 SEOW, Daniel 10, "… generally benign but lacking the courage to stand up to political
pressures …"

520 KOCH, Danielbuch 4, „Als die eigentlichen Aktanden treten fast durchweg (ausgenommen Kap. 9; 12) ihre Monarchen in den Vordergrund … Mit einzelnen Großkönigen
geraten sie deshalb so sehr in Konflikt, dass sie in einem Fall zum Tod im Feuerofen verurteilt werden, ein anderes Mal Daniel den Löwen im Zwinger zum Fraß vorgeworfen
wird."

Vizekönig einzusetzen. Daniel ist dabei und auch im Folgenden passiv und an keiner Stelle aktiv die Handlung lenkend. Unklar bliebt die Motivlage des Königs: warum gibt er dem Anliegen der Beamten nach und erlässt ein Verbot, das für Daniel ernsthafte Konsequenzen hat. Seine Trauer nach der Anklage und die Freude über das sich wendende Schicksal Daniels weisen darauf hin, dass ein Schaden Daniels vom König nicht intendiert ist.

Für Daniel und seine Zukunft ist die Reaktion auf das Verbot richtungsweisend: Er entscheidet sich gegen das Gesetz. In der Interpretation der Beamten stellt dies (V 14) eine Missachtung des Königs dar; doch die Handlung des Daniel ist zweiseitig: Zwar befolgt er das Verbot nicht, andererseits akzeptiert er die Konsequenzen und die Sanktionsgewalt des Königs. Sein Auftreten dokumentiert seine Eigenständigkeit und sein Selbstbewusstsein.

Die einzig direkte Begegnung und damit Kernpunkt für die Analyse der Beziehung zwischen Darjawesch und Daniel ist ihr Aufeinandertreffen am Morgen an der Löwengrube. Der bangen Frage, ob Daniel die Nacht in der Löwengrube überlebt habe, entgegnet dieser den Wunsch eines langen Lebens für den König. Ohne Vorwürfe oder Kritik am Handeln des Königs konstatiert er seine Unschuld vor Gott und vor dem König. Trotz der Turbulenzen und des Urteils des Darjawesch leidet ihre Beziehung nicht; sie bleibt intakt. Daniel hat sich in jeder Hinsicht korrekt verhalten und auch das Verhalten des Darjawesch wird nicht zum Gegenstand von Kritik gemacht. Offensichtlich kommt es – Darjawesch scheint die Interpretation des Geschehens (V 22) durch Daniel zu teilen – zu einer Rehabilitierung Daniels.

Darjawesch – Gott des Daniel   Mit dem abschließenden Edikt war das Bekenntnis des Darjawesch zu dem Gott des Daniel als *lebendigem Gott* (אֱלָהָא חַיָּא)[521] verbunden, das sich im Gegensatz zur Proklamation des Ediktes am Ende der Erzählung nicht als Reaktion auf die Rettung des Daniel begreifen lässt. Die Annäherung des Darjawesch an den Gott des Daniel lässt sich nicht exakt nachzeichnen. Die erste direkte und klar verwertbare Aussage begegnet wohl erst, als Daniel in die Löwengrube geworfen wurde.[522] In diesem Moment äußert Darjawesch die Hoffnung,

---

521 Vgl. bereits *vor* der Rettung diesen Ausdruck im Mund des Darjawesch (V 21). Dieser Beleg begegnet im Kontext der Löwengrube noch bevor Darjawesch von der Rettung Kenntnis erlangt hat. Das bewahrende Handeln Gottes in der Löwengrube hat jedoch bereits begonnen.

522 Ist es möglich aus einigen Beobachtungen indirekte Schlüsse zu ziehen: aus dem Edikt? Aus der Trauer über Daniel? Das erscheint wenig wahrscheinlich. Die Trauer Darjaweschs ist nicht in der Trauer um den Diener Gottes, sondern in der Trauer um den Beamten bzw. den Menschen Daniel begründet. Und aus dem Edikt lässt sich keine

dass der Gott des Daniel seinen Knecht retten möge.[523] Doch bis hierher
war bereits ein Schritt zu gehen, der sich am Text nicht mehr nachvollziehen lässt.[524] Er führt zur Anerkennung des Gottes des Daniel als „Gott"
und zur Überzeugung von dessen Wirkmächtigkeit. Das zweite deutliche
Signal ist das Rundschreiben. „Dieses Sendschreiben zielt nicht … auf
die Bekehrung des Darius, sondern darauf, daß die ganze Macht seines
Königreiches vor dem Gott erzittert, dessen Königsherrschaft nicht vergeht und bis an die Enden der Welt reicht (V. 27)."[525] Die ehrfürchtige,
politische Unterwerfung ist, wenn auch nicht primär religiös begründet,
doch ein starkes Signal.[526] Auffällig bleibt die sprachliche Ausformung,
die nichts Distanziertes an sich hat, sondern durch enge Bezugnahmen
auf die Ausdrucksformen israelitischer Frömmigkeit das zunächst politische Edikt in die Nähe zu Bekenntnisaussagen rückt. Im Hymnus kommt
es zu einer Hinwendung zu Gott; der König anerkennt die politische
Dimension des Reiches Gottes.

Schwieriger ist die umgekehrte Perspektive, die die Beziehung von
Gott her beschreibt. Klare Signale fehlen; indirekt mag man die Offenbarung des göttlichen Urteils in der Löwengrube und damit die Bewahrung
des Darjawesch vor Schuld als Zeichen positiver Zuwendung interpretieren. Obgleich sichtbare Interaktionen fehlen, existiert eine Beziehung.

8.5.2 Interaktionen mit dem Gott des Daniel

Die Interaktionen mit dem Gott des Daniel sind unterschiedlich ausgeprägt: Anders als Daniel haben die Beamten keinerlei Beziehung zu
dessen Gott; auch darin erweisen sie sich als Kontrastfigur zu Daniel.

Daniel – Gott   Prägend ist die enge Beziehung zwischen Daniel und
seinem Gott, die sich in zweifacher Hinsicht konkretisiert. Zum einen
wird Gott Dan 6 mehrfach als „Gott Daniels" (entweder explizit oder
durch Suffixe) bezeichnet und stets in seiner Beziehung zu Daniel gesehen.
Selbst das Rundschreiben greift in seiner Begründung letztlich auf die
Rettungstat an Daniel zurück (V 28). Der „Gott des Daniel" wird über

---

ablehnende Haltung, allenfalls eine gleichgültige Haltung – die jedoch in gleicherweise
für alle anderen Gottheiten gilt – ableiten.

523 MARTIN DE VIVIÉS, Séjours 137, „Tout au plus suggère-t-il que ce Dieu a suffisamment
de pouvoir pour sauver un de ses serviteurs."

524 Man mag an die Beharrlichkeit und das unerschrockene Festhalten des Daniel – trotz
des Verbotes – als Anstoß für die neue Haltung des Darjawesch denken.

525 ALBERTZ, Gott 133.

526 Vgl. SEOW, Daniel 93, "… the designation is tantamount to a confession, however
tentative that may be." Ähnlich ASHLEY, Book of Daniel 141, "… the hymns or
doxologies in III.33; IV.31–34; and VI.27–28 serve to show a pagan monarch taking time
to praise Israel's God, confessing that he is *the* true God and the Lord of Nature."

seine Relation zu Daniel sichtbar.[527] Andererseits wird Daniel nicht in seiner Beziehung zu Darjawesch oder dem Staat – Titel allein für Daniel fehlen konsequent – gesehen, sondern in seiner Gottesbeziehung. Der König spricht ihn als „Diener des lebendigen Gottes" (עֲבֵד אֱלָהָא חַיָּא) an und dokumentiert damit diese Beziehung. Obwohl Daniel um das Verbot weiß, trifft er die Entscheidung, an der Gottesverehrung festzuhalten. Ihm geht es nicht um einen Akt des Widerstands gegen den Staat, sondern um die Erfüllung seines Gottesdienstes. Die Intensität der Verbindung vermag nicht von dem staatlichen Verbot getrübt zu werden.

Dass Daniel Rettung von Gott erhofft, wird nicht artikuliert, ist aber wahrscheinlich. Daniel nimmt nicht die Haltung eines Märtyrers ein; er lebt sein Leben ohne Nachlässigkeit und baut auf ein Eingreifen Gottes.[528] Hintergrund der Rettung ist nicht ein Gnadenhandeln Gottes, sondern – akzeptiert man die Interpretation des Geschehens in der Löwengrube als Gottesgericht – die Unschuld Daniels.[529] Ausgehend von ihr ist die Rettung zu erhoffen. Als sichtbare Elemente seines Handelns werden sowohl die Beachtung des Gesetzes seines Gottes (בְּדָת אֱלָהֵהּ V 6) als auch sein unablässiger Gottesdienst (אֱלָהָךְ דִּי אַנְתְּה פָּלַח־לֵהּ בִּתְדִירָא V 17) thematisiert. Daniel ist – sogar in der Wahrnehmung des Darjawesch – Diener (עֲבֵד V 21) Gottes. Aufgrund seiner Beziehung zu Gott und seiner Unschuld (vgl. V 22) darf Daniel ein rettendes Eingreifen seines Gottes erhoffen; deutliche Zeichen einer Erwartungshaltung fehlen jedoch.

Beamte – Gott   Die Beamten stehen in keiner direkten Relation zum Gott des Daniel. Weder von einer Verehrung noch von einer Ablehnung ist ausdrücklich die Rede. Im Kontext der ao Kultur darf man davon ausgehen,[530] dass sie von der Existenz des Gottes des Daniel ausgehen, diesen

---

527 Gott und Daniel werden wechselseitig grammatisch definiert; die enge Verbindung erinnert an die Darstellung der Gottesbeziehung der Väter Israels. Vgl. dazu LANG, Art. Väter Israels 989ff. Geht man von einer analogen Betrachtungsweise aus, wäre der Gott des Daniel als personaler Schutzgott zu betrachten. Vor diesem Hintergrund wäre möglicherweise auch die positive Haltung gegenüber den fremden Völkern zu verstehen. Vgl. zur positiven Haltung der Väter-Traditionen gegenüber Fremden ebd. 992.

528 Vgl. dazu auch die mehrfach Bezugnahme auf ein Eingreifen Gottes, etwa 1,2.9.17 sowie die generelle Überzeugung von der Wirkmacht Gottes, wie sie sich in den verschiedensten Texten des Daniel-Buches ausdrückt. Deutlich ist die Erwartung einer Bewahrung 3,17; auch hier wird die andere Alternative angesprochen. Vgl. MÜLLER, Märchen 344. Zur götzenpolemischen Dimension in 3,17 vgl. KRATZ, Translatio 126f.

529 Vgl. dazu die völlig anders geartete Reaktion Daniels auf ein Gnadenhandeln Gottes Dan 2,20f.

530 In der Diskussion um den *theoretischen Atheismus* werden verschiedene Positionen eingenommen. Jüngst hat sich HÜLLSTRUNG, Nabal 172, gegen die traditionelle Auffassung von der Existenz lediglich eines praktischen Atheismus – so etwa bei VIEWEGER, Art. θεός 829 – ausgesprochen. Vor dem Hintergrund der – allerdings grammatikalisch schwierigen Stelle Dan 3,17 – ist jedoch auch eine andere Auffassung der Beamten möglich.

aber als für die eigene Person irrelevant betrachten. Der Gott des Daniel
ist Gott der Söhne von Juda, nicht aber der Gott der Meder. Wie selbstverständlich bauen sie in der Konzeption ihres Plans auf der Existenz
eines Gesetzes des Gottes des Daniel (V 6) auf; zugleich interpretieren
sie die religiöse Praxis Daniels als ein Bitten, ohne die spezifisch religiöse Dimension dabei zu betonen. Damit ist von einer weitgehenden
Beziehungslosigkeit zwischen den Beamten und dem Gott des Daniel
auszugehen. Veränderungen lassen sich nicht erkennen.

8.5.3 Interaktionen zwischen Daniel und den Beamten?

Abschließend ist das auffällige Fehlen jeder Interaktion zwischen Daniel
und den Beamten in den Blick zu nehmen. Nicht an einer einzigen Stelle
wird von einer direkten Begegnung zwischen den Beamten und Daniel
berichtet. Er – als Fremdling – ist von ihnen separiert und isoliert. Einflussnahmen auf Daniel durch die Beamten werden über die Person des
Königs vermittelt.

8.5.4 Überblick

Bemerkenswert ist die Dualität in der Verantwortlichkeit Daniels: gegenüber seinem Gott, die erste und wesentliche Verantwortlichkeit, aber auch
diejenige gegenüber dem König, in dessen Dienst er steht. Der König
steht ebenfalls in einer Beziehung und Abhängigkeit vom Gott des Daniel, deren Kenntnis und Bewusstsein sich jedoch erst im Verlauf der
Erzählung, insbes. durch das Geschehen an der Löwengrube, entwickelt.
Durch das stille Zeugnis des Daniel entsteht eine Beziehung zwischen
Darjawesch und Gott; der König zeigt sich als sensibel und offen: Durch
seine wohlwollende Haltung gegenüber Daniel, die er unter dem Druck
der Beamten nicht durchzuhalten vermag, findet er Zugang zu dem Gott,
dessen Diener Daniel ist, ohne sich zu diesem zu bekehren. Ganz anders
die Beamten, die sich von Daniel distanzieren und so in eine umfassende
Isolation gelangen und letztlich vernichtet werden.

9 Narrative Analyse: Dan^{LXX} 6

9.1 Kommunikationsgeschehen

Der Erzähler von Dan 6 steht außerhalb des Geschehens und lässt keine Züge einer Persönlichkeit erkennen; die Gestaltung der Erzählperspektive ist von dieser Erzählsituation abhängig, aber nicht bestimmt. Sein Blick richtet sich aus der Distanz auf ein sich selbstständig entwickelndes Geschehen. Mitunter gewährt er Einblick in Erkenntnisse, Motive und Emotionen einzelner Figuren.[1] Nicht in jedem Fall ist deutlich, ob es sich um eine Beschreibung aufgrund äußerer Merkmale handelt oder, ob tatsächlich innere Vorgänge offengelegt werden. Durch das Nebeneinander der Sichtweisen des Erzählers, des Dareios und der Männer entsteht ein mehrperspektivisches Bild des Daniel. Dareios wird ebenfalls differenziert betrachtet; zu den Aussagen des Erzählers und Daniels tritt das Bild, das sich im Verhalten der Beamten spiegelt. Aufgrund der unterschiedlichen Zugänge zum Gott des Daniel erweist sich auch sein Bild als uneinheitlich. Auf diese Weise werden Dareios, Daniel und sein Gott als profilierte Charaktere dargestellt, während der Erzähler die Beamten einlinig als „handelnden Block" zeichnet.

Durch die differenzierte Verwendung von direkter Rede und Interaktion der Figuren strukturiert der Erzähler den Text.[2] Darüber hinaus begegnen wertende oder erklärende Kommentierungen (etwa VV 5.8.15.17 u. a.). Ein Überblick über die Redeanteile und die Art der Rede der einzelnen Personen macht die Dynamik deutlich. Der signifikant hohe Redeanteil der jungen Obersatrapen (VV 5.7.12.13), der die Erzählung in ihrer ersten Hälfte dominiert, ist auffallend. Der Fülle der Worte der Beamten steht das Schweigen Gottes gegenüber. Dareios ist in erster Linie Angesprochener und Antwortender (V 12.12a); im Verlauf der Handlung ergreift er von

---

1 Als Beispiele sind zu nennen: die Offenlegung der Überlegungen der beiden jungen Männer VV 4.8, die Intention, die sich hinter der Begrenzung verbirgt V 5, das Wissen Daniels um die Stoßrichtung der Begrenzung V 10, die Betrübnis und Trauer des Königs VV 14.18.

2 Zur Identifikation von szenischen Übergängen, Veränderungen in der Personenkonstellation, Orts- und Zeitveränderungen erweisen sich die Hinweise des Erzählers auf der Ebene des Narrativs als hilfreich. Sie strukturieren den Erzählfluss auf szenenübergreifender Ebene.

sich aus das Wort (VV 16.20.26). Die zunehmende Präsenz seiner Rede korrespondiert mit dem Verstummen der Obersatrapen ab V 14. Daniel ergreift lediglich an einer einzigen, dafür umso bedeutenderen Stelle das Wort (V 22).[3] Die Interpretation des Geschehens begegnet in den Worten Daniels.[4]

Die Präsenz des Erzählers ist offen sichtbar; seine Wortwahl und Stellungnahme machen seine Positionierung zugunsten des Königs, Daniels und seines Gottes sichtbar. Nur bei Dareios gewährt er Einblick in die Gefühlswelt und bringt dessen Trauer über den Konflikt zum Ausdruck (VV 14.18); Dareios ist die Person, mit der der Rezipient mitfühlen soll, auf ihn wird die Empathie gelenkt. Die Unterdrückung der Namen der Beamten, ja der Verzicht auf alles, was ihnen Individualität verleihen könnte, dient einer gegenläufigen Strategie. Der Rezipient soll nicht mit ihnen mitfühlen und sympathisieren. Der Erzähler hat als zuverlässig zu gelten. Unmittelbar verwertbare Aussagen zu den Adressaten bietet die Erzählung nicht.

9.2 Entwicklung der Handlung

9.2.1 Ausgangssituation

Das erste Interesse gilt Dareios (V 1).[5] Im Vordergrund steht nicht die formale Seite seiner königlichen Macht, sondern es geht um die mit seinem Alter und seiner Person verbundene Würde und sein Ansehen. Durch das Fehlen seines Titels wird er als Person in den Blick genommen; erst

---

3 Zwischen Erzähler und Daniel besteht große Nähe, die sich u. a. in einer ähnlichen Terminologie in der Bezeichnung des Gottes des Daniel und der gemeinsamen Opposition zu den Beamten konkretisiert. Die Rede eines „Sympathieträgers" des Erzählers ist für die Interpretation von zentraler Bedeutung, insbes. dann, wenn dieser nur an einer Stelle spricht. Möglicherweise wird Daniel durch die Erzähltechnik qualifiziert: Das Schweigen stellt in der Weisheitsliteratur ein Ideal dar und kann den Weisen auszeichnen. KUNZ, Schweigen 98, „... es kann Torheit offenlegen, aber auch Torheit verbergen oder den Weisen auszeichnen, der sein Wort bis zur ‚rechten Zeit' zurückhält." Im Hintergrund steht nicht der völlige Verzicht auf Worte, sondern die Beschränkung auf die rechten Worte zur rechten Zeit. Weiter ebd., „Das Schweigen erweist sich so als ein wesentlich sozial-kommunikatives Verhalten." Pointierte Darstellungen der Problemlage bieten Sir 20,19f; 21,6f. Wohl in Anknüpfung an ägyptische Vorstellungen (vgl. etwa ASSMANN, Art. Reden und Schweigen 195ff; KUNZ, Schweigen 102ff) erscheint das Schweigen zur rechten Zeit dem missbräuchlichen Reden entgegengesetzt. Der Weise, der „rechte Schweiger" (vgl. BRUNNER-TRAUT, Art. Schweiger 759f) zeichnet sich durch die Gabe aus, das „schädigende Reden" zu vermeiden. Die vielen Worte der Beamten stehen den wenigen des Daniel gegenüber.

4 Vgl. BAR-EFRAT, Erzählung 115.

5 War die vorangehende Erzählung mit dem Hinweis auf die Herrschaft des Xerxes abgeschlossen (5,31), wendet sich Dan 6 Dareios zu.

in zweiter Linie erscheint er als König. Die Ausgangssituation wird vergleichsweise ausführlich und detailreich geschildert. Dareios führt in seinem Königreich eine zeitlich nicht näher eingeordnete Reform der Verwaltungsstrukturen durch. In diesem Zusammenhang setzt er 127 Satrapen ein, die wiederum drei führenden Männern unterstellt werden. Diesem Gremium gehört Daniel in herausgehobener Stellung an (ὑπὲρ πάντας ἔχων ἐξουσίαν ἐν τῇ βασιλείᾳ ...).[6] Er hat Gewalt über alle im Königreich (V 3). Ausgangspunkt ist das Nebeneinander von grundsätzlicher Gleichberechtigung in der Dreiergruppe der führenden Satrapen und der herausgehobenen Position des Daniel.

Das bestehende Gleichgewicht kommt durch einen Vorstoß des Königs ins Wanken; durch ihn entsteht die zentrale Verwicklung. Der Versuch (ἐβουλεύσατο V 4), die faktisch praktizierte Sonderrolle Daniels in eine formale, hierarchische Überordnung (καταστῆσαι τὸν Δανιηλ ἐπὶ πάσης τῆς βασιλείας) über die beiden Obersatrapen festzuschreiben, weckt deren Widerstand. Ihre (gefühlte und faktische) Zurücksetzung weckt eigene Bestrebungen (ἐβουλεύσαντο ἐν ἑαυτοῖς). V 5 berichtet von der Konkretion ihrer Planungen; die Einführung kommt zum Abschluss. Das Bewusstsein von der Überlegenheit des Daniel spiegelt sich in der Erkenntnis, dass bei ihm kein Anklagegrund zu finden ist. Seine religiöse Praxis scheint einen möglichen Ansatzpunkt zu bieten. In ihrer Vollmacht als Beamte schaffen sie ein Gesetz, das die ihnen bekannte Gebetspraxis Daniels unter Strafe stellt; sie zielen auf seinen Tod. Er soll sein Ansehen vor dem König verlieren und in die Löwengrube geworfen werden. Trotz ihrer Autorität und ihrer Führungsrolle sind sie auf die Mitwirkung des Königs angewiesen (V 6): Einerseits können sie ein Gesetz beschließen (δεῦτε στήσωμεν ὁρισμόν); es bedarf jedoch einer königlichen Ratifizierung und Anerkennung.

9.2.2 Zeitliche und räumliche Struktur

Die Angaben, die eine räumliche oder zeitliche Struktur der Erzählung erkennen lassen, sind spärlich. In aller Regel übergeht der Erzähler konkrete Hinweise auf Raum und Zeit, obgleich diese Dimensionen von der Handlung vorausgesetzt werden. Die wahrnehmbaren Hinweise machen ein Verstehen der Erzählung möglich; eine vollständige und systematische Erhebung der räumlichen Strukturierung ist problematisch.

---

6 Der Singular des Partizips ἔχων verlangt den Bezug auf Daniel. Vgl. MEADOWCROFT, Aramaic Daniel 95. Die herausgehobene Stellung wird durch das Tragen von Purpur (πορφύραν) und ein besonderes Ansehen beim König (μέγας καὶ ἔνδοξος ἔναντι Δαρείου) weiter konkretisiert.

Die erzählte Welt bildet einen Ausschnitt des Hofes im Königreich des Dareios ab; weitere Konkretionen erfolgen nicht. Über die Zugehörigkeit zu einem bestimmten Volk schweigt Dan 6. 5,30 thematisiert den Übergang der Herrschaft von den als „Chaldäer" bezeichneten Babyloniern zu den „Medern und Persern" (ἐδόθη τοῖς Μήδοις καὶ τοῖς Πέρσαις); die zweigliedrige Formulierung lässt sich nicht eindeutig auflösen. Als erster König wird 5,31 Xerxes als König der Meder (ὁ τῶν Μήδων βασιλεύς) genannt.[7] An ihn schließt sich Dareios an; auf diesen folgt, nach Ausweis von 6,28, Kyros der Perser (Κῦρος ὁ Πέρσης). Eine eindeutige Zuordnung zu den Medern oder zu den Persern ist nicht zu erreichen.[8] Da das Daniel-Buch Veränderungen in der Volkszugehörigkeit des Königs in der Regel thematisiert, erscheint die Annahme eines Meders Dareios wahrscheinlicher.

5,31	Ξέρξης	ὁ τῶν Μήδων βασιλεύς
6,1	Δαρεῖος	
6,28	Κῦρος	ὁ Πέρσης παρέλαβε τὴν βασιλείαν αὐτοῦ
7,1	βασιλεύοντος Βαλτασαρ χώρας Βαβυλωνίας	

Eine Konkretion des Ortes der Residenz ist ebenfalls nicht möglich. Man wird sich damit bescheiden müssen, von einem königlichen Hof zur Zeit der Meder oder Perser im Zweistromland oder östlich davon auszugehen; die Annahme eines Mederkönigs hat die größere Wahrscheinlichkeit für sich.[9]

Zeitliche Struktur   Die Analyse der Zeitkonzeption geht vom zeitlichen Rahmen aus, der sich von einer Strukturreform des Dareios (V 1ff) bis zu seinem Tod und der Herrschaftsübernahme seines Nachfolgers, des Persers Kyros (V 28), erstreckt. Die Reform lässt sich nicht absolut datieren; die Einordnung in eine relative Chronologie kommt über eine allgemeine Nachzeitigkeit zur Herrschaftsübernahme nicht hinaus. Ebenso scheitert der Versuch einer vom Tod des Dareios ausgehenden Präzisierung. Die zeitliche Distanz zwischen dem Verfassen des Rundschreibens und dem Tod des Dareios bleibt unbestimmt. Mehr als eine Einordnung in die Herrschaftszeit des Dareios, der in vorgerücktem Alter ist, lässt sich nicht erreichen. Vermutlich war er König der Meder und herrschte in der Zeit nach dem Ende des babylonischen Reiches. Innerhalb dieses weiten Rahmens entfaltet sich die Erzählung weitgehend in linearer Chronologie. Eine Abweichung stellt die Analepse V 18b dar, die vom rettenden Eingreifen Gottes berichtet, als Dareios die Grube versiegelt hat und in sei-

---

7   Zu den Medern vgl. auch Abschnitt 8.2.2, 258.
8   Vgl. zur Königsreihung Abschnitt 3.1.6, 111.
9   Die Übersicht wirft die Frage nach dem Hintergrund des Fehlens des Königstitels und der Herrschaftsaussage bei Dareios auf.

nem Palast die Nacht zubringt. Zu diesem Zeitpunkt hat das bewahrende Handeln bereits begonnen.

Aus der Aussage, dass die Beamten Daniel dreimal täglich beim Gebet beobachten (τρὶς τῆς ἡμέρας καθ᾽ ἑκάστην ἡμέραν V 11), folgt, dass nicht ein einmaliger Verstoß, sondern eine Serie regelmäßiger Gesetzesverstöße, die einen Zeitraum von mehr als einem Tag – vermutlich aber mehrere Tage – umfasst, vorausgesetzt wird. Die Intention der Beamten, die Beförderung Daniels zu unterbinden, setzt diese unter Zeitdruck, sodass es sich verbietet, einen allzu langen Zeitraum anzunehmen.

Als zweiter Strukturmarker dient die natürliche Funktion der Sonne, durch Auf- und Untergang die Zeit zu bestimmen.[10] Die Rede vom Untergang der Sonne (ἕως δυσμῶν ἡλίου V 14) markiert einen Zeitpunkt der Handlung, auf den sich andere Angaben beziehen lassen. Daniel wird nach Sonnenuntergang, während der Dunkelheit, in die Löwengrube geworfen; diese wird verschlossen und versiegelt. Der König kehrt in seinen Palast zurück und verbringt dort den Rest der Nacht bis zum nächsten Morgen.

Als dritte Zeitangabe fungiert der „Morgen". Noch am Abend, unmittelbar als Daniel in die Löwengrube geworfen wurde, spricht Dareios ihm „bis zum Morgen" Mut zu; dieser erscheint als Daniels Schicksalsstunde. Der Ankündigung (ἕως πρωὶ θάρσει V 16) entspricht die Notiz vom frühen Aufbruch am nächsten Morgen (ὤρθρισε πρωί V 19). Die Verbindung der Angaben VV 16.19 macht deutlich, dass zwischen Beginn des Verfahrens und Konstatierung der Rettung eine beträchtliche, aber begrenzte Zeit gelegen haben muss: Daniel bleibt während der gesamten Nacht in der Löwengrube zurück.[11] Es ist davon auszugehen, dass Daniel am Morgen aus der Löwengrube geholt wurde; ausdrücklich gesagt wird es nicht. Die Notiz von seiner Einsetzung über das Reich (V 24) setzt es voraus.

Trotz der Dynamik, die die Erzählung entfaltet, ist eine kurze, aber unbestimmte zeitliche Distanz zwischen den einzelnen Ereignissen vorauszusetzen.[12] Innerhalb der genannten Zeitangaben entfaltet sich die Handlung – ausgenommen V 18 – in linearer Chronologie.

Räumliche Struktur Der Text kennt nur drei konkrete Orte, die im größeren Kontext des Königreiches des Dareios bzw. in dessen Umfeld an-

---

10   Vgl. HOLTZ, Art. ἥλιος 292.
11   Zum Motiv der Nacht vgl. FIELDS, Motif 31, "Wicked men committed great sins at night (and the punishment of the righteous God was carried out in the day)." CASSIN, Daniel 158, „le rôle négatif joué par la nuit". MILLS, Morality 201f, "Night is a time for the critique of world power, when, in the dreams of kings, the truth about their power emerges … Night time equates with the revelation of cosmic truths in a major way … "
12   Die häufige Verwendung des Zeitadverbs τότε (VV 4.6.17.18.20.23.24) ist ein wichtiges Indiz, auch wenn es kein deutliches Bild des Zeitintervalls entstehen lässt. Gleiches gilt für die meist temporal zu interpretierende Konjunktion καί.

gesiedelt sind. Im Hintergrund steht die Vorstellung eines Königshofes. Detaillierte Angaben fehlen, auch wenn Ortsveränderungen vorausgesetzt sind; Beschreibungen sind minimalistisch und funktional.

Als konkrete Orte begegnen das Obergemach im Haus des Daniel (ὑπερῷον V 10), der Palast des Königs (τὰ βασίλεια V 18) sowie die Löwengrube (εἰς τὸν λάκκον τῶν λεόντων V 14 u. ö.). Die Unterscheidung der zuletzt genannten Orte wird im Gegenüber von VV 18.19 deutlich. Dareios wendet sich von der Löwengrube ab und geht in seinen Palast (ὑπέστρεψεν ... εἰς τὰ βασίλεια V 18).[13] Der Heimkehr entspricht der Aufbruch am nächsten Morgen (ὤρθρισε πρωὶ ... καὶ πορευθείς V 19); eine Nähe der Orte ist wahrscheinlich. Davon unterschieden ist das Obergemach des Daniel, das als Ort der Gottesverehrung vorgestellt wird. Es wird näher beschrieben durch den Hinweis auf Fenster, die Richtung Jerusalem weisen und sich öffnen lassen (V 10).

Der Auftakt der Erzählung erfolgt ohne Angabe eines Ortes. Nachfolgend ist vom Umfeld des Königshofes als szenischem Hintergrund auszugehen.[14] Die jungen Obersatrapen sind Funktionsträger in der Verwaltung des Reiches und müssen im Umfeld des Machtzentrums angesiedelt werden. Konfrontiert mit der Beförderung Daniels begeben (προσήλθοσαν) sie sich an einen neuen Ort (V 6); auch hier wird der Ort, den die Obersatrapen aufsuchen nicht näher bestimmt: Sie gehen zum König. Dem Erzähler kommt es in erster Linie darauf an, auf die Begegnung mit dem König hinzuweisen; der Königshof ist der Ort der Begegnung des Königs mit den Beamten und Reichsbewohnern. Das Interesse am physikalischen, realen Ort ist demgegenüber nachgeordnet: Der Übergang von V 6 ist durch eine Veränderung in der Personenkonstellation begründet; die konkrete Verortung bleibt nur schwach gliedernd.

Einen abrupten Szenenwechsel bietet der Übergang von V 9 nach V 10; der Blick ist nicht mehr auf die Begegnung zwischen den Obersatrapen und dem König, die mit dem Erlass der Begrenzung durch den König geendet hatte, gerichtet. Im Mittelpunkt der Szene steht Daniels Gebet in seinem Obergemach, ohne dass auf eine Ortsveränderung hingewiesen wird. Der Erzähler nimmt das Geschehen, das an einem neuen Ort situiert ist, in den Blick. Die Anwesenheit der Beamten im Umfeld des Hauses des Daniel wird V 11 (ἐτήρησαν) vorausgesetzt, ohne dass eine Bewegung thematisiert wurde.

Im weiteren Verlauf (VV 12–15) kommt es – ähnlich wie V 6 – zu einer von den Beamten initiierten (ἐνέτυχαν) Begegnung mit dem König; der

---

13 Die Annahme der örtlichen Unterscheidbarkeit von Königshof und Palast (τὰ βασίλεια V 18) ist nachfolgend zu begründen.

14 Zum Motiv des (achämenidischen) Hofes im AT vgl. MATHYS, Achämenidenhof 234ff.

Ort bleibt unbezeichnet. Man wird von einer Identität der Orte in den Szenen von VV 6.12 ausgehen dürfen.

Auch die mit V 16 beginnende Szene setzt einen neuen Ort als szenischen Hintergrund voraus. Der Text setzt einzig das Vorhandensein der Löwengrube als szenisches Element voraus. Auf sie ist sowohl der Bericht vom Werfen Daniels in die Löwengrube als auch das Verschließen und Versiegeln der Löwengrube angewiesen. Der Ortswechsel und eine deutliche Unterscheidung wird nicht thematisiert, aber im Licht der weiteren Entwicklung der Erzählung vorausgesetzt (VV 18.19). V 18 verlässt Dareios den Ort der Löwengrube und geht in seinen Palast; V 19 kehrt er von dort zurück zur Löwengrube, wo die Handlung bis V 23 – oder gar V 24 – weitergeführt wird.

Die Anfertigung des Rundschreibens V 26f ist am Königshof anzusiedeln, auch wenn der Text keine Angabe dazu macht.

Die Raumkonzeption zeichnet sich durch das Nebeneinander unschärfer und konkret bezeichneter Orte aus. In dieser Polarität gründet das Gewicht, das der einzelnen Lokalisierung für die Interpretation zukommt. Wenn der Erzähler einen Ort nennt, dann ist er von Bedeutung. Dies gilt in gleicherweise für die Schauplätze der Handlung wie für die Stadt „Jerusalem". Durch die Bezugnahme V 10 wird sie in das Raumkonzept eingebunden. Ihre Nennung ist nicht nebensächliches szenisches Detail, sondern bietet relevante Informationen, die zu erheben und zu beachten sind.[15]

Die konkrete Benennung des königlichen Palastes τὰ βασίλεια V 18 steht in einem Kontrast zum Hof, der im Übrigen als szenischer Hintergrund vorausgesetzt wird. Die Erzählung geht offensichtlich davon aus, dass die offiziellen Regierungsgeschäfte (etwa VV 6.12) in dem unbestimmten Kontext des königlichen Hofes angesiedelt sind; keiner dieser Belege nennt den Palast. Dieser ist V 18 ausdrücklich benannt, wenn der König sich von der Löwengrube zurückzieht. Ist diese funktionale Unterscheidung, die von einer Beziehung zwischen dem unbestimmten Raum

---

15   Jerusalem begegnet in Dan an 10 Belegstellen (Dan 1,1; 3,28; 5,2; 6,11; 9,2.7.12.16(bis).25), wobei die übrigen Belege in Dan 1–6 einen Bezug zur Belagerung und Eroberung Jerusalems aufweisen. Außerdem Abschnitt 8.2.2, 264. Zwischen MT und LXX ist allgemein eine Verschiebung in der Wahrnehmung des Tempels zu beobachten. Vgl. RÖSEL, Tempel 461, „Die konkrete Ausstattung des Tempels und seines Kultus erscheint demgegenüber als weniger bedeutsam, wie die öfter nachlässige Übersetzung von Details zeigt. Nicht das Opfern, sondern die Namensanrufung scheint im Zentrum zu stehen; das ist im tempellosen Alexandria eine sehr verständliche Pointierung." RÖSEL, Salomo 412, verweist auf die Unterschiede zwischen dem Tempelweihegebet in MT und in LXX. „Auch die Differenz von V. 42 lässt sich aus der Diaspora heraus verstehen: nach LXX beten die Ausländer ›zu diesem Ort‹ hin (εἰς τὸν τόπον τοῦτον), nicht zu diesem Haus, wie das hebräische בית nahe legen würde." Nach seiner Auffassung spiegeln sich im Tempelweihegebet in der LXX-Fassung „diasporatypische Aussagen" (ebd. 415).

des königlichen Hofes und den offiziellen Regierungsgeschäften einerseits sowie dem Palast und dem privaten Raum des Königs andererseits
ausgeht, zutreffend, weist die Nennung des Palastes V 18 zumindest zwei
wesentliche Dimensionen auf: Zum einen dient der Hinweis auf den Palast der Markierung der örtlichen Distanz zwischen dem Aufenthaltsort
des Königs und der Löwengrube, zum anderen erscheint der Palast als
privater Rückzugsraum des Königs. Dort angesiedelte Handlungen sind
von persönlicher, nicht von staatlicher Relevanz.[16]

In vergleichbarer Weise ist die ebenfalls singuläre Nennung des Obergemaches des Daniel (ἐν τῷ ὑπερῴῳ αὐτοῦ) zu verstehen;[17] dort verrichtet
er nach V 10 regelmäßig sein Gebet. Daniel betet in einem privaten Raum,
nicht in der Öffentlichkeit und nicht am königlichen Hof. Das Öffnen
der Fenster stellt aktiv eine Verbindung zwischen dem Innenbereich des
Hauses und dem Außenbereich der Öffentlichkeit her. Ungeachtet der
Frage, ob die Fenster tatsächlich einen Einblick gewähren, oder ob an eine
akustische Verbindung gedacht ist, macht das von Daniel aktiv geöffnete
Fenster die Spannung deutlich: Er betet nicht offensiv in aller Öffentlichkeit, aber ein Stück Öffentlichkeit wird durch die geöffneten Fenster
ermöglicht.[18] Zumindest auf literarischer Ebene stellt Daniel eine Verbindung zwischen „Außen" und „Innen" her; auf diese Weise erhalten die
Beamten die für die Anklage notwendigen Informationen. Wesentlicher
erscheint die Ausrichtung der Fenster nach Jerusalem. Das Öffnen der
Fenster zielt nicht auf Öffentlichkeit, sondern dient der Anbindung des
privaten Gebetes an den Tempel in Jerusalem.

Die Orte der Erzählung stehen nicht in erster Linie im Dienst einer
realistischen, detailreichen Zeichnung der jeweiligen Szene, sondern sind
funktional oder typologisch zu betrachten.[19] Ein wesentlicher Aspekt der
Raumkonzeption ist die Beziehungsdimension: Bestimmte Orte sind mit
bestimmten Personen, deren Beziehung oder Vollzügen verknüpft. Der
Erzähler will keine konkrete Szene vor Augen führen, sondern beschränkt
sich auf das für die Interaktionen der Figuren Notwendige.

---

16 Vgl. allerdings Dan 2,16, wo Daniel, um die geplante Tötung aller Weisen des Landes zu
    verhindern, in den Palast des Königs (πρὸς τὸν βασιλέα) geht. Die aufgezeigte Trennung
    ist insofern hilfreich, als sie den Blick auf den primären Aspekt richtet, unter dem die
    Erzählung den jeweiligen Ort betrachtet.
17 Überlegungen zur Archäologie und Bautypologie sind dem parallelen Abschnitt zu
    Dan^{MT} 6 zu entnehmen. Vgl. Abschnitt 8.2.2, 263.
18 Zur Versammlung zum Gebet im Haus vgl. Dan 2,17.
19 Zur typologischen Dimension der – im Kontext dieser Ausführungen übergangenen –
    Löwengrube vgl. die Ausführungen Abschnitt 9.3.4, 371.

9.2.3 Knotenpunkte

Ist mit VV 2–5 die Ausgangssituation dargestellt und die zentrale Verwicklung vorgezeichnet, so entwickelt sich ab V 6 die „eigentliche Handlung". Zu ihrer Analyse werden zentrale *Knotenpunkte* aufgezeigt und untersucht, an denen maßgebliche „Richtungsentscheidungen" fallen:[20] der Entschluss der Beamten zum Widerstand gegen das Vorhaben des Königs (VV 4.7), die Reaktion des Dareios auf die Bitte seiner Beamten (V 9), die Reaktion Daniels auf das neu erlassene Verbot (V 10), die Verurteilung des Daniel (V 14) sowie die Reaktion des Dareios auf die Rettung Daniels (VV 24–27).

Die erste wesentliche Weichenstellung ist der Entschluss der jungen Männer, sich gegen das Vorhaben des Dareios, Daniel in eine Position über das gesamte Reich einzusetzen, zu wenden (V 4). Ihr Widerstand konkretisiert sich in der Absicht, eine Begrenzung, ein Verbot zu erlassen (στήσωμεν ὁρισμόν V 5). V 7 wird weiter konstatiert, dass die Beamten ihren Entschluss realisieren: ὁρισμὸν καὶ στάσιν ἐστήσαμεν. Diese Entscheidung und ihre Konsequenzen sind richtungsweisend für den Handlungsverlauf und Voraussetzung für den Konflikt, in den Daniel gestellt wird; das Verbot richtet sich gegen Daniel. Zur Realisierung ihres Plans bedürfen die Beamten jedoch der (unbewussten) Unterstützung des Königs.

Vor dem Hintergrund und in direkter Fortführung der vorangehend geschilderten Ereignisse führen sie eine Begegnung mit dem König herbei. Sie konfrontieren ihn mit dem von ihnen erlassenen Verbot (ἐστήσαμεν) und bitten ihn, das Verbot aufzustellen (ἵνα στήσῃ) und es nicht zu verändern (καὶ μὴ ἀλλοιώσῃ); offensichtlich bedarf es einer königlichen Bestätigung. In dieser Situation muss sich Dareios entscheiden: Stellt er sich gegen seine beiden führenden Beamten[21] oder folgt er ihrem Beschluss? Die Motive und Gründe des Königs werden nicht transparent gemacht; die Entscheidung wird bekannt gegeben: Er folgt ihrer Bitte und ratifiziert das von ihnen beschlossene Gesetz (ἔστησε καὶ ἐκύρωσεν V 9). Auf diese Weise ist das zweistufige Verfahren abgeschlossen; die Weichenstellung der Beamten war erfolgreich: Die jungen Beamten sind dem Ziel, gegen Daniel mit Hilfe einer Anklage vorzugehen, einen entscheidenden Schritt näher gekommen.

Die Ratifizierung des Gesetzes durch Dareios stellt Daniel, der sich durch eine völlig untadelige Führung seiner Amtsgeschäfte ausgezeichnet

---

20 Zur Kriteriologie der Hierarchisierung der Knotenpunkte vgl. Abschnitt 4.4.4, 174.

21 Wahrscheinlich sind die beiden jungen Männer als Gegenüber des Dareios in dieser Situation anzunehmen. Es gibt keine Hinweise auf eine Involvierung aller Beamten; die Tatsache, dass V 24 nur die beiden jungen Beamten in die Löwengrube geworfen werden, spricht dagegen.

hatte, in ein Spannungsfeld: Die religiöse Gebetspraxis (VV 5.8.10.11.13) steht dem Gebetsverbot des Königreiches gegenüber. Beiden Herren – Gott und dem König – ist Daniel verpflichtet: Er dient seinem Gott (V 20) und er dient dem König (V 2f). Dieses zweiseitige Abhängigkeitsverhältnis gerät in Spannung: Das eine Verhältnis verbietet, was das andere fordert. Die Konfliktsituation fordert eine Entscheidung für die eine und gegen die andere Seite; eine vermittelnde Position gibt es nicht. Daniel trifft die Entscheidung; er öffnet die Fenster und betet, wie er es auch zuvor getan hatte (V 10). Die religiöse Verehrung seines Gottes bedeutet einen Verstoß gegen die neu erlassene Vorschrift; den Beamten liefert er auf diese Weise den gesuchten Anklagegrund.

Die Beamten verfolgen ihren Plan und konfrontieren Dareios mit der Anklage gegen Daniel; wieder ist Dareios zu einer Entscheidung gezwungen. Er muss sich zwischen der Unantastbarkeit seiner Gesetzgebung und dem Leben des Daniel, der als Freund des Königs bezeichnet wird, entscheiden. Er entspricht dem Verbot und erteilt den Befehl, Daniel in die Löwengrube zu werfen.[22] Zugleich ist er betrübt und unternimmt den Versuch, Daniel zu retten. Dabei stößt er an die Grenzen seiner Macht und muss anerkennen, dass er Daniel nicht aus der Hand der Satrapen zu befreien vermag. Diese Erkenntnis stellt eine wichtige Wegmarke im Verlauf der Erzählung dar: Im Bewusstsein der eigenen Ohnmacht vertraut Dareios seinen Freund dessen Gott zur Rettung an. Daniel wird in die Löwengrube geworfen.

Der nächste Morgen macht die Rettung sichtbar. Daniel hat die Nacht in der Löwengrube ohne Schaden überlebt. Das naturalistisch nicht zu erwartende Überleben des Daniel konfrontiert Dareios mit Daniels Unschuld. Offenbar teilt der König diese Deutung und lässt die jungen Beamten in die Löwengrube werfen, wo sie unmittelbar vernichtet werden, obwohl sie – anders als Daniel – nicht gegen das Verbot verstoßen haben. Daraufhin setzt Dareios Daniel über das gesamte Reich ein; zum anderen erlässt er ein Edikt, das das Verhältnis aller Bewohner des Reiches zum Gott des Daniel neu ordnet. Neben der Aufforderung zu Respekt und Verehrung im gesamten Volk umfasst es ein persönliches, religiöses Bekenntnis.

Der vorgelegte Überblick macht u. a. die maßgebliche Rolle der Beamten für die Entwicklung der Handlung und den reaktiven Charakter des Königs deutlich: Zwar ist er aufgrund seiner formalen Stellung Handlungssouverän, doch es sind stets andere (ausgenommen VV 4.24f), die

---

22 Das Motiv der Unveränderlichkeit des Gesetzes begegnet in Dan^LXX nicht. Der Verweis auf das Gesetz der Meder und Perser erscheint nur V 12a. Die Beamten lassen Dareios (V 12a) bei dem Gesetz der Meder und Perser schwören, dass er das Verbot nicht verändert. Eine grundsätzliche Veränderlichkeit wird also vorausgesetzt; der König ist durch seinen Eid gebunden.

ihn zu Entscheidungen zwingen; er ist genötigt zu reagieren. Ähnlich
Daniel: auch er gibt keine handlungsleitenden Impulse, sondern verhält
sich reaktiv. Die Handlung wird von den Beamten initiiert und gesteuert.
Mit V 15 kommt es zu einem Bruch; in der Erkenntnis seiner Schwäche
und Ohnmacht sieht Dareios im Gott des Daniel eine letzte Hoffnung, die
sich – so das Ergebnis des Geschehens in der Löwengrube – als tragfähig
erweist.

9.3 Motive der Handlung

9.3.1 Verfehlung, Schuld und Gerechtigkeit

Verfehlung und Schuld bzw. Unschuld und Gerechtigkeit sind Leitworte
eines zentralen Motivs der Erzählung, das in erster Linie mit der Figur
des Daniel verknüpft wird. Die Begriffe ἄγνοια und ἁμαρτία begegnen
erstmals V 4 im Mund der Beamten und werden V 22 – ergänzt um den
Ausdruck δικαιοσύνη – von Daniel aufgenommen. Im Zuge der Feststellung seiner Unschuld und Gerechtigkeit wirft er die Frage nach der Schuld
des Königs und der Beamten auf; der zentrale Schlüsselbegriff ist das Verb
πλανάω. Auf diese Weise wird die Schuld der Beamten nicht nur durch
die Vernichtung in der Löwengrube sondern *expressis verbis* bezeichnet.
Auffallend ist das Urteil über das Verhalten des Königs. Aufgrund der je
verschiedenen Terminologie ist eine Trennung von Daniel einerseits und
dem König und den Beamten andererseits möglich.

Zweimal wird jede Schuld Daniels verneint (VV 4.22). Gemeinsam
ist den beiden Begriffen ἄγνοια und ἁμαρτία, dass sie eine Verfehlung
bezeichnen, die sich sowohl auf einen säkularen als auch auf einen religiösen Kontext beziehen kann. Eine Festlegung ist nicht möglich, weil sich
die beiden Sphären (säkular und religiös) nicht trennscharf unterscheiden
lassen. Dies gilt für das Bewusstsein der Menschen der damaligen Zeit
in einem wesentlich stärkeren Maß als heute. Aufgrund des Kontextes
(καὶ ἐναντίον δὲ σοῦ, βασιλεῦ V 22) mag man die säkulare Deutung bevor-
zugen; während die Gerechtigkeit auf Gott bezogen erscheint, beziehen
sich die Begriffe ἄγνοια und ἁμαρτία auf ein Verhalten gegenüber dem
König. Auch der Beleg V 4 weist in diese Richtung: Die Verfehlung soll als
Anklagegrund beim König dienen (περὶ ἧς κατηγορήσουσιν αὐτοῦ πρὸς
τὸν βασιλέα). Der Bezug auf die Arbeit Daniels in der Verwaltung des Reiches stellt die säkulare Deutung in den Vordergrund, auch wenn sich eine
religiöse Konnotation nicht ausschließen lässt. Eine religiöse Dimension

kommt den Begriffen Dan 6 insofern zu, als das Königtum theologische Aspekte aufweist.[23]

ἄγνοια   „Im juristischen Sinne erscheint ἄγνοια ... als *Rechtsunkenntnis* bes[onders] in der adverbialen Bestimmung κατ' ἄγνοιαν ... (z. B. Lev 22,14); *unwissentlich*. Die LXX gebraucht jedoch auch ἄγνοια ... konkret im Sinne von ἀγνόημα ... (nicht beabsichtigte, wegen Verirrung heilbare) Schuld, Verfehlung, Versehen (z. B. Lev 5,18).“[24] Nicht das bewusste Fehlverhalten, sondern der versehentlich begangene Verstoß ist gemeint.[25]

ἁμαρτία   Während der Begriff im klassischen Gr. sowohl das „Verfehlen eines Zieles“ als auch ein „geistiges Verfehlen“ bezeichnen kann,[26] verschiebt sich die Bedeutung immer mehr in den Bereich von Ethik und Religion. „Wie bei ἁμάρτημα aber wird die Schuldfrage im modernen Sinne ... nicht gestellt, ja gerade *strafbare, sühneheischende Taten aus gutem Beweggrund* werden öfters ἁμαρτία genannt ... erst in der LXX [verschiebt sich der Begriff; D. H.] zu einem moralischen und religiösen Schuldbegriff, in dem Schuld als aus bösem Willen, böser Absicht, d[as heißt] aus bewußtem Abfall von und Widerspruch gegen Gott entstehend erkannt ist.“[27] Im Kontext staatlicher Verwaltungstätigkeit mag man ἁμαρτία als Verfehlung in Angelegenheiten des Staates verstehen, die Daniel bewusst begangen hat, ohne dass der Aspekt der Schuld im Vordergrund steht. Der Aspekt des „bewussten“ Verfehlens wird durch die Zusammenstellung mit dem Begriff der ἄγνοια in paralleler Stellung verstärkt. Das Begriffspaar ist kontrastierend, nicht synonym.

Durch den Merismus der Begriffe artikuliert die Erzählung, dass Daniel keinerlei Verfehlung – weder eine bewusste noch eine unwissentliche – begangen hat; die beiden Ausdrücke decken das gesamte Spektrum ab.[28] Schuldlose Verfehlungen lassen sich nicht finden; die Frage nach schuldhaften, vorsätzlichen Vergehen gegen König oder Staat wird nicht gestellt. Dass die Erzählung sich auf diese Ebene der Argumentation begibt und

---

23   Anders: SCHMITHALS, Art. ἀγνοέω 49f, „das hellenistische Judentum, für das die schuldhafte ἄγνοια (Ablehnung) Gottes das Kennzeichen des Heidentums ist (Dan 6,5[4].23[22]; 9,15; TestLev 3,5; TestSeb 1,5).“ Aufgrund dieser kontextuell bedingten und begründeten Vorentscheidung, kann auf eine Auseinandersetzung mit der theologischen Dimension des Sünden-Begriffes (insbes. bei ἁμαρτία) verzichtet werden.

24   SCHÜTZ, Art. ἀγνοέω 349; vgl. außerdem SIEGERT, Einführung 235, der 236 den Aspekt des unbeabsichtigten Handelns sehr schön mit dem Begriff „Patzer“ wiedergibt. MURAOKA, Lexicon of the Septuagint Lemma: ἄγνοια 7, "error made through ignorance".

25   ALBERTZ, Gott 126, sieht den Aspekt der „unbeabsichtigten“ Verfehlung in Dan 4–6 und Ps^LXX 24,7 völlig abgeschliffen. Anders dagegen bspw. die Wiedergabe in LXX.D.

26   Vgl. KNUTH, Sünde 1.

27   STÄHLIN, Art. ἁμαρτάνω 296f.

28   BEYERLE, Gottesvorstellungen 17f, verweist für die Verwendung von ἀγνόημα – ἁμάρτημα bzw. ἁμαρτία (Sir 23,2; Tob 3,3; 1Makk 13,39) auf ein Verständnis als Merismus.

die Beamten selbst nach unwissentlichen Vergehen suchen lässt, macht deutlich, dass Daniel nichts Schwerwiegendes vorzuwerfen ist.

δικαιοσύνη In Kontrast zum Begriff der Schuld erscheint die Gerechtigkeit (δικαιοσύνη V 22). Die Bezeichnungen „Verfehlung" und „Vergehen" beziehen sich auf den König als Gegenüber (VV 4.22); für Daniels „Gerechtigkeit" (δικαιοσύνη) ist „der Herr" (ἐναντίον αὐτοῦ mit Bezug auf das vorangehende ὁ κύριος) maßgeblicher Referenzpunkt. Gerechtigkeit erscheint im Spannungsfeld „juridischer, ethischer und religiöser Begriffsbildung"[29]. Dan 6 ist nicht der Staat oder der König Maßstab, sondern allein der Gott des Daniel.

Die Verwendungsweise des Begriffes ist in der gr. Literatur unterschiedlich, insbes. hinsichtlich des orientierenden Maßstabs: Sowohl eine Ausrichtung an der Gemeinschaft als auch eine individuelle Orientierung am Idealbild des Weisen begegnet. Im Hellenismus tritt der Aspekt der Frömmigkeit zum Gehalt des Wortes.[30] Die Belege von δικαιοσύνη in der LXX beziehen sich einerseits auf Gott andererseits auf den Menschen. Dabei erscheint die Gerechtigkeit Gottes, seine Rechtschaffenheit als notwendige Bedingung für die des Menschen.[31] Sie bezeichnet ein Verhalten Gottes, das dem Menschen gerecht wird. „Auch für menschliche Gerechtigkeit ... gilt, daß nicht eine abstrakte Norm oder ein Gesetz das maßgebliche Kriterium ist, sondern das gemeinschaftstreue, heilvolle und -bringende Verhalten und Handeln zu einem Gegenüber. G[erechtigkeit] ist also ein relationaler Begriff ..."[32] Gegenüber einem Menschen konkretisiert sie sich in anderer Weise als gegenüber Gott: Ein Verhalten, das gegenüber Gott gerecht ist, erfordert die Orientierung an seinem Willen und an seinen Weisungen.[33] Traditionsgeschichtlich bemerkenswert ist, dass Dan 6 Daniel als einen „Gerechten" ausweist und auch Ez 14,14 von einem Δανιηλ spricht, der Gerechtigkeit in beispielhafter Form erfüllt.[34]

Daniel verhält sich nach Ausweis von V 22 in seiner Beziehung zu Gott (ὁ κύριος) rechtschaffen. Die Beziehung von Herr und Diener (der Begriff begegnet an anderer Stelle in verbaler Form) lebt Daniel in einer Weise, die dem Verhältnis zu seinem Herrn entspricht. Im Umkehrschluss: Daniel hat gegenüber seinem Gott nichts getan, was diese Verbindung stören könnte.

---

29 SCHRENK, Art. δική 194.
30 Vgl. GRÜNWALDT, Art. δικαιοσύνη 730.
31 Vgl. SIEGERT, Einführung 267.
32 GRÜNWALDT, Art. δικαιοσύνη 732.
33 SCHRENK, Art. δική 198, „Als das Gott wohlgefällige Tun seines Willens erscheint die δικαιοσύνη im Gegensatz zur ἀνομία ..."
34 An dieser Stelle ist nicht der Ort, auf Fragen literarischer Abhängigkeit einzugehen. Die Stelle mag jedoch leitend bei der Formulierung von Dan 6,22 gewirkt haben.

πλανάω   Mit dem Begriff πλανάω beschreibt Daniel das Verhalten der Beamten gegenüber dem König. Er verhandelt V 22 nicht nur seine eigene Schuld, sondern auch die des Königs und der Beamten. Dabei lassen sich die Aussagen über den König, der auf Menschen hört, die „Könige in die Irre führen", nicht von den Aussagen über diese trennen.

Der verwendete Begriff zeichnet sich durch eine weitgehend unspezifische Grundbedeutung aus, die sich durch die LXX und in der Folgezeit stark theologisch zugespitzt hat. „Zunächst ist die Bedeutung lokal: *wandern, durchstreifen,* dann: *herumirren, in die Irre fahren* oder *gehen.* Dies kann ausgesagt werden von Menschen, Tieren, Kräften, Gerüchten, auch von Blut und Atem, die den Körper durchpulsen. Ein negativer Akzent ist damit nicht notwendig verbunden."[35] Das Verb πλανάω begegnet neben seiner wörtlichen Bedeutung eines „Führens auf einem falschen Weg", eines „taumeln Machens" häufig in übertragenem Sinn. „In nicht-lokalem Sinne bezeichnet die Wortgruppe das Schwanken und darüber hinaus das Verfehlen des Zieles auf dem Gebiete des Erkennens, des Redens und des Tuns. Oft wird dieses Verfehlen ohne Nennung der Gründe konstatiert. Werden Gründe genannt, so tragen sie naiven oder reflektiert erkenntnistheoretischen, seltener metaphysisch-religiösen Charakter … "[36] Ein tadelnder Unterton ist gerade im ethischen Bereich häufig nicht zu finden; ja es ist gerade dort ein Irren ohne Schuld, ein „schuldlos-schuldhaftes, also tragisches Irren"[37]. In der klassischen Gräzität ist der Begriff eher deskriptiv als qualifizierend.

Die LXX behält den eigentlichen Gebrauch dieses Wortes bei, meint jedoch in erster Linie ein theologisch relevantes Irren, indem es „… das Übertreten des offenbarten Willens Gottes, speziell das Verleiten zum Götzendienst bezeichnet. Solch Übertreten unterliegt der Verantwortung vor Gott, es ist schuldhaft und zieht Strafe nach sich … Vor allem in der Weisheitslit[eratur] ist die Rede vom Verführen zu Verhaltungsweisen, die dem Wohlgefallen Jahwes, später auch der Thora widersprechen."[38] Der zentrale Ankerpunkt der Frage nach dem Irren ist der Bezug auf Gott. Neben Gott, der an einzelnen Stellen in die Irre führt,[39] sind es in der Regel Menschen, die durch ihr Agieren andere Menschen in die Irre führen. Derjenige der irreführt und derjenige der sich irreführen lässt, beide können gleichermaßen von einem negativen Urteil betroffen sein. Die Verwendung hat sich in der LXX durch die neue Ausrichtung des Begriffes von einer deskriptiven zu einer (dis-)qualifizierenden Verwendungsweise verschoben. Mit dieser Theologisierung verbindet sich eine

---

35   GÜNTHER, Art. πλανάω 1793.
36   BRAUN, Art. πλανάω 232.
37   Ebd. 233.
38   Ebd. 235f, mit Verweis auf Koh 7,26 v. l.; Spr 1,10; 12,26; 28,10; Sir 3,24; Dan 6,23[22].
39   Vgl. dazu ebd. 236f.

Fokussierung auf Israel. „... das in der Wortgruppe sich aussprechende negative geistliche Urteil trifft überwiegend Israel; nur in späten Texten ist es auch Heiden zugewendet. Den Hintergrund des Irrens bildet nicht ein metaphysischer Dualismus: nicht der Mensch schlechthin als Seiender irrt; er irrt vielmehr, sofern er nicht auf Gottes Willen hört, nicht gehorcht, den Weg Gottes verläßt und den bösen Weg beschreitet."[40]

Für die Interpretation der Erzählung ist im Kontext der LXX die religiöse Dimension naheliegend. Inwieweit sich diese spezielle Bedeutung jedoch nachweisen und von einer allgemeinen Verwendungsweise unterscheiden lässt, bleibt kritisch zu prüfen, insbes. im Hinblick auf das Vorgehen, dass gleichsam „innerheidnisch" stattfindet. Andererseits ist es Daniel, der mit dem Verb πλανάω ein Verhalten der Beamten beschreibt, das die uneingeschränkte Verehrung seines Gottes verhindert.[41] Damit wirft er den Beamten vor, sich gegen die Verehrung Gottes zu stellen, und dem König, dass er diesem Ansinnen nachgegeben hat. In dieser Lesart ist die theologische Dimension und die Schuld der Beamten konkretisiert.

9.3.2 Gottesbeziehung

Die Verehrung von Gottheiten, sei sie erlaubt oder verboten, ist ein zentrales Motiv der Erzählung. Neben der Gebetspraxis des Daniel sind das Dekret des Königs und seiner Beamten sowie das Rundschreiben wichtige Belegstellen. Die Erzählung greift auf eine größere Anzahl von Begriffen aus dem Wortfeld Beten/Verehrung zurück.

Terminologie des Dekretes Zunächst ist der Wortschatz in den Blick zu nehmen, der im Dekret (VV 5.7.12) Verwendung findet, um jedes Gebet zu irgendeiner Gottheit zu untersagen. Dabei werden die Verben ἀξιόω und εὔχομαι mit dem entsprechenden Substantiv verbunden und in unterschiedlicher Reihenfolge gruppiert.

V 5	οὐκ ἀξιώσει ἀξίωμα καὶ οὐ μὴ εὔξηται εὐχὴν	ἀπὸ παντὸς θεοῦ
V 7	εὔξηται εὐχὴν ἢ	ἀξιώσῃ ἀξίωμά τι παρὰ παντὸς θεοῦ
V 12 μὴ	εὔξηται εὐχὴν μηδὲ	ἀξιώσῃ ἀξίωμα παρὰ παντὸς θεοῦ

Beide Verben stehen in engem sachlichen Zusammenhang, weisen jedoch spezifische Akzente auf. Obgleich das Verb ἀξιόω etymologisch auf das Wort ἄξιος zurückgeht, weist es dennoch keine kultische oder spezifisch religiöse Prägung auf. In der LXX begegnet es ausschließlich im Sinn von „bitten", während sich die profan belegte (Grund-)Bedeutung „für

---

40 Ebd. 237.
41 Dass die Beamten damit andere Intentionen verbinden, ist für diese Fragestellung unerheblich. Auf der formal-juristischen Ebene ist das Gesetz dazu geeignet.

würdig halten" nicht in der LXX findet. Die Belege in Dan^{LXX} machen die unspezifische Verwendungsweise im Sinne von „Bitten" deutlich.[42]

Der Begriff εὔχομαι ist der Gebetsterminologie zuzuordnen.[43] Neben dem allgemeinen Gebet bezeichnet er häufig ein „Gelübde".[44] Das Kompositum dient ausschließlich dem Ausdruck des Gebetes. Der Befund VV 5.8 legt nahe, von einer synonymen Verwendungsweise von εὔχομαι und προσεύχομαι auszugehen. Beide Belege beschreiben Daniels Tun und sind austauschbar. Mit dem Verb εὔχομαι ist die Anrufung eines Gottes bezeichnet.

Das Gebet des Daniel   Die verschiedenen Belegstellen für das Gebet des Daniel variieren eine geringe Anzahl von Ausdrücken. Neben dem Verb δέομαι (VV 5.8.10.13) begegnen (προς)εύχομαι (VV 5.8.11.13) und einmalig ἔπιπτεν ἐπὶ πρόσωπον αὐτοῦ (V 10). Durch die Verwendung des Kompositums (προσεύχομαι) bzw. des Verbum simplex (εὔχομαι) setzt die Erzählung Daniels Verhalten zu dem erlassenen Dekret in Verbindung. Ergänzt wird die Gebetsterminologie um den Ausdruck δεῖσθαι, der weniger spezifisch das Beten aber auch das einfache Bitten bezeichnen kann, während προσεύχεσθαι stets eine religiöse Dimension aufweist.[45]

Der einmalig V 10 begegnende Hinweis des Erzählers auf das Niederfallen des Daniel auf sein Angesicht stellt zunächst eine rein äußerliche Beschreibung eines sichtbaren Vorganges dar, der die Gestik und Haltung während des Gebetes nachzeichnet, die breit und kulturübergreifend belegt ist.[46] Die Nähe des Begriffes zum Verb προσκυνεῖν, das ebenfalls das Niederfallen und Erweisen von Verehrung bezeichnet, ist sichtbar. Im Gegensatz zu προσκυνεῖν bleibt die Wendung ἔπιπτεν ἐπὶ πρόσωπον αὐτοῦ auf der äußeren Ebene, ohne eine innere Haltung zum Ausdruck zu bringen.

Rundschreiben des Dareios   Die Begrifflichkeit im Rundschreiben unterscheidet sich von der bislang vorgestellten Terminologie; es werden nicht mehr einfache Ausdrücke des Gebetes verwendet. Vielmehr wird durch eine differenzierte Wortwahl das Verhältnis der Reichsbewohner und

---

42 Vgl. dazu die breite Adressatenschaft des Bittens an den verschiedenen Belegstellen in Dan: 1,8; 2,16.23.49; 6,5.7.8.12.

43 Vgl. ALBERTZ, Gott 120.

44 Vgl. SCHÖNWEISS/KLEINKNECHT, Art. προσεύχομαι 606.

45 GREEVEN, Art. προσεύχομαι 806, „Vergleicht man προσεύχεσθαι und δεῖσθαι, so ergibt sich als Unterschied, daß bei δεῖσθαι noch fast immer wirkliches Bitten gemeint ist, während προσεύχεσθαι immer da bevorzugt ist, wo der Tatbestand des Betens ohne nähere Inhaltsangabe dargestellt werden soll ... Die Anrufung Gottes liegt bei προσεύχεσθαι schon in der Urbedeutung; zu δεῖσθαι tritt dagegen oft eine Angabe darüber, an wen sich die Bitte richtet."

46 Vgl. dazu auch HUTTER, Art. Proskynese 1721.

des Königs zu Gott bestimmt. Neben dem Verb προσκυνέω (VV 26.27) begegnen die Ausdrücke λατρεύω (V 26)[47] und δουλεύω (V 27).

προσκυνεῖν – Das Verb προσκυνεῖν erscheint als *terminus technicus* der Gottesverehrung in der gr. Kultur; es bezeichnet das *Niederfallen* oder eine *„tiefe, kniend ausgeführte Verneigung"*[48]. Während im Kontext der gr. Kultur der Aspekt des Küssens noch im Vordergrund steht (transitiver Gebrauch), konstruiert die LXX in der Regel mit Dativ.[49] Über den äußerlichen Gestus hinaus bezeichnet es auch die innere Haltung, insbes. dann, wenn nicht ein einzelner menschlicher Akt in Blick genommen wird. Gerade in Verbindung mit λατρεύειν dient es häufig der Bezeichnung der „regelmäßig geübten Gottesverehrung"[50]. Der Bezug auf den Gott Israels oder auf andere Gottheiten ist zwar dominant, doch nicht exklusiv.[51] Darüber hinaus begegnen auch Könige oder andere Menschen als Gegenüber der durch das Niederfallen bezeichneten Verehrung: „Die Proskynese kommt vor allem dem Könige oder dem sonst an Macht Überlegenen zu."[52] Insbes. im gr. Bereich fällt eine Beschränkung der Verwendung auf Götter auf.[53]

λατρεύειν – Dareios fordert die Bewohner seines Reiches auf, sich in einer bestimmten Weise gegenüber dem Gott des Daniel zu verhalten. Dabei erwartet er neben dem Niederfallen auch eine Verehrung, die er mit λατρεύειν bezeichnet. Dabei „... bedeutet λατρεύειν zunächst *um Lohn arbeiten* oder *dienen*, dann überhaupt Dienste verrichten, dienen, auch ohne daß an Lohn gedacht ist und ohne Rücksicht darauf ob der Dienende Sklave oder frei ist."[54] In besonderer Weise dient der Begriff in der LXX zur Bezeichnung eines religiösen Verhaltens.[55] Dabei beschränkt sich das Verb in seiner Verwendung ausschließlich auf Gottheiten als Objekte.[56] Konkreter bringt es eine spezifische Art der Verehrung zum Ausdruck: „Die religiöse Bedeutung von λατρεύειν ist aber nicht in einem allgemeinen, unanschaulichen, geistigen oder sittlich-religiösen Sinn zu verstehen. Es

---

47 Dieses Verb begegnet – im Gegensatz zu den beiden Verben προσκυνέω und δουλεύω – auch außerhalb des königlichen Rundschreibens VV 16.20.

48 GREEVEN, Art. προσκυνέω 762. Für das Daniel-Buch ist die Assoziation des Niederfallens mit dem Verb προσκυνεῖν durch Dan 2,46 verbürgt, wo Nebukadnezzar vor Daniel niederfällt und ihm die Proskynese erweist (ὁ βασιλεὺς πεσὼν ἐπὶ πρόσωπον χαμαὶ προσεκύνησε τῷ Δανιηλ).

49 Vgl. SIEGERT, Einführung 221.

50 GREEVEN, Art. προσκυνέω 762, so etwa Ex 20,5; Dtn 5,9.

51 Nach ebd. 761, entfallen 3/4 aller Belege in der LXX auf diese Konstellation.

52 Ebd. 762.

53 Vgl. HUTTER, Art. Proskynese 1721.

54 STRATHMANN, Art. λατρεύω 58.

55 DANIEL, Vocabulaire 96, „Mais λατρεύειν, à la différence de ἐργάζεσθαι, ne relève que tout à fait exceptionnellement du vocabulaire profane dans le Pentateuque; il n'y signifie pas ,servir quelqu'un', mais ,rendre un culte à une divinité'."

56 Zu den wenigen Ausnahmen vgl. ebd. 102; die Belege machen aber den Ausnahmecharakter deutlich. Vgl. auch STRATHMANN, Art. λατρεύω 59.

genügt nicht, zu sagen, λατρεύειν habe religiöse Bedeutung; man muß sagen: es hat sakrale Bedeutung. λατρεύειν bedeutet also genauer kultisch dienen, kultisch verehren, vor allem durch Opfer."[57] Auch die Belege innerhalb von Dan^LXX weisen auf die theologische Prägung des Begriffes hin (außer Dan 6: 3,12.14.18.95; 4,37a; 7,14).

δουλεύειν – V 27 führt die Aussage unter Beibehaltung von προσκυνέω fort, bietet aber anstelle von λατρεύω das Verb δουλεύω.[58] „Sämtliche Wörter, die zur Wortgruppe gehören, dienen entweder der Beschreibung des Sklavenstandes oder der Beschreibung einer Haltung, die der Haltung des Sklaven entspricht … Es handelt sich also immer um einen Dienst, der nicht im Belieben des Dienenden steht, sondern von ihm getan werden muß, ob er will oder nicht, weil er als Sklave einem fremden Willen, dem Willen seines Besitzers unterworfen ist."[59] Dem durchweg negativen Klang dieses Ausdrucks im Kontext gr. Kultur steht eine andere Sichtweise des Begriffes in der LXX gegenüber, die in den Unterschieden in Gottesbild und Gottesverständnis gründet: „Gott ist der absolute Herr. Der Mensch weiß sich von ihm total abhängig. Von Gott erwählt zu sein, ihm dienen zu dürfen, entwürdigt nicht; im Gegenteil: es ist eine Ehre … Der religiöse Sprachgebrauch ist aus der vorderorientalischen, zeremoniell-höfischen Ausdrucksweise erwachsen, in der auch höchste Beamte vor ihrem König als δοῦλοι gelten. In ihr artikulieren sich Abstand und Abhängigkeit."[60]

> „δουλεύειν ist in LXX der häufigste Ausdruck für den Gottesdienst, und zwar im Sinne totaler Bindung an die Gottheit, nicht etwa im Sinne des gottesdienstlichen Einzelaktes … Immer ist in dem Begriff die Ausschließlichkeit der Beziehung mitgesetzt …"[61]

---

57 STRATHMANN, Art. λατρεύω 60; 61, „Wenn also λατρεύειν so gut wie ausschließlich von kultischer Verehrung, freilich in dem vertieften Verständnis des israelitischen Prophetismus, gebraucht wird, so steht es scheinbar in nächster Nachbarschaft zu dem Begriff λειτουργεῖν … Beide Wörter werden … sehr klar auseinandergehalten, sofern λατρεύειν stets das religiöse Verhalten des Volkes im Allgemeinen, natürlich mit Einschluß auch der Priesterschaft, bezeichnet, während λειτουργεῖν durchaus auf priesterliche Funktionen beschränkt und geradezu term[inus] techn[icus] für sie ist."

58 Die Nähe der beiden Verben προσκυνεῖν und δουλεύειν wird deutlich durch die parallele Verwendung innerhalb des synonymen Parallelismus Jer 13,10.

59 RENGSTORF, Art. δοῦλος 264; WEISER, Art. δουλεύω 846, „Im Griechentum und Hellenismus hat die Wortgruppe auf Grund der hohen Wertschätzung persönlicher Freiheit fast ausschließlich entwürdigenden, verächtlichen Sinn. Aus diesem Grunde und weil Gott nicht als absoluter Herr galt, spielt die Wortgruppe im religiösen Bereich keine Rolle."

60 WEISER, Art. δουλεύω 846.

61 RENGSTORF, Art. δοῦλος 270; vgl. auch DANIEL, Vocabulaire 104, „Δουλεύειν, dans certains Prophètes et dans les Psaumes en particulier, devient capable de suggérer ce sentiment de plénitude et de joie que donne la soumission totale à la volonté divine."

Das Rundschreiben macht deutlich, dass sich Dareios voll und ganz dem Gott des Daniel unterwirft; als König macht er sich zu dessen Sklaven. Diese Hinwendung ist gleichzeitig eine Abwendung von den Göttern, die er bislang verehrt hat.

9.3.3 Gesetz

Gesetzliche Bestimmungen nehmen in der Erzählung eine zentrale Rolle ein. Die Verteilung der Belege ist auf den Bereich der staatlichen Verwaltung und königlichen Gesetzgebung beschränkt; das Gesetz erscheint nicht als Kategorie der Religion des Daniel. Als Subjekte der Gesetzgebung begegnen der König und dessen Beamte. Zwei Verwendungsweisen lassen sich unterscheiden: das konkret zu erlassende bzw. erlassene Dekret (ὁ ὁρισμός VV 5.7.8.10.12(bis).12a) und die Gesetze der Meder und Perser (τοῖς Μήδων καὶ Περσῶν δόγμασιν V 12a).[62] Während die Gesetze der Meder und Perser nur an einer Belegstelle erwähnt werden, wird das Dekret in mehrerlei Hinsicht betrachtet. In den Blick genommen werden sein Zustandekommen, seine Ratifizierung, seine Beständigkeit, die Beachtung bzw. Nichtbeachtung sowie die Durchführung der Tatfolgebestimmung.

Das entscheidende Leitwort ist ὁ ὁρισμός, das einerseits mit dem Verb ἵστημι verbunden wird und andererseits in Form einer *figura etymologica* mit ὁρίζω (V 12) begegnet, wenn die Dekretierung in den Blick genommen ist (VV 5.7.10.12). Das Wort wird für eine konkrete einzelne Norm, die ein bestimmtes Vorgehen und Verhalten regelt, gebraucht. Nach MURAOKA bezeichnet es „a clear determination as to what and how it ought to be done"[63]. Hinsichtlich des Zustandekommens des Dekretes ist die weitreichende Beteiligung der Beamten auffällig (στήσωμεν – ἐστήσαμεν VV 5.7); ihnen kommt die Kompetenz zu, eine derartige Anordnung zu erlassen. Eine Einbindung des Königs bleibt – wenn auch erst auf der zweiten Stufe – notwendig; Dareios ratifiziert das Gesetz (ἔστησε καὶ ἐκύρωσεν), wobei die konkrete Bedeutung der einzelnen Stufen im Dunkeln bleibt. Die Beständigkeit des Dekretes und seine strenge Durchsetzung wird vom König bestätigt (V 12).[64]

---

62 V 1 weist die Verwendung der Verbalform κατέστησε auf einen Akt der rechtsverbindlichen Einsetzung von Beamten hin. Die Differenzen zu Fragen der Gesetzgebung im engeren Sinn sind jedoch deutlich, sodass dieser Beleg im vorliegenden Kontext außer Betracht bleiben kann.

63 MURAOKA, Lexicon of the Septuagint Lemma: ὁρισμός 505.

64 Lässt sich von dieser Bestätigung der Rechtskraft des Dekretes auf die Möglichkeit einer Veränderung oder Abschaffung durch den König schließen? Der Text deutet nichts an, betont aber an keiner Stelle (insbes. nicht bis V 12) ein anderes Verständnis.

Dieser einen konkreten Dekretierung stehen die „Gesetze der Meder
und Perser" (τοῖς Μήδων καὶ Περσῶν δόγμασιν V 12a) gegenüber.[65] Die
konkrete Vorstellung, die die vorliegende Erzählung mit diesem Begriff
verbindet, ist weitgehend unklar. Deutlich ist der Gegensatz in der Vorstellung zwischen dem konkreten Dekret einerseits und den Gesetzen der
Meder und Perser andererseits. Auffällig ist, dass die in anderen Texten
angesprochene Unveränderlichkeit der Gesetze der Meder und Perser in
Dan^{LXX} 6 keinen Anhalt hat.[66]

> Ein Schwerpunkt der Verwendung des Begriffes (δόγμα), der ausschließlich
> in den Spätschriften begegnet, ist Dan^θ. Ausgehend von der Grundbedeutung
> „glauben, meinen, dafür halten" gehört auch „die Meinung, der Beschluss"
> zum Begriffsspektrum. Und schließlich „... geht es um die souveränen, unwi-
> derruflichen (Dan^{[θ]} 6,9.13!) Verfügungen nichtjüd[ischer] Herrscher ..., die
> meist auf die Unterdrückung der jüd[ischen] Religion zielen (Dan^{[θ]} 3,10.12;
> 6,9–16; Est 3,9; 4,8 [v. l.]; 3Makk 4,11, 4Makk 4,23–26), selten den Juden zugute
> kommen (Dan^{[θ]} 3,29; Est 9,1 [v. l.]; 3Esr 6,34)."[67]

Dabei ist von einzelnen nebeneinander stehenden Gesetzen und Einzelnormen (τοῖς δόγμασιν) auszugehen, die das Gesamt des Gesetzeskorpus
der Meder und Perser formen. Dieses ist die Autorität, der für den Eid des
Königs Relevanz zukommt. Die Beamten lassen den König bei den Gesetzen der Meder und Perser schwören.[68] Der König verpflichtet sich (οὕτως
ποιήσω καθὼς λέγετε, καὶ ἕστηκέ μοι τοῦτου), gemäß den Worten der Beamten zu verfahren. Die Bindung des Königs an sein Gesetz wird durch
seinen eigenen, persönlich geleisteten Eid und nicht durch eine abstrakte
Unveränderlichkeit der medischen und persischen Gesetze gewährleistet.
Dareios sichert darüber hinaus eine korrekte und strenge Anwendung
dieses Gesetzes (ἵνα μὴ ἀλλοιώσῃς τὸ πρᾶγμα καὶ μὴ θαυμάσῃς τὸ προσω-
πον καὶ ἵνα μὴ ἐλαττώσῃς τι τῶν εἰρημένων καὶ κολάσῃς τὸν ἄνθρωπον, ὃς
οὐκ ἔμεινεν ἐν τῷ ὁρισμῷ τούτῳ V 12a) zu. Durch diese ausführliche und
umfangreiche Angabe des Inhalts des Eides wird deutlich, dass der Spiel-

---

65　Dareios wird Dan^{LXX} 6 nicht als Angehöriger des medischen Volkes oder einer me-
　　dischen Dynastie eingeführt. Die Rede von den Gesetzen der Medern und Persern
　　ist neben Hinweisen in den umliegenden Erzählungen der einzige Hinweis für seine
　　Einordnung.

66　Zur Vorstellung von der Unveränderlichkeit der Gesetze der Meder und Perser in
　　anderen Überlieferungen vgl. Anmerkung 203, 291.

67　ESSER, Art. δόγμα 617.

68　Vgl. dazu und zur Bedeutung von Eidesleistungen SCHNEIDER, Art. ὅρκος 463; dort
　　wird als Grundbedeutung „jemanden schwören lassen" angegeben, ähnlich MURAOKA,
　　Lexicon of the Septuagint Lemma: ὁρκίζω 506; BAUER, Wörterbuch Lemma: ὁρκίζω
　　1178. Die häufig angegebene Bedeutung „beschwören" liegt weder vor dem Hinter-
　　grund der Grundbedeutung noch im vorgegebenen Kontext nahe. Die Funktion der
　　Nennung des Gesetzes der Meder und Perser erschließt sich nur aus möglichen Konse-
　　quenzen für Dareios, sodass er als Subjekt des Eides gedacht werden muss.

raum des Dareios eingeschränkt werden soll: es geht um das Gesetz und um die Interpretation eines bestimmten Geschehens durch die Beamten.

9.3.4 Löwengrube

Daniel wird – so führt eine der zentralen Szenen vor Augen – in eine Löwengrube (ἐρρίφη εἰς τὸν λάκκον τῶν λεόντων V 17) geworfen. Diese Tatsache macht die Frage nach dem Zweck und den möglichen Hintergründen des „Werfens in die Löwengrube" dringlich. Das Bild, das sich ergibt, wenn man dem Handlungsverlauf der Erzählung folgt, ist auf den ersten Blick uneinheitlich.

Im Verlauf der Erzählung steht zunächst der Strafcharakter im Vordergrund: Ein Dekret wird erlassen, dessen Übertretung durch das „Werfen in die Löwengrube" sanktioniert wird (VV 5.7.12.14). Das „Werfen in die Löwengrube" ist Tatfolgebestimmung für ein bestimmtes Vergehen. Liest man das Motiv der Löwengrube vor dem Hintergrund der Ereignisfolge der VV 1–15, ist es in natürlicher Weise im Kontext von Bestrafung zu verstehen. Betrachtet man die Elemente der Durchführung dieser „Bestrafung" im weiteren Verlauf der Erzählung, zeigt sich, dass das Motiv der Löwengrube nicht (ausschließlich) als Motiv der Strafe entwickelt wird. Einzelne Erzählzüge lassen sich nur schwer im Kontext der Vollstreckung einer Strafe interpretieren und weisen auf Elemente eines „Gottesurteils" oder eines „Gottesgerichtes" als Vorstellungshintergrund hin.[69] Im Folgenden soll das Motiv aus der Perspektive der Aktanten der Erzählung betrachtet werden, um auf diese Weise ein Bild zu entwerfen, das den verschiedenen Blickwinkeln und Betrachtungsweisen der Figuren Rechnung trägt.

Es sind die beiden *jungen Beamten*, die das Motiv „Löwengrube" in die Erzählung einführen. Sie konzipieren ein Gesetz, welches jegliches Bitten, das sich an irgendeine Gottheit – abgesehen vom König – richtet, verbietet. Konsequenz eines möglichen Verstoßes ist der Tod (εἰ δὲ μή, ἀποθανεῖται V 5). Jeder, der das Verbot nicht beachtet, wird sterben; dabei ist zunächst nicht von der Löwengrube die Rede, sondern der Tod begegnet als die festgesetzte Tatfolgebestimmung. Demgegenüber nachgeordnet ist die Zielbestimmung – die Angabe der eigentlichen Absicht der Beamten –, die mit ἵνα … eingeführt wird: eine Niederlage des Daniel vor dem König und, dass Daniel in die Löwengrube geworfen wird. Erst V 7 und in der Folge erscheint die Löwengrube als Tatfolgebestimmung. V 8b greift die Absicht der Beamten auf: ὅπως ἡττηθῇ ἐν ταῖς χερσὶ τοῦ βασιλέως

---

69 Vgl. BICKERMAN, Strange Books 85; zum Motiv des „Gottesurteils" bzw. des „Gottesgerichtes" vgl. außerdem Abschnitt 8.3.2, 272.

καὶ ῥιφῇ εἰς τὸν λάκκον τῶν λεόντων.[70] Daniel soll *in den* oder *durch die* Hände[n] des Königs eine Niederlage erleiden und in die Löwengrube geworfen werden. Verglichen mit V 5 erscheinen die Beamten hier eher zurückhaltend, insofern sie nicht direkt auf den Tod Bezug nehmen.[71] Die Löwengrube ist das konkrete Vollstreckungsinstrument der Todesstrafe, das die Beamten von Beginn an im Blick haben.

Wesentlich unklarer sind die Erwartungen, die *Dareios* damit verbindet, wenn er ein Dekret ratifiziert, das als Sanktion das „Werfen in die Löwengrube" vorsieht. Einen Eindruck von dessen Sichtweise vermittelt der Erzähler erst, als Dareios, gezwungen ist, Daniel in die Löwengrube zu werfen (V 14). Bis dahin folgt Dareios ohne Widerstand den Vorschlägen und Bitten der Beamten. Er setzt das Dekret mit der Tatfolgebestimmung fest; den Befehl, Daniel in die Löwengrube zu werfen, gibt er in Trauer (λυπούμενος). Gleichzeitig versucht er, Daniel aus der Hand der Satrapen zu befreien. Offensichtlich rechnet er damit, dass Daniel Schaden nehmen wird oder nehmen könnte. Seine Bemühungen um Rettung scheitern; es gelingt ihm nicht, Daniel zu befreien. Trotz des Scheiterns seiner eigenen Bemühungen gibt er die Hoffnung für Daniel nicht auf; er sieht in einem göttlichen Eingreifen eine Rettungsmöglichkeit. Dabei geht er davon aus, dass der Gott des Daniel ihn retten kann. Hoffnung für Daniel ist nicht mehr beim König, sondern ausschließlich beim Gott des Daniel.

Die folgende Entfaltung weist auf ein formalisiertes Verfahren hin, das sich selbstständig entwickelt: es findet keine Diskussion der nächsten Schritte statt, es werden keine Vorschläge gemacht. Ein Schritt schließt an den anderen an: es wird ein Stein herbeigebracht, der auf die Öffnung der Löwengrube gelegt wird; der König versiegelt die Löwengrube mit seinem eigenen Siegel und dem seiner „Großen" (οἱ μεγιστᾶνες), sodass jede menschliche Einflussnahme auf die Entwicklung in der Löwengrube völlig ausgeschlossen ist.[72] Das Geschehen in der Löwengrube ist ein

---

70 Zur Interpretation der Präposition ἐν als *instrumentales ἐν* vgl. BLASS/DEBRUNNER, Grammatik §219.

71 Vermutlich denken die Beamten an ein konkretes Instrument der Todesstrafe, das zur Anwendung kommen soll und dann V 5 im Nachhinein in die Erzählung eingeführt wird, während es in der Folge direkt als Tatfolgebestimmung formuliert wird. Die Verschiebung mit einer rhetorischen Strategie zu begründen, erklärt diesen Befund kaum umfassend.

72 Freilich verhindert die Versiegelung ein menschliches Eingreifen nicht; das Siegel zu brechen wäre ein leichtes Unterfangen. Die Funktion der Siegel ist somit – so ist zu konkretisieren – darin zu sehen, dass am Ende das Fehlen jeden menschlichen Eingreifens dokumentiert ist. Das Verfahren ist als Verfahren ohne menschlichen Eingriff intendiert; der entsprechende Vollzug wird durch das Siegel bestätigt. Die Versiegelung ist von ihrem Wesen her zunächst vom Ende her zu verstehen, gewinnt aber auch aus der entgegengesetzten Perspektive Profil.

Geschehen zwischen Daniel und den Löwen;[73] nur ein Gott – so die Überzeugung – vermag in dieses Geschehen einzugreifen. Nur (ein) Gott vermag Daniel in dieser Situation noch zu retten.

Auch am nächsten Morgen sind Beamte in der Begleitung des Königs (παρέλαβε μεθ᾽ ἑαυτοῦ τοὺς σατράπας V 19). Nicht nur am Abend, sondern auch am Morgen wird dafür Sorge getragen, dass kein falscher Zugriff auf das Geschehen in der Löwengrube erfolgen kann. Die Unversehrtheit Daniels wird von den Mächtigen förmlich festgestellt (αἱ δυνάμεις V 23): Eine offizielle Gruppe von Repräsentanten des Reiches ist an der Versiegelung beteiligt und auch am nächsten Morgen findet das Geschehen an der Löwengrube in Gegenwart von Vertretern des Reiches statt. Dareios geht nicht bzw. nicht ausschließlich aus persönlichen Erwägungen zur Löwengrube; er geht diesen Weg als Funktionsträger des Königreiches. Das Verfahren in der Löwengrube ist ein offizielles Verfahren.

Rätselhaft bleibt der Verweis auf den „Morgen" (ἕως πρωὶ θάρσει V 16 bzw. ὤρθρισε πρωί V 19). „Si la condamnation qui a été portée contre Daniel est purement et simplement d'être jeté aux fauves pour être dévoré par eux, on ne voit pas pourquoi c'est seulement jusqu' à l'aube du jour suivant qu'il aurait besoin de courage."[74] Die betonte Bezugnahme auf die Zeitspanne vom Untergang der Sonne bis zum nächsten Morgen macht deutlich, dass das „Werfen in die Löwengrube" nicht als eine zeitlich unbegrenzte Strafe gedacht ist, die unweigerlich mit dem Tod des Daniel endet. Vielmehr ist an ein zeitlich begrenztes Verfahren zu denken, das unabhängig von seinem Ausgang, spätestens am nächsten Morgen zu einem Ende kommt, gleich ob Daniel nun tot ist oder noch lebt.

Dareios überantwortet Daniel dem Verderben (εἰς ἀπώλειαν) – so dessen Kommentierung V 22 – in der Löwengrube. Er wird dort zu Tode kommen (ἀποθανεῖται). Nur ein rettendes Eingreifen eines Gottes, insbes. des Gottes, dem Daniel unablässig dient, kann ihn bewahren. Damit – und hier zeigt sich ein für das Verständnis der Löwengrube zentraler Aspekt – erscheint Gott innerhalb dieses zeitlich begrenzten Verfahrens gleichsam als oberster Richter.[75] Es liegt einzig und allein am Gott des Daniel in dieser Situation das Verhalten seines Dieners zu rechtfertigen.

Ein rettendes Eintreten Gottes hat fatale Konsequenzen für Dareios: Rettet der Gott des Daniel seinen Knecht – es sei an die Unfähigkeit des Dareios, den Daniel vor den Satrapen zu retten erinnert – wird dessen

---

73 Cassin, Daniel 147, „... l'état des scellés sera la preuve que tout s'est déroulé normalement, légalement: s'ils sont intacts et si Daniel vit, rien ne s'opposera à son acquittement". Zum Motiv der Versiegelung vgl. auch die Verwendung in BelDr 13ff.
74 Ebd. 141.
75 Vgl. Bickerman, Strange Books 85, "The deity was of course the supreme judge of right and wrong. As a Babylonian text says of god Shamash (the Sun god): he reinstates the right of him who has been badly treated."

Überlegenheit über den König deutlich.[76] Gleichzeitig wird jeder Kritik am Verhalten des Daniel die Grundlage entzogen und das Unrecht des von Dareios und seinen Beamten erlassenen Dekretes wird sichtbar. Das Verbot des Betens zu irgendeinem Gott außer dem König[77] hebt diesen in eine Stellung, die nach Ausweis seiner eigenen Unfähigkeit und der Fähigkeit des Gottes des Daniel zu retten unangemessen ist.[78] Der Gott des Daniel erweist sich durch seine Rettung als geschichtsmächtig und macht zugleich deutlich, dass ihm die Verehrung, die Daniel ihm erwiesen hat, auch tatsächlich zukommt; sein Eingreifen wird von keiner anderen göttlichen Macht verhindert.

Und doch hofft Dareios auf die Rettung des Daniel. Im Rundschreiben wird er Konsequenzen aus dem göttlichen Rettungshandeln ziehen:[79] Er bekehrt sich zum Gott des Daniel und distanziert sich zugleich von den anderen Göttern.[80]

Nachdem die Unversehrtheit des Daniel offiziell festgestellt und seine Unschuld anerkannt ist, werden die Beamten, die gegen ihn Zeugnis abgelegt hatten (καταμαρτυρήσαντες τοῦ Δανιηλ), in die Löwengrube geworfen (V 24). Auf diese Weise erhält das Verfahren eine Fortsetzung; unmittelbar und auf der Stelle werden sie – zusammen mit ihren Frauen und Kindern – von den Löwen getötet und ihre Knochen werden zer-

---

76 BOOGAART, Daniel 6 109, "To petition or pray would mean facing a harrowing trial by ordeal. According to the interdict, a petitioner was to be thrown to the lions as a test of the sovereignty of the man or god before whom he humbled himself … The lion's den is not, as many assume, a punishment for the crime of making a petition, but a test of the sovereignty of the one to whom the petition is made." Nicht Dareios ist der unangefochtene Souverän, sondern der Gott des Daniel.

77 Jedes Beten wird auf Dareios konzentriert, alle anderen Götter sind als Adressaten ausgeschlossen. Die Spitze des Textes richtet sich – vgl. BICKERMAN, Strange Books 83 – somit „against ruler-worship".

78 Man mag vor diesem Hintergrund in der Erzählung eine Art „Götterkampf" sehen. Vgl. ebd. 86, mit dem Verweis auf die Erzählung von 1Kön 18. In der Löwengrube ist der Gott des Daniel herausgefordert, seine Macht unter Beweis zu stellen und damit seinen Anspruch auf Verehrung und deren Rechtmäßigkeit zu dokumentieren. WERLITZ, Könige 172, „Denn entweder ist der eine Gott oder der andere, tertium non datur, Entweder-Oder!" Das dort festgesetzte Verfahren setzt ebenfalls das Unterbleiben jeglicher menschlicher Einflussnahme auf das Verfahren voraus. Vgl. FRITZ, 1Kön 171, „Damit soll jeder Zweifel an der Richtigkeit des Erweises von vornherein ausgeschlossen werden."

79 Die Konsequenzen der Rettung werden in der Regel nur für die Person des Daniel in den Blick genommen, sodass die Figur des Königs zu wenig Beachtung erfährt. Im Hinblick auf Daniel bringt die Rettung Daniels in der Löwengrube zwei Erkenntnisse ans Licht: Mit der Gerechtigkeit Daniels vor Gott (δικαιοσύνη) geht das Fehlen von ἁμαρτία und ἄγνοια vor dem König einher. Die zweite Erkenntnis greift den Befund von V 4 auf: Die Oberbeamten finden keinen Grund zur Anklage beim König (οὐδεμίαν ἁμαρτίαν οὐδὲ ἄγνοιαν ηὕρισκον).

80 Dareios verwendet den Begriff „handgefertigte Götterbilder". Gemeint sind, wie noch zu zeigen ist, die von den Medern bzw. Persern verehrten Gottheiten. Vgl. dazu ausführlich Abschnitt 9.3.5, 377.

malmt. Eine Versiegelung der Löwengrube erscheint in Anbetracht ihrer sofortigen Vernichtung als obsolet. Die Frage, warum nun die Beamten in die Löwengrube geworfen werden, lässt die Erzählung unbeantwortet; für den Leser drängt sie sich dennoch auf.[81] Offenkundig haben sie nicht gegen das Dekret verstoßen.[82]

Im Gegensatz zu Daniel, der gegen das Dekret verstoßen hat und von seinem Gott gerettet wurde, werden sie vernichtet. Es gibt keine Gottheit, die sie vor dem Tod in der Löwengrube bewahrt. Warum? Aufgrund ihrer Schuld? Oder aufgrund der Ohnmacht ihrer Gottheit? Der Text gibt im unmittelbaren Kontext keine Antwort. Bezieht man das Rundschreiben des Königs in die Argumentation ein, in dem Dareios die „handgefertigten Götter" thematisiert, die nicht retten können (οὐ δύνανται σῶσαι V 27), ist (primär) von einer Unfähigkeit der Gottheit(en) zu retten auszugehen.[83] Dareios verweist in seinem Rundschreiben nicht auf die Frage von Schuld und Unschuld, sondern kontrastiert Fähigkeit und Unfähigkeit zu retten. Trotz aller Sympathie für Daniel scheint Dareios von der Möglichkeit einer Rettung der Beamten durch deren Götter – und damit nach Ausweis von Dan 5 der Götter, die allgemein in seinem Reich und auch von ihm selbst verehrt wurden – auszugehen: So wie der Gott des Daniel seinen Diener rettet, können auch die Götter der Beamten ihre Diener erretten, um ihre Macht unter Beweis zu stellen und das Verhalten ihrer Diener zu legitimieren.[84] Diese Sichtweise des Königs scheint erst im Rundschreiben auf; eine Konkurrenz der Götter und eine Erwartungshaltung des Dareios werden im Verlauf der Erzählung nicht aufgebaut.[85] Für Dareios entschei-

---

81 Ein königlicher Befehl, wie er im Fall des Daniel überliefert ist, wird nicht ausgesprochen. Es wird lediglich konstatiert, dass sie in die Löwengrube geworfen wurden. Ein *passivum regium* vermag zwar eine solche Verbindung herzustellen, bringt aber für die vorliegende Fragestellung keinen Ertrag; alles Geschehen ist letztlich vom König verantwortet. Im Duktus der Erzählung erscheint es als logische Konsequenz, dass nun die Beamten in die Löwengrube geworfen werden.

82 Auch die Bestimmung von Dtn 19,18f erklärt nicht die Schuld der Beamten: Offensichtlich haben die Beamten keine falsche Zeugenaussage getroffen; Daniel hat ja tatsächlich gegen das Dekret verstoßen.

83 Offenkundig steht das Rundschreiben des Königs in Beziehung zum Korpus der Erzählung; es ist also von einer Beziehung der Elemente des Rundschreibens zur Erzählung auszugehen. Die einzigen Situationen aber im Verlauf der Erzählung, in der eine Rettung versagt bleibt, sind das Scheitern der königlichen Rettungsbemühungen (οὐκ ἠδύνατο ἐξελέσθαι αὐτὸν ἀπ᾽ αὐτῶν V 15) sowie die Tötung der Beamten in der Löwengrube. Das Scheitern der eigenen Rettungsbemühungen verantwortet Dareios selbst.

84 Dabei wird in der Erzählung nicht deutlich, warum Dareios ein Eingreifen erwartet. In gleicher Weise wie unklar bleibt, warum die Beamten in die Löwengrube geworfen werden, bleibt auch unklar, warum die Götter in das Verfahren eingreifen sollten.

85 Die Unterschiede zu 1Kön 18 sind offensichtlich; die Parallelen sind jedoch – zumindest in der Interpretation des Dareios – deutlich. Der Verweis auf die Ähnlichkeiten soll keine direkte Entsprechung, sondern eine grundlegende Vergleichbarkeit nahele-

det sich an der Löwengrube die Frage nach der Macht und damit nach der Göttlichkeit des Gottes des Daniel und der Reichsgötter;[86] Schuld und Unschuld ergeben sich als Konsequenzen.

Zumindest im Nachhinein deutet Dareios – nach Ausweis des Rundschreibens – das Verfahren in der Löwengrube als Götterwettstreit; die Gottheit des Übertreters war herausgefordert, ihren Diener zu retten, um so die eigene Macht zu demonstrieren und dessen Verhalten zu legitimieren. Durch die Rettung Daniels hat sein Gott sowohl seine eigene Geschichtsmächtigkeit als auch die Unschuld des Daniel gezeigt;[87] der Verstoß gegen das Dekret ist keine Schuld. Demgegenüber stehen die Beamten: Sie haben nicht gegen das Dekret verstoßen (und auch nicht falsch Zeugnis abgelegt), sodass sie aus diesem Grund in die Löwengrube geworfen werden; durch den Erlass des Verbotes haben sie in die Machtsphäre des Gottes des Daniel eingegriffen. Sie haben die Verehrung des Gottes untersagt, der durch die rettende Tat seine Macht bewiesen hat. Auf welche Weise lässt sich ihr Tun rechtfertigen? Man mag an das Eintreten einer Gottheit für die Beamten denken, die sich als mindestens ebenso machtvoll wie der Gott des Daniel erweist; wie Daniel müssen sich auch die Beamten dem Verfahren in der Löwengrube stellen. Anders als er werden sie nicht gerettet; es ist die Deutung des Dareios, dass die Götter des Reiches nicht die Macht haben, die Beamten zu retten. Diese haben ihr Vertrauen auf die falschen Götter, auf die „handgefertigten Götter" gesetzt, die nicht Macht haben zu retten und in dieser Hinsicht – ebenso wie Dareios – dem Gott des Daniel unterlegen sind.

Bezieht man die *Perspektive des Daniel* in die Darstellung ein, so wird das Bild weitgehend bestätigt, aber auch um eine weitere Nuance ergänzt: Es ist „der Herr" (ὁ κύριος), der Daniel gerettet hat.[88] Die rettende Gottheit ist der Herr, der Gott Israels; er ist es, der machtvoll einzugreifen in der Lage war. Dies macht die Legitimität seiner Verehrung deutlich und stellt

---

gen: In beiden Erzählungen ist das Eingreifen oder Nichteingreifen der Gottheit das entscheidende Kriterium für die Göttlichkeit.

86   Vgl. dazu auch KÖCKERT, Elia 129, „Die Wirklichkeit Gottes aber erweist sich in der Antike schlicht an eines Gottes Wirksamkeit. Ein Gott, der nichts wirkt, ist eben auch nicht wirklich."

87   BICKERMAN, Strange Books 85, "In fact, the function of ordeal here is not to test whether the accused did commit the imputed crime but to determine whether his action was of the nature of crime." Im Gegensatz zu anderen Formen des Ordals, bei denen es um die Frage nach der Täterschaft geht, nimmt das vorliegende Verfahren die Täterschaft zum Ausgangspunkt und fragt nach der Bewertung der Tat.

88   Daniel greift mit seiner Erwiderung strukturell und terminologisch die Frage des Königs V 20 unmittelbar auf, sodass über weite Strecken Wortgleichheit besteht. Jedoch modifiziert er die Aussage des Dareios καὶ ὁ θεός σου zu ὁ κύριος. Es ist nicht (nur) der Gott des Daniel, sondern „der Herr". Vgl. zu den theologischen Implikationen dieses Begriffes Abschnitt 9.4.4, 438. V 22 ist anstelle von θεός (88-Syh; vgl. MT) mit P 967 das in Dan^LXX seltenere κύριος zu lesen; nur 12 weitere Belege.

das Recht des Königs zu einem solchen Dekret in Abrede. Die Rettung durch den Herrn ist konstatiert; das weitere ist eng mit dieser Aussage verbunden, ihr aber nachgeordnet.

Darüber hinaus begegnen weitere wichtige Aspekte, denn Daniel stellt V 22 einen direkten Zusammenhang her zwischen der Gerechtigkeit vor dem Herrn (δικαιοσύνη ... ἐναντίον αὐτοῦ) und der Fehlerlosigkeit vor dem König (οὔτε ἄγνοια οὔτε ἁμαρτία). Daniel teilt dem König – er spricht ihn mit dem Titel βασιλεύς an – mit, dass er noch am Leben ist (ἔτι εἰμὶ ζῶν). Zugleich verkündet er, dass er von dem Herrn gerettet wurde. Entscheidend ist nicht nur die Aussage vom Überleben, sondern dessen Begründung: In Daniel wurde Gerechtigkeit vor dem Herrn (δικαιοσύνη ... ἐναντίον αὐτοῦ) gefunden.[89] Die gewählte Formulierung (εὑρέθη) verweist in den Bereich der Rechtssprache und kann neben der „Schlußfolgerung ... aus der vorausgehenden Untersuchung"[90] auch ein „sittlich-religiöse[s] Urteil(s), das zunächst von den Menschen gefällt wird (Da[n] 1,19), hinter dem aber Gott stehen kann (J[e]s 53,9; ψ 16,3; Da[n] 6,22)."[91], bezeichnen. Vor Gott und vor dem König hat sich Daniel als unschuldig erwiesen. Das Verfahren – so wird hier abschließend nochmals deutlich – ist ein juristisches und ein theologisches.

9.3.5 „Handgefertigte Götter(bilder)"

Der Vergleich des Gottes des Daniel mit den „handgefertigten Götter(bilder)n" (τὰ ... εἴδωλα τὰ χειροποίητα) ist nach Ausweis des Rundschreibens (insbes. V 27) ausschlaggebend für die Hinwendung des Dareios zu dem Gott des Daniel.[92] Der Gott des Daniel, der von Dareios auch als ὁ θεός (mit Artikel) bezeichnet wird,[93] erweist sich den „handgefertigten Götter(bilder)n" gegenüber als überlegen. Diese direkte Gegenüberstellung erfordert eine Klärung der Frage nach der Identität der „handgefertigten Götter(bilder)" und eine Einordnung der Begrifflichkeit hinsichtlich der mit ihr verbundenen Wesensaussage.

---

89 Die Konjunktion καθότι ist hier, ebenso wie V 3, kausal wiederzugeben. BLASS/DE-BRUNNER, Grammatik §456.

90 PEDERSEN, Art. εὑρίσκω 211.

91 PREISKER, Art. εὑρίσκω 767, insbes. für passivische Formulierungen.

92 Das Demonstrativpronomen αὐτῷ bezeichnet das Gegenüber der Verehrung des Dareios und bezieht sich auf den V 26 genannten Gott des Daniel (τῷ θεῷ τοῦ Δανιηλ).

93 BLASS/DEBRUNNER, Grammatik §254 1. Die Verwendung von ὁ θεός (mit Artikel) begegnet, „wenn der bestimmte jüdische ... Gott ... gemeint ist". Auch eine Präzisierung der Bezeichnung durch ein Genitivattribut erfolgt nicht; nicht eine allgemeine Gattungsbezeichnung, sondern die konkrete Bezugnahme auf Gott und zwar den Gott Israels ist intendiert.

Die Bezeichnung τὰ … εἴδωλα τὰ χειροποίητα[94] ist von großer (theologischer) Tragweite; die das Syntagma konstituierenden Begriffe werden in der LXX spezifisch gebraucht. Kontext der Verwendung sind bei
εἴδωλον und dem einerseits charakterisierenden andererseits aber auch
(dis-)qualifizierenden Adjektiv χειροποίητος Auseinandersetzungen mit
fremden Religionen und deren Göttern, die unter dem Begriff *Götzenpolemik* zusammengefasst werden,[95] bzw. mit der Bilderverehrung in Israel.[96]
Der vorliegende Text formuliert ausdrücklich die Opposition zwischen
dem Gott Israels und den „handgefertigten Götter(bilder)n" in einem
nicht-israelitischen Kontext.

Das gr. Wort εἴδωλον dient in der LXX zur Wiedergabe von fünfzehn
verschiedenen semitischen Begriffen und ist näherungsweise mit „Kult-
bild", „Götterbild" oder „Götze" wiederzugeben.[97] Innerhalb des Wortfeldes[98] nimmt es insofern eine Außenseiterrolle ein, als es erst sekundär
eine Bedeutung „Götterbild" oder „Götze" angenommen hat. Als Grundbedeutung in der Profangräzität werden *Gestalt*, *Bild*, *Abbild* oder auch
Schattenbild, *Trugbild* angegeben.[99] Das mit εἴδωλον bezeichnete steht in
der Spannung zwischen Bild und Urbild, zwischen Fiktion und Realität.

> „εἴδωλον ist, aufs Ganze gesehen, ein *ambivalenter* Begriff, der sowohl die
> *Entsprechung* als auch die *Differenz (deskriptiv)* bzw. das *Defizitäre (pejorativ)*
> gegenüber der Sache, die es abbildet, ausdrücken kann … Bei dem einzelnen
> Gebrauch … ist nie der gesamte *Assoziationskomplex* konnotiert. Vielmehr
> erhellt der jeweilige Kontext die einzelne Nuancierung, wodurch dann andere,
> zum Teil konträre Konnotationen ausgeschlossen werden können."[100]

---

94 Das Syntagma begegnet außerdem nur Dan 5,4.23; BelDr^θ 5. Zu Verwendung bei θ vgl.
    WILLS, Jew 130.
95 Zum Phänomen der Götzenpolemik vgl. PREUSS, Verspottung; EISSFELDT, Gott 268ff.
    Zur Verbindung mit dem Phänomen der Götterbilder vgl. LANG, Art. Götzen(dienst)
    895f, „Daran zeigt sich ein spezifischer Zug der bibl[ischen] Religionspolemik: sie
    verbindet den Kult von Göttern mit *Bildern*, während der Kult des einen und wahren
    Gottes bildlos ist." Zu einer vollständigen Übersicht über die Belege für χειροποίητος
    sowie deren kontextuelle Verwendung vgl. Anmerkung 110, 380.
96 Mit LANG, Art. Götzen(dienst) 896, ist etwa auf 2Kön 23,24 oder Hos 4,17 als Beleg zu
    verweisen.
97 Vgl. MURAOKA, Lexicon of the Septuagint Lemma: εἴδωλον 192; LUST, Lexicon
    Lemma: εἴδωλον 173; BAUER, Wörterbuch Lemma: εἴδωλον 446–447; außerdem
    HATCH/REDPATH, Concordance 376.
98 In diesem Wortfeld wären insbes. die Begriffe ἄγαλμα, ξόανον, εἰκών, ἕδος, βρέτας,
    φάσμα, φάντασμα zu versammeln.
99 Vgl. LIDDEL/SCOTT, Greek-English Lexicon Lemma: εἴδωλον 483; GEMOLL, Hand-
    wörterbuch Lemma: εἴδωλον 255; HÜBNER, Art. εἴδωλον 937; BÜCHSEL, Art. εἴδωλον
    373f.
100 WOYKE, Götter 65.

An wenigen Stellen begegnet darüber hinaus die Bedeutung *Götterbild*.[101] Die Ausnahme des Profangriechischen wird in der LXX zur Regel und die Grundbedeutung zur Ausnahme. Die Bezeichnung „Götterbild" bzw. „Götze" erscheint in der LXX als die *neue Grundbedeutung* des Wortes.[102] Die LXX kann mit dem Begriff auch die *fremden Götter* selbst bezeichnen.[103]

Prägend für diesen Sprachgebrauch ist die Beziehung Israels zu seinem Gott, der monolatrisch verehrt wurde und zumindest monotheistische Züge aufweist.[104] Gerade diese monotheistische Perspektive ist es, die in Verbindung mit der Forderung nach einer bildlosen Verehrung das Verhältnis Israels zu den Göttern der anderen Völker bestimmt. Bei aller Unklarheit und allen Diskussionen um die Ursprünge des Monotheismus in Israel ist zumindest von einer Entwicklung der Gottesvorstellung zu einer stärker monotheistischen Ausrichtung auszugehen, die bereits in vorhellenistischer Zeit, wohl mit dem Exil, zu einem Abschluss gekommen ist.[105] Insbes. in der Spätzeit Israels, der das Daniel-Buch zweifelsohne zuzurechnen ist, ist ein entwickelter Monotheismus zu konstatieren.

---

101 Der weit verbreiteten Annahme, dass das Wort εἴδωλον in der Profangräzität nicht zur Bezeichnung von Götterbildern verwendet wurde – so etwa HÜBNER, Art. εἴδωλον 937; BÜCHSEL, Art. εἴδωλον 375 – widerspricht GRIFFITH, Εἴδωλον 96. Vgl. dazu auch WOYKE, Götter 41, „im nicht-jüdischen und nicht-christlichen Griechisch ... eine seltene Bezeichnung für Götterbilder".

102 GRIFFITH, Idols 33, "In all its occurrences it denotes heathen images and the gods they represent. The LXX thus excludes all other elements of the semantic range of *eidolon*."

103 Vgl. GRIFFITH, Εἴδωλον 101; RÖSEL, Theo-Logie 60. Instruktiv für diese doppelte Verwendungsweise des Begriffes εἴδωλον sind die Belege 1Chr 16,26 bzw. 2Chr 28,2, die die zwei grundlegenden Dimensionen des spezifischen Sprachgebrauchs der LXX deutlich machen.

   1Chr 16,26 πάντες οἱ θεοὶ τῶν ἐθνῶν εἴδωλα   Götterbilder / Götzen
   2Chr 28,2   καὶ γὰρ γλυπτὰ ἐποίησεν τοῖς εἰδώλοις αὐτῶν Götter

Auch sachlich ist das Verhältnis von Götterbild und Gottheit in der Umwelt Israels nicht einfach zu klären. UEHLINGER, Art. Götterbild 872f, „In jedem Falle dient ein G[ötterbild] nicht der Abbildung des göttlichen ›Aussehens‹ ... sondern der Vergegenwärtigung: Das G[ötterbild] markiert als Gottesleib und Erscheinungsform den Ort göttlicher Realpräsenz ... Von *materialer Identität* von Gott und G[ötterbild] kann also keine Rede sein; hier greift atl. G[ötterbilder]-Polemik zweifellos zu kurz." Ungeachtet dessen ist von einer engen Beziehung zwischen Götterbild und Gottheit auszugehen, die sich nicht in eine symbolische Dimension auflösen lässt, sodass die Außenwahrnehmung der atl Texte erklärbar ist.

104 Die Debatte um den Monotheismus in Israel, seine Wurzeln und seine Entfaltung und insbes. seine Eigenart ist nicht abschließend geführt, sondern in vollem Gang. Vgl. dazu als einführenden Überblick LANG, Art. Monotheismus 834ff; KOCH, Monotheismus 294; sowie DIETRICH, Monotheismus 13ff; STOLZ, Monotheismus. Zur Vielschichtigkeit des Monotheismus-Begriffes vgl. LEUENBERGER, Monotheismus 9ff.

105 RÖSEL, "Theology of the Septuagint" 245, "Thus the Septuagint shows that monotheism had developed ... "

Man mag in der Terminologie zunächst einen rein beschreibenden Terminus für heidnische Götterbilder und Götter sehen.[106] Mehrere Aspekte werden bei einer Betrachtung aus der monotheistischen Perspektive Israels, die sich durch die Forderung nach einer Bildlosigkeit auszeichnet, deutlich. So ist – erstens – mit der Terminologie eine Differenzierung zwischen dem Gott Israels und anderen Göttern, die als εἴδωλον bezeichnet werden, verbunden. Die konstatierte Differenz ist auf einer personalen und auf einer qualitativen Ebene angesiedelt. Die Götterbilder und Götter der anderen Völker sind nicht in gleicher Weise Gott wie der Gott Israels. Der Aspekt der qualitativen Differenz zwingt – zweitens – zur Aufgabe der Annahme einer lediglich neutral beschreibenden Verwendungsweise und macht den pejorativen Aspekt des Begriffes deutlich.[107] „... εἴδωλον ist *das Wirklichkeitslose*, das von törichten Menschen an die Stelle des wirklichen Gottes gesetzt ist."[108]

Ergänzt wird die Bezeichnung εἴδωλον durch das Adjektiv χειρο-ποίητος, „handgefertigt". Dieses Adjektiv bezeichnet den „Gegensatz des von Menschen gefertigten Werkes zum natürlich Gewordenen"[109]. Der menschliche Einfluss auf das Entstehen ist der entscheidende Aspekt dieses Begriffes.[110]

> „Die alttestamentliche Polemik gegen Götter- und Kultbilder setzt am häufigsten bei der Herstellung derselben an. Da die altorientalische Bildertheologie die *wunderbare Abkunft* der Bilder als konstitutives Element für ihre Wirkungsweise ansieht ..., erscheint es im Interesse einer generellen Abwertung der Bilder als effektiv und sinnvoll, wenn man ihre Entstehung jeglicher wundersamer Züge beraubt und banalisiert."[111]

Eine Bezeichnung fremder Götter als „menschliche Handwerksprodukte"[112] schließt jede göttliche Aktivität im Kontext des Entstehungsprozesses hinter dem εἴδωλον aus. Dem notwendigen göttlichen Ursprung wird der menschliche Ursprung gegenübergestellt. Im vorliegenden Kontext

---

106 So etwa: KENNEDY, Semantic Field 204, "The pejorative sens of *eidōlon* as 'idol' did not emerge until Tertullian ..."
107 GRIFFITH, Idols 56, "... polemical term within a strategy that aims to develop self-identity and maintain group-boundaries".
108 BÜCHSEL, Art. εἴδωλον 374.
109 LOHSE, Art. χείρ 425.
110 Die Belege beschränken sich auf die Bücher Lev; Jes; Dan; Jdt; Weish. Im Einzelnen: Lev 26,1.30; Jes 2,18; 10,11; 16,12; 19,1; 21,9; 31,7; 46,6; Dan 5,4.23; 6,27; Jdt 8,18; Weis 14,8. Das Adjektiv begegnet häufig in substantivierter Verwendungsweise als vollständiger Ausdruck für ein Götterbild; gleichsam als Synonym für εἴδωλον Weish 14,8; Jes 16,12; 19,1; 21,9; 31,7; 46,6.
111 BERLEJUNG, Theologie der Bilder 318f, mit Hervorhebung des Verfassers. BERGMANN, Idol Worship 208, "While God did not have a beginning and has always existed, the Hebrew Bible states that idols were created at a specific point in time by human hands and from mundane materials."
112 BERLEJUNG, Theologie der Bilder 322.

bleibt die Frage in den Blick zu nehmen, ob von „handgefertigten Göttern" oder von „handgefertigten Götterbildern" zu sprechen ist. Da die verwendete Begrifflichkeit beide Möglichkeiten offen lässt, ist der Kontext der Erzählung, insbes. das Rundschreiben des Königs, das leitende Kriterium. In Verbindung mit dem Ausdruck „handgefertigt" ist zunächst vom Götterbild auszugehen. Die Aussage, die vom König formuliert wird (οὐ δύνανται σῶσαι), setzt bei den „handgefertigten Götter(bilder)n" die grundsätzliche Möglichkeit einer Rettungskompetenz voraus. Dabei wird man annehmen dürfen, dass Dareios die Rettung durch die Gottheit selbst und nicht durch deren Bild erwartet, sodass es möglich ist von „handgefertigten Göttern" zu sprechen. Eine solche Interpretation verschärft die Aussage des Dareios: Nicht nur das Bild ist Menschenwerk, sondern die Gottheit selbst. Ein Menschenwerk wird an die Stelle Gottes gesetzt.[113] In den Auseinandersetzungen mit fremden Göttern sind zwischen der Frühzeit und der späteren Ausprägung deutliche Unterschiede festzustellen. Der Diskurs um fremde Gottheiten begegnet auch in früher Zeit, „aber dieser Spott betrifft immer nur bestimmte Schwächen des Gegners, bestreitet aber nicht dessen Gottsein überhaupt"[114]. Die Polemik erhält eine neue Qualität.[115]

Die Form des Dekalogs in der LXX   Überlegungen zu Götterbildern und zu deren Verehrung erinnern an den Dekalog und das „Bilderverbot". Die Formulierung in der LXX weist theologisch signifikante Differenzen zur Fassung des MT auf.[116] Im Kontext der vorliegenden Untersuchung interessieren insbes. die Parallelen zwischen dem Dekalog und dem Rundschreiben des Dareios. Die Formulierung in Ex 20,3–5 bietet folgenden Text:[117]

---

113 Vgl. hierzu die gleichlaufende Aussage Weish 14,8, „Fluch hingegen trifft das von Händen geformte Holz und seinen Bildner, ihn, weil er es bearbeitet hat, jenes, *weil es Gott genannt wurde, obwohl es vergänglich ist*."

114 PREUSS, Verspottung 30.

115 HERMISSON, Götter 123, „Als Menschenwerk ›gibt‹ es sie – nicht bloß von Händen, sondern auch von Köpfen gemacht." Zum letztlich atheistischen Hintergrund dieser Götzenpolemik vgl. WOJCIECHOWSKI, Criticism 63f, "Nothing inside these Texts [i. e. Dan 14; D. H.] indicates that they were written from the monotheistic point of view. Nobody would guess it, if these texts were presented separately. We consider them to be monotheistic, because they are now introduced by the biblical redactor, placed in the context of the monotheistic Book of Daniel and in the context of the whole Bible." Götzenpolemik ist nicht genuin monotheistisch.

116 Vgl. dazu im Hinblick auf das Bilderverbot die Untersuchung von TATUM, LXX Version 183–186.

117 Auf eine gesonderte Betrachtung von Dtn 5,8f kann aufgrund der völligen Übereinstimmung mit Ex 20,4f verzichtet werden. Die Betrachtung der Parallelen zwischen Rundschreiben und Gebot darf jedoch nicht dazu verleiten, die Differenzen zu übersehen.

3 οὐκ ἔσονταί σοι θεοὶ ἕτεροι πλὴν ἐμοῦ.

4 οὐ ποιήσεις σεαυτῷ εἴδωλον οὐδὲ παντὸς ὁμοίωμα, ὅσα ἐν τῷ οὐρανῷ ἄνω καὶ ὅσα ἐν τῇ γῇ κάτω καὶ ὅσα ἐν τοῖς ὕδασιν ὑποκάτω τῆς γῆς.

5 οὐ προσκυνήσεις αὐτοῖς οὐδὲ μὴ λατρεύσῃς αὐτοῖς

„3 Du sollst keine anderen Götter haben außer mir.

4 Du sollst dir selbst kein Götzenbild machen noch ein Abbild von allem machen, was im Himmel oben und auf der Erde unten und in den Wassern unterhalb der Erde ist.

5 Du sollst sie nicht anbeten, und du sollst ihnen keinesfalls dienen ... "[118]

Die Betrachtung des Textes macht deutlich, dass Übereinstimmungen nicht nur hinsichtlich des Ausdrucks εἴδωλον bestehen.[119] Die Schaffung eines εἴδωλον erscheint mit der Anfertigung eines Bildnisses (παντὸς ὁμοίωμα) zusammengeordnet. V 5 formuliert der Text ein erneutes Verbot, dessen unmittelbarer Anschluss an V 4 syntaktisch auffällig ist.[120] Während sowohl εἴδωλον als auch ὁμοίωμα im Singular stehen, untersagt V 5 eine Verehrung und einen Dienst, die einer Mehrzahl gelten, wie die zweimalige Verwendung von αὐτοῖς deutlich macht. Naheliegend ist ein Bezug auf die im vorangehenden V 3 genannten „anderen Götter" (θεοὶ ἕτεροι πλὴν ἐμοῦ). Nicht die Verehrung der Bilder ist im Fokus des Verbotes von V 5, sondern die Verehrung anderer Götter. Mit ihr verbindet sich die Anfertigung von Götterbildern. In Verbindung mit der Ambivalenz des Begriffes εἴδωλον lässt sich eine derogative Grundhaltung des Dekalogs in seiner LXX-Fassung konstatieren: Zielrichtung ist in der LXX nicht die Verehrung von Bildern, sondern von fremden Gottheiten, von Götzen.[121] εἴδωλον erscheint aufgrund der konkreten Kontextualisierung als Präzisierung des Begriffes θεοὶ ἕτεροι und seine Verwendung dient der Disqualifikation der „anderen Götter". Die verbotene Verehrung wird mit den beiden Verben λατρεύω und προσκυνέω, die Dan 6 zur Beschreibung der geforderten Verehrung des Gottes des Daniel gebraucht werden, bezeichnet.[122]

---

118 Wiedergabe von LXX.D; vgl. aber TATUM, LXX Version 184, "You shall not make for yourself an idol (eidōlon) or (oude) a likeness (homoiōma) of anything ... "

119 Die Verwendung dieser Bezeichnung ist überraschend. Die Wiedergabe mit γλυπτός bzw. ἄγαλμα wäre aufgrund der präziseren Übereinstimmung des semantischen Gehaltes mit dem hebr. פֶּסֶל zu erwarten. Vgl. ebd. 185. Das (substantivierte) Adjektiv χειροποίητος verwendet der Dekalog nicht; vgl. aber das generelle Verbot zu Beginn οὐ ποιήσεις, das zumindest die verbale Komponente des Adjektivs aufgreift. Außerdem begegnet das Adjektiv in anderen Texten, die sich auf das Bilderverbot beziehen. Lev 26,1 findet es sich in einer Reihe verwandter Ausdrücke in Anfangsstellung: οὐ ποιήσετε ὑμῖν αὐτοῖς χειροποίητα ... προσκυνῆσαι αὐτῷ.

120 Vgl. zu dieser Beobachtung ebd. 184.

121 Ebd. 178, "*The LXX version of the Second Commandment is a polemic directed against idols, not images.* Or: the Second Commandment is anti-idolic, not anti-iconic."

122 Vgl. dazu die Formulierungen ἔστωσαν προσκυνοῦντες καὶ λατρεύοντες τῷ θεῷ τοῦ Δανιηλ V 26; ἔσομαι αὐτῷ προσκυνῶν καὶ δουλεύων V 27; das Verb δουλεύω, das Dareios

Die Verehrung, die das Volk des medischen bzw. persischen Reiches gewöhnlich „handgefertigten Göttern" darbringt, soll nach dem Willen des Dareios dem Gott des Daniel dargebracht werden. Dabei erinnert die Formulierung des Dareios an die Formulierung des „Bilderverbotes" im Dekalog, das in seiner LXX-Fassung treffender als „Götzenverbot" zu bezeichnen ist. Die Verehrung, die das Gesetz Israels dort für Götter verbietet, fordert Dareios von den Bewohnern seines Reiches für den Gott des Daniel. Dareios erscheint an dieser Stelle als Anwalt des Gesetzes Israels,[123] wenn er den Versuch unternimmt die Verehrung seines Volkes neu auszurichten. Eine Abwendung von den Götzen wird damit – so ist jedoch einzuschränken – von den Bewohnern des Reiches nicht ausgesagt.[124] Dareios nimmt mit seiner Formulierung – wie noch zu zeigen sein wird – die Perspektive Israels ein, wenn er die Götter seines Landes als „handgefertigte Götter" (dis-)qualifiziert.[125]

Mit diesen Überlegungen ist ein zweifacher Ertrag verbunden. Zum einen ist am Beispiel des Dekalogs die zentrale Verwendung des Begriffes εἴδωλον im Sinne von Götze, fremdem Gott in der LXX an prominenter Stelle in Verbindung mit den Ausdrücken der Verehrung, wie sie sich auch in Dan 6 finden, nachgewiesen.[126] Wesentlich entscheidender ist der Ertrag dieser Überlegungen für die Zeichnung des Dareios, der durch die Fokussierung auf die Verehrung des Gottes Israels in die Tradition der Propheten Israels eingereiht wird. Eine Konkretion dieser Erkenntnis erfolgt durch eine Analyse der Verwendung des Syntagmas τὰ ... εἴδωλα τὰ χειροποίητα im Kontext von Dan^LXX.

„handgefertigte Götterbilder" im Daniel-Buch   Es fällt auf, dass dieses Syntagma ein Spezifikum von Dan^LXX darstellt.[127] Außer 6,27 begegnet der Ausdruck auch 5,4.23.[128] Zur Klärung des Motivs ist eine Betrachtung der

---

V 27 zur Beschreibung seines Verhältnisses zum Gott des Daniel verwendet, begegnet im Kontext des Dekalogs nicht.

123 Zur Geschichte des Verbotes der Bilderverehrung vgl. außerdem Ex 34,17; Lev 19,4; 26,1; Dtn 4,15–19.25. Vgl. BERGMANN, Idol Worship 207.

124 Anders scheint die Situation bei Dareios selbst. Die Verwendung des Verbs δουλεύω legt eine exklusive Interpretation seines Gottesverhältnisses nahe.

125 Zu konstatieren ist an dieser Stelle außerdem, dass diese Aussagen in ihrer konkreten Formulierung von Dareios stammen. Sie begegnen in der Vermittlung des Erzählers, der jedoch markiert durch die Verwendung des Partizips λέγων V 25 den Anspruch einer wörtlichen Wiedergabe erhebt.

126 Vor diesem Hintergrund erscheint es als äußerst wahrscheinlich, dass Dan 6 hier Empfängertext, der Pentateuch Spendertext ist.

127 Vgl. aber die Formulierung in Jes 10,11 καὶ τοῖς χειροποιήτοις αὐτῆς ... καὶ τοῖς εἰδώλοις αὐτῆς.

128 Alle drei Belege stehen einer anderen Formulierung (VV 4.23 τοὺς θεούς) im θ-Text gegenüber; in BelDr^θ nur V 5. Der Begriff εἴδωλον begegnet außerdem 3,12.18; auch hier in Verbindung mit den beiden Verben λατρεύω und προσκυνέω.

Verwendung in Dan 5 notwendig, die nähere Informationen zu in Dan^LXX
mit dem Syntagma verbundenen Vorstellungen liefert.[129]

Die Überlieferung von Dan 5 weist in der LXX eine strukturelle Besonderheit auf. Sie besteht neben der Erzählung selbst auch aus einer
vorangestellten *praefatio*, bei der es sich um „eine Art Kurzfassung des
gleichen Stoffes, der in der darauf folgenden Erzählung ausführlich dargestellt wird"[130], handelt. Das literarkritisch zu bestimmende Verhältnis
zwischen Erzählung und *praefatio* ist nicht klar; die enge (auch thematische) Verbindung mit der Erzählung ermöglicht eine Einbeziehung in
die Analyse. Methodisch sind die Belege in der Erzählung selbst von der
Verwendung innerhalb der *praefatio* zu unterscheiden.

Innerhalb der Erzählung sind die Belege VV 4.23 einschlägig, in denen
einmal der Erzähler, das andere Mal Daniel spricht. Im Gegensatz zu
Dan 6 begegnet der Ausdruck nicht im Mund eines heidnischen Königs.
Das Rundschreiben des Dareios (6,25–27) weist jedoch Bezüge zu diesen
Äußerungen des Erzählers (5,4) und des Daniel (5,23) gegenüber König
Baltasar auf.

Im Kontext der Schilderung des Festmahls, das Baltasar mit seinen
Gefährten (τοῖς ἑταίροις) hält, kommt der Erzähler auf die Verehrung
„handgefertigter Götter" zu sprechen (V 4). Subjekt dieser Verehrung sind
die Teilnehmer an dem genannten Festmahl:

καὶ εὐλογοῦσαν τὰ εἴδωλα τὰ χειροποίητα αὐτῶν,
καὶ   τὸν θεὸν τοῦ αἰῶνος   οὐκ εὐλόγησαν

Gott wird als Gott der Ewigkeit bezeichnet und seine Vollmacht über
deren Geist (τὸν ἔχοντα τὴν ἐξουσίαν τοῦ πνεύματος αὐτῶν) thematisiert.[131]
Die Aussage weist eine chiastische Struktur auf; durch sie wird der Gegensatz zwischen den beiden Vershälften und damit der Verehrung der
handgefertigten (Imperfekt; iterativ)[132] Götter einerseits und der Nicht-
Verehrung des Gottes der Ewigkeit (Aorist, abgeschlossene Handlung) auf

---

129 Die zahlreichen nachweisbaren Verbindungen zwischen Dan 5 und Dan 6 erlauben eine
wechselseitige Verwertung für die Interpretation. Vgl. zu den Bezügen im Einzelnen
etwa MEADOWCROFT, Aramaic Daniel 117–120.

130 ALBERTZ, Gott 80, 81, „Es handelt sich vielmehr um das kurzgefaßte Referat einer
weiteren, von der Haupterzählung abweichenden griechischen Erzähltradition. Sie
wurde hier nur insoweit aufgenommen, als sie wichtige Varianten zum Haupttext
hinzufügte, vor allem wohl wegen der in ihr mitgeteilten geheimnisvollen Wörter
der Geisterschrift." Unklar bleibt, ob es sich dabei um eine Übersetzung oder einen
ursprünglich gr. verfaßten Text (so PASSONI DELL'ACQUA, Translating 328) handelt.

131 Die beiden Aussagen τὰ εἴδωλα τὰ χειροποίητα αὐτῶν und πνεύματος αὐτῶν weisen
beide eine Näherbestimmung im Genitiv auf, die sich offensichtlich auf den gleichen
Personenkreis bezieht.

132 Als textkritische Variante ist in 88 ηὐλόγουν belegt. Die P 967 bezeugte Form εὐλογοῦσαν
ist vorzuziehen. Vgl. dazu BLASS/DEBRUNNER, Grammatik § 84 3; Ps^LXX 61,5.

der sprachlichen und der graphischen Ebene zum Ausdruck gebracht.[133] Korrespondieren einerseits Verehrung und Nichtverehrung als Gegensatzpaar miteinander, so stehen sich die Kennzeichnung durch die Ewigkeit einerseits und die Machart als Handwerksprodukt, also als menschliches und damit vergängliches Machwerk, andererseits gegenüber.[134]

Eine weitere Interpretation erfordert eine Analyse des Teilnehmerkreises des Festes; Hinweise darauf finden sich insbes. VV 1f.23,[135] die auf einen engeren Kreis von Personen schließen lassen, die in einer gewissen Nähe zum König stehen.[136] Geht man von einer weitgehend homogenen Struktur dieser Gruppe – was mit guten Gründen möglich ist – aus, so ist keine grundlegende religiöse Binnendifferenzierung zugrunde zu legen.[137] Durch die Verwendung des Pronomens αὐτῶν wird eine Beziehung zwischen den Teilnehmern und den „handgefertigten Göttern" hergestellt.[138] Mit dem Begriff „handgefertigte Götter" bezeichnet der Erzähler V 4 nach Ausweis dieser Argumentation die Götter, die von einem Kreis von Personen aus dem näheren Umfeld des Königs verehrt werden. Diese Verehrung beschreibt kein religiöses Randphänomen im Reich, sondern kennzeichnet die Religiosität einer der Kerngruppen des Königreiches des Baltasar. Weiter ist davon auszugehen, dass es sich bei der Verehrung der „handgefertigten Götter" um die Reichsgötter des babylonischen Reiches handelt.

Gegenüber Dan 6 fällt die Differenz in der Beschreibung der Verehrung auf. Während die dort verwendeten Verben in Dan 5 keine Rolle spielen, begegnen Dan 5 zwei wichtige Begriffe: εὐλογέω und αἰνέω. αἰνέω findet sich in der LXX ausschließlich in der Bedeutung *loben*, *preisen* und

---

133 Die Wahl der Tempora verstärkt die Opposition; der ständigen Praxis der Verehrung entspricht die abgeschlossene, definitive Nichtverehrung.

134 Vgl. dazu GRIFFITH, Idols 37f.

135 Die *praefatio* ergänzt die Angabe von V 1 um die Aussage, dass der König „von seinen Großen 2000 Männer (ἀπὸ τῶν μεγιστάνων αὐτοῦ ἐκάλεσεν ἄνδρας δισχιλίους)" rief. Ähnlich die Darstellung V 23; allerdings unter Verwendung des Begriffes τοῖς φίλοις. Verglichen mit den Aussagen des Kerns der Erzählung ergeben sich keine Differenzen in der Deutung. MEADOWCROFT, Aramaic Daniel 61, "In the LXX the scene of the action is more in the nature of a private party."

136 Vgl. dazu MURAOKA, Lexicon of the Septuagint Lemma: ἑταῖρος 295.

137 Es muss zugestanden werden, dass möglicherweise neben Daniel weitere Ausländer einem derartigen Kreis angehört haben mögen; eine Dominanz ist nicht erkennbar.

138 Der Teilnehmerkreis des Festes gibt den Bezug des Pronomens αὐτῶν an; nach Ausweis von V 1f.23 nehmen Personen an dem Festmahl teil, die sich durch ihre persönliche Nähe zum König auszeichnen. Es ist damit zu rechnen, dass auch – darauf deutet die Verwendung des Begriffes οἱ μεγιστάνες hin – Beamte der Führungsschicht des Reiches zu den Gästen des Festmahls zählen. Das Pronomen bezieht sich somit auf wesentliche Beamte des babylonischen Königs, auch wenn mit MEADOWCROFT, Aramaic Daniel 62, festzuhalten ist, dass sie mglw. unter dem Fokus ihrer persönlichen Beziehung zum König betrachtet werden. Beide Ebenen lassen sich nicht in eine Richtung trennen. Zur Deutung des Genitivs αὐτῶν vgl. Anmerkung 143, 386 zu V 23.

bekennen. Das zum Ausdruck gebrachte Lob gilt in aller Regel Gott.[139] Von
besonderem Interesse ist die Verwendung des Wortes εὐλογέω, für das
zwei Bedeutungen anzugeben sind: neben *gut reden von, loben, rühmen,
preisen* meint es *segnen*.[140] Anders als in der LXX die Regel[141] spiegelt sich
in Dan 5 der Sprachgebrauch der Profangräzität, der das erste Bedeu-
tungsfeld voraussetzt.[142]

Der zweite Beleg V 23 befasst sich mit dem gleichen Thema, weist
jedoch eine andere Perspektive auf. Es ist dies die Perspektive des Daniel,
der am Hof des Königs lebt und in der Zeit des Nebukadnezzar, des
Vaters des Baltasar, ein einflussreicher Weiser gewesen war. Nachdem
Daniel die Inschrift an der Wand entziffert hat und im Begriff ist, Baltasar
die Deutung zu sagen, blickt er auf dessen und seiner Freunde Verhalten
zurück (V 23). Baltasar und seine Freunde sind Subjekt der nachfolgend
ausgeführten Verehrung bzw. Nicht-Verehrung.

καὶ ᾐνέσατε πάντα τὰ εἴδωλα τὰ χειροποίητα τῶν ἀνθρώπων

καὶ   τῷ θεῷ τῷ ζῶντι   οὐκ εὐλογήσατε

Ähnlich der Aussage V 4 weist auch V 23 eine analoge chiastische Struktur
auf; das Loben von „allen handgefertigten Göttern der Menschen"[143] und
das Preisen des „lebendigen Gottes" werden kontrastiert. Die sprachliche
und graphische Struktur erweist den Gegensatz zwischen dem Machwerk
der Hände – also dem Leblosen – einerseits und dem lebendigen Gott
andererseits. Während Baltasar und seine Freunde die handgefertigten
Götter loben, versäumen sie es, den Gott des Lebens gleichfalls zu preisen.
Weiter ausgeführt wird die Rolle des lebendigen Gottes für Baltasar: „...
und dein Geist ist in seiner Hand, und deine Königswürde hat er dir
selbst gegeben, und du hast ihn nicht gepriesen und nicht gelobt."[144]

---

139 Vgl. SCHULTZ/ SCHIMANOWSKI, Art. αἰνέω 239 , „...bemüht sich die LXX, mit αἰνέω
     ... vor allem das geregelte *Loben Gottes* im rechten Gottesdienst (bes. Ps 146–150)
     wiederzugeben."

140 Vgl. etwa BAUER, Wörterbuch Lemma: εὐλογέω 652.

141 Vgl. LINK, Art. εὐλογέω 1628f; 1629, „Die Bedeutung *segnen* hat εὐλογέω erst in der
     LXX erhalten." Vgl. außerdem BEYER, Art. εὐλογέω 752.

142 BEYER, Art. εὐλογέω 751, „Bei wenigen Wörtern der n[eutestament]lichen Sprache wird
     so deutlich wie bei εὐλογέω und εὐλογία, daß sie ihren Gehalt nicht aus der Prof[an]-
     Gräz[ität], sondern als Übersetzung hebräischer Wörter erhalten haben, die im AT
     und dem übrigen jüdischen Schrifttum ihre religiöse Bedeutung gewonnen haben."
     Zugleich scheint das Beispiel der konkreten Verwendung in Dan 5 das methodische
     Vorgehen der Untersuchung zu bestätigen, zunächst vom gr. Kontext auszugehen.

143 Möglicherweise ist ἀνθρώπων gleichsam als „Genitivus auctoris" zu verstehen: „alle
     von Menschen handgefertigten Götter". Vgl. so auch NETS; BLASS/DEBRUNNER,
     Grammatik §183. Anders LXX.D. Im Vordergrund stünde dann die verbale Dimension
     und der Prozess des Anfertigens, nicht die Zugehörigkeit und Verehrung.

144 Wiedergabe von LXX.D. Der zunächst allgemein an die gesamte Festgesellschaft ge-
     richtete Vorwurf wird auf den König hin zugespitzt. Vgl. ALBERTZ, Gott 89.

In der Beschreibung der „handgefertigten Götter" unterscheidet sich die Darstellung des Daniel insofern von der des Erzählers als Daniel davon spricht, dass *alle* handgefertigten Götter *der Menschen"* gelobt werden. Die Aussage πάντα zielt kaum auf den Aspekt der Vollständigkeit bzw. der Universalität; vielmehr wird man davon auszugehen haben, dass eine Verehrung all der Götter, die von Menschenhand gemacht sind, gemeint ist. Verehrung wurde nur den von den Menschen „handgefertig-ten Göttern" zuteil, nicht aber dem lebendigen Gott. Die Äußerung des Daniel liegt somit – hinsichtlich aller wesentlicher Punkte – auf der Linie der Aussage des Erzählers von V 4.

Aufgrund ihrer literarischen Eigenart erfordern die Belege in der *praefatio* eine größere Zurückhaltung bei der Interpretation und beim Vergleich mit Dan 6.

> ἐπήνεσε πάντας τοὺς θεοὺς τῶν ἐθνῶν ...
> καὶ τῷ θεῷ τῷ ὑψίστῳ   οὐκ ἔδωκεν αἴνεσιν

Die Formulierung begegnet in einer Aussage des Erzählers der *praefatio*, der nicht notwendigerweise mit dem Erzähler von Dan 5 zu identifizieren ist. In der gerafften Zusammenfassung wesentlicher Handlungselemente begegnet eine chiastisch geformte Aussage, deren Ähnlichkeit zu den Aussagen VV 4.23 deutlich wahrnehmbar ist. Gerade in den Differenzen ist jedoch auch ein Anhaltspunkt für die Richtigkeit der Interpretation der VV 4.23 und damit wohl auch von 6,27 gegeben. Die Verwendung der Bezeichnung τοὺς θεοὺς τῶν ἐθνῶν (*praefatio*) steht der Verwendung der τὰ ... εἴδωλα τὰ χειροποίητα (Dan 6) gegenüber. Aufgrund der völlig identischen Struktur und der identischen Zielrichtung der Aussagen wird deutlich, dass die beiden Bezeichnungen zu identifizieren sind. Die Götter der Heiden sind handgefertigte, menschengemachte Götter. Verdeutlicht wird dies durch die ergänzende Wendung, die die Götter der Völker oder der Heiden – hier wird nochmals die Perspektive des Erzählers deutlich – „als gegossene und geschnitzte Götter" (τοὺς χωνευτοὺς καὶ γλυπτοὺς ἐν τῷ τοπῷ αὐτοῦ) betrachtet.[145]

Setzt man *praefatio* und Erzählung zueinander in Beziehung, wird deutlich, dass Dan 5 die heidnischen Götter, konkreter wohl die offiziellen Götter des Reiches des Baltasar, vom Erzähler und von Daniel als „handge-fertigte Götter" bezeichnet werden. Das verwendete Adjektiv πᾶς scheint weniger Vollständigkeit andeuten zu wollen, als auf die Universalität des Phänomens hinzuweisen: Nicht relevant ist, welche „handgefertigten Götter" konkret gemeint sind, sondern „handgefertigte Götter" allgemein werden bezeichnet. Ein anderes Verständnis legt sich für Dan 6 nicht nahe.

---

145 Vgl. ebd. 80. Nach Ausweis dieser Belege ist εἴδωλον in Dan 5; 6 mit „Gott" nicht mit „Götterbild" wiederzugeben.

Die Fähigkeit Gottes Daniel (τὸν Δανιηλ) zu erlösen (ἐλυτρώσατο) steht der Unfähigkeit der Götter bzw. Götterbilder zu retten (οὐ δύνανται σῶσαι) gegenüber (6,27).[146] Der Gegensatz überschreitet eine Opposition von „Können" vs. „Nicht-Können" und lässt sich in der unterschiedlichen Terminologie fassen. Die Erlösung Daniels durch seinen Gott wird mit dem Verb λυτρόω bezeichnet.

Die Kontextualisierung mit Dan 5 profiliert die Stelle 6,27 wesentlich deutlicher: Durch die Bezeichnung der Götter Babylons und *aller Götter der Menschen* als „handgefertigte Götter" wird deren Gott-Sein radikal in Frage gestellt und verneint. In der Konsequenz sind sie dem Gott des Daniel unterlegen: Die Unfähigkeit der Götter zu retten, steht der Geschichtsmächtigkeit des Gottes des Daniel gegenüber.

9.4 Präsentation der Personen

Die handelnden Personen in Dan 6 lassen sich aufgrund ihrer Gruppenstruktur übersichtlich beschreiben. Im Kern spielen drei Gruppen von je einer oder mehreren Personen eine Rolle.

Die Rahmenstruktur (VV 1.28) zeichnet Dareios als den zentralen Aktanten aus. Im Kontext der von ihm initiierten Verwaltungsreform kommen weitere Figuren in den Blick (vgl. VV 1–3): Zunächst ist eine Gruppe von 127 Satrapen zu nennen, die mit der Verwaltung des Reiches betraut werden. Diesen übergeordnet begegnen drei Männer (ἄνδρας τρεῖς) mit Führungsaufgaben, zu denen auch Daniel gehört. Unmittelbar wird seine Auszeichnung deutlich gemacht, durch die er sich von ihnen unterscheidet. Formal ist er Mitglied dieser Gruppe; funktional ist er ihr Gegenüber. Die Erzählung ist hinsichtlich ihrer Personenkonstellation als Dreiecks-Erzählung zu beschreiben; dem Handlungssouverän Dareios sind die ungleichen Oberbeamten zugeordnet.

Bei der Bezeichnung der (verschiedenen) Mitglieder des Beamtenapparates begegnet eine auffallende Varianz. Neben dem Begriff Satrapen (σατράπας VV 3 (Dublette).14.19) und der recht allgemeinen Umschreibung ἄνδρας τρεῖς ἡγουμένους αὐτῶν (V 2)[147] wird die Bezeichnung νεανίσκοι (V 4) gebraucht.[148] Außerdem finden sich die Titel οἱ μεγιστᾶνες (V 17) bzw. αἱ δυνάμεις (V 23).

---

146 Instruktiv für dieses Verständnis ist die Wahl der Tempora: Die Götter sind unfähig (Präsens) zu retten (Infinitiv Aorist), während „der Gott" Daniel erlöst hat (Aorist). Die bereits nachgewiesene Fähigkeit zur Rettung steht der grundsätzlichen Unfähigkeit gegenüber.

147 Vgl. auch die Formulierungen VV 6.12.24 οἱ (δύο) ἄνθρωποι; V 3 (Dublette) τοὺς δύο ἄνδρας.

148 MONTGOMERY, Two Youths 316, „... why should the co-presidents be called 'youths'?" Er sieht – ebd. 317 – die νεανίσκοι als „an arrant insertion".

Diese Vielfalt fordert eine Klärung der Abgrenzung der einzelnen Gruppen bzw. möglicher Identifikationen. Deutlich bezeichnet sind die Satrapen, die den drei führenden Männern unterstellt sind; diese führenden Männer werden in der vorliegenden Untersuchung als „Obersatrapen" bezeichnet. Mit ihnen sind einerseits die V 4 genannten νεανίσκοι zu identifizieren. Möglicherweise denkt der Erzähler, wenn er V 14 von Satrapen (ἀπὸ τῶν χειρῶν τῶν σατραπῶν) spricht, ebenfalls an sie.[149] V 19 wird wiederum die Bezeichnung Satrapen gebraucht; es ist nicht deutlich, ob die beiden jungen Obersatrapen zu dieser Gruppe gerechnet werden dürfen.

Die μεγιστᾶνες des Königs (V 17) und die δυνάμεις (V 23) sind nicht klar von den (Ober)satrapen zu unterscheiden. Beide Gruppen erscheinen nicht als Aktanten; ihre Anwesenheit ist funktional durch das Verfahren in der Löwengrube bedingt.[150]

Dieses oberflächliche Modell wird um einen weiteren Aktanten ergänzt; die handelnden Personen werden in ihrer bewussten bzw. unbewussten Abhängigkeit von Gott (ὁ θεός) dargestellt, der an entscheidender Stelle die Wende herbeiführt. Gott selbst ist, als Objekt der Verehrung des Daniel, als Aktant zu begreifen, zumal seine Handlung Gegenstand des Erzählerberichtes und der Figurenrede ist. Nicht als eigenständiger Aktant, sondern in der Zuordnung zu Gott erscheinen die Löwen.

Zur Bezeichnung Gottes begegnet neben dem allgemeinen Begriff (ὁ) θεός (VV 13.27),[151] der VV 5.7 ἀπὸ bzw. παρὰ παντὸς θεοῦ als Appellativ zur Bezeichnung irgendeiner Gottheit verwendet wird, (ὁ) κύριος (VV 5.22).[152] Ausgenommen VV 5.7 ist mit θεός stets der Gott des Daniel bezeichnet.

Die Frauen und Kinder begegnen in ihrer Relation zu den Beamten und nicht als eigenständig handelnde Aktanten. Ihre Erwähnung dient der Illustration der Vernichtung der Beamten. Für die Entwicklung der Handlung spielen sie keine Rolle.[153]

---

149 Trotz der Begriffsdifferenz mag man von einer Identität ausgehen. MEADOWCROFT, Aramaic Daniel 96, „... distinction between the functions of the courtly officials as against the administrators of regions of the empire, and suggests that it is the former who exercise a legal function when Daniel is cast into the pit." Vgl. dazu auch CASSIN, Daniel 145. Beim Erlass des Gesetzes waren nur die beiden jungen Obersatrapen beteiligt. Bei ihnen liegt das Motiv – sollte es in der Beförderung des Daniel zu finden sein –; in welcher Weise sollten die 127 Satrapen hier eine Rolle spielen? Andererseits wird auf die präzise Bezeichnung und die Identifizierung der beiden Männer V 24 großen Wert gelegt, sodass man geneigt sein mag, unter die Bezeichnung Satrapen eine größere Gruppe von Personen zu subsumieren.
150 Die Art und Weise, wie diese einzelnen Gruppen in der Erzählung auftreten ist in der konkreten Analyse aufzuzeigen. Vgl. dazu auch Abschnitt 9.3.4, 372.
151 Zur Bezeichnung des Gottes, der mit Daniel in Verbindung gebracht wird, vgl. die Formulierungen: VV 16.20 (ὁ) θεός σου; V 18 ὁ δὲ θεὸς τοῦ Δανιηλ; V 26 τῷ θεῷ τοῦ Δανιηλ. Hier wird stets der unmittelbare Bezug auf Daniel zum Ausdruck gebracht.
152 V 5 δεῖται κυρίου τοῦ θεοῦ; V 22 σέσωκέ με ὁ κύριος.
153 Demnach sind sie nicht als Aktanten zu klassifizieren. Vgl. LOEWENCLAU, Daniel 293.

Ganz am Ende (V 28b) kommt Kyros in den Blick; er ist nicht als Aktant zu betrachten. In enger Anlehnung an die Machtübernahme durch Dareios (5,31) wird im Kontext der formelhaften Aussagen des erzählerischen Rahmens (6,1a.28) – so die wahrscheinliche Annahme – der Beginn der persischen und damit das Ende der medischen Herrschaft dokumentiert. Dabei dürfte diese Wendung, die für die Erzählung selbst keine Funktion hat, im Dienst der Strukturierung der Großkomposition stehen.[154]

Neben Dareios, Daniel und den jungen Obersatrapen erscheint Gott als handelnde Person, dessen Auftreten durch die Löwen als ausführendes Urteilsorgan ergänzt wird. Während sowohl Daniel als auch Gott Aktanten in vorangehenden Erzählungen des Daniel-Buches sind, begegnen Dareios und die konkreten Beamten – die jungen Obersatrapen – mit Dan 6 erstmalig im größeren Erzählzusammenhang.[155]

9.4.1 Dareios

Einen Zugang zur Person des Dareios und damit einen Schlüssel für das Verstehen der Erzählung liefern die *formelhaften Rahmennotizen*:[156] Am Beginn und am Ende steht Dareios im Zentrum des Interesses: zu Beginn eine knappe Vorstellung des Menschen Dareios, am Ende die Notiz von seinem Tod und der Herrschaftsübernahme des Kyros.

Dareios wird nicht als König eingeführt; von einer Machtübernahme ist nicht die Rede. Erst nach der Vorstellung seiner Person kommt eine Reform in den Blick, die sein Königreich betrifft (ἐπὶ πάσης τῆς βασιλείας αὐτοῦ V 1) und ihn als König über ein (medisches) Reich ausweist.[157] Vorangestellt sind Aussagen über Alter und Ansehen, die ihn in positivem Licht zeigen: πλήρης ἡμερῶν καὶ ἔνδοξος ἐν γήρει.

Der Hinweis auf die Fülle der Tage (πλήρης ἡμερῶν) begegnet in der LXX nur an wenigen Stellen, aber – abgesehen von Astyages (BelDr⁰ 1,1) – immer in

---

154 Vgl. außerdem die Notiz von 1,21, die den Horizont der Wirksamkeit des Daniel bis in die Zeit des Kyros aufspannt.

155 Zugleich wird man davon auszugehen haben, dass der Leser die – in Dan 6 nicht durch Namensgebung personalisierten Beamten – mit denen vorangehender Erzählungen in Verbindung bringt und sie in deren Licht sieht.

156 ILLMAN, Formulas 47, bezogen auf verschiedene Ausdrücke im Zusammenhang von Tod und Sterben: "They have already become formulaic and the use of such cumulative formulaic elements is due to the importance of the persons rather than a wish to be precise."

157 In diesem Zusammenhang begegnet erstmals das Wort βασιλεία bzw. βασιλεύς in Verbindung mit Dareios. Das Fehlen einer betonten Kennzeichnung als König ist insbes. vor dem Hintergrund der Hinweise auf Xerxes den Meder (ὁ τῶν Μήδων βασιλεὺς παρέλαβε τὴν βασιλείαν 5,31) auffällig.

Verbindung mit herausragenden oder beispielhaften Persönlichkeiten des
Volkes Israel: Abraham (Gen 25,8), Isaak (Gen 35,29), David (1Chr 23,1; 29,28),
Jojada (2Chr 24,15), Ijob (Ijob 42,17).[158] Der Zusammenhang ist meist der Tod
oder aber das Ende der Regierung und die Bestellung des Nachfolgers (so bei
David). Das zweite Syntagma (ἔνδοξος ἐν γήρει) ist singulär. Die einzelnen
Motive begegnen öfter, aber der Befund für das Motiv des Alters (ἐν γήρει) insgesamt ist vergleichbar: Es begegnet in der LXX in Verbindung mit Abraham
(Gen 15,15; 21,2.7 u. ö.), Jakob (Gen 37,3; 42,38 u. ö.), Ahija (3Rg 12,24i), Asa
(1Kön 15,23) und David (1Chr 29,28) sowie dem „Gerechten" (Ps^{LXX} 91,15)[159].
Die Verwendung ist nicht auf Israeliten beschränkt. Die Bezeichnung findet
sich bei Raguël (Tob 3,10) – dessen Volkszugehörigkeit unklar bleibt –[160], bei
dem Gileaditer Barsillai (2Sam 19,33) und die Wertung ist nicht immer positiv,
wie die Anwendung auf Salomo (1Kön 11,4)[161] zeigt. Die Erfahrung eines
frühen Todes des Gerechten und eines langen Lebens des Frevlers – wie sie
Weish 4,16 thematisiert – führt zu einer Krise der Deutung eines langen Lebens als Segen Gottes.[162] Einer solch positiven Einschätzung des Alters stehen
auch negative Aspekte gegenüber; das von der Bibel entworfene Bild ist nicht
unrealistisch: „Worte größter Hochschätzung des Alters wechseln ab mit
Schilderungen seiner Schattenseiten, seiner Last. Einerseits wird die Weisheit
alter Menschen gepriesen, andererseits und anderenorts aber auch die senile
Schwäche und der Altersstarrsinn alter Menschen, ja sogar hervorragender
Gestalten schonungslos aufgedeckt. Man könnte daher zu dem freilich recht
oberflächlichen Urteil kommen, die zwiespältige Bewertung des Alters im AT
trage *lediglich* einer allgemein menschlichen Erfahrung Rechnung ... "[163] Der
Hinweis auf sein Ansehen im Alter (ἔνδοξος ἐν γήρει) macht deutlich, dass
im Fall des Dareios nicht die negative, sondern die positive Zeichnung des
Lebensalters konnotiert ist.[164]

Dareios wird als herausragende Persönlichkeit eingeführt; ausgezeichnet nicht aufgrund seiner Königsherrschaft, sondern durch sein Alter,

---

158 Vgl. WERLITZ, Zahlen 109, „Das Alte Testament geht mit dieser Formulierung sparsam
     um ... " Vgl. auch FREVEL, Art. Alter 82.
159 HOSSFELD/ZENGER, Psalmen 636f, „Im Kontrast zu den wie Gras schnell aufsprossen-
     den, aber ebenso schnell vertrocknenden Frevlern werden die Gerechten mit den zwar
     langsam, aber hoch aufwachsenden, immergrünen und alt werdenden Palmen und
     Libanonzedern verglichen ... daß die Libanonzedern sogar noch mit 3000 Jahren ihre
     Zapfen mit den Samen ausbilden, ist in der Tat ein Phänomen erstaunlicher Fruchtbar-
     keit. Mit dieser Vitalität wird die Vitalität der Gerechten verglichen, die diese deshalb
     haben, weil sie ›im Haus JHWHs‹ bzw. ›in den Vorhöfen Gottes‹ eingepflanzt sind (vgl.
     ähnlich Ps 52,10)."
160 Eine Zugehörigkeit Raguëls zu einem nicht-israelitischen Volk ist nicht auszuschließen.
     Mit GROSS, Tobit 22, ist wohl von einer israelitischen Abstammung auszugehen.
161 Salomo wird aufgrund der Verehrung fremder Götter negativ beurteilt. Die Abkehr von
     JHWH wird im Zusammenhang mit seinem Alter und der Hingabe an seine Frauen
     gesehen (1Kön 11,1–13).
162 Vgl. ENGEL, Weisheit 93; MARTIN-ACHARD, Alter 198f; KAISER, Geschlechter 43.
163 RUPPERT, Mensch 270; ähnlich SCHARBERT, Alter 349.
164 Auch Daniel wird V 3 mit dem Adjektiv ἔνδοξος qualifiziert.

das ihn – durch gezielte Bezugnahmen in der Wortwahl – in einen Zusammenhang mit bedeutenden, beispielhaften Israeliten stellt. Bereits
diese ersten Charakteristika machen deutlich, dass sich Dareios von den
übrigen heidnischen Königen unterscheidet, die in den vorangehenden
Kapiteln im Zentrum standen. Der Akzent der Altersangabe scheint dabei
nicht so sehr auf dem tatsächlichen, biologischen Alter zu liegen, sondern
auf einer positiven Wertung des Dareios vor Gott, der diesem gewährte,
dieses Lebensalter zu erreichen.[165] Eine konkrete Aussage verbindet sich
mit diesen Angaben nicht, man scheint aber ein Alter von mindestens 60
Jahren annehmen zu können.[166] Auch die negative Konnotation des Alters
scheint bei Dareios durch, wenn neben seine im Alter herausgehobene
Stellung auch die Defizite in seiner Regierungsführung treten, die von der
Erzählung thematisiert werden. Dominant bleibt die positive Würdigung.

Dareios wird – so die Notiz am Ende der Erzählung – „zu seinen
Vätern versammelt" (V 28): Δαρεῖος προσετέθη πρὸς τοὺς πατέρας αὐτοῦ.
Das Passiv von προστίθημι ist Teil der in der LXX mehrfach verwendeten
Wiedergabe einer idiomatischen Redewendung aus dem Hebräischen
und entspricht einem Nifʻal von אסף in der Bedeutung „zu den Vätern
versammelt werden", d. h. „sterben".[167] Die Aussage vom „versammelt

---

165 RUPPERT, Mensch 273, So „... wünschte sich verständlicherweise der Israelit, daß
     ihm die volle, von Jahwe dem Menschen konzedierte Lebensspanne auf dieser Erde
     vergönnt sei. Er sehnte sich danach, einmal ‚in hohem Alter, betagt und satt an Lebens-
     tagen' zu sterben, wie es von Abraham (Gen 25,8P), Isaak (Gen 35,29P) und ähnlich
     auch von Ijob (42,17) heißt. Als höchstes Glück galt, wenn man im Alter – etwa wie
     Josef (Gen 50,23) und Ijob (42,16) – Enkel und sogar Urenkel erleben durfte." Vgl. weiter
     MARTIN-ACHARD, Alter 199, „Das Leben ist und bleibt *eine Gabe Gottes*. Man empfängt
     es von ihm. Man findet es in ihm. Man lebt es in Gemeinschaft mit ihm. Für Israel gibt
     es keinen Zweifel: Nur die Verbindung mit Gott sichert dem Leben Dauer."
166 Eine Grenzziehung in dem Altersbereich um 60 scheint sowohl für den bibl. Kontext
     als auch für die griechisch/hellenistische Umwelt wahrscheinlich. Vgl. dazu RUPPERT,
     Mensch 271, „60 Jahre gelten im Alten Testament als normales Menschenalter." Einen
     schönen Überblick über die Alterseinteilungen im AT ermöglicht auch Lev 27,1–8. Vgl.
     zu dieser Fragestellung auch ERNST, Bilder des Alterns 30f; BALTRUSCH, Rand 59,
     „Grenze zum Alter [war; D. H.] zweifelsfrei auf das 60. Lebensjahr" festgesetzt. Außer-
     dem BRANDT, Geschichte des Alters 13. WEBER, Macht 124f, weist auf die wenigen
     Informationen über Altersgrenzen in hellenistischer Zeit hin, zeigt aber ein Aufweichen
     dieser Grenzen auf (etwa 114.135).
167 Vgl. MAURER, Art. προστίθημι 169; DOGNIEZ, Greek Renderings 4f. Die Übersetzung
     von RICHTER, Daniel 152, „König Darius wurde über sein Volk gesetzt" – was auch
     immer die konkrete Zielrichtung einer solchen Aussage sein mag – geht von anderen
     textkritischen Entscheidungen aus und ist sprachlich nicht möglich. Die Implikation
     einer möglichen Aussage hinsichtlich einer Herrschaftsfunktion lässt sich damit nicht
     halten. DOGNIEZ, Greek Renderings 5, weist auf den unklaren Ursprung der Wendung
     hin und bestimmt die Funktion als „euphemism related to a taboo, namely to the social
     prohibition to mention death, similar to the euphemisms that we find in other cultures.
     Alternatively, it may be a direct allusion to family tombs ... " Der Bezug auf die Bestat-
     tung ist im Blick auf die Belege in Gen unwahrscheinlich. Vgl. ALFRINK, Expression
     129; KAISER, Geschlechter 32f; DE VAUX, Lebensordnungen 103; UTZSCHNEIDER, Tod

werden zu den Vätern" informiert nicht nur über den Tod des Dareios, sondern weist darüber hinaus. Auch hier liegt wie bereits V 1 eine qualitative Aussage vor,[168] die ihn im Licht großer Israeliten erscheinen lässt.[169]

„Any Jewish reader of these words must have been aware of the history of the phrase in the LXX."[170] Besonders deutlich ist die Ähnlichkeit mit den Aussagen über Abraham Gen 25,8:[171] ἀπέθανεν Ἀβρααμ ἐν γήρει καλῷ πρεσβύτης καὶ πλήρης ἡμερῶν καὶ προσετέθη πρὸς τὸν λαὸν αὐτοῦ. Drei Aussagen über diesen werden auch für Dareios in Anspruch genommen: πλήρης ἡμερῶν, ἐν γήρει, προσετέθη πρὸς τοὺς πατέρας αὐτοῦ bzw. πρὸς τὸν λαὸν αὐτοῦ. Die Anwendung der Aussagen auf einen Fremdherrscher ist singulär in der LXX. Am ehesten in die Nähe dieser Aussage – über einen Nicht-Israeliten – kommt die Aussage Jdt 14,10 (προσετέθη εἰς τὸν οἶκον Ισραηλ).[172] Umso deutlicher ist die Auszeichnung, die Dareios hier erfährt.[173]

„Die Lösung aller Lebensfragen muß, weil der Tod die nicht mehr rückwärts zum Leben hin ein zweites Mal zu überschreitende Grenze bildet, *diesseits* von ihr *gefunden werden.* Was man sich wünscht, ist ein erfülltes Leben, das die dem Menschen mögliche Lebenszeit voll ausschöpft. Die hebräische Bibel drückt dies so aus, daß sie von Menschen, denen es gelungen ist, dieses Ziel zu erreichen, sagt, sie seien ›in gutem Alter, alt und lebenssatt‹ gestorben …

---

41. Aber SURIANO, Politics 43. Die Aussage zielt – wie im AT verbreitet und auch im NT (vgl. Apg 13,36; außerhalb des Kanons und zeitlich etwas früher: VitProph Mal 4 – dazu SCHWEMMER, Vitae Prophetarum 189 –) bezeugt – auf den Tod des Dareios. Neben dem Aspekt des Euphemismus scheint auch eine positive Wertung impliziert zu sein. DRIVER, Plurima 142, unterscheidet dagegen zwischen dem Tod, der Sammlung der Seele oder des Geistes und dem Begräbnis. Nach KRÜGER, Weg 148f, hat die hinter den Formulierungen stehende Vorstellung ihren Ursprung in Palästina, ist aber auch in Mesopotamien und Ägypten belegt. „Gerade in der griechisch-römischen Zeit hat die ägyptische Literatur in noch größerem Umfang als ihre Vorläufer Gedankengut aus Nachbarländern rezipiert." Außerdem zum Begriff עם im Verständnis als „Stammvater" vgl. UTZSCHNEIDER, Tod 41f.

168 Zur positiv-wertenden Verwendungsweise dieses Ausdrucks vgl. STEUERNAGEL/SCHULZE, Aussage 271ff.

169 Die Redewendung begegnet: Gen 25,8 Abraham; 25,17 Ismael; 35,29 Isaak; 49,29.33 Jakob; Num 20,24.26 Aaron; 27,13; 31,2; Dtn 32,50 Mose; Ri 2,10 Josua und seine Generation; 2Chr 34,28 Joschija und in späterer Zeit: 1Makk 2,69 Mattatias; VitProph Mal 4 Maleachi; Apg 13,36 David. ALFRINK, Expression 127, „Que, dès l'origine, cette expression renfermât une forte dose de solennité, c'est un fait constant. Elle est réservée pour les plus grands en Israël … On ne l'emploie pas pour les femmes … Les non-Israélites aussi en sont exclus." Vgl. zu dieser Redewendung außerdem KRÜGER, Weg 143f.

170 MEADOWCROFT, Aramaic Daniel 110.

171 Sollte mit 88-Syh und gegen P 967 in Dan 6,28 τὸ γένος zu lesen sein, ist die Übereinstimmung noch deutlicher. Außerhalb des Pentateuchs ist dieser Sprachgebrauch nicht belegt. Eine vom Pentateuch beeinflusste Analogiebildung wäre sowohl auf der Stufe der Textgeneration als auch der Textüberlieferung denkbar. Die Lesart τὸ γένος macht eine literarische Abhängigkeit von Dan 6 wahrscheinlicher.

172 Vgl. MEADOWCROFT, Aramaic Daniel 110.

173 Vgl. auch HIEKE, Sichtweisen 17.

und sie fügt gelegentlich als weitere Aussage hinzu, daß sie zu ihren Vätern versammelt ... wurden ... "[174]

Trotz seines Verhaltens und trotz seiner medischen Herkunft erscheint Dareios nicht als heidnischer Despot, nicht als gottfeindliche Macht, sondern als ein vor Gott begnadeter Herrscher, der einen Vergleich mit den „Großen Israels" nicht zu fürchten braucht.[175] Die biographische Rahmung ist Indiz für das Interesse der Erzählung: Es geht um Dareios mehr als um Daniel.[176] Sie berichtet von einem Erlebnis des Dareios mit Daniel; sie ist in einen Rahmen eingebettet, der die Ausrichtung auf den fremden König deutlich macht.[177]

Innerhalb dieses Rahmens wird weder eine Biographie entworfen noch in schematischer Form das Leben des Königs charakterisiert, sondern eine konkrete Begebenheit berichtet, die eine Auseinandersetzung um Daniel thematisiert. Ausgangspunkt ist eine Verwaltungsreform, deren zeitliche Einordnung sowie Anlass und Zweck unklar bleiben. Sie mag mit einer grundlegenden (Neu-)Ordnung des Reiches unmittelbar nach der Herrschaftsübernahme durch Dareios zusammenhängen oder auch erst nach einiger Zeit durchgeführt worden sein.[178] Ob für die Umstrukturierung der Verwaltung das Alter des Dareios eine Rolle spielt, ist aus dem Text nicht zu ersehen. Sie ist in jedem Fall das Erste, was der Leser des Textes über die Herrschaft des Dareios erfährt. Die Reform stellt einen Akt der Dezentralisierung der königlichen Herrschaft dar, insofern Beamte eingesetzt und ihnen bestimmte Aufgaben übertragen werden. Notwendigerweise ist ein solcher Schritt mit der Reduktion eigener Macht

---

174 SCHOTTROFF, Alter 132f, der allerdings unter der Versammlung zu den Vätern die Bestattung im Familiengrab versteht. Vgl. auch WÄCHTER, Tod 64f. Unabhängig von dieser Differenz ist die Aussage sicher zutreffend. Es ist zu unterscheiden zwischen dem historischen Hintergrund der idiomatischen Wendung einerseits und der literarischen Funktion in der Erzählung andererseits.

175 Ähnliches konstatiert JAPHET, 1 Chronik 373.462 mit Blick auf die auf David bezogenen Formulierungen: „Somit tritt David in die Fußstapfen von Abraham (Gen 25,8), Isaak (Gen 35,29), Gideon (Ri 8,32) und Ijob (Ijob 42,17)."

176 MEADOWCROFT, Aramaic Daniel 110, "By bracketing the story of Daniel in the lions' den with such evocative descriptions of Darius, the narrator places his conversion to the God of Israel as a central theme in the story." Daniel betrifft lediglich eine innere Rahmung VV 4.24b; vgl. dazu Abschnitt 7.2, 240. Obgleich Daniel im Hintergrund steht, verfügt er – gerade in seiner zurückhaltenden Zeichnung – über ein starkes Identifikationspotential.

177 Freilich lässt sich die Rahmung auch auf andere Weise erklären; für ein Urteil in der Frage nach der Hauptperson bietet sie allein keine ausreichende Basis. Weitere Argumente, die im Gang der Untersuchung hinzukommen, machen deutlich, dass dieses Indiz in die richtige Richtung weist.

178 Eine Erklärung könnte möglicherweise im Zusammenhang von Herrscherlegitimation und Gesetzgebung zu sehen sein. Vgl. OTTO, Rechtshermeneutik 73ff. Zur Herrscherlegitimation vgl. außerdem AHN, Herrscherlegitimation.

und Einflussmöglichkeiten verbunden.[179] Zugleich dokumentiert Dareios
mit dieser Reform ein gutes Gespür für die Gestaltung einer politischen
Struktur, die grundsätzlich zielführend ist. Er erkennt die herausragende
Rolle Daniels sowie seine Begabung und zieht angemessene Konsequen-
zen daraus. Zunächst erscheint er als gestaltungswilliger und -fähiger
Herrscher, dem es gelingt, Strukturen zu schaffen und zu modifizieren,
sodass sie einer effizienten und erfolgreichen Leitung des Königreiches
dienlich sind. Die Veränderungen der Verwaltung wirken auf seine eigene
Stellung zurück. Bezeichnend ist die Begegnung mit seinen Beamten V 7ff:
Ohne Erweis einer Referenz treten sie vor den König und sprechen.[180]

Durch das Zusammenwirken von Obersatrapen und König kommt
es zur Festsetzung einer Begrenzung (ὁρισμός), die sämtliches Bitten auf
Dareios konzentriert. Der jeweilige Anteil am Zustandekommen des Gesetzes bleibt undeutlich. Die jungen Obersatrapen treten zunächst dem
König gegenüber und weisen auf ihren (selbstständigen) Beschluss hin
(ἐστήσαμεν).[181] Eigenartig mutet ihre Bitte an, der König möge die Begrenzung beschließen (ἵνα στήσῃ τὸν ὁρισμόν) und nicht verändern. Der
Beschluss der Beamten und die Bitte an den König stehen in einem Spannungsverhältnis; augenscheinlich besteht die Notwendigkeit einer königlichen Beteiligung – sei es durch eine unabhängige Bestätigung, eine
Inkraftsetzung oder eine Aufwertung des Beschlusses der Beamten. Man
mag davon ausgehen, dass nur ein vom König selbst beschlossenes Gesetz für ihn bindend ist, gesagt wird es nicht. Bleiben die Hintergründe
undurchsichtig, so werden V 9 der gewünschte königliche Beschluss und
die Ratifikation (ἔστησε καὶ ἐκύρωσεν) konstatiert. Dass der König eine
andere Wahl gehabt hätte, geht aus der Bitte der Beamten, die Begrenzung
nicht zu verändern (καὶ μὴ ἀλλοιώσῃ) hervor.[182] Dareios trifft die Entscheidung, das Verbot zu erlassen. Zu einer näheren Verhältnisbestimmung
der beiden genannten Rechtsakte trägt auch die Angabe zur Zielrichtung
der Begrenzung V 10 nicht bei (ὃν ἔστησαν κατ᾽ αὐτοῦ).[183] Deutlich bleibt

179 Vgl. NOLAN FEWELL, Circle of Sovereignty 110.
180 Dies wird zwar nicht ausdrücklich gesagt; der fehlende Hinweis ist aber als bewusste
Auslassung zu verstehen. Vgl. die Erwähnung des Grußes V 12; die Äußerungen der
Beamten und die Art und Weise, wie diese agieren, sind nur durch die Darstellung des
Erzählers zugänglich. Er ist es, der dem Leser die Informationen zur Verfügung stellt
und sie damit hinsichtlich ihres Verständnisses lenkt.
181 Die Feststellung des Beschlusses innerhalb der direkten Rede V 7 greift den Entschluss
von V 5 (στήσωμεν), eine Begrenzung zu erlassen, auf. ALBERTZ, Gott 121, konstatiert zutreffend eine Entlastung des Königs durch die Beteiligung der Beamten am
Zustandekommen des Gesetzes.
182 Die Verwendung von ἀλλοιόω ist im Daniel-Buch verbreitet, soweit der Text eine
Parallele im Aram. hat. Vgl. BARR, Notes 186f.
183 Ob hier an die Beamten und an Dareios oder nur an die Beamten gedacht ist, bleibt undeutlich. Vermutlich dient der subjektlose Plural zum Ausdruck eines unpersönlichen
Geschehens: „man". Vgl. BLASS/DEBRUNNER, Grammatik §130 2. Ein alleiniger Bezug

– trotz aller offener Fragen hinsichtlich der formaljuristischen Struktur –
die Dominanz der Beamten: Sie sind es, die die Initiative einbringen, die
die Formulierung vorlegen und den Beschluss des Königs herbeiführen.
Dareios folgt ihnen; an die Stelle des aktiven, souveränen Handelns tritt
eine passive Amtsführung, die das Versprechen des Dareios zu unbedingter Treue gegenüber den Worten der Beamten, der Begrenzung und
ihren Konsequenzen in allen Facetten (οὕτως ποιήσω καθὼς λέγετε V 12a)
dokumentiert.

Konfrontiert mit dem Vorwurf gegen Daniel, erteilt er umgehend den
Befehl, diesen in die Löwengrube zu werfen (V 14). Er scheint sich in
sein Schicksal zu ergeben; die Ausführung des Befehls wird erst V 17
berichtet (τότε Δανιηλ ἐρρίφη ...). Ohne Angabe von Gründen erfährt
sie einen Aufschub; dadurch entsteht für Aktivitäten des Königs zur
Rettung des Daniel ein Freiraum. Zugleich bildet V 14 nicht nur einen
vorläufigen Höhepunkt der Erzählung, sondern einen Wendepunkt in der
Rolle des Dareios. War er zunächst Handlungssouverän, aber (abgesehen
von der Verwaltungsreform) untätig, so ändern sich an dieser Stelle die
Verhältnisse. Er wird zwar aktiv, ist aber nicht mehr Herr der Lage; er hat
seine Macht in die Hände der Satrapen gelegt.

Mit V 14 wird ein neuer Zug der Erzählung sichtbar, der für das Verständnis der Figur des Dareios von besonderem Interesse ist. Der Erzähler
gewährt Einblick in die Gefühlslage des Dareios (VV 14.18.20): Zwar reagiert Dareios unmittelbar auf die vorgebrachten Vorwürfe, aber er tut
dies in Trauer (λυπούμενος) um Daniel. Die Interpretation des Partizips
ist nicht eindeutig; ein konzessives Verständnis erscheint naheliegend.[184]

In der Erkenntnis, dass die Angelegenheit für Dareios noch nicht
erledigt ist, liegt ein überraschendes Moment der Erzählung. Ein weiteres Mal wird seine Trauer in gesteigerter Form betont: σφόδρα ἐλυπήθη
ἐπὶ τῷ Δανιηλ.[185] Er unternimmt den Versuch, die Kontrolle über die
Geschehnisse zurückzugewinnen: Er setzt alles daran, Daniel aus den
Händen der Satrapen zu befreien.[186] Ziel seines Rettungsversuches ist
Daniels Befreiung vor Sonnenuntergang. Diese zeitliche Beschränkung

---

auf Dareios hätte wohl Namen und/oder Titel erwähnt. Der Erzähler scheint von einer
(Mit-)Verantwortung der Beamten auszugehen. Auf eine Alleinverantwortung des
Königs weist die – taktisch motivierte – Aussage der Beamten V 12 hin: οὐχὶ ὁρισμὸν
ὡρίσω.

184 Das Argument liefert die Chronologie der Erzählung V 13f: 1. Mitteilung über den
Gesetzesverstoß des Daniel 2. λυπούμενος 3. Befehl Daniel in die Löwengrube zu werfen
4. σφόδρα ἐλυπήθη ἐπὶ τῷ Δανιηλ 5. Rettungsbemühungen.

185 Die Zeitstufe des Aorist lässt für das Passiv von λυπέω eine Bedeutung „traurig werden"
zugrunde legen. Vgl. BAUER, Wörterbuch Lemma: λυπέω 977.

186 Die Identität der Beamten an dieser Stelle ist nicht eindeutig zu klären; insbes. muss
offen bleiben, inwieweit hier Personen über die zwei Männer, die in direkter Opposition
zu Daniel stehen, hinaus eingeschlossen sind.

lässt aufhorchen: Es geht um eine Rettung aus der Hand der Satrapen (V 14) – nicht etwa aus der Hand der Löwen –, die vor Sonnenuntergang zu erfolgen hat.[187] Zu interpretieren ist diese Angabe in Verbindung mit den beiden Zeitangaben, die den folgenden Morgen ansprechen: ἕως πρωὶ θάρσει V 16; ὤρθρισε πρωὶ V 19.[188]

Die als *Imperfekt de conatu* zu verstehende Formulierung (ἐβοήθει τοῦ ἐξελέσθαι V 14) verweist auf das V 15 konstatierte Scheitern der Bemühungen des Dareios voraus (οὐκ ἠδύνατο ἐξελέσθαι αὐτόν). Die Aussagen vom Versuch der Rettung und der Feststellung seines Scheiterns stehen einander fast parallel gegenüber. Auffällig ist das Fehlen der zeitlichen Bestimmung ἕως δυσμῶν ἡλίου im Kontext des gescheiterten Rettungsversuches. Die erste Aussage wird überboten: Dareios ist nicht nur nicht in der Lage, Daniel bis zum Sonnenuntergang zu befreien; er vermag es überhaupt nicht. Er befindet sich – was die Sache Daniels betrifft – in einer Situation vollkommener Hilflosigkeit. Die Erfahrung seiner Ohnmacht stellt ihn vor die grundlegende Entscheidung, wie er weiter verfahren soll. „Das Eingeständnis dieses Scheiterns geschieht ... unter großer emotionaler Erregung: ,Aufschreiend' kann Darius Daniel nur noch auf die Rettungsmöglichkeit seines Gottes verweisen und ihm für seinen schweren Gang Mut zusprechen (V. 17[16])."[189] In der Erkenntnis der Begrenztheit seiner eigenen Macht erscheint das Vertrauen auf die Rettermacht des Gottes des Daniel als der einzige Ausweg. „Der gescheiterte Rettungsversuch des Königs ... und die erhoffte Rettung durch Gott sind bewußt parallel zueinander formuliert, um zu verdeutlichen, daß der König dort seine Hoffnung auf den Gott Daniels setzt, wo er selber an seine Grenzen gerät."[190] Wenn Rettung möglich ist, dann durch Gott. Die erwartete Rettung durch den Gott des Daniel scheint bereits hier, noch bevor Daniel in die Löwengrube geworfen ist, am Horizont auf, wenn Dareios diesem zuruft, dass sein Gott ihn retten möge (ἐξελεῖται).[191] Die mögliche Rettung kommt nicht als allgemeine Hoffnung in den Blick; der Text verweist konkret auf den nächsten Morgen. Der Morgen des nächsten Tages erscheint als die Schicksalsstunde des Daniel: ἕως πρωὶ θάρσει.[192]

---

187 Auf diese Beobachtung ist zurückzukommen. Die Ausführung des Befehls verändert die Sachlage offensichtlich. Vor diesem Zeitpunkt sind Rettungsbemühungen des Königs legitim, danach sind sie illegitim. Das Verfahren in der Löwengrube ist nicht von außen durch den König zu beeinflussen.

188 Die Zeitangaben sind ein wesentlicher Schlüssel zum Verständnis des Geschehens; vgl. zur Bedeutung auch CASSIN, Daniel 140, „elle permet de dégager le véritable caractère du ‹supplice› de Daniel".

189 ALBERTZ, Gott 122.

190 Ebd.

191 Die futurischen Formulierungen sind vermutlich konjunktivisch zu verstehen. Vgl. BLASS / DEBRUNNER, Grammatik §363 1.

192 Zum Motiv der Rettung Gottes am Morgen vgl. JANOWSKI, Rettungsgewißheit, mit einer Fülle von Belegen: Ps 5,2–4; 17,15; 30,6; 46,5–7; 88,11–14; 104,19–23; Jes 17,12–14;

Der Sonnenuntergang und damit der Abend sowie der folgende Morgen begrenzen den *Prozess in der Löwengrube* zeitlich auf die Dauer einer Nacht. Am Morgen ist das Verfahren beendet.[193]

V 17 wird der V 14 ergangene Befehl ausgeführt; Daniel wird in die Löwengrube geworfen, diese mit einem Stein verschlossen und versiegelt. Die Versiegelung erlaubt einen Einblick in Erwartungen und Befürchtungen der einzelnen Aktanten. Entscheidend ist einerseits die Beobachtung, dass eine doppelte Versiegelung stattfindet und andererseits deren Begründung. Die verschlossene Löwengrube wird versiegelt (V 17), wobei Dareios einerseits seinen eigenen Siegelring (ἐν τῷ δακτυλίῳ αὐτοῦ) andererseits auch die Siegelringe seiner Machthaber (ἐν τοῖς δακτυλίοις τῶν μεγιστάνων αὐτοῦ) verwendet.[194] Ein Hinweis des Erzählers erläutert die Hintergründe der doppelten Versiegelung (ὅπως μὴ ... ἤ ...); ihr entspricht eine doppelte Zielsetzung. Vorausgesetzt ist, dass die beteiligten Aktanten mit der Möglichkeit, dass Daniel nicht oder nicht unmittelbar durch die Löwen getötet wird, rechnen. Nur im Fall eines längeren Lebens des Daniel sind Vorkehrungen gegen eine Rettung notwendig; das gegenteilige Beispiel bietet das Ergehen der Beamten in der Löwengrube (V 24). Ausgehend von dieser Erwartung – bzw. in der Folge der Beobachtung dieser Entwicklung – ist einem möglichen Eingreifen seitens des Dareios oder auch der Beamten vorzubeugen. Die Versiegelung richtet sich nicht nur gegen eine mögliche Rettung des Daniel durch den König ὁ βασιλεὺς αὐτὸν ἀνασπάσῃ, sondern hat auch ein mögliches – unlauteres – Eingreifen der Beamten im Blick (μὴ ὑπ' αὐτῶν ἀρθῇ). Der Vorgang der Versiegelung macht deutlich, dass der Tod des Daniel in der Löwengrube kein von vornherein feststehendes Ergebnis ist; nur so erklärt sich, dass ein Eingreifen der Beamten in das Verfahren und damit eine direkte Tötung Daniels zu verhindern ist. Jedes unrechtmäßige Eingreifen, sei es

---

33,2; Mal 3,20 ... CASSIN, Daniel 141, „... Daniel est soumis à une épreuve limitée dans le temps ..." Der Morgen ist das Ende der Prüfung. Die Rettung oder die Bewahrung darf jedoch nicht ausschließlich auf den kommenden Morgen projiziert werden. Eine Rettung am nächsten Morgen kommt zu spät; doch am nächsten Morgen erfolgt die endgültige Befreiung aus der Löwengrube. Die in der Nacht erfolgte Bewahrung wird am Morgen sichtbar.

193 FIELDS, Motif 21, macht den Gegensatz zwischen normalem Geschehen am Tage und dem gefahrbehafteten der Nacht deutlich: "The setting of these biblical stories at night is all the more remarkable because ... the rule for normal life seems to have been, start a task early in the morning, continue during the day, and finish in time to be home before darkness." Der Gott des Daniel bewahrt diesen durch die Nacht hindurch, bevor er am nächsten Morgen aus der Löwengrube befreit wird.

194 Die Details des Verschließens und der Versiegelung werden vom Erzähler unbeachtet gelassen. Entscheidend sind die Absichten und das Ergebnis, nicht die technischen Details des Vorganges. Wesentlich für die Deutung ist die Beobachtung, dass nicht die Siegelringe der Obersatrapen, sondern die der „Großen" des Königs verwendet werden.

des Königs oder der Beamten, muss unterbunden werden. Einflussmöglichkeiten beschränken sich in der Löwengrube auf Gottheiten; es ist das Verständnis der Löwengrube als Gottesgericht und dieser Hintergrund, vor dem die Beschränkung der Bemühungen des Königs um Rettung des Daniel zu verstehen ist.[195]

V 18 berichtet vom weiteren Verhalten des Dareios; er kehrt in seinen Palast zurück und verbringt dort die Nacht ohne Speise (ηὐλίσθη νήστης).[196] An dieser Stelle wird ein drittes Mal auf seine Trauer über Daniel Bezug genommen (ἦν λυπούμενος περὶ τοῦ Δανιηλ). Zurückgezogen verbringt er die Nacht. Der Verzicht auf Speise und die Trauer um Daniel werfen die Frage nach der Eigenart dieses Verhaltens auf. Handelt es sich um eine Totenklage? So nahe diese Betrachtungsweise zunächst liegt, steht sie doch im Widerspruch zu den Aussagen über die Hoffnung auf Rettung und sein Verhalten am nächsten Morgen, die deutlich machen, dass das Thema „Daniel" für ihn noch nicht abgeschlossen ist. Formen der Trauer und Formen der Buße sind nicht deutlich zu trennen. Die gleiche Verhaltensweise kann in beiden Kontexten vollzogen werden. Er vollzieht Bußhandlungen in der Intention, das Verhalten des Gottes des Daniel zu beeinflussen. Die bußfertige Haltung soll den Gott des Daniel zur Rettung seines Dieners bewegen.[197] Am Ende dieser Nacht wird V 16 aufgegriffen, wenn berichtet wird, wie Dareios früh am Morgen aufsteht (ὤρθρισε πρωΐ).[198] Durch die (zwar häufige aber nicht notwendige) Doppelung von Verb und Zeitadverb erfährt der Morgen eine besondere Betonung.[199] Das Geschehen spielt sich nicht zu beliebiger Zeit ab, sondern früh am Morgen.

Der Weg des Königs führt in Begleitung der Satrapen (σατράπας V 19) zur Öffnung der Löwengrube. Der Versammlung der Mächtigen (αἱ δυνάμεις)[200] kommt in gleicher Weise wie „den Großen des Königs" im Rahmen der Versiegelung eine offizielle Funktion im Rahmen des

---

195 Dareios beschränkt sein Bemühen um Rettung des Daniel auf die Zeit bis zum Untergang der Sonne; anschließend ist Daniel in der Hand der Löwen und in der Hand Gottes.

196 Das Motiv des Fastens begegnet bei der Person des Daniel in Dan 9,3.

197 GRIMM, Art. νηστεύω 421, „F[asten] zielt in Israel darauf, JHWH zur Abkehr von berechtigtem Zorn und zum neuerlichen Erweis seiner Gnade zu bewegen ... Auch vor großen Unternehmungen wird u. U. ein F[asten] ausgerufen ... Die primäre Intention der Fastenden zeigt sich an den Verbindungen des F[astens] mit anderen Riten." Die Hoffnung auf die Rettung und die Betrübnis um Daniel lassen ein Verständnis des Fastens als Wendung an Gott zur Rettung Daniels zu.

198 TOV, Greek Words 125, "The meaning 'to get up early in the morning' is the basic sense of this verb [ὀρθρίζω] ... " Zu dieser Bedeutung und dem weiteren Bedeutungsspektrum vgl. MURAOKA, Lexicography 468f.

199 Vgl. aber TOV, Greek Words 127, "usually pleonastically joined with τὸ πρωΐ".

200 Hier ist eher an „Machthaber" als an „Streitkräfte" zu denken.

Prozesses zu.[201] Im Anschluss an die Unterredung von Daniel und dem König wird Daniels Unversehrtheit offiziell und formal konstatiert.

Als Dareios am Morgen zur Löwengrube kommt, weiß er nicht, was ihn erwartet. Er hofft, dass Daniel lebt. Womit er rechnet, bleibt für den Leser nicht erkennbar. Nachdem er an der Öffnung, dem Eingang zur Löwengrube, angekommen ist, ruft er mit lauter Stimme unter bangem Klagen (ἐκάλεσε ... φωνῇ μεγάλῃ μετὰ κλαυθμοῦ V 20).[202] Ob Dareios Gehör findet oder nicht, ist an dieser Stelle zunächst völlig offen; die Unsicherheit steht im Vordergrund.[203] Ausdruck der großen Besorgnis ist die Redeeinleitung des Königs εἰ ἄρα ζῇς, die allerdings Hoffnung auf eine positive Reaktion durchscheinen lässt: „ob vielleicht".[204] Deutlich wird die Interpretation des Geschehens in der Löwengrube durch den König: Sollte es Rettung geben, dann muss der Gott des Daniel eingegriffen haben. Das Geschehen in der Löwengrube ist aufgrund der Versiegelung keinem Menschen, sondern ausschließlich einem Gott bzw. Göttern zugänglich.

Daniel gibt Antwort auf den Ausruf des Dareios; der Erzähler betont die „laute Stimme",[205] mit der Daniel spricht. Einerseits setzt er den König von seiner Rettung durch „den Herrn" (ὁ κύριος) und seiner damit belegten Unschuld vor Gott und dem König (οὔτε ἄγνοια οὔτε ἁμαρτία εὑρέθη ἐν ἐμοί) in Kenntnis. Andererseits nimmt er zum Verhalten des Königs Stellung und übt Kritik. In den Worten des von Gott geretteten und legitimierten Daniel darf man die vom Erzähler favorisierte Lesart erkennen: Durch das Fehlverhalten des Königs, auf Menschen gehört zu haben, welche Könige irreführen, kam Daniel in die Löwengrube.

Auf dieser Basis ist über die Frage nach dem Vorliegen von ἁμαρτία oder ἄγνοια bei Daniel zu reflektieren. Die Gerechtigkeit vor Gott und das nachweisliche Fehlen jeglicher Unachtsamkeit oder Verfehlung Daniels vor dem König steht dem Handeln des Königs gegenüber. Die sprachliche Gestaltung der Aussage veranschaulicht die inhaltliche Opposition:

| Daniel | ἐν ἐμοί – σὺ δέ | Dareios |

Der König wird trotz positiver Zeichnung nicht aus der Verantwortung entlassen; seine Schuld wird konstatiert, aber durch den Verweis auf die Männer, die Könige irreführen (ἀνθρώπων πλανώντων), relativiert. Der Kö-

---

201 Vgl. MEADOWCROFT, Aramaic Daniel 95f.
202 MCLAY, Double Translations 259, betrachtet φωνῇ μεγάλῃ als Korruption des Textes aus θ.
203 Aufgrund der Notiz von V 18 weiß der Leser – im Gegensatz zum König – von der göttlichen Intervention. Dareios steht diese Information nicht zur Verfügung.
204 Vgl. BLASS/DEBRUNNER, Grammatik §375; andererseits mag die Anrede an Daniel ὦ Δανιηλ auf Verzweiflung hinweisen. Vgl. WALTERS, Text 233, der Hoffnung steht Verzweiflung gegenüber.
205 Bereits bei dem Anruf des Dareios an Daniel hatte der Erzähler auf die laute Stimme hingewiesen.

nig hat nicht vorsätzlich, sondern fahrlässig gehandelt (ἄγνοια). Über
Konsequenzen aus dieser Schuld schweigt der Text. Anders ist der Umgang mit der Schuld der Beamten, die gegen Daniel Zeugnis abgelegt
haben. Sie müssen sich, wie zuvor Daniel, dem Urteil der Löwen unterwerfen.

Gott bewahrt Daniel vor den Löwen, durch die die Obersatrapen
vernichtet werden. In der Folge wird der Plan des Dareios von V 4
(ἐβουλεύσατο ὁ βασιλεὺς καταστῆσαι τὸν Δανιηλ ἐπὶ πάσης τῆς βασιλείας
αὐτοῦ) aufgegriffen und Daniel über das Königreich des Dareios eingesetzt (κατεστάθη).[206] Die Intrige der Beamten hat die Reformbestrebungen
des Dareios unterbrechen, nicht aber verhindern können. Mit dieser Notiz
findet die Erzählung vom Schicksal Daniels ihren Abschluss.[207]

Das Rundschreiben Bevor der Text V 28 in den V 1 eröffneten Rahmen der
Erzählung einmündet, zeigt das „Rundschreiben" (VV 25–27) Dareios im
Licht der veränderten Situation. Zugleich erscheint es als der eigentliche
Ziel- und Höhepunkt der Erzählung. Die Erfahrung des rettenden Ein-
greifens Gottes stellt für ihn die Bestätigung seines Vertrauens in Daniel
(V 4) und Verpflichtung zu dessen Rehabilitation, von der V 24 berichtet
wird, dar.

Dareios relativiert (wohl vor Ablauf der Frist von 30 Tagen) seine
eigene Gesetzgebung und geht gegen die Intriganten, also die beiden
Obersatrapen, vor. Dokument dieser neuen Initiative ist das funktional
als *Brief* zu klassifizierende „Rundschreiben".[208] Es wird formal in die
Erzählung eingebunden, bleibt aber eine eigenständige Einheit.[209] Die
Aussagen, die Dareios über das Verhältnis der Bewohner des Reiches zum
Gott des Daniel sowie über seine eigene Beziehung zu diesem Gott trifft,
sind weitreichend. Die Konsequenzen, die Dareios aus Daniels Rettung

---

206 Die Wortwahl knüpft an die Reform VV 2.4 an. Auffällig ist die passivische Formulierung V 24 (κατεστάθη) ohne Angabe eines Agens. Ist hier an ein *„Passivum divinum"*
– also eine göttliche Einsetzung des Daniel – zu denken? Vor dem Hintergrund der
vorangehenden Aussagen ἐρρίφησαν, οἱ λέοντες ἀπέκτειναν, καὶ ἔθλασαν erscheint ein
solches Verständnis unwahrscheinlich. Der Kern des Gottesurteils – die Tötung der
Satrapen – wird gerade nicht im „Passivum divinum", sondern aktivisch, mit der
Nennung der Löwen als Subjekt formuliert. In passiver Form erscheint dagegen die
durch das Gottesurteil vorbereitete Einsetzung Daniels (κατεστάθη). Näher liegt ein
Verständnis als *„Passivum regium"*; die Einsetzung des Daniel ist – ebenso wie das
Werfen der Beamten in die Löwengrube – ein königlicher Akt. Vgl. zur Bezeichnung
dieser Redeweise MACHOLZ, »Passivum divinum«.
207 Der Halbvers V 24b ist, obwohl nur in P 967 – nicht aber in 88-Syh – an dieser Stelle belegt, vermutlich ursprünglich. Zur Argumentation vgl. ALBERTZ, Gott 113. Die
Fortführung der Erzählung über V 24 hinaus macht das Interesse der Erzählung deutlich: Im Zentrum steht nicht Daniel, sondern Dareios. Erst mit der Notiz über dessen
Schicksal (V 28) ist die Erzählung abgeschlossen.
208 Vgl. SCHWIDERSKI, Handbuch 17.
209 Vgl. ebd. 329.

zieht, machen deutlich, dass er in ihr zunächst einen Machterweis des Gottes des Daniel und nachgeordnet einen Nachweis der Unschuld des Daniel sieht.[210] Im Rundschreiben spiegelt sich sowohl die Sichtweise des Dareios auf das Geschehen als auch die des Erzählers. Die Bedeutung für die Interpretation kann daher kaum überschätzt werden.

Dareios – der Königstitel wird an dieser prominenten Stelle nicht verwendet – adressiert ein Schreiben an alle Völker (πᾶσι τοῖς ἔθνεσι), Länder (χώραις) und Sprachen (γλώσσαις). Mittels der Bezugnahme auf sein Land (ἐν πάσῃ τῇ γῇ αὐτοῦ) wird dieser universale Adressatenkreis territorial präzisiert.[211] Durch den auffälligen Verzicht auf den Königstitel wird deutlich gemacht, dass er nicht als König spricht, sondern als Person.[212] Daraus ergibt sich ein „eher privater Charakter" des Schreibens. Das Rundschreiben ist nicht als offizielles königliches Dokument mit der vollen Autorität des königlichen Amtes zu verstehen, sondern als eine persönliche Äußerung des Menschen Dareios, als den ihn die Erzählung bereits zu Beginn in den Blick genommen hat.

Πάντες οἱ ἄνθρωποι οἱ ὄντες ἐν τῇ βασιλείᾳ μου
    ἔστωσαν προσκυνοῦντες καὶ λατρεύοντες τῷ θεῷ τοῦ Δανιηλ
    αὐτὸς γάρ ἐστι θεὸς μένων καὶ ζῶν εἰς γενεὰς γενεῶν ἕως τοῦ αἰῶνος:
ἐγὼ Δαρεῖος
    ἔσομαι αὐτῷ προσκυνῶν καὶ δουλεύων πάσας τὰς ἡμέρας μου
    τὰ γὰρ εἴδωλα τὰ χειροποίητα οὐ δύνανται σῶσαι, ὡς ἐλυτρώσατο ὁ θεὸς τὸν Δανιηλ

Das Korpus des Briefes weist eine doppelte, parallele Struktur auf. Thema beider Hälften ist die Verehrung des Gottes des Daniel, einmal durch alle Reichsbewohner und einmal durch Dareios selbst. Zur Bezeichnung der Verehrung verwendet er verschiedene Begriffe. Will man die Verschiedenheit nicht mit Beliebigkeit begründen oder auf eine rein stilistische Motivation rekurrieren, sind der jeweilige semantische Gehalt und semantische Differenzen der einzelnen Begriffe des Wortfeldes „Verehrung" für die Interpretation heranzuziehen.

Die erste Einheit (V 26) ist eine an die 3. Pers.Pl. gerichtete *Aufforderung*, die sich an alle Menschen, die sich im Bereich der Königsherrschaft

---

210 Das Geschehen um Daniel ist nicht ein innerweltlich gedachter Prozess, sondern ein Ereignis mit primär theologischer Dimension.

211 Der Artikel τοῖς bezieht sich auf die gesamte vorangehende Aufzählung πᾶσι τοῖς ἔθνεσι καὶ χώραις καὶ γλώσσαις. Es ist damit nicht an ein weiteres Glied in der Aufzählung zu denken. Damit wird zugleich die Beschränkung auf die Herrschaft des Dareios anerkannt, diese aber auch in ihrem vollen Umfang bezeichnet: Das Schreiben richtet sich an genau alle Bewohner seines Reiches.

212 Vgl. dazu MÜLLNER, Gewalt 66. Gerade in offiziellen Dokumenten nehmen Titel für gewöhnlich einen großen Raum ein, um die Autorität des Schreibens zu verdeutlichen und zu betonen. Beispielhaft sei auf die Königs- und Kaiserbriefe bei KLAUCK, Briefliteratur 80–93 verwiesen. Die bedeutende Stellung des Titelgebrauchs ist deutlich.

aufhalten (πάντες οἱ ἄνθρωποι οἱ ὄντες ἐν τῇ βασιλείᾳ), richtet. Dareios
trägt seinen Reichsbewohnern eine bestimmte Haltung gegenüber dem
Gott des Daniel auf, die er in der periphrastischen Konstruktion mit den
beiden Partizipialformen προσκυνοῦντες und λατρεύοντες beschreibt. Eine
letztgültige und konkrete Bestimmung der von dem jeweiligen Wort an
der vorliegenden Stelle zum Ausdruck gebrachten Nuancen lässt sich
nicht mit hinreichender Sicherheit erreichen. Die konkrete Bedeutung
beider Verben ist jedoch im Kontext einer Hinwendung zum Gott des
Daniel und in einer kultischen Zuwendung zu ihm verortet.

Das weite Spektrum des Verbs προσκυνέω, welches von *allgemeiner
Wertschätzung* bis zum *Vollziehen einer Kulthandlung* reicht,[213] ist aufgrund
des Bezugs auf eine Gottheit auf den Bereich der Gottesverehrung einzuschränken. Ausgehend von der Grundbedeutung und der Kontextualisierung ist an eine Verehrungshandlung, die das Niederfallen einschließt, zu
denken. Allerdings ist nicht der konkrete Vollzug zum Ausdruck gebracht,
sondern die grundsätzliche Haltung gegenüber der Gottheit. Gerade in
der hier vorliegenden Verbindung mit λατρεύω dient es häufig der Bezeichnung der „regelmäßig geübten Gottesverehrung"[214]. Mit λατρεύω
begegnet ein weiteres Verb, das in einem kultischen Kontext zu interpretieren ist.[215] Dareios erwartet von den Bewohnern seines Reiches, dass sie
den Gott des Daniel als Gott akzeptieren und ihm – in der Konsequenz
– einerseits die entsprechende (äußere) Verehrung zuteilwerden lassen,
andererseits aber auch eine dementsprechende innere Haltung ihm gegenüber einnehmen. Der Gott des Daniel, so die Forderung des Dareios,
ist gegenüber den medischen Göttern als gleichwertig zu betrachten.

Von besonderem Interesse ist neben dem Inhalt der Formulierung
auch die *Begründung.* Die Argumentation weist dem Gott des Daniel keine
exklusive Stellung zu, sondern lässt ihn als einen Gott (θεός, indetermi-
niert) erscheinen, dem bestimmte Eigenschaften zukommen, die ihn unter
anderen Göttern auszeichnen. Zwei Aspekte thematisiert Dareios: die
Beständigkeit und die Lebendigkeit Gottes. Der Gott des Daniel ist ein
Gott, der Bestand hat (μένων).[216] Beständigkeit und Verlässlichkeit sind
nach Ausweis der Texte des Daniel-Buches zentrale Defizite menschlicher Machtstrukturen.[217] Aufgrund der engen Bindung zwischen einer

---

213 Vgl. SCHÖNWEISS/SEEBASS/KLEINKNECHT, Art. προσκυνέω 611; NÜTZEL, Art. προσ-
     κυνέω.
214 GREEVEN, Art. προσκυνέω 762.
215 Vgl. BALZ, Art. λατρεύω 849.
216 Das gleiche Verb dient V 12 zur Beschreibung der Gültigkeit und Bestandskraft des
     erlassenen Verbotes (μενεῖ ὁ ὁρισμός). Der Vergänglichkeit staatlicher Erlasse im Beson-
     deren und damit der gesamten staatlichen Macht im Allgemeinen steht die tatsächliche
     Beständigkeit Gottes gegenüber.
217 Vgl. dazu die programmatische Erzählung von Dan 2, insbes. das Gebet des Daniel
     Dan 2,21–23.

Gottheit und ihrem Volk erscheint ihre Beständigkeit als wesentliches Desideratum. Nur die Beständigkeit kann das Wohlergehen des Volkes langfristig garantieren. Ergänzt wird diese Aussage durch den Verweis auf die Lebendigkeit Gottes. Er ist lebendig (ζῶν εἰς γενεὰς γενεῶν ἕως τοῦ αἰῶνος); die Gültigkeit dieser Aussage ist unbegrenzt, wie die Doppelung aus εἰς γενεὰς γενεῶν und αἰῶνος zum Ausdruck bringt. Die Lebendigkeit umfasst nicht einen kurzen Abschnitt einiger Jahre der Geschichte, sondern ist ohne zeitliche Begrenzung.[218] „ζωή bezeichnet im Griechischen die physische Lebendigkeit der organischen Wesen, der Tiere und Menschen, aber auch der Pflanzen. Leben ist nicht als ein Ding, sondern als die Lebendigkeit verstanden, als das Wie, das alle Lebewesen als solche charakterisiert ... Und zwar zeigt sich die ζωή darin, daß die Lebewesen sich regen, sich bewegen und ihr je eigentümliches ἔργον haben."[219] Der Gott des Daniel ist ein Gott, der es im Gegensatz zu den „handgefertigten Götter(bilder)n" vermag, sich zu bewegen und Wirklichkeit und Geschehnisse zu beeinflussen.[220] Etwas abstrakter ließe sich die hier artikulierte Lebendigkeit des Gottes des Daniel als *Geschichtsmächtigkeit* bezeichnen, die sich nicht nur auf ein kurzes Intervall beschränkt (etwa die Lebensdauer eines Menschen), sondern die Ewigkeit umfasst.

Dareios verlangt von seinen Reichsbewohnern keine monolatrische Zuwendung, sondern die Akzeptanz des Gottes des Daniel als Gott neben den Göttern des medischen Reiches. Ein Vergleich der Terminologie mit Dan 3 (etwa VV 12.14.18.95), mag dies veranschaulichen. Auch wenn dort von der Verehrung einer neuen Statue die Rede ist, macht die Überlieferung die Praxis einer autoritativen Einführung von Neuerungen im Bereich der Religion deutlich. Wie dort die Praxis der Verehrung einer neuen, vom König angefertigten Götterstatue von der gesamten Bewohnerschaft verlangt wird, fordert Dan 6 die Verehrung des Gottes des Daniel. Dareios selbst wird nach Ausweis von V 27 einen entscheidenden Schritt weitergehen.[221]

---

218 Vgl. SIEGERT, Einführung 245, zur Bezeichnung der „‚Ewigkeit' in zeitlich-abstraktem Sinne" mit αἰών.

219 BULTMANN, Art. ζάω 833.

220 Zur Entgegensetzung der Lebendigkeit Gottes und der Nicht-Lebendigkeit der Götter(bilder) vgl. BelDr^θ 5 Ὅτι οὐ σέβομαι εἴδωλα χειροποίητα ἀλλὰ τὸν ζῶντα θεὸν τὸν κτίσαντα τὸν οὐρανὸν καὶ τὴν γῆν καὶ ἔχοντα πάσης σαρκὸς κυριείαν. Vgl. auch V 24. Aufschlussreich ist die weitere Explikation des Gegensatzes durch die nähere Beschreibung des „lebendigen Gottes". BERGMANN, Idol Worship 209, "When the Hebrew Bible describes the futility of idol worship, it often compares the handmade, lifeless, powerless idol with the one true God. It is striking that most of the passages denouncing idols are either framed with a confession-like statement about God, or are interspersed with such statements."

221 MEADOWCROFT, Aramaic Daniel 107, spricht von einem „personal commitment to the God of Daniel".

Der Aufforderung zur Gottesverehrung entspricht die *Selbstverpflichtung* des Dareios (V 27).[222] Im zweiten Teil spricht er von seiner eigenen Beziehung zum Gott des Daniel und ihrer Konkretion. Begründet ist sie in dessen rettendem Handeln. VV 16.20 hat er es bereits erhofft, sodass die vorliegende Aussage im Licht dieser Äußerungen zu betrachten ist.

Dareios verspricht, er werde vor dem Gott des Daniel niederfallen (ἔσομαι αὐτῷ προσκυνῶν) und ihm dienen (δουλεύων). Seine Selbstverpflichtung greift einerseits die Forderung der Gottesverehrung (προσκυνέω) auf, variiert aber: δουλεύω anstelle von λατρεύω. Er unterstellt sich dem Gott des Daniel gleichsam als Sklave.[223]

In einem religiösen Kontext ist das mit dem Begriff δοῦλος bezeichnete Dienst- und Abhängigkeitsverhältnis frei von jedem negativen Klang, der dem Begriff „Sklave" häufig – insbes. im gr. Kulturkreis – anhaftet.[224] Vielmehr dient er zur Bezeichnung der Verrichtung des Gottesdienstes (so etwa Ps 2,11; 100,2; 102,23) oder als Ehrentitel für bestimmte Personen, die durch die Gabe dieses Titels ausgezeichnet und gewürdigt werden.[225] „δουλεύειν ist in LXX der häufigste Ausdruck für den Gottesdienst, und zwar im Sinne totaler Bindung an die Gottheit, nicht etwa im Sinne des gottesdienstlichen Einzelaktes … Immer ist in dem Begriff die Ausschließlichkeit der Beziehung mitgesetzt …"[226] Wenn davon die Rede ist, dass Dareios sich als δοῦλος des Gottes des Daniel versteht, so kommt damit keine einfache machtpolitische Unterordnung zum Ausdruck. Es handelt sich um ein (exklusives) religiöses Bekenntnis.[227]

V 27 verfolgt gegenüber V 26 eine andere Begründungsstrategie. Es ist nicht eine besondere Auszeichnung, die den Gott des Daniel *unter anderen Göttern heraushebt*, sondern es ist eine Eigenschaft, die den Gott des Daniel *über die anderen „Götter"* emporhebt und zugleich von diesen fundamental unterscheidet. Basis der Verehrung des Gottes des Daniel durch Dareios ist der Vergleich mit den εἴδωλα τὰ χειροποίητα, den „handgefertigten Götter(bilder)n": Der Gott des Daniel ist nicht ein Gott unter anderen Göt-

---

222 Die Syntax lässt die Frage des Verhältnisses offen. V 27 schließt sich in asyndetischer Reihung an V 26 an, sodass die beiden Aussagen logisch nebeneinander stehen. Dennoch scheint es möglich, die Aufforderung in der Selbstverpflichtung begründet zu sehen. Dabei ist sowohl an eine direkte Abhängigkeit zu denken, als auch an eine lockere Korrespondenz.
223 Vgl. WEISER, Art. δουλεύω 845.
224 Vgl. dazu ausführlicher Abschnitt 9.3.2, 368. Anders jedoch SCHREINER, Leitlinien 389, „Sie [die LXX; D. H.] kennt die Unterscheidung zwischen παῖς ‚freiwilliger Gefolgsmann' und δοῦλος ‚gezwungener Sklave' …"
225 Zu den Belegstellen vgl. VOLLENWEIDER, Art. δοῦλος 495.
226 RENGSTORF, Art. δοῦλος 270.
227 Mit diesem Bekenntnis erscheint Dareios gleichsam in der Reihe der „Sklaven Gottes". Ein Bezug auf den Gottesknecht in Jes 42,1–4; 49,1–6; 50,4–9; 52,13–53,12 ist nicht möglich. Vgl. VOLLENWEIDER, Art. δοῦλος 495, dort begegnet in der Regel – so Jes 42,1; 49,6; 52,13 – der Begriff παῖς; ebenso in Jes 44,26ff für Kyros.

tern, sondern er ist der Gott, der die Fähigkeit zu retten besitzt und sich
dadurch von den „handgefertigten Götter(bilder)n" unterscheidet. Durch
ihre Unfähigkeit zu retten demonstrieren sie, dass sie nicht Götter sind;
die Ausdrucksweise des Dareios spricht ihnen ihr Gottsein insgesamt ab.
Folgende Opposition wird im Text eröffnet:

$$τὰ \ldots εἴδωλα \ τὰ \ χειροποίητα$$
$$οὐ \ δύνανται \ σῶσαι$$
$$ὡς \ ἐλυτρώσατο \quad ὁ \ θεός$$

Der Unfähigkeit der „handgefertigten Götter(bilder)" zu retten (σῶσαι
– vgl. auch Jes 45,20) steht nicht nur die Fähigkeit des Gottes des Daniel zu retten (σῶσαι) gegenüber, sondern überbietend (oder zumindest
variierend) die im Fall des Daniel belegte Fähigkeit Gottes zu *erlösen*
oder zu *befreien* (ἐλυτρώσατο). Verwendet wird das Verb λυτρόω, das mit
dem Substantiv λύτρον korrespondiert. „… Grundbedeutung [des Verbs;
D. H.] ist im Akt[iv] *freilassen gegen Lösegeld* … in der LXX kommt es nur
med[ial] oder pass[iv] vor: *durch Lösegeld freikaufen, loskaufen.* Soweit das
Loskaufen durch Menschen geschieht, ist die Zahlung eines Lösegeldes
stets eingeschlossen. … Wenn Gott das Subjekt von λυτρόομαι … ist,
tritt der Gedanke an die Zahlung eines Lösegeldes zurück, ohne ganz
zu verschwinden; das Verb wird dann übers[etzt] mit *erlösen, befreien.*"[228]
Zugleich begegnet der Begriff für die Befreiung aus Ägypten, aus der
Macht des Todes, aus der Gefahr vor Feinden und schließlich bei DtJes
als „Terminus der Befreiung der Israeliten aus der babylonischen Gefan-
genschaft (Jes 43,1; 44,22f u. a.)"[229]. Offensichtlich ist ἐλυτρώσατο ein für
das göttliche Heilshandeln in der Geschichte Israels typischer Begriff; auf
diese Weise wird die Errettung Daniels aus der Löwengrube in eine Linie
gestellt mit den Heilstaten Gottes am Volk Israel.

Der tiefere Grund der Gottesverehrung des Dareios ist nach Ausweis
des Rundschreibens in der Überlegenheit des Gottes des Daniel über
die „handgefertigten Götter" zu sehen. Die konkrete Erfahrung der Erlösung des Daniel stellt eine Kontrasterfahrung zu der Unfähigkeit der
Götter(bilder) zur Rettung dar und ist Ausgangspunkt für die verspro-
chene Gottesverehrung des Dareios. Kann man voraussetzen, dass die
oben genannten Texte relevante Bezugsgrößen für Dan 6 darstellen,[230]
so wird deutlich, dass die Aussage des Dareios im Kontext der atl Götzenpolemik zu verstehen ist. Die Götter(bilder) werden als menschliches
Machwerk und damit als wirkungslos disqualifiziert. „,Existenz' und
,Effizienz' kann man nicht auseinanderdividieren, da es um Götter, nicht

---

228 HAUBECK, Art. λύτρον 361.
229 Ebd. 362.
230 Vgl. dazu Abschnitt 9.3.5, 377.

um tote Gegenstände geht."[231] Vor dem Hintergrund der u. a. im mesopotamischen Bereich praktizierten Bilderverehrung[232] erscheint dies umso bemerkenswerter, als Dareios sich damit gegen die traditionelle Form der Religiosität wendet. Die Tatsache, dass ein heidnischer König in den Blick kommt, der sich mit den „handgefertigten Götter(bilder)n" kritisch auseinandersetzt, ja sich von ihnen deutlich distanziert, ist auch vor dem Hintergrund des Verhaltens der Könige Israels im Verlauf der Geschichte bemerkenswert. Beispielhaft sei auf Salomo (1Kön 11,1–8) sowie auf die zum stehenden Ausdruck gewordene „Sünde Jerobeams" (1Kön 12,26–33; 14,9) verwiesen;[233] entgegen der dekalogischen Weisung war die Verehrung von Götter(bilder)n in Israel häufig Realität. Dareios erscheint auf diese Weise in der Tradition der Auseinandersetzung mit der Fremdgötterverehrung in Israel.[234]

9.4.2 Daniel

Im Rahmen der Präsentation des Dareios und seiner Reformtätigkeit (V 1f) wird Daniel als einer der drei führenden Männer im Königreich in die Erzählung eingeführt und in seiner Sonderstellung gezeichnet.

Da die Überlieferungen des Daniel-Buches (ausgenommen Dan 3) von einer Person mit dem Namen „Daniel" zusammengehalten werden, ist die Figur des „Daniel" der vorliegenden Erzählung mit der Figur bzw. den Figuren des „Daniel" der Kapitel Dan 1–2; 4–5 in Verbindung zu

---

231 HERMISSON, Götter 119; 122, „Und daher geht es in Deuterojesajas szenischen Texten allerdings nicht um eine theoretische Abhandlung über die Nichtexistenz anderer Götter, darum bedarf es des Einsatzes aller sprachlicher Mittel zur Konzentration auf den einen Gott und zur Befreiung von den selbsterfundenen oder den von anderen übermächtig entgegengehaltenen ‚anderen Göttern', die doch nur Weltphänomene sind – wie Babylon, Welt, und nicht der Schöpfergott." Die Lebendigkeit wird in BelDr anhand der Fähigkeit zu essen entfaltet. Vgl. BERGMANN, Ability 263ff.
232 Vgl. BERLEJUNG, Theologie der Bilder 31ff.
233 Weitere Belege etwa bei LANG, Art. Götzen(dienst) 896.
234 Vgl. dazu WYSNY, Erzählungen 310f, mit Verweis auf 2Sam 7,22; 1Chr 17,20; Weish 12,13; Sir 36(33),5; Jes 44,6.8; 45,5.14.21; 46,9; vgl. auch KOCH, Monotheismus 307ff. Zu beachten sind allerdings auch die Differenzen, die BERGMANN für die Literatur aus der Zeit des 2. Tempels im Vergleich mit den älteren Texten aufgezeigt hat und die offensichtlich auch das Daniel-Buch betreffen. Vgl. BERGMANN, Idol Worship 213, "God remains one who can bless progeny and land, who is kind and true to those who believe in him, and who rules over the living … Generally speaking, Hellenistic Judaism wanted to present itself as enlightened and wanted to put forth the common sense positive aspects of the Hebrew God such as goodness and friendliness towards God's creatures. It avoided emphasizing aspects of religion that separated the Jews from Hellenistic culture, topics such as law and covenant, the Exodus event, and the granting of the land to Israel."

bringen.[235] Das hier gezeichnete Bild ist notwendigerweise nicht umfassend, sondern „perspektivisch" und auf die Wahrnehmung von Dan 6 hingeordnet und organisiert.

Betont am Anfang steht die Bezugnahme auf den Beginn des babylonischen Exils (Dan 1,1–2): Im Kontext der Eroberung Jerusalems und der sich anschließenden Exilierung gelangt Daniel an den Hof des babylonischen Königs Nebukadnezzar. Er lebt als Jude in einem fremden Land und in einer fremden Kultur;[236] durch seine Einbindung in die hierarchischen Strukturen[237] (6,2f.13 φίλος) und in seiner Anwesenheit am Königshof konkretisiert sich die Diasporasituation: Er ist (wie seine Gefährten, Dan 1–3) außerhalb seiner Heimat und direkt im Zentrum des fremden Reiches. Er hält sich nicht in der Peripherie des fremden Landes auf, sondern im Zentrum der Macht.[238] Auf diese Weise wird er unmittelbar mit dem staatlichen System konfrontiert. Daniel ist im Umfeld des Königs präsent, sodass Rückzugsräume kaum offen stehen; es gibt kein Verstecken und Verheimlichen.

Die genaue Herkunft bleibt ungeklärt; deutlich formuliert wird nur seine Abstammung aus einer gehobenen sozialen Schicht Judas (1,3f). Konkret wird die königliche oder vornehmste Abstammung (ἐκ τῶν υἱῶν τῶν μεγιστάνων τοῦ Ισραηλ καὶ ἐκ τοῦ βασιλικοῦ γένους καὶ ἐκ τῶν ἐπιλέκτων V 3) postuliert. Ziel seiner und der anderen jungen Männer Deportation an den Königshof ist die Ausbildung und der Dienst am Königshof (ἰσχύοντας εἶναι ἐν τῷ οἴκῳ τοῦ βασιλέως ... καὶ ἐκπαιδεῦσαι αὐτούς ... στῆσαι ἔμπροσθεν τοῦ βασιλέως V 4f). Die Ausbildung in der Literatur und Sprache der Chaldäer (V 4) verläuft äußerst erfolgreich, wie sowohl die Notiz des Erzählers (V 17) als auch die Überprüfung der Ausbildung durch Nebukadnezzar (V 19f) dokumentieren. Und auch im Folgenden zeigen sich seine herausragenden Qualitäten (Dan 2; 4; 5). Er und seine Gefährten erweisen sich dem „weisheitlichen Dienst" des Königs (κατέλαβεν αὐτοὺς σοφωτέρους δεκαπλασίως ὑπερφέροντας τῶν σοφιστῶν καὶ φιλολόγων τῶν ἐν πάσῃ τῇ βασιλείᾳ V 20) deutlich überlegen; der Grund wird – durch den Erzähler – mit dem Wirken Gottes angegeben: ἔδωκεν ὁ κύριος ἐπιστήμην καὶ σύνεσιν φρονήσεως ἐν πάσῃ γραμματικῇ τέχνῃ (V 17): Aus dem gemeinsamen Kompetenzspektrum, das mit Wissen und Verständnis in jeder Art Schrifttum und Weisheit angegeben wird,

---

235 Aufgrund der variierenden Stellung von Sus im Kanon wird auf eine Einbeziehung an dieser Stelle verzichtet. Vgl. zur Relevanz der übrigen Erzählungen für die Zeichnung der Aktanten von Dan 6 auch die Überlegungen Abschnitt 4.5, 185.

236 Daniel steht damit im Spannungsfeld zwischen seiner eigenen – religiös und kulturell geprägten – Identität und den an ihn in der fremden Kultur herangetragenen Erwartungen.

237 Vgl. dazu die Erfolgsnotizen Dan 2,48f; 5,29.

238 VENTER, Space 995, „... they are physically moved to the center of Babylonian culture at the palace."

hebt sich Daniel heraus, der zusätzlich mit der Einsicht in Gesichte und Träume (καὶ τῷ Δανιηλ ἔδωκε σύνεσιν ἐν παντὶ ὁράματι καὶ ἐνυπνίοις καὶ ἐν πάσῃ σοφίᾳ) begabt wird.[239]

Auswahlkriterien für die Deportation werden V 3f in der Form von Qualifikationen genannt. Die Fülle der genannten Kriterien macht die Höhe der gestellten Anforderungen deutlich und zeichnet Daniel als einen Weisen aus.

Der weitere Aufenthaltsort Daniels wird am Königshof bestimmt; er bleibt ständig in seinem alltäglichen Lebenswandel mit Sitten und Gebräuchen einer fremden Kultur, konkret eines fremden Königshofes konfrontiert. Zwei gegenläufige Verhaltensweisen werden deutlich: seine Integration und seine Abgrenzung. Die beiden Strategien dienen einer lebbaren Positionierung im Spannungsfeld von Anpassung an den kulturellen Kontext und Bewahrung der eigenen Identität. In einer groben Skizze soll ein Überblick über zentrale Belegstellen dieser Verhaltensweisen gegeben werden.

Daniels Integration Die Funktion Daniels am Hof – wie sie Dan 1 entfaltet und in den nachfolgenden Kapiteln weitergeführt wird – dokumentiert seine Integration in Verwaltungsstruktur und Kultur des Königreiches. In bestimmten Fragen, die auch die Religion des Daniel betreffen, distanziert er sich von den Vorgaben und Erwartungen, die an ihn herangetragen werden.

Seine Einbindung in die Struktur des fremden Königshofes beginnt mit Dan 1,4 durch seine Stellung in der Dienerschaft des Königs. Durch seine Ausbildung und seine erfolgreiche Arbeit entwickelt er seine Position weiter, bis er mit 6,24 über dem ganzen Reich in der Position eines Vize-Königs steht.

Nach seiner ersten großen Traumdeutung wird Daniel (κατέστησεν ἐπὶ τῶν πραγμάτων τῆς Βαβυλωνίας καὶ ἀπέδειξεν αὐτὸν ἄρχοντα καὶ ἡγούμενον πάντων τῶν σοφιστῶν Βαβυλῶνος 2,48) ebenso wie seine Gefährten (2,49) befördert. Dan 4 erscheint er als unangefochtener Leiter der Traumdeuter (Δανιηλ τὸν ἄρχοντα τῶν σοφιστῶν καὶ τὸν ἡγούμενον τῶν κρινόντων τὰ ἐνύπνια V 15); sein Renommee am Hof dokumentiert die Erzählung von Dan 5 eindrücklich. Daniel genießt aufgrund seiner Fähigkeiten (zumindest bei der Frau des Königs; vgl. VV 10–12) großes Ansehen. Verglichen mit den anderen Gelehrten erweist er sich als überlegen. Mit dem Ende von Dan 5 und dem Beginn von Dan 6 wird eine neue Stufe der hierarchischen Einbindung deutlich: Er wird mit Purpur eingekleidet und erhält eine herausragende Positionierung in der Verwaltung des Königreiches (ὁ βασιλεὺς ἐνέδυσε τὸν Δανιηλ πορφύραν καὶ μανιάκην χρυσοῦν περιέθηκεν αὐτῷ καὶ ἔδωκεν ἐξουσίαν αὐτῷ τοῦ τρίτου

---

239 Daniel erscheint als Deuter von Träumen Dan 2,37–45; 4,20–33.

μέρους τῆς βασιλείας αὐτοῦ 5,29). Die neue Stellung spiegelt sich auch
Dan 6 wider; symbolisiert wird sie durch die Bezeichnung „Freund des
Königs" (V 13). Im Dreiergremium (vgl. V 2f) hat Daniel Macht über alle
im Reich; das Ansinnen des Königs, ihn formal über das gesamte Reich
einzusetzen, führt zum Konflikt von Dan 6. Neben der strukturellen, rein
verwaltungsrechtlichen Einbindung Daniels ist die kulturelle Integration
zu berücksichtigen,[240] die ebenfalls deutlich zum Ausdruck kommt, wenn
Daniel in Weisheit, Astrologie, Traumdeutung etc. geschult wird. Insbes.
am Beispiel der Traumdeutung, die den Texten der höfischen Weisheit in
Israel fremd ist,[241] zeigt sich seine kulturelle Anpassung und Integration.

Daniels Abgrenzung   Noch während seiner Ausbildungszeit am Hof
schlägt Daniel für sich und seine Gefährten seine Anteilnahme an der
königlichen Versorgung aus und bittet um die Zuteilung von Hülsenfrüch-
ten der Erde und von Wasser (1,12). Er lehnt die Teilhabe am königlichen
Mahl und die königliche Mahlgemeinschaft ab, um eine Verunreinigung
und Befleckung zu verhindern.

Auffällig bleibt, dass Daniel am Gastmahl des Baltasar (Dan 5) nicht
teilnimmt. Aufgrund seiner Stellung im Reich, wie sie Dan 2; 4 erkannt
werden kann, wäre eine Teilnahme naheliegend; allein aufgrund der
Terminologie ist diese Erwartung jedoch nicht zwingend.[242] Im Gegenteil:
Der König kennt ihn überhaupt nicht; die Königin muss ihn erst auf
Daniel hinweisen (V 10f). V 23ff fällt seine kritische Haltung gegenüber
den Vorgängen am Hof auf; der König und die Beamten bzw. deren
Verhalten sind Gegenstand der Kritik.

Auch auf religiöser Ebene ist Daniel von den Bewohnern des Reiches
unterschieden. Die Distanz wird deutlich durch die häufig gebrauchte
Bezeichnung als „Gott des Daniel". Der Gott des Daniel wird den „handgefertigten Göttern", die von den Bewohnern des Reiches verehrt werden,
aufgrund seiner Fähigkeit zu retten gegenübergestellt.

Interaktionen Daniels   Daniel erweckt in seinen Handlungen gleichermaßen einen passiv-reaktiven wie einen aktiv-gestaltenden Eindruck. An
einzelnen Stellen – insbes. Dan 1; 2 – greift er steuernd und initiativ in
das Geschehen ein: Er wendet sich an die Aufseher, um eine spezielle
Nahrungsversorgung (Dan 1) bzw. die Gelegenheit zu einer Aussage vor
dem König (Dan 2) zu erhalten. In den Erzählungen Dan 4; 5 ist Daniel
nicht aktiv handelnd; er erscheint als einer der Weisen des Hofes, die auf
Anfrage hin ihre Expertise abgeben. Insgesamt fällt die zurückhaltende
Art des Daniel – auch in der Kommunikation – auf.

---

240   Eine Trennung von Verwaltung und Kultur anzunehmen, wäre anachronistisch.
241   Vgl. dazu etwa KOCH, Daniel 76f; Abschnitt 3.1.5, 79.
242   Der Teilnehmerkreis wird 5,1 mit τοῖς ἑταίροις beschrieben, dessen inhaltliche Konkretion nicht völlig klar ist.

Zwei Beobachtungen sind für die Interpretation der Rolle des Daniel innerhalb der Erzählung von zentraler Bedeutung: Er wird nicht um seiner selbst willen thematisiert, es geht um Dareios. Obwohl er nicht die Hauptfigur ist, kommt ihm unter den Nebenfiguren eine herausragende Bedeutung zu. Daniel wird ungewöhnlich ausführlich beschrieben (V 3); auf diese Weise grenzt ihn der Erzähler von den übrigen Figuren ab und betont zugleich seine Bedeutung. Unter den Nebenfiguren erhält Daniel eine Sonderstellung; nicht nur in hierarchischer, sondern auch in erzähltechnischer Hinsicht erscheinen die beiden anderen führenden Beamten ihm untergeordnet.[243] Daniel wird in der Erzählung durch die Perspektive des Erzählers, des Königs, der Beamten und durch die zeigende Charakterisierung profiliert gezeichnet.

Nach Ausweis von V 3 hat er universelle Vollmacht innerhalb des Reiches (ὑπὲρ πάντας ἔχων ἐξουσίαν ἐν τῇ βασιλείᾳ).[244] Diese Sonderstellung konkretisiert V 3 weiter: Er wird als mit Purpur bekleideter (ἦν ἐνδεδυμένος πορφύραν), großer (καὶ μέγας) und angesehener Mann in den Augen des Königs (καὶ ἔνδοξος ἔναντι Δαρείου τοῦ βασιλέως) bezeichnet, der sich durch Einsicht und Klugheit (ἦν ἐπιστήμων καὶ συνετός) auszeichnet.[245] Darüber hinaus verfügt er über „einen heiligen Geist" (πνεῦμα ἅγιον). Die abschließende Notiz dient zudem dazu, den Erfolg des Daniel in den Angelegenheiten des Königs, mit denen er betraut ist, festzustellen (καὶ εὐοδούμενος ἐν ταῖς πραγματείαις τοῦ βασιλέως αἷς ἔπρασσε). Seine untadelige Amtsführung wird selbst von seinen Kollegen und (späteren) Opponenten konstatiert (V 4). Die exakte Positionierung wird nicht deutlich; es scheint, er soll von der Stellung als einer von drei Oberbeamten in die Position eines Vize-Königs gehoben werden. Die Beamten suchen, diese Veränderung zu verhindern; sie müssen aber das Fehlen jeglicher Schuld (οὐδεμίαν ἁμαρτίαν οὐδὲ ἄγνοιαν) konstatieren. An dieser Stelle – so ist bereits nach dem Überblick zu konstatieren – wird deutlich, dass Daniel die zweite Figur – neben Dareios – ist, auf deren Profilierung der

---

243 Während Daniel als eigenständige Person gezeichnet wird; begegnen die Beamten als Typus des Hofbeamten, nicht als wirkliche Personen. Jede Art von Individualität bleibt ihnen verwehrt. Die Empathiesteuerung des Erzählers zielt auf Dareios und Daniel, nicht auf die Beamten.

244 Die Syntax weist nicht auf eine Übersetzung aus einer semitischen Sprache, sondern auf eine gr. Formulierung hin. BEYER, Text 25, „Im Semitischen gibt es kein Wort für ‚haben'. Für ‚ich habe' sagt man ‚mir ist'. Bei wörtlicher Übersetzung aus dem Semitischen ist also ἔχειν nicht möglich, ὁ ἔχων noch weniger ..." Zur Verwendung des Partizips ἔχων in der LXX und möglichen semitischen Formulierungen im Hintergrund vgl. außerdem SOISALON-SOININEN, Gebrauch. MEADOWCROFT, Aramaic Daniel 88, "Consequently Daniel's appointment as one of three leaders is run together with his ascendancy over even his two peers." Vgl. auch ebd. 95.

245 Zur Reichweite von καθότι vgl. Abschnitt 7.2, 239; Abschnitt 9.4.2, 419.

Erzähler besonderen Wert legt. Beide werden außerordentlich ausführlich und positiv gezeichnet.[246]

„Gewalt über alle im Königreich" – ὑπὲρ πάντας ἔχων ἐξουσίαν ἐν τῇ βασιλείᾳ
Die Aussagen über den Status des Daniel VV 2.3 stehen in einer gewissen Spannung. V 2 wird Daniel im Rahmen der Schilderung der Verwaltungs-struktur als einer der drei führenden Männer dargestellt. V 3 führt V 2 syntaktisch unmittelbar fort, zeichnet ihn aber in einer Sonderstellung. Sollte nicht anstelle von ἔχων eine Pluralform zu lesen sein, ist der Bezug des Partizips ἔχων auf Daniel eindeutig. Er ist einer der drei Männer (so V 2), der sich allerdings durch die ihm zukommende Macht (ἐξουσία) von seinen beiden Kollegen abhebt.

> Als Grundbedeutung von ἐξουσία wird „es steht frei, es ist möglich, erlaubt" angegeben. Das Substantiv bezeichnet die „die ungehinderte Möglichkeit und Freiheit zum Handeln, dann die Vollmacht, Befugnis und das Recht, etwas zu tun"[247]. In Abgrenzung zu anderen Begriffen des Wortfeldes „... wird mit ἐξουσία ... die Gewalt bezeichnet, die sich im Rahmen rechtlicher, politischer und sozialer oder sittlicher Ordnung entfalten darf ... Sie ist z. B. an eine bestimmte Stellung oder einen Auftrag gebunden, meint also das *Verfügungsrecht* des Königs, des Vaters und des Besitzers ... oder die *Befugnis* von Beamten und Gesandten ... aber auch die *sittliche Freiheit* des Menschen, etwas zu lassen oder zu tun."[248] In einzelnen Fällen überschreitet der Begriff ἐξουσία den Rahmen rechtlicher Vorgaben und drückt Aspekte von Willkür und Amtsanmaßung aus. Das Moment der Illegitimität ist diesem Begriff nicht a priori abzusprechen, auch wenn sich die Macht „vorzugsweise im Z[usammenhang] rechtlicher Ordnung"[249] entfaltet.
>
> Die Belege des Daniel-Buches weisen keinerlei Anzeichen auf, die eine Interpretation in die Richtung der Illegitimität lenken könnten.[250] Der Aspekt der Legitimität wird jeweils von der ordnenden Macht garantiert, die sich einerseits im König oder aber in Gott konkretisieren kann. Macht begegnet als Attribut Gottes, des Königs oder von Beamten. Die jeweils direkt überge-ordnete Stufe der Hierarchie gewährt die Legitimität. Die Belege von Dan 5 bereiten die vorliegende Verwendung vor: Im Kontext der Belohnung für die Entzifferung der Schrift stellt der König Vollmacht über den dritten Teil der Königsherrschaft (δοθήσεται αὐτῷ ἐξουσία τοῦ τρίτου μέρους τῆς βασιλείας

---

246 Anders die Situation auf Seiten der Beamten: Jegliche Information über ihre Qualitä-ten und Qualifikationen muss der Leser aus dem Hintergrund erschließen bzw. der Handlungsweise der verschiedenen Personen entnehmen.

247 BETZ, Art. ἐξουσία 1184.

248 Ebd. 1185; FOERSTER, Art. ἔξεστιν 560, fasst das weite Bedeutungsspektrum folgender-maßen, dass „ἐξουσία die Macht ist, die sich darin zeigt, daß einem Befehl gehorcht wird, also die Macht, die zu sagen hat."

249 FOERSTER, Art. ἔξεστιν 560; als Parallelbegriff fungiert mitunter ὕβρις.

250 Vgl. dazu die Belege Dan^LXX 3,2.97; 4,14.23.28(ter).34a.b.c; 5,4.7.16.29; 6,3; 7,12.14 (ter).26.27(bis); BelDr 25.

(5,7 ähnlich VV 16.29) in Aussicht. Daniel erhält V 29 Vollmacht vom König verliehen.[251]

Der Herrschafts- oder Verfügungsbereich des Daniel wird mit der allgemeinen Aussage ὑπὲρ πάντας angegeben, wobei sich das Adjektiv (Pl. mask.) vermutlich sowohl auf die σατράπας ἑκατὸν εἴκοσι ἑπτά als auch auf die ἄνδρας τρεῖς bezieht.[252] Daniel verfügt – obgleich er zunächst auf einer Ebene mit seinen beiden „Kollegen" steht – über eine Sonderstellung. Im Rahmen seiner Position hat er nicht nur Macht, sondern Verfügungsrecht und Vollmacht über alle weiteren leitenden Beamten im Reich des Dareios, seine beiden „Kollegen" eingeschlossen. Die Ausübung seiner Macht ist nicht Willkür und Anmaßung, sondern entspricht seiner Stellung am Hof des Königs.[253] Daniel steht hinsichtlich seiner Macht an der Spitze des königlichen Beamtenapparates.

„mit Purpur bekleidet" – ἦν ἐνδεδυμένος πορφύραν   Daniel wird in der Erzählung durch zwei herausgehobene Termini ausgezeichnet.[254] Der Hinweis auf die Bekleidung mit Purpur greift auf 5,29 (ἐνέδυσε τὸν Δανιηλ πορφύραν) und 5,7.16 zurück. Aufgrund seiner Verdienste, seiner herausragenden Leistung wird er mit dem *Privileg des Purpurs* ausgezeichnet. Die Erwähnung seiner Kleidung in Purpur verfolgt – ausgehend vom semantischen Gehalt des Wortes – den Zweck, seine Bedeutung innerhalb des Königreiches zu artikulieren.[255]

Das Wort bezeichnet in seiner Grundbedeutung die „Purpurschnecke", aus der der „Purpurfarbstoff" gewonnen wurde. Die meisten Belege weisen eine Verbindung mit Kleidern und Stoffen auf, deren Färbung ausgesagt wird. Die aufwändige Gewinnung begründet die Kostbarkeit.

---

251 Eine Verbindung zwischen der Vorstellung vom „dritten Teil des Königreiches" und der Einsetzung des Dreiergremiums erscheint unwahrscheinlich. Von einer vorbereitenden Funktion kann insofern die Rede sein, als beide Belege die Übertragung von Vollmacht vom König auf Daniel voraussetzen.

252 So auch MEADOWCROFT, Aramaic Daniel 95.

253 Damit besteht eine Spannung zur Aussage von V 3; vermutlich zielt der Beschluss des Königs auf eine weitere Beförderung des Daniel.

254 Neben dem Begriff Purpur zur Zeichnung Daniels begegnet auch der Begriff Freund φίλος, der im nachfolgenden Abschnitt behandelt wird; eine Auseinandersetzung mit einer möglichen Verbindung dieser beiden Elemente der Zeichnung wird sich als notwendig herausstellen.

255 Aufbauend auf die Überlegungen von STULZ, Farbe 120, ist eine mögliche Verwendung des Tragens von Purpur als literarisches Mittel zu erwägen. Er spricht – in seiner Untersuchung der Bedeutung der Farbe Purpur bei Homer – von einem „dramaturgische[n] Effekt". Über die Auszeichnung seines Trägers „verleiht [der Purpur] seinem Träger oder Besitzer zudem eine Aura von heroischen geistigen und körperlichen Eigenschaften ..., die oft bald darauf im Laufe der Handlung zum Tragen kommen." Innerhalb der LXX lassen sich für eine solche Perspektive – abgesehen von 1Makk 10,20.62.64 – wohl keine Belege verifizieren. Der Purpur wird am Ende der Erzählung vom König an den Protagonisten der Erzählung verliehen, begegnet aber nicht am Beginn der Erzählungen. Ein vergleichbares Schema lässt sich daher für die LXX nicht voraussetzen.

Purpur ist nicht auf einen bestimmten Farbton festzulegen und umfasst ein weiteres Spektrum von Rot über Violett bis Blau. Er zeichnet sich nicht durch den speziellen Farbton aus, der auch durch andere Färbematerialien erreichbar ist, sondern durch seinen Glanz und seine Dauerhaftigkeit.[256] Die enge Verbindung der Bezeichnung mit Stoffen und Kleidern ermöglicht eine Bedeutungsverschiebung: Die Färbung steht für den Gegenstand.

Ein Überblick über πορφύρα bzw. πορφύρεος in der LXX macht zwei Schwerpunkte des Gebrauchs deutlich. Singulär ist Hld 7,6; Vergleichspunkt ist hier der „Glanz von Purpurgewebe".[257] Die übrigen Belege fungieren – so der erste Schwerpunkt der Verwendung – als Konkretum zur Artikulation von Reichtum; sie finden sich im Kontext des Kultes, des Heiligtums der Israeliten (Ex 25–31; 35–39[258]; Num 4,14; 2Chr 2f) und der Kritik am Götzendienst (Jer 10,9; EpJer 1,71). Auch der Reichtum, insbes. fremder Völker und Könige, wird durch Purpur symbolisiert (Jdt 10,21; Est 1,6; Ri 8,26; 1Makk 4,23; Hld 3,10; Ez 27,7.24 v.l.; allgemein: Spr 31,20). Der große Wert, den die bibl. Autoren dieser Farbe beimessen, lässt sich an der häufigen gemeinsamen Nennung im Verbund mit anderen kostbaren Materialien ablesen.[259] Der zweite Schwerpunkt, der von dem ersten – obschon mit ihm verwandt – unterschieden werden kann, ist die Verwendung des Purpurs als Statussymbol zur Auszeichnung von Personen (1Esr 3,6; Est 8,15; 1Makk 8,14; 10,20.62.64; 11,58; 14,43f; 2Makk 4,38; Sir 45,10).[260]

Beide Aspekte stehen im größeren Kontext antiker Vorstellungen. Insbes. die Tatsache, dass Purpur in den bibl. Belegen häufig mit fremden Kulturen in Verbindung gebracht wird, erfordert eine Deutung in einem den Kulturkreis Israels überschreitenden Rahmen. BLUM geht für Israel von einer fast ausschließlich kultischen Nutzung aus und vermutet eine aktive Nutzung des Farbstoffes erst seit dem babylonischen Exil. Die frühere Verwendung außerhalb Israels bildet den Hintergrund der Götzenpolemik des Jeremia, in der Purpur ein zentrales Element ist.[261] Für die ao Völker zeigen die Quellen eine frühe Nutzung im Bereich des Kultes, im sakralen Bereich und im Umfeld der Herrscher. Umfangreiche Quellen stehen uns insbes. für die Reiche der Perser und Meder zur Verfügung, die der Daniel-Erzählung als literarischer Hintergrund dienen und

---

256 Vgl. dazu BLUM, Purpur 20–41.
257 Vgl. ZAKOVITCH, Hohelied 248; KEEL, Hohelied 220, die dunklen, glänzenden Haare als Symbol der Lebenskraft und Vitalität.
258 Vgl. WEVERS, Notes 392, "26times in Exodus, is limited to the tabernacle accounts".
259 Vgl. BRENNER, Colour Terms 145.
260 Vgl. zur Verwendung als Statussymbol in der hebr. Bibel GRADWOHL, Farben 69f; HARTLEY, Semantics 198–206.
261 Vgl. hierzu und im Folgenden BLUM, Purpur 47ff.

daher für unsere Fragestellung von besonderer Bedeutung sind. Neben der Verwendung zu Repräsentationszwecken wurde er auch aufgrund seiner Kostbarkeit zu den Schätzen gezählt. Bei den Persern lässt sich – wie bei Assyrern, Babyloniern und Medern – das Phänomen beobachten, dass Vertraute des Königs durch die Verleihung kostbarer Gewänder ausgezeichnet wurden. In deren Kontext ist von „medischen Gewändern" die Rede,[262] die weiteren Kreisen zugestanden wurden. Daneben begegnet auch der ausdrückliche Hinweis auf purpurne Gewänder.[263] Eine genaue Verhältnisbestimmung scheint nicht möglich zu sein; gemeinsam ist beiden, dass ihr Tragen eine königliche Erlaubnis erforderte. BLUM konstatiert, „daß Purpur bei den Persern grundsätzlich ein streng formell geregeltes Statussymbol gewesen ist: Der purpurne χιτὼν μεσόλευκος durfte nur vom König selbst getragen werden, die häufig purpurnen medischen Gewänder nur von denen, denen der Herrscher dies als Privileg eingeräumt hatte. Überall dort, wo Purpurkleidung für Perser bezeugt ist, ohne daß ausdrücklich darauf hingewiesen wird, daß es sich dabei um medische Kleider gehandelt habe, steht aufgrund der herausragenden Stellung dieser Männer zu vermuten, daß sie ‹Freunde› des Großkönigs waren und den Purpur von diesem erhalten haben."[264] Die Erinnerung an diese Herrschaftspraxis der Achämeniden kann auch für die bibl. Tradition vorausgesetzt werden.[265]

Der Blick in die hellenistische Zeit offenbart eine noch größere Fülle von Belegen. „Mit Alexander dem Großen setzte sich der monarchische Purpur in der griechischen Welt endgültig durch."[266] Neben der größeren Verbreitung lässt sich auch eine starke Formalisierung des höfischen Lebens und der Verwendung von Statussymbolen und Kennzeichen hierarchischer Stellung nachweisen. Dies geht soweit, dass „schriftlich fixierte Erlasse"[267] existieren, die über die Erlaubnis an einzelne Personen Purpur zu tragen entschieden. Purpur entwickelt sich in hellenistischer Zeit zu einem streng formalisierten und beschränkten Statussymbol, das eine Verwendung als einfaches Kleidungsstück immer mehr verdrängt und ausschließt.

Auf die Belege im Daniel-Buch (5,7.16.29) wurde bereits hingewiesen. Baltasar setzt eine Belohnung für die erfolgreiche Lesung und Deutung der Schrift an der Wand aus. Ein Element dieser Belohnung ist die Bekleidung mit Purpur (στολιῶ σε πορφύραν V 16, ἐνέδυσε τὸν Δανιηλ πορφύραν

---

262 Vgl. bspw. Cyrop 8,2,8.
263 Vgl. Ant 10,229–244; Cyrop 1,3,2f; 2,4,1–6.
264 BLUM, Purpur 60.
265 Spuren finden sich in den Erzählungen von Serubbabel, Ester und Mordechai (1Esr 3,1–4,41; Est 6,8; 8,15). Vgl. ebd. 56.
266 Ebd. 265, sowie im Folgenden 265–267.
267 Ebd. 266.

V 29); auch die Verleihung von Macht ἐξουσία begegnet stets in diesem
Zusammenhang. Daniel wird mit Purpur ausgezeichnet; vor dem Hintergrund der vorangehenden Ausführungen wird man davon ausgehen
müssen, dass hier nicht ein beliebiges Gewand mit Purpur gefärbt überlassen wird, sondern, dass Daniel mit dem Privileg versehen wird, Purpur zu
tragen. Daniel gehört zu einer bestimmten Gruppe von Personen, denen
das Statussymbol des Purpurs zugestanden wird.

„*dein Freund*" – τὸν φίλον σου   Das Wort φίλος überschreitet in seinem
Bedeutungsspektrum die übliche deutsche Wiedergabe „Freund". Vom
„normalen" Gebrauch ist u. a. ein technischer Gebrauch zu unterscheiden,
der für den hier vorliegenden Beleg V 13 anzunehmen ist.

Der Begriff φίλος mit der Grundbedeutung „Freund", die sich aus der
ursprünglichen Bezeichnung der Bejahung der Praxis der Gemeinschaft
entwickelt,[268] weist zahlreiche Bedeutungsschattierungen auf und dient
der Bezeichnung des komplexen Phänomens der „Freundschaft", wie es
sich in den Texten antiker Autoren niederschlägt. Demgegenüber ist der
Begriff in der LXX stark zurückgenommen. „Wie der gemeingriechische
Sprachgebrauch … weist auch der LXX-Gebrauch von φίλος eine Skala
verschiedener Bedeutungsschattierungen auf: der ganz nahe *persönliche
Freund* … der *Freund des Hauses* … der *Freund des Bräutigams*, der *Brautfüh-
rer* … der *Freund, Klient, politische Anhänger* eines hochgestellten Mannes
… als Titel: der *Freund des Königs* … "[269] Die Verteilung des Begriffes
über die Bücher der LXX ist signifikant und die Beobachtung, dass die
meisten Belege in „… ursprünglich griechischen Texten der Septuaginta
vorkommen, zeigt, daß wir es mit einem Begriff zu tun haben, welcher
der alttestamentlichen Welt von Hause aus fremd ist."[270]

Der technische Gebrauch der Wendung „Freund des Königs" (φίλος
τοῦ βασιλέως) zur Bezeichnung der vertrauten Ratgeber in der Umgebung des Königs ist breit und in verschiedenen Kulturen belegt.[271] Die Bezeichnung hat sich zu einem Titel gewandelt.[272] Dieser titulare Gebrauch
„Freund des Königs" steht im Kontext der hierarchisierten Herrscherhöfe
des vorderasiatischen Raumes insbes. des hellenistischen Kulturkreises.
Zahlreiche Zeugnisse aus dem zweiten und ersten vorchristlichen Jahr-

---

268 Vgl. SÖDING, Art. φιλέω 1329.
269 STÄHLIN, Art. φιλέω 152.
270 Ebd. 153.
271 Vgl. PAESLACK, Bedeutungsgeschichte 92; KONSTAN, Friendship 95ff.105ff; HERMAN,
      Court Society 213ff; WIESEHÖFER, Günstlinge 515ff.
272 WEBER hat zu Recht darauf hingewiesen, dass eine konsequente Trennung zwischen
      persönlicher Freundschaft und politisch-hierarchischem Status nicht zutreffend ist. WE-
      BER, Interaktion 42, „paradoxe Spannung von Affektivem und Geschäftlichem". Weiter
      ebd. 57, „In Abgrenzung zum hierarchisierten Personenkreis bestanden affektive Bezie-
      hungen früherer Art zum König weiter, deutlich an der singularischen Bezeichnung
      phílos tou basiléos, allerdings in begrenztem Umfang."

hundert geben Auskunft über Bezeichnungen ptolemäischer Hofrangtitel, unter die auch der φίλος des Königs gerechnet wird.[273] In der Hierarchie bilden die Freunde des Königs eine feste Gruppe, die sich durch bestimmte Privilegien wie den freien Zugang zum König oder auch bestimmte Kleidung auszeichnet. In der LXX liegt ein Schwerpunkt der Verwendung in den Makkabäer-Büchern.[274]

Verwendung und Belege in Dan^LXX   Vier Stellen in Dan^LXX (Dan^LXX 3,91.94; 5,23; 6,13) gebrauchen das Wort φίλος.[275] Auffällig sind die Unterschiede zwischen LXX und θ; unter Einbeziehung der Belege von Dan^θ soll die Verwendungsweise in Dan^LXX profiliert werden.

Dan^θ gebraucht den Begriff φίλος in einem nicht-technischen Sinn zur Bezeichnung der persönlichen Gefährten;[276] der technische Gebrauch lässt sich für Dan^θ nicht nachweisen. Bezieht man BelDr^θ 2 in die Erwägung mit ein, wird man dort von einem Beleg eines technischen Gebrauchs ausgehen können, auch wenn die Einordnung nicht eindeutig ist. Eine andere Tendenz ist in Dan^LXX zu beobachten, die an allen oben – für Dan^θ – genannten Belegen andere Terminologie verwendet: 3,91.94; 5,23 begegnet die Bezeichnung φίλος (τοῦ βασιλέως), wobei die Einordnung in eine Reihe von Amtsbezeichnungen von 3,94 für diesen Beleg und für 3,91 den technischen Gebrauch verbürgt. Ebenso weist 5,23 die nachfolgende Explikation σὺ καὶ οἱ μεγιστᾶνές σου die Verwendung als titular aus. Da alle übrigen Belegstellen in Dan^LXX einen technischen Gebrauch aufweisen,[277] liegt dieser auch für 6,13 nahe. Die Bezeichnung Daniels oder eines seiner Gefährten als „Freund des Königs" ist singulär.

Offensichtlich findet eine Trennung statt zwischen dem Aspekt der persönlichen Freundschaft und dem titularen Gebrauch der Bezeichnung „Freund". In Dan^LXX begegnet φίλος in titularem Sinn zur Bezeichnung eines bestimmten Standes, während Dan^θ den Akzent auf die persönliche Freundschaft legt (mit einer möglichen Ausnahme in BelDr 2). 6,13 zeichnet Daniel als ein Mitglied des Standes der Freunde des Königs. Eine

---

273 Vgl. MOOREN, Hofrangtitel 161; ähnliche Belege lassen sich für die seleukidische Hierarchie angeben (MARTIN DE VIVIÉS, Séjours 133). Zum historischen Hintergrund, verschiedenen Belegstellen und dem Folgenden MCCRYSTALL, Studies 135ff.

274 Vgl. MCCRYSTALL, Studies 136; PAESLACK, Bedeutungsgeschichte 93. Vgl. dazu auch VON DOBBELER, Makkabäer 61.

275 Vgl. MCCRYSTALL, Studies 135; hinzu kommt ein Beleg in BelDr 2, der in die Darstellung einbezogen werden soll. JOSEPHUS übernimmt den Titel an allen Stellen in einem technischen Sinn. Vgl. VERMES, Treatment 151.

276 BOGAERT, Relecture 223, „Observons d'abord que Daniel th' n'emploie *philos* qu'au sens non technique d'ami. Il s'agit des amis de Daniel (2,13.17.18 pour rendre ḥebar; BelDr 2). On ne trouve pas d'autre usage de *philos* dans Dan th'."

277 Ebd., „Daniel o', en revanche, dans les quatre cas où il emploie philos, le fait dans des passages où il n'y a rien de tel en araméen et dans le sens technique d'ami du roi: 3,91.94; 5,23; 6,13."

hierarchische Stufung dieses Standes – wie sie manche Quellen belegen – wird nicht thematisiert.[278] Sie mag aber aufgrund der Sonderstellung des Daniel über das gesamte Reich mitgehört werden. Daniel wird unter die Freunde des Königs gezählt; er erscheint als Mitglied einer Gruppe, von der er sich 5,23 noch sehr stark distanziert hat.[279] Die titulare Dimension des Ausdrucks φίλος lässt sich nicht völlig von der nicht-titularen Verwendung lösen: Auch in einem titularen Sinn bleibt eine – wenn auch abgeschwächte – Form der persönlichen Beziehung.[280]

Die Formulierung in 6,13 greift – ähnlich wie der Hinweis auf die „Bekleidung Daniels mit Purpur" – auf die vorangehende Erzählung Dan 5 zurück. Beide Elemente dienen der Zeichnung des Daniel in seiner besonderen Position im Reich und einer besonderen Beziehung zum König. Die Beobachtungen zum institutionellen Charakter der „Freunde des Königs" machen deutlich, dass die beiden Phänomene: „Bekleidung mit Purpur" (V 3) und die spätere Kennzeichnung als „Freund des Königs" (V 13) in einer engen Verbindung stehen. Auf zweifache Weise wird eine Aussage getroffen, die die besondere Heraushebung des Daniel über die beiden anderen Beamten zum Ausdruck bringt. Während die Bekleidung mit Purpur sich auf ein äußerlich sichtbares Zeichen bezieht, handelt es sich bei der Bezeichnung als Freund des Königs um einen Titel.[281] Blickt man von diesem Standpunkt aus auf die zwei divergierenden Zeichnungsmöglichkeiten des Purpurs hin, wird deutlich, dass nicht (in erster Linie) die Zuschreibung von Reichtum, sondern eine Aussage über den Status am Hof des Königs intendiert ist.

„groß und angesehen vor dem König" – μέγας καὶ ἔνδοξος ἔναντι Δαρείου τοῦ βασιλέως   Die Auszeichnung des Daniel mit Purpur wird ergänzt durch zwei weitere Elemente, die sein Ansehen vor dem König betonen. Dass mit der Bezeichnung μέγας eine relativierte Anspielung auf den Titel μέγιστος, der als Ehrentitel im Umfeld von Königshöfen belegt ist,[282]

---

278 Vgl. McCrystall, Studies 140.

279 Meadowcroft, Aramaic Daniel 119f, "It seems to represent those who occupy some sort of position in the central administration and are close to the king. It signifies the distinction in stance between the two stories in the LXX that in one Daniel condemns the king's friends and in the other he is described as such himself."

280 Die persönliche Dimension der Verwendung dieses Titels betont auch Albertz, Gott 121, „Aus den Worten bricht der ganze Haß und Triumph der Zurückgesetzten auf: ‚Siehe, wir haben deinen Freund Daniel gefunden …'. Daniel wird somit … als Freund des Königs bezeichnet. Damit wollen die Höflinge nicht nur sarkastisch auf die völlig unverdiente Bevorzugung Daniels hinweisen, sondern zugleich auch den König persönlich treffen, mit was für Leuten er sich eingelassen hat." Außerdem: Delcor, Daniel 136, „façon sarcastique".

281 Trotz der insgesamt engen Verbindung der beiden Phänomene sind sie nicht bloß zwei Seiten einer Medaille, sondern jede besitzt ihren eigenen Wert. Vgl. McCrystall, Studies 139.

282 Vgl. Grundmann, Art. μέγας 535.

vorliegen könnte, erscheint unwahrscheinlich. Eher ist von einer unspezifischen Verwendung auszugehen, die in der titularen Verwendung in zugespitzter Form vorliegt. Daniel steht in einem hohen Rang, er nimmt eine einflussreiche Position ein. In einer Weiterführung dieser Aussage wird er mit dem Merkmal ἔνδοξος ἔναντι Δαρείου τοῦ βασιλέως ausgezeichnet. Dareios wurde V 1 als ἔνδοξος ἐν γήρει bezeichnet; ähnlich wird Daniels Ansehen vor dem König betont. Er erscheint als angesehener und einflussreicher Beamter, der in der Gunst des Königs steht.

Zur Begründung wird eine dreigliedrige Würdigung angegeben. Die kausale Konjunktion καθότι reicht bis zum Ende des Satzes mit ἔπρασσε. Die folgenden drei Elemente bilden einen Argumentationszusammenhang.

μέγας καὶ ἔνδοξος ἔναντι Δαρείου τοῦ βασιλέως   καθότι ἦν

    ἐπιστήμων καὶ συνετός,

    καὶ πνεῦμα ἅγιον ἐν αὐτῷ,

    καὶ εὐοδούμενος ἐν ταῖς πραγματείαις τοῦ βασιλέως

Verständig und einsichtig – ἐπιστήμων καὶ συνετός   Das erste Element der Begründung, die zugleich eine Charakterisierung darstellt, wird mit dem Begriff ἐπιστήμων gebildet und greift auf 1,4; 5,11 zurück;[283] er ist gebildet in den Fragen der Weisheit.

Eine weitere Perspektive ergibt sich aus dem Überblick über die Verwendungsweise von ἐπιστήμων in der LXX. Insbes. die Belege Dtn 1,13.15; 4,6 erlauben neue Einsichten.[284] Dtn 1,9–18 thematisiert die Einsetzung von Richtern über die Stämme Israels durch Mose. Dabei werden Qualifikationsmerkmale angegeben, die enge Berührungen mit der Schilderung Daniels aufweisen: ἄνδρας σοφοὺς καὶ ἐπιστήμονας καὶ συνετοὺς (V 13).[285] Daniel erfüllt die von Mose für das Amt des Stammesführers (ἡγουμένους ὑμῶν)[286] bzw. des Richters (τοῖς κριταῖς ὑμῶν V 15) geforderten Voraussetzungen.[287]

---

283 Die aus Juda deportierten jungen Männer sollten sich durch Verständigkeit in aller Weisheit (ἐπιστήμονας ἐν πάσῃ σοφίᾳ 1,4) auszeichnen. Die Frau des Baltasar charakterisiert 5,11 Daniel als ἐπιστήμων. Beide Belege weisen unter Rückgriff auf das Adjektiv ἐπιστήμων auf die Fähigkeiten Daniels hin; er ist gebildet in den Fragen der Weisheit. USENER, Septuaginta 111, „In der Septuaginta kann man beobachten, dass ἐπιστήμη eine Verallgemeinerung erfährt und nur etwas wie ‚allgemeines Wissen‘ bezeichnet."

284 Die übrigen Belege fügen dem bisher erarbeiteten Spektrum keinen wesentlichen Aspekt hinzu.

285 Das Attribut σοφός wird Dan 6 nicht auf Daniel bezogen, vgl. aber 1,4; 5,11.

286 Vgl. zu dieser Formulierung auch die Aussage Dan 6,3, die Daniel und seine beiden Kollegen als Anführer über die Satrapen einsetzt.

287 Dennoch bleibt zu bedenken, dass die Ausdrucksweise nicht zu dem gängigen Repertoire der dtr Theologie gehört: PERLITT, Deuteronomium 67, in Bezug auf MT: „Gleichwohl bleibt die Herkunft der Weisheitsterminologie von 13a schwer deutbar, da im Hauptstrom der dtr Literatur die Großen Israels mit ganz anderen Begriffen charakterisiert oder gefordert werden."

In eine andere Richtung weist Dtn 4,6. Mose spricht davon, dass das Volk Israel von den übrigen Völkern als weises und gebildetes Volk (Ἰδοὺ λαὸς σοφὸς καὶ ἐπιστήμων τὸ ἔθνος τὸ μέγα τοῦτο) erkannt wird, wenn sie das Gesetz Israels kennen lernen (ἐὰν ἀκούσωσιν πάντα τὰ δικαιώματα ταῦτα). Er formuliert einen Zusammenhang zwischen Gesetz und Weisheit: Die Beachtung des Gesetzes ist die Weisheit des Volkes Israel (V 5). Liest man Dan 6,3 vor dem Hintergrund dieser Aussage, ergibt sich ein Bild Daniels als eines gesetzeskundigen und -treuen Israeliten. Aufgrund seiner Orientierung am Gesetz Israels wird Daniel Weisheit zugesprochen (vgl. etwa Dan 5,11).[288]

Parallel dazu ist der Begriff συνετός verwendet, der in seiner Grundbedeutung mit „einsichtig, verständig, klug"[289] wiedergegeben werden kann. Die Belege im Traditionsbereich des Daniel-Buches (Sus 44–45; 63; Dan 1,17(bis).20) weisen den Verstand als göttliche Gabe aus, der durch einen Boten des Herrn (Sus 44–45) oder Gott selbst (Dan 1,17) vermittelt wird. Weisheit und Verstand sind göttliche Gabe, über die Daniel nach deren Empfang verfügen kann. Auffällig bleibt das Fehlen eines Objektes in der Verwendung dieser Adjektive.

Die Verbindung der beiden Begriffe und ihre Abhängigkeit vom göttlichen Wirken begegnet auch 2,21: „der den Weisen Weisheit gibt und Verstand denen, die im Wissen sind" (διδοὺς σοφοῖς σοφίαν καὶ σύνεσιν τοῖς ἐν ἐπιστήμῃ).[290] V 23 bekennt Daniel, dass er von Gott Weisheit und Klugheit (σοφίαν καὶ φρόνησιν) empfangen hat. Weisheit wird im Daniel-Buch wesentlich als Gabe Gottes verstanden.

Deutlich sind bei beiden Bezeichnungen die Parallelisierung von Einsicht und Weisheit mit der Gotteserkenntnis.

„heiliger Geist in ihm" – πνεῦμα ἅγιον ἐν αὐτῷ   Die Auszeichnung durch „heiligen Geist in ihm" weckt besondere Aufmerksamkeit; die Belege sind nicht zahlreich. Der weisheitlich geprägte Begriff begegnet neben der vorliegenden Stelle Dan 5,12; Weish 1,5; 9,17b; Ps 51,13; Jes 63,10.11. Als nächster Bezugspunkt für die Interpretation der Formulierung ist Dan 5,12 heranzuziehen: Die Königin hebt die Qualifikationen Daniels vor Baltasar heraus. Zur Zeichnung greift sie auf die Adjektive ἐπιστήμων, σοφός und auf seine Überlegenheit zurück; V 12 spricht sie vom „heiligen

---

288 Das Gesetz bzw. die Rechtssätze des Volkes Israel sind in Dan 6 an keiner Stelle ausdrücklich thematisiert. Auch wenn man die Verbindung von Dtn 4,6 auf Dan 6 überträgt, kommt damit nicht das Gesetz selbst in den Blick, sondern die sich aus ihm ergebenden Konsequenzen: Die den Geboten entsprechende Lebensweise erscheint vor den Völkern als Weisheit. Bemerkenswert ist, dass auch Dtn 4 die Götzenverehrung (vgl. V 27f) in einem Kontrast zur Weisheit gesehen wird; der Epilog (VV 32–40) ist monotheistisch geprägt und fordert wiederum die Beachtung des Gesetzes. Die rettende Nähe Gottes bei seinem Volk ist das dritte verbindende Element.

289 GOETZMANN, Art. σύνεσις 276, „Charakteristisch für den Inhalt der Wortgruppe ist, daß sie zumeist mit Aussagen über die Weisheit zusammenhängt."

290 Wiedergabe nach LXX.D.

Geist in ihm" (πνεῦμα ἅγιον ἐν αὐτῷ). Ebenso wie 6,4 ist die Wendung auch hier nicht determiniert.[291] Die Aussage verfolgt die Absicht, Daniel als überragenden Weisen auszuzeichnen (ὑπερέχων πάντας τοὺς σοφοὺς Βαβυλῶνος 5,12). Die Besorgnis des Königs aufgrund der Unfähigkeit der babylonischen Fachleute, die geheimnisvolle Schrift zu lesen, soll durch den Verweis auf die Kompetenz des Daniel zerstreut werden. Die Erfahrungen des Nebukadnezzar bilden eine Referenz für Baltasar, sodass dieser seine Hoffnung auf Daniel setzen möge. In diesem Zusammenhang weist die Königin auf die Existenz von „heiligem Geist in ihm" hin; durch diesen Geist war Daniel befähigt,[292] Nebukadnezzar in schwierigen Fragen eine Deutung zu geben. Für V 12 scheint ein Verständnis des „heiligen Geistes" als eine Art weisheitliche Gabe oder eine nicht verfügbare weisheitliche Kompetenz wahrscheinlich zu sein. Ein Verständnis, das den weisheitlichen Aspekt stärker als den religiösen und insbes. spezifisch israelitischen Aspekt betont, legt sich auch dadurch nahe, dass es an dieser Stelle nicht Daniel selbst und auch nicht der Erzähler, sondern die Königin, die Gemahlin des babylonischen Königs, ist, welche diese Deutekategorie in die Erzählung einführt.[293] Das religiöse Moment bleibt integraler Bestandteil der Weisheitsvorstellung. Als Verstehenshintergrund scheint ein Verständnis maßgeblich zu sein, wie es auch Weish 9,17b entfaltet.[294]

> „Weisheit und heiliger Geist werden demnach identifiziert. Die Heiligkeit des Geistes bzw. der Weisheit verbietet den Kontakt mit der Macht des Bösen. Der heilige Geist hält Abstand von ‚unverständigen Gedanken'. Diese meinen nicht so sehr im intellektuellen Sinne falsche Begriffe, sondern vor allem das Gefangensein des Menschen in seiner denkend-wollenden Existenz, wiederum: in seiner Gesamtausrichtung. Gefangenschaft im Unverstand ist nur Symptom eines ver-kehrten Lebens."[295]

Die auszeichnende Notiz über „heiligen Geist" in Daniel führt dessen vorangehende Zeichnung als „Weiser" (ἐπιστήμων καὶ συνετός) fort. Ihm kommt die von Gott geschenkte Weisheit zu: „Die Weisheit ist ›heiliger‹, d. h. Gottes Geist (9,17ᵃᵇ.b), der Kenntnis und Verstehen des Willens Gottes von innen her erschließt …"[296] Aufgrund dieser von Gott geschenkten – nicht erworbenen – Kompetenz steht Daniel dem Begründungszusammenhang des Textes folgend in einem ausnehmend positiven Ansehen vor dem König.

---

291 Vgl. Weish 1,5; 9,17b. Anders Ps 51,13; Jes 63,10.11; τὸ πνεῦμα τὸ ἅγιόν σου.
292 Die mit καί eingeleitete Wendung καὶ ἐν ταῖς ἡμέραις ist konsekutiv zu verstehen.
293 Damit soll keine Trennung von Weisheit und Theologie behauptet oder eine atheistische Weisheit postuliert werden; in der engen Verbindung beider Aspekte lassen sich jedoch Schwerpunkte erkennen.
294 Von dieser Perspektive zu unterscheiden ist die Verwendungsweise in Jes und Ps 51; als differenzierendes Merkmal erscheint die (Nicht-)Determination.
295 HÜBNER, Weisheit 32.130. Vgl. ähnlich auch GEORGI, Weisheit 403.
296 ENGEL, Weisheit 158.

„erfolgreich in den Geschäften des Königs, die er machte" Zugleich bereitet diese Aussage den Weg für die weitere Zeichnung des Daniel: Die erfolgreiche Amtsführung (εὐοδούμενος ἐν ταῖς πραγματείαις τοῦ βασιλέως V 3) einerseits und das Fehlen jeglicher Verfehlung – sei es wissentlicher Vergehen oder unwissentlicher Fehler – andererseits finden ihren Grund in dem „heiligen Geist" in Daniel, entsprechend der oben entfalteten Konnotationen des Begriffes. Die Gottesfurcht und die Orientierung am Willen Gottes sind hinreichende Bedingungen für Daniels erfolgreiche Arbeit.

Überblick über die Zeichnung Daniels Im Kontext der Reform der Verwaltung verwendet der Erzähler große Mühe auf die positive Darstellung des Daniel (VV 2.3a).[297] Dieser ist von seinem Gott mit der Fähigkeit der Weisheit ausgestattet, die breit und ausführlich durch verschiedene Aussagen entfaltet wird. Weisheit steht in direktem Zusammenhang mit Gottesfurcht und ist Voraussetzung für das gelingende Agieren Daniels in seiner Verwaltungstätigkeit.

Daniel ist aus der Handlung der Erzählung für die folgenden Verse (VV 4–9) weitgehend ausgeblendet; erst ab V 10 kommt er wieder in den Fokus des Erzählers. Der Abschnitt ist dennoch nicht ohne Bedeutung für seine Zeichnung, da sich in ihm die Perspektive der Beamten und des Königs zeigt.

> Während Dareios plant, Daniel aufgrund seiner erfolgreichen Amtsführung in eine Position über das gesamte Reich zu bringen, versuchen die Beamten dies zu verhindern. Die beiden Beamten, die im Lauf der Erzählung als Opponenten Daniels gezeichnet werden, konstatieren ausdrücklich dessen Freiheit von Verfehlungen (οὐδεμίαν ἁμαρτίαν οὐδὲ ἄγνοιαν V 4). Über die Bewertung des Erzählers hinaus wird Daniels erfolgreiche Amtsführung auch von seinen Gegnern bekräftigt. Der Entschluss der Beamten, die Planungen des Königs zu unterlaufen, macht Weiteres deutlich: Daniel unterscheidet sich von den Beamten aufgrund seiner religiösen Praxis: Anders als sie betet er dreimal täglich, was diesen bekannt ist (VV 5.8). Eine Beschränkung der Gebetspraxis trifft sie zumindest nicht in gleicher Weise.

Die Gebetspraxis des Daniel Daniel erfährt (ἐπιγνούς V 10), dass der König das Gesetz ratifiziert hat (V 9); er übt sein Gebet in unveränderter Weise aus. Diesem Beten Daniels kommt für den Verlauf der Erzählung eine zentrale Stellung zu.

Die Gebetspraxis begegnet sowohl in der Darstellung des Erzählers als auch in der Rede der Figuren, wobei nach der jeweils sprechenden Figur zu differenzieren ist. Es fällt auf, dass keine einheitliche Terminologie gebraucht wird; vielmehr variiert die Erzählung bestimmte Ausdrücke

---

297 Der Begriff „dein Freund" ist nicht für die Zeichnung des Erzählers zu verwerten, da er im Mund der Beamten begegnet.

aus dem Wortfeld „Beten", die verschiedene Konnotationen aufweisen. Im semantischen Gehalt der Begriffe spiegelt sich die Wahrnehmung der Figuren.

Daniel   Daniel äußert sich selbst nie zu seiner Gottesverehrung; auch der unmittelbare Bericht vom Vollzug seiner Gottesverehrung (V 10) gibt das Geschehen nicht aus seiner Perspektive, sondern aus der des Erzählers wieder. Er legt die Spur für das Verständnis des Lesers.[298] V 22 konstatiert Daniel, dass er vor Gott gerecht befunden wurde (δικαιοσύνη ἐν ἐμοὶ εὑρέθη ἐναντίον αὐτοῦ).[299] Er stellt keinen Zusammenhang zwischen Gebet und Rettung her.[300] In der Gottesbezeichnung (κύριος) und dem damit verbundenen Gottesverständnis,[301] das maßgeblich von einer Bindung an die Gottheit lebt, spiegelt sich die Bedeutung des Gebetes: Es dient der Pflege der personalen Beziehung mit seinem Gott.

Der Erzähler   Der Erzähler spricht in verschiedenen Zusammenhängen von Daniels Beten. Seiner vierfachen Darstellung (VV 5.8.10.11) kommt eine besondere Bedeutung zu. Das Fehlen der Perspektive des Daniel verleiht ihr ein umso größeres Gewicht.[302]

VV 5.8 weisen auf das Wissen der Beamten um das Beten Daniels im Kontext der Planung und der Vorstellung des Gesetzes hin. Dabei treten neben den dominierenden Übereinstimmungen auch Unterschiede zutage:

V 5	ᾔδεισαν γὰρ	ὅτι Δανιηλ	προσεύχεται καὶ δεῖται
V 8 καθότι	ᾔδεισαν	ὅτι Δανιηλ	εὔχεται καὶ δεῖται

V 5 κυρίου τοῦ θεοῦ αὐτοῦ τρὶς τῆς ἡμέρας	
V 8	τρὶς τῆς ἡμέρας

Gemeinsam ist beiden Belegen der Hinweis auf die dreimal tägliche Verrichtung des Gebetes (vgl. ebenso VV 10.11); darüber hinaus weist die gebrauchte Terminologie des Gebetes enge Berührungen auf und unterscheidet sich durch die Verwendung des Kompositums προσεύχεται (V 5) anstelle des Verbum simplex (V 8). Auffallend ist die Beobachtung,

---

298 Damit lässt sich sein Gebetsverständnis nicht aus Selbstaussagen erheben.

299 Bezugswort für das Personalpronomen αὐτός ist das vorangehende ὁ κύριος. Diese Bezeichnung ist theologisch signifikant für das Gottesverständnis des Daniel, stellt sie doch die eigentliche Gottesbezeichnung des Gottes Israel dar. Vgl. KOCH, Danielrezeption 97; RÖSEL, Übersetzung 374f. GRELOT, Daniel VI 116, „*Kýrios* sans article remplace exactement le nom divin." 6,22 mit Artikel, vgl. aber die Verwendung von κύριος im griechischsprachigen Kontext. Dazu DEBRUNNER, Uebersetzungstechnik 77; außerdem KREUZER, Kultur 45.

300 Vgl. dazu die abweichende Auffassung bei Dareios VV 16.20.

301 Zum Gottesverständnis, wie es sich im Verhältnis von κύριος – δοῦλος spiegelt, vgl. Abschnitt 9.4.4, 438.

302 Der Erzähler erscheint als zuverlässig; er will den Leser nicht in die Irre führe, sodass er über die tendenziöse Sichtweise der Beamten erhaben ist.

dass lediglich V 5 einen Adressaten (κυρίου τοῦ θεοῦ) angibt; alle anderen Stellen bieten keine Auskunft darüber, an wen sich das Gebet richtet; ebenso konsequent fehlt jeder Hinweis auf den Inhalt des Gebetes.[303]

Daniel betet dreimal täglich. Er ruft den Herrn, seinen Gott – der durch den Erzähler mit dem Gott Israels identifiziert wird (κυρίου τοῦ θεοῦ αὐτοῦ V 5) – an. Das Gebet ist gleichermaßen zweckfreie Anrufung und Bittgebet, auch wenn in der Erzählung die bittende Dimension durch das Fehlen eines Gegenstands der Bitte zurücktritt.

V 10 kommt eine Sonderstellung zu, da nur an dieser Stelle das Beten Daniels geschildert wird. Der Erzähler nimmt ein konkretes Gebet in einer bestimmten Situation in den Blick. Alle übrigen Erwähnungen beziehen sich entweder auf diese konkreten „Akte des Betens"[304] oder auf eine allgemeine Praxis. Die Schilderung V 10 steht in der Erzählung an zentraler Stelle; sie ist von den übrigen Bezugnahmen auf die Gottesverehrung sowohl grammatikalisch als auch inhaltlich unterschieden. Der äußere Gebetsgestus wird szenisch entfaltet; nicht das allgemeine Handlungsmuster, sondern – ebenso wie V 11 – ein ganz konkretes Tun in einem eng umgrenzten Zeitrahmen ist im Blick.

Die szenische Gestaltung des Gebetsvollzuges verlangt eine umfassendere Einordnung in den Kontext. Hintergrund ist der Erlass des Verbotes durch den König V 9; ein Verbot ist rechtskräftig, das die religiöse Übung des Daniel verbietet. Treffend analysiert Daniel – so der Erzähler –, dass das Verbot gegen ihn erlassen wurde (ὃν ἔστησαν κατ᾽ αὐτοῦ). Es dient nicht einem positiven Anliegen, sondern ist gegen Daniel gerichtet. Der Erlass ist für Daniel dennoch kein Argument, von der gepflegten Frömmigkeitspraxis abzuweichen. Er öffnet – in Kenntnis des Gesetzes – die Fenster seines Obergemaches, die nach Jerusalem ausgerichtet sind, und verrichtet sein rituell geprägtes Gebet. In Kenntnis des Gesetzes vollzieht Daniel ein Handeln, das zumindest – formuliert man äußerst vorsichtig – in der Nähe des von der „Begrenzung" (ὁ ὁρισμός) erfassten Handelns steht.[305] Auffällig ist, dass Daniel im Obergemach seines Hauses bei (eigens von ihm) geöffneten Fenstern betet. Ort der Gottesverehrung ist nicht

---

303 Zur Konstruktion von δέομαι mit *Genitivus separationis* vgl. GREEVEN, Art. δέομαι 40, „Bisweilen ist auch der Charakter eines Bittgebetes nicht mehr deutlich zu erkennen, da der Gegenstand der Bitte nicht genannt wird und die Situation keine Schlüsse zuläßt." Außerdem BLASS/DEBRUNNER, Grammatik §180.

304 Mit dieser Bezeichnung soll deutlich gemacht werden, dass es nicht ein einmaliges Gebet ist, sondern ein Gebet dreimal am Tag, aber in einer ganz bestimmten Situation – im Anschluss an das Verbot.

305 Das Verbot untersagt folgende Handlungen εὔξηται εὐχὴν ἢ ἀξιώσῃ ἀξίωμά τι (V 7; ähnlich die Belege VV 5.12). Die Schnittmenge besteht lediglich im Verb εὔχομαι; diese erscheint aber ausreichend. Daniel hat – so die Auffassung des Erzählers – gegen das Gesetz verstoßen. Die Frage, ob er damit Schuld auf sich geladen hat oder schuldlos ist, wird von dieser Aussage nicht erfasst.

die Öffentlichkeit, ist nicht der Hof des Königs. Er betet zurückgezogen in seinem Obergemach (ἐν τῷ ὑπερῴῳ), im privaten Bereich seines Hauses: Das Gebet ist kein demonstrativer Akt des Ungehorsams, sondern eine – zumindest aus der Perspektive des Daniel – private Angelegenheit.

> Die Ausrichtung nach Jerusalem erschließt sich nicht unmittelbar in ihrer vollen Tragweite. Jerusalem begegnet als Ort des Tempels und der dort angesiedelten Gottesverehrung. Daniel sucht sich durch die geöffneten Fenster am dort (früher) praktizierten Kult auszurichten.[306] Nicht die politische Dimension Jerusalems, sondern die theologische Dimension ist im Blick. Nicht eine allgemeine Sehnsucht des Exilierten, sondern der Wille zur Partizipation am Kult und an der religiösen Ausrichtung Israels steht im Hintergrund. Damit wird deutlich, dass das Öffnen der Fenster nicht dazu dient, Öffentlichkeit herzustellen, sondern die Ausrichtung auf Jerusalem als Ort des Kultes zu verdeutlichen. Dass durch dieses Vorgehen auch die Wahrnehmung seiner Gebetspraxis – zumindest auf der narrativen Ebene – möglich wird, ist für Daniel ohne Relevanz.

Vier Verbalformen dominieren die Darstellung: ἤνοιξεν, ἔπιπτεν, ἐποίει und ἐδεῖτο. Das Tun Daniels wird einerseits auf einer äußeren Ebene beschrieben (θυρίδας ἤνοιξεν ἐν τῷ ὑπερῴῳ αὐτοῦ κατέναντι Ιερουσαλημ, ἔπιπτεν ἐπὶ πρόσωπον αὐτοῦ τρὶς τῆς ἡμέρας), andererseits inhaltlich als Beten (ἐδεῖτο) präzisiert. Betont wird – dieser Schilderung gegenüber nachgeordnet –, dass Daniel gemäß seiner Gewohnheit handelt (καθὼς ἐποίει ἔτι ἔμπροσθεν). Sowohl das „Öffnen der Fenster" als auch das „Niederfallen" entsprechen der Gewohnheit des Daniel. Die Vergleichspartikel καθὼς mit dem Imperfekt ἐποίει beziehen sich (Iterativ) auf das gesamte Handlungsmuster aus Öffnen der Fenster und Niederfallen.[307] Öffnen der Fenster und anschließendes Gebet bilden ein festes Handlungsmuster, das immer wieder vollzogen wurde; die Zusammengehörigkeit entfaltet sich dabei durch die Verwendung der Tempora.[308]

Die vorbereitende Handlung zum Gebet ist das im Aorist (Indikativ) stehende Öffnen der Fenster (ἤνοιξεν) in seinem Obergemach, in Richtung Jerusalem. Parataktisch angeschlossen folgt das Fallen auf das Angesicht (ἔπιπτεν ἐπὶ πρόσωπον αὐτοῦ) im Imperfekt (Indikativ); auf der gleichen Zeitstufe steht das Beten (ἐδεῖτο). Der Verbalform ἔπιπτεν (und ἐδεῖτο) entsprechend steht auch die gleichgeordnete Verbalform ἐποίει im Indikativ des Imperfekts. Bemerkenswert ist der Wechsel zwischen dem Indikativ Aorist und dem Indikativ Imperfekt. Diese Wahl der Tempora legt ein Verständnis des Öffnens der Fenster als eine einmalige Handlung und des

---

306 Diese Interpretation beruht auf der VV 16.20 von Dareios verwendeten Terminologie.
307 Vgl. BLASS / DEBRUNNER, Grammatik §325.
308 Eine andere Verhältnisbestimmung ist nicht ausgeschlossen; die Syntax erscheint nicht vollständig eindeutig. Aufgrund der Bedeutung der geöffneten Fenster (vgl. dazu Abschnitt 9.4.2, 428) ist es jedoch auch aus inhaltlichen Erwägungen wahrscheinlich, an ein regelmäßiges Öffnen der Fenster zu denken.

Niederfallens als eine andauernde und im Vollzug befindliche Handlung
des Daniel nahe.[309] Das Öffnen der Fenster gehört nicht zum eigentlichen Gebet des Daniel, sondern ist eine vorbereitende Handlung. Das
Niederfallen ist als Gebetsgestus (Prostration) zu deuten. Nicht ein kurzes
Berühren des Bodens, sondern das Gebet wird in der Haltung des „auf
dem Boden Liegens" vollzogen.[310] Schließlich wird – wiederum parataktisch angeschlossen – die eigentliche Gebetshandlung (ἐδεῖτο) berichtet:
Für die Dauer des Gebetes liegt Daniel auf dem Boden.

Ind. Aorist θυρίδας ἤνοιξεν

> καὶ ἔπιπτεν ἐπὶ πρόσωπον αὐτοῦ Ind. Imperfekt
> καθὼς ἐποίει ἔτι ἔμπροσθεν   Ind. Imperfekt
> καὶ ἐδεῖτο   Ind. Imperfekt

Weiter macht die Verwendung des Imperfektes für die näheren Moda-
litäten der Ausführung dieser Handlung (καθὼς ἐποίει ἔτι ἔμπροσθεν)
deutlich, dass Daniel – schon zuvor – nach diesem Muster vorgegangen
war. Dieser Ablauf des Gebetes aus der vorbereitenden Handlung des
Öffnens der Fenster und der Prostratio mit Gebet wird als beispielhaft
für das Beten Daniels überhaupt dargestellt. Damit ist insbes. das Öffnen
der Fenster als gewöhnliche Handlung und nicht als situationsbedingte
Reaktion auf das Verbot zu interpretieren. Die nachfolgenden Darstellungen (VV 11.13.16.20) verweisen zurück auf diese Schilderung, die anderen
(VV 5.8) greifen der Konkretion V 10 vor.

Das Beten Daniels *V 11* bezeichnet die konkrete Verrichtung des Gebetes in einem umgrenzten Zeitraum von mehr als einem Tag. Die Perspektive ist die der Beamten, die Daniel beobachten. In der narrativen
Repräsentation begegnet dieser Bericht im Mund des Erzählers. Dem
im Imperfekt geschilderten Beten Daniels aus V 10 steht das Beobachten (ἐτήρησαν) und Ertappen (κατελάβοσαν, jeweils Aorist) gegenüber.
Der Erzähler referiert die Wahrnehmung der Beamten: Sie ertappen Daniel betend (εὐχόμενον) – dreimal täglich, jeden Tag (τρὶς τῆς ἡμέρας καθ'
ἑκάστην ἡμέραν). Die Feststellung des Handelns des Daniel durch die
Beamten korrespondiert mit dem vorangehenden Bericht des Erzählers.
Daniel hält offensichtlich an seiner Gebetspraxis fest und betet. Bei dieser
Schilderung fällt die knappe Formulierung auf. In einiger Ausführlichkeit
wird lediglich der Rhythmus des dreimal täglichen Gebetes beschrieben;
alles Weitere wird allein auf den Begriff εὐχόμενον reduziert. Der Erzähler
referiert die Interpretation dessen, was die Beamten gesehen bzw. wahr-

---

309 BLASS/DEBRUNNER, Grammatik §324, „Der Unterschied zwischen linearer und punk-
   tueller Aktionsart … tritt am schärfsten im Impf. und Ind. Aor. hervor … " MCKAY,
   Syntax 42f, „the notion of continuation".
310 Nicht eine iterative Deutung (BLASS/DEBRUNNER, Grammatik §325), sondern eine
   eher durative Lesart (ebd. §327) ist anzunehmen: nicht eine wiederholte Proskynese,
   sondern eine Prostratio.

genommen haben. Zwar fügt sich die ausführlich Bezugnahme auf die Häufigkeit des Gebetes des Daniel gut in eine Wahrnehmung rein äußerer Vorgänge ein, bemerkenswert ist jedoch, dass nicht das V 10 beschriebene Niederfallen festgehalten wird, sondern auf das Beten des Daniel Bezug genommen wird. Die Beamten gehen an dieser Stelle in ihrer Interpretation über das rein äußere Verrichten von Handlungen hinaus und beschreiben das Tun des Daniel inhaltlich – und so ist weiter zu schließen – vor dem Hintergrund ihrer Kenntnis und des von ihnen formulierten Gesetzes.

Beamte Außerhalb der Aussagen des Erzählers begegnet das Beten Daniels in Aussagen der Beamten und des Dareios. Zwar sprechen die Beamten häufig von einem Beten, dabei ist jedoch in der Mehrzahl der Belege (VV 5.7.12) das vom Verbot erfasste Beten allgemein bezeichnet. Lediglich V 13 bietet mit der Anklage gegen Daniel vor dem König einen Beleg für das Beten des Daniel; dieser greift auf V 10, vor allem aber auf die Wahrnehmung der Beamten (V 11) zurück.

Zwischen der Schilderung der Wahrnehmung der Beamten durch den Erzähler (V 11) und der Anklage der Beamten vor dem König (V 13) bestehen Differenzen. Dabei fällt auf, dass die Beamten den Tatbestand wesentlich deutlicher auf das gewöhnliche Tun des Daniel (VV 5.8) als auf die konkrete Situation (V 10) oder den Erlass des Gesetzes beziehen (VV 5.7.12). Die Anklage wird bewusst in Anlehnung an die bekannte Praxis des Gebetes und an das Verbot formuliert; über V 11 hinaus ist die Rede davon, dass Daniel „bittet" (δεόμενον).[311] Zudem wird gegen VV 8.10.11 der Adressat des Gebetes angegeben: „vor dem Angesicht seines Gottes" (τοῦ προσώπου τοῦ θεοῦ αὐτοῦ). Die Beamten stellen fest, dass Daniel gegen das Gesetz verstoßen hat; sie formulieren den Vorwurf und distanzieren sich und auch Dareios von Daniel, indem sie ganz betont davon sprechen, dass es „sein Gott" ist.[312] Gleichzeitig kommt damit die Distanz zwischen den Beamten und dem Gott des Daniel zum Ausdruck.

Dareios Auch Dareios nimmt Bezug auf das Gebet des Daniel. Dabei scheint er von dem konkreten Beten, das Daniel vorgeworfen wurde, abzusehen, und die generelle Praxis des Gebetes zu meinen; vielleicht müsste man umfassender an die religiöse Grundhaltung Daniels denken. Die Abstraktion schlägt sich in der Wortwahl nieder, die sich vollständig von allen bisher verwendeten Ausdrücken unterscheidet. Auf die Frömmigkeit des Daniel bezieht sich Dareios im Kontext der Löwengrube:

---

311 Vgl. dazu die Schilderung des Betens des Daniel durch den Erzähler ἐδεῖτο V 10 sowie δεῖται VV 5.8. Darüber hinaus bleiben die Hinweise, die das Äußere des Handelns betreffen, etwa die Lokalisierung oder die Gestik ohne Beachtung.

312 Ob zwischen den Aussagen der Ausrichtung nach Jerusalem und dem Flehen vor dem Angesicht Gottes ein Bezug hergestellt werden darf, erscheint fraglich.

nachdem Daniel hineingeworfen wurde (V 16), dann am Morgen nach seiner Rettung (V 20).[313] Daniel dient seinem Gott unablässig (ὁ θεός σου ᾧ (σὺ) λατρεύεις ἐνδελεχῶς (τρὶς τῆς ἡμέρας)).[314]

> Das selten belegte Adverb ἐνδελεχῶς, dessen Grundbedeutung mit „ununterbrochen, fortwährend" angegeben wird, weist in LXX zwei typische Verwendungsweisen auf. Die eine Gruppe der Belege – vornehmlich im Bereich des Pentateuchs – hat eindeutig kultischen Kontext und bezieht sich auf die Opfer und Kulthandlungen im Heiligtum Israels (Ex 29,38; Lev 24,3; Num 28,3; 1Esr 6,29). Die übrigen Belege stammen (neben den beiden Belegen bei Dan) aus Sir (20,26; 23,10; 37,18; 45,14; 51,10) und gehen eigene Wege; sie bezeichnen weitgehend ohne spezifischen Kontext die Dauerhaftigkeit eines Prozesses. Lediglich Sir 45,14 und 51,10 stehen in einem im weiteren Sinne kultischen Zusammenhang.

In Verbindung mit der kultischen Dimension des Verbs λατρεύω liegt somit nahe,[315] für Dan 6 einen Bezug zum israelitischen Kult herzustellen. Die Gebete bzw. – von der Bezeichnung λατρεύω her formuliert – der Gottesdienst des Daniel ist die Form, die er in der Diaspora wählt, um seinem Gott – als Ersatz für den regulären Kult – zu dienen. Vor diesem Hintergrund erschließt sich der Bezug auf Jerusalem in einer neuen Weise. Das Öffnen der Fenster ist auf Jerusalem hin ausgerichtet: Durch den bewussten Akt des Öffnens der Fenster wendet sich Daniel Jerusalem und damit dem (früheren) Ort des Tempels zu und betet. Die Verbindung, die Daniel durch das geöffnete Fenster intendiert, ist nicht die zur Öffentlichkeit des Königreiches, sondern die zum Ort der Verehrung des Gottes JHWH. Trotz seines Aufenthaltes im Exil und trotz der Zerstörung des Tempels versucht Daniel, in dem fremden Land die Verehrung Gottes in der Tradition seines Volkes weiterzuführen. Dareios erkennt nach Ausweis der Terminologie die Bedeutung dessen, was Daniel tut: Er richtet sich bleibend am Gott Israels aus und steht in Treue zu ihm.

Zusammenfassung: Daniel als Beter   In Daniels Leben ist die regelmäßige Verehrung seines Gottes fester Bestandteil; zugleich ist sie Stein des Anstoßes. Sie wird im Lauf der Erzählung mehrfach – wenn auch je un-

---

313 V 26 verwendet Dareios ein weiteres Mal Ausdrücke des Gebetes. Bezugspunkt ist jedoch nicht das Beten des Daniel, das der Stein des Anstoßes während der Erzählung war, sondern ein – jetzt nicht mehr verbotenes sondern – von allen Bewohnern des Königreiches gefordertes Tun gegenüber dem Gott des Daniel (τῷ θεῷ τοῦ Δανιηλ). Die Gottesverehrung wird durch zwei Partizipien ausgedrückt: προσκυνοῦντες καὶ λατρεύοντες. Vgl. außerdem V 27.

314 Im Folgenden werden nur das verbale Element λατρεύεις sowie das zugehörige Adverb in den Blick genommen. Alle übrigen Elemente wurden bereits an anderer Stelle in der gebührenden Ausführlichkeit betrachtet.

315 Vgl. dazu und zu anderen Begriffen des Wortfeldes Abschnitt 9.3.2, 365.

terschiedlich – beschrieben,[316] aber nie begründet. Von einer religiösen Pflicht, einem göttlichen Gesetz, dem Daniel folgt, ist keine Rede.[317] Dennoch ist die Gottesverehrung von so zentraler Bedeutung, dass er – im Bewusstsein der Konsequenzen – nicht davon lassen kann oder will.[318]

Sie weist eine feste Verankerung im alltäglichen Leben auf; ihre Regelmäßigkeit – dreimal am Tag (τρὶς τῆς ἡμέρας) – begegnet in nahezu jeder Erwähnung.[319] Der verwendete Wortschatz weist in jedem Fall in die Gebetsterminologie: (προς)εύχομαι (VV 5.8.11.13),[320] δέομαι (VV 5.8.10) und λατρεύω (VV 16.20).

Dareios scheint sich – zumindest nach der Anklage der Beamten – der Gottesverehrung des Daniel bewusst zu sein. Diese bedarf keiner Überprüfung. Vielmehr wird die unablässige Gottesverehrung Daniels zum Fundament der Hoffnung angesichts des Todes in der Löwengrube. Auffällig ist, dass die Wortwahl in der direkten Rede des Dareios von der des Erzählers und der Beamten abweicht. Sprechen diese von (προς)εύχομαι bzw. δέομαι verwendet Dareios VV 16.20 ebenso wie VV 25–27 das Wort λατρεύω. Dareios betont die kultische Dimension des Gebetes des Daniel.

Daniel in der Löwengrube Daniel unterzieht sich dem Verfahren ohne jeden Widerstand; anders als die drei jungen Männer im Feuerofen (Dan 3) ist Daniel nicht im Fokus des Erzählers. Dieser konzentriert sich auf Dareios; das Geschehen in der Löwengrube, etwa ob Daniel sich an seinen Gott wendet, wird nicht thematisiert. Von Relevanz ist die Rettung Daniels durch seinen Gott, durch die dieser seine Macht und Rettungsfähigkeit unter Beweis stellt.

Interpretation des Geschehens in der Löwengrube Daniel redet in der Erzählung nur V 21f; diese Sparsamkeit verleiht der Wortmeldung besonderes Gewicht. Unmittelbar nach seiner Rettung gibt er Antwort auf die Frage des Dareios. Erstaunlich ist, wie präzise er dessen Frage aufnimmt, sie aber zugleich modifiziert.

---

316 Zwar wird lediglich V 10 vom konkreten Vollzug der Verehrung berichtet; sie ist aber aufgrund mehrfacher Bezugnahmen (VV 5.8.11.13.16.20) in der gesamten Erzählung präsent. Dabei ist eine weitere Unterscheidung vorzunehmen: Die Schilderung einer generellen Praxis Daniels durch den Erzähler bzw. Dareios (VV 5.8.16.20) sowie die konkrete Beobachtung der Verehrung und die Anklage des einen Vergehens (VV 11.13).

317 MEADOWCROFT, Aramaic Daniel 101, „the issue of the law of God is not raised".

318 Ob ein Verweis auf das jüdische Brauchtum (vgl. ALBERTZ, Gott 121) als Motivation genügt, oder ob weitere Motive ausschlaggebend sind, kann an dieser Stelle offen bleiben. Es fällt auf, dass eine gesetzliche Bestimmung nicht zur Begründung herangezogen wird.

319 Lediglich V 20 in der direkten Rede des Königs begegnet die Wendung nicht. An ihre Stelle tritt die Aussage der unablässigen Verehrung (ἐνδελεχῶς). Die Verträglichkeit beider Aussagen dokumentiert das Nebeneinander beider Aussagen V 16 (ἐνδελεχῶς τρὶς τῆς ἡμέρας).

320 Mit MUNNICH, Daniel 14 ist V 8 das Verbum simplex zu lesen.

V 20 Ὦ Δανιηλ, εἰ ἄρα ζῇς,   καὶ ὁ θεός σου ... σέσωκέ σε ἀπὸ τῶν λεόντων
V 22 Βασιλεῦ,   ἔτι εἰμὶ ζῶν, καὶ σέσωκέ με   ὁ κύριος   ἀπὸ τῶν λεόντων

In seiner Antwort spricht er Dareios mit seinem Titel an (βασιλεῦ V 22) und
geht direkt auf die einzelnen Elemente der Frage ein. Dem Wunsch nach
dem Leben des Daniel steht die Aussage über sein Leben gegenüber. Die
Rettung erfolgt vor den Löwen (σέσωκε ... ἀπὸ τῶν λεόντων). Lediglich
das Subjekt der Rettung ist unterschieden: Der Aussage des Dareios „dein
Gott" stellt Daniel „der Herr" (ὁ κύριος) gegenüber. Daniel modifiziert die
Aussage des Königs: Der rettende Gott ist nicht nur der Gott des Daniel,
sondern er ist der Herr, der Gott Israels. Die Antwort des Daniel weist über
die relativierende Näherbestimmung Gottes durch das Personalpronomen
hinaus und betont die absolute Stellung „des Herrn". Der Gott des Daniel
wird mit dem Gott Israels identifiziert.

Seine göttliche Rettung sieht er in seiner Gerechtigkeit vor Gott (δικαιοσύνη ... ἐναντίον αὐτοῦ) und im Fehlen jeder Unwissenheit und Sünde
vor dem König (ἐναντίον δὲ σου ... οὔτε ἄγνοια οὔτε ἁμαρτία) begründet
(V 22). Die Rettung entspricht der Tatsache, dass sich Daniel in keinem
seiner Abhängigkeitsverhältnisse etwas zu Schulden kommen ließ; dass
Daniel von Seiten des Königreiches keinerlei Vorwurf zu machen ist, wurde bereits V 4 von den Beamten festgestellt. Die Interpretation Daniels
führt nun weiter aus, dass ihm auch ein Verstoß gegen dieses Gesetz
nicht als Verfehlung vorzuwerfen ist. Von großer Bedeutung ist das Zu-
ordnungsverhältnis der doppelten Unschuld vor Gott und dem König;
der König bleibt relevanter Bezugspunkt für Daniel und sein Verhalten.
Gerechtigkeit wurde als relationaler Begriff beschrieben, der in seiner
Verwendung auf Gott bezogen ist (δικαιοσύνη ἐν ἐμοί). Daniel zeigt in
seinem Lebenswandel das „‚rechte' Verhalten ... nicht im Blick auf eine
ideale Norm von Rechtsein, sondern im Blick auf das konkrete Lebensver-
hältnis der Partner [i. e. Daniel und der Herr; D. H.] zueinander."[321] Sein
gemeinschaftstreues Handeln verbürgt die Freiheit der Beziehung von
jeder Belastung und Spannung. Daniel hat sich in seiner Treue zu Gott
nichts zu Schulden kommen lassen. Damit konstatiert er in zweifacher
Weise, nichts getan zu haben, was die eine oder die andere Beziehung,
weder die zu seinem Gott noch die zum König stören könnte. Er hat durch
sein Verhalten – so seine Interpretation – beiden Beziehungen Rechnung
getragen.

Demgegenüber steht das Verhalten des Königs, der durch sein Hören
auf „irreführende Menschen" Daniel in die Löwengrube und ins Verderben geworfen hat. Der Freiheit von jeder Verfehlung Daniels steht
ein Fehlverhalten des Dareios gegenüber, das von Daniel direkt angesprochen wird: σὺ δὲ ἤκουσας ἀνθρώπων πλανώντων βασιλεῖς. Daniels

---

321 KERTELGE, Art. δικαιοσύνη 786.

Unschuld wird mit dem Fehler des Dareios kontrastiert. Nicht Daniel hat sich schuldig gemacht, sondern der König; nicht vorsätzlich, aber fahrlässig: indem er auf die falschen Berater gehört hat, die Könige in die Irre führen (ἀνθρώπων πλανώντων βασιλεῖς).

> Das Verb πλανάω hat nicht nur eine lokale oder eine ethische, sondern auch eine theologische Dimension. „Jahwe selbst übt das π[λανάω] des Volkes (Jes 63,17), der Heiden (Hi 12,23), der Herrschenden (Hi 12,24) oder der Lügenpropheten (Ez 14,9). Vor allem aber die heidnischen Götter (Hos 8,6; Am 2,4) und ihre Idole (Weish 14,12.27[vgl. V 22]; 15,4–6), die falschen Propheten (Dtn 13,6; Jer 23,13.32; vgl. Jes 30,20f; 41,29) und treulosen Könige (2Kön 21,9 par. 2Chr 33,9) verführen Israel zum Götzendienst."[322]
>
> Die strategisch motivierte Intervention der Beamten interpretiert Daniel als Verhalten, das die rechte Verehrung seines Gottes untersagt und somit gefährdet. Er wirft den Beamten ein negativ bewertetes Verhalten vor, das dazu geeignet ist, Könige auf einen falschen Weg zu führen. Die Beamten und in der Folge auch Dareios treffen eine theologisch relevante Fehlentscheidung gegen den Gott des Daniel. Nach der Nacht in der Löwengrube und der damit erfolgten Legitimation seines Handelns formuliert Daniel diesen Vorwurf, der in unterschiedlich starker Weise ausfällt. Während die Beamten Subjekt des „Irreführens" sind, ist Dareios Objekt. Die Frage nach Schuld und Verantwortlichkeit wird dem Rechnung tragen müssen.

Der Fehler des Königs führt dazu, dass Daniel in die Löwengrube, „ins Verderben" (εἰς ἀπώλειαν), geworfen wird. Damit verdeutlicht er seine Perspektive auf das Geschehen; die Löwengrube ist mit Verderben, mit der physischen Zerstörung gleichzusetzen. Aus der Perspektive des Geretteten formuliert Daniel diesen – in Anbetracht des Machtgefälles – äußerst deutlichen Vorwurf. Will man nicht davon ausgehen, dass Daniel hier die Vorgänge der letzten Tage aus der Perspektive des Dareios betrachtet, muss man annehmen, dass er nicht auf eine Rettung durch seinen Gott gebaut hat. Zwar sieht er sein Verhalten als gerecht vor Gott und fehlerlos vor dem König an; er geht davon aus, dass er deswegen von dem Herrn gerettet wurde. Dennoch ist die Löwengrube Verderben. Das Eingreifen Gottes ist für Daniel – trotz seiner Gerechtigkeit – keine planbare Selbstverständlichkeit.

Die Einsetzung Daniels über das Königreich V 24b konstatiert die V 4 intendierte Einsetzung Daniels über das ganze Königreich. Sein Ergehen in der Zeit des Persers Kyros wird nicht thematisiert.[323]

---

322 BÖCHER, Art. πλανάω 234; außerdem Abschnitt 9.3.1, 363.
323 Ein Hinweis begegnet lediglich in Dan 1,21.

9.4.3 Zwei junge Obersatrapen

Als dritte Personengruppe sind die beiden jungen Männer (νεανίσκοι
V 4) in den Blick zu nehmen,[324] die im Kontext der Verwaltungsreform
zusammen mit Daniel und der ihnen gemeinsam übertragenen Führungsaufgabe erwähnt werden (VV 1–3a). Die Fülle verschiedener Begriffe aus
dem Wortfeld „Beamte" macht eine Identifikation und Abgrenzung der
einzelnen Aktanten nicht immer leicht.

Auffällig ist ihre einmalige Kennzeichnung als „junge Männer"
(νεανίσκοι V 4), die terminologisch auf Dan 1 zurückgreift.[325] Ihr junges
Alter steht der Fülle an Tagen, dem Greisenalter des Dareios (V 1) und
dem – wie die Anknüpfung an Dan 1 deutlich macht – mittlerweile
vorgerückten Alter des Daniel gegenüber.[326]

> Undeutlich ist die Verhältnisbestimmung zu den οἱ μεγιστᾶνες (V 17) bzw.
> αἱ δυνάμεις (V 23). Beide Gruppen sind funktional bestimmt und nehmen
> im Kontext des Verfahrens in der Löwengrube offizielle Aufgaben wahr.
> Gehören die Obersatrapen zu diesen Gremien? Eine Entscheidung erscheint
> nicht möglich, unabhängig davon gehen sie ganz in der Funktion der Gruppe
> auf.[327]

Direkt zu Beginn macht der Erzähler deutlich, dass Daniel aus dieser
Gruppe herausgehoben ist (V 2f).[328] Zwar unterbleibt ein direkter Vergleich zwischen Daniel und den beiden Obersatrapen; die Darstellung
zeigt, dass sie in Daniels Schatten stehen.[329] Während die Beamten, ihre

---

324   Mit diesen eineindeutig zu identifizieren sind „die (zwei) Männer" (VV 6.12.24).

325   Dort wird Daniel gemeinsam mit anderen jungen Männern nach Babylon an den
     Hof des König Nebukadnezzar verbracht. Daniel, Schadrach, Meschach und Abed
     Nego werden in dieser Erzählung als „junge Männer" oder „Jünglinge" bezeichnet;
     bei dieser Bezeichnung ist keinerlei negativer Aspekt erkennbar – im Gegenteil. Vgl.
     Dan 1,4.13.15.17. Über 6,4 hinaus keine weiteren Belege in Dan.

326   Das Substantiv bezeichnet „den jungen Mann etwa bis zum Alter von 40 Jahren".
     Vgl. SCHNEIDER, Art. νεανίσκος 1128. Die von RICHTER, Daniel 135, vorgeschlagene
     Wiedergabe mit „Grünschnäbel" erscheint vor dem Hintergrund von Dan 1 zu negativ.
     Häufig bezeichnet νεανίσκος „das Jungsein, in der Fülle von Kraft-Stehen männlicher
     Personen". Vgl. ENGEL, Susanna-Erzählung 111. Vielleicht ist ein Generationenkonflikt
     als Hintergrund heranzuziehen. Ähnliches klingt in Sus an, vgl. STAUFFER, Bemerkung
     28ff.

327   Aufgrund dieser uneinheitlichen Terminologie werden sie im Kontext der folgenden
     Darstellung als „die zwei jungen Obersatrapen" oder „die zwei jungen Beamten" be-
     zeichnet. Der im Text nicht belegte Begriff „Obersatrapen" soll auf die Führungsaufgabe
     über die Satrapen hinweisen. Auf die abweichenden Begriffe wird jeweils am Ort ihrer
     Verwendung eingegangen.

328   Aufgrund der konkreten Gestalt der Reform erscheint Daniel mit den beiden jungen
     Beamten zusammen als eine Gruppe. Doch Daniel agiert an keiner Stelle der Erzählung
     gemeinsam mit ihnen. Der Vergleichbarkeit folgt in der Darstellung unmittelbar die
     Verschiedenheit.

329   An zahlreichen anderen Stellen wird Daniel den Beamten des Reiches gegenübergestellt.
     Vgl. dazu etwa Dan 1,20; 5,11 aber auch das Gesamt der Erzählung von Dan 2.

Qualifikation und ihre Statussymbole dem Erzähler keine weitere Erwähnung wert sind, geht er darauf bei Daniel ausführlich ein. Aufgrund der erfolgreichen Arbeit des Daniel ist der Entschluss des Königs, ihm Verantwortung über das gesamte Reich zu übertragen, nachvollziehbar. Für die Beamten ist dieser Vorgang der entscheidende Stein des Anstoßes.[330] Hatten sie die herausgehobene Position des Daniel innerhalb ihres Dreierkollegiums bislang offensichtlich hingenommen, scheinen sie nicht bereit, eine formelle Vormachtstellung Daniels zu akzeptieren. V 5 fassen sie den Entschluss, eine „Selbstbeschränkung"[331] zu erlassen (στήσωμεν ὁρισμὸν καθ᾽ ἑαυτῶν), die jede religiöse Verehrung auf Dareios, den König, für eine Zeit von 30 Tagen beschränkt.

Das Bild, das der Erzähler von den beiden jungen Satrapen durch ihr Handeln skizziert, wird durch einen Erzählerkommentar ergänzt, der einer möglichen Sympathie des Lesers mit diesen entgegenwirkt. Er verweist auf das verwerfliche Ziel ihres Vorgehens: eine Schwächung Daniels vor dem König (ἵνα ἡττήσωσι τὸν Δανιηλ ἐναντίον τοῦ βασιλέως ... ᾔδεισαν γάρ V 5). In Kenntnis der Gebetspraxis des Daniel stellen sie diese unter Strafe; sie gehen davon aus, dass er gegen das Verbot verstoßen wird. Der Erzähler qualifiziert ihr Tun als *gezielte Intrige*, die an der Religiosität Daniels ansetzt. Vor dem König geben sie ihren Beschluss (ὁρισμὸν καὶ στάσιν ἐστήσαμεν), der die Gebetspraxis des Daniel zum Tatbestand eines Vergehens (V 7) erklärt, bekannt. Der Erzähler stellt klar: Ziel ist nicht das Wohl des Königs oder des Königreiches, sondern die Vernichtung des Daniel (VV 5.8).[332]

Als Konsequenz eines möglichen Gesetzesverstoßes wird ausdrücklich der Tod des Übertreters angegeben (εἰ δὲ μή, ἀποθανεῖται V 5). Zielpunkt des Vorstoßes ist eine endgültige Beseitigung Daniels durch seinen Tod. Im Vordergrund steht nicht die Verhinderung der Beförderung, sondern Daniels Vernichtung. Instruktiv ist eine Beachtung der Syntax des Verses sowie der Vergleich zwischen VV 5.7: Die Konsequenz aus dem Gesetzesverstoß schließt im Futur an (ἀποθανεῖται V 5; ῥιφήσεται V 7). Die Tatfolgebestimmung V 5 ist eine andere als V 7: Während der Tod V 5 direkt intendiert wird, erscheint in dem Vorschlag an den König, die „umschreibende" Form des „Werfens in eine Löwengrube". Konkretisiert

---

330 Zur Semantik von δεῦτε vgl. LUST/EYNIKEL, Use 68. Die Verwendung ist bemerkenswert, da sie ohne semitisches Äquivalent ist.

331 RICHTER, Daniel 135, schlägt diese Übersetzung vor. Anders ALBERTZ, Gott 120.231, „Wohlan, wir wollen selber ein Gesetz festsetzen ... "; MURAOKA, Lexicon of the Septuagint Lemma: ὁρισμός 505, „Let's agree among ourselves"; MEADOWCROFT, Aramaic Daniel 303, „let us set up an injunction together that ... "; RIESSLER, Daniel 54 übergeht καθ᾽ ἑαυτῶν ganz. κατά mit Genitiv ist mit „gegen" wiederzugeben: „eine Begrenzung gegen uns selbst".

332 Rationale Begründungsstrategien, die eine positive Interpretation des Anliegens der Beamten zulassen, werden vom Erzähler ausgeschlossen.

wird der Tod V 5 durch den folgenden Finalsatz: ἵνα ἡττήσωσι … Daran
schließt sich mittels der Konjunktion καί ein weiterer Satz an, der epexegetisch aufzulösen ist.[333] Die Todesstrafe ist das Ziel; konkrete Form ist
die Löwengrube, so die gedankliche Argumentation der Beamten.[334]

Von der Kompetenz Gesetze zu erlassen   Das Vorgehen der Beamten überrascht und ist nicht vollständig durchschaubar. Nach Ausweis der Reform
der Verwaltungsstruktur (V 2) kommt ihnen eine Leitungsfunktion über
die 127 Satrapen des Reiches zu; sie scheinen eine Art Gesamtverantwor-
tung zu tragen. In ihrer Amtsautorität beschließen sie, ein Gesetz (oder
eine Begrenzung) festzusetzen (δεῦτε στήσωμεν ὁρισμόν V 5). Der König
wird mit ihrem Erlass (ἐστήσαμεν V 7 Aorist) konfrontiert. Er ist zunächst
nicht in den Prozess der Gesetzgebung eingebunden, dann aber doch
für ihn relevant; seine Zustimmung erscheint notwendig. Die Beamten
versuchen, die königliche Bestätigung zu erlangen (ἵνα στήσῃ τὸν ὁρισμόν)
und zu verhindern, dass er das Verbot abändert (καὶ μὴ ἀλλοιώσῃ). Die
Position des Königs zum Gesetz ist nicht ohne Relevanz; dennoch tragen
die Beamten einen erheblichen Teil der Verantwortung im Gesetzgebungsverfahren.

V 9 markiert den Erfolg der jungen Männer. Der König erlässt und ratifiziert auf ihr Geheiß das Gesetz; Initiative und zentrale Rolle liegen bei
den Beamten. Dem das Gesetz übertretenden Daniel lauern sie auf und
beobachten ihn beim wiederholten Gesetzesverstoß (τρὶς τῆς ἡμέρας καθ᾽
ἑκάστην ἡμέραν). Auf der Grundlage dieser Beobachtung treten sie erneut
vor den König (V 12) – diesmal allerdings bedeutend höflicher –[335], lassen
sich die Gültigkeit des Gesetzes bestätigen und verpflichten ihn durch
einen Eid, es unter allen Umständen (insbes. ohne Rücksicht auf Personen) im vollen Umfang aufrecht zu erhalten. Gefordert ist ein unbedingter
Vollzug des Gesetzes. Erst nach dieser Bestätigung und einer erneuten
Selbstverpflichtung des Königs offenbaren sie ihm ihre Erkenntnis hinsichtlich des Gesetzesverstoßes des Daniel. Die Versuche des Dareios, ihn
aus den Händen der Satrapen – in die er Daniel überantwortet hat – zu
befreien, scheitern; der König vermag es nicht (οὐκ ἠδύνατο V 15). Mit
dieser Notiz markiert der Erzähler den Erfolg der jungen Obersatrapen:
Gegen seinen Willen muss Dareios Daniel ins Verderben stürzen und es
gelingt ihm nicht, sich der Macht der Obersatrapen zu entziehen. Die
Löwengrube wird mit dem Siegelring des Königs einerseits und denen
der „Großen des Königs" (τῶν μεγιστάνων) andererseits versiegelt (V 17),
um ein heimliches Eingreifen – zum Wohl oder zum Untergang Daniels –
zu verhindern.

---

333 Zum epexegetischen Gebrauch von καί vgl. BLASS/DEBRUNNER, Grammatik §442 6.
334 V 5 hat das Ziel der Beamten, V 7 den Weg im Auge.
335 Vgl. die Anrede: Δαρεῖε βασιλεῦ entgegen der grußlosen Begegnung V 7.

Die Personengruppe, denen die Siegelringe zugeordnet sind, wird mit dem Begriff οἱ μεγιστᾶνες bezeichnet; dieser Terminus begegnet in Dan^LXX darüber hinaus 1,3; 5,23 zur Bezeichnung der Herkunft Daniels sowie der Festgäste des Baltasar bei seinem Festmahl. Vom Duktus der Erzählung mag es naheliegend erscheinen, die „jungen Beamten" unter diese Gruppe zu subsumieren oder gar beide zu identifizieren. Der weitere Verlauf der Erzählung weist jedoch in eine andere Richtung; die Untersuchung der Identität der „Mächtigen" liefert wichtige Indizien.

Dareios nimmt nach Ausweis von V 19 die Satrapen (τοὺς σατράπας) mit zur Löwengrube. Können damit nur die beiden führenden Beamten gemeint sein? Zwar weist der Begriff zunächst auf die 127 Satrapen hin; doch war nach V 1 nur noch von den beiden jungen Männern die Rede. Eine Versammlung aller Satrapen des Landes an der Löwengrube wird durch keine weiteren Indizien gestützt.

V 23 notiert die Versammlung „aller Mächtigen" (πᾶσαι αἱ δυνάμεις)[336] und führt eine neue Bezeichnung in die Erzählung ein. Dass die jungen Beamten sich von der Schadlosigkeit überzeugen, liegt nahe, wird aber nur dann ausdrücklich formuliert, wenn die „beiden Männer" unter die „Mächtigen" zu zählen sind. Offenbar soll hier etwas anderes festgehalten werden. Die „Mächtigen" versammeln sich gleichsam als Tribunal und konstatieren das Ergebnis der Vorgänge in der Löwengrube. Hierzu ist die Beiziehung von quasi außenstehenden Personen ein naheliegendes Mittel.

Ausgehend von dieser Position ist die Frage nach der Identität der μεγιστᾶνες neu zu thematisieren. Wenn es richtig ist, dass die „Mächtigen" eine offizielle Funktion ausüben, indem sie die Unverletztheit des Daniel konstatieren, ist es nach Auffassung des Verfassers auch wahrscheinlich zu machen, dass die „Großen des Königs" eine Gruppe von angesehenen Männern im Reich sind, denen mit der Versiegelung eine offizielle Funktion zukommt. Die Versiegelung wäre damit nicht Dokument eines Misstrauens zwischen Dareios und den „jungen Männern", was sich ergäbe, wenn man diese mit den μεγιστᾶνες identifiziert. CASSIN versteht die „Großen" als Mitglieder eines Rates des Königs, welche an dieser Stelle für die ordnungsgemäße Durchführung des Verfahrens in der Löwengrube zuständig sind.[337] Damit ist an eine Identifikation der μεγιστᾶνες und der δυνάμεις zu denken.

In jedem Fall trägt die Frage nach der konkreten Beteiligung der „jungen Männer" an dem Verfahren der Versiegelung und an der Konstatierung der Unverletztheit des Daniel für die Nachzeichnung der Charakterpräsentation wenig aus. VV 19.23 machen die offizielle Bezeugung der Rettung Daniels durch seinen Gott deutlich;[338] dass auch die beiden mit Daniel konkurrieren-

---

336 Zu dieser Wiedergabe vgl. etwa MURAOKA, Lexicon of the Septuagint Lemma: δύναμις 179, „dignitaries". Die ausschließlich militärische Interpretation erscheint nicht zielführend.

337 CASSIN, Daniel 145, „... les *megistanes* sont les hauts personnages constituant le conseil du roi, dont la présence à ses côtés était nécessaire dans les actes tels que l'épreuve à laquelle était soumis Daniel."

338 Vor diesem Hintergrund erscheint die Variation in der Terminologie bzgl. der Beamtengruppierungen überlegt und gezielt.

den Beamten sich davon überzeugen, mag man annehmen oder auch nicht. Entscheidend für das Verständnis der Handlung ist, dass hier eine offizielle Funktion ausgeübt wird, an der man die Obersatrapen beteiligt sehen mag. In der Folge sind diese aber nicht mehr Subjekt der Handlung. Ihre weitere Rolle führt in die Löwengrube und dort in den Tod.

Noch vor der offiziellen Konstatierung seiner Rettung ergreift Daniel, als Reaktion auf den Anruf des Dareios an der Löwengrube, das Wort. Er charakterisiert und verurteilt die jungen Beamten: „Menschen, die Könige in die Irre führen" (V 22). Die Beamten führen die Könige zu falschem Verhalten; dabei kommt jedoch nicht nur ein staatspolitisches oder militärisches Irren in den Blick. Die Ebene ist vielmehr eine theologische Ebene. Die Beamten verführen den König zu einem theologisch fehlerhaften Verhalten, indem sie ihn dazu bewegen, sich (durch das Dekret) gegen den Gott des Daniel zu stellen. Nachdem die Unschuld Daniels durch die göttliche Rettung dokumentiert ist, werden die beiden jungen Beamten in die Löwengrube geworfen: Das fehlende Eingreifen Gottes zu ihrer Rettung bzw. ihr unmittelbarer Tod besiegelt die Gültigkeit des von Daniel formulierten Urteils (V 24). Der Kompetenz, dem Wissen und der Sündlosigkeit des Daniel steht der irreführende Rat der jungen Männer gegenüber. Konsequenz aus der göttlich beglaubigten Schuldlosigkeit Daniels ist eine Schuld der beiden Männer. Das Verfahren, dem sie sich unterwerfen müssen, korrespondiert mit dem im Dekret festgesetzten und an Daniel vollzogenen Verfahren. Die passive Formulierung ἐρρίφησαν verstellt den Blick auf die Autorität, die verlangt, dass die beiden jungen Beamten in die Löwengrube geworfen werden. Die naheliegende Annahme eines königlichen Befehls wird nicht artikuliert.[339] Dem rettenden Eingreifen Gottes zugunsten Daniels steht die völlige Vernichtung der beiden Männer gegenüber.

Ihre Vernichtung wird V 24 konkretisiert: gemeinsam mit ihren Frauen und ihren Kindern werden sie in die Löwengrube geworfen und getötet (αὐτοὶ καὶ αἱ γυναῖκες αὐτῶν καὶ τὰ τέκνα αὐτῶν).[340] Auf diese Weise schließt der Text jede Nachkommenschaft der Beamten aus. Darüber hinaus wird das Zerbrechen der Knochen durch die Löwen berichtet (καὶ ἔθλασαν τὰ ὀστᾶ αὐτῶν); im Hintergrund steht der Ausschluss jeder Art von (geminderter) Fortexistenz über den Tod hinaus und der Bestattung. Zwei wesentliche Elemente der im AT bezeugten Hoffnung und

---

339 Während die jungen Beamten in die Löwengrube geworfen werden, wird Daniel über das Königreich eingesetzt (κατεστάθη). Dem Tod steht die hohe staatliche Position gegenüber. In beiden Fällen ist ein königliches Handeln wahrscheinlicher als ein göttliches Handeln.

340 Der Text verwendet hier den Begriff τέκνον und bezeichnet sowohl die männliche als auch die weibliche Nachkommenschaft: Söhne und Töchter. θ dagegen wählt den engeren Begriff υἱός, der zunächst den männlichen Nachkommen meint. Vgl. BAUER, Wörterbuch Lemma: υἱός 1663.

Erwartung für einen guten Tod werden hier durch diese beiden Konkretionen ausdrücklich ausgeschlossen: die Hoffnung auf das Fortleben in der Nachkommenschaft und die Bestattung der Gebeine und damit der Totenkult.[341]

Lässt sich die Löwengrube vor diesem Hintergrund noch als Ordal verstehen? Steht nicht der Aspekt der Bestrafung der Beamten (Frauen und Kinder eingeschlossen) im Vordergrund? Es besteht ein Konkurrenzverhältnis, das die grundlegende und gut begründete Interpretation nicht falsifizieren kann. Vielmehr sind die Erzählzüge als literarische Stilmittel zu verstehen, die die Radikalität des Todes zu betonen haben. Die Aspekte von Strafe, Ordal und göttlichem Machterweis sind eng miteinander verwoben.

9.4.4 Gott des Daniel

Neben den menschlichen Aktanten ist der „Gott des Daniel"[342] von entscheidender Bedeutung für den Handlungsverlauf und als Aktant zu klassifizieren. Dass sich der Zugang der einzelnen Personen zu dem θεός τοῦ Δανιηλ unterscheidet, ist wenig überraschend und erfordert eine nach den Perspektiven der Personen differenzierte Analyse und Darstellung.[343]

Die Präsenz des Gottes des Daniel lässt sich auf verschiedenen Ebenen wahrnehmen: Er steht in einer Beziehung zu Daniel; er ist zugleich Objekt der Verehrung Daniels und Garant für dessen Erfolg in staatlichen Verwaltungsangelegenheiten.[344] Demgegenüber ist das direkte Eingreifen Gottes in konkreten Situationen auf einer anderen Ebene angesiedelt. Es

---

341 Vgl. ausführlich zu den Hintergründen dieser Vorstellungen Abschnitt 8.4.3, 338. In der gr. Tradition ist BelDr[LXX] 32 zu vergleichen: „Und die Volksmengen warfen Daniel in jene Grube, damit er aufgefressen würde und nicht einmal ein Grab erhielte." Vielleicht ist auch die Bezeichnung νεανίσκοι V 4 in diesem Kontext zu verstehen: Das Ideal des Todes ist es, nach einem erfüllten Leben, in einem schönen Alter, lebenssatt zu sterben. Dem gegenüber steht die Befürchtung zur Unzeit sterben zu müssen. Dareios hat im Gegensatz zu den Beamten dieses Alter erreicht. Vgl. dazu Abschnitt 9.4.1, 390.

342 Nicht alle Belege des Begriffes θεός bezeichnen den Gott Daniels (VV 5.13.16.18.20.26(bis).27). Daneben begegnet er als allgemeine Funktionsbezeichnung (VV 5.7.12). Wenn von Gott als Aktant der Erzählung die Rede ist, bezieht sich die Aussage auf den Gott Daniels – nur er wird in der Erzählung als Aktant greifbar. Andererseits begegnen weitere Bezeichnungen, die den Gott des Daniel meinen.

343 In Abweichung vom übrigen Vorgehen werden die divergierenden Perspektiven auf den „Gott des Daniel" nicht unter dem Aspekt der Interaktion in einem eigenen Abschnitt thematisiert, sondern als ein essentieller Bestandteil der Zeichnung der Charaktere.

344 Die Aussage, dass Daniel „heiligen Geist in sich" trägt (πνεῦμα ἅγιον ἐν αὐτῷ V 3; vgl. auch 5,12) ist nicht ohne theologische Relevanz, aber nicht von Bedeutung für die Zeichnung des Gottes des Daniel.

wird im Text V 18b thematisiert (πρόνοιαν ποιησάμενος αὐτοῦ ἀπέκλεισε τὰ στόματα τῶν λεόντων): Aufgrund seiner Fürsorge[345] verschließt er die Münder der Löwen, sodass diese Daniel keine Schwierigkeiten bereiten (οὐ παρηνώχλησαν).

κύριος – Neben dem allgemeinen Begriff θεός (mit und ohne Artikel) begegnet die Bezeichnung κύριος (ebenfalls mit und ohne Artikel). Sie begegnet V 22 im Mund des Daniel (mit Artikel) und V 5 in der Aussage des Erzählers (ohne Artikel), dass Daniel „zum Herrn seinem Gott" (κύριου τοῦ θεοῦ αὐτοῦ) betet. Der Gebrauch des Artikels bei κύριος ist nicht einheitlich.[346] Während im außerbiblischen Sprachgebrauch κύριος normalerweise mit Artikel steht, unterbleibt dessen Setzung in der LXX in aller Regel. κύριος ist mehr Eigenname als Bezeichnung.[347] „Kýrios sans article remplace exactement le nom divin."[348]

V 5	ἀπὸ παντὸς θεοῦ	Obersatrapen
V 5	κυρίου τοῦ θεοῦ	Erzähler
V 7	παρὰ παντὸς θεοῦ	Obersatrapen
V 12	παρὰ παντὸς θεοῦ	Obersatrapen
V 13	τοῦ προσώπου τοῦ θεοῦ αὐτοῦ	Obersatrapen
V 16	ὁ θεός σου	Dareios
V 18	ὁ δὲ θεὸς τοῦ Δανιηλ	Erzähler
V 20	ὁ θεός σου	Dareios
V 22	ὁ κύριος	Daniel
V 26	τῷ θεῷ τοῦ Δανιηλ	Dareios
V 26	θεὸς μένων καὶ ζῶν …	Dareios
V 27	ὁ θεός	Dareios

---

345 Vgl. RADL, Art. πρόνοια 382f, die Wendung πρόνοιαν ποιοῦμαι entspricht in ihrer Bedeutung dem Verb προνοέω und meint „sorgen", „bedacht sein".

346 Aufgrund der starken semitischen Prägung dieses Ausdrucks ergibt sich mitunter eine ungewöhnliche Verwendung oder Nicht-Verwendung. DEBRUNNER, Uebersetzungstechnik 77, „Ist κύριος Genitivattribut zu einem (determinierten) Subst[antiv], so setzt nur 2. Makk. den Artikel durchgehend, während sogar Hiob das hebraistische Fehlen des Art[ikels] mitmacht, was auf starken Rückhalt im allgemeinen griechischen Stil der hellenisierten Juden schließen läßt.

347 RÖSEL, Adonaj 217, „So muß der Befund der Septuaginta als weiterer Hinweis dafür gewertet werden, daß seit der Mitte des 3. vorchristlichen Jahrhunderts der JHWH-Name durch den Herrentitel ersetzt wurde. Dabei ist in Erinnerung zu rufen, daß dies in einer Weise geschah, die sich deutlich von dem in der Umwelt üblichen Sprachgebrauch von κύριος unterschied: Gott wurde absolut als ‚Herr' benannt, im Unterschied zu hellenistischen Herrscher- oder Göttervorstellungen, die stärker einschränkend den Herrn (κύριος) von oder über etwas bezeichneten. Damit geht als weiteres Charakteristikum einher, daß κύριος, ebenfalls im Unterschied zu außerbiblischen Sprachkonventionen, regelhaft ohne Artikel steht und damit wie ein Eigenname behandelt wird." RÖSEL, Übersetzung 375, „Der κύριος-Gebrauch [in der LXX des Buches Genesis; D. H.] ist begrenzt auf Aussagen über den Gott Israels bzw. seiner Vorfahren."

348 GRELOT, Daniel VI 116, „… le texte originaire portait vraisemblablement *YHWH ha-ᵉlôhîm*". Vgl. auch STEYMANS, Gottesbezeichnung 326, „Die Septuaginta gibt Jhwh, aber auch andere Gottesbezeichnungen, mit Kyrios wieder." Vgl. insbes. auch 331.331.

„Im Griechentum der älteren Zeit wird κύριος … nur selten … als Bezeichnung für Götter verwendet, da weithin der Glaube an einen persönlichen Schöpfergott fehlt; die Götter sind nicht Schöpfer und Herren des Schicksals, sondern ihm wie die Menschen unterworfen … Der freie Grieche jener Zeit versteht sich nicht als … Sklave, der von einem Gott abhängig wäre. Ebensowenig fühlt er sich den Göttern gegenüber persönlich verantwortlich.“[349] Aufgrund der unterschiedlichen Gottesvorstellung im Kontext des alten Israel aber auch im syrischen Raum – Bezeichnungen wie Bel und Baal mögen als Beleg genügen –, die das Verhältnis zwischen Gott und Mensch in einer anderen Weise bestimmt, ist in diesem Kontext der Begriff κύριος ein adäquater Ausdruck für Gott. „Besonders ist also κύριος gebräuchlich als Ausdruck einer persönlichen Beziehung des Menschen zur Gottheit, die sich in Bitte, Dank und Gelübde ausdrückt, und als Korrelat zu δοῦλος, womit der Betreffende den Gott, den er κύριος nennt, als seinen Gebieter anspricht.“[350] Während der Erzähler vermutlich den Begriff κύριος titular bzw. als Eigenname gebraucht, ist die Verwendung V 22 eine andere. Die Aussage Daniels mag weniger eine Antwort auf die Frage nach dem „Wer“ seines Retters als vielmehr eine Antwort auf die Frage nach der Identität seines Gottes sein: Der Gott des Daniel ist ὁ κύριος, er ist „der Herr“.[351] Der Rettergott wird mit dem Gott Israels identifiziert.[352]

Die Terminologie gibt einen Einblick in die unterschiedliche Beziehung der einzelnen Aktanten zum „Gott des Daniel“. Die terminologische Nähe von Erzähler und Daniel macht die Nähe ihres Standpunktes deutlich.[353]

Verwendungsweisen von κύριος:

V 5 κυρίου τοῦ θεοῦ Erzähler Gottesname
V 22 ὁ κύριος   Daniel   „Herr“

---

349 BIETENHARD, Art. κύριος 927.

350 FOERSTER, Art. κύριος 1051.

351 Auffällig bleibt das Fehlen jeglicher näherer Bestimmung. Es wird keine Relation angegeben, die das Herr-Sein einschränkt. Er ist (der) Herr schlechthin. RÖSEL, "Theology of the Septuagint" 245, "By using κύριος in an absolute way–without a depending genitive–the translations were stating that the God of Israel is the Lord of everything, not one θεός among many θεοί, but ὁ θεός, 'God'."

352 MUNNICH, Nomina Sacra 147, „Comme ailleurs dans la Bible grecque, יְהוָה et אֲדֹנָי sont rendus par κύριος; il en va de même pour מָרֵא, équivalent araméen de אָדוֹן. Pourtant, dans certains cas, le traducteur semble réserver κύριος à יְהוָה et δεσπότης à אֲדֹנָי; lorsque אָדוֹן désigne un être non divin, il est traduit par ὁ κύριος; en somme, le mot κύριος retrouve, avec l'article, sa grammaticalité, quand il est question d'*un* seigneur et non *du* Seigneur.“

353 An dieser Stelle gilt ähnliches, was MEADOWCROFT, Aramaic Daniel 105, formuliert hat; die Verwendung des Titels offenbart „the confessional stance of the narrator".

θεός – Die Bezeichnung (ὁ) θεός (VV 5.7.12.13.16.18.20.26(bis).27) ist gegenüber κύριος dominant. „Determiniertes ὁ θεός … steht für den Gott Israels, während θεός zumeist appellativisch Verwendung findet."[354] Damit ist die Fokussierung auf den einen Gott Israels deutlich, sodass in diesem Kontext nicht verwundert, dass ὁ θεός nicht im Mund der Beamten begegnet, sondern lediglich in der Bekenntnisaussage des Dareios (V 27).[355] Die übrigen Belege bezeichnen irgendeine Gottheit (Appellativum; VV 5.7.12.26) oder weisen den Artikel und eine Näherbestimmung durch Eigennamen oder Pronomen auf (VV 13.16.18.20.26).[356] Auf diese Weise wird Gott mit Daniel in Verbindung gebracht.

Verwendungsweisen von θεός:

θεός	Appellativum
Artikel + θεός	Gott Israels
Artikel + θεός + Eigenname (Genitiv)	Konkretion einer Gottheit
Artikel + θεός + Pronomen (Genitiv)	Konkretion einer Gottheit

Gottes Präsenz   Auch ohne häufig in den Verlauf der Handlung einzugreifen, bestimmt der Gott des Daniel das Geschehen maßgeblich. Daniel steht seinem Gott gegenüber in einem Abhängigkeitsverhältnis, das sich im dreimaligen Gebet jeden Tag zeigt. Durch das – auch bei den Beamten – bekannte Gebet Daniels wird der Gott des Daniel sicht- und wahrnehmbar. Die Verbindung zu seinem Gott ist jedoch nicht Stein des Anstoßes, sondern letzter Ausweg, eine drohende Beförderung Daniels zu verhindern: Das Vorgehen der Beamten ist nicht-religiös motiviert und zielt auf eine Niederlage des Daniel vor dem König; nicht mehr, aber auch nicht weniger.

Die Existenz des Gottes des Daniel scheint auch von Seiten der Beamten und des Königs nicht in Frage gestellt;[357] letzterer wendet sich diesem am Ende der Erzählung ausdrücklich zu. Unterschiede werden

---

354 VIEWEGER, Art. θεός 832.

355 MUNNICH, Nomina Sacra 147, „Alors que אֱלָהּ – אֱלָה est traduit par ὁ θεός quand le term désigne un dieu des nations, הָאֱלֹהִים – אֱלָה est rendu par ὁ κύριος, lorsqu'il s'agit de Dieu." Der Text bringt jedoch V 27 ein Bekenntnis des Dareios zum Gott des Daniel, der der Gott Israels ist, zum Ausdruck. ὁ θεός bezeichnet den Gott Israels. Dazu ebd. 148, „Au chapitre 6 on donnera la même explication à la désignation de Dieu en des termes différents, selon qu'il est évoqué par Daniel (v. 22 …) ou par le roi Darius (v. 16 …)."

356 Die sonst belegte Differenzierung zwischen der freundlichen und positiven Zuwendung (κύριος) und der machtvollen Seite Gottes (θεός) – vgl. dazu RÖSEL, "Theology of the Septuagint" 245 – lässt sich für Dan^LXX 6 nicht nachweisen.

357 VIEWEGER, Art. θεός 829, „Im Alten Orient gehört die Existenz von Göttern zur grundsätzlichen Lebenserfahrung. Das Dasein Gottes wird folglich in den atl. Schriften ebenso als gegeben vorausgesetzt. Von entscheidender Bedeutung ist für die semitische und damit auch für die israelitische Welt nicht die Frage nach der Existenz, sondern vielmehr nach der Wirksamkeit, der Effizienz (eines) Gottes."

hinsichtlich der Einordnung in die „Götterwelt" sichtbar, wie sie in der Terminologie zu erkennen ist. Während für die Beamten der Gott des Daniel ein Gott ohne persönliche Relevanz ist, gelangt Dareios zu einem anderen Bild, wenn er von dem Gott des Daniel als „dem Gott" spricht. Auch der Erzähler und Daniel haben spezifische Vorstellungen vom Gott des Daniel, der nach Ausweis der Bezeichnung κύριος mit dem Gott Israels zu identifizieren ist.[358]

Das rettende Handeln und seine narrative Repräsentation   Es ist „der Herr" (ὁ κύριος), der Daniel rettet, so die Bekenntnisaussage des Daniel (V 22). Sein Eingreifen verhindert die tödliche Wirkung des von den Beamten herbeigeführten Verfahrens in der Löwengrube;[359] es wird nach seiner ersten Thematisierung (V 18) zweifach aufgegriffen: eine erste Bezugnahme begegnet V 22, eine zweite Erwähnung findet sich V 27 im Rundschreiben.[360] Damit ergeben sich drei Perspektiven: die des Erzählers, die des Daniel und die des Dareios.[361]

Der Erzähler identifiziert V 18 das Subjekt des Eingriffs mit dem „Gott des Daniel" (ὁ δὲ θεὸς τοῦ Δανιηλ). Diese Näherbestimmung begegnet sonst nur V 26; an anderen Stellen wird durch Pronomen ein Bezug zwischen Daniel und Gott hergestellt.[362] Der Erzähler beschränkt sich auf das Notwendigste der Darstellung und legt seinen Fokus weder auf Hintergründe, Begründungen oder Interpretationen. Er konstatiert lediglich die Rettung und skizziert (metaphorisch) das göttliche Handeln: das Verschließen der Rachen der Löwen.[363] Das Ziel oder die Konsequenz liegt darin, dass Daniel von den Löwen keinen Schaden und vielleicht sogar – weitergehend – keine Belästigung erfährt.[364]

---

358 GRELOT, Daniel VI 116, schließt daher auf eine notwendigerweise hebr. Vorlage. Unklarer ist der Befund V 22; hier mag der Gebrauch des Artikels auf ein ursprüngliches אֵלָהּ verweisen. Vgl. MUNNICH, Nomina Sacra 148.

359 Die Notwendigkeit eines bewahrenden Eingreifens wird durch die Tötung der Obersatrapen, ihrer Frauen und Kinder V 24 dokumentiert: καὶ οἱ λέοντες ἀπέκτειναν αὐτοὺς καὶ ἔθλασαν τὰ ὀστᾶ αὐτῶν. Der natürliche Lauf der Dinge hätte unmittelbar zum Tod des Daniel geführt.

360 Hinzuzunehmen sind darüber hinaus die beiden Äußerungen des Dareios, die seiner Hoffnung auf eine Rettung Daniels durch seinen Gott Ausdruck verleihen.

361 Der Frage, wie die Beamten auf die Bewahrung Daniels reagieren, und wie sie diesen Sachverhalt interpretieren, schenkt der Text kein Interesse.

362 Vgl. dazu etwa die Belege VV 16.18.20.26.

363 Die Aussage vom „Verschließen des Rachens" erscheint dabei zunächst als realistische Darstellung, ist aber letztlich symbolische Redeweise. Nicht deutlich ist die Vorstellung, die intendiert ist: Geht es um eine Zähmung der Löwen, die sich völlig friedlich verhalten oder sind sie physisch der Möglichkeit beraubt, Daniel zu töten. Beide Vorstellungen lassen sich mit dem Befund im Text vereinbaren; eine Entscheidung ist nicht möglich. Die Vorstellung von wild tobenden Löwen steht jedoch in Spannung zum Duktus der Erzählung.

364 Zur konsekutiven bzw. finalen Interpretation von καί vgl. BLASS/DEBRUNNER, Grammatik §442 2.3.

Die Darstellung des Daniel geht einen anderen Weg. Er wendet sich in seiner Ausführung V 22 direkt an den König (Βασιλεῦ) und konstatiert, dass er noch am Leben ist (ἔτι εἰμὶ ζῶν). Dem Eingreifen Gottes entspricht das Leben Daniels. Dem zu erwartenden – aufgrund staatlicher Macht herbeigeführten – Tod steht das in Gott gründende Leben gegenüber. Bereits erwähnt wurde die Beobachtung, dass Daniel von einer Rettung durch „den Herrn" vor den Löwen spricht. Nicht irgendeine ver- oder auswechselbare Gottheit ist sein Retter, sondern es ist der Herr, in dessen Dienst er steht.[365]

Daniel antwortet auf den Anruf des Königs.[366] Die weitgehende Wortgleichheit von Frage und Antwort springt ins Auge.[367] Sieht man von der Einleitung mittels der Konjunktion καί und der grammatikalisch notwendigen Anpassung von σε zu με ab, so herrscht bis auf die Gottesbezeichnung Wortgleichheit. Es scheint, als ob Daniel die Aussage des Königs korrigiert oder modifiziert. Daniel stellt die Bezeichnung ὁ κύριος (absolut gebraucht) der Bezeichnung ὁ θεός σου (relativ gebraucht) gegenüber. Er bekennt sich zu seinem Gott, der ihn gerettet hat: Er ist der Herr. Zum Ausdruck der Rettung verwendet Daniel das Verb σῴζω. „σῴζω u[nd] σωτηρία bedeuten zunächst *retten* u[nd] *Rettung* im Sinn eines akut-dynamischen Geschehens zwischen Pers[onen], indem Götter oder Menschen andere machtvoll aus einer akuten Lebensgefahr herausreißen …"[368] Nicht das Herausreißen aus der Gefahr bildet den semantischen Kern, sondern die Bewahrung und der Schutz; im Kontext menschlicher, insbes. königlicher Rettungen kann das Wort auch das „Begnadigen" bezeichnen.[369]

Der Befund, in dem die Rettung begründet ist, ist bei Daniel ein zweifacher und umfasst sowohl das Verhältnis zu Gott als auch zum König. Vor Gott wurde Gerechtigkeit (δικαιοσύνη) und vor dem König keinerlei Verfehlung (ἁμαρτία und ἄγνοια) gefunden. Aufgrund seines untadeligen Verhaltens greift Daniels Gott in der tödlichen Bedrohung rettend ein.[370] Er reißt ihn aber nicht aus der Löwengrube heraus, sondern bewahrt ihn vor jeglichem Schaden: Daniel muss bis zum nächsten Morgen in der Löwengrube ausharren.

---

365 ALBERTZ, Gott 124, „Er [Daniel; D. H.] kann ihm bestätigen, daß er vor den Löwen gerettet wurde, und zwar … von dem einzig wahren Gott (ὁ θεός; p967 ὁ κύριος) überhaupt." Mit P 967 ist ὁ κύριος zu lesen. Vgl. dazu Abschnitt 5.2.1, 209. Dabei fällt auf, dass Daniel nicht auf sein Gebet und seine Gottesverehrung rekurriert, wenn er seine Rettung begründet; anders dagegen Dareios VV 16.20.

366 Zu den syntaktischen Schwierigkeiten von V 21 vgl. Abschnitt 7.2, 251.

367 ˙Zu einer vergleichenden Gegenüberstellung vgl. Abschnitt 9.4.2, 430.

368 FOERSTER, Art. σῴζω 967.

369 Ebd.

370 Zur kausalen Wiedergabe der Konjunktion καθότι – eigentlich: „gemäß dem, wie" – vgl. BLASS/DEBRUNNER, Grammatik §456.

V 23 dokumentiert die Anerkennung der Rettung durch alle Mächtigen (πᾶσαι αἱ δυνάμεις). Das V 18b vom Erzähler referierte Ergebnis der göttlichen Intervention οὐ παρηνώχλησαν wird aufgegriffen; zugleich wird das Scheitern der Intrige offiziell festgehalten. Das Ergebnis des Verfahrens wird offiziell konstatiert (ὡς οὐ παρηνώχλησαν αὐτῷ οἱ λέοντες).

Schließlich finden sich Darstellungen der Rettung in den Äußerungen des Königs; es lassen sich die Aussagen vor der Rettung (VV 16.20) und die Erwähnung im Rundschreiben nach erfolgter Rettung unterscheiden (V 27). Dareios nimmt bereits vor der Rettung die Möglichkeit in den Blick, dass der Gott des Daniel rettend einzugreifen vermag. Gemeinsam ist den beiden Belegen (VV 16.20) die Verbindung von der Rettung Daniels und der Verehrung Gottes durch Daniel (ᾧ (σὺ) λατρεύεις ἐνδελεχῶς (τρὶς τῆς ἡμέρας)). Während Daniel keinen (direkten) Zusammenhang zwischen der konkreten Art der Gottesverehrung und seiner Rettung herstellt, sieht Dareios die Hoffnung auf Rettung ganz in der Tatsache begründet, dass Daniel unablässig seinen Gott verehrt (λατρεύεις). Die Terminologie verweist auf den kultischen Aspekt.[371] Im Sinne eines *do ut des* erhofft Dareios eine göttliche Rettung. Nach Ausweis des Textes geht er von der Annahme aus, dass die unablässige Verehrung Gottes durch Daniel diesen gleichsam verpflichtet, ihn zu retten. Nicht im Blickfeld ist bei Dareios Art und Weise des Vollzugs der Rettung. Lediglich das Faktum wird betont, wobei die Terminologie zwischen ἐξελεῖται und σέσωκε variiert.[372] Das Verb ἐξαιρέω nimmt dabei die Aussagen über die (erfolglosen) Rettungsversuche des Dareios auf, während σῴζω der Aussage des Daniel (V 22) vorausgeht und sich in der Aussage über das Unvermögen der „handgefertigten Götter(bilder)" wiederfindet.[373] Ausgerichtet ist die Hoffnung des Dareios auf das Leben des Daniel (εἰ ἄρα ζῇς).

Nachdem nun der Gott des Daniel seinen Diener tatsächlich aus der Hand der Löwen gerettet hat, nimmt Dareios ein drittes Mal auf die Rettung Bezug. Diesmal ist es jedoch nicht mehr der hoffende oder erwartende Blick in die Zukunft, sondern der zurück auf ein abgeschlossenes Ereignis der Vergangenheit. Dareios reagiert auf die Vorgänge um das von den Beamten und ihm erlassene Gesetz und um Daniel. Die Konsequenzen sind weitreichend. Nicht nur, dass er eine Verehrung des Gottes

---

371 Vgl. BALZ, Art. λατρεύω 849.
372 Die Zeitstufen entsprechen der relativen Zeit zur Nacht in der Löwengrube: dem Futur am Abend vor der Nacht, der Aorist am Morgen nach der Nacht. Der Übergang von der rein futurischen Interpretation des Ausdrucks eines zukünftigen Geschehens („er wird dich retten") zu einer modalen Interpretation („er möge dich retten") ist fließend. BLASS/DEBRUNNER, Grammatik §363, „Das Futur sagt ja nicht nur rein zeitlich aus, was sein wird, sondern vielfach auch, was nach der Absicht des Redenden sein wird …"
373 Dort wird das Verb kontrastiert mit λυτρόομαι, welches nur dort zur Bezeichnung des rettenden Handelns des Dareios begegnet.

des Daniel von allen Reichsbewohnern verlangt (V 26); er geht diesen
Schritt auch selbst: Er kündigt an, dem Gott des Daniel die Verehrung
zu erweisen und ihm zu dienen (ἔσομαι αὐτῷ προσκυνῶν καὶ δουλεύων).
Grund für diese Haltung gegenüber dem Gott des Daniel ist dessen rettendes Eingreifen zugunsten seines Dieners, das mit der Unfähigkeit der
„handgefertigten Götter(bilder)" zu retten (ὡς ἐλυτρώσατο ὁ θεὸς τὸν Δανιηλ) kontrastiert wird. War das Substantiv θεός VV 16.20 jeweils durch
ein Pronomen näher bestimmt und damit die Gottheit in einer Beziehung
– nämlich der zu Daniel – gesehen, so steht V 27 absolutes ὁ θεός.[374]
      Dareios hatte erwartet oder erhofft, dass der Gott des Daniel, welchen
dieser unablässig kultisch verehrt, sich seines Dieners annimmt und ihn
vor seiner Vernichtung (οὐκ ἠχρείωκάν σε) bewahrt.[375] Dareios ist – so
lässt sich schließen – sowohl von der Existenz dieses Gottes und von
dessen Macht als auch von der Rechtmäßigkeit des Verhaltens des Daniel
überzeugt. Die Hoffnung des Dareios bestätigt sich; im Kontrast zur
Wahrnehmung der „handgefertigten Götter(bilder)", denen die Fähigkeit
zu retten abgeht, erscheint der Gott des Daniel in einem hellen Licht.
Offenkundig ist das Verhältnis des Dareios zum Gott des Daniel ein
dynamisches, das sich im Verlauf der Erzählung weiterentwickelt.

Gott als literarische Figur Aufgrund dieser Beobachtungen ist – soweit
möglich – ein Profil Gottes als literarischer Figur zu erheben. Der Gott
des Daniel wird zurückhaltend als eine passive Figur gezeichnet, die nur
an einer Stelle aktiv in das Geschehen eingreift und Daniel aus der Löwengrube rettet bzw. in der Löwengrube bewahrt. Durch sein rettendes
Eingreifen zugunsten des Daniel stellt Gott seine Macht über das irdische Geschehen unter Beweis und legitimiert so einerseits seinen Diener
und erweist sich andererseits als den gewöhnlich im Reich verehrten
„handgefertigten Göttern" überlegen.

      Durch seine Formulierung δεῖται κυρίου τοῦ θεοῦ identifiziert der
Erzähler den Gott des Daniel mit dem Gott Israels und fügt somit in
direkter Weise (über die indirekte Verknüpfung über Dan 1,1f hinaus)
das Geschehen in den Kontext der Heilsgeschichte ein.[376] Auch Daniel
weist neben seiner Gebetspraxis durch die Verwendung der Bezeichnung
ὁ κύριος auf seine Beziehung zu seinem Gott hin. Gott steht in Beziehung
zum Menschen. Die Verehrung durch Daniel, die Beziehung zu Daniel
ist Grundlage seines rettenden Eingreifens. Die machtvolle Offenbarung
Gottes in seinem Handeln in der Löwengrube bewegt Dareios dazu, sich
ebenfalls diesem Gott des Daniel zuzuwenden.

---

374 Vgl. aber noch V 26: τῷ θεῷ τοῦ Δανιηλ.
375 Der Begriff ἀχρειόω meint die gänzliche physische Zerstörung.
376 In diesem Zusammenhang ist schließlich auch auf das Öffnen der Fenster durch Daniel
     hinzuweisen, der damit sein Gebet in Verbindung mit dem Jerusalemer Tempelkult
     vollzieht.

Es ist das Nebeneinander der Gottesbezeichnungen, das weiterführt: Das universale Appellativum θεός wird auf den Gott Israels, den Kyrios (ὁ κύριος) konkretisiert. Er ist der wahre Gott; zugleich dokumentiert die Rettung aus der Löwengrube, dass er wahrhaft Gott ist. Anders die Götter des Reiches, die nur ihre Ohnmacht erweisen: Sie sind menschliches Machwerk (τὰ ... εἴδωλα τὰ χειροποίητα).

9.5 Interaktion und Beziehung

9.5.1 Interaktionen mit der Person des Königs

Der König interagiert mit allen beteiligten Aktanten, jedoch äußerst unterschiedlich in Umfang und Qualität. Den breitesten Raum in der Erzählung nehmen die Interaktionen mit den Beamten ein. Vergleichsweise gering ist demgegenüber die Schilderung der Beziehung zu Daniel und zu dessen Gott.

Dareios und die jungen Beamten Dareios als König und die jungen Beamten als zentrale Funktionsträger des Staates stehen in einer engen Beziehung; die Verwaltungsreform macht das Vertrauen des Königs auf sie sichtbar. Sie scheinen geeignet, innerhalb des Reiches – gemeinsam mit Daniel – die entscheidenden Positionen einzunehmen. Ihre Beziehung hat symbiotischen Charakter: Dareios ist auf seine Beamten ebenso angewiesen wie diese auf ihn.

Trotz der positiven Beziehung zu Beginn ist mit V 3 deutlich, dass Daniels Beziehung zu Dareios auf einer anderen Ebene angesiedelt ist. Er hat eine bevorzugte Stellung und Vollmacht über alle im Reich (ὑπὲρ πάντας ἔχων ἐξουσίαν ἐν τῇ βασιλείᾳ). Als nun Dareios beabsichtigt, Daniels Stellung formell festzuschreiben, versuchen sie, dies zu verhindern. Eine einfache Anklage, die ihn diskreditiert erscheint nicht möglich. Die Nähe zwischen Daniel und dem König erfordert ein überlegtes und strategisch kluges Vorgehen. Sie konfrontieren den König mit einem von ihnen erlassenen Dekret, das die bekanntermaßen von Daniel geübte Gebetspraxis zum Tatbestand eines Vergehens erklärt. Dazu sind sie auf die Mitwirkung des Dareios angewiesen; sie erlassen ein Dekret, das einer königlichen Ratifizierung bedarf. Die eigentliche Stoßrichtung des Dekretes wird vor dem König verheimlicht, der ihrem Anliegen auch ohne weitere Nachfragen Folge leistet. Das Vertrauensverhältnis erfordert keine Kontrolle ihrer Arbeit.

Die Beamten rechnen mit einem weitgehenden Einsatz des Königs für Daniel – seinen Freund – sodass sie, nachdem sie dessen Verstoß gegen das Dekret beobachtet haben, nicht direkt Anzeige erstatten, sondern

rhetorisch geschickt den König nochmals unter Eid auf das Dekret und
dessen korrekte, unnachgiebige Anwendung verpflichten. Die Dialog-
szene VV 12–14 dokumentiert die Schritt für Schritt voranschreitende
Bindung des Dareios an sein Gesetz und die Versperrung von Ausweich-
möglichkeiten: die Nachfrage nach dem Erlass des Dekretes, die Beschwö-
rung auf die korrekte Anwendung und erst im dritten Schritt (V 13) die
Anklage gegen Daniel. Gleichsam mit der Anklage zerbricht die positive
Beziehung des Dareios und seiner Beamten. Lediglich der Versuch, Daniel
aus ihren Händen zu befreien und ihre Tötung in der Löwengrube mit
der vollständigen Vernichtung wird noch berichtet. Die Feststellung der
Unschuld des Daniel und der Macht seines Gottes führt zum endgültigen
Bruch mit den Beamten.

Dareios und Daniel   Daniel ist gegenüber den Beamten sehr viel stärker
zurückgenommen. Interaktionen mit dem König über die Darstellung der
Beziehung am Beginn der Erzählung hinaus werden in erster Linie VV 20–
22 thematisiert. Zuvor spielt Daniel zwar eine Rolle, direkte Interaktionen
werden jedoch nicht berichtet. Auch nach dieser Szene verschwindet
Daniel zwar nicht unmittelbar – V 24 wird er über das gesamte Reich
eingesetzt – aber bald aus dem Blickfeld des Erzählers.

Daniel steht beim König von Beginn an in einer besonderen Stellung.
Die ausführliche Zeichnung V 2f macht die Nähe deutlich und betont das
Ansehen, das er aufgrund seiner Fähigkeiten und seiner erfolgreichen
Amtsführung vor dem König hat. Daniel erscheint am Hof des Königs
nicht als der „Fremde", sondern als einer der „Freunde des Königs", der
mit allen Ehren – u. a. dem Privileg Purpur zu tragen – ausgestattet ist.
Eine Niederlage Daniels ist nur durch eine bewusste Irreführung des
Königs durch die Beamten möglich. Das Fehlen jeglichen Vergehens und
jeder Nachlässigkeit wurde bereits V 4 von den Beamten konstatiert.

Entscheidend ist, wie Daniel auf das von Dareios erlassene Dekret reagiert. In Kenntnis des Dekretes und der Anwendbarkeit auf seine Person
(ὃν ἔστησαν κατ᾽ αὐτοῦ) entschließt sich Daniel, gegen das Dekret zu verstoßen und an seiner Gebetspraxis festzuhalten. Als „Freund des Königs"
steht er in einer besonderen Nähe zu Dareios und folgt dessen Dekret
dennoch nicht, ohne sich offen von ihm zu distanzieren. Er stellt sich
nicht offen gegen seinen König, sondern betet zu Hause im Verborgenen.
Die Akzeptanz der königlichen Autorität wird durch die bedingungslose
und widerstandsfreie Unterwerfung unter die Konsequenzen seines Tuns
deutlich.

Nach der Erhebung der Anklage gegen Daniel durch die Beamten
wird die Nähe der beiden Personen deutlich. Belege dafür sind einerseits
die dreifach betonte Trauer (VV 14(bis).18) des Dareios sowie die zweimalige Wendung an Daniel mit dem Ausdruck der Hoffnung auf eine

Rettung. Hinzu kommt der Zuspruch: „Hab Mut, bis zum Morgen!" (V 16).
Dareios steht dem Schicksal des Daniel nicht gleichgültig gegenüber.[377]

Kernpunkt für die Analyse der Beziehung ist das Aufeinandertreffen
an der Löwengrube früh am Morgen. Den Anruf des Königs nimmt Daniel
auf und bestätigt die Hoffnung auf göttliche Rettung; dabei modifiziert er
die Frage des Dareios hinsichtlich der Gottesbezeichnung. Noch wichtiger
ist jedoch die Begründung: Sein Verhalten ist gerecht vor Gott und kein
Unrecht vor dem König, den er mit dem Vorwurf des Fehlverhaltens
konfrontiert. Offensichtlich teilt Dareios diese Interpretation; die V 5
geplante Einsetzung über das Reich wird V 24 vollzogen.

Das abschließende Bekenntnis des Dareios zu dem Gott des Daniel ist
zugleich auch ein Bekenntnis zu Daniel und seiner religiösen Praxis, die
vom Verbotenen zur Bürgerpflicht gemacht wird.

9.5.2 Interaktionen mit Daniel: die jungen Beamten?

Als letztes Element der Darstellung ist das auffällige Fehlen der Interaktionen zwischen Daniel und den Beamten in den Blick zu nehmen. Der
Befund ist augenfällig: Nicht an einer einzigen Stelle kommt es zu einer
unmittelbaren Begegnung zwischen Daniel und den Beamten. Weder am
Beginn der Erzählung, im Kontext der Schilderung der Qualitäten des Daniel im Vergleich zu den unterlegenen Beamten oder im Zusammenhang
der Planungsphase der Intrige gegen Daniel, noch als Daniel sein Gebet
verrichtet, wird diese Beziehung in den Blick genommen. Zuletzt beobachten sie Daniel, ohne dass thematisiert wird, ob und wie Daniel davon
Notiz nimmt. Beziehungslosigkeit herrscht zwischen den Beamten und
Daniel; er – obgleich Freund des Königs und in herausragender Position
am Hof – ist von ihnen separiert und isoliert. Einflussnahmen auf Daniel
durch die Beamten werden über die Person des Königs vermittelt.

9.5.3 Überblick

Bemerkenswert ist die Dualität in der Verantwortlichkeit Daniels: gegenüber seinem Gott die erste und wesentliche Verantwortlichkeit, aber auch
diejenige gegenüber dem König Dareios, in dessen Dienst er steht.

Während der König am Beginn der Erzählung ohne greifbare Beziehung zum Gott des Daniel gezeichnet wird, kehrt sich dieses Bild
im Rundschreiben des Dareios radikal. Dareios erscheint als Diener des

---

377 Dahinter nur strategische Überlegungen zu vermuten, wird dem Bild, das die Erzählung von Dareios zeichnet, nicht gerecht.

Gottes Israels und verpflichtet sein Volk auf dessen Achtung. Die Offenbarung der rettenden Macht in der Löwengrube ist Anlass des großen
Bekenntnisses des Dareios am Ende. Durch die Vermittlung des Daniel
entsteht diese Beziehung. Dareios verschließt sich dem nicht: Durch seine
wohlwollende Haltung gegenüber Daniel, die er unter dem Druck der
Beamten nicht durchzuhalten vermag, findet er Zugang zu dem Gott,
dessen Diener Daniel ist. Ganz anders die Beamten, die sich von Daniel
distanzieren und so in eine umfassende Isolation – auch vom Gott des
Daniel – geraten und letztlich zu Tode kommen.

10 Dan 6: MT und LXX – Grundlinien der narrativen Struktur

Auf der Basis der getrennten Untersuchung der Texte sind wesentliche Linien und Schwerpunkte der narrativen Struktur zusammenfassend darzustellen und zu vergleichen.[1] In der differenzierten Beschreibung des Verhältnisses von Übereinstimmungen und Unterschieden liegt eine Chance, einen wesentlichen Schritt über bisherige Forschungen zur Erzählung von „Daniel in der Löwengrube" hinauszugehen.[2] Das methodische Instrumentarium der narratologischen Analyse ist in besonderer Weise geeignet, das spezifische Profil der beiden Erzählungen auch jenseits der begrifflichen Ebene herauszuarbeiten.

10.1 Kommunikationsgeschehen

Der Erzähler steht in beiden Traditionen außerhalb des Geschehens. Seine Positionierung zur Handlung und den Personen ist in Dan^{LXX} deutlicher wahrnehmbar und profiliert.[3] Er steht in einer Nähe zur Figur des Königs und zu Daniel. Wertende und erklärende Kommentare sind in Dan^{LXX} präsenter, Mittel der Leserlenkung und Empathiesteuerung sichtbarer. Während die Beamten in beiden Erzählungen als Kollektiv und Typus erscheinen, zeichnet der Erzähler die Figuren Daniel, dessen Gott und

---

1 Da diesem Abschnitt zugleich die Funktion zukommt, die narrative Analyse der beiden umfangreichen Kapitel 8 und 9 zusammenzufassen, sind gewisse Redundanzen unvermeidlich. Während umfangreichere Abschnitte zunächst Zusammenfassungen für MT und LXX bieten, die in einer „Auswertung" zueinander in Beziehung gebracht werden, lassen sich kürzere Fragestellungen unmittelbar vergleichend darstellen. Die folgende Darstellung greift – wo nicht anders angegeben – ohne Einzelnachweise auf die in Kapitel 8 bzw. 9 erarbeiteten Aussagen zurück.
2 Die Fokussierung auf MT und die beinahe ausschließlich textkritische Betrachtungsweise der LXX führten in früheren Forschungen regelmäßig zur Anerkennung der Unterschiedlichkeit der Traditionen, ohne dass die Eigenständigkeit näher beschrieben worden wäre. Ausnahmen stellen in dieser Hinsicht die Arbeiten von ALBERTZ, Gott bzw. MEADOWCROFT, Aramaic Daniel dar.
3 Vgl. MEADOWCROFT, Aramaic Daniel 39, "We have begun to see that MT narrator of Daniel is more covert than his LXX counterpart, and this results in a more multi-faceted story. This is a difference that also pertains in other stories of Daniel."

den König als Individuen. Die Personalisierung ist in LXX stärker ausgeprägt als in MT; in LXX verwendet er besondere Mühe auf die Zeichnung des Daniel und des Dareios. Auch der Gott des Daniel wird deutlicher profiliert. Der Erzähler ist als zuverlässig zu betrachten; direkt zu erhebende Hinweise auf die Erzähladressaten lassen sich in keiner Fassung ausmachen.

10.2 Entwicklung der Handlung

10.2.1 Ausgangssituation

Auftakt der Erzählung ist Dan^{MT} eine von Darjawesch durchgeführte Reform der Verwaltung des Reiches.[4] Daniel wird im Kontext dieser Reform als Mitglied eines leitenden Dreiergremiums vorgestellt. Dan^{LXX} zeichnet sich durch eine Fokussierung auf die Person des Dareios, der erst sekundär in seiner Funktion als König in den Blick genommen wird, aus. Auf ihn als Person und nicht auf die Strukturreform ist der Blick gerichtet. Das auch in Dan^{MT} thematisierte Dreier-Gremium weist in Dan^{LXX} ein hierarchisches Gefälle auf: Daniel hat Macht über alle (ὑπὲρ πάντας ἔχων ἐξουσίαν V 3) im Königreich und ist den beiden anderen Mitgliedern faktisch übergeordnet. Das Ungleichgewicht ist in Dan^{LXX} von Anfang an im Blick; Auslöser des Konfliktes ist die formale Festschreibung der etablierten Verhältnisse. Der Beschreibung der Person des Daniel, seiner Qualifikationen und Auszeichnungen kommt in LXX große Aufmerksamkeit zu.

Der Konflikt entwickelt sich in ähnlicher Weise aus den in den beiden Traditionen geschilderten Ausgangssituationen. Anstoß ist der Entschluss des Königs, Daniel aufgrund seiner Kompetenzen (auch formal) allen Beamten überzuordnen. Mit dessen Beförderung verbindet sich eine Zurücksetzung der Beamten, welche diese durch eine Anklage beim König zu verhindern suchen. Aufgrund der Untadeligkeit Daniels in seiner Amtsführung scheitert dieses Bemühen; ihm ist nichts vorzuwerfen. Als letzter verbleibender Anknüpfungspunkt erscheint seine Religiosität. MT fokussiert auf ein Gesetz seines Gottes (דָּת אֱלָהֵהּ V 6), während LXX auf die religiöse Praxis (VV 5.8) rekurriert.

Die Austragung des Konfliktes findet auf der Ebene der Religion statt. Ziel ist die Verhinderung der Reform (so MT) bzw. eine Niederlage Daniels in den Händen des Königs und die Tötung des Daniel (so LXX;

---

4   Die Person des Darjawesch kommt im verknüpfenden Dan^{MT} 6,1, der nicht als Teil der Erzählung bestimmt wurde, in den Blick. Die Fokussierung auf Dareios wird in Dan^{LXX} durch den abschließenden V 28 verstärkt, der die biographische Rahmung abschließt.

VV 5.8). Die Schilderung der Ausgangssituation ist mit Dan^{LXX} 6,5 um den Entschluss der Beamten, ein Gesetz zu erlassen, erweitert. Diese Initiative sowie die Nennung der Zielsetzung stehen am Übergang von der Ausgangssituation zur Entfaltung der Handlung; die Beamten planen, selbst ein Verbot zu beschließen, das jedes Beten zu irgendeinem Gott oder Menschen für 30 Tage untersagt. Der Erzähler hält ausdrücklich das Ziel der Beamten und ihre Kenntnis der Gebetspraxis des Daniel fest.

10.2.2 Zeitliche und räumliche Struktur

Die Einordnung in das Königreich der Meder ist in MT deutlicher als in LXX. Letztere lässt offen, ob es sich um das Reich der Meder oder der Perser handelt. Übereinstimmend werden die Ereignisse in das vorgerückte Alter eines Herrschers mit dem Namen Darjawesch bzw. Dareios eingeordnet. Eine Benennung des Ortes, an dem der Königshof angesiedelt ist, erfolgt nicht. Auch die zeitliche Verhältnisbestimmung zwischen Regierungsübernahme, den Handlungen der Erzählung und der Nachfolge des Königs bleibt undeutlich.

Die zeitliche Struktur ist wesentlich von der Sequentialität der Ereignisse geprägt, die jedoch in der Regel nicht weiter bestimmt wird. Konkretisierende Zeitangaben finden sich im Umfeld der Löwengrube; hier scheint die zeitliche Dimension von großer Bedeutung. Durch Hinweise auf die Sonne und das Tageslicht werden das Ende des Tages sowie der neue Morgen betont. Auffallend ist in der LXX der Hinweis am Abend (V 16) auf den nächsten Morgen, der sich als die Schicksalsstunde des Daniel erweisen wird. Analepsen begegnen in den gleichen Kontexten (Gebetspraxis des Daniel; Rettung durch Gott); sie sind in LXX weniger ausgeprägt als in MT.

Bedeutsamer sind die räumlichen Angaben. Konkrete Hinweise auf den Ort einer Handlung sind in beiden Traditionen selten, aber von signifikanter Bedeutung, insofern ihnen eine typologische Dimension zukommt. Die Handlung ereignet sich jeweils im größeren Umfeld des königlichen Hofes. Konkret werden das Haus des Daniel bzw. dessen Obergemach, der Palast des Königs, die Löwengrube sowie die Stadt Jerusalem in den Blick genommen. Ähnlich wie die zeitlichen Angaben begegnen auch die Ortsangaben im Kontext der Löwengrube in besonderer Dichte. Ortsveränderungen markieren in der Regel den Beginn einer neuen Szene und damit eine weitere Station der Handlung. Zugleich ist die Ortsveränderung Ausdruck eines hierarchischen Gefälles: Die übergeordnete Person behält ihren Platz bei und wird von der untergeordneten Person aufgesucht. Vor diesem Hintergrund ist die Beobachtung, dass der König

Daniel in der Löwengrube aufsucht, bemerkenswert. Eine unterschiedliche typologische Konnotation der Räume in MT und LXX lässt sich nicht zeigen; dieser Aspekt der Ortsangaben ist jedoch unterschiedlich stark ausgeprägt.

10.2.3 Knotenpunkte

Der Überblick über die richtungsweisenden Knotenpunkte macht die Identität der Handlungsstruktur deutlich: Die gleichen Aktanten werden in die gleichen grundlegenden Entscheidungssituationen hineingeführt. Unterschiede finden sich in der konkreten Realisation und den Konsequenzen; die Differenzen sind für das eigenständige Profil der Texttraditionen von untergeordneter Bedeutung.

> Auf den Plan der Veränderung der Verwaltungsstruktur hin erlassen die Beamten LXX einen eigenen Beschluss, während sie MT den König um ein Verbot bitten. Daniel öffnet nach LXX aktiv das Fenster; nach MT geht er in sein Obergemach, das offene Fenster hat. Wesentlicher erscheinen die Unterschiede des abschließend erlassenen Rundschreibens, das eine eigene Zielrichtung aufweist; aber auch hier ist nicht die grundlegende Entscheidung, sondern ihre Konkretion von Bedeutung.

Dan^{MT} 6 und Dan^{LXX} 6 stimmen hinsichtlich des durch die Knotenpunkte konstituierten *plots* fast vollständig überein. Sie stellen zwei Repräsentationen einer Handlungsfolge, eines Geschehenszusammenhanges dar. Die Aspekte, die zu der intuitiv wahrnehmbaren Unterschiedenheit führen, sind auf anderen Ebenen zu suchen.

10.3 Motive der Handlung

Die Eigenständigkeit der Erzählungen zeigt sich in den Motiven, die in den beiden Traditionen eine je unterschiedliche Einbindung und Gewichtung erfahren.

10.3.1 Verfehlung, Schuld und Gerechtigkeit

Die Schuldlosigkeit des Daniel – MT   MT beschränkt die Frage nach Schuld und Unschuld, dort wo sie terminologisch fassbar ist, auf die Figur des Daniel. Die Verurteilung der Beamten ist ohne Rückgriff auf spezifische Terminologie aus ihrer Vernichtung abzuleiten. Das Tun des Darjawesch wird nicht Gegenstand moralischer Urteile. Dass von staatlicher Seite kein

Anklagegrund gegen Daniel zu finden ist, hält V 5 ausdrücklich fest; ein eigenes, neues Gesetz gegen ihn erscheint als einziger Ausweg.

V 23 konstatiert Daniel seine Unschuld nach der Rettung aus der Löwengrube. Dabei unterscheidet er die Unschuld (זָכוּ) vor Gott und das Fehlen eines Vergehens vor dem König (קָדָמָיךְ מַלְכָּא חֲבוּלָה לָא עַבְדֵת). Dem Rechtsterminus (זָכוּ) und der objektiven Feststellung (הִשְׁתְּכַחַת) steht die Notiz, dass Daniel kein Verbrechen (חֲבוּלָה) begangen hat (לָא עַבְדֵת), gegenüber. Das Gottesverhältnis wird positiv durch die konstatierte Unschuld beschrieben, das Verhältnis zum König negativ durch den Verweis auf das Nichtbegehen eines Verbrechens.

Schuldlosigkeit des Daniel vs. Schuld des Königs und der Beamten – LXX Weder ἄγνοια noch ἁμαρτία lassen sich bei Daniel finden (V 4; Merismus); er ist unschuldig. Diese Feststellung der Beamten greift er selbst V 22 nach seiner Rettung aus der Löwengrube auf. Der Kontext stellt die profane, staatliche Dimension – gegenüber einem religiösen Gebrauch – in den Vordergrund. Kein noch so geringes Vergehen ist nachweisbar.

V 22 unterscheidet die Gerechtigkeit (δικαιοσύνη) vor Gott und das Fehlen von ἄγνοια und ἁμαρτία vor dem König. Der verbale Aspekt wird in beiden Fällen mit εὑρέθη wiedergegeben. Eine Vorordnung der Beziehung zu Gott ist nicht erkennbar. Die formal festgestellte δικαιοσύνη bezeichnet das gemeinschafts- bzw. beziehungstreue Verhalten. V 22 nimmt kontrastiv zur Unschuld Daniels die Schuld der Beamten und des Königs in den Blick (σὺ δὲ ...). Das Verb πλανάω bezeichnet gleichermaßen die Schuld der Beamten und des Königs. Dareios hört auf Männer, die Könige in die Irre führen (πλανάω). Die theologische Konnotation des Begriffes markiert die Ebene der Schuld; dabei erscheinen die Beamten als Subjekt des Handelns, der König als Objekt. Diese Differenzierung entlässt ihn nicht aus seiner Verantwortung.

Auswertung Schuld und Fehlverhalten sind zentrale Kategorien der Erzählung. Dieses Motiv trägt, obgleich es in beiden Traditionen begegnet, in LXX ein größeres Gewicht. Die Untadeligkeit im Verhalten Daniels lässt den Beamten nur die Möglichkeit, auf religiöser Ebene gegen ihn vorzugehen. In terminologischer Hinsicht wird zwischen der Schuld vor Gott und vor dem König differenziert. Nach Ausweis der Analyse dokumentiert der Tod in der Löwengrube die Schuld der Beamten, ohne dass diese – abgesehen von einem negativen Urteil durch den Erzähler in Dan^MT 6,25 – terminologisch artikuliert würde. Die Unschuld Daniels wird in beiden Traditionen gleichermaßen nach seiner Rettung erneut aufgegriffen. Der Akzent liegt in MT auf der Beziehung zu Gott, während LXX die Dimensionen Gott und Staat gleichgewichtig erscheinen. Dan^LXX haben sich auch die Beamten und der König explizit der Schuldfrage zu stellen. Entgegen MT konfrontiert Daniel den König nach seiner Rettung mit dem Fehlverhalten der Beamten, zu dessen Objekt er geworden ist und das ihn in gleicher Weise betrifft.

10.3.2 Gottesbeziehung

In der LXX kommt dem Motiv der Verehrung und der Abhängigkeit von Gott eine Schlüsselrolle zu; diesen Stellenwert hat es in MT, obgleich es auch hier stark präsent ist, nicht. Die Verehrung des Gottes des Daniel dient als Anklagegrund, Tatbestand und Auslöser für ein juristisches Verfahren. Die Gebetsterminologie ist in den einzelnen Traditionen divergent, sodass ein globaler Vergleich nicht zielführend ist; lohnenswert erscheint die Gegenüberstellung der verschiedenen Perspektiven der einzelnen Figuren auf das Gebet des Daniel. Je nach Blickwinkel lassen sich unterschiedliche Akzentsetzungen beobachten. Aufgrund des Fehlens eines Selbstzeugnisses des Daniel muss die Darstellung von den Wahrnehmungen der übrigen Figuren und des Erzählers ausgehen.

Eine wichtige Weiterführung des Motivs bietet das Rundschreiben des Königs Dan^LXX 6,25–27, das den Blick auf das zukünftige Verhalten der gesamten Bewohnerschaft des Reiches richtet. Durch diese Akzentsetzung in der LXX wird „Gottesverehrung" zu einem wichtigen hermeneutischen Schlüssel der Erzählung.

Terminologische Differenzierungen in MT   Das Vorgehen der Beamten weist auf einen Zusammenhang von Gebet und Gesetz Gottes (דָּת אֱלָהֵהּ) hin; in ihm suchen sie einen Anklagegrund und formulieren ein Verbot, das die Verehrung des Gottes des Daniel betrifft. Daniels religiöse Praxis wird staatlicherseits sanktioniert; Gegenstand des Verbotes ist jedes „Bitten" (בעה), die Formulierung jeglichen Anliegens, das sich nicht an den König richtet. Das (Bitt-)Gebet erscheint als Spezialfall.

Zentral ist die Schilderung des Erzählers V 11, die den Eindruck eines „rituelle[n] Gebet[es]"[5] erweckt. Neben dem äußerlichen Aspekt des Niederkniens wird das „Beten und Preisen" (וּמְצַלֵּא וּמוֹדֵא) erwähnt. Die Terminologie verweist explizit auf den religiösen Kontext der Gottesverehrung, was durch die Ergänzung (קֳדָם אֱלָהֵהּ) weiter akzentuiert wird. Deutlich ist die Abgrenzung vom Verb בעה (VV 8.12.13.14), das in der Formulierung des Gesetzes und den Aussagen der Beamten die zentrale Rolle spielt und keinen Bekenntnis-Charakter aufweist. Die Wurzel בעה scheint sich auf die äußere Dimension zu beziehen; die Tiefendimension der gelebten Gottesbeziehung bleibt den Beamten und der staatlichen Rechtsordnung – zumindest zunächst – verborgen. Eine andere Wahrnehmung begegnet V 12. Die Formulierung בָּעֵא וּמִתְחַנַּן ergänzt den theologischen Aspekt, der

---

5   KRATZ, Translatio 144.

von den Beamten an dieser Stelle wahrgenommen wird. Bei der Anklage vor Darjawesch fallen sie – rhetorisch geschickt – in die Terminologie des Gesetzes zurück.

Die Perspektive des Königs wird VV 17.21 sichtbar.[6] Mit der Verwendung der Wurzel פְּלַח bezeichnet er nicht nur das rituelle Gebet, sondern allgemeiner das Verhältnis von Daniel zu seinem Gott. Im Kontext des Daniel-Buches ist der Begriff eindeutig theologisch – möglicherweise sogar kultisch – zu verstehen. Das Rundschreiben VV 26–28 weist keinen konfessorischen Charakter auf. Die Forderung, den Gott des Daniel zu fürchten und vor ihm zu zittern (לֶהֱוֹן זָאֲעִין וְדָחֲלִין V 27), ist nicht der religiösen Terminologie, sondern dem machtpolitischen Bereich, näherhin der Anerkennung eines Herrschers zuzuordnen.

Gebetsterminologie in LXX Die Bezeichnung Gottes als κύριος (V 22) verweist auf die Identifikation mit dem Gott Israels aber auch auf die Art der Gottesbeziehung: Das Verhältnis von κύριος und δοῦλος ist eine personale Beziehung. Das Gebet des Daniel erscheint als Teil der Interaktion zweier personaler Größen.

Das Dekret (VV 5.7.12) untersagt Bitten (ἀξιόω) und Beten (εὔχομαι). Die Terminologie verweist auf ein allgemeines Bitten, umfasst mit dem Verb εὔχομαι aber auch Gebetsterminologie. Der Begriff ἀξιόω wird außerhalb des Ediktes nicht aufgenommen.

Der Erzähler thematisiert mehrfach (VV 5.8.10.11) Daniels Beten; im Zentrum steht die szenische Entfaltung des Gebetsritus V 10, auf den alle übrigen Darstellungen bezogen sind. Die Formulierung der Prostratio (ἔπιπτεν ἐπὶ πρόσωπον αὐτοῦ) bleibt auf einer äußerlichen Ebene; die innere Dimension kommt nachgeordnet durch das (Bitt-)Gebet (ἐδεῖτο) in den Blick. Die Verehrung ist gleichermaßen zweckfreie Anrufung Gottes und Bittgebet; diese Dimension tritt in den Hintergrund, da ein Gegenstand der Bitte nicht genannt wird. Die Belege VV 5.8 betonen die Regelmäßigkeit des Gebetes und sind in ihrer Terminologie einerseits auf das Edikt (προσεύχεται bzw. εὔχεται), andererseits auf V 10 (ἐδεῖτο) bezogen. V 11 zeichnet der Erzähler die Wahrnehmung der Beamten; dabei wird ausschließlich auf die religiöse Dimension Bezug genommen (εὐχόμενον). Die Anklage V 13 greift die Terminologie des Erzählers VV 5.8 auf.

Dareios beschreibt VV 16.20 die Gottesverehrung als kultische Verehrung (λατρεύεις); nicht die konkrete, je einzelne Handlung, sondern die allgemeine Gottesbeziehung ist im Blick. Die von Dareios V 26f verwendete Terminologie beschreibt nicht einzelne religiöse Handlungen, sondern

---

6 Eine Auswertung des Gesetzes in seiner Formulierung für die Sichtweise des Darjawesch ist insofern problematisch, als die Initiative voll und ganz bei den Beamten liegt. Es wird in der Erzählung nicht deutlich, inwieweit sich Darjawesch das Verbot inhaltlich zu eigen macht.

eine grundlegende Verhältnisbestimmung zwischen Reichsbewohner und Gott (προσκυνέω, λατρεύω) bzw. König und Gott (προσκυνέω, δουλεύω). Dareios fordert nicht eine rein herrschaftliche Anerkennung; eine solche impliziert möglicherweise der Begriff προσκυνέω, sondern die Anerkennung als Gott und die kultische Verehrung. Für sich selbst proklamiert er eine exklusive Bindung an den Gott des Daniel (δουλεύω), sodass ein Bekenntnischarakter festzustellen ist.

Auswertung Daniel selbst spricht nicht über seine Gebetspraxis; sie ist als Faktum festgehalten und steht nicht zur Disposition. Sie gründet nach Überzeugung der Beamten in MT in einer religiösen, gesetzlichen Verpflichtung (anders LXX). Das von ihnen initiierte Edikt fokussiert jedes Bitten bzw. Beten auf den König. Die LXX greift bei der Formulierung gegen MT – unter Aufnahme eines zweiten Verbs – explizit auf Gebetsterminologie zurück. Beide Überlieferungen kommen darin überein, dass das Gebet in der Perspektive des Erzählers als rituelles Gebet Daniels zu seinem Gott verstanden wird.

In MT erfolgt anders als in LXX eine (systematische) Differenzierung; die religiöse Dimension scheint von den Beamten und der staatlichen Gesetzgebung zunächst nicht erfasst zu werden. Rhetorisch geschickt findet nach V 13 eine Angleichung an die Gesetzesformulierung statt. In LXX lässt sich eine derartig differenzierte Sichtweise nicht beobachten; hier begegnet durchgängig Gebetsterminologie.

Der König erkennt in beiden Überlieferungen eine kultische Dimension im Handeln des Daniel (פְּלַח bzw. λατρεύω). Diesen Aspekt greift die LXX im Rundschreiben auf, in dem es eine kultische Verehrung des Gottes des Daniel von allen Reichsbewohnern fordert. Zugleich stellt sich der König selbst in eine Gottesbeziehung, die dem Verhältnis von κύριος und δοῦλος entspricht. Durch das Versprechen, dem Gott des Daniel zu dienen (δουλεύω), greift er gleichsam auf die andere Seite der Beziehung des Daniel zu seinem Gott zurück, den dieser als κύριος bekennt. In MT hat das Rundschreiben einen politischen Akzent.

10.3.3 Gesetz

Gottes Gesetz vs. Gesetz der Meder und Perser – MT Das Thema „Gesetz" ist in beiden Traditionen präsent; eine größere Dominanz kommt ihm in MT zu. In den Blick genommen werden der Topos „Gesetz der Meder und Perser" sowie einzelne Gesetze und Verordnungen des Königs (קְיָם VV 8.16, אֱסָר VV 8.10.13(bis).14.16, כְּתָב VV 9.10.11, טְעֵם V 27). Unabhängig von dieser staatlichen Gesetzgebung erscheint das Gesetz des Gottes des Daniel (דָּת אֱלָהֵהּ); es steht den Gesetzen des Staates gegenüber, ohne grundsätzlich im Gegensatz zu ihnen zu stehen. Auf diese Dualität baut das Vorhaben der Beamten und damit wesentlich der Konflikt der Erzählung auf.

Das Verbot des Bittens erscheint als Einzelnorm, als konkrete königliche Anweisung mit Gesetzesrang und nicht als einfacher Befehl oder einfache Anordnung. Wesentlich ist die schriftliche Ausfertigung durch den König; durch sie erhält die Norm Rechtskraft. Zugleich kommt ihr eine Unveränderlichkeit zu, die im Gesetz der Meder und Perser (דָּת לְמָדַי וּפָרַס VV 9.13.16) begründet ist. Mit ihm existiert eine Institution, der selbst der König unterworfen ist. Seine Stellung als Handlungssouverän ist nicht allumfassend.

Das Rundschreiben VV 26–28 wird V 26 ausdrücklich als Edikt des Königs (טְעֵם) bezeichnet. Rechtlich erscheint es als offizieller Gesetzeserlass und als Dokument höchster Verbindlichkeit (vgl. etwa Dan 3,10.29). Die Relevanz reicht über die konkrete Situation hinaus und hat einen vergleichbaren Status wie das Verbot, obgleich unterschiedliche Begriffe gebraucht werden.

Der Rekurs der Beamten auf das Gesetz des Gottes des Daniel (דָּת אֱלָהֵהּ V 6) ist zentral. Terminologisch stimmen die oberste Instanz der staatlichen Gesetzeshierarchie – das Gesetz der Meder und Perser – und das Gesetz des Gottes des Daniel überein. Die Erzählung setzt sich mit der allgemeinen Verhältnisbestimmung von Religion und Staat auseinander. Nicht das konkrete Verhalten der Figuren steht im Fokus, sondern die grundlegende Problematik. Daniel ist das Beispiel, an dem eine grundsätzliche Fragestellung behandelt wird. Eine Präzisierung des Gottesgesetzes scheint nicht möglich; die ausschließliche Bezeugung im Mund der Beamten legt nahe, von bestimmten Praktiken und Vollzügen auszugehen, die als Spezifikum der Juden und religiös begründet betrachtet wurden: Das Gesetz des Gottes des Daniel fungiert als Symbol für die Gesamtheit der spezifischen Merkmale der Juden in der Diaspora. Dies mildert nicht die Grundsätzlichkeit und die Bedeutung des Konfliktes; nicht die tatsächliche Verankerung in einem normativ deklarierten jüdischen Gesetz ist entscheidend, sondern eine entsprechende Wahrnehmung im Reich.

Zielpunkt der Entwicklung ist ein Ausgleich der Opposition der Gesetze durch das Rundschreiben. Reichsgesetz und Gottesgesetz stehen einander bleibend gegenüber, aber sie stehen einander nicht entgegen.

Staatliche Einzelnormen – LXX Das Gesetz ist in der LXX keine Kategorie der Religion des Daniel; sie stellt das staatliche Gesetz der religiösen Praxis des Daniel gegenüber.

Das Themenfeld „Gesetz" ist ausschließlich dem staatlichen Bereich zugeordnet; als Leitwort fungiert der Ausdruck ὁ ὁρισμός, der die einzelne Norm bezeichnet. Auffallend ist die Einbindung der Beamten in den

Prozess der Etablierung des Gesetzes; sie erlassen das Gesetz in einem eigenen Rechtsakt. Trotz der Nachordnung des Königs bleibt er für die Inkraftsetzung des Verbotes verantwortlich. Dem konkreten Einzelgesetz stehen die „Gesetze der Meder und Perser" (τοῖς Μήδων καὶ Περσῶν δόγμασιν V 12a) als das Gesetzeskorpus, als das Gesamt der Gesetze gegenüber. Diese fungieren als Autorität im Eid des Königs, durch den er sich an das Einzelgesetz und eine bestimmte Interpretation bindet.

Das Rundschreiben ist nicht als gesetzliche Bestimmung qualifiziert, obgleich ihm aufgrund der Autorität des Verfassers Verbindlichkeit zukommt. Der Verzicht auf seinen Königstitel zeigt, dass nicht der absolute Geltungsanspruch im Vordergrund steht, sondern das individuelle Bekenntnis. Auf diese Weise wird Dareios als positive Identifikationsfigur gezeichnet.

Auswertung MT weist durch die terminologische Identifikation und die daraus resultierende Opposition des Gesetzes des Staates (der Meder und Perser) und des göttlichen Gesetzes den Konflikt der Rechtsautoritäten als grundlegend aus. Der Staat ist maßgeblich durch Gesetze geprägt; die Unveränderlichkeit der Gesetze der Meder und Perser dokumentiert seinen Absolutheitsanspruch, dem sich selbst der König unterzuordnen hat. Nichtbeachtung gesetzlicher Vorgaben zieht Konsequenzen nach sich.

Für die Überlieferung der LXX ist das Motiv des „Gesetzes" nicht in gleicher Weise zentral. Die Belege für Gesetzesterminologie sind deutlich zurückgenommen. Wesentlich ist, dass „Gesetz" nicht als Kategorie der Religion des Daniel präsentiert wird. Die Grundsätzlichkeit des Konfliktes wird damit aufgebrochen und es kommt zu einem Gegenüber von religiöser Praxis und staatlicher Gesetzgebung. Die Religion erscheint nicht als eine aus sich selbst heraus notwendigerweise mit dem Staat konkurrierende Größe. Auch das Motiv „Gesetz der Meder und Perser" ist in LXX zurückgenommen und dient als eine hintergründige Autorität des königlichen Eides; eine Unveränderlichkeit wird nicht thematisiert. Dareios ist nicht durch eine übergeordnete staatliche bzw. ideologische Instanz, sondern durch seinen persönlichen Eid an das Gesetz und dessen Anwendung gebunden. Der Konflikt erscheint als ein Konflikt der Personen und nicht der im Hintergrund stehenden Strukturen und Einflussgrößen. Die zurückgenommene Autorität des Rundschreibens von Dan^LXX 6,25–27 zeigt die Entwicklung des Dareios; sie markiert einerseits die Distanzierung von der anfänglichen staatlichen Selbstverabsolutierung und bringt andererseits die persönliche Dimension des Bekenntnisses zum Ausdruck.

10.3.4 Löwengrube

Die je eigene Prägung des gemeinsamen Motivs der Löwengrube ist durch den literarischen Kontext der beiden Erzählungen geprägt; die unterschiedliche Kontextualisierung variiert das Verständnis des Motivs.

Gottesgericht in der Löwengrube – MT   Die Analyse zeigt, dass die Löwengrube nicht bzw. nicht ausschließlich als Ort der Strafe verstanden werden kann, sondern als Ort des Gottesgerichtes zu betrachten ist: Die Rettung des Daniel wird als Erweis seiner Unschuld gedeutet.

Im Rahmen des Verbotes erscheint das „Werfen in die Löwengrube" als Tatfolgebestimmung für ein bestimmtes Vergehen. Sie erscheint dann nicht als Strafe, wenn die Möglichkeit des Überlebens und des Erweises der Unschuld als realer Ausgang in den Blick kommen; in diesem Fall ist sie als Verfahrensregelung zu betrachten. Wesentliche Züge der Erzählung weisen in diese Richtung. Mit dem sicheren Tod Daniels in der Löwengrube rechnet die Erzählung nicht. Der Tod erscheint als Möglichkeit, der jedoch auch – entgegen jeder menschlichen Erfahrung – das Leben als Alternative gegenübersteht. Wer gegen das Gesetz verstößt, hat sich einem Gottesgerichtsverfahren zu unterziehen. Gott entscheidet über seine Schuld oder seine Unschuld; das Werfen in die Löwengrube ist als Ordal zu verstehen.

Daniels Interpretation seiner Bewahrung in der Löwengrube als in seiner Unschuld begründete göttliche Rettung bleibt in der Erzählung unwidersprochen.[7] Dass die Beamten nach der Rettung Daniels und der Feststellung seiner Unversehrtheit in die Löwengrube geworfen werden, lässt sich konsistent im Rahmen der vorgelegten Interpretation verstehen. Ihre unmittelbare Tötung gilt als Siegel ihrer Schuld. Die Akzentuierung der Unschuld Daniels gegenüber seinem Gott mag nahelegen, die Schuld der Beamten in erster Linie als Schuld vor Gott zu verstehen, obgleich auch der König eine relevante, aber nachgeordnete Bezugsgröße darstellt.[8]

Götterwettstreit in der Löwengrube? – LXX   Dareios stellt das rettende Eingreifen Gottes dem Unvermögen der „handgefertigten Götter" gegenüber. Die Frage nach der Rettermacht ist kein Spezifikum des Rundschreibens (V 27), sondern begegnet auch VV 14.15 in der Erzählung.[9]

---

7   Auch der Verweis des Erzählers auf das Vertrauen Daniels auf seinen Gott steht dem nicht entgegen. Die Rehabilitation durch den König und das Urteil des Erzählers über die Beamten (דִּי־אֲכַלוּ קַרְצוֹהִי דִּי דָנִיֵּאל V 25) scheinen die Deutung aus V 23 zu bestätigen.
8   Ihre Schuld vor Gott besteht in ihrem Eingriff in dessen Machtsphäre durch das Verbot.
9   Die Frage nach dem Vermögen oder Unvermögen (δύναμαι) ist in der Erzählung präsent. Dan^MT 6,15 thematisiert lediglich einmal die Rettungsbemühungen des Königs: הֲוָא מִשְׁתַּדַּר לְהַצָּלוּתֵהּ. V 21 stellt der König die Frage nach der Rettermacht Gottes (הַיְכִל לְשֵׁיזָבוּתָךְ מִן־אַרְיָוָתָא). Die betonte Bezugnahme in Dan^LXX 6,15 rückt das Motiv (entgegen MT) deutlich ins Zentrum.

Zunächst legt sich in LXX ein Verständnis des Motivs als Strafbestimmung nahe (VV 5.7.12.14). Das „Werfen in die Löwengrube" erscheint als Tatfolgebestimmung für ein bestimmtes Vergehen. Als Ziel werden V 5 der Tod (εἰ δὲ μή, ἀποθανεῖται; vgl. auch V 8) und eine Niederlage Daniels vor dem König angegeben. Die Löwengrube ist das konkrete Vollstreckungsinstrument der Todesstrafe. Einer solchen Interpretation stellt sich der Verlauf der Erzählung entgegen; der Figur des Dareios kommt für die Interpretation des Motivs die zentrale Bedeutung zu. Der Erzähler gewährt einen Blick in die Erwartungen und Absichten, die hinter den Handlungen des Königs stehen.

Die Einsicht des Königs in die eigene Unfähigkeit, Daniel zu retten (οὐκ ἠδύνατο ἐξελέσθαι V 15), öffnet den Blick für die Rettermacht Gottes. In dem von Daniel verehrten Gott sieht Dareios eine Perspektive für die Rettung. Das nachfolgende Geschehen ist als stark formalisiertes, juristisches Verfahren gezeichnet, das am nächsten Morgen mit der Feststellung der Unversehrtheit des Daniel in Gegenwart „der Mächtigen" des Reiches (αἱ δυνάμεις V 23) zum Abschluss kommt. Die zeitliche Begrenzung kommt bereits in den Blick, als Daniel in die Löwengrube geworfen wird. Das Verfahren endet am Morgen, gleich ob Daniel tot ist oder noch lebt. In diesem Prozess erscheint Gott als oberster Richter über das Geschick des Daniel. Es liegt an ihm, seinen Diener durch das rettende Eingreifen zu rechtfertigen. Die Rettung konstatiert und dokumentiert die Unschuld des Daniel.

Gleichzeitig ist sie Beleg für die Überlegenheit des Gottes des Daniel über Dareios. Seinem Scheitern (V 15) steht dessen machtvolles Eingreifen (V 18) gegenüber. Dieses Machtgefälle anerkennt er in seinem Rundschreiben. Er nimmt Daniels Gott als Gott an und wendet sich zugleich von den Göttern des Reiches ab. Im Hintergrund dieses Entschlusses des Königs steht die Unfähigkeit der „handgefertigten Götter(bilder)", zu retten. Konkret scheint Dareios den Tod der jungen Obersatrapen in der Löwengrube vor Augen zu haben. Im Anschluss an die Feststellung der Unversehrtheit des Daniel werden seine Ankläger in die Löwengrube geworfen und unmittelbar vernichtet. Nach Ausweis des Rundschreibens scheint Dareios ein Eingreifen der Reichsgötter zu erwarten. Er interpretiert den Tod der Beamten als Dokumentation der Unfähigkeit ihrer Götter, d. h. der Götter des Reiches, zu retten. Die Beamten werden – so scheint es aus dieser Perspektive – in die Löwengrube geworfen, um eine Antwort auf die Frage nach der Rettermacht der Reichsgötter zu finden. Die Frage nach der Schuld der Beamten steht hier – nimmt man das Rundschreiben des Dareios als hermeneutischen Schlüssel ernst – nicht im Vordergrund; aufgrund der Parallelität zum Ergehen des Daniel ist dieser Aspekt jedoch ebenfalls präsent.

Die Lesart des Dareios sieht mit dem Geschehen in der Löwengrube die Frage nach der göttlichen Rettermacht verbunden. Aufgrund der Doppelung des Verfahrens entsteht eine Vergleichsmöglichkeit zwischen dem Gott des Daniel und den Reichsgöttern: Es erhält Züge eines Götterwettstreits. Die Interpretation des Dareios erkennt die Macht des Gottes des Daniel und die Ohnmacht der Reichsgötter. Die Frage nach der Rettung aus Gefahr erscheint als die zentrale Frage nach der Macht, sei es des Königs oder der Götter. Präsent bleibt der Aspekt des Ordals. Die Geschichtsmächtigkeit des Gottes des Daniel legitimiert die Verehrung durch Daniel und damit den Verstoß gegen das staatliche Gesetz. Die Ohnmacht der Reichsgötter rechtfertigt das Verhalten der jungen Obersatrapen nicht; sie dokumentiert das Unrecht des Eingriffs in die Verehrung des Gottes Israels.

Auswertung   Die Skizzen verdeutlichen die zentrale Rolle des Motivs der „Löwengrube". Notwendig ist seine differenzierte Betrachtung im Kontext der jeweiligen Erzählung; der Vergleich macht die Bedeutung für die Eigenständigkeit der beiden Überlieferungen sichtbar. Während der Aspekt des Gottesgerichtes in beiden Überlieferungen präsent ist, zeichnet sich die LXX durch die Fokussierung auf den Aspekt der Rettermacht aus. Die Frage, wer zu retten vermag und wer nicht, wird zum Lackmustest für die Anerkennung der Göttlichkeit. MT ist der Aufweis der Macht ebenfalls greifbar, aber nachgeordnet; der Aspekt der Konkurrenz wird nicht in die Erzählung eingebracht.

Zentral für diese Verschiebung sind die Unterschiede im Rundschreiben des Königs; hier entfaltet Dareios die Konkurrenzsituation zwischen dem Gott des Daniel und den Reichsgöttern, die auf diese Weise zum hermeneutischen Schlüssel für die Erzählung Dan^{LXX} 6 wird. Dem Verfahren in der LXX kommt nicht nur eine juristische, sondern auch eine zutiefst theologische Dimension zu. Das Verfahren des Ordals erscheint in MT in einer reineren Form; in LXX vermischen sich Aspekte des Ordals und des Götterwettstreits.

10.3.5 Bote Gottes – MT

Das Motiv des „Boten Gottes" findet sich ausschließlich in MT. Der Gott des Daniel schickt einen Boten – möglicherweise ist an ein himmlisches Wesen zu denken – zur Rettung des Daniel. Zweck der Sendung ist nicht die Übermittlung einer Botschaft, sondern die Hilfeleistung in der konkreten Situation. Er verkörpert die rettende Dimension Gottes; die Repräsentanz durch ein Mittlerwesen betont die Transzendenz Gottes. Umgekehrt erfordert in LXX die Deutung der Löwengrube als Götterwettstreit das „höchstpersönliche" rettende Eingreifen Gottes.

10.3.6 „Handgefertigte Götter(bilder)" – LXX

Die Auseinandersetzung mit den „handgefertigten Götter(bilder)n" stellt ein spezifisches Motiv der Tradition der Dan^{LXX} dar: Im Kontext des königlichen Rundschreibens wird der Gott des Daniel in ein Konkurrenzverhältnis zu den Göttern des Volkes gestellt. Es ist diese Opposition und die Überlegenheit des Gottes des Daniel, die zur Hinwendung des Dareios zum Gott des Daniel führen.

Das Syntagma besitzt offenkundig disqualifizierenden Charakter, insofern es das Gottsein der fremden Götter – wohl der im Reich des Dareios verehrten Gottheiten – radikal in Frage stellt. Die fremden Götterbilder, ja vielmehr die fremden Götzen werden als „menschliche Handwerksprodukte"[10] vollständig aus dem Bereich des Göttlichen herausgenommen und auf das Irdische bzw. rein Menschliche reduziert. Das Verdikt, die Verneinung der Göttlichkeit, gilt universell für alle Götter der Völker, ausgenommen den Gott des Daniel. Es ist dieses Modell, das Dareios zur Deutung der Erfahrung der Geschichtsmächtigkeit des Gottes des Daniel und der Unfähigkeit der Götzen zu retten heranzieht.

Die Beheimatung des Begriffes in der Tradition der bibl. Götzenpolemik ordnet Dareios in den Kontext der Auseinandersetzung Israels mit der Verehrung fremder Götter ein. Sein Urteil übernimmt die Perspektive Israels; die Anklänge an den Dekalog in seiner LXX-Fassung zeichnen Dareios als Anwalt des Gesetzes Israels, der durch sein Rundschreiben eine Neu-Ausrichtung der Götterverehrung festschreibt. Es ist bemerkenswert, dass es der fremde Herrscher Dareios ist, der die Götter seines Volkes in scharfer Form disqualifiziert und damit gleichsam die Position Israels und eines monolatrisch, ja monotheistischen Verehrers des Gottes Israels einnimmt.

10.4 Präsentation der Personen

10.4.1 Übersicht

Vordergründig handelt es sich um „Dreiecks"-Erzählungen. Dem König als Handlungssouverän werden die in Opposition zueinander stehenden „Beamten" und Daniel zugeordnet. Daniel und der König erscheinen

---

10 BERLEJUNG, Theologie der Bilder 322.

als individuelle Personen; die Beamten sind als Kollektiv gezeichnet. Während in MT die 120 Satrapen und die beiden Obersatrapen in der Handlung eine zentrale Rolle spielen, beschränkt die LXX diesen Kreis auf die beiden Mitglieder des Dreiergremiums.[11]

Die im Kontext der Löwengrube begegnenden Personengruppen werden rein funktional betrachtet. Im Rahmen des Verfahrens kommt „den Großen des Königs" (MT und LXX) und „den Mächtigen" (LXX) eine offizielle Zeugenfunktion zu. Sie erscheinen nicht als Aktanten.

Überschritten wird dieses Personeninventar durch die Einführung des Gottes des Daniel als Aktant. Auffallend ist die differenzierte Terminologie zu seiner Bezeichnung in der LXX. Sein rettendes Eingreifen, das in MT nur in der Figurenrede in der LXX aber vom Erzähler thematisiert wird, und seine Verehrung rechtfertigen seine Einordnung als Aktant. Die Löwen erscheinen demgegenüber nicht als eigenständig agierend, sondern als abhängige Werkzeuge und Indikatoren der Rechtschaffenheit Daniels und der Beamten sowie der göttlichen Rettermacht. Hinzukommt in Dan[MT] der „Bote Gottes". Auf sein auffälliges Fehlen in Dan[LXX] wurde bereits hingewiesen: „In der LXX fehlt der Engel und an seiner Stelle steht Gott selbst ..."[12]

10.4.2 Darjawesch – Dareios

Darjawesch – MT   Darjawesch erscheint *de jure* als Handlungssouverän. Auf seine Person hin ist die Erzählung entworfen. Bereits der Auftakt weist auf die Entwicklung des Geschehens um den König hin; der Erzähler lenkt die Empathie auf ihn.

Im Kontext seiner Herrschaftsübernahme verändert der König die Struktur der Reichsverwaltung. Der zweite Schritt dieser Neuordnung führt auf ein hierarchisches Gefälle, das die Beamten Daniel unterordnet. Um diese Reform zu verhindern, versuchen sie, ihn durch eine Anklage zu Fall zu bringen. Konfrontiert mit deren Anliegen, ein königliches und damit unveränderliches Verbot zu erlassen, das jedes „Bitten" zwar nicht grundsätzlich untersagt, aber für 30 Tage auf die Person des Königs als Adressaten beschränkt, zögert dieser nicht, dem Ansinnen nachzugeben. Die Frage nach den Motiven wird nicht thematisiert; die Entscheidung ist nicht Gegenstand moralischer Bewertung. Konsequenz eines Gesetzesverstoßes ist das Werfen in die Löwengrube. Die Stellung des Königs als Handlungssouverän erscheint insofern relativiert, als das Gesetz der Meder und Perser eine Autorität darstellt, der auch er untergeordnet

---

11   Vgl. MARTIN DE VIVIÉS, Séjours 134.
12   MACH, Entwicklungsstadien 104.

ist; durch sie ist er an das konkrete Gesetz und dessen Interpretation gebunden.

Die Beamten bestimmen den Fortgang der Handlung und konfrontieren Darjawesch mit Daniels Gesetzesverstoß. Der König lässt keinen Zweifel daran erkennen, dass die Anklage zutreffend ist. Daniel gibt er keinerlei Gelegenheit, sich zu rechtfertigen oder zu dem Vorwurf Stellung zu nehmen. Er steht in der Zwickmühle zwischen dem von ihm erlassenen Gesetz und seiner Verpflichtung zur Anwendung auf der einen und der Wertschätzung der Kompetenz des Daniel auf der anderen Seite. Die Versuche, ihn bis zum Sonnenuntergang zu retten, scheitern; die Beamten bauen einen erneuten und verstärkten Druck auf, dem der König letztlich nachgibt. Er erteilt den Befehl, Daniel in die Löwengrube zu werfen.

Im Moment der Anerkennung seiner königlichen Machtlosigkeit erkennt Darjawesch die Möglichkeit einer göttlichen Rettung. Durch das formalisierte Verfahren kommt es zu einer Trennung zwischen dem Geschehen in der Löwengrube und jedem menschlichen Agieren. Die Versiegelung verhindert jeden Eingriff zugunsten oder zulasten des Daniel; eine Rettung ist nur als göttliche Rettung vorstellbar.

Überdeutlich ist die Distanzierung des Darjawesch von dem Geschehen in der Löwengrube durch den betonten Ortswechsel. Dennoch bleibt der König nicht untätig: Durch Verzicht, durch Buße sucht er, den Gott des Daniel zum rettenden Eingreifen zu bewegen. Darjawesch wird von der Hoffnung auf eine Rettung des Daniel angetrieben; am nächsten Tag bricht er zum frühestmöglichen Zeitpunkt auf und kehrt zur Löwengrube zurück. Am Morgen ist das Verfahren in der Löwengrube abgeschlossen. Im Hinweis des Erzählers auf die betrübte Stimme des Darjawesch (בְּקָל עֲצִיב V 21) wird dessen Sorge sichtbar; in seinen Worten kommt Hoffnung auf Rettung durch den lebendigen Gott (אֱלָהָא חַיָּא V 21) zum Ausdruck. Die Hoffnung überwiegt die Skepsis; er hat das Überleben im Blick.

Auf die Nachricht, dass Daniel lebt, reagiert der König mit Freude, die seiner Trauer nach der Anklage gegenüber steht. Die vollkommene Schadlosigkeit des Daniel wird offiziell konstatiert. Die verleumderischen Männer werden auf Befehl des Königs in die Löwengrube geworfen und finden dort unmittelbar den Tod.

In einem autoritativen Akt mit Gesetzescharakter (טְעֵם) zieht Darjawesch aus dem Erlebten Konsequenzen, die für alle Reichsbewohner von Relevanz sind. Er fordert von sämtlichen Bewohnern des Reiches eine politische Unterwerfung unter den Gott des Daniel. Kein religiöses Bekenntnis, sondern die Ankerkennung einer Vormachtstellung bzw. Oberherrschaft des Gottes des Daniel ist intendiert. Das Rundschreiben ist kein Zeugnis einer religiösen Bekehrung, aber nach Ausweis des hymnischen

Abschnittes mehr als ein Dokument politischen Kalküls.[13] Darjawesch ist
kein verblendeter heidnischer Despot, sondern ein König, der aufgrund
des göttlichen Handelns an Daniel die Grenzen seiner Macht anerkennt.

Diese gesetzliche Anordnung wird durch einen hymnisch geprägten
Text begründet. In stilistischer und terminologischer Anlehnung an die
Gebetsliteratur Israels preist Darjawesch V 27 den Gott des Daniel und
dessen Königsherrschaft. Daniels Gott ist ein „lebendiger" Gott und damit
ein geschichtlich machtvoll wirksamer Gott. Bezugspunkt ist nicht das
irdische Königreich der Meder, sondern die grenzenlose Königsherrschaft
Gottes. Über die Wesensaussagen hinaus wird sein Wirken, konkret das
rettende Handeln, in den Blick genommen. In einer meristischen Formulierung wird das Vollbringen von Zeichen und Wundern gepriesen. Der
Aktionsradius Gottes wird größtmöglich gedacht. Das Handeln ist nicht
an politische, ethnische oder sprachliche Grenzen gebunden, sondern
überschreitet alles und umfasst den gesamten Kosmos.

Durch das Rundschreiben kommt es zu einer Distanzierung des Königs von dem von ihm V 10 erlassenen Gesetz, aber nicht zu einer Aufhe-
bung. Er fügt dem Gesetzeskorpus eine Verordnung hinzu, die in Konkurrenz zum Verbot von V 10 steht, ohne dieses zu verändern.

Dareios – LXX   Die LXX-Tradition rahmt die Erzählung mit formelhaften,
biographischen Notizen, die das Interesse des Erzählers markieren: Es
geht mehr um Dareios als um Daniel. Dareios ist die Hauptperson. Eine
konkrete, einzelne Begebenheit wird in den Kontext einer „Herrschafts-
Biographie" eingeordnet, die durch stereotype Aussagen in schematisier-
ter Form angedeutet wird. Seine Funktion als König und als Reformer
der Verwaltungsstruktur ist der Betrachtung seiner Person nachgeordnet.
Gleich zu Beginn markieren Aussagen des Erzählers, denen ein werten-
der Charakter zukommt, seine positive Haltung Dareios gegenüber, der
den „Großen Israels" gleichgestellt wird. Beispielhaft sind die Aussagen
über das Alter (πλήρης ἡμερῶν καὶ ἔνδοξος ἐν γήρει V 1a), die nicht auf
das biologische Alter, sondern auf die positive Wertung vor Gott zielen,
sowie der Hinweis auf das „Versammeltwerden zu seinen Vätern" (προσετέθη πρὸς τοὺς πατέρας V 28). Trotz seines Verhaltens und trotz seiner
(medischen) Herkunft erscheint er nicht als heidnischer Despot, nicht
als gottfeindliche Macht, sondern als ein von Gott begnadeter Herrscher,
der durch den Vergleich mit den „Großen Israels" zu einem besonderen
Sympathieträger wird.

Dareios verändert die Verwaltungsstruktur seines Reiches; die Einsetzung der Beamten stellt einen Akt der Aufteilung der königlichen
Herrschaftsgewalt dar. In diesem Kontext wird Daniel erwähnt, der in das

---

13   Auch wenn die Annahme einer trennscharfen Unterscheidung von Politik und Religion
     als Anachronismus gelten muss, steht der politische Aspekt im Vordergrund.

führende Dreiergremium berufen wurde. Seine herausragende Kompetenz und Amtsführung stehen im Hintergrund des königlichen Entschlusses, ihn formal über das gesamte Reich einzusetzen. Dareios erkennt Begabung und Kompetenz; er sieht den Erfolg und zieht daraus angemessene Konsequenzen. Die Beförderung Daniels stellt gleichzeitig eine formale Abwertung der Position der Beamten dar, der sich diese zu widersetzen suchen. Durch die Schaffung eines neuen Gesetzes und in der Annahme, dass Daniel dagegen verstoßen werde, soll er eine Niederlage erleiden und getötet werden.

Die Obersatrapen konfrontieren Dareios mit einem von ihnen gefassten Beschluss einer Begrenzung, dass für 30 Tage jede Bitte ausschließlich an den König gerichtet werden muss. Dieser möge die Begrenzung nun beschließen und nicht abändern. Zwar ist eine königliche Beteiligung erforderlich, die Dominanz der Beamten bleibt offensichtlich: Sie sind es, die die Initiative für die Begrenzung einbringen, die die Formulierung vorlegen und den Beschluss des Königs herbeiführen. Demgegenüber erscheint Dareios passiv bzw. reaktiv, wenn er das Gesetz ratifiziert. Von seinen Beamten lässt er sich einen Eid abnehmen, der ihn an das Gesetz, seine Interpretation und seine Anwendung bindet. Konfrontiert mit dem Verstoß des Daniel, erlässt der König (V 14) in Trauer den Befehl, diesen in die Löwengrube zu werfen. Die verzögerte Ausführung in V 17 schafft Raum für Rettungsversuche des Königs. Der Erzähler weist explizit auf das Unvermögen des Königs hin, Daniel aus der Hand der Satrapen zu befreien. Nicht eine Bewahrung des Daniel vor den Löwen ist das formulierte Ziel, sondern die Rettung aus der Hand der Satrapen. Der König befindet sich in einer Situation völliger Machtlosigkeit; er hat keine Kontrolle über das Geschehen. Dem Versuch, Daniel bis zum Sonnenuntergang zu retten, steht die Feststellung seines grundsätzlichen Unvermögens zu retten gegenüber. Dareios hat seine Stellung als Handlungssouverän verloren. In der Erkenntnis der Begrenztheit seiner eigenen Macht erscheint das Vertrauen auf die Rettermacht des Gottes des Daniel als der einzige Ausweg und Dareios wendet sich an den von Daniel kultisch verehrten Gott. Diese Perspektive wird unmittelbar eröffnet, als Daniel in die Löwengrube geworfen wird; der Morgen erscheint als die Schicksalsstunde des Daniel. Mit der Rückkehr des Sonnenlichtes kommt das Verfahren zum Abschluss.

Das Verschließen und die doppelte Versiegelung der Löwengrube dienen der Verhinderung jeglichen menschlichen Eingreifens. Ausdrücklich wird auf eine Intervention des Königs und der Beamten, also zugunsten oder zulasten des Daniel hingewiesen; der Tod des Daniel in der Löwengrube ist kein von vornherein feststehendes Ergebnis: die grundsätzliche Möglichkeit eines Überlebens wird in Betracht gezogen. Durch Bußhand-

lungen sucht Dareios, den Gott des Daniel zur Rettung seines Dieners
zu bewegen. Unmittelbar am nächsten Morgen, in aller Früh, geht er
in Begleitung der „Satrapen" zur Löwengrube. Gleichsam als offizielles
Gremium konstatieren „alle Mächtigen" (πᾶσαι αἱ δυνάμεις V 23) die Rettung des Daniel. Das Ergebnis wird offiziell festgestellt; Beginn und Ende
des Prozesses spielen sich vor den Augen staatlicher Gremien ab; den
ordnungsgemäßen Verlauf im Übrigen garantiert die Versiegelung. Die
Erwartungshaltung beim Eintreffen des Königs an der Löwengrube bleibt
undeutlich. Augenscheinlich steht die Unsicherheit im Vordergrund. Sein
Ruf nach Daniel verknüpft das Geschehen mit einer Deutung: Sollte es
eine Rettung gegeben haben, dann hat der Gott des Daniel eingegriffen.

In seiner Antwort betont Daniel seine Rettung durch den „Herrn"
und seine Unschuld. Dieser stellt er die Schuld des Königs gegenüber,
die Daniel darin sieht, dass Dareios auf Menschen gehört hat, die Könige
in die Irre führen (ἀνθρώπων πλανώντων βασιλεῖς V 22). Sie liegt nicht im
aktiv schuldhaften Handeln, sondern darin, dass er sich in die Schuld
hineinführen ließ.

War es dem König nicht gelungen, Daniel vor den Löwen zu bewahren und ihn aus der Hand der Satrapen zu retten, erweist der Gott des
Daniel seine Macht und rettet Daniel. Diese Macht seines Gottes, seine Schuldlosigkeit und die Legitimität seines Verhaltens werden offen
sichtbar. Den Entschluss, ihn über das Reich einzusetzen (V 4), realisiert
Dareios unmittelbar, nachdem die Beamten vernichtet wurden.

Dem Rundschreiben kommt eine Schlüsselrolle für das Verständnis
der Erzählung zu; es stellt den eigentlichen Ziel- und Höhepunkt dar.
Es ist als persönlicher Brief des Dareios – der Königstitel fehlt – an die
Bewohner seines Reiches zu lesen. Die Rettung erscheint in der Sichtweise
des Dareios wesentlich als Machterweis des Gottes des Daniel; aus seiner
Perspektive ist die Feststellung der Unschuld nachgeordnet. Im Korpus
des Rundschreibens wird einmal die Verehrung des Gottes des Daniel
durch die Reichsbewohner und zum anderen durch Dareios selbst thematisiert. Die Bewohner des Reiches sind aufgefordert, den Gott des Daniel
als Gott (θεός, Appellativ) zu verehren, ohne dass ihm eine exklusive
und herausgehobene Stellung zukommt. Nicht monolatrische Verehrung,
sondern die Anerkennung als Gott ist Gegenstand der Forderung. Dareios
selbst verpflichtet sich zur Verehrung des Gottes des Daniel aufgrund der
gemachten Rettungserfahrung. Wenn Dareios sich als δοῦλος des Gottes
des Daniel versteht, kommt keine machtpolitische Unterordnung zum
Ausdruck: es handelt sich um ein (exklusives) religiöses Bekenntnis. Er
betrachtet den Gott des Daniel nicht als Gott unter Göttern, sondern als
einen Gott, der fundamental von den „handgefertigten Göttern" zu unterscheiden ist. Die Fähigkeit zu „erlösen" zeichnet ihn gegenüber der

Unfähigkeit der „handgefertigten Götter" zu retten aus, auf die er aus dem Tod der Beamten zu schließen scheint. Mit der Bezeichnung „erlösen" (ἐλυτρώσατο) wird in der Regel das göttliche Heilshandeln in der Geschichte Israels zum Ausdruck gebracht. Die Disqualifikation fremder Götter stellt Dareios in die Tradition der atl Götzenpolemik. Er wird als lernfähiger, gottesfürchtiger Herrscher gezeichnet, der keine Scheu zeigt, den Gott des Daniel in seinem Reich als Gottheit zu etablieren. Die Relevanz des Geschehens weist über die Situation hinaus und hat eine größere Bedeutung, die im Rundschreiben sichtbar wird.

Auswertung Beide Traditionen zeichnen den König als Handlungssouverän; er steht im Zentrum. Die LXX unterstreicht diese Fokussierung durch eine biographische Rahmung. Von seiner Initiative gehen die Verwaltungsreform am Beginn und der Plan, Daniel über das gesamte Königreich einzusetzen, aus. Der Widerstand der Beamten konkretisiert sich einmal in der Bitte um ein Gesetz (MT) bzw. im Beschluss eines Gesetzes und der Bitte um Ratifizierung (LXX). Die mt Tradition weist einem königlichen Gesetz aufgrund des Gesetzes der Meder und Perser Unveränderlichkeit zu, die in der LXX ohne Parallele ist. In der Überlieferung der LXX bindet sich Dareios durch einen Eid an Gültigkeit und strenge Anwendung des Gesetzes.

Konfrontiert mit dem Hinweis auf den Verstoß des Daniel, trauert der König und müht sich, ihn zu retten. Die LXX konstatiert das Scheitern ausdrücklich. Schließlich folgt er dem Verbot und lässt ihn in die Löwengrube werfen. Beide Traditionen kommen darin überein, dass der König in dieser Situation der vollkommenen Machtlosigkeit seine Hoffnung auf den Gott des Daniel setzt, der seinen Diener retten möge. Die Versiegelung der Löwengrube entzieht das Geschehen jeglichem menschlichen Zugriff; während MT den Ordal-Charakter der Löwengrube in den Vordergrund stellt, ist dieses Motiv in der LXX um den Aspekt des Machterweises ergänzt. In jedem Fall erscheint die Rettung in der Löwengrube als göttliche Rettung. Das Fasten und die Buße des Königs sind beiden Traditionen ebenso gemeinsam wie die Rückkehr zur Löwengrube früh am Morgen. Die Erwartung der göttlichen Rettung erscheint in MT deutlicher ausgeprägt als in LXX. Formal wird die Unversehrtheit Daniels festgestellt; seiner Deutung des Geschehens als Nachweis seiner Unschuld wird nichts entgegengehalten.

Als Ziel- und Höhepunkt erscheint in beiden Traditionen das Rundschreiben; hier sind die Differenzen am deutlichsten. Beide Schreiben sind Reaktion auf die göttliche Rettung und Ausdruck der Freude darüber. Während MT einen rechtlichen Erlass des Königs mit politischer Dimension vor Augen hat, zeichnet LXX das Bild eines persönlichen Briefes des

Dareios. Die LXX betont den konfessorischen Aspekt des Schreibens und ordnet Dareios in die Tradition der bibl. Götzenpolemik ein.

In der LXX setzt Dareios Daniel noch vor dem Verfassen des Rundschreibens über das gesamte Reich ein; MT nimmt Daniel erst am Ende der Erzählung wieder in den Blick, ohne ausdrücklich auf die Frage der Beförderung Daniels einzugehen. Die Rahmenformulierung der LXX schließt mit dem Blick auf den Tod des Dareios.

10.4.3 Daniel

Daniel – MT   Der Erzähler lässt durch die unterschiedlichen Sichtweisen der Aktanten ein differenziertes Bild des Daniel entstehen. Gleichsam beiläufig wird dieser im Kontext der Reform der medischen Verwaltung in die Erzählung eingeführt. Er ist stets präsent, ohne aktiv als Handelnder in Erscheinung zu treten. Auf seine hervorragende Arbeit in der Reichsverwaltung wird knapp hingewiesen; trotz seiner Bedeutung gilt ihm erst in zweiter Linie das Interesse des Erzählers.

Seine ausgezeichnete Leistung, ein „außergewöhnlicher Geist" (רוּחַ יַתִּירָא בֵּהּ V 4) sowie eine besondere Begabung im Kontext der Amtsführung bewegen den König dazu, Daniel über das gesamte Reich einzusetzen. Die konkurrierenden Beamten suchen, die Beförderung durch eine Anklage beim König ob eines Fehlverhaltens in staatlichen Belangen zu verhindern. Aufgrund der Unmöglichkeit, einen Anklagegrund zu finden, bleibt lediglich die religiöse Verpflichtung des Daniel als möglicher Anknüpfungspunkt. Sein Verhalten ist von der Beziehung zu seinem Gott geprägt. Mit dem Verbot wird seine Gebetspraxis aufgegriffen, die nach Ansicht der Beamten in einer gesetzlichen Bestimmung begründet ist. Zu einem Konflikt mit den staatlichen Normen kommt es erst durch deren Modifikation. In Kenntnis der Rechtslage hält Daniel an seiner Gottesverehrung fest, die bestimmten rituellen Abläufen folgt und V 11 vom Erzähler szenisch entfaltet wird. Hinter der Notiz von den geöffneten Fenstern im Obergemach seines Hauses scheint die Ausrichtung zum Jerusalemer Tempelkult zu stehen; die äußere Haltung wird als Knien beschrieben. Auffällig ist, dass die verwendeten Verben צלה und ידה explizit auf den Kontext der Gottesverehrung verweisen. Das Handeln Daniels hat konfessorischen Charakter.

Daniel verstößt gegen das Gesetz; er anerkennt jedoch die königliche Sanktionsgewalt und fügt sich dem Verfahren ohne Widerstand. Darjawesch nimmt den Verstoß zur Kenntnis; im Bemühen um die Rettung des Daniel (V 15) wird die Wertschätzung für ihn und seine Leistung sichtbar. Durch die positiv würdigenden Hinweise auf Daniels unablässige

Verehrung seines Gottes wird seine Abhängigkeit durch den König legitimiert. Die Bezeichnung als „Diener des lebendigen Gottes" (עֲבֵד אֱלָהָא חַיָּא) stellt im Kontext der atl Terminologie eine Auszeichnung dar. Ohne jeden Widerstand, ja ohne jede Stellungnahme oder Regung unterwirft sich Daniel dem Ordal. Die Antwort des Daniel auf die bange Frage des Königs (V 22) – seine einzige direkte Rede in der Erzählung – greift mit dem Gruß „König, lebe ewig!" (מַלְכָּא לְעָלְמִין חֱיִי) auf den Hofstil zurück. Die Ironie der Szene ist markant: Der in Todesgefahr stehende Daniel ruft aus der Löwengrube heraus dem König zu, er möge ewig leben. Von der Vergänglichkeit, vom Tod betroffen ist nicht Daniel, sondern der König.

Aus der Löwengrube heraus konstatiert Daniel seine Rettung und seine Unschuld, wobei die Rettung die Unschuld im Ordal formal-juristisch erweist. Die Verwendung der objektiven Sprache des Rechts stellt die Beziehung zu Gott in den Vordergrund; demgegenüber nachgeordnet ist das Verhältnis zum König. Durch das Verfahren wird die Erkenntnis der Beamten von Daniels Unschuld auf die Gottesbeziehung ausgeweitet und festgehalten. Der Zusammenhang von Rettung und Unschuld spiegelt sich in der Deutung des Erzählers, der auf die Treue verweist. (דִּי הֵימִן בֵּאלָהֵהּ V 24)

Die abschließende Notiz V 29 weist auf das weitere Engagement des Daniel in der Reichsverwaltung bis in die Zeit des Perserkönigs Kyros hin; die weitere Struktur der Verwaltung wird jedoch nicht betont.

Daniel – LXX Daniel wird nicht um seiner selbst willen thematisiert; die Erzählung wendet sich, wie die biographische Rahmung deutlich macht, dezidiert Dareios zu. Obgleich er nicht die Hauptperson ist, kommt ihm eine bedeutende Rolle zu. Auch in der ausführlichen Zeichnung zu Beginn zeigt sich, dass er als die zweite wichtige Figur zu betrachten ist: Eine Fülle positiver Merkmale und Eigenschaften qualifiziert ihn. Seine universelle Vollmacht im Reich wird durch seine umfassende Verfügungsgewalt, das königliche Privileg des Purpurtragens sowie den Titel „Freund" des Königs (dazu V 13) konkretisiert. Mit den beiden charakterisierenden Qualifikationen „Verständigkeit" und „Einsicht" scheint die Gotteserkenntnis gemeint zu sein. Die Aussage von „heiligem Geist" in ihm führt die Zeichnung als Weiser fort und stellt die Grundlage für seine erfolgreiche Amtsführung dar.

An dem vor diesem Hintergrund plausiblen Bestreben des Königs, die Vorrangstellung Daniels auch formal festzuschreiben, entzündet sich der Widerstand der beiden Obersatrapen. Die bekannte und in seinem Alltag verwurzelte Praxis der Gottesverehrung bildet den Ansatzpunkt ihrer Intrige, durch die Daniel zu Fall gebracht und getötet werden soll. Sein Verhalten ändert er nicht, als er sich mit einem Gesetz konfrontiert sieht, das sein Gebet untersagt. In der szenischen Entfaltung (V 10) verweist der Erzähler auf das Öffnen der Fenster zu Beginn der Handlung – und damit auf die Anlehnung am Jerusalemer Tempelkult –; in der Haltung der Prostratio verehrt er seinen Gott. Dareios wird, nachdem er sich mit dem Eid an die strikte Anwendung des Gesetzes gebunden hat, mit dem Vorwurf konfrontiert, Daniel, sein „Freund", habe gegen das königliche Edikt verstoßen. Trauer und Rettungsversuche sind seine Reaktion. Aufgrund des Scheiterns der königlichen Bemühungen wird Daniel in die Löwengrube geworfen. Das weitere Interesse gilt nicht Daniel und dem Geschehen in der Löwengrube; dieser Aspekt wird ausgeblendet. Der Blick ist auf Dareios gerichtet. Erst am Morgen, nach der Rettung, wendet sich der Erzähler wieder dem Schicksal Daniels zu, als dieser in einem Gespräch mit Dareios das Geschehen deutet. Auffällig ist die von ihm vorgenommene Modifikation der Frage des Königs, die er weitgehend wörtlich aufnimmt. Während Dareios nach einer Rettung durch den Gott des Daniel (ὁ θεός σου V 20) fragt, verweist Daniel auf seine Rettung durch den Herrn (ὁ κύριος V 22). Der Retter Daniels ist nicht nur der Gott des Daniel, sondern er ist der Kyrios, der Gott Israels. Aufgrund der Gerechtigkeit vor Gott und aufgrund der Unschuld vor dem König muss Daniel nicht sterben; beide Aussagen greifen auf juristische Terminologie zurück und sind in gleicher Weise bedeutsam. An der V 4 konstatierten Schuldlosigkeit ändert, so verdeutlicht die terminologische Bezugnahme, das neu erlassene Gesetz nichts. Staatliche Normen sind von grundsätzlicher Relevanz, aber im konkreten Fall hat Daniel kein Fehlverhalten begangen.

Daniel trägt der Beziehung zum König und zu Gott in seinem Verhalten Rechnung. Bemerkenswert ist die Deutlichkeit der Kritik am König; seiner Unschuld steht dessen Schuld gegenüber. Nicht Daniel, sondern der König und die Beamten haben sich schuldig gemacht. Er hält an der grundsätzlichen Verbindung von Löwengrube und physischer Zerstörung fest; auch seine eigene Rettung ändert daran nichts. Trotz seiner Gerechtigkeit ist das Eingreifen Gottes für Daniel keine planbare Selbstverständlichkeit.

V 24 notiert die Einsetzung Daniels über das Königreich. Die ursprüngliche Planung des Königs kommt zu ihrer Verwirklichung. Gleichzeitig verschwindet Daniel aus dem Blickfeld des Erzählers.

Auswertung In beiden Traditionen erscheint Daniel als Nebenfigur in herausgehobener Position und profilierter Zeichnung. Eingeführt wird er im Rahmen einer vom König durchgeführten Verwaltungsreform, durch die er eine zentrale Position in der Administration erhält. Kompetenz und Erfolg des Daniel werden in beiden Erzählungen thematisiert. Die LXX illustriert die verschiedensten Fähigkeiten durch Titel und Statussymbole umfänglicher und zeichnet Daniel als Weisen. Vor diesem Hintergrund ist die vom König intendierte Beförderung Daniels plausibel. Versuche der Beamten, Daniel durch Fehlverhalten in staatlichen Belangen zu kompromittieren scheitern; die Religion bleibt als einziger Ansatzpunkt für eine Intervention. In MT scheinen die Beamten lediglich die Beförderung verhindern zu wollen; in LXX zielen sie ausdrücklich auf den Tod des Daniel. Die Gebetspraxis wurzelt – so die Auffassung der Beamten in MT – in einem religiösen Gesetz. LXX verweist lediglich auf die Gebetspraxis. In Kenntnis des Verbotes hält Daniel an der im Alltag verwurzelten und auf den Jerusalemer Tempelkult ausgerichteten Gottesverehrung fest; dabei lauern ihm die Beamten auf. Der König muss ihn in die Löwengrube werfen lassen; mit dem Scheitern der königlichen Rettungsbemühungen anerkennt der König die Gottesbeziehung des Daniel und legitimiert diese. Sein unablässiges Gebet wird zum Fundament der Hoffnung auf göttliche Rettung. Daniel proklamiert am Morgen seine Rettung und sieht in ihr seine Unschuld dokumentiert. MT führt Daniel seine Antwort in Anlehnung an den Hofstil ein, während LXX Daniel die Frage des Königs direkt aufgreift und durch den Verweis auf den κύριος modifiziert. Auffallend ist, dass MT die Gottesbeziehung als die entscheidende Ebene betrachtet, während LXX beide Ebenen gleichgewichtet. Über MT hinaus konfrontiert Daniel in der LXX den König mit seiner Schuld. Der Einsetzung Daniels über das gesamte Reich noch vor dem Verfassen des Rundschreibens in der LXX steht die Notiz vom Erfolg des Daniel in MT gegenüber.

10.4.4 Beamte – Obersatrapen

Beamte – MT In der gemeinsamen Unterordnung unter Darjawesch stehen die Beamten Daniel gegenüber; abgesehen von einem Erzählerurteil begegnet eine zeigende Charakterisierung. Ihr Agieren ist strategisch geschickt und wird durch rhetorische Mittel unterstützt: Gezielt setzen sie bestimmte Kommunikationstechniken ein, um Handlungsergebnisse auch gegen den eigentlichen Willen der Handlungssubjekte zu erreichen.

Vom negativen Akzent, der am Ende der Erzählung auf den Beamten liegt, ist am Beginn nichts zu bemerken; hier erscheinen sie als verantwortungsvolle Mitarbeiter des Königs, die an zentraler Stelle der Reichsverwaltung ihren Dienst zu seinem Wohl verrichten. Die Überlegenheit des Daniel führt zu einer Hierarchie innerhalb des leitenden Dreiergremiums (V 4) und damit faktisch zu einer Opposition zwischen ihm und den übrigen Beamten. Gegen den Plan des Königs, Daniel über das gesamte Reich einzusetzen, leisten sie Widerstand. Ihr Vorgehen macht deutlich, dass das primäre Bezugssystem die Königsherrschaft, das staatliche System ist. Die Instrumentalisierung der Religion stellt eine Notlösung aufgrund des Scheiterns ihrer anfänglichen Bemühungen dar und auch ein Konflikt zwischen dem Gesetz des Staates und dem Gesetz des Gottes des Daniel entsteht erst durch ihre Intervention.

Vom Objekt der Reform werden die Beamten zum Subjekt des Vorgehens gegen Daniel. Es sind ihre Impulse, die die Handlung steuern; drohen ihre Ziele nicht erreicht zu werden, greifen sie bestimmt in das Geschehen ein. Aufgrund ihres Einflusses bedarf es keiner Anstrengungen, Darjawesch zum Erlass des Ediktes zu bewegen: In der gewünschten Form und ohne Widerstand fertigt der König das Gesetz aus, sodass es unveränderlich ist.

Sie erwarten den Verstoß des Daniel; nachdem das Verbot Rechtskraft erlangt hat, lauern sie ihm auf und beobachten ihn beim Gebet. In der Schilderung des Erzählers zeigt sich, dass sie die religiöse Dimension des Geschehens an dieser Stelle erfassen. Ihr weiteres Auftreten ist – obgleich sie ohne Gruß und Anrede vor den König treten – sehr zurückhaltend. Rhetorisch geschickt sprechen sie ihn mit einer offenen Frage auf das Gesetz an, um eine Rückzugsmöglichkeit offen zu halten und sich gleichzeitig der Verantwortung für das weitere Geschehen zu entziehen. Erst nach der Bestätigung des Gesetzes konfrontieren sie Darjawesch mit dem Verstoß des Daniel. Titel und Amtsbezeichnung übergehen sie und bezeichnen ihn als „einen von den Söhnen der Verbannung". Er soll als Gefahrenpotential im Kontext der Reichsintegrität und -sicherheit gezeichnet werden. Verbindendes blenden sie aus, Trennendes heben sie hervor. Der Kern der Anklage ist zweiteilig; zunächst interpretieren sie Daniels Verhalten, dann benennen sie es. Auf diese Weise fungiert die persönliche Deutung als hermeneutischer Schlüssel; sie geben vor, wie die Anklage und das Vergehen zu bewerten sind: Daniel hat keine nebensächliche Regel verletzt, sondern unmittelbar die königliche Autorität angegriffen.

Darjawesch scheint die Bewertung der Beamten zu übernehmen; er trauert und müht sich, Daniel bis zum Untergang der Sonne zu retten. Eine erneute Intervention der Beamten (רגש) in einem deutlich schärferen Ton und mit dem Verweis auf die Unveränderlichkeit des Gesetzes der Meder und Perser setzt Darjawesch unter Zugzwang, sodass dieser den Befehl erteilt, Daniel in die Löwengrube zu werfen.

Nachdem am nächsten Morgen die Unversehrtheit Daniels festgestellt ist, wendet sich der Erzähler den Beamten zu und verurteilt ihr Handeln als verleumderisch. Auf Anordnung des Königs müssen auch sie sich dem Ordal unterziehen; ihre vollständige Vernichtung dokumentiert die Schuld. Ihr Tod steht Daniels Rettung gegenüber; dort, wo dieser sich als unschuldig erwiesen hat, ist ihre Schuld zu suchen: in der Beziehung zu Gott und auch zum König. Das Verhalten vor Gott steht im Vordergrund;

durch das von ihnen initiierte Verbot haben sie in den Machtbereich Gottes eingegriffen und sich schuldig gemacht. Aber auch das Agieren der Beamten, dass Darjawesch ebenso trifft wie Daniel, erscheint als relevant. Die Aussagen vom „Zermalmen der Knochen" und von der Tötung der Frauen und Kinder dienen dem Ausdruck der Radikalität der Vernichtung. Jede Art der Fortexistenz, jede Bestattung und damit jedes Totengedenken werden unmöglich gemacht. Zugleich stellen sie ein Gegenbild zur vollständigen Unversehrtheit des Daniel dar.

Die zwei jungen Obersatrapen – LXX   Gemeinsam mit Daniel werden zwei junge Männer (νεανίσκοι V 4) über die 127 Satrapen eingesetzt; dabei erscheint Daniel von Beginn an in einer übergeordneten Position. Der Wille des Königs, das hierarchische Gefälle formal festzuschreiben spaltet das Dreiergremium. Der Widerstand gegen den Plan des Königs stellt einen entscheidenden Schritt der Erzählung dar.

Die Obersatrapen entschließen sich zu einer strategischen Selbstbeschränkung, die jegliches Beten und Bitten auf den König fokussiert. Durch die Offenlegung ihrer Ziele (vgl. VV 5.8) verhindert der Erzähler jede Sympathie des Lesers; nicht rationales Kalkül zum Wohl des Königreiches leitet sie, sondern eine gezielte Intrige, die an ihrem Wissen um die Gottesverehrung des Daniel ansetzt. Jede positive Absicht wird ausgeschlossen. Sie konfrontieren Dareios mit einem von ihnen gefassten Beschluss; durch die neu geschaffene Regelung wird ein legitimer Tatbestand zum Vergehen (V 7). Als Konsequenz eines Verstoßes wird der Tod in den Blick genommen; es geht um Daniels Beseitigung. Das „Werfen in die Löwengrube" erscheint als Konkretion der Todesstrafe. Den Beschluss fassen sie in ihrer eigenen Autorität; der König wird erst bei der Ratifizierung eingebunden.

Nachdem sie Daniel bei seinem Gebet aufgelauert haben, verpflichten sie Dareios mit einem Eid auf das Gesetz und auf seine strikte Anwendung. Erst dann konfrontieren sie ihn mit dem Vorwurf gegen Daniel, den „Freund" des Königs. Mit dem Befehl des Dareios, Daniel in die Löwengrube zu werfen, haben die jungen Obersatrapen ihr Ziel erreicht; auch die Rettungsbemühungen des Königs scheitern.

V 22 bezeichnet Daniel die Beamten als „Menschen, die Könige in die Irre führen" (ἀνθρώπων πλανώντων βασιλεῖς). Dieses negative Urteil hebt die theologische Dimension des Fehlverhaltens der Beamten hervor. Auf Befehl des Königs werden sie in die Löwengrube geworfen. Ihr unmittelbarer Tod, ihre vollständige Vernichtung dokumentiert das Ausbleiben jeden göttlichen Eingreifens zu ihrer Rettung. Das Urteil Daniels wird V 24 durch den unmittelbaren Tod der Beamten bestätigt.

Auswertung   Daniel und die Beamten erscheinen als Opponenten; diese werden als „die typischen Beamten" ohne jede individuelle Differenzierung oder Personalisierung gezeichnet. MT legt einen Akzent auf die strategische Dimension ihres Verhaltens.

Zu Beginn genießen sie das Vertrauen des Königs, sie werden in verantwortliche Positionen des Reiches eingesetzt. Aufgrund der Überlegenheit des Daniel kommt es zu einem Gefälle innerhalb des leitenden Dreiergremiums; diese Hierarchie ist in LXX betont. Der plausible Entschluss des Königs, Daniel Verantwortung über das gesamte Reich zu übertragen, weckt den Widerstand der Beamten. Während MT die Gesamtheit der Beamten im Blick ist, sind in LXX nur die beiden Mitglieder des Dreiergremiums handlungstragend. In beiden Traditionen zeigt ihr Vorgehen, dass der Staat als das primäre Bezugssystem betrachtet werden muss. Nur weil Daniel seine Amtsgeschäfte absolut untadelig führt, instrumentalisieren sie die Religion für ihre Zwecke. Die LXX betont ihre verwerflichen Absichten; jede Sympathie des Lesers mit ihnen wird ausgeschlossen.

Vor diesem Hintergrund ist das von ihnen propagierte Gesetz zu verstehen. Nach der Darstellung des MT schlagen sie es Darjawesch zum Beschluss vor; nach der LXX setzen sie es selbst fest und bitten den König um Ratifizierung. In der prompten Reaktion des Königs spiegelt sich ihr Einfluss. Daniel verstößt gegen das Verbot; die Beamten erfassen nach MT die theologische Dimension des Geschehens. In ihrer Anklage greifen sie jedoch auf die allgemeine Ausdrucksweise des Verbotes zurück. Diese Differenzierung ist in LXX nicht fassbar.

Rhetorisch geschickt binden sie den König an das Gesetz und seine Anwendung. Ist er in MT durch das Gesetz der Meder und Perser an das Verbot gebunden, lassen sie ihn in LXX einen Eid schwören, der ihn auf das Verbot verpflichtet. Auf unterschiedliche Weise konfrontieren sie ihn mit dem Vergehen des Daniel: Während MT durch die Bezeichnung als „einer von den Söhnen der Verbannung von Juda" die Distanz zwischen diesem und dem Reich thematisiert und damit auf das Gefahrenpotential für den Staat verweist, betont LXX die Nähe zum König, wenn Daniel als „Freund" des Königs tituliert wird. In MT stellen die Beamten ihre Interpretation des Vergehens als Deutemodell der Beschreibung des Vergehens voran, um Darjawesch in seiner Bewertung zu lenken.

Auf die Rettungsbemühungen reagieren die Beamten MT mit einer erneuten Intervention; LXX erscheint eine solche nicht notwendig. Der König lässt Daniel umgehend in die Löwengrube werfen. Nach der Feststellung der Unversehrtheit des Daniel am nächsten Morgen werden die Beamten selbst in die Löwengrube geworfen und dort unmittelbar und vollständig vernichtet. Ihre Schuld, sei es gegenüber Gott (so MT) oder gegenüber Gott und dem König (so LXX) wird durch das Verfahren in der

Löwengrube festgestellt. In der LXX thematisiert Daniel in seiner Rede aus der Löwengrube die Schuld der Beamten explizit.

10.4.5 Gott (und sein Bote)

Gott und sein Bote – MT   Gottes rettendes Eingreifen steht im Zentrum seiner Wahrnehmung in der Erzählung. Das Beten Daniels wird von den Beamten in einer innerstaatlichen Auseinandersetzung instrumentalisiert und durch ein königliches Gesetz untersagt. Trotz des Verbotes hält er an seiner Praxis fest. Ob tatsächlich ein Gesetz, eine Sammlung religiöser Vorschriften im Hintergrund steht, lässt er selbst nicht erkennen. Die Rettung aus der Löwengrube deutet er als Intervention eines gottgesandten Boten zur Bewahrung eines Unschuldigen; eine eindeutige Differenzierung zwischen dem Handeln Gottes und des Boten unterbleibt. Dieser verkörpert das rettende Eingreifen und den Beistand Gottes in der konkreten Notsituation. Ähnlich begründet der Erzähler das Überleben Daniels V 24 mit dessen Vertrauen auf seinen Gott (הֵימִן בֵּאלָהֵהּ).

Insgesamt dreimal (VV 17.21.28) thematisiert Darjawesch Daniels Rettung. Dessen angebliches Vergehen, die unablässige Gottesverehrung, wird zum Fundament der Hoffnung. In der Erkenntnis des Scheiterns der eigenen Bemühungen erscheint Gott als möglicher Retter. Dieser soll seinen Diener bewahren; ihn bezeichnet er als „lebendigen Gott" (אֱלָהָא חַיָּא) und spricht ihm damit Lebendigkeit, Wirkvermögen sowie die Macht über Leben und Tod zu. Er anerkennt die Machtfülle Gottes, der allein in der Lage ist, seinen Diener zu retten. Im Rundschreiben wird diese Aussage wiederholt und in hymnischer Formulierung um die Beständigkeit Gottes, die Unumschränktheit seiner Herrschaft und die Fähigkeit, Zeichen und Wunder zu vollbringen, ergänzt. Im Vordergrund steht die politische Dimension.

Der „Gott des Daniel" – LXX   Die LXX-Tradition entwirft ein differenziertes Bild vom Gott des Daniel. Präsent ist Gott einerseits als „Objekt" der Verehrung, als Gegenüber des Daniel im Gebet, sowie als Garant für dessen Erfolg in seinen Amtsgeschäften.

> Neben dem Appellativum θεός, auch in determinierter Form ὁ θεός zur Bezeichnung des Gottes des Daniel, wird (ὁ) κύριος gebraucht. κύριος kann in der LXX als Wiedergabe des Gottesnamens יהוה gebraucht werden und erscheint mehr als Eigenname denn als Bezeichnung; V 22 ist aufgrund des Artikels (ὁ κύριος) von einer titularen Verwendung auszugehen.[14]

---

14   Zu einer Übersicht über die in Dan^LXX mit κύριος wiedergegebenen semitischen Begriffe vgl. MUNNICH, Nomina Sacra 149.

Durch die Verehrung Daniels ist sein Gott in der Erzählung präsent. Seine fest im Alltag verankerte Gebetspraxis ist nicht Stein des Anstoßes sondern letzter Ausweg der Beamten, um durch eine Intrige eine drohende Beförderung Daniels zu verhindern. Obgleich das staatliche Verbot sein Gebet untersagt, führt er seine Praxis fort.

Das rettende Handeln Gottes begegnet in verschiedenen narrativen Repräsentationen. Der Bericht des Erzählers V 18 beschreibt (metaphorisch) das bewahrende Eingreifen Gottes in Fürsorge: Dieser verschließt die Rachen der Löwen, sodass Daniel schadlos bleibt. In den Äußerungen des Königs VV 16.20 kommt die Hoffnung, ja die Erwartung zum Ausdruck, dass Gott seinen Diener retten würde. Die durch das Verbot untersagte Verehrung eröffnet eine Perspektive auf Rettung. Daniels Bekenntnisaussage V 22 nimmt die Frage des Dareios aus V 20 auf: Dem zu erwartenden – aufgrund staatlicher Macht herbeigeführten – Tod Daniels steht sein in Gott gründendes Leben gegenüber. Durch die beinahe wörtliche Bezugnahme seiner Antwort auf die Frage erscheint die Modifikation als umso deutlicher: Der Gott, der Daniel gerettet hat, ist der Gott Israels (ὁ κύριος).

Das Rundschreiben blickt auf das Geschehen zurück; in den Blick kommt dabei das Verhältnis der Reichsgötter zum Gott des Daniel. Dareios – der Königstitel fehlt – bekennt sich zum rettenden Handeln (ἐλυτρώσατο) Gottes (absolutes ὁ θεός V 27); er ist überzeugt von der Existenz und der Rettermacht Gottes und seiner Überlegenheit über die „handgefertigten Götter(bilder)". Anders als diese ist der Gott des Daniel Gott und nicht menschliches Machwerk.

Auswertung LXX zeichnet Gott profilierter als MT. Die Perspektive der (einzelnen) Aktanten auf ihn unterscheidet sich in beiden Traditionen. Während MT als Bezeichnung אֱלָהּ gebraucht, begegnet LXX neben (ὁ) θεός auch (ὁ) κύριος, das möglicherweise auf יהוה zurückgeht, sicher aber auf den Gott Israels verweist.

Durch die rituelle Verehrung Daniels und das rettende Eingreifen ist sein Gott in der Erzählung präsent. Ist das Gebet Daniels zunächst Vergehen, erscheint es dem König als Fundament der Hoffnung auf Rettung. Seine Bewahrung sieht Daniel in seiner Unschuld, der Erzähler in dessen Vertrauen auf Gott begründet; der gesandte göttliche Bote ist ein Spezifikum des MT. Das Handeln Gottes ist Bewahrung und Schutz in der Gefahr. Er reißt Daniel nicht aus der Löwengrube heraus, sondern bewahrt ihn dort vor Schaden. Trotz der göttlichen Intervention muss er bis zum nächsten Morgen in der Löwengrube ausharren.

Die Bezeichnung „lebendiger Gott" (אֱלָהָא חַיָּא VV 21.27) im Mund des heidnischen Königs, bekennt Gottes Wirkmächtigkeit, die Darjawesch in seinem Brief in hymnischem Stil entfaltet. Sein Rundschreiben fordert mit rechtlicher Verbindlichkeit lediglich die Anerkennung der göttlichen Macht. Dem steht in der LXX die Forderung nach kultischer Verehrung gegenüber; Dareios selbst stellt sich in ein exklusives Abhängigkeitsverhältnis zu Daniels Gott. Die Formulierung des rettenden Handelns an Daniel lehnt sich an das Heilshandeln JHWHs in der Geschichte seines Volkes an.

10.5 Zusammenfassung

Im Vergleich der beiden Traditionen erstaunt die biographische Rahmung in der LXX, die die Ausrichtung der Erzählung auf den König deutlich macht. Er erscheint als die zentrale Figur. Anfang und Ende sind auf ihn hin orientiert und qualifizieren ihn – in vergleichbarer Weise wie die „Großen Israels" – als einen von Gott ausgezeichneten Herrscher. Die Unterschiede zwischen den Überlieferungen verdichten sich in der Darstellung des Königs.

Als theologischer Zielpunkt erweist sich das Rundschreiben. Während der König in MT ein Gesetz erlässt, nach dem der Gott des Daniel aufgrund seines rettenden Eingreifens in seiner Göttlichkeit anzuerkennen ist, weist die LXX darüber hinaus: Ein persönlicher Brief des Dareios fordert kultische Verehrung des Gottes Israels. In MT steht der politische Aspekt, in der LXX der Bekenntnischarakter im Vordergrund. Mit der Hinwendung zum Gott des Daniel verbindet sich für Dareios die Abkehr von den Reichsgöttern, die er in der Tradition der atl Götzenpolemik als „handgefertigte Götter(bilder)" disqualifiziert; deren Unfähigkeit zu retten kontrastiert er mit der Geschichtsmächtigkeit des Gottes des Daniel. Die Rundschreiben stellen einen wichtigen hermeneutischen Schlüssel für das Verständnis dar, sodass die konstatierten Differenzen die Interpretation wesentlich beeinflussen.

Obgleich sich die Erzählungen der Figur des Königs zuwenden, hat Daniel eine herausgehobene Stellung: Er ist nicht die Hauptfigur, aber an ihm entfaltet sich die am König orientierte Handlung. Auch die Sympathie des Erzählers gilt ihm in gleicher Weise, sodass er zu der bevorzugten Identifikationsfigur werden konnte.[15] Die auf göttliche Begabung zurückgeführte Qualifikation begründet die Überlegenheit Daniels in der staatlichen Verwaltung. Wesentlich ausgeprägter ist die Illustration seiner Fähigkeiten in der LXX; von Anfang an hat er Gewalt über alle im Königreich.

---

15   Dieser Befund ist von zentraler Relevanz für die Frage nach möglichen Transparenzen. Vgl. dazu Abschnitt 13, 493.

Die vom König geplante (formale) Überordnung Daniels über das gesamte Reich weckt den Widerstand der Beamten. Während diese in MT anscheinend nur darauf abzielen, Daniel vor dem König zu kompromittieren und dadurch seine Beförderung zu verhindern, weist der Erzähler in der LXX darauf hin, dass es um Daniels Tötung geht. Aufgrund der Untadeligkeit seiner Amtsführung bietet er keine Angriffsfläche. Auf diese Weise wird Daniels Religion in den eigentlich innerstaatlichen Konflikt involviert: Die Gebetspraxis wird in der LXX durch einen Beschluss der Beamten untersagt, der vom König zu ratifizieren ist; in MT schlagen die Beamten dem König ein Gesetz vor. Die Eigenständigkeit und Autorität der Beamten wird von der LXX betont.

Das grundsätzliche Problem der Verhältnisbestimmung von staatlicher und religiöser Sphäre steht in MT im Vordergrund; die oberste staatliche Gesetzeskategorie, das Gesetz der Meder und der Perser sowie das Gesetz des Gottes des Daniel (דָּת) werden mit dem gleichen Begriff belegt. Nach MT stellt nicht eine allgemeine, bekannte Gebetspraxis den Anknüpfungspunkt dar, sondern Daniels religiöse Verpflichtung. In der LXX steht demgegenüber der konkrete Einzelfall im Vordergrund; die in MT aus dem Gesetz der Meder und Perser resultierende Unveränderlichkeit der einzelnen Bestimmung ist der LXX fremd. Hier dient das Motiv als Instanz unter die der Eid des Königs gestellt ist; seine Bindung an das Verbot beruht auf seinem Eid und nicht auf einer übergeordneten Rechtsinstanz.

Daniel verstößt in voller Kenntnis der Situation gegen die neue Vorschrift; in ihrer Anklage bezeichnen die Beamten Daniel in MT als „Sohn der Verbannung". Durch das Übergehen seiner Titel und Funktionen im Reich akzentuieren sie die Distanz zwischen ihm und dem Reich; er erscheint als Gefahr für die Einheit des Reiches. Demgegenüber ist in der LXX vom Vergehen Daniels als eines „Freundes" des Königs die Rede; der Verstoß erscheint damit umso gravierender und der Vorwurf trifft Daniel und den König gleichermaßen. In beiden Fällen dokumentiert die Wortwahl den Ernst der Lage. In der LXX wird die Anklage nüchtern vorgetragen; in MT ist sie vom strategischen Agieren der Beamten geprägt. Der Beschreibung des Vergehens stellen sie ihre Interpretation voran; sie verweisen auf die Schwere des Vorwurfs, noch bevor sie ihn konkret dargelegt haben. Ihre Deutung soll dem König als Maßstab für die Bewertung dienen.

Das Mühen des Königs, Daniel zu retten scheitert; mit der Erkenntnis der eigenen Ohnmacht richtet sich der Blick auf den Gott des Daniel, dieser möge Daniel retten. Das Vergehen wird in der Notsituation zum Grund der Hoffnung; bemerkenswert ist, dass der heidnische König in MT den Gott des Daniel als „lebendigen Gott" anspricht.

Das Motiv der Löwengrube als „Strafbestimmung" zu deuten, greift in beiden Traditionen zu kurz; die Einbindung in die Erzählung fordert eine Deutung als Ordal: am Ergehen in der Löwengrube entscheidet sich die Frage von Schuld und Unschuld. Daniel deutet seine Bewahrung als juristische Feststellung seiner Unschuld. MT stellt die Beziehung zu Gott in den Vordergrund, in der LXX erscheint die Beziehung zum König gleichwertig. In der LXX kommt der Frage nach der Rettermacht Gottes und des Königs, die die Frage nach Schuld und Unschuld ergänzt, eine zentrale Bedeutung zu; das Rundschreiben rückt diese Frage ins Zentrum, wenn der Gegensatz zwischen dem rettenden Gott des Daniel und den „handgefertigten Göttern", die nicht zu retten vermögen, akzentuiert wird. Nicht (nur) die Frage nach Schuld und Unschuld wird in der Löwengrube entschieden, sondern die Frage nach der Macht der Gottheiten. Das Verfahren erscheint gleichsam als Götterwettstreit. Vor diesem Hintergrund ist plausibel, dass in LXX nicht ein Bote Gottes, sondern er selbst handelt; auch das spezifischere Bekenntnis Daniels zur Rettung durch den Gott Israels, den Kyrios (ὁ κύριος) mag hier begründet sein.

Der Unschuld Daniels steht die Schuld der Beamten gegenüber; diese werden vollständig vernichtet, jener ist ohne jeden Schaden. Daniels moralisches Urteil über den König und die Beamten in der LXX ist ohne Entsprechung in MT. Dareios und die Beamten haben sich Gott gegenüber schuldig gemacht. Daniel wird in LXX noch vor dem Rundschreiben über das gesamte Reich eingesetzt; MT hält sein erfolgreiches Ergehen bis in die Zeit des Kyros fest.

11 Spannungsfelder

11.1 Zentrale Spannungsfelder

Zwei der in der Erzählung wirksamen Spannungsfelder sind für die vorliegende Untersuchung von besonderem Interesse; ihre abweichende Akzentuierung und Kontextualisierung zeigt die Schwerpunktsetzung der Traditionen auf.

11.1.1 Gott oder Staat

Der Mensch in der Diaspora ist in besonderer Weise mit fremden Einflüssen konfrontiert; dabei kann es zu einer Konkurrenz zwischen religiösen Überzeugungen und staatlichen Belangen kommen. Die Herausforderung der Bewahrung der eigenen, insbes. der religiösen Identität und die gleichzeitige Notwendigkeit zur Anpassung und Integration stehen einander gegenüber. Beide Bewegungen lassen sich an der Figur des Daniel aufzeigen. Das Spektrum möglicher Positionierungen innerhalb dieses Spannungsfeldes reicht von vollständiger Abgrenzung bis zu umfassender Integration, ja Assimilation.

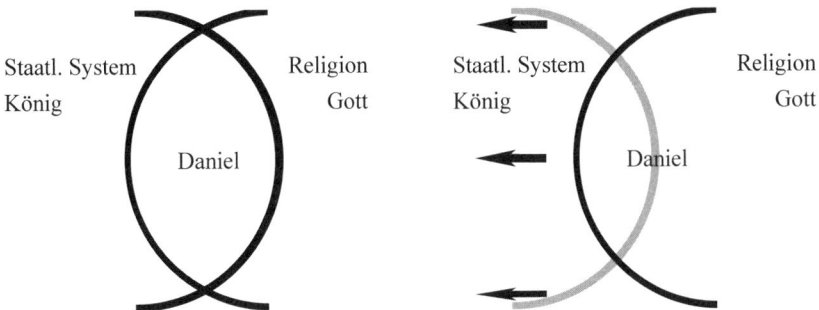

Abbildung 11.1: Diaspora-*Situation* (links) – Diaspora-*Konflikt* (rechts)

Das Spannungsverhältnis, das sich in der doppelten Verpflichtung des
Daniel als einem prototypischen Diasporajuden konkretisiert, ist schärfer
zu zeichnen.

11.1.2 Konkurrenz religiöser Vorstellungen

In der Diasporasituation wird Daniel mit den religiösen Überzeugungen seines Umfeldes konfrontiert; ebenso begegnet aber auch er seinen
Bezugspersonen als Mensch mit einer konkreten Glaubenspraxis: Die
Verehrung der Reichsgötter am Königshof steht dem Beten Daniels zu
seinem Gott gegenüber. Die je fremde Religion erscheint als Anfrage an
die eigene.[1]
   Der innerstaatliche Konflikt wird als Auseinandersetzung um die
Religion des Daniel ausgetragen, da diese von den Beamten zur Diskre-
ditierung des Daniel beim König instrumentalisiert wurde. Die göttlich
herbeigeführte Rettung und die Vernichtung der Beamten in der Löwengrube führen auf die Frage nach den Ursachen der Rettung Daniels und
dem Tod der Beamten. Ist der Gott des Daniel mächtiger als die im Reich
verehrten Gottheiten? Die Frage nach dem Wesen des Gottes des Daniel
thematisiert der König im abschließenden Rundschreiben.

11.2 Dan^MT 6

11.2.1 Verfassungskonflikt zwischen Staat und Gott

Dass Gott und König relevante Bezugsgrößen sind, dokumentiert die
Deutung des Geschehens in der Löwengrube: Durch das Ordal wurde
Daniel vor Gott unschuldig befunden; aber auch vor dem König hat er
kein Unrecht begangen. Die größere Bedeutung Gottes wird greifbar. Beide Abhängigkeiten werden in der Erzählung ausgeführt; als jüdischer
Exulant ist Daniel am Königshof, er wird dort ausgebildet und in den
königlichen Dienst genommen. Dan 6 erhält er eine zentrale Position an
der Spitze der Reichsverwaltung; auf diese Weise ist er in die staatlichen
Strukturen eingebunden und dem König gegenüber unmittelbar verpflichtet. Andererseits ist er als Jude Diener seines Gottes, den er regelmäßig
verehrt. In der Außenwahrnehmung der Beamten nimmt diese Beziehung
im „Gesetz" seines Gottes rechtliche Gestalt an. Beide Bezugssysteme
werden durch ein Gesetz (דָּת) mit ihrem Anspruch symbolisiert. Neben

---

1   WILLS, Jew 131, beschreibt das Geschehen folgendermaßen: "… in which a Jew con-
    fronts foreigners with their gods."

dem Gesetz der Meder und Perser steht – so die Auffassung der Beamten – das Gesetz des Gottes des Daniel.

Entscheidend ist, dass dieser Konflikt zunächst nicht virulent ist, wie die Situation am Beginn der Erzählung (VV 2–4) deutlich macht. Daniel lebt seine religiöse Beziehung zu seinem Gott und fügt sich ohne Schwierigkeiten in das System des Staates ein. Im Gegenteil: Die Art seiner Einbindung in das Reich dokumentiert die Problemlosigkeit des Verhältnisses. Das Vorgehen der Beamten macht deutlich, dass der Gegenstand des Konfliktes nicht die Religion, sondern eine innerstaatliche Angelegenheit ist; die Gebetspraxis dient als Notlösung beim Versuch Daniel zu kompromittieren.[2] Doch auch das Gesetz des Gottes des Daniel liefert zunächst keine Möglichkeit, Daniel Vorwürfe zu machen.

> "They [die Beamten; D.H.] know, however, that Daniel has a certain religious allegiance and, while this does not normally conflict with his political allegiance, the officials scheme to set these allegiances on a collision course."[3]

Es bedarf einer zielgerichteten Modifikation des staatlichen Gesetzes, um Daniel in eine Entscheidungssituation zwischen der Loyalität zu König und Staat einerseits und der Treue zu seinem Gott andererseits zu stellen. Der Konflikt ist weder notwendig noch religiös begründet; er findet seinen Grund in divergierenden Auffassungen über die Gestaltung der medischen Verwaltung innerhalb der Hierarchie aus König und Beamten. Ebenso wenig steht eine grundsätzliche religiöse Intoleranz des Staates und des ihn repräsentierenden Königs im Hintergrund.[4]

Und doch führt es zu weit, den Staat zu Lasten der Beamten freizusprechen. Die starre Prägung durch Strukturen bringt ihn in eine absolute, unantastbare Stellung.[5] Er verabsolutiert sich selbst und überfordert sich

---

2 Einen genuin religiösen Konflikt bietet dagegen die Erzählung BelDr; verstärkt wird diese Ausrichtung durch die Zeichnung Daniels als Priester. Vgl. COLLINS, King 336, "Daniel's enemies are not rival sages, but priests and the Babylonian populace. Since Daniel is also identified as a priest in the OG, the conflict here is between priests of rival religions rather than between courtiers."

3 NOLAN FEWELL, Circle of Sovereignty 108.

4 Vgl. MÜLLER, Märchen 343, „Seine grundsätzliche Willigkeit zum Arrangement mit der Weltmacht nämlich bekundet der Erzähler, indem er den König als deren Repräsentanten entlastet, um die Schuld an den Leiden der Juden ... bei dessen Höflingen und Beamten zu suchen."

5 KRATZ, Translatio 117, „... daß die ... dominierende Thematik der Bekenntnisbewährung, die auch nach Dan 6,11 Verfolgung und Gefährdung Daniels motiviert, überlagert wird durch das Thema von Gesetz und Loyalität, mit dem die Frage des Bekenntnisses als Frage nach dem offiziellen Status der jüdischen Religion im heidnischen Weltreich erscheint." Ähnlich vgl. ebd. 256, „Die gesamte Erzählung handelt das individuelle Problem des im Kulturkontakt verstrickten Einzeljuden auf verfassungsrechtlicher Ebene ab, auf der es nicht um das Geschick des einzelnen, auch nicht mehr um das Bekenntnis selbst, sondern in erster Linie um den rechtlichen Status der jüdischen Religion geht."

damit. Gleichsam als Symbol für diesen Anspruch fungiert das unveränderbare Gesetz der Meder und Perser, das über allem steht. Die unumstöß-
liche Gültigkeit der einmal erlassenen Normen stellt diese in Konkurrenz
zu den Ansprüchen des Gottes des Daniel; dass Daniels Religion gezielt
instrumentalisiert wurde, ist für die vorliegenden Überlegungen ohne
Belang. Durch das unabänderliche Verbot stellt sich der Staat bleibend
gegen den Gott des Daniel, sodass der Konflikt eine religiöse Dimension
erhält.[6] Das Leben eines Juden innerhalb des fremden Staates ist stets und
grundsätzlich mit Gefahren behaftet, auch wenn eine positiv gezeichnete
Figur wie Darjawesch als König herrscht. Gott legitimiert seinen Diener,
er rehabilitiert ihn vor dem Staat und weist dadurch jeden Eingriff in die
religiöse Sphäre zurück.

Vor diesem Hintergrund ist bemerkenswert, dass die starre Struktur
der unveränderlichen medischen und persischen Gesetze zwar keine
Veränderung, aber doch eine Ergänzung und damit auch eine gewisse
Korrektur erfährt, während die Gottesverehrung des Daniel unverändert
fortgeführt wird.

11.2.2 Anerkennung der (göttlichen) Macht

Der Begriff der „handgefertigten Götter" ist dem MT fremd; und dennoch
ist Darjawesch einer bestimmten Religion zuzurechnen.[7] Durch die Anwesenheit Daniels am Hof des Königs wird die dort lebende Gesellschaft mit
dem Anhänger einer fremden Religion und dem Verehrer eines fremden
Gottes konfrontiert. Durch ein Gesetz wird Daniels religiöse Praxis untersagt, doch er hält daran fest. In dem sich anschließenden Ordal erweist
er sich durch göttliche Intervention als unschuldig. Bereits zuvor bringt
Darjawesch selbst eine mögliche Rettung des Daniel mit dem von ihm
verehrten Gott in Verbindung.

In seinem Rundschreiben stellt Darjawesch die Frage nach dem Wesen
des Gottes des Daniel und beantwortet sie: Er ist ein „lebendiger Gott".
Mit dieser Bezeichnung macht er dessen Qualifikation als relevante, ge-
schichtsmächtige Gottheit deutlich, der es sich aufgrund ihrer Macht wie
einem fremden Herrscher zu unterwerfen gilt, ohne dass sich daraus

---

6   Vgl. auch GOLDINGAY, Stories 100, "At one level there is nothing intrinsically religious
     about Daniel's colleagues' hostility; it is simply that religion is of key significance to
     Daniel, and therefore this constitutes his vulnerability. Yet at another level the possibil-
     ity of conflict over Daniel's religious commitment is inherent in his position as a minister
     of state, for the state characteristically assumes it has quasi-divine significance."
7   Zwar wird die religiöse Praxis des Darjawesch Dan 6 nicht thematisiert; aus Dan 5 erge-
     ben sich Anhaltspunkte: VV 4.23 verweist der Erzähler auf die Verehrung bestimmter
     Götter und Götterbilder. Weiteres lässt sich dem Text nicht entnehmen.

notwendig eine Verehrung ergibt. Eine vergleichende Gegenüberstellung mit den Reichsgöttern unterbleibt; von einer Bekehrung des Königs kann keine Rede sein. Möglicherweise erscheint der Gott des Daniel als einer der Reichsgötter; weiter wird man nicht gehen dürfen. Gegenüber den Göttern des medischen Reiches begegnet keinerlei Kritik oder derogative Aussage; die Löwengrube wird ganz als Ordal wahrgenommen. Die Tötung der Beamten ist Konsequenz ihrer Schuld und nicht des Versagens der Gottheiten.

11.3 Dan^{LXX} 6

11.3.1 Persönliche Konflikte um Gott und Staat

Als Freund des Königs und überaus einflussreicher Beamter am Hof des Dareios ist Daniel in die staatlichen Strukturen eingebunden; zugleich erscheint er als Diener seines Gottes, des Gottes Israels. Ein virulenter Konflikt ergibt sich aus dieser doppelten Zuordnung nicht; die staatlichen Angelegenheiten scheinen die Freiheit seiner Gottesverehrung nicht zu berühren und umgekehrt. Beide Beziehungen werden in der Erzählung entfaltet: Die herausragende Stellung im Dreiergremium an der Spitze der Verwaltung, das Privileg Purpur zu tragen, der Titel „Freund" des Königs und das Ansehen bei Dareios markieren die besondere Nähe Daniels in formal-hierarchischer und persönlicher Hinsicht. Als Zeichen der Bindung an seinen Gott erscheint das regelmäßige Gebet, das fest in seinem Leben verankert ist und aus der persönlichen Bindung an seinen Herrn resultiert. Auf religiöse Vorschriften wird kein Bezug genommen. Die Gottesbeziehung wird als Praxis des Gebetes beschrieben und dient als Anknüpfungspunkt für die Intrige der jungen Männer. Das individuelle Verhalten der Beamtenschaft ist Ausgangspunkt des Konfliktes. Auch die weitere Entwicklung ist maßgeblich von den Entscheidungen einzelner Personen geprägt: der Beschluss der Beamten und der Eid des Königs.

Ein grundlegender Konflikt zwischen einem staatlichen und göttlichen Gesetz wird nicht entfaltet; „Gesetz" erscheint nicht als Kategorie der Religion des Daniel und auch das Motiv „Gesetz der Meder und Perser" begegnet nur zurückgenommen an einer einzelnen Stelle (V 12a); eine Unveränderlichkeit ist nicht im Blick. Deutlich und betont ist die Ausrichtung des Verbotes gegen die Person des Daniel. Der persönlichen Nähe zwischen König und Daniel steht die persönliche Distanz zwischen den Beamten und Daniel gegenüber. Nicht Formalisierung sondern Personalisierung steht im Vordergrund. Diese allgemeine Tendenz in Dan^{LXX} 6 wird auch hier sichtbar. Der Konflikt ist nicht ein Konflikt der Systeme, der exemplarisch entfaltet wird, sondern eine Auseinandersetzung um persönliche Vorteile. Die jungen Männer instrumentalisieren gleichermaßen die staatliche Struktur wie die religiöse Praxis.

11.3.2 „Handgefertigte Götter" oder „der Gott"

Das Motiv der Konkurrenz der „handgefertigten Götter" und „des Gottes" (des Daniel) stellt (zunächst) das dominierende Spannungsfeld im Rundschreiben (VV 25–27) dar. Dareios stellt die Unfähigkeit der „handgefertigten Götter", der Reichsgötter, zu retten und die bewiesene Rettermacht „des Gottes" gegenüber. Die lokalen Götter erweisen sich als Machwerk menschlicher Hände und als dem Gott des Daniel unterlegen. Die positive Wertung des Gottes des Daniel ist direkt mit einer grundlegenden Abwertung der anderen Götter verbunden.[8]

Das Rundschreiben ist im Kontext der Erzählung Dan^{LXX} 6 nicht anders als auf das Verfahren in der Löwengrube zu beziehen: sowohl Verehrer der lokalen Götter als auch ein Verehrer des Gottes des Daniel werden in die Löwengrube geworfen. Daniel wird gerettet, während die Beamten unmittelbar getötet werden. In der Löwengrube zeigt sich aufgrund des Ausschlusses jeglicher menschlicher Zugriffsmöglichkeit göttliche Macht. Dareios wendet sich aufgrund dieses Machtgefälles von den Reichsgöttern ab und dem Gott des Daniel in einer ausschließlichen Beziehung zu. Damit geht er über die Forderung an seine Reichsbewohner hinaus.

Einen Widerhall findet das Motiv in der Zeichnung der Kompetenz des Daniel am Beginn der Erzählung (V 3). Die erfolgreiche Amtsführung und seine Weisheit werden letztlich mit der Anwesenheit von „heiligem Geist" begründet und damit in einer Qualität, die in einer engen Beziehung zum Gott des Daniel steht. Die Vorrangstellung gegenüber den übrigen Beamten weist das Ausmaß der Gabe des Gottes des Daniel verglichen mit der Weisheit, wie sie bei den Beamten vorzufinden ist, auf, obgleich eine ausdrückliche Überlegenheitsaussage Dan 6 fehlt.

---

8   Die götzenpolemische Ausrichtung der Erzählung weist Gemeinsamkeiten mit BelDr auf; dort erscheint dieser Aspekt jedoch wesentlich ausgeprägter. Vgl. COLLINS, King 336f, "Daniel is [in Dan 6; D. H.] not crusading against idolatry. ... In *Bel and the Snake*, in contrast, Daniel takes the offensive, and sets out to destroy the pagan idols, without provocation."

12 Gattung

Die Bestimmung der Gattung hat je eigens zu erfolgen; trotz weitreichender Gemeinsamkeiten weisen die Überlieferungen ein unterschiedliches Profil auf, das die Zuordnung zu der gleichen Gattung nicht erlaubt. Neben formalen und strukturbildenden Merkmalen kommt inhaltlichen Erwägungen besondere Bedeutung zu.[1]

Gemeinsam ist beiden Überlieferungen der *narrative Charakter*; Dan^{MT} 6 und Dan^{LXX} 6 sind Erzählungen. Innerhalb dieser Großgattung hat unter Rückgriff auf die Ergebnisse der Untersuchung eine Präzisierung zu erfolgen.[2] Das Fehlen unterscheidender Charakteristika auf der Ebene des *discourse* stellt die *story* in den Vordergrund.

Nach Ausweis der Analyse sind die traditionellen Gattungsbestimmungen problematisch, da sie in Daniel die Hauptfigur der Erzählung sehen. "Audiences have traditionally responded more sympathetically to the secondary figures, the Jewish courtiers, than to the primary characters, Nebuchadnezzar, Belshazzar, and Darius."[3] Daniel steht im Hintergrund; im Vordergrund steht der König. Nicht der Höfling ist der Held, sondern der König. Nicht auf das Verhalten des Daniel, sondern auf das des Königs sind die Erzählungen ausgerichtet: „Umso bemerkenswerter ist die Beobachtung am ursprünglichen Text, dass der jeweilige Kulminationspunkt der Legenden nicht eigentlich die Glaubensbewährung des israelitischen Helden, sondern die Reaktion des heidnischen Herrschers ist."[4] Von dieser Erkenntnis muss jede Gattungsbestimmung ausgehen.

---

1   Eine rein formal orientierte Gattungsbestimmung kann die Differenzen zwischen den Texttraditionen nicht fassen; gleichwohl ist zu konstatieren, dass ein derartiges – inhaltlich bestimmtes – Verständnis des Gattungsbegriffes nicht unproblematisch ist. Vgl. aber UTZSCHNEIDER/NITSCHE, Arbeitsbuch 62, „Eine kommunikationsorientierte Texttheorie geht sinnvollerweise davon aus, daß ein Sprecher einem Hörer *etwas* sagen, ein Hörer von einem Sprecher *etwas* hören will und räumt damit der Thematik bzw. der Tiefenstruktur des Textes einen gewissen Primat ein."
2   Zu den Analysekategorien vgl. Abschnitt 4.4, 161 sowie die Ausarbeitung in Abschnitt 8, 254 bzw. Abschnitt 9, 351.
3   NOLAN FEWELL, Circle 10f.
4   WILLI-PLEIN, Daniel 6 12.

12.1 Dan^MT 6: „short story" mit lehrhaftem Charakter

Dan^MT 6 ist von einem höfischen Milieu geprägt; zur Gattung der „Hoferzählung" bzw. näherhin zu einer Erzählung von einem „court conflict" bestehen tiefgreifende Differenzen. Während der Höfling Hauptperson und Held der Hoferzählung ist, steht Dan 6 König Darjawesch im Vordergrund.

In natürlicher Weise integriert Dan 6 verschiedene Gliedgattungen.[5] Offenkundig ist die Unterscheidung von Prosa (VV 2–27a.29) und Poesie (VV 27b–28);[6] augenfällige Gattungen sind darüber hinaus der Rechtssatz (VV 8.13) und der Brief (VV 26–28), in den mit VV 27b.28 hymnische Elemente[7] einfließen.[8]

Die Personenkonstellation verweist auf eine Konflikterzählung; dabei bildet die vordergründige Auseinandersetzung zwischen den Beamten und Daniel die tiefergehende zwischen dem Staat und Gott ab. Daniel erscheint als Beispielfall dieses grundlegenden Konfliktes; als ein Diener seines Gottes steht er den Beamten und dem König als Repräsentanten des Staates gegenüber. In der Löwengrube wird die Überlegenheit des Gottes des Daniel und dessen Machtfülle offenbar; der König fordert im Rundschreiben deren Anerkennung: Der Staat akzeptiert die Macht des Gottes des Daniel über Geschehnisse innerhalb des Königreiches. Die grundsätzliche Konkurrenz wird zugunsten des Gottes des Daniel aufgelöst; diese Erkenntnis ist Ziel der Erzählung.[9]

Dan 6 ist in der vorliegenden Form nicht als Hoferzählung zu klassifizieren:[10] Der Text nimmt Elemente und Motive dieser Gattung auf; durch die Neukontextualisierung werden sie transformiert und neu ausgerichtet.

Auswertung Man wird – auch unter Berücksichtigung inhaltlicher Aspekte – mit der Gattungsbestimmung zurückhaltend sein; am unproblematischsten scheint die Klassifikation als „short story"[11] mit lehrhaftem Cha-

---

5   Vgl. COLLINS, Daniel 72.
6   Vgl. dazu auch die oben durchgeführte strukturelle Analyse des poetischen Textes. Abschnitt 7.1, 234. Umstritten ist die exakte Abgrenzung.
7   Vgl. dazu etwa ASHLEY, Book of Daniel 137, „Hymn or Doxology" mit Verweis auf Dan 2,46–47; 3,33 (Ps 145,13); 4,31–34.
8   Ob auch die Anklage der Beamten V 13f von festen sprachlichen Formen geprägt ist, ist fraglich.
9   Den Hinweis auf das weitere Schicksal Daniels weist die sprachliche Strukturierung als die zweite Konsequenz aus; sie ist nachgeordnet.
10 Auch die weiteren vorgeschlagenen Klassifizierungen treffen nicht den in der Analyse herausgearbeiteten Befund.
11 Vgl. auch NOLAN FEWELL, Circle 12f. Die Bezeichnung „short story" bzw. Kurzgeschichte soll nicht anachronistisch in einem modernen Sinn verstanden werden; vielmehr scheint die vorliegende Erzählung einer Gattung anzugehören, auf die die „short story" zurückgeht. Vgl. dazu KLARER, Einführung 43f; es handelt sich dabei um

rakter.[12] Nicht das tugendhafte Verhalten wird als Beispiel zur Nachahmung vorgelegt[13] – so die Interpretation einer Lehrerzählung –, sondern die unumgrenzte Macht des Gottes des Daniel und seine Überlegenheit über den Staat des medischen Reiches sind die zu vermittelnde Botschaft. Im Mund des heidnischen Königs erhält sie eine besondere Wirkmacht und Ausstrahlung.[14] Diesem Zweck, der kraftvollen Verstärkung der Botschaft, dient die erzähltheoretische Unterordnung Daniels unter den König. Der lehrhafte Gegenstand wird am Beispiel des Daniel und seinem Ergehen in der Diaspora exemplifiziert; daher scheint es naheliegend, davon auszugehen, dass sich die Erzählung primär an Mitglieder der Diasporagemeinden richtet.

12.2 Dan^LXX 6: Bekehrungserzählung

Dan^LXX 6 ist ebenfalls als Erzählung zu klassifizieren, weist aber – bei allen Gemeinsamkeiten – eine andere narrative Struktur auf, die in der Gattungsbestimmung zu berücksichtigen ist. Die biographische Rahmung (VV 1a.28) macht deutlich, dass die Erzählung ganz auf die Figur des Dareios fokussiert ist; eine Episode aus seiner Herrscher-Biographie wird berichtet.[15] Daniel ist demgegenüber von großer, aber nachgeordneter Bedeutung.

Ähnlich wie MT bindet auch LXX verschiedene Gliedgattungen in natürlicher Weise ein: biographische Rahmenelemente (VV 1a.28), Rechtssätze (VV 5.7.12) und einen Brief (VV 25–27). Eine deutliche Unterscheidung von Prosa und Poesie wird nicht sichtbar.

Auch Dan^LXX 6 ist aufgrund der Personenkonstellation als Konflikterzählung ausgewiesen. Dabei stehen einander jedoch nicht Gott und der

---

eine zusammenfassende Bezeichnung insges. sehr unterschiedlicher Texte, die jedoch in bestimmten Merkmalen übereinkommen: erzählerische Geschlossenheit, Selektivität des plots, schneller Aufbau von Spannung, zielstrebige Einführung, reduzierte Zeichnung von Ort und Figuren. Weiter ebd. 45, „Der Stil (engl. style) der Kurzgeschichte wird daher oft als suggestiv (andeutend) … bezeichnet."

12 Vgl. dazu auch die von HENGEL, Judentum 203–207, vorgeschlagene Klassifikation als aretalogisch-romanhafte Erzählung.

13 Vgl. SEOW, Daniel 87, "These stories are not meant to be read as tales that assure one of God's deliverance in times of trial, for in each case the faithful are not delivered from their trials, and the response of the human heroes of these stories is never contingent upon any assurance of divine salvation."

14 Vgl. HENZE, Frame 24, "… the acknowledgment that in the end all of Israel's enemies are bound to perish is infinitely stronger when articulated by the foreign monarchs themselves rather than by Daniel or his companions."

15 Freilich steht diese Beobachtung in einer gewissen Konkurrenz zur Einbindung von Dan^LXX 6 in den Zyklus, der von der Figur des Daniel zusammengehalten wird. Gegenstand der Untersuchung ist jedoch die Einzelerzählung.

Staat gegenüber, sondern die beiden jungen Obersatrapen konkurrieren mit Daniel. Aus verwerflichen, persönlichen Motiven intrigieren sie gegen Daniel und versuchen, seinen Tod herbeizuführen; Dareios bindet sich ahnungslos an das von den Beamten aus List initiierte Gesetz und muss Daniel schließlich gegen seinen Willen in die Löwengrube werfen lassen. Er hat seine Macht ganz in die Hände der Satrapen gelegt, sodass er ihn nicht retten kann; der Gott des Daniel hingegen rettet seinen Diener. Auf Befehl des Königs werden die Beamten in die Löwengrube geworfen und dort von den Löwen vernichtet, ohne dass ein Gott interveniert. Daniel wird über das Reich eingesetzt; Dareios verpflichtet die Bewohner seines Reiches auf die Verehrung des Gottes des Daniel und distanziert sich selbst von der Verehrung der Reichsgötter.

In einem persönlichen Konflikt kommt es zu einer Auseinandersetzung um die Praxis der Gottesverehrung des Daniel. Die Beamten des Staates verbieten das Beten zu diesem Gott und unterbinden damit die ihm gebührende Verehrung. Durch sein rettendes Handeln erweist er sich als machtvoll und sowohl dem König als auch den Göttern des Reiches überlegen. Die biographische Rahmung betont die Bedeutung des Rundschreibens des Dareios für die Erzählung. Sein konfessorischer Charakter markiert ihre Ausrichtung.

Elemente einer Hof- oder einer Intrigenerzählung finden sich in Dan^{LXX} 6 ohne Zweifel; sie sind jedoch nicht die bestimmenden Elemente. Die Ausrichtung der Erzählung auf die Figur des Dareios und sein abschließendes Rundschreiben rücken diese Aspekte in den Hintergrund.

Auswertung Die Erzählung von Dan^{LXX} 6 ist als Bekehrungserzählung zu klassifizieren;[16] sie kulminiert im Bekenntnis des heidnischen Königs Dareios zum Gott des Daniel und in seiner Abkehr von allen „handgefertigten Göttern". Die Bekehrung des Dareios hat Beispielcharakter für alle Bewohner des Reiches; die positive Zeichnung des Königs markiert die grundsätzliche Möglichkeit eines Arrangements der Juden mit einem heidnischen Staat, obgleich damit stets auch ein Gefahrenpotential verbunden ist. Das Leben und Zeugnis Daniels am Hof des Königs hat exemplarischen Charakter. Trotz aller Problematik der Diasporasituation ist an der Überzeugung von der Überlegenheit der göttlichen Macht des Gottes Israels, des Kyrios, festzuhalten.

---

16 Vgl. HENZE, Frame 23f, der diese Klassifikation allerdings für die mt Fassung vorschlägt.

III

Erzählung und außertextliche Wirklichkeit

13 Leben in der Diaspora

Hinter der erzählten Welt steht eine wirkliche Welt, deren Kenntnis zum Verstehen der Erzählung einen wesentlichen Beitrag leistet.[1] Der entscheidende Zugang führt über den Text;[2] dieser ist jedoch nicht nur aufgrund der literarischen Prägung durch Konventionen,[3] sondern auch durch den pseudepigraphen Charakter der Schrift erschwert.[4] Bei allen Schwierigkeiten lassen sich Anknüpfungspunkte finden:

> „Diese Geschichten werden für Hörer erzählt, die den gleichen Erlebnishorizont haben wie der Erzählende. Man kennt ähnliche Erzählungen und versteht Andeutungen, die dem Fremden verschlossen bleiben."[5] Eine fundamentale Differenz zwischen der Wirklichkeitserfahrung von Autor und Erstleser ist nicht wahrscheinlich zu machen.[6] Sie sind nicht identisch, aber aufeinander bezogen.[7]

Erzählungen verfolgen eine Pragmatik, die je bestimmte Hintergründe erfordert; diese lassen sich nicht eindeutig identifizieren, aber ggf. plau-

---

1   Vgl. STECK, Exegese 99, „Um zu bestimmen, was einer formuliert, warum er es so und nicht anders formuliert, was er mit seiner Formulierung meint und beabsichtigt, muß man diese Voraussetzungen erheben und gleichsam den dynamischen Anweg zur Formulierung aufhellen."

2   Andere Zugänge sind von nachgeordneter Bedeutung; die unklare Verortung der Textentstehung setzt Grenzen.

3   Vgl. HENZE, Frame 18, "The tales are shaped primarily by literary conventions ..." Die Differenzen zwischen den Texttraditionen MT und LXX sprechen gegen eine ausschließliche Prägung durch literarische Konventionen. Freilich spielen geprägte Sprachformen eine wichtige Rolle; diese mögen sich in den verschiedenen Sprachen unterscheiden. Die Textüberlieferung von θ weist jedoch die Möglichkeit einer Dan^{MT} 6 entsprechenden Erzählung im Gr. nach.

4   Vgl. COLLINS, Current Issues 9, "Scholars then have to infer information about the actual settings in which it was composed, from literature that attempts to hide those very settings."

5   OHLER, Gattungen 98.

6   Eine solche Diskrepanz entsteht durch den Prozess der Textüberlieferung. Im intendierten Bezug der Erzählung auf bestimmte Rezipienten einer vergleichbaren Lebenswelt liegt die Legitimität der zugrundeliegenden Definition des Erstlesers begründet.

7   Der Horizont des Autors und der Horizont des Erstlesers stehen nicht für sich; sie begegnen einander und verschmelzen im Prozess des Verstehens. Vgl. GADAMER, Wahrheit 289.

sibilisieren. Sie verlangen eine spezifische Situation, in der „eine solche Erzählung sinnvoll und möglich ist"[8].

Die engen Grenzen der Erkenntnismöglichkeiten sind zu berücksichtigen und werden in der nachfolgenden Analyse sichtbar; im Hintergrund steht eine doppelte Problemlage. Neben der Erhebung der Transparenzen liegt eine Herausforderung in der Verbindung mit konkreten historischen Situationen; eine umfassende oder zumindest weitreichende Kenntnis der politischen, kulturellen wie religiösen Gegebenheiten in hellenistischer Zeit ist hierzu erforderlich. Hier liegt eine wesentliche Beschränkung der erreichbaren Ergebnisse. Unsere Kenntnis dieser Epoche ist defizitär.[9] Die Vielfalt möglicher Trägerkreise des Daniel-Buches in seiner Endgestalt bzw. seiner Visionen zeigt die Unübersichtlichkeit und Differenziertheit jüdischen Lebens im Land im 2. Jh. v. Chr. auf.[10] Hinzukommt, dass dieses Bild um die Verhältnisse aus den verschiedenen Diaspora-Kontexten zu ergänzen ist. Eine detaillierte, exakte Situationsbestimmung ist nicht möglich; das Zusammenspiel der rudimentären Kenntnisse der Lebensumstände in dieser Zeit und die schwierige Verhältnisbestimmung von Text und außertextlicher Wirklichkeit verbieten methodisch eine eindeutige Verortung der Texte. Über eine grobe Angabe wichtiger Merkmale der Ursprungssituation scheint man nicht hinaus zu kommen.

Offenkundig setzen beide Traditionen die Auseinandersetzung mit einer „Diaspora-Situation" voraus:[11] Die zentralen Spannungsfelder erweisen sich als typische Problemlagen der Diaspora.[12] Ihr Profil ist von

---

8   MÜLLNER, Grundlagen 22; in welcher Situation kann die Erzählung einen Beitrag zur Identitätsbildung leisten? Vgl. STEUSSY, Gardens 1, "Recently, as the fundamental role of story-telling in acculturation and culture-creation has become evident, we have become aware of the human being as *Homo narrans*, the storyteller ... They provide patterns and reinforcement for our perceptual and decision-making schemata."

9   Vgl. STEUSSY, Gardens 175, "... our information about Jewish life in Hellenistic times is sharply limited".

10 Vgl. hierzu Abschnitt 3.1.5, 56. Für die späte persische und die frühe hellenistische Zeit ist die Faktenlage nicht günstiger.

11 Zu dieser Erfahrung im eigenen Land vgl. REDDITT, Sociohistorical Setting 467, "The persecution that had always been possible in a foreign land came to full fruition in Judah itself at the hand of the foreign king Antiochus IV." Grundsätzlich ist das Leben in der Diaspora außerhalb des Landes mit dem Leben unter Fremdherrschaft im eigenen Land vergleichbar. MILLS, Morality 200, "The concept of exile becomes significant here, both as a cultural symbol ... and as a bridge between the text and the historical experience of its early readers."

12 Vgl. COLLINS, Court-Tales 220, "... those problems were of daily and vital interest to Jews in the diaspora, and especially to Jews who functioned as courtiers or aspired to be 'wise men' after the manner of Chaldean and other Gentile wise men." Außerdem PACE, Diaspora 28f, "Although the specific political and cultural situations faced by Jews under Babylonian, Persian, and Hellenistic governments were unique, life in all these Diaspora communities was beset with similar problems. The whimsy or tyranny of foreign rule, the attractions of the wealth, power, and religion of the foreign regimes, internal disputes about the limits of accommodation, and other threats to

zentraler Bedeutung für die Situationsbestimmung. Nicht ein umfassendes Bild ist zu rekonstruieren, sondern in vergleichender Perspektive sind wichtige Unterschiede zu erarbeiten, die als Anknüpfungspunkte infrage kommen. Von Relevanz ist gleichermaßen die Innen- wie die Außenperspektive der Diaspora.

Wesentliche Konstituenten einer (jüdischen) Diaspora-Situation (in einem weiten Sinn) sind neben den Diaspora-Juden die Angehörigen der fremden dominierenden, der hellenistischen, Kultur. Zu dieser Gruppe gehören der Herrscher, die Beamten, Priester und Funktionäre sowie weitere Mitglieder ohne herausgehobene Position. Teile dieser realen Welt werden von Figuren in der Erzählung repräsentiert: der König, seine Beamten und damit das staatliche System sowie Daniel und sein Gott. Ohne Entsprechung bleiben die unspezifizierten Angehörigen der dominierenden Gruppe sowie die Priester.[13] Im Kontext dieser Personen ist der Erstleser anzunehmen; möglicherweise ist auch mit Juden in Palästina zu rechnen.

Für sie ist die Frage nach der Existenz in der Diaspora von zentraler Bedeutung. In ihrer Lebenswelt spielen die wesentlichen Konstituenten der Erzählung eine Rolle; dabei ist nicht notwendig, dass sie unmittelbar mit ihnen identisch oder mit ihnen konfrontiert sind. Es genügt die vage Kenntnis von ihrer Existenz und einiger wesentlicher Merkmale.[14] Die Verbreitung der an einem Königshof lokalisierten Erzählungen reicht über diesen Kontext hinaus;[15] ihre Darstellungen stimmen in den groben Linien mit den rekonstruierbaren Kenntnissen dieses Milieus überein.[16]

Jewish religion and culture continued." Zu den Spannungsfeldern vgl. Abschnitt 11, 481.

13 Möglicherweise kommt Teilen der Beamtenschaft in Dan 6 auch eine religiöse bzw. kultische Funktion (als Priester oder Religionsführer) zu; die Erzählung akzentuiert einen derartigen Aspekt nicht. Sie werden ganz im Hinblick auf ihre innerstaatliche Rolle gezeichnet.

14 Vgl. COLLINS, Court-Tales 220, "The original composition of a group of tales which are set in a royal court can most plausibly be located in a milieu where such a court existed and was a focus of attention. It is true that the genre of the court-tale was widely known and that such tales could conceivably be composed as pure fictions anywhere. However, there is no apparent reason why Palestinian Jews in the postexilic period should choose such a setting for their tales." Ein möglicher Anknüpfungspunkt könnte in der Frage der Legitimität der (freiwilligen) Diaspora-Existenz zu suchen sein; die Anhaltspunkte sind nur schwach.

15 Vgl. COLLINS, King 337, "For much of the Second Temple period the Jewish people lived in harmony with Gentile overlords, both in the Diaspora and in the land of Israel. The Court Tale, which describes the adventures of Jews in the service of foreign kings, is one of the typical literary products of the period. The biblical prototype of the genre is found in the Joseph story; the main examples are found in the books of Esther and Daniel."

16 Vgl. VAN DER TOORN, Scholars 41, "In various respects, then, the tales about Daniel preserve the atmosphere of the oriental court as it can be reconstructed from the letters of Assyrian and Babylonian scholars ... The *couleur locale* of the stories is convincing in its general outline, but falls short when it comes to detail."

Rudimentäres Wissen von den Vorgängen und dem Leben am Hof ist in weiten Kreisen vorauszusetzen, obgleich mit verzerrenden, idealisierenden und polemisierenden Tendenzen in gleicher Weise zu rechnen ist. Der (medische) Königshof repräsentiert einen nicht näher bestimmten Königshof in der Lebenswelt der Erstleser, an dem die Existenz eines Königs und verschiedenster Hofbeamter ebenfalls vorauszusetzen ist. Darüber hinaus wird man eine nicht unerhebliche jüdische Diaspora-Gemeinde annehmen müssen. Auseinandersetzungen zwischen ihrer Kultur und der von der herrschenden Schicht favorisierten Lebensweise und Religion sind auch außerhalb des Umfeldes der staatlichen Verwaltung präsent;[17] am Hof des Königs verdichtet sich diese Erfahrung.

Die Perspektive eines Juden im Land auf die Diaspora zeichnet sich durch eine größere Distanz zu den Vorgängen aus. Zwar sind in bestimmten Zeiten auch im Land selbst Diaspora-Situationen virulent; die Verortung der Erzählung an einem fremden Königshof steht zunächst dem Leben im Land gegenüber. Beide Lebensweisen werden kontrastiert. Die als möglicher Erstleser vorgeschlagenen Personen(gruppen) sind nachfolgend auf Transparenzen und Identifikationsmöglichkeiten zu untersuchen.[18]

13.1 Dan^{MT} 6

13.1.1 Darjawesch: Transparenz und Identifikation

Darjawesch ist Handlungssouverän und zentrale Figur; auf seinen Impuls geht die Entwicklung der Handlung zurück, auf sein Wohl ist sie ausgerichtet. Zielpunkt ist die Entfaltung der von ihm formulierten theologischen Botschaft im Rundschreiben. Für den Rezipienten symbolisiert er unwillkürlich den/die „Herrscher" in seiner Lebenswelt: Beide stehen in einer wechselvollen Beziehung, bei der das Licht von dem einen auf den anderen fällt und umgekehrt, ohne dass sie in eins gesetzt werden;

---

17   Vgl. HÖLSCHER, Entstehung 125, „... daß von einer Verfolgung der Juden in ihrer Gesamtheit in beiden Erzählungen nicht die Rede ist. Es handelt sich um einzelne Fälle, in denen der heidnische Staat mit der Überzeugung jüdischer Untertanen in Konflikt kommt, ohne daß der Staat oder sein Herrscher von sich aus darauf ausginge, die jüdische Religion zu verfolgen."

18   Die Erkenntnis der typischen Zeichnung der Figuren, die nicht (in erster Linie) historische Personen beschreibt, ist dem Prozess der Identifikation dienlich. HENZE, Frame 16, "Likewise, the portrait of the *dramatis personae* strongly suggests that they are types, not masked references to real people." Gerade als Typen repräsentieren sie eine Vielzahl realer Personen, bzw. diese spiegeln sich in ihnen wider. Typenhafte Zeichnung und Referenz auf die außertextliche Wirklichkeit schließen sich nicht aus.

durch die in erheblichem Umfang funktional bestimmte Rolle des Königs wird dieser Prozess befördert.[19]

Jüdische Perspektive[20]

Perspektive eines Diaspora-Juden   Die Zeichnung des Königs ist wohlwollend; der Erzähler lenkt die Empathie auf Darjawesch. Seine insgesamt positive Wahrnehmung ist wesentlich in seiner Trauer und in seiner Freude um Daniel, seinen Rettungsbemühungen und im abschließenden Rundschreiben begründet.[21] Ein König wie er scheint denkbar und realistisch; weder eine positive Überhöhung noch eine negative Haltung ist ihm gegenüber zu erkennen. Die Darstellung erweckt einen realistischen Eindruck.[22] Die Qualifikation des Daniel erkennt und anerkennt er; er beruft ihn in eine herausragende Position im Reich, ohne Vorbehalte sichtbar werden zu lassen. Die bleibende Nähe zwischen Daniel und dem König öffnet diese Perspektive für einen Diaspora-Juden; die Sympathie des Daniel wird er übernehmen. "The benign attitude of Darius may, however, be a clue to the social setting of the tale. Problems for Jews in the Diaspora arose from envy and rivalry, but the benevolence of the king is assumed."[23] Daniel und der König stehen nicht in Opposition zueinander.

Das Gesetz, das er auf Ratschlag der Beamten erlässt, bringt ihn für 30 Tage in eine gleichsam unantastbare Stellung. Durch die Beschränkung jeglichen Bittens auf die Person des Königs – eine religiöse Verehrung ist nicht akzentuiert – verdichtet er sich zu einem Kristallisationspunkt aller menschlichen Wünsche, sodass wenigstens indirekt eine religiöse Dimension erkennbar ist. Dieser Anspruch steht dem jüdischen Monotheismus

---

19 Trotz der individuellen Zeichnung des Darjawesch; ist er „der König". Die Rolle des Königs ist eine funktional und sozial bestimmte Rolle.
20 Die Perspektive eines Diaspora-Juden und eines Juden im Land können unter dieser Rubrik zusammengefasst werden; zunächst steht die Diaspora im Vordergrund, nachgeordnet werden die Spezifika der Rezeption eines Juden im Land differenziert. Diaspora-Situationen können außerhalb des Landes ebenso angesiedelt sein wie im Land selbst. Die Nicht-Diaspora Existenz ist auf das Land beschränkt. Das palästinische Judentum kann sich in einer Diaspora-Situation befinden, tut dies aber nicht notwendigerweise. In unterschiedlichem Maße ist für die hellenistische Zeit das Leben im Land als Diaspora-Existenz zu begreifen; die Gemeinsamkeiten in den Rezeptionsbedingungen zwischen Diaspora und Leben im Land dominieren, ohne dass die Differenzen nivelliert werden sollen. Die Kategorisierung: Diaspora – Leben im Land ist vereinheitlichend. Es gibt nicht die Diaspora und nicht das palästinische Judentum in dieser Zeit. Vgl. hierzu die Ausführungen über die Sozialgestalt des Judentums und mögliche Trägergruppen der Daniel-Überlieferungen Abschnitt 3.1.5, 56.
21 Darüber hinaus mag die Kontrastierung mit Nebukadnezzar im Erzählzyklus eine gewichtige Rolle spielen; seine negative Zeichnung lässt Darjawesch umso positiver wirken.
22 Vgl. LUCAS, Daniel 149, "The one who is put on a (semi-)divine pedestal is at the same time shown to be naïve and conceited, and therefore open to manipulation by his courtiers."
23 COLLINS, Daniel 72.

entgegen. Die Frage nach der Bindung an unantastbare Rechtsgrundsätze ("Gesetz der Meder und Perser"), denen der König unterworfen ist, ist nicht zu verorten. Die historischen Belege sind dürftig; man wird von einer symbolischen Rezeptionsweise auszugehen haben, in der die Unwandelbarkeit der königlichen Gesetzgebung den absoluten Anspruch der Staatsmacht widerspiegelt.

Weit verbreitet und nicht hinreichend spezifisch ist das Profil der Interaktionen am Königshof. Die innere Konkurrenz der Höflinge, ihre Sprechweise und der Versuch der Instrumentalisierung des Königs müssen als allgemein bekannte Phänomene bzw. gar als Topos betrachtet werden.[24] In diesem Kontext ist der von den Beamten rhetorisch geschickt aufgebaute Druck zu verstehen; ihrem Vorgehen fällt Darjawesch genauso zum Opfer wie Daniel. Es ist bemerkenswert, dass der Erzähler den König beinahe vollständig entlastet.[25] Der negative Akzent liegt auf den Beamten, nicht auf dem König.

Aus der Rettung Daniels zieht Darjawesch Konsequenzen. Neben der Anordnung, die Verleumder in die Löwengrube zu werfen, verfügt er erneut ein Gesetz, das die Anerkennung einer Vormachtstellung bzw. Oberherrschaft des Gottes des Daniel im medischen Reich festschreibt. Der Impetus des Schreibens ist nicht missionarisch, sondern legitimierend: Durch das Bekenntnis zu dessen göttlicher Macht erfährt die Verehrung des Gottes des Daniel eine positive Würdigung.[26] Eine persönliche Gottesbeziehung der Reichsbewohner oder des Darjawesch ergibt sich daraus

---

24 Vgl. VAN DER TOORN, Scholars 40 "Court scholars were very much dependent upon the favor of the king for their position, prestige, and livelihood. The king, in his turn, depended on them, but he could choose from a large supply of learned experts. The latter, however, had no other patron to turn to, or at least none so powerful as the king." Außerdem MOOREN, Court System 221f, "… kings could be challenged by their courtiers too. In any event, there are some periods in which the system seems to be very stable, while on other occasions quick changes can be seen … Much depends on the king's personality, or on his age. Due to his weakness, his lack of interest or his youth the center of power shifts to the area occupied by the prime minister … The connections between the people involved are of different types: ties of blood and kinship, ties of friendship or love, political relationships, and also, in the negative sense, ties of hate and enmity. There are open and secret relations, good relationships that go sour, close and loose relations. As a result, the court is divided into factions, competing with each other, openly or secretly, in order to increase their share of power and the things that go with it, such as good positions, influence, prestige, honour, glory, and wealth." Vgl. auch WIESEHÖFER, Günstlinge 521f.
25 Vgl. STAHL, Weltengagement 44, "Der oberste Repräsentant dieses Staates, der König, wird als einer gezeichnet, der durch Unbedachtsamkeit und ohne bösen Willen in ein Unrechtssystem hineinschlittert, das untergeordnete Beamte gestalten."
26 Vgl. DONALDSON, Sympathizers 42, "Repeatedly in Jewish literature from the Greek and Roman period, we encounter in one form or another the belief that when both Israel and the kings of the nations are behaving the way they are supposed to do, Gentile kings will honour the temple and venerate the God of Israel." Dan[MT] 6 geht Darjawesch nicht soweit, den Gott des Daniel selbst religiös zu verehren, obgleich der

nicht. Aufgrund der prominenten Stellung und der ausführlichen Formulierung spiegelt sich im Rundschreiben das Postulat bzw. die Position des Autors.[27] In ihm findet sich der Lehrgehalt der Erzählung:[28] Die unumgrenzte Macht des Gottes des Daniel und seine Überlegenheit über den Staat des medischen Reiches werden eine politische Akzeptanz erfahren. Darjawesch erweist sich als lernfähiger Monarch, der die Zeichen der Zeit erkennt und Gott in seinem Reich Anerkennung verschafft; zugleich legitimiert er die religiöse Praxis der Diaspora-Juden.

Perspektive eines Juden im Land   Für das Judentum im Land ist Darjawesch gleichermaßen transparent für die Herrscher im Land und für fremde Herrscher: Er erscheint als positive Entsprechung bzw. als positives Gegenbild zu eigenen, negativen Erfahrungen (etwa unter Antiochus IV. Epiphanes).[29] Die Sichtweise der Diaspora ist grundlegend positiv, gleichzeitig aber realistisch und nicht verklärend; das Gefahrenpotential wird nicht übergangen, sondern artikuliert. Prägendes Merkmal der Erzählung ist die negative Rolle der typischen Beamten und die positive Sichtweise des Königs; die Fokussierung auf den König und die u. a. V 29 intendierte Identifikation mit Daniel, auf dessen bleibenden Erfolg hingewiesen wird, machen die positive Würdigung der Diaspora deutlich. Ihr gilt kein Verdikt: Die göttliche Intervention legitimiert diese Lebensweise; sie ist der im Land nicht nachgeordnet.

Darjawesch erkennt als Herrscher die Qualifikation des Juden Daniel und weiß sie für den Staat zu nutzen; durch Manipulation seitens der Beamten und durch den absoluten staatlichen Machtanspruch wird er dazu geführt, Daniel in die Löwengrube werfen zu lassen. Seine Trauer und seine Rettungsbemühungen dokumentieren ebenso wie die Freude über die Rettung und das Rundschreiben seine Sympathie für Daniel, der als Überlebender ein erfolgreiches Leben führt. Wesentliche Konsequenz des Geschehens in der Erzählung ist die politische Anerkennung Gottes im fremden Reich.[30] Möglicherweise steht gerade diese Dimension in einem Kontrast zur politischen Realität der Unterlegenheit Israels gegenüber den Völkern, aber auch zu dem Vorgehen der (fremden) Herrscher im

---

Hymnus entsprechende Elemente enthält. Aufs Ganze gesehen dominiert die politische Dimension.
27 Vgl. zu dieser Argumentation HENZE, Frame 24; SEYBOLD, Poetik 84, „Denn immer führen die Geschichten zu einem Resultat, das die Erzählgegenwart berührt, sei es als Erinnerung an Vergangenes, sei es als eine Erscheinung in der Gegenwart."
28 Vgl. dazu die Gattungsbestimmung als „short story" mit lehrhaftem Charakter, Abschnitt 12, 487.
29 Der Verweis auf Antiochus IV. Epiphanes ist symbolisch zu verstehen, nicht chronologisch.
30 Eine missionarische Dimension spielt allenfalls am Rande eine Rolle; der Fokus liegt im politischen Bereich. Zentral ist die Anerkennung der Macht des Gottes Israels, nicht eine Gottesbeziehung des Königs oder der Reichsangehörigen.

Land selbst. Israel ist politisch unterworfen; die Religionsausübung im
Land selbst ist eingeschränkt: Dort findet die Vormachtstellung Gottes
keine Anerkennung, seine Verehrung wird eingeschränkt oder gar – wie
später unter Antiochus IV. Epiphanes – unterbunden.

Perspektive des Herrschers   Für einen fremden Herrscher erscheint Darjawesch als Identifikationsfigur.[31] In ihm und seinem Umgang mit Daniel
wird ihm ein Modell für den Umgang mit der jüdischen Bevölkerung in
seinem Reich und dem eigenen Beamtenapparat vor Augen geführt; dieser Konfrontation wohnt ein kritisches Potential inne. Eindrücklich führt
die Erzählung widerstreitende Muster des Vertrauens vor: Der unterwür-
figen, aber dominanten und intriganten Vorgehensweise der Beamten
steht die zurückhaltende aber bestimmte Haltung des Daniel gegenüber.
Deren Geschwätzigkeit steht seine Treue und Zuverlässigkeit gegenüber.
In der Erzählung wird eine eindeutige Option vertreten.

Zentraler ist die grundlegende Bestimmung der Rolle des Gottes Israels im Reich: Der anfängliche Eingriff in dessen Interessensphäre durch
das Verbot seiner Verehrung steht dem Bekenntnis zu seinem Gott-Sein
nach der Rettung des Daniel gegenüber. Beispielhaft wird dem Herrscher
die Anerkennung Gottes durch Darjawesch vor Augen geführt; deutlich
wird gezeichnet, dass das Verbot des Gebetes mit seinen Konsequenzen
zunächst und vordringlich dem Staat selbst schadet. Der Gott Israels ist
ein machtvoller Gott, dem es sich zu unterwerfen gilt; diese Erkenntnis
des Darjawesch wird dem fremden Herrscher vorgelegt. Zugleich wird
ihm vor Augen geführt, was er tut, wenn er den Diener des Gottes Israels
schädigt.

Hellenistische Perspektive[32]   Spuren für die Sichtweise der Beamten finden
sich; Darjawesch ist transparent für „Herrscher" in ihrer Lebenswelt. Der
König, der Souverän, wird von seinen Beamten instrumentalisiert; sie
gehen gleichermaßen gegen Daniel und gegen Darjawesch vor. Die Leich-
tigkeit ihres Agierens insinuiert eine Überlegenheit; der Befehl, Daniel in
die Löwengrube zu werfen, bestätigt sie vermeintlich. Im Ordal erweisen
sie sich als schuldig, in erster Linie gegenüber Gott, aber auch gegenüber
dem König. Ihre Vernichtung dokumentiert die grundlegende Opposition zwischen ihnen und dem König. Ihr Vorgehen war verwerflich und

---

31   MARTIN DE VIVIÉS, Séjours 141, „Le message peut être adressé aussi bien à un lecteur
     juif qui s'identifierait à Daniel qu'à un lecteur païen qui s'identifierait au roi."
32   Unter dieser Rubrik werden die Perspektive der hellenistischen Gesellschaft und der Be-
     amten zusammengestellt. Anders als die Beamten finden die Angehörigen der dominie-
     renden Gesellschaftsschicht keine literarische Darstellung in der Erzählung. Überlegun-
     gen zu ihrer Rezeptionsweise liegen außerhalb des Textes, sind aber nicht unmöglich.
     Problematisch ist die Kategorisierung als solche: Die „Angehörigen der dominierenden
     Gesellschaft" umfassen eine kaum vorstellbar Pluralität und Vielschichtigkeit. Einzig
     das Rundschreiben weist sie als dessen Rezipienten aus.

führt in den Tod. Der Rezipient wird gleichermaßen mit einem negativen Bild der Beamten und einem positiven Bild des Königs und des Daniel konfrontiert; der Staatsapparat wirkt als kritisches Gegenüber für das Verhalten hellenistischer Bürger und Beamten. Darjawesch erweist sich als Vorbild und Beispiel; die Erzählung fordert zu einer eigenen Positionierung auf. Die Sichtweise der hellenistischen Bürger wird insgesamt positiver ausfallen, insofern sie nicht gleichermaßen vom negativen Urteil über die Beamten betroffen sind. Darjawesch zeigt sich als verheißungsvolle Herrscherfigur, die sich durch ihren wachen Blick für die Kompetenz des Daniel auszeichnet und diese für den Staat fruchtbar macht.

13.1.2 Staatsapparat und Großmacht

Die Beamten sind Teil des staatlichen Apparates und mit dem König gemeinsam Repräsentanten der Großmacht. Die Empathieführung verhindert jede Identifikation mit ihnen;[33] sie werden als monolithischer Block ohne innere Differenzierung präsentiert.[34] Ihre Betrachtungsweise ist funktional; sie sind der Staatsapparat. Zu Beginn der Erzählung gelten sie als zuverlässige Mitglieder der Verwaltung; das Urteil am Ende ist vernichtend. Ihre Darstellung steht der des Königs und des Daniel als Individuen gegenüber.

Das Bild der Beamten wird vom Rezipienten mit der Großmacht und deren Verwaltungsapparat seiner Lebenswelt in Verbindung gebracht. Diese scheint sich durch differenzierte Verwaltungsstrukturen und Hierarchiegefälle auszuzeichnen, die Gegenstand von Auseinandersetzungen sind. Damit wird eine Welt höfischen Lebens gezeichnet, die zugleich faszinierend wie abschreckend wirkt; ihre Zeichnung ist wenig spezifisch aber zutreffend. „Alle behandelten Texte zeigen sich auf die eine oder andere Weise vom Hofe der Achämeniden beeindruckt, im Guten wie im Bösen. Jedoch dient dieser Hof häufig nur als Folie, auf deren prächtigem Hintergrund der Erfolg der jüdischen Diaspora umso eindrücklicher wirkt."[35]

---

33   Ihr Tod stört jede Identifikation; eine Identifikation ist aufgrund des negativen Akzentes und der Empathieführung äußerst unwahrscheinlich, aber nicht auszuschließen. Eher als die einfachen Angehörigen der Gesellschaft, fungieren die Beamten als negative Identifikationsfigur.

34   Ihr unspezifisches Profil, fehlende innere Differenzierungen, ihre typische Handlungsweise sowie der Verzicht auf Namensnennungen verhindern eine Empathie des Lesers mit ihnen. Vgl. dazu die Bezeichnung von HAAG, Exil 50, „Weltheidentum in seiner historisch und ideologisch mannigfaltigen Gestalt".

35   MATHYS, Achämenidenhof 298; bereits POLYBIUS steht dem Hof distanziert gegenüber. Vgl. HERMAN, Court Society 211, "The hellenistic courts were, in his view, vipers' nests

Die Unterlegenheit der Beamten gegenüber Daniel wird zu Beginn
konstatiert; die Hinweise auf seine Qualifikation haben bei ihnen keine
Entsprechung. Mag ihr Ansinnen auch positive Plausibilisierungen zulassen, der Erzähler macht durch sein Urteil deutlich, dass diese nicht
leitend sind. Aufgrund ihres Agierens werden sie auf Befehl des Königs
in die Löwengrube geworfen und vernichtet. Die Zeichnung intendiert
eine Opposition zwischen Erstleser und dem Beamten-Apparat seiner
Lebenswelt; dies gilt in gleicher Weise für die (Diaspora-)Juden, für den
König und für die Angehörigen der hellenistischen Gesellschaftsschicht.
Auch den Beamten wird ihr Typus als negatives Bild vorgehalten; die
Empathie richtet sich dadurch noch deutlicher auf Daniel.

Von den Beamten ist die Staatsmacht zu unterscheiden; hier tritt der
König zu den Repräsentanten hinzu. Ihr realistisches Bild ist geprägt
von dem Nebeneinander der positiven Zeichnung des Königs und der
negativen der Beamten.[36] Die kritische Dimension ist auch im grundsätzlichen Charakter des Verfassungskonfliktes zwischen Staat und Religion
begründet; der Konflikt ist durch den Absolutheitsanspruch des Staates
ermöglicht und durch das Vorgehen der Beamten herbeigeführt. Der Staat
stellt sich gegen den Gott des Daniel. Offenkundig verfügt er über juristische Instrumente und Verfahren der Aufklärung, durch die es gelingt,
eine Neubestimmung der staatlichen Perspektive auf den Gott des Daniel
zu erreichen.[37] Letztlich zeigt sich der Staat als lernfähige Größe; der

---

of intrigue, scheming, manipulation, slander, dissemination of misinformation and
rumour, and conspiracy."

36 GOODING, Structure 61, "And it is surely a sign of balanced judgement on the part
of our author to show that Gentile governments are from one point of view manlike,
humane, majestic, but plagued with the weakness of incoherence, and at the same time
to show from another point of view that Gentile governments are basically amoral,
self-seeking, cruelly destructive, animal-like power-blocs." Das Bild ist realistisch, der
Akzent liegt auf der positiven Seite. Vgl. auch STAHL, Weltengagement 44, „Es wird
also ein hoffnungsvolles Bild von Staatsmacht gezeichnet." STECK, Weltgeschehen
265f, „Theologisch besteht weder gegenüber dem heidnischen Reich noch gegenüber
seinem heidnischen Herrscher ein prinzipieller Vorbehalt." Die positive Sichtweise
des Reiches wird teils abgelehnt. Vgl. etwa VALETA, Lions 32, "There is an increasing
recognition of the oppressive realities of social and political life for persons and cultures
living under the sway of occupying and colonizing powers ... As a result, scholars
question the idea that ancient Israelite subjects accepted their domination passively
and tried to fit easily into the colonizing imperial structures." Die historischen Daten
zur Geschichte Israels machen jedoch deutlich, dass das Leben im Exil häufig einer
Rückkehr vorgezogen wurde. Die Lebensbedingungen, die in der Erzählung für die
Diaspora beschrieben werden, wirken positiver als die im Land selbst. Möglicherweise
ist diese postkolonialistische Perspektive zu stark idealisierend.

37 Fokussiert auf Dan 6 ist die Wahrnehmung von ALBERTZ zu negativ. Vgl. ALBERTZ,
Social Setting 183, "The author of the Aramaic Daniel apocalypse ... reworked the
Daniel stories throughout ... He also transformed the story 'Daniel in the lions' den'
(Daniel 6), previously only a limited intrigue of minor officials, into a showpiece of
totalitarian state power that could no longer tolerate the religious loyalty of pious Jews.

Prozess dorthin ist freilich schmerzhaft. Die Diaspora-Existenz ist lebbar, aber nicht ungefährlich.

13.1.3 Daniel: Identifikation und Transparenz

Es geht mehr um Darjawesch als um Daniel; dennoch ist er der bevorzugte Sympathieträger. Das natürliche Interesse des Lesers ist auf ihn gerichtet, auch wenn der Erzähler Daniel gezielt ausblendet und Darjawesch fokussiert. Sein Verhalten erweist sich als von Anfang an legitim und geradlinig; bestätigt wird dies durch Gott und den König. Die Notiz von seinem weiteren Schicksal markiert den Schlusspunkt der Erzählung.

Jüdische Perspektive

Identifikationsfigur der Diaspora-Juden   Daniel ist die bevorzugte Identifikationsfigur, insbes. aber nicht nur aus der Perspektive eines Juden.[38] „Das Diasporaleben spielt darin [i. e. in der Erzählung; D. H.] eine erhebliche Rolle, und Daniel tritt als idealer Diasporajude auf, wie Nehemia und vor allem der legendäre Tobit. Das Vorbild dieses Idealtyps ist der biblische Joseph ... "[39] Seine Zeichnung ist idealisierend.[40] Negative Züge begegnen nicht; seine Überlegenheit wird konstatiert, aber nicht ausgeführt. Wesentlich sind die Geistbegabung und die Frömmigkeit; in diesen Eigenschaften gründet seine makellose Arbeit in staatlichen Belangen. In Kenntnis des königlichen Verbotes übertritt er es ohne Zögern, in Treue zu seinem Gott. "The Jewish stories of this type are characterized by two features: loyalty to the King on the one hand, and a strong sense of Jewish identity on the other."[41] Beide Dimensionen integriert Daniel in vorbildlicher Weise: Die Beziehung zu seinem Gott weist er als die entscheidende Dimension aus, der die zum König nachgeordnet ist.[42] Auch hier dokumentieren sich

---

In this author's view the Jewish upper-class hope of reforming the pagan state from within by collaboration was a dangerous illusion. All that was left for pious Jews was to offer resistance against the violent pressure of the hellenistic state, even to the point of martyrdom."

38 HENZE, Frame 18, "they are representatives of the Jewish people collectively, not historical portraits of individual Jews."

39 LEBRAM, Daniel 19; die Bedeutung der Diaspora-Erzählungen in der Literatur leuchtet vor dem Hintergrund der Bevölkerungsverhältnisse ein: RÖSEL, Aristeas 332, „Nimmt man noch die jüdischen Bevölkerungsanteile im seleukidischen Gebiet – besonders Syrien und Babylonien – mit dazu [zu den in Ägypten lebenden Juden; D. H.], ist der Eindruck zu rechtfertigen, daß schon in der hellenistischen Zeit mehr Juden im Ausland lebten als im eigentlichen Israel."

40 Vgl. JENNI, Übertreibungen 79f.

41 COLLINS, King 337.

42 Schwieriger als die Figuren und ihre Aktionen ist die Transparenz im Hinblick auf das Ordal in der Löwengrube zu beantworten. VAN DER TOORN, Scholars 42f, "The narrator implies that confinement into a pit of lions ... was a generally practiced punitive

die Bewahrung seiner Identität und die Selbstständigkeit gegenüber dem
Staat, die er trotz seiner Einbindung in die Hierarchie nicht aufgegeben
hat. "The story also suggests a life-style for Jews in Gentile service."[43]
Daniel ist Identifikationsfigur und Vorbild.[44]

Zugleich verschließt die Erzählung nicht die Augen vor dem Gefahrenpotential. Der fremde Königshof „. . . ist der Ort *par excellence*, der es
dem Judentum erlaubte, die seine Geschichte prägende Dialektik von
Erfolg und Gefährdung darzustellen."[45] Beide Dimensionen prägen das
Leben in der Diaspora.[46] Neben einer inneren Entfernung von der eigenen Religion erweist sich die äußere Gefährdung als bedeutsam; beide
Aspekte sind in Dan 6 virulent. Die Treue (אמן) zu Gott wird als Leitmotiv
präsentiert; sie ist wesentlich für den Beistand Gottes in der äußeren Gefährdung.[47] Daniel verkörpert sie in idealer Weise. Trotz der Gefährdung
eröffnet die Erzählung eine positive Perspektive. Der abschließende Blick
auf das weitere Schicksal des Daniel lenkt die Aufmerksamkeit auf sein
Ergehen; die Identifikation mit ihm wird dadurch in den Vordergrund
gerückt. In der abschließenden Würdigung der Arbeit des Daniel auch
unter Kyros stellt sich sein Weg der Treue als erfolgreich heraus.

Innerhalb und außerhalb des Landes mag Daniel auch als Figur der
Hoffnung erscheinen; seine Präsenz am Hof und seine Beziehung zum
König ermöglichen auch in der Gefährdung eine zuversichtliche Erwar-

---

measure among the Medes and Persians. As most commentaries observe, there is no
extrabiblical evidence whatsoever that would verify this implication." Deutlich ist
die Anleihe an literarischen Motiven aus Babylon. Vgl. VAN DER TOORN, Scholars 42,
"Whereas the Mesopotamian background of Daniel as a scholar at the Babylonian court
remains rather sketchy, a more convincing case can be made for the thesis that the
author of the Book of Daniel used literary motifs from Babylonia in order to put his
hero in a favorable light." Eine direkte Entsprechung in der Lebenswelt kann vor dem
Hintergrund des Quellenmaterials nicht postuliert werden; Gottesgerichtsverfahren
sind ein möglicher Erfahrungshintergrund.

43 COLLINS, Daniel 73.
44 STEUSSY, Gardens 42, "The social function of these stories would be to encourage
    Diaspora Jews to participate actively in the life of their new communities without
    giving up their Jewish identity."
45 MATHYS, Achämenidenhof 232.
46 SEOW, Daniel 10, "Such is life for a minority people trying to live out their faith under
    the domination of others. These stories in Daniel 1–6 offer an assurance that faithfulness
    amid such trials is not only possible but necessary, for the power of God may indeed
    be manifest through the faithful lives of God's suffering servants."
47 WILSON, Prophecy 90, "As members of a foreign bureaucracy, group members will
    sometimes be faced with situations which might tempt them to give up their ancestral
    faith. But if they retain their faith in the face of outside threats, they will be protected,
    by supernatural means if necessary. They may suffer some inconveniences, but they
    will not lose their lives. They will be able to keep their jobs and in fact may even be
    promoted because of their faithfulness. It is possible to work for the government and
    still keep the ancestral faith. In this case the group's program is preservationist, for the
    group seeks to preserve its old religious values in the face of a new cultural situation."

tung. Jenseits von Intrigen und staatlicher Selbstverabsolutierung erweist sich eine positive Entwicklung des Verhältnisses zum Staat als möglich. Daniel repräsentiert die jüdischen Interessen im Zentrum des Reiches.

Perspektive eines Juden im Land   Grundlegende Unterschiede zur Sichtweise eines Diaspora-Juden sind nicht wahrscheinlich; ein Unterschied mag in der Perspektive auf sein Leben außerhalb des verheißenen Landes liegen.[48] Die Lebensweise Daniels insgesamt, mit all ihren Facetten und Schattierungen, wird durch seine Rettung göttlich legitimiert. Das Leben außerhalb des Kernlandes steht dem Willen Gottes nicht entgegen; es ist allerdings gefahrenbehaftet. Darin unterscheidet es sich nicht grundsätzlich vom Leben im Land; in bestimmten historischen Kontexten wird die Diaspora-Existenz sogar sicherer gewesen sein.

Perspektive des Herrschers   Aus dem Blickwinkel des fremden Herrschers erscheint Daniel als beispielhafter Vertreter der jüdischen Bevölkerung. Die realistische, aber doch kritische Darstellung des Darjawesch hat in der idealisierenden des Daniel ein „strahlendes" Gegenüber. Dessen äußerst positiver Sichtweise kommt ein werbender Charakter zu: In der Anerkennung seiner Qualifikation durch den Erzähler spiegelt sich der Anspruch auf Anerkennung der Kompetenzen der Juden in der Diaspora. „Un roi n'a pas à redouter de confier de hautes responsabilités à un administrateur juif. Il ne doit pas penser que la loi religieuse qui s'impose aux fidèles est une quelconque menace pour son autorité"[49] Im Gegenteil, Daniels Ausgrenzung aus der Verwaltung trifft in erster Linie den Staat. In Daniel tritt dem Staat ein eigenständiger Beamter mit herausragenden Qualifikationen gegenüber; seine Herkunft und seine religiöse Bindung sind seiner Loyalität nicht abträglich. Wesentlich ist seine Auszeichnung durch die Treue (אמן); er ist – anders als die übrigen Beamten – verlässlich. Zudem gründet in seiner Gottesbeziehung augenscheinlich eine besondere Begabung, die es für das Reich nutzbar zu machen gilt.

Hellenistische Perspektive   Daniel wird als einer „von den Söhnen der Verbannung von Juda" gezeichnet. Zugleich weist er eine herausragende Kompetenz in den Angelegenheiten staatlicher Verwaltung auf, die der König erkennt. Daniel soll über das gesamte Reich eingesetzt werden; durch diesen Entschluss kommt es zu einer Opposition der Beamten gegen Daniel, in der die Religion eine Rolle spielt. Sie ist allerdings nicht Ausgangspunkt sondern Instrument.[50] Die Erzählung von der göttlichen

---

48   In Dan 1–6 begegnet das „Land" nicht als wesentliches Motiv der Erzählung.

49   MARTIN DE VIVIÉS, Séjours 141; integrative Tendenzen finden sich in BelDr nicht. Vgl. ebd. 142.

50   Vgl. COLLINS, Court-Tales 226, "Opposition arose for reasons of professional ambition. It focused on religious issues, since the Jews attributed their professional success to the superiority of their God."

Rettung und Vernichtung der Beamten verweist nochmals unumstößlich auf seine Überlegenheit. Widerstand gegen die Überlegenheit des Daniel, eines prototypischen Diasporajuden, erscheint als zwecklos. Die Macht seines Gottes reicht in die höchsten staatlichen Autoritätsbereiche hinein. Der Erzählung kommt ein werbender Charakter zu: Jede Distanzierung von den Diaspora-Juden ist ein Verlust für den Staat selbst; der jüdischen Lebens- und Verhaltensweise ist mit Respekt zu begegnen.

13.1.4 Gott Daniels – Gott Israels

Daniel und sein Gott stehen in der Erzählung in untrennbarer Verbindung: Der Gott des Daniel wird durch seinen Diener sichtbar; dieser zeichnet sich durch die Verehrung seines Gottes aus. Diese Beziehung ist von der Erzählung universell angelegt und auch durch die wechselseitige grammatische Bestimmung artikuliert. Die Frage nach seinem Gott-Sein steht im Zentrum des Rundschreibens, das zugleich den hermeneutischen Schlüssel markiert.[51] Entfaltet wird sie am rettenden Eingreifen Gottes, das seine Geschichtsmächtigkeit dokumentiert; trotz der Bestimmung des Weltgeschehens durch fremde Herrscher und Mächte ist der Gott Israels ein wirksamer und mächtiger Gott. Ihm gebührt Unterwerfung. Vor diesem Hintergrund erhält die politische Dimension des Rundschreibens Plausibilität.[52] „Die Überlegenheit des Gottes der Juden erweist sich in der Juden verliehenen Weisheit und in seiner Macht, die ihrer Religion Treuen zu retten, also nicht im konkreten Gang des Weltgeschehens oder der Geschichte des Gottesvolkes im ganzen."[53]

Die Fokussierung auf das Individuum Daniels, das Absehen von der Größe des Volkes ist in der Diaspora naheliegend. In ihr spiegelt sich die Individualisierung der Religion Israels wider, ohne dass die Dimension der Gemeinschaft ganz aus dem Blick verloren wird. Die Geschichte Gottes mit seinem Volk bleibt nach Ausweis zahlreicher terminologischer

---

51   Vgl. STECK, Weltgeschehen 262f, „Auch für das Danielbuch steht auf dem Grunde seiner Zeiterfahrung nicht weniger als *Gottes Gottsein* auf dem Spiel ... als Frage nach Gott in seiner Glaubwürdigkeit und Treue zu sich selbst, die noch *mitten im* Beziehungsfeld von Weltgeschehen und Gottesvolk aufbricht und *innerhalb dieser* Beziehung ihre Klärung sucht ... " Die Überzeugung von der Weltherrschaft Gottes im politischen Bereich steht im Angesicht der Realgeschichte zur Disposition.

52   Wiederum: Es geht nicht so sehr um die missionarische Existenz am fremden Königshof, sondern um die grundsätzliche theologische Aussage von der Überlegenheit Gottes; Vehikel dafür ist die Anwesenheit Daniels am fremden Hof. Durch die Formulierung der Botschaft durch Darjawesch erhält sie ein unendlich größeres Gewicht. Vgl. HENZE, Frame 24.

53   STECK, Weltgeschehen 265; auffallend ist die Nähe der Aussagen zu Dtn 4; insbes. 4,6–8.32ff. Weisheit, Gesetz und rettende Nähe Gottes erscheinen als auszeichnendes Merkmal des Gottes Israels. Vgl. dazu auch Abschnitt 9.4.2, 419.

Bezugnahmen von Bedeutung; auch die Frömmigkeit des Daniel dokumentiert ihre Anbindung an den Tempel in Jerusalem. In der Konfrontation mit alternativen Entwürfen erhält die persönliche Entscheidung für den Gott Israels und gegen andere Götter eine noch zentralere Bedeutung. „Aus dem Sich-Bergen bei Gott, das keine Alternative kannte, wurde nun häufig eine bewußte Entscheidung für Jahwe, die sich von den Optionen, die die Frevler verführerisch vorlebten, bewußt abgrenzte. Gottvertrauen wurde zum Kennzeichen der Frommen (Ps 125,1) und damit auf eine Gruppe eingegrenzt."[54] In dieser Hinsicht ist das Verhalten Daniels beispielgebend für die Juden in und außerhalb einer Diasporasituation.[55] Die wechselseitige Beziehung dokumentiert diesen Aspekt, der in der (literarischen) Frühzeit Israels, der Zeit der Väter prägend war; er wird wieder neu ins Zentrum gerückt.

Das religiöse Gesetz begegnet nur in der Außenwahrnehmung der Beamten; man wird die unterbleibende Bezugnahme auf das Gesetz durch Daniel angesichts seines weitgehenden Schweigens nicht überbewerten dürfen. In Verbindung mit dem Hinweis des Erzählers auf das Vertrauen Daniels (V 24) zeigt sich jedoch (zumindest) eine Vorordnung der persönlichen Beziehung und des Vertrauens vor der Bezugnahme auf ein Gesetz. Aus der Außenperspektive sind diese Dimensionen nicht relevant. In der Lebensweise des Diaspora-Juden spiegelt sich ein Anspruch seiner Religion, dessen Eigenart in einem hierarchisch-legalistisch strukturierten Staat naheliegender Weise als gesetzlich begründet gesehen wird. Somit steht der göttliche Anspruch potentiell in Konkurrenz zu staatlichen Systemen. Die Bestimmung des Verhältnisses fremder Religionen und des Staates wird Dan 6 verhandelt; eine Vorrangstellung der Religion vor dem Staat wird konstatiert, ohne dass diesem seine Bedeutung abgesprochen wird. Zielpunkt der Erzählung ist die Feststellung von der Überlegenheit Gottes über staatliche Systeme, seien sie auch noch so mächtig.

Die hellenistische Perspektive auf den Gott des Daniel spiegelt sich in der des Königs wider. Dieser erkennt und anerkennt die Überlegenheit des Gottes des Daniel und zieht daraus die entsprechenden politischen Konsequenzen.

13.1.5 Zusammenfassung

Die Erzählung ist auf die Rezeption durch einen jüdischen Leser, vornehmlich in einer Diaspora-Situation, ausgerichtet.[56] Ein Blick aus einer

---

54 ALBERTZ, Pluralismus 210.
55 Trefflich spricht ebd. 211, von einer „Theologisierung der persönlichen Frömmigkeit".
56 Eine präzisere Verortung ist von Dan 6 ausgehend nicht zu erreichen.

Nicht-Diaspora Existenz auf die Diaspora-Situation des Textes ist möglich; eindeutige Hinweise lassen sich nicht erheben.[57] Notwendigerweise steht der König als Hauptfigur im Zentrum der Erzählung. Nur er kann die Botschaft formulieren; sie erhält ihre Kraft nur in seinem Mund.[58] Seine Anerkennung der göttlichen Macht ist die befreiende Botschaft für Daniel und für die (Diaspora-)Juden. Ihre Lebensweise und ihre Gottesverehrung werden in der Erzählung legitimiert. Daniel nimmt das Rundschreiben am Ende gleichsam gemeinsam mit dem Rezipienten zur Kenntnis; die Botschaft von der Anerkennung der politischen Überlegenheit der göttlichen Macht des Gottes Israels ist gleichermaßen an ihn wie an die Juden der Diaspora-Gemeinden gerichtet. Darjawesch ist zwar die Hauptfigur; die Rezeption ist jedoch auf Daniel gerichtet. Es ist gerade seine zurückhaltende Zeichnung, die die Sympathie und das Interesse des Lesers weckt; er ist es, der geradlinig und treu handelt und dessen Position am Ende göttliche und königliche Bestätigung erfährt. In einer herausragenden Erzähltechnik lenkt der Erzähler immer wieder den Blick auf den König, ohne dass der Rezipient Daniel und sein Ergehen aus dem Blick verliert. Seine konstatierte Unschuld und sein Schicksal wecken die Empathie des Lesers. Deutlich in diese Richtung weist der abschließende Blick auf das weitere Schicksal des Daniel. Der Beständigkeit des Verhaltens des Daniel steht Darjawesch gegenüber, der als Hauptperson im Handlungsverlauf einen entscheidenden Wandlungsprozess vollzieht und zum Höhepunkt der Erzählung die zentrale Botschaft vermittelt.

Als Erstleser spiegelt sich in der Erzählung das Judentum der Diaspora wider; ihre Probleme und Bedürfnisse werden aufgegriffen. „Il doit vivre dans un monde pareillement structuré, une société fortement hiérarchisée et soumise à un ensemble de lois. La question soulevée par le récit est le possible conflit d'intérêt entre des lois qui s'imposent avec une force similaire. Un Juif vivant dans l'empire, surtout s'il s'agit d'un chargé de pouvoir au sein de l'appareil administratif, se trouve, en tant que sujet, soumis à la loi de l'empire et, en tant que Juif, soumis à la loi de son Dieu."[59] In der positiven Zeichnung des Königs und der Nähe zur Staatsmacht kann man eine Zuordnung der Erzählung zur Oberschicht erkennen. Die Gefährdung ihrer Existenz wird realistisch betrachtet.[60]

---

57 Es wird deutlich, wie die Erzählung in der Zeit der Makkabäer-Aufstände eine positiv-kritische Funktion gegenüber dem Leben im Land selbst entwickeln konnte.

58 Vgl. HENZE, Frame 24. Damit wird zugleich seine Autorität als König anerkannt und affirmiert.

59 MARTIN DE VIVIÉS, Séjours 140.

60 PACE, Diaspora 58, "Although all of the scenes [of Daniel 1–6, D.H.] of terrible danger in these stories have happy endings, their sheer frequency and the relentless repetition of such life threatening situations allows the reader to conclude that life in the Diaspora is never safe. It is filled with idolaters who, because they create unspeakable conditions of suffering, are unworthy of respect. Their enslavement and use of human persons,

Ihr stehen die positive Zeichnung des Königs und der bleibende Erfolg Daniels gegenüber.[61] Ein Leben in der Diaspora in Treue zur Religion Israels ist gefährlich, aber möglich.[62] Trotz der politischen Unterlegenheit Israels (oder einzelner Teile Israels) ist es der Gott Daniels, der den fremden Großmächten überlegen ist. Er greift bewahrend ein, um seine treuen Diener zu retten. Wesentlicher als die konkrete Tat ist die grundlegende Aussage von der Überlegenheit.

Eine präzisere Verortung ist nicht möglich; die Problemlage ist zu unspezifisch, konkretisierende Hinweise fehlen. Grundlegend ist die Erkenntnis, dass die Rezeption im Land nicht die primäre Intention ist; die Erzählung tendiert zur Diaspora. Möglich ist jedoch die Orientierung an einer Diaspora-Situation im Land selbst. Im Vordergrund steht – auch gemäß der Gattung – die Darstellung einer typischen Problemlage; die Botschaft der Erzählung überschreitet einen konkreten, eng umgrenzten Bezugsrahmen.

13.2 Dan^LXX 6

Ein wichtiger Hinweis auf den Rezipientenkreis ist der Gebrauch der gr. Sprache; augenscheinlich sind als Rezipienten Menschen im Blick, die einem gr. dominierten Kulturkreis angehören und für die das Gr. die natürliche Sprache ist.[63] Diese Zuordnung bedingt nicht notwendigerweise eine andere geographische Einordnung als MT. Dan^LXX 6 geht auf

---

their horrific punishments, and their sorcery and profligacy are offensive. Their evil does not stop with their greed; they are unpredictable and dangerous. In Daniel 1–6, threats come from kings and courtiers who may appear benevolent at first glance, yet they either overtly threaten Jewish life or refuse to take action against those who lie and manipulate the crown in order to put innocents in danger."

61 Vgl. COLLINS, Commentary 273; LUCAS, Daniel 146, schließen aus dieser Zeichnung auf einen Abschluss der Sammlung der Erzählungen vor der Makkabäer-Zeit.

62 PACE, Diaspora 58f, "Nevertheless, the author appears to be pragmatic and also shows that Jews can be faithful subjects to the government. Repeatedly, Daniel and his fellow-exiles are shown to be loyal servants to the king. The author thus presents a nuanced examination of foreign laws that can be kept and foreign laws that should be abhorred. The Jewish community, therefore, can see that they must find a *modus vivendi* while under foreign rule, even though they know that they will not always be able to preempt their neighbors' prejudice. Even a sympathetic king, such as Darius (Daniel 6) may not be able to protect the community against those who hate and fear them – how much more a king who despises them. For those in governmental service, the dangers that Daniel faced remind other Jews not to be complacent when things are going well, and they are encouraged to remain faithful to their traditions and care for the poorest among them when threatened, either overtly or through assimilation."

63 Damit verbindet sich in hellenistischer Zeit keine allzu präzise Einordnung; die weite Verbreitung der gr. Kultur und Sprache lässt viele Möglichkeiten offen. Auch in Jerusalem und dem Umfeld existieren hellenistisch geprägte Schichten und Gruppierungen.

einen semitischen Text zurück, der nicht notwendig mit pMT identisch ist. Der „Übersetzer"[64] geht von einer Relevanz der Erzählung in ihrem neuen Kontext aus. "... the very act of translation indicates a resonance between story and community, an interest which justifies the effort and expense of translation. Not everything may jive—but *something* must, or the tale would be ignored. Changes introduced in a new version presumably reflect the new community's interests and tastes ..."[65] Nun lässt sich nicht eindeutig erheben, in welchem Ausmaß und welche Eingriffe der „Übersetzer" vorgenommen hat; die exakte Gestalt seiner Vorlage ist unklar.[66] Es ist jedoch davon auszugehen, dass er die Erzählung in ihrer vorliegenden Gestalt (also in etwa Dan^{LXX} 6) für den Erstleser als relevant betrachtete. Jedoch können Aspekte, die für den neuen Erstleser von untergeordneter Bedeutung oder gar bedeutungslos sind, vom Übersetzer aus der Vorlage übernommen werden.[67] Andererseits spiegeln sich in den Veränderungen wichtige Aspekte wider. Nicht nur die Prägung durch literarische Motive, sondern auch die Notwendigkeit, mit einer konservativen Übersetzungspraxis zu rechnen, erfordern Vorsicht und Zurückhaltung in der Deutung.

13.2.1 Dareios: Transparenz und Identifikation

Das biographische Rahmenformular dokumentiert die Ausrichtung der Erzählung auf Dareios. Auf ihn lenkt der Erzähler gezielt die Aufmerksamkeit des Adressaten; er stellt sich als die Figur heraus, mit der sich der Leser auseinandersetzen soll. Diese Ausrichtung spiegelt sich in der Bestimmung der Gattung als Bekehrungserzählung wider.

Jüdische Perspektive[68]

Perspektive eines Diaspora-Juden   Dareios wird als Symbol für „Herrscher" in der realen Welt rezipiert; seine Zeichnung ist äußerst positiv.[69] Die Rahmenelemente treffen Aussagen über sein Alter und seinen Tod; sie haben auszeichnenden Charakter und entziehen sich einer historischen Verwertung. Er wird als herausragende Herrschergestalt vor Gott dar-

---

64 Dieser Begriff sei in einem weiten Sinn verstanden; er kann eine Mehrzahl bezeichnen. Die Tätigkeit des Übersetzens schließt redaktionelle Bearbeitungen nicht aus.
65 STEUSSY, Gardens 175.
66 Vgl. dazu Abschnitt 14, 524.
67 Vor diesem Hintergrund ist die Frage nach Transparenzen bzw. Identifikationen für Übersetzungen problematischer als für Kompositionsliteratur.
68 Zur Strukturierung und Gruppierung der möglichen Rezeptionsperspektiven vgl. die Anmerkungen in Abschnitt 13, 493.
69 Dies dokumentieren u. a. die Rahmenformulierungen, sein wacher Blick für die Verwaltungsstruktur und seine Offenheit für den Machterweis des Gottes des Daniel.

gestellt; er ist anderen Königen inner- und außerhalb Israels ebenbürtig
bzw. überlegen. Die Darstellung ist nicht unmäßig idealisierend;[70] das
Nebeneinander von extrem positiven Elementen und formulierter Kritik legt nahe, in der Darstellung einen gewissen Realismus zu erkennen.
Unabhängig von der Frage, ob die Zeichnung des Dareios konkrete Erfahrungen widerspiegelt oder ein Wunschbild vor Augen führt, ist ein
König wie er denkbar und nicht Utopie. In der Erzählung zeigt sich eine
wohlwollende Haltung gegenüber dem Königtum der Großmacht.[71] Der
fremde König ist kein unbelehrbarer, heidnischer Despot; das Verhältnis
des Diaspora-Juden zum Staat und seinem König ist nicht grundsätzlich
problematisch, sondern nur in bestimmten Situationen.

Trotz seiner Letztverantwortung für das Gesetz wird Dareios weitgehend entlastet; die dominante Rolle der Beamten bei seiner Entstehung
ist betont. Es ist nicht der König, der den Konflikt herbeiführt. Dieser
ist von seiner Verwaltung abhängig; er folgt ihrem Beschluss und greift
mit dem erlassenen Verbot in die Verehrung des Gottes Israels durch
die jüdische Bevölkerung ein. Das Gesetz spiegelt die Selbstverabsolutierung des Staates und des hellenistischen Herrschers wider; der Gebrauch
von Gebetsterminologie in der Formulierung des Verbotes schließt eine
religiöse Dimension ein. Der (hellenistische) Herrscherkult mag einen Anknüpfungspunkt für den Erstleser darstellen. Daniel benennt die Schuld
des Königs, ohne ihn bleibend zu verurteilen.

Betont ist die Nähe des Dareios zu Daniel. Er erkennt dessen Qualifikation und stattet ihn mit Privilegien aus. Daniel erscheint in herausgehobener Position mit Vollmacht über alle im Königreich. Er trägt Purpur
und führt den Titel „Freund" des Königs. Zwar gelingt es Dareios nicht,
ihn zu befreien und er muss ihn in Trauer in die Löwengrube werfen
lassen, doch er hält die Hoffnung auf eine göttliche Rettung wach. Nach
der Feststellung seiner Unschuld setzt er ihn über das gesamte Reich ein;
er scheut sich nicht, ihm höchste Verantwortung im Reich zu übertragen.

Seine bemerkenswerte Reaktion auf den göttlichen Machterweis dokumentiert, dass eine positive Zuwendung des Herrschers zum Gott
Israels denkbar ist und, dass von ihr wichtige Impulse für eine Verbreitung der Verehrung des Gottes Israels ausgehen können. Die Autorität
des Herrschers und seine Bekehrung zum Gott Israels verbürgen die För-

---

70 Zur Praxis der Idealisierung der Figuren vgl. JENNI, Übertreibungen 79f. Er lässt sich
    in die Irre führen und eine gewisse Kurzsichtigkeit in seinen Entscheidungen kann
    nicht in Abrede gestellt werden.
71 Vgl. ALBERTZ, Social Setting 181, "The perspective offered by the Greek narrator is
    principally an optimistic one. Even if in the Jewish diaspora living in the service
    of gentile rulers might become dangerous, generally this could be understood as
    a wonderful opportunity for converting heathens of high rank and for spreading
    monotheistic belief to all nations."

derung der jüdischen Religion im Staat.[72] Durch das Schreiben des Königs werden Räume geschaffen, die jede Beeinträchtigung der Religionsausübung ausschließen sollen, ja diese vielmehr fördern.[73] Dareios legitimiert nicht nur die Verehrung des Gottes des Daniel; das Rundschreiben hat gleichermaßen bekennenden und missionarischen Charakter.[74]

Perspektive eines Juden im Land Eine grundlegende Differenzierung der Rezeptionsperspektive zwischen dem Judentum der Diaspora und dem im Land ist nicht notwendig. Dareios wird als Symbol für „Herrscher" im eigenen Land, sei es für jüdische oder fremde Herrscher, wahrgenommen.[75] Er erweist sich als eine positive Entsprechung bzw. ein positives Gegenbild zu den Machthabern in Palästina; seine bleibende Auszeichnung vor Gott auch über andere Könige macht ihn zum Vorbild, an dem sich auch die Könige Israels messen lassen müssen. Die Erzählung konfrontiert den Rezipienten mit freundlichen und guten Lebensbedingungen in der Diaspora, die vom König garantiert werden und die ggf. denen im Land selbst überlegen sind. Seine Bekehrung und seine Götzenpolemik distanzieren ihn von allen Vorbehalten gegen heidnische Herrscher.

Perspektive des Herrschers Eine Betrachtung der Erzählung aus der Perspektive des (fremden) Herrschers führt in natürlicher Weise auf eine Identifikation des Rezipienten mit der Figur des Dareios. Dieser Prozess wird durch die formale Ausrichtung auf diese Figur unterstützt. Der Er-

---

72 Vgl. ALBERTZ, Social Setting 182, "It is highly probable that this optimistic tendency derives from the upper-class of the Alexandrian diaspora. The concept of a 'mission from above,' that the converted ruler of the world will enact protective laws in favour of the Jewish faith and accord it the status of a state religion (Dan 4:37a, b; 6:26–28[25–27] LXX), is a typical upperclass perspective. The Jewish audience for whom the narratives are written can be located in the group of cosmopolitan officials in pagan service and their environs."

73 Vgl. ALBERTZ, Gott 169, „Die weltweite Ausbreitung des jüdischen Glaubens sollte dadurch geschehen, daß staatliche Schutzgesetze für ihn erlassen wurden, der König mit seinem Beispiel voranging und der jüdische Glaube damit die Stellung einer Staatsreligion erhielt. Daß dafür faktisch nur wenig Möglichkeit bestand, tut nichts zur Sache. Was die Erzählungen der griechischen Sammlung anhand einer legendären Bemächtigung der Vergangenheit darstellen, ist nicht als Schilderung des Vorfindlichen gemeint, sondern hat eindeutig eine eschatologische Perspektive: daß endlich der als einzig wahr erkannte Gott der eigenen israelitisch-jüdischen Tradition unter Beteiligung seines Volkes die weltweite Anerkennung faktisch erhalten werde, die seinem geglaubten universalen Anspruch entspricht."

74 Ob und in welchem Sinn Dan 6 tatsächlich eine „eschatologische" Perspektive einnimmt, ist nicht sicher. Deutlich ist, dass nicht Geschichte abgebildet wird; die Erzählung legt das Rundschreiben als ein kritisches Moment der Wirklichkeit vor. Es ist a priori weder historisch noch „eschatologisch" oder gar utopisch. Die Erzählung geht vielmehr von einer grundlegenden Sympathie des Herrschers für die jüdische Religion aus und legt dem König diesen Aspekt als einen positiven Anstoß vor.

75 Der Gebrauch der gr. Sprache ist kein valides Indiz gegen eine Rezeption im palästinischen Judentum; zahlreiche andere gr. Schriften, sprechen primär diesen Adressatenkreis an.

zähler lenkt den Blick nicht auf das Verhalten der Minderheit (d. h. des Daniel), sondern auf das des Königs.

Der Umgang des Dareios mit Daniel wird zum Modell für das eigene Verhalten des Herrschers gegenüber der jüdischen Bevölkerung in seinem Reich und ihrem Gott, aber auch seinen Beamten gegenüber. Die Handlung wirft ein kritisches Licht auf seinen Beamtenapparat: Das Verhalten seiner Obersatrapen wird mit dem des Daniel kontrastiert; seiner Untadeligkeit in der Amtsführung steht ihr Vergehen gegenüber. Dass Dareios die Zuverlässigkeit, die Fehlerlosigkeit in Daniels Arbeit wahrgenommen hat, erweist sich als eine kritische Anfrage an den Blick des Herrschers auf Qualifikationen der jüdischen Bevölkerung. Wesentlich erscheint auch die aufgeworfene Frage nach der Legitimität des erlassenen Gesetzes; der Eingriff in die Interessensphäre des Gottes des Daniel und seine Konsequenzen sensibilisieren für die Grenzbereiche der eigenen Macht. Im Zentrum der Bekehrungserzählung steht die Frage nach dem Umgang des Königs mit dem Gott des Daniel; er wendet sich ihm schließlich uneingeschränkt zu. Die Erfahrung der Macht Gottes und die unmittelbare und umfassende Reaktion des Dareios erscheinen als vorbildliches Modell für den hellenistischen Herrscher. Auf diese Weise entfaltet die Erzählung ein kritisches Potential gegenüber der Wirklichkeit, kann dieser aber zugleich als Maßstab und Motivation dienen. In dieser Leserichtung verfügt die Erzählung über eine für das Judentum werbende Dimension; sie ermuntert den König zu einer positiven Haltung, ja zu einer Hinwendung zum Judentum und damit einer Abkehr von der bislang geübten Religion.

Die biographische Rahmung und die dominante Fokussierung auf den König führen dem fremden Herrscher Dareios als Identifikationsfigur vor Augen. Die Gestaltung der Erzählung ist auf dieses Ziel hingeordnet. Plausibilität erhält diese Überlegung vor dem Hintergrund einer nicht rein innerjüdischen Adressatenschaft der Übersetzung: Richtet sie sich an das hellenistische Umfeld, den Herrscher eingeschlossen, ist es plausibel anzunehmen, dass die Wahrnehmung der hellenistischen, nicht-jüdischen Leser eine wichtige Leitschnur für die Gestaltung des Textes darstellt.

Hellenistische Perspektive   Dareios erweist sich primär nicht als Identifikationsfigur, ist aber transparent für „Herrscher" in der Lebenswelt des Rezipienten. Er zeichnet sich aus Sicht der hellenistischen Bürger zunächst durch seinen Blick für die Fähigkeit und Kompetenz des Daniel aus, die er für den Staat fruchtbar macht. Auf Vorbehalte wird die Forderung des Rundschreibens zur Verehrung des Gottes des Daniel durch alle Reichsbewohner stoßen; in einem hellenistischen, polytheistischen Kontext erscheint sie möglich und akzeptabel. Problematisch ist die exklusive, monolatrische bzw. monotheistische Bindung des Königs an den Gott Israel; sie muss Anstoß erwecken.

Aus der Perspektive hellenistischer Beamten betrachtet, markiert die Vernichtung der Beamten der Erzählung in der Löwengrube deren Opposition zu Dareios ebenso wie die zu Daniel. In den Kommentaren des Erzählers spiegelt sich deren Unmut über die Zuwendung des Königs zu Daniel und dessen herausragende Stellung in der Verwaltung. Die zunächst erfolgreiche Instrumentalisierung des Königs deutet eine Überlegenheit an; durch die Vernichtung in der Löwengrube zeigt sich die Unredlichkeit der Beamten. Ihr Tod stört jede Identifikation mit ihnen und läuft einer Rezeption aus der Perspektive der hellenistischen Beamten entgegen; das Verhalten ihres Standes wird ihnen vorgehalten und das des Dareios als Gegenmodell und Beispiel vorgelegt. Die skizzierten Vorbehalte gegen die Religionspolitik des Dareios sind auch für die Beamten in Rechnung zu stellen.

13.2.2 Staatsapparat und Großmacht

Wie Dareios als positiv besetztes Symbol fungiert, wirken die beiden Obersatrapen als negative Repräsentanten des Typs „Beamter" und als Bild des staatlichen Apparates und der Großmacht in der Lebenswelt des Erstlesers. Die Empathieführung verhindert jede Identifikation mit ihnen;[76] der Erzähler zeichnet sie als Typus ohne Individualität und innere Differenzierung. Sie sind Funktionsträger, nicht Personen.

Trotz ihrer fachlichen Kompetenz sind die Beamten des Staates Daniel in den Verwaltungsangelegenheiten unterlegen; sie nehmen in der Hierarchie des Reiches Spitzenpositionen ein und sind gleichzeitig damit konfrontiert, dass Daniel ihnen formal übergeordnet werden soll. Die breite Illustration der Qualifikationen und Auszeichnungen Daniels findet bei ihnen keinerlei Entsprechung. In einer gezielten Intrige wenden sie sich gleichermaßen gegen ihren Konkurrenten und den König. Der Erzähler macht deutlich, dass hinter ihrem Anliegen keine positive Intention, sondern List und Berechnung stehen. Auffallend ist der große Einfluss, der den Beamten zukommt; eigenständig erlassen sie ein Gesetz. Nach dessen Ratifizierung durch den König verpflichten sie ihn eidlich auf die strenge und unbedingte Anwendung dieses Gesetzes. Als eigenständige Autoritäten werden sie Dareios und Daniel gleichermaßen gegenübergestellt. Die Opposition zwischen Dareios und den Obersatrapen spiegelt sich im hohen bzw. jungen Alter.

---

76 Möglicherweise mag sich ein hellenistischer Beamter in der Erzählung wiederfinden. Die Intention, die Empathieführung steht dem entgegen. Es ist jedoch nicht auszuschließen, dass der Erzählung die Funktion eines kritischen Spiegels zukommt.

Der König erkennt ihre Absichten nicht unmittelbar und unterbindet ihr Treiben nicht, aber sie finden ihren Tod in der Löwengrube; sie werden vernichtet. Ihr Tun war Unrecht. Der negative Akzent, die Schuld liegt ganz bei ihnen. Alle anderen Figuren werden (weitgehend) frei gesprochen. Die Zeichnung intendiert eine Opposition zwischen Erstleser und dem Beamten-Apparat seiner Lebenswelt; dies gilt in gleicher Weise für die (Diaspora-)Juden, für den König und für die Angehörigen der hellenistischen Gesellschaftsschicht. Auch den Beamten wird ihr Typus als negatives Bild vorgehalten.

Das Bild der Großmacht ist weniger von den Beamten, als vom König geprägt. Auf diese Weise erhält es eine positive Wertung; der negative Aspekt liegt ganz bei den Beamten. Es ist das individuelle verwerfliche Verhalten zweier einzelner Beamter, das den Konflikt herbeiführt; dieses betrifft nicht die gesamte Beamtenschaft. Von diesem negativ qualifizierten Tun seiner Beamten distanziert sich der Staat durch ein juristisches Verfahren; es kommt zu einer positiven Hinwendung des Reiches und seiner Bewohner zum Gott des Daniel. Umgekehrt wird Daniel über das gesamte Reich eingesetzt, sodass es zu einer engen Verbindung kommt.

13.2.3 Daniel: Identifikation und Transparenz

Die Auslegungsgeschichte hat Daniel häufig als Hauptfigur betrachtet und die Ausrichtung auf Dareios übergangen. Die Analyse hat diese Wahrnehmung korrigiert; dennoch erscheint Daniel, ohne im Zentrum zu stehen, als besonderer Sympathieträger: Sein Verhalten ist von Anbeginn untadelig; er wird Opfer einer Intrige. Auf diese Weise weckt der Erzähler die Empathie des Rezipienten. Die Ausrichtung auf den König tut der Bedeutung Daniels keinen Abbruch; im Gegenteil: Daniel wird als Diener seines Gottes zugleich Träger der Interessen der jüdischen Bevölkerung und des Staatswohls vor dem König.

Jüdische Perspektive

Identifikationsfigur der Diaspora-Juden   Daniel steht in besonderer Nähe zu den Juden der Diaspora: Vorbildlich gelingt ihm die Bewahrung der eigenen (religiösen) Identität wie die Integration in die neue Kultur und die Strukturen des Staates. Aus der Vergleichbarkeit der Herausforderungen ergibt sich ein Identifikationspotential.

Stark idealisiert wird er als herausragende Persönlichkeit ohne Fehler dargestellt; Verständigkeit und Einsicht sowie heiliger Geist zeichnen ihn als beispielhaften Weisen und stellen die Grundlage seiner erfolgreichen Amtsführung dar. Das Symbol des purpurnen Gewandes und der Titel „Freund" des Königs dokumentieren seine Einbindung in das strukturelle und persönliche Gefüge des heidnischen Staates. Sein Qualifikationsspektrum ist Zielvorgabe für die Rezipienten. Zugleich wird seine individuelle Bindung an seinen Gott im Gebet, wie sie für die Diaspora typisch ist, thematisiert.[77] Das Leben im heidnischen Staat hat seine Gottesbeziehung nicht gestört.

Das Gefahrenpotential der Lebensform der Diaspora wird thematisiert. Vor den stets latent vorhandenen Gefahren vermag auch ein wohlwollender König nicht zu schützen. Mit diesem Aspekt verbunden ist der Blick auf die rettende Macht; den treuen Diener bewahrt Gott vor dem Tod.[78] Der Gott Israels verfügt über Macht zu retten und zu befreien und steht damit in einem Gegensatz zum heidnischen König und den heidnischen Götzen. Bei Gott allein ist Rettung;[79] die Treue zu ihm ist notwendige Bedingung gelingender Diaspora-Existenz. In der Situation der Gefährdung liegt ein missionarisches Potential; beispielhaft wird die Bekehrung des heidnischen Königs zum Gott Israels geschildert. Ein missionarisches Interesse könnte vor diesem Hintergrund die Genese des LXX-Textes erklären.

Daniel wird auffallend selbstbewusst dargestellt; seine Gebetspraxis steht auch in Anbetracht des königlichen Verbotes nicht zur Disposition. Ohne zu zögern tut er, was er auch zuvor gewöhnlich getan hat und verehrt seinen Gott. Sein Eigenstand wird auch deutlich, als er das Fehlverhalten der Beamten und des Königs benennt. Trotz seiner Einbindung in den fremden Staat hat er sein Selbstverständnis und seine Selbstständigkeit nicht verloren; er steht nicht für Unterwürfigkeit unter den fremden Staat, sondern für eine weitgehende Integration ohne die eigene Identität preiszugeben. Daniel läuft nicht Gefahr, religiöser Beeinflussung zu erliegen; vielmehr betrachtet die LXX die Anwesenheit der Juden am Hof des fremden Königs als missionarische Chance.

---

77 STECK, Weltgeschehen 268, „Die aktuelle Beziehung zwischen Gott und Gottesvolk ereignet sich nur mehr im Kultus, im Leben und Leiden des einzelnen gleichsam vertikal …"

78 Die Macht Gottes und die Unschuld Daniels stehen nicht zur Disposition; dennoch ist die Rettung keine Selbstverständlichkeit. Daniel betrachtet die Löwengrube als Verderben. Die Rettung in der Gefahr ist weder plan- noch erwartbar. Der Text ist realistisch genug, den Akzent nicht auf die Zusage des rettenden Handelns Gottes zu legen, sondern auf seine Macht.

79 HENGEL, Anonymität 250, *„Das Judentum hatte gegenüber der hellenistischen Umwelt einen Kampf um seine religiöse und ethnische Existenz zu bestehen.* Da die Juden gerade in Ägypten mit Erfolg versuchten, sich kulturell der überlegenen griechischen Herrenschicht anzuschließen und die Gefahr, auf die Stufe der unterdrückten ägyptischen Bevölkerung herabgedrängt zu werden, abwehrten … waren sie der Gefahr der völligen Hellenisierung und Assimilation in besonderer Weise ausgesetzt. Die Zahl der Apostaten muß vor allem in Zeiten politischer – und d. h. zugleich auch religiöser – Unterdrückung besonders in der Oberschicht beträchtlich gewesen sein. Eine Karriere im Staatsdienst war häufig nur durch den Verrat am väterlichen Glauben möglich."

Perspektive eines Juden im Land   Eine völlig andere Sichtweise Daniels ist aus dieser Perspektive nicht anzunehmen; wesentlich ist die Beobachtung, dass kein grundlegender Konflikt zwischen Staat und Gott thematisiert wird. Eine besondere Aufmerksamkeit dürfte der Realisierung der Gottesbeziehung zukommen; die göttliche Rettung weist Daniel als gerecht vor Gott aus und legitimiert seine Lebensweise und damit die Diaspora-Gemeinde als Lebensform.[80] Dies gilt in politischer ebenso wie in theologischer Hinsicht.

Transparenz für den Herrscher   Aus dem Blickwinkel eines fremden Herrschers wird Daniel als beispielhafter Vertreter der jüdischen Bevölkerung wahrgenommen.[81] Seiner positiven Sichtweise kommt ein werbender Charakter zu. In der breit entfalteten Illustration seiner Qualifikation durch den Erzähler spiegelt sich der Anspruch auf Anerkennung der Kompetenzen der Juden in der Diaspora. Auch Dareios thematisiert die Qualifikation des Daniel: Die Beförderung, das Privileg des Tragens von Purpur und der Titel „Freund" des Königs stehen symbolisch für seine Auszeichnung. In der zweifachen Dokumentation der Fähigkeiten Daniels liegt ein Appell zur Würdigung der offensichtlichen Qualifikationen der jüdischen Bevölkerung.

Es ist die Perspektive des Dareios, die dem fremden Herrscher vor Augen geführt werden soll. Wie Dareios soll er gegenüber den Juden eine positive Haltung einnehmen und erkennen, welcher Gewinn für den Staat mit ihrer Anwesenheit am Hof verbunden ist. In der religiösen Verehrung ihres Gottes gründen ihre herausragende Leistung und ihre Zuverlässigkeit in allen Belangen. Signifikant ist die Bezeichnung Daniels als „Freund" des Königs; es ist diese Sichtweise, die der fremde Herrscher übernehmen soll. Der Erzähler legt den intrigierenden Beamten den eigentlichen Deuteschlüssel für das Verhältnis von König und jüdischer Bevölkerung in den Mund. Hatte er in der Anklage die Funktion, Daniel zu kompromittieren, dient er nach dessen Rettung aus der Löwengrube der angemessenen Beschreibung für das Verhältnis von König und Diaspora-Juden. Daniel hat sich als wahrer und würdiger „Freund" des Königs erwiesen.

Hellenistische Perspektive   Auch ein hellenistischer Bürger oder Beamter wird sich der Faszination der Erzählung nicht entziehen können. Zwar steht ein Rezipient aus diesem Kreis Daniel und seiner Eigenständigkeit

---

80   Vgl. auch SOLLAMO, Aristeas 329ff.
81   KREUZER, Kultur 40, „Diese und andere Quellen zeigen, dass die Juden in Ägypten und insbesondere in Alexandrien einen beträchtlichen Bevölkerungsanteil, d. h. natürlich eine beträchtlich ‚Minderheit', darstellten, die für ihre Umgebung zwar einerseits als Gruppe erkennbar, aber zugleich auch vielfältig mit ihrer Umgebung verflochten war. Das Verhältnis war dabei offensichtlich weithin positiv, andererseits aber auch nicht ohne Spannungen."

zunächst eher (kritisch) gegenüber; Daniels Überlegenheit, die göttliche
Legitimation und die Intrige der Beamten verweisen jedoch auf die Un-
umgänglichkeit der Anerkennung seiner Qualifikation. Seine Weisheit,
seine Fähigkeiten und seine Kompetenz gründen in der Gottesbeziehung;
sein Gott erweist sich den heidnischen Göttern als überlegen. Mit diesem
Befund wird der Rezipient konfrontiert und zu einer Neubestimmung
seines Verhältnisses zu Gott herausgefordert.

13.2.4 Wer ist der Gott des Daniel?

Die literarische Figur Gott repräsentiert den Gott Israels; er steht mit
Daniel in einer untrennbaren Beziehung, die in der wechselseitigen grammatischen Bestimmung zum Ausdruck kommt. Daniel ist der Diener,
Gott der Herr. In dieser Wahrnehmung stimmen alle Aktanten überein.
Auffallend ist der ausdrückliche Verweis auf den Gott Israels mittels
der Bezeichnung κύριος (VV 5.22). In ihr spiegelt sich die individuelle
Frömmigkeit; das Verhältnis von Sklave und Herr ist das einer exklusiven, persönlichen Bindung. Darüber hinaus dient die Terminologie
einer Zuspitzung: Der universale Begriff Gott (θεός, Appellativum) erscheint im Begriff κύριος und damit im Gott Israels konkretisiert. Der
Gott Israels (κύριος) ist wahrhaft Gott (θεός). Durch die Rettung Daniels
dokumentiert er seine Geschichtsmächtigkeit, die Unschuld Daniels und
die Überlegenheit über die „handgefertigten Götter". Diese vermögen –
so die Einsicht des Königs – nicht zu retten. Anders als der Gott Israels
(κύριος bzw. ὁ θεός) sind diese nicht Gott (θεός), sondern „handgefertigte
Götter(bilder)" (τὰ ... εἴδωλα τὰ χειροποίητα). Der Gott Israels wird in
Relation zu den anderen „Göttern" bestimmt:[82] Seine Überlegenheit und
die (Dis-)qualifikation der anderen Götter als Machwerk menschlicher
Hände ist wesentlich für die Botschaft. Aus hellenistischer Perspektive
ergibt sich daraus eine Konfrontation mit der Überlegenheitsaussage und
damit eine Anfrage an die geübte religiöse Praxis. Die monotheistische
Gottesverehrung Israels erweist sich als legitim und zutreffend.

13.2.5 Zusammenfassung

Dan[LXX] 6 weist ein eigenes, spezifisches (hellenistisches) Gepräge auf;
die primäre Rezeptionsperspektive ist die des fremden Herrschers. Die

---

82 Entgegen der allgemeinen Tendenz kommt es zu einer direkten Gegenüberstellung von
     Gott und Götze. Vgl. BERGMANN, Idol Worship 213, "Texts from the Second Temple
     period however, are more hesitant to directly compare idols with God."

Rahmenformulierung weist Dareios als die Hauptperson der Erzählung aus; der erste und der letzte Blick gelten ihm. An ihm ist alles gelegen. Seine Auszeichnung vor Gott wertet ihn so positiv wie möglich.[83] Der Aufwand des Erzählers, den Blick des Rezipienten auf Dareios und nicht auf Daniel zu richten, ist beachtlich.[84] In diesen Bemühungen spiegelt sich die Orientierung an einer hellenistischen Leserschaft, vermutlich sogar am König selbst, wider. Er soll sich in Dareios wiederfinden; ihm tritt ein König entgegen, der positive Beziehungen zu dem prototypischen Diasporajuden Daniel pflegt. Trotz seiner Schuld gegenüber dessen Gott erfährt er keine Verurteilung, sondern eine bleibende Auszeichnung vor dem Gott des Daniel. Von Anbeginn legt der Erzähler den negativen Akzent auf die Beamten und entlastet den König. Dass nur zwei einzelne Beamten die Intrige herbeiführen, zeigt die Individualität des Phänomens, der Verwaltungsapparat ist nicht als ganzer verderbt. Jede Distanzierung von Daniel ist ein Verlust für das Königreich. Der Intrige der Beamten fällt in erster Linie Dareios selbst zum Opfer. Diese Perspektive wird auch durch die Darstellung Daniels vor dem König nahegelegt; seine Auszeichnung und die artikulierte Nähe haben vorbildhaften Charakter für die Sichtweise des Herrschers. Paradigmatisch ist der Titel φίλος des Königs für Daniel sowie seine Auszeichnung mit Purpur. Möglicherweise ist auch die Götzenpolemik des Dareios vor diesem Hintergrund plausibel zu machen; die gemeinsame Ablehnung der Bilderverehrung stellt den Ausgangspunkt für eine gemeinsame Orientierung am Gott Israels dar.[85] Die Geschichte Israels ist nur in terminologischen Anspielungen greifbar;

---

83   Eine positive Zeichnung fremder Herrscher ist in der Literatur dieser Zeit kein Einzel-fall; ihre Qualität und ihr Ausmaß sind beispiellos. Vgl. DONALDSON, Sympathizers 42, "Narratives are driven by disequilibrium; they begin with some disruption of the stable state or some desideratum, and they strive towards some new or restored state of equilibrium. Jewish literature from this period provides many examples of narratives in which kings eventually conform to the ideal–that is, they eventually recognize and venerate the God of Israel–but only after undergoing some transformation, a transfor-mation that has its own part to play in the completed process of change that is effected by the narrative as a whole."

84   Die in der LXX überaus herausragende Zeichnung der Figur des Dareios macht deut-lich, dass die Figur des Daniel keinerlei Rechtfertigung mehr bedarf. Daniel ist eine vollumfänglich etablierte Gestalt, die durch das Nebeneinander mit Dareios nichts von ihrer Strahlkraft einbüßt. Dass Daniel im 3. Jh. v. Chr. bereits einen solchen Status hatte, ist fraglich.

85   BERGMANN, Idol Worship 213, "The reason for this shift is that segments of Judaism of the Second Temple period attempted to appeal to Hellenism, which shared its dislike for idolatry, superstitious practices, and zoolatry. ... Generally speaking, Hellenistic Judaism wanted to present itself as enlightened and wanted to put forth the common sense, positive aspects of the Hebrew God such as goodness and friendliness towards God's creatures. It avoided emphasizing aspects of the religion that separated the Jews from Hellenistic culture, topics such as law and covenant, the Exodus event, and the granting of the land to Israel."

relevant ist das gegenwärtige Rettungshandeln. Auch der Übergang in die gr. Sprache verringert die Distanz für den König als Rezipienten.[86]

Eine solche Deutung setzt eine primär nichtjüdische Adressatenschaft der Erzählung voraus; die Annahme eines jüdischen Leserkreises daneben ist nicht ausgeschlossen, sondern wahrscheinlich und notwendig. Neben dem missionarischen Aspekt zeigt sich eine wichtige Funktion der Erzählung in der innerjüdischen Selbstvergewisserung.[87] Die Anstrengung der Erzählung gilt der Rezeption durch den fremden Herrscher; dass der hellenistische König den Text gelesen hat, ergibt sich daraus nicht. Zumindest für Dan^{LXX} 6 ist demnach eine nichtjüdische Adressatenschaft wahrscheinlich zu machen; möglicherweise kann sie als Indiz für weitere Teile der LXX gelten.[88] Mit ALBERTZ ist von einer Entstehung in der jüdischen gesellschaftlichen Oberschicht in der Diaspora, die am ehesten in Alexandria zu finden ist, auszugehen.[89] Eine Datierung der Erzählung ist äußerst problematisch. ALBERTZ schlägt eine Datierung Anfang/Mitte des 3. Jh. v. Chr. vor; zwar betrachtet er auch das 2. Jh. v. Chr. als eine von der politischen Lage her mögliche Zeit, diese schließt er jedoch aus textgeschichtlichen Überlegungen als zu spät aus.[90] Ordnet man Dan^{LXX} in die Nachgeschichte der mt Fassung ein, ist diese Zeit möglich. Als Erstleser wird man an Angehörige der Alexandriner Oberschicht, möglicherweise

---

86   DONALDSON, Sympathizers 58, "The establishment of an ideal state of affairs, such as we find at the end of these narratives, was aimed more at a confirmation of Jewish self-understanding than at the transformation of Gentile attitudes." Die Gültigkeit dieser Aussage für den konkreten Text Dan^{LXX} 6 ist zweifelhaft: Selbstvergewisserung ist gerade in der Diaspora sicherlich ein wesentliches Thema; als problematisch erweist sich jedoch in dieser Lesart die prägende Fokussierung der gesamten Erzählung auf den König.

87   Vgl. HENGEL, Anonymität 250, „Die jüdisch-hellenistische Literatur diente zunächst einmal dieser ethnisch-religiösen Selbsterhaltung ... Ihr Ziel war so nicht in erster Linie die missionarische Gewinnung von Griechen, sondern die *Befriedigung des literarischen Bedarfs der griechischsprechenden Juden selbst*, ihre Bindung an die Tradition und den Glauben der Väter und die Stärkung ihres religiös-nationalen Selbstbewußtseins."

88   Vgl. dazu Abschnitt 3.2.3, 126.

89   ALBERTZ, Social Setting 182, "It is highly probable that this optimistic tendency derives from the upper-class of the Alexandrian Diaspora."

90   Ebd. 182f, "The redactional links were made on the level of Greek language, and there are some allusions to typical Hellenistic cultural features such as the ruler cult (Dan 6:8–9). Because of its optimistic expectations this collection should be placed in the first part of the 3rd century BC, before the Syrian wars damaged the reputation of the Hellenistic empires in Jewish eyes. A very possible period of origin is the reign of Ptolemy II Philadelphos (285–246 BC), who–if the legendary Aristeas letter is not completely incorrect–encouraged the Egyptian Jews to translate their religious and legal writings. Another possibility is the reign of Ptolemy VI Philometer (180–145 BC), when Jews in Egypt had good opportunities of rising to high state offices; but this date is probably too late." Wesentlich für diese Einordnung ist das textgeschichtliche Modell, das die Erzählsammlung Dan^{LXX} 4–6* als Vorstufe des MT betrachtet.

an den König, zu denken haben; neben ihren hellenistischen Anteilen
sind auch Diaspora-Juden in den Blick zu nehmen.

13.3 Staatliche Gewalt und Religion

In beiden Traditionen dient das heidnische Reich des Darius als Symbol für die Großmacht in der Lebenswelt des Rezipienten. Der Konflikt
ist nicht-religiös begründet; die Religion, die Gottesverehrung Daniels
wird zu politischen Zwecken instrumentalisiert. MT zeichnet einen Verfassungskonflikt zwischen der obersten gesetzlichen Autorität des medischen und persischen Gesetzes einerseits und dem göttlichen Gesetz
andererseits. Ein offener Konflikt bricht durch eine gezielte Modifikation
und Moderation seitens der Beamten auf;[91] nach diesem Anstoß ist der
Staat in sich selbst gefangen und unfähig zu reagieren. Die Selbstverabsolutierung durch den Anspruch auf dauerhafte Unveränderlichkeit
überfordert den Staat und stellt ihn bleibend gegen den Gott des Daniel.[92]
Von diesen staatlichen Strukturen zeigt die LXX-Fassung im Kontext der
Entstehung des Konfliktes weniger. Zwar wird auch hier eine Norm erlassen, die den Staat der Religion des Daniel gegenüberstellt, doch stehen
hier persönliche Handlungsweisen im Vordergrund. Weder existiert ein
unwandelbares Gesetz des Staates, noch ist Daniel gesetzlich gebunden;
er pflegt in einer bestimmten Weise die Beziehung zu seinem Gott.

Spiegelt sich in der unterschiedlichen Eigenart des Konfliktes eine
andere Lebenswelt? Eine dahingehende Auswertung erweist sich als
problematisch.[93] Beide Traditionen kommen darin überein, dass der Kon-

---

91 MÜLLER, Märchen 343, „Der Konflikt, der den Legenden von iii und vi zugrunde liegt,
    scheint zuerst ein latenter bzw. gelegentlicher gewesen zu sein … Seine grundsätzliche
    Willigkeit zum Arrangement mit der Weltmacht nämlich bekundet der Erzähler, indem
    er den König als deren Repräsentanten entlastet, um die Schuld an den Leiden der
    Juden … bei dessen Höflingen und Beamten zu suchen." Trotz dieser Individuali-
    tät des Konfliktes (STECK, Weltgeschehen 265, „Es sind vielmehr Konkurrenz- und
    Konflikterfahrungen eines seiner religiösen Eigenart und Überlegenheit bewußten
    Judentums in einem Weltreich nichtjüdischer Macht, Administration und Geistigkeit,
    die sich als bezeichnende Einzelvorgänge mit einem einzelnen Israeliten am höfischen
    Machtzentrum des Reiches darstellen und bewältigen lassen.") handelt es sich um
    einen Verfassungskonflikt. Der Stein des Anstoßes ist individuell und konkret bedingt;
    der Konflikt wird jedoch auf eine grundsätzliche Ebene gehoben.
92 Die Bezugnahme auf das Gesetz als דָּת erfordert keine judäische Perspektive; das
    Gesetz spielt auch in der Diaspora eine zentrale Rolle, obgleich diese Kategorie in
    der Auseinandersetzung mit dem Hellenismus keine Rolle spielt. Hier sind andere
    Aspekte des Gesetzes von Bedeutung; es ist dennoch grundlegend für die Gestaltung
    des individuellen Lebens.
93 Ein möglicher Anhaltspunkt könnte in dem eigenständigen Beschluss der Beamten
    in der LXX liegen; andererseits mag hier die Tendenz zur Entlastung des Königs im
    Vordergrund stehen.

flikt nicht grundsätzlich virulent ist; es bedarf je einer Modifikation der
staatlichen Bestimmungen und einer verschärfenden und polarisierenden
Moderation, um eine Auseinandersetzung herbeizuführen. Die Integration Daniels dokumentiert die Reibungslosigkeit des Nebeneinanders.
Strukturen und individuelle Faktoren spielen in beiden Erzählungen eine
Rolle; MT stellt die strukturellen Faktoren in den Vordergrund, LXX die
individuellen Faktoren. Die konkrete Schilderung in der LXX, die keinen
grundlegenden Konflikt erkennen lässt, ist einer Identifikation mit dem
König dienlich; die individualisierte Zeichnung der LXX rückt die Größen
Staat und Religion näher zusammen. Hier liegt ein Hinweis auf das vo-
rauszusetzende Klima, das in MT nicht in gleicher Weise positiv erscheint
wie in LXX. Eine darüber hinausgehende Auswertung der Indizien ist
nicht möglich.

13.4 Auswertung

Dan^{MT} 6 und Dan^{LXX} 6 unterscheiden sich hinsichtlich ihrer Rezeptionsstrategien; durch sie lassen sich zahlreiche Differenzen erklären. Während
MT einen Diaspora-Juden als bevorzugten Rezipienten vor Augen hat,
wendet sich die LXX einem hellenistischen Adressaten, dem König, zu.[94]
Während MT die Botschaft von der universalen Göttlichkeit des Gottes
des Daniel und der Anerkennung seiner politischen Macht durch den
heidnischen König verkündet, wirbt die LXX beim heidnischen König um
dessen Hinwendung und Sympathie für das Judentum und für seinen
Gott, der den handgefertigten Göttern überlegen ist.

    Die Beobachtung, dass sich die Differenzen um die Figur des Kö-
nigs verdichten, macht deutlich, dass eine grundlegend andere Aussage
getroffen werden soll; die Eigenständigkeit der Erzählungen konstituiert sich wesentlich durch eine veränderte Sichtweise des Königs. Davon
auszugehen, dass diese Unterschiede kulturelle Wurzeln aufweisen, ist
plausibel; eine grundlegende Neubestimmung der Sichtweise auf den
König und mit ihm auf den Staat und die übergeordnete Großmacht wird
vorgenommen. Die rhetorische Strategie der Beamten, Daniel durch die
Bezeichnung „Freund" des Königs bzw. „Sohn der Verbannung" zu diskreditieren verweist auf unterschiedliche Perspektiven: Die Bezeichnung
„Sohn der Verbannung" (MT) vergrößert die Distanz, „Freund des Königs"
(LXX) betont die Nähe zum Staat; über weite Strecken ist in der LXX die
für das Judentum werbende Perspektive deutlicher ausgeprägt als in MT.

---

94   In beiden Fällen ist eine Rezeption aus der Perspektive der hellenistischen Bevölkerung
     bzw. der Beamten nicht nahegelegt; auch Hinweise auf das palästinische Judentum
     lassen sich nicht finden.

Die Erzählungen knüpfen deutlich an die jeweilige Lebenswelt der Rezipienten an; im Vordergrund steht jedoch nicht die direkte Bezugnahme auf greifbare Elemente, sondern die Rezeption durch bestimmte Personen(gruppen). Diese Verschiebung setzt eine unterscheidbare politisch-kulturelle Situation voraus; die Reichweite der Aussagen genügt allerdings nicht für eine präzise Einordnung.

14 Übersetzung und Tradition

Vor diesem Hintergrund ist nach der Relevanz der Untersuchungsergebnisse für die literarische Verhältnisbestimmung von Dan[MT] 6 und Dan[LXX] 6 zu fragen. Dazu ist die getrennte bzw. die vergleichende Betrachtungsweise aufzugeben, und textgenetische Fragestellungen sind aufzunehmen.[1]

14.1 Narratologische Untersuchung und Textgeschichte

Der Vergleich der Transparenzen und Rezeptionsstrategien hat Differenzen aufgezeigt; die Eigenständigkeit der Traditionen in der Darstellung des gleichen *plots* ist evident und verdichtet sich in einer anderen Sichtweise des König(tum)s.[2] Die Konzentration der Unterschiede auf die Figur des Königs legt nahe, diese als intentional zu betrachten.[3] Durch (unbeabsichtigte) Fehler oder Fluktuationen im Traditionsprozess lassen sich die beschriebenen Divergenzen nicht erklären; vielmehr spiegelt sich in

---

1   Die methodische Konzeption der Untersuchung bedingt eine begrenzte Reichweite der Aussagen; die in einer literaturwissenschaftlichen Herangehensweise erlangten Erkenntnisse können eine historisch-kritische Analyse nicht ersetzen. Dennoch stellt sie für eine historische Betrachtung des Textes wichtige Impulse bereit. Die zentrale Herausforderung des Studiums der Übersetzungstechnik (vgl. AEJMELAEUS, Übersetzung 156f) erscheint für Dan[LXX] 6 (im Rahmen dieser Untersuchung) nicht lösbar; zumindest bestehen aufgrund des geringen Datenmaterials – nach Ausweis der Untersuchung von ALBERTZ, Gott 162 nur Dan[LXX] 4–6 – größte Einschränkungen.

2   Zu einer systematischen Darstellung der Differenzen vgl. Abschnitt 10, 449. Ein eigenständiges Profil ist etwas anderes als eine eigene Tendenz; diese setzt eine eigene Vergleich mit einer bestimmten Vorlage voraus. Die Eigenständigkeit des Profils ergibt sich im Vergleich zweier Texte, deren Verhältnis zunächst unbestimmt bleiben kann. RIESSLER, Buch Daniel 33, „Die LXX Dan. ist auch keine tendenziöse Bearbeitung des MT; denn es fehlt die Tendenz." Interpretiert man Dan[LXX] 6 als Übersetzung von Dan[MT] 6 ist eine Tendenz erkennbar.

3   Vgl. TILLY, Septuaginta 61, „Wo sich der Text der Septuaginta vom MT unterscheidet, besteht wiederum die Alternative, daß diese Differenzen entweder auf einer – vom MT unabhängigen – hebräischen Vorlage der Übersetzung beruhen oder Ausdruck absichtlicher Veränderungen und unabsichtlicher Übermittlungsfehler während des Übersetzungs- und Überlieferungsprozesses der griechischen Bibel sind." Zur grundlegenden Differenzierung der Konzepte „rewritten bible" bzw. „double translations" vgl. auch ZSENGELLÉR, Addition 9ff.

ihnen eine gezielte, systematische Veränderung, die am besten mit einer unterschiedlichen historisch-kulturellen Situation erklärt werden kann.[4] Das Verständnis eines Textes als Teil eines Kommunikationsvorganges setzt neben dem Kontext des Geschehens den Verfasser bzw. Bearbeiter, den Rezipienten und den Text als entscheidende Konstituenten voraus. Aufgrund der Verbindung von Kommunikation und Text können sich Veränderungen der äußeren Faktoren in einer Bearbeitung des Textes literarisch niederschlagen. Umgekehrt verweisen Akzentverschiebungen in einer Texttradition auf ebensolche Veränderungen der äußeren Faktoren: auf eine neue Situation, einen anderen Rezipienten, eine andere Botschaft oder einen anderen Verfasser bzw. Redaktor. In dieser Weise sind die Differenzen zwischen LXX und pMT zu erklären: Ihre abweichenden Rezeptionsstrategien scheinen unterscheidbare Situationen vorauszusetzen.[5]

Zwei Modelle werden zur Deutung des Befundes herangezogen, die sich wesentlich in der Verhältnisbestimmung von Veränderungs- und Übersetzungsprozess unterscheiden:[6] Der unterschiedliche Charakter der LXX geht entweder auf eine von pMT abweichende Vorlage oder auf den Übersetzungsprozess einer pMT entsprechenden Vorlage zurück.[7] Als Vorlage einer wörtlichen Übersetzung kann pMT nicht gedient haben; die Identifikation von pMT als Vorlage der LXX verlangt einen „freien" Charakter der Übersetzung. Geht man von einer von pMT abweichenden Vorlage aus, ist ihr literarisches Verhältnis zu pMT zu bestimmen: Ist die Vorlage traditionsgeschichtlich älter als pMT[8] oder jünger als pMT[9]? Diese Annahme erfordert eine weitere Stufe im Modell der Textgenese des

---

4 Eine veränderte Kommunikationssituation ist auch ohne Übergang in eine andere Kultur und Sprachwelt vorstellbar; stark differierende Gegebenheiten sind neben- oder nacheinander in einem bestimmten Kontext möglich.

5 Vgl. MEADOWCROFT, Aramaic Daniel 18, "By approaching the text from the literary end of the literary-historical axis I seek to discover more about the LXX and its relationship to the MT, and about the world behind both versions." Unabhängig von der Frage der Rekonstruierbarkeit der begründenden Faktoren sind die Ursachen zu suchen; weiter ist mit einer Mehrzahl zusammenwirkender Prozesse zu rechnen.

6 Theorien, die mündliche Traditionsprozesse bzw. unabhängige Textentwicklungen annehmen, lassen sich durch den Befund der Untersuchung weder plausibilisieren noch widerlegen. Auf eine Auseinandersetzung mit ihnen wird nachfolgend verzichtet.

7 Vgl. BERGMANN, Idol Worship 215, "… there is still debate about whether the LXX was intended to be a mere translation of the original MT version, or an intentional reinterpretation of the received tradition that brought it into conformity with contemporary Judeo-Hellenistic culture."

8 Diese Option vertreten etwa ALBERTZ, WILLS, MUNNICH, MCLAY. Zur Konkretion der jeweiligen Position vgl. Abschnitt 3.2.6, 134.

9 Diese Option vertreten die meisten der übrigen Autoren; eine konkrete Verortung der Vorlage unterbleibt in der Regel.

Daniel-Buches.[10] Eine Entscheidung ist problematisch; beide Optionen werden vertreten.[11]
Als Leitfragen lassen sich formulieren:

- Ist Dan^{LXX} 6 traditionsgeschichtlich älter als Dan^{MT} 6? Oder fügt sich Dan^{LXX} 6 in den von der pmt Form von Dan 6 ausgehenden Traditionsstrom ein?

- Ist Dan^{LXX} 6 wörtliche Übersetzung einer von pMT abweichenden Vorlage, oder freie Wiedergabe des pMT? Ist Dan^{LXX} 6 in der vorliegenden Gestalt in einer semitischen Sprache denkbar?

In jedem Fall ist Dan^{LXX} 6 Übersetzung einer semitischen Vorlage.[12] Eine ursprüngliche Abfassung in gr. Sprache ist auszuschließen. Die Modellbildungen zur Entstehung der LXX („Interlinearitätsmodell" und „kontextgebundenes" Modell) verweisen auf die Vielgestaltigkeit des Phänomens „Übersetzung"; die Nähe zur Ursprache und die zur Zielsprache kann unterschiedlich ausgeprägt sein. Grundsätzlich ist mit der Möglichkeit einer freien Übersetzung zu rechnen.[13] Der Prozess der Texttradition

---

10 Die hypothetische, abweichende semitische Vorlage liegt nur in übersetzter Gestalt in gr. Sprache vor; auch in diesem Übersetzungsprozess ist mit bearbeitenden Eingriffen zu rechnen.

11 Zu der Problematik der gegensätzlichen Favorisierungen vgl. KELLENBERGER, Textvarianten 215. Außerdem COLLINS, Current Issues 3, "It is now clear that the Old Greek was not simply an errant translation of the text preserved by the Masoretes. It was based on a different Aramaic Vorlage, and the relationship of that Vorlage to the text now found in the MT is disputed. It is not apparent that either text can be derived simply from the other." Sowie ASHLEY, Book of Daniel 278, "It is impossible to decide whether the translator was working from a text very much like the MT or one which more closely resembles his work. The majority of cases seem to indicate that he either had a different Vorlage from the MT or used a Vorlage much like the MT in a very free and adaptive way." Möglicherweise stehen eigenständige Textentwicklungen im Hintergrund.

12 Alle textgeschichtlichen Modelle gehen in der einen oder anderen Form von dieser Annahme aus. Vgl. auch Abschnitt 3.1.3, 42 bzw. Abschnitt 3.2.6, 134. MCLAY, Translation 304f, "Scholars are agreed that the differing version of chapters iv–vi in the OG is based on a Semitic *Vorlage* ..." JOBES, Syntactic Analysis 24, "... the syntax indicates both texts are 'translation' Greek, the syntax of θ somewhat more strongly reflects 'translation' Greek than does the OG version." Im Hintergrund der Überlegungen steht der Kriterienkatalog von MARTIN. Vgl. JOBES, Syntactic Analysis 20, "He [i. e. MARTIN; D. H.] identified seventeen elements of Greek syntax that, depending on the relative frequency of their occurrence in a given text, indicate either that the text was produced as a translation of a Semitic source or as an original Greek composition."

13 Vgl. aber RÖSEL, Septuaginta 217, „Das gewichtigere Argument ist aber, dass es auch in der Tora, der Zentralurkunde des Judentums, und den anderen biblischen Büchern deutlich erkennbare Unterschiede zwischen hebräischem Text und griechischer Übersetzung gibt." Das Vorwort zu Jesus Sirach belegt die Wahrnehmung der Differenzen für diese Zeit; deutlich wird, dass hier die Wiedergabe des Pentateuchs als Norm wirkt. Als Ideal erscheint eine treue Übersetzung.

und -fortschreibung endet nicht (notwendigerweise) an der Sprachgrenze. Übersetzer können auch weiterentwickelnd und redigierend in die neue Sprache übertragen. Trotz aller Leistung der Analysen der Übersetzungstechnik und der rekonstruierten, von pMT abweichenden Vorlagen der LXX, trotz aller Anerkenntnis der Vielfalt der Textüberlieferungen in hellenistischer Zeit, wird man nicht umhin kommen, den Übersetzer auch – und gerade im Kontext der pseudepigraphen Literatur – wieder stärker als Redaktor und Tradent zu begreifen. Verstärkt ist in diesem Bereich mit der Möglichkeit die Sprachgrenze überschreitender Traditions- und Redaktionsprozesse zu rechnen.

Die Problemskizze und der Befund machen deutlich, dass eine eindeutige, geschweige denn eine einfache Lösung nicht möglich ist; zu plausibel lassen sich die Argumentationsbausteine in verschiedene Richtungen auswerten, ohne dass die je gegenteilige These klar zu widerlegen ist.[14] Wesentlich ist die Anerkenntnis, dass die narratologische Untersuchung eine literar- und überlieferungskritische Untersuchung nicht ersetzen kann; die Grenzen der angewandten Methodik sind zu beachten.[15] Legitim ist der Blick auf die Ergebnisse der vergleichenden Analyse der Texte unter der Fragestellung, ob sich Anzeichen für textgenetische Prozesse erkennen lassen. Die Argumentation kann ausschließlich – und hier liegt eine gewichtige Einschränkung vor – von den vorliegenden Textfassungen in ihrer textkritisch bereinigten Form ausgehen. Frühere Überlieferungsstufen sind mit der angewandten Methodik nicht greifbar.[16]

Die Frage nach der Vorlage von Dan^{LXX} 6 ist, wenn überhaupt, ausgehend von dieser Textfassung zu beantworten. Das vielfach geäußerte Verdikt über die LXX-Fassung des Daniel-Buches ist widerlegt;[17] die narrative Analyse hat das eigenständige Profil der Überlieferung von Dan^{LXX} 6

---

14 Vor diesem Hintergrund optiert KELLENBERGER, Textvarianten 215, für einen Abschied von der „Idee einer so genannten ‚Ur-Fassung'." Vgl. ebd., „Sowohl die Priorität des MT als auch die Priorität der LXX können offenbar mit gleich plausiblen Argumenten begründet werden."

15 Ergänzend sind folgende Einschränkungen von Bedeutung: Eine umfassende textgeschichtliche Betrachtung muss den Kontext berücksichtigen; für Dan 6 erfordert dies insbes. die Auseinandersetzung mit den großen Differenzen in Dan 4–6. Die nachfolgende Argumentation beabsichtigt nicht, das Verhältnis von Dan^{MT} 4–6 zu Dan^{LXX} 4–6 überlieferungsgeschichtlich zu klären bzw. zu beschreiben. Es geht darum, mögliche (und wahrscheinliche) Prozesse aufzuzeigen, die von Dan 6 ausgehend plausibel begründet werden können. Dass eine umfassende Analyse von Dan 4–6 andere Plausibilitäten erweist ist denkbar, schmälert jedoch nicht die Erkenntnis; durch sie werden neue Fragen nach der Textgenese aufgeworfen.

16 Über ihre Existenz und ihr Verhältnis kann aufgrund des eingeschränkten Datenmaterials und der Methode keine Aussage getroffen werden; hierzu müssten (narratologische) Untersuchungen der einzelnen rekonstruierten Stufen erfolgen.

17 Vgl. dazu Anm. 40, 20.

deutlich gemacht.[18] Der Anspruch des übersetzten Textes geht – hier kommen alle textgeschichtlichen Modelle überein – nicht im Willen auf, pMT wortgetreu wiederzugeben; in der Konsequenz darf er auch nicht an ihm gemessen werden.[19]

14.2 Zum Profil von Dan^{LXX} 6

14.2.1 Sprache und Kultur

Sprache und Kultur lassen sich nicht unabhängig voneinander betrachten. Die Übersetzung eines aram. bzw. hebr. Textes in die gr. Sprache ist nicht lediglich eine Transkription in ein anderes graphisches Repräsentationssystem, sondern die Übertragung in eine andere kulturelle Welt.[20] „Die Übersetzer sahen sich vor die Aufgabe gestellt, den hebräischen [bzw. aram.; D. H.] Text in eine andersgeartete und strukturierte Sprache zu übertragen, semitisches Gedankengut in hellenistischen Begriffen aufzufangen und die altorientalisch-jüdische Geisteswelt in die

---

18 Vgl. MEADOWCROFT, Aramaic Daniel 116, "A different form of narrative and different concerns from the MT on the part of the LXX does not imply that this chapter is without literary merit."

19 RÖSEL, Theo-Logie 62, „Die LXX muß auf dem Weg der Erhellung der Rezeptionsgeschichte biblischer Texte m. E. selbst als Original angesehen werden, ihre eigene Aussageabsicht ist – soweit dies methodisch kontrollierbar ist – zu Gehör zu bringen." Ordnet man Dan^{LXX} 6 in die Vorgeschichte des MT ein, gilt die Aussage unter veränderten Vorzeichen. Vgl. auch SCHREINER, Thora 37, „Es ist daher erforderlich, zuerst die eigenen Aussagen der LXX möglichst präzise zu erfassen und dann von ihnen her zu ihrer Vorlage zurückzufragen, damit die Botschaft der griechischen Übersetzung hervortritt."

20 Vgl. MARCUS, Elements 229, "Every translation is a compromise between two civilizations. … Beyond or beneath the linguistic incongruities there are all kinds of cultural incongruities." Vgl. dazu auch die schöne Formulierung von SCHWANKL, Licht 1, „Die Sprache des Menschen ist gleichsam sein zweites Gesicht. Denn auch an ihr wird er erkannt, identifiziert: an der Mundart und Redeweise, an der Wortwahl und Aussprache, an Tonlage und Klangfarbe der Stimme. Die Sprache macht den Menschen offenbar, ‚verrät' ihn, wirft ein Licht auf seine Person, und zwar nicht nur in ihrer individuellen Eigenart, sondern auch in ihrer kollektiven Zuordnung. Die Sprache gibt Auskunft darüber, wo einer herkommt und hingehört – örtlich und zeitlich, aber auch sozial, kulturell und ideell. Der Dialekt, der sprachliche Einschlag ist zugleich Sozio- und Idiolekt. Er offenbart nicht nur, welchem Landstrich jemand entstammt, sondern ebensosehr, welchem Verband und Oberhaupt er angehört; mithin: wes Geistes Kind er ist." Außerdem AEJMELAEUS, Übersetzung 151, „Nie entsprechen zwei Sprachen einander so genau, daß eine Wort-für-Wort-Wiedergabe immer denselben Sinn gäbe. Jede Sprache hat ihre eigene Idiomatik: wenn man seine eigenen Gedanken in verschiedenen Sprachen ausdrücken will, muß man oft völlig verschiedene Ausdrücke für denselben Gedanken verwenden."

abendländisch-griechische umzusetzen."[21] Im Übergang in die gr. Sprache
wirkt notwendigerweise die gr. bzw. hellenistische Kultur auf die Texte
ein,[22] ohne dass dadurch die Bindung an den Text aufgegeben wurde.[23]
Verschiebungen in der Akzentuierung der Botschaft sind wahrscheinlich.
Der Einfluss der neuen Kontextualisierung durch die sprachliche Umfor-
mung wirkt auf die Inhalte und damit auf die Theo-Logie zurück. "In
other words, when translating the Hebrew text into Greek, the translators simply could not avoid creating the basis for what we might call a
Judeo-Hellenistic identity."[24] Auf diese Weise erhalten die Übersetzungen
notwendigerweise ein eigenständiges Profil; die Differenzen überschreiten häufig das sprachlich bedingte, notwendige Maß:[25] Die verschiedenen
Überlieferungstraditionen der gr. Texte des AT weisen unterschiedliche
Grade der Nähe zum pMT Text auf und dokumentieren so das in Anspruch genommene Maß an Freiheit. Den theologischen Gehalt dieser
Traditions- bzw. Übersetzungsprozesse gilt es – bei allen Schwierigkeiten
– zu heben.[26]

---

21 SCHREINER, Leitlinien 364; vgl. auch WALTER, Übersetzung 84, „Denn wenn auch,
    wie schon gesagt, nicht im Ernst daran gezweifelt werden kann, dass es die primäre
    Absicht der Übersetzer war, den heiligen Text in einer sinngetreuen Weise griechisch
    wiederzugeben, so ist es doch undenkbar, dass dabei eben alle jene Lebensbedingungen,
    unter denen die Übersetzung vonstatten ging, keinerlei Einfluss auf das Ergebnis
    ausgeübt haben sollten."
22 SCHREINER, Leitlinien 376, „Hellenistisches Gedankengut hat nachweislich auf die
    Art der Übersetzung eingewirkt." PACE, Stratigraphy 15, "… variants can often be
    attributed to the fact the OG translator intentionally departed from his Semitic text in
    order to substitute readings flavored with the historical developments and theological
    interpretations of his own day."
23 MARCUS, Elements 244f, "This is another link in the chain of evidences supporting
    the view … that the Jews of the Diaspora were externally more Greek than Jewish but
    internally more Jewish than Greek."
24 KRAUS, Translations 67. Vgl. auch SIEGERT, Einführung 25, „Jüdische Identität war in
    der Zeit des Hellenismus noch nicht an den Gebrauch des Hebräischen geknüpft." Vgl.
    aber HANHART, Entstehung 7f, zur Vorstellung von der Heiligkeit der Sprache auch in
    vorchristlicher Zeit.
25 VAN DER LOUW, Transformations 57, *„Behind each transformation stands a literal rendering
    that has been rejected."* In diesem Zusammenhang sei auch an die deuterokanonischen
    Zusätze erinnert. Vgl. HENGEL, Anonymität 214f, „Auch das *Danielbuch*, hinter dem
    ja von Anfang an eine breitere Erzählungstradition steht, erhält in einer griechischen
    Fassung liturgische und novellistische *Zusätze*." Die Überlieferung von Dan^θ 6 mag als
    ein Indikator für das im Gr. sprachlich mögliche gesehen werden.
26 RÖSEL, Theo-Logie 53, beschreibt das Anliegen einer Theologie der LXX als „… ein
    deskriptives Unternehmen, in dem ich zu beschreiben versuche, wie der Glaube des
    hellenistischen Judentums in der Septuaginta ausgedrückt wird. Es geht um das Zur-
    Sprache-Kommen Gottes (*Theo-Logie*) in einer Weise, die der neuen Sprachsituation
    (dem Wechsel von Hebräisch zu Griechisch) angemessen ist." Vgl. außerdem COOK,
    Interpreting 590; MCLAY, Theology. Entscheidend ist die Vermeidung einer rein theolo-
    gischen Betrachtungsweise der Texte. Vgl. TOV, Septuaginta 242, „Die weitverbreiteste
    Gefahr, wenn Theologumena isoliert werden, besteht darin, dass man sie in Elementen

14.2.2 Sprachliche Beobachtungen

Die sprachliche Untersuchung von Dan^{LXX} 6 liefert keine eindeutigen
Hinweise: Obgleich es sich um eine Übersetzung handelt, orientiert sich
Dan^{LXX} 6 – anders als die Wiedergabe von Dan$^{\theta}$ – an der gr. Sprache.[27]
Als Vergleichsmaterial und Maßstab für das Sprachniveau sind Überset-
zungen aus dem Hebr. bzw. Aram. heranzuziehen.[28]
　　Die Analyse hat deutlich gemacht, dass Dan^{LXX} 6 im Traditions-
strom der gr. Sprache der LXX steht;[29] der Text steht in der Spannung von
Ausgangs- und Zielsprache: Zwar orientiert er sich an der gr. Sprache und
Grammatik, dennoch kann er seine Wurzeln nicht verleugnen.[30] Einige
Beispiele mögen dies veranschaulichen. „Im Semitischen gibt es kein Wort
für ‚haben'. Für ‚ich habe' sagt man ‚mir ist'. Bei wörtlicher Übersetzung
aus dem Semitischen ist also ἔχειν nicht möglich, ὁ ἔχων noch weniger
…"[31] V 4 ist von der Vollmacht des Daniel die Rede: ἔχων ἐχουσίαν. Eine
gr. Denkweise setzt auch der titulare Gebrauch von φίλος (V 13) voraus;
zwar existieren semitische Äquivalente eines Freundes-Begriffes; diese

---

　　　der Übersetzung erkennen will, die in Wirklichkeit die Theologie nicht betreffen." Eine
　　　derartige Fokussierung ist aufzubrechen; der Text ist in seiner Ganzheit zu betrachten.
27　Vgl. TILLY, Rezeption 34, „Deutlich erkennbar ist in Dan^{LXX} das Bemühen des Überset-
　　　zers um ‚gutes Griechisch', d. h. um eine abwechslungsreiche griechische Sprache auch
　　　auf Kosten der Treue gegenüber der ausgangssprachlichen Vorlage. Kennzeichnend
　　　ist sein Bemühen um Variation in der Wahl zielsprachlicher lexikalischer Äquivalente
　　　zu hebräischen und aramäischen Wörtern und Wendungen. Immer wieder begegnen
　　　Umstellungen, Auslassungen, Zusätze und Einfügungen interpretativer Elemente,
　　　Paraphrasen, Verdeutlichungen und Spezifizierungen. Zumeist vermieden wird die
　　　parataktische Aneinanderreihung von Sätzen; hingegen begegnen durchweg klärende
　　　und verdeutlichende Partikeln und Partizipialkonstruktionen." Vgl. aber ALBERTZ,
　　　Gott 163, „Während der LXX-Übersetzer es liebt, für gleiche aramäische bzw. hebräi-
　　　sche Begriffe verschiedene griechische Äquivalente zu wählen, wie schon A. Bludau
　　　notiert hat, ahmt der Verfasser der Sammlung 4–6 die Monotonie seiner semitischen
　　　Vorlagen bewußt nach." Diese Orientierung erschwert jede weitergehende Einordnung
　　　der Übersetzung. Vgl. BEYER, Text 21, „Ein Koine-griechischer Text kann fast überall
　　　in der Alten Welt verfaßt worden sein. Wenn sich jedoch zeigen läßt, daß er übersetzt
　　　ist, besteht die Möglichkeit, den Ort und den Umkreis seiner Entstehung genauer
　　　anzugeben." Zur Unterscheidung von θ und LXX in sprachlicher Hinsicht vgl. auch
　　　JOBES, Syntactic Analysis 24.
28　USENER, Septuaginta 88, „An den hohen Maßstäben attischer Musterautoren sind
　　　diese Texte jedenfalls fairer Weise nicht zu messen: Als Texte *sui generis* entwickeln
　　　die Übersetzungen der Septuaginta eigene Züge, die bisweilen allerdings – aus der
　　　Sicht des Gräzisten – recht gewöhnungsbedürftig sind." Vgl. BEYER, Text 22, schlägt
　　　als Vergleichsmaterial „die Schriftkoine ohne literarischen Ehrgeiz" vor.
29　WALSER, Greek 449, "… the translation process of the first books of the Septuagint,
　　　presumably the Pentateuch, created a new variety of Greek, which subsequently was
　　　used as a pattern for other translators and composers."
30　Entscheidend für die Fragerichtung ist die Suche nach unsemitischen Konstruktionen,
　　　die einer Übersetzung entgegenstehen. Vgl. BEYER, Text 24.
31　Ebd. 25.

sind jedoch nicht titular verwendet.[32] Das Verbot begegnet in drei Formulierungen (VV 5.7.12); strukturell unterscheidet sich V 12 durch die Verneinung der Protasis. Diese Konstruktion kann nur im Gr. mit εἰ δὲ μή fortgesetzt werden. „Das ist semitisch unmöglich."[33] Ungewöhnlich ist in der Tradition der LXX der im Gr. übliche Gebrauch des Artikels bei κύριος (V 22). Manches Phänomen, das gerne als typisch semitisch gesehen wird, findet sich in der Schriftkoine; zieht man diese mit BEYER als Vergleichspunkt heran, zeigt sich die Unzulänglichkeit bestimmter differenzierender Kriterien.[34] So lässt sich aus der „*figura etymologica*" nicht notwendig eine Orientierung an einer semit. Sprache ableiten; dieses Phänomen begegnet nicht nur in der Schriftkoine, sondern auch bei Homer.[35] Andererseits spiegelt sich etwa in der Rahmenformulierung eine typisch semitische Ausdrucks- und Denkweise (καὶ Δαρεῖος προσετέθη πρὸς τοὺς πατέρας αὐτοῦ[36]), die außerhalb des Kontextes der LXX und der in ihrer Tradition stehenden gr. Schriften nicht denkbar erscheint. Bemerkenswert ist die Terminologie des Rundschreibens. Die Art der Verwendung von εἴδωλον deutet auf eine längere Geschichte des Gr. der LXX hin: In Dan^LXX 6 zeigt sich die Verschiebung in der Verwendungsweise. Die Ausnahme des Profangriechischen wird in der LXX zur Regel und die Grundbedeutung zur Ausnahme.[37] Darüber hinaus lassen sich ähnliche Beobachtungen bei weiteren Begriffen machen: zu vergleichen ist etwa der Sprachgebrauch von ἀξιόω, δουλεύω, λατρεύω, πλανάω und προσκυνέω mit Dativ.[38] Die Verwendungsweise entspricht dem vom Profan-Gr. abweichenden oder spezialisierten und in der LXX üblichen Gebrauch; eine Exklusivität ist jedoch nicht nachweisbar.[39]

Ein Vergleich mit der Überlieferung bei JOSEPHUS einerseits und THEODOTION andererseits offenbart die mittlere Stellung.[40] Der Grad der Orientierung an der gr. Zielsprache sensibilisiert für die Annahme,

---

32 Diesen Gebrauch spiegelt bspw. auch Dan^θ wider.

33 BEYER, Text 25.

34 Vgl. ebd. 22f.

35 Vgl. USENER, Septuaginta 114; BEYER, Text 22. Vgl. ebd. außerdem den Hinweis auf den Gebrauch der 3. Pers.mask.Pl. zum Ausdruck einer unpersönlichen Aussage sowie die Verwendung von ἄνθρωπος in Ersetzung des Indefinitpronomens.

36 Vgl. dazu ausführlicher Abschnitt 9.4.1, 392.

37 Die Argumentation ist nicht unproblematisch, insofern sie sich auf einzelne Beobachtungen stützt, deren Ursprung unklar ist. Valide Kriterien wie globale syntaktische Hinweise fehlen. Dieses Defizit ist sachlich in der Tatsache begründet, dass Dan^LXX 6 ein übersetzter Text ist. Eine Auswertung ist daher erschwert; es bleibt der Rekurs auf einzelne Phänomene.

38 Vgl. dazu Abschnitt 9, 351.

39 Diese Belege müssen zurückhaltend bewertet werden; zwar sind sie ein Indiz, doch besteht die Gefahr eines Zirkelschlusses. Das Verständnis wurde unter Rückgriff auf Texte der LXX plausibilisiert.

40 Vgl. zur Überlieferung bei JOSEPHUS WALSER, Greek 455, "One example of a translation into non-translation Greek may be Josephus' *Jewish Antiquities*, though Josephus did not

dass der Übersetzer eine größere Distanz und Unabhängigkeit von seiner Vorlage beansprucht haben könnte.

14.2.3 Inhaltliche Beobachtungen

Nach Ausweis der narrativen Analyse hat Dan^{LXX} 6 ein gegenüber Dan^{MT} 6 eigenständiges Profil; dabei zeigt Dan^{LXX} 6 einige Entsprechungen zu allgemein in der LXX zu beobachtenden Tendenzen.[41]
Wesentliches Merkmal ist die wohlwollende Zeichnung des Königs; mit ihm wird der Staat entlastet. Diese Sichtweise entspricht der Tendenz der jüdischen Literatur des 3. Jh. v. Chr., in der sich eine positive Grundhaltung gegenüber den regierenden Ptolemäern widerspiegelt.[42] Das Bild des Königs ist äußerst positiv; es ist nicht vollständig, aber weitgehend idealisiert. Kritik an ihm begegnet ihm Mund des Daniel; dieser wird Dan^{LXX} 6 als herausragend und ohne jeden Fehler gezeichnet: Die Illustration seiner Qualifikation und seines Ansehens ist umfassend. In der gleichen Weise wie Dareios und Daniel hervorgehoben werden, verschärft sich die negative Darstellung der Beamten. Beide Phänomene entsprechen einer allgemeinen Tendenz dieser Zeit.[43]
In der Darstellung Gottes ist die Konkurrenz zu den „handgefertigten Göttern" auffallend; Dareios steht in der Tradition der bibl. Götzenpolemik. Die Disqualifikation der Götzen erfolgt nicht durch Daniel, sondern durch Dareios. Er konstatiert ihr Versagen und ihre Unfähigkeit zu retten. Entscheidend für das Verdikt ist nicht ein göttliches Verbot oder der Gedanke des Bundes, sondern die Frage der Geschichtsmächtigkeit. In dieser Hinsicht unterscheidet sich Dan^{LXX} 6 von der grundlegenden Wahrnehmung des mt Daniel-Buches und der Makkabäer-Bücher. Entsprechungen finden sich in zahlreichen Schriften aus der Zeit des 2. Tempels.[44] Die

---

primarily translate the Scriptures into Greek, he rewrote them. It seems as if Josephus had no ambition to preserve the Greek of the original text. Instead his ambition was to produce a text, which as far as possible contained correct Greek."

41 Wesentlich ist die Erkenntnis, dass sie nicht auf die LXX beschränkt sind. Vgl. MEISER, Tendenzen 78, „Tendenzen solcher Art sind nicht auf die Septuaginta beschränkt, sondern gehören zur allgemeinen Entwicklung des damaligen Judentums, an denen auch die Septuaginta Anteil hat."

42 Vgl. ebd. 89f.

43 Vgl. ebd. 95f.

44 Vgl. dazu die Untersuchung von BERGMANN, Idol Worship 207, "In this article, I will describe these tendencies as they appear in Bel and the Dragon and other Second Temple period texts such as the Epistle of Jeremiah, *Jub.* 12 and 20, Wis 13–15, and the *Apocalypse of Abraham.*" Vgl. auch BONS, Rede von Gott 187f, „Der Septuaginta-Psalter hat die Tendenz, eine neutrale oder nicht wertende Rede von Göttern in der Mehrzahl zu vermeiden. Wo diese erwähnt werden, werden entweder ihre göttlichen Qualitäten in Frage gestellt, oder es wird ein eindeutiger Rangunterschied zwischen ihnen und

Kritik an der Verehrung der fremden Götter ist rational begründet;[45] als Kategorien werden nicht geschichtliche Aspekte, nicht Theologoumena eingeführt, sondern die konkrete Rettungserfahrung bzw. die Unfähigkeit zu retten. Die Argumentation ist nicht heilsgeschichtlich ausgerichtet. Der Distanzierung des heidnischen Dareios von den „handgefertigten Göttern" entspricht eine besondere Nähe zum Gott des Daniel; diese scheint einerseits in den Rahmenformulierungen auf, andererseits spiegelt sie sich in seiner Verehrung wider. Im MT fehlen alle Stellen, in denen in der LXX von einem Gebet von Heiden zu Gott berichtet wird; die Exklusivität des MT ist der LXX fremd.[46] Dareios und Gott wenden sich in Dan^{LXX} einander zu.[47] Die zweimalige Verwendung des κύριος-Titels identifiziert den Gott des Daniel eindeutig mit dem Gott Israels.

Das Fehlen des Motivs des Boten entspricht der Eigenart der Löwengrube in der LXX; nicht der Aspekt des Ordals, sondern der Machterweis Gottes steht im Vordergrund. Diese Dimension fordert das betonte und unmittelbare Eingreifen Gottes selbst.[48]

Bemerkenswert ist die Existenz einiger Stichwortverbindungen über das Daniel-Buch hinaus, die auf andere Texte der LXX Bezug nehmen. Obwohl man diese Anknüpfungen sicher nicht überbewerten darf, wurden sie bislang nicht ausreichend gewürdigt.[49] Die Verbindungen sind signifikant; eine zufällige Übereinstimmung ist unwahrscheinlich. Eine literarische Abhängigkeit der anderen Texte von Dan^{LXX} 6 erscheint ausgeschlossen. Dieser Befund deutet darauf hin, dass Dan^{LXX} 6 (zumindest in seiner Endgestalt) im Prozess der Genese der LXX vergleichsweise spät angesiedelt werden muss; in diese Richtung deuten auch die bereits an-

---

dem Gott Israels behauptet. Das bedeutet implizit, dass nur noch der Gott Israels als Gott im engen Sinne gelten kann und alle anderen Götter oder gottähnlichen Wesen ihm gegenüber nachrangig sind."

45   Die Orientierung am Hellenismus führt zu einer fortschreitenden Rationalisierung der Argumente. Vgl. BERGMANN, Idol Worship 213; sowie VERMES, Treatment 165, mit Blick auf die Zielsetzung des JOSEPHUS.

46   Vgl. RIESSLER, Buch Daniel 42f.

47   Zur Absicht der LXX vgl. USENER, Septuaginta 78f, „... dass die Septuaginta ... eine Basis für die Auseinandersetzung mit der griechischen Mentalitäts- und Geisteshaltung unter dem Aspekt der Einzigartigkeit Jahwes auf der Grundlage der Offenbarung herstellen, also keine Abwehrhaltung erzeugen oder eine alles ausschließende Abwehrhaltung zementieren sollte."

48   Vor diesem Hintergrund erklärt sich die Sperrigkeit zur grundsätzlichen Tendenz der LXX. Vgl. MEISER, Tendenzen 92f, „... denn unbeschadet der Steigerung der Aussagen zur Transzendenz Gottes gilt doch sein Eingreifen in die Geschichte weiterhin als Fundament antik-jüdischen Glaubens."

49   Vgl. dazu die Darlegungen in Abschnitt 9, 351. Beispielhaft sei auf die Rahmenformulierungen (πλήρης ἡμερῶν καὶ ἔνδοξος ἐν γήρει V 1a, προσετέθη πρὸς τοὺς πατέρας αὐτοῦ V 28), auf die Anlehnung an das Opfer (ἐνδελεχῶς VV 16.20), auf die Rede von den „handgefertigten Götter" (τὰ ... εἴδωλα τὰ χειροποίητα V 27) und die Terminologie der Befreiung (ἐλυτρώσατο V 27) hingewiesen.

geführte Gebrauch von εἴδωλον und die weiteren Beispiele. Die Annahme intentionaler Stichwortverbindungen stützt die allgemeine Deutung der Übersetzer der LXX als Schriftgelehrte.[50]

Der Erzähler ist in der LXX wahrnehmbarer als in MT. "The narrator provides more clues of his intention in the LXX, where the MT requires the reader to draw conclusions from the words and actions."[51] An zahlreichen Stellen bietet er logische Verknüpfungen oder legt Motive offen: So verweist er auf die Motive des Vorgehens der Beamten (VV 5.8); er verweist auf die doppelte Zielsetzung der Versiegelung (V 17). Der Hinweis auf die göttliche Rettung (V 18) erklärt das Geschehen; dadurch wird Spannung reduziert.[52]

14.3 Konsequenzen für die Textgeschichte?

Mit aller im Grenzgebiet der Reichweite einer Methodik gebotenen Vorsicht ist der Ertrag der Untersuchungsergebnisse für die formulierten Leitfragen in den Blick zu nehmen.[53]

1.   Ist Dan^{LXX} 6 traditionsgeschichtlich älter als Dan^{MT} 6? Oder fügt sich Dan^{LXX} 6 in den von einer Dan^{MT} 6 entsprechenden pmt Form ausgehenden Traditionsstrom ein? Zunächst ist aufgrund der aufgezeigten Stichwortverbindungen davon auszugehen, dass Dan^{LXX} 6 zumindest

---

50   Vgl. RÖSEL, Septuaginta 222, „In der Forschung zeichnet sich zur Zeit der Trend ab, sie als ‚Schriftgelehrte' zu bezeichnen." Die konstatierten Abstriche des gr. Sprachniveaus dürfen nicht über ihre herausragende (Aus-)Bildung hinwegtäuschen. Außerdem ebd. 223, „Umgekehrt lässt sich aber bei manchen Übersetzern auch eine gewisse Vertrautheit mit griechischen Denktraditionen erkennen." Vgl. auch LUST, Lexicon XIX, "Some may have had a certain knowledge of Hebrew or Aramaic or both. The translation may have helped them in their understanding of the Scriptures written in Hebrew or Aramaic. There is a reasonable chance, however, that most of the early users read the LXX as a Greek text, without any knowledge of the Hebrew original." Die Übersetzer werden auch als Person wahrnehmbar. Vgl. TOV, Septuaginta 253, „Die Persönlichkeit und der Hintergrund der Übersetzer können sich in verschiedenen Arten der Übersetzung zeigen, die nicht der Kontext erfordert, sondern die die Übersetzer von aussen einbrachten."
51   MEADOWCROFT, Aramaic Daniel 121.
52   Man muss das nicht als Hinweis auf eine geringere erzählerische Kompetenz deuten; der Hinweis ist Teil der Empathieführung. Der Rezipient weiß von der Rettung des Daniel, unklar bleibt das Ergehen des Königs. KELLENBERGER, Textvarianten 213, „Wenn der LXX-Text hier [i. e. Dan^{LXX} 6,18; D. H.] – im Widerspruch zur erwähnten Hypothese von Munnich – den jüngeren Eindruck als θ (und MT) macht, so ist dies kein Einzelfall ..." Eine Plausibilisierung mag man auch in der Reduktion auf die zwei konkurrierenden Obersatrapen erkennen. Vgl. etwa TILLY, Rezeption 35; aber auch hier dürfte die Rezeptionsstrategie im Hintergrund stehen. Jedenfalls wirken beide Aspekte zusammen.
53   Vgl. sowohl zu der methodischen Fragestellung als auch zu den Leitfragen Abschnitt 14.1, 524.

nach dem Pentateuch (und den Königsbüchern), wahrscheinlich in zeitlichem Abstand, in das Gr. übertragen wurde; dies gilt zumindest für seine vorliegende Gestalt.[54] Die Verwendung bestimmter Formulierungen ist signifikant. Die Abfassung des mt Daniel-Buches 165 v. Chr. stellt einen terminus ante quem für seine Vorgeschichte dar; Dan^{LXX} 6 wäre nach der Übersetzung des Pentateuchs etwa Mitte des 3. Jh. v. Chr. aber vor der Entstehung des mt Buches zu datieren. Die von ALBERTZ vorgeschlagene Datierung (von Dan^{LXX} 4–6*) ist vor diesem Hintergrund für die Endfassung von Dan^{LXX} 6 nicht unproblematisch;[55] Fortschreibungen oder Bearbeitung sind freilich nicht auszuschließen.[56] Wesentlich für die Datierung ist die „positive[n] Einschätzung der Fremdherrschaft"[57]; diese setzt eine entwickelte Form der Erzählung, vor allem ein Rundschreiben und wahrscheinlich auch die Rahmenformulierung VV 1a.28,[58] voraus. In diesen Elementen begegnen zahlreiche Stichwortverbindungen; die Einordnung von Dan^{LXX} 6 in die Vorgeschichte von Dan^{MT} 6 ist chronologisch nicht ohne Schwierigkeiten.[59]

Mit Recht weist ALBERTZ darauf hin, dass „Einzelmotive ... nur in Bezug auf ihre Funktion für das Erzählganze und seine Gesamtintention überlieferungsgeschichtlich sinnvoll verglichen werden [können]."[60] Auszugehen ist von den differierenden Rezeptionsstrategien: Die LXX wendet sich dem König als Adressaten zu. Der MT weist eine innerjüdische Orientierung auf. Die LXX tut alles dafür, um eine Nähe zwischen heidnischem König und jüdischer Diaspora zu erreichen: Dareios wird so positiv wie möglich gezeichnet; es ist kein Verfassungskonflikt, sondern eine persönliche Intrige zweier einzelner Beamter. Daniel ist kein Außenseiter, sondern einer der bevorzugten Beamten, der Freunde des Königs; er verfügt über alle Privilegien. Als Geretteter benennt er die Schuld, ohne den König bleibend zu verurteilen. Der missionarisch-werbende Charakter steht im Vordergrund. Zwar ist auch in MT der König die

---

54 Der typische Sprachgebrauch der LXX ist in Dan^{LXX} 6 zu erkennen; er muss bereits etabliert sein. Will man die Normativität der Übersetzung des Pentateuchs für diese Sprachform nicht aufgeben, muss die Übersetzung von Dan^{LXX} 6 der des Pentateuch in deutlichem Abstand folgen.

55 Vgl. ALBERTZ, Gott 169.

56 Ebd. 159, nimmt vom Bestand von Dan^{LXX} 6* in dieser Zeit jedoch nur V 1a aus.

57 Ebd. 169.

58 Vgl. ebd. 115; als zu knapp muss die Alternative zur Regierungszeit des Ptolemäus VI. Philometer (180–145 v. Chr.) beurteilt werden. Vgl. ALBERTZ, Social Setting 183.

59 Diese Problematik ist nicht an den Ansatz von ALBERTZ gebunden; sie begegnet auch bei anderen Vorschlägen, etwa von MCLAY. Möglich ist freilich, dass Dan^{LXX} 6 in einer Seitenlinie der Textentwicklung steht, vor dem mt Daniel-Buch als Ganzem entstanden ist und dann sekundär in die Übersetzung der LXX aufgenommen wurde. In diesem Fall ist Dan^{LXX} 6 dennoch traditionsgeschichtlich jünger als Dan^{MT} 6. Vgl. zu dieser Vorstellung HAAG; Abschnitt 3.1.3, 45.

60 ALBERTZ, Gott 148.

Hauptfigur und wohlwollend gezeichnet, doch steht Daniel weitaus stärker im Zentrum der Erzählung; ein völlig verändertes Bild wird von dem
Verhältnis zum heidnischen Staat gezeichnet: Es kommt zu einem Konflikt
auf Verfassungsebene. Dieser ist wesentlich schärfer als in der LXX. Im
Hintergrund dürfte die jüdische Selbstvergewisserung angesichts der politischen Unterlegenheit stehen; es ist der Gott des Diaspora-Juden Daniel,
der in seiner Macht Anerkennung finden wird.

Man wird der auf Daniel ausgerichteten Rezeptionsstrategie den chronologischen Vorzug geben müssen; diese Entwicklung hat die größere
Plausibilität:[61] Die Fokussierung auf den König und die Orientierung
an ihm als Adressaten setzen eine voll etablierte Gestalt des Daniel voraus. Nur wenn Daniel selbst keinerlei Rechtfertigung mehr bedarf, nur
wenn er als der vorbildliche Diaspora-Jude Anerkennung gefunden hat,
kann die herausragende und strahlende Auszeichnung des Königs vor
Gott Daniel beinahe in den Schatten stellen, ohne dass ein schiefes Bild
entsteht. Die Tradition des Daniel wird aus der östlichen Diaspora stammen; Dan^LXX 6 richtet sich an der ägyptischen Diaspora von Alexandria
aus.[62] Für eine alte Daniel-Tradition in diesem kulturellen Kontext gibt es
keine Anhaltspunkte.[63] Konsequenzen für die LXX-Fassung insgesamt
ergeben sich dann, wenn die LXX-Fassung genuin mit dieser Rezeptionsstrategie verbunden ist; diese Fragestellung überschreitet die Reichweite
narratologischer Aussagen, aber obige Ausführungen weisen darauf hin.
Die Entscheidungslage ist nicht zwingend. Die Annahme, dass zunächst
die Figur des Daniel im Zentrum steht, und die Ausrichtung am König
demgegenüber sekundär ist, erscheint plausibler.[64]

Die Rezeptionsstrategien setzen unterschiedliche Situationen voraus;
sie lassen sich jedoch nicht eindeutig bestimmten Ereignissen oder historischen Kontexten zuordnen. Aufgrund der wechselvollen Geschichte der
hellenistischen Zeit sind einlinige Entwicklungen nicht wahrscheinlich
zu machen. Die Annahme von ALBERTZ, dass neben der Anciennität und
Verwurzelung von Dan^LXX 4–6* für die Integration in die LXX-Fassung

---

61 In diese Richtung weist auch das Motiv der Löwengrube in seiner je realisierten Form.
    MT bewahrt hier eine reinere, ursprünglichere Form des Ordals, während LXX eine
    Vermischung mit dem Motiv des Götterwettstreits vornimmt. Diese Vermischung
    könnte in der Neuausrichtung der Rezeptionsstrategie gründen.
62 Im Kontext der Situation der jüdischen Bevölkerung in Alexandria erscheint die rekon-
    struierte Rezeptionsstrategie plausibler. Vgl. dazu auch RÖSEL, Aristeas 332; KREUZER,
    Kultur 40.
63 Hinweise finden sich demgegenüber in Ugarit und in Ez; für Ez wird eine vergleichs-
    weise frühe Übersetzung ggf. noch im 3. Jh. v Chr. in Alexandria angenommen. Die
    Textgeschichte des Ez, einschließlich der LXX, wird jedoch ähnlich kontrovers diskutiert
    wie die des Daniel-Buches. Daniel ist in Ez randständig, sodass eine frühe Übersetzung
    von Ez nicht für eine umfassende Etablierung genügen kann.
64 Vgl. aber demgegenüber die Konzeption von MUNNICH, der eine zunehmende Fokus-
    sierung auf Daniel für Dan 2; 4; 5 annimmt. Vgl. Abschnitt 3.2.6, 142.

des Daniel-Buches auch eine inhaltliche Nähe ausschlaggebend war, legt nahe, dass die politische Haltung von Dan^{LXX} 6 zur Zeit der Entstehung von Dan^{LXX} 1–12 zumindest akzeptabel bzw. aktuell war.[65] Damit muss dieser Zeitraum ebenfalls als möglicher Entstehungskontext von Dan^{LXX} 6 gelten.[66]

2. Ist Dan^{LXX} 6 wörtliche Übersetzung einer von pMT abweichenden Vorlage, oder freie Wiedergabe des pMT? Ist Dan^{LXX} 6 in der vorliegenden Gestalt in einer semitischen Sprache denkbar? Die sprachliche Analyse hat deutlich gemacht, dass sich der Text an der gr. Sprache orientiert, ohne sich von seiner traditionsgeschichtlichen Herkunft zu lösen; deutlich ist, dass eine semit. Vorlage im Hintergrund steht. Die Existenz einzelner Elemente, die sich nicht aus dem Semitischen erklären lassen, weist auf eine nicht allzu enge Bindung des Übersetzers an seine Vorlage hin. Auf einen gr. Kontext weist auch die auf den hellenistischen Herrscher ausgerichtete Rezeptionsstrategie der Erzählung hin; die gr. Sprache ist keine conditio sine qua non, aber erscheint als starkes Argument. Man wird daher mit einer freien Übersetzung rechnen dürfen. Auch ist nicht auszuschließen, dass einige Spezifika des LXX-Textes nicht auf den Übersetzer zurückgehen; eine exakte Unterscheidung und Kategorisierung ist nicht möglich.

Man wird vor diesem Hintergrund die LXX als Übertragung einer der pmt Form von Dan^{MT} 6 mit Abstrichen entsprechenden Vorlage verstehen. Der Prozess der Übersetzung erscheint als Neuformulierung, als Tradition in einen anderen kulturellen und politischen Kontext.[67] Vermutlich war Dan 6 in besonderer Weise geeignet, das Anliegen des Übersetzers zum Ausdruck zu bringen; die positive Zeichnung des Darjawesch könnte den Ansatzpunkt für die Orientierung an der Figur des Königs dargestellt haben. Der Text steht noch im Prozess der Tradition; er ist nicht endgültig definiert.[68] Die Übersetzung Dan^{LXX} 1–12 scheint zudem nicht dem

---

65   ALBERTZ, Gott 164, spricht von einem eigenen theologischen Interesse des Übersetzers an Dan^{LXX} 4–6.

66   Mit diesen Überlegungen ist freilich keine Modellbildung für die Textgenese des Daniel-Buches als Ganzem und keine Lösung des Problems der Differenzen von Dan^{LXX} 4–6 gefunden; die Erkenntnisse der narrativen Analyse von Dan^{MT} 6 und Dan^{LXX} 6 legen nahe, von einer größeren Ursprünglichkeit der mt Fassung auszugehen.

67   Vgl. zu dieser Sichtweise etwa KOCH, Danielrezeption 101, „… daß in ihr keine philologische Korrektheit angestrebt wird, sondern eine echte Übertragung der religiösen Botschaft in eine andersartige Sprach-, Denk- und Lebenswelt." Eine ähnliche Perspektive nimmt EGO, Textual Variants im Hinblick auf das Buch Tobit ein: „Textual Variants as a Result of Enculturation".

68   Vgl. dazu TILLY, Rezeption 36, „Die angeführten Beispiele verdeutlichen, dass der Übersetzer von Dan^{LXX} seine hebräisch-aramäische Vorlage offenkundig noch nicht als einen inspirierten (bzw. als Prophetie verstandenen) heiligen Text betrachtete, d. h. als einen Text, der – wie die Tora – auch dort, wo er keinen Sinn zu ergeben schien, als offenbartes Gotteswort galt und dessen Wortlaut deshalb möglichst unverändert

gleichen Trägerkreis wie die mt Fassung zu entstammen; darauf weist zumindest die uneinheitliche Wiedergabe des Begriffes מַשְׂכִּילִים hin.[69] Dieser Verschiebung ist für Dan 6 kein unmittelbares Argument zu entnehmen; möglicherweise ist sie jedoch ein Indiz für ein Ende der Bewegung bzw. für einen Bedeutungsverlust. Ihre Schriften wurden weiter tradiert, aber auch neu akzentuiert. Vor diesem Hintergrund gewinnt eine Umarbeitung oder Entnahme einzelner Teiltexte zusätzlich Plausibilität.

Das Zeugnis des JOSEPHUS mag eine hilfreiche Analogie darstellen; in seiner Wiedergabe von Dan 6 in den Ant spiegeln sich ebenso die Ausrichtung an seinen hellenistischen Adressaten, wie seinen jüdischen Wurzeln. In seiner werbenden Absicht ordnet er den Text auf das römisch-hellenistische Publikum hin; ähnlich wie für Dan^LXX 6 postuliert, zeigt sich hier nachweislich eine Veränderung der Rezeptionsstrategie, die einen Diaspora-Juden im Blick hat, zu einer Rezeptionsstrategie, die ganz auf einen hellenistischen Adressaten der höfischen Gesellschaft, vielleicht auch den König, ausgerichtet ist.[70]

Zusammenfassung Es ist nicht Gegenstand und nicht Anliegen der narratologischen Methode, textgenetische Modelle zu entwickeln und zu bewerten; dennoch können ihre Erkenntnisse Hinweise auf die Textgeschichte liefern. Notwendig ist ein behutsames und zurückhaltendes Vorgehen; ihre Ergebnisse sind nicht zwingend. Die für Dan 6 nachgewiesene unterschiedliche Rezeptionsstrategie lässt sich plausibel mit der Annahme unterschiedlicher historisch-kultureller Situationen erklären; die bestehende Problematik der gegenwärtig vertretenen, divergierenden Modelle zur Genese des Daniel-Buches offenbart auch hier die Subjektivität in der Plausibilitätszumessung. Der Befund der Untersuchung weist – so kann mit aller Vorsicht geschlossen werden – auf ein traditionelleres Verständnis der textgenetischen Prozesse des Daniel-Buches hin. Dan^LXX 6 ist Übertragung einer Dan^MT 6 weitgehend entsprechenden Vorlage. Dieser Befund ermutigt, die Rolle des Übersetzers wieder neu in den Blick zu nehmen; gerade im Bereich der pseudepigraphen Literatur ist er nicht als ein Wort-für-Wort Dolmetscher, sondern als Tradent und Redaktor zu begreifen. Die Übersetzung erweist sich als Teil des Traditions- und Fortschreibungsprozesses.

---

wiederzugeben war. Seine Arbeit zielte nicht darauf ab, den Leser dem Original nahe zu bringen, sondern darauf, das Original dem Leser nahe zu bringen und es in seine Gedankenwelt zu übertragen bzw. den maßgeblichen sprachlichen kulturellen und theologischen Kategorien und Begriffen anzugleichen."

69 Vgl. dazu Abschnitt 3.1.5, 61.

70 Details der inhaltlichen Gestaltung sind problematisch zu bewerten, da die Textgrundlage des JOSEPHUS unklar ist; die grundlegende Tendenz ist jedoch eindeutig. Die Parallelen zwischen der Wiedergabe von Dan 6 in Ant und Dan^LXX 6 sind jedenfalls bemerkenswert.

IV

Ertrag, Perspektiven und Desiderata

Die theologisch-kulturelle Frage nach der Eigenart und Gestaltung der Diasporaexistenz ist mit der textgeschichtlichen Fragestellung nach dem Verhältnis von Dan^{MT} 6 und Dan^{LXX} 6 verwoben.

1. Jede Untersuchung von Dan 6 muss sich mit den Differenzen zwischen *Dan^{MT} und Dan^{LXX} 6* auseinandersetzen. Die Debatten um die Bedeutung der LXX-Fassung für die Textgeschichte des Daniel-Buches schließen eine selbstverständliche Fokussierung auf MT und eine gleichzeitige Ausblendung von LXX abseits textkritischer Fragen aus. Die Erzählung Dan^{LXX} 6 ist in ihrer Eigenständigkeit wahrzunehmen; die narrative Analyse hat das spezifische Profil beider Traditionen hervortreten lassen. In veränderter Situation wird eine neue Botschaft formuliert. Offen muss zunächst bleiben, ob dieser Prozess im semitischen Sprachraum verortet ist, oder mit dem Übersetzungsprozess zusammenfällt.

Das Leben in der *Diaspora* wird in den Textfassungen ähnlich aber unterscheidbar gezeichnet. In ihrem Profil spiegelt sich eine je andere historisch-kulturelle Situation, ohne dass diese exakt bestimmbar wäre.

2. Die Darstellung wichtiger Fragestellungen der Erforschung des Daniel-Buches ist vom Interesse der vorliegenden Untersuchung geleitet. Ein *aktueller Forschungsbericht*, der sich dem Daniel-Buch unter Einbeziehung der von der Tradition der LXX aufgeworfenen Problemlagen widmet, ist ein bleibendes Desideratum.

3. Die Untersuchung will keinen Beitrag zur Diskussion um eine angemessene exegetische *Methodik* leisten; eine vertiefte Auseinandersetzung mit dieser Problematik ist durch die Erfahrung bestimmter Beschränkungen der zunächst angewandten Methode gleichsam „unterwegs" dringlich geworden. Die entfaltete methodische Vorgehensweise ist auf die konkrete Fragestellung ausgerichtet; theoretische Modellbildungen wurden konsultiert, aber nicht in den Vordergrund gestellt. Nicht ein allgemeingültiges Instrumentarium sondern ein begründetes Vorgehen zur Beantwortung einer konkreten Fragestellung wird vorgelegt.

Rückblickend eröffnet der gewählte methodische Ansatz eine interessante Perspektive für die Analyse weiterer (bibl.) Texte und könnte den Weg zu einer *„vergleichenden Narratologie"* weisen und – Verfeinerungen und Anpassungen an den Gegenstand vorausgesetzt – ein nützliches Hilfsmittel zur Untersuchung paralleler Traditionen innerhalb des MT und darüber hinaus darstellen. Als Stärke erscheint die Fähigkeit, Übereinstimmungen und Differenzen eng verbundener Textüberlieferungen systematisch zu erfassen und gleichzeitig einen Rahmen für deren Repräsentation bereit zu halten. Die vergleichende Arbeitsweise sensibilisiert neu für die Frage nach der historischen Dimension der Texte, sodass ggf. eine erneute Verhältnisbestimmung der Überlieferungen erreicht und eine vertiefte Einsicht in textgenetische Prozesse gewonnen werden kann.

Die vergleichende Betrachtung kann darüber hinaus die Leistungsfähigkeit narratologischer Analysekriterien in ihrer Anwendung auf bibl. Texte zeigen; vielleicht trägt sie auf diese Weise zu einer weiteren Schärfung und Präzisierung der analytischen Instrumentarien der Erzähltextanalyse bei.

4.   Analytische Untersuchungen zur *Struktur von Dan*^{LXX} liegen bislang nicht vor und sind ein bleibendes Desideratum. Zahlreiche Beiträge in der Danielforschung gehen der Frage der Kapitelreihenfolge des P 967 und möglicher Ordnungsprinzipien in den Textüberlieferungen der LXX nach, ohne dass umfassende Modellbildungen entwickelt wurden. Im Fokus steht die Frage nach der ursprünglichen Kapitelfolge und nach zugrundeliegenden Ordnungskriterien; eine zentrale Rolle wird u. a. der chronologischen Reihung der Großreiche und der Könige zugesprochen.

5.   Dan^{LXX} 6 zeichnet sich durch eine *biographische Rahmung* (VV 1a.28) aus; die Erzählung präsentiert sich als Ausschnitt einer „Herrscherbiographie". Auftakt ist V 1a die Notiz von seinem Ansehen und seinem Alter (πλήρης ἡμερῶν καὶ ἔνδοξος ἐν γήρει); V 28 schließt die Erzählung mit dem Verweis auf das „Versammeltwerden zu den Vätern" (προσετέθη πρὸς τοὺς πατέρας αὐτοῦ) und der Nennung seines Nachfolgers ab. Anders als in MT ist Dareios – nicht Daniel – am Ende im Blick; Daniels Einsetzung über das Königreich ist V 24 vorgezogen.

6.   Der Ertrag einer *narrativen Analyse* lässt sich nicht in eine „große These" überführen; die Fülle einzelner Aspekte verdichtet sich in bestimmten Erkenntnissen, ohne darin aufzugehen. In den nachfolgenden Thesen spiegeln sich wichtige Wegmarken der Untersuchung, die die Eigenständigkeit der Überlieferungen und deren Deutungen dokumentieren:

   a. In Dan^{MT} 6 und Dan^{LXX} 6 begegnen zwei narrative Repräsentationen der gleichen Handlung. Die Analyse der Knotenpunkte zeigt, dass der gleiche *plot* entfaltet wird. Dennoch handelt es sich um verschiedene Erzählungen; ihre Eigenständigkeit wird wesentlich durch die Zeichnung der Figuren und die Einbindung der Motive erreicht.

   b. Die Eigenart des Konfliktes spiegelt sich in den virulenten Spannungsfeldern. Gemeinsam ist beiden Traditionen, dass erst das gezielte Vorgehen der Beamten den Konflikt aufbrechen lässt; zu Beginn der Erzählungen ist er nicht virulent. Weiter stimmen MT und LXX darin überein, dass nicht-religiöse Motive entscheidend sind: Daniels Religion ist nicht Stein des Anstoßes, sondern Instrument in einer politischen Auseinandersetzung. MT entfaltet den Konflikt um Religion und Staat als einen grundlegenden Konflikt auf Verfassungsebene, LXX als einen persönlichen Konflikt.

c. Besondere Beachtung verdienen die Angaben zur räumlichen Konzeption; ihnen kommt typologischer Charakter zu: Sie rufen weniger die physikalische Vorstellung eines Ortes wach. Bestimmte Personen, Funktionen oder Vollzüge sind mit einem bestimmten Raum verknüpft. Räume sind Begegnungs- und Handlungsräume. Das Obergemach im Haus des Daniel erscheint als der ausschließliche Ort des Gebetes, der Palast des Königs als Ort des Rückzugs während der Nacht, die Löwengrube als Ort des göttlichen Gerichtes. Durch die Bezugnahme auf Jerusalem wird das Gebet des Daniel auf die Gottesverehrung am Jerusalemer Tempel bezogen.

d. Spezifikum der LXX ist die Existenz der biographischen Rahmenformulierungen VV 1a.28; den in ihr enthaltenen Aussagen kommt ein positiv auszeichnender Charakter zu: Durch sie wird Dareios in die Tradition der großen Israeliten gestellt. Sein Ansehen im Alter dient ebenso dem Ausdruck der göttlichen Würdigung wie sein „Versammeltwerden zu den Vätern".

e. In beiden Traditionen ist der König die Hauptperson; in der Stellung des Handlungssouveräns wird er dennoch – gleichsam mit Daniel zusammen – zum Opfer der Beamten. Aufgrund seiner Erfahrung der göttlichen Rettung formuliert er im Rundschreiben die je zentrale Botschaft der Erzählungen.

f. Dem Motiv der „Löwengrube" kommt die herausragende Bedeutung in der Erzählung zu; beide Traditionen entwickeln es in unterschiedlicher Weise. In einer gesetzlichen Bestimmung dient das Werfen in die Löwengrube je als Tatfolgebestimmung; darüber hinaus begegnet es in seiner Einbindung in den narrativen Kontext. Dabei zeigen das Vorgehen, die erkennbaren Erwartungshaltungen sowie flankierende Motive, dass die Vorstellung eines Ordal-Verfahrens im Hintergrund steht. Im MT steht diese Deutung als Ordal ganz im Zentrum; in der LXX ist sie ergänzt um den in der Löwengrube aufscheinenden Machterweis. Es zeigt sich nicht in erster Linie Schuld oder Unschuld des Daniel, sondern Macht oder Ohnmacht der Gottheit zu retten; durch die göttliche Rettermacht wird das Verhalten Daniels legitimiert und seine Unschuld erwiesen.

g. Mit der Redeweise von den „handgefertigten Götter(bilder)n" disqualifiziert Dareios die im Reich verehrten Gottheiten zu menschlichem Machwerk und spricht ihnen jegliche Geschichtsmächtigkeit ab. Die Terminologie knüpft an die bibl. Götzenpolemik und an das Götzenverbot im Dekalog in seiner LXX-Fassung an.

h. Im Rundschreiben kommt es zu einer Bündelung der zentralen Aspekte der Texte. Unmittelbar vor dem Ende konstituiert die Reaktion des Königs auf das Geschehen den Höhepunkt der Erzählung. Er formuliert jeweils die entscheidende Botschaft von der in der Rettung Daniels dokumentierten Geschichtsmächtigkeit Gottes. Die Anerkennung des Gottes des Daniel ist in MT wesentlich politisch bestimmt, in der LXX steht das religiöse Bekenntnis zu dessen Überlegenheit gegenüber den heidnischen Göttern im Vordergrund. Dareios wendet sich von den Reichsgöttern ab und dem Gott des Daniel zu; er bekehrt sich.

i. Wesentlich ist die Erkenntnis, dass Daniel nicht die zentrale Figur ist. Als herausgehobene Nebenfigur kommt ihm eine wichtige Funktion für die Erzählung zu; er ist dem König – in der LXX noch deutlicher als in MT – zugeordnet. Zugleich erscheint er als besonderer Sympathieträger. Seine herausragende Qualifikation und sein vorbildliches Verhalten sind allseits anerkannt. Formal steht er in einer Opposition zu den Beamten; er erweist sich aber letztlich als Gegenüber des Königs, durch das dieser zu einer Anerkenntnis des Gottes des Daniel gelangt. An ihm und seinem Tun als Beispiel entfaltet sich die allgemeinere Fragestellung nach dem Wesen Gottes; in seiner Zeichnung als Sympathieträger zeigt sich die Position des Erzählers. Letztlich hat er jedoch gegenüber dem König eine untergeordnete, dienende Funktion; durch ihn gelangt der König zur Formulierung des entscheidenden Rundschreibens.

j. Der Gott des Daniel steht zu seinem Diener in einer untrennbaren Beziehung; die grammatikalisch wechselseitige Bestimmung macht ihre enge Verbindung deutlich. Er ist das Gegenüber der rituellen Verehrung durch Daniel und Garant seines Erfolgs; vor allem aber rettet er Daniel in der Löwengrube. Durch sein bewahrendes Handeln erweist er sich als geschichtsmächtiger und wirksamer, ja als „lebendiger" Gott. Diese Erkenntnis entfaltet der heidnische König je eigenständig im Rundschreiben. Bemerkenswert ist die terminologische Differenzierung in der LXX, die überraschend den Begriff (ὁ) κύριος gebraucht und damit den Gott des Daniel eindeutig als den Gott Israels identifiziert.

k. Die Zeichnung des Staatswesens ist grundlegend positiv; dem negativen Bild der Beamten steht die Würdigung des Königs gegenüber. Die LXX zeichnet ihn gar als herausragende Herrschergestalt vor dem Gott Israels. Nur durch die gezielte Intervention der Beamten wird der Konflikt der Erzählung herbeigeführt; in beiden Traditionen geht es nicht um das Gebet des Daniel, sondern um staatliche bzw. verwaltungsorganisatorische Fragestellungen. Die religiöse Dimension ist Ergebnis der politischen Instrumentalisierung des Gebets. Vor stets möglichen Gefährdungen des Lebens in einer Diasporaexistenz verschließen die Texte nicht ihre Augen; sie verweisen auf die Geschichtsmächtigkeit Gottes, die auch die heidnischen Könige anerkennen werden. Daniel distanziert sich nicht von seiner Einbindung in den fremden Staat und seine Kultur.

7. Auch in der Analyse der *Spannungsfelder* zeigt sich die Unterschiedenheit von MT und LXX. MT stellt die staatspolitische Dimension des Geschehens in den Vordergrund: Der Konflikt der Erzählung spannt sich zwischen dem „Gesetz" der Meder und Perser und dem Gesetz des Gottes des Daniel auf; er erscheint auf diese Weise als grundlegender Verfassungskonflikt. Die Konkurrenz religiöser Vorstellungen ist nur zurückgenommen präsent. Das Rundschreiben hat politischen Charakter: Der Gott des Daniel ist als Gott anzuerkennen; seine Verehrung ist legitime Praxis. Die LXX dagegen stellt den religiösen Aspekt in den Vordergrund: Das Rundschreiben ist ein persönliches und religiöses Bekenntnis, das den Gott des Daniel über die handgefertigten Götter des Reiches erhebt. Die Konkurrenz zwischen der Religion des Reiches und der des Daniel erweist sich im Rundschreiben als die leitende Fragestellung und wird zugunsten des Gottes des Daniel aufgelöst. Demgegenüber ist der Konflikt im individuellen Verhalten der Handlungsträger begründet; die grundlegende und verfassungsrechtliche Dimension ist der LXX fremd.

8. Die narrative Analyse hat deutlich gemacht, dass eine Neubestimmung der *Gattung* vorzunehmen ist, die der Fokussierung der Erzählungen auf die Figur des Königs Rechnung trägt; eine Übertragung der Erkenntnisse von MT auf LXX ist nicht statthaft. Dan^MT 6 ist als „short story" mit lehrhaftem Charakter, Dan^LXX 6 als Bekehrungserzählung zu bestimmen.

9. Ergänzt man die narrative Analyse um eine Betrachtung der *Transparenzen und Identifikationsmöglichkeiten*, zeigen sich unterschiedliche Rezeptionsstrategien. MT hat Diaspora-Juden als bevorzugten Rezipienten vor Augen; die LXX wendet sich einem hellenistischen Adressaten, dem König, zu. Während MT die Botschaft von der universalen Göttlichkeit des Gottes des Daniel und der Anerkennung seiner politischen Macht durch den heidnischen König verkündet, wirbt die LXX bei einem heidnischen

König um dessen Hinwendung und Sympathie für das Judentum und für seinen Gott, der den handgefertigten Göttern überlegen ist.

10. Wesentlich für die Zukunft der exegetischen Methodendiskussion ist es, die *Grenzen der je angewandten Vorgehensweise* zu reflektieren und anzuerkennen. Die vergleichende narratologische Untersuchung der Texttraditionen und ihre Ergebnisse haben Relevanz für textgeschichtliche Überlegungen; sie sind jedoch nicht geeignet, die literar- und überlieferungsgeschichtliche Erforschung der Texte zu ersetzen. In dieser Selbstbeschränkung ist der Beitrag zum Dialog mit anderen Herangehensweisen zu leisten. Die Argumentation kann ausschließlich – und hier liegt eine gewichtige Einschränkung – von den vorliegenden Textfassungen in ihrer textkritisch bereinigten Form ausgehen. Frühere Überlieferungsstufen sind mit der angewandten Methodik nicht greifbar.

11. Aufgrund der vorliegenden Untersuchungsergebnisse kann kein textgenetisches Modell generiert werden; es ergeben sich jedoch interessante *Perspektiven*: Mit aller Vorsicht wird man die Ergebnisse der narratologischen Untersuchung dahingehend auswerten dürfen, dass Dan^{LXX} 6 als eine freie, aber zielgerichtete Übertragung einer Dan^{MT} 6 weitgehend entsprechenden Vorlage zu verstehen ist. Eine Notwendigkeit, das Modell des kontextgebundenen Verständnisses aufzugeben, zeigt sich für Dan^{LXX} 6 nicht; der Text ist auf die gr. Sprache hin orientiert und in ihrem Kontext zu verstehen.

12. Die Freiheit des Übersetzers ist nicht Beliebigkeit: Die positive Sichtweise des Königs in der Vorlage wird aufgegriffen und weitergeführt. Das in der Forschungsgeschichte formulierte Verdikt über die Tradition von Dan^{LXX} 6 resultiert aus einem einseitigen Verständnis von Übersetzer, Text und Tradition. Die Festlegung der Vorstellung von Übersetzung auf eine treue Übersetzung führt dazu, dass der Übersetzer ganz vom Redaktor und Tradenten geschieden wird. Dagegen ist im Bereich der (pseudepigraphen) Traditionsliteratur mit *Traditions- und Redaktionsprozessen* zu rechnen, die die *Sprachgrenze überschreiten*. Der Übersetzer ist nicht nur ein nach Norm fachgerecht arbeitender Handwerker, er ist zugleich schöpferischer Theologe. Er überträgt den Text in eine neue Situation und bringt mit ihm eine neue Botschaft zur Sprache: Die Übersetzung ist als eigenständiger Text zu begreifen.

V

Anhang

Abkürzungsverzeichnis

Abkürzungen …

- von Zeitschriften und Reihen nach: SCHWERTNER, SIEGFRIED (Hrsg.), Internationales Abkürzungsverzeichnis für Theologie und Grenzgebiete. Zeitschriften, Serien, Lexika, Quellenwerke mit bibliographischen Angaben. Berlin u.a.: ²1992

- der bibl., außerkanonischen und sonstigen antiken Schriften (ausgenommen die aram. Qumrantexte) nach: BALZ, HORST/SCHNEIDER, GERHARD (Hrsg.), Exegetisches Wörterbuch zum Neuen Testament. 3 Bände. Stuttgart u.a.: ²1992

- der aram. Qumrantexte nach: BEYER, KLAUS, Die aramäischen Texte vom Toten Meer samt den Inschriften aus Palästina, dem Testament Levis aus der Kairoer Genisa, der Fastenrolle und den alten talmudischen Zitaten. Aramaistische Einleitung, Text, Übersetzung, Deutung, Grammatik/Wörterbuch, deutsch-aramäische Wortliste, Register (ATTM 1). Göttingen: 1984

Hochgestellte Abkürzungen in Verbindung mit der Abkürzung für ein bibl. Buch bezeichnen die konkret angesprochene Textüberlieferung. Die in den Fußnoten verwendete Kurznotation wird durch die im Literaturverzeichnis angegebenen Kürzel sowie die folgenden Abkürzungen definiert. Allgemein gebräuchliche Abkürzungen sind nicht aufgeführt; sie richten sich nach dem DUDEN. Die deutsche Rechtschreibung (Duden Band 1). Hrsg. v. der Dudenredaktion. Mannheim u. a.: ²⁴2006.

Weitere Abkürzungen:

A	Aquila
akk.	akkadisch
Ant	Antiquitates Judaicae
AO, ao	Alter Orient, altorientalisch
Aor.	Aorist
Aram., aram.	Aramäisch, aramäisch
Art.	Artikel
AT, atl	Altes Testament, alttestamentlich
BA, ba	Biblisch-Aramäisch, biblisch-aramäisch
B¹⁹, L	Codex Leningradensis
BCE	v. Chr.
Bell	De Bello Judaico
BelDr	Bel und der Drache = Dan 14
bibl.	biblisch
bzgl.	bezüglich
CBL	Calwer Bibellexikon
DAE	Documents Araméens d'Égypte: GRELOT
Db	Daniel-Buch
dtr	deuteronomistisch
Erz.	Erzählung
et al	et alii, und andere
EÜ	Einheitsübersetzung

fem.	feminin
G	Septuaginta
Gr., gr., griech.	Griechisch, griechisch
HTAT	Historisches Textbuch zum Alten Testament: WEIPPERT
haf.	Hafʿel
Hebr., hebr.	Hebräisch, hebräisch
i. e.	id est
Impf.	Imperfekt
insbes.	insbesondere
Ind.	Indikativ
Kl	Klagelieder
LXX, A, θ	Septuaginta, Aquila, Theodotion
mask.	maskulin
M	Masoretischer Text
MT, mt	Masoretischer Text (nach BHS), masoretisch
NS	Nominalsatz
NT, ntl	Neues Testament, neutestamentlich
o'	Old Greek, Septuaginta
o. g.	oben genannt
OG	Old Greek, Septuaginta
OT	Old Testament
P	Peschitta
Part.	Partizip
Pers.	Person
Pl.	Plural
pMT, pmt	protomasoretischer Text, protomasoretisch
RA, ra	Reichsaramäisch, reichsaramäisch
resp.	respektive
Rez.	Rezension
S	Peschitta
semit.	semitisch
Sg.	Singular
sog.	so genannt
SWB	Sozialgeschichtliches Wörterbuch zur Bibel
Syh	Syrohexapla
stat. abs.	Status absolutus
stat. det.	Status determinatus
stat. cstr.	Status constructus
stat. emph.	Status emphaticus
Sus	Susanna
TAD	Textbook of Aramaic Documents from Ancient Egypt: PORTEN / YARDENI
Th	Theodotion
theol.	theologisch
TUAT	Texte aus der Umwelt des Alten Testaments
Omn Prob Lib	Quod omnis probus liber sit (Philo von Alexandrien)
V, VV	Vers, Verse
v. l.	varia lectio
Vg	Vulgata
Vis.	Vision
VS	Verbalsatz
WUB	Welt und Umwelt der Bibel
θ	Theodotion
ψ	Psalm

Literaturverzeichnis

Adam, Alfred; Burchard, Christoph (Hrsg.): Antike Berichte über die Essener (KlT 182). Berlin: ²1998 (= ADAM, Antike Berichte)

Adrados, Francisco: Geschichte der griechischen Sprache. Von den Anfängen bis heute. Tübingen u.a.: 2002 (= ADRADOS, Geschichte)

Aejmelaeus, Anneli: Übersetzung als Schlüssel zum Original. In: On the Trail of the Septuagint Translators. Collected Essays. Hrsg. v. Aejmelaeus, Anneli. Kampen: 1993, 150–165 (= AEJMELAEUS, Übersetzung)

Ahn, Gregor: Religiöse Herrscherlegitimation im Achämenidischen Iran. Die Voraussetzungen und die Struktur ihrer Argumentation (Acta Iranica 31). Leiden u.a.: 1992 (= AHN, Herrscherlegitimation)

Albani, Matthias: Daniel. Traumdeuter und Endzeitprophet (Biblische Gestalten 21). Leipzig: 2010 (= ALBANI, Daniel)

Albertz, Rainer: Der Gott des Daniel. Untersuchungen zu Daniel 4–6 in der Septuagintafassung sowie zu Komposition und Theologie des aramäischen Danielbuches (SBS 131). Stuttgart: 1988 (= ALBERTZ, Gott)

―――― The Social Setting of the Aramaic and Hebrew Book of Daniel. In: The Book of Daniel. Composition and Reception (VT.S 83,1). Hrsg. v. Collins, John/Flint, Peter. Leiden u.a.: 2001, 171–204 (= ALBERTZ, Social Setting)

―――― Wieviel Pluralismus kann sich eine Religion leisten? Zum religionsinternen Pluralismus im alten Israel. In: Pluralismus und Identität (Veröffentlichungen der Wissenschaftlichen Gesellschaft für Theologie 8). Hrsg. v. Mehlhausen, Joachim. Gütersloh: 2001, 193–213 (= ALBERTZ, Pluralismus)

―――― Muss die exklusive Gottesverehrung gewalttätig sein? Israels steiniger Weg zum Monotheismus. In: With Wisdom as a Robe. Qumran and Other Jewish Studies in Honour of Ida Fröhlich. Hrsg. v. Dobos, Károl/Kőszeghy, Miklós. Sheffield: 2009, 23–40 (= ALBERTZ, Gottesverehrung)

Albrecht, Felix: Die Septuaginta. Einführung und Forschungsstand. In: BN 148 (2011), 35–66 (= ALBRECHT, Septuaginta)

Alexander, Philip: Remarks on Aramaic Epistolography in the Persian Period. In: JSSt 23 (1978), 155–170 (= ALEXANDER, Epistolography)

Alfrink, Bernard: L'Expression נֶאֱסַף אֶל־עַמָּיו. In: OTS 5 (1948), 118–131 (= ALFRINK, Expression)

Allrath, Gaby: „But why *will* you say that I am mad?" Textuelle Signale für die Ermittlung von *unreliable narration*. In: Unreliable Narration. Studien zur Theorie und Praxis unglaubwürdigen Erzählens in der englischsprachigen Erzählliteratur. Hrsg. v. Nünning, Ansgar. Trier: 1998, 59–79 (= ALLRATH, Signale)

Alt, Albrecht: Die Ursprünge des israelitischen Rechts. In: Kleine Schriften zur Geschichte des Volkes Israel (Band 1). Hrsg. v. Noth, Martin. München: ⁴1968, 278–332 (= ALT, Ursprünge)

Anderson, Jeff: The Social Function of Curses in the Hebrew Bible. In: ZAW 110 (1998), 223–237 (= ANDERSON, Social Function)

Arnold, Bill: Wordplay and Narrative Techniques in Daniel 5 and 6. In: JBL 112 (1993), 479–485 (= ARNOLD, Wordplay)

Ashley, Timothy: The Book of Daniel Chapters I–VI. Text, Versions and Problems of Exegesis. Dissertation, Faculty of Divinity, University of St. Andrews: 1975 (= ASHLEY, Book of Daniel)

Asmussen, Hans-Georg: Daniel. Prophet oder Fälscher. Eine historisch-kritische und literar-historische Untersuchung. Heide: 1981 (= ASMUSSEN, Daniel)

Assmann, Jan: Art. Reden und Schweigen. In: LÄ 5 1984, 195–201 (= ASSMANN, Art. Reden und Schweigen)

—— Die mosaische Unterscheidung. Oder der Preis des Monotheismus. München: 2003 (= ASSMANN, Unterscheidung)

Asurmendi, Ruiz: El libro de Daniel en la investigación reciente. In: EstB 55 (1997), 509–540 (= ASURMENDI, Investigacion)

Bachorz, Stephanie: Zur Analyse der Figuren. In: Einführung in die Erzähltextanalyse. Kategorien, Modelle, Probleme (WVT-Handbücher zum Literaturwissenschaftlichen Studium 6). Hrsg. v. Wenzel, Peter. Trier: 2004, 51–67 (= BACHORZ, Analyse)

Backhaus, Knut: Spielräume der Wahrheit. In: Historiographie und fiktionales Erzählen. Zur Konstruktivität in Geschichtstheorie und Exegese (BThSt 86). Hrsg. v. Backhaus, Knut/Häfner, Gerd. Neukirchen-Vluyn: 2007, 1–29 (= BACKHAUS, Spielräume)

Backhaus, Knut/Häfner, Gerd (Hrsg.): Historiographie und fiktionales Erzählen. Zur Konstruktivität in Geschichtstheorie und Exegese (BThSt 86). Neukirchen-Vluyn: 2007 (= BACKHAUS/HÄFNER, Historiographie)

Bal, Mieke: Narratology. Introduction to the Theory of Narrative. Translation of: De theorie van vertellen en verhalen. Toronto u.a.: 1946 (= BAL, Narratology)

Baltrusch, Ernst: An den Rand gedrängt. Altersbilder im Klassischen Athen. In: Am schlimmen Rand des Lebens? Altersbilder in der Antike. Hrsg. v. Gutsfeld, Andreas/Schmitz, Winfried. Köln u.a.: 2003, 57–86 (= BALTRUSCH, Rand)

Balz, Horst: Anonymität und Pseudepigraphie im Urchristentum. Überlegungen zum literarischen und theologischen Problem der urchristlichen und gemeinantiken Pseudepigraphie. In: ZThK 66 (1969), 403–436 (= BALZ, Anonymität)

—— Art. λατρεύω. In: EWNT 2 1992, 848–852 (= BALZ, Art. λατρεύω)

Balz, Horst/Schneider, Gerhard (Hrsg.): Exegetisches Wörterbuch zum Neuen Testament. 3 Bände. Stuttgart u.a.: ²1992

Bar-Efrat, Shimon: Die Erzählung in der Bibel. In: Lesarten der Bibel. Untersuchungen zu einer Theorie der Exegese des Alten Testaments. Hrsg. v. Utzschneider, Helmut/Blum, Erhard. Stuttgart: 2006, 97–116 (= BAR-EFRAT, Erzählung)

—— Wie die Bibel erzählt. Alttestamentliche Texte als literarische Kunstwerke verstehen. Aus dem Englischen übersetzt von Kerstin Menzel. Bearbeitet von Thomas Naumann. Hebräische Originalausgabe: Die Gestaltung der biblischen Erzählung (1979), englische Übersetzung: Narrative Art in the Bible: New York u.a. 1989. Gütersloh: 2006 (= BAR-EFRAT, Bibel)

Barclay, John: Who Was Considered an Apostate in the Jewish Diaspora. In: Tolerance and Intolerance in Early Judaism and Christianity. Hrsg. v. Stanton, Graham/Stroumsa, Guy. Cambridge: 2008, 80–98 (= BARCLAY, Apostate)

Barr, James: Aramaic-Greek Notes on the Book of Enoch (I). In: JSS 23 (1978), 184–198 (= BARR, Notes)

Bauer, Dieter: Das Buch Daniel (NSK.AT 22). Stuttgart: 1996 (= BAUER, Daniel)

Bauer, Hans/Leander, Pontus: Grammatik des Biblisch-Aramäischen. 2. unveränderter Nachdruck der Ausgabe Halle/Saale 1927. Hildesheim u.a.: 1969 (= Bauer/Leander, Grammatik)

Bauer, Walter; Aland, Kurt/Aland, Barbara (Hrsg.): Griechisch-deutsches Wörterbuch zu den Schriften des Neuen Testaments und der frühchristlichen Literatur. 6., völlig neu bearbeitete Auflage im Institut für neutestamentliche Textforschung unter besonderer Mitwirkung von Viktor Reichmann. Berlin u.a.: ⁶1988 (= BAUER, Wörterbuch)

Baumgartner, Walter: Ein Vierteljahrhundert Danielforschung. In: ThR 11 (1939), 59–83.125–144.201–228 (= BAUMGARTNER, Danielforschung)

Beck, Ulrich: Der eigene Gott. Von der Friedensfähigkeit und dem Gewaltpotential der Religionen. Frankfurt am Main u.a.: 2008 (= BECK, Gott)

Becker, Eve-Marie: Was ist ›Kohärenz‹? Ein Beitrag zur Präzisierung eines exegetischen Leitkriteriums. In: ZNW 94 (2003), 97–121 (= BECKER, Kohärenz)

Becker, Joachim: 1Chronik (NEB 18). Würzburg: 1986 (= BECKER, 1Chronik)

Becker, Uwe: Exegese des Alten Testaments. Ein Methoden- und Arbeitsbuch. Tübingen: ³2011 (= BECKER, Exegese)

Becking, Bob: "A Divine Spirit is in You": Notes on the Translation of the Phrase rûªḥ ᵓᵉlahîn in Dan 5,14 and Related Texts. In: The Book of Daniel in the Light of New Findings (BEThL 106). Hrsg. v. van der Woude, Adam. Leuven: 1993, 515–519 (= BECKING, Notes)

Begg, Christopher: Angels in the Work of Flavius Josephus. In: Angels. The Concept of Celestial Beings – Origins, Development and Reception (Deuterocanoncial and Cognate Literature Yearbook 2007). Hrsg. v. Reiterer, Friedrich et al. Berlin u.a.: 2007, 525–536 (= BEGG, Angels)

Bendlin, Andreas: Art. Herrscherkult II. Griechisch-römische Antike 1. Griechisch. In: RGG⁴ 3 2000, 1692–1693 (= BENDLIN, Art. Herrscherkult)

Bentzen, Aage: Daniel 6. Ein Versuch zur Vorgeschichte der Märtyrerlegende. In: Festschrift Alfred Bertholet zum 80. Geburtstag. Hrsg. v. Baumgartner, Walter et al. Tübingen: 1950, 58–64 (= BENTZEN, Märtyrerlegende)

—— Daniel (HAT Erste Reihe 19). Tübingen: ²1952 (= BENTZEN, Daniel)

Bergmann, Claudia: The Ability/Inability to Eat: Determining Life and Death in Bel et Draco. In: JSJ 35 (2004), 262–283 (= BERGMANN, Ability)

—— Idol Worship in Bel and the Dragon and Other Jewish Literature from the Second Temple Period. In: Septuagint Research. Issues and Challenges in the Study of the Greek Jewish Scriptures (Society of Biblical Literature Septuagint and Cognate Studies Series 53). Hrsg. v. Kraus, Wolfgang/Wooden, Glenn. Atlanta: 2006, 207–223 (= BERGMANN, Idol Worship)

Bergmann, Ulrich: Art. נצל. In: THAT 2 1976, 96–99 (= BERGMANN, Art. נצל)

Bergmeier, Roland: Die Essener-Berichte des Flavius Josephus. Quellenstudien zu den Essenertexten im Werk des jüdischen Historiographen. Kampen: 1992 (= BERGMEIER, Essener-Berichte)

Bergsma, John: Cultic Kingdoms in Conflict in the Book of Daniel. In: Liturgy and Empire 5 (2009), 51–76 (= BERGSMA, Cultic Kingdoms)

Berlejung, Angelika: Die Theologie der Bilder. Herstellung und Einweihung von Kultbildern in Mesopotamien und die alttestamentliche Bilderpolemik (OBO 162). Fribourg u.a.: 1998 (= BERLEJUNG, Theologie der Bilder)

Berlejung, Angelika/Frevel, Christian (Hrsg.): Handbuch theologischer Grundbegriffe zum Alten und Neuen Testament. Darmstadt: 2006

Betz, Hans et al (Hrsg.): Religion in Geschichte und Gegenwart. Handwörterbuch für Theologie und Religionsgeschichte. 9 Bände. Tübingen: ⁴1998–2007

Betz, Otto: Art. Essener und Therapeuten. In: TRE 10 1982, 386–391 (= BETZ, Art. Essener und Therapeuten)

—— Art. Essener. In: CBL 1 2003, 323–324 (= BETZ, Art. Essener)

—— Art. ἐξουσία. In: TBLNT 2005, 1184–1188 (= BETZ, Art. ἐξουσία)

Betz, Otto et al (Hrsg.): Calwer Bibellexikon. Stuttgart: 2003

Beyer, Hermann: Art. εὐλογέω κτλ. In: ThWNT 2 1935, 751–763 (= BEYER, Art. εὐλογέω)

Beyer, Klaus: Die aramäischen Texte vom Toten Meer samt den Inschriften aus Palästina, dem Testament Levis aus der Kairoer Genisa, der Fastenrolle und den alten talmudischen Zitaten. Aramaistische Einleitung, Text, Übersetzung, Deutung, Grammatik/Wörterbuch, deutsch-aramäische Wortliste, Register (ATTM 1). Göttingen: 1984 (= ATTM 1)

——— Woran erkennt man, daß ein griechischer Text aus dem Hebräischen oder Aramäischen übersetzt ist? In: Studia semitica necnon iranica. Hrsg. v. Macuch, Maria et al. Wiesbaden: 1989, 21–31 (= BEYER, Text)

——— Die aramäischen Texte vom Toten Meer samt den Inschriften aus Palästina, dem Testament Levis aus der Kairoer Genisa, der Fastenrolle und den alten talmudischen Zitaten. Aramaistische Einleitung, Text, Übersetzung, Deutung, Grammatik/Wörterbuch, deutsch-aramäische Wortliste, Register (ATTM 2). Göttingen: 2004 (= ATTM 2)

Beyer, Klaus/Kottsieper, Ingo: Art. אמן. In: ThWAT 9 2001, 47–49 (= BEYER/KOTTSIEPER, Art. אמן)

Beyerle, Stefan: Joseph und Daniel – Zwei „Väter" am Hofe eines fremden Königs. In: Verbindungslinien. Festschrift für Werner H. Schmidt zum 65. Geburtstag. Hrsg. v. Graupner, Axel et al. Neukirchen-Vluyn: 2000, 1–18 (= BEYERLE, Joseph)

——— The Book of Daniel and Its Social Setting. In: The Book of Daniel. Composition and Reception (VT.S 83,1). Hrsg. v. Collins, John/Flint, Peter. Leiden u.a.: 2001, 205–228 (= BEYERLE, Social Setting)

——— Die Gottesvorstellungen in der antik-jüdischen Apokalyptik (JSJS 103). Leiden u.a.: 2005 (= BEYERLE, Gottesvorstellungen)

Beyse, Karl-Martin: Art. עצם. In: ThWAT 6 1987, 326–332 (= BEYSE, Art. עצם)

Bickerman, Elias: Four Strange Books of the Bible. Jonah / Daniel / Koheleth / Esther. New York: 1967 (= BICKERMAN, Strange Books)

——— The Septuagint as a Translation. In: Studies in Jewish and Christian History. Part One (AGJU 9). Hrsg. v. Bickerman, Elias. Leiden u.a.: 1976, 167–200 (= BICKERMAN, Septuagint)

Bieberstein, Klaus: Geschichten sind immer fiktiv – mehr oder minder. Warum das Alte Testament fiktional erzählt und erzählen muss. In: BiLi 75 (2002), 4–13 (= BIEBERSTEIN, Geschichten)

Bietenhard, Hans: Art. κύριος. In: TBLNT 2005, 926–933 (= BIETENHARD, Art. κύριος)

Bin-Nun, Soshana: Formulas from Royal Records of Israel and of Judah. In: VT 18 (1968), 414–432 (= BIN-NUN, Formulas)

Die Bibel. Altes und Neues Testament. Einheitsübersetzung. Hrsg. im Auftrag der Bischöfe Deutschlands, Österreichs, der Schweiz, des Bischofs von Luxemburg, des Bischofs von Lüttich, des Bischofs von Bozen-Brixen. Für die Psalmen und das Neue Testament auch im Auftrag des Rates der Evangelischen Kirche in Deutschland und des Evangelischen Bibelwerks in der Bundesrepublik Deutschland. Freiburg im Breisgau: 1980

Blass, Friedrich/Debrunner, Albert: Grammatik des neutestamentlichen Griechisch. Bearbeitet von Friedrich Rehkopf. Göttingen: [18]2001 (= BLASS/DEBRUNNER, Grammatik)

Bludau, August: Die Alexandrinische Übersetzung des Buches Daniel und ihr Verhältniss zum Masorethischen Text (Biblische Studien 2). Freiburg im Breisgau: 1897 (= BLUDAU, Alexandrinische Übersetzung)

Blum, Hartmut: Purpur als Statussymbol in der Griechischen Welt (Antiquitas. Abhandlungen zur Alten Geschichte 47). Bonn: 1998 (= BLUM, Purpur)

Boccaccini, Gabriele: Beyond the Essene Hypothesis. The Parting of the Ways between Qumran and Enochic Judaism. Grand Rapids u.a.: 1998 (= BOCCACCINI, Essene Hypothesis)

Böcher, Otto: Art. πλανάω. In: EWNT 3 1983, 233–238 (= BÖCHER, Art. πλανάω)

Bogaert, Pierre-Maurice: Relecture et refonte historicisantes du livre de Daniel attestées par la première version grecque (Papyrus 967). In: Congrès de Strasbourg (1983). Études sur le Judaïsme hellénistique (LeDiv 119). Hrsg. v. Kuntzmann, Raymond/Schlosser, Jacques. Paris: 1984, 197–224 (= BOGAERT, Relecture)

Bons, Eberhard: Die Rede von Gott in den Psalmen^LXX. In: Im Brennpunkt: Die Septuaginta. Band 3: Studien zur Theologie, Anthropologie, Ekklesiologie, Eschatologie und Liturgie der Griechischen Bibel (BWANT 174). Hrsg. v. Fabry, Heinz-Josef/Böhler, Dieter. Stuttgart: 2007, 182–202 (= BONS, Rede von Gott)

Boogaart, Thomas: Daniel 6: A Tale of Two Empires. In: RefR(H) 39 (1986), 106–112 (= BOOGAART, Daniel 6)

Bornhäuser, Karl: Die Gebeine der Toten. Ein Beitrag zum Verständnis der Anschauungen von der Totenauferstehung zur Zeit des Neuen Testaments (BFChTh 26). Gütersloh: 1921 (= BORNHÄUSER, Gebeine)

Botterweck, Johannes: Art. אֲרִי. In: ThWAT 1 1973, 404–418 (= BOTTERWECK, Art. אֲרִי)

Botterweck, Johannes et al (Hrsg.): Theologisches Wörterbuch zum Alten Testament. 10 Bände. Stuttgart u.a.: 1973ff

Boyd-Taylor, Cameron: In a Mirror, Dimly–Reading the Septuagint as a Document of Its Times. In: Septuagint Research. Issues and Challenges in the Study of the Greek Jewish Scriptures (Society of Biblical Literature Septuagint and Cognate Studies Series 53). Hrsg. v. Kraus, Wolfgang/Wooden, Glenn. Atlanta: 2006, 15–31 (= BOYD-TAYLOR, Mirror)

Brandt, Hartwin: Wird auch silbern mein Haar. Eine Geschichte des Alters in der Antike. München: 2002 (= BRANDT, Geschichte des Alters)

Branson, Woodard: Literary Strategies and Authorship in the Book of Daniel. In: JETS 37 (1994), 39–53 (= BRANSON, Literary Strategies)

Braun, Herbert: Art. πλανάω κτλ. In: ThWNT 6 1959, 230–254 (= BRAUN, Art. πλανάω)

Brenner, Athalya: Colour Terms in the Old Testament (JSOT.S 21). Sheffield: 1982 (= BRENNER, Colour Terms)

Bringmann, Klaus: Judentum und Hellenismus. In: Kulturgeschichte des Hellenismus. Von Alexander dem Großen bis Kleopatra. Hrsg. v. Weber, Gregor. Stuttgart: 2007, 242–259 (= BRINGMANN, Judentum)

Brockington, Leonard: The Problem of Pseudonymity. In: JThS 4 (1953), 15–22 (= BROCKINGTON, Problem of Pseudonymity)

Brox, Norbert: Falsche Verfasserangaben. Zur Erklärung der frühchristlichen Pseudepigraphie (SBS 79). Stuttgart: 1975 (= BROX, Vefasserangaben)

Bruce, Frederick: Josephus and Daniel. In: ASTI 4 (1965), 148–162 (= BRUCE, Josephus)

—— The Oldest Greek Version of Daniel. In: Instruction and Interpretation. Studies in Hebrew Language, Palestinian Archaeology and Biblical Exegesis (OTS 20). Hrsg. v. Brongers, Hendrik et al. Leiden: 1977, 22–40 (= BRUCE, Oldest Greek)

Brunner-Traut, Emma: Art. Schweiger. In: LÄ 5 1984, 759–762 (= BRUNNER-TRAUT, Art. Schweiger)

Büchsel, Friedrich: Art. εἴδωλον κτλ. In: ThWNT 2 1935, 373–377 (= BÜCHSEL, Art. εἴδωλον)

Bulman, James: The Identification of Darius the Mede. In: WThJ 35 (1973), 247–267 (= BULMAN, Identification)

Bultmann, Rudolph: Art. ζάω κτλ. A. ζωή im griechischen Sprachgebrauch. In: ThWNT 2 1935, 833–844 (= BULTMANN, Art. ζάω)

Buth, Randall: Word Order in Aramaic from the Perspectives of Functional Grammar and Discourse Analysis. Dissertation, University of California: 1987 (= BUTH, Word Order)

—— Word Order in the Aramaic Narratives of Daniel from the Perspectives of Functional Grammar and Discourse Analysis. In: Occasional Papers in Translation and Textlinguistics 1 (1987), 3–12 (= BUTH, Word Order in the Aramaic Narratives)

Buth, Randall: ʾĕdayin/tote–Anatomy of a Semitism in Jewish Greek. In: Maarav 5–6 (1990), 33–48 (= BUTH, Anatomy)

Cassin, Elena: Daniel dans la «fosse» aux lions. In: Le semblable et le différent. Symbolismes du pouvoir dans le proche-orient ancient. Hrsg. v. Cassin, Elena. Paris: 1987, 131–166 (= CASSIN, Daniel)

Chamberlain, Gary: Method in Septuagint Lexicography. In: Uncovering Ancient Stones. Essays in Memory of H. Neil Richardson. Hrsg. v. Hopfe, Lewis. Winona Lake: 1994, 177–191 (= CHAMBERLAIN, Method)

Charles, Robert: A Critical and Exegetical Commentary on the Book of Daniel. With Intro-duction, Indexes and a New English Translation. Oxford: 1929 (= CHARLES, Daniel)

Coenen, Lothar/Haacker, Klaus (Hrsg.): Theologisches Begriffslexikon zum Neuen Testa-ment. Neubearbeitete Ausgabe begründet durch Erich Beyreuther, Hans Bietenhard und Lothar Coenen. Wuppertal u.a.: 2005

Colless, Brian: Cyrus the Persian as Darius the Mede in the Book of Daniel. In: JSOT 56 (1992), 113–126 (= COLLESS, Cyrus)

Collins, John: The Court-Tales in Daniel and the Development of Apocalyptic. In: JBL 94 (1975), 218–234 (= COLLINS, Court-Tales)

—— The Apocalyptic Vision of the Book of Daniel (HSM 16). Missoula: 1977 (= COLLINS, Vision)

—— Daniel. With an Introduction to Apocalyptic Literature (The Forms of Old Testament Literature 20). Grand Rapids: 1984 (= COLLINS, Daniel)

—— Daniel and His Social World. In: Interpreting the Prophets. Hrsg. v. Mays, James/ Achtemeier, Paul. Philadelphia: 1987, 249–260 (= COLLINS, Social World)

—— "The King has Become a Jew." The Perspective on the Gentile World in Bel and the Snake. In: Diaspora Jews and Judaism. Essays in Honor of, and in Dialogue with, A. Thomas Kraabel (SFSHJ 41). Hrsg. v. Overman, Andrew/MacLennan, Robert. Atlanta: 1989, 335–345 (= COLLINS, King)

—— Daniel. A Commentary on the Book of Daniel. With an Essay, „The Influence of Daniel on the New Testament," by Adela Yarbro Collins (Hermeneia). Minneapolis: 1993 (= COLLINS, Commentary)

—— Current Issues in the Study of Daniel. In: The Book of Daniel. Composition and Reception (VT.S 83,1). Hrsg. v. Collins, John/Flint, Peter. Leiden u.a.: 2001, 1–15 (= COLLINS, Current Issues)

Collins, Nina: The Library in Alexandria and the Bible in Greek (VT.S 82). Leiden u.a.: 2000 (= COLLINS, Library)

Conrad, Joachim: Die junge Generation im Alten Testament. Möglichkeiten und Grundzüge einer Beurteilung (AzTh 42). Stuttgart: 1970 (= CONRAD, Generation)

Cook, Edward: Word Order in the Aramaic of Daniel. In: Monographic Journals of the Near East. Afroasiatic Linguistics 9 (1986), 111–126 (= COOK, Word Order)

Cook, Johann: Interpreting the Septuagint – Exegesis, Theology and/or Religionsgeschichte? In: Die Septuaginta – Texte, Theologien, Einflüsse. 2. Internationale Fachtagung ver-anstaltet von Septuaginta Deutsch (LXX.D), Wuppertal 23.–27.7.2008 (WUNT 252). Hrsg. v. Kraus, Wolfgang/Karrer, Martin. Tübingen: 2010, 590–606 (= COOK, Inter-preting)

Cornelius, Izak: The Lion in the Art of the Ancient Near East: A Study of Selected Motifs. In: JNWSL 15 (1989), 53–85 (= CORNELIUS, Lion)

Crawford, Timothy: Blessing and Curse in Syro-Palestinian Inscriptions of the Iron Age (AmUSt.TR 120). New York u.a.: 1992 (= CRAWFORD, Blessing)

Crüsemann, Frank: Die Tora. Theologie und Sozialgeschichte des alttestamentlichen Geset-zes. Gütersloh: ²1997 (= CRÜSEMANN, Tora)

Crüsemann, Frank et al (Hrsg.): Sozialgeschichtliches Wörterbuch zur Bibel. Gütersloh: 2009

Dalman, Gustav: Arbeit und Sitte in Palästina. Band VII. Das Haus, Hühnerzucht, Tauben-zucht, Bienenzucht (SDPI 10). Hildesheim: ²1971 (= DALMAN, Arbeit VII)

Daniel, Suzanne: Recherches sur le Vocabulaire du Culte dans la Septante (EeC 61). Paris: 1966 (= DANIEL, Vocabulaire)

David, Pablo: The Composition and Structure of the Book of Daniel. A Synchronic and Diachronic Reading I. Dissertation, Universität Leuven, Leuven: 1991 (= DAVID, Composition)

Davies, Philip: Eschatology in the Book of Daniel. In: JSOT 17 (1980), 33–53 (= DAVIES, Eschatology)

—— Daniel (OT Guides 4). Sheffield: 1985 (= DAVIES, Daniel)

—— The Social World of Apocalyptic Writings. In: The World of Ancient Israel. Sociologi-cal, Anthropological and Political Perspectives. Essays by Members of the Society for Old Testament Study. Hrsg. v. Clements, Ronald. Cambridge: 1991, 251–271 (= DAVIES, Social World)

—— Reading Daniel Sociologically. In: The Book of Daniel in the Light of New Findings (BEThL 106). Hrsg. v. van der Woude, Adam. Leuven: 1993, 345–361 (= DAVIES, Reading)

—— The Scribal School of Daniel. In: The Book of Daniel. Composition and Reception (VT.S 83,1). Hrsg. v. Collins, John/Flint, Peter. Leiden u.a.: 2001, 247–265 (= DAVIES, Scribal School)

—— Spurious Attribution in the Hebrew Bible. In: The Invention of Sacred Tradition. Hrsg. v. Lewis, James/Hammer, Olav. Cambridge: 2007, 258–276 (= DAVIES, Spurious Attribution)

Debrunner, Albert: Zur Uebersetzungstechnik der Septuaginta. Der Gebrauch des Artikels bei κύριος. In: Vom Alten Testament. Karl Marti zum 70. Geburtstage gewidmet von Freunden, Fachgenossen und Schülern (BZAW 41). Hrsg. v. Budde, Karl. Giessen: 1925, 69–78 (= DEBRUNNER, Uebersetzungstechnik)

Delcor, Mathias: Le Livre de Daniel (Sources Bibliques). Paris: 1971 (= DELCOR, Daniel)

Delekat, Lienhard: Zum Hebräischen Wörterbuch. In: VT 14 (1964), 7–66 (= DELEKAT, Wörterbuch)

Dequeker, Luc: King Darius and the Prophecy of Seventy Weeks. Daniel 9. In: The Book of Daniel in the Light of New Findings (BEThL 106). Hrsg. v. Woude, Adam van der. Leuven: 1993, 187–210 (= DEQUEKER, King Darius)

Dexinger, Ferdinand: Das Buch Daniel und seine Probleme (SBS 36). Stuttgart: 1969 (= DE-XINGER, Buch Daniel)

Dietrich, Walter: Über Werden und Wesen des biblischen Monotheismus. Religionsgeschicht-liche und Theologische Perspektiven. In: Ein Gott allein? JHWH-Verehrung und biblischer Monotheismus im Kontext der israelitischen und altorientalischen Religi-onsgeschichte (OBO 139). Hrsg. v. Dietrich, Walter/Klopfenstein, Martin. Fribourg: 1994, 13–30 (= DIETRICH, Monotheismus)

DiLella, Alexander: Strophic Structure and Poetic Analysis of Daniel 2:20–23, 3:31–33, and 6:26b–28. In: Studia Hierosolymitana III. Nell'Ottavo Centenario Francescano (1182–1982) (SBF.CMa 30) Jerusalem: 1982, 91–96 (= DILELLA, Strophic Structure)

Dines, Jennifer; Knibb, Michael (Hrsg.): The Septuagint. London u.a.: 2004, Nachdruck 2005 (= DINES, Septuagint)

Dobbeler, Stephanie von: Die Bücher 1/2 Makkabäer (NSK.AT 11). Stuttgart: 1997 (= VON DOBBELER, Makkabäer)

Dochhorn, Jan: Septuaginta Deutsch. In: ThR 75 (2010), 230–237 (= DOCHHORN, Septuaginta)

Dörfel, Donata: Engel in der apokalyptischen Literatur und ihre theologische Relevanz. Am Beispiel von Ezechiel, Sacharja, Daniel und Erstem Henoch (Theologische Studien). Aachen: 1998 (= DÖRFEL, Engel)

Dogniez, Cécile: The Greek Rendering of Hebrew Idiomatic Expressions and their Treatment in the Septuagint Lexica. In: JNWSL 28 (2002), 1–17 (= DOGNIEZ, Greek Renderings)

Donaldson, Terence: Royal Sympathizers in Jewish Narrative. In: Journal for the Study of the Pseudepigrapha 16 (2006), 41–59 (= DONALDSON, Sympathizers)

Dorival, Gilles: New Light about the Origin of the Septuagint. In: Die Septuaginta – Texte, Theologien, Einflüsse. 2. Internationale Fachtagung veranstaltet von Septuaginta Deutsch (LXX.D), Wuppertal 23.–27.7.2008 (WUNT 252). Hrsg. v. Kraus, Wolfgang/ Karrer, Martin. Tübingen: 2010, 36–47 (= DORIVAL, New Light)

Dorival, Gilles/Harl, Marguerite/Munnich, Olivier: La Bible Grecque des Septante. Du judaïsme hellénistique au christianisme ancien (ICA). Paris: 1994 (= DORI-VAL/HARL/MUNNICH, Bible Grecque)

Driver, Godfrey: Plurima Mortis Imago. In: Studies and Essays in Honor of Abraham A. Neumann. Hrsg. v. Ben-Horin, Meir et al. Leiden: 1962, 128–143 (= DRIVER, Plurima)

Driver, Godfrey/Miles, John: The Assyrian Laws. Reprint of the Edition Oxford 1935 with Supplementary Additions and Corrections by G.R. Driver. Aalen: 1975 (= DRIVER/ MILES, Assyrian Laws)

Duden. Deutsches Universalwörterbuch. Hrsg. v. Dudenredaktion. Mannheim u.a.: [5]2003

Dulaey, Martine: Daniel dans la fosse aux lions. In: RevSR 72 (1998), 38–50 (= DULAEY, Daniel)

Ebner, Martin: Jesus von Nazaret. Was wir von ihm wissen können. Stuttgart: 2007 (= EBNER, Jesus)

Egger, Wilhelm: Methodenlehre zum Neuen Testament. Einführung in linguistische und historisch-kritische Methoden. Freiburg im Breisgau: [4]1996 (= EGGER, Methodenlehre)

Ego, Beate: Daniel und die Rabbinen. Ein Beitrag zur Geschichte des alttestamentlichen Kanons. In: Jud 51 (1995), 18–32 (= EGO, Rabbinen)

——— Textual Variants as a Result of Enculturation: The Banishment of the Demon in Tobit. In: Septuagint Research. Issues and Challenges in the Study of the Greek Jewish Scriptures (Society of Biblical Literature. Septuagint and Cognate Studies Series 53). Hrsg. v. Kraus, Wolfgang/Wooden, Glenn. Atlanta: 2006, 371–378 (= EGO, Textual Variants)

——— Die dem Menschen zugewandte Seite Gottes. Vorstellungen zu Engeln in der hebräischen Bibel und im frühen Judentum. In: WUB 13 (2008), 10–17 (= EGO, Seite Gottes)

Ehrlich, Arnold: Daniel. In: Randglossen zur Hebräischen Bibel. Textkritisches, Sprachliches und Sachliches. Band 7. Hohes Lied, Ruth, Klagelieder, Koheleth, Esther, Daniel, Esra, Nehemia, Könige, Chronik, Nachträge und Gesamtregister. Hrsg. v. Ehrlich, Arnold. Hildesheim: 1968, 126–155 (= EHRLICH, Daniel)

Eisen, Ute: Die Poetik der Apostelgeschichte. Eine narratologische Studie (NTOA 58). Fribourg u.a.: 2006 (= EISEN, Poetik)

Eisenbeis, Walter: Die Wurzel שלם im Alten Testament (BZAW 113). Berlin: 1969 (= EISENBEIS, Wurzel שלם)

Eißfeldt, Otto: Daniels und seiner drei Gefährten Laufbahn im babylonischen, medischen und persischen Dienst. In: ZAW 72 (1960), 134–148 (= EISSFELDT, Laufbahn)

——— Gott und Götzen im Alten Testament. In: Kleine Schriften. Erster Band. Hrsg. v. Sellheim, Rudolf/Maass, Fritz. Tübingen: 1962, 266–273 (= EISSFELDT, Gott)

Biblia Hebraica Stuttgartensia. Hrsg. v. Elliger, Karl/Rudolph, Wilhelm 5. verb. Auflage hrsg. v. Schenker, Adrian. Stuttgart: [5]1997

Engel, Helmut: Die Susanna-Erzählung. Einleitung, Übersetzung und Kommentar zum Septuaginta-Text und zur Theodotion-Bearbeitung (OBO 61). Fribourg u.a.: 1985 (= ENGEL, Susanna-Erzählung)

——— Das Buch der Weisheit (NSK.AT 16). Stuttgart: 1998 (= ENGEL, Weisheit)

Ermert, Karl: Briefsorten. Untersuchungen zu Theorie und Empirie der Textklassifikation (Reihe Germanistische Linguistik 20). Tübingen: 1979 (= ERMERT, Briefsorten)

Ernst, Stephanie: Segen – Aufgabe – Einsicht. Aspekte und Bilder des Alterns in den Texten des Alten Israel (ATS 93). St. Ottilien: 2011 (= ERNST, Bilder des Alterns)

Eßer, Hans: Art. δόγμα I./II. In: TBLNT 2005, 616–617 (= ESSER, Art. δόγμα)

Estelle, Bryan: The Use of Deferential Language in the Arsames Correspondence and Biblical Aramaic Compared. In: Maarav 13 (2006), 43–74 (= ESTELLE, Use)

Fabry, Heinz-Josef: Art. Qumran. In: NBL 3 2001, 230–260 (= FABRY, Art. Qumran)

——— Neue Aufmerksamkeit für die Septuaginta. Einführung in das Thema der Tagung. In: Im Brennpunkt: Die Septuaginta. Studien zur Theologie, Anthropologie, Ekklesiologie, Eschatologie und Liturgie der Griechischen Bibel. Band 3. (BWANT 174). Hrsg. v. Fabry, Heinz-Josef/Böhler, Dieter. Stuttgart: 2007, 9–26 (= FABRY, Aufmerksamkeit)

Fassberg, Steven: The Origin of the Ketib/Qere in the Aramaic Portions of Ezra and Daniel. In: VT 39 (1989), 1–12 (= FASSBERG, Origin)

Feldman, Louis: Josephus' Portrait of Daniel. In: Henoch 14 (1992), 37–96 (= FELDMAN, Portrait)

Feldmeier, Reinhard/Spieckermann, Hermann: Der Gott der Lebendigen. Eine biblische Gotteslehre (Topoi Biblischer Theologie 1). München: 2011 (= FELDMEIER/SPIECKERMANN, Gott)

Fenz, Augustinus: Ein Drache in Babel: Exegetische Skizze über Daniel 14,23–42. In: SEÅ 35 (1970), 5–16 (= FENZ, Drache)

Fernández Marcos, Natalio: The Septuagint in Context. Introduction to the Greek Versions of the Bible. Leiden u.a.: 2000 (= FERNÁNDEZ MARCOS, Introduction)

Ficker, Rudolf: Art. מַלְאָךְ. In: THAT 1 1971, 900–908 (= FICKER, Art. מַלְאָךְ)

Fields, Weston: The Motif "Night as Danger" Associated with three Biblical Destruction Narratives. In: "Sha'arei Talmon". Studies in the Bible, Qumran, and the Ancient Near East. Presented to Shemaryahu Talmon. Hrsg. v. Fishbane, Michael/Tov, Emanuel. Winona Lake: 1992, 17–32 (= FIELDS, Motif)

Finley, Thomas: The Book of Daniel and the Canon of Scripture. In: BibSac 165 (2008), 195–208 (= FINLEY, Book of Daniel)

Fischer, Georg: Wege in die Bibel. Leitfaden zur Bibel. Stuttgart: 2000 (= FISCHER, Wege)

Flint, Peter: The Daniel Tradition at Qumran. In: The Book of Daniel. Composition and Reception (VT.S 83,2). Hrsg. v. Collins, John/Flint, Peter. Leiden u.a.: 2001, 329–367 (= FLINT, Daniel Tradition)

Fludernik, Monika: Einführung in die Erzähltheorie. Darmstadt: 2006 (= FLUDERNIK, Erzähltheorie)

Foerster, Werner: Art. ἔξεστιν κτλ. In: ThWNT 2 1935, 557–572 (= FOERSTER, Art. ἔξεστιν)

——— Art. κύριος κτλ. A. Die Bedeutung des Wortes κύριος. B. Götter und Herrscher als κύριοι. In: ThWNT 3 1938, 1040–1056 (= FOERSTER, Art. κύριος)

——— Art. σῴζω κτλ. A. σῴζω und σωτηρία im Griechentum. In: ThWNT 7 1964, 967–970 (= FOERSTER, Art. σῴζω)

Folmer, Margaretha: The Aramaic Language in the Achaemenid Period. A Study in Linguistic Variation (OLA 68). Leuven: 1995 (= FOLMER, Aramaic Language)

Freedman, David et al (Hrsg.): The Leningrad Codex: A Facsimile Edition. Grand Rapids: 1998 (= Leningrad Codex)

Freedman, David/Homan, Michael/Kottsieper, Ingo: Art. בַּיִת. In: ThWAT 9 2001, 118–124 (= FREEDMAN/HOMAN/KOTTSIEPER, Art. בַּיִת)

Freedman, David/Willoughby, Bruce/Fabry, Heinz-Josef: Art. מַלְאָךְ. In: ThWAT 4 1983, 887–904 (= FREEDMAN/WILLOUGHBY/FABRY, Art. מַלְאָךְ)

Frei, Peter: Zentralgewalt und Lokalautonomie im Achämenidenreich. In: Reichsidee und Reichsorganisation im Perserreich. Hrsg. v. Frei, Peter/Koch, Klaus. Fribourg: 1984, 7–43 (= FREI, Zentralgewalt)

Frevel, Christian: Art. Alter/Jugend. In: HGANT 2006, 81–83 (= FREVEL, Art. Alter)

Friedrich, Johannes: Zur passivischen Ausdrucksweise im Aramäischen. In: AfO 18 (1957), 124–125 (= FRIEDRICH, Ausdrucksweise)

Fritz, Volkmar: Art. Haus. In: NBL 2 1995, 53–57 (= FRITZ, Art. Haus)

——— Das erste Buch der Könige (ZBK.AT 10,1). Zürich: 1996 (= FRITZ, 1Kön)

Gadamer, Hans-Georg: Wahrheit und Methode. Grundzüge einer philosophischen Hermeneutik. Tübingen: ²1965 (= GADAMER, Wahrheit)

Galling, Kurt: Die 62 Jahre des Meders Darius in Daniel 6 1. In: ZAW 66 (1954), 152 (= GALLING, Darius)

Gauthier, Randall: Toward an LXX Hermeneutic. In: JNWSL 35 (2009), 45–74 (= GAUTHIER, Hermeneutic)

Gehman, Henry: The Hebraic Character of Septuagint Greek. In: Septuagintal Lexicography (IOSCS 1). Hrsg. v. Kraft, Robert. Missoula: 1975, 92–101 (= GEHMAN, Character)

Gehrke, Hans-Joachim: Der Hellenismus als Epochenbegriff. In: Kulturgeschichte des Hellenismus. Von Alexander dem Großen bis Kleopatra. Hrsg. v. Weber, Gregor. Stuttgart: 2007, 355–379 (= GEHRKE, Epochenbegriff)

Geissen, Angelo (Hrsg.): Der Septuaginta-Text des Buches Daniel. Kap. 5–12, zusammen mit Susanna, Bel et Draco. Sowie Esther Kap. 1,1a–2,15. Nach dem Kölner Teil des Papyrus 967 (PTA 5). Bonn: 1968 (= GEISSEN, Septuaginta-Text)

Gemoll, Wilhelm/Vretska, Karl: Griechisch-deutsches Schul- und Handwörterbuch. München u.a.: ¹⁰2007 (= GEMOLL, Handwörterbuch)

Rahlfs, Alfred: Genesis (Septuaginta. Vetus Testamentum Graecum Auctoritate Societatis Academiae Gottingensis editum I). Stuttgart: 1926 (= RAHLFS, Genesis)

Genette, Gérard: Die Erzählung. München u.a.: ²1998 (= GENETTE, Erzählung)

Georgi, Dieter: Weisheit Salomos. In: Unterweisung in lehrhafter Form (JSHRZ III). Hrsg. v. Kümmel, Werner/Lichtenberger, Hermann. Gütersloh: 1980, 389–478 (= GEORGI, Weisheit)

Gerleman, Gillis: Esther (BK 21/1). Neukirchen-Vluyn: 1973 (= GERLEMAN, Esther)

Gese, Hartmut: Beobachtungen zum Stil alttestamentlicher Rechtssätze. In: ThLZ 85 (1960), 147–150 (= GESE, Beobachtungen)

——— Das medische Reich im Geschichtsbild des Danielbuches – eine hermeneutische Frage. In: Alttestamentlicher Glaube und Biblische Theologie. Festschrift für Horst Dietrich Preuß zum 65. Geburtstag. Hrsg. v. Hausmann, Jutta/Zobel, Hans-Jürgen. Stuttgart u.a.: 1992, 298–308 (= GESE, Reich)

Gesenius, Wilhelm: Hebräisches und aramäisches Handwörterbuch über das Alte Testament. In Verbindung mit Prof. Dr. H. Zimmern, Prof. Dr. W. Max Müller u. Prof. Dr. O. Weber. Bearbeitet von Dr. Frants Buhl. Unveränderter Nachdruck der 1915 erschienenen 17. Auflage. Berlin u.a.: 1962 (= GESENIUS, Handwörterbuch¹⁷)

——— Hebräisches und aramäisches Handwörterbuch über das Alte Testament. unter verantwortlicher Mitarbeit von Udo Rüterswörden. Bearbeitet und hrausgegeben von Rudolf Meyer und Herbert Donner. 6 Bände. Berlin u.a.: ¹⁸1987–2007 (= GESENIUS, Handwörterbuch¹⁸)

Ginsberg, Harold: Lexicographical Notes. In: Hebräische Wortforschung. Festschrift zum 80. Geburtstag von Walter Baumgartner (VT.S 16). Hrsg. v. Hartmann, Benedikt. Leiden: 1967, 71–82 (= GINSBERG, Notes)

Glück, Helmut (Hrsg.): Metzler Lexikon Sprache. Stuttgart u.a.: ⁴2010

Görg, Manfred: Weisheit in Israel – Wurzeln, Wege, Wirkungen. In: KatBl 113 (1988), 544–549 (= GÖRG, Weisheit)

—— Art. Darius. In: NBL 1 1991, 388–390 (= GÖRG, Art. Darius)

—— Art. Fenster. In: NBL 1 1991, 665–666 (= GÖRG, Art. Fenster)

Görg, Manfred/Lang, Bernhard (Hrsg.): Neues Bibel-Lexikon. 3 Bände. Zürich u.a.: 1991–2001

Goetzmann, Jürgen: Art. σύνεσις. In: TBLNT 2005, 276–278 (= GOETZMANN, Art. σύνεσις)

Goldingay, John: The Stories in Daniel: a Narrative Politics. In: JSOT 37 (1987), 99–116 (= GOLDINGAY, Stories)

—— Daniel (World Biblical Commentary 30). Dallas: 1989 (= GOLDINGAY, Daniel)

—— Story, Vision, Interpretation. Literary Approaches to Daniel. In: The Book of Daniel in the Light of New Findings (BEThL 106). Hrsg. v. Woude, Adam van der. Leuven: 1993, 295–313 (= GOLDINGAY, Story)

Gooding, David: The Literary Structure of the Book of Daniel and its Implications. In: TynB 32 (1981), 43–79 (= GOODING, Structure)

Grabbe, Lester: Another Look at the Gestalt of "Darius the Mede". In: CBQ 50 (1988), 198–213 (= GRABBE, Look)

—— A Dan(iel) for All Seasons: for Whom was Daniel Important? In: The Book of Daniel. Composition and Reception (VT.S 83,1). Hrsg. v. Collins, John/Flint, Peter. Leiden u.a.: 2001, 229–246 (= GRABBE, Seasons)

Gradwohl, Roland: Die Farben im Alten Testament. Eine terminologische Studie (BZAW 83). Berlin: 1963 (= GRADWOHL, Farben)

Grätz, Sebastian: Gottesgesetz und Königsgesetz. Esr 7 und die Autorisierung der Tora. In: ZThK 106 (2009), 1–19 (= GRÄTZ, Gottesgesetz)

Greenspoon, Leonard: The Use and Abuse of the Term "LXX" and Related Terminology in Recent Scholarship. In: BIOSCS 20 (1987), 21–29 (= GREENSPOON, Use)

Greeven, Heinrich: Art. δέομαι κτλ. In: ThWNT 2 1935, 39–42 (= GREEVEN, Art. δέομαι)

—— Art. προσεύχομαι, προσευχή. In: ThWNT 2 1935, 806–808 (= GREEVEN, Art. προσεύχομαι)

—— Art. προσκυνέω κτλ. In: ThWNT 6 1959, 759–767 (= GREEVEN, Art. προσκυνέω)

Grelot, Pierre: Les versions grecques de Daniel. In: Bib 47 (1966), 381–402 (= GRELOT, Versions)

—— Documents Araméens d'Égypte. Paris: 1972

—— Daniel VI dans la Septante. In: Kata tous 70. Selon les Septante. Trente études sur la Bible grecque des Septante. En hommage à Marguerite HARL. Hrsg. v. Dorival, Gilles/Munnich, Olivier. Paris: 1995, 103–118 (= GRELOT, Daniel VI)

Griffith, Terry: Εἴδωλον as 'Idol' in Non-Jewish and Non-Christian Greek. In: JThS 53 (2002), 95–101 (= GRIFFITH, Εἴδωλον)

—— Keep Yourselves from Idols. A New Look at 1 John (JSNT.S 233). Sheffield: 2002 (= GRIFFITH, Idols)

Grimm, Werner: Art. νηστεύω. In: TBLNT 2005, 420–423 (= GRIMM, Art. νηστεύω)

Groß, Heinrich: Tobit. Judit (NEB 19). Würzburg: 1987 (= GROSS, Tobit)

Groß, Walter: Richter (HThK.AT 10). Freiburg im Breisgau u.a.: 2009 (= GROSS, Richter)

Grünwaldt, Klaus: Art. δικαιοσύνη. In: TBLNT 2005, 729–739 (= GRÜNWALDT, Art. δικαιοσύνη)

Grundmann, Walter: Art. μέγας κτλ. In: ThWNT 4 1942, 535–550 (= GRUNDMANN, Art. μέγας)

Gülich, Elisabeth/Raible, Wolfgang: Überlegungen zu einer Makrostrukturellen Textanalyse. In: Linguistische Textanalyse. Überlegungen zur Gliederung von Texten (Papiere zur Textlinguistik / Papers in Textlinguistics 8). Hrsg. v. Gülich, Elisabeth et al. Hamburg: ²1979, 73–126 (= GÜLICH/RAIBLE, Textanalyse)

Günther, Walther: Art. πλανάω. In: TBLNT 2005, 1793–1795 (= GÜNTHER, Art. πλανάω)

Gunkel, Hermann: Das Märchen im Alten Testament. Frankfurt am Main: 1987 (= GUNKEL, Märchen)

Gutmann, Hans-Martin: Gewalt Unterbrechung. Warum Religion nicht Gewalt hervorbringt, sondern bindet. Ein Einspruch. Gütersloh: 2009 (= GUTMANN, Unterbrechung)

Gzella, Holger: Tempus, Aspekt und Modalität im Reichsaramäischen (Akademie der Wissenschaften und der Literatur Mainz. Veröffentlichungen der Orientalischen Kommission 48). Wiesbaden: 2004 (= GZELLA, Tempus)

―――― Zu den Verlaufsformen für die Gegenwart im Aramäischen. In: Or 75 (2006), 184–188 (= GZELLA, Verlaufsformen)

―――― Dating the Aramaic Texts from Qumran: Possibilities and Limits. In: RdQ 24 (2009), 61–78 (= GZELLA, Dating)

Haag, Ernst: Die Errettung Daniels aus der Löwengrube. Untersuchungen zum Ursprung der biblischen Danieltradition (SBS 110). Stuttgart: 1983 (= HAAG, Errettung)

―――― Daniel (NEB 30). Würzburg: 1993 (= HAAG, Daniel)

―――― Die Hasidäer und das Danielbuch. In: TThZ 102 (1993), 51–63 (= HAAG, Hasidäer)

―――― Israels Exil im Lande Schinar. Beobachtungen zu Daniel 1,1–2. In: Christlicher Glaube und säkulares Denken. Festschrift zum 50. Jahrestag der Wiedererrichtung der Theologischen Fakultät Trier. 1950–2000 (TThSt 65). Hrsg. v. Theologische Fakultät Trier. Trier: 2000, 41–53 (= HAAG, Exil)

―――― Das hellenistische Zeitalter. Israel und die Bibel im 4. bis 1. Jahrhundert v. Chr. (BE 9). Stuttgart: 2003 (= HAAG, Zeitalter)

―――― Weisheit und Heilsgeschichte. Das Dankgebet Daniels in Daniel 2,20–23. In: Auf den Spuren der schriftgelehrten Weisen (BZNW 331). Festschrift für Johannes Marböck anlässlich seiner Emeritierung. Hrsg. v. Fischer, Irmtraud et al. Berlin u.a.: 2003, 221–232 (= HAAG, Weisheit)

Häusl, Maria/Ostmeyer, Karl-Heinrich: Art. Segen/Fluch. In: SWB 2009, 515–518 (= HÄUSL/OSTMEYER, Art. Segen/Fluch)

Haig, Geoffrey: Alignment Change in Iranian Languages. A Construction Grammar Approach (Empirical Approaches to Language Typology 37). Berlin u.a.: 2008 (= HAIG, Alignment Change)

Hamm, Winfried (Hrsg.): Der Septuaginta-Text des Buches Daniel. Kap. 3–4. Nach dem Kölner Teil des Papyrus 967 (PTA 21). Bonn: 1977 (= HAMM, Septuaginta-Text)

Hanhart, Robert: Fragen um die Entstehung der LXX. In: Studien zur Septuaginta und zum hellenistischen Judentum (FAT 24). Hrsg. v. Kratz, Reinhard. Tübingen: 1999, 3–24 (= HANHART, Entstehung)

―――― Kriterien geschichtlicher Wahrheit in der Makkabäerzeit. Zur geschichtlichen Bedeutung der danielischen Weltreichlehre. In: Studien zur Septuaginta und zum hellenistischen Judentum. Hrsg. v. Kratz, Reinhard. Tübingen: 1999, 137–150 (= HANHART, Kriterien)

―――― Vierzig Jahre Septuagintaforschung. In: ThR 73 (2008), 247–281.375–403 (= HANHART, Septuagintaforschung)

Hardmeier, Christof: Textwelten der Bibel entdecken. Grundlagen und Verfahren einer textpragmatischen Literaturwissenschaft der Bibel. Band 1/2, Textpragmatische Studien zur Hebräischen Bibel. Gütersloh: 2004 (= HARDMEIER, Textwelten II)

Harl, Marguerite: Traduire la Septante en français: Pourquoi et comment. In: La langue de Japhet. Quinze études sur la Septante et le grec des chrétiens. Hrsg. v. Harl, Marguerite. Paris: 2007, 32–42 (= HARL, Traduire)

Harnickell, Bernhard: Der historische Hintergrund des Danielbuches. In: „Und die Wahrheit wurde hinweggefegt". Daniel 8 linguistisch interpretiert (THLI 9). Hrsg. v. Bader, Winfried. Tübingen u.a.: 1994, 123–147 (= HARNICKELL, Hintergrund)

Hartley, John: The Semantics of Ancient Hebrew Colour Lexemes (Ancient Near Eastern Studies. Supplements 33). Leuven u.a.: 2010 (= HARTLEY, Semantics)

Hartmann, Louis/DiLella, Alexander: The Book of Daniel (AncB 23). New York: 1978 (= HARTMANN/DILELLA, Daniel)

Hatch, Edwin/Redpath, Henry: A Concordance to the Septuagint. And the Other Greek Versions of the Old Testament. Including the Apocryphal Books (Unveränderter Nachdruck der Ausgabe Oxford: 1897). Graz: 1954 (= HATCH/REDPATH, Concordance)

Haubeck, Wilfried: Art. λύτρον. In: TBLNT 2005, 361–364 (= HAUBECK, Art. λύτρον)

Heaton, Eric: The Book of Daniel. The Kingdoms of the World and the Kingdom of God. Introduction and Commentary (TBC). London: ³1964 (= HEATON, Daniel)

Hebbard, Aaron: Reading Daniel as a Text in Theological Hermeneutics (PTMS 109). Eugene: 2009 (= HEBBARD, Daniel)

Heckl, Raik: Ist die alttestamentliche Exegese ein Spiel mit mehreren Variablen? Zur Anwendung der Begriffe „Kohärenz" und „Inkohärenz" in der Alttestamentlichen Exegese. In: BN 124 (2005), 51–56 (= HECKL, Kohärenz)

Heintz, Jean-Georges: Art. Löwe. In: NBL 2 1995, 656–657 (= HEINTZ, Art. Löwe)

Helck, Wolfgang et al (Hrsg.): Lexikon der Ägyptologie. Wiesbaden: 1975–1992

Heller, Roy: "But if not ..." What?. The Speech of the Youths in Daniel 3 and a (Theo)logical Problem. In: Thus Says the Lord. Essays on the Former and Latter Prophets in Honor of Robert R. Wilson (Library of Hebrew Bible/Old Testament Studies 502). Hrsg. v. Ahn, John/Cook, Stephen. New York u.a.: 2009, 244–255 (= HELLER, Speech)

Hengel, Martin: Judentum und Hellenismus. Studien zu ihrer Begegnung unter besonderer Berücksichtigung Palästinas bis zur Mitte des 2.Jh.s.v.Chr. (WUNT 10). Tübingen: ³1988 (= HENGEL, Judentum)

—— Anonymität, Pseudepigraphie und „literarische Fälschung" in der jüdisch-hellenistischen Literatur. In: Judaica et Hellenistica. Kleine Schriften I (WUNT 90). Tübingen: 1996, 196–251 (= HENGEL, Anonymität)

Henry, Marie-Louise: Das Tier im religiösen Bewußtsein des alttestamentlichen Menschen. In: Gefährten und Feinde des Menschen. Das Tier in der Lebenswelt des alten Israel. Hrsg. v. Janowski, Bernd et al. Neukirchen: 1993, 20–61 (= HENRY, Tier)

Hentschel, Georg: Die Königsbücher. In: Einleitung in das Alte Testament (KStTh 1). Hrsg. v. Frevel, Christian. Stuttgart: ⁸2012, 301–312 (= HENTSCHEL, Königsbücher)

Hentschke, Richard: Erwägungen zur israelitischen Rechtsgeschichte. In: ThViat 10 (1966), 108–133 (= HENTSCHKE, Erwägungen)

Henze, Matthias: The Ideology of Rule in the Narrative Frame of Daniel (Daniel 1–6). In: Society of Biblical Literature. Seminar Papers 38 (1999), 527–539 (= HENZE, Ideology)

—— The Narrative Frame of Daniel: A Literary Assessment. In: JSJ 32 (2001), 5–24 (= HENZE, Frame)

Herman, Gabriel: The Court Society of the Hellenistic Age. In: Hellenistic Constructs. Essays in Culture, History, and Historiography. Hrsg. v. Cartledge, Paul et al. Berkeley u.a.: 1997, 199–224 (= HERMAN, Court Society)

Hermisson, Hans-Jürgen: Gibt es die Götter bei Deuterojesaja? In: Verbindungslinien. Festschrift für Werner H. Schmidt zum 65. Geburtstag. Hrsg. v. Graupner, Axel et al. Neukirchen-Vluyn: 2000, 109–123 (= HERMISSON, Götter)

Herms, Eilert: Art. Religion V. Religion in der Gesellschaft. In: RGG⁴ 7 2004, 286–295 (= HERMS, Art. Religion)

Herrmann, Klaus: Art. Hasidäer. In: NBL 2 1995, 47–48 (= HERRMANN, Art. Hasidäer)

Hieke, Thomas: Das Alte Testament und die Todesstrafe. In: Tod – Ende oder Anfang? Was die Bibel sagt. Hrsg. v. Hieke, Thomas. Stuttgart: 2005, 77–102 (= HIEKE, Todesstrafe)

Hieke, Thomas: Sichtweisen des Todes im Alten Testament. In: Tod – Ende oder Anfang? Was die Bibel sagt. Hrsg. v. Hieke, Thomas. Stuttgart: 2005, 13–55 (= HIEKE, Sichtweisen)

Hillers, Delbert: Treaty-Curses and the Old Testament Prophets (BibOr 16). Rom: 1964 (= HILLERS, Treaty-Curses)

Hirschbiegel, Jan: Hof. Zur Überzeitlichkeit eines zeitgebundenen Phänomens. In: Der Achämenidenhof. The Achaemenid Court. Akten des 2. Internationalen Kolloquiums zum Thema »Vorderasien im Spannungsfeld klassischer und altorientalischer Überlieferungen«, Landgut Castelen bei Basel, 23.–25. Mai 2007 (Classica et Orientalia 2). Hrsg. v. Jacobs, Bruno/Rollinger, Robert. Wiesbaden: 2010, 13–37 (= HIRSCHBIEGEL, Hof)

Hirschfeld, Yizhar: Qumran – die ganze Wahrheit. Die Funde der Archäologie – neu bewertet. Aus dem Englischen übersetzt von Karl H. Nicholai. Deutsche Bearbeitung von Jürgen Zangenberg. Gütersloh: 2004 (= HIRSCHFELD, Qumran)

Högemann, Peter: Art. Medien. In: NBL 2 1995, 747–748 (= HÖGEMANN, Art. Medien)

Hölscher, Gustav: Die Entstehung des Buches Daniel. In: ThStKr 92 (1919), 113–138 (= HÖLSCHER, Entstehung)

Hof, Renate: Das Spiel des „unreliable narrator". Aspekte unglaubwürdigen Erzählens im Werk von Vladimir Nabokov (American Studies 59). München: 1984 (= HOF, Spiel)

Hoftijzer, Jakob/Jongeling, Karel: Dictionary of the North-West Semitic Inscriptions. (Handbuch der Orientalistik. Erste Abteilung: Der Nahe und Mittlere Osten, Bd. 21). Leiden: 1995 (= DNWSI)

Holm, Tawny: Daniel 1–6: A Biblical Story-Collection. In: Ancient Fiction. The Matrix of Early Christian and Jewish Narrative (Society of Biblical Literature. Symposium Series 32). Hrsg. v. Brant, Jo-Ann et al. Atlanta: 2005, 149–166 (= HOLM, Story-Collection)

Holtz, Traugott: Art. ἥλιος. In: EWNT 2 1981, 292–293 (= HOLTZ, Art. ἥλιος)

Hoppe, Rudolf: Die jüdischen Religionsparteien und ihre Bedeutung für die Verkündigung Jesu. In: Jesus von Nazaret. Spuren und Konturen. Hrsg. v. Schenke, Ludger et al. Stuttgart: 2004, 59–83 (= HOPPE, Religionsparteien)

Horsley, Greg: The Fiction of 'Jewish Greek'. In: New Documents Illustrating Early Christianity (Linguistic Essays 5). Hrsg. v. Horsley, Greg. Sydney: 1989, 5–40 (= HORSLEY, Fiction)

Hossfeld, Frank-Lothar/Kalthoff, Bernhard: Art. נצל. In: ThWAT 5 1986, 570–577 (= HOSSFELD/KALTHOFF, Art. נצל)

Hossfeld, Frank-Lothar/Zenger, Erich: Psalmen 51–100 (HThK.AT). Freiburg im Breisgau u.a.: 2000 (= HOSSFELD/ZENGER, Psalmen)

Hübner, Hans: Art. εἴδωλον. In: EWNT 1 1980, 936–941 (= HÜBNER, Art. εἴδωλον)

——— Die Weisheit Salomons (ATD.Apokryphen 4). Göttingen: 1999 (= HÜBNER, Weisheit)

Hüllstrung, Wolfgang: „Der Nabal spricht in seinem Herzen: Es gibt nicht Gott" (Psalm 14,1). Zur These vom sogenannten praktischen Atheismus im Psalter. In: Was ist der Mensch, dass du seiner gedenkst? (Psalm 8,5). Aspekte einer theologischen Anthropologie. Festschrift für Bernd Janowski zum 65. Geburtstag. Hrsg. v. Bauks, Michaela et al. Neukirchen-Vluyn: 2008, 165–175 (= HÜLLSTRUNG, Nabal)

Humphreys, Lee: A Life-Style for Diaspora: A Study of the Tales of Esther and Daniel. In: JBL 92 (1973), 211–223 (= HUMPHREYS, Life-Style)

Husser, Jean-Marie: Théologie du pouvoir politique dans les récits araméens de Daniel. In: Transeuphratène 22 (2001), 21–34 (= HUSSER, Théologie)

Hutter, Manfred: Art. Proskynese. In: RGG⁴ 6 2003, 1721 (= HUTTER, Art. Proskynese)

Illman, Karl-Johan: Old Testament Formulas about Death (Meddelanden Från Stiftelsens För Åbo Akademi Forskningsinstitut 48). Åbo: 1979 (= ILLMAN, Formulas)

Irsigler, Hubert: Art. Knie. In: NBL 2 1995, 504 (= IRSIGLER, Art. Knie)

——— Art. Weisheit I. AT. In: NBL 3 2001, 1076–1083 (= IRSIGLER, Art. Weisheit)

Jändl, Barbara: Die syrischen Konjunktionen und Partikeln kaḏ, w-, dēn und gēr. In: Neue Beiträge zur Semitistik. Erstes Arbeitstreffen der Arbeitsgemeinschaft Semitistik in der Deutschen Morgenländischen Gesellschaft vom 11. bis 13. September 2000 an der Friedrich-Schiller-Universität Jena (Jenaer Beiträge zum Vorderen Orient 5). Hrsg. v. Nebes, Norbert. Wiesbaden: 2002, 77–90 (= JÄNDL, Konjunktionen)

Jahn, Gustav: Das Buch Daniel nach der Septuaginta hergestellt. Übersetzt und kritisch erklärt. Mit einem Anhang: Die Mesha-Inschrift, aufs Neue untersucht. Leipzig: 1904 (= JAHN, Daniel)

Janowski, Bernd: Rettungsgewißheit und Epiphanie des Heils. Das Motiv der Hilfe Gottes »am Morgen« im Alten Orient und im Alten Testament. Band I: Alter Orient (WMANT 59). Neukrichen-Vluyn: 1989 (= JANOWSKI, Rettungsgewißheit)

—— Dem Löwen gleich, gierig nach Raub. Zum Feindbild in den Psalmen. In: EvTh 55 (1995), 155–173 (= JANOWSKI, Feindbild)

Janßen, Martina/Frey, Jörg: Einführung. In: Pseudepigraphie und Verfasserfiktion in frühchristlichen Briefen. Pseudepigraphy and Author Fiction in Early Christian Letters. Hrsg. v. Frey, Jörg et al. Tübingen: 2009, 3–24 (= JANSSEN/FREY, Pseudepigraphie)

Japhet, Sara: 1 Chronik (HThKAT 16). Freiburg im Breisgau u.a.: 2002 (= JAPHET, 1 Chronik)

Jenner, Konrad: Syriac Daniel. In: The Book of Daniel. Composition and Reception (VT.S 83,2). Hrsg. v. Collins, John/Flint, Peter. Leiden u.a.: 2001, 608–638 (= JENNER, Syriac Daniel)

Jenner, Konrad et al: The New English Annotated Translation of the Syriac Bible (NEATSB): Retrospect and Prospect. In: Aramaic Studies 2 (2004), 85–106 (= JENNER, NEATSB)

Jenni, Ernst: Die hebräischen Präpositionen. Band 1: Die Präposition Beth. Stuttgart: 1992 (= JENNI, Beth)

—— Die hebräischen Präpositionen. Band 3: Die Präposition Lamed. Stuttgart: 2000 (= JENNI, Lamed)

—— Sprachliche Übertreibungen im Alten Testament. In: Sprachen – Bilder – Klänge. Dimensionen der Theologie im Alten Testament und in seinem Umfeld. Festschrift für Rüdiger Bartelmus zu seinem 65. Geburtstag (AOAT 359). Hrsg. v. Karrer-Grube, Christiane et al. Münster: 2009, 75–88 (= JENNI, Übertreibungen)

Jepsen, Alfred: Bemerkungen zum Danielbuch. In: VT 11 (1961), 386–391 (= JEPSEN, Bemerkungen)

Jobes, Karen: A Comparative Syntactic Analysis of the Greek Versions of Daniel: A Test Case for New Methodology. In: BIOSCS 28 (1995), 19–41 (= JOBES, Syntactic Analysis)

Jobes, Karen/Silva, Moisés: Invitation to the Septuagint. Grand Rapids: 2000 (= JOBES/SILVA, Invitation)

Joosten, Jan: Reflections on the 'Interlinear Pardigm' in Septuagintal Studies. In: Scripture in Transition. Essays on Septuagint, Hebrew Bible, and Dead Sea Scrolls in Honour of Raija Sollamo (JSJS 126). Hrsg. v. Voitila, Anssi/Jokiranta, Jutta. Leiden u.a.: 2008, 163–178 (= JOOSTEN, Reflections)

Josephus Flavius: Jüdische Altertümer. Übersetzt und mit Einleitung und Anmerkungen versehen von Dr. Heinrich Clementz. Berlin: ²2006

Jursa, Michael: Der neubabylonische Hof. In: Der Achämenidenhof. The Achaemenid Court. Akten des 2. Internationalen Kolloquiums zum Thema »Vorderasien im Spannungsfeld klassischer und altorientalischer Überlieferungen«, Landgut Castelen bei Basel, 23.–25. Mai 2007 (Classica et Orientalia 2). Hrsg. v. Jacobs, Bruno/Rollinger, Robert. Wiesbaden: 2010, 67–106 (= JURSA, Hof)

Kaddari, Menahem/Kottsieper, Ingo: Art. בָּל. In: ThWAT 9 2001, 125–126 (= KADDARI/KOTTSIEPER, Art. בָּל)

—— Art. אכל. In: ThWAT 9 2001, 25–31 (= KADDARI/KOTTSIEPER, Art. אכל)

Kahl, Werner: Die Bibel unter neuen Blickwinkeln. Exegetische Forschung im Umbruch. In: BiKi 61 (2006), 166–170 (= KAHL, Bibel)

Kaiser, Otto: „Und dies sind die Geschlechter … " Alt und jung im Alten Testament. In: Zur Aktualität des Alten Testaments. Festschrift für Georg Sauer zum 65. Geburtstag. Hrsg. v. Kreuzer, Siegfried/Lüthi, Kurt. Frankfurt am Main u.a.: 1992, 29–45 (= KAISER, Geschlechter)

────── Athen und Jerusalem. Die Begegnung des spätbiblischen Judentums mit dem griechischen Geist, ihre Voraussetzungen und ihre Folgen. In: Die Griechen und der Vordere Orient. Beiträge zum Kultur- und Religionskontakt zwischen Griechenland und dem Vorderen Orient im 1. Jahrtausend v. Chr. (OBO 191). Hrsg. v. Witte, Markus/Alkier, Stefan. Fribourg u.a.: 2003, 87–120 (= KAISER, Athen)

Kaiser, Otto et al (Hrsg.): Texte aus der Umwelt des Alten Testaments. 18 Lieferungen in drei Bänden. Gütersloh: 1982–1997

Kallarakkal, Abraham: The Peshitto Version of Daniel. A Comparison with the Masoretic Text, the Septuagint and Theodition. Dissertation, Universität Hamburg, Hamburg: 1973 (= KALLARAKKAL, Peshitto)

Kampen, John: The Hasideans and the Origin of Pharisaism. A Study in 1 and 2 Maccabees (Society of Biblical Literature Septuagint and Cognate Studies Series 24). Atlanta: 1988 (= KAMPEN, Hasideans)

Kasper, Walter (Hrsg.): Lexikon für Theologie und Kirche. Freiburg im Breisgau u.a.: [3]1993–2001

Keel, Othmar: Die Welt der altorientalischen Bildsymbolik und das Alte Testament am Beispiel der Psalmen. Zürich u.a.: [4]1984 (= KEEL, Bildsymbolik)

────── Das Hohelied (ZBK.AT 18). Zürich: 1986 (= KEEL, Hohelied)

────── Die Geschichte Jerusalems und die Entstehung des Monotheismus. Teil 2 (OLB IV,1). Göttingen: 2007 (= KEEL, Geschichte)

Kellenberger, Edgar: Textvarianten in den Daniel-Legenden als Zeugnisse mündlicher Tradierung? In: XIII Congress of the International Organization for Septuagint and Cognate Studies Lubljana, 2007 (Society of Biblical Literature Septuagint and Cognate Studies Series 55). Hrsg. v. Peters, Melvin. Leiden u.a.: 2008, 211–227 (= KELLENBERGER, Textvarianten)

Kennedy, Charles: The Semantic Field of the Term 'Idolatry'. In: Uncovering Ancient Stones. Essays in Memory of H. Neil Richardson. Hrsg. v. Hopfe, Lewis. Winona Lake: 1994, 193–204 (= KENNEDY, Semantic Field)

Kenyon, Frederic: The Chester Beatty Biblical Papyri. Descriptions and Texts of Twelve Manuscripts on Papyrus of the Greek Bible. Fasciculus VII. Ezekiel, Daniel, Esther. Text. London: 1937 (= KENYON, Chester Beatty, Text)

────── The Chester Beatty Biblical Papyri. Descriptions and Texts of Twelve Manuscripts on Papyrus of the Greek Bible. Fasciculus VII. Ezekiel, Daniel, Esther. Plates. London: 1938 (= KENYON, Chester Beatty, Plates)

Kertelge, Karl: Art. δικαιοσύνη. In: EWNT 1 1980, 784–796 (= KERTELGE, Art. δικαιοσύνη)

Kessler, Rainer: Sozialgeschichte des alten Israel. Eine Einführung. Darmstadt: 2006 (= KESSLER, Sozialgeschichte)

────── Samuel. Priester und Richter, Königsmacher und Prophet (Biblische Gestalten 18). Leipzig: 2007 (= KESSLER, Samuel)

Khan, Geoffrey: Studies in Semitic Syntax (LOS 38). Oxford: 1988 (= KHAN, Semitic Syntax)

Kienast, Burkhart: Historische Semitische Sprachwissenschaft. Wiesbaden: 2001 (= KIENAST, Sprachwissenschaft)

Kilian, Rudolf: Apodiktisches und kasuistisches Recht im Licht ägyptischer Analogien. In: Studien zu alttestamentlichen Texten und Situationen (SBAB 28). Hrsg. v. Werner, Wolfgang/Werlitz, Jürgen. Stuttgart: 1999, 11–30 (= KILIAN, Recht)

Kirkpatrick, Shane: Competing for Honor. A Social-Scientific Reading of Daniel 1–6 (Biblical Interpretation Series 74). Leiden u.a.: 2005 (= KIRKPATRICK, Competing)

Kittel, Gerhard/Friedrich, Gerhard (Hrsg.): Theologisches Wörterbuch zum Neuen Testament. 9 Bände, 1 Register-Band. Stuttgart u.a.: 1933–1979

Klappert, Berthold: Art. βασιλεύς I. In: TBLNT 2005, 1480–1481 (= KLAPPERT, Art. βασιλεύς)

Klarer, Mario: Einführung in die Neuere Literaturwissenschaft. Darmstadt: 1999 (= KLARER, Einführung)

Klauck, Hans-Josef: Die antike Briefliteratur und das Neue Testament. Ein Lehr- und Arbeitsbuch (UTB 2022). Paderborn u.a.: 1998 (= KLAUCK, Briefliteratur)

Klein, Michael: The Preposition קדם ('Before') A Pseudo-Anti-Anthropomorphism in the Targums. In: JThS 30 (1979), 502–507 (= KLEIN, Preposition)

Klinghardt, Matthias: Legionsschweine in Gerasa. Lokalkolorit und historischer Hintergrund von Mk 5,1–20*. In: ZNW 98 (2007), 28–48 (= KLINGHARDT, Legionsschweine)

Knauf, Ernst: Art. Verwaltung, I. Biblisch. In: RGG⁴ 8 2005, 1080–1081 (= KNAUF, Art. Verwaltung, Biblisch)

Knibb, Michael: The Book of Daniel in its Context. In: The Book of Daniel. Composition and Reception (VT.S 83,1). Hrsg. v. Collins, John/Flint, Peter. Leiden u.a.: 2001, 16–35 (= KNIBB, Book of Daniel)

Knuth, Werner: Der Begriff der Sünde bei Philon von Alexandria. Würzburg: 1934 (= KNUTH, Sünde)

Koch, Heidemarie: Art. Xerxes. In: NBL 3 2001, 1143–1144 (= KOCH, Art. Xerxes)

Koch, Klaus: Spätisraelitisches Geschichtsdenken am Beispiel des Buches Daniel. In: HZ 193 (1961), 1–32 (= KOCH, Geschichtsdenken)

────── Die Herkunft der Proto-Theodotion-Übersetzung des Danielbuches. In: VT 23 (1973), 362–365 (= KOCH, Herkunft)

────── Das Buch Daniel (EdF 144). Darmstadt: 1980 (= KOCH, Buch Daniel)

────── Dareios, der Meder. In: Die Reiche der Welt und der kommende Menschensohn. Studien zum Danielbuch. Gesammelte Aufsätze. Bd. 2. Hrsg. v. Rösel, Martin. Neukirchen-Vluyn: 1995, 125–139 (= KOCH, Dareios)

────── Ist Daniel auch unter den Profeten? In: Die Reiche der Welt und der kommende Menschensohn. Studien zum Danielbuch. Gesammelte Aufsätze. Bd. 2. Hrsg. v. Rösel, Martin. Neukirchen-Vluyn: 1995, 1–15 (= KOCH, Profeten)

────── Weltgeschichte und Gottesreich im Danielbuch und die iranischen Parallelen. In: Die Reiche der Welt und der kommende Menschensohn. Studien zum Danielbuch. Gesammelte Aufsätze. Bd. 2. Hrsg. v. Rösel, Martin. Neukirchen-Vluyn: 1995, 46–65 (= KOCH, Weltgeschichte)

────── Europa, Rom und der Kaiser vor dem Hintergrund von zwei Jahrtausenden Rezeption des Buches Daniel (Joachim-Jungius-Gesellschaft der Wissenschaften: Berichte aus den Sitzungen der Joachim-Jungius-Gesellschaft der Wissenschaften e.V., 15,1). Göttingen: 1997 (= KOCH, Europa)

────── Spätisraelitisch-jüdische und urchristliche Danielrezeption vor und nach der Zerstörung des zweiten Tempels. In: Rezeption und Auslegung im Alten Testament und in seinem Umfeld. Ein Symposion aus Anlass des 60. Geburtstags von Odil Hannes Steck (OBO 153). Hrsg. v. Kratz, Reinhard/Krüger, Thomas. Fribourg u.a.: 1997, 93–123 (= KOCH, Danielrezeption)

────── Daniel 1–4 (BK 22/1). Neukirchen-Vluyn: 2005 (= KOCH, Daniel)

────── Das aramäisch-hebräische Danielbuch. Konfrontation zwischen Weltmacht und monotheistischer Religionsgemeinschaft in universalgeschichtlicher Perspektive. In: Die Geschichte der Daniel-Auslegung in Judentum, Christentum und Islam. Studien zur Kommentierung des Danielbuches in Literatur und Kunst (BZAW 371). Hrsg. v. Bracht, Katharina/Toit, David du. Berlin u.a.: 2007, 3–27 (= KOCH, Danielbuch)

Koch, Klaus: Der hebräische Gott und die Gotteserfahrung der Nachbarvölker. Inklusiver
und exkulsiver Monotheismus im Alten Testament. In: Der Gott Israels und die
Götter des Orients. Religionsgeschichtliche Studien II. Zum 80. Geburtstag von Klaus
Koch (FRLANT 216). Hrsg. v. Hartenstein, Friedhelm/Rösel, Martin. Göttingen: 2007,
9–41 (= KOCH, Gotteserfahrung)

——— Monotheismus und politische Theologie bei einem israelitischen Profeten im babylo-
nischen Exil. In: Der Gott Israels und die Götter des Orients. Religionsgeschichtliche
Studien II. Zum 80. Geburtstag von Klaus Koch (FRLANT 216). Hrsg. v. Hartenstein,
Friedhelm/Rösel, Martin. Göttingen: 2007, 294–320 (= KOCH, Monotheismus)

——— Zur Stellung der Weisheit Israels in der altorientalisch-hellenistischen Kulturgeschichte. In: Wege zur Hebräischen Bibel. Denken – Sprache – Kultur. In memoriam
Hans-Peter Müller (FRLANT 228). Hrsg. v. Lange, Armin/Römheld, Diethard. Göttingen: 2009, 53–71 (= KOCH, Weisheit)

Köckert, Matthias: Elia. Literarische und religionsgeschichtliche Probleme in 1Kön 17–18. In:
Der eine Gott und die Götter. Polytheismus und Monotheismus im antiken Israel
(AThANT 82). Hrsg. v. Oeming, Manfred/Schmid, Konrad. Zürich: 2003, 111–144
(= KÖCKERT, Elia)

Koehler, Ludwig/Baumgartner, Walter: Hebräisches und aramäisches Lexikon zum Alten
Testament. neu bearbeitet von Walter Baumgartner u.a., 2 Bände. Leiden u.a.: ³1995
(= KOEHLER/BAUMGARTNER, HALAT)

Koenen, Klaus: „Süßes geht vom Starken aus" (Ri 14,14). Vergleiche zwischen Gott und Tier
im Alten Testament. In: EvTh 55 (1995), 174–197 (= KOENEN, Vergleiche)

Kollmann, Bernd: Einführung in die Neutestamentliche Zeitgeschichte (Einführung Theologie). Darmstadt: 2006 (= KOLLMANN, Zeitgeschichte)

——— Neutestamentliche Wundergeschichten. Biblisch-theologische Zugänge und Impulse
für die Praxis. Stuttgart: ³2011 (= KOLLMANN, Wundergeschichten)

Konstan, David: Friendship in the Classical World. Cambridge: 1997 (= KONSTAN, Friendship)

Kottsieper, Ingo: „… und mein Vater zog hinauf …". Aspekte des älteren aramäischen
Verbalsystems und seiner Entwicklung. In: Tempus und Aspekt in den semitischen
Sprachen. Jenaer Kolloquium zur semitischen Sprachwissenschaft (Jenaer Beiträge
zum Vorderen Orient 1). Hrsg. v. Nebes, Norbert. Wiesbaden: 1999, 55–76 (= KOTT-
SIEPER, Aspekte)

——— Art. אָסַר. In: ThWAT 9 2001, 67–72 (= KOTTSIEPER, Art. אָסַר)

Kottsieper, Ingo/Gluska, Isaac: Art. בָּאַשׁ. In: ThWAT 9 2001, 106–112 (= KOTTSIE-
PER/GLUSKA, Art. בָּאַשׁ)

Kraeling, Emil: The Brooklyn Museum Aramaic Papyri. New Documents of the Fifth Century
B.C. from the Jewish Colony at Elephantine. Nachdruck der Ausgabe von 1953.
London: 1969 (= KRAELING, Aramaic Papyri)

Kraft, Robert: Daniel Outside the Traditional Jewish Canon. In the Footsteps of M.R. James.
In: Studies in the Hebrew Bible, Qumran and the Septuagint. Presented to Eugene
Ulrich. Hrsg. v. Flint, Peter et al. Leiden u.a.: 2006, 121–133 (= KRAFT, Daniel)

Kratz, Reinhard: Translatio imperii. Untersuchungen zu den aramäischen Danielerzählungen und ihrem theologiegeschichtlichen Umfeld (WMANT 63). Neukirchen-Vluyn:
1991 (= KRATZ, Translatio)

——— Reich Gottes und Gesetz im Danielbuch und im werdenden Judentum. In: The Book
of Daniel in the Light of New Findings (BEThL 106). Hrsg. v. van der Woude, Adam.
Leuven: 1993, 435–479 (= KRATZ, Reich)

——— The Visions of Daniel. In: The Book of Daniel. Composition and Reception (VT.S
83,1). Hrsg. v. Collins, John/Flint, Peter. Leiden u.a.: 2001, 91–114 (= KRATZ, Visions)

——— Innerbiblische Exegese und Redaktionsgeschichte im Lichte empirischer Evidenz. In:
Das Alte Testament und die Kultur der Moderne. Beiträge des Symposiums »Das Alte

Testament und die Kultur der Moderne« anlässlich des 100. Geburtstags Gerhard von Rads (1901–1971) Heidelberg, 18.–21. Oktober 2001 (Altes Testament und Moderne 8). Hrsg. v. Oeming, Manfred et al. Münster: 2004, 37–69 (= KRATZ, Exegese)

Kraus, Hans-Joachim: Psalmen. 2. Teilband. Psalmen 80–150 (BK 15/2). Neukirchen-Vluyn: [5]1978 (= KRAUS, Psalmen)

Kraus, Wolfgang: Contemporary Translations of the Septuagint: Problems and Perspectives. In: Septuagint Research. Issues and Challenges in the Study of the Greek Jewish Scriptures (Society of Biblical Literature Septuagint and Cognate Studies Series 53). Hrsg. v. Kraus, Wolfgang/Wooden, Glenn. Atlanta: 2006, 63–83 (= KRAUS, Translations)

Kraus, Wolfgang/Karrer, Martin (Hrsg.): Septuaginta Deutsch. Das griechische Alte Testament in deutscher Übersetzung. Stuttgart: 2009

Kraus, Wolfgang/Wooden, Glenn: Contemporary "Septuagint" Research: Issues and Challenges in the Study of the Greek Jewish Scriptures. In: Septuagint Research. Issues and Challenges in the Study of the Greek Jewish Scriptures (Society of Biblical Literature Septuagint and Cognate Studies Series 53). Hrsg. v. Kraus, Wolfgang/Wooden, Glenn. Atlanta: 2006, 1–13 (= KRAUS/WOODEN, Research)

Krause, Gerhard/Müller, Gerhard (Hrsg.): Theologische Realenzyklopädie. Berlin u.a.: 1976–2005

Kreuzer, Siegfried: Der lebendige Gott. Bedeutung, Herkunft und Entwicklung einer alttestamentlichen Gottesbezeichnung (BWANT 116). Stuttgart u.a.: 1983 (= KREUZER, Gott)

────── Entstehung und Publikation der Septuaginta im Horizont frühptolemäischer Bildungs- und Kulturpolitik. In: Im Brennpunkt: Die Septuaginta. Band 2. Studien zur Entstehung und Bedeutung der Griechischen Bibel (BWANT 161). Hrsg. v. Kreuzer, Siegfried/Lesch, Jürgen. Stuttgart: 2004, 61–75 (= KREUZER, Septuaginta)

────── Die Septuaginta im Kontext alexandrinischer Kultur und Bildung. In: Im Brennpunkt: Die Septuaginta. Band 3. Studien zur Theologie, Anthropologie, Ekklesiologie, Eschatologie und Liturgie der Griechischen Bibel (BWANT 174). Hrsg. v. Fabry, Heinz-Josef/Böhler, Dieter. Stuttgart: 2007, 28–56 (= KREUZER, Kultur)

────── Papyrus 967. Bemerkungen zu seiner buchtechnischen, textgeschichtlichen und kanongeschichtlichen Bedeutung. In: Die Septuaginta – Texte, Kontexte, Lebenswelten. Internationale Fachtagung veranstaltet von Septuaginta Deutsch (LXX.D), Wuppertal 20.–23. Juli 2006. Hrsg. v. Karrer, Martin/Kraus, Wolfgang. Tübingen: 2008, 64–82 (= KREUZER, Papyrus 967)

────── Einleitung in die Septuaginta (Handbuch zur Septuaginta 1). Gütersloh: 2011 (= KREUZER, LXX.H 1)

Kreuzer, Siegfried et al: Proseminar I. Altes Testament. Ein Arbeitsbuch. Stuttgart: [2]2005 (= KREUZER, Proseminar)

Krüger, Annette: Auf dem Weg „zu den Vätern". Zur Tradition der alttestamentlichen Sterbenotizen. In: Tod und Jenseits im alten Israel und seiner Umwelt. Theologische, religionsgeschichtliche, archäologische und ikonographische Aspekte (FAT 64). Hrsg. v. Berlejung, Angelika/Janowski, Bernd. Tübingen: 2009, 137–150 (= KRÜGER, Weg)

Kuhl, Curt: Die drei Männer im Feuer (Daniel Kapitel 3 und seine Zusätze). Ein Beitrag zur israelitisch-jüdischen Literaturgeschichte (BZAW 55). Giessen: 1930 (= KUHL, Feuer)

Kuhrt, Amélie: The Problem of Achaemenid 'Religious Policy'. In: Die Welt der Götterbilder (BZAW 376). Hrsg. v. Groneberg, Brigitte/Spieckermann, Hermann. Berlin u.a.: 2007, 117–142 (= KUHRT, Problem)

Kunz, Claudia: Schweigen und Geist. Biblische und patristische Studien zu einer Spiritualität des Schweigens. Freiburg im Breisgau u.a.: 1996 (= KUNZ, Schweigen)

Kutscher, Eduard: Two ‚passive' Constructions in Aramaic in the Light of Persian. In: Hebrew and Aramaic Studies. Hrsg. v. Zeev, Ben-Ḥayyim et al. Jerusalem: 1977, 70–89 (= KUTSCHER, Constructions)

Lacocque, André: Le Livre de Daniel (CAT 15b). Neuchâtel u.a.: 1976 (= LACOQUE, Daniel)

—— The Socio-Spiritual Formative Milieu of the Daniel Apocalypse. In: The Book of Daniel in the Light of New Findings (BEThL 106). Hrsg. v. Woude, Adam van der. Leuven: 1993, 315–344 (= LACOCQUE, Formative Milieu)

Lambert, Wilfred: Nebuchadnezzar King of Justice. In: Iraq 27 (1965), 1–11 (= LAMBERT, Nebuchadnezzar)

Lang, Bernhard: Art. Buße. In: NBL 1 1991, 357–358 (= LANG, Art. Buße)

—— Art. Diaspora. In: NBL 1 1991, 420–423 (= LANG, Art. Diaspora)

—— Art. Essener. In: NBL 1 1991, 600 (= LANG, Art. Essener)

—— Art. Götzen(dienst). In: NBL 1 1991, 895–896 (= LANG, Art. Götzen(dienst))

—— Art. Monotheismus. In: NBL 2 1995, 834–844 (= LANG, Art. Monotheismus)

—— Art. Väter Israels. In: NBL 3 2001, 989–993 (= LANG, Art. Väter Israels)

Lange, Armin: Art. Qumran. In: RGG⁴ 6 2003, 1873–1896 (= LANGE, Art. Qumran)

—— Art. Weisheitsliteratur, II. Altes Testament. In: RGG⁴ 8 2005, 1366–1369 (= LANGE, Art. Weisheitsliteratur)

Lebram, Jürgen-Christian: Apokalyptik und Hellenismus im Buche Daniel. Bemerkungen und Gedanken zu Martin Hengels Buch über „Judentum und Hellenismus". In: VT 20 (1970), 503–524 (= LEBRAM, Apokalyptik)

—— Perspektiven der gegenwärtigen Danielforschung. In: JSJ 5 (1976), 1–33 (= LEBRAM, Perspektiven)

—— Das Buch Daniel (ZBK.AT 23). Zürich: 1984 (= LEBRAM, Daniel)

Lenglet, Adrien: La structure littéraire de Daniel 2–7. In: Bib 53 (1972), 169–190 (= LENGLET, Structure littéraire)

Leuenberger, Martin:»Ich bin Jhwh und keiner sonst«. Der exklusive Monotheismus des Kyros-Orakels Jes 45,1–7 (SBS 224). Stuttgart: 2010 (= LEUENBERGER, Monotheismus)

Li, Tarsee: Non-Active Participles in the Aramaic of Daniel. In: Aramaic Studies 6 (2008), 111–136 (= TARSEE, Non-Active Participles)

—— The Verbal System of the Aramaic of Daniel. An Explanation in the Context of Grammaticalization (Studies in the Aramaic Interpretation of Scripture 8). Leiden: 2009 (= TARSEE, Verbal System)

Liddel, Henry/Scott, Robert: A Greek-English Lexicon. Revised and Augmented Troughout by Sir Henry Stuart Jones. With a Supplement. Oxford: 1968 (= LIDDEL/SCOTT, Greek-English Lexicon)

Liedke, Gerhard: Gestalt und Bezeichnung alttestamentlicher Rechtssätze. Eine formgeschichtlich-terminologische Studie (WMANT 39). Neukirchen-Vluyn: 1971 (= LIEDKE, Gestalt und Bezeichnung)

Link, Hans-Georg: Art. εὐλογέω. In: TBLNT 2005, 1628–1633 (= LINK, Art. εὐλογέω)

Linke, Angelika/Nussbaumer, Markus/Portmann, Paul: Studienbuch Linguistik (RGL 121). Tübingen: ⁵2004 (= LINKE/NUSSBAUMER/PORTMANN, Studienbuch)

Löfgren, Oskar: Die Äthiopische Übersetzung des Propheten Daniel. Nach Handschriften in Berlin, Cambridge, Frankfurt am Main, London, Oxford, Paris und Wien zum ersten Male herausgegeben und mit Einleitung und Kommentar versehen. Paris: 1927 (= LÖFGREN, Äthiopische Übersetzung)

Loewenclau, Ilse von: Das Buch Daniel. Frauen und Kinder nicht gerechnet. In: Kompendium Feministische Bibelauslegung. Hrsg. v. Schottroff, Luise/Wacker, Marie-Theres. Gütersloh: 1998, 291–298 (= LOEWENCLAU, Daniel)

Lohfink, Norbert: Gab es eine deuteronomistische Bewegung? In: Jeremia und die »deuteronomistische Bewegung«. Hrsg. v. Groß, Walter. Weinheim: 1995, 313–382 (= LOHFINK, Bewegung)

Lohse, Eduard: Art. χείρ. In: ThWNT 9 1973, 413–427 (= LOHSE, Art. χείρ)

Lorenz, Bernd: Bemerkungen zum Totenkult im Alten Testament. In: VT 32 (1982), 229–234 (= LORENZ, Totenkult)

Louw, Theo van der: Transformations in the Septuagint. Towards an Interaction of Septuagint Studies and Translation Studies (Contributions to Biblical Exegeses & Theology). Leuven u.a.: 2007 (= VAN DER LOUW, Transformations)

Lubkoll, Christine: Art. Motiv, literarisches. In: Metzler Lexikon Literatur- und Kulturtheorie. Ansätze – Personen – Grundbegriffe. Hrsg. v. Nünning, Ansgar. Stuttgart u.a.: [4]2008, 515–516 (= LUBKOLL, Art. Motiv)

Lucas, Ernest: Daniel (Apollos Old Testament Commentary 20). Leicester: 2002 (= LUCAS, Daniel)

Lust, Johan: The Septuagint Version of Daniel 4–5. In: The Book of Daniel in the Light of New Findings (BEThL 106). Hrsg. v. Woude, Adam van der. Leuven: 1993, 39–53 (= LUST, Septuagint Version)

Lust, Johan/Eynikel, Erik: The Use of ΔΕΥΡΟ and ΔΕΥΤΕ in the LXX. In: EThL 67 (1991), 57–68 (= LUST/EYNIKEL, Use)

Lust, Johan/Eynikel, Erik/Hauspie, Katrin: A Greek-English Lexicon of the Septuagint. Revised Edition. Stuttgart: 2003 (= LUST, Lexicon)

Lyavdansky, Alexey: Temporal Deictic Adverbs as Discourse Markers in Hebrew, Aramaic and Akkadian. In: Journal of Language Relationship 3 (2010), 79–99 (= LYAVDANSKY, Deictic Adverbs)

Mach, Michael: Entwicklungsstadien des jüdischen Engelglaubens in vorrabbinischer Zeit (TSAJ 34). Tübingen: 1992 (= MACH, Entwicklungsstadien)

Macholz, Christian: Das »Passivum divinum«, seine Anfänge im Alten Testament und der »Hofstil«. In: ZNW 81 (1990), 247–253 (= MACHOLZ, »Passivum divinum«)

Magen, Broshi: Qumran – Die archäologische Erforschung. Ein Überblick. In: Die Schriftrollen von Qumran. Zur aufregenden Geschichte ihrer Erforschung und Deutung. Hrsg. v. Talmon, Shemaryahu. Regensburg: 1998, 27–50 (= MAGEN, Qumran)

Maier, Gerhard: Der Prophet Daniel (WStB). Wuppertal: 1982 (= MAIER, Prophet)

Maier, Johann: Zwischen den Testamenten. Geschichte und Religion in der Zeit des zweiten Tempels (NEB.AT Ergänzungsband 3). Würzburg: 1990 (= MAIER, Geschichte)

—— Die Qumran Essener. Die Texte vom Toten Meer. Band III: Einführung, Zeitrechnung, Register und Bibliographie. München u.a.: 1996 (= MAIER, Qumran Essener)

—— Die Qumrangemeinde im Rahmen des frühen Judentums. In: Die Schriftrollen von Qumran. Zur aufregenden Geschichte ihrer Erforschung und Deutung. Hrsg. v. Talmon, Shemaryahu. Regensburg: 1998, 51–70 (= MAIER, Qumrangemeinde)

Marböck, Johannes: Jesus Sirach 1–23 (HThK.AT 32). Freiburg im Breisgau: 2010 (= MARBÖCK, Jesus Sirach)

—— Das Buch Jesus Sirach. In: Einleitung in das Alte Testament (KStTh 1). Hrsg. v. Frevel, Christian. Stuttgart: [8]2012, 497–507 (= MARBÖCK, Buch)

Marcus, Ralph: Jewish and Greek Elements in the Septuagint. In: Louis Ginzberg. Jubilee Volume. Hrsg. v. American Academy for Jewish Research. New York: 1945, 227–245 (= MARCUS, Elements)

Margain, Jean: Le Livre de Daniel. Commentaire philologique du texte araméen (SLB). Paris: 1994 (= MARGAIN, Daniel)

Marti, Karl: Das Buch Daniel (KHC 18). Tübingen u.a.: 1901 (= MARTI, Daniel)

—— Kurzgefaßte Grammatik der biblisch-aramäischen Sprache. Literatur, Paradigmen, Texte und glossar (PLO 18). Berlin: [3]1925 (= MARTI, Grammatik)

Martin-Achard, Robert: Biblische Ansichten über das Alter. In: Conc(D) 27 (1991), 198–203 (= MARTIN-ACHARD, Alter)

Martin de Viviés, Pierre de: Les séjours de Daniel dans la fosse aux lions. Regard narratif synoptique. In: Analyse Narrative et Bible. Deuxième Colloque International du

RRENAB, Louvain-La Neuve, Avril 2004. Hrsg. v. Focant, Camille/Wénin, André. Leiden u.a.: 2005, 131–143 (= MARTIN DE VIVIÉS, Séjours)

Martinez, Matias/Scheffel, Michael: Einführung in die Erzähltheorie. München: ⁷2007 (= MARTINEZ/SCHEFFEL, Erzähltheorie)

Mason, Steve: Josephus, Judea, and Christian Origins. Methods and Categories. Peabody: 2009 (= MASON, Josephus)

Matheus, Frank: Jesaja XLIV 9–20. Das Spottgedicht gegen die Götzen und seine Stellung im Kontext. In: VT 37 (1987), 312–326 (= MATHEUS, Jesaja)

Mathys, Hans-Peter: Der Achämenidenhof im Alten Testament. In: Der Achämenidenhof. The Achaemenid Court. Akten des 2. Internationalen Kolloquiums zum Thema »Vorderasien im Spannungsfeld klassischer und altorientalischer Überlieferungen«, Landgut Castelen bei Basel, 23.–25. Mai 2007 (Classica et Orientalia 2). Hrsg. v. Jacobs, Bruno/Rollinger, Robert. Wiesbaden: 2010, 231–308 (= MATHYS, Achämenidenhof)

Maurer, Christian: Art. προστίθημι. In: ThWNT 8 1969, 169–170 (= MAURER, Art. προστίθημι)

Mayer, Rudolf: Iranischer Beitrag zu Problemen des Daniel- und Estherbuches. In: Lex tua Veritas. Festschrift für Hubert Junker zur Vollendung des siebzigsten Lebensjahres am 8. August 1961. Hrsg. v. Groß, Heinrich/Mußner, Franz. Trier: 1961, 127–135 (= MAYER, Iranischer Beitrag)

McCrystall, Arthur: Studies in the Old Greek Translation of Daniel. Dissertation, University of Oxford: 1980 (= MCCRYSTALL, Studies)

McKay, Kenneth: A New Syntax of the Verb in New Testament Greek. An Aspectual Approach (Studies in Biblical Greek 5). New York u.a.: 1994 (= MCKAY, Syntax)

McLay, Timothy: A Collation of Variants from 967 to Ziegler's Critical Edition of Susanna, Daniel, Bel et Draco. In: Textus 18 (1995), 121–134 (= MCLAY, Collation)

────── The OG and Th Versions of Daniel (Society of Biblical Literature Septuagint and Cognate Studies Series 43). Atlanta: 1996 (= MCLAY, OG and Th)

────── It's a Question of Influence:. The Theodotion and Old Greek Texts of Daniel. In: Origen's Hexapla and Fragments. Papers presented at the Rich Seminar on the Hexapla, Oxford Centre for Hebrew and Jewish Studies, 25th–3rd August 1994 (TSAJ 58). Hrsg. v. Salvesen, Alison. Tübingen: 1998, 231–254 (= MCLAY, Question)

────── The Relationship between the Greek Translations of Daniel 1–3. In: BIOSCS 37 (2004), 29–53 (= MCLAY, Relationship)

────── Double Translations in the Greek Versions of Daniel. In: Interpreting Translation. Studies on the LXX and Ezekiel in Honour of Johan Lust (BETHL 192). Hrsg. v. García Martínez, Florentino/Vervenne, Marc. Leuven: 2005, 255–267 (= MCLAY, Double Translations)

────── The Old Greek Translation of Daniel IV–VI and the Formation of the Book of Daniel. In: VT 55 (2005), 304–323 (= MCLAY, Translation)

────── Why Should we Care about the Original Text? In: Scripture in Transition. Essays on Septuagint, Hebrew Bible, and Dead Sea Scrolls in Honour of Raija Sollamo (JSJS 126). Hrsg. v. Voitila, Anssi/Jokiranta, Jutta. Leiden u.a.: 2008, 291–299 (= MCLAY, Original Text)

────── Why Not a Theology of the Septuagint? In: Die Septuaginta – Texte, Theologien, Einflüsse. 2. Internationale Fachtagung veranstaltet von Septuaginta Deutsch (LXX.D), Wuppertal 23.–27.7.2008 (WUNT 252). Hrsg. v. Kraus, Wolfgang/Karrer, Martin. Tübingen: 2010, 607–620 (= MCLAY, Theology)

Meadowcroft, Tim: Aramaic Daniel and Greek Daniel. A Literary Comparison (JSOT.S 198). Sheffield: 1995 (= MEADOWCROFT, Aramaic Daniel)

Meinhold, Johannes: Das Buch Daniel. In: Die geschichtlichen Hagiographen (Chronika, Esra, Nehemia, Ruth, Ester) und das Buch Daniel. (KK A.8). Hrsg. v. Oettli, Samuel/Meinhold, Johannes. Nördlingen: 1889, 257–339 (= MEINHOLD, Daniel)

Meiser, Martin: Historiographische Tendenzen in der LXX. In: Die Apostelgeschichte im Kontext antiker und frühchristlicher Historiographie. Hrsg. v. Frey, Jörg et al. Berlin u.a.: 2009, 77–100 (= MEISER, Tendenzen)

Meißner, Burkhard: Hellenismus (Geschichte Kompakt). Darmstadt: 2007 (= MEISSNER, Hellenismus)

Michel, Andreas: Gott und Gewalt gegen Kinder im Alten Testament (FAT 37). Tübingen: 2003 (= MICHEL, Gewalt)

Millar, Fergus: Hellenistic History in a Near Eastern Perspective: The Book of Daniel. In: Hellenistic Constructs. Essays in Culture, History, and Historiography. Hrsg. v. Cartledge, Paul et al. Berkeley u.a.: 1997, 89–104 (= MILLAR, Hellenistic History)

Millard, Alan: Words for Writing in Aramaic. In: Hamlet on a Hill. Semitic and Greek Studies Presented to Professor T. Muraoka on the Occasion of his Sixty-Fifth Birthday (OLA 118). Hrsg. v. Baasten, Mario/Peursen, Wido van. Leuven u.a.: 2003, 349–355 (= MILLARD, Writing)

Mills, Mary: Biblical Morality. Moral Perspectives in Old Testament Narratives (Heythrop Studies in Contemporary Philosophy, Religion & Theology). Aldershot u.a.: 2001 (= MILLS, Morality)

Milne, Pamela: Vladimir Propp and the Study of Structure in the Hebrew Biblical Narrative (BiLiSe 13). Sheffield: 1988 (= MILNE, Vladimir Propp)

Montgomery, James: The 'Two Youths' in the LXX to Dan 6. In: JAOS 41 (1921), 316–317 (= MONTGOMERY, Two Youths)

—— A Critical and Exegetical Commentary on the Book of Daniel (ICC). Last Impression 1972. Edinburgh: 1926 (= MONTGOMERY, Daniel)

Mooren, Leon: Über die ptolemäischen Hofrangtitel. In: Antidorum W. Peremans Sexagenario ab Alumnis Oblatum (StHell 16). Hrsg. v. Cerfaux, Lucien et al. Löwen: 1968, 161–180 (= MOOREN, Hofrangtitel)

—— The Ptolemaic Court System. In: Chronique d'Egypte 60 (1985), 214–222 (= MOOREN, Court System)

Moriya, Akio: The Meaning and Function of An Aramaic Composite Expression kol qᵒbēl dî. In: AJBI 23 (1997), 23–45 (= MORIYA, Meaning)

Morrow, William/Clarke, Ernest: The Ketib/Qere in the Aramaic Portions of Ezra and Daniel. In: VT 36 (1986), 406–422 (= MORROW/CLARKE, Ketib/Qere)

Müller, Hans-Peter: Magisch-Mantische Weisheit und die Gestalt Daniels. In: UF 1 (1969), 79–94 (= MÜLLER, Weisheit)

—— Märchen, Legende und Enderwartung. Zum Verständnis des Buches Daniel. In: VT 26 (1976), 338–350 (= MÜLLER, Märchen)

—— Die weisheitliche Lehrerzählung im Alten Testament und seiner Umwelt. In: WO 9 (1977), 77–98 (= MÜLLER, Lehrerzählung)

—— Mantische Weisheit und Apokalyptik. In: Mensch – Umwelt – Eigenwelt. Gesammelte Aufsätze zur Weisheit Israels. Hrsg. v. Müller, Hans-Peter. Stuttgart u.a.: 1992, 194–219 (= MÜLLER, Mantische Weisheit)

Müllner, Ilse: Gewalt im Hause Davids. Die Erzählung von Tamar und Amnon (2Sam 13,1–22) (HBS 13). Freiburg im Breisgau: 1997 (= MÜLLNER, Gewalt)

—— Zeit, Raum, Figuren, Blick. Hermeneutische und methodische Grundlagen der Analyse biblischer Erzähltexte. In: PzB 15 (2006), 1–24 (= MÜLLNER, Grundlagen)

Munnich, Olivier: Origène, éditeur de la Septante de Daniel. In: Studien zur Septuaginta – Robert Hanhart zu Ehren. Aus Anlaß seines 65. Geburtstages (MSU 20). Hrsg. v. Fraenkel, Detlef et al. Göttingen: 1990, 187–218 (= MUNNICH, Origène)

—— Les Nomina Sacra dans les Versions Grecques de Daniel et leurs Suppléments Deutérocanoniques. In: Kata tous 70. Selon les Septante. Trente études sur la Bible grecque des Septante. En hommage à Marguerite HARL. Hrsg. v. Dorival, Gilles/Munnich, Olivier. Paris: 1995, 145–167 (= MUNNICH, Nomina Sacra)

Munnich, Olivier: Susanna, Daniel, Bel et Draco. Edidit Joseph Ziegler. Editio secunda Versionis iuxta LXX interpretes textum plane novum constituit Olivier Munnich. Versionis iuxta „Theodotionem" fragmenta adiecit Detlef Fraenkel. (Septuaginta. Vetus Testamentum Graecum. Auctoritate Societatis Academiae Gottingensis editum XVI/2). Göttingen: ²1999 (= MUNNICH, Daniel)

———— Le roi impie dans le livre de Daniel. In: Nier les Dieux, Nier Dieu. Actes du colloque organisé par le Centre Paul-Albert Février (UMR 6125) à la Maison Méditerranéenne des Sciences de l'Homme les 1er et 2 avril 1999 (Textes et Documents de la Méditerranée Antique et Médiévale). Hrsg. v. Dorival, Gilles/Pralon, Didier. Aix en Provence: 2002, 199–210 (= MUNNICH, Roi)

———— Texte massorétique et Septante dans le livre de Daniel. In: The Earliest Text of the Hebrew Bible. The Relationship between the Masoretic Text and the Hebrew Base of the Septuagint Reconsidered (Society of Biblical Literature Septuagint and Cognate Studies Series 52). Hrsg. v. Schenker, Adrian. Atlanta: 2003, 93–120 (= MUNNICH, Texte massorétique)

———— La Peshitta de Daniel et ses relations textuelles avec la Septante. In: L'Ecrit et l'Esprit. Etudes d'histoire du texte et de théologie biblique en hommage à Adrian Schenker. Hrsg. v. Böhler, Dieter et al. Fribourg: 2005, 229–247 (= MUNNICH, Peshitta)

———— Le cadrage dynastique et l'ordre des chapitres dans le livre de Daniel. In: L'Apport de la Septante aux Études sur l'Antiquité. Actes du colloque de Strasbourg 8–9 novembre 2002. Hrsg. v. Joosten, Jan. Paris: 2005, 161–195 (= MUNNICH, Cadrage Dynastique)

Muraoka, Takamitsu: A Greek-English Lexicon of the Septuagint: Twelve Prophets. Leuven u.a.: 1993 (= MURAOKA, Lexicon: Twelve Prophets)

———— A Greek-English Lexicon of the Septuagint. Chiefly of the Pentateuch and the Twelve Prophets. Leuven u.a.: 2002 (= MURAOKA, Lexicon: Pentateuch and the Twelve Prophets)

———— Recent Discussions on the Septuagint Lexicography With Special Reference to the So-called Interlinear Model. In: Die Septuaginta – Texte, Kontexte, Lebenswelten. Internationale Fachtagung veranstaltet von Septuaginta Deutsch (LXX.D), Wuppertal 20.–23. Juli 2006. Hrsg. v. Karrer, Martin/Kraus, Wolfgang. Tübingen: 2008, 221–235 (= MURAOKA, Discussions)

———— Septuagint Lexicography and Hebrew Etymology. In: Scripture in Transition. Essays on Septuagint, Hebrew Bible, and Dead Sea Scrolls in Honour of Raija Sollamo (JSJS 126). Hrsg. v. Voitila, Anssi/Jokiranta, Jutta. Leiden u.a.: 2008, 463–469 (= MURAOKA, Lexicography)

———— A Greek-English Lexicon of the Septuagint. Leuven u.a.: 2009 (= MURAOKA, Lexicon of the Septuagint)

Neef, Heinz-Dieter: Art. אַרְיֵה. In: ThWAT 9 2001, 76–78 (= NEEF, Art. אַרְיֵה)

———— Arbeitsbuch Biblisch-Aramäisch. Materialien, Beispiele und Übungen zum Biblisch-Aramäisch. Tübingen: ²2009 (= NEEF, Arbeitsbuch)

Nel, Marius: Huidige Danielnavorsing, en die pad vorentoe. In: OTE 18 (2005), 777–789 (= NEL, Danielnavorsing)

———— Contribution of the Dead Sea Scrolls to Textual Criticism and Understanding of the Canonical Book of Daniel. In: Nederduits Gereformeerde Teologieses Tydskrif 47 (2006), 609–619 (= NEL, Contribution)

Neumann-Gorsolke, Ute: „Alt und lebenssatt . . . " – der Tod zur rechten Zeit. In: Tod und Jenseits im alten Israel und seiner Umwelt. Theologische, religionsgeschichtliche, archäologische und ikonographische Aspekte (FAT 64). Hrsg. v. Berlejung, Angelika/Janowski, Bernd. Tübingen: 2009, 111–136 (= NEUMANN-GORSOLKE, Tod)

Niehr, Herbert: Art. Bote. In: NBL 1 1991, 317–318 (= NIEHR, Art. Bote)

—— Das Buch Daniel. In: Einleitung in das Alte Testament (KStTh 1). Hrsg. v. Frevel, Christian. Stuttgart: ^{8}2012, 601–618 (= NIEHR, Buch Daniel)

Niskanen, Paul: The Human and the Divine in History. Herodotus and the Book of Daniel (JSOT.S 396). London u.a.: 2004 (= NISKANEN, Human)

Nober, Petrus: Rez. zu QUACQUARELLI, ANTONIO, Q.S.F. Tertulliani Ad Scapulam. Prolegomeni, Testo critico e Commento (OP 1), Rom: 1957. In: VD 34 (1956), 377–378 (= NOBER, Rezension)

Nöldeke, Theodor: Kurzgefasste Syrische Grammatik. Anhang: Die handschriftlichen Ergänzungen in dem Handexemplar Theodor Nöldekes und Register der Belegstellen. Bearbeitet von Anton Schall. Nachdruck der 2. verbesserten Auflage Leipzig 1898. Darmstadt: 1966 (= NÖLDEKE, Grammatik)

Nötscher, Friedrich: Daniel (Echter Bibel). Würzburg: ^{2}1953 (= NÖTSCHER, Daniel)

Nolan Fewell, Danna: Circle of Sovereignty. A Story of Stories in Daniel 1–6 (JSOT.S 72). Sheffield: 1988 (= NOLAN FEWELL, Circle)

—— Circle of Sovereignty. Plotting Politics in the Book of Daniel. Nashville: 1991 (= NOLAN FEWELL, Circle of Sovereignty)

—— Reading Between Texts. Intertextuality and the Hebrew Bible (Literary Currents in Biblical Interpretation). Louisville: 1993 (= NOLAN FEWELL, Reading)

Nordheim, Eckhard von: Das Gottesurteil als Schutzordal für die Frau nach Numeri 5. In: Konsequente Traditionsgeschichte. Festschrift für Klaus Baltzer zum 65. Geburtstag (OBO 126). Hrsg. v. Bartelmus, Rüdiger et al. Firbourg u.a.: 1993, 297–309 (= VON NORDHEIM, Gottesurteil)

Noth, Martin: Könige (BK 9,1). Neukirchen-Vluyn: 1968 (= NOTH, Könige)

—— Zur Komposition des Buches Daniel. In: Gesammelte Studien zum Alten Testament II. Mit einem Nachruf von Rudolf Smend und der von Hermann Schult zusammengestellten Bibliographie (TB 39). Hrsg. v. Wolff, Hans-Walter. München: 1969, 11–28 (= NOTH, Komposition)

Nottarp, Hermann: Gottesurteilstudien (Bamberger Abhandlungen und Forschungen 2). München: 1956 (= NOTTARP, Gottesurteilstudien)

Nünning, Ansgar: Die Funktionen von Erzählinstanzen: Analysekategorien und Modelle zur Beschreibung des Erzählerverhaltens. In: Literatur in Wissenschaft und Unterricht 30 (1997), 323–349 (= NÜNNING, Erzählinstanzen)

—— Unreliable Narration zur Einführung: Grundzüge einer kognitiv-narratologischen Theorie und Analyse unglaubwürdigen Erzählens. In: Unreliable Narration. Studien zur Theorie und Praxis unglaubwürdigen Erzählens in der englischsprachigen Erzählliteratur. Hrsg. v. Nünning, Ansgar. Trier: 1998, 3–39 (= NÜNNING, Grundzüge)

—— Unreliable Narration. Studien zur Theorie und Praxis unglaubwürdigen Erzählens in der englischsprachigen Erzählliteratur. Trier: 1998 (= NÜNNING, Unreliable Narration)

—— »Verbal Fictions?« Kritische Überlegungen und narratologische Alternativen zu Hayden Whites Einebnung des Gegensatzes zwischen Historiographie und Literatur. In: Literaturwissenschaftliches Jahrbuch. Neue Folge 40 (1999), 351–380 (= NÜNNING, »Verbal Fictions?«)

—— Art. Raum/Raumdarstellung, literarische(r). In: Metzler Lexikon Literatur- und Kulturtheorie. Ansätze – Personen – Grundbegriffe. Hrsg. v. Nünning, Ansgar. Stuttgart u.a.: ^{4}2008, 604–607 (= NÜNNING, Art. Raum)

—— Metzler Lexikon Literatur- und Kulturtheorie. Ansätze – Personen – Grundbegriffe. Stuttgart u.a.: ^{4}2008

Nünning, Ansgar/Nünning, Vera: Von der strukturalistischen Narratologie zur ‚postklassischen‘ Erzähltheorie: Ein Überblick über neue Ansätze und Entwicklungstendenzen. In: Neue Ansätze in der Erzähltheorie. Hrsg. v. Nünning, Ansgar/Nünning, Vera. Trier: 2002, 1–33 (= NÜNNING/NÜNNING, Erzähltheorie)

Nützel, Johannes: Art. προσκυνέω. In: EWNT 3 1983, 419–423 (= NÜTZEL, Art. προσκυνέω)

Ohler, Annemarie: Gattungen im AT. Ein biblisches Arbeitsbuch. Düsseldorf: 1972 (= OHLER, Gattungen)

Olrik, Axel: Epische Gesetze der Volksdichtung. In: ZfDA 51 (1909), 1–12 (= OLRIK, Gesetze)

Ong, Walter: The Writer's Audience Is Always a Fiction. In: Interfaces of the World. Studies in the Evolution of Consciousness and Culture. Hrsg. v. Ong, Walter. Ithaca u.a.: 1977, 53–81 (= ONG, Audience)

Otto, Eckart: Recht im antiken Israel. In: Die Rechtskulturen der Antike. Vom Alten Orient bis zum römischen Reich. Hrsg. v. Manthe, Ulrich. München: 2003, 151–190 (= OTTO, Recht)

—————— Die Rechtshermeneutik des Pentateuch und die achämenidische Rechtsideologie in ihren altorientalischen Kontexten. In: Kodifizierung und Legitimierung des Rechts in der Antike und im Alten Orient (BZAR 5). Hrsg. v. Witte, Markus/Fögen, Marie. Wiesbaden: 2005, 71–116 (= OTTO, Rechtshermeneutik)

Ottosson, Magnus: Art. הֵיכָל. In: ThWAT 2 1977, 408–415 (= OTTOSSON, Art. הֵיכָל)

Otzen, Benedikt: Art. חָתַם. In: ThWAT 3 1982, 282–288 (= OTZEN, Art. חָתַם)

Pace, Sharon: The Stratigraphy of the Text of Daniel and the Question of Theological Tendenz in the Old Greek. In: BIOSCS 17 (1984), 15–35 (= PACE, Stratigraphy)

—————— Diaspora Dangers, Diaspora Dreams. In: Studies in the Hebrew Bible, Qumran, and the Septuagint Presented to Eugene Ulrich (VT.S 101). Hrsg. v. Flint, Peter et al. Leiden u.a.: 2006, 21–59 (= PACE, Diaspora)

—————— Daniel (Smyth & Helwys Bible Commentary 17). Macon: 2008 (= PACE, Daniel)

Paeslack, Meinhard: Zur Bedeutungsgeschichte der Wörter ΦΙΛΕΙΝ ‚Lieben', ΦΙΛΙΑ ‚Liebe', ‚Freundschaft', φιλος ‚Freund' in der Septuaginta und im Neuen Testament (Unter Berücksichtigung ihrer Beziehungen zu ΑΓΑΠΑΝ, ΑΓΑΠΗ, ΑΓΑΠΗΤΟΣ). In: ThViat 5 (1954), 51–142 (= PAESLACK, Bedeutungsgeschichte)

Pardée, Dennis: Handbook of Ancient Hebrew Letters. A Study Edition (Society of Biblical Literature Sources for Biblical Studies 15). Chico: 1982 (= PARDÉE, Handbook)

Passoni Dell'Acqua, Anna: Translating as a Means of Interpreting. The Septuagint and Translation in Ptolemaic Egypt. In: Die Septuaginta – Texte, Theologien, Einflüsse. 2. Internationale Fachtagung veranstaltet von Septuaginta Deutsch (LXX.D), Wuppertal 23.–27.7.2008 (WUNT 252). Hrsg. v. Kraus, Wolfgang/Karrer, Martin. Tübingen: 2010, 322–339 (= PASSONI DELL'ACQUA, Translating)

Patterson, Richard: Holding on to Daniel's Court Tales. In: JETS 36 (1993), 445–454 (= PATTERSON, Holding)

Pedersen, Sigfred: Art. εὑρίσκω. In: EWNT 2 1981, 206–212 (= PEDERSEN, Art. εὑρίσκω)

La Pentateuque d'Alexandrie. Texte grec et traduction (La Bible des Septante). Ouvrage collectif sous la direction de Cécile Dogniez et Marguerite Harl (La Bible d'Alexandrie). Paris: 2001

Perdue, Leo: Pseudonymity and Graeco-Roman Rethoric. Mimesis and the Wisdom of Solomon. In: Pseudepigraphie und Verfasserfiktion in frühchristlichen Briefen. Pseudepigraphy and Author Fiction in Early Christian Letters. Hrsg. v. Frey, Jörg et al. Tübingen: 2009, 27–59 (= PERDUE, Pseudonymity)

Perlitt, Lothar: Deuteronomium (BK 5,1). Neukirchen-Vluyn: 1990 (= PERLITT, Deuteronomium)

Dodekapropheton – Daniel-Bel-Draco. The Old Testament in Syriac. According to the Peshitta Version. Edited on behalf of the International Organization for the Study of the Old Testament by the Peshitta Institute Leiden. (III,4). Leiden: 1980

Peursen, Wido van: Introduction to the Electronic Peshitta Text. Preliminary Version. ⟨URL: http://media.leidenuniv.nl/legacy/Introduction%20to%20the%20Electronic%20Peshitta%20Text.pdf⟩ – Zugriff am 16. November 2010 (= VAN PEURSEN, Introduction)

Pfann, Stephan: The Aramaic Text and Language of Daniel and Ezra in the Light of Some Manuscripts from Qumran. In: Textus 16 (1991), 127–137 (= PFANN, Aramaic Text)

Pierce, Ronald: Spiritual Failure, Postponement, and Daniel 9. In: Trinity Journal 10 (1989), 211–222 (= PIERCE, Spiritual Failure)

Pietersma, Albert: Response to: T. Muraoka, „Recent Discussions on the Septuagint Lexicography With Special Reference to the So-called Interlinear Model", in *Die Septuaginta – Texte, Kontexte, Lebenswelten* (ed. M. Karrer and W. Kraus; Tübingen: J.C.B. Mohr [Paul Siebeck], 2008 221–235. ⟨URL: http://ccat.sas.upenn.edu/nets/discussion/pietersma-re-muraoka.pdf⟩ – Zugriff am 29. März 2011 (= PIETERSMA, Response)

―――― A New Paradigm for Addressing Old Questions: The Relevance of the Interlinear Model for the Study of the Septuagint. In: Bible and Computer. The Stellenbosch AIBI-6 Conference. Proceedings of the Association Internationale Bible et Informatique "From Alpha to Byte". Hrsg. v. Cook, Johann. Leiden u.a.: 2002, 337–364 (= PIETERSMA, Interlinear Model)

Pietersma, Albert/Wright, Benjamin: A New English Translation of the Septuagint and the Other Greek Translations Traditionally Included under that Title. Oxford: 2007 (= PIETERSMA/WRIGHT, NETS)

Plöger, Otto: Das Buch Daniel (KAT 18). Gütersloh: 1965 (= PLÖGER, Daniel)

―――― Theokratie und Eschatologie (WMANT 2). Neukirchen-Vluyn: ³1968 (= PLÖGER, Theokratie)

Pola, Thomas: Eine priesterschriftliche Auffassung der Lebensalter (Leviticus 27,1–8). In: Was ist der Mensch, dass du seiner gedenkst? (Psalm 8,5). Aspekte einer theologischen Anthropologie. Festschrift für Bernd Janowski zum 65. Geburtstag. Hrsg. v. Bauks, Michaela et al. Neukirchen-Vluyn: 2008, 389–408 (= POLA, Lebensalter)

Polak, Friedrich: The Daniel Tales in their Aramaic Literary Milieu. In: The Book of Daniel in the Light of New Findings (BEThL 106). Hrsg. v. Woude, Adam van der. Leuven: 1993, 249–265 (= POLAK, Daniel Tales)

Porten, Bezalel/Yardeni, Ada: Textbook of Aramaic Documents from Ancient Egypt. Newly Copied, Edited and Translated into Hebrew and English. 2. Contracts. Winona Lake: 1989

Porteous, Norman: Das Danielbuch (ATD 23). Göttingen: 1962 (= PORTEOUS, Danielbuch)

Preisker, Herbert: Art. εὑρίσκω. In: ThWNT 2 1935, 767–768 (= PREISKER, Art. εὑρίσκω)

Preß, Richard: Das Ordal im alten Israel. In: ZAW 10 (1933), 121–140.227–255 (= PRESS, Ordal)

Preuss, Horst: Verspottung fremder Religionen im Alten Testament (BWANT 12). Stuttgart: 1971 (= PREUSS, Verspottung)

Prinsloo, Gerd: Two Poems in a Sea of Prose: The Content and Context of Daniel 2.20–23 and 6.27–28. In: JSOT 59 (1993), 93–108 (= PRINSLOO, Poems)

Propp, Vladimir: Morphologie des Märchens (stw 131). Frankfurt am Main: 1975 (= PROPP, Morphologie)

Pruin, Dagmar: Geschichten und Geschichte. Isebel als literarische und historische Gestalt (OBO 222). Fribourg u.a.: 2006 (= PRUIN, Geschichten)

Rad, Gerhard von: Weisheit in Israel. Neukirchen-Vluyn: ²1982 (= VON RAD, Weisheit)

Radl, Walter: Art. πρόνοια. In: EWNT 3 1983, 382–383 (= RADL, Art. πρόνοια)

Rappaport, Uriel: Apocalyptic Vision and Preservation of Historical Memory. In: JSJ 23 (1992), 217–226 (= RAPPAPORT, Vision)

Redditt, Paul: Daniel 11 and the Sociohistorical Setting of the Book of Daniel. In: CBQ 60 (1998), 463–474 (= REDDITT, Sociohistorical Setting)

―――― Daniel. Based on the New Revised Standard Version (NCBC). Sheffield: 1999 (= REDDITT, Daniel)

Redditt, Paul: The Community Behind the Book of Daniel. Challenges, Hopes, Values and
    Its View of God. In: PRSt 36 (2009), 321–339 (= REDDITT, Community)
Reiterer, Friedrich: Die Vorstellung vom Tod und den Toten nach Ben Sira. In: The Human
    Body in Death and Resurrection (Deuterocanonical and Cognate Literature Year-
    book 2009). Hrsg. v. Nicklas, Tobias et al. Berlin u.a.: 2009, 167–204 (= REITERER,
    Vorstellung)
Rengstorf, Heinrich: Art. δοῦλος κτλ. In: ThWNT 2 1935, 264–283 (= RENGSTORF, Art. δοῦλος)
Rentdorff, Rolf: Esra und das »Gesetz«. In: ZAW 96 (1984), 165–184 (= RENTDORFF, Esra)
Ribera i Florit, Josep: Evolución morfológica y semántica de las partículas kʿn y ʾry en
    los diversos estadios del arameo. In: Aula Orientalis 1 (1983), 227–233 (= RIBERA I
    FLORIT, Evolución)
Richter, Hans-Friedemann: Daniel 2–7: Ein Apparat zum aramäischen Text. Unter Berück-
    sichtigung der Septuaginta, Theodotions, der Vulgata und der Peschitta (Semitica et
    Semitohamitica Berolinensia 8). Aachen: 2007 (= RICHTER, Daniel)
Riede, Peter: Im Spiegel der Tiere. Studien zum Verhältnis von Mensch und Tier im alten
    Isarel (OBO 187). Fribourg u. a.: 2002 (= RIEDE, Spiegel)
Riesener, Ingrid: Der Stamm עבד im Alten Testament. Eine Wortuntersuchung unter Berück-
    sichtigung neuerer sprachwissenschaftlicher Methoden (BZAW 149). Berlin: 1979
    (= RIESENER, עבד)
Riessler, Paul: Das Buch Daniel. Textkritische Untersuchung. Stuttgart u.a.: 1899 (= RIESSLER,
    Buch Daniel)
——— Das Buch Daniel (Kurzgefasster Wissenschaftlicher Commentar zu den Heiligen
    Schriften des Alten Testaments III,3/2). Wien: 1902 (= RIESSLER, Daniel)
Rimmon-Kenan, Shlomith: Narrative Fiction. Contemporary Poetics (New Accents). London
    u.a.: ²2002 (= RIMMON-KENAN, Fiction)
Ringgren, Helmer: Art. חָיָה. In: ThWAT 2 1977, 874–898 (= RINGGREN, Art. חָיָה)
Ringgren, Helmer/Fabry, Heinz-Josef: Art. חָסִיד. In: ThWAT 3 1982, 83–88 (= RING-
    GREN/FABRY, Art. חָסִיד)
Rösel, Martin: Die Übersetzung der Gottesnamen in der Genesis-Septuaginta. In: Ernten,
    was man sät. Festschrift für Klaus Koch zu seinem 65. Geburtstag. Hrsg. v. Daniels,
    Dwight et al. Neukirchen-Vluyn: 1991, 357–377 (= RÖSEL, Übersetzung)
——— Die Jungfrauengeburt des endzeitlichen Immanuel. Jesaja 7 in der Übersetzung der
    Septuaginta. In: JBTh 6 (1991), 135–151 (= RÖSEL, Jungfrauengeburt)
——— Theo-Logie der griechischen Bibel. Zur Wiedergabe der Gottesaussagen im LXX-
    Pentateuch. In: VT 48 (1998), 49–62 (= RÖSEL, Theo-Logie)
——— Adonaj – warum Gott ‚Herr' genannt wird (FAT 29). Tübingen: 2000 (= RÖSEL,
    Adonaj)
——— Die Septuaginta. In: Brücke zwischen Kulturen. „Übersetzung" als Mittel und Aus-
    druck kulturellen Austauschs (Rostocker Studien zur Kulturwissenschaft 7). Hrsg. v.
    Wendel, Hans et al. Rostock: 2002, 217–249 (= RÖSEL, Septuaginta)
——— "Towards a Theology of the Septuagint". In: Septuagint Research. Issues and Chal-
    lenges in the Study of the Greek Jewish Scritpures (Society of Biblical Literature
    Septuagint and Cognate Studies 53). Hrsg. v. Kraus, Wolfgang/Wooden, Glenn.
    Atlanta: 2006, 239–252 (= RÖSEL, "Theology of the Septuagint")
——— Der Brief des Aristeas an Philokrates, der Tempel in Leontopolis und die Bedeutung
    der Religionsgeschichte Israels in hellenistischer Zeit. In: „Sieben Augen auf einem
    Stein" (Sach 3,9). Studien zur Literatur des Zweiten Tempels. Festschrift für Ina
    Willi-Plein zum 65. Geburtstag. Hrsg. v. Hartenstein, Friedhelm/Pietsch, Michael.
    Neukirchen-Vluyn: 2007, 327–344 (= RÖSEL, Aristeas)
——— Schreiber, Übersetzer, Theologen. Die Septuaginta als Dokument der Schrift-, Lese-,
    und Übersetzungskulturen des Judentums. In: Die Septuaginta – Texte, Kontex-
    te, Lebenswelten. Internationale Fachtagung veranstaltet von Septuaginta Deutsch

(LXX.D), Wuppertal 20.–23. Juli 2006. Hrsg. v. Karrer, Martin/Kraus, Wolfgang. Tübingen: 2008, 83–102 (= RÖSEL, Schreiber)

────── Salomo und die Sonne. Zur Rekonstruktion des Tempelweihspruchs IReg 8,12f. In: ZAW 121 (2009), 402–417 (= RÖSEL, Salomo)

────── Tempel und Tempellosigkeit. Der Umgang mit dem Heiligtum in der Pentateuch-LXX. In: Die Septuaginta – Texte, Theologien, Einflüsse. 2. Internationale Fachtagung veranstaltet von Septuaginta Deutsch (LXX.D), Wuppertal 23.–27.7.2008 (WUNT 252). Hrsg. v. Kraus, Wolfgang/Karrer, Martin. Tübingen: 2010, 447–461 (= RÖSEL, Tempel)

Röttger, Hermann: Art. Engel I. In: NBL 1 1991, 537–538 (= RÖTTGER, Art. Engel)

Roloff, Jürgen: Art. Pseudepigraphie. In: NBL 3 2001, 214–215 (= ROLOFF, Art. Pseudepigraphie)

Rose, Martin: 5. Mose. Teilband 1: 5. Mose 12–25. Einführung und Gesetze (ZBK.AT 5.1). Zürich: 1994 (= ROSE, 5. Mose)

Rosén, Haiim: On the Use of the Tenses in the Aramaic of Daniel. In: JSSt 6 (1961), 183–203 (= ROSÉN, Use)

Rosenthal, Franz: A Grammar of Biblical Aramaic (PLO Neue Serie V). Wiesbaden: ⁷2006 (= ROSENTHAL, Grammar)

Rosenthal, Ludwig: Die Josephsgeschichte, mit den Büchern Ester und Daniel verglichen. In: ZAW 15 (1895), 278–284 (= ROSENTHAL, Josephsgeschichte)

Roth, Wolfgang: For Life, He Appeals to Death (Wis 13:18). A Study of Old Testament Idol Parodies. In: CBQ 37 (1975), 21–47 (= ROTH, Life)

Rowley, Harold: Darius the Mede and the Four World Empires in the Book of Daniel. A Historical Study of Contemporary Theories. Cardiff: 1964 (= ROWLEY, Darius)

────── The Unity of the Book of Daniel. In: The Servant of the Lord and Other Essays on the Old Testament. Hrsg. v. Rowley, Harold. Oxford: ²1965, 249–280 (= ROWLEY, Unity)

Ruppert, Lothar: Der alte Mensch aus der Sicht des Alten Tesaments. In: TThZ 85 (1976), 270–281 (= RUPPERT, Mensch)

Ryken, Leland: The Bible as Literature: A Brief History. In: A Complete Literary Guide to the Bible. Hrsg. v. Ryken, Leland/Longman, Temper. Grand Rapids: 1993, 49–68 (= RYKEN, Literature)

Saldarini, Anthony: Pharisees, Scribes and Sadducees in Palestinian Society. A Sociological Approach. Grand Rapids: 2001 (= SALDARINI, Pharisees)

Sanders, Edward: Sohn Gottes. Eine historische Biographie Jesu. Aus dem Englischen von Ulrich Enderwitz. Stuttgart: 1996 (= SANDERS, Sohn Gottes)

Santoso, Agus: Die Apokalyptik als jüdische Denkbewegung. Eine literarkritische Untersuchung zum Buch Daniel. Marburg: 2007 (= SANTOSO, Apokalyptik)

Sasse, Markus: Geschichte Israels in der Zeit des Zweiten Tempels. Historische Ereignisse – Archäologie – Sozialgeschichte – Religions- und Geistesgeschichte. Neukirchen-Vluyn: 2004 (= SASSE, Geschichte)

Schaack, Thomas: Die Ungeduld des Papieres. Studien zum alttestamentlichen Verständnis des Schreibens anhand des Verbums *katab* im Kontext administrativer Vorgänge (BZAW 262). Berlin u.a.: 1998 (= SCHAACK, Ungeduld)

Scharbert, Josef: Das Alter und die Alten in der Bibel. In: Saeculum 30 (1979), 338–354 (= SCHARBERT, Alter)

Scheetz, Jordan: Daniel's Position in the Tanach, the LXX-Vulgate, and the Protestant Canon. In: OTE 23 (2010), 178–193 (= SCHEETZ, Position)

Schenker, Adrian: Das Neue Testament hat einen doppelten alttestamentlichen Kanon. Von der Ebenbürtigkeit des Griechischen. In: ZNT 26 (2010), 51–53 (= SCHENKER, Kanon)

────── Was führte zur Übersetzung der Tora ins Griechische? Dtn 4,2–8 und Platon (Brief VII,326a–b). In: Die Septuaginta – Texte, Theologien, Einflüsse. 2. Interna-

tionale Fachtagung veranstaltet von Septuaginta Deutsch (LXX.D), Wuppertal 23.–
27.7.2008 (WUNT 252). Hrsg. v. Kraus, Wolfgang/Karrer, Martin. Tübingen: 2010,
23–35 (= SCHENKER, Übersetzung)

Schmidt, Nathaniel: Daniel and Androcles. In: JAOS 46 (1926), 1–7 (= SCHMIDT, Daniel)

Schmidt, Uta/Schottroff, Luise/Janssen, Claudia: Art. Strafe. In: SWB 2009, 565–568
(= SCHMIDT/SCHOTTROFF/JANSSEN, Art. Strafe)

Schmithals, Walter: Art. ἀγνοέω κτλ. In: EWNT 1 1980, 49–51 (= SCHMITHALS, Art. ἀγνοέω)

Schmitt, Armin: Stammt der sogenannte „θ"-Text bei Daniel wirklich von Theodotion? (Nach-
richten der Akdademie der Wissenschaften in Göttingen I. Philologisch-Historische
Klasse 8). Göttingen: 1966 (= SCHMITT, „θ"-Text)

—— Die griechischen Danieltexte («θ'» und ο') und das Theodotionproblem. In: BZ 36
(1992), 1–29 (= SCHMITT, Danieltexte)

—— Wende des Lebens. Untersuchungen zu einem Situations-Motiv der Bibel (BZAW
237). Berlin: 1996 (= SCHMITT, Wende)

Schmitt, Rüdiger: Der „Heilige Krieg" im Pentateuch und im deuteronomistischen Geschichtswerk. Studien zur Forschungs-, Rezeptions- und Religionsgeschichte von
Krieg und Bann im Alten Testament (AOAT 381). Münster: 2011 (= SCHMITT, Krieg)

Schmitz, Barbara: Die Bedeutung von Fiktionalität und Narratologie für die Schriftausle-
gung. In: „Der Leser begreife!". Vom Umgang mit der Fiktionalität biblischer Texte
(Biblische Perspektiven für Verkündigung und Unterricht Bd. 1). Hrsg. v. Schöttler,
Heinz-Günther. Berlin: 2006, 137–149 (= SCHMITZ, Fiktionalität)

—— Prophetie und Königtum. Eine narratologisch-historische Methodologie entwickelt
an den Königsbüchern (FAT 60). Tübingen: 2008 (= SCHMITZ, Prophetie)

Schmöe, Friederike: Art. Abtönungspartikel. In: Metzler Lexikon Sprache. Hrsg. v. Glück,
Helmut. Stuttgart u.a.: ⁴2010, 8 (= SCHMÖE, Art. Abtönungspartikel)

Schneider, Gerhard: Art. νεανίσκος. In: EWNT 2 1981, 1128 (= SCHNEIDER, Art. νεανίσκος)

Schneider, Johannes: Art. ὅρκος κτλ. In: ThWNT 5 1954, 458–468 (= SCHNEIDER, Art. ὅρκος)

Schönweiß, Hans/Kleinknecht, Karl: Art. προσεύχομαι. In: TBLNT 2005, 606–611 (= SCHÖN-
WEISS/KLEINKNECHT, Art. προσεύχομαι)

Schönweiß, Hans/Seebass, Horst/Kleinknecht, Karl: Art. προσκυνέω. In: TBLNT 2005, 611–
613 (= SCHÖNWEISS/SEEBASS/KLEINKNECHT, Art. προσκυνέω)

Schorch, Stefan: Vom Vorrang des Hebräischen. In: ZNT 26 (2010), 54–59 (= SCHORCH,
Vorrang)

Schottroff, Willy: Der altisraelitische Fluchspruch (WMANT 30). Neukirchen-Vluyn: 1969
(= SCHOTTROFF, Fluchspruch)

—— Art. Fluch. In: NBL 1 1991, 683–685 (= SHOTTROFF, Art. Fluch)

—— Alter als soziales Problem in der hebräischen Bibel. In: Gerechtigkeit lernen. Beiträge
zur biblischen Sozialgeschichte (TB 94). Hrsg. v. Crüsemann, Frank et al. Gütersloh:
1999, 115–133 (= SCHOTTROFF, Alter)

Schreiber, Stefan: Begleiter durch das Neue Testament. Düsseldorf: 2006 (= SCHREIBER,
Begleiter)

Schreiner, Josef: Hermeneutische Leitlinien in der Septuaginta. In: Die Hermeneutische Frage
in der Theologie (Schriften zum Weltgespräch 3). Hrsg. v. Loretz, Oswald/Strolz,
Walter. Freiburg im Breisgau u.a.: 1968, 361–394 (= SCHREINER, Leitlinien)

—— Thora in Griechischem Gewand: Dekalog und Bundesbuch (Ex 20–23). In: Bibel in
jüdischer und christlicher Tradition. Festschrift für Johann Maier zum 60. Geburtstag
(BBB 88). Hrsg. v. Merklein, Helmut et al. Bonn: 1993, 33–55 (= SCHREINER, Thora)

Schrenk, Gottlob: Art. δικη κτλ. In: ThWNT 2 1935, 186–229 (= SCHRENK, Art. δικη)

Schroer, Silvia: Die Tiere in der Bibel. Eine kulturgeschichtliche Reise. Freiburg im Breisgau:
2010 (= SCHROER, Tiere)

Schroer, Silvia/Staubli, Thomas: Die Körpersymbolik der Bibel. Darmstadt: 1998 (= SCHRO-ER/STAUBLI, Körpersymbolik)

Schubart, Wilhelm: Bemerkungen zum Stile hellenistischer Königsbriefe. In: APF 6 (1920), 324–347 (= SCHUBART, Königsbriefe)

Schütz, Eduard: Art. ἀγνοέω. In: TBLNT 2005, 349–350 (= SCHÜTZ, Art. ἀγνοέω)

Schultz, Helmut/Schimanowski, Gottfried: Art. αἰνέω. In: TBLNT 2005, 239–240 (= SCHULTZ/SCHIMANOWSKI, Art. αἰνέω)

Schulz, Hermann: Das Todesrecht im Alten Testament. Studien zur Rechtsform der Mot-Jumat-Sätze (BZAW 114). Berlin: 1969 (= SCHULZ, Todesrecht)

Schwankl, Otto: Licht und Finsternis. Ein metaphorisches Paradigma in den johanneischen Schriften (HBS 5). Freiburg im Breisgau u.a.: 1995 (= SCHWANKL, Licht)

Schwemmer, Anna: Studien zu den frühjüdischen Prophetenlegenden. Vitae Prophetarum II. Die Viten der kleinen Propheten und der Propheten aus den Geschichtsbüchern. Übersetzung und Kommentar (TSAJ 50). Tübingen: 1996 (= SCHWEMMER, Vitae Prophetarum)

Schwertner, Siegfried (Hrsg.): Internationales Abkürzungsverzeichnis für Theologie und Grenzgebiete. Zeitschriften, Serien, Lexika, Quellenwerke mit bibliographischen Angaben. Berlin u.a.: [2]1992

Schwiderski, Dirk: Handbuch des nordwestsemitischen Briefformulars. Ein Beitrag zur Echtheitsfrage der aramäischen Briefe des Esrabuches (BZAW 295). Berlin u.a.: 2000 (= SCHWIDERSKI, Handbuch)

——— Die alt- und reichsaramäischen Inschriften. Band 2: Texte und Bibliographie. Unter Verwendung der von Manfred Sarther programmierten Datenbank ARAM (FoSub 2). Berlin u.a.: 2004 (= SCHWIDERSKI, Inschriften)

——— Die alt- und reichsaramäischen Inschriften. Band 1: Konkordanz. Unter Verwendung der von Manfred Sarther programmierten Datenbank ARAM (FoSub 4). Berlin u.a.: 2008

Seebass, Horst: Genesis I. Urgeschichte (1,1–11,26). Neukirchen-Vluyn: 1996 (= SEEBASS, Genesis)

Seeligmann, Isac: Hebräische Erzählung und biblische Geschichtsschreibung. In: ThZ 18 (1962), 305–325 (= SEELIGMANN, Erzählung)

Segert, Stanislav: Altaramäische Grammatik. Mit Bibliographie, Chrestomatie und Glossar. Leipzig: [4]1990 (= SEGERT, Grammatik)

Sellin, Gerhard: Lukas als Gleichniserzähler: die Erzählung vom barmherzigen Samariter (Lk 10 25–37). In: ZNW 65 (1974), 166–189 (= SELLIN, Lukas)

Seow, Choon: Daniel (Westminster Bibel Companion). Louisville u.a.: 2003 (= SEOW, Daniel)

——— The Rule of God in the Book of Daniel. In: David and Zion. Biblical Studies in Honor of J.J.M. Roberts. Hrsg. v. Batto, Bernard/Roberts, Kathryn. Winona Lake: 2004, 219–246 (= SEOW, Rule)

Septuaginta. Id est Vetus Testamentum graece iuxta LXX interpretes edidit Alfred Rahlfs. Editio altera quam recognovit et emendavit Robert Hanhart. Duo volumina in uno. Stuttgart: 2006

Seybold, Klaus: Poetik der erzählenden Literatur im Alten Testament (Poetologische Studien zum Alten Testament 2). Stuttgart: 2006 (= SEYBOLD, Poetik)

Shea, William: An Unrecognized Vassal King of Babylon in the Early Achaemenid Period I–IV. In: AUSS 9.10 (1971–1972), 51–67.99–128.88–117.147–178 (= SHEA, Vassal)

——— Darius the Mede: An Update. In: AUSS 20 (1982), 229–247 (= SHEA, Darius the Mede)

——— A Further Note on Daniel 6: "Daniel as Governor". In: AUSS 21 (1983), 169–171 (= SHEA, Note)

——— Darius the Mede in his Persian-Babylonian Setting. In: AUSS 29 (1991), 235–257 (= SHEA, Setting)

Shea, William: The Search for Darius the Mede (Concluded), or, The Time of the Answer to Daniel's Prayer and the Date of the Death of Darius the Mede. In: Journal of the Adventist Theological Society 12 (2001), 97–105 (= SHEA, Search)

—— Intertextuality within Daniel. In: Wort und Stein. Studien zur Theologie und Archäologie. Festschrift für Udo Worschech (Beiträge zur Erforschung der antiken Moabitis (Ard el-Kerak) 4). Hrsg. v. Ninow, Friedbert. Frankfurt am Main: 2003, 219–229 (= SHEA, Intertextuality)

Shepherd, Michael: The Distribution of Verbal Forms in Biblical Aramaic. In: JSS 52 (2007), 227–244 (= SHEPHERD, Distribution)

—— The Verbal System of Biblical Aramaic. A Distributional Approach. New York u.a.: 2008 (= SHEPHERD, Verbal System)

—— Daniel in the Context of the Hebrew Bible (Studies in Biblical Literature 123). New York u.a.: 2009 (= SHEPHERD, Daniel)

Siegert, Folker: Zwischen Hebräischer Bibel und Altem Testament. Eine Einführung in die Septuaginta (Münsteraner Judaistische Studien 9). Münster: 2001 (= SIEGERT, Einführung)

Sims, James: Daniel. In: A Complete Literary Guide to the Bible. Hrsg. v. Ryken, Leland/ Longman, Temper. Grand Rapids: 1993, 324–336 (= SIMS, Daniel)

Smith-Christopher, Daniel: Gandhi on Daniel 6: Some Thoughts on a "Cultural Exegesis" of the Bible. In: Biblical interpretation 1 (1993), 321–338 (= SMITH-CHRISTOPHER, Gandhi)

—— Prayers and Dreams: Power and Diaspora Identities in the Social Settings of the Daniel Tales. In: The Book of Daniel. Composition and Reception (VT.S 83,1). Hrsg. v. Collins, John/Flint, Peter. Leiden u.a.: 2001, 266–290 (= SMITH-CHRISTOPHER, Prayers)

Söding, Thomas: Art. φιλέω. In: TBLNT 2005, 1329–1331 (= SÖDING, Art. φιλέω)

Soisalon-Soininen, Ilmari: Der Gebrauch des Verbs EXEIN in der Septuaginta. In: Studien zur Septuaginta-Syntax. Zu seinem 70. Geburtstag am 4. Juni 1987 (AASF.B 237). Hrsg. v. Aejmelaeus, Anneli/Sollamo, Raija. Helsinki: 1987, 181–188 (= SOISALON-SOININEN, Gebrauch)

—— Methodologische Fragen der Erforschung der Septuaginta-Syntax. In: Studien zur Septuaginta-Syntax. Zu seinem 70. Geburtstag am 4. Juni 1987 (AASF.B 237). Hrsg. v. Aejmelaeus, Anneli/Sollamo, Raija. Helsinki: 1987, 40–52 (= SOISALON-SOININEN, Methodologische Fragen)

—— Die Wiedergabe einiger hebräischer Zeitangaben mit der Präposition ‏ב‎ in der Septuaginta. In: Studien zur Septuaginta-Syntax. Zu seinem 70. Geburtstag am 4. Juni 1987 (AASF.B 237). Hrsg. v. Aejmelaeus, Anneli/Sollamo, Raija. Helsinki: 1987, 107–115 (= SOISALON-SOININEN, Zeitangaben)

Sollamo, Raija: The Letter of Aristeas and the Origin of the Septuagint. In: X Congress of the International Organization for Septuagint and Cognate Studies. Oslo, 1998 (Society of Biblical Literature Septuagint and Cognate Studies Series 51). Hrsg. v. Taylor, Bernard. Atlanta: 2001, 329–342 (= SOLLAMO, Aristeas)

Stählin, Gustav: Art. ἁμαρτάνω D. Sprachgebrauch und Sprachgeschichte von ἁμαρτάνω, ἁμάρτημα und ἁμαρτία vor und im NT. In: ThWNT 1 1933, 295–299 (= STÄHLIN, Art. ἁμαρτάνω)

—— Art. φιλέω κτλ. In: ThWNT 9 1973, 112–169 (= STÄHLIN, Art. φιλέω)

Stahl, Rainer: Von Weltengagement zu Weltüberwindung. Theologische Positionen im Danielbuch (Contributions to Biblical Exegesis & Theology 4). Kampen: 1994 (= STAHL, Weltengagement)

Stauffer, Ethelbert: Eine Bemerkung zum griechischen Danieltext. In: Donum Gentilicium. New Testament Studies in Honour of David Daube. Hrsg. v. Bammel, Ernst et al. Oxford: 1978, 27–39 (= STAUFFER, Bemerkung)

Steck, Odil: Weltgeschehen und Gottesvolk im Buche Daniel. In: Wahrnehmungen Gottes im Alten Testament. Gesammelte Studien (TB 70). Hrsg. v. Steck, Odil. München: 1982, 262–290 (= STECK, Weltgeschehen)

——— Exegese des Alten Testaments. Leitfaden der Methodik. Ein Arbeitsbuch für Proseminare, Seminare und Vorlesungen. Neukirchen-Vluyn: [14]1999 (= STECK, Exegese)

Stefanovic, Zdravko: The Aramaic of Daniel in the Light of Old Aramaic (JSOT.S 129). Sheffield: 1992 (= STEFANOVIC, Aramaic)

Stegemann, Ekkehard/Stegemann, Wolfgang: Urchristliche Sozialgeschichte. Die Anfänge im Judentum und die Christusgemeinden in der mediterranen Welt. Stuttgart u.a.: 1995 (= STEGEMANN/STEGEMANN, Sozialgeschichte)

Stegemann, Hartmut: Die Essener, Qumran, Johannes der Täufer und Jesus. Ein Sachbuch. Freiburg im Breisgau u.a.: [3]1994 (= STEGEMANN, Essener)

Stegemann, Wolfgang: „Was wird aus der ‚wirklichen' Geschichte?". In: Neutestamentliche Wissenschaft. Autobiographische Essays aus der Evangelischen Theologie. Hrsg. v. Becker, Eve-Marie. Tübingen u.a.: 2003, 255–268 (= STEGEMANN, Geschichte)

——— Jesus und seine Zeit (BE 10). Stuttgart: 2010 (= STEGEMANN, Jesus)

Steinmann, Andrew: The Shape of Things to Come. The Genre of Historical Apocalypse in Ancient Jewish and Christian Literature. Ann Arbor: 1990 (= STEINMANN, Shape)

——— Daniel (ConCom). St. Louis: 2008 (= STEINMANN, Daniel)

Stemberger, Günter: Pharisäer, Sadduzäer, Essener (SBS 144). Stuttgart: 1991 (= STEMBERGER, Pharisäer)

Stendebach, Franz: Art. Sohn. In: NBL 3 2001, 624–625 (= STENDEBACH, Art. Sohn)

Steuernagel, Gert/Schulze, Ulrike: Zur Aussage שׁכב עם אבותיו in den Büchern der Könige sowie in II Chronik. In: ZAW 120 (2008), 267–275 (= STEUERNAGEL/SCHULZE, Aussage)

Steussy, Marti: Gardens in Babylon. Narrative and Faith in the Greek Legends of Daniel (SBL.DS 141). Atlanta u.a.: 1991 (= STEUSSY, Gardens)

Steymans, Hans: Art. Segen und Fluch, II. Altes Testament. In: RGG[4] 7 2004, 1132–1134 (= STEYMANS, Art. Segen und Fluch)

——— Die Gottesbezeichnung Kyrios im Psalter der Septuaginta. In: L'Ecrit et l'Esprit. Etudes d'histoire du texte et de théologie biblique en hommage à Adrian Schenker (OBO 214). Hrsg. v. Böhler, Dieter et al. Fribourg u.a.: 2005, 325–338 (= STEYMANS, Gottesbezeichnung)

Stolz, Friedrich: Der Monotheismus Israels im Kontext der Altorientalischen Religionsgeschichte – Tendenzen neuerer Forschung. In: Ein Gott allein? JHWH-Verehrung und biblischer Monotheismus im Kontext der israelitischen und altorientalischen Religionsgeschichte (OBO 139). Hrsg. v. Dietrich, Walter/Klopfenstein, Martin. Fribourg u.a.: 1994, 33–50 (= STOLZ, Monotheismus)

Stowers, Stanley: Letter Writing in Greco-Roman Antiquity (LEC 5). Philadelphia: 1986 (= STOWERS, Letter Writing)

Strack, Hermann: Grammatik des Biblisch-Aramäischen. Mit den nach Handschriften berichtigten Texten und einem Wörterbuch (Clavis linguarum semiticarum IV). München: [6]1921 (= STRACK, Grammatik)

Strasen, Sven: Zur Analyse der Erzählsituation und der Fokalisierung. In: Einführung in die Erzähltextanalyse. Kategorien, Modelle, Probleme (WVT-Handbücher zum Literaturwissenschaftlichen Studium 6). Hrsg. v. Wenzel, Peter. Trier: 2004, 111–140 (= STRASEN, Analyse)

Strathmann, Hermann: Art. λατρεύω κτλ. In: ThWNT 4 1942, 58–66 (= STRATHMANN, Art. λατρεύω)

Strawn, Brent: What is Stronger than a Lion? Leonine Image and Metaphor in the Hebrew Bible and the Ancient Near East (OBO 212). Fribourg u.a.: 2005 (= STRAWN, Lion)

Strawn, Brent: Why Does the Lion Disappear in Revelation 5? Leonine Imagery in Early Jewish and Christian Literatures. In: Journal for the Study of Pseudepigrapha 17 (2007), 37–74 (= STRAWN, Leonine Imagery)

Stuckenbruck, Loren: The Formation and Re-Formation of Daniel in the Dead Sea Scrolls. In: The Bible and the Dead Sea Scrolls. The Second Princeton Symposium on Judaism and Christian Origins (Sripture and the Scrolls 1). Hrsg. v. Charlesworth, James. Waco: 2006, 101–130 (= STUCKENBRUCK, Formation)

Stulz, Heinke: Die Farbe Purpur im frühen Griechentum. Beobachtet in der Literatur und der bildenden Kunst (Beiträge zur Altertumskunde 6). Stuttgart: 1990 (= STULZ, Farbe)

Suriano, Matthew: The Politics of Dead Kings. Dynastic Ancestors in the Book of Kings and Ancient Israel (FAT II 48). Tübingen: 2010 (= SURIANO, Politics)

Swart, Gerhard: Divergences between the OG and Th Versions of Daniel 3. Evidence of Early Hellenistic Interpretation of the Narrative of the Three Young Men in the Furnace? In: Acta Patristica et Byzantina 16 (2005), 106–120 (= SWART, Divergences)

Swarup, Paul: The Self-Understanding of the Dead Sea Scrolls Community. An Eternal Planting, A House of Holiness (Library of Second Temple Studies 59). London u.a.: 2006 (= SWARUP, Self-Understanding)

Talmon, Shemaryahu: Daniel. In: The Literary Guide to the Bible. Hrsg. v. Alter, Robert/ Kermode, Frank. London: 1987, 343–356 (= TALMON, Daniel)

Tanner, Paul: The Literary Structure of the Book of Daniel. In: BibSac 160 (2003), 269–282 (= TANNER, Literary Structure)

Tatum, Barnes: The LXX Version of the Second Commandment (Ex. 20,3–6 = Deut. 5,7–10): A Polemic against Idols, not Images. In: JSJ 17 (1986), 177–195 (= TATUM, LXX Version)

Taylor, Richard: The Peshiṭta of Daniel (MPIL 7). Leiden: 1994 (= TAYLOR, Peshiṭta of Daniel)

────── The Book of Daniel in the Bible of Edessa. In: ArSt 5 (2007), 239–253 (= TAYLOR, Book of Daniel)

Theißen, Gerd/Merz, Annette: Der historische Jesus. Ein Lehrbuch. Göttingen: ³2001 (= THEISSEN/MERZ, Jesus)

Jenni, Ernst (Hrsg.): Theologisches Handwörterbuch zum Alten Testament. 2 Bände. München: 1971

Thompson, Henry: The Book of Daniel. An Annotated Bibliography (GRLH, Books of the Bible 1). New York u.a.: 1993 (= THOMPSON, Daniel)

Tilly, Michael: Einführung in die Septuaginta. Darmstadt: 2005 (= TILLY, Septuaginta)

────── Die Rezeption des Danielbuches im hellenistischen Judentum. In: Die Geschichte der Daniel-Auslegung in Judentum, Christentum und Islam. Studien zur Kommentierung des Danielbuches in Literatur und Kunst (BZAW 371). Hrsg. v. Bracht, Katharina/Toit, David du. Berlin u.a.: 2007, 31–54 (= TILLY, Rezeption)

Toorn, Karel van der: In the Lions' Den: The Babylonian Background of a Biblical Motif. In: CBQ 60 (1998), 626–640 (= VAN DER TOORN, Babylonian Background)

────── Scholars at the Oriental Court: The Figure of Daniel against its Mesopotamian Background. In: The Book of Daniel. Composition and Reception (VT.S 83,1). Hrsg. v. Collins, John/Flint, Peter. Leiden u.a.: 2001, 37–54 (= VAN DER TOORN, Scholars)

Tov, Emanuel: The Impact of the LXX Translation of the Pentateuch on the Translation of the other Books. In: Mélanges Dominique Barthélemy. Études bibliques offertes à l'occasion de son 60ᵉ Anniversaire (OBO 38). Hrsg. v. Casetti, Pierre et al. Fribourg u.a.: 1981, 577–592 (= TOV, Impact)

────── Die Septuaginta in ihrem theologischen und traditionsgeschichtlichen Verhältnis zur hebräischen Bibel. In: Mitte der Schrift? Ein jüdisch-christliches Gespräch. Texte des Berner Symposions vom 6.–12. Januar 1985 (JudChr 11). Hrsg. v. Klopfenstein, Martin et al. Bern u.a.: 1987, 237–268 (= TOV, Septuaginta)

────── ‚Greek Words and Hebrew Meanings'. In: The Greek and Hebrew Bible. Collected Essays on the Septuagint (VT.S 72). Hrsg. v. Tov, Emanuel. Leiden u.a.: 1999, 109–128 (= TOV, Greek Words)

────── Some Thoughts on a Lexicon of the Septuagint. In: The Greek and Hebrew Bible. Collected Essays on the Septuagint (VT.S 72). Hrsg. v. Tov, Emanuel. Leiden u.a.: 1999, 95–108 (= TOV, Thoughts)

────── Three Dimensions of Words in the Septuagint. In: The Greek and Hebrew Bible. Collected Essays on the Septuagint (VT.S 72). Hrsg. v. Tov, Emanuel. Leiden u.a.: 1999, 85–94 (= TOV, Dimensions)

────── The Nature of the Large-Scale Differences between the LXX and MT S T V, Compared with Similar Evidence in Other Sources. In: Hebrew Bible, Greek Bible, and Qumran. Collected Essays (Texts and Studies in Ancient Judaism 121). Hrsg. v. Tov, Emanuel. Tübingen: 2008, 155–170 (= TOV, Nature)

────── Three Strange Books of the LXX: 1 Kings, Esther, and Daniel Compared with Similar Rewritten Compositions from Qumran and Elsewhere. In: Hebrew Bible, Greek Bible, and Qumran. Collected Essays (Texts and Studies in Ancient Judaism 121). Hrsg. v. Tov, Emanuel. Tübingen: 2008, 283–305 (= TOV, Strange Books)

────── Reflections on the Septuagint with Special Attention Paid to the Post-Pentateuchal Translations. In: Die Septuaginta – Texte, Theologien, Einflüsse. 2. Internationale Fachtagung veranstaltet von Septuaginta Deutsch (LXX.D), Wuppertal 23.–27.7.2008 (WUNT 252). Hrsg. v. Kraus, Wolfgang/Karrer, Martin. Tübingen: 2010, 3–22 (= TOV, Reflections)

Towner, Sibley: The Poetic Passages of Daniel 1–6. In: CBQ 31 (1969), 317–326 (= TOWNER, Poetic Passages)

────── Daniel (Interpretation. A Bible Commentary for Teaching and Preaching). Atlanta: 1984 (= TOWNER, Daniel)

Trever, John: The Book of Daniel and the Origin of the Qumran Community. In: BA 48 (1985), 89–102 (= TREVER, Daniel)

Tropper, Josef: Lexikographische Untersuchungen zum Biblisch-Aramäischen. In: JNWSL 23 (1997), 105–128 (= TROPPER, Untersuchungen)

Troyer, Kristin de: Translation or Interpretation? A Sample from the Book of Esther. In: X Congress of the International Organization for Septuagint and Cognate Studies. Oslo, 1998 (Society of Biblical Literature Septuagint and Cognate Studies 51). Hrsg. v. Taylor, Bernard. Atlanta: 1998, 343–353 (= DE TROYER, Translation)

────── When Did the Pentateuch Come into Existence? An Uncomfortable Perspective. In: Die Septuaginta – Texte, Kontexte, Lebenswelten. Internationale Fachtagung veranstaltet von Septuaginta Deutsch (LXX.D), Wuppertal 20.–23. Juli 2006. Hrsg. v. Karrer, Martin/Kraus, Wolfgang. Tübingen: 2008, 269–286 (= DE TROYER, Pentateuch)

Tsevat, Matitiahu: Art. יְרוּשָׁלַ͏ם. In: ThWAT 3 1982, 930–939 (= TSEVAT, Art. יְרוּשָׁלַ͏ם)

Uehlinger, Christoph: Art. Götterbild. In: NBL 1 1991, 871–892 (= UEHLINGER, Art. Götterbild)

Ulrich, Eugene: Orthography and Text in 4QDan[a] and 4QDan[b] and in the Received Masoretic Text. In: Of Scribes and Scrolls. Studies on the Hebrew Bible, Intertestamental Judaism, and Christian Origins Presented to John Strugnell on the Occasion of his Sixtieth Birthday. Lanham u.a.: 1990, 29–42 (= ULRICH, Orthography)

────── The Canonical Process, Textual Criticism, and Latter Stages in the Composition of the Bible. In: Sha'arei Talmon. Studies in the Bible, Qumran, and the Ancient Near East. Presented to Shemaryahu Talmon. Hrsg. v. Fishbane, Michael/Tov, Emanuel. Winona Lake: 1992, 267–291 (= ULRICH, Canonical Process)

────── The Text of Daniel in the Qumran Scrolls. In: The Book of Daniel. Composition and Reception (VT.S 83,2). Hrsg. v. Collins, John/Flint, Peter. Leiden u.a.: 2001, 573–585 (= ULRICH, Text)

Ulrich, Eugene: The Biblical Qumran Scrolls. Transcriptions and Textual Variants (VT.S 134). Leiden: 2010 (= ULRICH, Biblical Qumran Scrolls)

Usener, Knut: Die Septuaginta im Horizont des Hellenismus. Ihre Entwicklung, ihr Charakter und ihre sprachlich-kulturelle Position. In: Im Brennpunkt: Die Septuaginta. Studien zur Entstehung und Bedeutung der griechischen Bibel. Band 2. (BWANT 161). Hrsg. v. Kreuzer, Siegfried/Lesch, Jürgen. Stuttgart: 2004, 78–118 (= USENER, Septuaginta)

Utzschneider, Helmut: Auf Augenhöhe mit dem Text. Überlegungen zum wissenschaftlichen Standort einer Übersetzung der Septuaginta ins Deutsche. In: Im Brennpunkt: Die Septuaginta. Studien zur Entstehung und Bedeutung der Griechischen Bibel. Band 1. (BWANT 153). Hrsg. v. Fabry, Heinz-Josef/Offerhaus, Ulrich. Stuttgart: 2001, 11–50 (= UTZSCHNEIDER, Augenhöhe)

—— Der friedvolle und der bittere Tod. Einstellungen und Horizonte gegenüber Tod und Sterben im Alten Testament. In: Kontexte der Schrift. Band 2: Kultur, Politik, Religion und Sprache – Text. Wolfgang Stegemann zum 60. Geburtstag. Hrsg. v. Strecker, Christian. Stuttgart: 2005, 37–48 (= UTZSCHNEIDER, Tod)

Utzschneider, Helmut/Nitsche, Stefan: Arbeitsbuch literaturwissenschaftliche Bibelauslegung. Eine Methodenlehre zur Exegese des Alten Testaments. Gütersloh: ²2005 (= UTZSCHNEIDER/NITSCHE, Arbeitsbuch)

Valeta, David: The Satirical Nature of the Book of Daniel. In: Apocalyptic in History and Tradition (Journal for the Study of the Pseudepigrapha Supplement Series 43). Hrsg. v. Rowland, Christopher/Barton, John. Sheffield: 2002, 81–93 (= VALETA, Satirical Nature)

—— Court or Jester Tales? Resistance and Social Reality in Daniel 1–6. In: PRSt 32 (2005), 309–324 (= VALETA, Court)

—— Polyglossia and Parody. Language in Daniel 1–6. In: Bakhtin and Genre Theory in Biblical Studies (Semeia Studies 63). Hrsg. v. Boer, Roland. Atlanta: 2007, 91–108 (= VALETA, Polyglossia)

—— The Book of Daniel in Recent Research (Part 1). In: Currents in Biblical Research 6 (2008), 330–354 (= VALETA, Book of Daniel)

—— Lions and Ovens and Visions. A Satirical Reading of Daniel 1–6 (Hebrew Bible Monographs 16). Sheffield: 2008 (= VALETA, Lions)

Vaux, Robert de: Das Alte Testament und seine Lebensordnungen I. Fortleben des Nomadentums. Gestalt des Familienlebens. Einrichtung und Gesetze des Volkes. Freiburg im Breisgau u.a.: ²1961 (= DE VAUX, Lebensordnungen)

Venter, Pieter: A Study of Space in Daniel 1. In: OTE 19 (2006), 993–1004 (= VENTER, Space)

Vermes, Géza: Josephus' Treatment of the Book of Daniel. In: JJS 42 (1991), 149–166 (= VERMES, Treatment)

—— Josephus on Daniel. In: Rashi. 1040–1990 Hommage à Ephraïm E. Urbach. Hrsg. v. Sed-Rajna, Gabrielle. Paris: 1993, 113–119 (= VERMES, Josephus)

Vieweger, Dieter: Art. θεός II. In: TBLNT 2005, 829–833 (= VIEWEGER, Art. θεός)

—— Literarkritik. In: Proseminar I. Altes Testament. Ein Arbeitsbuch. Hrsg. v. Kreuzer, Siegfried et al. Stuttgart: 2005, 56–66 (= VIEWEGER, Literarkritik)

Vieweger, Dieter/Gerber, Christine: Art. Haus. In: SWB 2009, 249–255 (= VIEWEGER/GERBER, Art. Haus)

Vogel, Winfried: The Cultic Motif in the Book of Daniel. New York u. a.: 2010 (= VOGEL, Cultic Motif)

Vogt, Ernst: Lexicon linguae aramaicae Veteris Testamenti documentis antiquis illustratum. Rom: ¹1971 (= VOGT, Lexicon)

Vollenweider, Samuel: Art. δοῦλος. In: TBLNT 2005, 494–499 (= VOLLENWEIDER, Art. δοῦλος)

Wacholder, Ben Zion: Eupolemos. A Study of Judaeo-Greek Literature (MHUC 3). Cincinnati: 1974

Wächter, Ludwig: Der Tod im Alten Testament (AzTh II,8). Stuttgart: 1967 (= WÄCHTER, Tod)

Wagner, Andreas: Annäherungen an den israelitischen Hofstil. In: Der ägyptische Hof des Neuen Reiches. Seine Gesellschaft und Kultur im Spannungsfeld zwischen Innen- und Außenpolitik. Akten des Internationalen Kolloquiums vom 27.–29. Mai 2002 an der Johannes Gutenberg-Universität Mainz (Königtum, Staat und Gesellschaft früher Hochkulturen 2). Hrsg. v. Gundlach, Rolf/Klug, Andrea. Wiesbaden: 2006, 217–230 (= WAGNER, Hofstil)

Walser, Georg: The Greek of the Bible: Translated Greek or Translation Greek? In: Scripture in Transition. Essays on Septuagint, Hebrew Bible, and Dead Sea Scrolls in Honour of Raija Sollamo (JSJS 126). Hrsg. v. Voitila, Anssi/Jokiranta, Jutta. Leiden u.a.: 2008, 449–461 (= WALSER, Greek)

Walter, Nikolaus: Die griechische Übersetzung der „Schriften" Israels und die christliche „Septuaginta" als Forschungs- und als Übersetzungsgegenstand. In: Im Brennpunkt: Die Septuaginta. Studien zur Entstehung und Bedeutung der griechischen Bibel (BWANT 153). Hrsg. v. Fabry, Heinz-Josef/Offerhaus, Ulrich. Stuttgart: 2001, 71–96 (= WALTER, Übersetzung)

Walters, Peter; Gooding, David (Hrsg.): The Text of the Septuagint. Its Corruptions and their Emendation. Cambridge: 1973 (= WALTERS, Text)

Waltke, Bruce/O'Connor, Michael: An Introduction to Biblical Hebrew Syntax. Winona Lake: 2006, Nachdruck der Ausgabe Winona Lake: 1990 (= WALTKE/O'CONNOR, Syntax)

Walton, John: The Decree of Darius the Mede in Daniel 6. In: JETS 31 (1988), 279–286 (= WALTON, Decree)

Watanabe, Chikako: Animal Symbolism in Mesopotamia. A Contextual Approach (Wiener Offene Orientalistik 1). Wien: 2002 (= WATANABE, Animal Symbolism)

Waterhouse, Douglas: Why Was Darius the Mede Expunged from History? In: To Understand the Scriptures. Essays in Honor of William H. Shea. Hrsg. v. Merling, David. Berrien Spring: 1997, 173–189 (= WATERHOUSE, Darius)

Weber, Gregor: Interaktion, Repräsentation und Herrschaft. Der Königshof im Hellenismus. In: Zwischen „Haus" und „Staat". Antike Höfe im Vergleich. (HZ.B 23). Hrsg. v. Winterling, Aloys. München u. a.: 1997, 27–72 (= WEBER, Interaktion)

——— Zwischen Macht und Ohnmacht. Altersbilder in hellenistischer Zeit. In: Am schlimmen Rand des Lebens? Altersbilder in der Antike. Hrsg. v. Gutsfeld, Andreas/Schmitz, Winfried. Köln u.a.: 2003, 113–137 (= WEBER, Macht)

——— Kulturgeschichte als Problem. In: Kulturgeschichte des Hellenismus. Von Alexander dem Großen bis Kleopatra. Hrsg. v. Weber, Gregor. Stuttgart: 2007, 7–12 (= WEBER, Kulturgeschichte)

Wehmeier, Gerhard: Der Segen im Alten Testament. Eine semasiologische Untersuchung der Wurzel brk (ThDiss 6). Basel: 1970 (= WEHMEIER, Segen)

Weimar, Peter: Formen frühjüdischer Literatur. Eine Skizze. In: Literatur und Religion des Frühjudentums. Eine Einführung. Hrsg. v. Maier, Johann/Schreiner, Josef. Würzburg u.a.: 1973, 123–162 (= WEIMAR, Formen)

——— Daniel 7. Eine Textanalyse. In: Jesus und der Menschensohn. Für Anton Vögtle. Hrsg. v. Pesch, Rudolf/Schnackenburg, Rudolf. Freiburg im Breisgau u.a.: 1975, 11–36 (= WEIMAR, Daniel 7)

Weinberg, Joel: Neṭînîm und »Söhne der Sklaven Salomos« im 6.–4. Jh.v.u.Z. In: ZAW 87 (1975), 355–371 (= WEINBERG, Neṭînîm)

Weinfeld, Moshe: The Organizational Pattern and the Penal Code of the Qumran Sect. A Comparison with Guilds and Religious Associations of the Hellenistic-Roman Period (NTOA 2). Göttingen: 1986 (= WEINFELD, Organizational Pattern)

Weippert, Manfred: Historisches Textbuch zum Alten Testament (GAT 10). Göttingen: 2010

Weiser, Alfons: Art. δουλεύω. In: EWNT 1 1980, 844–852 (= WEISER, Art. δουλεύω)

Wenning, Robert: „... und begruben ihn im Grab seines Vaters". Zur Bedeutung von Bestattungen im Alten Israel. In: BiKi 61 (2006), 8–15 (= WENNING, Grab seines Vaters)

Werlitz, Jürgen: Das Geheimnis der heiligen Zahlen. Ein Schlüssel zu den Rätseln der Bibel. München: 2000 (= WERLITZ, Zahlen)

—— Die Bücher der Könige (NSK.AT 8). Stuttgart: 2002 (= WERLITZ, Könige)

Wesselius, Jan-Wim: Language and Style in the Biblical Aramaic: Observations on the Unity of Daniel II–VI. In: VT 38 (1988), 194–209 (= WESSELIUS, Language and Style)

—— The Writing of Daniel. In: The Book of Daniel. Composition and Reception (VT.S 83,2). Hrsg. v. Collins, John/Flint, Peter. Leiden u.a.: 2001, 291–310 (= WESSELIUS, Writing)

—— The Literary Nature of the Book of Daniel and the Linguistic Character of its Aramaic. In: Aramaic Studies 3 (2005), 241–283 (= WESSELIUS, Literary Nature)

Westermann, Claus: Grundformen prophetischer Rede (BEvTh 31). München: ⁴1971 (= WESTERMANN, Grundformen)

—— Art. עָבַד. In: THAT 2 1976, 182–207 (= WESTERMANN, Art. עָבַד)

Wevers, John: Notes on the Greek Text of Exodus (Society of Biblical Literature Septuagint and Cognate Studies Series 30). Atlanta: 1990 (= WEVERS, Notes)

Whitcomb, John: Darius the Mede. A Study in Historical Identification. Grand Rapids: 1959 (= WHITCOMB, Darius)

White, Hayden: Literaturtheorie und Geschichtsschreibung. In: Der Sinn des Historischen. Geschichtsphilosophische Debatten. Hrsg. v. Nagl-Docekal, Herta. Frankfurt am Main: 1996, 67–106 (= WHITE, Literaturtheorie)

White, John: Light from Ancient Letters (Foundations and Facets). Philadelphia: 1986 (= WHITE, Letters)

Wiesehöfer, Josef: Das antike Persien. Von 550 v. Chr. bis 650 n. Chr. Düsseldorf: 2005 (= WIESEHÖFER, Persien)

—— Daniel, Herodot und „Dareios der Meder": Auch ein Beitrag zur Idee der Abfolge von Weltreichen. In: Von Sumer bis Homer. Festschrift für Manfred Schretter zum 60. Geburtstag am 25. Februar 2004 (AOAT 325). Hrsg. v. Rollinger, Robert. Münster: 2005, 647–653 (= WIESEHÖFER, Dareios)

—— Greeks and Persians. In: A Companion to Archaic Greece (Blackwell Companions to the Ancient World). Hrsg. v. Raaflaub, Kurt/Wees, Hans van. Malden u.a.: 2009, 162–185 (= WIESEHÖFER, Greeks)

—— Günstlinge und Privilegien am Achaimenidenhof. In: Der Achämenidenhof. The Achaemenid Court. Akten des 2. Internationalen Kolloquiums zum Thema »Vorderasien im Spannungsfeld klassischer und altorientalischer Überlieferungen«, Landgut Castelen bei Basel, 23.–25. Mai 2007 (Classica et Orientalia 2). Hrsg. v. Jacobs, Bruno/Rollinger, Robert. Wiesbaden: 2010, 509–530 (= WIESEHÖFER, Günstlinge)

Wildgruber, Regina: Israels Weisheit und die Könige der Völker. In: BiLi 80 (2007), 49–54 (= WILDGRUBER, Weisheit)

Willi, Thomas: Die Freiheit Israels. Philologische Notizen zu den Wurzeln ḥpš, ꜥzb und drr. In: Beiträge zur Alttestamentlichen Theologie. Festschrift für Walther Zimmerli zum 70. Geburtstag. Hrsg. v. Donner, Herbert et al. Göttingen: 1977, 531–546 (= WILLI, Freiheit)

—— Art. Fasten/Fasttage. In: NBL 1 1991, 660–661 (= WILLI, Art. Fasten)

Willi-Plein, Ina: Ursprung und Motivation der Apokalyptik im Danielbuch. In: ThZ 35 (1979), 265–274 (= WILLI-PLEIN, Ursprung)

———— Daniel 6 und die persische Diaspora. In: Judaica 47 (1991), 12–21 (= WILLI-PLEIN, Daniel 6)

Williams, James: Concerning one of the Apodictic Formulas. In: VT 14 (1964), 484–489 (= WILLIAMS, Apodictic Formulas)

Willis, Amy: Dissonance and the Drama of Divine Sovereignty in the Book of Daniel. New York: 2010 (= WILLIS, Dissonance)

Wills, Lawrence: The Jew in the Court of the Foreign King (HDR 26). Minneapolis: 1990 (= WILLS, Jew)

Wilson, Robert: From Prophecy to Apocalyptic: Reflections on the Shape of Israelite Religion. In: Semeia 21 (1982), 79–95 (= WILSON, Prophecy)

Wiseman, Donald: The Last Days of Babylon. In: Christianity Today 2 (1957), 7–10 (= WISEMAN, Last Days)

———— Some Historical Problems in the Book of Daniel. In: Notes on Some Problems in the Book of Daniel. Hrsg. v. Wiseman, Donald et al. London: 1965, 9–18 (= WISEMAN, Problems)

Witte, Markus: Schriften (Ketubim). In: Grundinformation Altes Testament. Eine Einführung in Literatur, Religion und Geschichte des Alten Testaments. Hrsg. v. Gertz, Jan. Göttingen: ⁴2010, 413–534 (= WITTE, Schriften)

Wojciechowski, Michael: Ancient Criticism of Religion in Dan 14 (Bel and Dragon), Bar 6 (Epistle of Jeremiah), and Wisdom 14. In: Deuterocanonical Additions of the Old Testament Books. Selected Studies (Deuterocanonical and Cognate Literature Studies 5). Hrsg. v. Xeravits, Géza / Zsengellér, József. Berlin: 2010, 60–76 (= WOJCIECHOWSKI, Criticism)

Wolff, Hans-Walter: Anthropologie des Alten Testaments. Gütersloh: ⁷2002 (= WOLFF, Anthropologie)

Woude, Adam van der: Zu Daniel 6,11. In: ZAW 106 (1994), 123–124 (= VAN DER WOUDE, Daniel 6,11)

Woyke, Johannes: Götter, ‚Götzen‘, Götterbilder. Aspekte einer paulinischen ‚Theologie der Religionen‘ (BZNW 132). Berlin u.a.: 2005 (= WOYKE, Götter)

Wyngarden, Martin: The Syriac Version of Daniel. Dissertation, University of Pennsylvania, Pennsylvania: 1923 (= WYNGARDEN, Syriac Version)

Wysny, Andreas: Die Erzählungen von Bel und dem Drachen. Untersuchungen zu Dan 14 (SBB 33). Stuttgart: 1996 (= WYSNY, Erzählungen)

Xeravits, Géza: Poetic Passages in the Aramaic Part of the Book of Daniel. In: BN 124 (2005), 29–40 (= XERAVITS, Poetic Passages)

Zakovitch, Yair: Das Hohelied (HThKAT). Freiburg im Breisgau u.a.: 2004 (= ZAKOVITCH, Hohelied)

Zangenberg, Jürgen: Qumran und Archäologie. Überlegungen zu einer umstrittenen Ortslage. In: Zeichen aus Text und Stein. Studien auf dem Weg zu einer Archäologie des Neuen Testaments (TANZ 42). Hrsg. v. Alkier, Stefan / Zangenberg, Jürgen. Tübingen: 2003, 262–306 (= ZANGENBERG, Qumran)

Zeilinger, Franz: Der biblische Auferstehungsglaube. Religionsgeschichtliche Entstehung – heilsgeschichtliche Entfaltung. Stuttgart: 2008 (= ZEILINGER, Auferstehungsglaube)

Zenger, Erich: Das alttestamentliche Israel und seine Toten. In: Der Umgang mit den Toten. Tod und Bestattung in der christlichen Gemeinde (QD 123). Hrsg. v. Richter, Klemens. Freiburg im Breisgau u.a.: 1990, 132–152 (= ZENGER, Israel)

———— Das Buch Ester. In: Einleitung in das Alte Testament (KStTh 1). Hrsg. v. Frevel, Christian. Stuttgart: ⁸2012, 376–386 (= ZENGER, Ester)

Zenger, Erich / Frevel, Christian: Die Bücher der Weisheit, I. Eigenart und Bedeutung der Weisheit Israels. In: Einleitung in das Alte Testament (KStTh 1). Hrsg. v. Frevel, Christian. Stuttgart: ⁸2012, 405–413 (= ZENGER, Weisheit)

Zerweck, Bruno: Art. Unzuverlässigkeit, erzählerische. In: Metzler Lexikon Literatur- und Kulturtheorie. Ansätze – Personen – Grundbegriffe. Hrsg. v. Nünning, Ansgar. Stuttgart u.a.: ⁴2008, 742–743 (= ZERWECK, Art. Unzuverlässigkeit)

Ziegler, Joseph: Susanna, Daniel, Bel et Draco. (Septuaginta. Vetus Testamentum Graecum Auctoritate Societatis Academiae Gottingensis editum XVI/2). Göttingen: 1954 (= ZIEGLER, Susanna, Daniel, Bel et Draco)

Zsengellér, József: Addition or Edition? Deconstructing the Concept of Additions. In: Deuterocanonical Additions of the Old Testament Books. Selected Studies (Deuterocanonical and Cognate Literature Studies 5). Hrsg. v. Xeravits, Géza/Zsengellér, József. Berlin: 2010, 1–12 (= ZSENGELLÉR, Addition)

Zwickel, Wolfgang: Religiöse Gruppierungen in neutestamentlicher Zeit. In: Judäa und Jerusalem. Leben in römischer Zeit. Hrsg. v. Schefzyk, Jürgen/Zwickel, Wolfgang. Stuttgart: 2010, 74–79 (= ZWICKEL, Gruppierungen)

Autorenregister

Stellenregister

Altes Testament

Griechische Daniel-Traditionen

Außerkanonische Schriften

Texte vom Toten Meer

Neues Testament

Handschriften

Weitere Quellen